西方哲学史

叶秀山 / 王树人
——总主编

学/术/版

现代欧洲大陆哲学〔上〕

谢地坤　主编

江苏人民出版社

图书在版编目(CIP)数据

西方哲学史 ：学术版. 现代欧洲大陆哲学 / 叶秀山，王树人主编 ；谢地坤分册主编. -- 2版. -- 南京 ：江苏人民出版社，2023.10

ISBN 978-7-214-24260-0

Ⅰ. ①西… Ⅱ. ①叶… ②王… ③谢… Ⅲ. ①西方哲学一哲学史②现代哲学一欧洲 Ⅳ. ①B5

中国版本图书馆CIP数据核字(2019)第270773号

西方哲学史(学术版)
叶秀山　王树人　总主编

书　　名	现代欧洲大陆哲学
主　　编	谢地坤
责任编辑	黄　山　曾　偲
装帧设计	刘葶葶
责任监制	王　娟
出版发行	江苏人民出版社
地　　址	南京市湖南路1号A楼,邮编:210009
照　　排	江苏凤凰制版有限公司
印　　刷	苏州市越洋印刷有限公司
开　　本	652毫米×960毫米　1/16
印　　张	71.75　插页8
字　　数	962千字
版　　次	2023年10月第2版
印　　次	2023年10月第1次印刷
标准书号	ISBN 978-7-214-24260-0
定　　价	360.00元(精装上下册)

(江苏人民出版社图书凡印装错误可向承印厂调换)

目　录

绪　论

“现代欧洲大陆哲学”，是指19世纪中叶以来的欧洲大陆现当代哲学，上溯黑格尔以后的叔本华、尼采的意志哲学，下至当下发生的后现代哲学。由此观之，在我们这套书中，本卷所讨论的问题皆是与我们“最近的”。这样说有两个理由。一是从地理上看，欧亚大陆本来就联系在一起，它不仅使欧亚两大洲的人员往来、物品交换、经济互补相对便利，而且也使我们在思想、文化、艺术、习俗等方面的交流日益频繁，互相影响。二是从时间上看，本卷不像此前的各卷讨论的都是古代、中世纪和近代哲学问题，而是专门涉及现代和当代哲学，就是最远的叔本华哲学，距今也不过一百多年。而这恰恰是西学东渐的一百多年。尤其是五四运动以后，在西方先进的科学技术日益被我们引进的同时，象征着西方文明的西方哲学也开始在中国传播。不仅西方的传统哲学通过大学讲堂和书本被我们所认知，而且在欧洲大陆发生的哲学思潮也会很快波及中国。这方面最典型的例证是，当科学社会主义在俄国由理论变为现实以后，马克思主义很快就在中国得到传播和普及。此外，“五四”新文化运动的代表人物也把当时流行于西方的哲学流派介绍到中国来，如非理性主义、实用主义、实证主义等。当代的通信技术更是把我们居住的星球变为“地球村”，当下的欧洲大陆哲学思想不可能不为我们所知晓，不可能不对我们有所影响。

但是,“最近的”并不意味着好读易懂。相反,由于现代西方哲学学说纷繁复杂,派别林立,更由于当下的欧洲大陆哲学思潮本身还在发展变化,尚无定论,所以,当我们面对它们的时候,常常犹如雾里看花,莫衷一是,对它们的解读、分析和把握,丝毫不比研究传统哲学容易。好在改革开放以来,我们与西方的接触大大多于从前,不仅引进了不少西方哲学原著和哲学刊物,邀请众多国外学者来华演讲或讲课,而且许多从事外国哲学研究和教学的国内学者都在国外留学、进修、访问过,他们在获得第一手资料的同时,还直接与外国哲学家对话交流,经过自己的分析、思索和研究,在微观的认识和宏观的把握上都更为准确和科学,纠正了我们以前对现代外国哲学的一些不准确甚至是错误的观点和看法,产生了一批研究成果,充实了我国外国哲学的研究,大大推进了我们哲学研究事业的发展。从根本上说,这是本卷得以完成的基础。

下面,我们着重对现当代欧洲大陆哲学的时代背景、发展线索、主要内容、基本评说和本卷的编撰特点予以简要的说明。

时代背景

哲学是时代精神的体现。如果说由笛卡尔开创,经过斯宾诺莎、莱布尼茨、康德,直至黑格尔发展到巅峰的理性主义哲学从 17 世纪直到 19 世纪上半叶占据欧洲哲学舞台的统治地位,它们体现了这个时期处在上升、发展阶段的资产阶级的理想和精神,那么,此后在欧洲大陆发生的各种各样、纷繁复杂的哲学思想同样是现代和当代欧洲政治、经济、社会状况在思想领域的曲折反映。

自 19 世纪下半叶以后,西欧各国的工业革命发展迅速,许多生产部门都采用了机器生产。英国率先完成工业革命,金融资本、造船业、纺织业的发展和殖民掠夺,都给英国经济的发展提供了条件。紧随其后的法国,虽然在整个 19 世纪都动荡不安,但资本主义也得到长足的发展,证券交易、奢侈品、服装业、冶金等部门都相当发达。与此同时,封建与反封建、复辟与反复辟的斗争同工人阶级反对资产阶级剥削和压迫的斗争交织在一起,社会主义思潮就是在这个时期的法国产生的。与英、法相比,德国的资本主义发展得比较晚,而且由于资产阶级的两面性,德国资本主义的发展是通过一系列改良方法,由地主经济缓慢转变为资本主义经济的,走的是一条独特的"普鲁士道路"。但是,后起的德国凭借其先进的冶金、机器制造、化学工业、电器工业和军火工业,在19世纪末已经超过英、法,成为欧洲第一强国。欧洲其他国家,如意大利、西班牙和东欧诸国,资本主义工业革命虽然更晚一些,影响也不如英、法、德那么大,但总的来说,它们在19世纪后半叶和20世纪初都先后进入资本主义社会。

作为现代工业文明的发源地,这时的欧洲在把它的大批工业产品销售到世界各地的同时,也把它的科学技术、社会制度、经济模式、意识形态、宗教信仰、哲学思想传输到世界各地,其影响范围远播北美、亚洲、大洋洲、非洲、拉美诸国。

在19世纪末和20世纪初,欧洲国家的工业化程度已经发展得相当高,先进的冶金、机器制造、化学、电气等工业部门得到迅速发展和普及。随着科学技术的进步,尤其是远距离送电获得成功,工业电气化开始实现,电灯、电话、电车、无线电在日常生活中得到应用。工业的发展和城市人口的增加,也刺激和促进了农业生产。然而,生产力的提高,经济的发展,并没有消除资本主义固有的矛盾,相反,由于各国经济发展的不平衡和资本主义本身固有的周期性危机的加剧,阶级矛盾、民族矛盾和各种社会矛盾更加激烈。及至20世纪上半叶,欧洲接连发生了两次世界大战,给全人类带来了亘古未有的大灾难。第一次世界大战以后,德国哲学家斯宾格勒(O. Spengler)已经哀叹"西方的没落"。亲身经历第二次世界大战苦难的雅斯贝斯满怀哲学家的责任感,对欧洲的现状感到失望,对现时代的精神状况提出了严厉批评。他认为,科学技术的进步并没有使我们生活的这个星球比以前更和谐安宁,相反,因为利益、信仰、意识形态的不同,人类的道德和文明水平明显下降,甚至还出现了利用现代科学技术对人类自身进行集体大屠杀的绝对恐怖。

第二次世界大战以后,特别是在 20 世纪 50 年代以后,科学技术的不断进步刺激了经济的进一步发展和繁荣,在西方国家原先表现为激烈对抗的各种社会矛盾得到一定程度的缓和,欧洲获得了进一步发展。大约在 60 至 70 年代,西方工业国家先后从工业社会进入后工业社会,也就是说,伴随着现代航天航空技术、计算机、通信技术和其他科学技术领域的进步,西方社会由原先的传统工业社会逐步进入信息社会。① 但另一方面,这时的欧洲还分为东西方两大阵营,这在一定程度上阻碍欧洲的发展,同时对欧洲的文化和哲学也有一定影响。经过长达四十多年的分裂,直到 20 世纪 90 年代,欧洲才重新获得统一。然而,此时的欧洲已经不是一百五十多年前的欧洲,黑格尔眼中的“世界心脏”“世界精神的家园”已经成为历史,它更多的是一种文化概念,而不是以前那种以语言和民族为划分依据的民族国家的联合体。②

过去的一百多年,欧洲大陆可说是风云激荡、翻天覆地,而这种时代的变化在思想领域的反映必定是广泛、深刻的,甚至是激烈的。尽管现代欧洲大陆哲学纷繁复杂,派别林立,但它们正是这种时代状况在精神领域的体现。只不过是因为哲学的理论形态比较抽象,人们有时不可能一下子就能清楚地看到它们与时代的关系。

哲学转型

现在,当我们对欧洲大陆现代哲学进行反思的时候,首先遇到的一个难题,就是黑格尔以后的欧洲大陆哲学是如何过渡和发展到现代哲学

---

① 参见约翰·奈斯比特《大趋势》,梅艳译,第 10—12 页,中国社会科学出版社,1984。

② 参见鲍姆加登(H. M. Baumgartner)《欧洲——哲学的命题和任务》(*Europa als Thema und Aufgabe der Philosophie*),载于《欧洲的精神遗产》(*Das geistige Erbe Europas*),第 101—102 页,那波利,维瓦利姆出版社,1994。

的。之所以提出这个问题，是因为学术界在最近一些年有这样的看法：在黑格尔以后的几十年间，欧洲哲学杂乱无章、没有头绪，这个时期是欧洲哲学萧条凋零的岁月，只是到了19世纪末胡塞尔建立现代现象学，当代西方哲学才得以真正确立。对于这种看法，我们必须予以具体的分析，尤其是要澄清欧洲哲学在这个转型时期的基本脉络，否则，我们就不可能说明胡塞尔的现象学和当代欧洲大陆哲学的由来。

我们知道，理性主义哲学自17世纪以后在欧洲一直居于统治地位，理性成为解决存在、知识、真理，乃至人生观和世界观等重大问题的根据、准则和方法。直至黑格尔，理性主义发展到登峰造极的地步。在黑格尔那里，绝对精神是根据、本质，宇宙间的万事万物不过都是绝对精神的外化或表现，它们由绝对精神而来，经过漫长的辩证运动，最后又回归到绝对精神那里。理性主义原先是反对形而上学的，但到了黑格尔那里，貌似圆满的理性主义最后又回到概念的形而上学，黑格尔实际上是把理性主义哲学推向了极端。

“泰极否来”。当黑格尔哲学在德国如日当空的时候，欧洲大陆其他国家却并没有出现有重大影响的哲学模式，倒是在德国本土，哲学思想仍然很活跃，连黑格尔哲学也不能一统天下。还是在黑格尔在世时和去世不久，德国古典哲学另一位代表人物谢林(F. W. J. Schelling)就对黑格尔以概念为中心的哲学思想提出批评，只是谢林本人虽然也强调经验的重要性，并要求将理性与经验结合起来去推动哲学的发展，但他把解决问题的中心放在神话和宗教那里，从而在理论上和方法上根本不可能推翻黑格尔哲学。真正摧毁和颠覆黑格尔哲学的，是在黑格尔去世以后的几十年，这里既有19世纪下半叶之后科学技术的进步和社会发生巨变的外部原因，也有哲学本身必须适应社会变化而发生转型的内在需要。

首先，我们在这里应当看到，自然科学与哲学的完全脱离发生在19世纪。德国古典哲学，尤其是黑格尔哲学是与18世纪末和19世纪初的自然科学状况有关的，他们的基本哲学思维方式是启蒙运动以后所确立的思辨的形而上学，而其自然哲学的基础则是古典物理学。因而，他们探讨的核心问题是如何站在主体性的立场上把主体与客体、精神与自然、形式与内容统一起来，这种理论形态最终必定会形成理性的独断。这样，当自然科学继续进步，并在 19 世纪建立起细胞学说、能量守恒和转化定律及生物进化论这三大成果以后，人类对世界的认识有了质的飞跃，黑格尔用思辨的幻想去代替现实世界的联系就必然会走向没落，并被人们所抛弃。所以说，从外部来讲，对黑格尔哲学真正的重大打击来自自然科学领域。当时的欧洲，不仅英、法等国的自然科学家不理睬黑格尔的自然哲学，就是德国的自然科学研究也逐渐抛弃了抽象思辨的自然哲学，转而注意经验和实验的方法。自然科学的成果越是辉煌，以黑格尔为代表的理性主义哲学就越被认为失去价值。当然，在进入 20 世纪以后，随着现代物理学的进步，尤其是相对论和量子力学的产生，过去被当作联系物理的实在世界和现象世界之纽带的直观已经被推翻，空间和时间被归结为主观化的过程，经验的和实证的方法已经被证明不是认识世界、把握真理的唯一方式。然而，这时距离黑格尔时代已经有了约一百年。

与自然科学巨大进步相对应的，是以经验主义为基础的科学主义和实证主义的崛起。这一派哲学家首先产生在具有经验主义哲学和唯物论传统的英、法，其代表人物是英国哲学家穆勒(J. St. Mill)和法国哲学家孔德(Auguste Comte)。他们在理论上继承了休谟的经验哲学，却又不满意旧的怀疑论缺少自然科学的实证性。他们要求哲学和社会科学仿效自然科学实证的、可以验证的方法，以描述经验事实为内容，以获得实用效果为目的，从而建立一种排除形而上学、可以获得知识的确切性和可靠性的哲学。科学主义和实证主义对黑格尔哲学的打击是巨大的，尤其是在自然科学突飞猛进，而 19 世纪中叶欧洲社会动荡不安的形势已经证明黑格尔的自然哲学、历史哲学和法哲学不能回答时代问题，不能正确解释客观世界和人类命运的情况下，这种打击更是致命的。由此产生的西方现代哲学的实证主义经过第二代“内在实证主义”和第三代“逻辑实证主义”的持续发展，贯穿于整个 20 世纪，并由此开始和实现了现代西方哲学的两大分野——欧洲大陆哲学和英美分析哲学。

其次,当黑格尔哲学在遭到外部打击的同时,黑格尔哲学学派内部也发生了变化。这个学派在黑格尔去世后分为左右两翼——老年黑格尔派和青年黑格尔派。右翼以加布勒(Gabler)、亨利希(Hinrichs)和早期的鲍威尔(Bauer)为代表,这一派放弃黑格尔的辩证法思想,更多的是从神学和基督教教义方面来解释黑格尔哲学。在当时科学技术迅猛发展和各种社会矛盾不断激化的形势下,这一派希冀用神学来挽救黑格尔哲学,其结果只能是穷途末路。与此相反的是,青年黑格尔派在当时则有相当的声势,施特劳斯(D. F. Strauss)、后期的鲍威尔、费尔巴哈等人对基督教神学的鞭挞,对生活在现实世界中的人的关心,实际上都是对黑格尔唯心主义的反动和批判。青年黑格尔派,尤其是费尔巴哈的唯物论思想和宗教神学批判对青年马克思产生了直接影响,辩证唯物主义的最终形成是与青年黑格尔派的影响分不开的。黑格尔学派的衰落和马克思哲学的产生,不仅意味着黑格尔哲学已经在逐步退出历史舞台,而且还昭示着一场深刻的哲学革命和崭新的意识形态的诞生。

再次,西方社会有着近两千年的基督教传统,文艺复兴和启蒙运动打破了宗教神学的绝对统治,但这种深厚的宗教传统是不可能消亡的,更何况终极存在、终极意义是人类与生俱来、与人类存在方式密切相关的东西,是永远取消不了的。科学主义和实证主义虽然推进了认识论和方法论的研究,但它们取代不了人们对超验问题的关心,更阻挡不了人们对绝对真理的追求。在这样一种情形下,叔本华和尼采对传统的思想、文化、宗教的批判就显得十分重要,他们在颠覆欧洲文化传统、导致欧洲哲学转型的过程中所起的作用是关键的,甚至可以说,近现代西方哲学是以这两人来划定界限的。

生活在18世纪末和19世纪上半叶的叔本华,一方面受浪漫主义之濡染,崇尚自由创造,崇尚情感和美的生活;另一方面又极不满意动荡不安的现实世界以及与这种现实相适应的传统观念和文化。叔本华反对传统观念、反对基督教的神学信仰,反对理性主义的哲学,他对人生、对世界本质都持悲观的态度。不过,他在感叹“人的存在是一种错误”的同时,并未自暴自弃,而是天才地说出了这个真理:人与其他动物一样服从“生命意志”,但人可以通过哲学和艺术表达自己的感受和体验,勾画生存的条件,从而自我解惑、认识自身。为此,叔本华冲破艺术和科学、艺术和生命的界限,在古典哲学内发起了一场革命。他用“意志”来代替黑格尔的“理性”,“意志”成为一种感性的、现实的原创力,这样的意志是非理性的,但却是自由的。但是,非理性的意志并不服从知性的因果律,而现象却必须服从因果律,于是,如何解决这种不服从因果律的“自由的意志”与服从因果律的现象(叔本华所说的“表象”)之间的关系,就成为叔本华的难题。为解决这个难题,叔本华又不得不承认理性的反省思维是认识世界本质的一种可能方式,他转而求助于柏拉图的理念说,并用艺术的理念来否定意志,化解矛盾。意志在艺术理念中得到了暂时的解脱,但艺术理念又带来了新矛盾。叔本华最后就只能转向宗教抑制——禁欲,以求对意志的完全否定。由此看来,叔本华的“意志哲学”的主旨就是对意志的肯定和否定,他的基本问题是探讨欲求和解脱之道,而艺术、禁欲和哲学则是他对世界本质的三种考察方式。尽管叔本华反对理性主义,但他在探索过程中自始至终都没有真正脱离理性。

尼采受到叔本华思想的影响,他承认叔本华悲观论调的坦诚,但并不赞同这种消极的人生态度,而是要求人们不再忍受现世的折磨,勇敢地面对千变万化的世界,不断地开创自己的事业。尼采不是怀疑论者和悲观论者,他的信心建立在现实世界的永恒变化之中,而不是来自那个所谓至高无上的理念。他把叔本华的“生命意志”发展为“权力意志”,不仅将意志哲学贯彻到底,而且彻底颠覆了欧洲自古就有的形而上学真理观。在尼采这里,作为创造力量的意志不只是决定世界的本质,而且还是道德评判和价值评估的标准。当尼采高喊“上帝已死”,就已经表明他与一切旧的宗教信仰的彻底决裂;当他提出“重新评估一切价值”,就已经表明他要彻底清算束缚欧洲思想数千年的“理念论”;当他主张“只要羊群,不要牧羊人”,就已经说明他反对现代工业社会对人的全面控制,要求全面恢复资产阶级早期追求的个性自由。尼采的批判是犀利的，他呼吁人们从世俗的政权、神学的说教、僵化的理性主义的压抑和说教中摆脱出来，返回到健康的生命本能和旺盛的权力意志那里。尼采为人们描绘了一个虚幻的超人形象，也把自己的希望寄托在这个超人身上，然而，这个超人却是那样的虚无缥缈，既不是现实存在的英雄，也不可能是某个民族，说到底，只能是尼采臆想的超人崇拜。

尼采意识到了欧洲传统哲学的束缚和基督教神学的虚伪性，他从自己的层面对它们进行尖锐的批判，企图以一个所谓“超人”来超越现实，化解矛盾。然而，尼采绝对化的思想方式使一些激进的主张走向了极端。他突出了个性的自由，却完全忽视了人所具有的社会性。不破不立，尼采学说的意义不在于建构，而在于他对传统思想的颠覆，正是他的颠覆才为后来的哲学发展扫清了道路。弗洛伊德曾说，他发现自己对生命本能和无意识精神活动的探索，都是尼采已经知觉和猜测到的。雅斯贝斯承认，尼采为存在哲学开辟了道路，存在主义讨论的存在、自我的价值等问题，在尼采那里都已经有所涉及。胡塞尔的哲学虽然与尼采的学说没有直接联系，但是，如果我们把他的直接面对事物自身、致力于还原生活世界本真性的“现象学”，与尼采反对抽象的理智、努力探求现实世界本原的“唯意志论”进行比较，还是能够发现其中的异曲同工之妙的。

最后，如果说对黑格尔哲学的摧毁主要来自上述几个方面，那么，我们还必须强调的是，当时攻击和批判黑格尔哲学的还有很多流派，比如，新历史主义、新古典主义、心理主义，以及稍后的新康德主义等。这些学派或许在当时没有那么声名显赫，但它们对后来西方哲学的发展却是不可或缺的。

这里有必要提到的，就是著名的新亚里士多德学派（又称“新古典学派”）的代表人物特伦德伦堡（F. A. Trendelenburg）。从学理上讲，特伦德伦堡对黑格尔的批判是相当尖锐的。他在其主要代表作《逻辑研究》（*Logische Untersuchungen*）中十分明确地指出，黑格尔是把逻辑范畴的运动当作客观现实运动的原型的。但如果考察黑格尔逻辑中“从有到无"的第一个基本过渡,人们就会发现,这种看起来像是由逻辑推导出来的辩证法,实际上是"由不愿预先设定任何前提的那种辩证法所未经讨论就预先设定的"①。这就是说,在黑格尔逻辑学的第一个范畴"变易"(werden)中,纯粹的"有"和"无"都同样是静止的,如果不是黑格尔悄悄地插入运动,那就永远不能发展出自身能够运动的而且始终生机勃勃的变易这一直观活动。很显然,特伦德伦堡抓住了黑格尔哲学的主要弱点,看到了黑格尔认识论的主要问题。但是,特伦德伦堡并没有再向前走,继续对辩证法进行认识论的改造,而是向后看,力图通过对亚里士多德哲学的重新诠释,从另一个方面来推进哲学的发展。特伦德伦堡对其弟子们的影响是深刻的,当时在他周围形成了一个学术团体,其中有布伦塔诺、狄尔泰、韦尔曼(O. Willmann)、泰希穆勒(G. Teichmueller)、奥伊肯(R. Eucken)等人。此外,存在哲学的先驱、丹麦人克尔凯郭尔也坦承自己受到特伦德伦堡的启发。这些哲学家对贯穿整个 20 世纪的现象学和存在主义哲学的影响是直接和明显的。

布伦塔诺和狄尔泰都是特伦德伦堡的学生,他们都对心理学和认识论问题感兴趣,但是,他们后来发展的方向并不一样。布伦塔诺既是一个心理学家和认识论者,同时又是一个本体论者。他关注心理现象和认识论问题,尤其注意说明心理现象的类的特征——意向性,注意阐明心理现象与真理、意识与世界的关系。胡塞尔是布伦塔诺的弟子,"他从布伦塔诺那里继承了把哲学看作是精密科学的思想。他和布伦塔诺一样,也从对象转向了心理活动。在他的许多个别研究当中,布伦塔诺的思想构成了他哲学研究的出发点"②。另一方面,布伦塔诺同样关心亚里士多德的研究,注意研究存在概念的统一性,注意区分作为一般概念的"存在"和"存在着"一词的具体所指。他借鉴亚里士多德对存在的多种意义

① 特伦德伦堡:《逻辑研究》第 1 卷,转引自卢卡奇《理性的毁灭》,王玖兴等译,第 220 页,山东人民出版社,1988。

② 施太格缪勒:《当代哲学主流》上卷,王炳文、燕宏远、张金言等译,第 86 页,商务印书馆,1986。

的界定和范畴论的分析成果，以此去反对那种以存在者的假设来论证存在的统一性的研究。布伦塔诺对本体论和形而上学的研究，对现代存在哲学的影响是不容忽视的。

狄尔泰兴趣广泛，知识渊博，一生都在构造他的"精神科学"。他不满意当时流行的科学主义和实证主义，试图限制实证主义的范围，消除哲学的抽象理论与自然科学之间的隔阂和争论。他把人、社会及其关联当作哲学的基本研究对象，强调人是一个具有知、情、意的整体，并且是不断与自然和社会进行交互作用的行动者。因此，他一方面不满意传统的形而上学，另一方面注重对哲学的人本主义传统的继承，同时对历史学、心理学和人类学予以特别的重视，把它们视为建构精神科学的重要内容。狄尔泰想建立的是一门既不同于自然科学却又从其中吸取某些元素，既不同于以往形而上学却又关心人类社会的精神科学。这样的精神科学当然是现代哲学开拓创新的尝试，它改革创新又不流于世俗，继承传统又不囿于传统，对维护哲学和社会科学的独立性，并对现代西方哲学发展产生了重要影响。早在 20 世纪 30 年代，胡塞尔就多次承认，狄尔泰学说在当时具有很大影响，现象学运动也被狄尔泰的理论所打动，他把狄尔泰的精神科学工作看作是现象学的天才的前瞻和准备。海德格尔和后来的伽达默尔也都把狄尔泰当作他们的思想先驱。

正是因为布伦塔诺和狄尔泰对现代西方哲学尤其是现象学所发挥的特殊作用，我们在本卷中不是把他们的学说归于心理学和生命哲学的范围，而是当作现代现象学的先驱。

发展线索

毫无疑问，现象学和存在哲学是现代欧洲哲学的主流，它贯穿于整个 20 世纪，就是在今天也有一定影响。

胡塞尔是严格意义上的现代现象学的主要代表。由于时代的影响和他本人的学养等原因，胡塞尔是以严格的科学精神来探讨哲学问题的。与布伦塔诺一样,他最初也以心理学为研究对象,从心理学的角度来思考意向性、意向行为、意向行为的结构等意识问题的哲学意义。但是,对心理学的考察并未使他发现他所期待的真理的绝对性,而是看到了逻辑学中的心理主义必将陷入经验主义和相对主义窠臼的危险。这对胡塞尔来说是绝对不允许的。胡塞尔的一个伟大抱负就是让哲学第一次建立在严格科学的、绝对可靠的基础之上,从这个意义上讲,他是一个观念主义者。对他来说,"观念"是本质性的,是哲学认识的核心问题。人类原本生活在"观念"的世界之中,这种"观念"是主体与客体、理性与感性的纯粹统一。自然科学兴起之后,"观念"的纯粹统一性被割断,人们越来越依赖于"科学技术"。为改变这种状况,胡塞尔提出"直接面对事物自身",要对事物进行"本质还原"和"先验还原",不仅要达到一种"本质直观",认识事物的真相,而且要对经验科学予以超越,返璞归真,不为任何所谓"科学""理性"所吓倒。晚年的胡塞尔把这种纯而又纯的真理探索引入到现实社会领域,关注人类的"生活世界",试图排除一切成见和外部权威的影响,通过现象学哲学的反思去认识生活的真谛和意义。

胡塞尔现象学的意义不在于它是否把握了那个所谓的"真理的绝对性",而在于"胡塞尔排除了使许多思想家感到气馁的原因,他消除了对相对主义和怀疑论的忧虑,他给年轻一代哲学家注入了解决实际问题的勇气"①。在原则上赞同现象学方法的哲学家由此发现了现象学给哲学带来的一个新的广阔空间,而反对现象学的哲学家从此以后不得不更加明确清晰地阐明自己的观点,以适应胡塞尔现象学带来的高度科学、严谨的哲学时代。

舍勒也是早期现象学的重要代表人物。他在现象学领域的主要贡献在于,他是将胡塞尔开创的现象学方法付诸实施的第一人,并把胡塞

① 施太格缪勒:《当代哲学主流》上卷,王炳文、燕宏远、张金言等译,第 129 页,商务印书馆,1986。

尔的理论成果当作其事实研究的出发点和立足点，且在此基础上予以创造性的发挥。但应当注意的是，舍勒对现象学方法的解释在本质上是不同于胡塞尔的。胡塞尔在构思现象学时就与康德的先验哲学相接近，即胡塞尔与康德一样，他们都强调一切对象在原则上来说都是意识所能理解的。而舍勒则认为，现象学方法面对的是具体的事实，它并不要求概念的普遍性和明晰性，重视的是经验的确认和假设，因此，现象学与先验哲学没有直接关系。

舍勒一生的思想发展变化很大，经历了从现象学时期到天主教时期，再由天主教时期到泛神论时期。他的研究范围相当广泛，著述甚多，涉及伦理学、宗教哲学、社会学、心理学、哲学人类学、社会批判等。其最富有成果的工作是对情感现象的研究，以及在此基础上展开的对价值问题、人格(Person)问题、宗教神学问题、世界等级结构等问题的探索和研究。舍勒对康德道德哲学的形式主义、主观主义、唯理论、绝对主义和严格主义所进行的批判使其在欧洲学界声名大振，但他把伦理学的基础看作“是由关于价值和价值等级序列的客观陈述构成的”①，从而就把伦理学的最基本原则——道德义务从其“质料伦理学”中排除出去。由此来看，舍勒的伦理学不包含具有普遍意义的道德命令，也不像康德道德哲学那样纯洁。此外，舍勒的许多阐述虽然很有创造性，但其论证却缺乏足够根据，方法不严密，分析也不细致，尤其是他的理论缺少概念的逻辑力量，所以，他并没有提出一种能够促进人们认识和把握世界的形而上学理论。

海德格尔的存在哲学来源于胡塞尔的现象学，却又远远地超出了胡塞尔对纯粹先验意识的关注。海德格尔关注的重点是几千年来西方哲学一直在探索、却始终没有确切答案的存在问题。他的解决方法是把存在者与存在区分开来，并通过对存在者的此在(Dasein)的追问去“对存在

---

① 施太格缪勒:《当代哲学主流》上卷，王炳文、燕宏远、张金言等译，第 166 页，商务印书馆，1986。

者加以适当解说”。这样的解决方法当然是对既往的单纯从认识论立场去认识存在的思想方法的彻底颠覆。海德格尔的考察重点有三：一是把存在与时间性结合起来，强调存在的特征是“在”的显现过程，而显现作为过程就离不开时间，所以任何此在的意义都与时间相关；二是注意存在的“本真性”，认为此在既是个体的具体存在，又是与他人发生关系的“共在”，“共在状态”使人丧失个性和本质，只有当人处于本真状态中才会体验“忧愁”“恐惧”和“死亡”，从而达到大彻大悟；三是把自由与真理直接结合在一起，真理在他那里不是陈述与事物之间的符合关系，而是一种现成的东西，而自由的本质则被解释为“让-存在(Sein-lassen)”。“让-存在”就是使存在者从被遮蔽的晦暗中进入“光明(Lichtung)”之中，而这种光明本来就是真理的原始属性，于是，自由使存在物自身的呈现成为可能也就意味着，自由就是最本原意义上的真理，自由与真理是本然的同一。

海德格尔是深刻的，他不仅像他老师胡塞尔那样关注欧洲的文化危机和精神危机，而且直接提醒人们不要遗忘对人类自身和整个世界的存在状态的关心——这才是海德格尔基础本体论的目的所在。正是海德格尔对存在问题的探幽发微、反复追问，才使本体论这个古老命题有了新的活力，并为此后建立在本体论基础上的哲学解释学、哲学人类学开辟了道路。

当然，关心人类存在状态的并不是海德格尔一人。在他之前数十年，克尔凯郭尔就反对近代理性主义哲学以精神的抽象性淹没生活世界中的具体个性的思想方法。他重视生活在现实世界中个人的具体存在，通过对“个体在永恒之下的生存”的阐释，对不同的生存境界及彼此间的关系予以深刻和透辟的揭示。克尔凯郭尔在世以及他死后相当长的时间内，其影响并没有超出丹麦国界。他的学说的真正流行是在第一次世界大战以后。随着存在主义的兴起和发展，他的著作被译成各种语言大量出版，人们对他的思想意义随之有了新的认识。直到此时，克尔凯郭尔才被当作存在主义的“先知先觉者”、西方哲学史上的一个重要的思想家。

与海德格尔同时代的雅斯贝斯也是存在哲学的主要代表人物。雅斯贝斯也不是从主客二分的立场去认识和解释存在的，而且在这点上比海德格尔还要明确。他把存在直接视为一个无所不包的“大全（das Umgreifende）”，并认为揭示存在就是通过对人类生存状态的澄明和超越（Erhellung und Transzendenz）去阐明这个“大全”。他所说的“此在”与海德格尔也有不同，他强调的重点在于，此在是指对象化的人的存在，但人不只是单纯的此在，还包含了意识、精神、生存等其他形式，所以，此在不仅是哲学的研究对象，而且也是各门具体学科的研究对象。雅斯贝斯通过对生存、自由、交往、理性、历史性、信仰等问题的阐释，开拓出一条与海德格尔既有联系又有不同的存在哲学的道路。

存在主义作为一场声势浩大的哲学运动，远远超出了德语世界，法国知识界，尤其是萨特和梅洛-庞蒂在这方面的贡献是绝对不可忽视的。萨特曾经研究过胡塞尔的现象学和海德格尔的存在哲学，在一定程度上受到德国哲学的影响。他对存在哲学的阐释虽然源于现象学，但他的分析和结论却又不同于海德格尔和雅斯贝斯的存在哲学。在萨特这里，“存在先于本质”和“他人就是地狱”这两个命题尤其引人注意。萨特论证前者的根据在于，因为现象是事物自身显现的过程，现象本身既是现象又是本质，而在其背后的是存在，所以真正承载现象的就是“原始的存在”。萨特的论证是以纯粹主观性的自我意识，即他所说的“反思前的我思”为出发点的，这种自我意识本来是与其自身相同一的，它原本是没有内容的“虚无”，只是因为它的指向外物的意向性，才把本质赋予给它所发现和包容的对象。于是，纯粹主观性的意识存在同时又意味着非意识的存在，意识与外部世界由此又结合在一起。萨特论证后者的理由在于，作为主体的人不仅与生活世界打交道，更要与共同生活在这个世界上的其他主体打交道，他人的存在会以他的主体活动限制我的自由，反过来，我的存在也会以我的主体活动限制他人的自由，主体之间不可避免的是一种你争我斗的关系。萨特从这两个命题中引申出一个实践哲学中的重要命题——人生的意义就是“选择的自由”和人对自身的自为存在、对自己行动承担“责任”的解说,他的存在哲学的实践意义也由此得到彰显。

梅洛-庞蒂不仅是法国现象学和存在主义的主要代表人物之一,也是法国结构主义的先驱者。与萨特一样,梅洛-庞蒂也是在德国现象学和存在哲学的影响下开始自己的哲学研究和创作的,但他的哲学思想在不少地方是不同于萨特的。首先,他将主观性与客观性看作一个完成了的整体结构,并把其理论重心转向客观性。他对以往的西方哲学进行了激烈批判,企图通过回到主观与客观尚未分裂的原初的整体现象的途径来弥合笛卡尔的身心二元论,纠正唯物主义和唯心主义、理性主义和经验主义、决定论和绝对自由等对立双方的片面性。他的观察和研究在某些方面确实取得了一定的进展,尤其是他对身体-主体的出色论述表现出其哲学思想的独创性。其次,他不同意萨特关于虚无和自由的看法。梅洛-庞蒂承认,我们确实能够在任何时刻终止我们的谋划,但这意味着我们开始了另一个谋划,因为我们从不“悬搁”在虚无之中,相反,我们始终处于充实之中,处于存在之中。梅洛-庞蒂在批评机械决定论和历史决定论的同时,也对绝对自由作出了比萨特愿意承认的更多限制。其中最具特色的限制因素是,由于我们不仅有意识而且还有一个身体,因此我们不可能超越身体限制而获得一种纯粹意识的绝对自由。正是梅洛-庞蒂对主体和客体的结构分析,才使他成为从现象学走向结构主义的关键人物,同时,也在一定意义上为后现代哲学反对近现代哲学的统一性和体系性指出了突破方向。

比存在哲学稍后的西方马克思主义是20世纪最重要的理论思潮之一,它不是像存在哲学那样只是对西方社会的危机感到“忧愁”“畏惧”,而是高举批判大旗,对现实世界直接加以否定。在这方面尤以法兰克福学派的影响最大。这个学派在理论上继承了卢卡奇、柯尔施(K. Korsch)的“批判的马克思主义”传统,吸收了现代哲学、社会学、经济学、心理学等诸多学派的理论和观点,在实践上重视两次世界大战带给人类的经验和教训，通过多学科的综合分析和研究，对现代资本主义社会进行了尖锐的批判，形成了独具特色的“社会批判理论”。法兰克福学派早期的主要代表人物有霍克海默、马尔库塞、阿多诺等人，他们的批判锋芒主要是指向发达资本主义社会对人在政治、经济、文化等各方面的全面控制，并且把这种批判扩大到对启蒙运动以后的现代文明的坚决否定。70 年代以后是所谓“后法兰克福学派时期”，其影响在这个时期远不如以前，哈贝马斯、施密特等是这个时期的主要代表人物，他们在批判社会现实的主题和方式上都发生了变化，对社会知识产生的条件和现代资本主义理论也进行了重新评估。法兰克福学派作为一个学派，其影响已经消失殆尽，但其中的一些思想家及其理论却仍然在发挥作用。

我们在关注现代欧洲大陆哲学发展主线的时候，不应忽视在 20 世纪西方哲学发展中的一个相当引人注目的现象，这就是在 19 世纪末从哲学中独立出来、完成其现代转向之后的心理学，又重新向哲学积极渗透并产生了深刻影响的这一事实。“因为心理学之不同于其他自然科学，主要在于它不是以纯自然态的外界客观事物作为自己的研究对象，而是把解剖刀指向了进行内在思索的主体本身，即把人的精神活动作为自己的研究对象。”①这样，心理学一方面利用自然科学的研究手段进行观察和实验，另一方面又与理性分析自觉地结合在一起，不仅心理学自身会因此取得重要进步，而且还必然会引起进一步的哲学思考。从弗洛伊德以无意识的本能和性的冲动为核心的精神分析学说，到阿德勒和荣格重视个人行为模式和集体无意识的新弗洛伊德主义，再到皮亚杰的发生心理学和马斯洛的科学人本主义②，这些心理学家都自觉地从心理学

① 丁冬红：《人之解读——现代西方人本哲学研究》，第 169 页，河北教育出版社，2001。

② 马斯洛是犹太裔美国人，他的学说在其产生的地域上不属于本卷范围。但是，马斯洛创立的“存在心理学”在学理上是对欧洲大陆心理学-哲学思想的继承和发展。因此，我们在本卷中把马斯洛学说作为第五篇的研究附录予以介绍，以使“心理学-哲学”这一篇能够以比较完整的面貌呈现给读者。

跨向哲学,他们有意识地拓展自己的研究领域,力图回答人和人类社会的许多更为根本的问题。心理学与哲学的这种独特关系,为20世纪的思想界提供了一个新的哲学研究视角,在一定意义上实现了哲学在方法论和认识论上的新的变革。如果说布伦塔诺、狄尔泰、早期的胡塞尔等人是自觉地利用尚未成熟的心理学进行哲学变革,那么后来的法兰克福学派的弗洛姆、阿多诺和存在哲学的主要代表人物雅斯贝斯等则是应用现代心理学的成果进行社会批判的成功范例。其中的经验和教训都值得我们关注。

后现代主义哲学

从20世纪70年代末直至今天,"后现代"成为西方各国,尤其是法国、美国、意大利等国学术界和文化界的热门话题,由这个概念所引发的大讨论逐步演变为当代西方相当盛行的一种综合性的学术与文化思潮——"后现代主义",其内容广泛而又不确定,涉及哲学、文学、艺术、科学技术和一些社会现实问题。从根本上说,这个思潮表现了当代西方国家相当一部分知识分子在精神和文化方面的苦闷和矛盾,以及他们为克服这些矛盾而提出的各式各样的理论设计和文化形态,从而折射出当代西方文化裂变的征候。

后现代主义讨论的核心概念是一对既连贯又对立的耦合词——现代与后现代,它们涉及的根本问题是如何看待当今的时代。时代性问题从来就是深刻的哲学问题,因此,围绕后现代的争论很快就由最初的文化领域的讨论而演变为当代西方哲学的最重要话题,后现代主义哲学也因此成为后现代思潮的核心理论,并引领着后现代主义的理论方向。

尽管在后现代主义哲学中有不同的理论观点,但它们共同遵守的一个核心判断是:大约在70年代前后,西方工业国家先后从工业社会进入后工业社会,也就是说,伴随着现代航天航空技术、计算机、通信技术和其他科学技术领域的进步,西方社会由原先的传统工业社会逐步进入信息社会。[①] 后现代主义者认为,所谓现代社会是指西方近代以来伴随着资本主义的发展而造就的工业文明社会,其经济、政治、社会机制的依据是启蒙时代所确立的以人为主体、以人为中心的理性主义、个体主义、自由主义等基本价值。但是,科学技术的发展和现代的经济成就已经改变了我们时代,赋予了这个时代更新的含义,即这个时代是更加自由的,是无中心的、多形态的、不确定的,审美比道德和政治有更多的价值,解释比理论有更大的价值。理智的功能不是依据人的理性建立概念的体系,而是解释、复制和扩展本义,是在语言的叠加中游移。由此来看,后现代主义哲学的主要思想特征就是反对以逻各斯和规范为核心的理论化、体系化的思维模式,注重"不确定性、模糊、偶然的感性活动,从而走向零散化、边缘化、平面化、无深度的道路"[②]。

后现代主义哲学家们的理论设计各不相同,大致可以分为三类:一是被称为"后结构主义"或"解构性"的当代法国哲学;二是新实用主义的后哲学文化观;三是所谓"建设性"的后现代主义哲学。在这里面,当代法国后现代主义哲学思想深刻,影响也很大,因而我们在这里重点讨论它。

在被称为"后结构主义"的法国哲学家中,利奥塔、福柯和德里达等都是后现代主义哲学的重要代表。

利奥塔在 1979 年出版了《后现代状态》,从知识论角度论述后现代的文化特征,被视为是将后现代主义从文学、哲学推向全社会与各学科领域的重要思想家。利奥塔对当代西方的知识状态予以批评,认为科学和叙事(哲学、政治学等人文与社会学科知识)这两类知识相互割裂,不可通约,互不理解;近代以来作为西方文化的理论基础的"元叙事",即理性主义、人的解放和精神辩证法,而今都已不可信、崩溃瓦解了。当代知

① 参见约翰·奈斯比特《大趋势》,梅艳译,第 10—12 页,中国社会科学出版社,1984。
② 冯俊等:《后现代主义哲学讲演录》,第 5—7 页,商务印书馆,2003。

识，即后现代的知识已经背离了“元叙事”，背离了西方启蒙思想传统，它们都是语言游戏，只有约定的游戏规则；不再需要普遍的哲学根据，它们无需系统性、统一性、主体性，而是呈现差异性、多元性、解构性、不确定性。即使像“正义”这种属于社会和政治领域的概念也无公共评判标准，不再成为“社会的共识”。利奥塔强调知识在当今社会发展中的重大作用，主张科学知识和人文知识不应割裂，肯定文化的多样性，这是有见地的。但他过于重视解构性，抹杀人的主体性和能动性，否定理性与客观规律，这在实质上就是否定全部知识的科学精神，导向了相对主义。

福柯早年研究精神病理学，对癫狂和性欲有自己独特研究。后来他对哲学和文化发生兴趣，其思想受尼采影响甚深，对西方传统文化的批判很是激烈。福柯用一种所谓“谱系学”对人类思想文化展开研究，表达的却是要消解和否定线性发展的历史观，是要摧毁事物的“本源”和永恒真理的思想方法。在他看来，这个世界上不存在固定不变的本质和规律，不存在形而上学的终极目的。人类的全部思想文化是词、物关系的配置，是受“无意识”自发支配的，历史发展没有连续性，人们只能考察各个时代的文化断层。人不是能动的创造者，更不是世界的主宰，而只是被各种文化密码所建构的虚幻外形。在人类历史和现实中，真正存在的东西是“相异事物的纷争，是差异”。因此，他在晚期集中批判压抑、宰制民众的“权力”，他认为，当今的社会、知识和性欲都是由“权力”所控制的，现实中的监狱、监视制度，甚至文化的扭曲都是权力的表现。福柯的批判虽然是非理性主义的，但他为一切弱小的、被压迫受屈辱的东西正名张目，遂使他的理论对西方理论界发生重要影响，在一段时间内成为后现代哲学中的一种主调。

德里达本人并不承认自己是后现代主义哲学家，但他建立的以“后逻各斯中心论”为核心的解构理论在欧美哲学界很有影响，使他“被认为是‘后现代主义’以及‘解构主义’的主要奠基者和代表人物”①。与福柯

① 叶秀山、王树人：《总论》，载于叶秀山、王树人主编《西方哲学史》(学术版)，第260页，江苏人民出版社，2023。

一样，德里达对欧洲哲学传统采取了相当激进的批判态度。他认为，形而上学是一种“逻各斯中心论”或“语音中心论”，这个中心支配了从苏格拉底直至海德格尔的传统思维方式，不仅哲学中的主体与客体、本质与现象、真理与虚假、事实与价值等二元对立原则都坚持这个中心，就是日常语言、道德伦理、价值判断也都围绕这个中心。这种以逻各斯为中心的“在场的形而上学”是束缚、僵化我们思想的“白色的神话”，只有将它们全都颠覆掉，才能克服当今哲学与文化的危机。在德里达看来，这个以逻各斯为中心的最基本的结构是“能指”与“所指”的对立，所谓解构就是指出这种根源于西方传统的语音中心的思维模式并不具有以言语直接指谓对象的特权，那种以为在逻各斯统治下全世界只有“一本书”“一个作者”“一个大写的人”的看法，完全是传统思想制造的虚幻。德里达希望用书写文字中心（他的“文字学”）来代替“逻各斯中心”或“语音中心”，力求在“文字学”的外表下寻求已经被“涂改”的人类文化发展的真正轨迹。德里达的解构理论是要抹去一切人为的传统规范，解放文化，重新书写新的文字，他的思想在一定程度上动摇了西方哲学的思想根基，使一切企图寻找精神家园的希望破灭。

另外两类后现代主义哲学虽然也认可我们的时代属于后现代社会，但他们并不想解构和否定这个社会。他们或者是要在反知识论的层面上反对西方传统，但在本质上却是想用实用主义和相对主义方式来捍卫西方的自由与民主的价值观；或者是力图复兴、更新某种传统哲学或神学，以克服后现代的文化危机。因为这两类后现代主义哲学有很大一部分发生在美国，我们在此就不予以详细解说。

需要指出的是，当代西方社会中有相当一批知识分子并不赞同后现代主义，他们仍然信奉启蒙运动确立的真理观和价值观。其中最典型的代表人物是德国哲学家哈贝马斯。哈贝马斯是现代性的坚定捍卫者，在20世纪80年代发表诸多论著，与后现代主义者展开了激烈辩论。哈贝马斯坚信，启蒙哲学所确立的“现代性”体现的是理性主义和人的个性解放，它的基本理念是相信人类历史在不断进步，道德和法律在不断改良和完善,现代性的理念为人类的最终解放指出了正确方向。虽然现代性的目标并没有完全实现,而且在现代性的实践过程中出现许多问题,但现代性仍是没有完成的事业。哈贝马斯尖锐地批判后现代主义,说他们看到了科学、道德、艺术的分离,却企图退回到现代性之前的位置;他们看到了现代社会在获得经济成就的同时付出了文化危机的代价,但却混淆了社会现代化与文化发展之间的关系。他强调不应放弃启蒙思想,而应纠正原有社会设计的偏差;他提出交往理论,主张建立起一种更加开放自由、更加理智的社会交往,使全体社会成员通过商谈、对话、交往获得价值共识,真正实现现代性的启蒙设计,实现人的解放,建立一种新的理性社会。

由此可见,围绕现代、现代性与后现代、后现代性的争论有很多不相同的观点,它们表现了当代西方知识分子们对当代社会与文化的不同认识。这从一个侧面说明,在科学技术迅速发展和经济全球化的背景下,西方发达国家在资本扩张、社会构成、文化形态等方面确有新的变化和特点,理应引起我们重视,这也正是我们研究后现代主义的意义所在。

我国哲学界是近一二十年才开始对后现代哲学予以追踪研究的,在这个领域的认识、分析都还很不够,这当然是与世界范围在这个领域的研究现状有关。本卷“后现代哲学”这一篇简约地论述了七位后现代哲学家的主要思想,它们是作者本人在这方面的研究心得和体会,目的是抛砖引玉。这项工作还有待更多的学者继续深化和探讨。

基本评说

现代西方哲学的发展历程清楚地表明,现代西方哲学已经明显地不同于过去那种包罗万象、一统天下的哲学,它的一个非常明显的特征就是分化多元,演变迅速。如果说以往的某一种哲学作为主导意识形态可以统治天下数百年,甚至一千多年,那么,在现代西方社会中既没有这种处于绝对支配地位的哲学,也没有哪一种哲学可以不受挑战地维系如此长久。相反，这一百多年来是各种思潮涌动不息，各种哲学流派纷呈迭现，许多哲学流派或学说来去匆匆，有的流派的生命只有十来年，就是能够延续几十年的流派或学说也在不断地更新内容或形式，呈现出既波澜壮阔，又复杂多变的局面。

如果我们分析现代西方哲学的几十种流派及其学说，可以发现，它们不像以往的哲学那样，或者是以非此即彼的二元论去认识世界，或者是偏重于本体论或认识论，而是表现出各种不同，有些甚至是大相径庭的哲学倾向。概括地说，现代西方哲学主要有下面这几种基本倾向：

第一种是世界观和人生观的哲学。实证科学打破了形而上学的神话，它提出先验学说的正确性必须接受经验的检验；但现代物理学却又打破了物理的实在世界与直观的现象世界之间的直接联系，经验主义和实证主义的世界观同样受到挑战。于是，就像宗教信仰和形而上学对现代人已经不再是不言而喻的事情一样，我们的生活世界对现代人来说也不是本身自明的，这样，在现代人这里就出现了怀疑我们世界的态度与形而上学欲望的基本对立。哲学历来寻求的是一切科学认识的绝对基础，现代哲学也不例外。在现代哲学中，不仅具有实证主义和自然主义倾向的一些哲学流派要对世界重新加以考察，而且存在哲学也是要对世界本质予以特殊说明，像海德格尔的基础本体论就是要解答人怎样才能在一个没有神的世界里生活的问题。后现代主义哲学反对统一性、突出差异的“后现代状况”的阐述也具有这个性质。

第二种是追求纯粹理论认识的哲学。这种哲学看到各门具体科学的局限性，希冀超越各种科学知识，并不受任何其他因素影响，专心致志地追求一种绝对纯粹的，甚至是超越时空的真理。布伦塔诺在方法论上虽然有经验主义因素，但他追求的目标却是关于绝对价值和神的学说。新康德主义中一些哲学家，如柯亨等也有这种倾向，柯亨力图吸收和应用现代数学的方法，积极探讨人类认识的起源、规律和有效性，希望以此来证明理性主义哲学在现代社会的合法性。而在这方面表现最为明显的莫过于胡塞尔，他的现象学是要超越一切经验科学，通过先验还原和本质还原的方法开辟一条认识事物本质、认识绝对真理的道路，使哲学奠定在一个绝对可靠的认识基础之上。

第三种是批判哲学。这种哲学与第二种倾向完全相反，是以批判的眼光去考察和认识人类社会，在他们这里，哲学不只是认识世界的理论和工具，更重要的是要去改造世界。如果说叔本华、尼采的意志哲学是对西方文化传统的否定和颠覆，那么，后来的许多学派都展开了对现实社会的分析和批判。这方面最典型的是西方马克思主义，他们的批判理论直指资本主义社会，其目的就是要通过对现实的批判，去建立一个更合理、更公正、更善良的社会，但他们的批判理论往往脱离实际，找不到一条能够真正改造社会的切实可行的道路。从积极意义上讲，后现代主义哲学也是对当代西方社会的批判，他们反对同一性、反对“元叙事”，在本质上是对现实社会中存在的“压迫”“宰制”的反抗，是对一种更自由社会的企盼。

第四种是对纯粹哲学基础问题的研究。这种哲学追求理论认识的明晰性，并以为一切科学陈述寻求不容怀疑的基础为目的，但它们并不想干预或替代诸如信仰、伦理、艺术、社会等其他领域，哲学变成单纯的基础性研究，关注的对象集中于“前科学”的概念和语言、语义的研究。维也纳学派属于这种哲学，现代分析哲学中语言分析也属于这种哲学。虽然有些哲学家批评分析哲学是把哲学问题技术化，但应当承认的是，这种倾向是用绝对精确性来表现绝对知识，是绝对理念借以表现的现代形式。

除去上述这几种基本倾向以外，现代西方哲学还有一些其他倾向。比如，分析、概括各个专门学科的研究成果，试图在此基础上形成一个总的哲学观点，如狄尔泰的“精神科学”，哈特曼(N. Hartmann)的“自然哲学”等。再比如，做纯粹描述性研究，尤其想通过哲学史的描述研究而挖掘新内容，这点特别体现了现代哲学家的职业特征。尤其值得一提的是，当下西方哲学出现的各种分支学科，如政治哲学、信息哲学、生态伦理学等，都是直接面对现实世界的各种问题，力图把哲学与某一门具体科学结合起来，从一个方面直接干预社会现实，这既体现了哲学的实践性，也在一定程度上表现了现代哲学的发展方向。

现代西方哲学出现这种多元分化的局面有多种多样的原因，但究其根本，主要有两点：

其一，自从哲学与其他各门学科分离以后，哲学不再像以往那样，百科全书式地把各种极其不同的任务集合在自己身上，而是随着各门科学的形成和发展，不能只是专注于纯理论的阐述，哲学也要分析各门科学的理论基础，并要把它们的研究结果与自身结合在一起。于是，在哲学内部就产生了有不同侧重、不同职能，甚至是不同性质的趋向和分支学科。由于大多数哲学著作只能表现其中的一个方面，所以，哲学的分化和多元就是自然而然的事情。

其二，虽然现代哲学的根本问题与经典哲学是相同的，但现代自然科学的精确性和严密性必然会使人们对传统哲学的思辨性和其观点的独断性发生怀疑，并且导致了反形而上学思潮的产生和蔓延，这是一方面。另一方面，随着资本主义的发展，现代社会不仅没有消除原有矛盾，相反，资本的扩张，贫富差距的拉大，民族和信仰的矛盾增加，更是加剧了全球范围的动荡不安，形成了许多新的矛盾和冲突，并引发了连绵不断、更加惨烈的战争。这两方面的情况极大地动摇了人们迄今所承认的传统价值观和信仰，出现了这个时代特有的精神危机和文化危机。这种时代性问题迫使哲学从方法论和认识论上吸收自然科学的成果，现代哲学因此从其对立面得到了推进。另外，从更深层次上讲，即使经验科学和实证科学相当发达，人类也永远不会放弃对超验的、形而上学问题的追求，正是在这种精神危机和文化危机不断加剧，而人类又必须明确回答人生意义的分裂之中，现代西方哲学仍然要为一切科学陈述寻求一个绝对的基础，要为人类的存在寻求绝对的价值，现代西方哲学出现这种复杂多变的局面就是不可避免的了。

通过回顾现代西方哲学的复杂多变的局面，归纳其基本倾向，分析其发生的原因，我们从中可以得到许多启示。这里主要提出以下几点：

首先，学习西方哲学必须融会贯通，抓住本质，既要知道其当下总体状况，也要把握其来龙去脉，知其然，还要知其所以然，不能囫囵吞枣，以偏概全，更不能有意炒作其中某派某家。在这方面我们是有一些教训的。比如，有些学者认为，哲学研究在 20 世纪已经转变为语言问题。提出这一主张当然有一定道理，但应当指出的是，如果把探讨人类最本质、最普遍问题的哲学消解为语言和文字游戏，不仅背离哲学的本质，而且也脱离了社会现实。对此，西方学者也是有认识的。现代西方哲学的两大思潮在很大程度上都是想用精确的语言来表达绝对知识，语言分析根本不可能消解和替代哲学问题。不然，我们就没有弄懂这种变化的本质。

其次，科学技术的每一次重大进步都推动了哲学的发展，现代西方哲学的发展就是在现代科学技术带动和影响下，对传统的形而上学进行了批判和拒斥。很显然，这对于解放思想，促进哲学的发展发挥过积极作用。但是，哲学作为一种理论形态是对人类自身存在、存在的方式和生存环境的理论自觉，并进而上升为理论把握。哲学的这种本质已经决定了，哲学不是某门具体的科学，不能陷入科学主义、实证主义的泥淖，更不能由此蜕变为相对主义和虚无主义，哲学必须包含对绝对、无限、永恒意义上的理念的追求。因此，我们应当正确处理哲学与各门具体科学(其中包括人文科学和社会科学)的关系，注意吸收各门科学的研究成果，而不是让哲学单纯关注和研究某一类具体科学问题。

再次，哲学一方面是对最终价值的追寻或怀疑，另一方面哲学必须面对现实。对很多哲学家来说，这是一个两难的问题，处理不好，就会像近代哲学那样专注于玄思空想，或像现代哲学中的某些流派那样因执着于抽象化而脱离实际。这里的关键是要既面对现实又不能陷入实际事物，而是要从普遍性和永恒性的立场去观察和分析具体问题，使哲学研究真正做到特殊性与普遍性的统一、时代性与永恒性的统一。哲学家理应有自己的独立性和超脱性，不能人云亦云、唯上唯书，更不能追名逐利，而是要对事物认真地反思，坦诚地表达我们自己的独立判断和认识。

最后，从本质上说，现代西方哲学是立足于西方国家的现实而发展起来的，表现了西方思想和文化的本质特征。我们学习和研究现代西方哲学，是要借鉴当代西方的思想成果，但不能因此而“食洋不化”。在注意哲学问题的普遍性的同时，我们的立足点应当是中国的国情、中国的文化和中国的经济、政治、社会制度，我们面临和应当解答的是中国问题。所以，我们应当通过学习现代西方哲学，分析西方发达国家有关方面的经验和教训，注意超越西方的现代性和后现代性，努力创建有中国特色的哲学理论，为中国的思想和文化的发展作出我们的贡献。

几点说明

本卷讨论现当代欧洲大陆哲学问题，涉及诸多流派和哲学家，在如何把握和表达这些流派和思想方面，确实存在相当大的难度。

学术界有一个比较流行的说法，即西方哲学自 19 世纪中叶以来先后出现过许多流派，根据它们表现出的基本倾向，可以分为两大思潮：一是欧洲大陆的人本主义思潮，二是英美的科学主义思潮。但有些学者并不同意这种分类，他们反对这种分类的基本考虑在于，无论是人本主义还是科学主义，都不足以概括和表达现代哲学的多元化、复杂化的现实状况。比如，20 世纪最重要的哲学家海德格尔明确反对人类中心主义，提出人不是存在的主宰者，而是存在的守护者，他因此发出了“拯救地球”的呼吁。反过来说，现代英美哲学也不乏人文关怀，不少英美哲学家在看到科学理性给社会带来秩序、财富和繁荣的同时，也认识到科学理性并不可能满足人们对道德、信仰、审美等方面的精神追求，只是他们解决这些问题的基本理路不同于欧洲哲学家，更侧重于政治哲学、社会哲学、伦理学等实践领域。

这里还涉及哲学界在 80 年代讨论得比较多的“语言转向”问题。前面我们已经简略地讨论了这个问题，这里还应当指出的是，在 20 世纪不仅分析学派重视语言问题，欧洲大陆哲学同样重视语言问题，只是两者立场不同。前者是加强和突出语言的逻辑功能，后者则是强调语言在解释现存世界、澄明人生方面的意义。海德格尔说“语言就是存在的家”，伽达默尔声称谁拥有语言谁就拥有世界，结构主义将语言结构分析方法运用于人类社会研究，无不说明语言在现代欧洲大陆哲学研究中的作用和意义。①

学术界对这些问题的争论，一方面表明，现代西方哲学的两大思潮在一定程度上是相互交叉、相互融通的，硬是把它们分开在事实上和学理上都是说不通的。另一方面，这也从一个侧面说明了现代哲学的多元性、复杂性和多变性，历史上的某一种哲学一统天下几十年甚至数百年的情况在现代社会是不可能的，这当然也是与现代社会多元化的基本格局相适应的。

考虑到我们这套书是“学术版”的哲学史，没有必要像教科书那样面面俱到，同时也为了反映中外哲学界近些年来的研究成果，我们在编撰本卷时力求贯彻这个主旨：不求全面，但求抓住欧洲现当代哲学的发展主线，并力求准确。这样做，一是可以突出重点，二是可以与这套书的宗旨相一致，即“这部书的各个部分都是作者经过独立研究的成果，是各位作者的研究心得”。为了尽可能做到这点，我们比较注意以下几点：

第一，本卷基本上是按时间顺序来编写的，并以各个时期最具代表性的哲学家思想的评介为中心。这样做的一个基本意图是，希望通过对这些哲学家的著作和思想的介绍评论，能够向读者比较全面地反映这些哲学家的思想，并以此展现现代欧洲大陆哲学的全景。除此之外，这里还有这样一个考虑，不少哲学家并不是能用某个主义或某种哲学就能概括的。比如，我们过去常用“生命哲学”来称呼狄尔泰的哲学，是因为狄尔泰强调“从生命本身去认识生命”，但“Leben(life)”这个词在狄尔泰那里既指生活在现实世界里的具体的人(Person)，同时也指社会和历史的现实性(Wirklichkeit)，因此，这句话同样可以译为“从生活本身去认识生活”。而且狄尔泰在解释学、心理学-哲学和哲学史等领域也作出了重要贡献，我们同样可以用“解释学”“心理学主义”“历史主义”来称呼他的学说。再比如，我们既可以把卡西尔归入新康德主义，也可以把他的学说

① 参见《西方哲学名著提要》，黄颂杰主编，第13—14页，江西人民出版社，2002。

称为“哲学人类学”，因为卡西尔的学说的确涉及这两个领域。在哲学史上，像狄尔泰、卡西尔这样的哲学家还有不少，以哲学家的思想评介为中心，就可以减少“贴标签”带来的以偏概全的麻烦。

第二，哲学术语的翻译历来是一个难题。“Sein（存在、是、有）”“Dasein（此在、亲在、缘在、在场）”“Existenz（实存、生存、出世）”“Ereignis（事、事件、缘起、自起、庸、道）”“Repräsentation（再现、代现）”等，都是学术界经常争论的话题。因为这部书都是作者自己独立研究的成果，所以，我们没有必要强求作者统一哲学术语的翻译。但为了便于读者的阅读和理解，我们一般都要求把这些术语的原文注在汉译后面。虽然这样做要占用一定的篇幅，但对于准确地传达原作者的意图和研究者的心得却是有利的。

第三，德国和法国的哲学思想在欧洲大陆起主导作用，但德、法并不能代表整个欧洲。为此，我们在本卷中特别安排了一篇专门讨论现代意大利哲学，主要涉及克罗齐的精神哲学、金蒂莱的行动主义、葛兰西的马克思主义理论、战后马克思主义思想、现象学与存在主义等。虽然这方面的讨论不像对德、法哲学思想的研究那样深刻和广泛，但它对我们的启示作用是明显的，因为即使这方面的讨论只是“门牌号码”，它也能开阔我们的眼界和视野，后来者也可以循此线索“登堂入室”，使我们在外国哲学领域的研究在今后更加深入、更加全面。

第四，本卷是一项集体劳动的成果。为充分体现和尊重各位作者的劳动，我们并不对作者提出具体的要求和规定，但要求言之有理，言之有据，文章的篇幅也是可长可短。本卷主编审读了全部文稿，对部分文稿提出了修改意见，对少数文稿作了一些修改，但不作大的改动。这里要说明的是，因为这是一项集体创作，参加写作的学者在学术视野、语言表达方面不尽相同，因此，在某些部分，特别是在某些当代哲学问题上，在学术界还没有得出一个大家共同认可的观点之前，现在的文本只是有关作者自己的观点，文责自负。这里面很可能会有一些不准确、浅疏，甚至是谬误的地方，我们诚恳地欢迎有关专家、学者和广大读者提出宝贵意见。

第一篇

意志哲学与生命哲学

第一章　叔本华

第一节　社会背景

叔本华（Arthur Schopenhauer）1788 年 2 月 22 日出生于但泽[Danzig，今波兰北部格但斯克（Gdańsk）的旧称]，祖上有荷兰血统。父亲是一位成功的商人，具有世界主义的胸怀，为其取名“Arthur”，因此名为英、法、德各国所通用。母亲是当时活跃在文学沙龙中的一位著名作家。1797—1799 年，叔本华随同父亲一起去法国，在那里学习了法语和法国文学。1803—1804 年，他又周游了荷兰、英国、法国和奥地利，并在英国接受了私人教育。广阔的视野无疑是先于书本的一种教育，令其终身受益。叔本华无愧父亲为其所取“Arthur”之名，他没有国家主义精神，志趣广泛。他喜好并精通英、法两国的语言和文学，并且同样爱好艺术和伦理学、印度哲学和佛教，但厌恶基督教。17 岁时，在父亲的再三要求下，他开始学习经商，但他志在做一名学者。同年，父亲去世，这对叔本华是一个沉重的打击。在以后的岁月里，叔本华一直对父亲表示怀念、感激和爱戴。同时，叔本华同母亲一直不和，经常互不来往，这主要是因为性格上的巨大差异。叔本华对女人的鄙视也许跟他对母亲的不满有关。

1807年,19岁的叔本华依照自己的兴趣,开始学习希腊文、拉丁文及古典文学。1809年10月,他进入哥廷根大学,开始学习医学,主要上的是自然科学的课程,但在第二年就转向了哲学研究。在舒尔策(G. E. Schulze)的指导下,他研读了柏拉图和康德的著作,这两位是极少数为叔本华所敬重而鲜有微词的哲学家,对他的哲学产生了深刻的影响。华莱士(Wallace)在《阿图尔·叔本华生平》(*Life of Arthur Schopenhauer*)中说:"他运用康德的思想形式建立起其观念中现象和实在的历史地位和历史视角。同时,在柏拉图哲学中,他看到这位神秘的禁欲者是与尘世中肉体存在的变换不定相对的,将真正的实在逐入一个超越的世界(a transcendent world)。简言之,康德和柏拉图仅仅是用来阐明他的思想的;他们为他提供了演讲的主题、方法和术语,借此,他为自己的哲学体系编织出了确定的纲要。"①之后,他又研究了亚里士多德、斯宾诺莎及其他一些哲学家的思想。1811年,叔本华怀着满腔的热情步入柏林大学,但迎来的却是失望,无论是施莱尔马赫(F. D. E. Schleiermacher)还是费希特都令他不满。1813年,他将论文《充足根据律的四重根》("Ueber die vierfache Wurzel des Satzes vom zureichenden Grunde")提交给耶拿大学,获得博士学位。1814年,他迁至德累斯顿,开始思考人性中的内在冲突(inward discord)问题,并再次迷恋上印度哲学。印度哲学是其哲学思想的第三个主要来源。他声称谁接受了古印度智慧的洗礼,谁就对他的哲学思想做好了准备。根据华莱士《阿图尔·叔本华生平》记载,早在1808年,施莱格尔(F. Schlegel)就将其著作《印度人的语言和智慧》(*Language and Wisdom of the Hindoos*)推荐给叔本华阅读,使他对印度哲学产生了景仰。叔本华还在魏玛认识了东方研究学者迈耶(Fr. Majer),后者使他对印度的历史研究发生兴趣。② 在德累斯顿的四年(1814—1818),叔本华完成了《作为意志和表象的世界》

① 华莱士:《阿图尔·叔本华生平》,第66页,伦敦,沃尔特·司各脱出版社,1890。

② 迈耶著有《婆罗贺摩或印度宗教》(*Brahma or the Religion of the Hindoos*),参见同上书,第106页。

(*Die Welt als Wille und Vorstellung*)。此书很快由布罗克豪斯(Brockhaus)出版社出版。在1815年,叔本华还撰写了一本小册子《论视觉和颜色》(*Ueber das Sehen und die Farben*),并因观点的不同而同歌德一度断绝往来。

1820年,叔本华作为无俸讲师(Privatdozent)登上柏林大学的讲台,但由于他"胆敢"与当时著名的官方哲学家黑格尔在同一时间开课,也由于他生性焦躁,不善做剖理分析,结果还没有到学期末就停课了。这是一次不愉快的经历,自此他对以黑格尔为首的大学教授更是极力抨击。1822年,叔本华辞去大学职位,又开始游历,因途中罹病,再次回到柏林,寄宿于旅店。大概因为柏林是其事业的失败之地,他一直郁郁寡欢,正是在此处发生了世人对其表示不满和不解之事:他因一位妇人屡次聒噪不休而将其推倒在地,致其终身残疾,而叔本华也因此必须在此妇人有生之年负担其赡养费。这一段时间是叔本华一生最不得志之时,举世推崇黑格尔哲学,而其著作几乎无人购买。

1831年,柏林发生霍乱,叔本华遂移居美因河畔的法兰克福,开始过隐居生活,直至1860年去世。在这里,他完成了其他几部重要著作:《自然界中的意志》(*Der Wille in der Natur*,1836)、《论自由意志》("Ueber die Freiheit des Willens",1839)、《论道德的基础》("Ueber die Grundlage der Moral",1840)、《附录和补遗》(*Parerga und Paralipomena*,1851)。《论自由意志》和《论道德的基础》分别是挪威和丹麦两所皇家科学院的征文,前者获得了褒奖。两篇征文后以《伦理学的两个基本问题》(*Die beiden Grundprobleme der Ethik*)为名出版。叔本华在其前大半生一直得不到社会的认可,主要著作的销量很低,在大学中也没有一席之地。直至1851年《附录和补遗》的出版,他才迎来了光辉的时日。这是一本论说文集,不仅是对他的主要哲学思想的补充,同时包括了他对文学、宗教及生活诸方面问题的思考。它首先吸引的是一般读者群,而不是哲学领域的教授们,并且是由于前者才引起了后者的注意。

叔本华的哲学之路是不顺利的,这不但与时代环境和通行的哲学流派有关,也同他自身的性格和为文特色有关。叔本华其人乖张孤僻、固执偏激却又开拓自新、坚定自信,其文尖酸讽刺、悲观沉郁却又明晰透彻、热情生动。一句话,他同当时的主流哲学格格不入,但又无疑指示出了新的哲学发展方向,是西方现代哲学的先驱者和开拓者。他之所以反对大学哲学教授,不仅是因为其失败的大学教授经历,更主要的原因是思维方式的不同。叔本华崇尚自由创造和反省思维,反对对传统观念、信条及术语不假思索地继承。他不再运用历史的思维方式,不再运用辩证法,而是以艺术的方式创造性地思考哲学问题。① 他认为他的同时代者(不只是黑格尔),都是以历史的方法认识实在。历史的发展过程形成实在,实在在历史过程中展现。但历史的方法只可能对既成的事实进行说明,只是科学和哲学的助手,而无法认识实在本身。据此,叔本华批判康德以后的德国古典哲学家背叛了康德所开创的道路,开始满足于理性的自我实现,走向封闭。相反,勇于革新和创造的哲学家打破一切传统,必然以艺术家的姿态改造哲学,他们是天才的创造者。这里,叔本华所指的正是康德和他自己。也正因此,他反对任何宗教信仰,对当时处于统治地位的基督教神学嗤之以鼻。他说:"人们的宗教信仰并非来自于理性的确证,而只不过是一种在童年时代就被灌输进来的东西而已。"② 宗教只是历史遗留下的牙慧,只是弱者借以安身的方式。叔本华之所以成为一个真正的自由创造者,也得益于他继承了大批遗产,不用为生计而放弃任何东西:不用效忠于官方,也不惧怕以黑格尔为首的提倡"绝对理性"的学院哲学家。

与大学哲学教授的乐观精神相对,叔本华对人生持悲观的态度。游

---

① 关于叔本华对黑格尔历史方法的批判和叔本华本人的思想方法,参见华莱士《阿图尔·叔本华生平》,第1章,伦敦,沃尔特·司各脱出版社,1890。这里,华莱士认为叔本华属于英国传统,因为英国的哲学主流一直是在大学之外的,大学教授居于次要地位。相反,德国传统是大学教授占主导地位。

② 叔本华:《附录和补遗》第2卷,佩恩(E. F. J. Payne)英译,第328页,牛津,克拉伦登出版社,1974。

历欧洲时的所见所闻(特别是法国东南部海港土伦的奴隶和经过大革命之后颓败的里昂)使他萌发了对世界本质的悲观意识。19世纪的浪漫运动更加促进了这一意识。浪漫主义崇尚情感、崇尚美的生活,在狂野和梦幻中将一切传统的教条和规章摧毁,将艺术和科学、艺术和生命的界限打破,个体的创造和个体的价值就是一切。这些都与他的精神品性相一致。在这种浪漫的气息中,浪漫主义者们同时感受到梦幻之后的空无和对生命的至大讽刺。无尽的向往和热望在有限的时空中是无法获得满足的,人生是悲苦的。浪漫主义的感伤情绪感染了叔本华:生命在本质上是痛苦的、无聊的,幸福只存在于生命的某一些瞬间。

同大学教授的抗争,实际就是同康德之外的德国古典哲学家的对抗。叔本华在古典哲学内发起了一场革命,但他又无法完全摆脱古典哲学。虽然他多次明确表示其哲学同黑格尔、费希特和谢林等人有着巨大差别和本质对立,但仔细剖析,内中的传承是不可否认的。叔本华是德国古典哲学向现代哲学转向过程中的一个关键人物。他关于意志和表象的划分是由康德的自在之物和现象而来,并将自在之物确定为意志。他将黑格尔绝对精神中的感性成分吸收到他的意志中来,意志成为一种感性的、现实的力,具有创造性。叔本华的"意志"不再是德国古典哲学中的绝对理性,而是"非理性的"原创力;但他的"意志哲学"自始至终都没有脱离开理性,而是将理性的反省思维作为认识世界本质的一种可能方式。意志的"非理性的"特征又造成了意志和表象之间既统一又对立的矛盾状况,意志哲学陷入困境。叔本华转而利用柏拉图的理念来否定意志、化解矛盾。意志在艺术(理念)中,暂时得到了解脱,但理念又带来了新的矛盾。他进一步走向对意志的完全否定,一种神秘的宗教抑制——禁欲。意志的肯定和否定,就是意志及其解脱之路;欲求和解脱就是叔本华整个哲学的主旨和发展线索;艺术、禁欲和哲学就是叔本华对世界本质的三种考察方式。

叔本华吸收了前人的丰硕成果为己所用,化为自己哲学体系的一部分,并由此开创出意志哲学,昭示了欧洲哲学的新方向。

第二节　表象与意志

叔本华关于意志和表象的划分是直接由康德的自在之物和现象而来,他进一步说“自在之物即意志”,将对本体的认识向前推进了一步。康德的自由意志与感性经验无关,它以理性的道德法则为依据,保证了道德法则至高无上的绝对性。它是人类理性在实践领域最为直接的表现,在实践中自己为自己立法,自己为自己创造价值,并在实践中为自身获得了客观对象——“至善”。它不是关于知识的问题,而是一个道德的、实践的问题。由此,康德为解决本体问题开辟了一条道路:只有“自由意志”能提出“自在之物”的问题。① 这成为叔本华思考本体问题的起点。但康德的道德法则本身仅具有理性形式,不掺杂任何感性内容,所谓的“至善”是感性世界之外的存在;意志只有形式没有内容,意志的运动性和创造性付诸阙如。理性的能力经由费希特、谢林到黑格尔又被发展为极致,成为“绝对的、无条件的东西”。在叔本华看来,这种“绝对的理性”是“一种‘超感觉的’能力,或者说是一种‘理念’的能力;总之是一种直接以形而上学为目标的处于我们内部的神谕般的能力(orakelartiges Vermoegen)”②。理性可以推动一切,认识一切。但理性只有形式,没有内容,理性如何能(运)动?理性对外在世界的创造只能是由无而来的,无中生有。叔本华认为这是不可思议的。由此出发,他提出一个“非理性”的“自由意志”作为其整个哲学的出发点。但这个“非理性”又不是反对一切理性,只是说他的理性不同于德国古典哲学中的理性。叔本华认为,理性必须有外在感性材料的加入,在获得物质内容后才可动起来,它必须是由经验而来的。理性就是对经验材料的概括总结,就是对直观表象进行概括从而形成抽象表象的能力。它是人类思维、反思和沉思的能

① 参见叶秀山《康德的“自由”、“物自体”及其他》,载于《叶秀山全集》第九卷,江苏人民出版社,2019。

② 叔本华:《充足根据律的四重根》,第112页,莱比锡,布罗克豪斯出版社,1891。

力,而不是天赋的才能。理性不再积极主动、不再具有强大的力量,它是消极的、静观的。于是,古典哲学中的理性被非理性的意志所取代,由本体的、第一性的地位跌落下来,理性为意志服务。意志则是一种感性的、实在的"力",具有主动性和原创性,它促使人们去思考一种自由创造的力量。意志哲学从此蔚为大观,成为对欧洲哲学的一大贡献。

一　表象世界和根据律

(一) 根据律作为表象世界的基本法则

叔本华开宗明义地说,"世界是我的表象"。当我说这个世界时,它必然是对我显现的,以我的认识为前提,它必定是一个知识、思想或意识的客体。世界的存在依赖于认识者,我认识的世界是世界的表象,当然不可能是自在的世界。为知识划定界限的目的在叔本华和在康德那里是一致的。叔本华用表象(Vorstellung)代替康德的现象(Erscheinung)主要就是为了标识主体认识和先验观念论,更严格地为知识划定界限,由此将现象-表象同本体(意志)完全区分开。他认为,在康德哲学中对象被分为现象和本体,本体也是一类特殊的对象,现象和本体没有完全区分开。表象不仅是直观,同时也是"概念"或"观念",先验形式——时空和因果律——都可以包含于其中。表象的先验形式将表象的作用范围限定在经验世界,表象和意志完全分离。

需要说明的是,在叔本华哲学中,客体、主体的对象和表象表达的是同一个东西,成为主体的对象和成为我的表象是一回事。主、客体的分立是表象首要的、本质的形式,在表象中同时包括了主体与客体。这个显现的世界既以客体也以主体为条件,表象的基本形式——时空和因果律既可以从主体出发也可以从客体出发获得认识,它们是一切客体的普遍形式,先验地存在于我们的意识之中。

表象世界与主体认识不可分,它是由根据律建立起来的。"根据律(Der Satz vom zureichenden Grunde)",又译为"充足理由律"。叔本华说根据律的基本含义是:“时间和空间中的每一事物,都是以其他事物为根据(vermoege eines Andern)而存在的。”[①]根据律就是表象世界(时空中)的基本法则,它来自我们的整体认识能力,以一个认识的主体为前提;它是表象之间必然联系的规律,并且只对表象世界有效。“根据律就是我们先验意识着的、客体所具有的一切形式的共同表述;因此,我们纯粹先验(a priori)知道的一切并不是别的,而正是这一定律的内容。由此所产生的结果是:我们所有一切先验明确的‘认识’实际上都已在这一定律中说尽了。”[②]根据律表达的就是主体的先验的认识形式。它是我们进行认识活动的意识,是我们理智的预先设定,或者说就是理智本身,是我们的理智为了认识这个表象世界所运用的基本规则。根据律本身是不可能被证明的,它是自明的。叔本华按照主体的不同认识能力(感性、知性、理性和自我意识)将根据律分为四种形式:依照因果律的生成的根据律,以理性和真理为依据的认识的根据律,以纯粹的感性形式(时空)为依据的存在的根据律以及依据动机律的行动的根据律。据此,全部表象在认识主体的统一下形成有规则的联系,表象世界或说知识界由此而建立。

叔本华承认根据律作为先验观念的普遍必然性,却不认为根据律是永恒真理。根据律无法超越经验世界运用到自在之物上,通过根据律不可能获得对这个世界的本质的认识。这同康德、费希特或谢林的哲学不同。在费希特,“自我”便是世界或非我的根据(原因),客体(非我)是自我的结果,主体通过根据律建立起整个客观世界的存在,“自我”就是这个世界的本质和原因。叔本华认为这是不成立的。根据律虽然来源于认识的主体,但它是客体间的规律,只对客体有效。主、客体之间的关系必须从根据律支配的范围抽离掉。同样,利用根据律从客体出发的那些哲学体系也不能达到永恒真理。如谢林的自然哲学,由客体推论出主

---

① 叔本华:《充足根据律的四重根》,第 158 页,莱比锡,布罗克豪斯出版社,1891。

② 叔本华:《作为意志和表象的世界》,第 6 页,莱比锡,布罗克豪斯出版社,1891。

体,客体是本质和原因。而且根据律作为表象间的联结法则总是相对的、有条件的。经验世界在因果律的作用下是一个在原因之后又有原因,无限的、没有终点的锁链。第一因是不存在的。以根据律为规则的知识系统,只能说明表象间的相互关系。叔本华说这就是以往哲学的错误以及他同以往哲学的区别。康德以自在之物作为现象的原因,在叔本华看来,这也正是将表象界的法则运用到表象之外的自在之物之上,因而是错误的。

反对第一因同时说明了叔本华对宗教、对绝对统治的反对。叔本华认为第一因后实际隐藏着的是一个人格化的上帝或绝对理念——理性权威。这仍然是隐匿身份的宇宙论的上帝存在的证明。这也是叔本华反对黑格尔的原因。由此看来,叔本华反对第一因的另一个目的就是区分宗教和哲学。在叔本华眼里,黑格尔以宗教论述哲学,将宗教侵入哲学领地,宗教和哲学被混同。叔本华认为哲学和宗教都起源于为整个生活世界寻求一个根本的解释,但自此以后它们就分道扬镳。宗教是大众的形而上学,目的是确立人的信仰,让人相信某些东西。但这些东西是在理智、在感性的经验世界之外的,它们是以寓言或比喻的形象化方式表达出的超经验的存在物,并且是一些先定的不能怀疑的假设。宗教离不开启示、先知、奇迹及国家等外在条件和目的。相反,哲学并不为自身以外的其他事物服务,它也不假定任何东西为已知的,“对于哲学来说,一切都是陌生的,并无已知未知之别。不可能有这样一个命题,说由于这个命题始有这世界及其一切现象……因此,哲学不能从寻找整个世界的一个有效因或一个目的出发”①。哲学的根本问题就是问这个世界是什么,而不问世界的来由或原因。哲学就是从世界本身出发寻找最普遍的知识。

(二)因果律和动机律

显而易见,叔本华吸收了康德的先验观念论,区分了现象与自在之

① 叔本华:《作为意志和表象的世界》,第 97 页,莱比锡,布罗克豪斯出版社,1891。

物,为知识划定了界限,并且比康德做得更为彻底。他对康德并不是无保留地接受,而是有着深刻的批判。在四重根据律中,叔本华将重点放在了两者有着密切关系的生成的根据律和行动的根据律(动机律)上,揭示了其哲学的本质和发展方向。

生成的根据律就是因果律,与之相对的主体认识能力是知性(der Verstand)。康德的知性十二范畴,被叔本华保留下来的仅有一个因果范畴。因果性与物质又是同一回事,因为"物质的存在就是它的作用"①。原因和效果就是物质的全部本质。因果律不但将物质在时空中统一起来,并且在物质的作用中构成了时空中的内容。因果律就是时空形式中的内容,就是现实性(Wirklichkeit),一切物质的总括。② 物质又是在时空中、在变化中存在的。但因果律涉及的不是物质本身的变化,而是物质状态的变化,"关于此时此地必然要发生的一个情况(ein Zustand)的规定,乃是因果律的立法唯一能涉及到的"③。每一个原因都是一个变化,每一个结果又是相对于原因(变化)而来的另一个变化,要找到一个静止的、不再变动的第一因对叔本华来说是不可想象的。这即是生成的根据律。我们在这里考察两个问题:一是原因和理由的区别;二是因果律先验性的证明。

通过追溯根据律的历史发展,叔本华批判了对"理由(Grund)"和"原因(Ursache)"不加区别的使用,认为这实际上助成了上帝本体论证明的成功。理由乃是认识和证明一个事物存在的根据,原因则是认识和证明一个事物为什么存在的起因。前者是认识的根据,作为结论的基础;后者是生成的根据,作为真实事件产生的根据。前者不同于后者,它不会导致超出自身之外的东西。笛卡尔用前者取代后者,用认识的理由——

① 叔本华:《作为意志和表象的世界》,第10页,莱比锡,布罗克豪斯出版社,1891。

② 叔本华作此说,是因为在德语中一切物质事物的总称叫作"Wirklichkeit(现实性)",这个词的词根"wirken"是动词,有"活动""作用""影响""效果"等意。参见叔本华《作为意志和表象的世界》,石冲白译,杨一之校,第33页译者注,商务印书馆,1982。

③ 叔本华:《作为意志和表象的世界》,第12页。

事物的存在取代了为什么存在的原因。在这种置换过程中，上帝的存在得到了似乎可靠的证明。上帝的存在就依赖于“上帝”这个观念，这个观念作为存在的理由，潜在地包含了它所有的本质属性，因而不再需要任何外在的制动(原)因。但原因始终是与结果不同并且同结果相分离的，上帝存在的原因不可能在上帝的观念中，上帝为什么存在仍然没有得到证明。同样，斯宾诺莎利用两者的混淆，不但为上帝存在找到了证明，并且将上帝和世界等同起来。上帝是世界的原因，世界又是从上帝的观念中，通过分析判断而获得的。上帝和世界的关系就是唯一的实体与其无穷属性的关系，泛神论由此建立。[①] 此后的哲学家虽然意识到了两者的区别，但他们都没有加以真正的批判。叔本华明确将理由划归为认识的根据，它是关于概念、判断、推理和真理的学说，关于抽象表象的学说。原因则是事物生成的根据，是关于直观的、完整的、经验的表象层次的学说。原因和理由的区分不仅破除了对上帝的本体论证明，同时推进了根据律本身的发展，使表象之间的关系更加清晰。

关于因果律先验性的证明自然离不开休谟和康德。休谟认为在原因中不可能包含任何预示结果的东西，原因与结果之间是推展的、综合的关系，因果推理是由经验而来的归纳推理，因而不具有逻辑上的客观普遍性。但休谟又在习惯中看到了一种主观感觉上的、心理上的必然性，它导致了先验原则的产生：外在世界的存在依赖于我们主体的意识。这无疑对康德、叔本华等有深刻的影响。康德将休谟主观心理上的必然存在推进为先验认识形式：时空及范畴。因果关系在时间的相继中获得了必然性，在时间中事物的存在方式必然是一个来自另一个的因果必然性的连续方式。叔本华则认为，康德过于沉溺于认识的先验部分，以致忽略了对任何人来说是显而易见的事实，即客观连续中一个跟着另一个而无须一个来自另一个也是完全可能的。例如白昼和黑夜的交替，白昼和黑夜是一个跟着一个地连续出现，但白昼不是黑夜的原因，黑夜也不

① 参见叔本华《充足根据律的四重根》，第 2 章，莱比锡，布罗克豪斯出版社，1891。

是白昼的原因。叔本华由此得出时间中事物的连续出现并不能证明因果律的先验性的认识。① 时间中的连续是由感性获得,但两个状态连续的必然性则由知性获得。对叔本华来说,感觉只是机体内部的过程,不包含任何外在的东西,感觉提供的仅仅是制造有形世界的素材。只有在知性的作用下,主观的感觉才能变为客观的知觉,因果联结才会出现。也就是说,时间中的联系仅仅依靠感觉,没有完全的必然性,时间中事物的因果联结还需要知性对感觉材料的加工。虽然时间是事物存在的必然前提,但时间不能完全主宰事物,事物的联结有一个理智的认识过程,即理智的由果到因、由因到果的推论过程。康德的错误在于没有将感性与知性清楚区分,而是将属于知性的因果律简单地等同于属于感性形式的时间,用时间来证明因果律的存在。"康德同样陷入了他用来指责莱布尼茨的错误:这就是他使'感性形式理智化(die Formen der Sinnlichkeit intellektuieren)'。"②对休谟、康德的因果律,叔本华总结如下:"康德和休谟在他们各自的论证中,犯了彼此相反的错误。休谟主张一切效果-结果(das Erfolgen)都只是时间中的顺序(die Folge),而康德则认为时间中的顺序(die Folge)必定是效果-结果。"③ 休谟缩小了因果必然性,康德则夸大了因果必然性。叔本华认为,与因果律相对的认识能力是知性,知性的作用就是将感觉变为直观。因而直观不仅是感性的,而且是知性的,是从原因到后果、从后果到原因的认识。直观认识以因果律为前提,而一切经验又都在直观的领域,这就证明了经验的全部可能性都是以因果律为前提条件的。叔本华认为这是证明因果律先验性的唯一方式。明确直观认识的知性特征,感性和知性以及直观认识和抽象认识之间的区别,将有助于进一步认识叔本华哲学及其与康德哲学的区别。

我们再来看第四类表象及其根据律形式——动机律。叔本华说:

---

① 关于叔本华对因果律先验性的证明及其对康德、休谟因果律的批判,参见叔本华《充足根据律的四重根》,第 21 节,莱比锡,布罗克豪斯出版社,1891。

②③ 叔本华:《充足根据律的四重根》,第 90 页。

“动机律只包含一个对象，这就是内感官的直接对象，是作为认识主体对象的意志主体；因此，它只是在时间中，而不是在空间中展示自己。”[①]动机律的对象即意志的主体。也就是说，第四类表象是意志主体。与这一类表象相对的主体认识能力是内部感觉，或一般的自我意识。叔本华认为主体是不能把自身再作为表象或对象来认识的，他认识一切表象，却不能被认识。认识主体是我们认识这个世界的前提，他是自明的。叔本华因此说：“世界是我的表象”，并认为“我认识我在认识”与“我在认识”表达的最终就是“自我”的命题，即“我是主体”“对象为我而存在”。前一个命题（“我认识我在认识”）本身确实不能表达关于认识者自我的任何知识，它强调的只是作为认识主体的“我”，叔本华因而将两个命题等同。但将前一个命题等同于后者（“我在认识”），无疑又抹杀了主体具有的自我反思的能力。叔本华对此的解释是，自我反思或内在反思不是作为认识主体呈现，而是作为意志主体、作为意志呈现的。[②] 认识主体不能将自身再作为认识主体加以认识，因而只可以把自身作为意志主体加以认识。

“动机”也就是在第一类表象中居支配地位的因果律的三种形式（狭义的原因、刺激和动机）之一。叔本华说动机以认识为媒介，我们靠认识来判定一个行为为何发生，即行为的动机，动机就是原因。在第一类表象中，因果律是由外部知觉提供给我们的经验世界的根据律形式。因果律告诉我们，外部世界中一个原因、一个刺激必然会产生一个结果，这是一种相对的、有条件的必然性。这一过程的本质对我们仍然是一个谜。第四类表象是内在的自我意识，动机律由外在经验转向内在意识，动机属于我们内部的经验活动，支配着生命本身。它虽然由于认识活动而将原因复杂化，却由此唤起了个体意志，并表现为行为。动机律是由内部观察到的因果关系，在动机律中有一个由内在意识到外在

---

① 叔本华：《充足根据律的四重根》，第 140 页，莱比锡，布罗克豪斯出版社，1891。

② 参见同上书，第 42 节。

行为的发展过程。个体的意志活动从属于内在感觉或自我意识，它是我们的直接认识。伴随个体意志活动的是身体的活动，在自我意识中，意志(活动)和身体(活动)是同一的。因此，叔本华说他哲学的总线索是从支配第四类表象的动机律来理解支配第一类表象的因果律，我们必须从意志到表象。这是叔本华《充足根据律的四重根》必然得出的一个结论。

二　自在之物即意志

(一) 通达意志的方式

叔本华的意志是由康德的自在之物而来的。他说，康德已经在人类的道德行为中直接触及了自在之物，看到了某种不再能够按照现象法则来解释的东西。由此出发，他将康德的自由意志由实践-道德领域扩展到人类的一切生存领域，自由意志就是这个世界的本质——自在之物。叔本华获得这个自在之物的方式不同于康德。他认为，康德最严重的错误就是对自在之物的假设：他没有在直观认识与抽象认识之间作出区分，没有从直观认识出发，在自我意识中直接发现自在之物，而是从抽象认识出发，利用因果关系推论出自在之物，由此不得不自食其果，再次混同现象和自在之物。既然由抽象认识、由外部法则寻找事物本质是绝对不可能的，叔本华转而由直接的直观认识入手，在自我意识中寻找自在之物。根据康德将同一主体置于不同的关系——自由律和自然律，以及悟知性格和验知性格的同一，叔本华找到了寻求意志的方式，即从身体和意志的同一(die Identitaet)出发，在自我意识(das Selbstbewusstsein)中直接发现意志。

"认识的主体既由于它和身体的同一而表现为个体的形式，这身体对于它就以两种方式而存在：一种是知性的直观中的表象(Vorstellung in verstaendiger Anschauung)，作为客体中的一客体，服从这些客体的规律。同时还有一种完全不同的方式，即是意志这个词所指的每个人直接认识到的(unmittelbar Bekannte)。意志的每一真正的活动都立即而必然是身体的活动……亦即进入了直观的意志活动。”[①]叔本华认为身体以两种方式存在:表象中的客体与直接认识中的意志,分属身体(表象)活动与意志活动。两者不可能是因果关系,因为因果关系只是表象之间的关系;两者是统一于身体的不同性质的活动。意志的每一活动都立即表现为身体的活动,身体的活动就是直观的或说可见的、客体化的意志活动。所以,叔本华说,“意志是认识身体的先验(a priori)认识,身体是认识意志的后验(a posteriori)认识”[②]。意志是一切存在包括身体存在的基础,对意志的意识又离不开身体。在意志和身体的同一中可以获得对意志的直接意识。

在关于自我意识能否对意志进行直接认识,也即在自我意识中是否具有自由意志这个问题上,叔本华的表述是不一致的。在《作为意志和表象的世界》的第21节和第22节中,他一方面说:“意志这个词儿,好像一道符咒似的要为我们揭露自然界中一切事物的最内在本质,它绝不是一个未知数,不是一个由推理获得的什么,而是标志着我们直接认识到的东西,并且是我们如此熟悉的东西;我们知道并懂得意志是什么,比了解其他任何别的东西更清楚,不管那是什么东西。”“在一切可能的概念中,意志概念是唯一的一个不在现象中,不在单纯直观表象中而有其根源的概念,它出自每个人的内心,是每人最直接的意识。”[③]根据上述说明,意志是可以通过自我意识得到揭示和认识的。许多西方研究者也认为叔本华的意志是可知的,例如本·金普(Ben Kimpel)将叔本华的知识归为两种:表象的、经验的知识和自在之物的知识。后者即是对意志的体验,是关于意志的没有中介的直接知识。[④] 但另一方面叔本华又说:“意志是在自我意识中直接地并且在它自身那里被认识的,所以,在自我

① 叔本华:《作为意志和表象的世界》,第119页,莱比锡,布罗克豪斯出版社,1891。

② 同上书,第120页。

③ 同上书,第133页。

④ 参见金普《叔本华的哲学:对作为意志和观念的世界的一种分析》,第12、25页,波士顿,学习纲要出版公司,1964。

意识中也有对自由的意识。可是这就忽视了个体的人,这不是作为自在之物的意志,而已经是意志的现象了。作为现象,个体就已经是被决定的,并且进入现象的形式,进入根据律了。"[①]这就是说,我们认识到的意志实际只是个体意志、意志的现象。对意志的认识离不开身体,而身体是时间中的存在,这反过来又证明了我们只能认识个别的意志活动在时间中的各种状态,而不可能在本质上认识统一的、完整的意志。

在《论自由意志》中,叔本华针对挪威皇家科学院提出的问题——"人类意志的自由,能从自我意识得到证明吗?"给予了否定的回答:"可以证明被探究的自由意志的事实根本就不可能存在于直接的自我意识中。"[②]在这部著作中,叔本华论述了自我意识中存在着的一种相对的、理性的自由,即人具有"欲求(wollen)"的能力,"如果我能做我所欲求的,我就是自由的"。但问题的关键却在于,"这种欲求本身(der Wille selbst)是否是自由的"[③]。一切情绪或感情都是"欲求"的表现,都是作为遵循或违反意志而进入自我意识的。但它是被外部对象刺激起来的,是在他物的意识(das Bewusstsein anderer Dinge)作用下产生的。当我说"我能做我所欲求的事情"时,我已经作出了判断,我的认识已经寓于其中了。自我意识只包含"欲求",却不包含欲求的理由,后者寓于他物的意识中。"欲求"与自由意志没有直接发生关系,它是认识的产物,是由他物、由外在的客体决定的。"欲求"服从表象界的必然法则——根据律,任何一个认识的作用(动机)必然会有某种结果。在人身上动机又是不断的、多样化的,它们不为当前的客体或环境所束缚,而是将眼前、过去和未来都考虑进去了。动机对于观察者变得隐秘而复杂,动机(原因)和结果之间的关系变得越来越难以理解。进一步说,抽象动机只存在于思想中,以理性认识为工具,在某种程度上甚至可以说存在于想象中。动机变为思想和想象,具有多种选择的可能,意志似乎是自由的,错觉由

---

① 叔本华:《作为意志和表象的世界》,第 135 页,莱比锡,布罗克豪斯出版社,1891。

② 叔本华:《论自由意志》,第 56 页,柏林,罗特吉斯与波斯克出版社,1901。

③ 参见同上书,第 1 章。

此产生——“我能做我所欲求的事情”。叔本华说,这就是人相对于动物而言的“相对自由”,人具有随理性而来的相对自由。但这种自由仅仅是主观的、理智的,并且只有当客观上没有任何原因出现时,才可能在自我意识中出现。一旦具体的情况是确定的,动机及其效果也将变为确定的。虽然理性认识使动机变得复杂且远离物质,成为思想和想象,但它仍然服从因果律。动机律就是以认识为媒介的内在的因果律,它必然有一个结果。动机与自由意志之间没有直接的、必然的关联。它只是意志表现出的一个刺激因,只是以认识的手段影响意志的表现方式。在人的行动中,自我意识中不可能出现自由意志。你能做你所欲求的事情,只是指在具体的时空中,在你生命的某一时刻,你能实现你所欲求的某一东西,而这同时意味着,当你欲求这一个,就不能再欲求另一个。自由意志在人的理智认识之外,只是由于动机的多样性并具有思想性、想象性,才造成了自由意志的假象。

叔本华认为,康德的自在之物不过是一个未知数,而他由直接认识获得的意志却是一个最熟悉的事物。但熟悉不等于理解或认识。他所谓的直接认识只是在内在经验中,在自我意识中与意志相合,在相合中意识到意志的存在,但并不能认识和说明意志。更主要的是,这种对意志的直接认识仍然包含着一种类比推论。因为在意志和身体的同一性中自我意识认识的只是自我意志的存在,只有通过类比,才能认识其他一切物体中意志的存在,这仍然是一种理性的推论活动,而不是对意志存在的直接证明。[①] 意志和身体的同一命题也不能完全证实:(1) 意志并不完全产生身体的活动,身体的活动是现实的或实现了的活动,包括理性的决断。(2) 身体的活动并不完全出自意志,有可能是被迫的,或者是机械的迫力或者是他人的旨意。[②]

叔本华之所以时而认为意志可以由直接认识获得认识,时而又否认

---

① 参见华莱士《阿图尔·叔本华生平》,第 5 章,伦敦,沃尔特·司各脱出版社,1890。

② 参见加德纳《叔本华》,第 155—156 页,哈蒙兹沃思,企鹅出版公司,1967。

这点,盖因为非理性的意志必须借助表象世界的认识手段(概念)来进行说明。叔本华在表述中经常以意志的一个表象——人的意志取代意志本身,以此对意志作客观的描述。但这实际是关于意志的具体表象的认识,而不是对意志本身的认识。我们只能在表象中认识意志,表象又无法圆满地说明意志。归根结底,是因为意志不进入认识领域、不是知识的对象,而哲学的目的和任务却是要去认识它。用人的意志代替意志本身正是为了客观地"设想"、认识意志所采取的一种方法。这种替代遭到许多研究者的攻击,但叔本华力图化解康德不可知的自在之物这一目的却也非常明确了。这是自费希特直至黑格尔力图解决的问题。费希特等人的方法是扩大理性的认识能力,以一种超越"经验知识"的"绝对知识"来解决这一问题,他们把理性的认识能力视为绝对的,使它不仅要认识现象,更要认识本体。叔本华同费希特等人的目的是一致的,即化解不可知的自在之物,但在方法上有所不同。叔本华力图越过费希特等人,直接接续康德,谨遵康德为知识划定界限的做法,即理性的作用范围只在经验世界,而无法认识自在之物——意志。在对绝对理性的批判中,叔本华认为表象之外的意志不可能靠绝对理性来认识,也不能由科学的、概念的语言说明,而只能在非理性的艺术审美和神秘的抑制——禁欲中获得。叔本华对这些活动的描述凭借一种直接的感悟,带有神秘色彩,突出的是直观认识。叔本华的直观不仅是感性的,也是知性的。知性不同于作为抽象概念的理性,是直接存在中的感悟。直观中的直接认识不可证明,但这种不可证明同时传达出了人类行为和意识中有不依赖于现象法则的东西,人类有属于本质的另一面,因而有把握本质的能力,这才使认识意志成为可能。在叔本华哲学中,艺术和禁欲主义的说明让直观认识成为超绝的和伟大的,直接认识本体意志。这是叔本华在关于自我意识是否可以认识意志的表述上出现混乱的一个原因。

叔本华以意志取代自在之物,认为在直接的自我意识中可以获得对意志的认识。其目的是对德国古典哲学进行批判的发展,继承康德却又不囿于康德，防止走上独断论的道路[①]；他在化解康德自在之物的同时，否定其他古典哲学家的理性的绝对认识能力。但正是后者使前者的可能性进一步缩小。叔本华只是在最终结果上而不是在目的上接续了康德：他希望化解自在之物，但在贯彻康德为知识划定界限的做法中，却将自在之物更深地埋藏了起来。

（二）意志的基本特性

作为本体的非理性的意志到底是什么呢？叔本华没有对意志这个概念作直接的明确的界定，而是代之以对意志特性、意志客体化不同级别的描述和说明，但这种描述和说明同样无法离开概念。这是不可知的非理性的意志和利用理性的概念对意志进行说明之间的矛盾。这也是意志同意志哲学之间的不同：意志是非理性的，意志哲学却不能没有理性和概念。叔本华对意志及其特征的描述可以归为以下几点：(1) 意志是单一的、统一的；(2) 意志是无理由的、无目标的；(3) 意志是无法遏制的、无止境的；(4) 意志是向上的冲动（das Streben），一贯趋向较高客体化的冲力；(5) 意志是欲求、欲望（das Wollen）；(6) 意志有着本质上的自我分裂（die Entzweiung mit sich selbst）；(7) 意志必定会消耗自身（an sich selber zehren），因此，意志是饥饿的；(8) 意志是悲剧性的。

叔本华借用经院哲学的术语，将时间和空间称为“个体化原理（principium individuationis）”。时间和空间是根据律的形态、表象的存在方式，在时空中存在的不同个体现象表现为杂多。意志的客体化也有无穷等级，“有如最微弱的晨曦或薄暮和最强烈的日光之间的无限级别一样，有如最高声音和最微弱的尾声之间的无限级别一样”[②]。现象的杂多不仅是个体的数量多，也是意志客体化的级别多。相反，意志本身只是“一”，但既不同于客体之为一，也不同于概念之为一，而是在时空、个

① 参见叔本华《康德哲学批判》（*Kritik der Kantischen Philosophie*），第 507 页，莱比锡，布罗克豪斯出版社，1891。

② 叔本华：《作为意志和表象的世界》，第 152 页，莱比锡，布罗克豪斯出版社，1891。

体化原理之外的、“杂多可能性之外的一”[①]。意志的“一”就是本质的“一”，因而意志呈现于一株或千百万株橡树，都是同样完整、彻底的。这就是(1)表达的意思：意志是一切事物的本质，它是单一的、统一的。虽然叔本华将整个世界划分为意志和表象，但作为本质的只有一个意志，表象是由意志而来的，是意志的表现和意志的可见的一面。

由(1)我们可以直接过渡到(2)。既然意志在时空之外，它必然不服从时空中的现象法则。时空中的现象遵从根据律，有一个此时此地的存在理由与目的。它们是被决定的、有条件的，因而是必然的、有结果的；相反，意志是盲目的、无知的，它没有理由与目标。它只是单纯的欲求，至于欲求什么，则是时空中的事情。从意志不受根据律制约来看，意志自身是自由的、独立无待的。但这只是意志自由的消极含义，意志自由的积极内涵在于它在本质上是“有”、是充溢、是饱满，在充溢中向外溢出和分裂，由此产生出力量。意志的存在方式就是不断地进行创造、不断地向外客体化，这就是(4)和(6)。意志是一种冲力、冲动或创造力，由此分裂、向外客体化。意志产生出其客体化的诸级别：各种理念(自然力和人)、随人而来的理智认识(根据律)、理智认识构成的表象世界。古代的“流射”说在此获得了新的意义。意志是一种原创力，意志的这种力较之各种自然力更为原始。它是这个世界最本原的存在，各种自然力只是这个本原的力的客体化的结果。意志虽然是感性的，却又是第一性的存在，具有主动性，因此，意志具有真正意义上的能动性和积极性。只有这样去理解意志，叔本华哲学中的许多矛盾才可以得到解决。意志既然没有目的，也可能导致静止不动，但意志却是无法遏制的、没有止境的、永不衰竭的，其原因就在于意志在本质上是一种力，同时还因为它不进入根据律，没有一个不动的第一因可以让它停止下来。意志自身就是不竭的创造源泉。意志是自我给予、自我满足的，它“消耗自身”，自己解救自己的饥饿。(3)和(7)就是意志作为一种原创力的直接表现。

---

① 叔本华：《作为意志和表象的世界》，第134页，莱比锡，布罗克豪斯出版社，1891。

难以理解之处是(6),即意志本质上的自我分裂。意志既然是一个"统一体",在本质上是完整的单一体、杂多之外的一,远离个体化原理,那如何自我分裂?意志分裂之后是否就成为杂多?意志的分裂是否就是对自身的割裂?实际上,叔本华所谓的分裂并不分裂意志本身,而是意志的外化和显现,表现为意志客体化的各个级别。意志客体化的各个级别是对意志本质的不同程度的体现,表现了意志的创造性,其"显现"不同,但意志作为"本质"是统一不变的,意志的自我分裂恰恰证明了意志本质的统一性,这才是意志的本性。对意志本身的割裂这一假象是由个体化原理而来的。对于现象界的个体来说,自我的意志必然大于他人的意志,诸现象之间为了争夺物质、空间和时间发生斗争,作为本体的、统一的意志被个体所割裂。

叔本华的意志的自我分裂显然受到黑格尔精神现象学的影响。现象学即精神的显现学,是精神发展历程的学说。意志的客体化也即意志的外化,是意志的展开、显现。两者都是由本质到现象的发展运动。黑格尔的精神自身包含着运动的力量,并因为感性的加入而产生了矛盾和对立。据此,黑格尔的绝对精神并不完全是一个抽象的概念,而是具体的共相。但精神中的感性毕竟处于低级阶段,精神现象学即是精神从感性到知性再到理性的发展过程。精神以自身的发展为最终目标,它不但有一个外化的过程,同时又是回归自身的;精神发展的结果是绝对,是大全,成为一个封闭的体系。叔本华的意志同绝对精神一致,都是原创性的,但性质不同,意志是感性的现实的力,与理性无关。意志只有不断向外客体化的过程,而没有返回自身的过程,意志没有目的因而没有最终结果,意志永远在创造过程中。非理性的意志建立的不再是一个封闭的体系,意志哲学是开放的。

意志是充溢,是给予,不同于不断索取的欲求。但为何叔本华又将意志作欲求来解释?即(5)。首先是因为我们对意志的认识只能通过具体的意志活动,即在时空中、根据律之下的个体活动。叔本华哲学研究在中国的开创者王国维先生就是从欲求的角度来理解意志的,而对本体的意志未能深究。他的意境说实际就是对各种感性欲求的摆脱,意志即各种感性的欲求。这种情况出现的更主要原因,是叔本华的欲求在某种程度上被形而上学化。欲求是缺乏和不满,需要被填充、被补足,并且在它表现出缺乏时会立即得到充实和实现。欲求刺激并激发意志去创造,去释放自身的充盈的力。有欲求才会有生命,才会激发出生命自身的活力,欲求是生命的基本象征。它是感性的,却又成为现实的创造力,具有主动性。因而欲求不能仅仅被理解为七情六欲,它同本体意志不可分,是意志的表现,也是意志自我实现的动力。无此,作为本体的意志将失去意义。另外,意志既然开显出表象世界,必然同各种利害关系不可分。叔本华在假定意志作为这个世界本质的同时,也必然假定了欲求的存在。有所欲求必然会在追求满足的过程中陷入各种痛苦之中,欲求是痛苦的起因。叔本华因此说生命的本质是痛苦,是由无数的痛苦组成的,它将在新的个体中延续下去,如此连绵不绝,迄无止境。在其对整个生活世界的描述中,一切都是围绕着欲求、不满和痛苦的生活场景。欲求和痛苦是真实的生命,叔本华的意志也是悲剧性的。即为(8)。

概而言之,在叔本华这里,意志具有双重意义:意志作为本体是一种力,它是感性的,却又是主动的、创造性的;意志包含各种感性欲求,是存在于时空中的个别活动,简单说就是“七情六欲”,生活之欲。所以,叔本华说:“意志这一语词具有经验和先验的双重意义。”①在(7)中,意志的双重含义已经表达了出来。意志是饥饿的,因而不断欲求、索取,但意志又是一种力,可以自我满足。作为欲求,意志永不满足,因而不断索取;作为充溢的力量,意志不断外化、不断放射,自我满足。意志的双重含义相互吸引,一个给予、一个索取,无法分离。

---

①《叔本华论说文集》,范进、柯锦华、秦典华、孟庆时译,第 397 页,商务印书馆,1999。

第三节　理念论

一　理念进入叔本华哲学的可能性和必然性

叔本华在《作为意志和表象的世界》的第三篇集中论述了理念(die Idee)。这一篇的副标题是“独立于充分根据律以外的表象,柏拉图的理念,艺术的客体”。这里标识出了其理念论的基本思想,我们初步获得如下认识:(1) 理念不再处于本体的地位,而是一种表象,却又在根据律之外;(2) 叔本华接受了柏拉图理念的基本含义:理念是个体的标准模式或事物的永恒形式;(3) 理念是艺术的对象,它不是通过抽象的理性认识,而是在直观认识中获得的。我们发现叔本华的理念论中存在着矛盾:理念是可以直观的对象,却又存在于时空之外。由以上基本认识出发,我们这里考察叔本华引入理念的可能性与必然性,以及理念在其意志哲学中的地位。

(一) 理念进入叔本华哲学的可能性

从理念与现象①的关系入手,叔本华说作为一切现象的原型,理念是最普遍、最基本的形式,是现象必须假定的前提条件。但他着重强调理念仍然是表象世界的存在,只是“尚未”进入根据律的形式。这就说明了理念并不处于本体的地位,或只是暂时处于本体的地位。理念是意志客体化的一个级别,是意志的可见性。理念不是现象的本质,而是现象的根据或原因,表现为自然界一切物体中的那些力,在人则为性格。这些自然的力或人的性格是不可追究的,是一切现象的必然的、不可少的前提。在第二篇“世界作为意志初论”的第 22 节,叔本华说这些力是以客观世界的直观认识为根据的,“是从因与果支配着的领域内提出来的,所

---

① 叔本华用表象(Vorstellung)取代康德的现象(Erscheinung),与本体-自在之物(意志)相对,是为了强调主体认识和根据律的先验观念性,由此进一步为知识划定界限。表象是相对于具有先验认识能力的主体而言的,但这并不是说叔本华就不再使用现象一词了。

以也是从直观表象中提出来的,从而意味着原因之为原因(das Ursachsein der Ursache),也就是在这原因之为原因不能在事因学(Aetiologie)上再有进一步的说明反而正是一切事因学的说明不可缺少的前提这一点上,它意味着原因之为原因"[①]。从这段话来看,叔本华的理念与康德的自在之物有一致性,两者都是由经验世界推论出来的,都是被根据决定的东西之后的无根据者、条件系列之后的无条件者,也就是第一因。所不同的是,叔本华认为第一因是发生学上的,因而是时间中的存在,而不是超出时间之外的关于本体的存在。因果律只能将我们带入经验世界,说明表象之间的关系,而不能说明表象的本质,用第一因来说明自在之物,即是用表象的法则来说明表象之外的存在。这正是叔本华对康德自在之物不满与批判的地方。由此出发,他援引柏拉图的理念,让理念来承担第一因的任务,而将自在之物(意志)从这种错误中解救出来。理念仍然是表象世界的存在,自在之物——意志不再进入表象世界。

从理念和意志的关系来看,叔本华说,理念是意志的直接客体化,是意志的完美显现。理念不再是靠推论,由经验、知识获得的,而是由本体意志直接生成的。古希腊哲学的基本思路是由经验追求本质,因而是自下而上。中世纪基督教哲学沦为神学的婢女,哲学却又由此得益于上帝的证明,开启了一条自上而下的道路。德国古典哲学由康德经费希特、谢林到黑格尔走的都是这条自上而下的道路,由本质出发到现象。[②] 在这一点上,叔本华无疑与德国古典哲学一脉相承。不同的是,叔本华所说的本质不再是以理性为核心的自由意志或绝对精神,而是意志,一种

---

① 叔本华:《作为意志和表象的世界》,第 133 页,莱比锡,布罗克豪斯出版社,1891。叔本华将自然科学分为形态学(Morphologie)和事因学(Aetiologie),前者考察事物的形态,后者考察变迁中的物质,也即物质状态在时空中所遵守的法则与规律。参见《作为意志和表象的世界》,第 17 节。

② 参见叶秀山《斯宾诺莎哲学的历史意义:再读斯宾诺莎的〈伦理学〉》,载于《叶秀山全集》第六卷,江苏人民出版社,2019。还需要指明的是,在知识论中,康德的自在之物是由经验推论而来的,是自下而上获得的。

感性的实在的力，它自身就具有产生一切的力量。柏拉图可以直观、可以认识的理念被叔本华引入其哲学，并且成为意志的客体化或者意志的可见性，“唯有理念是意志或自在之物尽可能的恰如其分的客体（die moeglichst adaequate Objektitaet）；甚至可以说，就是整个自在之物，不过是在表象的形式之下罢了”①。叔本华在理念这里保留了客体的形式，并且认为康德自在之物的最主要缺点，是在自在之物身上也保留了客体这一形式。叔本华认为作为本质的意志不可能是一个客体，因为客体就是表象，而自在之物作为客体是没有办法超出现象而成为本质存在的。在叔本华哲学中，自在之物——意志不具有客体的形式，是不可知的；理念则是可知的、可以直观的。由此，他假设理念是本体意志的直接客体化，理念成为叔本华认识意志的一种手段。为了自身思想发展的需要，叔本华总是不断假设出许多新的观念，却没有考虑这些观念之间是否相容的问题。叔本华哲学中的许多冲突由此产生。化解各种冲突，揭示其意义就成为认识叔本华哲学的一个中心任务。

在叔本华这里，理念既具有表象的特征，又具有意志的特征。这样，叔本华理念论自身的不一致就非常清楚了。这是上下两条路线的直接交锋：理念一方面是由推论获得的，是表象世界的根据，现象中的一切事物都以理念为原型和标准；另一方面，理念是意志的直接客体化，同意志一样都是根据律之外的存在。对此，也许可以这样来形容：意志从不直接进入表象界，但它却是表象界的最高“领导”。理念是意志在表象世界的直接代理人，它受命于意志全权处理表象界的一切事物。所以，理念左右逢迎，却又左右为难，成为表象和意志的矛盾激烈冲突之处。这一矛盾可以追溯到柏拉图的理念论：理念一方面是可以直观的、可以认识的客体；另一方面，理念又是现象之外的存在，是不可知的。我们对理念的回忆和分有都是不完全的。正是柏拉图理念论的矛盾使叔本华在其意志哲学中引入理念成为可能，反过来说，叔本华因为其理念论自身的

① 叔本华：《作为意志和表象的世界》，第206页，莱比锡，布罗克豪斯出版社，1891。

矛盾才引入柏拉图的理念论。叔本华的理念唯一平息安宁之时是在艺术欣赏中,理念摆脱意志、忘记表象,而沉浸于自身。

(二) 理念进入叔本华哲学的必然性

叔本华说,这个世界一面是意志,一面是表象,缺一不可。意志是自由的,表象是必然的,两者既相互分离又紧密结合。表象的本质是意志,而意志的本性就是向外客体化,意志的显现就是为了表象。“唯有意志是自在之物。作为意志,它绝不是表象,并且在种类上不同于表象。它是一切表象、一切客体和现象、可见性和客体性的来源。它是个别事物的,同样也是整体的最内在的东西——内核。它显现于每一盲目起作用的自然力之中。它也显现于人类经过考虑的行动之中。而这两者的巨大差别却只是对显现的程度(der Grad des Erscheinens),而不是对显现者的本质(das Wesen des Erscheinenden)说的。”①意志在显现和外化为表象时,它是和表象完全不同的,但各类表象所显现出的却是同一个意志,即“显现者”的本质是同一的,不同的只是显现的程度。叔本华举例说,意志呈现于一株或千百万株橡树,都是同样完整的,同样彻底的。显现者的本质是同一的意志,显现者也是相同的,都是橡树,因而显现的程度也是相同的,都是意志的一定级别的客体化。我们再以石子和动物为例:两者显现出的是同一个意志,即石子和动物的本质是同一的,但显现者明显是不同的,这种不同不仅是外形上的,更是种属的类别特征的不同,即叔本华所说的“显现的程度”的不同。这在人这里就更为明显了:不仅是种属的不同(相对于其他物种),更是同一种属之下(相互之间)不同个体特征的不同。在无机界,没有个性的出现,只有共性的存在,表象对单一的族类特征的表现与意志的单一性相一致。到了有机界,特别是在人身上,个性特征突出明显,表象无法表达意志显现出的不同程度,个性特征的多样性、分散性与意志的单一性、统一性发生冲突。意志和表象之间有一条无法跨越的鸿沟。

---

① 叔本华:《作为意志和表象的世界》,第131页,莱比锡,布罗克豪斯出版社,1891。

意志与表象的矛盾逐渐明朗，意志是表象的本质，但意志又必须通过表象来反映，意志只有在表象中才能确立自身。这也是叔本华经常不加区分地使用意志和欲求的一个原因。作为本体的意志只有在具体的欲求中、在表象中才能获得反映和说明，而表象又只能在某种程度上表现意志，不能达到完整的显现。意志一旦进入表象世界就降为七情六欲，就必须遵守表象世界的法则。意志自身则处于根据律之外，永远无法得到认识。意志和表象既互相统一、相互限制，又相互对立、相互分离。意志和表象的矛盾进一步扩展就是意志和理智认识的冲突。在无机界和有机的植物界，没有认识活动，在它们身上所体现的只是单纯的生长、盲目的冲动，表象完全服从意志，同意志相一致。一旦到了动物界，特别是到了人，为了满足各种需要，认识产生，矛盾随之出现。人（在性格不变的前提下）的行为是按动机表现的，而动机是以认识为媒介的。以根据律为原则的表象世界就是理智认识的世界。表象和意志的矛盾就是认识和意志的矛盾。再进一步讲，认识、表象又都是意志自我分裂、自我创造的产物。意志和表象或认识的矛盾一方面出自意志本质上的创造（客体化），意志创造出自身的对立面；另一方面则是意志的“非理性”的本质特征，意志不再进入根据律，因而与表象是两个系统的存在，分属两个世界。

通常解决双方矛盾冲突的手段是：请出一个“第三者”作为调停者、中间人，以此缓和、化解、平息双方的不一致。据此我们可以推测，叔本华引入“理念”正是为了解决意志与表象间的矛盾冲突。一方面，理念是意志的直接客体化，与意志直接发生关系。在这个意义上说，意志只存在于理念之中，并经由理念客体化于表象，理念是意志的居留地。另一方面，理念由经验而来。作为一类特殊的表象——原型，理念与表象发生密切的关系。理念自身是矛盾的，但正是这种矛盾使理念能够成为两者的中介，解决两者之间的矛盾。同时，柏拉图的理念经过叔本华的改造，不再是巴门尼德铁板一块的“存在”，也不再仅仅是类特征的理念。柏拉图理念中个性特征的端倪被叔本华发掘出来，并得到充分的发挥。

这种个性特征在无机界还仅仅表现为一种族类的特征,即各种自然力。到了有机界,由植物到动物再到人,个性特征越来越明显。人的个性特征就是"性格"。不同人具有不同的"性格",因而即使是同一个动机对不同人发挥的作用也不同。"然而性格的表现又只能在这样一个范围内,即是说不能把性格看作偶然的、绝对专属于某一个人的个体的东西,而是要把性格看作人的理念恰好在这一个体中特别突出的一个方面,这样的性格描写才有助于表现人的理念。于是,性格固然是个体的(individuell),却仍然要按理想的典型(idealisch)来把握、描写,也即是说根本要就人的理念(性格以它的方式促成人的理念的客体化)来突出性格的特殊意义。"[①]性格是独特的、个体性的,同时又是一般的、普遍的,即"典型(原型)"。任何一个人的性格都是一个特殊的理念,据此,理念即是"个体的共相",它必须把自己表现在具有特殊的、重要意义的个体中。表象无法显现的个性特征现在由理念来表征,理念就是自然界物体中的各种自然力,就是人的性格。这样,叔本华引入理念不仅是可能的,而且是必然的。

理念既然是中介,具有双方的特征,它就有可能偏袒任何一方。我们可以说,理念是意志的工具,理念为意志服务。但是我们也可以说,理念是表象的工具,理念为表象服务。理念既帮助意志,利用表象去说明意志,也帮助表象去摆脱意志。就后者而言,意志不但受表象限制,也受理念限制,理念摆脱意志因此成为可能。叔本华在这个意义上提出"摆脱意志而把握理念(zur willensfreien Auffassung der Ideen)"。只有摆脱了意志,理念才能独立自主,成为表象世界的"最高统治者"、第一因。而且意志虽然客体化为表象,却无需为表象负责,它把责任留给了理念。但"摆脱意志而把握理念"与"理念是意志的客体化"明显是矛盾的,理念是由意志生成的,又如何摆脱掉意志?这里的理念具有不同的意义。前一个论断中的理念是表象世界的第一因,为表象服务,它帮助表象摆脱

① 叔本华:《作为意志和表象的世界》,第265页,莱比锡,布罗克豪斯出版社,1891。

意志的束缚;后一个论断中的理念是由本体而来的,为意志服务,它是意志的居留之地。这实际就是上文提到的理念来源的两条路线的对立。这里我们只能以理念自身具有的双重角色、双重特性为其自身矛盾及其与意志相矛盾作出一种合理解释。叔本华的理念论充满了矛盾,是历来研究者批判最多的地方,却也为其意志哲学迎来了重要意义。叔本华的理念论具有两重意义:一是作为"第三者"调和表象和意志的矛盾,填平两者间的裂隙;二是摆脱、否定意志的一种手段。为何要摆脱意志?这又必须从意志的本性,即意志既是一种原创力却又是悲剧性的加以解释。因此,第一重意义与第二重意义就是统一的。

二　叔本华的艺术理论

(一)作为一种认识活动的审美理论

在理念论中,叔本华对各门艺术类型都给予了详细的说明,其中不乏深刻独到的见解。不过,他的艺术理论首先是为其意志哲学服务的,他的理念论不单是一种艺术理论,更是其意志哲学中的一个主要环节,或者说一个发展阶段。所以,我们将从其意志哲学出发来看待其艺术理论,进一步认识表象、理念和意志的关系,以及理念在其中所起到的作用。

叔本华说"艺术的唯一源泉是对理念的认识,它唯一的目标就是传达这一认识"①。美的对象即是理念。在艺术理论中,叔本华的理念也是由意志直接生成的,而不是由经验知识推论出来的。他明确区分了理念和概念,他称自己的理念为"材料的理念(Die Idee des Materials)"。② 桌子、凳子的理念是在其单纯的材料——"物质"中已经表现出来的理念,例如重力、内聚力、固体性等。它们是物质的属性,是意志的最微弱的客体性,也是艺术的对象。理念不同于作为形式的概念,理念是形式和内容的统一,是具体的共相。虽然作为"一",理念和概念都代表杂多,但

① 叔本华:《作为意志和表象的世界》,第 217 页,莱比锡,布罗克豪斯出版社,1891。
② 参见同上书,第 249 页。

"理念是借助于我们直观体验的时间、空间形式才由一分化为杂多(in die Vielheit zerfallene Einheit)。概念则相反,是凭我们理性的抽象作用由杂多恢复到一(aus der Vielheit wieder hergestellte Einheit),这可以称之为事后统一性(unitas post rem),而前者则可称之为事前统一性(unitas ante rem)"①。理念本是不可分的,但在个体化原理中,不同的认识主体将它由"一"引入个体的"多";认识的主体又可以通过自身的理性认识能力而将"多"抽象概括为"一"。因此,理念是先验的,先于理性认识活动,先于概念;它不是由理性认识,而是由直观认识(纯粹认识)把握的。概念则是后验的,它是凭借抽象的理性思维对经验的概括总结。理念先于概念同时还说明了直观认识先于理性认识。理念是艺术的认识方式,概念是科学的认识方式。叔本华对这两种认识方式做出了形象生动的说明,并将之分别比作柏拉图的考察方式和亚里士多德的考察方式。②

由意志哲学出发,叔本华对艺术类型的划分是以意志客体化的等级,即理念为标准的。按照意志客体化由低级到高级的顺序,艺术的各种类型依次是:建筑艺术—园艺学和风景画—雕刻和故事画—绘画—文学(小说、诗歌和戏剧)—音乐。艺术的本质就是理念,就是对意志客体化各个级别的表现。例如,最低等的建筑艺术在审美方面就是以表现重力和固体性之间斗争为题材的。其表达方式是将这两者之间到达和谐状态的最短途径切断,使它们之间的斗争尽可能地延伸下去,以此表现意志本质上的矛盾。叔本华的理念论的旨意就是表现意志自身的各种矛盾冲突,以及直观认识(纯粹认识)和意志之间的斗争。叔本华对优美(die Schoenheit)和崇高(die Erhebung)的分析便是对后者的具体说明。③

优美和崇高在本质上并没有区别,都是对理念的显现,但两者的审美欣赏过程不同。在优美感中,对象没有刺激意志,而是直接迎合认识主体。在直观认识与意志之间没有出现任何斗争,主体自始至终都以直

---

① 叔本华:《作为意志和表象的世界》,第 277 页,莱比锡,布罗克豪斯出版社,1891。

② 参见同上书,第 218 页。

③ 参见同上书,第 39 节。

观的认识方式沉浸于美(理念)的观赏中。在崇高感中,直观认识则经历了与意志的斗争,并且最终战胜了意志。也就是说,认识主体首先需要有意识地、强力地摆脱受意志支配的状况,然后才会认识美的理念,这即叔本华所谓的“摆脱意志而把握理念”。一旦个别的意志被对象激动,认识将再次进入受意志奴役的状况,观赏的宁静不复存在,崇高感亦将消失。虽然优美以美的外形直接迎合人,而崇高需要强力挣脱不利的外在对象对个体意志的干扰和威胁,但叔本华明显更欣赏、喜爱崇高。这正是因为崇高是在认识主体经过与意志的斗争后获得的,是在强力摆脱意志的束缚后获得的,同时也因为它更能说明意志、直观认识(纯粹认识)和理念之间的关系和各自所处的位置。在叔本华看来,艺术的审美标准在于摆脱意志之束缚的大小程度、体现意志自身矛盾的程度。在对崇高的分析中,叔本华保留了康德对崇高的分类:力学的和数学的。但是,他认为在说明崇高现象的内在本质上自己和康德是不一致的。叔本华认为康德所谓崇高现象的内在本质是一种道德的内省,一种内心的判断,在崇高的欣赏中必然激起主体的意志活动,这恰好同其强力摆脱意志的束缚、纯粹的审美认识相矛盾。

我们认为,康德的崇高是主体在道德或心理上的胜利,叔本华的崇高则是主体在认识中的胜利,也即主体在直观中摆脱、战胜意志,成为宁静的主体,并由此认识到理念。叔本华的审美理论比康德的审美理论更具客观性,是一种思考认识的理论。在《作为意志和表象的世界》的第3篇中,他反复强调艺术的源泉、目标和本质就是对理念的认识。审美欣赏中的直观认识虽然不是抽象的推理活动,却仍然是一种理智认识活动。审美体验的意义不仅是摆脱意志后获得的一种恬淡的意境,它更是将事物作为其本来所是(理念)来认识,具有一种认识的意义。鲍桑葵的《美学史》就认为,叔本华所谓的美的东西有两方面的意义:其一,它把我们从意志中解放出来;其二,它又用一种“理念”来充实我们的心灵,即我们的心灵充满对理念的认识。[①] 叔本华的直观是由康德而来，但它不仅是先验的感性时空形式，同时还具有知性的因素。由此也可以断定，他的审美理论是一种讨论认识的理论。但这种审美认识又明显不是抽象的推理认识，而是认识主体对理念的直观认识。

在对理念的直观认识中，主体不再是束缚于根据律之下的个体，而是纯粹的不带意志的主体。他不再以常人的认识方式按照各种关系——“何时”“何处”“何以”——在因果关联中对事物进行考察，而是完全沉浸于“什么”(理念)这一直观内容；主体在直观中与对象(理念)相遇，“自失”于对象，与对象融为一体。主体因而忘记了作为个体的自我及其意志，成为纯粹的认识主体，于是产生了天才。正是在摆脱根据律的各种关联和表象世界的各种利益关系上，叔本华将天才和疯子相提并论，两者都对关系中的存在漠不关心或者说无能为力。指导天才行为的不是概念而是印象，他不对具体事物作抽象的理性思考，而是在直观中、无意识中把个体事物提升为一种理念。天才的行为是非理性的，在天才身上起作用的是灵感，一种“超人的东西”，天才的作品是一件“神圣的祭品”。这种看法固然不可避免地带上了神秘色彩，却也准确地描述了艺术创造和艺术作品的本质特征。

叔本华说，“如果在个体中要出现天才，就必须赋予个体以一定量的认识能力，并远远超过为个别意志服务所需的定量；这种取得自由的超额部分(Ueberschuss)现在就成为不带意志的主体，成为反映世界本质的一面透明的镜子了。”[②]“超额的定量”即指超过常人的认识能力，一种高度的认识——王国维所谓的“伟大的知力”、西方学者科普莱斯通(Copleston)所说的“超常的知识(superfluity of knowledge)”。常人的智力束缚于意志，因而只为一己的私利和欲求服务。天才的智力则是超常、伟大的，远远超过了为个别意志服务所需要的定量，他由此从根据律

① 参见鲍桑葵《美学史》，张今译，第468页，商务印书馆，1985。
② 叔本华：《作为意志和表象的世界》，第219页，莱比锡，布罗克豪斯出版社，1891。

的束缚下摆脱出来。天才的本性就是进行纯粹认识或直观认识，天才正是凭此超常的理智摆脱掉意志而认识理念。天才虽然具有创造的天性，但在总体上是一个静观者、认识者。艺术因而是一种认识活动，而叔本华的艺术理论也是一种思考认识的理论。在《附录和补遗》中，叔本华又将这种超常的知识称作是客观的理智，与常人主观的理智相对。他说天才不同于常人，具有双份的理智：一份是为他自己准备的并服务于意志的，另一份是为世界准备的，以此对世界作纯粹客观的考察。① 前者是主观的理智，后者是客观的理智。在叔本华的艺术理论中，不仅天才和常人在智力上有高下之分，艺术类型也因意志客体化的不同级别而有高低之分，由此王国维认为叔本华虽然在伦理学中具有博爱主义，在形而上学中持意志的同一说，但在知识论及美学上，则"分之为种种之阶级"，持"知力的贵族主义"。②

通过以上分析我们可以看到，叔本华艺术欣赏的主观条件是主体战胜、摆脱意志，忘记自我，从而成为不带意志的、超乎时间的纯粹的认识主体；客观条件则是在直观认识中获得理念。艺术的境界正是：对内忘却生活之欲，成为纯粹的认识之主体；对外遗弃一切物质（表象）之关系，体悟永恒之生命，物我为一、物我相忘。艺术引导我们超越内外两方面（欲求和根据律）所受的利己主义束缚，它是生存内在的和永恒的悲剧状态的解脱。正所谓："自然中之物互相关系，互相限制。然其写之于文学及美术中也，必遗其关系限制之处。"③在艺术摆脱各种利害关系的限制上，叔本华又明显受康德的影响。在《判断力批判》中，康德论证了审美鉴赏的四个契机：无利害观念的、不借助概念而又是普遍的、合目的性的形式以及不依赖概念而又是必然的。其中，不受利害和概念关系的束缚都成为叔本华艺术理论的基本观点。但在将艺术界定为摆脱和否定意志这一点上，叔本华又完全不同于康德。这被尼采看作是最大的私利：

---

① 参见《叔本华论说文集》，范进、柯锦华、秦典华、孟庆时译，第 395 页，商务印书馆，1999。

② 参见《王国维文集》第 3 卷，第 347—351 页，中国文史出版社，1997。

③ 许文雨编著：《王国维〈人间词话〉讲疏　钟嵘〈诗品〉讲疏》，第 172 页，成都古籍书店，1983。

“他对美的欣赏是出自‘私利的’,甚至是出自最强烈、最个性的私利,这是一个逃脱苦难的苦难者的私利……”①尼采认为叔本华否定意志后隐藏的目的是为了摆脱现实的痛苦而逃入另一个世界,目的仍然是建立另一个超感性的理想世界。叔本华哲学确实逃脱不了此种嫌疑,但我们必须看到其否定意志的更深刻的意义和目的:它是意志摆脱自身困境的一种途径,是意志的一条解脱途径。

（二）意志哲学和艺术理论的矛盾和统一

在《作为意志和表象的世界》中,叔本华将整个世界比喻为幻影、摩耶之幕(der Schleier der Maja),认为人生就是痛苦、不幸和困顿,这一切都来自作为本体的意志。因而意志是需要被不断摆脱和否定的,是人要加以克制的东西,人生的最终目的是在禁欲中到达无欲。这部著作的前半部分是对意志和欲求的肯定,是对世界上的种种痛苦、不幸和矛盾的揭示,后半部分是对这一问题的解决,是关于意志和表象的矛盾、意志自身困境的解脱之途径,是对意志和欲求的否定。从意志的肯定到意志的否定就是从痛苦到痛苦的去除。痛苦是转变的前提和手段,在痛苦中才会产生出认识世界本质的清静剂(das Quietiv)。因而,叔本华虽然说痛苦是可怕可哀的,又不得不承认它的力量,它反倒成为人生的积极动力,成为摆脱人生困境的手段或必要条件。只有先经历痛苦、承受痛苦,才有可能化解痛苦、从痛苦中解脱出来。天才即是最能经历痛苦和忍受痛苦的人,并因此在美的欣赏中找到了避难之所。在后文将要提到的圣者和禁欲主义者,也是经由痛苦达到解脱的。《作为意志和表象的世界》就是对意志的肯定和否定说明,或说对意志及其解脱之路的阐述。艺术就是对意志的摆脱或否定的一种途径,艺术就是对痛苦人生的慰藉。叔本华的艺术理论因而是艺术的形而上学。它首先是对意志哲学的说明和论证;其次,才是对各种艺术类型和审美体验的考察。也正因此,他往往

① 尼采:《论道德的谱系 · 善恶之彼岸》,谢地坤、宋祖良、刘桂环译,第 81 页,漓江出版社,2000。

为了意志形而上学而忽略了艺术理论，使两者处于冲突之中。

在叔本华的艺术理论中，审美对象（理念）是经由眼前个体对象升华而来的，但这个对象在外在形象上的美与不美并不重要，它只是用以唤起理念的一种媒介，或者说是手段、工具。理念虽然不是抽象的概念，却也不是直观中的具体形象，而是经由直观中的具体形象“想象”“认识”到的某一类、种（意志客体化的一定级别）的本质。因而，叔本华极力反对对美的对象的单纯复制，例如荷兰的静物写生与原物酷似，却不受他青睐。也正因此，叔本华认为丑也可以是美的，外形的丑不影响其作为意志的客体化。丑只是意志有缺陷的表现，或是意志的部分的、不完全的客体性。同样，审美鉴赏也不是对眼前具体对象的外在形象和客观属性的认识，而是通过直观对事物本质的领悟。

美学建立之初是一门“感性论（Aesthetik）”，即关于感受或感觉的完善性的认识，外在感性形象在一定程度上是不能忽略的。正是在这一点上，加德纳对叔本华的艺术理论持批判态度。① 如果就传统的审美理论来说，忽略美的感性形象确实是叔本华审美理论的一大缺陷，但也因此使事物的本质从各种根据律、各种关系中解脱出来。美就是理念，就是意志的直接客体化，因而是本质和真理。叔本华的美学就是美的哲学，美的对象不单指各种艺术类型，而是与本原相联系的存在。美学就是对真理的考察和展现，美即是真理之澄明的一种方式，美和真相同一。叔本华使美学走向一条新的道路，对现代西方美学思潮产生了某种不容忽视的影响。现代西方哲学就是接着这个思路，将叔本华仅仅是感觉到而没有清楚表达出来的思想说了出来。叔本华艺术理论更深远的意义和影响不但在美学范围，更是在哲学本身，对其美学理论的探讨必须从其哲学出发。

叔本华在其美学中引入理念、强调摆脱意志，无疑是受到柏拉图的影响，而其“摆脱意志，把握理念”似乎也逃脱不了柏拉图的灵魂净化说——摆脱肉体的束缚。摆脱意志就是放弃表象世界的一切关系，放弃

---

① 参见加德纳《叔本华》，第 207 页，哈蒙兹沃思，企鹅出版公司，1967。

与肉体存在有关的一切欲求、需要和目的,在摆脱意志后获得的就是理念。叔本华的理念和柏拉图的灵魂所要"摆脱"的对象都是整个现象世界,他们所要"摆脱"的目的也有一致之处,即为了认识本质,这是叔本华摆脱意志的另一个原因。叔本华的本体意志与表象世界完全脱离关系,没有可知的入口,由此他假设理念作为意志最完美、最直接的客体性,以对理念的认识来窥见意志的本质。虽然在美的欣赏中摆脱了痛苦和意志,但意志毕竟是这个世界的根基,处于本体地位。摆脱意志,艺术的创造力量也将一同被抛弃,摆脱只可能是暂时的。从另一个角度来看,在艺术中摆脱的只是意志所显现的一面,即在时空中的各种感性需求和欲望。摆脱这种感性的东西,才可能在时空中获得本质的一面——理念。这就是王国维先生所谓的摆脱感性的欲求以此成全整体的意志。

这里需要指出的是,叔本华的艺术理论使理念中的直观认识带上了"特殊"性,它与理念作为一种"特殊"的表象相对,由此不同于根据律之下的直观认识。直观认识被强化、提升,变为"高度的认识""伟大的知力""超常的知识",这是超过一般理智认识(主观理智认识)的客观理智认识,只有天才才具有这种认识能力。理念因此可以被认识,而艺术就是这种高度理智认识的产物。艺术理论因而是一种认识理论,是对世界本质的一种考察方式。在叔本华的艺术形而上学中,认识是第一位的,但这一点同时造成了他以认识为第一性的艺术理论同他以意志为第一性的形而上学之间的对立。

从总体上来讲,叔本华的艺术理论(理念论)首先是对其意志哲学的一个论证。因而,他的艺术理论同黑格尔一样,是其哲学体系的一部分,或者说是其意志自我认识的一个特定阶段。在叔本华这里,艺术是在意志由肯定走向否定中发展出来的,对各类艺术的说明就是对直观认识和理念的说明。意志哲学和艺术理论是统一的,但由于其艺术理论主要是为其意志哲学服务,难免对艺术、对美的内在本质的考察有失准确和全面。艺术是对意志和根据律的否定,是对内外利益关系的摆脱,从经验方面来说是这样的;但从形而上的层面来说,艺术在本质上不是摆脱、否定生命和意志，而是对美、对生活、对生命和力的肯定。叔本华“摆脱意志，把握理念”是在艺术中对生命毁灭的无奈感叹，艺术因而变为一种沉默静观的解脱方式。意志在本质上的自我否定使艺术成为非审美的，因而，艺术按其本质就不可能是意志的，否则就不再是艺术。这是叔本华整个艺术理论——理念论中矛盾的集中表现。但思想自身的矛盾往往是最具有魅力和启发性的地方。意志的本质及其本质上的斗争、意志在时空中的完满反映、意志和表象之间的关系都只有在充满矛盾的理念论中获得完满的解释。理念所充当的角色就是康德理性的“二律背反”和黑格尔概念的矛盾对立。“二律背反”是理性本质上的矛盾，黑格尔的矛盾对立是由精神外化出来的；同样，叔本华的理念也是由意志的直接客体化而来的。

第四节　自由意志论

一　意志的悲剧性特征

（一）意志在本原上的悲剧性

叔本华的理念论把悲剧作为一门艺术类型进行考察。对他来说，悲剧是对最高级别理念的表现，是对人的理念及其痛苦的最完美的表达。但是，叔本华的艺术理论只是其意志哲学的例证，悲剧性更主要的是指意志本身的特性。

从本原上说，叔本华意志的悲剧性在于意志本质上是一种“无法停止下来”的创造性的力。如上所述，意志是在向外溢出中获得现实的力量。向外溢出是意志的客体化和外化，是意志的自我分裂。“溢出”“客体化”“外化”等是意志的创造过程及其创造方式，其产物就是不同级别的理念和理念的各种现象、现象中的生命。“意志所欲求的到处是同一个东西，亦即变化无穷、形态各异，进而把自己客观化为生命、为实际存在的东西。”①生命、理念、现象是意志本质所具有的东西。但意志为何

① 叔本华：《作为意志和表象的世界》，第 259 页，莱比锡，布罗克豪斯出版社，1891。

"无法停止下来",没有中止之时?这又得从意志的另一个本质特性入手。我们曾说过,叔本华批判康德自在之物的一个主要原因,是康德在自在之物的推理中又引入了因果律。自在之物虽然存在于感性世界之外,却又将一只脚迈入了感性世界,成为感性世界的"第一因"。依靠第一因,现象系列的"无限"综合得以实现。现象和自在之物虽然分别遵循自然律和自由律,却又由第一因联结了起来。叔本华则将意志完全从因果关联中铲除出去,意志永远存在于表象之外,既没有原因、目的,也没有结果,由此否定了康德学说中意志作为第一因的意义。意志作为力,只能盲目地进行创造,在其溢出现象的一切级别上,从最低一级到最高一级,没有一个最后的目标和目的可以让它停止下来。意志总是向前挣扎,没有最后的满足,除非遇到阻碍才能被暂时遏止,而它自身却是趋向无穷的。① 正是意志与根据律无关的本质特性造成了意志创造的不可完成性。每一次创造都是偶然的、此时此地的,没有最终的结果。创造永远不能完成,永远没有最终的结果。这难道不是一种巨大的悲剧!相比之下,黑格尔的"绝对精神"经过外化返回自身,则是满载而归的。黑格尔的精神外化就是精神的自我创造、自我发展和自我完成的过程,当它返回到自身时就是一个"大全"。

从本原上说,意志悲剧性的第二层含义是意志的创造本性带来的自身与表象之间的一种既相互统一又相互分离的存在状态。意志创造出表象,是表象的本质,表象是意志的可见的一面,两者是统一的。但意志必须在表象中确立自身,而表象却无法完满地说明意志,也即非理性的意志必须通过表象世界的概念来说明,这是一个明显的矛盾。意志与表象之间的关系是制约和反制约的关系,对立冲突是无法避免的。表象以根据律为存在的法则,建立起一个必然的知识体系,意志则在根据律之外,不遵循任何规律和法则。意志与表象无法融通,柏拉图理念的引入因而成为可能的和必然的。在理念中,意志才可以停下来,稍作喘息,理

① 参见叔本华《作为意志和表象的世界》,第 364 页,莱比锡,布罗克豪斯出版社,1891。

念成为意志和表象的中介。但理念只是使这一问题暂时得到解决，并且它的加入使意志和表象之间的关系更加复杂，矛盾相反被激化了。

（二）意志在经验中的悲剧性

从经验（现象）上说，意志的悲剧性首先表现在随“个体化原理”而来的欲望之间的斗争。“一切欲望的基础都是需要、匮乏，也即是痛苦；所以，人从来就是痛苦的，因为他的本质就是落在痛苦的手心里的。”[①]叔本华认为一切都是不定的，唯独自己的需要是确定的。人总认为自己陷于匮乏、不足和空虚的地位，这就是痛苦产生的原因。虽然人们努力去填充这些地方，并由此获得了满足和幸福，但所谓的满足和幸福只是短暂的，随之而来的是另一个欲望和不满。欲望是没有止境的、肯定的、积极的概念；相反，幸福和满足是否定的、消极的概念。任何人生都是在欲望和欲望的满足之间流逝。从欲求（痛苦）到欲求的满足（幸福）再到欲求（痛苦），是个体的永久的存在形式。时空之外的统一的意志落入时空中的众多的表象，即进入匮乏、需求和痛苦的个体存在状态。叔本华认为这也就是印度神话“众生皆入轮回（die Seelenwanderung）”所表达的真理。人世间可以直观到的种种痛苦都是这一神话的直接印证。

“个体化原理”又是利己主义的支柱。每一个体都认为自己的意志高于他人的意志，他人只是自己的表象。“个体化原理”将意志割裂，不同个体之间为了争夺物质造成了意志的自我斗争和自我分裂。但这只是一种假象，意志在本质上是统一的，所有的个体都以意志为本质。在“非义”（个体意志）中，制造痛苦的人和承受痛苦的人的区别只是现象而不触及自在之物——意志。痛苦的制造者和承受者在本质上是一而非二。虽然人们总是在否定自身以外的他者，总是在同他者进行斗争和争夺，但实际上被否定的恰恰就是他自身，即统一的意志。意志被个体认识所蒙蔽而认错了自己，意志永远在自己伤害自己，这就是生命意志和它自身的内在矛盾。“个体化原理”即意志悲剧性的经验表现。

① 参见叔本华《作为意志和表象的世界》，第 367 页，莱比锡，布罗克豪斯出版社，1891。

从经验上来看,意志的悲剧性还在于随着意志客体化级别上升而出现的认识。在没有被认识照亮之前,欲求没有被意识到,虽然有无尽的欲求,却是盲目的、无知的,因而也就没有任何烦恼和痛苦。对于无机物是这样,对于植物也是这样,直到低等动物才开始有烦恼,但也仅是局限于对眼前、现在或直观中的事物。人则由于抽象的理性思维,不但将现在,而且将未来和过去都纳入了思考范围。"人的这种深思熟虑的能力是属于人的生存比动物的生存更为痛苦的那些东西之内的,因为我们最大的痛苦根本不是作为直观表象或直接感受而存在于当前的东西,而是作为抽象的概念、恼人的思虑存在于理性之中的东西。"①随着意志现象臻于完美,痛苦日益加剧。人将广大范围内的各种痛苦照亮,人的痛苦因而急剧增长。痛苦的原因对于人来说多半不是实际的现在,而是对过去或未来的抽象思虑。并且智力越发达,思维能力越强,思维的范围越广,痛苦的程度越高,痛苦和认识成正比。真正的痛苦不是由外在的力量来决定,而是由人的认识所决定的,是由意见、见解或信念产生的。痛苦在很大程度上是主观的。

叔本华从基督教的原罪中找到了自由意志悲剧性的本原根据。亚当为了满足性欲而罹罪,而这一次罹罪就使整个人类陷于万劫不复的痛苦和不幸之中。这次满足获得的是生命,而生命本身就预示着、包含着痛苦和死亡。痛苦就是对生命的惩罚。一个人最大的罪过就是他已经诞生了。生命必定伴随着原罪,人类本原的、第一次犯下的罪。原罪就是自由意志,就是生命的欲求,一种逃脱不掉的罪责,这就是人类的悲剧。叔本华进一步看到,悲剧之上的悲剧是人类对这种本原之罪有着清醒而深刻的认识。痛苦因为认识而愈深,变得难以忍受。"悲剧的真正意义是一种深刻的认识,认识到悲剧主角所赎的不是他个人特有的罪,而是原罪,亦即生存本身之罪(die Schuld des Daseins selbst)。"②个人不

---

① 叔本华:《作为意志和表象的世界》,第 352 页,莱比锡,布罗克豪斯出版社,1891。
② 同上书,第 300 页。

仅是在为其自身的欲求赎罪，而且是在为整个人类的欲求赎罪，但罪恶又是赎不清的。人生永远处于痛苦之中，人生的悲剧性不可避免。

二　意志及其解脱之途

由于意志本质上的悲剧性，叔本华由意志的肯定走向意志的否定。总体上说，他在情感上肯定意志，在理性上限制、摆脱意志，直至走向意志的自我否定——禁欲主义，这是叔本华哲学的基本思路。意志的肯定和否定是意志特性的完整展现，忽视任何一方都无法对意志有一个准确的、完整的理解。把握意志的肯定和否定，就是对叔本华意志哲学的主要认识。

（一）意志的肯定和否定：欲求和禁欲

意志的肯定，即是肯定意志本原的创造力及其一切创造成果——表象世界的各种存在。在肯定中，意志在其现象的从低到高的一切级别上，没有停息也没有止境地向前奔赴，没有目标也没有目的地向前挣扎。没有目标能够终止这种奔赴和挣扎，一个实现的目标只能唤起另一个新的目标，意志在奔赴和挣扎中走向无穷。意志的肯定就是对生命、欲求和痛苦的肯定。随着意志客体化的不断上升，认识出现。但认识并不干涉、阻碍意志的活动。它是由意志生化而来的，为意志服务。在意志强大的威慑力之下，认识是驯服的，没有反抗只有服从。意志自由地创造和表现。“意志的肯定就是不为任何认识所干扰的、持久的欲求本身，普遍弥漫于人类生活的就是这种欲求。”①叔本华还用身体的肯定来说明意志的肯定。身体是意志的客体化，也是欲求的载体和表现，它可以还原为个体保存和种族繁衍，这些都是意志的创造和意志本原上的所有物。意志的肯定最强烈地表现在性欲中。在性冲动中，一个新的个体产生，生命、意志和欲求在新的个体中延续下去，生生不已。个体的生命固然有限，族类的生命却无止境。

---

① 叔本华：《作为意志和表象的世界》，第 385 页，莱比锡，布罗克豪斯出版社，1891。

意志的肯定带来了生命和欲求,同时也带来了无尽的痛苦和无法超脱的罪责。生命和痛苦是天平上永远相等的两端,这就是永恒的公道(die ewige Gerechtigkeit)。“忍受痛苦所以是公平的,是因为意志在这种现象上还要肯定自己;而这一肯定所以是公道合理的,又是由于意志忍受着痛苦。”[①]这样来看,意志不仅有无限创造的一面,还有可哀、可怕的一面,否定意志因而成为意志本质所包含的东西。无论是作为本体的意志还是作为生活之欲求,都是叔本华极力摆脱的对象。

在由意志的肯定到意志的否定的过渡中,叔本华谈论了一系列现象:非义(恶)、公道和同情。“非义”就是对个体意志的肯定,它是本原的、正面的力量。在非义中,个体对自身意志的肯定必然超过对他人意志的肯定,对自身意志的肯定势必会导向否定、伤害他人身上的意志。相反,正义是由非义派生出来的。叔本华说,没有非义就谈不上正义,正义仅仅只含有取消非义的意思。他进一步提出道德概念有一个固定点,即自身意志的肯定成为他人意志之否定的那一点。[②] 根据叔本华的整个哲学思想来看,这一固定点是与利己主义相伴的“个体化原理”。在此限度之内是道德的,逾此则是非道德的。“公道”就是个体在肯定自身意志时决不会否定他人的意志,个体不再伤害统一的本体意志。在同情中,意志开始走向对自身的否定。“同情”在德文是“das Mitleid”,由介词“mit(和……一起,同)”和名词“das Leid(痛苦、不幸、灾难)”合成,字面意思是“和痛苦在一起”“在痛苦之中”,也就是说将他人的痛苦作为自己的痛苦,与他人共同承担痛苦,其形而上的基础就是意志的同一性。叔本华认为这就是梵文惯用语“那就是你”的内涵,他人的痛苦就是你的痛苦,他人的意志就是你的意志。在同情中首先是对一切痛苦、一切欲求的一种极端肯定,但却是以牺牲或否定自己的欲求为条件的,它所肯定的只是他人的欲求和意志。叔本华的同情说是利他主义的伦理观,其实

① 叔本华:《作为意志和表象的世界》,第 390 页,莱比锡,布罗克豪斯出版社,1891。

② 参见同上书,第 403 页。

质是意志的否定。

否定意志后，形而上学的根基也自然消失，叔本华的道德学说缺乏形而上的基础。假如道德仅仅是否定生命意志，那么与世无争的闲散之人岂不是最有道德之人？当然，与世无争者和自觉自愿地弃绝意志的圣者、禁欲主义者在叔本华那里是不同的，但他们对生命意志的放弃却是一致的。另外，在这种肯定、否定的同时，同一的意志也被割裂，叔本华的意志哲学与伦理学对立起来。同情是对意志否定的第一步，之后就是对意志的完全放弃，由美德过渡到禁欲。美德只是实现目的的手段，目的是禁欲——对意志的完全否定。叔本华的伦理学是其意志哲学发展的一个阶段，他的伦理学与其哲学既对立又统一。

意志的否定首先表现在意志和现象的公开决裂，它对任何事物都漠不关心。随着对性冲动以及其他一切欲求的放弃，意志完全自我否定，生命消失。这里的死亡虽然也是自愿自觉地放弃，却不同于自杀。叔本华认为自杀恰恰是肯定意志的最强烈的表现，因为自杀的原因往往是欲求的无法满足。自杀所毁灭的只是个体，而不是物种，更不是意志。自杀只是在对身体（个体现象）的毁灭中，连带地否定了这一个体的一切欲求，但这一行为本身并不否定意志。相反，在意志的否定中，意志在身体消亡之前先已经被否定掉。意志的否定就是对意志自身、意志的一切现象以及随同身体而来的一切欲求的否定。

叔本华说，禁欲主义还表现在故意制造贫困，故意摧毁、压制意志，忍受痛苦等方面。只要身体仍然存在，它就可能再次激起欲望，生命意志就其可能性而言还存在。意志的否定只有在与意志的肯定（各种欲求）的不断斗争中才可能实现。意志的本质是痛苦，为了战胜意志就得具有比意志本质的痛苦更大的痛苦。叔本华坚信恩培多克勒的老话："同类只能被同类所认识"，禁欲的两种方式分别是纯粹认识到的痛苦和直接感受到的痛苦。在对痛苦的体验中，个体看穿（durchshauen）了个体化原理，认识到本体意志，并且发现本体处于不断的生灭、无意义的冲动以及内在的矛盾和痛苦之中。意志从此背弃自身、背弃生命。由痛苦而来的认识是最后的清静剂,它压制、取消了意志,个体由肯定欲求转变为清心寡欲或对意志的完全弃绝——一种"超验的剧变(transzendentale Veraenderung)"。在痛苦的挣扎之后,就是对生命本质的清醒认识,就是意志的完全沉寂。只有在痛苦中才可以获得对世界本质的真正认识,忍受痛苦是到达意志解脱的正确途径。意志的否定就是对生命中无息无止的痛苦和不幸的否定,对本原的罪责的否定。

经由痛苦而出现的"超验的剧变"被叔本华比作基督教的天惠之功(Gnadenwirkung)和再生(Wiedergeburt)。人忘记了此前欲求的一切,改头换面,变为一个新人。这也就是佛教中的"涅槃(Nirwana)"。意志被取消了,自由在现实中出现。叔本华在此处的说明具有神秘主义的色彩,但确实也是一种可能的行为结果。他以历史中基督教禁欲者、印度修行者和佛教中的得道高僧等的亲身体验为例——他们在经历了各种磨难和痛苦的挣扎之后,摆脱了尘世的种种束缚,走向无知无欲,归于内心的平静;他们身处尘世,却无视尘世的一切妄念,与现实的生命存在相矛盾,在这些人的具体行为中表现出对世界本质的直接认识。随着意志的取消,性格也完全被取消,他们在行为方式上表现出极大的相似性:彻底的清心寡欲,饮食菲薄,抵制性欲,宁静无争,忍耐柔顺,多数在绝对的孤寂和自愿的绝食中死去,这完全是一种自愿受苦的、压制意志的生活。叔本华还列举基督教《新约》及印度教、佛教中的许多训诫作为其否定意志学说的根据和证明。这些训诫和教义在许多地方是相通的。它们不但说明人类在天性中有许多一致之处,并且说明这些宗教在对生活的内在本质和追求上是一致的,即自苦、禁欲、寂灭。

(二) 叔本华否定意志的意义

意志只有完全无阻碍地显现出来,显现出它的一切欲望、一切痛苦,然后才能获得关于自身的认识,并且在这种认识中由肯定走向否定。现象的本质(意志)被否定掉,本质(意志)的现象(身体)却还在时间上继续存在,现象和本质产生矛盾,这即是意志的肯定和否定的矛盾。正是在这一矛盾的地方,自由在现象中出现,意志自由可以在现象界以某种可能的方式出现。叔本华说:“这一现实的矛盾是由于不知有任何必然性的意志自身自由地直接侵入意志现象的必然性而产生的。我们一面主张,意志有按性格所容许的程度而被动机决定的必然性,另一面主张有彻底取消意志的可能性,从而一切动机都失去了作用;那么,这两种主张的矛盾就只是这一现实的矛盾在哲学的反省思维中的重复罢了。”[①]在理念论中,同样存在着这种现实的矛盾。理念关涉表象世界,又是时空之外的、不可见的永恒形式。天才也因此而陷入困境:他身处表象世界,却不会运用表象世界的法则,因而不能够认识表象并且也不关心表象,天才的心意在于对理念的关注。他身处表象,心念理念,正所谓的“现实的矛盾”。天才在现实中是痛苦的,只有在艺术中、在对意志的否定中,才能暂时获得心灵的安宁。“现实的矛盾”是叔本华意志哲学中固有的、不可避免的矛盾,它是自由的意志进入必然的表象世界所带来的,也即意志的肯定和否定的对立,它是所有这些矛盾的深化和集中表现。这固然是叔本华的同情说和禁欲说中的一个无法避免的困境,但也说明了一种可能,即作为本体的意志可以直接在表象中出现,由此在表象世界迎来了自由意志。意志最终在美的欣赏中、在禁欲中进入表象世界和认识领域,成为可知的。

叔本华的“认识”或知识因而包含两层含义:一层是对表象的认识,即主观的理智认识;一层是超越表象的对本体意志的认识,即客观的理智认识。前一种认识由意志而来,是隶属于意志的一种工具理性。它以客体、表象为认识的对象,也即主观的理智对经验中的客观对象的认识,由此产生经验知识。后一种认识在经验世界是不存在的,按照叔本华的思想,意志不再是客体和表象,也就不再是知识的对象,意志不可知。如果这种认识是可能的,那么只能说,它同理念作为一类特殊的表象相一致,是一种特殊的认识、纯粹的认识,这就是天才、圣者或哲学家身上表现出的“伟大的知力”“超常的理智”。它的“伟大”和“超常”之处就在于

① 叔本华:《作为意志和表象的世界》,第 477 页,莱比锡,布罗克豪斯出版社,1891。

它能够超越表象,直观本体意志。对常人来说,认识局限于根据律和个体化原理,认识隶属于意志。但当认识看穿了根据律和个体化原理,变为一种清静剂,它就开始走向对意志的否定。这就是天才的举动、智者的行为。在他们身上,显现出超常的智慧,远远超过了为意志服务的需要。在艺术中,纯粹认识摆脱了一切利害关系,只关注事物中的理念,找到了生命的本质和意义。叔本华的艺术不仅是摆脱意志自身困境的一条解脱之途,同时也是认识本体意志的一种方式,意志的解脱与认识意志是统一的。

但是,理念中的矛盾是明显的,理念是由意志客体化而来的,理念如何摆脱意志?天才只能在审美欣赏中暂时摆脱意志,认识本体。在禁欲中,意志开始完全否定自身,其前提条件是肯定意志(欲求),肯定痛苦、忍受痛苦。在痛苦中,圣者真实地体验到生命的内在本质、意志在客体化原理之下的自相矛盾,以及一切挣扎的虚无性。由此,出现了意志的清静剂——纯粹的认识。痛苦由个体上升为一般,上升为世界的本质。在此之前,痛苦只是根据律之下的无常的烦恼。物极必反,只有陷入绝望的境地,痛苦才会有转变,进而得到解脱。禁欲主义者正是在忍受痛苦中认识到世界的本质,义无反顾地走向意志的否定之途,却也由此在现象世界获得自由。意志的否定因而不仅是为了解脱自身的困境,而且在否定中获得了对世界本质的认识。艺术和禁欲成为认识世界本质的两种方式。

叔本华对理性认识的态度是矛盾的。在多处关于直观认识和理性认识的区分中,他都贬低理性认识。他认为,意欲和美德都是理性教不会的。“在关于生存是否有价值,是得到恩赐还是受到诅咒的时刻,起决定作用的不是哲学的僵硬概念,而是人自己最内在的本质。”①理性认识只能以概念为工具保存已经从直观中获得的东西,理性固然强大,却无法否定意志或认识意志,也无法支配直接感受到的痛苦。在意志的强大

① 叔本华:《作为意志和表象的世界》,第 319 页,莱比锡,布罗克豪斯出版社,1891。

气势面前,反省思维的能力是微小的。叔本华的意志是在理性之外的,是非理性的,但其意志哲学却始终离不开理性和概念,直观中的认识还必须通过理性认识明确下来。他最终仍然是以理性和概念为其哲学的归依。“直观认识和理性认识之间有一条鸿沟,就认识这个世界的本质来说,唯有哲学能够渡过这个鸿沟。从直观方面,也就是从具体方面说,任何人实际上都已意识到了一切哲学真理;但是把这些真理纳入抽象知识,纳入反省思维,却是哲学家的工作;除此之外,哲学家不应再做什么,也不能再做什么。”①直观认识是一种直接体验中的、活生生的认识,它一方面表现在审美欣赏中,一方面表现在圣者的行为举止中。哲学的任务就是以理性和概念将这种直接体验纳入反省思维和抽象知识,在思维中把握世界的本质,将世界的本质一般地、明确地用概念重述和固定下来。叔本华的理性在一定程度上又只是一种工具理性,其概括、总结的作用离不开直观认识。这样,在叔本华哲学中,虽然对世界本质有三种考察方式,却仍然不能对本体意志作出具体而确切的言说,本体意志仍然不可知。因而,在关于自我意识中是否有自由意志、意志是否可被认识这一问题上,叔本华经常显得混乱不清:他一会说意志是可知的,一会又说意志是绝对不可能被认识的;一会说每个人都可以直接意识到自由意志,一会又说只有天才和圣者能够认识到本体意志。叔本华哲学充满了矛盾。

否定意志一方面是为了摆脱意志自身的困境,是意志的解脱之途径,另一方面是对世界本质的认识。否定意志在叔本华哲学发展中有着重要的意义。但否定意志就是否定生命,否定之后剩下的是空(虚无)。尼采批判说,放弃意志后这个世界将一无所有,否定的意志激发了另一个高于生命的价值和世界,以此抵抗现实的生命,现实的感性世界由此沦为颓败。但叔本华并不认为意志否定后剩下的是绝对的虚无。他说:“‘无 (das Nichts)’这个概念基本上是相对的,始终是对它所否定的、所取消的一个一定的东西而言的。意志的否定和虚无是相对于意志的肯

① 叔本华:《作为意志和表象的世界》,第452页,莱比锡,布罗克豪斯出版社,1891。

定而言的。”①对于意志就是生命来说，意志否定掉后当然是虚无；相反，对于否定意志的生命来说，这个如此真实的世界也就是空。意志的否定和肯定都是相对而言的，虚无本身就说明了“有”的存在。叔本华的否定意志只是为了摆脱自身哲学困境的不得已之举，并由此在否定中获得了肯定，以否定证明了肯定。在叔本华哲学中，意志并没有被否定掉，也不可能被否定掉。正如尼采所言，否定意志仍然是一种意志。在否定中，意志的特性实际上得到了更加完整的显现，否定更加深刻地说明了意志本性上的悲剧性。在这种意义上，叔本华对意志的否定仍然是一种积极的行动，即为了体验自由意志和为生命正名。摆脱意志的艺术活动也就不单纯是一种消极的静观，而是在艺术的欣赏中同时获得了对生命、对世界本质的体验。

不过，叔本华的意志是有歧义的，他到底是否定感性的欲求，还是否定本体的意志，这在叔本华本人的论述中也常常是含混不清的。由其整个哲学思想来看，他的解脱之途径是要从根源上、从本体上摆脱痛苦和不幸，他首先要否定的是本体意志，由意志而来的现象(欲求)是随同本体意志的否定而一同被否定掉的。王国维说，叔本华是以牺牲个体意志来成全整体意志的，这是以否定感性的欲求来解释叔本华的否定，而没能探究到叔本华否定意志的真正要义。以否定的方式对生命进行肯定，仍然无法摆脱基督教的窠臼。叔本华自己也常常以另一个美好的世界来称呼这个被否定掉的世界。由此可见，叔本华的否定意志就是对生命力、激情和活力的否定。虽然这种否定减轻了欲求和痛苦，使生命归于恬淡宁静，但生命也因此缺少创造力、活力和生气，生命中的一切欢乐和痛苦都不复存在。正是这一点遮蔽了叔本华哲学中有意义的一面。

叔本华虽然对意志、对整个世界持悲观的态度，但他并不就是一个消极的悲观主义者。相反，叔本华在斗争中生存，他是积极的。尼采说：

① 叔本华：《作为意志和表象的世界》，第484页，莱比锡，布罗克豪斯出版社，1891。

“尽管他很想是一个悲观主义者，但他却不是。”[1]叔本华是一个昂扬的斗士，在战斗中，他不时会发出悲凉厌倦的号叫，却并不影响其战斗力，他始终勇猛奋进。黑格尔、女人及生存的全部意志都是他设立的敌人，只有在与这些人和事的反抗和斗争中，他才能继续生存。叔本华以自身的行动展现了“否定”意志的真正意义所在。否定就是斗争，就是其生命的本质和意义。这从另一种意义上为叔本华否定意志找到了合理的解释。他是悲观哲学家，却不是消极的悲观主义者。叔本华坚信意志的存在，坚信整个世界的存在，他所描述的整个无机界、有机界和人类的一幅幅生活图景无不是最好的证明。虽然这些图景是悲凉凄惨的，但正是这些不幸和痛苦证明了生命的真实存在。意志的否定是其哲学发展的必然历程，更高价值的另一个世界是在不自觉中带来的。

从德国哲学史来说，叔本华可谓是一个转折性的人物。他向前批判继承了康德、黑格尔的思想，向后开拓了尼采的哲学，并影响到克尔凯郭尔、弗洛伊德、柏格森、维特根斯坦（L. Wittgenstein）等人。叔本华的意志哲学是德国古典哲学向现代哲学转折的开始，但他的创造仍然是在德国古典哲学范围内进行的。叔本华的意志就是自在之物——这个世界的本质。意志不再是理性形式，而是实在的感性内容（原创性的力），感性内容同时又被形而上学化。意志就是世界本质运动的源泉和力量。叔本华确信，意志就是对世界之谜的解答，意志就是这个世界最本原、最确定的东西。意志的本性又是盲目的、没有停顿的，因而意志是不确定的、混沌的。世界的确定性存在于不确定之中，不确定反过来说明确定性。叔本华的意志哲学作为一个非确定的、非科学的混沌，不同于以往的理性的科学体系，由此散发出自身的特殊魅力，在哲学史上获得了稳固的地位。

---

① 尼采：《论道德的谱系・善恶之彼岸》，谢地坤、宋祖良、刘桂环译，第 82 页，漓江出版社，2000。

第二章　尼　采

尼采(Friedrich Wilhelm Nietzsche)是 19 世纪西方最重要的思想家之一。他以其丰厚的学养、卓越的才华、敏锐的观察和深刻的思考,对现代西方社会及其以基督教为核心的文化传统予以激烈的批判,对整个 20 世纪的西方哲学、文学、艺术、社会理论等产生了深刻的影响。尼采不仅是现代西方哲学的开创者,而且还是现代社会的批判者和时代的先行者。

尼采于 1844 年 10 月出生在普鲁士萨克森州的勒肯镇(Röcken in Sachsen),其父是一个信奉路德教的乡村牧师,在尼采不到 5 岁时就去世了。中学毕业后,尼采先后在波恩大学和莱比锡大学学习神学和语言学。因其才华出众,尼采在 1869 年被瑞士巴塞尔大学聘为古典语言学教授,此后相当长的一段时间他主要生活在瑞士和意大利。1879 年,尼采因健康原因辞去巴塞尔大学的教席,35 岁的他从此独自一人漫游于山水之间,从事无拘无束的自由写作。这是尼采创作力最旺盛、创作成果最多的时光,他在这时写出了一批带有独特风格的格言警句式的著作,其所表达的思想虽然在当时有危言耸听之嫌,但对世人而言却足以振聋发聩,并对后世产生了深远的影响。1889 年,尼采精神崩溃,神志失常。在其生命的最后 11 年,尼采一直由其母亲和妹妹照料。1900 年 8 月,尼采在魏玛(Weimar)去世。

尼采早年相当推崇叔本华的意志哲学和音乐家瓦格纳(R. Wagner)的浪漫主义,后来又不满意他们的思想,开始了自己艰苦的独立探索之路。不久,尼采就超出了叔本华的悲观主义,并常常把瓦格纳当作自己批判的靶子,最终喊出了颠覆整个西方传统的"上帝已死"的口号,创造了惊世骇俗的"超人"哲学。在罹患精神病之前,尼采笔耕不辍,为人类留下了一批重要的思想财富,其主要著作有:《悲剧的诞生》(*Die Geburt der Tragödie*, 1872)、《人性的,太人性的》(*Menschliches, Allzumenschliches*,1878)、《快乐的知识》(*Die fröhliche Wissenschaft*, 1882)、《查拉图斯特拉如是说》(*Also sprach Zarathustra*, 1883—1885)、《善恶之彼岸》(*Jenseits von Gut und Böse*,1886)、《论道德的谱系》(*Zur Genealogie der Moral*, 1887)、《反基督徒》(*Der Antichrist*,1888)、《权力意志》(*Der Wille zur Macht*, 1906)等。此外,尼采自学了作曲,创作了一些合唱曲、钢琴曲和小提琴曲,留下一批曲谱手稿。20世纪六七十年代,德国和瑞士的一些出版社专门印刷和出版了尼采的曲谱。

第一节　尼采在哲学史上的地位

尼采的哲学长期以来一直是人们关注的焦点。人们之所以关注尼采并非完全因为被他那半疯癫的表达方式所引起的好奇心理,而是他的哲学在历史上承前启后的创造作用。在对他的思想做过真正哲学的研究之后,我们将会知道,他作为一个哲学家——尽管他本人或许并不承认这个称号,的确是应该受到重视的。

一　历史条件

哲学史家有一个信念,即相信任何思想都不是凭空杜撰出来的,然而,这种态度,似乎又和哲学本身所要求的创造性相矛盾。为解决这个矛盾,哲学史家采取的办法是:把哲学发展的历史理解为人类创造性思维本身发展的历史,哲学史研究哲学家如何在特定的历史条件下创造性地工作。尼采哲学同样也是在特定的历史条件下作出的创造性的哲学工作。

尼采时代的德国,在哲学上是以黑格尔为首的古典唯心主义占统治的时期。从康德到黑格尔的唯心主义哲学,将欧洲从柏拉图以来的哲学主流思潮作了创造性的总结,使之成为一个完整的逻辑体系。这个体系原本不是僵化的、封闭的。它之所以被认为如此,除了黑格尔企图创造一个无所不包的哲学科学外,主要还在于这个体系是建立在一个纯粹理性的基础之上,而纯粹理性因其"纯粹"性,常常被误解为仅仅是"纯形式"的,因而也常常会被误解为是空洞的。

当年德国古典哲学诸家之所以会有如此的偏向,乃是受制于欧洲哲学的强大传统:感性是不可靠的,只有理性才是真理的依据和自由的保障。康德把这两者彻底地分割开来,而黑格尔虽然努力将它们统一起来,但是在他的庞大无比的哲学体系中,感性只是理性历史和逻辑发展的一个比较低级的环节,也就是说,康德的分离感性和理性的前提仍然必须坚持。

然而,感性却不断地向理性提出挑战,它以丰富多彩的姿态吸引着诗人、艺术家,当然也包括哲学家。感性要在哲学中争取自己的应有的地位。感性与哲学所追求的目标到底有何种关系,感性对于哲学有什么帮助,自是不可回避的问题。

并不是没有人探索过这些问题。自古以来,可以说,一切怀疑论者都或多或少地把自己的立足点放在了感性这一边。然而,传统怀疑论直到休谟,其作用只是从外部进行挑战,而为回应此种外来的侵犯,引发出一个又一个的理性体系,似乎并没有为感性在哲学中找到恰当的位置。

推翻一个哲学体系,最简便的办法,就是提出相反的命题,你讲"绝对",我讲"相对";你说一个东,我说一个西,说得好了,也能卓然成家。在反对黑格尔哲学的阵营中,不乏佼佼者,如费尔巴哈,他自然有自己的优势。他的敏锐的观察、犀利明快的语言,与黑格尔形成了鲜明的对照,吸引了大批的年轻一代的哲学家。

然而,感性究竟于真理和自由何益?

哲学自其诞生之日起,以追求真理为己任。哲学的知识不同于其他的知识之处,盖在于它的自由性。那么,何谓“自由的知识”?

在古代希腊,人们认为,只有摆脱感性束缚的知识才是自由的,此时所谓感性束缚显然与实用的功利态度有关,亦即人们在自由思考时,不计利害与成败,在所不顾。古代希腊人认为,只有这样,人们才能获得真知识。然而,人们不难发现,这种知识,仍然受制于感性的材料,受制于感觉印象。

哲学意义上的真正的自由,直到康德才相当地明确起来。康德的自由是道德的、实践的,而不是知识的。实践道德的自由,与感性毫无瓜葛,它自己创造自己的价值,使之在无限的修善中,转化为现实。这个过程,黑格尔将其发展成为绝对的知识。于是,自由的知识—哲学的知识—真理,在绝对知识中得到完成。

我们将会看到,康德哲学日后虽然受到严厉的批评,但是,上述这条由实践理性自由出发的创造性的路线,仍在或明或暗地起着作用。

黑格尔企图超越康德的实践理性,但是他的“辩证理性”或“思辨理性”已经不是科学知识性的理智,而是纯粹的自由理性。自由理性在那个绝对的起始点原本也是“空洞”的、形式的;只是在时间中,在历史中,才有其内容。不仅如此,黑格尔绝对理念的内容,也是这个理念自己创造的。理性本身具有创造性,这是黑格尔哲学的巨大贡献。然而,从古代希腊哲学一直延续到康德的西方哲学的传统,对于理性-理智如何会有主动性和创造性,始终存在着理解上的问题。因为理智-理性总带有形式性而其内容必是“给予”的,因而是从外面“接受”的。知识-理性的创造性具有先天的限制。

于是,叔本华批判黑格尔哲学,就带有根本颠覆的性质。叔本华强调一个非理性的“意志”作为他的哲学的出发点,而这个“意志”又不是通常意义上的欲望。叔本华的哲学,促使人们考虑一种自由创造的力量,而不是考虑那些受制于感官的欲求。

从这个角度来看,叔本华哲学表面上似乎回到了康德,叔本华本人也对康德倍加推崇,但这是真正意义上对康德哲学的批判,而不是像新康德主义那样,只是对康德哲学的种种扩展。真正意识到叔本华哲学意义的是尼采。

二　“意志”学说与欧洲哲学传统的变革

从某种意义上来说,尼采也把欧洲哲学的主流传统给颠倒了。我们问,什么是欧洲哲学的传统?这个传统发端于古代希腊。其时,哲学的主要任务在于寻求确定的、不变的因而是可靠的知识。为此人们找到了“理性和理智”。哲学家有了一个坚定的信念:感觉是变幻的,而理智是恒固的。由此衍生出来的一系列思想,形成欧洲哲学的深厚传统。

然而,“感性”也并不是那样驯服的。从古代怀疑主义开始,理性和理智主义一直在接受着挑战。由于这种挑战,哲学的基本概念关系经常被迫处于变换和颠倒之中。大体来说,这些关系是:主动和被动、肯定和否定、直觉和理性、价值和知识、伦理和科学、实践和理论、自由和必然、偶然和命定、原因和结果、多和一、创造和接受、无和有,等等。或许我们甚至可以说,这种概念范畴的转换几乎贯穿了整个欧洲哲学的历史发展进程。哲学体系的变化,往往围绕着概念范畴之关系的转换。

在对立的概念中以强调对立一方的重点不同建立各种不同的哲学体系,固然能够促进哲学问题的思考和深化这种对立的意义,但是循环的转化,不能在根本上推动哲学的进展,这已经为欧洲哲学发展的历史所表明。对于感觉、直觉、感性的肯定,乃是近代哲学的贡献,其途径已经不再是强调对立方面的转换,而是将对方包容在自己的体系之内,作为自己哲学体系发展的某个环节。黑格尔明显地采取了这种办法,在他的庞大的理性主义的哲学体系中,“感性”是一个必经的环节,即使在他的“绝对理念”阶段,同样有“感性”的一席之地。黑格尔这种思路的好处,除了必须将“时间”“过程”引入哲学外,对于从哲学角度来理解“感性”，提供了深入的基础方法。它意味着：“感觉-直觉-感性”同样可以具有哲学的意义，尽管对于黑格尔哲学来说，它不是最高的。

“感觉-直觉-感性”进入“绝对”，这意味着：它可以被理解为“主动”的、“能动”的，而不是“被动”的。探讨“感性”的能动性曾是后黑格尔哲学的一个时尚。这一点，我们已经有了较多的材料。叔本华的“意志”是一种“非（不是）理性”的力量，这已经解开欧洲哲学长期被掩盖着的一面。只是他的“意志”由于需要摆脱以达到观照宁静的境界，所以就和生理的情欲不容易分开。他自己在具体论述时，有时对此也没有着意加以区分，于是就有尼采出来坚持“意志”的根本原则，并将其贯彻到底。

意志的本质在于它的“力”。这种“力”当然会含有“支配”“统治”的意思在内。但是不止于此，它主要是一种“创造”的“力”。所以尼采常常强调，“意志”就意味着“创造”。

真正意义上的“创造”是从无到有。

“从无到有”是基督教在根本上不同于希腊哲学的地方，这一思想实际上已经把整个的希腊哲学思路颠倒了过来：希腊哲学是从“感觉”到“思想”——“思想”为“不（非）存在”，而基督的创世说，乃暗含着从“思想”到“感觉”的思路，这个思路被后来的哲学家们发挥了出来，而进一步利用了希腊哲学贬抑感觉世界的态度，形成像黑格尔这样庞大的思想体系。“神”的创世说，变成了思想-精神的创世说。思想创世实际上已经含有“从无到有”的意思在内。

然而，人们如果企望跳出对立面转换的怪圈，彻底消解某种虚假的对立——或者像康德所说，是“现象-表象”的对立，则当在新的基础上，或在更高的层面上，回到希腊“从有到有”的思路上来。

“意志”不是“无”，而是“有”；是一种特殊的“有”，“充实（溢）”的“有”。“意志”因其“充溢”而为“力”。这种“力”是感性的，实实在在的，不是思想-精神性的，而是物质性的。就其对其他的“力”而言，意志力要取得支配的地位，因而它是“权力”，所以尼采把这种意志叫作“权力意志”。

三 “意志”作为一个纯粹的创造力

理智像一面镜子，接受外来的印象，然后像蜜蜂采集花粉酝酿蜂蜜那样制造自己的知识体系。这是英国经验主义的基本思路。这个思路的缺点在于不能很妥善地解决感觉的变易性问题。因为知识体系-科学要求一种稳定坚实的可靠性，而这是感觉经验所不能提供的，于是有休谟怀疑论的复兴。康德为纠正这个威胁到科学之稳定可靠的学说，建立了批判哲学体系，并以“先天综合”之可能性来维护这种稳定可靠性。这就是说，康德仍然把知识的可靠性建立在理性之形式的合规则性-合规律性的基础之上，因而被认为是一种折中的说法。就理性的自由创造来看，康德的理性在知识领域的创造性是受到限制的，是有限的，起的是一种来料加工的作用。严格说这种仍是形式的理性，并非真正意义上的创造性。

康德把真正的创造性给予了“意志”。“意志”不接受任何外来的制约，自己创造自己的价值。

然而，意志如何会有能力去创造？意志在不受任何外在驱动的条件下，如何会有这种创造性？

康德说，意志的前提是绝对的形式，或者说，意志没有任何前提，因为他没有任何感性的动机，它本于自己的动机，就是自己的原因。意志因其没有感性的内容，在这个意义上，意志是空，是缺，仍然像一个“接收器”。康德的“意志”似乎仍在理智-理性形式的阴影笼罩下。意志的内容，要在长期的修善的德行中“添加”进去，尽管这仍可理解为意志自己的所作所为。所以，马克思批评康德的“善良意志”为软弱无力。何谓“无力”？因为它“无力”创造。意志而又无力——无力创造，乃是一个矛盾。按照康德自己立的规矩，则他的意志的观念就不能成立，不攻自破。

“意志”必定是有力的，有力(量)去创造，意志本身就是力。有力的意志，则不可能是空洞的、形式的。有创造力的意志，不是“缺乏”什么，不是缺乏什么感性的材料要补充进去，因而就和一般经验上的“欲求”从根本上区别了开来。“意志”不“需要(缺乏)”什么。

在这个意义下,意志作为一种力,就不再是消极的,而是积极的,不是“取”,而是“给”。

“意志”甚至也不是“充满”,不是“完满”。“完满”是一种静止,而意志是力,是“(冲)动”。所以意志不是“充满”“完满”,而是“外溢”,是“发射”,这就是说,古代的“流射”说,在这里具有了新的意义。

对于“意志”在哲学中重要性的阐述,是欧洲哲学自黑格尔以后的一大贡献,肇始者当是叔本华。只是叔本华指出了一个不同于黑格尔“理念”而又不是被动的感觉、需求、欲念的意志,这样来促使人们从这个思路上深入下去,遂使哲学传统所寻求的“原创性-主动性”问题得到更为深入的把握。

人们要问,这个既非理性又非一般被动感觉的意志,到底是什么?人们将会发现,沿着这条思路想下去,竟然会使整个欧洲哲学的传统问题有一个新的视点。

四 何谓“权力意志”

德文“Der Wille zur Macht”中的“Macht”有其他语种所没有的意思,它来自动词“machen”,是“做事”的意思,亦即不仅仅是一种“想法”和“欲望”,而且是要付诸行动的。既然“做事”,一般来说,就会对所做之事具有“支配”“拥有”这类的“权力”,同时还含有“征服”的意义。

尼采的“意志”是“有”,不是“无”。“意志”本来就“有”,不是被创造出来的,它本身是“创造者”。然而既然万物皆为“有”,那么,“意志”又创造了什么?如果说,“创造”的本意为“无中生有”,而意志又总意味着创造,那么,我们只能说,意志创造了一个“无”。这就是说,意志的行为就经验的眼光来看,似乎和万物的行程不同,万物从“有”到“有”,而意志则从“有”到“无”:意志“创造”了一个“无”。然而从另一种眼光来看,意志的创造活动,乃是真正意义上的“从无到有”,使原本没有“价值”,没有“意义”的万物,具有了各自的意义和价值。意志创造了一个“价值世界”。所以在这个意义上,意志使“无中生有”,也使“有中生无”。

我们可以参考尼采以后欧洲哲学的发展来理解这个“无”。从克尔凯郭尔到萨特,“无”可以被理解为“思想”“意识”“精神”,是一个价值的、意义的世界。所以克尔凯郭尔的“existence”,竟然可以是“空”的,乃是“空存”,只有在这个“existence”活动-创造以后,有了“生活”,它才“实”起来,变成“实存”;而萨特才说,“人”给世界带来了一个“无”。于是,“人”创造了“无”。世上有了“人”,万物才“显现”它那只对“人”才开显的“意义”。

这些存在主义-现象学的基本命题,蕴含着摧毁、化解人间一切道德文化的意思,而这层意思,在尼采那里也已经相当明显了。我们甚至可以说,20 世纪末所谓的“后现代”和“后结构”之“解构”的思路,已孕育在尼采的思想中。

尼采并不是说,一切价值意义都是人为的,都因人而异。尼采并不是简单的相对主义者。尼采把“权力意志”作为他的哲学原创性的基础,正是这个“权力意志”创造了道德文化,创造了一切意义和价值。因此,我们也可以说,尼采为相对主义和怀疑主义找到了一个比较坚实的哲学根据。这个根据,就是“权力意志”——“意志”的“力”创造了“无”的世界,亦即道德文化世界。一切辉煌的道德宫殿,一切神圣的宗教庙宇,一切庄严的法律条文,甚至一切的科学真理,究其根源,盖出于这个“无”。这也是尼采猛烈批判一切道德主义,提出“道德谱系学”的哲学依据。

那么,尼采在通常的道德文化上似乎是一个“虚无主义者”。但是,经验意义上的“道德文化”的“虚无主义”并不等于哲学上的虚无主义,这一点在尼采的哲学中表现得非常清楚。

尼采的哲学重心在“有”,不在“无”。尼采的“意志”不是“意识”,而是“存在”“实在”,是一种“力”。意志是实实在在的“能-力”,这种“能-力”因其过于“充沛”而“外溢”——不是黑格尔的“外化”,黑格尔的“外化”是从“精神”到“实在”。在这个意义上,是“从无到有”。尼采的“意志”则是从“有”“能-力”出发,而这从物理的眼光来看,乃是“从有到有”，乃是一种“变”。所以尼采虽然反对那种抽象的存在论，但是并不反对“变”之存在，而且认为只有“变”才“存在”。这种“变之存在”乃是“永恒的轮回”。

由于建立在这样一种实在的意志力的基础上，所以尼采的哲学竟会有一种快乐主义的色彩，而正是这种快乐主义是建立在实在的意志力作为哲学原则的基础之上，遂使尼采的快乐主义成为欧洲哲学中最具有形而上学意味的，因而也更应该得到哲学的重视。

把意志定位为一种实在的力量，这就意味着，它既不是一种感觉式的反应，像经验主义理解的那样，也不是抽象的形式的纯粹理性，像康德所理解的那样。于是我们从尼采的“意志”那里，可以体会出一种像理性那样“主动”而又“感性”的东西——或者说，“感性”而又“主动”的东西来。这种思想，当其时也，自有其思想文化的背景，譬如科学上关于能量的观念以及艺术上的原始冲动等等。但是在欧洲哲学史上，尼采的“意志”观念，不能不说是一种突破。因为欧洲哲学史上传统观念认为“感性”总是被动的，而只有理性才是主动的。尼采正是把这种观念扭转了过来。他说，作为“意志”的“感性存在”是主动的，而一切貌似主动的理性，反倒是被动的。理性的知识，归根结底是受感性制约的，离不开“反应-反射”，对于意志来说，只是第二位的，是为意志服务的。由于尼采对于“意志”的理解，紧紧抓住了哲学的基本原则，所以他的感性哲学，具有前所未有的哲学深度。

理性知识含有接受、综合的因素，这是欧洲哲学传统不可回避的问题，已经为怀疑主义所细致地提示过。康德的辩护，无非指出了科学理性知识的合法性，而不能否认一切知识都要从感觉经验开始。

在知识论上，康德未能看出，知识之所以能有“先天性”而“合法”，并非另有一个理性形式把感觉材料按照非经验的逻辑形式规范整理出来，而是在感觉中，原本就有纯粹主动的东西。我们似乎可以说，按照尼采的思路，“意志”才是一切知识的先天条件，而它本身却不是理性的、逻辑的，而是感性的、实实在在的。“意志”是一切感性经验科学的最深厚的根据。

在这个知识论的意义上,我们也可以说,“意志”是“立法者”。于是,知识服从意志,科学服从价值,真理服从道德。世上没有抽象的、绝对的真理,真理是意志的象征,而意志是一种力量。于是,在这个意义上,真理也是力量的象征。我们看到,尼采这个思路,对于一切被视为至高无上的“真理”体系,具有“解构”作用。

然而,意志不仅仅为“立法者”,它还是“创造者”,这也就是说,“真理”原本是意志“创造”出来的。

意志并不创造物理意义上的“感觉材料”,然而意志却“创造”了对感觉材料加工以后的知识体系,在这个意义上,意志确实“创造”了“知识-真理”体系。“真理”也是一种“意义”;“正确-对”否,乃是一种“判断”,而意志则对此种判断,保持着最后的“评判权(力)”。

于是,我们看到,在中文,为什么人们常把尼采的“Der Wille zur Macht”翻译成“权力意志”,而不必改为“强力意志”之类。在尼采的思路中,“意志”的确含有“权力”的意思在内。

“力”的含义已如上述。所谓“权”,在古代中国是一种度量工具,是衡器,一种秤砣之类的东西,大概在先秦时期就统一了。或许中外古代掌握度量衡的人,都是重要人物,故而有“掌权的-当权的-当权派”之说。“权掌握在谁手里”是“标准-准则”掌握在谁手里的问题,是“头等大事”。什么“对”,什么“错”;什么“好”,什么“坏”,是手里有权的人说了算。“权”当然也有大有小,运用范围不同。为了制约各种“权”的关系,在人间有帝王、君主,在天上,则有神-上帝。既然在尼采看来“意志”都是具体的、感性的、自主的,那么,那种“至高无上”的“意志-权力”乃是虚构出来的,而且往往是意志薄弱者幻想出来麻痹自己的,是弱者的意志,它受制于“真理”“习俗-道德”和“宗教”,是扭曲了的意志,是意志的缺失,意志的遗忘。用尼采的话来说,是“虚无意志(Wille zur Nicht)”。

我们看到,与“权力意志”相对立的“虚无意志”,放弃了自己的“自由”,把它“托付”了出去,在实际的生活中,“忍辱负重”,幻想着“天国”最后审判的绝对公正和完善；或者把这种幻想付诸实现，以行动来对现存世界进行“报复”，力图使自己的地位来一个颠倒和转换，于是乎有“造反”的举动。这两种貌似对立的态度实同出一辙：对待生活持“否定”的态度。所以，“虚无意志”实际并不想“创造”新生活，而只是要把生活中的秩序来一番颠倒。从根本上来说，“虚无意志”实在是“无所事事（zu machen Nicht）”。

然而，尼采的“权力意志”，并不是要向生活“索取”些什么，而是要“给予”些什么。我们说过，尼采的“意志”既然不是“欠缺-需要”，而是“充溢”，这种“给予”的意义，就不难理解。

五　“为其所能”与“能为而不为”

尼采的“权力意志”有一个突出的特点，叫作“为其所能”，即凡能为者皆必为之。这个意思不是说，做事（意志）要量力（视其可能性）而为。“量力而为”乃是经验的度量，不是哲学问题。所谓“为其所能”是建立在尼采对于意志的总体观念之上的。这种观念，蕴含了一个貌似荒诞的思想：“意志”是“无所不能”的，亦即凡是“意志-意愿”的都是“可能”的。

对于这个问题，如果联系到尼采的“意志”不是“获取”而是“给予”这样一个基本立场，也许就会变得容易理解起来。

如果意志为“缺乏”，向外伸手“获取”些什么，则“可能性”问题会非常突出。但是，如果意志本已经“完满-无缺”，无需外求，它的外溢，只是自身之本性，则无待外部之同意或允许——包括物理上的可能性。在这个意义上，“意志”真的“为所欲为”了，因而它“无所不能”。“意志”本身就是“能（ability）”。

尼采还进一步指出，那种“虚无意志”则往往要用各种方法，包括最美好的哲学、宗教、艺术词句来掩饰它的“无所事事”，而放弃“权力意志”本身之可能性。

我们知道，实际的可能性是一个知识问题，知识要靠经验的积累，做事之前，有一番审时度势的“计算”。而知识和经验是无穷无尽的，世上没有万无一失的计算。计算的根据是在于设定有一种“必然性”在,因而计算在一定范围内也的确有其效应。与此相反,尼采的“权力意志”,并不考虑计算的问题。并不是说,这个问题不存在,而只是说,在考虑“意志”问题时,不涉及利害的计算——这原本是康德的原则,尼采把它坚持住了,而不像康德那样把它当作通向“天国”的桥梁,要在“天国”达到理想和现实的统一。于是我们看到,取消了这种“天国”的统一,“意志”本身就是理想和现实的统一:凡“意志”的,都是“现实”的,而无经验的计算。

那么,在尼采看来,他的“权力意志”和经验现实世界的关系,又复如何?

我们看到,在这个问题上尼采强调的是一种一次性偶然机遇的态度,发挥的是古代希腊先哲的观点:时间是掷骰子的儿童,儿童为王。在这里,“时间”是“现实”,“掷骰子”是一种主动的行为,而其结果,则是偶然的,无法计算的掷骰子者承担结果,但在道德上并无“责任”,他“无辜”如儿童,但他又是“主宰-王”者。

这样的“意志”在碰到现实时,固然经常以失败而告终。但总结经验,审计得失,则是经验科学的事,需要经验的、处理实际事务的智慧和能力,“意志”则仍坚持其自身,承担后果而“不负责任”,它的目光注视着“下一次的机会”,准备“掷”另一次“骰子”。

我们看到,尼采这个“权力意志”常常是悲剧性的,因为它常常会失败。但是尼采的悲剧英雄虽然失败而仍然愉快——尼采以自己的观点来理解古代亚里士多德关于悲剧为什么给人们以“愉悦”的难题。尼采说,悲剧之所以给人以愉快感,不是因为观众在安全地带而庆幸自己免遭同样悲哀的结局,也不是因为观众体会出悲剧英雄有什么“片面性”,而是因为,意志本不顾及结果之成败,它永远肯定自己,肯定自己的生活。悲剧英雄之所以会失败,在尼采看来,乃是因为他的行动或是太早,或是太迟了,是“不得其时”。但是,时间仍可以给他另一次机会,因为“机会-机遇”是“永恒轮回”的,它保证了“意志”也永远处于“(有)力

(量)”的地位。

“初生之犊不畏虎”。“意志”永远保持着“初生”状态,天不怕,地不怕,行使自己的“权力”,时常“搅乱”固有的秩序,虽然很少“成功”,总是笑逐颜开。总结经验是后来的事,是长大成熟以后的事。随着时间的推移,人变得“老谋深算”起来,常为自己的得失而懊悔,患得患失,于是策划着另一次的行动来“补偿”,为自己的失败来一个“报复”,因而往往在不同的层面、不同的立场上做同一件事情,成则喜形于色、飞扬跋扈,败则怨天尤人、悲观失望,已经为“虚无意志”占据了统治地位,离开“赤子”很远了。相反地,“赤子”很少重复做同一件事,其实,他也不想做“成”什么事,“做”才是最主要的。“做”就是“生活”,而乐就在其中。对于成熟的人来说,“赤子”的行为可能表现得很可笑,但“赤子”并不在意他人的评判,“生活”就是“生活”,并不需要等待“评判”和“论证”,无需“师出有名”,更没有什么“最后的审判”。当然,尼采的哲学并不是幼稚的儿戏,它是超越了一切“老谋深算”的“大全-经验之全体”哲学,因为“意志”本已是比“大全”还要“多”的“充溢”,只是按自己的本性,“给”这个世界作出新的“贡献”。

这就是说,“意志”的“赠与”,并不涉及他人“接受”与否,其价值也并不“取决于-决定于”“他人”的欢迎程度或接受与否。“意志”的“赠与”,乃是“千里”之“鹅毛”,更与“实用”与否无涉。

六　“权力意志”与“道德价值”

“意志”赠与了世界什么?“意志”给世界带来了什么“礼物”?“意志”给世界带来了或“给予-赋予”了世界以“意义”。而且,这种“意义”只能由“意志”自己来评判。“权力意志”的评判权在自己手里,“意志”自己掌握着“标准-秤砣”。

“礼物”代表“心意”,表示一种“意思-意义”。一般来说,“礼物”没有“正确”与“错误”的区别,当有“轻重-高下”之分,就像“意志”有“高贵”“卑贱”的区分一样。区分高下的标准,不仅在于物质质料的贵重与否,还在于它代表的意义。中国古代就有“礼轻仁义重”的说法。礼物的意义和它的载体的物质属性没有绝对的关系,因为它的意义不在物质世界的关系网中,而是在另一种关系中。“礼物”体现了“意志”之间的关系,只有另一个“意志”才能“理解”礼物的意义。“权力意志”体现了对另一个意志的关系;“意志”只是对“另一个意志”来说,才有“权力”问题。对“物”的权力,基于对“人”的“权力”。“权力意志”是“意志间(inter will)”的问题。

一切的评判盖出于“意志”本身,不是“虚无-卑贱”意志“审判-评判”“权力-高贵”意志,就是“权力-高贵”意志“审判-评判”“虚无-卑贱”意志。而尼采认为,欧洲的一部文明史,就是那个“虚无-卑贱”意志如何占统治地位的历史,欧洲的道德、法律、宗教都是为这样一种意志辩护的,是保护“弱者”、排斥“强者”的“虚无史”。

根据这个思想,尼采对于欧洲道德、法律、宗教,特别是基督教,进行了无情的解剖。这就是尼采的“道德谱系学”的哲学意义所在。

尼采的“道德谱系学”并不是要把康德已经指明了的道德形而上学拉回到经验的道德学去。尼采之所以要为“道德”“叙述家谱”,乃是要揭示欧洲传统道德标准之“出身低微”,指出它冒充“高尚”的虚伪面孔,使其原形毕露。这方面的研究有待深入。

尼采的“权力意志”将欧洲哲学传统的“主动性-创造性”的思路,贯彻到实际的感性世界来,而又坚持了哲学的根本问题,在欧洲哲学史上是不可忽视的。同时,尼采的哲学还给人以一种启示:既然感性-感觉作为主动的“力”可以进入哲学,则“被动性”问题,是否也有一种理解,使之在哲学基本问题中占一席之地?

“被动性”问题在尼采哲学中被限制在一定的理论框架中。尼采认为,理论的知识是一种“反应-反映”式的结构,其根基是被动的,归根结底是为人类实际功利服务的,而只有“意志”才是纯粹主动的。

然而,这样一种主动的意志既是“多”而不是“一”,于是“意志”之间的关系就是一个需要探讨的问题。我们看到,在这个问题上,尼采为反驳黑格尔的“苦恼意识”，把自己的视线集中在“主奴关系”上。尼采虽然深刻地指出，“奴隶”即使改变了地位，仍是“奴隶”，但是，“奴”和“主”既然皆非“一”，那么，除了“主-奴”关系外，尚有“主-主”关系，然则此种关系又当如何？实际上，“奴隶”只有“虚无意志”，而所谓“虚无意志”就是“意志虚无”。所以，从本质上来说，“奴隶”本无自己的“意志”。在这个意义上，我们竟然可以说，凡“意志间”的关系，根本上都是“主-主”关系，也就是“自由者”之间的关系。按我们刚才的分析，“意志间”的关系，乃是“赠与”和“被赠与”的关系，这种关系，固然也有锦上添花和雪中送炭的区别，但是从根本上来说，不仅仅是物质上的“缺乏-需要”的问题，因而就不仅是经验世界的问题。

“权力意志”既然不仅是缺乏和需要，那么，作为另一个“意志”的“被赠与者”，它的“接受”，就同样不是一种感性的需求。或许我们宁可说，“意志”间的关系，作为“自由者”之间的关系，更加接近锦上添花的性质。这种锦上添花的关系，我们常从艺术的活动中体会出来。从艺术创作和欣赏中，人们能够体会出一种特殊的“接受-被动”的关系。扩大开来说，甚至一切思想文化的交流，包括“阅读”在内，我们都能感受到一种“被动”中的“主动性”。

在哲学上重新接纳“被动性”问题，使哲学有一个新的切入点，有一个新的视角，就像20世纪的哲学家重新接纳“感觉-直觉”与“时间”到哲学中来一样，当是一项有意义的工作。

第二节　“超　人”

尼采的“超人”说，已为众人熟知，似并非其学说之难点。但是究其含义，则尚须详加探讨。

既曰“超人”，则非“常人”。而“超人”仍归于“人”，则又非“神”，其义亦甚明白。然则，尼采对于基督教所采取竭力反对之态度，可知其“超人”，亦绝非介乎“神”“人”之间的一种族类，或者像古代希腊的“英雄”那样一种类型,虽然尼采对于古代希腊之诸神,与对基督教之神的态度,绝不相同。

学者已经注意到尼采多次强调的思想:“超人”不是一个静止的概念,而是一个动态的过程,“超人”意味着“人”是要被“超越”的。在《查拉图斯特拉如是说》开篇不久,尼采就借查拉图斯特拉的嘴教导世人:“人是那种要被克服的东西。”①于是我们知道,尼采所谓“超人”,是强调“人”须得不断地“超越”“自己”,也就是说,不断地“创新”,不断地“创造”。

然而,尼采的“创造”“创新”等等,不是向着更“完善”的“目标”“前进”,因为在尼采的心目中,根本没有那种“超越”的“真”“善”“美”,那么,这里所谓“超越”与“克服”,又如何理解?

从德国古典哲学的传统来看,“超越”和“克服”等等,乃是一种“否定”的精神,根源于“理想”与“现实”、“本体”与“现象”的原则区分。这种哲学,就尼采来说,近取康德、黑格尔,远可追溯到柏拉图、亚里士多德。这个传统,叫作“理念论”,或者如我国的译名“唯心论(idealism)”。这个传统强调,有一个或多个超越、绝对——超绝的“理念”,集“真”“善”“美”于一身,尘世间的“现象”,都是它的“摹本-复制品”,而都要“趋向”于它。

这样,相对于那个“原版-原本”的“理念”来说,一切的“现象”都是要被“否定”的,“理念”向一切“现象”说“不”。

我们要明确,尼采在这样一个基本点上,是与这个传统完全不同的,这样我们就要在一个不同的理论视角中来理解尼采的“超越”和“克服”。

尼采的“超人”,不能被理解为从“人”到“神”的“过渡”环节。“超人”是尼采把基督教和希腊理念论的哲学传统联系起来考虑的结果。我们看到,尼采这种取向,是理解西方哲学理念论的很重要的一个视角。

在欧洲,基督教宗教精神和希腊的哲学(科学)精神“磨合”了很多年,其间充满了无情打击和残酷斗争,甚至充满了血腥;然而沟通之门从

① 尼采:《查拉图斯特拉如是说》,载于《尼采全集》(验证版)第4卷,第14页,柏林,德国袖珍图书出版社,1980(以下所引此书均为此版本)。

一开始就是打开着的。从思想的根基里,双方都承认一个超绝的、至高的真善美之存在或“悬设”,而尘世的现象是要被否定的,人世间的一切努力,都是为了向那超绝的真善美——神靠拢。

从哲学思想的发展来看,古代的希腊形而上学为这个最高理念或存在奠定了思想基础,近代康德则从伦理学-实践理性方面推导了设定“神”的必然性。古代形而上学从“至真”方面论证了“理念”的必然性;康德实践理性则从“至善”方面论证了一个最高裁判“神”的必然性。康德从哲学上完成了对(基督教)“神”的论证,使这个“神”,成为“全知、全能、全善”,使人间一切向善的修德行为,有一个最后的“根据”。

尼采对于这些哲学的或宗教的说教,断喝一声:谎言!

尼采这种态度,并非全是情绪式的,而是建立在清醒的、清楚的理路的基础上的。尼采的实际思想,和他的某些情绪式表达形式是有距离的,我们对他的哲学思考和理解,要透过他的情绪看出其中的理路来。尼采不是愤世嫉俗者,尼采反对“报复”。

“谎言”的断喝,乃是对一切传统的形而上学,包括或者特别是对康德道德形而上学的批判,当然也是对一切宗教信仰的批判。尼采是无神论者,是现实论者,但仍然是“超越论者”,或者说,是真正的“超越论者”。因为过去传统的“超越”,是“否定”的“超越”,而尼采的“超越”,则是“肯定”的“超越”,是不经过“否定”“现象界”的“超越”,或者,竟然是真正意义上的“否定之否定”,是对“理念论”所具有的“否定”的“否定”。

“肯定的超越”而不是“否定的超越”是理解尼采“超人”的关键。“人”是要被“克服”,被“超越”的;“克服”“超越”什么?“克服”“超越”那个“否定”——传统哲学中那个作为“否定”力量的“人”,使之成为“肯定”力量的“人”:从对一切现实说“不”,转变为对一切现实说“我要(Ich will)”。①

“意志(Der Wille)”在这里首先是一个积极的力量,而不是像在康德

① 见尼采《查拉图斯特拉如是说》,载于《尼采全集》第4卷,第30页。

那里,首先是一个否定的、消极的力量。

不错,康德的意志是"自由"的,它是摆脱一切感性束缚的理性力量。但是正因为如此,它首先成了"否定-摆脱"现实感性世界的力量,因而也是通向至高无上的"神-宗教"的道路,只有在"神的天国","意志自由"才有"肯定"的意义。

在尼采看来,康德这种否定性、消极性的"自由",在现实世界,实际上是为"责任"设定的,为"责任"找出一个绝对的根据。"自由"的必然性,意味着"责任-负担"的不可逃避性。所以人们面对康德的"自由",并不觉得轻松自在,而有一种战战兢兢、如履薄冰之感。在这种"自由"的压力下,叔本华躲进了希腊哲学的"理念"世界,躲进了艺术和哲学的殿堂。在那个海市蜃楼中,他才能怡然自得。

之所以会出现康德这种消极的、被扭曲了的"自由",概出于有一个至高无上的"理念"-"神"的设定。"理念"和"神""限制""人"的"自由"只能是"形式"的,只有到了"天国"或在"绝对精神"里,这种"自由"才获得了"(现实的)内容"。于是,在康德以及黑格尔那里就出现了一个辩证的词组:人作为"有限的理智者"只有"有限的自由"①。

这种消极的、否定的"自由"对于"有限的理智者"只要求一个抽象的"应该",至于"应该"的"内容"则是"经验"的事。只问"应该(去做)",不问"(做)什么",就如同只问"是(存在)"而不问"(是)什么"那样,是一切(自然的、道德的)抽象形而上学的陷阱,的确是为"信仰"留有余地。

尼采认为,向人许诺这样一种形式应该的"自由"是虚假的。他对于康德的"自由意志"以及由此而引申出来的道德哲学给以无情的揭露和讽刺,指出康德的"自由意志"下的"道德伦理",只能出现"庸人"和"奴隶",不是忍辱负重就是犯上作乱,都以最高的"神"-"理念"-"天命"为借口。

---

① 在康德《判断力批判》里,在美、艺术和目的论里,康德指出了一种"绝对的自由",这里有着叔本华回归"理念论"的秘密。

尼采的“超人”不是康德意义上的“自由者”，因而（不）是“责任者”。“超人”不是“拥有”形式的“自由”而战战兢兢地担负实质的“责任”。超人的“自由”带有实质性，也就是带有现实性，人是实实在在“自由”的。这种“自由”只问“要”“不要”-“愿”“不愿”，而不问“应”“不应”；当然，“愿”“不愿”也不是抽象的、形式的，不是海阔天空地胡思乱想，而要看“能”“不能”，所以尼采强调的不是“自由意志”，而是“权力（能力，力的）意志”。中文将尼采的“die Macht”译成“权力”，不仅是政治上“统治”的意义，而有一层“权衡”的意思在内，是“量力而为”的积极的意思——只要有能力，就“要”去“做”。“意志自由”并非不计“成败利钝”，而是不顾既定的“善恶是非”的束缚，更不是“相信（信仰）”那“至善”，而是自己“创造”“价值”。尼采说：

> 一旦人相信预言家和占星家，那么人就会相信，“一切都是命（Schicksal）：你应该（sollst），则你就必须（musst）”！
>
> 而人如不信预言家和占星家，则人就会相信，“一切皆自由（Freiheit）：你能够（kannst），则你就要（就愿意，willst）”！[①]

尼采这段话是很概括地表明了他的思想核心：“超人”乃是真正的“自由”的人。“超人”的自由不是被“神”注定了的“自由”，不是被（神）承认了的“自由”，不是“神”-“理念”-“他者”眼中的“自由”，而是“自己”的“自由”。康德的“意志自由”之所以是一个“误区（Irrtum）”，“是因为人被当作自由的，而不是因为它是自由的”[②]，而真正的“自由”与“责任”无关，它是“无辜-无罪”的。“超人”不相信“原罪”，“超人”像“儿童”那样“无辜-无邪”，只是“超人”不像“儿童”那样“无知”，“超人”是“成熟的儿童”“智慧的儿童”。

当然，尼采并不是一般地否定道德，他只是不相信有绝对不变的“道德”，他认为至高无上的“至善”是骗人的虚构，而对于既成的道德规范有

---

① 尼采：《查拉图斯特拉如是说》，载于《尼采全集》第 4 卷，第 253 页。

② 尼采：《人性的，太人性的》，载于《尼采全集》第 2 卷，第 64 页。

自己的解释。他认为迄今的道德规范,不过是“权力意志”的表现,不幸的是这些规范,特别是基督教的道德规范,都是奴性的,是“奴隶”的准则,“奴隶”即使造反当了“主人”,也还是“奴性”的。循此,尼采研究了“道德”的“谱系”。所谓“谱系”乃是“出身”,乃是“门第”,乃是“品质”,是论“高(贵)”“下(贱)”的,而不是真正论“善”“恶”的;就像“意志”只论“强”“弱”,无关“善”“恶”一样。

尼采也并不一般地反对“责任”,他只是反对有一种先天的、形而上学的“罪”和“责”是人作为有限的理智者必定要承担的。他说,“我们认识到,并没有什么在形而上学意义上的罪责(Suendem),在同样意义上,也没有(这种)德行(Tugenden)”①。

康德说,正因为人是一个有限的理智者,所以道德律(必须为善)才是一个无条件的命令,而不是人的发自本性的觉悟。于是,这个命令,对于人来说,真的成了“理解的要执行,不理解的也要执行”。而由于人的有限性,人对于这种命令,在根本上是“不理解”的,道德律令不是知识对象,因而“不可知”。在这个意义上,康德固然说他的道德学无关乎经验,但是作为经验世界的人的本性,天生(形而上学地来看)是“恶”的,是要被“摆脱”、被“克服”、被“超越”的。我们看到,在道德问题上,在“实践理性”中,康德是要把“自然的人-知性的人-必然的人”提升为“道德的人-理性的人-自由的人”。

在这个意义上,我们要指出的是,尼采采取了和康德针锋相对的相反路线:尼采要破除康德“道德的人”的虚伪性,使那高高在上的天使般幻影回到大地上来,现出原形。

尼采在谈到他的“超人”“出世(分娩)”之“阵痛”时说:

> 蝴蝶穿破其外壳,撕拉碎之,一道从未见过的光芒使之目眩眼花,这自由之王国。在有此能力承受那种悲痛的少数人中,将第一次探问:出自道德的人性(die Menschkeit aus einer moralischen)能

① 尼采:《人性的,太人性的》,载于《尼采全集》第2卷,第75页。

否转化为智慧的人性(eine weise Menschkeit)。①

尼采的“超人”,横空出世,从“天上”降到“人间(地上)”,打破一切虚伪的“天条”,在大地上自由地“开创”自己的事业,“实现”自己的“价值”。

康德所担心的事终于发生了。我们知道,康德的《纯粹理性批判》乃是要防止理性在知识领域的“僭越”;而他的《实践理性批判》则是要防止理性在道德领域里的“屈降”。在知识领域,理性要防止超出经验的范围之外;在道德领域,则要防止理性进入经验领域。如今,尼采的“超人”打破“批判哲学”的一切条条框框,泯灭经验和超越的界限,在道德问题上,不但“进入”,简直是“入侵”到经验领域里来了。

果然,尼采的“超人”作为“创造者”,不是经验世界诸种材料的加工者,也不是修理匠,而是“进攻者”②。于是,作为“进攻者”的“超人”,恰恰不是“神”,而仍是“人”;不过不是那受“天条”束缚的唯唯诺诺、努力修善、乞怜于神恩的庸人和奴隶,也不是因竭力摆脱奴隶地位成为“主人”而对一切采取“报复”的“复仇者”,而是不用他者认可的纯粹主动者。对这样一种人,道德的价值是自己创造的,不是“他人”“评说”的。因此,在他行动的时候,道德的考虑不是先天的条件,而要“实现”自己的道德价值,“智慧”却是在其本性之中。

康德的道德哲学给人一种“慰藉”:终身为善,未得好报;“天国”将会报偿一切,不差分毫。“超人”不相信这种骗人的安慰剂,自己的价值未得实现,不怨天,不尤人,只怪自己的“智慧”不够。而既然“超人”不是“神”,所以尽管殚精竭虑,失败是难免的。于是,“悲剧”常常伴随着“超人”,是它的“命运”。

然而,“超人”绝不“悲观”,对尘世的“悲观”是基督的精神,不是尼采的精神。“失败”而不“悲观”,乃是一种积极的、肯定的悲剧精神,是希腊

① 尼采:《人性的,太人性的》,载于《尼采全集》第 2 卷,第 105 页。

② 参见德勒兹《尼采与哲学》,汤姆林森英译,第 3 页及其他各处,纽约,哥伦比亚大学出版社,1962。

的酒神精神。“超人”的意志,以乐观的态度对待尘世的变幻无常,把它看成意志实现价值的“机遇”。把握“机遇”,得天时、地利、人和,水到渠成,就会“幸运”地把握住自己的“命运”。不过“超人”因为太多的意志的涌动,往往缺乏“耐心”,“超人”的悲剧不是因为它没有能力去完成它的事业,而在于不能“等待”,不能“忍”,譬如,把他的事业推迟个一两年。[①]不能“忍”,不能“抓住时机”,就会“失败”,故此,不能以成败论英雄就有了学理上的根据。“英雄”往往失败,这已经是历史的事实,然而正因为如此,才为千古骚人墨客所吟诵。

我们看到,尼采这种“超人”的“悲剧观”与黑格尔通向理念世界的悲剧观旨趣完全不同。黑格尔从两种片面的伦理力量冲突导致更高级的理性精神出来“收拾残局”——得到和谐,显示了“相对”“片面”之克服(代表有限伦理力量双方之毁灭),而“绝对”之必然胜利。尼采的悲剧观恰恰相反,它显示了悲剧英雄虽然往往失败,但在这种“失败”中体现着“偶然性”,而并不需要什么“片面伦理力量”来作为条件。尼采的悲剧英雄与伦理道德无涉,他只是“生不逢时”。

黑格尔理解的“悲剧”,由在时空中的有限性、偶然性之毁灭,展示一个超时空的世界;而尼采所理解的“悲剧”,则永在时空之中。在这个意义上,它没有“超越性”,永在“三界”之中“永恒轮回”。

那么,这种“永恒轮回”的悲剧观是不是会跌入悲观失望之泥坑?

不错,黑格尔的悲剧观具有一幅乐观的景象,通过“有限”的“毁灭”,展示“无限”的“天福”。只是这“天福”在“天国”,不在“人世”。黑格尔许诺的是一幅美丽的“图画”,它对于挣扎在残酷现实中的人是一种安慰,弄不好是一种“麻醉剂”。如同一切“理念”“绝对”“神”一样,“悲剧的和解”也是虚幻的。

背后有“权力意志”支撑着的尼采的“超人”则不把希望寄托在那虚无缥缈之间。因为时空的绵延,正是向着强者显示着“机遇”,时空的绵

① 参见尼采《人性的,太人性的》,载于《尼采全集》第 2 卷,第 78 页。

延不绝，乃是“机遇”的绵延不绝，“永恒轮回”乃是“机遇”的“永恒回来”。“机遇”永远向“强者-超人”“开放”。

“时间”是什么？赫拉克利特说，“时间是玩骰子的儿童，王是儿童”①。赫拉克利特从其“一切皆流变”的思想出发，强调“变”之“存在”，“变”中之“驻”，“偶然”中之“必然-命运”，为其非形式的“逻各斯”。“玩骰子”乃是一种“偶然”，掷下来的点数排列不是“掷者”所能把握的，它是一种“命运”，也是一种“运气”，是“偶然”中的“必然”，而且是由“偶然”来“证-验证-证明-明证”“必然”。这种“必然”，竟然也不是统计学的，不在于多数的“掷”之后的平均数，而是每一次都有每一次的结局，是个体的。但是，每一次的结局，又不是终局，时间的无限绵延为“掷者”提供了“再一次”的“机会”，“机会”总是不断提供、不断“轮回”的。

从这里，出现了“强者-超人”的身影：既定了的点数排列，已不在计算的视野之内，不后悔，不抱怨，而是全神贯注关注着“再一次”的“机会”。“强者-超人”的视线集中在面向“未来”，对于“过去”了的一切，“强者-超人”认为那本是我想要的，无论成败，无论幸与不幸，都是“我的意志（意愿，Ich will）”。并不是“过去”因“不完善”而通过“现在”迈向“未来”的“完善”。既然这个最终的“完善”是虚幻的，于是，就哲学-形而上学的意义来说，“强者-超人”的行为也并没有一个终极的“目的”——“目的”是没有的，“运动（变化）”就是一切，这句话在日常生活中，在经验的意义上，是荒谬的。但在哲学-形而上的意义上，却揭示了以“至善”为最终“依归”的虚假性和欺骗性。

由于消解了作为终极目标的“至善”，善、恶皆为相对的、经验的、变化的，于是在终极意义上，“行为者”亦无“责任”问题，“责任”是经验的、相对的，因而是可以辩解的，不是绝对的、无可推卸的。“掷骰子者”对于其掷出来的点数排列，没有责任。

“掷骰子者”是“儿童”，“儿童”总是“无辜”的。这是一种与后来基督

---

① 尼采：《人性的，太人性的》，载于《尼采全集》第 2 卷，第 78 页。

“原罪”观念完全相反的古代希腊人的“人生观”。这种“人生观”的深刻性，需要有尼采这样的思想彻底性，才能使其清楚地呈现出来。

“王是儿童”——“王”是有“权”、掌“权”的人，“权”是“度量”的标准，是“度量衡”，“掌权者-王”是“掌握(控制-统治)”“度量衡”的人，手握“权杖-权柄”的人，但他却是“掷骰子者”。“博弈”的“规则”是他自己定的，“命运”全“掌握”在“自己”的手里，不受任何外来的支配和影响。“掷骰子者”绝不受任何他人的影响。这一把“掷”下去，任何人的“吆喝”不起作用，而其结果则是偶然的，没有预定目标，不向任何“终极至善”靠拢。对于这个结果来说，“王”又是“儿童”，而不是“神”——只有那个设定的“全知、全能、全善”的“神”，才能被设想能左右其结局，才能“左右乾坤”。

这样，赫拉克利特谜样的残篇，通过尼采的思想，就有了比较确切的解释。①

这样，尼采的作为“掷骰子者”的“超人”就不是“神”，他把“偶然性”作为“机遇”来对待，毫不“瞻前顾后”——“过去”和“未来”全都不是“负担”，而“现在”正是“创造”的“时机”。

“超人”不是通常意义上的一面“镜子”，它像古代原子论设想的那样，“没有入口”，不是一个“接受器”，而是一个“发射器”，它只有“出口”。“超人”的“意志”是纯粹主动的。它不是“容器”，而是“充满”的、“实心”的。但它又不像古代“原子”那样靠“碰撞”而运动，它是“自动”的。“意志”之所以“自动”，乃是因为它不仅是“实心-充满”的，而且是“外溢”的、“流射”的，因而它是“纯粹的创造”。我们看到，古代的这些哲学观念，在尼采的“超人”中，得到了新的意义，有了新的价值。

我们看到，古人在作哲学时，作的是“追根寻源”的工作。既曰“根”和“源”，就不是静止的、不动的，是要在它的“基础”上，生化出大千世界

---

① 这里，我们参考了德勒兹在其《尼采与哲学》一书的第 1 章第 10 节“生存与无辜(The Dicethrow)”的论述。通过这个论述，我们可以体会到，研究古代的哲学思想，有时由于材料不足或残缺，字句上不容易解释清楚，但理论的思路，往往能使其贯通而得到较为妥善的理解。

来。但是既然"根"和"源"本身也是变的,则"根""源"自身也有"根""源",则"探本求源"就没有一个"头"。亚里士多德深感解决这个矛盾之困难,一方面他说在变化的因果系列之外有一个制动万物的"不动者",即"第一因";同时他又强调其为"纯动者",好让它牢牢坐稳那个"第一"而绝不"被动"。

于是许多聪明才智之士,从各个方面来设想、研究使这个"纯动者"的理念明晰起来。从古代希腊的"(宇宙)始基"和"数",经"存在""种子""原子"到"理念""实体",都不能作"抽象概念"观,它们都是"第一""动因",至于本身动不动,则仁者见仁,智者见智。说它本身也动,则要解决何处受动的问题,而一旦"受动",则其就坐不成"第一"的交椅;如谓其"不动者",则又面对如何"不动者"会"制动"的问题。

"本原"如为"受动者",则为"变化"过程中一个环节,已不再是"本原"。这种意义的"本原"乃自相矛盾,不能成立。于是问题集中在"本原"如何"不受动"而又"制动"。

近代欧洲哲学,从与基督教长期交锋的过程中,汲取思想养分,发现这个宗教的"神",正是那"决不受动"而又"制动"的"本原",它老人家稳坐在"第一把"交椅上。

然而,哲学不能简单地照搬宗教的思想,因为哲学毕竟是一个科学的形态,对于我们生活在其中的大千世界,哲学不能否认其客观性。哲学要对其实行"超越",而不能真的像宗教那样对于感性世界也来一个"无中生有",哲学只能在"形而上"的意义上讲理性-思想的"创造性"。

在这个意义上,近代康德哲学,固然是"限制知识",为"信仰"留有余地;同时也"限制宗教",为"哲学-科学"留有余地。康德把"无中生有""限制"在"道德"的领域。"道德"的"意义",来自"理性"的"纯粹"的"创造"。在"知识"领域里,哲学承认感官的接受性,也就是说,"感觉材料"是客观"给予"的。但在"道德"的"意义"世界,"理性"则是"绝对的自动者"——"意志自由"是"纯粹"的"理性",因为"自由"正是那"不受制"于外在的"感性世界"。

康德的“意志自由”，由于其“形式性”而受到包括尼采在内的众多的批评，但是在哲学的理论领域里，为解决“纯粹自动”的问题，康德所作出的贡献是不可磨灭的。

康德以后的德国哲学的问题是如何把康德分割开来的两个世界——知识的世界和道德的世界“统一”起来，而不损害批判哲学的路线：既不是把“知识”“僭越”到“道德(超越)”的领域，也不是把“道德”“降格”为“(经验)知识”的领域。这就是说，“知识学-科学”不使成为“抽象的形而上学”，“道德哲学”不使成为“道德规范学”。

我们看到，欧洲哲学，运思到黑格尔阶段，“现象学”的思路已经很明显：“纯粹自动”的“理性”，虽然不能“无中生有”地“创造”“感觉材料”，但是却使本无“意义”的这些“感觉材料”“开显”出“理性”的“意义”来。“理性”“创造”了一个“意义的世界”，“创造”就是“开显”。

以“意志”代替“理性(Vernunft)”是叔本华的工作。为防止“意志”落入“根据律-因果律”，叔本华让他的“意志”退出“理性”，因而避免了康德“意志自由”的形式性和软弱性，使它具有一种“感性”的“现实-实现”的力量，一种积极的力量。叔本华的“意志”是一种“力”，而不仅仅是一种“性(质，属性)”。“意志”是“原生”和“创生”的“力”，是未受“他力”“推动”的“自由——由自”的“力”。

在这个意义上，尼采的“超人”是这种“力”的化身，只是尼采的“超人”不相信这种“力”还需要静观理性的观照来加以“解脱”，而是把这种“力”的思想贯彻到底，从而“开显”出与叔本华不同的境界来。尼采对于既定的世界，不采取调和、妥协的态度，不相信那种宁静的理性观照态度能够达到真正的幸福。

尼采的“超人”，既不相信“至善”的“道德律”，也不相信“至真”的“自然律”，这也就是说，既不做“道德律”的奴隶，也不做“自然律”的奴隶，这样才能真的成为自己-自律。尼采的“超人”是一个真正的“纯自动者-纯意志者-纯自由者”。“超人”的“意志”不需要与“另一个”“真”“善”“美”协调-调和，而它本身就是“真”“善”“美”。“超人”是“价值”的“创造者”

和“评估者”。为张扬“超人”“意志”的“创造性”，尼采大声疾呼，“意志就是创造”①。

从这个意义来说，尼采的“超人”恰恰是最“现实-实在”的人，而不是“信仰-迷信”的人。“现实-实在”的人，是“生龙活虎”、快快活活的人；“信仰-迷信”的人则是“忍辱负重”、艰辛劳作、谨小慎微的人。对于那高高在上的“至真、至善、至美”，对于那“神”，对于那“天命”，“超人”“肆无忌惮”，而“常人”则是“谦谦君子”。

“谦谦君子”的“行动”“瞻前顾后”，“照顾”到“各种关系”。他的行为是一种“对策”，上下左右都要尽到“责任”。“尽责”而又不“越位”，往往因要“左右逢源”而“放弃”“能做”的事，能做而不做——因为它不“应该”做。上下左右的“律令”都是要你放弃许多“能够”做的事。这就是以“应该”为“意志”，而不是以“能够”为“意志”。在这个意义上，“应该”是“(形式的)自由意志”，而“能够-有能力”就成了“(实质性的，现实性的，真正有实践能力的)权力意志”，也是真正的“意志自由”。

在这里，我们看到，欧洲哲学在近代，“自由”和“意志”的观念，从康德经黑格尔、叔本华，到了尼采，由“纯形式”的，逐渐充实了“内容”，成了“力量”的源泉。

在黑格尔哲学体系里，“意志的自由”并不像在康德哲学中居于体系的顶尖地位。在黑格尔看来，这种意志“自由”，仍是片面的，只有到了“绝对理念-绝对精神”的阶段，“自由”才真正是“内容”“充实”的。不过正因为“理念”是“概念”的，它要经过一个“辩证”的“过程”，使“回到”“自身”，这个“概念”才是“充实”的，才能“克服”开始时的“空洞性-形式性”。黑格尔批评谢林的“绝对哲学”是一种“直接”的、“一蹴即就”的“捷径”。而他的哲学，是要揭示“理性”“回到”其自身的“艰苦历程”的。黑格尔一部《精神现象学》正是“理性-精神”如何“外化”，如何离开自己的家园外出“创天下-征服世界”的“光荣而艰苦的历史进程”，最后“理性-精神”

① 尼采：《查拉图斯特拉如是说》，载于《尼采全集》第4卷，第258页。

"回到""自身","衣锦荣归",竟然是"腰缠万贯"—— 经历、包容了整个的世界,不像刚刚出发时只是一个空洞的"形式"了。

于是我们看到,黑格尔的"辩证历史发展"乃是一个"螺旋式"的"圆圈","理性-精神"在更高层次上"回到自身"。

与这个意义相比,尼采的"永恒轮回"则没有这个"螺旋式"的意思在内,因为他不承认有一个超越的目标悬设在那里作为"高""低"的"价值尺度"。在这个意义上,尼采的"永恒轮回"恰恰是"永恒的重复",在同一意义上的"重复"。

由于是一种(机遇的)"重复",也就是否定了为一个更高目标"艰苦奋斗"的意义。在尼采看来,黑格尔叫人为之奋斗的目标——"绝对-至善"既然是虚幻的,那么"理性-精神"所做的一切努力全是徒劳的,只能把"实际的生活——精神的历程"变成一种"沉重的负担"。所以他特别反对黑格尔《精神现象学》中关于"苦难意识"的论述,由此而反对整个虚构的"精神(显现)的历史-历程"。①

在尼采看来,人生既不是"受罪-赎罪",不是"苦炼-修善",也不是"考验",不是"负担",而是坚强意志的创造,是"充足"意志的"有智慧"地"外溢-外化"。对于"意志"的这种活动和创造,不需要一个超越的"评判者——神或天道",不需要"他者"的"批准""认可"或"同情""怜悯",而"行为者-意志"本身就是"评判者"。这样,具有这种品质的"超人-强者",虽然常常是"悲剧性"的,但却是"愉快"的、"快乐"的。从亚里士多德以来困惑理论家的"悲剧的愉悦性"问题,在尼采这里得到了一种解释。人们在"悲剧"中看到了"悲剧英雄-超人-强者"的"坚强意志-权力意志"的表现和胜利,悲剧英雄总是虽死犹生,坚强地生(活),坚强地死——"我'要'生","我'要'死";生死都是"我"的"意志"。在这个意义上,悲剧英雄"愉快"地生,也"愉快"地死。希腊舞台上的悲剧,把"强者-

① 关于尼采这方面的批判,请参见德勒兹《尼采与哲学》第 5 章第 4 节"反黑格尔主义(Against Hegelianism)"。

超人”这种乐观的精神表现出来，则观众的“愉悦”，就不是“幸灾乐祸”，而是一种积极的、真实的娱乐。

这样，一切过去被看作比较“浅薄”的“快乐主义-伊壁鸠鲁主义”，在尼采的思想光照下立刻显得深刻起来，因为它们也可以被推进到一个新的理论的深度，从而显得更加有分量起来。当然，对这个传统的深刻内涵作出理论的阐述，仍然是一个有待继续的工作。

至此，尼采的“超人”就会快快乐乐地度过一生。他会努力提高自己的“智慧”，把握住各种机遇，来开创、实现自己的意志。不过，他的智慧也足以使他清醒地认识到，他不可能拥有“至真、至善、至美”，因此包括“失败”同样也是“我愿意-我要”。“超人”在种种偶然的、机遇性的处境中开创自己，实现自己的价值，自己评判自己的价值。

第三节 道德谱系

道德问题自斯宾诺莎、康德以来，进入西方哲学的核心，奥古斯丁所强调的“意志自由”得到进一步的阐发，尤其是康德的《实践理性批判》，将“意志自由”置于他的哲学的宝塔尖上，使“意志”在哲学理论上彻底摆脱“情感-欲求”的制约，成为纯粹理性的形式。这一工作，对于进一步阐发“意志”的“主动性-能动性”极具启发作用，在以后叔本华、尼采的哲学思路中，就深刻地显明了这一点。“意志”具有“纯粹主动-能动性”，这是叔本华哲学的基本立足点，尼采和叔本华于此是完全一致的。尼采尽管严厉批判康德，但在这一基本点上，应是和康德一脉相承的。

然则，“意志”和“道德之善-恶”又是什么关系，尼采有自己的视角。在我们的研究中，我们感到，在这个问题上，尼采比康德和他的老师叔本华推进了一步，只是他的基本思想常常为他的情绪式的挖苦讽刺，甚至义愤填膺的漫骂所掩盖，不容易清理出头绪。这里只有冷静地分析思考，以及进行连贯的历史推论，才能走出他无意中设置的“迷宫”。

一 道德谱系学

康德把“道德”和“意志”等同起来,“善”-“恶”为“意志”的特性,而不是一种经验的“评估”。人世间的道德评价都是相对的,只有理性的意志才是绝对的。这样,由意志的绝对自由,推出道德评价的意义来。因为如果意志也只限于经验世界,则一切皆为相对,则无道德评价的坚固基石,道德评价之可靠性和权威性也就将化为乌有。而人世间终究还有道德的价值意义在,乃在于道德原本有这样一个坚实的基础——意志自身决定自己的价值,原无需“他者”评说,意志和道德乃是“自律”,不是“他律”。

康德这种纯粹形式的道德观为通向宗教——基督教铺平了道路,“意志”的绝对的“善”趋向“设定”一个“完满天国”的必然性。康德设定的“天国”固然因其“完满性”而必定具有“现实性”,但在理解上又不仅仅停留在安瑟伦(Anselmus)的论证上,而是将其理解为意志的“对象”,因而“至善”必具实践理性意义上的“现实性”。但我们看到,这种“天国”的“现实性”在当时似乎并未被完全理解和重视,“天国”的“完满性”仍被理解为近似一种抽象的“概念”,虽然黑格尔正是从这里发展出他的“(具体)概念论”,由此启发了狄尔泰“释义-解释学”对生活、对世界的一种不同于经验主义哲学的态度,从而奠定了胡塞尔现代现象学的基础。但是,当其时也,这条思想路线并没有那样的清楚,在这个问题上,尼采走的是另外一条道路。

尼采既然反对康德以及一切提出超越感觉经验的“绝对理念-绝对真理”的唯心主义-理念论,对于康德的“至善”理念也就采取了仇视的态度,认为从柏拉图以来的“理念论”是人类道德软弱无力的表现,一方面借空言而遁世,实行自我麻醉;一方面以“永恒之正义”为幌子,伺机施行“报复”。古今“绝对理念”论,乃是弱者手中的盾牌。

反掉了那个虚无缥缈的“至善”理念后,尼采面对的就是一个经验的变幻莫测的大千世界。尼采似乎必定要把道德问题-善恶问题"降"为经验问题，把康德的"实践理性"问题从天上拉回到人间，而这样做是康德所明确警告过的。

道德问题回到人间，回到大地，则是一种"谱系学(Genealogie)"，而经验的"谱系学"又是英国人所擅长的。

我们注意到，尼采的《论道德的谱系》一开始就提到一本叫作《道德感受的起源》(*Der Ursprung der Moralischen Empfindungen*)的书，作者是保尔・里(Paul Ree)，说这本书从反面吸引了他，书中那种英国式的立论观点，几乎每一个命题、每一个结论尼采都不能认同。[①] 据记载，这本书的作者乃是和尼采保持了相当时期友谊的朋友。[②] 尽管尼采在行文上表现出少有的分寸，但在实质问题上则是寸步未让。

英国当时的伦理学依据着培根、霍布斯(T. Hobbes)、洛克、休谟的传统，从实验心理学、社会学以及政治学、法律学、历史学、人类学等各个学科方面进行了勤奋艰苦的积累和整理工作，实际上为尼采的道德谱系学提供了大量的素材[③]，然而它们的理论根基是完全不同的。尼采虽然把道德问题下放到地上人间，但是他的出发点仍然是比叔本华还要坚定的"意志"，这是英国经验主义者所缺乏的。

我们将会看到，在"意志"问题上的两种不同态度，导致尼采对于英国经验主义以及由此而来的对于道德谱系的观点截然相反。

不过尼采倒并不是从理论上以推论的形式来反驳英国现有的道德谱系学，而是同样从实证出发，揭示道德历史现象的另外的面貌，把被掩盖着的那一面揭露出来，加以发扬阐述，指出他所阐明的，才是历史的真

---

① 参见尼采《论道德的谱系・善恶之彼岸》，谢地坤、宋祖良、刘桂环译，第 4 页，漓江出版社，2000。

② 参见雅斯贝尔斯《尼采——其人其说》，鲁路译，第 73 页以后，社会科学文献出版社，2001。

③ 关于英国经验主义伦理学的参考书很多，其中著名的伦理学史家莱克(Wiliam Eward Hartpole Lecky)在 19 世纪中叶曾出版过许多关于欧洲道德风俗的历史著作，其中《欧洲道德史——从奥古斯丁到沙勒蒙》(*History of European Morals from Augustus to Charlemagne*)影响最大。

相,才是道德-风俗史的真相。

尼采认为,经验主义道德谱系学家所谓道德"起源"于"利他",乃是完全虚假的构想。但是尼采既然并不一般地反对"功利主义",那么,在一种思想模式下,他似乎就必定会陷于"利己主义"。然而,"利益"的原则,虽然与康德的"无功利"的观念截然相反,但是如果脱离开"功利"来谈善-恶,也只能像康德那样悬设一个至高无上的"至善-圆满",否则一切道德判断将失去基本的依据。尼采既然否定了康德的"至善",则他的道德原则必定会依据功利的原则。不过尼采在处理这个原则时,有自己的独特之处。尼采将道德评判标准分成"强者"和"弱者"两种截然不同、不可沟通的原则。他以此为基础,对于欧洲道德-风尚的历史和现状,进行了无情的鞭挞,指出欧洲的道德正在沦丧,风尚正在退化,或者说,正在由强者占上峰滑向由弱者占上峰,并已成风尚。这样的滑坡,是"好",还是"不好-坏",是"进化"还是"退化"?

二　何谓"善""恶"

"善"和"恶"是为道德作评价,强者有强者的标准,弱者有弱者的标准,道不同不相为谋。最初的道德风尚(morality,moral),不是"协议-契约"定的结果,而是强者的意志的力量,是强者的道德观念占了上风的缘故。

尼采批评经验主义道德谱系家都不懂得历史,因为按他们的说法,道德之所以成为道德,虽然都建立在"利益"原则之上,但是光有这个原则,就会像霍布斯、卢梭想象的那样,人们之间争战不已,人就会是没有理性的"动物"。"理性"就是要在"纷争"中找出一个"度"来,而这个"度"是"协商"出来的,于是人世间"理性"的关系在根本上是一种"契约"的关系,不是"人"跟"人"的盟约,就是"人"跟"神"的盟约,前者是人间的道德法律,后者则是宗教的道德法规。宗教的法规乃是从世俗的法规观念延伸出来的。

在这个根本问题上,尼采以"权力"论代替了"契约"论。他认为所谓

"契约"乃是"当权者(不一定是强者,而且越来越成为弱者当权)"借以欺骗"被统治者"的工具、幌子。为了揭示这种谎言,尼采考察了"善-恶"观念的历史起源,他指出道德的判定从来就是一种"权力"的表现。

尼采首先从语词以及社会的意义上,把"善(Gut)-恶(Boese)"和"好-坏(Schlecht)"加以区别,指出后者原本早于前者。而德文的"Schlecht(坏)"与"Schlicht(简单、朴素、平常)"原本是通用的①,与此相对的"善",则有"高贵的-真诚的(Wahrhaftigen)-勇敢的"等等这类意思。② 这就是说,"好-坏"意义上的"善-恶"原本是一种社会"等级"的概念,以后随着平庸的人逐渐得势,"好人"受压,采用种种手段把"差距""缩小",把一种原先明显显露出来的品质"内向化"为一种"内在"的东西。把"大"缩"小",从"外"向"内",这是尼采批判欧洲道德沦丧、退化的症结所在。在这种"缩小""内向"的趋势下,欧洲人从原来提倡生龙活虎的贵族精神转向了崇尚谨小慎微而又精打细算的庸人习气,从"猛兽"被豢养成了"家畜"。在尼采眼里,欧洲人全体"家畜"化,乃是欧洲的悲剧,一切弊病,概出于此。

尼采道德谱系学的视野既然排斥了"至善"的绝对理想性,他就必得认真地听取康德的警告,不能陷于经验的相对性,小心翼翼地避免康德指出的陷阱——把道德问题归结为知识问题。尼采虽然清楚这个界限,但他对于"小心"不屑一顾,举凡一切"小"字皆在攻击之列,他甚至讽刺中国的习惯语"小心(尼采说是'mache dein Herz klein')"③,而不知道中国还有一句习惯语,叫作"胆大心细",把"意志"和"理智"分得清清楚楚。

---

① 参见尼采《论道德的谱系·善恶之彼岸》,谢地坤、宋祖良、刘桂环译,第12—13页,漓江出版社,2000。

② 参见同上书,第15页。

③ 参见尼采《善恶之彼岸》,载于《尼采文集》上卷,格哈德·施特策编,第812页,萨尔茨堡,贝尔格莱德书籍出版社(未标出版年代,以下所引此书均为此版本)。其实"小心"乃是一句很平常的话,在西方的语言中也是自古就有。尼采经常批评中国的"中庸"思想,在他看来,这简直是在赤裸裸地提倡"奴隶道德",殊不知他的高贵的"超人",恰恰带有中国传统意义上的"小人"的意味,因为"小人"未有"天命",可以"肆无忌惮",而"大人-君子"反倒是"彬彬有礼"的。如果知道了这层意思,不知尼采作何感想。

当然尼采也有他自己的理路。他是在欧洲社会历史和现状的背景下产生的一种逆反心理,尽管他在理论上绝不承认有这种“反映-反应”,而一切都似乎由那高贵的“思想-意志”“自发”出来的。

在这个意义上,我们说,尼采的道德谱系学,不同于一般的经验主义道德历史学,不是把道德观念-道德价值观念以及实际道德规范标准,作历史的收集整理和归类,也不是像福柯说的那样反对探讨“起源”,而是集中精力,不放过细节。侧重偶然的“道德考古学”的方法,那是福柯自己的途径①,而不完全是尼采的。福柯要使“历史学”为“考古学”服务,使人为编撰的“历史”还原为实际的“考古”层面,但尼采仍然坚持“历史”的观点,批评当时的道德谱系学恰恰缺乏这种“历史感”。② 尼采对于“公(平)正(义)”“起源”于“债务”关系的分析,可谓脍炙人口,精彩万分。当然,福柯可以从尼采的论述中汲取资源来支持自己的思想,但是,尼采反对“起源”不是针对经验主义道德观,而是针对以康德为代表的绝对主义的道德观,以“绝对”“起源”设置(悬设)“绝对理念”之“天国”。当然,我们也可以以“永恒轮回”观念来否定“道德-善恶”之起源,但那也只是在“绝对”的意义上可以运用,因为事实上,尼采自己在“善-恶”“道德观念”的“起源”上做了大量的工作,以论证“善-恶”之不同的“出身”和“门第”,而且认为“唯上智与下愚”为不移,“出身”和“门第”——“高贵”和“低贱”则绝不能混淆和颠倒。

尼采认为,欧洲的悲剧,是由于这种“谱系”正在逐渐颠倒和混淆。这集中表现在尼采反对欧洲正在推行的“民主制”和各个民族之间在种族上的实际沟通。

尽管尼采这种态度有其深层次的原因,但是我们也应该指出他不仅在实际上不利于人民之间的交往,而且在理论上也有不周到的地方。

尼采这种思想在实际上违反历史的进程是很明显的,此后的欧洲历

① 参见福柯《尼采·谱系学·历史学》,载于《尼采的幽灵——西方后现代语境中的尼采》,汪民安、陈永国编,第114页起,社会科学文献出版社,2001。

② 见尼采《论道德的谱系·善恶之彼岸》,谢地坤、宋祖良、刘桂环译,第10页以后,漓江出版社,2000。

史发展完全是和尼采的思想背道而驰的，因而尼采自身注定是一个悲剧性的人物，他的命运在20世纪中叶以后才逐渐地好转起来。尼采哲学曾经是和极权主义、反犹主义联系在一起的。现在人们逐渐发现，尼采并不是反犹主义者，也不完全是极权主义者。他对欧洲人特别是德国人的批评在严厉刻薄的程度上远远超过对犹太人的批评。他也明确说"清朝官吏执掌权柄绝不是什么好事情"①。但是他对人的"高贵品质"丧失的看法，对于引起这种丧失的民主政治以及由此带来的种族"退化"表示出的那种偏激情绪，是和他在哲学基本理论问题上的某种失误不无关系的。我们已经说过，哲学理论需要划出自己的领域，康德向我们提出的警示：勿使实践理性"降格"，仍然具有深远的意义。尼采既然反对掉了那个绝对理念的"天国"，一切限于现实的范围，则理论的原则常常和实际的问题纠缠在一起，不是把理论贯彻到现实中去，而是把理论强加于现实，好似戴了一副有色眼镜，所视皆非正色。

欧洲的民主制，从古代希腊雅典实行以来，曾经有过辉煌的时代，希腊人在这个制度的管理下，打败了波斯帝国的进攻，此后它逐渐暴露出种种弊病，遂有苏格拉底、柏拉图这些智者的批判。当时他们心目中的范型，乃是斯巴达的贵族军事集中制，直至罗马帝国，贵族集中制得到相当充分的表现，这却是尼采心目中的范型。

经验的问题因时而异。罗马帝国也曾有过它的辉煌时期。然而当罗马帝国走向衰落，已经不适应社会历史的发展时，人们想起了更为古代的民主制，民主制在现代得到了长足的发展。民主制在欧洲的社会条件下当然也会有不少弊病，选举制并不能保证选出来的都是合适的人。古代希腊后来的选举出现的弊病，为史家所公认。议会为"蛊惑家"所操纵，朝令夕改，毫无威信。民主制在一定的情况下总会被操纵，并没有万无一失的保障，只能权衡利弊、审时度势。在这些问题上，尼采也不是一

① 尼采：《论道德的谱系·善恶之彼岸》，谢地坤、宋祖良、刘桂环译，第125页，漓江出版社，2000。

概地否定民主制,而是有针对性的。他对于古代希腊民主制持表彰的态度,认为它具有古代高贵的精神。

在深层次上,尼采所提倡和所反对的,原都不完全是具体现实制度上的问题,而说的是一种精神。他坚信人的精神有等级高下之分,有"主(人)""奴(隶)"的区别。他是在另一种意义上谈论黑格尔《精神现象学》中的"主-奴"关系。理论问题和实际问题纠缠在一起,这是当时哲学面临的一个困境。似乎既然黑格尔特别强调了理性、理论,后来者就必须强调与其对立的感性、现实。这种纠缠的现象,恰恰相反地说明了一种"割裂",而并非真正的"结合"和"渗透"。在这种倾向下,无论从理论或者从实际上来看,都会出现问题。从实际来看,它会出现不相符合的情况,欧洲社会的现实,完全不以尼采等人的思想为转移。从哲学理论上来看,尼采反对绝对的理念,把"超越"限制于现象之"变异"——人不断"超越"自己是为"超人",因而他的"超越"形不成一个"世界-王国"。尼采的"世界"只是一个等级的"王国","不是东风压倒西风,就是西风压倒东风",不是"高尚者"占统治地位,就是"低贱者"占统治地位,不幸的是欧洲的情况为后者,而非前者。

然而,如果"高尚者"也是一个"王国"又复何如?这也就是我们常常遇到的问题:我们既有"主-奴"关系,同时也有"主-主"关系,如果众多的"自由者"聚集在一起,有没有一个"关系"问题?

我们看到,如果我们的着眼点不再只是在等级之间,而是在"同等"之间,在众多的"主人-自由者"之间,需要什么样的"道德-善恶标准"来调节他们?尼采曾经说过,这些"高贵的人","一方面受到风俗、敬仰、礼仪、感激,甚至互相监视、彼此妒忌的严格限制;另一方面,他们在相互关系方面又表现出极大的互相体谅、自我克制、温柔、忠诚、自豪和友情——来到外部世界,即涉及陌生的事物、陌生的人的时候,他们不比脱笼的野兽好多少"①。可见尼采的确考虑到了这一层问题,但是他的主要

① 尼采:《论道德的谱系·善恶之彼岸》,谢地坤、宋祖良、刘桂环译,第23页,漓江出版社,2000。

注意力在集中对付那“陌生的”外部世界，而提倡一种“猛兽式”的“高贵”品质，对这个外部世界发起猛攻。

然则，历史的进程也可以被理解成那个异己的世界会越来越缩小，也就是说，如果这个世界越来越缩小，而那“金发猛兽”的数量越来越多，也成了“群(Herde)”，则又会是一个什么局面？尼采哲学讲“变”，则“上智(高贵)”和“下愚(卑贱)”的“阵营”也应该是在“变”中。

在人的关系中，尼采只注意等级的关系，研究不同等级的不同的道德观念之谱系，门第不同，不相与谋，因此他也反对等级、种族之间的互相渗透、沟通，认为这只能会使人类“退化”。然而种族之间、等级之间的混合趋势是不可避免的。古代希腊比较早地发生这种混同，因而它有辉煌的民主制；中国古代从严格的等级到“将相本无种”，从魏、晋门阀第制到后来的科举取士，直至近代的逐渐民主化，也意味着“自由者”层的逐步扩大。

附论

中国的传统道德观念，受到尼采的猛烈攻击，一方面说明他对中国传统所知甚少，我们不必过多地责怪他；另一方面也说明他与中国传统在立论的取向和基础上的确有所不同，这是应该辨明的。当然，随同尼采对欧洲哲学传统的批判，尼采对于中国哲学的某些尖锐意见，也是很值得重视，很值得我们研究的。

中国远古传统来自儒、道两家，后来引进了佛家，在传统上儒道佛三家维系着中国传统的人文精神。

尼采最反对的莫过于中国儒家的“中庸”之道。在学理上说，“中庸”原本来自“天命”之“性”，讲的是个人在社会中所处的合适的“位置”，而这个位置是“天”给你“分配”好了的，只是要找到自己的真正的位置，还是要经过不断努力的。孔子到50岁才“知天命”。所以在这个意义上，“中庸”乃是“到位”，“中”是“达到(目标)”的意思。“庸”是“守常”，既然找到了“位置”，就要“长久”地“保持”住它，既不越位，也要尽责。

凡熟悉中国文化的人都清楚,“中庸”和“平庸”不是一个意思,“中庸”是“形上”的问题,而“平庸”只是一个日常经验的概念。当然并不否认它们当中有某种联系,就像尼采说的德文中“schlecht”和“schlicht”有相当的联系一样,但是区别还是更为重要的。各民族的语言中,褒贬之词有时常常很接近,这也恐怕反映了事物性质相互转化的辩证关系,研究起来也是一个很有趣的问题。

三　道德评价:人和事

在尼采的道德谱系学中,还有一个值得注意的问题,就是道德评价应针对“行为”之“人”—— 不仅仅是“肇事者”的“人”,而尼采认为道德评价应对“人”不对“事”。

尼采明确说:“显然,道德的标志总是首先来自人,后来才引入行为。”[①]在《善恶之彼岸》的最后,尼采解释何谓“高贵”时说,“既非行为,也非作品能实现其高贵性,因为行为常常是多义的(vieldeutig),无法解释的(unergruendlich)”[②]。

尼采这个思想是应该认真考虑的。

我们一般说,只有人有了“行为”之后,才有“善-恶”之分。然而,也并非一切的行为和活动都可以和需要区分道德善恶的。这也许就是尼采所想说明的那个比经验道德评价更为原始的“好-坏”的判断。当我们在做一项科学试验和数学演算时,一般只问“好-坏”,只问“成-败”,而暂时不问道德的“善-恶”。然则,如果并无行动,则既无好坏,也无善恶可言。我们也常说,“人”就是他的“行为”的综合,“做”“什么”事,就是“什么”人。

这似乎是从康德以来言之成理的一种看法。道德的善恶取决于“动机”,唯有“动机”才谈得上善恶,而“动机”是相对于“行为”而言的。如今

---

① 尼采:《善恶之彼岸》,载于《尼采文集》上卷,第804页。

② 同上书,第818页。

尼采采取另外一种视角,它的理路似乎是:既然“动机”不可知,则道德的评价只能依据“人”;对于人的评价决定行为的评价。当然,由于“行为”本身的经验性,康德之评估标准的基础,也是在于“人格”,而非经验实际之行为。

不过尼采这一种视角,倒也并不违反最基本的经验。我们都知道,世间常有“好人”做了“坏事”,而也并不排除“坏人”也做点“好事”。在这个意义上,果然“事”不是决定性的,而“人”才是决定善-恶的主体。尼采正是要强调“人”本身的品质,强调“人”对于善-恶道德判断的决定作用,使“人”的“行为”有一个主动积极的意义,而不是像康德那样,由“事”的经验“效果”“推出”“肇事者”的“动机”,又因此种“动机”终不可知,于是又将人间道德评价的权力拱手让予“至高无上”的“上帝”。

尼采说,“……他(高贵者)知道什么东西会赋予事物以可贵的性质,他是价值的创造者(wertschaffend)”①。在这里,尼采把“寄托”于“上帝”的“最终审判”权,收回到“人”自己的手里,收回到“门第-谱系”“高尚”的人手里,因为恰恰是那些道德卑下-门第低贱的人,把这个“权力”让给了“上帝”。

尼采把这个权力收回来之后,他在道德哲学问题上,就必定也要有自己相关的理论。

首先是“职责-责任”问题,这个问题在康德哲学里有非常深刻的论述而已经深入人心,尼采则从哲学的深度上揭示了问题的“另一面”。

康德认为,既然人的理性是“自由”的,则人对自己的“行为”有“无可推卸”的“责任”,人在这个世界的生活-活动,就是在尽其“职责”。康德这样一个虔诚而庄严的理论,能够感动很多的人;但是尼采却有另外的思路。

在《人性的,太人性的》一书中,尼采很强调“非责任性(Unverantwortlichkeit)”,认为这是智者所必须吞下的最苦的“苦果(der

---

① 尼采:《善恶之彼岸》,载于《尼采文集》上卷,第 804 页。

bitterste Tropfen,最苦的一滴)"①。

尼采之所以有这样一种表面看很荒诞的思想,轻率随意地否定人间的责任心,岂不是会使社会陷于"混乱"? 实际上,尼采的思想,有很深的哲学史的渊源,可以上溯至古代希腊。尼采说,古代希腊的英雄,从没有"负罪感",只是在基督教流行之后,这种"负罪"甚至是"原罪"感才在上帝的感召下盛行起来。②

这是"无神论-无基督教的有神论"的一种自然态度。只有那"出身卑贱"的"奴隶"才战战兢兢、忍辱负重(罪)地度过一生,而把自己的生活当作"赎罪"的过程;"高贵者"自身就是价值的"创造者"和"评判者",不需要经过"他者"来得到价值,他对自己的"行为""不负责任",因为他的"行为"乃是他的"本性"的流露,而不是"审时度势"地为谋取蝇头小利的一种精打细算的"计谋"。不是说,出身高贵的人在行动时就一味蛮干,恰恰相反,他也会聪明地利用各种知识,但他们知道并不以成败论英雄。高贵的人常常失败,并不是因为他们"不够高贵",而正是因为他们"不够聪明",把事情做砸(坏)了。所以尼采大声疾呼:"愚蠢,而不是罪孽! 你们弄懂了吗?"③人生的失败,并不需要从"道德-善-恶"上去找根据,因而也不能想象道德的"惩罚"或法律的"刑法"能够把"恶人-罪人"变"好"、变"善",而"惩罚"和"刑法"只能使"恶人-罪人"变得更加狡猾——更加"聪明",所谓"道高一尺,魔高一丈"是也。

这样,尼采对于从苏格拉底以来的命题"无人故意为恶"也有了一个新的视角,亦即,对道德与知识的关系有了一种新的理解方式。也就是说,在尼采的视野中——他认为在古代希腊人也是如此——道德和知识的界限,得到进一步的划分,比康德更加彻底地作了原则的区别。因为在康德,实践理性具有一种优越性。虽然理论理性不能影响实践理性,

① 尼采:《人性的,太人性的》,载于《尼采全集》第2卷,第103页等处。

② 参见尼采《快乐的知识》,梵澄译,第603页,商务印书馆,1939。

③ 尼采:《论道德的谱系 · 善恶之彼岸》,谢地坤、宋祖良、刘桂环译,第70页,漓江出版社,2000。

但是实践理性却必然要影响理论理性，亦即，道德优于知识。在尼采看来，道德和知识之间并无这层关系，知识归知识，道德归道德，二者之间并不能相互影响，道德的价值由意志的强弱亦即出身品第决定，而知识的优劣则由其成败来检测。知识高下并不能说明道德的品质，而道德的品质也不能保证实际上的成败，而竟然是“大智若愚”，甚至“野蛮”到“猛兽”的程度，也“不失英雄本色”。

尼采这种论点，特别是他强调道德谱系品第的高下，给人一种误解，以为这个品第乃是纯粹血缘决定的。尼采本人当然也受到血缘论的影响，他反对种族血缘的混杂，就是这个影响的恶果。但是尼采这个思想，还有另一层含义，即在理论上坚持反对拥有“最高-最终审判权”的上帝，坚持住“人”本身的创造和评判的权利，他就决不允许道德的评价带有丝毫的“被动性”。“创造”是“人”自己的事，“评价”也不是“他者”的事。

尼采这个观点之所以应该受到特别的注意乃是因为他实际上正是把康德的论点坚持下来、贯彻到底的结果。而康德由于理论趋向不同，到了“实践理性”，就离开了自己的领域，走向了宗教，而尼采既然揭示了宗教的虚妄性，他的道德价值，只是实实在在地居于康德意义上“实践理性”的领域之内，不进入那虚无缥缈的“天国”。

我们看到，康德赋予“人”的“自由”实在是很“有限”的，从某种意义上来说，甚至未必是件好事。因为人被赋予了这种“自由”，要承担一切的责任，于是人有“自由”也就有“义务”，就有“苦难”，人的生活就会是战战兢兢、如履薄冰。人的“自由”是被赋予的，于是也有被“剥夺”的时候，人不必等到死亡之时，就需要把自己的“自由”“托付”给神。也就是说，人一旦把“自由”交还给神，人就可以至少在内心变得轻松一些，因为“信仰”宗教，特别是信仰基督教，把自由交给神“管理”，人管人的事，神管神的事，人就有了某种处理人间事的临时的权力，但是终审权仍在神的手里。人为了“讨好”上帝（中国古人谓之“娱神”），在世间仍须兢兢业业。

这就是说，“人”虽然是“理智者”，但仍是“被创造者（creature）”。而“人”这个“被创造者”因为有了“理智”，其处境还不如没有理智的

“禽兽”。

尼采正是要把这种关系转换过来，揭示天国之虚妄，把人的创造权和评判权全部从神那里收回来。“人”是“价值”的“创造者”，也是“价值”的“评判者”，不需要“他者”的“介入”。这里的“他者”，包括“神”，也包括“他人、时人和后人”。千秋功罪谁与评说？不是神，也不是“他人”，而是“我”自己-“人”自己。“他人、神、时人、后人”对“我”这个创造者来说，都是一些“负担”。如果“我”是一个“强者”，则不能忍受这种负担，而要实行“价值颠覆”，把庸人-弱者设置的种种障碍——历史、现状和上天等等，统统扫除，以便行使人的真正的权利。人的价值-善恶，不等待“他者”来“评论”，人自己就是自己创造的价值的评判者，能做到这一条，就是“强者”，就是出身“高贵”的人。尼采指出，只有那些本无自由，而只是被认为、“赋予”自由的人，才有“后悔”与“内疚”感。①

坚持这条理路，尼采反对“民主主义”“历史主义”等等就有了一层理论的保护色彩；他也不回避“自我中心”这类的指责，而强调这种“自我”不同于芸芸众生为自己的蝇头小利机关算尽那样一种“回应”式钻营。“高贵者”的创造，乃是他的本性，是他的自由的体现，而不是应付什么环境的挑战，不是为了“生存的需要”，而是他的“生活必须”，是他的本性。他的本性就是要“创造”，而这种创造的价值也只有他自己来评判，不听他人的说三道四。

善-恶本无一个“超越”的“尺度”。“人”在“创造”这个世界时，同时也创造了这个“尺度-价值标准”，是“人”为“道德”“立则”。“人”为道德立则，当然要通过行为及其效果，但是经验的行为和结果并不能够成为真正的道德典范，而只有“人-自由的人-高贵的人”才为道德“立则”，才是“道德价值”的“创造者”。

知识的领域，当然要讲究“度”，这个“度”是“不以人的意志为转移”的，人要通过“学习”“把握”与“遵循”这个(些)“度”。道德领域，作为本

---

① 参见尼采《人性的，太人性的》，载于《尼采全集》第2卷，第150页。

质-本体的世界，原本是“无限-无度”，“人”的“自由”本意就是“不受(度的)限制”。在这个意义上，道德领域里的“度-善恶”乃是“自由”的“产物”。也就是说，是“自由”自己“创造”、自己“设定”的，是康德意义上的“悬设(postulation)”。但不是“悬设”一个虚无缥缈的“天国-神城”，而是“设定”现实的“善-恶”标准。于是，从这个意义来说，现实中“善恶”的“度”是“权力”的象征，是“统治阶层”“意志”的体现，而并不是体现了什么“永恒的正义”之类的“真理”。

尼采对于“正义(justice)”的分析，虽不一定像他自己说的是“前无古人”①，但是尼采阐述得如此精辟而深刻，至今仍具有相当的魅力。

正是那些“平庸”的当权者，教导人们有一个超越的“永恒正义”在，相比这种“正义”来，每个人都是“欠缺”的，因而每个人都“欠”“它”点什么，人生就是要奴隶们“偿还”这笔“债务”。如果人们要“遗忘”这笔账，就会有各种程度的“惩罚”来“提醒”你“记忆”起它。于是，从柏拉图以来倡导的“回忆说”，又有一层道德谱系学的含义，而与此相对的“遗忘说”则成了尼采的宠儿。“回忆说”引导人们走向一个超越的“绝对理念-天国”，而“遗忘说”则使人的目光注视“现实”。“遗忘”意味着“摆脱”“他者”。

四　“自由意志”与“饥饿意志”

我们这里需要指出的是，尼采的道德谱系学，概出于他的“意志”理论。

我们知道，尼采的“意志论”，来源于叔本华。叔本华在“本体”的位置，将黑格尔的“绝对理念-绝对精神”换上他的“意志”，使得这个“本体”的“能动性”不发生问题。因为“意志”乃是纯粹自发的，本身就是能动的，既无须外在的“原因”来推动它，也无须内在的“矛盾”来“激励”它。

① 参见尼采《论道德的谱系·善恶之彼岸》，谢地坤、宋祖良、刘桂环译，第42页，漓江出版社，2000。那里说的是“罪孽”问题，下文的分析却集中在“正义-公正”。

尼采的道德谱系学,仍以此为前提,并按照道德问题的理路,向前推进,使这个理论得到发挥。

首先尼采划分了两种不同性质的“意志”:奴隶的意志和主人的意志,亦即卑贱的和高贵的两种意志。什么叫“卑贱-奴隶”的意志?这种意志乃源自于“缺乏”,即是我们通常所谓的“七情六欲”,由感性的“需求-匮乏”所引起,它们是经验性的,不是原创性的。我们可以理解为“饥饿的意志”。这种意志是“被决定的”,不是能动的,是受制于感觉的需求对外界作出的“反应”。这种意志不是尼采所说的“意志-权力意志”。

“意志”作为一个本质的力量,应保持其自身的纯洁性,这原是康德所强调的意思,但是康德划分的前提是“感性”和“理性”的原则不同,而如何解决原本是“静观”的理性、如何“能动”起来,就费了周折;如今尼采根据叔本华的“意志论”,以感性能动的“力”来理解“意志”,其能动性固不成问题,但是,如何和感性的“欲求”严格划清界限,则又是一个必得解决的问题。叔本华没有解决好,不得不回到理性静观,以求“解脱”。尼采从自己的道德谱系学来解决这个问题,很有一些值得参考的地方。

尼采首先把“饥饿意志-奴性意志”排除在外,这一点在他的思想中顺理成章,也很值得我们注意。当然,尼采并不从生活中完全排除感性的欲求,甚至他还维护诸种欲求的合理性,人生下来要吃要喝,天经地义,但这些并非唯一“驱使”人们行动的“动力(Triebkraft)”①,他认为,厨房、餐厅的空气固然不好②,但教堂的更坏,“要想得到纯净的空气,就不要进教堂”③。也许,在尼采看来,感性欲求真的只是生活的“准备形式-前形式(Vorform)”④。在《论道德的谱系》中,尼采引用他以前说过的话:

---

① 参见尼采《善恶之彼岸》,载于《尼采文集》上卷,第714页。

② 有趣的是,尼采也有“君子远庖厨”的思想,他在《善恶之彼岸》(《尼采文集》上卷第775页)中流露出对妇女蔑视的偏见,居然说,“她们愿为厨师,但很少‘知味’”。

③ 尼采:《善恶之彼岸》,载于《尼采文集》上卷,第717页。

④ 同上书,第718页。

> 然而，正是这种自豪（指上文提到的“人类理性”和“自由的情感”——引者）使我们几乎不能够把那“世界史”之前的“风俗道德化”的漫长岁月感受为确立人类本性的真实和至关重要的历史：在那个时代，苦难、残酷、伪装、复仇和否认理性被当作道德，与此相反，福祉、求知、和平、同情则被当作危险；被同情和劳动被当作羞耻，疯狂被看作神圣，变化被视为非道德和孕育着腐败！①

哲学对于“历史”前后的界限划分，是德国古典哲学的一个重要思想。黑格尔以后，这个界限并未完全泯灭，尼采的心目中这个界限也是很清楚的。在这个划分下，“史前”的历史，乃是人类为物质生存而奋斗的历史，支配这个“历史”的是“物质”的利害关系，是“因果律”，一切都是“被决定”了的，人们只能在因果的范围内“被赋予”“有限的”“自由”——对于因果知识的掌握，产生“随心所欲而不逾矩”的“自由感”，所谓“游刃有余”是也。然则，自从康德以来，“自由”就超越了这个界限。“自由”不是“知识性”的，不是“相对的”——相对于外部的“对象”而言的，而是“实践性”的，“绝对的”-“无对象性”的。这是一种“不受限制”的真正意义上的“自由”。这种自由的能动性，不取决于外部对象的诱发，而完全产自“自己”。

在这个意义上，我们才说，作为此种自由的“意志”，不是因为“饥饿-匮乏”，而是出自“充溢”才“外化-流射”出来。在这个意义上，也只有在这个意义上，“自由-意志”才是“创造者”，而不仅仅是“制作者”。

然而，在尼采的哲学中，这种“创造者”和“工匠”的两种“自由”是同时并存而又誓不两立的，并不像黑格尔那样真的有一个历史时间的“超越”“过程”。在尼采看来，原本就存在两种“意志”观——“饥饿的意志”和“充溢的意志”，亦即“卑贱-奴隶的意志”和“高贵-主人的意志”。前者永远居于“史前”的时期，而又自欺欺人地“谋划”着“超越”出去，以达到

---

① 尼采：《论道德的谱系 · 善恶之彼岸》，谢地坤、宋祖良、刘桂环译，第 89 页，漓江出版社，2000。

"天国"。"天国"是"史前"时期的必然产物,有了这个"天国",一切"史前"期的"荒诞"的现实,都可以得到"解释-理解",有了一个"理由-原因",人们会觉得生活得轻松些①,好像一切都可以归于一种"必然-命定"。

从这里,尼采进入展开他反对哲学上"因果性"的思路。

尼采当然也不是反对日常生活中的因果关系,我们理解他只是反对把一切都归于必然的因果关系,而要为"自由"留有余地。然则,这项工作康德已经做得很有成绩,他的界限划分得很严格,那么尼采在这个思路上又有何种新贡献?

我们知道,在这方面,奠基的工作还是叔本华做的。叔本华的意志论,其中最具有哲学开创性的一个思路就是他把"意志"的领域和"因果-根据"的领域进一步严格划分开来。也就是说,在叔本华看来,"意志"并不像在康德那里被理解为"第一因"。

追求"第一因"乃是传统哲学的最基本的任务之一,源远流长,可以直追亚里士多德,乃是"形而上学"的终极目标。从前苏格拉底的"始基(arche)"到苏格拉底、柏拉图的"理念(eidos)",再到亚里士多德的"存在",直至尼采批评的斯宾诺莎的"自因(causa sui)"都是这个形而上的思路。我们看到,要想动摇这样一个根深蒂固的传统,绝非易事。

当然,"第一因"的理论自身也有许多需要解释的地方。譬如,既曰"因",就应是一个无限循环的系列,何来"第一"?"第一"者,乃是禁止人们的追问,既曰"第一",则不应有寻求更上一层的"理由"。这种思路,未免带有"独断"的色彩,可以平息问题于一时,却不能长期让人沉默。人们除了以"上帝之一击"来解释这种"第一因"外,尚有"自因"之说。这就是说,人们固然可以追问进一步的原因,但这个原因,却是它自己。一切

① 参见尼采《论道德的谱系·善恶之彼岸》,谢地坤、宋祖良、刘桂环译,第113页,漓江出版社,2000。但是古代希腊文的"原因(aitia,aitios)"也有"罪""归罪"的意思,找出"原因"就可以"定罪",这样,"原因"这个词隐含的意思也是多种的,不是单一的,所以"找出原因"未必给人以"宽慰"。

不把自己的哲学完全归于"宗教"的,都归于"自因"说的大旗之下,黑格尔就是一个典型的例证。

尼采既然反对那个虚无缥缈的"绝对理念-天国",也以同样坚决的态度反对"第一因",称它为"人们迄今构想出来的最佳之自相矛盾"①。

我们已经说过,"意志"和"因果系列"本不在同一个领域,"意志"只能对"另一个""意志"发生作用,而不是对"物质材料"发生"影响"作用。这就是说,对于"物质材料"来说,"意志"并不是"第一因"。

如果我们承认"意志"为"第一因",则我们就会像黑格尔那样,承认在哲学里也有一个"创世"的问题,即我们这个物质的世界,原本也是"意志"或者叫"理性-绝对精神"等等"创造"出来的。"哲学"全面"代替"了"宗教",但是却保留了宗教-基督教的核心思想——"创世说"。

尼采既然在根本上反对了"神"及与其相当的"绝对精神-绝对理念"作为这个现实物质世界的"第一因",则从叔本华那里继承下来的"意志"论,也就不可能被理解为与"神"和"绝对理念-绝对精神"具有同等位置的"第一因"。在这个意义上,我们可以说,尼采真的在哲学的意义上批判了"创世说"。

在尼采看来,"意志"既不是现实世界的"第一因",也不是这个世界的"自由因",在这个意义上,尼采反对康德意义上的"意志自由",那种从感性"物质欲求""挣脱"出来的(free from)消极的"自由",那种从"形而上学"中"推演"出来的"第一因"。

当然,在尼采的思想中,"意志"是"自由"的,不过正因为它是"自由"的,因而并不是从什么地方"摆脱"出来的,而是从"自身""开显"出来的。

"开显"就是"创造",尼采经常强调"自由"就是"创造",但不是基督教意义上的"创世",而是"开显-创造"一个"价值"的世界。这个价值世界,是"意志"创造的,意志创造它,意志来评判它。意志既非"第一因",

① 尼采:《善恶之彼岸》,载于《尼采文集》上卷,第 709 页。

也就不存在“职责-责任”问题。人世间的“事”，都在“因果”的“蜘蛛网”中[①]，善恶都是这个网络的网结，由“(有)权力(的)意志”决定。这也意味着，并无一个“至善”，善恶就在世界中，而评判的标准是“权力意志”，它却在“善-恶”之外——“在善恶的彼岸”。在《论道德的谱系》中，尼采再一次提到“善与恶的彼岸”，接着就补充道，“它至少不意味着‘好与坏的彼岸’”[②]。为什么善恶可以有“彼岸”，而“好坏”则没有？原来，既然“善恶”原本是“意志”自身设定的道德-价值世界，而又没有一个至高无上的“善”，则善恶之彼岸就不是“至善”，而只是“权力意志”本身，于是尼采的工作就在于揭示“权力意志”是如何“影响-作用于(wirken)”现实的善恶观念的。“好坏”原本是现实世界的成败利钝，是无可设定一个“彼岸”的。在这个意义上，尼采揭示现实-历史的善恶价值观念之虚幻之实质，所剩下的则似乎唯有现实中的成败利钝了。于是，悲剧的英雄之所以“失败”，并不是道德上不够“完善-完满”，而是“不得其时”。这应是尼采的非常现实而又有深刻哲学理论的一种态度。

尼采对于一般经验道德谱系学的变革，在于他虽然把善恶问题回归经验世界，但却有一个超越的“权力意志”作为依据，从而使经验善恶有了真实的评判根据，揭示善-恶观念的现实的、实际的判断权-审定权。这是尼采道德谱系学的主要目标，而不是像后来法国福柯理解的所谓不拒绝细微现象的研究的方法。[③] 在某种意义上，福柯用的是法国结构主义“修补匠”的方法。当然，福柯并非结构主义者，但是不能否认在方法上的影响，这种方法自有理论根据和历史渊源，但与尼采的哲学精神并不相同。

---

① 参见尼采《论道德的谱系・善恶之彼岸》，谢地坤、宋祖良、刘桂环译，第 88 页，漓江出版社，2000。

② 同上书，第 35 页。

③ 参见福柯《尼采・谱系学・历史学》，载于《尼采的幽灵——西方后现代语境中的尼采》，汪民安、陈永国编，第 114 页起，社会科学文献出版社，2001。

尼采哲学来自叔本华，有一个虽意义不同但仍居于“本体”的“意志”。这个“意志”，原本应是“强有力”的，但却不可避免地分了“等级”：高尚的和卑贱的，后者是前者的否定，使得“有力”的意志，变成“无力”的，“意志”而又“无力-无能”，则乃是“自相矛盾”，“无力-无能”的“意志”为“虚无的意志-意志的虚无”。为“欲求”控制的“意志”就是这种“虚无意志”，而迄今的“历史”，正是“意志虚无”的“历史”，因而是“虚无意志”的“历史”，是“无意志”的“历史”，或者说，乃是“意志”的“史前”“史”，“意志”之“前史”。“人”就是要“超越”这个阶段，成为“超人”，进入真正的“意志”的“历史”时期。

于是，人们将要问，在人们进入真正的“意志”“历史”时期后，在“意志”变得真正“有力”之后，“诸”“权力意志”之间，又是一种什么样的“关系”？或者问，它们之间，有没有“关系”的问题存在？“权力意志”本身有没有“历史”？“诸”“自由者”之间是个什么“关系”？也就是说，黑格尔“主-奴”关系之外，有没有“主-主”关系？

在这个意义上，尼采所批判的、所讽刺的那些道德范畴：平等、同情、服从、忠恕等等，是否会在一个新的层面上，在真正的“历史”层面上重新得到重视和研究，而由这种“主-主”关系引导出来的“民主”政治体制，是否也有一个新的意义？

第四节　“永恒轮回”

近百年以来，尼采深受中国知识分子的喜爱，每逢社会变革的前夜，他的哲学就会成为显学，这是不奇怪的。尼采当然是一个天才。他嫉恶如仇、愤世嫉俗，其痛恨旧世界、创造新天地的情怀出自肺腑，得自天然。而他的思想如天马行空，文笔如行云流水，同样出自自己，似无师承。他的“超人”“权力意志”思想所具有的叱咤风云的贵族气概，感染了许许多多的文人学士、英雄豪杰，使他们决不甘心流为等闲之辈。

然而，尼采的主要著作《查拉图斯特拉如是说》却提出了“永恒轮回

(Lehre der ewigen Wiederkunft)”说作为全书的主导思想,常使学子茫然。因为这个学说,西方和东方的学者都不陌生,西方有希腊毕达哥拉斯的传统,东方则有佛教的影响,或者说,毕达哥拉斯得自埃及,则皆来自于东方。而尼采与叔本华不同,他的思想与东方没有多少瓜葛,相反他狠狠地批评过康德为哥尼斯堡的东方圣人。他的道德谱系学和中国的儒家道德思想格格不入,为什么却对“轮回”思想情有独钟,甚至还要冠以“永恒”的?

尼采的“永恒轮回”学说其真实的含义何在,我想当是学者们不可回避的问题。近人德勒兹除他与人合作的成名之作《反俄狄浦斯》外,还独自出版了两本研究尼采的书,一本叫作《尼采与哲学》(*Nietzsche&Philosophy*,1962),一本就叫《尼采》(*Nietzsche*,1965)。两本书部头都不大,后一本大概是一个讲义,附有尼采原作简短摘要,篇幅更小。两本书的内容一样,对尼采的解释相当扎实,是很值得参考的书。

德勒兹对于尼采“永恒轮回”的解释也是很精彩的。他主要是从尼采思想内部的联系来理解、阐述“永恒轮回”,指出它不同于希腊和东方的思路,紧紧抓住尼采意志的主动性(active)、创造性,在理论上强调“变”的“无限性(infinity)”,从而避免了对“在(Being)”的抽象理解,于是就可以在“轮回”中看到“异”,而不是“同”,这些都是很有意义的。

这里要补充做的是从西方哲学的历史发展中来看尼采的“永恒轮回”的意义所在。一方面,德勒兹的工作,在当代法国的哲学背景下的确是很有意义的,譬如“同”和“异”的问题,是哲学家们经常讨论的重要问题,德勒兹把它们联系起来考虑,对问题的认识是有所深化的;另一方面,我们中国人喜欢讲历史,尼采的确是个天才,但仍在历史之中,就历史的眼光来看,他也是可以理解、可以弄懂的。

按照德勒兹的提示,尼采在《查拉图斯特拉如是说》中集中在三处讲“永恒轮回”,一处在第二卷的“和解(Von der Erloesung)”,一处在第三卷的“康复(再生,Der Genesende)”,一处仍在第三卷,即其中的“七印(Die sieben Siegel)”,大家一定很熟悉在这一处尼采对那个“永恒”反复唱的赞歌。

在“和解”里，尼采一开始就指出，他看到“历史”上并没有完整的“人”，而只有“残缺不全的肢体”——“ es findet immer Gleiche: Bruchstuecke und Gliedmassen und grause Zufaelle- aber keine Menshen”①。请大家注意，这里出现了一个“Gleiche”，它并不意味着老是出现“相同的东西”，而只是指它们在“残缺不全”上是“相同”的。所以，“永恒轮回”加上“相同-同样(Gleiche)”，并不是说，同样的东西在那里“轮回”；过去是“残肢”，将来也是“残肢”，这是尼采的基本意思，也是德勒兹所要强调的意思。这一点一定要牢牢记住的。

然后，尼采就来解释他的“和解”，他用了“Erloesung”这个词，而在德国哲学，在黑格尔那里，“和解”通常用“Versoehnung”。“Versoehnung”这个词在行文中尼采也用，但标题和主要分析的是“Erloesung”。也许，“Erloesung”这个词有两层意思，一方面它意味着“和谐”“统一”，一方面也有“释放”“解开”的意思，所以这里译成中文的“和解”。“和”和“解”是相关的，“解开”了，就“和谐”了。

“解”还有“解脱”的意思，从一个什么东西里“解脱”出来。能够从一切的“束缚”中“解脱”出来的是“意志”，这是从康德到叔本华的教导，“意志”是“自由”。

什么叫“摆脱一切的束缚”？所谓的“一切”，乃是“一切”的“既成事实”，亦即“过去”。“过去”一直在束缚着“意志”。如今“意志”觉醒了，要摆脱这一切的束缚，说了一声“我愿意(so wollte ich es)”②，就以为真的“解脱”了。尼采批评这种人为“蠢人(Narr)”，他说：“被监禁的人都成了蠢人！被监禁的意志愚蠢地释放(解脱)出来的仍然是被监禁的意志。”③

为什么？尼采解释道，时间不能倒流，就像一块曾经滚动的石头现在不能再滚了。意志要从时间里解脱出来，对于它已经无可奈何的“过

①② 参见《尼采全集》第4卷，第179页。

③ 同上书第4卷，第180页。

去”则充满了“怨恨(Ingrimm)”,是一个“恶意的观察者”,被释放出来的意志是一种“报复精神(Der Geist der Rache)”①;而这种报复,又必定要受到“时间”的“惩罚(Strafe)”,于是人间一切的“苦难(Leid)”,都是这种报复精神的“应得”之“惩罚”。尼采指出,这就是“带有谎言(Luegenwort)性质的良心(gutes Gewissen)”②。

尼采指出把人间一切苦难“化解”为一种“惩罚”乃是地地道道的谎言,这是理解尼采“永恒轮回”思想的关键所在。

按照这个谎言,人生充满了苦难乃是一个接受惩罚、努力赎罪的过程,而相信总有一天,人们是会“洗清”身上的“罪孽”而“得救”的。

这时候,尼采又设计出一个“疯人(Wahnsinn)”,他跑出来说,“如果有永恒的正义,会有和解吗?啊,那石头已不再滚动,‘已经过去了’:惩罚也必是永恒的!”③这是“疯话”,却是“实话”。

在这里,尼采力图告诫世人,不要去相信那些“罪与罚”“得救-和解”这类的“谎话”;不要做那“摆脱”“时间”的“美梦”,起那自以为“自由”的“蠢念”;“永恒”中没有“正义”,没有“和解”,而只是“同样的”“轮回”。在这里,我们要记住尼采在说“永恒轮回”时心目中要“破”的批判对象。

尼采所批判的“对象”,首当其冲的是基督教神学思想,这里的“罪”与“罚”等等,是基督教大力宣扬的道理。但是,在这个问题上,尼采的矛头所向,不仅仅是基督教,而包括了从柏拉图到黑格尔整个的欧洲哲学传统。尼采的“永恒轮回”学说是对整个欧洲哲学传统的批判。

我们知道,欧洲的哲学起源于古代的希腊。希腊的先贤们使原始的哲学思想脱离了远古宗教神话的束缚,具有了“科学”的形态。“哲学”作为一门“(爱)智慧的学问”展现在人们的面前。希腊人跨出的这一步,具有重要的历史意义,从此以后,“哲学”就成为人们不断探索和研究的“科学”,而不是盲目的“信仰”。“哲学家”成为“科学家”或“学问家”,而不是

① 参见《尼采全集》第 4 卷,第 180 页。
② 同上书第 4 卷,第 180 页。
③ 同上书第 4 卷,第 181 页。

“预言家”或者“巫师”。

古代希腊这个哲学传统，后来受到了一个特殊的宗教的挑战，使得原本从原始宗教中“解放”出来的这门学问，不得不重新思考自己的问题。这个特殊的宗教是基督教。为什么基督教能够挑战希腊的哲学，这是一个很有趣的问题，需要专门的研究。欧洲哲学史的事实表明，哲学接受了这个挑战，虽然经过千辛万苦，毕竟成功地不断化解着基督教所提出的问题，其中卓然名世的有笛卡尔、斯宾诺莎、康德诸家。康德把基督教的理论核心问题，如人的“自由意志”引入他的哲学体系，成为他的哲学的“宝塔尖”而牢牢地占领了这个地盘。康德“限制”的是“知识（经验科学）”，为“信仰”留下余地，看起来为“宗教”网开了一面，然而，“哲学”却紧紧地把握住了这个网口。所以在某个意义上，康德的学说，已经将一切“智慧（无论经验的或超越的）”的领域“瓜分完毕”。康德学说，已经开辟了通往那“无所不包”的黑格尔哲学的道路。

哲学“化解”宗教的问题，大大丰富了自己。古代希腊哲学固然仍然保持着经久的智慧的魅力，但是也要看到欧洲近代哲学对于问题的深入和推进。

人们在不断温习近代哲学历史的过程中，渐渐地发现，哲学之所以能够——有能力“化解”宗教的问题，原来也在于它们在理论上、在对世界的理解上有一些共同的基点。明确地把这个基点揭示出来的哲学家中，尼采是突出的一位。

我们已经知道，尼采对于基督教的“罪”与“罚”“尘世”与“天国”这类观念可谓深恶痛绝，然而，就深层次来看，哲学又何尝不具有这些观念！

哲学从古代希腊开始，特别是经过苏格拉底、柏拉图的“理念论”，教导人们要用一种“超越”的态度思考问题。我们所“看”到的世界，是一个变幻不定、转瞬即逝的感性世界，只有那超越的“理念（ideas）”，才是真实的、不变的、永恒的世界，按照柏拉图所说，感觉世界只是理念世界的“摹本”。“理念世界”为“本”，而“感性世界”为“末”。这两者的关系很费了柏拉图一番周折，也有很深入的内容，但其基本点，却不外乎此。

欧洲哲学这个基本点——如果可以这么说的话——意味着什么?它意味着:我们对于这个“感性世界”永远是一种“否定”的态度,而只有“理念”才是被“肯定”的;只有“否定”了这个“应该”“否定”的感性世界,我们才能进入“肯定”的“理念世界”。这就是尼采所批判的欧洲哲学的“虚无主义传统”:感性世界的生活,是“应该”被“否定”的生活,于是,它也就是“应该”被“谴责”、被“诅咒”的生活。这种态度,我们在柏拉图的《斐多篇》里,看得最清楚了。在那里,苏格拉底关于“灵魂不灭”的宣教,深入到欧洲人的内心已经有几千年了。尼采要破除千年积习,则非大声疾呼不可。

希腊的哲学传统,在“现象”与“本质”的界限上,将和基督教的“尘世”与“天国”这两个有着原则区别的观念沟通起来,尽管这种沟通,也经过了多年的、有时是相当残酷的“磨合”和斗争。

哲学重在“真理”,宗教重在“伦理”“道德”与信仰,而两者在基本的观点、态度上达到了“共识”:“现象-尘世”是虚假的、邪恶的、丑陋的,“本质-天国”则是至真的、至善的、至美的。不仅如此,它们二者,在论证这个观点、态度的理路上,也有许多相同之处,或许说,它们是相互借鉴的。柏拉图教导人们,“现实”是“理念”的“模仿”与“影子”,不是“理念”来源于“现实”,而是“现实”要按“理念”来“构造”,“理念”是“现实”的“原型”。柏拉图这一思想路线,到了他的后继者新柏拉图主义者普罗提诺那里就有“太一”“流射”“万物”之说。我们看到,基督教的“创世说”从普罗提诺的学说里,就又多了一层理论根据可以借鉴。因为现实的世界,可以不再被理解为对已有的现成“材料(matter)”的加工“制作”,而带有“从无到有”的意味,这正是基督教“创世说”所宣讲的。

这样,“被创造”的东西,和它的“原型”之间总会有一个距离,比起“原型”来,它是“不完善者”。人在“现实世界(人世间)”的所作所为,都要以“不断接近”这个“至善-最完善者”为“目的”。“追求至善”“追求至真”“追求至美”乃是人们生活的价值、意义所在。

我们看到,这种生活的“意义”观念,建立在“现象”和“本质”与“人世”与“天国”的区别之上，因而也是建立在对“本质-真理”“天国-至善”的“信仰”之上。“至真、至善、至美”——“完满性”这个“超越”的“目标”，赋予了现实生活的“意义”。

现实生活的意义是超越的“完满性-真善美、上帝”所给，其本身则无意义可言，所以尼采批评这是欧洲哲学、神学根深蒂固的对现实生活的虚无主义态度。

处在这种虚无主义氛围中的欧洲人，把自己的生活的意义，推向了遥远的未来，当下现实的生活虽然充满了不幸和诡秘，到了上帝的那个“至真、至善、至美”的“天国”里，一切都那样透明，善有善报，恶有恶果，不差分毫，在“天国”，才有最“公平”的“交易”。于是，人活着，总有个“盼头”。

人的这个“盼头”，基督教曾经许诺过，经过多少多少年，“救世主”将会来临，或者，“救世主”已经来过一次，又回“天国”去了，以后还会再来。这样，世人老有个“热火罐”可抱。这是一般的理路，哲学家把这种理路精致化了。在这方面值得提到的是康德。

康德在他的《实践理性批判》中有三个“设定(Postulations)”，初看不太好懂，为什么实践理性一定要有它们。之所以要有这三项设定，乃是保证现实的经验生活具有“意义”，保证人们有“行善-修善”的必要性和可能性。人们之所以要行德修善，不仅仅是因为有一个“地狱”的苦难在等待着他们，而且还有那“天国”的诱饵在吸引着他们。

实践理性必定要求人们设定“灵魂”是不灭的、永恒的“绵延”，没有这一条，人们就无法理解自己将会进入一个设在“永恒未来”的“天国”。于是，没有这条设定，“为善”“修德”——这是实践理性所要求的——就是一句空话，没有理路的保证。“灵魂的永恒绵延”使“实践理性”的“德性”成为“可能”，就像“时空、范畴的先天性”使“理论理性”的“知识”成为“可能”一样。康德哲学，就是追问的这个“可能的条件”。

康德哲学理解这个“可能的条件”在于“超越”，“超越”是“经验”的“可能条件”。“超越”使“经验的知识”“成为可能”；“超越”使“经验的德行”“成为可能”。

在这里,我们看到了尼采"永恒轮回"的具体针对性。原来它是相对于"永恒的超越"而言的。尼采告诉人们,不要以为有了一个"永恒"就会"超越",就会"出现"一个"天国",在那里一切都会得到"公平的待遇(等价交换)"。固然有个"永恒",但那个"超越"却是虚幻的;"永恒"的也无非是那些"相同"的(经验的、人世间的)东西。这是尼采"永恒轮回"说的主要意向所在。

尼采在《查拉图斯特拉如是说》的"和解"一章中指出"永恒"也得不到"公正"之后,在"康复"这章中,更进一步地阐述了这个意思。他说,"万物皆逝,万物复回;存在者(Seins)之齿轮(Rad)永(ewig)转。万物皆死灭(stirbt),万物又复生,存在者之岁月常(ewig)流。"①紧接着又说,"万物分而又合,存在者永久地(ewig)建造着同一的(gleich)房子,永远地(ewig)在那存在者之圈(Ring)中"②。

这里,"轮回"针对着那"超越",意思是很明确的。不要把"超越"寄希望于"永恒","永恒"的过程中,仍是那相同的生灭经验,"永恒"不能保证"得救""超升"。

于是,尼采的"永恒轮回",并不仅仅意味着"永生",而且也意味着"永死","总是(永远)有生",也"总是(永远)有死"。世间万物,包括人在内,永不能"超越"这个"生""死"的"轮回","生""回来了(Wiederkunft)","死"也"回来了",这就是尼采的"永恒轮回-总是要回来的学说(die Lehre der ewigen Wiederkunft)",并说,这是一种"命运(Schicksal)",③"灵魂"与"肉体"同时"有死(sterblich)"。④

然后,在《查拉图斯特拉如是说》的"七印"一章中,就出现了尼采充满激情的对"永恒"的赞歌。应该说,尼采的"永恒"就是"轮回","轮回"也就是"永恒",并不是在"轮回"之上,还有一个"永恒",即"不轮回"的"永恒"。他在赞歌里说得很明确,他对"永恒"的"动情(bruenstig)",是

① 《尼采全集》第 4 卷,第 272 页。
② 同上书第 4 卷,第 273 页。
③ 参见同上书第 4 卷,第 275 页。
④ 参见同上书第 4 卷,第 276 页。

一种对“婚礼指环，亦即回归之环的追求（nach den hochzeitlichen Ring der Ringe……dem Ring der Wiederkunft）”①。

这意味着，尼采并没有把“永恒轮回”当作一个“理念”来理解。这就是说，世间的万物，不可能形成一个“整体”，而只是一些“个别”的、“具体”的“残肢”“碎片”，它们永远如此，生灭无穷。在这个意义上，尼采不是传统形而上学者，他的思路，恰恰是和欧洲传统形而上学针锋相对的。尼采厌恶一切的“超越”的“绝对”“精神”“理念”“大全”“神”，不遗余力地揭示它们的虚妄性，而反过来则对被欧洲传统哲学贬为“变幻虚无”的现实世界，充满了热情的赞颂。

尼采把整个欧洲哲学传统颠倒了：过去认为“虚幻”的感性世界，原是真实的，而过去认为真实可靠的“理念世界”，原来是“虚幻”的。就是那被认为“至高无上”的“神”，也是“有死的”。“神”已经“死”了，而且“死过了”，尼采在那“已经死了的”“神”的墓地旁，感到欣喜若狂，深深体会到“神”原来是世界的“诽谤者（Verleumder）”②。为什么？因为“神”“污蔑”现实世界是可憎的、丑恶的，是要被“扬弃”的。尼采批判了形而上学、神学的欺人之谈，热情地歌颂了感性的现实生活，把这种批判的精神贯彻到底，无所顾忌地提出了“永恒轮回”的学说，固然不免于后人一时的误解，但他这种哲学的彻底精神，吸引着人们有信心消除误解，得窥其真实意义。③

破除形而上学真理观，欧洲古代就有怀疑论的传统；破除宗教神学，

---

①《尼采全集》第 4 卷，第 287 页。

② 参见同上书第 4 卷，第 288 页。

③ 现试着把尼采《查拉图斯特拉如是说》“七印”（载于同上书第 4 卷，第 288 页）中三段颂歌译成中文：

我狂喜地坐在那过去的神灵的墓地旁；祝福世界，热爱世界，但我却在那世界之诽谤者的纪念碑旁。

当天空透过其破碎了的遮盖物闪烁着纯净的目光时，当教堂的废墟上长满了千篇一律的青草和红色的樱花时，我就喜欢坐在教堂和神的坟墓旁。

我还没有找到可以为我生儿育女的女人；也许有一个人为我所爱：啊，我爱你，永恒！

也有强有力的无神论传统。这些自然都为尼采思想提供了资源,不过尼采并不止于怀疑论,他反对基督教神学也有其特点。

尼采不是怀疑论者,他的真理价值观对传统形而上学来说,是一种颠倒,他的信心建立在现实世界的永恒变化之中。坚强的人勇敢地面对着千变万化的世界,不断地开创着自己的事业,只有那怯懦的人,才逆来顺受,忍受着现世的折磨,而幻想着“永恒的和解”。

基督教神学也好,形而上学也好,都教导人们正确“理解”这个世界。

基督教,特别是新教说,人本是因为“有罪”才来到这个世界上的,人生原本是为了“赎罪”,因此,你的一切苦难都变得可以“理解”,可以“忍受”起来。

形而上学也告诫人们,“现象”原本是变幻不居——不完善的,是“本质”的一种“影子”和“摹本”。人作为一个感性的存在者,不可避免地生活在感性的现象界,自然也是不完善的,要经过“永恒”的努力,经过曲折艰辛,受苦受难,才能不断接近这个“本质”。然而“本质”却“超越”地“存在”,而且只有“本质”才“真(正)(存)在”。

尼采的时代,形而上学的高峰是黑格尔。正是黑格尔,把欧洲的哲学传统和基督教新教传统结合到亲密无间的程度。他的《精神现象学》乃是哲学的“圣经”,是“精神”历经磨难、考验并努力奋斗而“升天”的过程。和基督上帝一样,黑格尔让人间一切苦难和不公,都在他的“绝对理念”的“回归”中,得到了“和解”。像上帝一样,“绝对理念”作为“第一因”“外化”“创造”了世界,世间一切都在“绝对理念”的“运作”之中。这种“运作”,乃是高出自然因果的最高的必然性,在它的涵盖下,一切都是“合理的”,即“可以理解的”。现实世界的一切否定,都会经过再一次的否定,回到肯定。世界受着这个最高的“运作”支配,一切都有它的“安排”,黑格尔叫作“理性的机巧”,亦即“上帝的睿智”。

在破除了形而上学的“神话”之后,尼采的态度是:既然没有一个最高的“运作者”,这个世界就本不可、也不必去“理解”。这里的“理解”,不是通常“知识性”的。尼采并不是否定日常的科学知识,相反的,他既然对感性现实生活采取肯定态度，则他必定也是重视科学知识的获得的。这里的“理解”也就是“和解”，就是“化解”，是哲学性的。这就是说，我们要正视现实生活中的不公和苦难，而不是去忍受、化解它们。它们是“不可理解”的、“荒谬”的，是要被“改变”的，而不相信有一个至高的“绝对运作”使它们“合理”起来。

这里，令我们想起在学习马克思于1845年春写的《关于费尔巴哈的提纲》时对最后一条的理解，马克思说：“哲学家们只是用不同的方式解释世界，而问题在于改变世界。”①这句话，马克思当然有他的更深层次的革命意义在内，我们在学习时是要努力去领会的。我们也认识到，马克思这句话的意思，绝不是要人在通常科学知识的意义下拒绝“理解（解释）-懂得”世界，拒绝对社会、自然作科学的研究，拒绝把握科学的知识，而是强调，哲学不是止于客观的、静观的理解“理解”，止于把世界的“问题”与“矛盾”“解释-化解”掉，使这个世界“可以理解”而“可以忍受”，马克思强调的是要“改变”这个世界，“理解”的目的是要“改变-变革-革命”。

当然，尼采仍然局限在他自己的层面，而不是代表先进社会生产力的革命。他只是在旧的阵营内感到了欧洲传统哲学和基督教神学的虚伪性：企图以一个超越的“理念-神”来“化解”现实世界的矛盾、不公和欺诈。尼采的学说，是要激发人们的觉悟，破除那“绝对”的神话，而认识到充满庸人的世界之荒诞。这个荒谬的世界本不可忍受，设定一个最高的理念或神，也无济于事。“永恒”也不能给我们以任何的借口和安慰，因为“永恒”所带来的，仍是“同样的东西（Gleich）”。

既然并没有那虚无缥缈、化解一切矛盾的“绝对理念-神”，那么人们所能做的只能是面对现实，面对生活；去掉了那否定生活（现象）的“至高无上”的真、善、美，生活现象本身就得到了肯定。在这个意义上，被德国哲学所推崇的“意志”，才真正有了“力量”，才真正有了“创造性”。在尼

---

①《马克思恩格斯全集》第3卷，第6页，人民出版社，1960。

采看来,设定一个“绝对-神”,来化解生活,也化解了意志,“意志最终自身和解(化解,erloeste),意志成为无(非)意志(Nicht-Willen)”①。尼采说,这是疯人的寓言之歌,据此,尼采教导人们说,“意志是一个创造者”②。

我们知道,基督教把人的自由意志提到了前所未有的高度。希腊的知识性的必然性,使“神学”与“形而上学”成为一体(亚里士多德),而基督教要创建一个人格的唯一的神,不得不把自由意志赋予人类。这样,正如康德后来论证的,人才能通过道德的途径进入宗教。然而,人类的意志自由既是神所赋予,神也就有权力将其收回,这是一种借贷的关系。果然,人类不仅在结成社会时相互让出一部分权力(卢梭),而且在与神交往时,把自己的“自由”全部“托付”给神。“放弃”“人”自己的自由,把它交给神来管理,以此来忍受生活,以赎罪的心态来度过自己的一生。于是,对于人来说,“自由”成了“服从”,“意志”成了“无(非)意志”。

什么叫“无(非)意志”?“无(非)意志”就是“没有力量”的“意志”,“软弱无力”的“意志”,亦即“没有现实性”的、抽象的“意志”。提倡这种“意志”最力的,是康德。尼采的“权力意志”主要的反对目标是康德的意志学说。

康德哲学的贡献在于把基督教神学的问题“化解”于他的哲学思路之中,使理论上自奥古斯丁以来的“意志自由”有了一个系统的哲学位置。它占据了“实践理性”的核心中枢,以此展开了康德在伦理道德学说方面的深入的论述。

不过,康德的“意志自由”的确是很抽象、很形式的,意志自由没有任何现实的经验的内容,是纯理性、纯形式的,一粘上经验的内容,就成了“幸福论”,那是经验的学问。所以,在经验的现实世界,康德这种“意志”也就成了“无(非)意志”了。当然,康德的“意志自由”也会有“现实性”的,那要等到在“永恒绵延”中的遥远的“天国”,“意志自由”才会有(而且

①② 尼采:《查拉图斯特拉如是说》,“七印”,载于《尼采全集》第4卷,第181页。

一定、必定有)“现实性”。这种“超越的现实性”,只有在“神的王国”里才有可能。

如今,“神的王国”“天国”“绝对理念”的虚幻性,统统都被尼采的“永恒轮回”所摧毁,那么,“意志”的“现实性”也就回到了经验的现实世界,“意志”恢复了它的“力量”,“权力意志”,也就是“有力量的意志”,而不是“软弱的意志”了。

第五节　论悲剧

《悲剧的诞生》是尼采早年的著作。1872 年尼采以古代语言学者的身份出版此书,但人们读到的,却并非一部实证性的考据专著,而是一个天才思想家的呐喊,这遂使这本书产生了两方面的效应。一方面,以维伦谟维茨(U. v. Wilamowitz-Moellendorff)为首的专业古典学家,对它表示了极大的不满;另一方面,它也引起善于思考的学者的重视。这两个方面的效应,都是“轰动”的。[①]

维伦谟维茨等人究竟以何种理由批评尼采,我们能得到的信息阙如,也许问题过于专门导致人们缺乏普遍的兴趣而渐渐被淡化;而尼采在《悲剧的诞生》里所提出的思想,其影响力却经久不衰。而且这种影响,也不仅仅是美学方面、艺术方面的。应该说,《悲剧的诞生》是尼采哲学思想的早期表述,是一个天才的思想的闪光,是一颗孕育着丰富思想内容的哲学“种子”。这颗“种子”,就尼采而言,与其说得益于他的古典语言学的训练——这当然是必要的——不如说“受孕”于欧洲哲学的“母体”,特别是叔本华哲学的启发。

一　酒神与日神

古代希腊的神话,非常丰富复杂,诸神的起源,是一个很专门的学

① 参见雅斯贝尔斯《尼采——其人其说》,鲁路译,第 29 页等处,社会科学文献出版社,2001。

问。大体来说,奥林匹斯山上诸神,来源各异,很少是纯粹的希腊当地的"土神"。但是希腊人以自己的智慧把他们连在一起,使之有了自己的"谱系"。①

据现代专家的研究,希腊的"日神(Appollo)"可能来自北方,或许与放牧有关,是一尊"牧神"。这样,他就具有"取亮""音乐""医疗""狩猎"等与放牧有关的技能,也许还披着"羊皮",以便于管理羊群②;"酒神(Dionysus)"也具有同样复杂的"出身",他之所以与"酒"有关,乃是他有酿酒的技术,并把它传授给人们,有时因酒能醉人而引起误会。③

这两位神祇和古代希腊的悲剧有何种关系,也是很专门的复杂问题。大体来说,希腊的悲剧表演集中在节日庆典的活动中,和体育竞技一样,具有比赛性质,或许其奖品是一只羊,或许因为阿波罗善歌舞,或许是其他什么原因,使这个比赛跟日神联系了起来。

在诸种传说中,悲剧竞赛和日神的关系是很明显的,而和酒神就没有那样密切的关系,尼采《悲剧的诞生》主要意图就是要把"日神"与"酒神"联系起来,指出古代希腊悲剧的远古传统,乃是在"日神"的背后隐藏着"酒神"的精神。在这里,"日神"被定位于"光明""理智""静观",而"酒神"则是"玄暗""迷狂""情感"和"运动"。

尼采认为,希腊悲剧按其"起源-诞生"说为如此,而以后的发展,则是"日神"精神日渐重要,"酒神"精神则深深地被"埋葬"了。尼采自己的任务就在于要唤醒这种"原创性"的酒神精神。这原本是一个哲学理念上的问题,而借助于对于希腊悲剧的研究,它被阐发了出来。

这个理念就是尼采以后充分发挥了的"意志"作为"创造性"的"自由""力量","超越""高于"且更"本源"于"理智"。这里,很清楚地看出,

---

① 参见赫西俄德《工作与时日 神谱》,张竹明、蒋平译,商务印书馆,1991。

② 参见罗斯(H. J. Rose)《希腊神话手册》(*A Handbook of Greek Mythology*),纽约,杜登出版社,1959。书中有关阿波罗的研究在第134页以后。

③ 参见同上。该书在介绍阿波罗之后,紧接着介绍酒神,说明他们是仅次于天帝宙斯等大神的主要的年轻的神祇。

尼采表现出了来自叔本华的一个哲学理念:“意志”才是世界的本源,而这个本源,被理智化了的“现象界——日神的管区”掩盖了。尼采就是循着这个理念来利用他的古典学知识的。

在《悲剧的诞生》中,尼采明确指出,这种被掩盖着的迷狂-酒神精神,并不是动物性的,不是“猴子”,而恰恰相反,正是“人的原型(Urbild des Mensch)”,表现了“最高的(hoechsten)”“最强有力的(staerksten)”。[①]

在这里我们看到,尼采特别强调了“意志”与“情感”的“非动物性”,不是一种“被动的”“情欲”,而是一种主动的“创造”精神,甚至在分析到普罗米修斯(Prometheus)的悲剧时,尼采还强调希腊早期悲剧家埃斯库罗斯(Aeschylus)所阐明的仍是“被动”中的“主动”因素。[②]

酒神就这样进入日神的“另一面”。从古典学的眼光来看,这两位神祇在来历关系上未必有如此密切的关系,但是,就哲学的理路来看,这种区分和关系是有相当力量的[③]。

就希腊古代艺术的观念来看,原本就有“模仿”和“灵感”两种对立的趋向,这我们从柏拉图的记述中可以看出。在柏拉图的“理想国”中,没有“模仿”艺术的地位,但是却推崇来自“灵感”的艺术活动。尼采的悲剧研究,对于理解这样一个发展过程,也是有启发的。

二 “梦幻”与“迷狂”

我们看到,尼采以“梦幻(Traum)”和“迷狂(Rausch)”分别指日神和酒神两种不同的精神,前者是“理智的”“静观的”,后者则是“情感的”“运动的”。

就艺术来说,尼采的观念正好和古典学者的思路相反,而体现了他

① 参见尼采《悲剧的诞生》,载于《尼采文集》上卷,第 621 页。

② 参见同上书,载于《尼采文集》上卷,第 628 页。

③ 或许,实际上,古代希腊德尔斐神庙将日神祭祀和酒神祭祀分开来轮流进行,似乎在考据方面也有一定的根据。

的一种独特的哲学视角。通常的艺术观念认为,酒神所代表的“迷狂”是一个低级的原始阶段,人们尚缺乏“理性”的控制,是感情-情绪的直接发泄。当此种情绪得到“理性”的控制之后,人们才能认识真善美,按黑格尔的说法,“美”为“理性”的“感性”体现。“美”是一种庄严静穆的“凝视”,而不是混沌的躁动。

这种观念,在尼采的时代,也许来自早年古典艺术理论家温克尔曼(J. J. Winckelmann)的提倡,是温克尔曼在古希腊的雕刻中,发现了“静穆”之美。此后,“美”就被理解为一种“合规律”的、“有韵律”的东西。古代希腊人,也被想象成崇尚一种理智型“自由”的“君子”,他们“随心所欲”,但并不“逾矩”。在这种观念指导下,希腊的许多艺术作品都得到“合适”的“解释”,但却与古代当时的真实情况相距甚远。

18—19世纪德国自身的艺术情况,也对古代希腊的艺术提供了另一种解释,有另一幅图景。这个时期正在兴起的浪漫主义艺术思潮,正摧毁着温克尔曼所建构的观念。在哲学中,最具代表性的浪漫主义艺术观,当以康德为代表。康德使古典主义对“美”的崇拜受到了一种哲学理路的威胁,他在《判断力批判》中,不仅对“美-审美判断”做了哲学的分析,而且对“崇高”概念做了决定性的论述。

跟康德的哲学一样,他的美学也自有其来源,远及古代希腊以及后来拉丁文化和基督教文化的影响,而近因则大体离不开英、法以及自身的理论学说的启发,这一点他在谈到休谟和卢梭的影响时已有清楚的表露。关于其美学中“崇高”的思想,众所周知,是受到英国的柏克(E. Burke)的影响。但是康德的工作不仅仅在指出一种“现象”,而且能创造性地将这个现象与他的整个哲学思想系统联系起来,找出它在这个系统中的恰当位置,而这个“现象”也就不仅仅有一个“孤立”的意义。

康德关于“崇高”的理论,揭示了它和更高层次的“理性-意志-自由”的内在联系。表面上看,“崇高”与“美”相对应,它具有一种“放任”甚至“放荡”的特点,似乎是“不受控制-不受限制”的,因而它在某个意义上似乎是“违反理性”的,是“悖理的-荒谬的”,然而正是在“不受限制”这一点上,它接近康德那个居于哲学宝塔之尖上的"意志-自由"。"崇高"是"意志自由"的体现,是超越日常理性-知性的。

这样,"崇高"的地位就像"意志自由"的地位一样在哲学中得到确立,而不等同于一般感性的"放任-放荡"。

我们看到,康德的"自由意志",正是叔本华-尼采哲学思考的"出发点"。在美学上,尼采所谓"日神"精神和"酒神"精神也正是"美的-古典的"精神和"崇高的-浪漫的"精神的对应。

当然,我们现在以理论分析的方法疏理的思路,在当时是很丰富多彩的。我们知道,浪漫思潮对于黑格尔的影响不小,他的"绝对精神"那种"不受限制"的"创造性"活力,同样是这种精神的反映。只是黑格尔仍要以更高的"静观"——"理念"的"静观"来把握那个原本是"放荡不羁"的真实的世界,使之成为"有规律"的"美"的世界。这一点,连叔本华也不能例外。

在美学理论上,我们也不能忘记莱辛(G. E. Lessing)所做的工作。他对于康德美学的阐述,有积极推广的作用,而他的论希腊雕塑《拉奥孔》的论文,对于"诗"和"画"的理论区别,应该同样影响到尼采日神-酒神两种精神的划分。

莱辛曾有一段时间潜心研究康德的美学,写了有关抒情诗和叙事诗的论文,从浪漫主义和古典主义的关系入手,颇得康德美学的旨趣。加上他以文学的笔法清除了康德文笔的学究气,备受当时文坛的重视,使康德美学更进一步地发挥影响。莱辛研究古代希腊雕塑《拉奥孔》,也有理论上的含义。

拉奥孔的故事与古代特洛伊战争有关。特洛伊人拉奥孔因反对木马进入特洛伊城而得罪阿波罗神,神派遣蟒蛇把他和他两个儿子活活绞死,遂有雕塑家将他们父子被蛇绞缠临死前的挣扎痛苦情状塑成雕像。这个雕像后来被发现,但是拉奥孔本人的一只手臂缺失,专家学者们纷纷设想原来的手臂应是一种什么样的姿态,以便仿制后增补上去。文人们大概按照他们理解的古代希腊的审美观念,认为拉奥孔作为一个英雄人物,虽然经受被蛇缠绕的极端痛苦,在垂死的挣扎中,应仍不失其英雄之本色,那只增补的手臂必定要显得坚强有力,如此等等。莱辛的论文在思路上并无与众不同之处,但是他以此阐明浪漫与古典在艺术原则上的区别,旨趣已经大大超过所论的范围,产生了更加广泛、更加深远的思想影响。莱辛认为,“诗”与“造型艺术”(包括雕塑与绘画)两种艺术门类的区别,体现了两种不同的艺术精神。“造型艺术”侧重于视觉形象,应在直观形象中体现庄严肃穆的美,诸如“痛苦”“挣扎”“撕裂”等场景,不宜不加限制地“入画”。而借助语词的艺术“诗”,则不受种种限制,它所表达的内容“不受限制”,因而更能体现一种浪漫的精神。于是我们看到,“造型艺术”为“古典主义”的艺术,而“诗”则是“浪漫主义”的艺术。把艺术门类与艺术精神联系起来思考,莱辛可说是起了很大的作用。一直到黑格尔,他在美学的讲义中,仍把艺术门类和艺术精神联系起来讨论,尽管具体说法有所不同,但是大体区分的脉络还清晰可见。

应该说,尼采同样也受这种说法的影响,这是无可否认的。

尼采认为,“造型艺术”体现了“日神”精神,而“音乐”则体现了“酒神”精神。在这里引起我们注意的是:尼采认为“日神”理智静观的世界,恰恰只是一种如梦般的幻象,而“酒神”营造的那种狂欢境界,却是“真实”的。

三　“音乐-合唱”在希腊悲剧中的地位

我们知道,“诗”原本就有“韵律”,这个韵律被加强,就成为音乐。当然音乐的来源似乎应该更早于“语言”。尼采在悲剧研究中特别标出“音乐”,当受叔本华和瓦格纳的影响;而后二者则又有密切的联系。

我们从美学思想的重点中可以看出叔本华和黑格尔的不同。黑格尔的美学,重点放在雕塑、绘画和戏剧(文学剧本)的分析研究上,将艺术分为象征的、古典的和浪漫的,重心显然放在了“古典艺术”上,造型艺术是他研究的重点,当然对于希腊的悲剧也有很好的分析,但也因哲学的立场不同,黑格尔的悲剧理论已是尼采心目中的批判对象。因为黑格尔欣赏艺术的古典性，而当时浪漫主义盛行，遂使他有“已非艺术时代”之叹。

在艺术精神上，就时间划分而言，叔本华则至少赶上了那个时代，并顺应了时代的潮流。他把重点放在了浪漫艺术的巅峰——音乐，而音乐部分，正是黑格尔美学中最为薄弱的环节。

我们难以确定到底是“音乐”精神促成了叔本华的“意志”哲学，还是“意志”哲学使叔本华看中了“音乐”。但是无论如何，叔本华把“音乐”这个艺术门类，和他的整个哲学体系联系了起来，使音乐在他的哲学理路中有一个坚实的地位，以便人们更深入地把握这门艺术的特性，在某种意义上“填补了”黑格尔美学的“空缺”。

当然，叔本华和黑格尔这两种哲学精神的区分，或许我们也可以理解为哲学的“浪漫精神”和哲学的“古典精神”的区别。

“音乐”进入了哲学家的视野。哲学家已经不限于像亚里士多德那样对“音乐”作些经验的研究，而是将它接纳到哲学里来，使其有一个“安身立命”之处。“音乐”在“哲学”里找到了“本质”。叔本华说，音乐和造型艺术不同，是“意志”的直接体现。也就是说，“音乐”就处在“本体-意志”的位置。

尼采的《悲剧的诞生》显然与叔本华这种思想密切相关，二者在前提上是相通的。当然，尼采重视音乐，同样也和他曾经是瓦格纳的崇拜者有关。

尼采酷爱音乐，与瓦格纳有过交往，曾经想以演奏瓦格纳音乐为生。① 尼采自己也作过曲，但未获成功。

瓦格纳在音乐上有一个理念：要使戏剧和音乐进一步结合起来，形成一个包容众多艺术门类的最为综合的艺术，在这个综合的艺术中，使

① 参见雅斯贝尔斯《尼采——其人其说》，鲁路译，第 32 页，以及同书第 66 页关于尼采与瓦格纳关系部分，社会科学文献出版社，2001。

戏剧与音乐密不可分,亦即使戏剧“音乐化”。[①] 瓦格纳这个艺术理念,并未得到完全的实现,但他的乐剧以其音乐的卓越而名垂千古。或许,瓦格纳的音乐创作并未得到尼采的全部理解,但是他这个使戏剧音乐化的理念却得到尼采的积极响应。尼采对于古代希腊悲剧的理解,和这种理念有相当的关系。

尼采认为,古代希腊的悲剧原本只是歌队合唱(Chor),而一般认为这种歌队只是作为一个“旁观者-观众”的角色而存在[②],其歌词大体也是代表“观众”的一些感想、赞叹之类。但尼采却说,悲剧起源于“歌队(Chor)”,最初只有“歌队”[③],演员是后来产生的。

古代希腊的悲剧表演,起初确是依靠歌队叙述故事,据说是埃斯库罗斯设置了第一位演员,他被称作希腊悲剧之父。以后,经过索福克勒斯、欧里庇德斯,歌队的作用逐渐减弱,于是遂由说唱艺术的形式转变为演员表演的戏剧艺术。这种转变,在通常的艺术史家看来,无疑是个进步。尼采却采取了相反的立场,认为歌队的减弱以致消失,就艺术精神来说,如同道德伦理和哲学一样,乃是一种退步,是一种“遮蔽”——“日神”精神“遮蔽”了“酒神”精神的表现,也就是“意志”被“理智”所“蒙蔽”,而在悲剧艺术上,则是以“造型”的戏剧表演,代替了“音乐-舞蹈”性的“歌队”。

于是,尼采对于古代希腊悲剧的研究,与其说是一种学术研究,不如说是一种理念、一种哲学的表现。

当然,尼采在掌握古代希腊悲剧的材料方面,还是相当专业的,有相当的学术水平,并非完全以自己的观念强加于古人。尼采研究这个问题的艺术史根据,乃在于他侧重理解原始艺术的“参与性”,强调古代艺术

① 瓦格纳或许还不很清楚,这种理念在中国的戏剧传统中早已成为现实。中国古典戏剧,载歌载舞,以歌唱的“对话”和舞蹈的“动作”为特色,把戏剧和歌唱、舞蹈、雕塑、绘画、器乐等诸种艺术门类全都包括进去,是世界上最为“综合”的艺术。

② 参见莫登(Richard G. Moulton)《古代经典戏剧》(*The Ancient Classical Drama*),第 65—66 页,牛津,克拉伦登出版社,1898。

③ 参见尼采《悲剧的诞生》,载于《尼采文集》上卷,第 617 页。

并非单纯地为“观赏-欣赏”而设。这种以“庆典活动”为艺术之本源的观念,应该说也是于史有据的。

尼采以古代希腊的剧场设置为例,说明古人在设计悲剧表演场地时,并无“观众”的位置,或许古代剧场因地制宜,利用如同“山谷”(Gebirgstal)的地形[①],自然形成一个表演的空间,而“围观者”随时可以进入“圈内”,“参加”表演。而这种演出方式,无论中外,都还有不同程度的保留痕迹,甚至在20世纪初,在新生的苏联,成为一个激进的戏剧表演流派——与斯坦尼斯拉斯基(Stanislavsky)相对立的梅叶霍德(Mergehood)表演体系。

原始艺术体现了艺术本原的创造性契机,这自是无可否认的事实。但是艺术以及一切文化形式的历史发展,是否为一种倒退的进程,则需要经过实践和理论两个方面的检验。

希腊的悲剧艺术,经过埃斯库罗斯、索福克勒斯、欧里庇德斯三大悲剧家的创造,由雏形走向成熟,这一历史发展进程,并非一种倒退。在历史的发展中,不可避免的会有一些因素丢失,譬如那种物我两忘-天人合一的境界逐渐消失,理性静观因素逐渐加强。然而在这个过程中,“人”本身的问题得到确认,人的“个性”特点得到强调[②],“分”意味着“个体”的成熟和完成,于是“人间”才出现“关系”,出现“人”与“人”之间的“关系”,才需要“理性”使其“协调”。“乱”而后“治”,是一个历史的必然的过程。当然我们也需承认,历史进程不能完全消除“混沌”。“理智”并非万能,但是人类需要“理智”来调节自己,绽开“理智”之光仍是古代希腊文明对人类的巨大贡献。“理智”“劈开”“混沌”,“光照”“混沌”,使之清晰明了起来。然则,“混沌”不可能完全“透明”,如同赫拉克利特所说,“自然-混沌”经常“隐匿”自己,“混沌-迷狂”被“埋”在“心灵”深处。“理智”不能完全“烛照”“混沌-迷狂”,以此“酒神”精神自是一个永久性问题。尼采对

① 参见尼采《悲剧的诞生》,载于《尼采文集》上卷,第621—622页。

② 尼采说“迷狂”否定了“个性(Individuum)”是很深刻的观察。参见尼采《悲剧的诞生》,载于《尼采文集》上卷,第607页。

此有深刻之体察,揭示其本来面目,有警世之功。

然而,人类原始的音乐舞蹈固然显示了人的本真存在的基础形式,但是这种形式本身也需要阐述、需要理解,因而人们并不能贬低古代希腊人在“理智”自由方面所作的巨大贡献。在悲剧的发展中,也不能完全否定从埃斯库罗斯经由索福克勒斯到欧里庇德斯的进展。在这个进展中,人们扬弃-丢失的是“原始”“感性”的“迷狂”,揭示的是在“理智”照耀下的“自由”在创造中的“冲突”——一种真正的“悲剧-戏剧”精神。原始的“迷狂”并没有真正的“冲突”,“冲突”建立在“自由”的基础上。建立在“诸自由者”的基础上,而“自由”作为“一”中之“多”-“多”中之“一”,正是尼采哲学的薄弱环节。缺乏这个基本环节,尼采的“迷狂”虽强调不是“动物式”的,但仍然常和“感觉经验”式的“迷糊”不易分别开来。而就艺术来说,则崇尚原始迷狂的节日庆典,否认展示人生矛盾冲突供人思考欣赏之“静观”性质,这种思路其自身不能避免“倒退”之讥。

四 欧里庇德斯与苏格拉底

尼采论希腊悲剧的论文并非纯粹讨论艺术,而实际上的旨趣在于哲学。我们甚至可以说,这篇论文,体现了尼采今后哲学思路的大体趋向,或许说是他的哲学的预演亦不为过分。

尼采论文的主题乃在于揭示希腊悲剧由埃斯库罗斯到欧里庇德斯的演变,使希腊悲剧丢失了“酒神”精神,而欧里庇德斯在古代悲剧艺术中的地位,恰恰和苏格拉底在古代哲学中的地位相当。

尼采认为,希腊悲剧精神至欧里庇德斯就宣告消亡,因为这时出现了一个新型的“人”的观念——苏格拉底式的“理论性”“人”(den Typus des theoretischen Menschen)。[①] 在这里,尼采把他的悲剧理论明确引向了哲学问题。

苏格拉底在古代希腊哲学史上的地位与作用,就和他的实际政治立

---

① 参见尼采《悲剧的诞生》,载于《尼采文集》上卷,第648页。

场一样,一直是有争议的,尼采以及20世纪的海德格尔对苏格拉底都采取批判的态度。他们认为,苏格拉底所引导的哲学方向是一条苍白的、幻象式的道路,把活生生的生活引向抽象概念的"理念"世界。这个批判,在近代是从尼采开始的,因为在叔本华那里,苏格拉底-柏拉图的"理念论"仍是"最为接近"他的"意志"而又具有"解脱(自由)"作用的根本环节,甚至仍是叔本华哲学追求的"目标"。然而,到了尼采手里,苏格拉底-柏拉图的"理念论"受到了彻底的清算,而这项工作正是从尼采研究希腊悲剧问题就开始了的。尼采的悲剧之论,实际也可以和他的《论道德的谱系》一样,我们可以看作是他批判欧洲传统哲学的一篇"檄文"。

的确,苏格拉底-柏拉图哲学的诞生,意味着一个时代的结束和新时代的开始,意味着人们的"思想-精神"已经脱离原始的朦胧状态,脱离了原始的"混沌",进入"分"的阶段。也就是说,人们在"哲学性"的"思考"上,进入一个"理智-分析"的时代,事物向"理性"展现了他们各自的"自身"属性,"事物"和"人"都有了"自己",而不是"混"在一起。"人"有了"个性"——这也正是戏剧史家通常对于欧里庇德斯在希腊戏剧史上地位的理解。

然而,问题在于此种"事物"与"人"的"分离",被理解为只有"思想-精神"才是关键的环节,"人"被归结为"会思想的动物"。于是"人"与"物"的关系被理解为"静观-客观"的关系,"从思想上""把握""事物"成为哲学的最高目标。"知识"-"真知识"-探求"真知-真理"为哲学之最高使命。这是苏格拉底-柏拉图包括亚里士多德在内的希腊哲学家为哲学奠定的基本路线。

在这个意义上,"人"就会成为"知识性-理论性"的人,而不是"全面的"人。

不错,苏格拉底强调"德性(arete)",亚里士多德更对"德性"有诸多考察。但是他们对于"德性-道德"仍是作为一种"现象-对象"来观察研究的,仍是知识性的,而非考察"德性-道德"本身,就像亚里士多德的《诗学》乃是把"诗"当作一个"对象",跟他的"动物-植物"和"政治体制"一样,做知识性分析研究。

“道德”不是“知识”,而苏格拉底却说,“只有知识才是美德”①。

这样一种源于经验科学的思想方式对于他们形而上学问题的思考,也有相当的影响。尽管柏拉图的“至善”理念后世对其有许多很好的阐发,但就其原意也还是一种圆满而抽象的概念;亚里士多德的“存在-实体”也可以阐发出很好的意思,但仍不免有“抽象概念”之讥。

在尼采看来,在哲学中经过苏格拉底,就像悲剧经过欧里庇德斯一样,“酒神”精神丢失殆尽,而“日神”精神成了“无本之木-无根之树-无源之水”。抽掉了“酒神”,架空了“日神”;如同康德说的,“概念”无“直观”就成为“空洞”的。

“空洞”的“日神”精神表面上给人以“乐观”“平静”“幸福”的假象——因此意味着“悲剧”的消亡。因为“悲剧”的“结局”都是诸种矛盾的“和解”,显示着最高理念的胜利,像后来黑格尔著名的悲剧理论所宣传的那样,“绝对理念-无片面性的理念”最终在悲剧的“结尾”处总是以各种方式“显现”出来。这样,古代真正的“毁灭性”的悲剧精神也就寿终正寝。

古代悲剧精神的丧失,“酒神”精神的丧失,其根源概在于设定了一个最高的(绝对)“理念”。这个“理念”的设置,给人以虚假的“寄托”,似乎有了这种“理念”,世界上一切痛苦和罪恶都可以得到“理解”,世界变得“合理”而可以“忍受”。

尼采对于苏格拉底-柏拉图哲学传统实质的揭示,也是人类哲学思考历史经验的总结。当这种传统的优点和缺点经过数千年的发展充分暴露出来后,对于这个传统的清理,也就不完全是少数哲学天才的事,而且少数像尼采这样的哲学天才的工作,也因此才不至于被埋没,而变得能够为人们所接受,并在一定条件下产生巨大的影响。

希腊的“日神”精神,希腊的“理念论”,在黑格尔哲学那里有全面的

---

① 尼采:《悲剧的诞生》,载于《尼采文集》上卷,第639页。

总结，把各种问题都发展到了“绝对”的地步，遂使聪明才智之士，难以在“体系”内部再行“添砖加瓦”。后人要进行创造性的工作，要把哲学“推向”前进，只有“走出”这个“体系”，“粉碎”这个“体系”，另行“创造”一个新的哲学的天地。如果说，叔本华曾经“走出”这个“体系”，但是他为这个“体系”之外的世界所困扰，于是又“走了回去”，回到那平静而安宁的“理念”，求得片刻（暂时）的解脱。尼采则继续着叔本华“出走”的尝试，勇敢地勇往直前，果然“走”出了一条新的道路，把原本是与“日神”不可“分割”的“酒神”精神恢复出来，实际上“走”出了一条真实的生活之路，或者说是真正的“幸福”之路。尼采指出“幸福”就在“现实”的生活之中，要靠人自己的“争取-斗争”，而不是向往虚假的“和谐-幸福”的“天国”。“斗争”为争取“幸福”的权利，需要“权力”的“意志”，而不是“虚无”的“意志”。

悲剧中的“酒神”精神乃在于不承认一个虚假的“绝对理念”，不承认自己的“失败”乃是为了显示这个“绝对理念”的“胜利”，不承认自己只是显示这个胜利的“工具”。悲剧的乐观精神不在于“悬设”一个虚无缥缈的“理念”，而在于悲剧英雄自己的肯定，只承认自己的“失败”是由于经验的“原因-理由”，而并无“绝对的必然性”，从而仍可抓紧另一次的“机遇”，而不放弃“斗争”，不放弃“实现”“自己”的“意志”。“悬设”一个至高无上的“绝对理念”，乃是让人“放弃”“实现”自己“意志”的斗争，承认“失败”有一种“超验-超越”的“必然性”，好像非失败不足以显示“理念”之伟大和不可抗拒。具有酒神精神的古代希腊悲剧不承认“理念”的“命定-命运”。悲剧英雄自己开创着自己的“命运”，“创造着”自己的生活。

正是在这个意义上，尼采批评苏格拉底-柏拉图以及在这个传统下当时的哲学，是“理论上的乐观主义（theoretischen Optimismus）”，而“实践上的悲观主义（praktischen Pessimismus）”。① 在“理论上”，这个哲学传统，似乎给出了一个“可望而不可即”的“理念-理想”，在实际上，人们却永远得不到“完满”的结局。这种哲学只能败坏人们的“意志”，使人放

① 参见尼采《悲剧的诞生》，载于《尼采文集》上卷，第649页。

弃“自由”,而“信仰”一个虚无缥缈的“天国”。

果然,希腊哲学由苏格拉底-柏拉图建立起来的形而上学传统既然设定了一个与现实世界完全对立的“理念”世界,对于这个世界的理解和把握,就不能求助于一般的经验知识,而只能归之于一种“超越”一般知识之上的把握方式,这种方式在当时被理解为“哲学”的主要形式,而在亚里士多德则就和“神(圣)学(theology)”同一,“(第一)哲学”就是“神(圣)学”。

在此后的哲学思想发展中,希腊的哲学传统与基督教思想虽然有过激烈艰苦的斗争,但终于得到某种程度的“融合”。这除了其他各种复杂原因外,在包括尼采在内的一些人看来,希腊哲学传统本身已含有接纳基督神学的切入点;基督教为增加自己教义的理论性,也需要利用希腊哲学中可以被利用的因素,所以经过长期的实际和思想两个方面的“磨合”,无论从康德到黑格尔,还是从奥古斯丁到托马斯,欧洲的“哲学”和“宗教”在思想上已经不可分离。

就悲剧-艺术问题言,尼采指出,自从产生柏拉图“对话”哲学后,就有了一种新型的艺术作为罗马艺术和伊索寓言的原型,而在等级上类似于这种“辩证-对话哲学”,这样就使数百年后“哲学”成为“神学”的“婢女(ancilla)”。①

基督教神学发现,希腊哲学传统的理念论在理论层次上并不会从根本上与基督教“创世说”相冲突,甚至可以利用它来对这个学说作出“理论”的“论证”,于是有各种“上帝存在”的“论证”问世。而欧洲希腊哲学的传统也从基督教神学中受到启发,把自己的领地扩大到“宗教”的范围,从“知识”的“超越”,进入到“道德-伦理”的“超越”,从“理论理性”进入“实践理性”,从“知识”进入“意志”。我们看到,尼采同样没有真正离开这一条欧洲哲学的发展路线。

---

① 参见尼采《悲剧的诞生》,载于《尼采文集》上卷,第 645 页。

第三章　柏格森

柏格森(Henri Bergson)是20世纪初期重要的法国哲学家,但有一段时期在欧洲他的思想被人们重视的程度却远远不及其实际的重要性,也可以说常常处在被忽视的地位。相比而言,柏格森哲学在中国,由于种种深层的传统原因,为一些人重视,甚至加以鼓吹,不过这种情形不久就被苏联的批判所遏制,他的哲学由于其直觉主义而被冠以"反理性主义"的帽子,因此,很少再有人认真对待他的哲学,其著作的中译本,早年只有1958年吴士栋按照英译本转译的一本。这本书是柏格森早年的著作,原名《论意识的直接材料》,英译者征得柏格森本人同意,将书名改为《时间与自由意志》,中译本也以这个书名行世。改革开放之后,柏格森的其他主要哲学著作,陆续被译成中文出版,同期翻译出版的还有法国激进哲学家德勒兹论述柏格森哲学的独特的著作。

柏格森于1859年10月18日生于巴黎。其父是波兰犹太人,其母则是爱尔兰北部的犹太人。柏格森从小就在这种犹太家庭所特有的宗教和音乐的双重熏陶下成长。1878年中学毕业后,柏格森进入巴黎高等师范学院学习哲学。1881年他从巴黎高等师范学院毕业,同时获得学士学位和中学教师资格证书。同年,他被派往昂热(Angers)中学任教,后转至克莱蒙费朗(Clermont-Ferrand)中学教书。由于在这两所中学任教的优秀业绩,1888 年,柏格森被调回巴黎,在亨利四世等中学任教。

1889 年柏格森 30 岁时,他出版了《论意识的直接材料》(*Essai sur les données immédiates de la conscience*),即上述英译本《时间与意志自由》(*Time and Free Will*)的法文原版。这本书虽然是柏格森早期著作,却是奠基性的,篇幅不大,但内容极为丰富,已经显示出作者将以严谨渊博而又深入的学识,开创一条新的哲学思路,柏格森因此获得巴黎大学文学博士学位。7 年后,柏格森出版了《物质与记忆》(*Matière et mémoire*)。翌年,他回到母校巴黎高等师范学院任教,自 1900 年起,一直是这个学校的教授。1901 年成为法兰西学院院士。1907 年出版了《创造进化论》(*L'évolution créatrice*),这是柏格森开创自己哲学体系的重要著作。他在该书中从自己的哲学立场出发,清理了众多学科的有关问题,同时也非常精练而又独特地讨论了欧洲哲学从柏拉图、亚里士多德到斯宾诺莎、莱布尼茨、康德、费希特等哲学家的观点,并在基本理论上批评了当时甚为流行的斯宾塞(Herbert Spencer)的机械进化论,以使他的"创造(生)进化论"与之严格区别。1928 年,柏格森在经过四次提名后,终于荣获诺贝尔文学奖。1932 年,柏格森又出版了《道德与宗教的两个来源》(*Les deux sources de la morale et de la religion*)。1941 年 1 月 4 日,柏格森在德国人占领的巴黎溘然长逝。

第一节　"时间-绵延"观念及其历史贡献

柏格森,不仅是法国哲学的现代先行者,而且还是开创整个欧洲哲学现代阶段的先行者之一;如果不嫌过于夸大,他在欧洲哲学史上的地位,甚至可以和近代初期的笛卡尔媲美。作出如此判断的根据和我们理解的欧洲哲学在现代-当代发展的特点有关。正是根据这种理解,我们把欧洲哲学作出"古典的"与"现代的"区分,在这个区分中,我们感到柏格森作为欧洲现代哲学的先行者当之无愧。

首先,柏格森是一个纯粹的哲学家,他思考的问题,直接源于哲学的基本问题，他所讨论的，都是围绕着“形而上学”问题展开的，亦即，紧紧扣住了“物质（材料）”与“精神（意识）”的关系，从“知识论”深入“本体（存在）论”，然后讨论“道德-宗教”问题，如此循序渐进地展开他的思想，较少有横生枝节的毛病。

其次，柏格森又是一位兴趣广泛，对于诸多经验科学都有涉猎，而且具有相当修养的科学家。对于当时的进化论、相对论柏格森都有研究，尽管从专业方面看，不一定达到很高的水平，但是他努力将这些学科的问题与哲学的问题结合起来，对于哲学的发展大有裨益，也是值得后人发扬的。他的著名的对于“电影放映机”式的“知识论”的批评，至今不失其吸引力，也可以说是哲学利用科学技术说明自己问题的一个范例。这使我们后人看到，哲学家应如何学习先进的科学技术，来加深对于自身哲学问题的理解和阐述。

同时，柏格森还是一位自觉地把独创性地思考与哲学史发展有机地联系起来、使自己的哲学思想具有深厚哲学史背景的哲学家。他对于欧洲哲学史从柏拉图、亚里士多德、普罗提诺直至斯宾诺莎、莱布尼茨，特别是对于康德哲学的批判，具有独特的视角，在这个视角下，欧洲哲学史呈现出另一种面貌，对于我们深入研究欧洲哲学的历史，也是很有启发的。

柏格森的哲学工作，致力于批判机械论，反对机械的“物质-材料（matter-matière）主义”，提倡一种直接本质的“精神（spirit）主义”。他以这种立场来理解宇宙万物的“创（造）（变）化”和“创生”的过程，从而使这个世界不作为一个死寂的“材料-物质”世界，而是作为一个“生生不息”的“进化-变化”的世界展现在人们面前。

欧洲的哲学从其源头古希腊哲学起，就有一种把“活”东西当成“死”东西来观察、研究的倾向。古代希腊哲学崇尚“理性”，这种“理性”，在摆脱了它原始的“诗意”的创造力之后，走向一条“推理”的“理论”性路线。这条路线，对于人类理论思维的贡献，是无可怀疑的。然而这个思维方式，同时也产生自身的偏向。由于强调了“推理-理论”，古希腊哲学有时相对地忽视了“现实”的一面，把丰富的“现实”“简约”为逻辑一贯的“理论体系”，甚至认为只有“理论”的，才是“真正”“现实”的——柏拉图的“理念论”当是这个思路的最高概括，即使到了亚里士多德，“理念论”受到“存在论”的挑战，但是他的“诸存在者之存在”，仍停留在相当抽象的层面上。

在这种思想的引导下，古代希腊人崇尚一种“理性”的生活，认为只有“理解”了的，才是可靠的、真理的，“理解”了的生活，才是有价值的，具有神圣性的生活。而停留在“感觉”层面的生活，是虚假的，不可靠的，人们一切错误的根源，乃在于受了感觉的“欺骗”。希腊人这种哲理，相当集中地表现在古代爱利亚学派的芝诺悖论里。

芝诺悖论为人类出了一道千古难题，几千年来人们想用各种办法来解决这个问题，但是似乎并无一个最佳方案。芝诺悖论的精神正在于揭示:感觉上的“运动”在“理论”上是“不可证明”的，因而是“不可理解”的，于是“运动”只是“感官”给人的一种“错觉”。芝诺这个悖论，就像后来智者学派高尔吉亚关于“神”“存在-不存在”的诘难，可能是一种辩论术的练习。但是芝诺悖论由于其实质性内容的分量，不断被后世重视，亚里士多德有过仔细的讨论，却失之细节之复杂;而犬儒学派的反驳，则又失之过于简单。像芝诺这样的悖论，并不能以“走几步”那样简单的方式加以解决，因为悖论要做的正是指出“感觉上的运动”是“不可证明-不可理解”的，“感性上”的“行走”，无论多少“步”，不能代替“理论”上的“证明”。这是不言而喻的。

至 19 世纪，人类发明了“电影”，以“动画”的方式“再现”人们的“真实”的“生活”，由此联想，人们再一次对芝诺悖论发生了兴趣，以为找到了一个新的视角。原来，按照“电影”的原理，本来是“不连贯”的“画面-点”在高速度运转下，就可以产生“连贯”的“运动”“感觉”。人们以为，这一下，之所以有“运动”“感”的“原因”找到了，而按照自亚里士多德以来的哲学传统，认识一个事物的“原因”，就是“认识”了这个事物。然而，人们也可以说，“电影”的方式，恰恰为芝诺悖论做了“注脚”，它揭示的只是

"运动"之所以是"虚假"的"原因",而并不能够"证明""运动"的"合理性"。

对待芝诺悖论和当时"电影方式",柏格森采取了从根本上加以"颠倒"的立场,显示出其哲学家的彻底的态度:他不是以"电影摄像"的范例来回应芝诺悖论,而是以"电影摄像方式"为范例,从根本上批判芝诺悖论所显示的一种思想方式,指出这种思想方式控制了欧洲哲学知识论数千年,而忽视了生动活泼的真实现实生活。在柏格森看来,"虚假"的恰恰是那"先分后合"的"理论"世界,这个世界是"机械"的、"死寂"的,那运动变化、生生不息的世界,才是"真实"的,因而也才是真正"合理"的。据此,柏格森经常把这种机械的知识论叫作"电影放映机制"的"思维"。①

柏格森指出,在这种机械的知识论看来,人的认识主体犹如一台"电影摄影-放映机","先"把活生生的事物"分割"成许许多多"瞬间"。这时候,"时间"的"瞬间"与"空间"的"点"具有同等的性质,这就是"摄像-成像"。然"后",再由"放映机"将"电影胶卷"快速放送出来。这样,"瞬间"的"点",就"连续"成"面",于是,"静止"的一帧一帧"画面",就"连续"成为"动态"的"活动"的场景,由此"再现"人们的生活。

这种机械的知识论,在柏格森看来,连康德也未能例外。柏格森常常以康德的知识论作为批评的靶子,也常常在批判康德哲学的过程中阐述自己的哲学。应该说,柏格森的确抓住了康德知识论的一些问题,只是在把康德哲学作一整体来考虑方面,亦即在批评康德知识论未能避免机械论的同时,尚需联系到他的道德和审美-目的问题,柏格森当然有所论述,但仍嫌不够。

只是我们应该看到,柏格森对于康德知识论批评的主要方面,是很有意义的。康德知识论的确有"先分""后合"之嫌。

康德这种方法,就康德本人来说,也是很明确,很自觉的,不是一个

① "电影放映机制"在柏格森著作中常常应用。在其著作《创造进化论》一书中,最后一章专门以"思想的电影放映机制和机械论的错觉"为题。参见柏格森《创造进化论》,姜志辉译,第225页,商务印书馆,2004。

偶然的问题。

康德知识论的主要问题是“先天综合判断”何以可能，亦即经验知识-科学知识何以可能。康德这个问题，确定了这种知识不能脱离“经验”，因而要有“感觉”的来源，但还当有“先天性”的“范畴”使此种感觉提供的“材料”成为“可能的经验知识”的“对象”。这样，“对象”与这些先天范畴才能“自身同一”，而消弭“主-客”的二元对立，不会产生“主体”的形式如何“符合”“客体”的问题。实际上，此时的“客体”已经“被接纳”到“主体”中来，因而是“主体”“自身同一”。然而，此时的“主体”乃是一些“范畴-先天形式”，因而，“被接纳”进来的“对象”，首“先”要经过“形式化”的“程序-机制”，然“后”再“组合”起来形成“合理”的“判断”。

这样，康德的知识论，只能是“理论”的，而不是“现实”的。康德的知识论问题应是“理论知识”如何可能，而非真正的“现实知识”如何可能。或者我们可以说，康德的问题是：对于“现实”的“理论知识”何以可能。因为“真正的现实生活”，或“真正的现实经验”，必“先”“形式化-理论化”之“后”，才是“可知”的，人们只能在“理论上”“认知”这个世界。这正是康德“限制知识”的原因所在。在他那里，“真正的现实问题”，还有待“实践理性批判”和“判断力批判”去处理。

这就是康德知识论的“处理机制”。我们看到，仅就知识论看，大体上真有点像柏格森批评的“电影放映机制”。

之所以会有这个问题，倒并非康德主张机械的知识论，关键在于康德强调可能经验的科学知识只是“理论”的，而“理论”的就是“推论”的，这样的知识才有必然性。也就是说，对于经验世界的必然知识是概念的、范畴的，而概念-范畴之间的“推理”关系，正是“先分”“后合”的。分割开来的事物的“概念”应用“范畴”进行“推理”，才能把这些“概念”在“理论”的框架内“连续-联系”起来。这样，“电影放映机制”，在康德的知识论里就完成了任务。

康德知识论之所以能够从“感觉”过渡到“理论”，“时间-空间”问题又是一个关键。

从某种意义上来说，“推理式”思想方式，与人们的“空间”观念有较密切的关系。而这种观念，是将具体的“物体”简约为一个“方位”，然后再简约为一个“点”。前者为“几何学”的方式，后者则是“数学”式的。而这两者，正是古代希腊思想方式的支柱，普罗泰戈拉、苏格拉底、柏拉图、亚里士多德等等，都在这种思想方式的影响之下。“几何学”和“数学”的“推理”与“证明”，长期是欧洲哲学的“存在形式”，亦即在“形式”上，“哲学”都有“几何学-数学”的影子，斯宾诺莎的著作就是一个很好的例证，甚至康德也不能完全例外。

康德要将“外在感性”的“感觉材料”“吸收-内敛”到“概念-范畴”体系中来，“构建”“理论性”的“经验科学知识”，则“时间-空间”仍是一条必经之路。果然，康德说，“时空”乃是“感性直观”的“先天形式”。这就是说，“时空”并非“感觉经验”“提供”的“经验形式”，不是从“感觉经验”中“概括”出来的，而是不依赖“感觉经验”的，是“先天”的，但它们却仍是“直观”的，而非“概念”的。“几何学”是这种“先天直观”的范例，而“数学”的“综合性”，说明了它并非纯粹的“概念分析”，因而也是“直观”的。

于是，“物体-事物”只有通过“空间”这样的既是“先天”又是“直观”的环节，才能使“客体”围绕“主体”转，这使原本是感觉材料的“物体-事物”进入“概念-范畴”的“推理-证明”过程。

人们通常将“时间”与“空间”作为同类形式来说，但是古代希腊的哲人们已经感到了它们不是一个类型的。关于“空间”，古代有“几何学-数学”这种“科学”来研究它，但是古代并没有一门独立的“科学-学科”来研究“时间”。希腊人觉得“时间”是很“神秘”的东西，于是有赫拉克利特“时间是掷骰子的儿童，儿童为王”这类费解的话。

这样，在“理论性思维方式”的框架里，出路似乎只有一条：将“时间”“空间”化，以“空间”的模式来理解“时间”。康德尽管指出“空间”为“外在直观”而“时间”为“内在直观”的区别，但是，在处理“时间”问题时，仍是和“空间”同等对待，这样，他的“客体”才能与“主体”统一起来进行“理论性”“推理”，他的“经验科学知识”，才能“关起门来”自成一统。

于是我们看到，将“时间”“空间”化，又是欧洲哲学在古典阶段完成自身理论体系的必要程序。经过这种转化，“时间”如同“空间”一样，被“分割”为不同的“方位-年代”，然后又简约为“瞬间-点”。“时间”和“空间”最终被简约为“点”，达到了完全的一致。

“点”已经不是具体的“物体-事物”，而是一个“抽象”，如同“概念”那样的“抽象”，只是一个“形式”。只有这样的“形式-抽象”才能进行“理论”的“推理”，而只有能够按照“范畴”“推理”的“判断”，才是“可以理解的”，而具有“时空”直观而又可以“范畴”“推理-证明”的，在康德是为“可知的”。

这样，在欧洲古典哲学的理路中，我们看到这样一条线索：“时间”“归约”为“空间”，然后一起进入“概念-范畴”，“时空”“归宿”为“范畴-因果”，而对“事物”的“认识”乃是“认识”“事物”的“原因”。

然则，“时间”是否能够合理地被简约为“空间”？如何在本原的意义上理解“时间”？在某种意义上，就成了晚近欧洲哲学为突破这个哲学传统的重要问题。在这个问题上，柏格森的贡献，是绝不容忽视的。

“时间”问题的提出，固然是哲学本身已经涉及但未曾深入探讨的一个“空白”，同时也受到自然科学发展的推动。历史上哲学的发展，大多具有其他学科启发和推动的因素在内。爱因斯坦相对论的影响，当是哲学家注视和深入考虑“时间”问题的一大助力。柏格森对于相对论的关注，也是众所周知的，至于在专业水平上的评价，自有褒贬，我们关注的，是在哲学层面的问题。

柏格森认为，“时间”和“空间”具有很不相同的性质，“时间”是“不可重复”和“不可分割”的，而“空间”则是“可以重复”和“可以分割”的。据此，柏格森提出了他的著名的“时间”“绵延”说。“绵延”为“不可分割-不可重复”，所谓“绵绵不绝-逝者如斯”的意思。

“时间不可分割”，“绵延”的“时间”不是“年月日刻分秒”。“时间”不等于“计时”，“计时”为“数”，“数”是按“空间”模式将“事物”简约为“点”，然后进行加减乘除，进行“计算”。“可计算”的“时间”乃是“形式”的“时间”，“实质”的“时间”“不可计算”。“实质”的“时间”，不可“割切”，“时间”为“流”，切不开，割不断。

“时间不可重复”，亦即“不可逆性”。“时间”之“流”一往直前，“时间”不能“倒流”。“时间”为“一次性”的“绵延”；而“空间”的“方位-数”都是可以重复的，“科学”之所以为“科学”，正是因为它的“理论-公式-推理”皆为“放之四海皆准”的“公理”。“真理”不怕“重复”，而且必须经得起“重复”的考验，“科学”“真理”不是“一次性”的；反过来也可以说，凡只是“一次性”的，皆不能作“科学”观，比如“天才”的“艺术”等等。

对于“时间”这种“绵延”的“不可分割-不可重复-不可逆转”的性质，柏格森作了严格而细致的阐述，以便剔除长期以来“空间”观念对“时间”的侵入。柏格森强调，“时间”“陆续”，不是“空间”的“线”，不是“点”的“先-后”，只是互相“接触”，而不是“互相渗透”。①

“时间”之所以“不可分割”乃在于它是“互相渗透”的，“我”中有“你”，“你”中有“我”，一旦“割切”了，就成了“非我非你”“非驴非马”。比如听一首乐曲，人们是“整体”聆听欣赏，而不是一个音节、一个音节地听。又如夜间时钟嘀嗒之声助你入睡，当你睡着时，并非最后一声嘀嗒“让你-使你”睡眠，如此等等，都是柏格森体察入微，常举的例子。

这样一种“时间”观念给欧洲哲学带来的巨大变革可能是人们始料不及的。

第二节　“时间-绵延”与“内在化”问题之展现

“时间”作“绵延”观，使得“时间”不可“量化”，而只能作“性质”观。

传统的哲学当然也考虑到“变化”的问题，但是“变”有“量变”与“质变”之分，“空间”的“变化”是“量”的方面的，而“时间”之“变”则只是“质”的方面的。

---

① 参见柏格森《时间与自由意志》，吴士栋译，第 68 页等处，商务印书馆，1958。

"时间"的"质",并不是通常所谓的"物体-物质-材料""属性"的那种"质"。"物体"的"属性"仍是从"物体"的"整体"中"分割"出来的,是可以用"概念"来把握的,因而它的思维模式仍是"空间""推理"型的,这种类型的"质"与"量"相通,于是黑格尔有"量变"到一定程度就会引起"质变"之说。柏格森所谓"时间"之"质",乃是"绝对"的"质",它不是"物体-物质-材料"的"属性",不是通常意义上"实体(substance)"的"偶性(attribute)"。

柏格森"时间"之"质",乃是"绝对"的"异",因而它不可能"重复",不可能"逆转",用20世纪末法国激进哲学家喜欢用的名词来说,就是"绝对"的"他者",只是在柏格森看来,此种"绝对他者"只是"时间"之特性。而如今这些哲学家因为考虑到后来结构主义的问题,又将"时间""外化"为"空间","在""空间"里"存放-存留-存在"的"时间",乃是"有限"的,与具体的"事物"相结合,柏格森的"时间"则是"绝对""内在"的。

"时间""绝对""内在"意味着什么?"时间"之"绝对内在"意味着:"时间"不是"物体-物质-材料"的"属性",而是"意识"的特点。于是,柏格森从对"时间"的独特立场上直面"物质-意识"的关系这样一个传统的哲学问题。

这个古老的哲学问题随着经验科学日益发展,特别是心理学作为一种实验科学的发展,认为种种心理现象常常可以"归结"为"物理现象","心理"和"物理"之间的界限于是渐渐地打通以致泯灭,这样哲学家共同面临着一个严峻问题:"意识-心理"究竟能不能完全归结为"物质-物理"?在德国,从布伦塔诺到胡塞尔致力于解决这个问题,遂有"意向性"理论之进入哲学,他们都是努力在"物质"和"意识"之间划出一条不可逾越的"界限"。柏格森也有自己解决这个问题的途径,他所划出的界限在于"物体-物质-材料"是"空间"的,而"意识"是"时间"的。

不仅如此。在柏格森看来,"时间"唯有"在""意识"中,"时间"被柏格森"内敛""吸收"为"意识"。在这里,我们看到了柏格森尽管经常批判康德,但在"时间"的"内在性"这一点上,仍受康德影响,至少康德关于

“时间”与“空间”的“外在形式”不同而为“内在形式”的看法，支持了柏格森。而所不同的是在“形式”问题上，柏格森的“时间”不是“形式”的，而是“实质”的，尽管绝不是“质料”的。

所谓“意识”为“时间”之“存在方式”，意味着“意识”不同于“物质”的“因果”关系，它是一种“绵延”，不可分割为“原因”与“结果”，“意识”为“自由”。柏格森为反对“意志”“(被)决定论”而不遗余力，因此他同意将他《论意识的直接材料》英译书名改为《时间与意志自由》。他在法文原版的“序言”中指出，全书前两章论“心理强度”和“绵延观念”都是作为第三章“意识状态-意志自由”的引言而写的。这就是说，他的“质量观”和“绵延观”等等，都是为了论证“意识-意志自由”的。

当然，“意志自由”并不是哲学的新问题，自奥古斯丁以来，已经是欧洲哲学不可绕开的难题。康德在这方面的工作，更是不可忽略的。不过康德关于“意志自由”是从“实践理性”角度，强调“理性”本身就有“实践”的能力，而不必借助“理论理性”。但是由于康德将“时空”纳入“理论理性”范围，则“实践理性”，或者他的“纯粹理性”就“实践”言，则是“超时空”的，“意志”“无时间-非时间”。这种观点与康德将“意识”划分为“知识性”和“实践性”有关，也和他将“意识”归结为“理性”有关，当然也与“理性”不能完全“排除-悬搁”和“镜像-思辨(speculative)”有关。

在柏格森看来，“意识”和“物质”完全不同，它们之间不是“因果”关系，因而“诸意识”之间也不可能是“因果”关系。柏格森为此甚至不怕“二元论”之讥。

“意识-思想”之间的关系是否也如同“物质-物体”那样有一种“因果”关系，也是从笛卡尔以来就为哲学家所殚精竭虑的问题。柏格森从“时间-绵延”的观点出发，认为“意识-思想”之间的关系，乃是“自由”，而非“必然”的“因果”关系。

“自由”的关系是“非决定”的关系，也就是，人们的“理性”不能对“自由”关系作出“推断”，“自由”的“进程”不可“预见”。

“时间”“绵延”为“不可分割”，为“无限”，永远“在”“过程”之中。一切"因果"之"推断",都是"中断"了"过程"以后的"论断"。无论"由因求果",或者"由果求因",都是"中断"了"绵延"来"看",于是,"看"到的"已经"是"结果",是"既成"的"事实"。

"绵延"永远只能是"正在进行"。对于这种"绵延""正在进行"的"自由""过程",是人们无法"预见"的。人们当然有能力"推断"与"预见""空间"中发生的"事情",但不能因此而将这种"决定论"引进"意识-意志-时间-绵延"中来,以此否定"自由"。既然"时间"永在"进行",人们就没有理由说在某一"点"上,人们已经"穷尽""以前"的"一切条件",从而有"根据""推断-推论-预见""尚未"出现的"未来"。在"时间"的"绵延"中,"过去-现在-未来""相互纠缠"在一起,"不可分割","绵延"乃是一"混沌","自身""自足",亦即"自由","我中有你","你中有我","互相纠缠""相互依存",而不是"相互依赖"。"在过程中",其实并无"原因"和"结果"可"分",也就无由"由果推因"和"由因推果"。

"意识-意志"这种"非因果"的"自由-绵延"关系,乃是一种"创造"的"过程","时间"永远"在""创造过程"中。这个"创造过程"因其不可重复、不可逆转而不具有"同一性","创造"意味着"异",因而这个永远的"过程"又是"永久的异化"过程。

"永久的异化"一方面固然是"变化-进化",一方面又不同于一般的"创生-进化论"。柏格森在他的《创造进化论》这本著作中,经常批评斯宾塞的陷于"数量"增减的"进化论",而提倡一种不断"异化"的"创化论"。"同质"的数量增加或减少,并非"创造",亦非"进化",只有"性质"的"异化",才是真正意义上的"创造"和"进化"。在柏格森这里,"自由"与"创造"有一种内在的实质性关系,而不仅仅像康德那样,由"理性"的"实践行为""推出"必有一个"自由意志"在。

在柏格森"创化论"里,"时间"的"绵延"本身就是"自由",就是"创造",也就是"生命",是"活"的"意识",是"精神(esprit)",而不仅仅是"理智(intelligence)"。"理智"对于认识外物,认识世界,认识"空间"中的"物体-事物",是很有用的。然而这还不是人类"精神"的"创化",而"精神”高于“理智”,“理智”是“空间”性的,“精神”则是“时间”性的、“绵延”性的。“理智”为“必然”,“精神”则“自由”。

第三节 “意识-自由”与“直觉”

“意识-意志”不是一种“生理-神经系统”的“反应”,也不是对于外界“物体-事物”的镜像“反映”。“意识-意志”为“心理现象”,不能归结为“物理现象”。“物理现象”可以“还原”为“数”的关系,“心理现象”则只有“质”的问题,“数”的关系可以“推论”,“质”的关系则不可“推论”,那么,人们如何能够把握这种纯粹的“质”?

“自由”的“纯粹性质”,因其为“纯粹的内在”的,因而不能通过涉及“空间”的“感官”来“感觉”它们,不能“看”到“它们”,而只能“内在地”“体验”“它们”。柏格森将“时间-绵延-自由”“内敛”成为绝对“内在”的“体验”,使“意识-意志”绝对地“内在化”,最初给人以荒诞的感觉。但是他这个意思,也自有理路,凡强调“意识”“自由”的,似乎不容易绕开这个理路,后来胡塞尔认为“绝对性”就在“内在”的“意识”中,当也是与这条理路有关。

这条理路是说:既然“时间-绵延-自由”不能由“外在”“空间”所提供,于是要把握-体会它们,就只能“置身”到它们当中去,而不能“在”“外面”“观察-观看”。“时间-自由”既然是一条“切割不断”的“流”,要体验这个流,只得“投入”这个洪流中去;既是一个“永久的过程”,只有“进入”这个“过程”才能有所体会。人们不能以“静止”的办法来“把握”“流动”的东西,“时间”的“绵延”是“把握”不住、“不可把握”的。人们不可能以逻辑的概念-范畴来“把握”“时间-绵延-自由”。

“进入”“洪流”,“置身”于“过程”之中,是唯一能够得“知”“时间-绵延-自由”的方式,于是这种“知”,就只能是“内敛”的,而不可能是“外化”的。柏格森把这种“内敛”的认知方式叫作“直觉(intuition)”。于是,柏格森的“时间—空间”的对立,就成了“直觉—理智”的对立。

对柏格森来说,在生命进化的过程中,传统形而上学立下了“汗马功劳”,但是它奉理性为圭臬,走一条指向外界的道路,因此根本不可能认识生命的本质。在生命进化的历史中,还有另一条道路,而这条道路迄今为止一直为人们所忽视。哲学家就像一个独眼巨人,只看到理性的力量,而没有看到从本能到直觉这条指向生命本身的道路。柏格森认为,从本能到直觉这条指向生命本身的道路不但可以克服传统形而上学的失误,而且只有将旧形而上学的理性方法和柏格森的新形而上学的直觉方法结合起来,才能最终揭示生命的本质。理性方法和直觉方法是有差异的。理性围绕外部事物活动,它首先用分析的方法去肢解事物,然后对肢解后的事物的碎片进行比较、分类、归纳和综合,以便抽象出共性,最后把它们装在人造的概念或符号之中。它把实在和人当作静止不动的僵死物加以研究,认为这样就可以认识实在和人,而事实则是事与愿违。直觉的方法把理性向外探索的眼球转向生命自身,进入生命内部直觉生命的内心,这才会发现生命的本真。

柏格森认为,直觉更多的是一种方法,是认识的一个过程,也就是从发展过程中理解所有存在过的东西。在这个意义上,直觉是发展中的“认识”。直觉的特点是从起源可以看出发展。他认为,直觉起源并产生于本能,本能就是直觉,本能中蕴含着发展直觉的基本要素。也就是说,人的本能不是别的,而就是直觉。只有直觉才能把我们引向生命的深处。它没有功利性,但却有自我意识,能够反思它的对象,而且能够无限扩展这个对象。直觉从本能那里承袭了生命的本性、有机性、内在性,以及对自身的共鸣。本能的最本质东西就是生命过程,因此,本能或直觉完全可以揭示生命的奥秘。

正如德勒兹所说,直觉是柏格森主义的方法。直觉既不是情感,也不是灵感,更不是一种无序的共同感,而是一种精心设计的方法,甚至是最精心设计的哲学方法之一。它有自己严格的法则,这些法则构成了柏格森所说的哲学的精确性。事实是,柏格森借助直觉的方法把哲学确立为绝对“精确”的学科,它在其领域内的精确犹如科学在科学领域内的精确,并如同科学一样可以延续、流传。如果不是直觉在方法上的连续,那么绵延、记忆和生命冲动之间的关系从知识的角度看就会是不确定的。因此,无论从哪一方面看,我们都应该首先把直觉看成严格和精确的方法。

关于柏格森的"直觉",德勒兹还说:"一旦说方法基本上意味着一种或几种中介,那么首先表明直接知识的直觉如何能够成为一种方法呢?柏格森从根本上区分了三种不同的活动,而这三种活动决定了方法的规则,使直觉规范化。第一种活动涉及问题的提出和产生,实际上是把直觉方法问题化,剔除伪问题,从而发明真问题。第二种活动涉及发现真正的质的差异,其实质是把方法差异化,找出质的差异与量的差异区别开来。第三种活动涉及对真正时间的把握,即把方法时间化,根据绵延考察直觉方法。如果我们能够说明我们如何从一种意义过渡到另一种意义,以及什么是基本意义,那么我们就能重新发现作为一种真实活动的直觉的简单性,也就能回答一般的方法论问题。"①德勒兹因此认为,柏格森把直觉从一种心理功能转变成一种哲学方法,是柏格森生命哲学的主要贡献,是哲学史上的伟大创举,影响深远。

我们认为,柏格森重视直觉确实对超越西方哲学传统、打破理智主义一统天下起到了很大作用,但把直觉与理性完全对立起来,并因此而忽视理性的意义,则是不可取的。

第四节 生命冲动与道德宗教

柏格森不仅关注生命冲动的"自由展开",而且也看到人类因为其社会性而必然会受到道德和宗教的限制。

柏格森认为,生命本质上是一种不断创新、不断克服物质阻力的冲动,即生命冲动,生命就是生命冲动。② 活着就是为了行动,它是一股火

① 德勒兹:《柏格森主义》,第 14 页,纽约,1991。

② 参见柏格森《创造进化论》,姜志辉译,第 3 章,商务印书馆,2004。

山爆发式的冲击力,以排山倒海之势席卷整个世界,冲破物质的防线,奔向人格向上、自由意志的最高境界。生命不惜一切代价力图征服物质的反抗,以获得自由意志,而生命一旦衰竭、停滞,就会堕入罪恶的物质之手,堕落成像物质一样的僵死物。生命必须战斗,战斗是生命的生命。

在柏格森的视野里,生命或生命冲动乃是最真实的存在,它是世界万物的主宰者、创造者。宇宙间的万物,包括物质和精神、生命有机体,都是生命冲动的创造物。生命冲动创造世间万物大体有两种基本类型。一种是生命冲动的自然冲动,即向上的喷涌冲动,这种冲动创造了一切形式的生命;另一种是生命冲动的自然冲动的逆反,即向下坠落,这种冲动的逆反产生了一切无生命的物。这两种冲动互相对立、互相扼制。生命冲动向上喷发总是力图克服向下的坠落,克服无生命之物的纠缠和阻碍,而生命冲动向下的坠落总是试图扼制向上的喷发。生命冲动创造万物的一个比较形象的例子是装满高压蒸汽的汽缸的工作冲程。汽缸开始第一个冲程时,首先喷出蒸汽,这些喷出的蒸汽在空气中凝结为小水珠向下落。蒸汽的这种凝结和下落表明蒸汽丧失了动力、冲动,是一种停顿和亏空。因此我们可以说蒸汽的向上喷发是生命冲动的自然冲动,这种喷发表现了有意识的、有意志力的、自由的生命冲动,从而构成了一系列精神性的事件,例如自由意志,灵魂。而凝结下落的水珠是生命冲动逆反的产物,它代表着一堆机械的、惰性的、物理的死物,这些死物构成了无机的自然界。而在向上和下坠两种冲动的交叉点,则构成既有生命形式又有物质躯体的生物有机体。这就是创造进化论。

对于生命冲动创造世界万物这两种方式,柏格森还用火箭发射加以比喻。生命冲动犹如火箭在发射腾空时,其动力来自火箭燃料燃烧产生的冲力。火箭即生命冲动,在燃烧即创造的过程中产生了物质碎片,并遭遇这些碎片的阻碍,但生命冲动的创造和进化不会泯灭,它贯穿于每个物质碎片中,并与之结合而产生生机勃勃的生命有机体。因此,可以说,生命冲动表现为世界本原,世界的本性就是创造,就是冲动,创造和冲动是世界的生命,它决不会向他物屈服,它的本性就是自由意志,反过来说，生命冲动就是自由意志。

然而，柏格森很清楚地知道，人是社会的动物。在人类社会中，个人与社会是紧密联系在一起的。个人不能离开社会孤立存在，"我"时时刻刻受社会的制约和影响，社会对于"我"就是社会规则和规范的体现。我们的语言也是社会性的体现，它不仅是人与人交往的工具，也是社会沟通的结果。柏格森由此把人类社会区分为两种状态，即封闭社会和开放社会。他说："我们分析的结果之一是描述封闭社会和开放社会之间的显著不同。"①在封闭社会中，组成这种社会的成员互相联系，但从不关心其他人群的利害，常常准备攻击他人或保卫自己，这种社会总是处于一种战争状态中。封闭社会是刚刚脱离自然状态不久的社会，人的本能在这种社会中以一种社会本能的形式存在着，表现为为维持社会整体生存发展所需要的强大而具有强制性的规范系统，即道德义务和宗教信仰。这种以本能为基础的规范系统使所有个人的意志服从同样的目的，抑制理智的破坏作用，保证社会成员的紧密结合。在这种社会中，社会规范系统为特定群体的利益服务，人们的道德实践和宗教信仰也以所处群体的利益为价值标准。这种社会的原则是强制和服从，迄今为止的人类社会包括原始社会和近现代文明社会都属于封闭社会。

柏格森认为，开放社会是有超越精神的人设想的理想社会。这种社会追求不断创新，希望在人心深处引发变化，以克服一切困难，永远前进。这种高级社会是由封闭社会进化而来的。它完全脱离了自然状态。它的社会规范系统既不源于人的本能，也不来自于人的理性，而是二者的真正融合并超越它们。在开放社会里，人们既不按本能生活，也不根据理性生活，而是根据一种神秘的体验来生活。人们抛弃了狭隘的物欲，相亲相爱，和平共处，真正达到了人类和上帝的统一。人们不再受到强制和要求服从，而是专心于创造。在这样的开放社会，生命冲动得以充分展现，生命的进化在不断进行。生命冲动创造了人类及人类社会，

① 柏格森：《道德与宗教的两个来源》，第 255 页，纽约，1935。

但是在封闭社会中,生命冲动受到压抑和扼制,然而它并没消失,而是以一种隐蔽的形式发挥作用。生命冲动注定要被重新找到,当然不是靠普通人,而是通过特殊英雄人物。开放社会正是生命冲动通过伟大人物而得以彻底表现的社会。

与封闭社会和开放社会相对应的,是封闭道德与静态宗教和开放道德与动态宗教。柏格森认为,在封闭社会中,封闭道德作为封闭社会的一种道德态度,来源于社会生活的需要,建立在习惯基础之上,它与动物的本能活动有更多的相似性。这种习惯系统对社会的每个成员具有强制力。由于其道德义务为某个群体利益服务,因此道德态度只局限于特定的群体,把是否履行自己群体的特定责任看成是判断道德的标准。开放道德源于拥有超越精神的伟大人物人格典范的引导,建立在个人创造性情感的基础之上,是本能与理智的真正统一。在这里,道德义务不再具有强制性,而靠的是个体的自愿。道德义务不是特定群体的义务,而是对整个人类的博爱。

封闭道德和开放道德的区别是:封闭道德是一种小群体道德,而开放道德是一种大人类道德;封闭道德是一种压迫道德,而开放道德是一种自愿道德;封闭道德是一种非人格的道德,开放道德是一种人道的道德;封闭道德是一种静态的道德,开放道德是一种动态的道德;封闭道德建立在社会强制上,以家庭、民族和国家群体的利益为道德准则,开放道德立足于生命冲动,以全人类利益为道德准则。由封闭道德进化到开放道德,是一个从有限到无限的过程,这只能靠一些伟大人物来实现。这些伟大人物都有一种宗教激情,有一种与上帝合为一体的冲动,他们能引导人们跃进到开放道德。

在封闭社会中,有一种静态的宗教。这种宗教起源于一种本能的力量,是神话虚构的产物,也是一种对抗理智的破坏力量的自然反应。这种宗教通过各种禁忌和对死亡观念的抵抗,来限制个人的理智和理性。它的具体手法是魔术、精神信仰、图腾崇拜,对神道的信仰,目的在于规范个体的宗教信仰,使人们无条件地服从这种多神的自然宗教。这些宗教信仰神圣不可侵犯，是固定不变的，静态的。因此，在封闭社会中，其道德和宗教都是对个人自由、创造、意志、情感和个性的压制。柏格森指出："仅凭借纯粹的扩展，我们决不能从封闭社会走向开放社会，从全体居民走向全人类，这两个东西并没有相同的本质。"①

开放社会的宗教则体现了个人的神秘体验，超越了现实物质利益的限制，使人的心灵达到了与神合一的状态。动态宗教是一种纯粹的神秘主义，它不再强求众人信仰一致，而是力求鼓舞人运用直觉去创造，进行慎独的体验。动态宗教是一种真正的个人信仰，是人与神的真正统一。柏格森认为："完善的神秘主义是伟大的基督教神秘主义者的神秘主义。"②这种真正的完善的神秘主义的核心是爱，它是情感和理性的源泉，也是一切其他事物的源泉。这种爱发自内心，发自人的生命，是生命的创造力。

柏格森看到道德和宗教对人的教化作用，反对魔术、图腾等迷信现象对人的意志和创造力的压抑，这些主张在今天看来也是有一定积极意义的。但是，把开放社会的宗教与个人的神秘体验结合在一起，强调人神合一的状态，并把这种神秘的宗教体验当作"生命的创造力"，这样的思想在一定意义上并不是进步，而是一种倒退。

① 柏格森：《道德与宗教的两个来源》，第 256 页，纽约，1935。
② 同上书，第 216 页。

第二篇

新康德主义

新康德主义(Neukantianismus)是19世纪下半叶在德国兴起的一个重要哲学流派,19世纪70年代之后至第一次世界大战期间,新康德主义得到广泛流行,不仅成为当时德国最重要的、占据主导地位的哲学流派,而且其影响波及欧洲大陆。在法国、奥地利、瑞士、俄国等欧洲国家,这个流派不仅有众多的追随者,而且其思想还涉及政治、文化等领域,对当时欧洲的社会生活实践也有一定影响。第一次世界大战以后,马克思主义得到迅速传播,代表现代西方哲学方向的现象学、存在哲学、分析哲学也正在崛起,而与此同时新康德主义理论本身的欠缺则逐步显现,这个流派中的许多代表人物发生了思想转向。从此,这个流派日渐式微,并走向衰落。特别需要提出的是,这个流派的一些代表人物,如李凯尔特、拉斯克(E. Lask, 1875—1915)等,在其理论中有时宣扬明显的民族主义,而德国当时所表现出来的侵略性已经遭到欧洲许多国家的反抗,这也是新康德主义后来在欧洲诸国不受欢迎的一个原因。

新康德主义并不是一个具有统一的哲学思想的流派,而是包含了许多不同的理论观点和特色。其共同之处就是在"回到康德那里"的大旗下继承和复兴康德哲学;而其代表人物的不同之处则在于,他们站在各自的立场和角度去诠释和发挥康德哲学。新康德主义主要分为两大派别:一是以文德尔班、李凯尔特等人为代表的西南学派(由于这个学派的主要活动地区是弗赖堡、斯特拉斯堡、巴登等地方,这个学派又常常被称为弗赖堡学派或巴登学派);二是以柯亨、纳托尔普(P. Natorp,1854—1924)等人为代表的马堡学派。虽然第一次世界大战后新康德主义的影响已经日渐缩小,但经过这个流派新的领军人物卡西尔、赫尼西斯瓦尔德(R. Höenigswald,1875—1947)等人的努力,它在现代西方哲学中仍然保持了一席之地,并且在第二次世界大战以后出现新的转向,产生了以瓦格纳(H. Wagner)、克拉默(W. Cramer)为代表的所谓新新康德主义(Neoneokantianismus)。不过,此时回归康德的运动在本质上已经不同于原先的新康德主义,在影响范围上也远不如此前的新康德主义。

现在看起来，新康德主义是一个持续了将近百年、主要局限于大学讲堂的比较纯粹的哲学思潮。虽然它被一些哲学史家称作“没有创造力的讲坛哲学”或“教授哲学”①，但其研究对象、思想内容和价值意义并不限于纯粹哲学之中。这个学派所重视并加以探讨的“文化”“价值”“效用”“人性”“伦理社会主义”等领域，是与当时的社会现实密切相关的。特别是第二国际的一些理论家们，如伯恩施坦(E. Bernstein)、考茨基等人力图用康德伦理学中的绝对命令和关于目的与价值的学说去补充马克思主义，这不仅使他们自己成为“社会主义中的新康德主义运动”的倡导者，而且还使新康德主义对当时的政治、社会发生了直接作用。所以，我们今天重新考察和分析新康德主义，对当今的学术研究和实践生活都具有一定的现实意义。

① 参见沃利希编《新康德主义》，第5页，斯图加特，小菲利浦·雷克拉姆出版社，1982。

第四章　早期新康德主义

新康德主义的兴起并非偶然，而是有其深刻的历史背景的。在 19 世纪中叶，德国的资本主义已经得到很大发展，但在德国境内实行的仍然是四分五裂的君主制，它严重地妨碍了资本主义的发展。这种政治和经济的激烈对抗在整个德意志境内引起了社会方方面面的矛盾，并且最终导致了在 1848 年爆发的德国资产阶级革命。这种社会矛盾反映在哲学领域，就是人们看到了以黑格尔为代表的理性主义哲学在现实面前的无能为力，不再相信理性主义哲学的自以为是和自吹自擂，从对理性主义的信仰转向对理性主义的怀疑和抛弃。与此同时，随着科学技术的进步，在哲学领域中科学主义和实证主义潮流涌动。于是，人们重新审视哲学和社会科学的地位和作用，不少人以为哲学和社会科学应当在理论的实效性和精确性方面作出改进，应当像自然科学那样系统和可靠。这样，以理念论为核心的德国哲学在经历古典哲学，尤其是黑格尔理性主义思辨哲学的高峰之后，就陷入一种分崩离析、逐步没落的境地。对于当时德国哲学界的这种情形，新康德主义的先驱李普曼（O. Liebmann，1840—1912）进行了这样的描述：

> 迄今占据主导地位的思辨、理念学派因为其内部分裂而崩溃，这些曾经风云一时的上等人因为争吵不休而迷惘困惑，因为对政

治-实践领域的失望而情绪低落;公众已经不再相信理性的统治,未来的学者们业已从思辨的幻象中醒悟过来,准备献身于极其乏味的实际追求;自然科学和历史研究则分别从两个不同方面作出这样的许诺:它们虽然不能提出令人振奋的东西,但却能提供价廉物美、营养丰富的食物。在相当长的一段时间,好像哲学或者已经完全陷入各门具体科学的泥淖中,或者只是作为传统遗产的一种历史表述而存在。[①]

李普曼是哲学史家费舍尔(K. Fischer,1824—1907)的学生,先后在斯特拉斯堡大学和耶拿大学任哲学教授。上面这段描述出自李普曼在1865年出版的《康德和后继者们》(*Kant und die Epigonen*)一书,它不仅表现了当时德国哲学和精神科学的状况,而且还反映了知识界尤其是哲学界的失望情绪。而这种不满和失望早在1848年前后就已经显露,李普曼的老师、哲学史家费舍尔,生理学家和物理学家赫尔姆霍尔茨(H. L. F. Helmholtz, 1821—1894),哲学家和神学家策勒(E. Zeller, 1814—1908)等人当时都表达了对哲学状况的不满。他们相信,哲学只有回到康德那里,并予以新的阐释和发展,才能改变这种令人失望的局面。但是,第一个公开提出复兴康德哲学之主张的人则是李普曼,他把改变和拯救德国哲学的希望寄托在康德哲学那里,以为只有复兴康德哲学才能振兴哲学,才能使哲学回答时代提出的问题,满足社会实践的要求。他为此大声呼吁,"必须回到康德那里去"[②]。李普曼的《康德和后继者们》这部书后来被认为是新康德主义形成的标志,而李普曼本人则成为新康德主义的真正创始人。我们应当注意的是,新康德主义从一开始就试图从认识论上改造康德哲学,如李普曼明确表示要否定康德哲学中的"物自体"。他明确说,物自体"不外是一把既没有刀身也没有刀柄的

---

① 李普曼:《康德和后继者们》,第223页,斯图加特,1865;翻版,柏林,1912。

② 同上书,第215页。

刀。仅仅说这是一个空洞的概念还不够；这根本不是‘概念’，而是‘伪概念’”[1]。这就表明，新康德主义是不同意康德的二元论立场的。他们要去除物自体，不承认不依赖于主体而存在的客观现实，从而彻底去除康德哲学中的唯物论成分。这里充分表现了新康德主义的唯心主义本质。

不过，在早期新康德主义者中，最有影响的是弗里德里希·阿尔贝特·朗格和阿洛伊斯·里尔。

第一节　朗　格

朗格（F. A. Lange，1828—1875）是新康德主义中所谓生理学派的主要代表。他于1828年出生在德国的索林根地区，幼年随其父去了瑞士的苏黎世，并在那里接受中小学教育。朗格最初在苏黎世大学学习神学和哲学，后来转到德国的波恩大学学习哲学、艺术史和数学。1851年获博士学位以后，先后在中学和大学任教，并开始学习自然科学，旁听了赫尔姆霍尔茨的生理学讲座。1862年，由于与教育主管部门政见不合，朗格辞去教职。他此后相当一段时间主要从事社会活动，担任过杜伊斯堡商会的秘书和报社记者。1865年办过报纸，还曾经与人共同经营出版业。1866年返回瑞士，出版了一些文集。1870年起任苏黎世大学教授，两年后任德国马堡大学教授。1875年因患直肠癌死于马堡。朗格在政治上比较激进，1865年发表了著名的《论工人问题》（*Die Arbeitsfrage*），严厉批评资产阶级对工人阶级的剥削，对工人阶级的贫困状态表示同情，但并不主张进行社会革命，而是赞同社会改良。朗格与马克思和恩格斯有过交往，由于政见不同，特别是他主张的社会改良理论，受到马克思和恩格斯的批评。朗格在从事社会活动的同时，一直关注哲学研究。他的主要哲学著作有《数学心理学之基础》（*Die Grundlegung der mathematischen Psychologie*，1865）、两卷本的《唯物主义史及其现代意

---

① 李普曼：《康德和后继者们》，第64页，斯图加特，1865；翻版，柏林，1912。

义的批判》(*Geschichte des Materialismus und Kritik seiner Bedeutung in der Gegenwart*，1866、1875)以及在他去世两年后出版的《逻辑研究》(*Logische Studien*，1877)。

朗格的哲学思想是在19世纪60年代德国哲学处在困惑没落的情况下力图为哲学找到一条出路的尝试，是把"回到康德那里去"的口号化为具体的哲学思想的行动。朗格既不像有些学者所主张的那样，同意简单地回到传统哲学那里，恢复原有的生活观念和生活秩序，也不赞同因为科学技术的进步而盲目抬高自然科学的成就，并因此与经验主义和实证主义为伍，甚至降落到庸俗唯物论那里。他提出站在理念论的立场上，继承康德哲学的"真正的批判因素"，以康德的批判哲学来解答黑格尔以后的哲学难题，以真正的哲学精神来弥补和改变因为庸俗唯物论所造成的欧洲思想传统的断裂。

朗格不像他的前辈那样只是对19世纪哲学状况表示不满和哀叹，而是分析了这种状况产生的原因。他认为，当时的哲学和人类精神状况之所以非常糟糕，其根本原因是人们丧失了理念论的立场。从康德到黑格尔的德国古典哲学曾经激励过几代人的哲学热情，但黑格尔哲学以生硬的概念来代替活生生的现实、以逻辑推理来代替历史演变，不仅不能解释历史和科学的进步，无法回答社会现实问题，而且也使人们丧失了对哲学的一贯信念。于是，人们放弃了原有的以理念论为核心的哲学传统，转向了唯物主义。他形象地指出："今天就像康德和法国革命以前那样，哲学努力的普遍困乏无力和思想的倒退成为唯物论传播的基础。"①但是，朗格乐观地认为，如果说前人从过去的材料中创造出崇高和神性的东西，从熄灭的生命之火中点燃批判的火炬，那么，只要我们高举康德哲学的大旗，不放弃追求真理的勇气，现在的欧洲哲学也一定可以走出这种困境。"这就如同自然循环中从低级材料的灭亡中会产生新的生命一样，在旧东西灭亡中就会出现高级东西，我们可以期待，理念的重新崛

① 朗格:《唯物主义史及其现代意义的批判》，第530页，莱比锡，1921；新版，法兰克福，1974。

起将会带领人类走向一个新时代。”①

朗格之所以相信回到康德那里就可以使哲学走出困境，就在于他认为，康德是西方哲学史上自亚里士多德以来最伟大的哲学家，他所进行的“哥白尼革命”打破和超越了或者是过分注重物质实体或者是片面强调主观精神的二元分立的欧洲哲学传统。康德强调主体性精神，并不是把概念、感觉、意识等主观东西当作某种包容一切的绝对原则或根据，而是说明人的主观性在认识世界中发挥主导作用；康德承认在现象世界后面存在着“物自体”，并不是要求把某种物质的、经验的东西当作绝对原则，而是指在人的主观认识之外存在着客观的东西，但全部经验对象都只能是主体的对象，整个世界并没有绝对的客观性。这样，全部康德哲学，无论是理论哲学，还是实践哲学，其核心都是注意主观与客观的结合，强调人类认识的有效性和有限性，从而把我们生活的世界视为是由人自身活动而加以规定的世界。正是基于这样的看法，朗格把康德的思想体系看作是“永远消除唯物论而又不陷入怀疑论的光辉尝试”②。

在朗格看来，康德以后的费希特、谢林和黑格尔的唯心主义虽然一度占据上风，扫除了康德哲学中的唯物论成分，但由于其自身的缺陷，此后不久就出现了唯物主义的复兴。朗格因此认为，无论是纯粹的唯心主义还是唯物主义都是不可取的，人们不仅要分析唯心论的不足，更要注重对唯物论本质的认识。

关于唯心主义，朗格认为，康德以前的笛卡尔、莱布尼茨，康德以后的费希特、谢林、黑格尔，他们都犯有一个根本错误，即把个人的意识当作绝对的创造原则，并以此去建构整个世界。这个错误首先是忽略了人是作为一个族类(als eine Gattung)而存在的，任何个人的思辨都不应当离开人类这个集体的存在去做毫无意义的幻想。“现实是对族类而言的

① 朗格：《唯物主义史及其现代意义的批判》，第531页，莱比锡，1921；新版，法兰克福，1974。
② 同上书，第151页。

现象,而虚假的幻象则是对个人的现象";"我们的现实并不是某种依据我们心灵愿望而出现的现实,而是我们全体精神存在的坚实基础"①。个体产生于族类的土壤之中,只有族类的普遍和必然的认识才能构成个体认识世界的可靠基础,也只有这种普遍和必然的认识才能使个体的认识得到提高。因此,任何离开人类社会现实的个人冥思苦想都只能是超出认识范围的主观想象,不仅没有意义,而且还妨碍了人类的思想交流。"人类在认识中形成的共同东西同时也是一切思想交流的法则。"②个人的思想创造只有在规范、形式方面与其所生活的民族和时代相符合,才可能与其他人进行交流,这个创造才可能获得意义。其次,这个错误忽略了客观世界的存在。朗格在这里强调,"即使心灵的塑造作用可以关涉我们对物、对某个客体的最基本表象,我们仍然保持这个信念:这些表象和由此产生的世界都是以并非产生于我们的东西作为基础的"③。这就是说,在我们之外存在着物与物之间的相互联系和相互作用,它们作为"非我"成为我们的对象或客体,但它们并不依赖于我们的认识而存在,而只是在我们族类的普遍和必然认识中被我们所把握。更进一步讲,我们关于世界的表象并不来自我们自身的主观想象,我们认识物质世界"只能依赖我们的经验和我们的现实",任何人的思辨都不可能像变魔术一样,仅仅凭借单纯的思想就可以进入物质世界,甚至可以凭空产生一个客观世界。朗格正是在这个意义上把黑格尔的哲学贬损为"形而上学的臆想",说他妄图仅仅依靠概念的规定和逻辑的推演去认识世界和规定世界,不仅超越了我们的经验认识范围,而且在本质上是"虚假的知识"。以黑格尔为代表的这种唯心主义的虚假知识不仅自身不能成立,而且还使人们对整个西方哲学传统发生怀疑,从而吸引人们转向唯物主义,造成了作为其对立面的唯物主义的广泛传播。

---

① 朗格:《唯物主义史及其现代意义的批判》,第 513—514 页,莱比锡,1921;新版,法兰克福,1974。

②③ 同上书,第 514 页。

这样看来，朗格批评唯心论只是一方面，他真正要批评的对象则是唯物主义。朗格对唯物主义的批判不是简单的拒斥，而是站在理念论的立场对唯物主义进行了具体的分析和批判。他明确表示，唯物主义不像纯粹主观的形而上学那样抽象、独断和虚假，而是尊重客观现实，尊重人的感性经验，因此，唯物主义在认识感性世界、推动自然科学研究方面是有重要价值的。他在讨论具有唯物主义倾向的科学家在从事科学研究方面取得丰硕成果时如是说："人们丝毫不能怀疑，唯有方法论上的严格经验可以导引他们到达这个目标，即精确和没有偏见地观察感性世界和无拘无束地推演结论对他们来说是不可或缺的；在他们面前，唯物主义的假设始终展现着最宏大的新发明之远景。"①

但是，朗格在认同唯物主义促进自然科学研究的同时，却又从唯心主义方面去解释德国生理学家米勒（Johannes Peter Mueller，1801—1858）在生理学上的新发现。他与赫尔姆霍尔茨一样，力图从感官生理学方面解释和修正康德哲学，并以此作为反对唯物主义的科学证据。在朗格看来，米勒的生理学已经证明，同质刺激引起异质感觉，即同一种外界事物刺激人的不同感官会引起不同的感觉，而异质刺激则引起同质感觉，即不同的外界事物刺激同一感官则会引起相同的感觉。这种现象说明，外部世界刺激人体感官，引起感觉和认识，但经验和认识并不只是来自外部世界，主要是与人的感官生理特征有密切联系，人的感觉是先天就有的。这就意味着，米勒的发现印证了康德关于人的认识如何可能的论证，即：人的认识始于感性领域的直观表象，然后由直观表象过渡到范畴领域的知性，最后终于理念领域的理性。理性是对直观表象材料进行加工的最高一级，它把直观表象材料纳入思维的最高统一性之中。朗格因此声称，康德的认识论虽然天才地提出知识何以可能的命题，但没有得到现代科学的证明，而米勒的发现就是对康德哲学的证明和发展。他

① 朗格：《唯物主义史及其现代意义的批判》，第533页，莱比锡，1921；新版，法兰克福，1974。

由此话锋一转,虽然承认唯物主义对科学家的研究具有重要价值,但认为科学家取得成就不在于自然界,而是“在本质上依赖于人类能动性对所选择的客体的献身”①。说到底,人类自身的感知和思维才是知识的最重要来源。

这样,朗格就转向了对唯物主义的批判。对他来说,唯物主义之所以不可取,就在于唯物主义把虚假的现实性当作真正的现实性,从而使人缺少理想,陷入自私自利的物质追求的陷阱中。朗格在这里对现实性这个概念作了具体分析。他说,唯物主义比任何其他思想体系都更依赖于由感官给出的整体现象(Inbegriff der Erscheinung),并且把这样的现象当作真正的现实性。但是,现实性并不是按照我们的愿望所呈现出来的现实性,而是我们全部精神此在的基础。由某些个人想象出来的绝对坚固的而且完全脱离我们人类的现实性是不存在的,而且也不可能存在。因为我们认识的综合、创造元素实际上一开始就贯穿在最初的感性印象之中,并且延伸到逻辑因素里。“世界不只是表象,而且是我们的表象。”②这就是说,首先,外在世界的现实性不可能完全脱离主体的认知而绝对客观地存在,这种现实性是对主体而言的,没有主体的认知,就不可能对外在世界的性状作出评判。其次,这里的“我们”是指人类,世界的“现实性”是指对人类精神而言的现象,而不只是由某些个人想像的、完全脱离人类现状而独立存在的现实性。因此,古代哲人所说的“人是万物的尺度”,不只是表明人不依赖于外部世界,而表明人是万物的主宰,同时还包含不是作为个人的“人”,而是作为族类的“人”才是世界主人这层含义。

朗格竭力宣扬的是所谓超越于唯心主义和唯物主义之争的理念论。他认为,欧洲思想传统的核心是理念论,理念论不同于唯物论和耽于纯粹思辨的唯心论,而是要把感性经验、知性综合和理性认识结合起来。

① 朗格:《唯物主义史及其现代意义的批判》,第531页,莱比锡,1921;新版,法兰克福,1974。

② 同上书,第513页。

在我们把纷乱的现象联系为和谐的统一性时不仅需要感性的体验和知性的综合，而且更需要理性的思辨和创造，只有理性的统一性欲求才能使人类超越现实性的束缚而趋向伟大的理想。感性和知性诚然是构建和创造现实性的重要因素，但与之相对的自由飞翔的理性在艺术、伦理、宗教等精神领域更为重要。因为只要人是自由感觉和思维的，就不可能把人限制在感性和知性领域，他总是要展开感情和思想的翅膀去自由飞翔，总是要让自己的真理追求超越现实的知识，总是要把自己的自由意识表达出来，所以，人只有从感性、知性上升到理性，从现实上升到精神，才能真正发挥精神的能动性，认识世界和主宰世界。在这里，人们不要习惯于把自由创造的思想与业已获得的历史知识和自然科学知识相提并论，而是要赋予思想更高、更普遍的价值；不要习惯于把理念世界当作人类进步的未来图像，而是要注意这些思想所蕴含的伦理意义和审美意义。在朗格的眼中，哲学只有如此，才会重新获得它原先的至高至上的地位。“哲学越是待在理论那里，越是与关于现实性的科学在可靠性方面进行比拼，它就越会失去普遍的意义。相反，它越是把存在的世界与价值的世界联系在一起，并且通过把握现象界而提升自己的伦理作用，那它就越能驾驭质料的形式，不但不伤害事实，而且还在理念的设计中为永恒和神圣建立一座纪念碑。”①

朗格在赞美精神崇高和理念世界伟大的同时，也对同样属于人类精神活动范畴的宗教信仰作出了解释。他认为，这里的关键是如何理解宗教。他不同意把宗教的本质只是看作关于上帝、人的心灵、创世的学说，因为这样一来，任何批评都可以根据逻辑的原理看到这种学说的谬误，从而导致最后完全否定宗教。“相反，如果把宗教的核心视为人的情感对现实性的超越和对人类精神家园的创造，那宗教作为最真诚的形式就能够获得同样的心理认同。”②朗格相信，宗教是通过神话的形式表达了

① 朗格:《唯物主义史及其现代意义的批判》，第530—531页，莱比锡，1921；新版，法兰克福，1974。

② 同上书，第531页。

不可言说的东西,而神话并非用于人类认识的目的,这样的宗教是精神化的宗教,而不是宗教狂热或宗教迷信。只要人类还有精神的追求和文化的需要,这样的宗教就不会消失。正是在这个意义上,朗格这样说:"过去的东西绝不可能完全消失,陈旧的东西也绝不可能一丝不变地重新出现。宗教的思想在一定意义上是永不过时的。"①根据这样的宗教观,朗格必然会反对具有唯物主义趋向的自然神论和无神论。他认为,自然神论依据自然界的某些现象对人类信仰进行评说,比如,说什么"上帝"是阳性名词,"自然"是阴性名词,而"主"则是中性名词等,这些完全是毫无意义的区分,是一种让人倒胃口的行为。因为人的精神和宗教情感在这里是最重要的和最本质的,而这些精神和情感之表象的对象在方式上的区分并没有本质意义。无神论则是主张彻底消除和放弃宗教,这样一来,宗教的任务就必须转交给国家、科学和艺术。但是,国家、科学和艺术并不能完全实现宗教的功能,无神论的结果只能是人类精神的贫困和失落。

这里可以非常明显地看到,朗格虽然高喊"回到康德那里去",但在宗教观上他并没有接受康德的道德宗教思想,而是接受了施莱尔马赫的情感宗教说和晚期谢林的神话宗教观,而他的这种宗教观对后来的马堡学派尤其是柯亨的宗教思想很有影响。这种情况恰如他自己所说,不仅要回到康德那里去,而且还要改造康德哲学。

朗格的哲学思想产生于西方哲学从传统转向现代的过渡时期,他的论述既不全面也不深刻,尤其是他对唯物主义的批判过于偏激。但不可否认的是,在面临由于科学技术的进步而带来的科学主义和经验主义的挑战、传统哲学又无力解答当时的社会现实问题的情况下,朗格对庸俗唯物论的批判对于改变世人盲目抬高自然科学研究成果、片面排斥人文科学确有一定的意义。他试图在哲学变革和哲学复辟的两难之间通过恢复康德哲学而重新确认传统文化价值,并通过适当的改革而开辟新的

① 朗格:《唯物主义史及其现代意义的批判》,第533页,莱比锡,1921;新版,法兰克福,1974。

道路，这不仅对新康德主义的崛起具有重要作用，而且对人们重新审视哲学的价值也有一定的借鉴意义。

第二节　里　尔

在早期新康德主义代表人物中，奥地利人里尔的作用不同于李普曼和朗格。里尔（A. Riehl，1844—1924）于 1844 年出生在奥地利的博岑(Bozen)，先后在奥地利的维也纳大学、因斯布鲁克大学、格拉茨大学和德国的慕尼黑大学学习哲学、历史和地理学。大学毕业后当过两年中学老师，此后开始发表哲学论著，并在格拉茨大学获得大学授课资格。1873 年成为格拉茨大学副教授，1878 年担任教授。里尔赖以成名的著作是在 1876 至 1887 年发表的三卷本《哲学批判主义及其对实证科学的意义》(*Der philosophische Kritizismus und seine Bedeutung fuer die positive Wissenschaft*)。里尔的其他著作还有：《尼采——艺术家和思想家》(*Fiedrich Nietzsche. Der Kuenstler und Denker*，1897)、《现代哲学导论》(*Zur Einfuehrung in die Philosophie der Gegenwart*，1903)和他去世一年后出版的《40 年代的哲学研究》(*Philosophische Studien aus vier Jahrzehnten*，1925)。1882 年，他作为著名的新康德主义者来到德国，接替文德尔班在弗赖堡大学的教席。弗赖堡是主教教区首邑，当地教权主义色彩很浓，而里尔反对教权主义，他常常因此与当地教会发生龃龉，1896 年不得不离开弗赖堡前往基尔。1898 年他又去哈雷大学担任教授，1905 年接替狄尔泰在柏林大学留下的教席，直至退休。

里尔的贡献在于他对康德哲学的重新诠释，而且因为奥地利的人文环境不同于德国，所以他的诠释也不同于德国哲学家的理路。当 19 世纪中期的德国人已经进入深层次的哲学讨论，并且围绕着“从黑格尔回到康德”的问题争论不休的时候，封闭的奥地利直到 1848 年在精神生活方面还停留在沃尔夫的独断论体系那里，德国发生的思辨唯心论体系的断裂不但没有对奥地利哲学界发生影响,相反,赫尔巴特的哲学思想[1]却在奥地利得到蓬勃发展。“里尔最初也是以赫尔巴特的眼光来看康德哲学”[2]。但是,通过对康德著作的研读,里尔提出要对康德哲学进行系统的诠释,这种诠释既要不同于正在瓦解的德国唯心论传统的思辨倾向,也不应当与当时正在兴起的从语文学角度来解读康德的趋向相一致。这样,里尔对康德的解读不仅显得特立独行,而且具有作为旁观者的清醒,他因此得到德国新康德主义者的认可和拥戴。

与当时德国哲学界各种思潮争论不休的情况不同,里尔就像一个“隐者”那样独自在对欧洲近代哲学的发展进行梳理。与绝大多数人一样,里尔承认文艺复兴和启蒙运动在打破神权对人性的束缚、促进人类精神解放方面的不朽功绩,承认思想解放所带来的现代科学技术的突飞猛进。但另一方面,里尔也清楚地看到,伴随着科学技术进步,以总体科学为基础的传统哲学也受到了冲击,哲学的思辨已经让位于各门科学的精确研究,传统意义上的哲学业已开始解体。自 17 世纪以来,为了保持哲学的地位,不使哲学消融于各门具体的科学之中,许多哲学体系力图利用数学和力学的思维方式,把形而上学当作知识之根,而把数学和物理学当作树干,各门具体科学则被视为这个大树的枝条。这方面明显的例证就是当时那些既是科学家同时又是哲学家的思想家们。比如笛卡尔,他一方面以其“我思故我在”的主体性原则开创了近代哲学,但另一方面他又竭力按照数学尤其是几何学的模式为其哲学原理建构方法。这样,笛卡尔的哲学原理就不是哲学的“沉思”,而是所谓“自然的体系”。霍布斯更是奇想迸发,他被伽利略所激励和启发,试图在其政治体制的研究和设计中把宇宙天体的布局当作一个参照系。斯宾诺莎的最主要

---

① 赫尔巴特(J. F. Herbart, 1776—1841),德国哲学家和教育家,早年曾在瑞士做过中学老师,自 1805 年起,先后在哥廷根大学、哥尼斯堡大学任教授。赫尔巴特主张建立一整套系统的教育理论,强调通过心理教育的途径达到道德伦理的目的,他因此被誉为科学教育学的创始人,在 19 世纪下半叶的欧洲还有以他的名字命名的赫尔巴特教育学。

② 布朗柯尔茨(H. Blankertz):《新康德主义的教育概念》(*Der Begriff der Paedagogik im Neukantianismus*),第 13 页,魏恩海姆,1959。

著作《伦理学》也是按照几何学的方法来表述的，把数学中所表现的自然法则引入其哲学观之中。莱布尼茨则是通过对动力学尤其是数学中无穷小数的研究而到达他的"单子论"的形而上学。"这些仍然遵守哲学的传统习惯的思想家们寻找的无非就是一门包罗万象的科学，这样的科学在古典力学时代，即伽利略时代只可能是无所不包的力学。"①由此来看，这些思想家所做的就是把数学或力学的理论普遍化，将它们的应用范围扩大到整个星球，这样的理路根本不可能开创一门真正的新哲学。这就是为什么 17 世纪和 18 世纪的这些哲学家们虽然知识渊博、思维敏锐，但他们的思想却不能开辟和创造一门全新哲学的原因所在。

里尔在考察近代哲学的发展历程时，对具有唯物论和经验论倾向的英国哲学家洛克和休谟大加赞赏。在里尔看来，他们是在康德哲学之前为数甚少的几个真正重视探索人类理智本质、能力和界限的哲学家。洛克的《人类理智论》是哲学家第一次对人类认识的性质、起源、确定性、范围等问题进行考察。洛克努力摆脱传统形而上学的影响，他不把纯粹理智概念当作天赋的，而是追寻其起源；他极力研究表象的发生，把与自然相符合的概念与任意杜撰的概念区分开来；他从认识论意义上阐述"实体"这个概念，不再简单地把这个概念解释为"物的本质"，而是用一个作为"处在相互联系之中的、确定的、对象化的元素"之经验概念来代替传统形而上学对这个概念的界定。恰恰是洛克对人类知识的追根寻源的探索才使近代哲学走向了一个全新的时代——批判哲学，从此以后对知识的基础和界限的追问成为哲学问题。里尔因此认为，近代哲学自洛克以后才开始改变自己的性质。"现在哲学已经不再同古代那样被视为总体科学——古代把任何一门理论知识都隶属于哲学；哲学是一门普遍的学问（Allgemeinwissenschaft）或者是知识学（Wissenschfatslehre），它作为这样的学问与各门科学相区分，同时又不失去与这些科学的联系。"②

① 里尔：《哲学批判主义及其对实证科学的意义》第 1 卷，第 1—2 页，斯图加特，1924。

② 同上书第 1 卷，第 2 页。

里尔把休谟称为“人类理智的地理学家(Geographe der menschlichen Vernunft)”,因为在里尔看来,休谟就像一个地理学家探察我们的星球那样对我们人类的全部知识和精神能力进行了从未有过的全面而细致的考查,尤其值得赞许的是,他认真考察了我们以前一直以为是正确的那些经验概念。休谟从经验论的立场来考察人类理智,有助于我们摆脱过去那些深奥难解的教条和空洞无物的旧形而上学。康德本人也承认,正是休谟使他从独断论的梦中惊醒。

里尔在肯定洛克和休谟功绩的同时,也看到他们的不足。他指出,“站在休谟的‘纯粹经验’的立场上,不可能保证经验的知识价值”,“无论是从理性的观点来看,还是从经验本身来看,坚持一切知识来源于纯粹经验就必定会导致怀疑论的结果”。[①] 而康德对洛克和休谟的思想进行了批判地继承,他是在一个新形势下对人类的认识重新进行了考察、检验和证明。只有康德清楚地认识到,形而上学的假象,即辩证法的幻象产生于人类理性自身;只有康德才可能对这种假象之根源进行更加彻底的清算;只有康德“对经验知识和知识中的经验”进行了彻底的证明和界定。所以,康德才是批判哲学的真正建立者,是近代最重要的哲学家。里尔据此把批判哲学划分为三个阶段:第一阶段是洛克对概念起源和内容的反思和分析,第二阶段是休谟的经验论和怀疑论,第三阶段是康德批判哲学的崛起。

在里尔看来,无论怎么说,批判哲学都是近代哲学最重要的事件,“我们可以用这个名字来称呼一个全新的哲学方向,它与形而上学相对立,但同时还保持哲学的独立性”[②]。里尔认为,虽然康德批判哲学最初只是纯粹哲学之内的事情,但它的结果和意义已经超出了哲学界。批判哲学针对旧的形而上学虚假知识所展开的斗争不仅讨论了什么才是真正的知识,而且还对这种知识的界限进行了厘定。假如人们考虑到,形

① 里尔:《哲学批判主义及其对实证科学的意义》第1卷,第2、3、5页,斯图加特,1924。
② 同上书第1卷,第1页。

而上学的思维方式就植根于人的自然禀赋之中，是人对业已给出的事实永无止息的探究，是对无限的一种追求，那么，人们就会认识批判哲学的意义。批判哲学的这种意义不仅适用于人类精神，而且也同样适用于自然科学。因为思维形式的无限扩展和思维能力对事实的不断探究，是自然科学的基础概念陷入形而上学谜团的根本原因，而局限于自然科学本身的理论只能具有工具的意义，不能回答科学知识的本质，只有批判哲学才可能对这些概念的本质和客体的表象作出合理的解答。从这个意义上说，"认识批判成为认识理论，并进而成为科学知识的基础"，"批判哲学的论证开创了科学史上的新阶段"。①

里尔对康德以后的哲学基本上持否定态度。他认为，从洛克到休谟，再从休谟到康德，是哲学对知识问题的不断深化和渐进的过程，而这个过程在康德以后则发生了变化，是按照另外一种范式去解释世界。里尔在这里直接批评黑格尔，说他的哲学是"从概念和方法上去建构世界，好像可以用概念和逻辑来代替科学"，这样，黑格尔的哲学不仅在本质上回到传统的形而上学那里，而且当自然的和历史的事实与其哲学体系不相符合的时候，它就会肆无忌惮地诋毁这些最确切的知识。"对自然研究者和一般人来说，黑格尔从事实概念来证明落体规律不仅毫无意义，而且是完全多余的。"②这样的哲学定律不可能有助于知识的进步，也不会得到人们的认可。里尔由此把 19 世纪的哲学没落归咎于以黑格尔为代表的唯心论思辨哲学，这样的哲学只是"思辨的教条"和"最大胆的臆想"，不但不能促进业已进步的科学知识，反而会使人对哲学的功能和意义发生怀疑。

为了使人们把哲学与哲学的这种"畸生物"——唯心论思辨哲学区分开来，里尔赞同回到康德哲学那里。他在这方面首先是受到自然科学家赫尔姆霍尔茨的启发，赫尔姆霍尔茨认为康德的思想还活着，康德要

---

① 里尔：《哲学批判主义及其对实证科学的意义》第 1 卷，第 5、6 页，斯图加特，1924。

② 同上书第 1 卷，第 7 页。

对人类知识的来源、限度和可信程度进行检验和考察的思想不仅具有永恒的哲学意义，而且对实证的自然科学来说也是取之不尽的思想源泉。这就充分表明康德哲学在任何时代，包括在实证科学迅速发展的时代都是不可小视的。但是，里尔不同意赫尔姆霍尔茨等人只是从生理学意义上对康德哲学进行解释和肯定，他认为这样做将会削弱康德先验哲学的本真意义，因此主张从以下几个方面来强调回到康德那里的意义。

首先，在康德那里哲学与科学并没有完全被分开，康德本人对知识的追根寻源也包括对自然科学的探究。因此，恢复康德哲学的传统，让哲学与科学互相联系、互相促进，并且只是在部分时间里只注重纯粹哲学的研究，应当是改变思辨哲学脱离自然科学、脱离现实的有效思路。里尔在这里强调："回到康德，并不是停留在康德所指出的意义那里。因为科学在康德以后也没有停顿下来。"[①]回到康德，在这里是要思考在康德之前和之后所发生的一切，以及我们现在如何从所处的不同历史条件中继续推进哲学事业。这样，我们才可以从康德学说中学到那些仍然有价值的东西，对他的学说中那些"受历史限制的东西和推进历史前进的东西"加以区分，并努力解释前者和推进后者。

其次，批判哲学的发展是批判方法的发展，对这些不同的方法进行探讨应当是我们研究的重点，它对我们理解康德具有特殊的意义。这与康德本人的观点也是相符合的，康德把自己的《纯粹理性批判》称为"方法的论著(Traktat der Methode)"，并且在该书的扉页上引用培根的话提醒读者，力图阐释和给出的是一种哲学新工具(ein neues Organon)。这种方法论上的进步不只是对哲学而言的，对未来科学的表述也是有效的，因为康德也把作为将来可能出现的科学的"未来形而上学导论"看作是对《纯粹理性批判》在方法和基本轮廓方面最清楚的表达。

再次，应当注意康德所提出的问题。这是康德迥然不同于其他人的独特之处。在此之前，洛克、莱布尼茨都没有想到要把理性能力本身当

① 里尔:《哲学批判主义及其对实证科学的意义》第 1 卷，第 8 页，斯图加特，1924。

作一个考察对象，就是休谟也没有完全认识这个问题，并且因为过于注重经验而归于失败。康德的一大贡献就在于，他并不是把人们如何获得经验和知识当作自己的研究对象，而是关注知识形成的概念和条件，即人们在什么样的条件下可以获得知识。康德所进行的批判是独立于经验而对事物作出理性的判断，这是纯粹的理性批判。我们由此或许可以说，康德试图开辟一门全新的科学。如果我们遵循康德所开辟的这个理路，注意理性自身问题的研究，无论是对哲学本身，还是对实证科学都是很有裨益的。黑格尔曾经批评康德要对知识本身的能力、来源和界限进行考察的思想，说人们不下水里怎么可能学会游泳呢。里尔的这个论述显然是与黑格尔针锋相对的，他已经从自然科学家的新思想中发现了康德的正确性，而且后来的一些著名科学家，如普朗克、爱因斯坦、海森堡等都公开承认，康德哲学对他们发挥创造性的想象力、建立新的科学原理具有重要的启发性的意义。

纵观早期新康德主义的基本学说和思想，我们可以这样说，李普曼的主要作用是明确提出回到康德的主张，朗格的意义在于他阐述了用理念论立场来补充科学世界观的思想，而里尔则通过他对康德先验逻辑的诠释而成为新康德主义学派的真正先驱。但是，需要说明的是，里尔的工作主要是把作为实证科学的认识论前提的科学哲学观与承载人类世界观需求的价值哲学观进行比较，而不涉及后来构成西南学派和马堡学派这两个学派共同的研究方向——文化哲学。从这个意义上来说，里尔的工作并没有超出朗格的范围，也不是这两个学派的创始人，而是处在早期新康德主义与新康德主义之间的最重要的承上启下的过渡人物。

第五章　文德尔班与西南学派

新康德主义中的西南学派主要活动地域是德国西南一隅的弗赖堡、海德堡、巴登和斯特拉斯堡(斯特拉斯堡在第二次世界大战以后归属法国),其代表人物主要是文德尔班和他的学生李凯尔特,此外还有拉斯克、柯恩(Jonas Cohn, 1869—1947)、鲍赫(Bruno Bauch,1877—1942)、内尔松(Leonard Nelson, 1882—1927)等人。这一学派关注的重点是价值问题和社会历史问题,政治上主张向过去看齐,因此,这一学派政治上狭隘、保守的特点是显而易见的。

第一节　文德尔班

文德尔班(W. Windelband,1848—1915)是西南学派最初的领军人物。他 1848 年出生在普鲁士一个军官家庭,先后在耶拿大学、柏林大学和哥廷根大学学习。最初他学的是医学和其他自然科学,往后才开始学习历史和哲学。1870 年在洛采(R. H. Lotze)那里通过哲学博士学位答辩。1873 年,文德尔班获得大学授课资格。1876 年成为教授,先在瑞士授课,一年后去弗赖堡大学任教。从 1883 年至 1903 年的 20 年间,他一直在斯特拉斯堡大学担任教授,1894 年还担任这个大学的校长。1903

年他到海德堡大学接替费舍尔的教席，1910 年当选海德堡科学院院士。1915 年去世。文德尔班的主要著作有：《关于偶然的学说》（*Die Lehre vom Zufall*，1870）、《论认识的确定性》（*Über die Gewissheit der Erkenntnis*，1873）、《序曲集——关于哲学和哲学史的论文和讲演集》（*Präludien Aufsätze und Reden zur Philosophie und ihrer Geschichte*，1884）、两卷本的《哲学史教程》（*Lehrbuch der Geschichte der Philosophie*，1892）以及《哲学导论》（*Einleitung in die Philosophie*，1914）等。

文德尔班的政治态度在整个西南学派中算是最温和的，他不像这个学派中其他人那样或者怀有极端的民族主义情绪，或者明确反对当时正在风起云涌的社会主义运动。但是，文德尔班在乐观地相信人道主义理想一定会得到实现的同时，对当时的欧洲现状表达出极大的担忧。这种担忧既有纯粹文化层面的东西，也有政治的成分，而文德尔班的基本政治倾向是怀旧保守的。他担心现代科学技术的专业化要求将打破宁静、和谐的个体理念，担心由现代工业文明形成的群体社会将摧毁以个人为中心的传统文明价值，担心轰轰烈烈的工人运动将破坏现有的经济秩序和社会制度。因此，他怀念康德、费希特所生活的 18 世纪，认为那个时代才是人文精神和世界主义的时代，而现代民族国家之间的国界则阻碍了人文精神和世界主义的发展。他为普鲁士政府歌功颂德，说德意志所取得的政治、经济、社会等方面的成果应当归功于俾斯麦的"坚强的意志"和"符合实际的政策"，而"集体主义的历史观和群众运动"不应损害业已取得的成就，更不应损害文化中最宝贵的东西——"个人生活"。他在《19 世纪德国精神生活中的哲学》（"Die Philosophie im deutschen geistigen Leben des 19 Jahr hunderts"）一文中明确提出"回到康德去"这个口号，是一种拯救个人生活的手段，是使个人免于受到"盲目的集体力量"压抑的方法。

我们在不同意文德尔班保守怀旧的政治观点的同时，应当看到他在哲学史上的贡献，这主要表现在他力图从认识论上对知识与科学、事实与价值的关系予以清楚的阐述。

在认识论方面，文德尔班受到康德二元论的影响是显而易见的。康德在《纯粹理性批判》中讨论知识的来源时曾明确说："除去直观以外，表象不直接涉及对象，因此，概念从不与对象直接相联系，而是与关于这个对象的某个其他表象相联系，而不问这个表象是直观，或者其本身已经是概念。"①这就是说，我们的概念和表象都不与对象发生直接联系，只有感性直观才是我们知识质料的来源。文德尔班发挥了康德的这个思想。他认为，对象只不过是用来使表象联结起来的规则而已。因为我们不能确定对象是否与其表象相一致，任何时候也只是与表象发生关系，所以，我们永远不可能知道，这些规则是否建立在绝对的、不以任何表象为转移的实在性之上，它们是否以物自体为依据。文德尔班的这个观点实际上已经从康德那里倒退到休谟的不可知论那里。

文德尔班之所以对我们的知识提出怀疑，就在于他的哲学思想中包含着一种不可化解的矛盾。一方面，他肯定哲学传统追求终极真理的精神："历史已经表明，我们在探寻形而上学实在的过程中始终表现出了一种不可阻挡的冲动，也正是在这个意义上，哲学必然是一种先验的思维过程"②，充分肯定了探求真正实在的纯粹理论理性。但另一方面，他又受到当时的实证主义影响，对哲学的这种纯粹思辨精神发生质疑。他认为，我们的每一种经验都是有限的，甚至我们的总体经验也是有限的，但是，我们哲学传统的基本精神却总是明确地指向无限，并且总是期望通过有限的经验去建构一个无限的统一体。所以，这样的哲学就是"一种理想的现实化"，或者确切地说，"是逻辑理想的现实化"③。对朴素的意识来说，这样的理想是不可能实现的，这是逻辑前提超越现实事实，是试图在经验中完成知性建构形而上学的命题。虽然康德提出"理念"和"先

① 《康德全集》(*Kants Werke*)第 3 卷，第 110 页，达姆斯塔特，1983。

② 文德尔班：《哲学概论》，载于《二十世纪哲学经典文本：序卷》，吴晓明主编，第 648 页，复旦大学出版社，1999(以下所引此书均为此版本)。

③ 同上书，第 653 页。

验现象”这两个概念，从形而上学的层面上解决了这个问题，但实际上并没有真正解决问题。

为了能够真正解决这个难题，文德尔班主张，我们的思维在超越对现实世界体验的同时，还应当提供解答理念与经验知识之关系的可能性。换句话说，我们不要固守在康德提出的形而上学的现实性那里，而是要对近代以来的哲学与经验科学的关系加以重新梳理，尤其是要重视对经验知识的研究。

文德尔班认为，形成这一难题的一个主要原因，就是在中世纪所确立的自然与精神的区分。这个区分在近代的新形而上学中，无论是在笛卡尔、斯宾诺莎那里，还是在谢林、黑格尔那里，都得到了空前的加强，区分变成了绝对的对立。但是，从认识论来看，这样的区分和对立并不就是理所当然的。从表面上看，这种认识对象的二分法——作为外在世界的自然和作为内在世界的精神，是与内在知觉和外在知觉这两种不同的认识方式相适应的。但是，这里有一个不可否认的事实是，“所谓精神科学的事实绝不是仅仅依赖于内在知觉就得以成立的”①。进一步讲，在自然科学与精神科学之间必定存在着像心理学这样一门具有重要意义的经验学科，无论是把心理学简单地归置为自然科学或精神科学都是不合适的。所以，仅仅按照研究的对象事实来划分学科是不适宜的。

文德尔班因此主张，尽管由于研究对象的不同而形成了不同的学科，但我们不应以研究对象所指向的不同事实作为划分学科的原则和标准，而是要按照各个学科认识目的的本质特征进行划分，这是建立在可靠的逻辑概念基础之上、根据纯粹方法论作出的划分原则和标准。按照这样的划分原则和标准，就不是自然科学和精神科学这两大学科，而应当是诺模型(nomothetisch)和表意型(idiographisch)这两种学科。前一种是探寻不同事实之间的逻辑统一性。虽然我们的研究对象不同，在事

① 文德尔班:《历史与自然科学》，载于《序曲集——关于哲学和哲学史的论文和讲演集》第 2 卷，第 143 页，图宾根，1924(以下所引此书均为此版本)。

实上存在一些差异,但我们在认识目的的本质上却是始终追寻事实的逻辑统一性,即探寻这些发生事件(Geschehen)的一般规律,无论这些事件是物体运动、物质的转化,还是有机生命的成长,抑或是感觉、表象和愿望的形成过程。由于对象不同而形成的事实差异远远小于我们所探寻的这些对象的逻辑相同性。后一种则常常指向历史上某一次发生的、受到时间限制的真实事件。这里探讨的大多数都是孤立的事实或许多事实之间的联系,但其中并没有必然的联系。比如,一个人的故事、一个民族的命运,它们可能关涉某一种宗教、语言、法律,也可能涉及某种文学、艺术的产生和发展。由于这些对象事实的多样性,在研究它们时就必须有与其相符合的方法。而研究的目的就是要搞清楚,在一次性的真实事实中所表现出的人类生活的本质及其再次发生的可能。“显而易见,这里所说的全部范围都是历史科学”①。用形式逻辑语言来表述,前一种诺模型探讨的是普遍、实然判断,后一种表意型探讨的是个别的、定然判断;前一种是从个别推演出一般,后一种是探讨事物的形态;前一种倾向于抽象,后一种倾向于直观。

文德尔班认为,关于这种学科划分法,不是按照认识对象的内容,而是根据人类理性中最重要、最根本的认识目的作出的。苏格拉底曾经把人类理智中的这种区别称为一般与特殊的关系,古典形而上学也是在这里发生分裂,柏拉图就是在不变的属概念中追寻真理,而亚里士多德则是在个别事物中寻找真实。现代的自然科学就是要对纷繁复杂的自然对象进行反思,从自然现象中揭示自然规律,而历史科学则是想在杂多的历史事件中去认识和弄清特定的历史形态,并且为了实现某种理想试图让历史的产物在现在得到复活。

文德尔班并不否认这种划分是相对的,事实上作为客体的认识对象也可能与诺模型和表意型这两种考察方式都发生关联。这主要是根据

---

① 文德尔班:《历史与自然科学》,载于《序曲集——关于哲学和哲学史的论文和讲演集》第2卷,第145页。

对象在漫长的时空中有无明显的变化,还只是在有限的时空中只具有一次性的作用作出我们的判断。比如,一门语言在其丰富多彩的应用中始终坚持其固有的语言规律,即语法,语言在这里表现出其诺模型特征;但是,语言的每一次具体应用都是在遵守语法的前提下去表现转瞬即逝的一次性现象,语言这时又具有表意型的特征。像心理学、生理学、地质学、天文学等学科都有这种既属于历史又显现事物规律的特征,武断地把这些学科划分在任何一种学科类型里,都是"理性的冒险"。

现在,由于所有科学研究和证明都是在概念形式中作出的,所以,人们一般都倾向于把考察普遍的本质和规律放在首位,逻辑的反思尤其是传统形式逻辑是自然科学研究和论证的首选方式,这种倾向也影响了人文科学。文德尔班不同意这种看法,他认为,历史方法论的问题对哲学来说并不是无关紧要的事情,理应得到同等的重视。这是因为自然研究和历史研究的逻辑前提都是经验和知觉事实,"两者的基础都需要科学上纯净的、经过批判教育的、在概念工作上得到检验的经验"。"自然中的事实和历史都证实,如同哲学的和自然科学的天赋和贡献经常联系在一起一样,哲学的和历史的天赋和贡献也是经常联系在一起的。"①进而言之,自然科学和历史研究在涉及相同对象时在表象因素上是一致的,它们的区别在于如何从认识论上去评价事实。如果说自然科学家只是通过众多个别事实去认识普遍的规律,那历史学家则从过去的事实中看到新生命、新生活的再生。这里的关键是评价事实的立足点不一样,也就是价值评估的准则不一样。这样,文德尔班在强调哲学绝不能忽视历史研究的同时,也把研究的视野从认识论那里扩展到价值研究领域。

价值学说是新康德主义研究的一个重点。应当说,关注价值问题并不是新康德主义的独创,而是整个 19 世纪德国哲学的焦点之一,新康德主义只是这个思潮的延续。文德尔班在《哲学史教程》中对价值学说的

① 文德尔班:《历史与自然科学》,载于《序曲集——关于哲学和哲学史的论文和讲演集》第 2 卷,第 146、147 页。

产生及其历史背景予以了详细描述。在他看来,19世纪的哲学更多的是调整自身与自然科学和人文科学中各门学科的关系,哲学本身的"中心任务的进展却陷入了泥坑,停滞不前",因此,哲学"需要一种重要的重新布局"。① 由于欧洲人在这个世纪所经历的巨大变化影响了人们的一般信念,所以,在这个时代哲学努力的一个重要方向,或者说,哲学在这次重新布局中的一个重点就是,"对一切价值进行重新估价"。

文德尔班认为,尽管存在各种各样的价值观,"尽管对个别价值和意志目的的认识和划分等级各有不同,但是在总体上承认占统治地位的道德习俗,特别是承认其中的主要组成部分利他主义,在这一点上它们的意见是一致的"②。因此,无论是功利主义的社会伦理学,还是以自然主义、唯物主义为代表的乐观主义人生观,它们在阐述价值观时都比以往更自觉、更鲜明地突出个人与社会的关系,个人从属于社会被当作一切估价的基础和准则,而个人反抗种族的压力也被认为是合理的行动。但无论如何,价值首先是具有道德意义的,它在伦理学上最终也是指向人性,指向人类积极的爱。在这个领域里唯一与众不同的是尼采,由他开始的"价值的重新估价"是以建立"超人"理想为全部理论的核心架构,只有"超人"在这个尘世才拥有真正的绝对价值。尼采虽然以其出众的天才成为道德的改革者、立法者和新文化的创造者,但由于在他的本性中存在着太多的"天才观",所以,他不可能从个人的权力意志走向"普遍的自我"。换言之,尼采的价值观不可能具有普遍意义,最后的结果只能导向价值相对论。

文德尔班绝对不同意价值相对论,他明确地说:"相对论是哲学的解体和死亡。哲学只有作为普遍有效的价值的科学才能继续存在。"③按照这样的说法,好像哲学就是关于价值的科学。他说:"哲学从来就不是从

① 参见文德尔班《哲学史教程——特别关于哲学问题和哲学概念的形成和发展》下卷,罗达仁译,第911—912页,商务印书馆,1993。

② 同上书,第918—919页。

③ 同上书,第927页。

价值观念中派生出来的；它只是在意识上经常受到它们的强烈影响。”① 但是，既然价值观念经常影响人们的意识，那么，价值观念就必定会与人们的生活息息相关。哲学绝不是把自己的认识限定在某一领域的具体科学，它的基本要素关涉人类生活的方方面面，哲学有必要、也有权利去考察和认识与人类生活相关的一切范畴和领域。文德尔班正是在这个意义上说：“哲学始终主张，它有权利通过这种方式超越所有那些还无法令人满意的现象，来认识这个世界，进入它最深的层面中，与此同时，价值评价本身也是人类心智的活生生的实在。”②

显而易见，文德尔班如此重视价值，并不是要承认物质价值，而是要把价值评价视为是对人类心智最深层面的认识，要赋予精神价值以重要的意义，赋予价值体系以人人遵守的、全人类的性质，其中包括道德原则、审美原则和形式逻辑。这正如文德尔班自己所说：

> 哲学有自己的领域，有自己关于永恒的、本身有效的那些价值问题，那些价值是一切文化职能和一切特殊生活价值的组织原则。但是哲学描述和阐述这些价值只是为了说明它们的有效性。哲学并不把这些价值当作事实而是当作规范来看待。因此哲学必须把自己的使命当作“立法”来发扬——但这立法之法不是哲学可随意指令之法，而是哲学所发现和理解的理性之法。③

在这方面，文德尔班和他之后的这个学派的很多人物都特别重视价值的道德意义，他们的价值观核心就是强调价值的道德规范作用，肯定“价值效用性高于一切”——这是他们的基本原理之一。对他们来说，价值与物质现实和精神现实的关联并不重要，重要的是“价值”和“规范”具有心理的、观念的性质，只有把价值理解为理性立法，作为规范的价值才

① 文德尔班：《哲学概论》，载于《二十世纪哲学经典文本：序卷》，第649页。
② 同上书，第650页。
③ 文德尔班：《哲学史教程——特别关于哲学问题和哲学概念的形成和发展》下卷，罗达仁译，第927页，商务印书馆，1993。

能发挥自己的效用。文德尔班在这里断言,规范执行双重的职能:第一,它们是对意识状态进行评价(首先是从意识状态的真实性的角度)所依据的标准;第二,他们是为达到这个或那个目的所必须遵守的规则。就规范意识作为人们的经验思维的尺度,以及它们作为普通的思维能力不可能达到的目的而言,它超越于人们的经验思维的偶然过程之上。为避免陷入极端心理主义和主观主义的泥坑,文德尔班强调,观念在个人的意识中是不断出现和消失的,因此,哲学在研究心理时就应当研究具有"普遍适当性"的评价。对某些观念表示赞成或不赞成,把它们看作是真的或假的,不应当以个人满意或不满意的感觉为依据,而应当以具有绝对普遍适当性的"规范"为依据。

按照文德尔班的这个说法,哲学就是关于规范和价值的学说,哲学的任务就是把思维价值所依据的规范引到人们的意识之中。依据这种观点,真与假的区别乃是评价上的区别,是把概念归诸价值,而规范便是评价的规则和尺度。虽然文德尔班有时也说,价值和规范产生于人类共同体的历史意识,但这样的"历史意识"是大打折扣的。说到底,文德尔班追求的仍然是一种超乎经验之上的主观唯心主义的价值观。"纯粹的存在和真正的存在不管是一种价值评价,还是一种概念思维的前提,都是应该如此的存在,而非经验实在,因此,它可以而且必须被当作经验实在背后的形而上学实在。"①文德尔班的唯心主义哲学观在这里昭然若揭。

第二节 李凯尔特

文德尔班的哲学思想对整个西南学派产生很大影响。他的学生,即这个学派的另一个著名代表李凯尔特,就是跟在文德尔班后面亦步亦趋地谈论相同或相近的观点。当然,他们的表述不尽相同,尤其是在价值

① 文德尔班:《哲学概论》,载于《二十世纪哲学经典文本:序卷》,第653页。

学说方面，他们的思想在很大程度上是不同的。

李凯尔特（H. Rickert，1863—1936）1863年出生在但泽（今波兰格但斯克），其父是一名政治家。李凯尔特原本想成为一名记者，最初在柏林大学学习文学，后来才对哲学感兴趣。面对当时各种各样的哲学思潮，如马克思主义、经验主义、实证主义、经验批判论、活力论、唯意志论等，李凯尔特都保持一定距离。直到在斯特拉斯堡听到文德尔班的讲课，他才认为作为知识（die Wissenschaft）的哲学才是他真正企盼的学问。在斯特拉斯堡学习期间，他不仅学习哲学，同时还学习当时非常热门的心理学和国民经济学。1888年，李凯尔特获得博士学位，1891年，在弗赖堡大学通过教授资格答辩，1894年当上副教授，1896年成为正教授。在弗赖堡期间，他与社会学家韦伯（M. Weber）交往甚密，1910年参与创办著名的哲学和文化杂志《逻各斯》（*Logos*）。1915年，李凯尔特接替其师文德尔班在海德堡的教席，成为这所大学哲学系的主要负责人，日后与存在哲学的主要代表人物雅斯贝斯经常发生争执。1936年在海德堡去世。李凯尔特一生的主要著作有：《关于定义的学问》（*Die Lehre von der Definition*，1888）、《认识的对象》（*Der Gegenstand der Erkenntnis*，1892）、《自然科学的概念构成之界限——历史科学的逻辑导论》（*Die Grenze der naturwissenschaftlichen Begriffsbildung. Eine logische Einleitung in die historischen Wissenschaften*，1896—1902，两卷本）、《文化科学与自然科学》（*Kulturwissenschaft und Naturwissen-schaft*，1899）、《历史哲学的问题》（*Probleme der Geschichtsphilosophie*，1905）、《生命哲学》（*Die Philosophie des Lebens*，1920）、《哲学的体系》（*System der Philosophie*，1921）、《康德——现代文化的哲学家》（*Kant als Philosoph der modernen Kultur*，1924）、《谓项的逻辑与本体论问题》（*Die Logik des Prädikats und das Problem der Ontologie*，1930）、《哲学、方法论、本体论、人类学的基本问题》（*Grundprobleme der Philosophie, Methodologie, Ontologie, Anthropologie*，1934）。李凯尔特去世以后，弗斯特编辑出版了他的最后一本著作《直接性与意义指向》

(*Unmittelbarkeit und Sinndeutung*,1939)。

在认识论方面,李凯尔特不同意唯物主义的反映论。在他看来,人类认识世界不是去“模拟”或再现(die Wiederholung)现实世界,而是要在概念的普遍性中认识世界的本质。如果我们坚持反映论,理论上就不能直接认识在现实后面的世界,更不能直接断定映像是否与原型相一致。具体地讲,在反映论的假设下,“知识的进步仅仅取决于再现现实方面所达到的程度。这样一来,镜子能够最清楚地‘认识’,或者一个十分逼真地涂上颜料的模特儿——至少就事物的可见性而言——最接近‘真理’”①。然而,这样的“清楚认识”和“精确再现”,即使它是绝对完满的重现,对我们的认识也没有什么价值。进一步讲,人们都希望,科学应当和能够如实地描述世界,这样的愿望当然是可以理解的,但这样的愿望能否实现则是我们必须回答的问题。现实具有异质性,因而是杂多的,现实又具有连续性,因而是连绵不绝的。我们面临的这种现实世界是漫无边际、连绵不绝的经验杂多,我们越深入这种杂多之中,越分解这种杂多的单个部分,就越会发现这种杂多的庞大和悠远,任何一个有限的人都不可能如实地描述这样杂多的世界。现实世界的这种连续性和异质性原理(der Satz der Kontinuität und Heterogenetität)不仅表明,用概念去反映现实会面临着一个在原则上无法解决的困难,而且还说明,“认识不是**反映**,而是**改造**;不仅如此,我们还可以补充一句:与现实本身相比,认识总是一种简化(Vereinfachen)”②。这就意味着,李凯尔特在否定反映论的前提下,主张首先要在认识主体的意识中对现实进行改造,这样,李凯尔特就彻底走向了唯心论立场。

李凯尔特正是在这个意义上重新提出康德的形式主义和先验论的观点,力图在方法论上把能动的形式与被改造的认识内容结合起来,让混乱的意识状态服从先验的形式,使之得到整理并定型下来。对他来

---

① 李凯尔特:《文化科学和自然科学》,涂纪亮译,杜任之校,第 29 页,商务印书馆,1986。

② 同上书,第 30 页。

说，人们不能给科学提出精确再现现实的任务，那样会使科学概念变得软弱无力，而是必须如此提问：科学概念如何获得把握现实的能力？他认为，这个答案是显而易见的，这就是在概念上把差异性和连续性分开，并且加以“改造”。这样，我们不仅可以把握现实中的同质的连续性，还可以认识被改造为异质的间断性。李凯尔特认为，这样的方法是与数学方法一样的，“数学就是以这种方法取得它的最大胜利的”①。由此类推，人们正是借助于概念在变化万千、连绵不绝的现实河流上架设了一种桥梁，尽管这些概念并不能完全表现现实之河，但它们在原则上比同质的东西和纯数量的东西更接近于现实本身。这里的关键是，科学活动所进行的“改造”不是主观随意的，需要有一种“先验的”判断或预先判断。“这就是说，科学需要一个**选择原则**，根据这个原则，科学就能像人们所说的那样把所与材料中的**本质成分和非本质成分**区别开来。”②李凯尔特相信，这个选择原则相对于现实内容来说，更具有形式的性质，而且只是在本质的总和中，我们才能达到这种形式方面的认识。在李凯尔特这里，形式既是原则，更是我们认识事物本质须臾不能离开的东西。任何一门经验科学，不论它是对现实进行专门研究还是要形成普遍概念，形式都是更本质的，“认识论首先要研究概念形成的两种基本方式，即普遍化的方式和个别化的方式”③。于是，注重形式研究成为李凯尔特认识论的首要任务。

李凯尔特确实继承了康德重视思维形式的思想，注意到机械唯物论的缺点。但是与康德相比，他倒退了一大步。在认识论方面，他彻底否定了康德思想中关于物自体概念的实在性，否定了康德关于人的认识始于直观表象、理性依据先验形式对感性材料进行加工的基本理路。在方法论方面，他不仅像康德一样割裂形式与内容的关系，而且走得比康德更远，把形式看作可以脱离内容、比内容重要得多的原则。

① 李凯尔特：《文化科学和自然科学》，涂纪亮译，杜任之校，第 32 页，商务印书馆，1986。
② 同上书，第 34 页。
③ 同上书，第 54 页。

既然这样,在李凯尔特的心目中,什么才是真正的哲学呢?李凯尔特在他本人认为是其最重要的论文《关于哲学体系的论纲》("Thesen zum System der Philosophie")中如是说道:"哲学原本意味着知识(Wissenschaft),从柏拉图到黑格尔的一切'大哲学家'几乎都坚持这种语言用法;哲学研究就是理论者的事情。"①这就是说,李凯尔特坚持认为,现实世界虽然纷繁复杂,人们可能对这个世界作出各种各样的解释,但只有作为知识的哲学才能给予这个世界一个清晰的概念,只有这样的哲学才能成为世界观,所以也只有"理论者"才能以其逻辑思维构造涵盖一切存在物的概念。对于当时流行的一些哲学流派,李凯尔特则予以否定。他认为,所谓"直观""意愿""感觉"等概念都只能局限在某个领域,就是尼采、克尔凯郭尔依据"生命""生存"等概念也不能向人们提供清晰的知识。在李凯尔特这里,哲学就是思想家从事理论思维、探讨逻辑普遍性的活动:"真正哲学的任务就是:它不同于局限在这个世界某个部分的具体科学,而是从总体上给出这个世界的知识。"②

李凯尔特因此主张,为了完成这个任务,哲学必须把这个表面上看起来五花八门的世界置于一个由诸概念组成的关联之中。这样的关联就是一个体系,作为知识的哲学必定会接受这种体系的形式。哲学绝不能陷入某一门具体科学之中,它追问的是一般世界的概念,所以,哲学在方法论上有一个显著特点,那就是具有普遍主义的特征。对李凯尔特来说,康德以前的哲学虽然也强调这种普遍主义,但由于它们把考察的重点放在认识的对象上,只注意研究的客体,而忽视了对主体的关注,其结果就是主客二分。康德先验哲学的一个重要意义就在于,他既注意研究客体,更关注我们认识的能力、可能性和限度,从而把世界当作一个整体重新聚集起来。康德哲学由此就带来这样一个原则:"既要关注主体也要关注客体,同时还应当认识到,世界这个整体是如何由太一(Einen)与

①② 李凯尔特:《关于哲学体系的论纲》,载于《逻各斯》,第97页,1932年第21期。

他者(Andern)结合在一起的。”①

现在，李凯尔特把这种方法论的特点提高到本体论层面。他认为，康德在把这种普遍主义的整体世界原理教给我们的同时，已经清楚地表明，哲学探寻的是一个“整体世界体系”。这个体系的各个分支能够涵盖整体，因而也能够满足普遍性的要求。李凯尔特注意到活生生的现实世界与他所说的世界普遍性之间的差别，提醒人们注意，哲学探寻普遍性并不排除对异质性的考察，但哲学并不是按照黑格尔式的正题与反题方法去解答普遍性与异质性的关系，而是要首先意识到，异质对世界存在的规定所具有的至关重要的作用。从本体论上说，哲学不是预先假设世界只有一种存在方式，并且以这种方式去判断世界本原的“性质”。这里毋宁这样提出问题：除了先前业已发现的存在以外，是否有其他的“存在”？这就是说，在世界的普遍存在方面，肯定还有存在方式的多样性，世界存在的整体性就由这种存在方式的多样性所组成。在李凯尔特看来，康德的普遍主义与本体论上的多元主义是不矛盾的，多元主义是与林林总总的大千世界相符合的。

李凯尔特对这个问题的解答是通过对“整体世界原则”与“存在方式的多样性”的关系不断追问而进行的，并且力图以此来解答困扰哲学界几千年的问题：我们如何理解本体论层面上的存在和意识与存在的关系？李凯尔特的解答在某些方面是深刻的，尽管他的解答带有很浓的唯心主义色彩。

首先，在李凯尔特看来，人们通常都把世界分为感性世界和精神世界，前者是物理的，有关这方面的知识是由各门具体科学来完成的，它们所要把握的就是某种自然界的规则；后者则是心灵的，人文科学主要就是探索人的心灵存在。李凯尔特不同意这种看法，他认为，本体论必定是以被给予的存在或者**经验世界**为出发点的，但这并不意味着，经验的质料全部都是感性的，我们获得经验只能是通过外在知觉和内在知觉这

① 李凯尔特：《关于哲学体系的论纲》同上文，第 99 页。

两种途径。事实上,我们与此同时还直接理解非感性的对象,这些对象既是物理的,也是心灵的。所以,李凯尔特强调,应当区分两种经验:一种是感性的、可知觉的经验;另一种是理智的、可理解的经验。由此就可以区分两种存在世界:一种是**感性的**世界,这种世界是实在的和可以知觉的;另一种是**理智的**世界,这种世界是非实在的和可以理解的。我们除了认可自然科学是对感性世界的认识以外,还必须承认,对理智世界的知识之求索是与价值体系相关的,我们只有依赖价值概念的帮助,才能去解释可理解的经验的意义,从理论上去认识作为整体的理智世界的意义。很显然,李凯尔特已经把人类的理智世界与他的价值概念联系在一起。

其次,在把存在世界分为感性世界和理智世界以后,李凯尔特进而追问道:"在现实存在与价值存在之间是否有一条跨越的联系纽带?"①这就是说,他已经敏锐地意识到,人们在这时一定会提出世界统一性的问题。但是,李凯尔特并不赞同传统哲学或者把物质归于意识或者把意识归于物质的解释。按照他自己的说法,不论我们是肯定感性部分或理智部分,我们最后都会把存在世界归于物理世界。李凯尔特大胆地提出他自己独特的看法。在他看来,这里首先需要考察的依然是选择认识对象或选择认识主体的问题。如果我们选择认识对象,那就没有必要讨论下去,因为这种选择很容易导致我们陷入某一门具体科学中。如果我们选择认识主体,那么,我们就应当看到,主体的认识是受到价值观的规定的,只有主体对什么是真理的作出肯定判断,对什么是违背真理的作出否定的判断,一般的认识才成为可能。我们按此思路考察下去就会想到,这样的认识能力又以另外一种因果规定作为自己的前提。这就是说,主体在这种情况下是对象化的。以此类推,我们就可以把尚未对象化的主体设想为是自由的,这既是不受因果性束缚的自由,也是随意表态的自由。李凯尔特由此推论说:"从本体论意义上说,在既是感性的又

① 李凯尔特:《关于哲学体系的论纲》,载于《逻各斯》,第100页,1932年第21期。

是理智的经验世界以外，还有一个第三者的、对象化的世界存在，这就是'元物理的（prophysisch）'世界存在方式，它在本体论上的独立性理应得到承认，它的范围理应加以探索。"[①]

再次，李凯尔特在把世界分为感性的、理智的和元物理的三种存在以后，继续追问尚未解答的"先验统一性"问题。在他看来，即使在元物理存在状态那里，价值与现实性结合得也不是十分紧密，因为只要有价值观，就仍然还有一个前定的前提条件需要说明。这样，李凯尔特在推理进行不下去的时候就转向信仰。他说，只要我们还相信世界的本原是统一的，而不是四分五裂的，那我们只能相信，"只有在先验统一性那里，价值和现实性才能在一个彼岸的基础上得到完全结合"[②]。而从这种信仰中还可能得出这个看法：一切由价值观导引的行为，包括追求真理的知识，都是没有意义的，于是，人们就转向形而上学的尝试。李凯尔特并不赞同形而上学的解答，这不仅与他始终重视价值研究有关，而且他还认为，形而上学的尝试只能是按照柏拉图的理念范式去进行，也就是说是借助于这样一种思维方式来实现的——思维的质料只能来自于此岸，而结果则应用于元物理和彼岸，这个思维最后就只能是对超验的存在进行重新解释。很显然，形而上学的尝试也是考虑不周全的。

李凯尔特相信，哲学不是某一门具体科学，探讨的不是世界的某一个部分，因此，哲学的本体论是广泛的，涉及这个世界的方方面面，从根本上来说，这样的本体论就是"大全的（universal）"。在对上述各种存在方式予以分析以后，李凯尔特主张，把世界存在分为四个层面：心物学的存在（das psychophysische Sein）、理智的存在、元物理的存在和形而上学的存在。李凯尔特自己很清楚："哲学不只是要追问一般的世界存在，而且还要追问人在世界中的地位和人将来在世界中的地位的问题。"[③]所以，他认为，这四个层面的存在不仅是大全的，而且都与人在这个世界的

① 李凯尔特：《关于哲学体系的论纲》，载于《逻各斯》，第100页，1932年第21期。
②③ 同上文，第101页。

生活相关,我们只有在这四个层面上才能最终建构关于人类生活意义的学说。在这个意义上,他不赞同当时非常流行的哲学人类学。从逻辑概念上看,哲学人类学是把人置于研究的核心,力图寻找在人的生活中被发现的普遍价值,人类学在这点上又是关于世界观的学问,它与本体论讨论的是一回事,所以,哲学人类学只不过是大全本体论一个部分。

尽管李凯尔特强调哲学本体论的广博性,但他并不否认人与世界的关系才是关注的焦点。在他看来,一个人只要不是对一切事情都漠不关心,那他就会对世界发生兴趣,就会对一些事情表态,反过来说,这些事情对人就是有所谓的、有意义的。我们关心人在世界中的地位,就必然要从价值方面对意义加以规定,从而就必然涉及价值问题。这样,李凯尔特就从本体论的讨论进入价值论的阐述,并由此去反驳传统的形而上学。

在价值论方面,李凯尔特的观点与洛采和文德尔班是不相同的,后者强调价值的道德意义,而李凯尔特则注重文化在价值方面的意义。这是李凯尔特注重的价值的第一个特性。李凯尔特非常明确地说:"表现本体论的价值可以发现,价值在这里是与**文化的实在财富**(die realen Güter der Kultur)联系在一起的,价值在文化的实在财富中得到'体现',并由此成为可以考察的东西。"[①]这就是说,在李凯尔特的视野里,在一切文化现象中都体现着某种为人所认识的价值,因此之故,早已形成的文化和被创造的、被生产的文化都必定与价值相联系,价值就是文化对象所固有的财富。与文化和价值相对立的东西就是自然,自然是那些从自身中成长起来的、自生自长、自生自灭的东西之总合,所以,我们不能把自然现象看作是财富,因而也不能把它们与价值联系在一起。

李凯尔特注重的价值的第二个特性是,强调价值的意义和指向(Sinn und Bedeutung)。他说:"关于价值,我们不能说它们**实际上**存在

① 李凯尔特:《关于哲学体系的论纲》,载于《逻各斯》,第102页,1932年第21期。

着或不存在，而只能说它们是**有意义的**，还是**无意义的**。”①文化价值和被大家公认有效的价值对象的意义，不仅是纯粹个人的意义，而且必定是与“财富”相关的。“当我们一般地想到价值的有效性时，我们为了自己生活于其中的集体或者由于其他的理由而或多或少对于财富的评价或关怀感到‘负有责任’”②。除了这种道德的责任以外，李凯尔特还强调，价值所具有的这种意义使它们与人们个人的追求、好恶、评价、情绪等纯粹本能的东西相区分。

李凯尔特注重的价值的第三个特性就是价值的有效性。由于他突出了价值的集体或社会的“财富意义”，所以，就必然会从历史事实上考察价值的有效范围。他认为，像宗教、教会、伦理、国家、法律、家庭、科学、语言、艺术、经济、技术等有“意义的”文化现象，都具有真正的价值效用性。而所有这些文化现象都是在一定历史阶段和一定范围出现的“实在财富”，一旦把它们与具体的国家和民族对应起来，就不可能不把国家和民族置于价值观的核心地位，这样的价值理论也就不可能不具有浓厚的政治色彩。李凯尔特正是在这样的理论指导下才提出，道德伦理对一个民族具有不可小视的重要性，一个民族本质的好坏就取决于这个民族的道德水准，考察一个民族的道德伦理状况是我们作出价值判断的首要任务。这样，李凯尔特的道德思想最终就降低为狭隘的民族主义理论。

李凯尔特本人也意识到他所说的价值有效性的缺陷。他说，从哲学的普遍性来看，建立绝对的、普遍有效的“‘超验的’价值的假定从纯粹逻辑的原因看来是必不可少的”③。但是，他坚持认为，如果从事实上的价值有效范围来看，人类历史始终只是从特定文化领域的观点来撰写的，而绝不是从所有人都承认的普遍有效的绝对价值观来撰写的，这样的历史也不可能被所有人理解。因此，即使这样的价值观有其“历史局限性”，但它与价值相联系的描述是对一定范围内的人有效的，从而就不是

①② 李凯尔特:《文化科学和自然科学》，涂纪亮译，杜任之校，第 21 页，商务印书馆，1986。

③ 同上书，第 125 页注释。

纯粹个人的评价，而是会被当作价值来理解。“科学真理必须与那些在理论上**有效的**事物保持一定的关系(纵然这一点并**没有**被**意识**到)，也就是说，必须与那些事物或多或少相近似。没有这个前提，谈论真理就不再有任何意义。”①

李凯尔特这种过于注重文化价值的历史性的理论，不仅与他注重异质性对世界存在的规定的哲学思想有关，而且与他的历史观也有关系。李凯尔特是不承认“历史规律性”的，在他看来，历史上没有任何一般的东西，因而也没有合乎规律的东西，历史上发生的一切事件都是不重复的、单一的。李凯尔特曾经断言：“历史规律性”这个概念存在着定义上的矛盾(contradictio in adjecto)，研究历史及其他“关于文化的科学”应当采用具体的、个别化的方法，或者采用表意的方法，只有在自然界中，才有一般的、千篇一律的、重复的而合乎规律的东西。

应当说，李凯尔特的价值学说在注意历史与文化现象方面是有一定积极意义的，但是，他只注意历史上的人类生活世界不同形式所具有的意义，却没有注意价值等级分类的相对性，没有注意人性的相对恒定性，因此，他不仅不可能把形式上的价值分类进行到底，而且他理论的相对性和局限性因此就表现得尤其明显。这正如当代哲学史家 H. M. 鲍姆加登所说：“在自然和人类社会中，人类生活世界构成文化的广泛理论基础，人性及其在生活世界里的关系则是文化的先验-实践的前景，这两者都是哲学人类学的基本要素。”②也就是说，从主体交往中产生的、得到绝大多数人认可的人性，是人类生活世界的核心，而人类生活世界则为文化奠定基础，不考虑作为文化及其价值之基础的人性和人类生活世界的恒定性，而只注意价值作为文化现象的历史性这样的价值学说当然是大打折扣的，与哲学的本质也必然相距甚远。

---

① 李凯尔特：《文化科学和自然科学》，涂纪亮译，第 121 页，商务印书馆，1986。

② H. M. 鲍姆加登：《历史与理论》，第 278 页，法兰克福，1976。

第三节　价值与道德

李凯尔特的思想在当时就引起学术界的不同看法，不仅雅斯贝斯尖锐地批评他的哲学思想，而且在新康德主义内部就有不少人不同意他的价值学说。考虑到西南学派的价值学说的特殊影响，我们接下来主要考察这个学派的其他人物在这个领域展开的讨论。

文德尔班的另一个学生鲍赫不同意李凯尔特的过于强调价值的文化性和历史性的观点。鲍赫更愿意接受文德尔班注重价值的道德伦理意义的思想。在鲍赫看来，既然人的存在与效用有如此密切的联系，那么，文德尔班的"价值的意义在于效用"的思想就应当发展为"效用是存在的条件"。他进一步分析说，价值关涉的范畴是真理，所以，这个定理还可以扩展为"真理就是存在的条件"[①]。鲍赫接受了柯亨关于逻辑与价值是紧密结合在一起的思想，并在此基础上把价值这个概念当作与真理和现实相提并论的三大要素之一。鲍赫的根据在于：所有在事实上作出的有效判断都是建立在与逻辑判断相关的效用关系基础之上的，这就是说，逻辑判断是价值有效性的基础。以此类推下去，就可以说，认识的价值相关性(Werthaftigkeit)是以效用关联作为自己的先验基础的，它在这个层面上表现为纯粹的价值，一切具有价值相关性的思维都与这种先验基础相关，因而就具有一种真理的价值。但是，由于这种纯粹的价值并不是现实的，而是存在于效用之中，所以，这些价值作为客观效用就分解在真理的效用关联的体系之中。这样，我们就应当通过伦理、宗教、艺术等领域来认识价值的客观效用，尽管这些领域表面看起来是主观的。鲍赫在这点上与李凯尔特很相似，但鲍赫以此赋予文化现象一种特殊的真理价值，而不是像当时的实证主义那样，仅仅看到文化现象的历史性，只注意自然科学技术的作用，却忽视社会文化的意义。他的这种思想后来

① 鲍赫:《真理、价值与现实》，第 372 页，莱比锡，1923。

被人解释为是一种“精神客体化”的理论,与黑格尔的客观精神有着某种共同的地方。

鲍赫在讨论价值的一般效用以后,就集中关注价值的道德意义。在他看来,如果人们真正重视价值的效用本质,就应当承认这样一个事实:“价值在关涉现实的时候会给自己提出这样一个任务:价值必须有一种超越主观性的内涵——这是一个本真意义上的任务,由于价值一般是客观生效的,所以,伦理价值只是在具有这种内涵的时候才可能包括**价值整体**(das Wertganze)。”[①]前面已经提到,鲍赫业已把价值观与真理密切联系在一起,现在他又认为伦理价值包括价值的所有内容,这样看来,鲍赫实际上就把价值的道德伦理意义与价值的真理意义等量齐观起来,从而把价值的道德意义推上了一个新高峰。鲍赫对此解释说,他所说的价值整体只有一个,但又是从不同的层面突出价值的道德意义和真理意义的,在强调伦理价值时,主要是突出人们必须履行的道德职责;而在强调真理观时,则主要考虑认识的可能性和现实性。

但是,无论是文德尔班还是鲍赫,他们的道德价值观都显得有一些空泛。内尔松对此表达了他自己的不同看法。他主张,价值评判理应关注康德所说的实践领域,关注在实际生活中的人与人的关系,尤其是要关注人们的现实利益。由于我们的利益是与其他人的利益相矛盾的,有时甚至是针锋相对的,所以,我们进行道德判断的基础就是注意人们行为的动机是否具有纯粹的道德动机,而道德法则首先是一种“限制我们实在目的的规则”。[②] 这样,在内尔松那里,不仅作为观念的道德伦理是重要的,而且这种道德伦理还必须诉诸具体的、经验的要求,它们涉及国民经济学、法学、历史、教育学、政治等。内尔松看中的是我们内心的道德观与外在的道德法的一致性。由此来看,内尔松对道德哲学的理解表面上是回到康德的观念伦理学那里,但确切地说,倒是更接近黑格尔的

① 鲍赫:《真理、价值与现实》,第 472 页,莱比锡,1923。

② 参见《内尔松著作集》第 9 卷,伯奈斯等编,第 48 页,汉堡,1972。

责任伦理学思想。

新康德主义的另一个代表人物特勒尔奇(Ernst Troeltsch,1865—1923)则是从历史主义的角度对价值判断进行分析和批评的,但他的批评不同于李凯尔特。他认为,如果人们注意历史问题,就可以发现价值的无序状态(Wertanarchie)。这里存在的一个基本问题是:每一个人的价值观都是不同的,而一个绝对有效的价值体系则必须是统一的,在不同的个人价值观与绝对的价值要求之间存在着一种张力,同时在绝对价值与其具体的历史现象之间也存在着一种张力。特勒尔奇在这里也不同意柯亨把历史视为一个接近理性理想的无限过程,他认为,在柯亨那里最终依然是一种绝对的理性道德论。

特勒尔奇相信古希腊巴门尼德的“存在是绝对的太一,而不是有限的杂多”的原理,并由此坚持这样一个基本思想,即绝对的理性道德论在具体的历史实践中是不可能产生结果的。在他看来,存在与价值、行为与意义、事实与理想是严格分开的两类东西,它们都在历史进程中呈现出来。历史不可能如我们所期望的那样,朝着普遍有效的价值方向去发展,而是表现为一个实实在在的过程,有其内在的运动。但是,历史也是一种现实(Wirklichkeit),每一个人都会直觉地投入既是现实,又是历史的运动之中。因此,历史的基本元素就是个人和由个人组成的整体,如部落、阶级、民族、国家等。这些基本元素通过每一次有意义的活动,既表现自己的本质特性,也显示自身的价值。① 特勒尔奇由此就把价值实现的意义赋予无限绵延的历史,在他那里,对在历史过程中展开的因果系列和在这其中产生的历史产物进行评价,依据的都是建立在理性规范基础之上的价值体系。借助于这样的价值体系,人们认识的就不只是历史的发展,还有深刻的道德规范。至于如何认识道德的绝对意义,特勒尔奇主张,人们不要从简单的因果性去看待和解释它,而应当努力理解它。在这里生效的原理,不是斯宾诺莎式的思维与存在、自然与精神的

---

① 参见特勒尔奇《历史主义及其问题》,第665页,图宾根,1922。

统一性,而是有限精神与无限精神的统一性。特勒尔奇在这里不仅相信,“伦理学正如在施莱尔马赫那里一样,它是历史的规定和戒律的典籍”①;而且还回到莱布尼茨的单子论那里。他显然想借助单子来说明,有限的个体可以“超越思维实体或创立规范意识的僵死概念”,“在保持个体有限性的同时,实现有限精神与无限精神的同一”②,从而把“历史的现实”与道德理想结合在一起。

尽管在特勒尔奇历史哲学那里还有一些存疑,比如,如何对没有受到理性规定的道德理想加以解释、依靠单子论是否就可以澄清历史的无限性与个人的有限性是如何结合起来的,但他毕竟提出了价值理念与历史实在如何统一起来这个重大问题,而不是像李凯尔特那样把价值简单地归于历史和文化现象。

这里需要指出,任何理论的产生和发展都与当时的社会现实有一定关联,新康德主义提出价值、效用、真理等问题是有其深刻历史背景的。19 世纪末和 20 世纪初的西方社会恰恰处在大变革的时代,传统的文化、规范和信仰都遭到怀疑,社会发展失去了方向,个人不能对自己进行规定。恰逢其时的新康德主义在这种历史条件下重新讨论这些问题,尽管他们的观点不尽一致,但他们的讨论在一定意义上澄清了道德、价值、真理等概念的内涵,突出了道德观念的绝对价值,满足了当时社会对某种需要的渴望。新康德主义给人一个重要启迪就是,必须努力消除“作为原初物化概念的经济价值与作为道德法则的价值概念的联系,努力使价值概念神圣化”③,确立道德价值的绝对崇高的地位。从这个意义上说,新康德主义的努力对我们在这个领域的讨论是有一定启发意义的。

---

① 参见特勒尔奇《历史主义及其问题》,第 156 页,图宾根,1922。

② 参见同上书,第 675 页。

③ 阿多诺:《社会理论与社会学论文集》(*Anfsätze zur Gesellschaftstheorie und Soziologie*),第 239 页,法兰克福,1970。

第六章　柯亨与马堡学派

在新康德主义中，马堡学派的影响很大，曾被称为是20世纪最有影响的哲学学派之一。这个学派不仅对促进现代人重视康德思想、研究康德哲学发挥了重大作用，而且在知识论、伦理学、教育学、政治哲学等领域都作出了自己的贡献，从而在哲学史上写下了浓墨重彩的一笔。

第一节　柯　亨

马堡学派的创始人是柯亨（Hermann Cohen，1842—1918）。柯亨1842年出生在德国安哈尔特的科斯维希（Coswig im Herzogtum Anhalt），其父母都是虔诚的犹太教信徒，父亲还是当地犹太教教堂的牧师和歌咏班的指挥。柯亨最初在德绍（Dessau）上中学，后又转到布雷斯劳[Breslau，原为德国临近波兰的东北边境城市，第二次世界大战后，依照《波茨坦协定》（*Potsdam Agreement*），此处划归波兰，布雷斯劳即为现在波兰的弗罗茨瓦夫（Wrocław）]的犹太教中学读书。1861年起就读于布雷斯劳大学，1864年获学士学位。同年，柯亨前往柏林大学继续深造，翌年向哈雷大学呈交了用拉丁文撰写的博士论文，内容是关于亚里士多德的偶性论，获哲学博士学位。此后的相当长一段时间，柯亨在两个犹太学者拉扎鲁斯(M. Lazarus)和斯泰因塔尔(H. Steinthal)主编的《民族心理学》(*Völkerpsychologie*)杂志社工作,同时继续学习数学和自然科学,并开始研究康德哲学。1873年,在朗格的帮助下,柯亨在马堡大学获得大学授课资格。1875年,朗格去世以后,柯亨成为朗格的继任者,先后任马堡大学副教授和教授。柯亨继承和光大了朗格的思想,在继续利用和改造康德认识论的同时,把先验论理解为康德哲学的核心,把认识论和方法论的问题都归结为先验逻辑的问题。柯亨的这个思想得到纳托尔普等一些哲学家的赞同,对其弟子如卡西尔等也有影响。在柯亨周围很快聚集了一批哲学家,形成了马堡学派。柯亨晚年的兴趣转向了宗教哲学,尤其是犹太教思想,而此时在马堡校园却弥漫着反犹气氛,一些同事和朋友因此离开了柯亨。1912年,柯亨迁居柏林,在一所犹太学院讲授犹太哲学。1918年,柯亨去世。

柯亨是一个自觉地建构思想体系的哲学家,他有意识地系统论证康德哲学,也有意识地建构自己的思想体系。1871—1889年,柯亨主要致力于康德哲学的评述,于1871年、1877年和1889年先后出版了《康德的经验论》(*Kants Theorie der Erfahrung*)、《康德的伦理学论证》(*Kants Begründung der Ethik*)和《康德的美学论证》(*Kants Begründung der Ästhetik*),这三部著作既是他对康德的三大批判思想体系进行的系统诠释,也构成了他构想自己思想体系的基础。在1883年,柯亨就写出了《无限小方法的原理》(*Das Prinzip der Infinitesimalmethode*),这是其建构自己思想体系的开始,1902年出版的《纯粹认识的逻辑》(*Logik der reinen Erkenntnis*)和1904年出版的《纯粹意志的伦理学》(*Ethik des reinen Willens*)则是他的思想体系的继续和完成。按照柯亨自己的说法,其思想主要包括三个部分:逻辑、数学与自然科学以及伦理学。在出版《纯粹意志的伦理学》以后,柯亨又不满足原来的体系,他在接受实证科学的同时,也承认和注重文化因素对哲学所起的作用,开始关注主体理论尤其是文化主体的意义,关注法哲学的研究。在美学(纯粹感觉的美学)方面,他不再坚持通过某一个确定的科学事实(艺术科学)对美的现象范围进行思考，而是直接从艺术作品本身出发。在 1912 年出版《纯粹感觉的美学》(*Ästhetik des reinen Gefühls*)以后，柯亨放弃了原来想研究心理学并把心理学研究当作其体系的第四部分的计划，而是把主要精力转向宗教哲学。他此后所撰写的论著都是以“犹太人的理性宗教”为主题。他相信，不仅科学思维是与唯心主义传统结合在一起的，而且犹太人的宗教传统也是与德意志的唯心主义传统结合在一起的。他力图做到的，就是努力说清楚这两种结合的思想。1915 年出版的《哲学体系中的宗教概念》(*Der Begriff der Religion im System der Philosophie*)和 1919 年出版的《渊源于犹太教的理性宗教》(*Religion der Vernunft aus den Quellen des Judentums*)的主旨都是这个思想。

表面上看，柯亨力图“超越”于唯物主义和唯心主义之上。但实际情况并非如此。他认为，唯物与唯心的问题集中体现在如何理解“经验”这个概念上。过去的哲学家对“经验”概念的理解和解释是不明确的。“经验”不只是对外部世界的感觉，还应当包括反思，在“经验”中既有感觉也有反映，既有感性也有思维。所以，“经验”是一个大概念，“它不仅使认识的两大基本概念成为子概念，而且同时还消除了它们之间的歧义”①。在这样的“经验”概念中，完全没有精神与物质之间、主观与客观之间的对立，只有“存在”才是它的特征，“存在”把一切认识包罗于自身。所以，“经验”是第一性的东西，是万事万物的基础。

但是，我们仔细观察和分析就很容易发现，柯亨是站在唯心主义立场上来反对唯物主义认识论的。柯亨并不否认感觉在认识论中的作用，他承认，理性主义者必须认识感觉在认识自然和追求真理中的正当地位，不然，理性主义者就会失去其有效运用“理性”的机会。柯亨继承了柏拉图的思想，认为感觉是促成思维的诱因，“感觉本身有一个组成部分同思维保持着内在联系。光有理性，既不能促成，也不能证明对自然物体的认识。感觉有着与理性相似的要素”，“没有与感性的种种联系，思

① 柯亨：《康德的经验论》，载于《二十世纪哲学经典文本：序卷》，第 576 页。

维绝不可能发挥其作用”。[1] 然而,柯亨并不把感觉看作是认识的前提,否认认识是从感性开始的,而只是承认“感觉与理性之间存在着亲缘关系”,把感觉视为意识形成和发展中的一个要素,是进行理性分析的一个有益和必要的环节。柯亨因此坚决反对过分强调感性的意义,他提出的基本思想是:“反思应该是一个独立的认识来源,也就是说,并非所有的意识都来自感性。”[2]由于柯亨强调思维的独立性,他在这里就必须解答感性与理性、感觉与思维的关系问题。对他来说,解答这个问题的关键,就是要对这两者进行区分,这方面的意义不在于去开创一个新的领域,而只在于区分感性与理性对认识内容和价值所起的不同作用,判断两者对科学和真理所作的不同贡献。

基于这样的思路,柯亨在讨论认识论的发展历程,特别是对康德有影响的哲学家的时候,常常批评这些哲学家思想中的唯物论或经验论的倾向。在他看来,无论是古代的赫拉克利特,还是近代的洛克和休谟,都没有看到认识的真正来源。而笛卡尔、莱布尼茨等人在解决感性和理性孰是第一性的问题上,虽然有一些天才的思想,但也常常有一些不自洽的说法。

关于赫拉克利特,柯亨认为,赫拉克利特出于自己的兴趣,注意观察事物,注意思维对事物的反映,但他本人思想中的逻辑色彩又比较浓厚,因此,事物在他那里就变成思想的反思对象,感觉和感知就不足以敷用。一旦赫拉克利特把思维当作自己哲学的主题,他就必须从中引申出一种不同于宇宙存在的新的存在可能性,这样,赫拉克利特的努力就使自己陷入矛盾之中。

关于洛克和休谟,柯亨把他们视为感觉论者。在柯亨看来,洛克在确定感觉与哲学的关系方面是错误的,他把感觉当作认识的要素,甚至认为全部思维的内容都来自感觉,但他讨论的是认识的心理方式,而不

① 柯亨:《康德的经验论》,载于《二十世纪哲学经典文本:序卷》,第575、550页。
② 同上书,第576页。译文有改动。

是针对一般科学认识的事实。因此，“洛克及感觉论的基本弱点恰恰在于它从其认识的心理学概念出发，注重那些与特定科学的事实相关的认识概念”①。洛克既没有对感觉和反思进行区分，也没有对事实本身与事实命题（die Behauptung der Tatsache）进行区分，所以，洛克关于认识的论述是肤浅的和含混不清的。柯亨进一步认为，感觉虽然与理性思维有一种联系，但对纯粹思维的确认仅仅依靠感觉是绝对不够用的，感觉根本不可能是科学认识的“最终的、有根据的、简单的要素”，一旦去寻求理性与感觉的关系，就必定会把理念看作是事物的摹本。哲学承认在思维与感觉之间存在着关系，但也必须对意识的形成和发展加以区分，必须对事实本身与意识事实加以区分，必须对思维与感觉的区别追根寻源，而不能只是去解释意识是如何开始于感觉的。关于休谟，柯亨认为他接受了洛克感觉论的影响，把事实视为真理的不容置疑的标志。休谟不是从纯粹思维中追寻真理的根据，而是力图从因果性上寻找事实推理的依据，从经验中寻找事实推理的依据。因此，休谟虽然揭露和批判了那种缺乏根据的逻辑真理，但他不可能承认，思维规律对事实的因果关系提供了保证，更不可能从事实本身推导出以因果力量来表达的思维的联系和思想的力量。休谟的意义在于：“他最终揭示了理念与事实的关系之间存在的鸿沟，但他又相信通过把理念还原为印象就可以缩小和填平这个鸿沟。”②柯亨因此认为，休谟促使康德对莱布尼茨学派的哲学产生怀疑，但休谟在重视纯粹理性批判方面并没有对康德发挥重要影响。“康德表面上明确表示引证洛克和休谟的思想是值得的，但同时他又因为力求避免他们的不彻底性及错误而终止了这种引证。”③

在柯亨看来，康德哲学的形成与笛卡尔和莱布尼茨有一种内在联系。他们继承了柏拉图的哲学思想，坚持理念论的传统，哲学在他们这里强调意识和思维的第一性，“自然必定发现于意识中，物质必定构建于

① 柯亨：《康德的经验论》，载于《二十世纪哲学经典文本：序卷》，第 573 页。
② 同上书，第 581 页。译文有改动。
③ 同上书，第 560 页。

思维中"①。笛卡尔从一开始就把数学与哲学联系在一起,不仅使数学论证成为哲学研究的基本问题,更重要的是,他由此提出这个基本思想:哲学家不能以自然界存在的事物为基点,理念不能以事物为摹本,而是事物必定建立和被发现于精神本身及其规律之中。笛卡尔正是用"我思故我在"来证明,自我精神是概念和认识的全部。但是,在笛卡尔把自我意识客观化的时候,即他试图讨论自我只能借助于感性知识来确认自身存在的时候,他没有把精神概念与精神活动区分开来,这就使他自己原本严密、清晰的原理变得含糊多义,从而最后把理念说成是事物的反映。莱布尼茨与笛卡尔一样,也是从数学开始其哲学生涯的。莱布尼茨通过论证,揭露了笛卡尔把几何学原理应用于力学的错误,强调几何学的图形不能概括大自然的物体,物质应当建构于一般的哲学思维之中。莱布尼茨还把单子当作思维的要素,并以此勾画了他的宇宙观。他的单子论鲜明地体现了这样一种哲学思想:以单子的统一性反映多样性,从其反射中反映宇宙,反映事物的状态及其变化。莱布尼茨比笛卡尔的进步在于,他不仅使感性认识归结于数学,而且把数学本身归结于逻辑学,从而在哲学史上明确写下这个重要思想:"事物的现实性存在于规则和规律的观念性中;要想取得科学上的合法性,物体必须从规律中推导。"②但是,由于莱布尼茨过高地估计了思维的主体性,却又不能从哲学上予以足够的证明,所以,他一方面抹杀了感性的正当地位和作用,另一方面又使思维陷入一种不确定性之中。

通过这一番比较,柯亨明确提出,近代哲学的肇始就在于,像笛卡尔、莱布尼茨这样的一些哲学家,既没有站在感性经验的立场去回答自然世界的问题,也没有用心理的方法去诠释人的认识过程,而是用纯粹数学的方法,即纯粹理性思维的方法,从概念和规律中揭示自然,说明人的知识的来源及其有效性。尽管他们的理论并不完善,但对康德的启示确实是巨大的,并由此开启了现代哲学的源头。

---

①② 柯亨:《康德的经验论》,载于《二十世纪哲学经典文本:序卷》,第 571 页。

与其他康德研究者不同的是，柯亨非常注意康德在前批判时期所取得的数学和自然科学的成果。他认为，康德如同其前辈一样，也是从自然科学入手，然后再去探寻哲学问题的。他们既是那个时代的哲学界的代表人物，也是数学和自然科学界的代表人物。康德不同于笛卡尔和莱布尼茨的地方，在于他是从牛顿的科学成果开始其哲学事业的。牛顿不是哲学家，“可牛顿假设的概念却是哲学概念”①。牛顿的物理学构成了思辨的基础，确定了“自然哲学的数学原理”，正是在牛顿这里，才真正把理性理解为科学理性，进而确立了认识概念的本质。康德从牛顿这里获得的一个重要启示就是：哲学必须像数学那样去寻求一种统一的方法，才能成为可靠的和普遍有效的科学。与此同时，康德也注意到哲学与数学的差别，强调道德伦理问题与物理-逻辑的区分。康德的这种独立自主的精神使其探讨的问题不局限在数学方法上，而是扩大到全部认识领域。他因此在理论上超越了牛顿，不仅成为近代哲学的终结者，而且还成为现代哲学的真正奠基者。

由于柯亨力图消除康德哲学中的唯物主义内容，所以，柯亨一是异乎寻常地赞赏康德的“先验”方法，二是坚决反对康德的“物自体”概念。关于前者，柯亨以为，先验方法是在对自然哲学的数学原理进行思考中形成的，牛顿、莱布尼茨都自觉或不自觉地应用这种方法。康德在讨论自然科学成果的时候，依据的也是这个理路。对他来说，无论是数学、物理学，还是化学或其他学科，科学发现的真正依据都蕴含在精神和理性的深处，而不是其研究的对象；科学家对有关精神意识的假设，以及在此基础上形成的科学价值的信念，是科学的真正来源。“坚信科学的有效价值同有关意识基础的假设是分不开的，科学就是发端于这种假设之上，并在假设的不断完善中谱写出它的历史的。”②康德与其前辈不同的

① 柯亨：《康德的经验论》，载于《二十世纪哲学经典文本：序卷》，第589页。
② 同上书，第595页。

是,他不把这种方法囿于自然哲学,而是在把科学的真正依据看作理性假设的同时,还从中建构和证明这种方法,以便在研究各种问题时都使用先验方法。这使他的哲学有别于其前人的哲学。为此,康德在先验方法前面加上"形而上学的"术语,它表明,批判哲学的"形而上学的先验方法"既要突破心理分析在范围方面的限定,也要对认识中的意识事实进行研究,从而去重构意识的确定性。形而上学在这里是先验方法的必要前提,"没有形而上学,先验证明是无法进行的,也是无从着手的"①。康德的这个思想所具有的重要意义在于,他不仅确认了科学研究中先验假设存在的重要性,而且还从与之相关的意义上关注人类意识的基本要素,确认了意识作为科学基础的要素必定是有效的,而科学的前提也必定是人类意识的基本特征。柯亨因此把形而上学的先验方法视为康德思想的核心。

关于"物自体"概念,这是柯亨批评康德最为激烈的地方。柯亨认为,物自体只是一个观念,或者是一个用于把经验材料联结起来的调节原则。我们可以把物自体看作一个问号、一个永远不能解决的课题、一个限制我们认识的边界概念,但绝不能把物自体看作是客观实在。柯亨说:"物自体成为观念之后,便不再是非科学的实在论的空洞想法,不再是不合逻辑的迷信的幻影,不再是那个实质上不能实现的愿望的空洞表现。"②应当说,柯亨在这里还是看到了康德的物自体概念的积极意义之所在:人的理性认识是有限度的,超出理性认识的范围,人的认识就是不可及的,我们的思想应当以我们的理性认识为界限,而绝不能把非理性的当作理性的,把非科学的当作科学的。但是,柯亨不能接受的是,康德的物自体概念具有感觉论的偏见,使人常常以为物自体是客观实在。如果这样,人们只能得出这样的看法,在康德那里,思维形式是先验的,而思维质料仍然来源于外部世界,来自感性。柯亨是绝对不同意这种二元

① 柯亨:《康德的经验论》,载于《二十世纪哲学经典文本:序卷》,第 594 页。
② 柯亨:《康德的经验论》,第 786 页,柏林,1918;翻版,希尔德斯海姆,1977。

论看法的。对他来说，不只是思维的形式，而且思维的质料，都是先验的，它们不依赖于任何感性材料。柯亨在《纯粹认识的逻辑》中明确地说："我们不承认关于感性的学说先于逻辑。我们是从思维开始的。思维除了它自身以外，不可能有任何原因。"[①]从先验感性论到先验逻辑是一种直接的飞跃，由于思维能够把纯直观的因素包含在自身之中，这里不存在那种由于直观的形式因素和思维的形式因素之间的同义性而产生的同质性媒介。一言以蔽之，柯亨彻底否定和排除了任何外在于思维的感性因素，只有纯粹思维才是真实的存在。

即使柯亨否认物自体是真实的存在，否认感觉是认识的真实原因，他仍然必须解答这个问题：认识是从何处开始的？如前所述，柯亨并不否认感觉存在这个事实本身，可是他不同意认识开始于感性的观点，并在这个意义上否认认识中"材料"的存在。在他看来，认识的对象不是由外部世界给予的，而是由思维提出的，认识不仅从形式方面（像康德那样）而且从内容方面，都是自己给自己提出对象。

为解决这个问题，柯亨提出，哲学史不只是哲学与历史的关系，而且首先是哲学与自然科学尤其是与数学的关系。所以，要解答认识的起源，应当对科学理性追根溯源，看看最初的科学认识是如何开始的。柯亨认为，认识过程开始的基础，就是所谓存在判断或者起源判断（das Urteil des Ursprungs）。米利都学派曾经把水或空气当作世界的起因，毕达哥拉斯则认为数学是世界的本质和基础。柯亨追随笛卡尔和莱布尼茨，不仅对毕秦戈拉学派观点感兴趣，而且吸收近代数学的最重要概念"无限小"，把"起源判断"的本质归结为无限小这个函数，"材料通过无限小的实在性而逐渐消失"。[②] 他坚定地认为，整个世界是由无限小值、由数学微分建立起来的。无限是一切纯粹思维的原因，也是一切有限之物的原因。有限之物的存在和实在性是无限小值的创造性活动的结果，

① 柯亨：《纯粹认识的逻辑》，第 12 页，柏林，1914；翻版，希尔德斯海姆，1977。

② 参见柯亨《康德的经验论》，第 792 页，柏林，1918；翻版，希尔德斯海姆，1977。

而无限小值则从时间、空间及其他类似特征方面对其加以规定。柯亨在这里赋予“起源判断”以特殊意义,他不仅把起源判断看作是思维的必然开端,而且还把起源判断的进一步发展视为推动世界建构的一个原则。现在,思维不只是从自身这里开始,而且思维还把规律加诸自然界,或者更确切地说,思维借助范畴、判断等逻辑概念创造自然、构造世界。这就是柯亨思想的一个主要特征,以后它又成为马堡学派的思想主旨。

通过上面所述,我们可以发现柯亨在理论哲学方面的以下旨趣:

其一,柯亨反对认识论中的心理主义。当时欧洲有相当一部分哲学家认为,人作为认识主体,其心理意识结构形式是相同的,人的知识依赖于这种相同的心理意识结构。柯亨不同意这种观点,他认为,有一个重大障碍是心理学无法逾越的,即心理学的方法是知觉,但知觉并不一定是意识的组成部分,“刺激神经并不一定产生意识”①。没有思维,任何知觉都是模糊不清的,只能是一个问题符号。即使可以证明知觉是对具体对象的感知,也不能说这种感知就是可靠的知识。以此推论下去就不难发现,心理学方法不可能说清意识的起源和意识与其对象的关系,这种所谓的意识及其变化都是不可把握的,更何况哲学家不能也不应该把科学基础的形成与人类个别意识的内容形成联系起来。柯亨反复强调,哲学的根本任务不是要像心理学那样去澄清意识现象、意识结构和意识事实的关联,不是要考察认识的心理基础,而是首先阐明数学和自然科学的可能性,然后进一步考察人类对自然世界和人类世界本身的认识,揭示这些认识的逻辑前提和一般的逻辑结构,确认它们的有效依据,并评价它们的价值。

其二,柯亨非常重视自然科学尤其是数学与哲学的关系。在柯亨看来,以数学为核心的科学和以理性为本质特征的哲学都奠基在科学理性之中,在科学的理性与理性的科学之间有一种内在的本质联系:“科学史是基础和土壤,从中——即从理性史中——孕育出哲学史。借助这种扎

① 柯亨:《康德的经验论》,载于《二十世纪哲学经典文本》序卷,第591页。

根于科学的能力，哲学作为理性，作为科学的理性便得到了确立。"[①]所以，科学与哲学的历史是同时发生的，它们都包含在理性之中。柯亨还特别重视数学的发展对哲学所产生的不可或缺的作用。他认为，数学家的发明不是作为感性的东西，而是只存在于思维之中的知识，数学的符号就是"思维中的存在"。柏拉图继承了德谟克利特的思想，探讨了数学涉及的存在方式和知识类型，并由此认识数学思维所产生的原动力和数学对认识及其价值的关系，确定了数学思维是理念思维的一部分或一种类型。及至18世纪，数学成为哲学的一个广泛而普遍的讨论对象，尤其是近代数学的基本概念"无穷小"向人们表明，数学促成了人们对有效论证的认识，即人们只能依据自己设定的前提和基础获取明确的知识、证明和科学。柯亨自己也说："在无限小的实在性中，实现了新数学和与之相对应的逻辑学之间的联系，正如实现了新数学和物理学之间的联系一样。以数学为依据的新逻辑学，使得整个旧的形而上学以及它的一切浪漫主义的新发明失去价值。"[②]正是数学与哲学之间的这种特殊关联才促使笛卡尔、莱布尼茨、康德等近代思想家把数学和自然科学与哲学联系在一起，以数学和形而上学的结合来建构自然科学，从而导引出现代哲学。

其三，与其说柯亨是诠释康德哲学，还不如说，他是通过诠释和批判康德哲学来表达自己的哲学思想。他不同于康德的地方主要在于，他主张，知性不仅从形式方面，而且从内容方面创造自然。他说："认识及其原则是自然规律的基础，思维应当揭示这些基本原理。因此，自然规律的问题导向逻辑学。"[③]这就把一切哲学问题都归结为认识论和逻辑学。在柯亨构造的逻辑体系中，不仅有前面所说的"起源判断"，而且还有他非常重视的数学判断、数理自然科学判断和方法判断。这说明，柯亨不仅吸收了当时的数学和自然科学的最新成果，而且还在一定程度上参照

---

① 柯亨：《康德的经验论》，载于《二十世纪哲学经典文本》序卷，第547页。

② 柯亨：《康德的经验论》，第793页，柏林，1918；翻版，希尔德斯海姆，1977。

③ 柯亨：《纯粹认识的逻辑》，第39页，柏林，1914；翻版，希尔德斯海姆，1977。

和吸收了黑格尔的辩证法思想。有些哲学史家把柯亨及其马堡学派的哲学思想评定为泛理论体系，也是有一定道理的。①

在实践哲学方面，柯亨的伦理学、伦理社会主义思想和宗教哲学也是有一定影响的。柯亨明确提出，理论理性和实践理性并不是各自独立的，应当从方法上把这两种理性联系起来，这种联系不是抹平理论与实践、应然与存在之间的差异，而是说立足于"应然"的立场，把"应当"包含的合理意义赋予"存在"，确立理论理性对实践理性的指导地位，建立一种特殊的"应当存在(Sollensein)"。柯亨不同意康德实践理性优先于理论理性的思想。实践理性的一些根本性问题，如伦理问题、公正问题、正义问题，都不可能离开理论理性而得到解决，实践理性只有通过理论理性才可能得到保证，实践理性只有在思维、精神中才能得到显现和展开。所以，实践问题的最终基础是观念，只有在形而上的世界观和认识论指导下，而不是停留在感性的层面上，我们在实践领域才可能作出重大贡献。正是基于这种看法，柯亨对实践领域的社会科学的学科本质作出了这样的规定：首先，伦理学、政治学、社会学等学科不涉及自然对象，而是与人的创造物、人为的东西打交道；其次，这些学科"在方法上按照道德范畴把自然科学先前构造的材料组织起来"②；再次，方法论是这些学科的规范，因而也构成这些学科的基础，而它们的深层伦理结构则是在哲学中进行系统阐明和论证的。显而易见，柯亨力图按照理论哲学的先验方法和道德价值去规定和重建实践哲学，是用抽象的伦理原则去规范社会科学。

柯亨对伦理学问题的讨论是对这一思想的继续和发挥。他虽然承认人的行为不可避免地会受到社会现实的影响，但强调人的道德动机不能被物质和感性的东西所左右。物自体概念已经划定一个明确的界限，人们如果受物质利益所困扰，伦理学就不可能有真正的意义。他说："毋

① 参见谢·伊·波波夫《康德和康德主义》，涂纪亮译，第193页，人民出版社，1986。

② 柯亨：《康德的美学论证》，第98页，柏林，1910；翻版，希尔德斯海姆，1978。

庸置疑，伦理学从来不会与所谓超验的羊群发生联系，因为羊群的实在性只是感性自然界的实在性。”[①]柯亨在伦理学领域特别重视观念的力量，强调决定人的行为举止的最重要因素是思想。

正是根据这种“重心轻物”的思想，柯亨着重发挥了康德道德哲学中的“人以自身为目的”和“自律”这两个概念。与康德相同的是，柯亨首先认为，“人以自身为目的”是伦理学的基本思想。任何人都不是物品，人只能被视为目的，而不能被看作手段。所以，即使为了增加国家财富这个目的，也不能把劳动者当作简单的工具，而是要把他们视为与其他人一样享有平等权利的人。把人视为目的，并不意味着要使康德的绝对命令变得空洞无物，而是要增加绝对命令所包含的目的论意义，突出绝对命令发布者的善良意志。“人以自身为目的”还意味着人在本质上都是理性存在者，人的行为准则应当以是否能够成为普遍立法的根据为准绳。人为自身立法的意志由此得到充分表现，作为自我规定的理性存在者的“人”因此形成“目的王国”。与康德不同的是，柯亨认为，康德在这里没有注意这个“目的王国”中的各个成员之间的交往，“自律”也是一种独白式的自我规定，而且这个王国还缺少机制方面的确定性。为弥补康德伦理学的不足，柯亨提出“道德存在者的共同体（die Gemeinschaft moralischer Wesen）”的概念。他认为，道德法则最终是在这个概念中得到设定的。没有道德存在者共同组成的集体，道德自律得不到监督，任何道德规定都是空洞的；只有自愿实行道德自律的存在者组成一个自律团体，道德自律才会有一种可以调节的实在性。所以，“法则的共同体将会变成立法共同体，并由此变成立法者的共同体”[②]。当然，柯亨并不认为道德法则的自我规定确实是在交往中发生的，而是想借此指出，道德存在者的共同体被设想为终极目的，它使道德法则具体而现实化，作为目的的人也因此成为被设想的“本体（Noumenon）”，实践理性通过这种

---

① 柯亨：《纯粹意志的伦理学》，第 26 页，柏林，1904；翻版，希尔德斯海姆，1977。
② 柯亨：《康德的伦理学论证》，第 227 页，柏林，1910；翻版，希尔德斯海姆，1978。

方法而在“人类的观念”中得到实现。

可是,当柯亨在对这种“道德存在者的共同体”继续追问下去,尤其是把视野对准那些在社会现实中受到不公正对待的人群时,他就不得不承认在实践哲学方面确实存在着公正、正义这样的社会问题,不能把实践理性的实现仅仅寄托于“人类的观念”,而是应当使抽象的道德原则具体化,赋予道德存在者的共同体一种实在性内容。这样,柯亨就由此引申出他的“伦理社会主义”思想。柯亨很清楚地知道,尽管他一再强调观念在伦理学中的重要性,但人类的幸福诉求不只是在形而上学的观念中展开的,不只是单纯的乐观主义历史观,而是应当作为实际存在的社会问题加以讨论。但是,柯亨的“伦理社会主义”又不同于马克思的以阶级斗争和无产阶级革命理论为核心的科学社会主义学说,他看重的是人类历史在未来的发展,即每一个人通过自己的道德行为而不断接近这个“目的王国”,人类是在自我理解的过程中实现这个伟大目标的。这种“伦理社会主义”关注的不只是现实世界迫切需要解决的问题,而是更加注意每个个人与他人之间建立一种真正的“德性”关系,通过这种锲而不舍的努力,最终在全世界构建公正、合理的社会主义社会。柯亨所说的这种社会主义实际上是奠定在每个人道德自律的基础之上的,它并不期望人们能够很快改变世界面貌,而是把“目的王国”当作一种未来的宏伟蓝图。他交给人们的是一项在现实世界并非容易完成的道德自律,带给人们的是对未来的企盼。

然而,这样的“伦理社会主义”过于空泛,它一方面在实际上排除了现实世界存在的问题;另一方面它设定的伦理目标也是形式化的东西,缺少具体的社会内容。为了进一步说明自己在这方面的主张,柯亨开始借助宗教的力量。在他看来,我们在当下所作的努力,我们的一切道德行为,都来自于我们力图建立一个自由、正义的世界秩序,努力实现人类永久和平的理念,这是我们的心灵力量,是我们隐秘的驱动力。这样的理念不仅与我们的理论理性相一致,而且与基督教的“弥赛亚主义”完全相同。“弥赛亚主义”的最重要因素就是强调,通过人类永恒不断的道德业绩去实现永久和平，它勾画的是人类永远追求的完美图像，但并不要求确实有一个与这种图像相匹配的现实。“弥赛亚”在这里既代表着人类大家庭在永久和平中实现团结一致的信仰，也是这种信仰的保证人，但他并不是在地球上最终实现神性要求的保证人，而只是这种希望的源泉。说到底，柯亨是用彼岸世界的神来维护此岸世界的世俗目标。他说：“弥赛亚主义的道德价值就在于它的政治意义，或者如同有人说的那样，在于它的历史哲学的意义。”①柯亨的这种社会政治思想以道德共同体为目的，在内容上以和平与正义为核心，再用宗教内容加以解释，给予的仍然是一种对未来的期待。从学理上看，这样的思想似乎说得通，但在实践中，这个思想却没有意义，因为它在本质上与道德宗教没有根本的区别，是从社会实践领域退回到道德说教那里。我们在这里不仅看到柯亨的实践哲学的不足，而且还可以理解晚年的柯亨为何不再重视第一哲学，而是把主要精力投入到宗教哲学的原因。

柯亨的哲学思想对其弟子们，如哈特曼、罗森茨威格(F. Rosenzweig)、纳托尔普、卡西尔等人产生了重要影响。他们在一定程度上继承和发展了柯亨的思想，并加上他们自己对康德的理解和认识，对康德哲学予以重新诠释和发展，从而使马堡学派的哲学思想在当时德国乃至在全欧洲的学术界都有很高的声誉。在柯亨诸多弟子中，以纳托尔普和卡西尔最为有名。纳托尔普的主要贡献是力图应用心理学去解释意识、意志等概念，重视哲学的普及和教育。但是，他的思想受实证科学的影响比较大，在阐释心理学的哲学意义方面又不如狄尔泰和布伦塔诺那样深刻和广博，尤其是他后期著作不仅在文风方面失去了早年的通达和流畅，而且其哲学思想动摇于本体论和目的论之间，其影响因此很快被湮没。倒是卡西尔以其独具特色的符号哲学、文化哲学的研究扩大了哲学研究领域，不仅成为新康德主义年轻一代的最重要的代表，而且在现代哲学中也占有相当重要的地位，被称为20世纪最重要的思想家之一。卡西尔的哲学思想一直到今

---

① 柯亨：《纯粹意志的伦理学》，第184页，柏林，1904；翻版，希尔德斯海姆，1977。

天仍然是学术界关注的重点之一。

第二节　卡西尔

卡西尔(Ernst Cassirer,1874—1945)1874年出生在德国布雷斯劳的一个富裕的犹太家庭。年轻的卡西尔学习兴趣非常广泛,先后在柏林、莱比锡、海德堡、慕尼黑等大学学习法学、哲学、文学、数学等多门学科,还选修了历史和艺术史等课程。1896年他进入马堡大学,在柯亨的指导下,于1899年写出博士论文《笛卡尔对数学和自然科学知识的批判》(“Descartes' Kritik der mathematischen und naturwissenschaftlichen Erkenntnis”),并通过答辩。1906年,他在柏林大学提交大学执教资格论文时,遭到里尔和施通普夫(K. Stumpf)的反对,后来在狄尔泰的大力干预下,这个论文才获得通过。第一次世界大战后,卡西尔在新成立的汉堡大学任教,1930年担任汉堡大学的校长。希特勒在德国掌权后,作为犹太人的卡西尔不得不流亡他国。他先后抵达英国和瑞典,在牛津大学和哥德堡大学执教,1941年应耶鲁大学之邀去往美国,任该校客座教授,1944年任哥伦比亚大学教授。1945年于美国去世。

卡西尔一生著述颇丰,可谓著作等身。他的早期著作主要有:《莱布尼茨体系的科学基础》(*Leibniz' System in seinen wissenschaftlichen Grundlagen*,1902),四卷本的《新时代哲学和科学的认识问题》(*Das Erkenntnisproblem in der Philosophie und Wissenschaft der neueren Zeit*,1906—1920年出版前三卷,第四卷出版于他去世后的1950年),《实体概念与功能概念》(*Substanzbegriff und Funktionsbegriff*,1910),《自由与形式——对德国精神史的研究》(*Freiheit und Form, Studien zur deutschen Geistesgeschichte*,1916),《康德的生平与学说》(*Kants Leben und Lehre*,1918)。从1917年开始,卡西尔开始建构自己的哲学体系——符号哲学体系,1921年出版的《观念与形态》(*Idee und*

Gestalt)已经显现这一哲学倾向,1923—1929年出版的三卷本《符号形式的哲学》(*Philosophie der symbolischen Formen*)则是这方面努力的主要成果。此后,卡西尔对作为人类经验之总体的人类学和文化问题感兴趣,把纯粹的认识批判扩大到人类的文化批判,并主动沟通欧洲大陆哲学思想和美国的“实用主义”与“功能主义”,在人类文化哲学方面作出了突出贡献。他在这方面的主要著作有:《启蒙的哲学》(*Die Philosophie der Aufklärung*,1932)、《英国的柏拉图主义的复兴和剑桥学派》(*Die Platonische Renaissance in England und die Schule von Cambridge*,1932)、《歌德与历史世界》(*Goethe und die geschichtliche Welt*,1932)、《论文化科学的逻辑》(*Zur Logik der Kulturwissenschaften*,1942)、《人论:人类文化哲学导引》(*An Essay on Man: An Introduction to a Philosophy of Human Culture*,1944)。他去世不久,其生前撰写的政治哲学著作《国家的神话》(*The Myth of the State*,1946)就出版了。此外,除了前面提到的《新时代哲学和科学的认识问题》第四卷,《符号概念的本质和作用》(*Wesen und Wirkung des Symbolbegriffs*,1956)与《论现代物理学》(*Zur modernen Physik*,1957)等著作也是在他去世后出版的。人们由此能够比较全面地理解卡西尔一生的思想。

卡西尔的著作涉猎广泛,他是现代哲学界百科全书式的思想家,因此,学界对他的评价也是各种各样。有些学者认为,卡西尔晚年思想发生了重大转向,主张把他的思想划分为早期的新康德主义和晚期的符号-文化哲学两个阶段;有些学者则认为,卡西尔的哲学思想从一开始就超越了马堡学派以数学和自然科学作为哲学主要研究对象的倾向,他所建立的符号哲学以人和人的文化现象为研究的核心,所以,卡西尔的思想理应被称为“人学”或“人类文化哲学”。对此,我们不能苟同。卡西尔是从新康德主义出发,并在此基础上予以发挥和创新,建立了他自己独具特色的哲学体系。他的早期著作《莱布尼茨体系的科学基础》和《新时代哲学和科学的认识问题》显然受到其师柯亨的影响,而他后来的思考和著作的确与马堡学派的其他代表人物不同。从马堡学派的发展来看,卡西尔彻底摆脱了纳托尔普著作中的形而上学神秘化的倾向;与柯亨相比,卡西尔对认识论问题的讨论远远超出数学和自然科学中的哲学问题和逻辑认识问题的范围,而是把哲学和科学史的研究与人类文化领域中的其他因素结合起来,注重理论认识与现象研究的结合。因此,卡西尔的研究确实超出了老一代马堡学派的范围。但是,“卡西尔的符号哲学体系,以经验的人文主义现象学为基础,对人类的经验、文化从‘符号形式’方面进行了批判和解释,似乎离开康德哲学已经很远了,但这种人文主义同样是德国的文化精神的深刻表现”①。更何况诚如我们在本章一开始所说,新康德主义不是整齐划一的学派,新康德主义者都站在各自不同的立场和角度去诠释和发挥康德哲学,并试图在超越康德思想的基础上建立各自的理论体系。如果我们仔细分析和研究新康德主义,就很容易发现,不论是马堡学派,还是西南学派,他们中没有一个哲学家的观点是相同的,研究重点也不一样。据此,我们仍然认为,卡西尔是新康德主义晚期的杰出代表人物,他以人类文化符号为研究基点,把自然科学、历史学和心理学的方法统一起来用于分析人类文化现象,又与传统哲学以主体为中心的前提相结合,找到了一种人文主义新的表现形式,从而实现了从绝对到相对、从实体转向功能的新旧哲学的转型。

下面,我们着重讨论卡西尔的符号哲学和文化人类学,以及它们相互间的关系。

一　符号哲学

与其老师柯亨一样,卡西尔最初感兴趣的也是认识论问题。但与其他新康德主义者显然不同的是,他不满足于通过对科学概念的澄清去为康德的知识论奠定基础。受当时科学的进步和洛采、狄尔泰等人的影响,卡西尔坚决摈弃了传统的形而上学,反对把哲学的认识对象划分为

① 叶秀山:《卡西尔的符号现象学》,载于《叶秀山全集》第二卷,第 275 页,江苏人民出版社,2019。

本体和现象，也不赞同黑格尔那种通过现象去把握本质的辩证法，而是要直接回到康德的现象知识论那里。另一方面，他也不同意康德的二元论。对他来说，康德的知识论过于狭小，康德留下的“物自体”这个长长的尾巴虽然给经验和知识作出了界定，但在实际上还是与传统的形而上学一样，把物自体设定为人类不可认识的对象。而在实践哲学领域，康德又把意志自由、灵魂不朽和上帝存在当作理性的公设，从而使道德律令始终只是一种理想，永远不可能在现实中得到实现。

卡西尔很清楚地知道，哲学家之所以把认识对象划分为本体与现象、主体与客体，就在于对“存在”这一概念的不同解答。“哲学思辨始于**存在**这一概念。当这个概念一出现，即当人们意识到存在的统一性是与现存事物的多样性和差异性相对立的时候，立刻就产生了特定的哲学世界观。”①在历史上，不少哲学家力图确定一切存在的开端和最终的基础，把某种被他们称之为世界本质的物质实体当作一切现象的终极基础。以后，这样的解释越来越观念化，实体被某些理性的“原理”所代替。在卡西尔看来，不论是把某种物质实体还是把某种观念当作存在的起源或基础，如果不对存在本身加以严格的界定，所有这些解答都不可能发现存在的真实本质，也就是说，它们不可能找到人类精神的真正归宿。只有当存在问题有一个严格界定的意义的时候，对这个问题的思考才有意义和价值，从而“思想不再与存在并列，不再是‘关于’存在的单纯反映；思想凭借其自身的内在形式决定了存在的内在形式”②。

与此密切相关的是，卡西尔对近代哲学家总是把哲学对象分为主体和客体的思想方法提出批评。在他看来，主体和客体同样仅仅产生于认识之中，它们之间不可能有什么先后。人们进行科学研究的基本倾向，不是简单地把感性材料拿过来，像它们被感知时那样，而是要从其价值角度对它们加以分类。在意识之流中，有一些表象是不巩固的，浮现一

---

① 卡西尔：《语言与神话》，于晓等译，第 203 页，生活·读书·新知三联书店，1988。
② 同上书，第 204—205 页。

下就消失了,这是“主观的”;另一些表象则是比较巩固的,这是“客观的”。不过,这种主客区分是相对的,某些客观的表象联系在其他情形下可能成为“主观的”,反之亦然。所以,“同样的检验内容既可能称为主观的,也可能称为客观的,这要看对它采取怎样的逻辑出发点而定”①。只有把存在的概念投入历史和普遍的运动之中,存在的统一性被设定为这一运动的目标,这种主客之分才能有意义。

卡西尔从康德发动的“哥白尼革命”中获得的重要启发是,哲学家在考察人类理性限度的同时,必须对仍被普遍接受的认知及其对象之间的关系加以彻底地修改。他坚持认为:“我们不应像本体论的形而上学那样去界定**存在**的一般性质,而必须借助理性的分析去探索**判断**的基本形式,并在其无数的分枝中界定它;唯有如此,客观性才可思议。”②正是基于这样的看法,卡西尔主张,人类的一切创造活动及其产品,其中包括像神话、艺术、宗教等文化产品,都是人类实际生活的一部分,是人类生活的积累,因而也是哲学的研究对象。这里没有作为纯粹“理想”的世界,理想来自于人类的思想,而且必定会与现实相结合而成为人类生活的“现象”,所以,我们不能把人类存在截然划分为现象和本质两大部分。一切本质都是现象的,而一切现象也都是本质的,一切都是人类经验和知识可以认识的对象,而绝不存在所谓的不可企及的“本体”或“物自体”。

在消除了本体与现象的对立以后,卡西尔提出了另一个主张:在认识并进而把握世界过程中,我们不必像传统哲学那样只是注意理性的“构造性”与“调节性”的区别,而是要重视世界本身的“功能”意义。卡西尔说:“像科学认知一样,这些世界并非我们能嵌入现成世界的简单**结构**,我们必须把它们理解为**功能**,通过它们的作用某种具体形式给予了现实界,并在它们之中产生出特定的区别。”③这就是说,我们在认识世界的过程中没有必要去纠缠是通过结构去理解功能还是通过功能去理解

---

① 卡西尔:《认识与现实》(*Erkenntnis und Wirklichkeit*),第 355 页,柏林,1912。

② 卡西尔:《语言与神话》,于晓等译,第 210 页,生活·读书·新知三联书店,1988。

③ 同上书,第 225 页。

结构这个问题，而是要注重事物本身的功能意义。无论是在物质世界，还是在精神世界，任何事物都有其特定的功能，每一种功能都有不同的标准和准则，都要求采取不同的形式，并会产生不同的结果。因此，哲学家的任务首先是要揭示这些功能的意义，并从中认识这个世界已经确定的结构，从而达到一个可以把握的客观统一性。

既然一切现象都是本质的，一切本质都是可以认识的，而且事物的功能意义能够为我们提供一个可以把握的、客观的结构，那么，卡西尔就把人类使用的最普遍的"符号(das Symbol)"当作理性的统一原则与感觉材料相结合的切入点，当作获取客观认识的媒介和工具。

"Symbol"是一个多义词，既有"符号"的意思，也有"象征"的意义。[1]但它不同于"记号(Zeichen)"，因为"Zeichen"除了有"记号"意思以外，还有表示纯粹物质世界的"迹象""征候""症状"等意义。卡西尔使用"Symbol"这个概念，一方面表明他所讨论的符号是人类创造的各种符号形式，而不把自然界的"迹象""征候"等意义包括在内；另一方面，这也是对康德哲学的继续和发展。康德在《判断力批判》中曾说，美是德性的象征。[2] 康德这里所说的"象征"就是"Symbol"。对康德来说，"象征"和"图式"是一切感性化表现的双重形式，但"象征"不同于"图式"。"图式"是知性可以把握的概念，与之相应的先验直观是直接赋予给它的，它因此可以把感性和理性结合起来，表现真实的世界图景及其规律；而"象征"则只是理性设想的一个概念，任何感性直观既不能与之相对应，也不能作为其基础，所以，"象征"只具有类比的意义，它只是在形式上而不是在内容上与反思相一致。这样，在康德这里，"象征"仅仅具有虚拟的意义，审美与德性的统一只是表明美感与道德判断所引起的心情有类似之

① 为避免与文艺和艺术理论中的"象征主义"相混淆，我国哲学界通常把卡西尔使用的"Symbol"翻译为"符号"，但此"符号"不等于现代符号学的"符号"，它既有汉语中的"符号"意思，更有"象征"的意义。

② 参见《康德全集》第 8 卷，第 458 页，达姆斯塔特，1983；康德《判断力批判》上卷，宗白华译，第 199 页，商务印书馆，1964。

处,而并没有实践意义。

卡西尔超越了康德的这个思想,他不承认"图式"与"符号"(象征)的区别。在他看来,图式因其具有抽象化和形式化的感性形式而适用于表达自然科学现象,而人类的一切精神活动和文化产品,如语言、宗教、知识(包括科学),则不是图式可以表达的,它们无一不是符号的不同形式,在功能上象征着人类精神活动的特定意义。从人类的生存状态来看,人不仅像其他动物一样生活在物理世界之中,而且也生活在人类自己创造的新的维度之中。这种所谓"新的维度",是指外界刺激在人的思维过程中被符号化的过程,思维在这里一方面主动接受和摄取外界刺激,另一方面,思维同时给予外界刺激以不同的指称形式,各个指称形式之间相互联系,并形成一个特有的整体结构。符号就是处在这种结构之中并受这种结构制约的指称形式。符号的根本特点是以各种方式把感性的材料提高、抽象出某种普遍形式,以表现出一定的意义,它们既是物质的可感性的显现,是可以知觉的形式,也是人类精神活动的表现,表达出人类创造的文化和知识产品。所以,符号不只是理性设想的概念,它既是感性的,又是理性的,既有感性直观的形式,也有象征人类精神文化产品的意义,图式和符号可以由符号统一起来。

这种人类思维符号化的过程,卡西尔认为,是人类存在的历史现象。这就是说,从人类历史的发展来看,符号是在人类历史中形成的特有现象。语言、神话、艺术品都是人类创造的符号,无论是一件艺术作品,还是一个神话故事;无论是一首诗歌,还是一部科学著作,都是以可知觉的形式去表达人类的精神活动,这些符号表现的世界都是真实的世界。符号的作用恰恰是在知觉符号与意义之间建立联系,使"人类的意义世界"既可以得到显现,又可以被理解。卡西尔由此强调"符号化的思维和符号化的行为是人类生活中最富代表性的特征,并且人类文化的全部发展都依赖于这些条件"。人是"**符号的动物**"①。这里可以看出,卡西尔仍然

① 卡西尔:《人论》,甘阳译,第35页,上海译文出版社,1985。

坚持了德国哲学的传统，把人的问题当作哲学研究的根本问题和最高目标。他关注的不是自然界直接呈现的感觉材料，而是人类曾经思考和正在思考的经验事实，在研究这些经验事实客观性的同时，应当注意它们所包含的主体活动和复杂的判断过程，尤其是研究这些经验事实赖以被理解的各种知识形态。但是，卡西尔又与其他新康德主义者有所不同，他不赞同只是关注理念性或观念性的东西，而是要把经验事实与主体精神活动结合在一起。

具体地讲，卡西尔重视的是符号所象征的意义，即他所说的符号的“功能”。符号不是单纯地去反映事物，不是事物的标志或记号(Zeichen)。符号是人类为达到目的而创造出来的具有象征意义的系统。这种意义不是私人的，而是普遍的、社会的，能够为他人所理解，可以进行交流：“由于每物都有一个名称，普遍适用性就是人类符号系统的最大特点之一。”①这种普遍性就是符号的第一个特点。同时，符号不是孤立的、个别的，而是有特定的规则和逻辑结构，各种各样的符号根据这些特定的规则和逻辑结构形成一个完整的符号系统。这种规则性、系统性是符号的第二个特点。符号所具有的第三个特点是，符号的多义性和变化性。比如，人类可以用多种语言去表达同一个意思，而在同一个语言中，某些词汇可以表达不同的意义，而且由于历史的演变，某些词语在现代所表达的意义也不同于古代。符号的第四个特点是抽象性，这里不仅是指符号有特殊到一般的普遍形式，而且是说人不直接面对感性事物，可以借助符号在抽象的意义上思考和处理问题，从感性现象中分离出有规定的东西，从而研究和创造新事物。卡西尔高度肯定符号的“功能”及其特点，他说：“没有符号系统……人的生活就会被限定在他的生物需要和实际利益的范围内，就会找不到通向‘理想世界’的道路”②。

这样，在卡西尔的视野中，符号不只是人类把握世界的一种基本方

① 卡西尔：《人论》，甘阳译，第46页，上海译文出版社，1985。

② 同上书，第52—53页。

式,人通过符号创造出各种文化形式,如语言、神话、宗教、科学等,有了文化,人才有了赖以存在的条件,人的生存的环境才是人的环境,人类赖以存在的社会才是人类社会。同时,符号还是人类存在的本质特征。人之所以为人,而不是其他动物,就在于人类创造了以符号为核心的这些人类特有的精神文化产物。我们一方面要承认符号是历史的存在和现象的存在,而不是臆造的本体;符号是历史的、相对的东西,具有一定的时间性和空间性,是人类精神文化活动的一部分,而不是超越时空的、绝对的观念性东西。另一方面,我们也必须看到,人通过自己的思维使感性世界符号化,并使感性世界呈现一定的规律性和统一性,从而让人自身与世界相互适应、相互调节。研究符号的生成、变化、发展和意义,在本质上就是研究人类自身的存在,研究人类的发展历程,研究人类的知识和科学的本质。只有在这个意义上,我们才能理解卡西尔为何把自己的"符号哲学"称为"人论"。

二　文化人类学

卡西尔的符号哲学与文化研究有着密切联系,甚至可以说,他的符号哲学就奠基在他对人类文化批判的基础上,而他的文化批判,即他所说的文化人类学,则是以符号哲学为核心的。他曾经明确说:"所有这些文化形式都是符号形式。……只有这样,我们才能指明人的独特之处,也才能理解对人开放的新路——通向文化之路。"①

卡西尔把自己的"符号哲学"与文化研究结合在一起,这是对德国哲学甚至整个大陆哲学的一个重要发展。这里首先就关涉如何理解德国古典哲学的问题。卡西尔认为,我们在继承康德批判哲学的时候,不应当把康德的"批判理论体系"理解得过于狭隘。从康德本人发动"哥白尼革命"的愿望而言,康德并不想从一开始就用一个简单的、原初的公式去表示人类精神的全部内容。然而,这个革命的起始与终结是相互分离

① 卡西尔:《人论》,甘阳译,第 34 页,上海译文出版社,1985。

的，其原因就是在概念的“潜在性”与其充分发展和效果之间存在着一种张力和冲突。按照卡西尔自己的理解，从表面上看，康德学说只是研究了纯粹哲学的领域，主要涉及自然科学、认识论、伦理学和美学，但是，“假如我们不是从康德唯心主义的具体历史条件，而是从它的普遍系统的任务去看待康德唯心主义的话，我们甚或还会添加更多的东西”[①]。因此，康德的“哥白尼革命”应当获得一种全新的、扩大了的意义。“它不再单单涉及逻辑判断的功能，而是以同样正当的理由和权利扩展到人类精神得以赋予实在以形式的每一种趋向和每一种原则了。”[②]我们不应当只注意康德哲学中没有文化哲学这一名称的事实，而是要注意康德哲学为我们提供了什么思维方式，在不改变康德哲学的本质前提下，可以而且应当把它用于人类的所有思维性质上，用于人类心灵认识整个宇宙的情感上。

对于黑格尔的思辨哲学把人类历史（其中包括人类的文化活动）看作是精神的外化、把现实领域看作是一种外在空间的观点，卡西尔提出了不同的看法。他认为，我们即使不能像历史学家那样“总是把真理看作时间的女儿”，但也不能把时间和历史视为“绝对理念自我扬弃的一个阶段和自我实现的活动”。[③] 黑格尔所说的这种“本质性的存在”是一种超越时空的、既无过去又无未来的存在。它虽然看起来是一种无所不在的存在，但实际上是一种概念化的精神现象，这是从他的形而上学原则中推演出来的，并不能反映人类真正的历史和文化现实。因此，我们在进行人类文化批判时就不能采纳黑格尔的思想观点，而应当在批判哲学开辟的道路上继续前进下去。

卡西尔认为，对康德和黑格尔的思想提出不同的解释甚至批判，并不意味着要使自己的“符号哲学”变成历史学那样，把自己限制在纯粹事实的范围内，不是要寻找历史现象本身，而是要力图探索蕴含在语言、神

---

① 卡西尔：《符号・神话・文化》，李小兵译，第 22 页，东方出版社，1988。

② 卡西尔：《语言与神话》，于晓等译，第 211 页，生活・读书・新知三联书店，1988。

③ 卡西尔：《符号・神话・文化》，第 31—32 页。

话、艺术、宗教和科学之中的那些基本感受、表现和表达方式，考察它们前后相继及其因果联系，认识它们既相互联系又相互区别的方式。这样，哲学进行的批判就不只是**理性的批判**，而应当变成**文化的批判**。

这种文化批判不是把文化当作孤立的内容，而是把文化视为植根于一种普遍的形式原则，以人类精神的本原活动为前提的人类存在方式。文化的各种产物，如语言、神话、宗教、艺术、科学知识等，虽然在其内部有各种差异，但它们都被看作一个统一的、重大问题的各个部分，它们以各种形式去共同表达人类的精神世界。哲学对这些不同文化形式进行批判，不仅要使自己以某种特定方式与对象联系起来，而且还要在一个统一的观念下考察它们，从而使这种批判具有一种统一的客观有效性。于是，这里所理解的文化不仅仅在历史起源上得到认识，而且更重要的是从它们的结构及其开启的意义上予以分析和阐释。这样的文化就是一个具有普遍性特征的概念，它显现和表达人类活动的基本形式和方向，"存在"由此可以在"人类文化行动"中得到理解。在卡西尔看来，这样的哲学思维不仅突破了纯粹认识论的局限，而且也打破了哲学史上大部分独断论体系把某个业已确定的逻辑、审美或宗教原则提升为形而上学的假设；这样的哲学思维使自身与文化的具体方面及其形式的整体性获得联系，可以一览无余地统观所有这些形式，洞察所有这些形式的内在关系。这样的文化批判理论就是一种系统的人类文化哲学，我们借此可以深入到一个崭新的思维维度。

根据这个基本思想，卡西尔关注的就不只是文化的表现形式——符号，更重要的是要探讨和研究这些展现在神话、语言、艺术、宗教、科学之中的符号的意义和价值究竟是什么。卡西尔着重讨论了神话、语言和科学这三大符号体系。在他的符号哲学体系或者说文化人类学之中，神话这种符号体系最具感性色彩，语言则既有感性、具体的特征，也有抽象、系统的规定，而科学就是理性的、抽象的符号系统。按照这样的理路，神话是"前语言"的符号，语言是"前科学"的符号系统，除此之外，还有宗教、艺术等符号系统，它们都是人类积极创造的产物，表现了人类文化发展的历史进程。

神话通常被看作是荒诞无稽的原始迷信和非理性的妄想，但是，卡西尔受谢林的影响，不仅把神话看作是“人类童年的精神”，而且还进一步把神话视为人类智慧的起点和一切文化形式的原始形态。卡西尔分析说，按照现在日常经验所提供的标准来看，神话世界是“不真实的、虚假的”世界，神话的创造对我们是没有意义的虚构。但是，我们不能用今天的标准来衡量人类早期的精神活动。神话的存在自有其自身的法则和合理性，它是人类在初始阶段认识世界的必然方式，反映的是早期人类自身及其与周围环境的真实关系。诚然，在神话中，真实世界与表象世界不分，部分与整体不分，原因与结果不分，但神话中的时间、空间和数的概念表达的是生命的永恒性、人的原始情感和巫术的神奇魔力，这样的概念在现代的物理学、几何学、地理学和逻辑学中不可能得到解释。用卡西尔的话说，在神话思维中，“任何特征，尽管是外在的，也与另一特征同样有效：‘内在’与‘外在’、‘本质’与‘非本质’之间无法作截然的划分，之所以如此，就是因为对于神话思维来说，每一项领悟的相似性都是本质之同一性的直接表现。这种相似性绝非纯粹的关系概念和反思概念，而是一种现实力量——它是绝对现实的，因为它绝对有效。”[①]这样来看，虽然神话形式是非理性的，但它是人类早期的直觉形式和思维形式，把感觉、直觉和情感结合为一个统一体。因此，神话同样是一种通向精神解释的中介，折射的是人类内在的感受和思想。

卡西尔是以历史主义的眼光来看待神话的。他承认，神话形式在人类历史的长河中只是人类符号体系中的一种早期形式，后来出现的宗教、语言、艺术、科学是比较高级的符号形式。但是，后来的符号形式并不能取代前面的符号形式，它们都是人类发展的各个阶段的产物，每一种重要的符号形式都是人类进步的里程碑。此外，卡西尔还从神话形式中挖掘出自由在人类发展中的重要作用。他说：“神话幻想虽然深深植

① 卡西尔：《神话思维》，黄龙保、周振选译，第 76 页，中国社会科学出版社，1992。

根于感性,却也远远超出了感觉的纯粹受动性。”①这就是说,神话虽然产生于人的感受、知觉,但人如果单纯地依赖这种受动性,就不可能产生出神话。“神话的创造当然是‘不真实的’,可是恰恰在这种不真实中存在着神话功能的能动性和内在自由。”② 人正是通过自己的主观能动性才挣脱感性的束缚,创造出一个个填山移海、超越时空的奇迹,人类也正是通过这种能动性才从自然蒙昧的状态走向文明自由的社会。

卡西尔在晚年把纳粹德国的所作所为看作是“国家的神话”。他不仅认为人类后来创造的理性符号,如语言、艺术、科学不能代替感性的神话,而且还认为,神话并不是历史的残存物,它在人类文化的高级阶段仍然有其地位。这是因为:“人并不完全是理性的动物,他现在是而且将来仍会是一种神话的动物。神话是人类本性的组成部分。”③所以,即使人类发展出逻辑和科学的建构性力量,即使人类有伦理和艺术的创造力和想象力,这些新的力量也只是对神话加以制约和控制,而神话总会以新的形态出现,一旦文明社会的维系因素失去影响,神话就可能卷土重来。卡西尔提醒人们警惕现代政治神话,指出不论这种神话的技巧有多么精致和复杂,其本质不过是“人格化的集体愿望”。与现代神话作斗争的最好武器,就是永远不要放弃理性的分析和道德的自觉。

在卡西尔的人类文化批判中,语言作为建造人类文化的一种基本符号具有极其重要的意义。按照卡西尔的说法,我们所进行的文化批判应当遵循在历史中表现出来的渐进发展的思路,注意考察这个进程中的各种文化形式,而语言是在这条道路上带领我们前进的第一块路标。④ 卡西尔在这方面完全接受了德国语言学家洪堡(W. von Humboldt,1767—1835)的观点。他承认,语言受民族甚至个体的条件限制而表现出多样性,而且它首先是一种在感觉中获得的结果,但是,语言研究不能限制在对物质层面的机械而枯燥的分析上,不能限制对在语音和言谈的分析

①② 卡西尔:《语言与神话》,于晓等译,第221页,生活·读书·新知三联书店,1988。

③ 卡西尔:《符号·神话·文化》,李小兵译,第193页,东方出版社,1988。

④ 参见同上书,第25页。

上，还应当切入对人的精神世界的分析。这里的最根本原因就在于，语言不只是由声音、词汇、词语构成的，每一种语言都有自身的语法和相应的用法及规则，这个显著特点既是人类心智的活动，而且也超出了个别性和感性活动的疆域。人们按照语言的规则一方面指称和模仿某些特定的内容，在主观上进行表达；另一方面，这些内容又是被听到的，是人们周围可感世界的一部分。语言在这个意义上既是“沟通主观与客观的桥梁”，又可以被理解为区分“‘内在’与‘外在’的一种内在能量”。[①] 人类正是应用语言形式来为直接印象的混沌状态“命名”，印象世界因此对我们才由混沌不清变得清晰有序；而且由于人类用语词对一定内容加以确定和区分，实际上赋予了这些内容一种恒定的性质，语言表达的内容因此超出了感觉性质的纯粹直接性。“这样一来，语言就成为人类精神的基本工具之一，通过它，我们从纯粹感觉的世界前进到直觉和观念的世界。它包含着后来在各种科学概念的形成过程中以及它们的形式的逻辑统一性中显示出来的理智作用的萌芽。”[②]因此，语言不仅是人类文化中的一种独立的符号形式，而且还是从神话思维方式前进到科学思维方式的必不可少的环节。卡西尔相信，这样的语言分析注重的是语言的一般符号功能及其意义，它们恰恰能够表现精神活动的深刻内容，并且可以说明人类的主观能动性和人类意识的积极创造性。

科学被卡西尔视为其符号理论中最高层次的符号系统。如果说神话受感性的束缚，而语言因为既有感性成分也有理性的成分而没有达到真正的意识统一性，那么，只有作为纯粹理智形式的科学才是清晰明确、毫不含混的符号系统，这个系统包含区别、分析、联结、综合等一系列理智行动，形式上的逻辑统一性在科学这个系统中得到最自觉的表达。通过这样的符号系统，人可以描述思想的客观关系和事物的联系，不仅能使我们的知识达到逻辑上的统一，而且还可以使“存在”与“意义”“真理”

① 参见卡西尔《语言与神话》，于晓等译，第 225 页，生活・读书・新知三联书店，1988。

② 同上书，第 221 页。

统一起来。

科学之所以有如此功能,不光在于科学从一开始就是纯粹理智的应用,更在于科学所显现的在方法论上的统一性。与科学实证主义者不同的是,卡西尔虽然也研究了数学、物理学、生物学中的哲学问题,但他强调,哲学家不仅要注意各门科学的具体研究对象,而且更要进一步研究各门科学共同的描述手段——符号系统。虽然每一门科学都有自己的研究对象,都是从各自的观点出发提出自己的问题,并且使自己服从于特定的解释和形式构造的知识,但是,科学给我们带来一个重要的启发是:"其价值不在于反映某一给定现存物,而在于它作为知识的工具所成就的东西,在于现象的统一,这种统一必须从自身中产生出来。"①因此,知识的统一性不是把所有形式的知识都归于一个共同的对象,而是把科学的各部门及其各自的方法论纳入一个体系之中,而这个体系的各个部门的多样性则是相互补充、相互促进的。这样,科学不仅在描述手段上具有共同性,即服从"清晰性、无矛盾性、指称无两可性"这种逻辑要求,而且科学还不是对给定对象的简单摹写,而是理智自身创造的符号。卡西尔从科学的这些形式特征中看到了科学与他主张的文化批判的相同性。他认为,科学表现出的这种产生于自身的手段的统一、现象的统一和意义的统一,恰恰取代了形而上学关于实体统一和起源统一的假设,它使我们在进行知识批判和文化批判时放弃了追求概念的绝对统一性,而是寻求一种支配具体多样的认识功能的规律,寻求一种把它们集合到一起的统一性,我们的文化批判因此能够把文化的具体活动和形式与人类精神活动的整体性结合起来,并且从这种整体性来说明每一种形式的文化活动的内容和意义。从这个意义上说,我们的文化批判就是系统的文化人类学。

我们在这里可以清楚地看到柯亨对卡西尔的影响。柯亨曾经提出"对象是由思维提出的"这一哲学命题,并据此假设"自然必定发现于意

---

① 卡西尔:《语言与神话》,于晓等译,第206页,生活·读书·新知三联书店,1988。

识之中”。卡西尔虽然承认符号的感性因素，但他在讨论科学这个他所认为的最高的符号系统时，却把科学仅仅归结为人类理智的自身创造，而不承认科学研究在起源、对象等方面的客观因素。新康德主义片面强调观念论的特点在此还是表现出来了。

晚年的卡西尔也把自己的文化人类学称作“文化哲学”，这是他从更深的层面上反思他所进行的文化批判的结果。他不仅从历史现象学的角度思考和分析文化活动的形式，即对语言、神话、宗教、艺术、科学的符号加以描述，而且还把这种开始于符号分析的文化批判扩展为一种“综合的研究”。他并不认为，采用“文化哲学”这个名称就意味着要把文化看作精神的绝对本质的表现。因为文化不只是思辨的东西，不可能依赖纯粹思辨的根基，文化“不仅包含一系列理论的构想，它还要求一系列行为”①；“文化的进程即是自由意识之进程”②，它是人作为创造性主体的自由实现。因此，文化哲学既要思考形式和功能的因素，也要思考理论和实践的因素；既要注意理性的自由和自律，也要注意道德的规范和要求。他希望，这样的文化哲学通过描述、分析人类文化活动的不同形式和功能，能够获得人类精神的基本规则，洞见人类精神得以统摄的那些普遍法则。虽然这样的文化哲学并不一定能够预见和规定人类文化的未来，但我们每一个参与其中的人或许会因此更好地理解我们人类自身的精神世界。

卡西尔以符号哲学为核心的文化人类学并不是以研究文化形式为目的，而是以形式研究为切入口，通过形式研究去观察人类精神状况，从而达到理解人类社会和重构世界的目的。这就是卡西尔的符号哲学和文化人类学的根本所在。

---

① 卡西尔：《符号·神话·文化》，李小兵译，第16—17页，东方出版社，1988。

② 同上书，第41页。

第三篇

现象学

第七章　布伦塔诺

布伦塔诺(Franz Brentano,1838—1919)于 1838 年 1 月出生在德国莱茵河畔的一座名为马林贝格(Marienberg)的小城,他的父亲是一名天主教作家。从 1855 年开始,布伦塔诺首先是在慕尼黑,接着在德国各地的大学进行神学和经院哲学的学习。在柏林时,他曾受教于亚里士多德学派的特伦德伦堡,最后在图宾根大学拿到了博士学位。

布伦塔诺早期的博士论文《论存在在亚里士多德那里的多种含义》("Von der mannigfachen Bedeutung des Seienden nach Aristoteles",1862)和大学任教资格论文《亚里士多德的心理学,特别是他的能动理智说》("Die Psychologie des Aristoteles, insbensondere seine Lehre vom Nous Poietikos",1867),都直接以亚里士多德学说为研究对象。布伦塔诺相信亚里士多德的哲学是当时流行的新康德主义和怀疑主义之外的可行选择,亚里士多德的哲学对布伦塔诺影响巨大:他一生中许多思想上的转变都来源于对亚里士多德学说的灵感,亚里士多德哲学是他哲学事业的终生指导。

布伦塔诺和天主教的关系是另一个值得关注的现象。在 1864 年,布伦塔诺接受了天主教牧师的任命。1869—1870 年第一次梵蒂冈会议所宣告的"教皇无误论",引发了他对信仰的首次怀疑。而对"三位一体"

学说的怀疑进一步瓦解了其信仰。1873年，布伦塔诺正式放弃了自己以前的信仰和教职，离开了教堂。正是由于他从小就接受的宗教信仰和哲学研究的“悲剧性冲突”，才使得他最终决定，不是为教堂，而是为真理服务。

布伦塔诺在教职论文中宣布，“哲学的真正方法和自然科学的方法并没有区别”。哲学对于他而言，应首先到心理学中寻找概念和原理的起源。因此布伦塔诺的“哲学”在本质上是一门心理学，一种“描述”的心理学。描述的心理学和作为精确自然科学最高代表的数学是统一的。在1874年，他出版了《从经验的观点看心理学》(*Psychologie vom empirischen Standpunkt*)一书，详细阐述了描述心理学观点。它成为布伦塔诺学派的经典。

1874—1895年的维也纳时期，他遇到了自己的第一位妻子，在妻子离世后，他离开了维也纳。而后他再婚并定居于意大利的佛罗伦萨。从第一次世界大战爆发后，他迁往瑞士的苏黎世直至1917年在那里去世。在意大利，他出版了一系列作品，包括1907年的《感觉心理学研究》(*Untersuchungen zur Sinnespsychologie*)、1911年的《亚里士多德和他的世界直观》(*Aristoteles und seine Weltanschauung*)、《亚里士多德关于人类精神起源的学说》(*Aristoteles Lehre vom Ursprung des menschlichen Geistes*)、《论心理现象的分类》(*Von der klassifikation der psychishen Phänomene*)等。

布伦塔诺死后留下了大量遗稿，这些遗稿中的很大一部分直到今天还未出版。人们今天通常用《心理学Ⅰ》(*Psychologie 1*)称呼1924年版的《从经验的观点看心理学》，它包括该书1874年版的第1卷和第2卷的第1—4章。该书的第5—9章和《论心理现象的分类》的第2版被合称为《心理学Ⅱ》(*Psychologie 2*)。《心理学Ⅲ》(*Psychologie 3*)则指选自遗稿的《论感觉意识和意向活动意识》(*Sinnlichen und noetischen Bewusstsein*)。

无论在生前还是死后的很长的一段时间内，布伦塔诺都是一个被忽略的哲学家，并且长期以来，他的思想都仅仅被看作是现象学的史前史。通过对布伦塔诺思想的重新研究，人们完全有理由相信，他不仅有资格归于19世纪最伟大的哲学家之列，而且恰当评价他在哲学史上的地位和作用的时间直到今天还没有到来。

第一节　描述心理学

在《从经验的观点看心理学》一书开头，布伦塔诺将心理学定义为一门关于心灵的科学，这是来自亚里士多德的古老定义。这一定义必然要求假定一个表象及其他心理行为的“实体承担者”，因此他更倾向把心理学定义为一门“心理现象的科学”。在这里心灵和心理现象的关系被回避了，只是在后期他才能更清楚地表明两者的关系就是实体和偶性的关系。在这一意义上，他的心理学并不是一门“无心灵的”心理学。

心理现象（Psychische Phänomene）是与物理现象相对的概念，它有着一系列不同于物理现象的特征：心理现象是没有广延的，而物理现象有广延；心理现象是实在存在的，而物理现象在感觉之外没有真实的存在；“同时存在的”心理现象是统一的，而物理现象则不然……在这些区别中，最重要的有两个：心理现象是意向地指向一个对象的，而且心理现象是内感知的对象；物理现象不具有意向的特征，它不是内感知而是外感知的对象。

不同于亚里士多德对心理现象的分类，也不同于康德著名的知性、情感和意志的分类法，布伦塔诺提出了自己的分类法：他将心理现象（心理行为）分为三类：表象（Vorstellungen）、判断（Urteile）和情感（Gemüter）。表象是心理现象的基础行为，其他的心理现象都奠基于此。

将作为科学的心理学和其他科学，尤其是与自然科学区分开来的，正是它研究对象的独特性——心理现象。心理科学可以和自然科学一样是“经验的”，也就是说不含有形而上学的论断，并寻求一种知觉意义上的经验证实,描述心理学可以成为一门像数学一样的精确科学。但是心理学和自然科学在经验方法上还是存在着具体的差别,自然科学往往使用"观察"和"试验"的方法,由于布伦塔诺否定了心理描述上"内观察"和试验的可能性,他的描述心理学的经验方法因此从根本上说是内感知的方法,内感知不是科学所提倡的观察法。

布伦塔诺所倡导的描述心理学(deskriptive Psychologie)和发生心理学(genetische Psychologie)有根本的不同,所以,也必须把描述心理学和发生心理学区分开来。① 从概念上看,"描述的"一词最早在引入数学时,就是与"解释的(erklärend)"相对的概念。布伦塔诺在使用"描述心理学"一词时,它的含义仍是与"解释的"一词相对而言的,它同时具有"形态学的"意义。描述心理学和发生心理学的关系正如同解剖学和生理学、地质构造学和地质学的关系一样。

从内容上看,所谓发生心理学探讨的是心理现象和物理刺激、生理变化之间的因果关系,关心的是特定心理现象的发生条件,它必然要研究物理、化学过程和解剖学结构。而描述心理学不一样,"它不告诉我们引起人类意识的原因和什么使得一个具体的现象出现或不出现或消失。它的目标仅仅是为我们提供整个人类意识范围的一般概念。为此它列举出人们所有内在感知到的每一物的基本构成成分和这些成分间的联结方式"②。描述心理学是确定人类意识的基本成分及其相互联结方式的科学。

意识是"心理现象"或"心理行为"的同义词。布伦塔诺认为,发生心理学将意识看作一个"心理-化学的事件",并将意识看作一些"化学要素"的组合;但是,它所探讨的这些化学要素只是一些"非直观"的"质

① 严格来说,布伦塔诺在《从经验的观点看心理学》(伦敦/纽约,劳特利奇出版社,1973)中并没有使用"描述心理学"和"发生心理学"这样的概念,但是他已经努力将"心理学"和"生理的心理学"区分开来。这是"描述心理学"和"发生心理学"区分的前身。他后来使用的"Psychognosie"也和"描述心理学"相等。胡塞尔从布伦塔诺这里继承了"描述心理学"的概念及其基本含义。

② 布伦塔诺:《描述心理学》,第4页,伦敦/纽约,劳特利奇出版社,1995。

料”，我们只能通过它们对我们意识众多的直接或间接作用而被规定。与之相反，描述心理学所描述的“心理成分”是直接的经验事实，是可以被直观(内感知)的。

发生心理学的方法主要是归纳法，因此它是一门不精确的科学。如同气象学一样，它要使用“经常”“大多数”“平均”这些概念。描述心理学却同数学一样，是一门精确科学，一些普遍的真理是不需要归纳而直接达到的，因此是一门先天科学，是一门纯粹的心理学。

尽管描述心理学和发生心理学存在着这些区别，但是发生心理学仍然有其存在的必要性。只不过描述心理学不仅独立于心理学，而且它构成了发生心理学的“前提条件”，是发生心理学的“基础”。不仅如此，对布伦塔诺而言，一切逻辑学、伦理学、美学、经济学、政治学、社会学都以描述心理学为基础。

一　意向性

意向性是布伦塔诺影响最大的学说，也是后来胡塞尔现象学最核心的概念之一。布伦塔诺是这一学说真正意义上的现代创始者，尽管胡塞尔的意向性概念和他的意向性概念之间还存在着一些基本的区别。

严格说来，布伦塔诺本人确实并未使用过“意向性(Intentionalität)”一词，至于“意向(Intention)”一词，指的不是整个意向行为，而是情感的一种形式。但他习惯使用与意向性这个词相关的形容词形式，总是提到一种“意向的关系”和“意向的内存在(intentionale Inexistenz)”，意向性对他而言是一种特定的关系理论，意向关系是一种联结心理行为和其对象(内容)的关系理论。我们用“意向性”来称呼的就是布伦塔诺的意向关系理论。

意向性是心理现象区别于物理现象的基本特征之一。对于布伦塔诺来说，任何一个心理现象都具有“对象意向的内存在”特征，也就是说心理现象总是指向一个对象，涉及某一“内容”；心理现象具有“内在的对象性”,它们以不同的方式“将某种作为其对象的东西包含于其自身之中”[①]。一些评论者指出,布伦塔诺在《从经验的观点看心理学》中谈到心理现象的意向特征时,其具体规定实际上有两个:首先心理现象包含着某个对象,这个对象作为“内容”内在包含在心理现象之中,它是内在的;其次是“与对象关联”或“指向对象”,它指出了心理现象对对象的“指向”特征。[②] 关于心理现象对某一对象的指向特征,不应有任何疑问。但是布伦塔诺在这里是否把意向的对象看作是内在于心灵而存在的对象,却存在很大的争论。

除了把意向对象称为“内在的”之外,对于意向对象的存在问题布伦塔诺缺少一个明确的表述,这正是引起他的学生们在这个问题上产生不同意见的原因。施通普夫和早期的马蒂(A. Marty)都把意向对象看作内在的心理对象或内容。特瓦尔多夫斯基(K. Twardowski)则认为布伦塔诺的意向对象没有把“对象”和“内容”区分开来,内容是对象的表象而不是对象本身,它是我们指向对象的方式。迈农(A. Meinong)接受了特瓦尔多夫斯基的这一基本区分,他不仅否认了意识的对象是心理对象,而且进一步认为意识的对象是与存在无关的对象。

胡塞尔早期所持有的正是一种将范畴看作是反思抽象的心理内容的不当观点,但在《逻辑研究》中他批评说,“内在对象性”这一类表述方式使得人们认为“意向体验‘自身含有作为客体的某物’”,尤其是把行为和对象之间的关系误解为“一个心理内容和另一个心理内容的套接关系”。[③] 胡塞尔要求把意向对象和实项性的心理内容区分开来,在他看来,将意向对象误解为心理内容正是在意向性问题上所犯的严重的心理主义错误。

---

① 布伦塔诺:《从经验的观点看心理学》,第 88 页,伦敦/纽约,劳特利奇出版社,1973。

② 参见赫伯特·施皮格伯格《现象学运动》,王炳文、张金言译,第 79 页,商务印书馆,1995;德布尔《胡塞尔思想的发展》,李河译,第 7 页,生活·读书·新知三联书店,1995。

③ 参见胡塞尔《逻辑研究》第 2 卷,载于《胡塞尔全集》第 19 卷,第 351 页,海牙或者多德雷赫特/波士顿/兰卡斯特,马蒂努斯·尼伊霍夫出版社,1975(以下所引此书均为此版本)。

无论是赞同还是反对，布伦塔诺弟子们的这些争论表明了布伦塔诺前期具有把意向对象理解为心理内容的倾向，他确实提到了意向对象的“内存在”特征，并指出心理现象将这些对象“包含”于自身。

这一将意向对象理解为“内在的”心理内容的倾向在他关于感知的学说中得到验证。感知分为外感知和内感知。毫无疑问，内感知的对象是心理现象，而心理现象是内在存在的。问题的关键是外感知，对“颜色”“声音”“温暖”“气味”等“物理现象”的感知是典型的外感知。但是，从英国经验主义的立场出发，他认为我们不能真实地把握外在的物理对象，“颜色”“声音”“温暖”“气味”作为物理现象是洛克的第二性质，它们在感觉之外没有真正的和实在的存在，即使有外在的对象引起它们，它们也与之并不相似。因此“颜色”“声音”“温暖”“气味”等物理现象不是真实存在的外在物理对象，不具有“实在的存在”，只是一种“意向的存在”或“现象的存在”，但同时也是内在于心理行为中的心理内容。[①] 在《从经验的观点看心理学》一书中，感知是布伦塔诺在谈到意向的内存在时最常使用的例子，感知分析的实践证明了布伦塔诺在写作该书时的关于意向对象的基本本体论立场，即他实际上把意向对象看作心理的“内容”、心理的“内存在”。

值得一提的是，布伦塔诺并不是在康德的意义上使用“现象”这个概念的，当他使用“现象”这个概念时，绝不意味着现象背后有着物自体的存在。假定外界存在着引起我们外感知的物理对象，它是发生心理学的工作，它不属于描述心理学的范畴。布伦塔诺的“现象”一词意味着在意识中的显现，物理现象和心理现象都是如此。西蒙斯(Peter Simons)评论说：“根据布伦塔诺的观点，自然科学也研究对象，也即物理现象，所有的现象都是显现，无论是物理现象，还是心理现象。现象是心理存在物，

① 参见布伦塔诺《从经验的观点看心理学》，第 9、92、94 页等，伦敦/纽约，劳特利奇出版社，1973。

但不是所有的心理存在物都是心理现象。”[①]物理现象在本质上和心理现象没有什么不同,两者都是一种心理的存在,只不过心理现象意向地指向并包含物理现象作为它的一部分。我们听到的声音是我们听的行为的一个部分,正如我所感到的温暖是我们触觉的一部分一样。

在《从经验的观点看心理学》的一个注中,布伦塔诺将意向性理论最早追溯到了亚里士多德。根据亚里士多德的理论,正如蜡块接受的是图章的形式,而不是其铁或金的质料一样,我们的感觉接收的仅是对象的形式而不是其质料。在某种意义上,亚里士多德认为思想的对象就是思想自身。这使得布伦塔诺将亚里士多德的认识形式解释为“心理的内存在”。虽然在这个注中,他同样提出“意向的内存在”不能被理解为通常意义上的“存在”概念,这在某种意义上预示了他后期思想的某些发展。不过在总体上,人们仍可以认为他这一时期的意向性概念实际上预设了意向对象的心理存在。

1905 年左右,布伦塔诺在思想上经历了人们所声称的“内在化危机”时期。他在给马蒂的信中明确表示,把“内在的对象”看作心理上“表象的对象”是对他思想的误解。[②] 考虑到“内在的”一词的歧义性,他不再使用“内在的对象”甚至“意向的对象”这样的表达方式。这和他在本体论上向物存论立场的转变有关。他常常强调我们必须区分两种不同的意义上的存在概念:严格意义和本真意义上的存在概念,指“物”即“实存”的存在;非严格意义和非本真意义上的存在概念,即“非物”或“非实存”的存在。严格来说,他的本体论立场所承认的唯一存在就是“物”。

心理关系有其特殊性,它不同于传统意义上的关系概念。而后者通常是指这样一些关系——这些关系往往假定关系成立的前提是进行联系的两个项的存在。例如在“凯乌斯比提图斯要高”这样的比较关系中,如果凯乌斯存在,那提图斯也是存在的,在这里凯乌斯的存在蕴含着提

① 西蒙斯:导言(第 2 版),载于布伦塔诺《从经验的观点看心理学》,第 17 页,伦敦/纽约,劳特利奇出版社,1973(以下所引此书均为此版本)。

② 参见布伦塔诺《真和明见性》,第 77—78 页,纽约,人文出版社,1973。

图斯的存在。与这一类关系不同的是另一类关系，即“心理的指向”关系。例如，当某人思考某一对象、表象某物，否定某物或意愿某物，它描述的是“某人”对某一对象的“心理的指向”关系。在这种关系中，作为某人存在，并不蕴含着他思考的对象的存在。当我思考神王朱庇特时，神王朱庇特并不是一个实在的存在，在心理的指向关系中只有第一个项是存在的，不要求第二个项，即心理指向对象的存在。也就是说，意识对象是否存在和意识概念本身没有关系。布伦塔诺根据心理指向关系的这一特征，称它为“准关系的”。我们不仅能够以这样那样的方式意识到同一个对象，甚至能意识或思考完全不存在的对象。

但物存论的立场必然导致对意识对象的严格限定。在排除了一切非实存的存在以后，布伦塔诺在《心理学Ⅰ》的第2版序言中宣称，他“不再持有这样的观点，即心理关系可以以物（实存）以外的对象为对象”①。只有实存才是可表象的，人们不可能以非实存的对象为表象，肯定或否定、爱和恨的对象。例如，当我想到一匹马时，这匹马并不是“思想中的马”，它就是指现实中的那匹马。心理关系的对象只是实存，但实存的存在不依赖于我们的意识是否意识到它，它是向意识显现的对象，是意识无法把握其个别性的对象。

在本体论上承认“物”为唯一实在的，并在严格意义上要求把实存看作心理关系的唯一对象，并不意味着否定我们能思考并不存在的对象。但是人们却常常不恰当地相信它们和实存一样是存在着的，正如柏拉图主义对普遍对象的看法。布伦塔诺通过语言分析揭露了那种把思想对象看作实存的观点的错误性，并使意向性理论最终服务于他的物存论立场。

当我意向地指向某一对象时，通过内感知，我们直接确定“我”的存在。但是我并不因此认为心理关系所指向的对象是存在的，除了我以外，意向关系并不要求意向对象的存在。在我思考或表象神王朱庇特的

---

① 布伦塔诺:《从经验的观点看心理学》，第26页。

例子中,朱庇特既不是外在的存在,也不是如同前期布伦塔诺所认为的那样,将它看作是一种心理的存在。它之所以被误以为是一种存在,乃是我们不恰当的语言表达形式所造成的结果,尽管在句子中它看起来像是表达某一个存在内容的名词,但它实际上在句子中并不具有"独立的意义";它是"不完全意义的(Synsemantic)",是"思考神王朱庇特"这一谓词的一个不可分的部分。如果我们误以为它表达一个实在的对象,那么这仅仅是一种语言的虚构。通过改写这些语言形式,我们可以最终将含有"意向的对象"或"内在的对象"的表达,成功地还原为其他的表达方式。

如果说前期布伦塔诺意向性理论不自觉地肯定了意向对象的心理存在,那么上述自我批评则恰恰可以看作后期他对早期意向性理论中那种潜在本体论立场的批评。正是在这个意义上,布伦塔诺后来才相当明确地把"意向对象"或"内在对象"归入非实存的范畴。因此人们通常认为,可以把布伦塔诺的意向性理论分为前后两个时期,这两个时期的意向性理论区别的关键在于意向对象的不同的本体论地位。他前期意向性理论把意向对象看作心理的内在存在,而后期的意向性理论把意向对象看作"语言的虚构",是具有不完全意义的对象。① 但是值得指出的是,这一说法明显是否认布伦塔诺那种严格意义上的指向关系即心理行为对实存的指向关系是以意向性关系为前提的。

二 内感知

内感知(内意识)的学说是布伦塔诺描述心理学的基础,这是因为描

---

① 参见西蒙斯导言(第 2 版),载于《从经验的观点看心理学》,第 18—19 页;利巴尔第《弗朗兹·布伦塔诺》,载于《布伦塔诺学派》,利里亚那·阿尔贝塔齐、马西莫·利巴尔第和雷贝托·玻利编,第 60 页,多德雷赫特/波士顿/伦敦,克鲁威尔学术出版社,1996(以下所引此书均为此版本);史密斯和伍德汝夫《胡塞尔和意向性——对心灵、意义和语言的研究》,第 47—54、57—61 页,多德雷赫特/波士顿,D. 里德尔出版社,1982。不过受布伦塔诺自己解释的影响,克劳斯坚持认为布伦塔诺在早期只是表述上不够完善而已,前后期思想并没有这么大的差别。参见克劳斯为《从经验的观点看心理学》所写的导论和注释,第 89 页注和第 373—374 页。

述心理学的经验“根源”只能到内感知而不是外感知中去寻找。外感知虽然是指物理现象的感知，但对布伦塔诺而言，严格意义上的外感知并不是对山、马、森林的感知，而是指对物理广延实体所具有的颜色、声音、味道的感觉，它的真实含义要狭窄得多。对他来说，感觉和“外感知”(严格意义上)是相等的①。把感觉到的颜色、声音、气味等看作真实存在的即是外感知，外感知常常是“可错的”原因，这些物理现象不是实在的而且有“欺骗性”，就像冷和热是相对的一样，外感知是“欺骗性的”。描述心理学不能建立在可错的外感知的基础之上，充当描述心理学“首要和基本的根源”的只能是内感知。

内感知(innere Wahrnehmung)和内观察(innere Beobachtung)的区分是布伦塔诺在哲学史上首次作出并值得我们重视的一组基本区分。所谓内观察，是指我们集中注意力去观察心理现象，也被称为“反省”。布伦塔诺认为内观察在根本上是不可能的，它包含着一系列的困难。而其中最重要的困难在于，观察要求我们把对象看作“第一”对象来把握，但当我们内观察某一心理现象的同时，这个心理现象自身还意向地指向一个对象，这样实际上就会同时有两个对象被观察，而这是不可能的。例如当我们听到某一个声音时，我们不可能同时观察到我在听，我不可能分裂成两个不同的主体来同时进行不同的行为。布伦塔诺也谈到内观察是可以借助记忆进行的，但是这种意义上的内观察对于他来说仍是不可能的。因为当某人在记忆中观察自己的愤怒时，他的愤怒已经在某种程度上“消减了”。他的原初观察对象已经“消失了”，这样他就彻底地否定了内观察的方法，但他没有因此否认观察物理现象的可能性。

内感知不同于内观察，它既不是在事后的记忆中所进行的行为，也不是在被观察的心理行为发生的同时，以心理行为注意对象的新行为。它和正在发生的行为是同一个行为，只是在同一个行为中，有两个不同的对象被我们把握。例如当我们听到某个声音的行为时，听这一心理行

① 克劳斯：导论(1924年版)，载于布伦塔诺《从经验的观点看心理学》，第396页。

为的对象是声音,而与此同时,我们还能内在意识(感知)到这一个心理行为,但是它们并不是不同的行为,否则,当我内在地表象心理行为时,声音就会被表象两次,这是不能接受的,对声音的表象和对声音表象(听的行为)的再表象过程紧密地构成了"一个单一的行为"。但是在这个单一的行为中,心理行为的对象是第一对象,而以心理行为为对象的内感知行为是第二对象,第一对象和第二对象的区别不是同一注意力优先程度上的差别,它们的"强度"是相等的,拥有第二对象的内感知行为本质上是一种"伴随意识"。

除了和内观察的学说相区分外,布伦塔诺对"无意识的意识"的反对构成了内感知学说的另一个背景,它在很大程度上决定了胡塞尔意识现象学和弗洛伊德无意识心理学的差别。无意识的意识理论提出的最主要原因是为了避免内意识无限后退的可能性,因为如果在意向地指向某一对象的心理表象行为之外,还存在对心理行为本身的表象(内感知),那么人们似乎可以合理地假定,依然存在着对表象的表象也即内感知进行表象的可能,由此同时会有第三、第四以至无穷多的表象。这是不可能的。它和我们的经验相矛盾,人们据此认定存在着无意识的意识。无意识的意识理论就这样产生了。布伦塔诺回答说,要避免这一无限后退的结果,就必须假定心理表象和对心理表象的表象不是两个不同的表象行为,它们是同一个行为,只是在同一个行为中,存在着第一对象的意识和第二对象的意识的区别,这一特征恰恰是他所描述的内感知所具有的特征,因此内感知理论能避免无限后退的后果。

和外感知相比,内感知最首要的特点在于它是"直接明见的",也就是说它所把握的对象是真实的和不可错的。其次,由于内感知和心理现象是同一个行为,心理现象在内感知中是自身显现的,认识者和被认识的对象是同一的。最后,内感知不是观察。而外感知则恰恰相反,它的对象,如颜色、声音、冷热等并没有真实和实在的存在,而且往往是可错的。这一点早就为洛克为代表的英国经验主义者们所指出;在外感知中,它的认知者和认知对象总是分离的;最后内感知还往往借助于"观察"进行,它在时间上总是滞后的。这一切都说明了外感知为什么是非明见的。布伦塔诺甚至声称,在严格意义上,"感知"这个词只唯一适用于对心理现象的内感知。

不能把布伦塔诺的感知概念简单地和表象等同起来,在《从经验的观点看心理学》中,感知不仅包含对感知对象的单纯表象,还包含对对象的"认识",也即判断,最后它还常常伴随有情感的成分。不过关于内感知含有情感的想法为他日后所放弃,因此布伦塔诺的感知在本质上是判断,而不是表象。① 布伦塔诺指出,在内感知中,我们不仅表象心理现象,而且在对心理现象表象的同时还有一个判断的过程。在外感知中,这个判断是对外在对象的"盲目"信仰,因为外界没有感知对象的真实存在;而在内感知中,我们具有"对内意识中的心理现象的纯粹肯定",内感知在此意义上是一个判断,而且是一个不可错的明见的真判断。内感知的明见性来源于它与作为内感知对象的心理现象的"紧密联系"和同一性,来源于内感知本身的独特的描述特性,它本身"不能以任何方式加以证明"。

内感知中绝不能有任何内观察的成分,它是完全排斥事后的内观察的,因为观察往往要借助于记忆才能完成。只有这样,它才能保证内感知的对象是"现在"(当下)存在的,而不是带有过去和未来的时间样式。这种意义上的内感知概念是一种严格意义上的内感知概念。它的缺陷也正是在此。由于缺少注意力因素,它具有"含混的"和不清楚的特性,是"明见的(evident)",但不是"清楚的(distinct)"和"明白的(explicit)"。当一个人听到某个和声,但没有区分在每一瞬间中它所包含的每一个音符时,他对此时自己听的行为有一个明见的但绝非清楚和明白的内感知,只有当我能区分开和声中的每一个音符时,我的内感知才既是明见的也是清楚明白的。"清楚的"和"明白的"感知是笛卡尔的概念,布伦塔

① 参见布伦塔诺《从经验的观点看心理学》,第 20、209 页。

诺解释为,清楚的指集中"注意力"的,而明白的则指"区分"的。[①] 把清楚明白的概念引入感知概念中必然要求在描述心理学中重新引入观察概念。[②] 因此在后期,布伦塔诺提到了一种"广义上的"内感知,它是狭义内感知发生之后复杂的比较、注意、区分等心理过程的结果,"统摄(apperceive)"表象整体的各个部分。广义上的内感知是清楚明白的,内观察是这个概念内核的一部分,但它并不因此不是明见的;和狭义上的内感知相比较,它不具有"直接明见的"或"绝然的(apodictic)"明见性,而是一种"断言的(assertoric)"明见性。在这个意义上,布伦塔诺早期将狭义内感知作为描述心理学的唯一方法所带来的困难才有可能被避免。因为它所描述的范围不仅局限于时间上无限小的当下,而且实际上使得一门描述心理学的书写成为不可能,因为布伦塔诺所描述并记录下的心理学经验在时间性上已经是过去了的东西。

第二节　心理现象与物存论

一　表象

表象是心理现象中最重要,也是最基本的一种。布伦塔诺所区分的三种心理现象——表象、判断、情感,都意向地指向一个对象(内容),区别就在于它们是以不同的方式指向这个对象的。判断和情感都建立在表象的基础上,只有一个对象表象出来,我们才能对之加以肯定或否定、爱或恨;判断和情感因此都内在包含着一种表象,表象是最基本的心理现象,反过来说,心理现象或者是表象,或者奠基在表象的基础之上。

布伦塔诺强调说,当他使用表象这个概念时,他并不是指被表象的东西,而是指表象的行为,它是一个行为概念。当我们看见某物时,颜色

① 参见布伦塔诺《论感觉意识和意向活动意识——从经验的观点看心理学Ⅲ》,第19页,纽约,人文出版社,1981。

② 根据克劳斯的考证,布伦塔诺最早是在1906年6月16日的信中表达了这种转变,参见导论(1924年版),载于布伦塔诺《从经验的观点看心理学》,第405—406页。

被表象；听见某物时，声音被表象；想象某物时，幻象被表象，这些表象都是表象行为的例子。简单地说，表象就是指“某个对象向我们显现出来”。在语言中，我们是通过词唤起它所命名对象的表象来理解这个词的。在《从经验的观点看心理学》中，当布伦塔诺在具体例证什么是表象时，他基本上使用的是直观尤其是感知的例子。而感知我们知道，它是判断而不是表象。不仅如此，根据他在该书中的分析，感知表象往往也包含着判断和情感。因此严格来说，布伦塔诺并没有向我们提供一种严格意义上的表象，他提到的是一种直观表象或感性意识，但是这种表象是不纯粹的表象。这种直观表象的性质的含混不清，正是布伦塔诺没能兑现他在《从经验的观点看心理学》一书前言中所许下的，将在该书的第3册进一步对表象的特征和规律进行详细分析的诺言的主要原因之一（该书只完成了原定6册中的2册）。

这要求布伦塔诺重新考虑那种古老的柏拉图-亚里士多德式的感性和理性的区分，这种区分在《从经验的观点看心理学》中基本上被忽略了。他开始把表象分为两类，直观表象和概念表象。在前者中，对象是直接经验或感知的“感性对象”，而在后者中，对象不是通过直观表象可以直接经验的，而是通过在直观表象的基础上进行抽象而被给予的“理性对象”。

布伦塔诺并不像康德那样认为直观表象的对象是个别的，而概念表象的对象是一般的。对他而言，直观表象并不能向我们揭示任何个别物，它们也不包含任何个别物的特殊观念。无论我们表象的对象是物质的还是心理的，它们的个别特征对我们是隐藏着的。在对自己的内感知中，人们不能发现与其他人对自己的内感知相区别的任何东西；我在我的内感知中所看到的东西，都能为任何他人所看见，成为他人的规定性，这是内感知能否把握对象的“充分证据”。而在外感知中，对象的表象只能包含有“相对的”而非“绝对的”空间规定性，它们是不完全规定的，因此也是相对的。直观表象和概念表象一样，都是“一般的”表象，直观表象是一种“最小程度”上的一般概念，它和概念表象的区别不是个别和一般之间的区别,而只是抽象程度上的区别。

引入概念表象的意义是重要的,由于直观意识严格说来是判断而不是表象,只有在概念表象中我们才能找出一种“纯粹形式”的表象,从而避免《从经验的观点看心理学》的困难,并推动布伦塔诺后期思想的发展。①

《从经验的观点看心理学》中表象学说的另一个局限性是,布伦塔诺把表象的区分仅仅归结为意向对象的区别,而忽略了不同的表象方式之间的区别。这样的一个直接结果是,他未能对表象这一个类的概念进行更为详细的区分。

在《从经验的观点看心理学》的第 2 册再版附录中(1911),布伦塔诺指出了两种不同种类的对表象进行区分的方式。第一种方式是表象的时间样式,它不是对象而是表象方式上的区别,而把“过去”“现在”“未来”看作对象自身性质的区别是一个错误。如果我听到一组声音,那么同一个声音首先是在现在呈现的,然后才越来越成为过去,在这里时间样式不断发生转变。没有不具有时间样式的表象,时间上不确定的表象是不可能的。第二种方式是“直接”表象和“间接”表象的区别,它们是后期布伦塔诺的常用术语。所谓直接表象是指我们“积极的”思考对象,而间接表象是指我们思考某一具有心理指向关系的对象时被指向的对象,或指与他者相关的对象。例如在我思考一个爱他人的人时,此位爱他人的人是被直接表象的,而被他爱的人则为间接表象的。当我思考某一心理上积极的主体时,我总是要以间接的方式表象它所指的对象;当我直接表象关系的前项时,相对地,我只能间接地表象关系的后项。直接表象和间接表象都不是对对象的真实属性的区分,而是表象方式的区别。我们的直接表象方式是唯一的,但是间接表象的方式却是无限多的,直接表象的对象可以以种种不同的方式和间接表象的对象发生关联。

---

① 参见克劳斯导言,载于布伦塔诺《论感觉意识和意向活动意识——从经验的观点看心理学Ⅲ》,第Ⅺ—Ⅻ页,纽约,人文出版社,1981(以下所引此书均为此版本)。

二　判断

判断是布伦塔诺的三种心理现象的第二种，是奠基于表象基础上的心理现象。判断理论同时是逻辑学理论的重要组成部分，布伦塔诺相信通过对传统判断理论的改造，不仅可以避免传统逻辑学的许多错误，而且可以用来显示语言的深层结构并阐释他的本体论立场。

从一开始，布伦塔诺对判断这个概念的理解就不同于自亚里士多德以来的传统观点。传统逻辑学认为，判断是主词和谓词的“结合”，布伦塔诺反对这一观点。他认为判断的实质就是肯定（为真）和否定（为假）某一对象。表象的联合充其量是一个复杂的表象，而不是判断。判断就在于肯定和否定的心理行为，这一心理行为奠基于一个表象的行为基础之上。根据传统观点，“A 存在”是主词“A”和谓词“存在”的结合，“A 不存在”是主词“A”和谓词“存在”的否定方式的结合。而根据布伦塔诺新的观点，“A 存在”就是对 A 的肯定，“A 不存在”就是对 A 的否定，如此而已。而且在“下雨了”“打雷了”这样的无主句中，也不存在着主词和谓词的结合。在判断中，肯定和否定是判断的功能，而判断的内容则是判断的质料。

布伦塔诺因此将判断分为两类，专题的判断和综合的判断。所谓综合的判断是传统的范畴判断或谓词判断。传统逻辑学将范畴判断分为 A 判断（全称肯定判断）、E 判断（全称否定判断）、I 判断（特称肯定判断）、O 判断（特称否定判断）四种。范畴判断被认为是主词和谓词的结合，而专题的判断则是指存在判断，这里“存在”不是谓词，它仅指对判断对象的肯定或否定，断然判断不是主谓词相结合的判断。

一切范畴判断都可以在逻辑上无差别地“翻译”为一个专题的判断。例如一个 I 判断“一些 A 是 B”，它可以改写为“存在着一个是 B 的 A”或“有是 B 的 A”；一个 O 判断“一些 A 不是 B”，可转换为“存在着一个不是 B 的 A”或“有不是 B 的 A”；至于“所有的 A 不是 B”这样的 E 判断则和“不存在是 B 的 A”或“没有是 B 的 A”相当；A 判断的情况要复杂些，但

“所有的 A 是 B”这样的范畴判断仍和“不存在不是 B 的 A”,或“没有不是 B 的 A”这样的存在判断是相等的。在这里,我们始终要注意的是,存在判断中的“存在”一词并不是真实的存在,它仅仅意味着对意识的显现。将范畴判断还原或翻译为专题判断通常被看作布伦塔诺改革传统逻辑学的最重要的努力之一。

简单判断和复杂判断的区分是另一组重要的区分,它与专题判断和综合判断的区分有关。主谓词相结合的判断是复杂的,它实际上包含着两个判断,对主词的存在判断,以及对谓词和主词关系的判断。这两个判断是通过首语重复联系起来的。例如“这个人是做坏事的人”就包含两个判断:“这是一个人;他是做坏事的人。”简单判断则指仅仅包含着一个判断的判断。

在什么样的判断是真判断的问题上,虽然布伦塔诺抛弃了亚里士多德的强意义上的符合论的观点,但他早期持有的观点仍被认为是一种弱意义上的符合论。根据那种强意义上的符合论观点,判断中概念的联合或分离是世界中对象联合或分离的反映。但由于布伦塔诺不再认为判断是主谓词的结合,他不可能接受这一观点。从存在判断的形式出发,重新表达符合论的观点是:一个肯定判断是真的,仅当它的对象是存在的;一个否定判断是真的,仅当它的对象是不存在的,从根本上说,这仍是一种思想和事实的符合论。①

随着布伦塔诺思想的发展,符合论的观点再次受到批评,他提出了真理的明见性理论。他首先区分了两种明见的判断,一种判断是直接明见的判断,另一种判断是先天明见的判断(绝然明见的)。直接明见的判断是与内感知相关的判断,它是肯定的判断,而先天明见的判断不是建立在经验或归纳基础上的普遍判断,它是否定性的判断。前者包含着的是“存在”,而后者所包含着的是“非存在”。②

① 参见布伦塔诺《论伦理知识的起源》,第 60 页,汉堡,迈纳出版社,1955。

② 参见玻利《真理理论》,载于《布伦塔诺学派》,第 345—346 页。

一切全称肯定的判断都实际上是一种绝然否定的判断。“一切人都是有死的”“一切三角形的内角之和等于两直角之和”，这些全称肯定判断只是在语言形式上是一种对一切人和一切三角形的肯定判断，通过转换为存在判断，它们实际上是否定判断。如上述例子可转换为“不存在不死的人”“不存在具有不等于两直角之和的内角之和的三角形”，这样全称肯定判断在意义上就是否定的，无论人或三角形是否存在，他们或它们是有死的或是内角之和等于两直角之和的。一切全称肯定判断包括普遍的数学判断都不包含着存在的肯定。在这个意义上，描述心理学的普遍规律，作为绝然先天的真理都是绝然否定明见的判断，它不包含对任何存在的肯定。

直接明见的判断和先天明见的判断是两类不同的明见性，通过对明见判断的反思我们获得的是“正确”的概念，将正确概念的范围加以扩大就产生了真理的概念。“正确”的概念具有狭义和广义之分：狭义的正确判断是指，一个判断对我是具有明见性的，无论它具有的是直接的明见性，还是绝然的明见性；广义的正确判断是指，尽管某一判断并不具有明见性，是盲目的，但它却和我的明见判断（同时也因此是正确的判断）相一致，在这个意义上，它也是正确的判断。真的概念因此是通过对判断明见性的认识获得的，判断的明见性特征是新的真理概念的基础。

在一个判断是否成立的标准上，布伦塔诺不是从判断自身的逻辑形式出发，而是从一个肯定或否定的心理行为出发来寻求这一标准。就此而言，他的判断学说完全是心理主义的。

三　情感

情感是第三种心理现象，它包括愿望、决断、意图、好奇、快感、不快感等种种非表象和判断的所有心理现象。布伦塔诺把所有的情感现象归纳成两种——爱和恨。爱或恨都是在表象对象的基础上指向这个对象的心理现象。

把情感看作一种统一的心理现象是有困难的，人们通常会争论说，情感和意志不是同一种心理现象,它们之间存在根本的区别。布伦塔诺回答说,情感和意志之间不存在清晰可分的界线。例如:哀伤—渴望着缺乏着的善—希望它为我们所拥有—引起它的愿望—尝试去做的勇气—决定行动,在这个系列当中,从情感(狭义上的)到意志之间存在着许多中间环节,很难说这些中间环节是情感还是意志。情感和意志之间的可过渡特征是它们可以被归于同一类现象的主要原因。对情感和意志进行考察证明了这一点,任何一个意志或愿望都是指向某个善或恶的对象的:我对某物有愿望,也就是说某物是令我愉快的;我厌恶某物,也就是说某物令我不适。情感也是如此,快乐和痛苦是最基本的情感现象,但它们也是与一个对象相关的:正是某个对象使我感到快乐和痛苦。爱和恨是可以用来描述情感和意志对对象的指向关系的最恰当规定,任何情感和意志现象都内在地包含着爱或恨两种基本的指向方式的一种。

正如判断是对对象的肯定和否定一样,情感也是指对对象的爱或恨。在这一点上,两类心理现象是相似的,但也容易产生误解。人们误以为判断和情感是一种心理现象而不是两种,肯定是爱的一种,而否定则是恨的一种。但是这是错误的观点。将判断和情感结合为一个单一的种类是不可能的,它忽略了判断和情感的根本区别:肯定某物不同于爱它,否定一个对象不等于恨它。例如人们能肯定一个消息是真的,但这个消息却是不幸的消息。重要的是,在爱和恨之间,在善和恶之间,有一系列的中间状态,例如爱,有比较爱、爱、很爱的程度上的区别;而在肯定和否定之间,在存在和非存在之间,没有这种区别。这是布伦塔诺坚持认为两者不能相等的最重要根据,判断和情感因此绝不是同一类心理现象。

布伦塔诺的情感学说是他的伦理学理论的基础,而他的伦理学理论又是他情感学说的丰富和发展。他认为,正如我们可以区分正确和不正确的判断一样,情感同样可以是正确或不正确的。一个判断是正确的,仅当这一判断对我是明见的,或者他人的判断和我的明见判断相一致;一个判断不是正确的,仅当这一判断的否定对我是明见的,或者他人的判断和我明见的判断相矛盾。情感也是这样,我们直接知道我们的一些情感态度是明见的,因而这些情感也是正确的,而且尽管有些人的情感乃是出于习惯或本能,只要他们的情感和我们直接明见的情感相同,我们仍可以说他们的情感是正确的。最后关于不正确的情感也是这样,我们不仅直接体验到某些情感是不正确的,而且当他人的情感和我的自明的情感相冲突时,我们知道它是错的。

善和恶是与情感的正确性相关的概念,一个对象是善的,就是说"爱"这个对象是正确的;一个对象是恶的,就是说"恨"这个对象是正确的。但是善和恶对于情感,正如存在和不存在、可能性和不可能性对于判断,它们既不是实在的存在,也不是对象的外在特征。它们在句子中没有独立的意义,它们仅是对正确的爱或恨的表达。一个对象是善的,仅当爱它被体验为正确的;一个对象是恶的,仅当恨它被体验为正确的。在这个意义上,认为布伦塔诺谈到"价值的领域"是不恰当的。

对于布伦塔诺,下列对象毫无疑问是恶的:每个错误、每个感性的疼痛、不快、每个未证明为正确的恨的行为,以及对善的恨等。善的对象范围则应包括如下内容:知识、幸福、爱、正义、善的意向等。①

布伦塔诺的伦理学被认为既不同于普罗泰戈拉的主观主义和相对主义,也不同于柏拉图的客观主义,他走的是一条中间路线,他既捍卫了价值的真理性,也坚持了价值的主体性。他的伦理学说对胡塞尔、舍勒、哈特曼等人产生了重要影响。显而易见的是,他的伦理学理论和逻辑学理论一样,都建立在"明见性"的基础之上,但是这种"明见性"最后都仍难以摆脱过于主观随意的指责。

四　物存论

布伦塔诺本人并未使用过"物存论(Reism)"②这一概念,它最早为

---

① 参见奇硕姆《布伦塔诺和内在价值》,第59—60页,剑桥/纽约,剑桥大学出版社,1986。

② 该词应由拉丁词根"res(事物)"第二格形式"rei"加词缀"ism"变化而来,根据词的原义和想表达的意思,加之有意避开"实在论"和"实存论"这样的一般术语,今特意译为"物存论"。

特瓦尔多夫斯基的学生科塔尔宾斯基(T. Kotarbiński)所使用,表明那种将"物(Dinge/things)"的范畴看作唯一本体论范畴的哲学观点。但是布伦塔诺的研究者们普遍接受了这一名称,用于指称布伦塔诺后期的本体论学说。

在最早的作品中,布伦塔诺本体论观点只是对亚里士多德十范畴学说的修正,与亚里士多德的观点十分接近。他认为存在有多种含义,存在概念不仅包括实体,也包括偶性;偶性可分为关系和样式;后者进一步又可以分为属性(质和量)、变化(主动和被动)、情境(时间和地点)等三大类,每类又包括两小类,一共六类范畴。而在《心理学Ⅰ》中,我们曾指出,他对意向对象是否存在的规定是含混不清的,并在实际上具有将其内在心理化的可疑倾向。

布伦塔诺思想的根本转变开始于1905年,转变是由于受到马蒂对语言分析的影响。他认识到,语言实际上是根据虚构物运行的,这导致人们往往把语言虚构的假对象看作真实存在的"物"。数学是这种虚构的最典型的例子,在数学中小于零的负数、分数、无理数和虚数等都没有具体而现实的对应物。

布伦塔诺物存论的基本思想是只承认具体"物"为唯一存在的。不过,与科塔尔宾斯基本人所理解的"物"的概念不同的是,布伦塔诺不仅认为"物体"(空间上广延的)是"物",而且"心灵"也是物,因此不能把布伦塔诺看作一个唯物主义者。从另一个角度来说,"物"这个概念不仅包含任何"个别物",而且也包括任何"物"所组成的一个"多"和"物"的每一个部分。与此相关,布伦塔诺在他的物存论中批判性地保留了亚里士多德的实体和偶性这一对范畴,每一个实体和偶性都是指"物",但"偶性"是包含者,"实体"是被包含者,它们之间是一种整体和部分间的实在包含关系,而不是种属之间的逻辑蕴含关系。实体概念是从经验中获得的,我们既通过外感知表象具有这样那样空间或性质规定性的"物体实体",也通过内感知表象具有这样那样心理行为的"心理实体"。

与"实存(Entia Realia)"或"物"相对的是"理性存在(Entia

Rationis)""非实存(Irrealia)"或"非物"的概念。所谓"非实存",布伦塔诺列举了意向对象、普遍物、判断的内容或事态、关系、模态、价值等。

布伦塔诺对物存论最为常见的论证是这样的:"思想"就是"思想某物",既然"思想"这个词是意义单一的,那么"某物"这个概念也应该是意义单一的。但是由于没有一个对"物"和"非物"都适用的类概念,因此如果"某物"这个概念在某一时间表示"物",那么它就不能在另一时间表示"非物"。布伦塔诺得出结论说,无论我们思想的对象是如何的不同,它们只能是一类对象,即"物"或"实在"。举例说,当一个人许诺要娶一个姑娘时,说这个姑娘是一个"非存在"是一种明显的背理。而当某人在想到一块石头时,他所想的不是一块"思想中的石头",而就是那块石头。我们的思想不可能以"非实存"为对象,只有"实存"才是可表象的,同时也只有"实存"或"物"才能是肯定或否定、爱或恨的对象。在把存在的多样性还原为"物"的同一性的同时,布伦塔诺对我们思考"物"的方式的多样性和复杂性的关注大大增加了,例如我们前面所提到的各种表象和判断的分类方式。

认为严格和本真意义上的存在概念只能是实存,并不等于布伦塔诺否认存在着某人能思考一个非存在对象的现象。"非物"或"非实存"在广义上和非本真的意义上也被认为是存在的,但必须把它与严格和本真意义上的存在概念区分开来。我们通过语言的名称指向这些"非实存",但是语言的批判考察表明,这些名称本身并不是如同严格意义上的名称一样是"独立意义的",它们不具有独立于其他表达方式的意义。它们的价值仅在于对表达的简化,它们是具有"不独立意义的",认为它们表达了"非实存"存在是语言的虚构。

意向对象属于这种非本真意义的存在概念的一种。它是"被表象的对象"或"被思考的对象",这就是布伦塔诺早期说的"意向对象"。它不是真实存在的对象,我们只是在广义上才说它们是"存在",但不是实存意义上的存在。后一种对象是具有"独立意义的",而前一种对象是具有"不独立意义的"。例如当我们说某个"被思考的对象 A"时,我们实际上是在说“某人 X 在思考对象 A”,这里是“物”的只有在思考的某人 X。这样布伦塔诺就还原掉了作为意向对象的非实存的对象 A。

普遍对象也不是实存的对象。例如在“玫瑰花是红的”这句表述中,它似乎提到了“红”这样的普遍概念,但通过把这句表述改写为“玫瑰花是红的物”,我们同样可以从语言中消除普遍对象。

判断的内容和事态对于布伦塔诺来说也是“非物”。在这一点上,他和胡塞尔的立场完全不同,我们在前面提到“三角形的内角之和等于两直角之和”没有肯定任何事态的存在,它在本质上是一个否定判断。而存在、非存在、必然性、不可能性这些概念也是如此,它们只不过分别意味着对判断对象的肯定、否定、绝然的肯定、绝然的否定而已。

布伦塔诺在后期对“物”的定义越发严格,最严格意义上的存在概念既不是过去的存在,也不是将来的存在,而在时间上就是指现在的存在。例如当我们说起某个过去的对象,我们实际上是以说话者的现在存在为参照点的,在这里真正存在的是此时的说话者。布伦塔诺说:“本真意义上的存在概念和现在或当下显现的概念是一致的。”①

尽管布伦塔诺在提出自己的物存论观点过程中不断进行着对亚里士多德的批评(例如在时间、空间、连续性等的问题上),但我们还是能够看到他的物存论观点和亚里士多德的《形而上学》从柏拉图主义向实在主义倾向过渡的关系。他的物存论观点是对亚里士多德本体论学说的批判和继承。最后,正如亚里士多德的实在论倾向并没有使他抛弃形而上学一样,形而上学问题始终是布伦塔诺关心的问题之一,尤其是在他的晚年。

第三节 布伦塔诺与胡塞尔

参加布伦塔诺在维也纳 1884—1885 年的讲座之前,胡塞尔也曾听

① 布伦塔诺:《范畴理论》,第 20 页,海牙,马蒂努斯·尼伊霍夫出版社,1981。

过其他哲学家的课，但他的愿望是成为一个数学家而不是哲学家。然而，布伦塔诺的课令胡塞尔从最初的“好奇”很快转变为对哲学事业的毕生追求。布伦塔诺在课上讲述了其描述心理学观点，尤其是表象和判断的学说，“基础逻辑学”的课对青年胡塞尔来说是“非常令人鼓舞的”。胡塞尔很快成为布伦塔诺小团体的核心成员，他甚至被称为布伦塔诺学派的“一颗新星”。不过由于布伦塔诺还只是一个私人讲师，他便推荐胡塞尔离开维也纳前往他以前的学生施通普夫那里进行教职论文的写作。此后，胡塞尔始终和布伦塔诺保持着通信联系。

胡塞尔的教职论文《论数的概念》(“Über den Begriff der Zahl”, 1887)形成了《算术哲学》(1891)的前四章。《算术哲学》基本上是以正统布伦塔诺学说的方式写作的，他接受了布伦塔诺物理现象和心理现象的分类，强调使得心理现象区分于物理现象的关键正在于它的“意向的内存在特征”。如果说布伦塔诺的这一区分仍局限于具体的“个别现象”，那么《算术哲学》的研究正是这一基本区分从“个别现象”向抽象“关系”的扩展和应用，它表现为物理关系和心理关系的区别：数起源于对心理的“集合联合”的反思或内感知，它具有无可争议的明见性。这一内感知过程同时也被描述为通过注意力所进行的反思抽象构成，这就使得胡塞尔的数具有可疑的“内存在”的心理内容色彩。

真正标明胡塞尔和布伦塔诺思想区别的是《逻辑研究》的发表。胡塞尔将布伦塔诺经验的描述心理学发展为一种本质的描述心理学，在坚持描述心理学的直观原则的基础上，他将直观含义作了扩展，使之包括观念直观，只有建立在这种意义上的直观基础上的描述心理学才能完成对纯粹逻辑学的观念性概念和规律澄清的任务。《逻辑研究》第 1 卷将批判的矛头指向的主要是发生心理学，开始全面清算各种心理主义的倾向是在第 2 卷进行的。这首先表现在胡塞尔对心理现象的“意向的内存在”特征这种说法表示谨慎，因为它有可能使人把意向内容误解为实项的心理内容。心理内容被内感知，对象则为我们的意向所指向。与此同时，他实际上是自我批判性地指出，范畴和观念不能被看作内感知的产物,如同它们不能被看作感性的外感知的产物一样,因为“这些概念根本不能看作心理行为的概念或心理行为之实在组成部分的概念”①。注意力理论的最大错误在于将对象中的抽象因素等同于种,将主观的被体验内容等同于观念物。将意向对象和心理内容区分开来是胡塞尔对布伦塔诺意向性理论的第一个改造。

对布伦塔诺意向性理论的第二个改造在于胡塞尔将意义理论引入到意向性概念中来。胡塞尔认为,在意向行为中存在着质料层——一种具体在行为中的意义层,它确定了什么是对象以及这一对象给予我们的方式。质料和质性的统一构成了意向本质,它们也构成《纯粹现象学和现象学哲学的观念》第1卷中所说“意向活动(Noesis)”概念的基础。它作为质素的感觉内容的赋义形式,是感觉内容的激活者。

胡塞尔对布伦塔诺意向性理论的第三个改造在于,他认为意向活动和意向相关项(Noesis-Noema)的基本结构构成了任何一个意识行为的本质。在《形式的和超越论的逻辑》(*Formale und transzendentale Logik*)中,胡塞尔指出,即使布伦塔诺在发现意向性概念后,他仍没有观察到意向活动与意向相关项之间的关系,没有发现意向性的“对象化功能”。② 尽管布伦塔诺认为每个心理现象都意向地指向一个对象,但这种对象在《从经验的观点看心理学》中很大程度上是心理内容化了,而且对心理行为的分析本身是占主导性的。不同于布伦塔诺的概念,意向相关项不是一个朴素意识的直接对象,相反,它是对该意识行为反思后的对象,是一个经历了现象学还原的对象,实在存在问题被悬搁起来。而且在反思中,意向相关项和内在体验一样明见地被给予。无论该意识行为是感知还是想象,是直观还仅仅是符号行为都是如此。

第四个改变在于胡塞尔的意向性概念是有时间性的,对时间意识的考察是意向分析的最后基础,它也部分决定了胡塞尔现象学从静态现象

---

① 胡塞尔:《逻辑研究》第2卷,载于《胡塞尔全集》第19卷,第611页,1975。

② 参见胡塞尔《形式的和超越论的逻辑》,载于《胡塞尔全集》第17卷,第218页,1974。

学向发生现象学的转变。

第五个改造是《纯粹现象学和现象学哲学的观念》第1卷中"潜在"意向的发现。在每个处于注意的目光之中的"现实"意向性背后，都有大量的潜在的意向性构成的视域。例如当我注视桌子的一角时，桌子上的其他物体或其他桌角，甚至整间屋子都往往构成潜在视域的一部分。不同的意向性综合地构成对象的意向统一体。

内感知和内观察的划分并未为胡塞尔所接受，即使在《算术哲学》中也有迹象显示他并未接受这一区分。胡塞尔没有接受这一划分的原因在于，他并不认为布伦塔诺通过内感知和内观察能够避免意识的无限后推后果，他甚至认为这一理论是一种"人造理论"。① 对于内感知是明见这一点在《算术哲学》中他是接受的，但在《逻辑研究》中却遭到了他的批评。疼痛是布伦塔诺的内感知行为，但是牙疼确具有一种空间位置感，因此它当然有可能是错的。出于这个理由，内感知可能并不具有明见性，那种具有明见性的内感知正是被胡塞尔称为"内在感知"的东西。严格说来，牙疼的反例对于布伦塔诺并不公正，因为疼痛对布伦塔诺是第二意识，它指向我们对牙的第一感知。牙疼是可错的，但疼痛不会。② 而胡塞尔本人并不认为疼痛是意向行为，因而也不是内感知。胡塞尔这个例子的效果是双重的，他的内在感知概念不仅排除了非意向性的感觉内容（如疼痛，它是非意向的感受，因此是"物理现象"），也排除了意向性的非明见的内感知。至于外感知，胡塞尔也突破了布伦塔诺仅将感性性质看作外感知对象的狭小范围，他谈到了超验对象的感知问题。

1907年，胡塞尔"现象学的观念"的演讲标志着他思想的发展进入了先验现象学时期，先验还原的发现使得先验现象学最终和描述心理学区分开来。与自然科学相类似，描述心理学将心灵比拟成另一个实在的自然，这就需要现象学还原的方法。但是胡塞尔同时也认为，在描述心理

① 参见胡塞尔《逻辑研究》第2卷，载于《胡塞尔全集》第19卷，第344页，1975。

② 参见布伦塔诺《论感觉意识和意向活动意识——从经验的观点看心理学Ⅲ》，第13页。

学和先验现象学之间存在着“密切联系”，存在着一条从描述心理学通向先验现象学的“道路”。这可以看作胡塞尔自己思想发展的写照。

在关于现象学作为严格的科学的理想上，在内时间意识问题上，胡塞尔都是布伦塔诺批判的继承者。因此可以说，没有布伦塔诺，就没有胡塞尔的现象学。

第八章　狄尔泰

第一节　生平与著作

狄尔泰（Wilhelm Dilthey，1833—1911）于 1833 年 11 月 19 日出生在德国莱茵河畔的小镇比布里希（Biebrich），这个小镇现在隶属于德国黑森州首府威斯巴登市。其父马克西米利安·狄尔泰（Maximilian Dilthey，1804—1867）是比布里希的地方牧师，其母劳拉·狄尔泰（Laura Dilthey，1810—1907）是一位音乐指挥的女儿，她自己也很有音乐才能。威廉·狄尔泰是这个家庭的长子，他有一个弟弟和两个妹妹。狄尔泰全家都信奉基督教新教，而且其母信仰的新教属于虔敬派。虔敬派反对教会的权威，强调基督教的信仰重在内心的体验和感受，而不是外在的祈祷、礼拜等繁文缛节的形式。母亲的这种信仰对狄尔泰后来的哲学思想产生了一定影响，其哲学的一个基本概念“内在经验”与这种影响不无关系。此外，狄尔泰还从母亲和外祖父那里继承了音乐禀赋，终身酷爱音乐，少年时代他就喜爱演奏钢琴，并且对作曲有浓厚的兴趣。

1839 年，狄尔泰在家乡上小学，四年以后，又在家乡的一所私立学校读书三年。此后，狄尔泰在威斯巴登的文科中学完成了自己的中学教育，并以第一名的优异成绩毕业。1852 年，狄尔泰进入海德堡大学学习，他本人想读法学,但他的父母希望他成为一个牧师,所以他选择学习神学。狄尔泰在海德堡大学只读了三个学期,1853 年 9 月转入柏林大学。狄尔泰在海德堡时间虽短,但时任海德堡大学讲师的费舍尔对他的一生都产生了影响。费舍尔比狄尔泰大九岁,属于青年黑格尔派。他根据黑格尔的"精神的辩证发展"观点解释哲学体系,见解独特,成就斐然。他讲课条理分明,生动活泼,敢于批评一些正统的宗教观和哲学思想。他的课吸引了很多学生,也给狄尔泰留下了极其深刻的印象。因为有人诬告费舍尔在课堂上宣扬泛神论,所以他在 1853 年 6 月被解除教职。据说,狄尔泰离开海德堡,也与费舍尔被解职一事有关。费舍尔在 1907 年去世后,狄尔泰给费舍尔的儿子写信,表达了对费舍尔由衷的尊敬,并说自己之所以从事于哲学事业,应当归功于费舍尔对他的决定性的影响。①

1853 年,狄尔泰去往普鲁士的首都柏林,在柏林大学神学院注册,继续学习神学。与此同时,他花费精力学习哲学、历史学等课程。经过在柏林大学三个学期的学习,狄尔泰感到,神学或任何一门学科的领域都很狭隘,他的求知探索的深思精神不允许他局限在某一个狭隘领域。虽然他在 1856 年以十分优异的成绩通过国家神学考试,获得当牧师的资格,但他并没有去当牧师,而是继续自己的学业。他努力不懈地学习和研究中世纪的神学和哲学,深入研究新柏拉图主义和早期教父哲学。他在此基础上去了解宗教的本质和宗教生活在各个历史时期所发挥的作用,把神学研究与当时的思想运动结合起来,尤其重视 18 世纪的启蒙运动对宗教的批判。对哲学和历史学的浓厚兴趣令狄尔泰的思想发生重要转变,他以前的宗教观逐渐被世俗化,泛神论的上帝逐渐演变为一种内心的理念。

这里特别需要提出的是,狄尔泰非常敬仰施莱尔马赫。1859 年,狄

---

① 参见《青年狄尔泰:通信与日记(1852—1870)》(*Der junge Dilthey: Ein Lebensbild in Briefen und Tagebüchern*, 1852—1870),米施(Clara Misch)编,第 305 页,斯图加特/哥廷根,1960。

尔泰参加施莱尔马赫学会举办的有奖征文活动，他的论文《施莱尔马赫的解释学的独特贡献》（“Das eigentümliche Verdienst der Schleiermacherschen Hermeneutik”）得到评委会的高度赞赏，获得丰厚奖金。这是狄尔泰哲学生涯的开始。此后，狄尔泰接替约纳斯（L. Jonas），负责编辑《施莱尔马赫书信集》（*Aus Schleiermachers Leben in Briefen*），于 1860 年和 1862 年完成它的第 3 卷和第 4 卷的编辑工作。通过这些工作狄尔泰认识到施莱尔马赫在哲学史上的重要性，毅然决定撰写《施莱尔马赫传》（*Leben Schleiermachers*）。

1861 年 2 月，狄尔泰离开神学院，正式在哲学院注册，在他的人生道路上迈出了决定性的一步。在特伦德伦堡的指导下，狄尔泰的博士论文《施莱尔马赫的伦理学原理》（“De Principiis Ethices Schleiermacheri”）于 1864 年 1 月通过答辩；接着，狄尔泰又撰写了大学任教资格论文《道德意识之试析》（“Versuch einer Analyse des moralischen Bewusstseins”），于同年 6 月获得通过。这两篇论著反映了狄尔泰的哲学倾向，那就是把哲学理论与历史研究结合起来，而切入口则是与人类生活密切联系的道德哲学。

1864 年冬季学期，狄尔泰开始在柏林做私人讲师，讲授逻辑学和施莱尔马赫。受当时新兴的心理学、生理学和人类学研究成果的鼓舞，狄尔泰这时已经对心理学和生理学产生极大兴趣。1866 年，狄尔泰应邀前往瑞士巴塞尔大学任教，终于有了固定职业。这时的狄尔泰对心理学和生理学兴趣不减，在继续从事哲学活动的同时，与心理学专家和同事西斯（Wilhelm His）共同致力于心理学和生理学的研究，狄尔泰这时考虑建立一门既与传统哲学有联系又与之有所区别并有所发展的“人类精神的经验科学”。1867 年，狄尔泰的著作《施莱尔马赫传》第 1 卷第 1 册出版，同年，他晋升为教授。1869 年，狄尔泰离开瑞士回到德国，在基尔大学任教。1870 年，《施莱尔马赫传》第 1 卷第 2 册出版，这时期狄尔泰还撰写了有关德国诗人的论文，讨论他们的文学理论和美学思想，比较有影响的是《莱辛》（“Lessing”）和《荷尔德林》（“Hölderlin”），后来收入《体验与诗》(*Das Erlebnis und die Dichtung*)①一书中。

1871 年,狄尔泰应邀前往布雷斯劳,担任布雷斯劳大学教授。他在这里居住了 11 年,直到 1882 年前往柏林。1875 年,狄尔泰在《哲学月刊》(*Philosophische Monatsschrift*)第 11 期上发表了重要论文《关于人、社会和国家的科学历史的研究》("Über das Studium der Geschichte der Wissenschaften vom Menschen, der Gesellschaft und dem Staat"),第一次系统地论述了他有关精神科学的思想,学界一般称之为"1875 年手稿"。1876 年,狄尔泰又写了两篇草稿,继续讨论《关于人、社会和国家的科学历史的研究》中言而未尽的问题。他在世时并没有发表这两篇草稿,后来收入《狄尔泰全集》第 18 卷,被称为"1875 年手稿的续篇"。可以说,在 1876 年狄尔泰已经形成了关于精神科学的思想,按照他原先的想法,精神科学是对康德"三大批判"的继续,关于精神科学的著作应当起名为"历史理性的批判",只是后来他采纳了好友约克(V. P. Yorck)的建议,才用了《精神科学引论》这个书名。这部书于 1883 年出版,但其产生、写作和修改时间应当是在 1877 年至 1882 年间。在布雷斯劳,狄尔泰还撰写了《诗人的想象力》("Die Einbildungskraft des Dichters")和《描述心理学草稿》("Das Manuskript der beschreibenden Psychologie")等论文。

1882 年,狄尔泰回到柏林,接替洛采留下的教席。从此以后,狄尔泰一直住在柏林,直到 1911 年逝世。1883 年,《精神科学引论》第 1 卷(*Einleitung in die Geisteswissenschaften, Band I*)出版,由于这部书对德国哲学的特殊贡献,1887 年狄尔泰因此获评"普鲁士皇家科学院院士"。1883 年到 1892 年,狄尔泰继续从事《精神科学引论》第 2 卷的研究工作,工作时断时续,他写下大量手稿,同时还出版了一批重要著作:《15 和 16 世纪对人的认识和分析》(*Auffassung und Analyse des Menschen*

---

①《体验与诗》是 1905 年出版的狄尔泰的一个文集,一共收入狄尔泰以前发表的四篇讨论诗艺的论文,它们是《莱辛》(1867)、《歌德》(1877)、《诺瓦利斯》(1865)和《荷尔德林》(1867)。

im 15. *und* 16. *Jahrhundert*)、《17世纪的精神科学的自然体系》(*Das natürliche System der Geisteswissenschaften im* 17. *Jahrhundert*)、《17世纪的思想自律、建构理性主义和泛神论的一元论及其关联》(*Die Autonomie des Denkens, der konstruktive Rationalismus und der pantheistische Monismus nach ihrem Zusammenhang im* 17. *Jahrhundert*)、《布鲁诺和斯宾诺莎》(*Giordano Bruno und Spinoza. Erster Artikel*)。但由于各种原因,所有发表的论著只能算是《精神科学引论》第2卷的准备,这一卷直到他去世也未能完成。与此有关的一件事在此必须一提。1893—1894年间,狄尔泰写了一篇很重要的论文,题为《关于描述和分析心理学的思想》("Ideen über eine beschreibende und zergliedernde Psychologie"),刊登在普鲁士科学院内部刊物上。按照狄尔泰本人的设想,这篇论文应当是"精神科学体系"第2卷的核心内容。心理学专家艾宾浩斯(Hermann Ebbinghaus)读到这篇论文后,对狄尔泰的心理学观点提出了严厉批评,并把批评发表在一个专业刊物上。狄尔泰没有正面反击艾宾豪斯的攻击,而是对论文进行修改,把题目也改为《论个体性研究》("Beiträge zum Studium der Individualität"),使论文更具有哲学意义。然而,狄尔泰因此受到相当深的伤害,正在进行的精神科学的研究因此搁浅,他开始转向解释学的研究,并于1900年发表《解释学的兴起》(*Die Entstehung der Hermeneutik*),这是西方哲学继施莱尔马赫以后在解释学领域的又一重要论著。与此同时,狄尔泰接受了普鲁士科学院的委托,从1896年至1902年一直负责科学院版《康德全集》的编辑工作。

进入20世纪后,狄尔泰年事已高,不再从事教学活动,而是专心致志地著书立说,先后出版了《精神科学基础研究》(*Studien zur Grundlegung der Geisteswissenschaften*, 1904—1910)、《体验与诗》(*Das Erlebnis und die Dichtung*, 1905)、《青年黑格尔史》(*Die Jugendgeschichte Hegels*, 1905)、《哲学的本质》(*Das Wesen der Philosophie*, 1907)、《精神科学中的历史世界的建构》(*Der Aufbau der geschichtlichen Welt in den Geisteswissenschaften*,

1910),这些著作不仅是他晚年成熟时期的作品,而且是世界哲学宝库中的精品。

1911 年,狄尔泰与妻子前往意大利度假,在途中下榻一家旅馆时不幸染上传染病,于 9 月 30 日突然逝世,丢下了他孜孜追求、尚未完成的精神科学工作。当时,在他身边的只有妻子。他的一个学生布伯(Martin Buber)帮助师母安葬了老师。

狄尔泰知识渊博、兴趣广泛、勤于探索、著作等身。他的研究领域极其广泛,涉及哲学、伦理学、心理学、社会学、教育学、思想史等多门学科,几乎汇集了当时所有的思潮,形成了一种"创造性的综合"。[①] 他的这些研究成果承上启下,既继承了德国理性主义哲学的传统,又吸收了其他学科的内容,并予以新的发挥和创造,独辟蹊径,自成一派,对 20 世纪的哲学、心理学、社会学的发展产生了重大影响。从哲学上讲,现代西方哲学的一些重要流派,如雅斯贝斯的精神病理学、胡塞尔的现象学、海德格尔的存在主义、伽达默尔的解释学都带有狄尔泰论述的烙印;在社会学方面,韦伯、曼海姆(K. Mannheim)等也受到狄尔泰的影响。

第二节 精神科学的概念

19 世纪,哲学和社会科学不仅需要解答新出现的社会、政治、经济和一切与人相关的问题,而且还面临着自身学科的基本理论、方法论和学科地位的问题。许多研究者在考察 17 世纪以来自然科学所取得的巨大进步和成就的时候,不得不把目光投向哲学和社会科学本身,对哲学和社会科学在理论精确性和实际效用方面提出这样一个问题:哲学和社会科学能否像自然科学那样系统、那样可靠?换言之,哲学和社会科学能否成为"科学"?

面对这种实证主义和科学主义的挑战,作为一个既想继承原有的思

① 参见曼海姆《思想的结构》(*Die Struktur des Gedanken*),第 190 页,法兰克福,苏尔坎普出版社,1974。

想传统又想改革创新的哲学家，狄尔泰对这个问题提出了自己的主张：自人类进入文明社会以来，哲学始终在发挥着它理应发挥的作用，在科学技术相当发达的现在，哲学仍然应当如此，它应当干预时代的生活。而将这个主张扩展到我们对社会的认识之中，就必须解答下面这个问题：我们对现实的认识在多大程度上依赖于思想？随之而来的问题则是：当先前我们关于生活本身的意识——一切先验的、形而上学的东西黯然失色之后，我们应当凭借什么去干预生活？这样，狄尔泰就提出了自己的基本思想：生活本身就是我们的理想和评价的源泉，"从生活本身去认识生活"①。由于狄尔泰持有这种哲学观，所以，他在构思精神科学的时候，就有意识地把经验知识与哲学思想结合起来。

但是，狄尔泰并不同意穆勒和孔德的实证主义和科学主义主张。在他看来，精神科学的关联不同于自然科学，它不形成一个逻辑结构上的整体，其内在发展和外在表现都是极其错综复杂的。因此，精神科学在方法论上的假设就应当是："研究的关联应当与历史发展的联系相一致"②。这样的方法，"不可以掌握，而首先只能认识"③。为了把精神科学从自然科学对科学（die Wissenschaft）和科学性（die Wissenschaftlichkeit）规定的定义中解放出来，狄尔泰企图通过"语言应用"的方法，把"科学"理解为"诸定理的总和，它的各个环节之概念得到充分的规定，在整个思维关联中是恒久和普遍有效的，它们的联系得到论证，其中的各个部分合乎传动目的，最终与整体联结在一起，因为在这里，要么是通过这种定理的联系而考虑真实性的某一个部分的完整性，要么是通过这种定理的联系而规定人的行为的某一个侧面"④。而对使用"精神科学"这个概念，他作了这样的解释，"这里选择的这个名称，至

---

①《狄尔泰全集》第1卷，第5页，哥廷根，凡登赫克 & 鲁普勒希特出版社，1990（以下所引此书均为此版本）。

② 同上书第1卷，第24页。

③ 同上书第1卷，第5页。

④ 同上书第1卷，第45页。

少有这个长处,它合适地表述了核心事实领域;从这个名称出发,实际上就看到这门科学的同一性,勾画了它的范围,确定了它与自然科学的区分,尽管这种区分还不完全”①。显而易见,狄尔泰采用这个概念的原因,就是因为精神科学这个概念含义广泛,涵盖了人文科学的多门学科,而且与狄尔泰想要表达的思想相一致;此外,这个概念在德国应用得比较普遍,相当于人们常说的“人文科学”,易于为人们所接受。

狄尔泰所说的精神科学,在德文中是“Geistwissenschaft”。“Wissenschaft”的含义比英文中的“science”(科学)要广泛,它既有现代科学的意思,也有知识或认识的意义,我们既可以把物理学、化学等自然科学学科称为“Wissenschaft”,也同样可以把历史学、文学等人文学科称作“Wissenschaft”,所以,“Wissenschaft”是包括一切形式的学问。在这个词的用法上,他与古典哲学家费希特是相同的,费希特就把自己的哲学称作知识学(Wissenschaftslehre)。而“Geist”则是一个多义词,它除了“精神”的含义以外,还有“灵魂”“精灵”“智慧”“心智”等多种含义。狄尔泰在这里运用这个词,具有两方面的意义:一方面,它是指抽象思维、逻辑推理、概念判断等理性的思辨能力和创造能力,这样的能力把人与一切其他生物区分开来;另一方面,它是指精神这种能力所生产和形成的一切东西,狄尔泰称之为“精神的客体化”。狄尔泰早年把后一方面的意义称为“精神的世界”,晚年则接受黑格尔的思想,把它称为“客观精神”。我们由此看到,狄尔泰所说的精神既有人类特有的理智、文化现象,也包括社会、历史等多方面的内容。

但是,狄尔泰的“精神”又不同于古典哲学家的“精神”,他特别希望给予“客观精神”这个概念一种清晰和实际的含义,而不让人们把“客观精神”看作是绝对理念之外化的纯思辨的概念。他一再强调,“客观精神”所描述的东西是我们经验范围的实体。就像人们感受自然对象和自然过程一样,精神的一切客体化都能被人们的感官所感受和辨别。不

---

①《狄尔泰全集》第1卷,第6页。

过，精神的客体化又不同于自然对象，它们是人类精神活动过程的产物。在狄尔泰这里，“客观精神”这个概念是相当重要的，它有助于哲学家确定这样的事实：精神科学必须研究人与具体实体的关系，比如，人们受到某种社会制度的影响，受到某种文化系统的熏陶，以及人们对这些社会制度和文化系统的作用等。这正如狄尔泰自己所说，精神科学不能局限于人的行为，它必须涉及像社会制度、文化、意识形态那样的实体。显而易见，狄尔泰在规定精神科学的概念时，接受了历史学派的影响，考虑了精神科学研究的实定性和精确性，抛弃了形而上学一切从主体意识出发的观点；但是，他又不愿意按照在自然科学活动中形成的标准去衡量精神科学的研究。在他看来，“精神科学的整体是以历史和社会的现实性为其对象”①，精神科学的研究对象不同于自然科学，因此，精神科学有着不同于自然科学的认识论基础和方法，以此去规定精神科学，才是最终有效和可以得到保证的。

由此可知，精神科学是研究人的精神能力及其产物的学问。这个定义表明，这门科学适用于哲学、文学、宗教学等传统的人文科学的学科；它还表明，那些研究人的自然属性的学科，如生理学、生物学，不属于精神科学。精神科学与自然科学通过这个定义在各自研究的主题和范围上得到划分，前者研究精神，后者则与自然打交道。为了不让人们误解自己的这个概念，狄尔泰对此还作了一些解释和限制。他特别说明，精神科学包括各种研究人的学科，除了上述学科以外，心理学、历史学、人类学、政治学、社会学等都是精神科学的各个具体学科。狄尔泰强调，人是有血有肉的生物体，除了精神的东西以外，还有许多物质的东西，精神世界并不能代表人类世界的全部，不过，精神对人类世界特别重要，只有世界充满了精神，才是真正的人的世界。人和其他动物的区别在于，人始终处在自己的精神产品——“文化关联”之中，人创造了文化，同时也被文化所制约，这样的精神产品对人类而言发挥得最重要、最深刻的作

---

①《狄尔泰全集》第1卷，第4页。

用是“启迪”。所以,精神科学是对人类自己的精神产品进行反思和研究,这样的科学无论如何是不需要科学主义的“验证”的。

狄尔泰对精神科学概念的界定,决定了精神科学的研究对象是社会和历史的现实性,那么,精神科学的“材料”就是社会和历史现实性的外在化或客体化,具有社会和历史知识的形式。在这方面,人类生命的一切精神产品,无论其是有意或无意的,是自觉或不自觉的,都是社会和历史现实性的载体,因而都有可能成为精神科学的研究对象。这就是说,不仅在文字上固定下来的传统知识构成精神科学工作的必不可少的材料,而且在各种文化传统中所积淀的东西,如言语、信仰、乡规民俗、道德戒律及其在历史中的变革,它们所展现和揭示的东西,都可能是精神科学的材料。

精神科学如此广泛的研究领域,一方面给自己创造了无限的可能性;另一方面,它也带来许多无法度量和验证的问题。从这个意义上讲,这些材料对精神科学的研究,有些是可以充分利用的,有些则是不完整的,研究条件是不充分的。此外,社会和历史事实的非直观性,也给精神科学的研究工作造成困难,往往使研究者陷于迷惘不清的困顿之中。对此,狄尔泰是有清醒认识的,虽然他也为精神科学的研究工作很难获得成就感到愤愤不平,但他还是说,精神科学的研究工作意义就在于,“批判地审视传统,确定事实和收集事实,在建构历史和社会世界中实现目标”①。这样,狄尔泰在确定精神科学这个概念时,实际上就使自己处在先验与经验、形而上学与非形而上学之间。

当狄尔泰把自己的学说确定为“精神科学”时,他还必须区分精神科学和自然科学,这是狄尔泰在建构精神科学方面所遇到的一个非常突出的问题。狄尔泰回顾哲学和社会科学的发展过程后指出,过去对人和人类社会的研究服从于神学和形而上学,进入 19 世纪以后,随着自然科学和技术的进步,人文科学的研究正在日益服从于自然科学。实证主义和

---

①《狄尔泰全集》第 1 卷,第 25 页。

科学主义就是这方面的最好例证。现在，历史已经发展到这样的时刻——必须从认识论上考察哲学和人文科学的研究领域，看看它们与自然科学有哪些异同，使之既吸收自然科学的成果，又不同于自然科学，从而使精神科学的方法奠定在一个坚实的基础之上。

正如狄尔泰自己所说，一俟我们使用"精神科学"这个概念，在实际上就对精神科学和自然科学进行了区分，并且把自然科学从自己的研究范围中排除出去，而区分的基础就是"精神生活的事实与自然过程的事实在原则上的不同"[①]。狄尔泰认为，进行精神科学与自然科学的划分有其深层原因，而最初的、先于理论的动机就存在于"人类整个自我意识的深层"[②]，因为人在自身中很早就看到这样一个与客观必然性无关的范围，人在这个范围里"具有意志的自主性、行为的责任心和让一切事情服从于思想的能力，并且能够与人自身中的无拘无束相对抗"[③]。生命的一切目标、价值和目的都蕴含在这个独立发挥效用的精神世界之中，自然不属于这个与历史王国密切相关的精神世界。据此，狄尔泰主要从以下几点对精神科学与自然科学进行了区分：

1. 狄尔泰承认在人的主观世界以外有客观的外在事实，但是，外在世界是用来证明内在世界的实在性和自主性的。按照狄尔泰的说法，人们必须对"外在的或感性的事实与内在的经验事实"加以区分。内在经验给出的材料是通过外在的自然过程的诱因形成的，通过同等价值过程的类比，外在的或感性的事实给予内在经验一定意义。由此而形成的独特的经验王国在狄尔泰所说的内在体验（das innere Erlebnis）方面有其特定的起源和意义，成为一门特别的经验科学的研究对象。狄尔泰在这里是试图通过外在世界来证明内在世界的实在性和自治性，这种认识既有传统形而上学的痕迹，也有实证主义的影响。

通过外在事实赋予内在经验一定意义的过程，被狄尔泰称为"再现

①《狄尔泰全集》第1卷，第7页。

②③ 同上书第1卷，第6页。

(Nachbilden)”。在这个过程中,“理解”至关重要。对精神科学来说,作为生命世界之基础的“理解”能够发挥建构对象的作用,外在事实之所以能够赋予内在经验一定意义,其中一个关键就是主体的理解沟通了外在事实和内在体验。理解在这里被看作精神科学研究的基本方式,而不是其研究方法:在理解的过程中,外在经验与内在经验共同发挥效用。因此,我们不可以说,“精神科学的关联的基础就是内在的感受和理解”①,而只能说是外在和内在的结合。由于精神科学的研究对象是人在社会和历史中的生活实践,由此形成的研究方式肯定不同于自然科学,精神科学是从生活去理解生活,而自然科学则是人对外在事实的单向度的探讨,依据的方法只能是试验和度量。根据精神科学和自然科学的研究方式的不同,狄尔泰区分了这两个不同的科学群。

对于狄尔泰的这些论述,马克思主义哲学家卢卡奇曾经评价说:“狄尔泰有这样一个正确的感觉,即只有通过实践的道路才能在认识论上解答人与客观外界的关系。”②这就告诉我们,狄尔泰从认识论上对精神科学与自然科学的区分在感觉上是正确的,但是,由于他把外在世界与内在体验笼统地结合在一起,没有意识到现实对意识的相对独立性,所以,“狄尔泰根本就没有认识到客观的、独立于意识的现实”③。尽管卢卡奇的批评有些绝对,但狄尔泰摇摆于西方形而上学的传统与颠覆这种传统的科学实证主义之间,在此却是不争的事实。

2. 狄尔泰通过分析精神世界的整体体验,尤其是分析这种体验与自然的感性经验不可比较性,来论证精神科学的独立性。不可比较性不是指内在经验与外在经验在认识行为作用上的简单区分,而是指精神世界的事实不可能从机械的自然秩序中推演出来。针对实证主义和科学主义试图把人文科学与自然科学混为一谈,狄尔泰提出,为了阻止把精神世界纳入自然世界体系的行为,我们需要证明,精神世界的事实之间的

---

①《狄尔泰全集》第 8 卷,第 265 页,1991。

② 卢卡奇:《理性的毁灭》,王玖兴等译,第 366 页,山东人民出版社,1988。

③ 同上书,第 369 页。

关系方式在原则上与表面上相类似的自然事实过程是不可比较的。

为了更好地解决这个问题，狄尔泰提出这样一个问题：精神作用对人类世界的基本影响是什么？换句话说，这个问题涉及哪些自然界没有而唯有人类精神世界所独有的特性。狄尔泰认为，下面四个特征就是人类精神所特有的。首先，人类生活的目的性。虽然有些宗教和哲学把整个自然界也看成是有目的的，但近现代科学反对这样的解释；而把有些动物的行为看成是符合目的的，迄今仍然是无法证实的假设，狄尔泰因此坚持从目的或意图来解释人的行为。其次，人类的价值评判。所有生物都有对外部环境作出反应的能力，但是，只有人才能在这个基础上建立价值尺度，只有人才能对善与恶、美与丑、利与害、高尚与卑贱等作出各种形式的价值判断，并在此基础上对人、社会、日常事物、历史事件展开讨论。再次，在人类社会中发生重要作用的规范，包括从道德伦理、政治原则到交通规则、日常礼仪规矩等社会生活的方方面面，它不同于对自然现象进行解释的自然科学定律，而是对人类的行为具有约束力，它们是约定俗成的，并且富于变化。最后，人类生活在事实上是历史的，不同的传统铸成了不同的人群，这就是为什么会有不同的文化和不同信仰的重要原因。所以，在对社会现象进行解释时都有一个重要的任务，即必须作出历史的说明，解释当今的状况是如何从以往的事件发展而来的。

狄尔泰所说的这四个特征是互相关联的，目的、价值、规范都是在历史上形成的，都受到历史的影响，反过来，它们又对现实产生作用；同理，价值讨论产生了目的，而为了实现目的就必须对行为进行规范。因此，它们不仅是相互关联的，而且是相互影响、相互促进的。狄尔泰由此说明了精神世界不同于自然世界和这两个世界的事实的不可比较性，而这些区别决定了精神科学必须具有自己独特的理论和方法。

3. 在狄尔泰看来，作为精神科学的对象，生命同一性并未将社会和历史的现实性一览无遗地展现出来，而是表现为不透明的，人们不可能洞察它。他因此认为，分析个人和社会的关系，对于区分自然科学与精神科学是十分重要的。狄尔泰把社会理解为过去、现在和通往未来的整体,认为它比作为有机体的人们更加错综复杂、令人无法看清。人既是社会这个整体的一个分子,同时也作为主体把社会当作观察的客体。社会是由许多个人组成的,个人作为社会的一个分子与其他分子交互作用,共同活跃在生命的舞台上,人既是主体,也是客体。但是,社会是一个整体,个人不能建立和代表整个社会。个人是历史的过客,匆匆地出现在生命的舞台上,匆匆地与之告别。在社会和历史的长河中,作为某一时间阶段的任何个人,恰恰由于他既是主体又是客体,不能或者很少能够认识个人之间相互作用的过程及其规律。人或许能够借助内在感受能力,根据这种作用的内容,知道这个过程。但是,社会是如此复杂,完全不同于可以度量和试验的自然规律,所以,把握社会和历史的现实性遇到的困难或许更大、更多。

这种情况决定了人与社会的关系在原则上是不同于人与自然的关系的。对此,狄尔泰是这样说的:“我们可以从内在理解社会的事实,我们能够在我们自身中依据对我们自己情况的感受,在一定程度上再现这些社会事实;我们带着爱与恨,带着兴奋的喜悦,带着我们反复无常的情绪,直观地伴随历史世界的表象。而自然则是缄默不语的。”①这就是说,由于人直接参与社会活动,建构社会,所以,人可以从内在理解社会。自然对我们则是陌生的,因为它是外在世界,而不是内在的。我们对自然只能进行试验和度量,我们可以在一定程度上征服自然,但我们永远是外在的。我们由体验社会而理解社会,这就是个人与社会的基本关系——它决定了精神科学研究的基础,同时从原则上排除了自然科学的研究方式。

这里有两点尤其值得注意:首先,人是社会交互作用体系中的一个要素,他既作用于其他人,也对其他人的作用作出反应,同时人还对这种交互作用和一切社会情况进行探索和研究,因此,人既是主体,也是

① 《狄尔泰全集》第 1 卷,第 28 页。

客体，这种情况在人与自然的关系中是绝对不可能存在的。在后者那里，人永远是主体，而自然永远是研究对象。其次，在自然界中起决定作用的是原因，只要有某种动因，就必然会造成一定的结果，因为自然界是“没有灵魂的”，因果关系是必然的。但在社会的交互作用中，并不一定有因果关系，这是由社会关系的错综复杂及社会生活的特殊性所决定的，同时，人的情绪因素和价值判断在这里也起到很大作用。

尽管狄尔泰在原则上区分了自然科学和精神科学，而且这种区分对其理论建构至关重要，但他清楚地看到，人们在一定情况下并不能把自然科学与精神科学截然分开。他指出，精神领域和自然领域始终处在交互作用的关系之中，这点尤其表现在个人的生命同一性方面，“在从自然研究通往精神研究的两个过渡点上，即自然关联对精神发展的作用和自然关联接受精神的作用方面，或者说，在对其他的精神实现作用方面，这两种知识到处都交织在一起”①。这就是说，自然科学与精神科学的各自研究对象在原则上是不同的，这是区分这两种科学群的出发点，但是，“每一个人都是生理和生物的统一体”②，人除了精神活动以外，当然还有生理功能，人还必须经常与自然相抗争，只有从这种双重的观察出发，才能正确认识人的生命。从自然科学和精神科学各自研究角度而言，自然世界表现为客观的、确定的关联，与之相对的则是精神世界，由于各自的对象不同，它们的经验方式也不同。自然是由感性经验或外在经验来认识的，精神世界和精神内容则是由内在经验来认识的。内在经验所开启的精神世界并不导致一个独立的、自治的存在，因而也不由自然的关联来建立或取消，而是始终与自然发生联系。我们由此可以明确地知道，精神科学的真实性并不是纯粹精神的王国，只有“生命同一性的体系才是这样的现实性，它构成历史和社会科学的对象”③。这就是狄尔泰不同

① 《狄尔泰全集》第1卷，第18页。
② 同上书第7卷，第80页，1992。
③ 同上书第7卷，第15页。

于传统哲学的地方,他在自觉和不自觉地受到实证主义的影响。

这样,狄尔泰的精神科学就具有强烈的非形而上学因素,精神科学并不是完全根据主体的意识对社会关系和社会发展作纯粹的理论反思,也不是对现成世界进行美学的直观,而是出自实践动机试图对社会和历史进行思考和调节。同时,狄尔泰不仅看到科学技术的进步给哲学和社会科学带来的变革,而且还看到自然科学与精神科学的区别,提出社会生活不同于自然界的特殊性和复杂性,反对哲学和社会科学照搬照抄自然科学的理论和方法。因此,他并不是单纯地否定传统哲学,而是予以适当的扬弃。他对因果性在自然界和社会中具有不同意义的区分是对康德的“自由与因果性的二律背反范畴”的继承和批判;他提出的“人既是主体、也是客体”的观点则是对费希特的主体多数性概念的批判和发展。这在当时科学主义和实证主义占上风的情况下,不仅十分可贵,而且对保持哲学和社会科学的独立性也有重要意义。

第三节 精神科学的体系

狄尔泰构建的精神科学是一个庞大的体系,它包括心理学、历史学、人类学、宗教学、文学、政治学、法学等各门学科,但他在这时遇到的一个难题就是,如何把分散的各门具体学科结合起来?对他来说,这也是完成精神科学的基本条件。

在方法上,狄尔泰采用的是从个别到一般、再由一般到个别的传统的逻辑思维方式。用他的话说,要应用“思维的技巧”把各自独立、互不联系的人文科学和社会科学的学科结合起来,首先是“把握体现历史和社会真实性的单独、个别的事物,认识它们在形成中的有效的同样性,确定它们在以后过程中的目标和规则”①,经过分析和抽象,把总体上的历史和社会的真实性归纳到科学研究的统一性上来。狄尔泰在这里是通

① 《狄尔泰全集》第7卷,第27页及其以后。

过方法论上的设定，一方面承认精神科学的各门学科可以涉及各种各样的内容，满足不同的具体要求；另一方面，通过对历史和社会各种现象进行必要的归纳，便于在整体上认识和把握社会和历史的真实性，从而构造精神科学的庞大体系。

在内容方面，狄尔泰强调，精神科学的各门具体学科不仅是互相关联的，而且还必须具有共同的认识论和方法论的基础，这是它们得出其原理的支撑点。狄尔泰既不同意孔德和穆勒的实证主义和经验主义，也不同意“历史学派”把历史事实和历史意识当作精神科学的出发点。同时，他也不赞同回到从前的形而上学那里，因为前者注意的是零碎的历史事实，而后者过于空洞，缺少实际内容。他独辟蹊径，坚持“从生命本身解决生命问题”，十分明确地提出，既然精神科学的根本目的是揭示历史和社会的真实性，而人类社会是以人们相互间的行为为基础的，那么，分析和研究人的行为及其背后的意识的学问——心理学和与之相关的人类学，就应当是精神科学的基础科学。狄尔泰还认为，人类的现在是与人类的历史密不可分的，所以，回顾历史以关心当下社会，就是精神科学的主要内容。显而易见，在狄尔泰这里，过去和现在、具体和抽象、哲学和经验都不是截然分开的，哲学必须包容其他学科，才能获得新发展。这是狄尔泰全部思想的基石，也是他试图构造精神科学大厦的基石。

为了实现这个目标，狄尔泰在构造精神科学体系时执行了一种“双重战略”，即体系和历史并重，把历史的研究与体系的建立结合起来。在体系方面，他主要是思考精神科学的认识论基础——心理学和人类学；在历史部分，他突出了历史上各种哲学派别所作出的贡献，并把它们吸收到精神科学中，努力为精神科学奠定一个扎实可靠的基础。这样，全部精神科学就分为体系和历史两个大部分。从 1883 年出版的狄尔泰的《精神科学引论》来看，他最初把整个思想体系设想为 2 卷 5 册。第 1 卷包括第 1 册和第 2 册，总揽各门精神科学之间的关联，并且从中探讨建立精神科学基础的必要性；第 2 卷包括第 3 册、第 4 册和第 5 册，讨论思想史上从形而上学转变为精神科学认识论的过程，并进一步阐明他本人在认识论和方法论上的观点。很遗憾狄尔泰没有完成这个宏伟的体系，但我们从他已经发表的论著中还是可以看到其主要思想。

一 心理学和人类学

在构建精神科学伊始，狄尔泰就认识到，大多数心理学只能推导出“形式关系”，而在人类社会中，即使最简单的“内容关系”也不是个别精神的产物，而是在个体环境和社会氛围的共同影响下形成和发展的，所以，并非任何一种心理学都可以作为精神科学的基础科学，尤其是“实验心理学”和“个体心理学”都不能成为精神科学的基础科学。他说：“我在另一个机会里曾指出，我们在研究历史和生命时，所能希望在科学中得到的基础，只能求之于一种人类学——只有这种人类学才能提供一种比我们心理学远为广泛的基础。这种人类学不是对个人作抽象的思考，而是从与外在世界和社会进行互动而生活着的个体出发，从而为人类的认识和道德做准备，并达到人类的真理。”[①]狄尔泰在这时已经看到心理学和人类学的不同，最起码是认识到个体心理学的内容不够广泛，与他所设想的作为精神科学之基础科学的心理学是不相称的。而狄尔泰在这里所说的人类学与现在所指的人类学并不相同，是特指广义上的心理学。

对狄尔泰来说，心理学和人类学的材料是现实的生活经验和全部人类历史，它们首先是探讨生命同一性——个体，这时心理学和人类学只是反映了一部分社会和历史的真实性。但是，心理学、人类学和其他精神科学学科可以在这方面继续拓展，并进行抽象，全部精神科学的共同努力就是精神科学的整体。从另一个角度讲，心理学不仅是对人类生命同一性的总体进行抽象，而且这个总体本身就是抽象。生命同一性在意识中确定整体和统一性的同时，也感受外在世界的限制，于是，生命同一性本身也是社会和历史的全部关联的产品。心理学应当进行的是一种

---

① 《狄尔泰全集》第18卷，第54页，1977。

双重的抽象:它不仅对被认为似乎无关紧要的个体“内容”加以抽象,而且还必须依据客体的结构,从社会和历史的联系中解释生命同一性。个别的心理存在物在实际上是与外部世界互动的,具有社会性和历史性,这就是“心理学的普遍的特征”①,只有通过抽象的过程才能确认这个普遍特征。

分析和认识处在社会与历史中的人的普遍特征,就是狄尔泰对心理学所规定的任务,“心理学将发展普遍的定理,其主体是个体同一性,其谓项是对这种同一性的表述,它们将有利于理解社会和历史”②。狄尔泰认为,心理学的这个任务扩展了传统人文科学的研究范围,超过了迄今一切对精神生活统一性的研究,它是通过描述和分析精神生活的过程及其内容的差异性去研究精神生活的各种形式,从而达到认识精神生活实在性的目的。狄尔泰希望,通过确定心理学的这个任务,使心理学有可能让其公设的基本功能被其他精神科学的学科所接受。在这里,狄尔泰一方面提出了一个方法论上的假设:心理学把自己严格地限制在描述科学的范围之内,确定事实以及它们的相同性和差异性;另一方面,狄尔泰的这个观点也使自己与解释心理学划清了界限,因为解释心理学通过简单的假说,推演精神生活的全部关联,让事实服从于精神。所以,狄尔泰明确地提出,精神科学获得坚实基础的一个条件,就是放弃解释心理学的假说,采取描述心理学的方法。

狄尔泰本人非常重视描述心理学,他在1894年和1896年分别发表了《关于描述和分析心理学的思想》和《论个体性研究》。他自己认为,这两篇论文分量很重,实际上完成了《精神科学引论》第2卷所设想的理论前提。前者主要是论述一般心理学的发展线索,解释和论证描述心理学的概念及其不同于自然科学方法的可能性,阐述描述心理学在整个精神科学体系中的基础作用;后者则是批评解释心理学,阐明建立在普遍理

①《狄尔泰全集》第18卷,第30页。

② 同上书第18卷,第32页。

论基础之上的比较心理学在研究个体性方面所起的重要作用，进一步澄清在精神科学中心理学与认识论的关系。狄尔泰通过批评解释心理学，从反面去论证描述心理学作为精神科学的认识论之基础的必要性，这体现在以下两个方面：

其一，在人类社会中存在许多的不同领域，有各种各样的社会组织，它们的根据则存在于人的心灵生活中，所以，我们只有通过分析心理的联系，才能理解这些不同的领域和不同的组织。“文化体系，如经济、法律、宗教、艺术和科学，社会的外在组织，如家庭、团体、教会、国家，它们都产生于人类心灵的活生生的联系，我们只有从这种联系中才能理解文化体系和社会的外在组织。心理事实构成社会的文化体系和外在组织的最重要组成部分，没有心理分析，就不可能洞察它们。它们在自身中包含着联系，因为心灵生命就是一种联系，所以，关于我们内在联系的理解在任何地方都制约着对社会的文化体系和外在组织的认识。”[①]这无疑是说，心理学在把各个具体的精神科学学科联系为一个整体方面至关重要，心理学是我们认识社会的基础。没有心理学，就不可能形成一个统揽各门人文科学和社会科学的精神科学；没有心理学，我们就不可能充分理解我们人类自身和由我们创造的社会。只有在心理学知识的基础上，我们才能获得关于各门具体学科相互联系的正确表象。

其二，狄尔泰主张在继承传统的同时，必须进行改革和创新。他既反对实证主义和科学主义主张以“心理学至上论”来简化认识论与心理学的关系的观点，也反对新康德主义中的马堡学派排斥一切心理学的立场。狄尔泰认为，人的认识并非完全独立于心理学，构成人的认识材料的精神事实，没有心灵联系的背景，是不可能互相联系在一起的，任何认识的先验性，首先是对自身生动的意识联系的占有，而且在其理论分析

① 《狄尔泰全集》第 18 卷，第 147 页。

中通常预先就设定了意识关联，“没有预先设定的认识论，只是一种幻想”①。但狄尔泰在承认心理学和认识论之间存在一种亲和性的同时，他也认识到并非任何一种心理学都可以充当或代替认识论。他认为，改造或重建认识论依赖于一种稳定的、排除了假说的心理学研究。狄尔泰坚持这个看法，认识论本身必须稳定可靠、准确明白。他说，“认识论产生于这种需要，在形而上学的大洋里迫切需要一块能够保证普遍有效知识的坚实的陆地，如果认识论现在变得不稳定和假说，那么，认识论本身就会使自己的目的无法实现。”②

这样，对狄尔泰来说，心理的联系构成认识过程的基础，只有通过心理联系才能探索认识的过程，只有把握心理联系的能力才能规定认识的过程。所以，狄尔泰是把认识论理解为可以把握人的心灵活动的有效原理，认识论以心理学为基础，反过来也能有效地认知和解释心理活动。与其他精神科学的学科相比，心理学与认识论的关系具有极其优越的地位，只有以研究心理联系为己任的心理学才能承担构成认识论基础的重任。狄尔泰因此断言，认识论的基础就存在于“对生动的意识和心灵关联的普遍有效的描述之中”③。

二　精神科学的“二级理论”

在狄尔泰这里，精神科学有相当一部分内容涉及社会实践。于是，他所关心的另一个重要问题就是社会体系的研究，这个研究是他的精神科学从纯粹心理学进入社会实践的切入口。狄尔泰坚持认为，人是全部精神活动和物质活动的最重要因素，人的心灵生命及其关联是人的一切活动的基础，以人的心灵生命（人的心理和生理活动）为研究对象的心理学和人类学构成全部精神科学的基础，所以，研究社会体系的各门科学

---

①《狄尔泰全集》第18卷，第150页。
② 同上书第18卷，第146页。
③ 同上书第18卷，第151页。

就是在心理学和人类学的基础上形成的,是以在自然关联和社会关联条件下个体的交互作用及其形成的产物为其研究主题,这样的科学与心理学和人类学相比就只能是“二级理论”①。

在狄尔泰看来,社会体系分为两大部分:文化体系和外在组织。前者主要涉及艺术、宗教、道德、伦理等,后者是指小到家庭、小组、社团,大到国家、共同体等。它们在其产生、存在和发展的过程中,会派生出一些“持久存在的产物”,并以此来满足人的本性的需要。它们的这种作用是通过工作的划分、部门的分工和社会的进步来完成的,而它们能够满足人的需要的前提条件就存在于“人的天性的相同性和为这个目的服务的理性之中”②。但是,也正是这些“持久的产物”遮盖了它们的真实的本质,使人们不可能穿越这些迷雾直接认识它们。狄尔泰因此主张,在认识和阐述社会体系的科学中,应当始终注意接受直接窥视人之本性的心理学的指导。

狄尔泰之所以这样划分社会体系,就在于他认为,人在本质上有依赖外部支持的倾向,人类世界的基本特征就是个体之间的交互作用及其绵延不断的过程。因此,一方面,人是“天生的文化存在者”和“社会交往者”;另一方面,文化体系和外在组织在人类存在中会向个体伸出援助之手,帮助个体克服“人的天生缺陷”。建立在人的部分天性基础之上的文化体系和社会外在组织,在本质上也是一种目的关联,它们可以实现个体向外发展的目的。因此,它们作为目的关联,有意或无意、情愿或不情愿地在社会和历史的进程中实现人的生命本质的目的。这样的目的关联体系所达到的成果,是每一个个体单纯依靠自己的力量所无法完成的。

狄尔泰在这里不仅注意到社会体系的这种“目的性”,而且也注意到它们的“持久性”,这是社会体系另一个鲜明的特征。狄尔泰明确指出,

---

①《狄尔泰全集》第1卷,第40、42页。

② 同上书第1卷,第44页。

“当诸个体出现在舞台上，然后又从舞台上消失的时候，社会体系却持续地存在着”①。一个社会体系如果能够成功地保存诸个体的贡献，并且把这些贡献继续传递下去，那么，这个体系就具备了完全的实在性和客观性。同时又由于社会体系的“持久性”，这个体系在本质上具有广泛的普遍性。

关于社会体系与诸个体的关系，狄尔泰是用辩证的观点来看的。他承认，社会体系不仅接受个体的贡献，反过来，它们也影响和制约个体。而且个体的生活丰富多彩，不会只受到一个社会体系的制约，“个体常常是许多体系的交叉点”②。尽管社会体系的内容安排及其改变的可能性是因为个体而引发的，但是，狄尔泰尤其注意一个体系对个人的影响。一个人出生在一个体系之中，并把这个体系当作与自己相对的一个客观物，而这个客观的体系在他以前就产生了，现在仍以各种各样的活动对他产生影响，在他以后还将继续存在下去，这样，这个人身上就会明显地表现出社会的变化及其过程性。对这个人而言，完整的社会体系构成他的社会先验性，因此，社会体系对每一个人的影响不可小觑。

在社会体系与个人的关系中，狄尔泰认为，社会体系对人最有影响的就是共同体的媒介。他后来又把共同体的媒介称作“客观精神”。此外，狄尔泰还看到利益在其中的重要作用。他认为，人的社会存在既依赖于文化体系，也依赖于社会组织，其根本原因都存在于人的心理和生理组织中，尤其是人与社会外在组织的关系，还应当加上“利益与强制”的解释，换言之，在社会外在组织中是一种“统治与依赖的关系”，③它是外在组织在内容上得以成立的基础。狄尔泰在这里明确地感觉到经济利益在社会关系中所起的重大作用，看到由于经济利益的区别而带来的高低贵贱之分，以及与之相关的矛盾、冲突、专制等内容。但是，狄尔泰的出发点是以心理学为基础的人性论和调和论，他不可能洞察经济利益

---

①《狄尔泰全集》第 1 卷，第 50 页。

② 同上书第 1 卷，第 51 页。

③ 参见同上书第 1 卷，第 67 页。

在社会中所起的决定性作用,从而也不能看到不同的利益集团在阶级社会中你死我活的激烈斗争。由于出发点不同,狄尔泰得出的结论恰恰与他所感觉到的东西相反。他虽然承认团体、组织、社会和国家对个人的束缚,但他又认为个体对外在的依赖在本质上是合理的,因为很多事情并不是个人能够独立完成的。所以,从整体上说,个人在这些组织中扮演着与这些组织相适应的角色。我们中的每一个人,既是家庭的一个成员,也是国家的公民。尽管角色不同,职业不同,但是,"我们在道德职责的关联中发现自己存在于旨在满足需要的法律秩序和生活目的的关联之中"①。由此来看,这是与人的本性和为之服务的理性相一致的。狄尔泰依据其特殊的个体依赖外在的观点,只看见社会组织的合理性和必要性,而忽视了人与人在经济、政治、社会关系诸方面的不平等。

关于社会体系中文化体系和社会组织的关系,狄尔泰把它们看作是社会体系整体中两个既互相联系又互相排斥的领域。简单地说,它们是内容和形式的关系。在人类历史发展中,它们是实现历史目的关联所必需的两种手段。如果我们想在科学上认识促进社会历史进程的因素,就应当依靠对这两者的研究,而不应当有所偏废,因为一个过程的内容和形式在发生学上是互相隶属的整体,两者可能是同时发生的。尽管我们可以设想,文化体系和社会组织对社会历史进程的影响强度不同,但对它们的抽象和分析是同样重要的。

此外,狄尔泰在这里还从方法论上思考心理学与"这些二级学科"的关系。在他看来,对整个精神科学体系至关重要的是,对文化体系和社会组织进行分析和研究应当注意其客体以及作为其客体基础的心理方面,应当与心理学的研究相结合在一起。在学科分配方面,它们表现为两个部分:一方面是心理学作为其基础;另一方面,它们的研究主题是社会和历史交互作用的关联及其结果,并从中获得新的概念和解释。

---

①《狄尔泰全集》第 1 卷,第 87 页。

三　精神科学的历史观

狄尔泰非常重视历史研究。对他来说，社会是一个巨大的统一体，它由许多活生生的个体、家庭、组织、团体组成；同时，社会也是在历史中形成的，人类的今天是与人类的昨天密切相连的，纯粹的社会概念实际上充满着丰富的历史内容。准确认识社会现实及其本质，不只是要用诸如心理学、人类学这样的科学去认识人的精神状况，而且也离不开历史学。因为任何社会现实都受到历史的限制，同时又指向未来。精神科学以心理学作为其认识基础，以历史哲学作为其主要内容，只有这样，精神科学才可以解答认识社会和历史整体真实性的问题——这是精神科学最普遍和最后的问题。狄尔泰的这种思想，可以概括为一个精辟的公式：只有历史告诉我们，什么是人；只有人告诉我们，历史如何才是可能的。这个公式清楚地说明，狄尔泰努力探寻的是，处在历史和社会中的人的本质和由行动的人构成的社会和历史的真实性，它们是相互联系的统一体，偏废任何一方都是与这个目标相悖的。

狄尔泰的历史观受施莱尔马赫和历史学派思想家兰克（Leopold von Ranke）的影响比较大，对他来说，历史观更多的是方法论问题。他多次指出，无论是黑格尔的历史哲学提出的从整体上认识和把握历史发展规律的要求，还是孔德、穆勒的社会学欲想发展和实现的一种历史的技术学，他们的任务不可实现性和他们所掌握的方法的有限性决定了他们最终必定会遭到失败。在他看来，历史是一个连续不断发展的过程，不存在，也不可能存在说出历史最终秘密的东西。社会和历史世界中发生的事实往往只具有一次性的意义，忽视个体生命的作用，把个体的现象贬低为科学抽象的简单原材料，实际上是让活生生的生命去为某种知识体系服务，这是一种本末倒置，因为“认识不是手段，它本身就是目的”①，只有蕴含在我们本质中的知识才是绝对必要的。

---

①《狄尔泰全集》第1卷，第91页。

基于这个基本看法,狄尔泰提出,科学地认识历史是在充分地应用心理学和社会体系理论的基础上展开的历史研究,同时,精神科学的各门学科的方法都可以应用于历史研究,只有这样,才能理解历史发展阶段中的各种历史事实。不仅于此,精神科学的历史研究不只是要说明历史中的事实,而且还应当解决历史关联的问题。要达到这点,首先应从各门具体学科去进行探寻,因为我们寻找历史关联,实际上是想发现历史发展的规律,但这个规律是综合的、无法看见的,并且融合在历史的各个部分,我们只能认识和比较它们相对简单的相同性和差异性,由此去"接近把各个部分综合和聚集在一起的历史"①。其次,为了避免历史学派那种只注重事实、不注意整体的倾向,狄尔泰又提出历史哲学的真正意义在于,从哲学的角度并用哲学的方法去进行历史研究。

狄尔泰在这里表现出的是一种谨慎的乐观主义历史观,他并不相信通过社会研究和历史哲学的概念、原理和"规律",就可以完全认识社会和历史的整体。他看重的是,对这个整体的把握可能是在一个真理的关联中逐步实现的,而这个关于社会真实性的真理关联是建立在关于人的理论基础之上的。所谓把人的理论应用于历史科学并由此去探讨社会的真实性,其目的是"为了解释和说明在历史中集合在一起的个体交互作用的历史真实性"②。狄尔泰在这里是说,科学的知识始终只可能接近真理,企图揭示历史的本质或发现历史发展的公式,在原则上是科学之外的事情,它不是科学,而是形而上学。精神科学强调的是对人进行生命关联的研究,所以,精神科学并不许诺会得出一个历史哲学的公式或原则,也不相信可以用无所不包的历史哲学研究来结束整个精神科学体系的探讨。

但是,精神科学关注历史事实的价值和意义,关注历史事实所表现的规则。价值和规则与主体的表象直接相关,当它们涉及我们的社会体

---

①《狄尔泰全集》第1卷,第94页。

② 同上书第1卷,第95页。

系时，才是存在的；当它们与我们的体系无关时，就不具有表象的意义。因此，“我们表达历史意义的任何公式，只是我们自己的活跃内在的反思”①。由此来看，历史的因果关联是多层次、多方面的交互作用的结果，而对它们的意义评价也在于各种各样的价值观。这是精神科学历史观的一方面。另一方面，狄尔泰反复强调，人类历史不属于自然界，绝对不能用实证主义的方法去观察和研究历史，只有已经发生的生命世界的经验才是精神科学研究的基础。因此，精神科学中存在着它所独有的经验方式，“个体和行为是这种经验的元素，所有情感力量都沉淀为对象，则是它的本质”②。这样的客体是从给定的同一性中而聚集起来的，我们可以从这种同一性去理解这些客体。于是，精神科学历史观的本质就是，“我们知道，这里首先是理解，其后才是逐步的认识”③。也就是说，在我们最初的认识中，首先是整体的分析，然后才是精神科学的各学科去认识被理解的对象。分析各学科的对象及其关联，发现和比较它们在历史中的广泛多样性，是认识历史和社会真实性的唯一途径。

不过，狄尔泰在阐释精神科学的历史观方面有一个难题没有解决。他一方面提出，要把历史看作是一个个生命事件的凝固或客观化，从各个历史阶段、不同历史的时代风格、文化体系的整体现象去理解历史；但另一方面，他并没有解释，是否在这种历史客观化的同一性中存在一个基础，是否在这种历史结构中存在一个基本关系。如果狄尔泰坚持心理学是精神科学的认识论基础，并且把体验当作历史的基础，他就不可能回答或解释这些根本性问题。这里的根本原因在于，狄尔泰坚持把心理学和人类学作为认识论的基础是与他提出的从整体上认识历史的观点相矛盾的。狄尔泰在进行心理学和人类学论证时，始终倾向于把他所发现的生命关联和心理关联的基本事实看作是始终如一的、具有超历史的性质。因为从心理学和人类学的角度来看，人自从成为人，就不会发生

---

①《狄尔泰全集》第1卷，第97页。

② 同上书第1卷，第108页。

③ 同上书第1卷，第109页。

决定性的改变,我们在思想上和感情上看到的一些改变,都是社会性和历史性的;另一方面,狄尔泰又强调生命与历史密不可分,只有精神科学的各学科综合研究,才可能接近认识社会和历史的真实性。这样,从描述心理学出发,就说人是超历史的;从历史观出发,就会推论出一种没有限制的历史相对主义,世间的万事万物都会在历史中发生变化。如此深刻的矛盾使狄尔泰历史哲学的价值大打折扣。

晚年的狄尔泰对此是有一定认识的,他之所以出现解释学的转向,就是他试图弥合这种学科体系矛盾的一种尝试。然而,为时已晚,他的突然离世,使他未能完成整个体系的改造,也没有了却这个愿望。

四 精神科学的理论意义和历史意义

狄尔泰精神科学的一个主要特征,就是他不像叔本华和尼采那样试图彻底颠覆传统,而是在坚持理性主义哲学传统的前提下,以开放的心态接受各种思潮的影响,兼收并蓄;同时能够独立思索反省,不为其所左右,强调所谓"内在的批判",对他所吸收的思想体系作批判性的修正,以谨慎的批判精神开创出自己的思想道路。

狄尔泰对传统形而上学既有批判,又有继承。他不是从纯粹的主体意识出发,而是把对人和社会的经验研究置于核心地位。在他看来,在以人和人类文明为研究对象的科学与人类文明的变革之间,存在着一种深刻的相互作用的联系,与自然科学和其结果之间的联系相比,前者的联系对合乎目的地塑造外在世界,发挥着更大的作用。狄尔泰把这种联系看作是精神科学的基本关系和其认识论的出发点,因为在这种关系中,我们自己就是发生作用的因素,同时也知道自己的这种作用。因此,我们一方面合乎目的地行动,制定规则,努力去实现理想;另一方面,我们还会建构与作为正确行动者的我们相适应的抽象概念。观察和认识行动着的生命与科学地把握生命的相互作用,就是狄尔泰精神科学的重要课题。在方法论上,狄尔泰提出了由具体过渡到抽象的分析方法,并且认为精神科学建构关系的标志就是由具体到抽象。这里的前提是要关注各个学科在精神科学内部的相互建构和依赖的关系，探讨精神科学中的各个学科的相互关联。狄尔泰充分估计到精神科学在研究方法上的困难，他清醒地看到，精神科学关注的焦点是人，而人不是一个抽象的、孤立的个体，而是一个具有知、情、意的整体，并且是不断与自然和社会进行交互作用的行动者，所以，精神科学是对社会和历史进行反观，在其研究主体和客体之间有一种研究的交互性，不仅研究周期长，而且往往需要几代人付出艰辛的努力。

狄尔泰的这些努力说明，他试图限制实证主义的范围，消除形而上学理论与自然科学和技术之间的隔阂和争论；注重对哲学传统的批判和继承，注重吸取历史学、心理学、人类学的最新内容，拓宽哲学的认识论和方法论的范围。狄尔泰想建立的是一门既不同于自然科学却又从其中吸取某些成分，既不同于以往形而上学却又不放弃哲学固有的关心人类、关心社会的传统的精神科学。这样的精神科学当然是近现代哲学开拓创新的尝试，它改革创新又不流于世俗，继承传统又不囿于传统，对维护哲学和社会科学的独立性和现代西方哲学后来的发展产生了重要的影响。

就狄尔泰与胡塞尔的关系而言，他们之间是互有影响的。与狄尔泰相比，胡塞尔是后起之秀，但狄尔泰在世时就非常重视胡塞尔的现象学。对胡塞尔来说，虽然他始终坚持哲学是一门严格的科学的看法，但他从狄尔泰的精神科学中体察到哲学具有世界观的意义。他在当时和以后的研究中都承认狄尔泰著作中所表述的观点是哲学的重大课题，因为“理智、教化和人性都是不可或缺的”①。胡塞尔在《逻辑研究》第 1 版中就把其中应用的方法称为“描述心理学的方法”，而这个方法恰恰就是精神科学认识论和方法论的标志。根据胡塞尔在 1929 年 6 月一封信中的叙述，1905 年狄尔泰与他在柏林的几次谈话，给了他很多启发，结果使他

① 《现象学特刊》(*Sonderband der Phänomenologischen Forschungen*)，第 67 页，弗赖堡/慕尼黑，卡尔·阿尔贝出版社，1985。

从“逻辑研究”的胡塞尔变成“现象学观念”的胡塞尔。这个转变就是促使他更加注意透视历史,观察经验世界,分析和研究哲学与经验问题的关联,努力在实践哲学与理论哲学之间搭起一座合理的桥梁。[①] 胡塞尔后来在审读他的学生兰德格雷贝(Ludwig Landgrebe)的博士论文《狄尔泰精神科学的理论》(“Wilhelm Diltheys Theorie der Geisteswissenschaften”)时还意识到,他从狄尔泰那里学会了如何评价“直觉在历史关联中的显示和描述”,他希望大家“认真学习狄尔泰这位杰出的思想家的所有著作”。[②] 1931 年 6 月,胡塞尔在所作现象学与人类学的演讲中再次承认,狄尔泰的生命哲学在当时具有很大影响,现象学运动也被狄尔泰的理论打动,所以,他又把狄尔泰的精神科学工作看作是现象学的天才的前瞻和准备。

当然,他们两人的哲学观有很大不同且旨趣相殊。他们的出发点看起来相似,结果却有很大差异。胡塞尔要建立的是“作为严格科学的哲学”,而狄尔泰则是为其精神科学奠定理论基础,并且希望精神科学对人的行为有指导作用。胡塞尔 1910 年出版的《作为严格科学的哲学》已经表明他们之间的区别。胡塞尔在书中指出,任何世界观都受到历史的限制,因此,所谓“世界观”只是人生观的一个层次。这实际上是在批评狄尔泰的“世界观哲学”具有相对主义的倾向。狄尔泰在看到该书以后写信给胡塞尔,表示不能接受他的批评,并且指出,一个有效的知识理论的同一性可以分为两条道路:一是纯粹的现象学,它从严格的普遍性上把握世界;二是关于历史的生命形式的哲学,它并不认识超越时间的、理念的有效同一性,而只认识在人类历史长河中生生息息、受时间限制的文化条件和环境。胡塞尔回信给狄尔泰,不仅表示继续沟通,而且提出消除矛盾的建议,即把现象学看作是以描述方式解释基本概念的方法,是一种返回内在生命的解释,而历史事实在这里无非是纯粹理念的本质性

① 参见胡塞尔《欧洲科学的危机与超越论现象学》,第 141 页,海牙,1970。

② 参见《胡塞尔全集》第 9 卷,第 35 页,1968。

例证。对于他们之间的争论，伽达默尔在1985年以后总结说，狄尔泰所倡导的应当重视理论在各个历史时期的效用关联和结构关联是十分重要的，虽然这并不意味着非要完全拒绝胡塞尔所说的“经验的最终证明”，但它却向人们提供了另外一条认识世界的思路。[①]

作为胡塞尔的学生，海德格尔对于狄尔泰与胡塞尔之间的争论是十分清楚的。他在后来的论著中并没有倾向其中任何一方，而是经过自己的分析，对他们的思想分别予以扬弃。对海德格尔来说，狄尔泰是一个具有开拓精神的哲学家。虽然他在《存在与时间》中批评狄尔泰的生命哲学不够彻底，说他具有明显的相对主义倾向，但他又认为，狄尔泰理论是现代哲学的预演。他把狄尔泰的研究划分为三个范围：一是精神科学的理论和精神科学与自然科学的区分，二是关于人的科学的历史，三是理应表现人的全部事实的心理学。所有这些研究都指向一个目的——开启生命，即企图揭示人之特有的存在状态。这既是狄尔泰精神科学的目标和根基，也是海德格尔试图通过分析此在，进而考察人之存在的目的。狄尔泰对海德格尔的启迪意义在这里不言而喻。

正如海德格尔自己多次承认的那样，狄尔泰对他的启发主要是对历史性和时间性的分析。在狄尔泰的视野里，时间不仅仅是客观时光的流逝，对一个个活着的人来说，时间更是内在的体验，所以，从根本上来讲，生命是一个体验之流，在时间的过去、现在和未来的三个维度中，“现在是这种体验的无可奈何的流动”[②]。狄尔泰虽然也重视现在，把它看作是联系时间三个维度的关键，但他并没有赋予现在在这三个维度中的优先地位，而是根据他的精神科学原理对此予以新的揭示。狄尔泰正确地看到，体验不是简单地按照时间顺序来排列的，而是作为一个时间整体的各个部分被人们所经历，对具体的生命来讲，这个整体的本质和意义并

---

① 参见伽达默尔《150年后的狄尔泰》(“Wilhelm Dilthey nach 150 Jahren”)，载于《现象学特刊》，第166页，弗赖堡/慕尼黑，卡尔·阿尔贝出版社，1985(以下所引此书均为此版本)。

②《狄尔泰全集》第7卷，第192—193页。

不是在当下就可以全部表现出来的。换句话说,我们在当下不可能充分认识现在的价值和未来的目的,我们真正能够做到的,就是可以通过回忆去把握已经流逝的生命历程,并且通过它去挖掘生命的价值和目的,也就是说,生命的意义只有通过回顾才是可以解读的。同时,狄尔泰还从历史对现实的影响进一步分析说,如果历史是人类产品的积淀,那么,历史也同样存在于和伴随着人类的产品,因为历史不只是过去的生命,历史同时还是正在被理解的生命,这就是所谓的历史和社会的现实性。这样,在时间的三个维度中,历史因为它所具有的意义而占据优先的地位。

海德格尔从狄尔泰的这种"自由漂浮的主体体验序列"①中看到,历史已经成为体验的、自省的历史,并由此展开作为存在的历史,凸显了此在的时间性和历史性的意义。海德格尔对时间性的思考是与他的存在论联系在一起的,他不同意时间具有无限性的传统看法,认为不仅此在在时间上是有限的,而且存在也是有限的。与狄尔泰一样,海德格尔也认为时间是绵延不断的整体,时间的三个维度是同一个整体中的三个不可分离的部分,即他所说的时间的绽出(Ekstase)。存在或生命是连绵不断的,它同时处在现在、未来和历史之中,只是由于这三个维度的区别,人们才建构起这个特殊的范围,经历着正在发生的事情,体验着时光的飞逝。但是,在时间的三个维度孰占优先的问题上,海德格尔既不同意传统哲学所说的现在优先的定式,也不同意狄尔泰的历史性优先的看法。海德格尔认为,在时间的诸绽出中,未来应当具有优先地位,他说,"未来是原初和本真的时间之第一现象"②。他之所以这样看,就在于他把时间性和历史性与人的存在,尤其是与存在的本真性和非本真性的区分联系在一起。对海德格尔来说,存在于世界中的人同样是历史的人,这并不在于人在自己独特的体验之中理解历史和融入历史,也不在于人

① 海德格尔:《存在与时间》,第 388 页,图宾根,马克斯·尼迈尔出版社,1986。
② 同上书,第 329 页。

的思维受到各种作用关联的束缚。它仅仅在于,人一来到这个世界上(Existenz)就面临着被存在所抛弃的命运,或者说面临着拒绝原始存在的命运,而人恰恰因此而与未来相联系。在这里,人的历史性是指人脱离原初的存在以及对这种脱离的历史觉察,而注重现在则是把未来当作无限的一种错误的认识,正是由于我们把未来当作有限的,所以,未来就是对今后的一种决断(Entschlossenheit),它关乎我们的命运。这样一来,历史就与尚未决断的未来联系在一起,用海德格尔的话说,这是“历史的未来”。由此来看,狄尔泰和海德格尔的时间性和历史性概念都具有哲学的反思性,只是前者主要表现在认识论方面,而后者不仅如此,更多的是指一种决断,是对自己未来命运的一种主动建构,这显然具有新形而上学的特点。

狄尔泰对当代哲学解释学,尤其是对伽达默尔的影响是显而易见的。尽管伽达默尔对狄尔泰一般解释学的克服,并由此进展到哲学解释学是因为海德格尔把理解与人的存在同一起来的观点才得以实现的,但如果没有狄尔泰把施莱尔马赫以避免误解为核心的传统解释学发展为认识论的解释学,那伽达默尔的哲学解释学则是不可想象的。

伽达默尔非常重视狄尔泰关于“体验”“自省”等概念的论述。他在《真理与方法》一书中用了很多篇幅专门研究“体验”,认为“体验”是把人的内在意识与外在事实、个体与社会结合起来的关键,“体验”的时间性还凸显了生命的现实和历史意义。从解释学上说,我们只有经过“体验”才能达到理解,所以,“体验”这个概念对解释学具有重要的建构意义①,但伽达默尔并不赞同狄尔泰过分依赖心理学去解释“体验”的做法,认为这样做夸大了他人在理解中的作用。关于“自省”,伽达默尔坦承,“这或许是让我最费力的一个概念”②。“自省”在晚年狄尔泰那里得到高度重

① 参见伽达默尔《真理与方法——哲学诠释学的基本特征》,第 56—57 页,图宾根,1986。

② 伽达默尔:《150 年后的狄尔泰》,载于《现象学特刊》,第 172 页。

视,他把“自省”看作是对全部生命和意识事实进行的描述和分析,是在与意识事实相关的联系中发现和研究对象的关键,具有普遍意义的特征。所以,“自省”不仅是他的描述心理学和认识论的基础,最终也是精神科学的基础。伽达默尔通过自己对“自省”的研究,发现“自省”本来就是实践哲学的一个由来已久的命题。当苏格拉底提出“善”的问题时,“自省”就不是一个纯粹理论的问题,而是涉及具体对象的问题。狄尔泰晚年过分张扬“自省”,并把它当作精神科学的一个核心概念,这既是因为他受到新教影响,在钟爱浪漫主义和施莱尔马赫的情愫下而作出的选择,而更重要的原因则在于,他已经意识到,精神科学没有这样的形而上学基础就不可能成立,于是就像同时代的洛采或费希纳(G. T. Fechner)那样,企图以此给精神科学罩上一层目的论式的形而上学外衣,为精神科学构造基础。这说明,狄尔泰的“自省”不再像心理学那样只注重心灵生命的形式和规律,而是在努力认识和把握心灵关联的同时,通过客观精神、社会、历史和艺术使其得到内容上的丰富。狄尔泰实际上是在一定程度上回到实践哲学伟大传统那里,为后来的具有现代形而上学典型特征的现象学创造了条件。

关于精神科学与现代解释学的关系,伽达默尔说,我们不要以独断的和教条的观点去看,而是要用广义的、科学的词语理解。狄尔泰所说历史生命性的概念是我们理解这个关系的工具。狄尔泰曾经举例说,当人们在美术馆里欣赏绘画时,随着时间的绵延,不仅欣赏者的理解会不同,而且这些艺术品本身的生命、意义也会提升。狄尔泰以此来强调,我们要从具体时间的效用关联和结构关联来理解生命、目的、结果、意义等。伽达默尔认为,狄尔泰的这个观点已经揭示了存在与理解是相互统一的,它对现代解释学是完全不可或缺的。这正如伽达默尔本人说的那样,虽然狄尔泰试图建立的作为精神科学的方法论和认识论的解释学最终没有获得成功,但他提出的“体验”“内省”“历史生命性”等概念及从结果、目的、结构关联去认识和解释生命世界的观点对现代解释学具有极其重要的意义。

从狄尔泰对现代西方哲学的影响来看，他显然不是一个简单的过渡型的哲学家，而应当被承认是一位具有独立意义的思想家。他在认识论和方法论上大胆进行的变革，对今天的哲学发展仍然具有现实意义。他所提出的哲学既是理论的，也是实践的，哲学必须与人文科学和社会科学相结合的主张，今天仍然在对我们所说的“哲学”发生冲击。

第九章 胡塞尔

引 言

胡塞尔(Edmund Husserl,1859—1938)是德语哲学中的一个重要人物,他在西方哲学史上占有一个奇特的位置。胡塞尔最重要的影响是开启了20世纪影响最大的哲学思潮:现象学运动。他与舍勒、海德格尔一同构成德国现象学的思想标志,就像康德、费希特、谢林和黑格尔构成德国古典哲学的思想标志一样。这两个代表德国哲学的主要哲学思潮自身都容纳了一批重要的思想家和研究者。它们使得德国哲学的影响超越了国界。如今我们之所以会有意无意地认为,德国是一个盛产哲学的国度,很大一部分原因在于德语思想界提供了这两个最为著名的哲学思潮。①

当然,与历史上的大哲学家们相比,胡塞尔还算是年轻的。哲学史

① 当然我们也不能忽略自费希特以后逐渐展开的德国诗化哲学传统。这里的"诗化哲学"不仅在一定程度上包含许多浪漫派代表人物,如施莱格尔兄弟、荷尔德林、诺瓦利斯(Novalis)等,而且也包含甚至更多的是指那些几乎与思辨哲学家同时代的席勒、歌德、叔本华、尼采等;以后的狄尔泰、席美尔,直至本雅明、阿多诺、布洛赫、后期海德格尔等都可以在诗化哲学的标题中找到自己的位置。

家们似乎还在为他的最终定位犯难。胡塞尔在世时，他的妻子便禁不住地要向他哲学圈子里的朋友们询问：胡塞尔在哲学史上究竟会有一个什么样的地位，类似于柏拉图，抑或是康德？而胡塞尔本人在他极少间断的哲学思考中却似乎从未关心过这个问题，使他殚思极虑的更多的是大思想家们所提出的问题以及可能的解决方案。因而他思考的常常是这样的问题：伟大的天才们曾在这里或那里失败过，如果不想沉湎于无尽的绝望，我该怎样做？我该如何重新开始？

正是这种在忘我和献身的精神中严格地直面问题本身的做法，赋予了胡塞尔的现象学以一种特殊的气质："面对实事本身"的治学态度和"工作哲学"的操作方法。以后的一大批研究者们之所以会如痴如醉地继续献身于它，主要是受这种研究风格和思维方式的吸引。它也被看作是哲学的基本思想或基本态度，即不断地从头开始，追问最原本的问题，尝试最直接的回答。他的确可以说是一个类似于苏格拉底、笛卡尔、康德或尼采的哲学史人物。

胡塞尔的现象学如今已经成为历史的经典，但由于他的研究所涉及的领域极为广泛，而且也因为他所给出的意识现象学的研究结果极为丰富，所以当代人仍然在不断地向他的思想回溯，一再地尝试从中获得新的启示。法国的现象学家利科(P. Ricoeur)曾形象地告诉北京大学的同行与学生：胡塞尔的思想是一个布满了脚手架的工地。这个比喻十分传神，也十分到位：既然是一个工地，也就意味着我们还无法尽览它的全貌，意味着我们可以对它拥有无尽的想象；既然是一个工地，也就意味着它还有待完成，意味着我们可以对它进行续建、添加乃至修正。

这也正是胡塞尔思想的魅力所在：他在《逻辑研究》(*Logische Untersuchungen*, 1901)第 2 卷和《纯粹现象学和现象学哲学的观念》(*Ideen zu einer reinen Phänomenologie und phänomenologischen Philosophie*, 1913)第 1 卷中所偏重的对意向活动，尤其是对感知行为和想象行为的细致分析，首先为以德法为主的欧洲大陆哲学提供了丰富的养料，为梅洛-庞蒂的感知现象学和萨特的想象力现象学奠定了基础，甚至各种文学艺术学派，甚至建筑学、伦理、法律，包括经济学的学派都可以从中获益。而他在《逻辑研究》第1卷(1900)、《形式的与超越论的逻辑学》(*Formale und transzendentale Logik. Versuch einer Kritik der logischen Vernunft*，1929)、《经验与判断》(*Erfahrung und Urteil. Untersuchung zur Genealogie der Logik*，1938)等著作中对符号行为和含义理论、判断理论的独特理解和特别关注，又为英美的语言分析哲学和逻辑哲学开辟了一个新的视野，成为这个派别的长期对话伙伴；尤其是分析哲学中心智哲学的研究方向，更是与胡塞尔现象学的意识分析并行不悖。

凡此种种，使得胡塞尔能够带着他的现象学在20世纪的两大哲学流派之间从容踱步。他不会像尼采或海德格尔等人那样被语言分析学家和逻辑学家们当作非科学的、非学术的东西不予理睬，也不会像弗雷格(G. Frege)或卡尔纳普(R. Carnap)等人那样被人文主义思想家们和作家们看作是非文学的、非生命的东西束之高阁。

胡塞尔的历史地位当然还远不止于此。他在《内时间意识现象学》(*Zur Phänomenologie des inneren Zeitbewußtseins*，1893—1917)中的时间意识分析堪称哲学中最抽象的和最形而上学的课题研究，并不逊于海德格尔的时间分析，而且此后也成为德里达进出现象学的门径。胡塞尔在《欧洲科学的危机与超越论现象学》(*Die Krisis der europaeischen Wissenschaft und die transzendentale Phaenomenologie*，1935—1937)中的思想史考察则与人类在两次大战期间的自身宿命的反思息息相关，可属形而下的工作领域。他在其中所提出的“生活世界”概念，比维特根斯坦的“生活形式”更有力地影响着今天的社会生活和政治生活，并成为当代哲人如哈贝马斯思想的核心成分。胡塞尔在《笛卡尔沉思和巴黎讲演》(*Cartesianische Meditationen und Pariser Vorträge*，1929—1937)中对他人(陌生意识)的意向分析，则把他的意识现象学带入到社会学的研究领域，舒茨(A. Schutz)、列维纳斯、古尔维奇(Aron Gurwitsch)等人都从中获益匪浅……胡塞尔的思想和影响是如此“繁杂”，在这里根本无法一一枚举。我们只能说，胡塞尔生前发表的每一部著作，都在相关的领域引起了重要的影响。

除此之外，由于胡塞尔在他长期的研究中始终以笔思维，以速记稿的方式几乎记下了他毕生所思，因此他去世后留下了大量的手稿。出于对当时纳粹统治的担心，这些手稿随后被人带至比利时，第二次世界大战后才由比利时鲁汶大学的胡塞尔文库陆续整理，作为《胡塞尔全集》考证版（*Husserliana-Kritische Ausgabe*）于1950年出版第1卷，并且以每两年一卷的速度持续出版中。胡塞尔的重要书信也有很多，几乎可以与哲学史上通信最多的哲学家莱布尼茨并驾齐驱，这些书信现已被收入《胡塞尔全集——文献》（*Husserliana—Dokumente*）出版；胡塞尔的另外一些讲稿和手稿被收录到《胡塞尔全集——资料》（*Husserliana—Materialien*）中出版。伽达默尔曾认为："正是这一系列伟大著作的出版使得人们对胡塞尔思想的哲学兴趣经久不衰。"①可以预见，胡塞尔研究在今后的很长时间里都会成为国际、国内哲学界的一个重要关注课题。

下面对胡塞尔现象学思想的讨论，将根据胡塞尔这些重要著作的不同课题内容来进行。

第一节　生命与思想的历史脉络

一　前现象学时期

1859年4月8日，胡塞尔出生在摩拉瓦地区的一个叫普罗斯捷约夫（Prostějov）的小城镇上（这个地区原属奥匈帝国，如今在捷克共和国境内）。胡塞尔父母都是犹太人，父亲是一个布商。在读了几年小学之后，胡塞尔在9岁时由一个亲戚带到维也纳去读书，以便日后能进入文科中学学习。1876年，胡塞尔从维也纳的文科中学毕业。他往日成绩并不好，几乎不能通过毕业考试，但临考前抱佛脚，日夜准备，终于得以毕业。

① 伽达默尔：《新哲学》（*Neuere Philosophie*）第1卷，第105页，图宾根，莫尔出版社，1987。

而恰恰是在这段毕业前的突击准备过程中,胡塞尔对数学发生了浓厚的兴趣。

1876 年秋,胡塞尔开始他的大学学习生涯。在莱比锡大学,他先听了三个学期的天文学课程,同时也听一些数学、物理学和哲学的讲座。在莱比锡大学,胡塞尔认识了以后成为捷克斯洛伐克共和国第一任总统(1918—1935)的托马斯·G. 马萨里克(Thomas G. Masaryk)。马萨里克使胡塞尔注意到近代哲学的开端,注意到笛卡尔、莱布尼茨和英国经验主义。最主要的是胡塞尔通过马萨里克了解到一个几年后对他一生的哲学道路具有决定性影响的同时代哲学家——布伦塔诺。两年后胡塞尔转学到柏林大学,学习数学和哲学。在柏林大学学习了六个学期之后,胡塞尔又转到维也纳大学,打算在那里攻读数学博士学位。1882 年秋,他的博士论文《变量计算理论的论文集》获得认可。

在维也纳期间,胡塞尔继续与马萨里克交往。在马萨里克的影响下,胡塞尔开始研究《新约全书》,由此而产生的宗教方面的经验使胡塞尔开始从数学研究转向哲学研究,以便——在 40 年后所作的回顾中他这样写道——"借助于一门严格哲学的科学来找到通向上帝和通向真正生活的道路"①。此后,胡塞尔又在柏林听了一个学期数学家魏尔斯特拉斯(K. Weierstrass)的数学课。在服了一年兵役之后,胡塞尔回到维也纳,随布伦塔诺学习哲学。从布伦塔诺那里,胡塞尔获得了哲学也可以是严格的科学的信念。这一时期对胡塞尔有重要影响的另一位哲学家是施通普夫,胡塞尔以后发表的最重要著作《逻辑研究》便是题献给他的。布伦塔诺的描述心理学研究和施通普夫的声音感觉分析为胡塞尔现象学的建立奠定了基础。施通普夫本人也是布伦塔诺的学生,当时在萨勒(Saal)河畔的哈雷大学任教。

胡塞尔在维也纳大学随布伦塔诺学习了几个学期之后,便遵照布伦

① 汉斯·莱纳·塞普编:《胡塞尔与现象学运动》,第 131 页,弗赖堡/慕尼黑,卡尔·阿尔贝出版社,1988。

塔诺的推荐于 1886 年到施通普夫那里准备教授资格考试。胡塞尔到哈雷时只有 27 岁，在一年的时间里，他在施通普夫那里通过了教授资格考试。1887 年，胡塞尔获得任教资格。同年，他结婚了，妻子马尔维娜(Marvine)也是犹太人血统。女儿伊丽莎白(Elisabeth)、长子格哈特(Gerhart)和幼子沃尔夫冈(Wolfgang)分别于 1892 年、1893 年和 1895 年出生。

获得任教资格后，胡塞尔的生活与其他大学教师从表面上看并没有很大区别。但在胡塞尔的内心世界中，一个"哲学工作者"的第二生命已经展开。他不信任哲学中的大话和空话，要求把哲学史上的"大纸票"兑换成有效的"小零钱"；他相信哲学所具有的伟大任务，但认为只有在完全澄清了这些任务的意义内涵的起源之后，才有可能解决这些任务；他拒绝形而上学的思辨，主张在"看"、在"直观"中把握到实事本身。可以说，胡塞尔思维的现象学特征在他的哈雷时期已基本形成。也正是由于掌握了这种方法，他以后从心理主义向反心理主义的过渡才得以可能。而且这种方法最后成了整个现象学运动的最突出标志。

胡塞尔的任教资格论文《论数的概念》("Ueber den Begriff der Zahl")得以付印，但未能进入书店出售。四年后，胡塞尔出版的首部著作《算术哲学》(*Philosophie der Arithmetik*)重新采纳和提出了他任教资格论文中的基本问题。在这部书中，胡塞尔试图通过对数学基本概念的澄清来稳定数学的基础。这种以数学和逻辑学为例，对基本概念进行澄清的做法以后始终在胡塞尔哲学研究中得到运用，成为胡塞尔现象学操作的一个中心方法。由于胡塞尔在《算术哲学》中对基本概念的澄清是在对心理行为的描述心理学分析中进行的，因而在此书出版后不久，他便受到了指责。最主要的批评来自数学家和逻辑学家弗雷格，他在《算术哲学》一书的书评中指出胡塞尔把客观的数学内涵加以心理学化。

但在此同时，胡塞尔本人已经陷入心理主义的困境并且意识到这个困境的起源所在。他本来计划出版《算术哲学》的第 2 卷，后来便因这部书的哲学起点不够稳定而放弃了这个打算。可以说，心理主义的困境使他放弃了这个立场并开始转向它的对立面。胡塞尔几年后在回顾这一转折时说:“一系列无法避免的问题……不断地阻碍并最终中断了我多年来为从哲学上澄清纯粹数学所做的努力的进程。除了有关数学基本概念和基本观点的起源问题之外,我所做的努力主要与数学理论和方法方面的难题有关。那些对传统的和改革后的逻辑学的阐述来说显而易见的东西,即演绎科学的理性本质及其形式统一和象征方法,在我对现有演绎科学所做的研究中却显得模糊可疑。我分析得越深入,便越是意识到:抱有阐明现时科学之使命的当今逻辑学甚至尚未达到现实科学的水准。……而我在另一个方向上却纠缠在一般逻辑学和认识论的问题中。我那时以流行的信念为出发点,即坚信演绎科学的逻辑学和一般逻辑学一样,对它们的哲学阐明必须寄希望于心理学。因此,在《算术哲学》的第 1 卷(也是唯一发表的一卷)中,心理学的研究占了极大的篇幅。我对这种心理学的奠基从未感到过完全满意。在论及数学表象的起源,或者,在论及确实是由心理因素所决定的实践方法的形成时,我感到心理学分析的成就是明白清晰而且富有教益的。然而,思维的心理联系如何过渡到思维内容的逻辑统一(理论的统一)上去,在这个问题上我却无法获得足够的连贯性和清晰性。此外,数学的客观性以及所有科学的客观性如何去俯就心理学对逻辑的论证,这个原则性的怀疑就更使我感到不安了。这样,我建立在流行的心理学信念——用心理学分析来逻辑地阐明现有的科学——之上的全部方法便发生了动摇,这种情况愈来愈迫使我对逻辑学的本质,尤其是对认识的主观性和认识内容的客观性之间的关系作出普遍批判的反思。每当我对逻辑学提出一定的问题并期望从它那里得到解答时,它给我的总是失望,以至于最后我不得不决定:完全中断我的哲学—数学研究,直到我在认识论的基本问题上以及在对作为科学的逻辑学的批判理解中获得更可靠的明晰性为止。”①

因此,胡塞尔在 19 世纪 90 年代将其主要精力放在建立“纯粹的”

① 胡塞尔:《逻辑研究》第 1 卷,AV/BV,载于《胡塞尔全集》第 18 卷,1974。

"本质的"或"意向的"心理学上,力图使它成为任何一门经验心理学的基础,这些问题此后进一步将他引向对逻辑学和认识论的基本问题的探讨。

二 现象学运动的第一阶段

胡塞尔在此期间发表的一系列文章为以后的《逻辑研究》奠定了基础。几年后,即1900年,胡塞尔的巨著《逻辑研究》第1卷出版,题为《纯粹逻辑学导引》(*Prolegomena zur reinen Logik*)。在这一卷中,胡塞尔反驳了当时在哲学界占统治地位的心理主义观点,即认为逻辑概念和逻辑规律是心理构成物的观点;这实际上是胡塞尔本人原来所持的观点。所以胡塞尔在《逻辑研究》的前言中曾引用歌德的话来形容他对心理主义的批判:"没有什么能比对已犯过的错误的批评更严厉了。"[①]这些批判在当时结束了心理主义的统治,而且在今天,无论人们把逻辑定理看作是分析的还是综合的,这些批判仍然还保持着它们的有效性。可以说,随着这一卷的出版,心理主义这种形式的怀疑论连同有关心理主义的讨论在哲学史上最终被归入了档案。一年之后,胡塞尔又出版了《逻辑研究》第2卷:《现象学与认识论研究》(*Untersuchungen zur Phänomenologie und Theorie der Erkenntnis*),它们由六项研究组成。在这六项研究中,胡塞尔通过对意识的现象学本质分析揭示了逻辑对象的观念性,由此而试图从认识论上为逻辑学奠定基础。分析的结果表明,在一种特殊的范畴直观中可以把握到所有观念的、范畴的对象。这种范畴直观便是后来被称为"本质直观""观念直观"或"本质还原"的方法。

随着《逻辑研究》的出版,现象学第一次出现在公众面前,由此而揭开了在20世纪欧洲大陆影响最广泛的哲学运动——现象学运动的序幕。慕尼黑的现象学哲学家阿维-拉勒蒙(E. Ave-Lallemant)将最广义

① 胡塞尔:《逻辑研究》第1卷,AⅧ/BⅧ,载于《胡塞尔全集》第18卷,1974。

上的现象学运动划分为两个圆圈:第一个圆圈由《逻辑研究》的出版起,至胡塞尔 1938 年逝世止,前后三十多年,是胡塞尔本人身临其中的现象学发展时期;第二个圆圈则是指从胡塞尔去世后的现象学运动至今的发展。[①] 我们这里所概括再现的主要是第一个圆圈,即胡塞尔本人所亲历的现象学发展时期。

在《逻辑研究》第 2 卷出版的同一年,德国教育部建议任命胡塞尔为哥廷根大学哲学正教授。但教育部的这一建议遭到哥廷根大学哲学教授们的抵制,最后教育部不得不为胡塞尔设立一个特别教席。职业上的这一不顺利也给胡塞尔对自己能否成为一名真正的哲学家的信念造成内在的危机。按比梅尔(Walter Biemel)的说法,"看来,这种'同行相轻'对他的触动远比他承认的更大"[②]。但无论如何,胡塞尔于 1901 年来到了哥廷根,并且在他周围很快聚拢了一批有志于现象学的青年学者。到了 1904 年,现象学作为一个哲学运动已正式形成。现象学运动史上第一个圆圈的第一阶段可以说是从这时才真正开始。这一年,胡塞尔在慕尼黑与那里的现象学家们相会。1905 年慕尼黑现象学派和哥廷根现象学派开始进行相互交流。

在 1910 年至 1912 年期间,年轻的现象学经历了第一个繁荣期。一大批著名的现象学论文在此期间发表。由胡塞尔主编并在 1913 年出版的《哲学与现象学研究年鉴》(*Das Jahrbuch für Philosophie und Phänomenologische Forschungen*)第 1 卷上,第一批现象学的代表人物崭露头角。这批现象学家包括舍勒、普凡德尔(Alexander Pfänder)、盖格(Moritz Geiger)、莱纳赫(Adolf Reinach)、道伯特(Johanes Daubert)、康拉特(Theodor Conrad)、沙普(Wilhelm Schapp)等。在《年鉴》第 1 卷上刊登的舍勒的《伦理学中的形式主义与质料的价值伦理学》是这一时

---

① 参见阿维-拉勒蒙《现象学运动——起源、开端、展望》("Die Phaenomenologische Bewegung: Ursprung, Anfaenge und Ausblick"),载于汉斯·莱纳·塞普编《胡塞尔与现象学运动》,第 61—75 页,弗赖堡/慕尼黑,卡尔·阿尔贝出版社,1988(以下所引此书均为此版本)。

② 比梅尔:出版者序言,载于《胡塞尔全集》第 2 卷,第 7 页,1973。

期除胡塞尔的著作之外最富影响的现象学经典著述。

胡塞尔本人在《年鉴》第 1 卷上发表的《纯粹现象学和现象学哲学的观念》第 1 卷则公开表明他的思想已经进入到一个新的阶段。胡塞尔思想的发展有其内在的必然性，这部著作是他六七年深思熟虑的结果。胡塞尔 1907 年在哥廷根大学所作的五次讲座稿《现象学的观念（五篇讲座稿）》（*Die Idee der Phänomenologie，Fünf Vorlesungen*）于 1950 年作为《胡塞尔全集》第 2 卷出版，它显示出，胡塞尔在这时已经坚定地完成了他的第二次思想转变。在发表《纯粹现象学和现象学哲学的观念》第 1 卷的同一年，胡塞尔在为《逻辑研究》第 2 版所写的引论中有意识地强调从《逻辑研究》向《纯粹现象学和现象学哲学的观念》过渡的必然性："《逻辑研究》是一部突破性著作，因而它不是一个结尾，而是一个开端。"[①]但是，一方面，由于胡塞尔在《逻辑研究》第 2 卷用大量的篇幅来讨论意识活动的因素和结构并且自己也把现象学称之为描述心理学；另一方面，由于胡塞尔在这些分析中大段地重复了他在《算术哲学》中所作的研究，所以许多人认为胡塞尔仍然没有摆脱心理主义，认为他所说的"现象学"仍然是一门心理学。

因此，在《纯粹现象学和现象学哲学的观念》中，胡塞尔在标题中便用"纯粹现象学"来区分他以前所说的"描述现象学"。他在前言中明确地指出：纯粹现象学"是一门本质上新型的，由于它原则上的独立性而不易为自然思维理解，从而至今才得以发展的学科"。它"不是心理学，并且它之所以不能被看作是心理学，其原因不在于偶然的划界和术语，而在于其根本的原则"[②]。胡塞尔在这里强调"纯粹现象学"不是心理学的原因有二：其一，将现象学理解为心理学，就意味着胡塞尔在《逻辑研究》第 1 卷中对心理主义、人类主义的批判无效，意味着承认心理主义、相对主义的合理性，这与胡塞尔"哲学是严格科学"的理想是不相容的；其二，

---

① 胡塞尔：《逻辑研究》第 1 卷，BⅧ，载于《胡塞尔全集》第 18 卷，1974。

② 《胡塞尔全集》第 3 卷，第 1 册，第 1—2 页，1973。

胡塞尔认为他的现象学所要研究的对象不是人类的心理现象，而是纯粹的意识；相对于人类的心理学，现象学应当是一门纯粹的意识论，而人类意识在胡塞尔看来只是这种纯粹意识的一个实在事例。

但第一阶段现象学运动的大多数成员仍然不赞同或不理解胡塞尔的这一立场变化，他们认为胡塞尔这一变化是向超越论唯心主义的回落，是投入到康德的怀抱中。这一次的意见分歧导致了现象学运动在两个方向上的分化：作为“本质现象学”的现象学和作为“超越论现象学”的现象学。胡塞尔本人将这两者的区别称之为“现象学的心理学”和“现象学的哲学”之间的区别，以此也批评了第一阶段现象学运动成员（哥廷根学派与慕尼黑学派）的不彻底性。直到 1935 年，胡塞尔在回忆这次分裂时仍然感到痛心：“人们这样不理解我，我深感遗憾。自从我的哲学发生巨大变化以来，自从我内在的转折发生以来，没有人再与我同行。1901 年出版的《逻辑研究》只是一个小小的开端——而今天人们只是根据《逻辑研究》来评价胡塞尔。但我在它出版后的很长一段时间里都不知道该往哪儿走。我自己都不清楚，我只是不愿让所有的人都在这部书上停滞不前。它只是一条必经之路而已。”①

正是通过《逻辑研究》这条“必经之路”，胡塞尔从“现象学的心理学”迈向“现象学的哲学”。我们在后面将会看到，这个转折至今还是现象学研究的一个热门课题，因为对它的评价涉及到对胡塞尔整个哲学成就的评价：在胡塞尔作出其毕生的努力之后，现象学是否终究还是一门人类心理学或人类意识论？一个普遍有效的、独立于人类意识的纯粹意识论的设想是否永远只是一个可望而不可即的虚幻？

胡塞尔在哥廷根一共居住了 15 年。1916 年，新康德主义代表人物李凯尔特转到海德堡大学哲学系去接替另一位新康德主义代表人物文德尔班的教席，并推荐胡塞尔继承因他离开弗赖堡大学而空出的哲学教

---

①《A. 耶格施密特与埃德蒙德·胡塞尔的谈话录》（“Gespraeche von Sr. Adelgundis Jaegerschmid OSB mit Edmund Husserl”），载于《埃迪·施泰因：通向内在宁静之路》（*Edith Stein. Wege zur inneren Stille*），第 214 页，阿沙芬堡，1987（以下所引此书均为此版本）。

席。胡塞尔到弗赖堡后所作的就职讲座"纯粹现象学及其研究领域和方法"体现了他这一时期的现象学研究纲领。随着胡塞尔的迁居，现象学运动的中心逐渐转向弗赖堡，由此而开始了胡塞尔所亲历的现象学运动的第二阶段。

三　现象学的第二阶段

与哥廷根时期一样，胡塞尔到弗赖堡之后，在他周围很快便聚集了一批学生和助手，并且，从他们中间不久便产生出了现象学运动第二阶段的代表人物：海德格尔、贝克尔（Oskar Becker）、英加登（Roman Ingarden）、施泰因（Edith Stein）、瓦尔特（Gerda Walther）、洛维特（Karl Löwith）、古尔维奇、莱纳（Hans Reiner）等。另一些以后成为著名哲学家的人物，如解释学哲学家伽达默尔、生态哲学家汉斯·约纳斯（Hans Jonas）、分析哲学家卡尔纳普、西方马克思主义代表人物霍克海默等，也曾在弗赖堡听过胡塞尔的讲座或参加过胡塞尔主持的讨论课。此外，在弗赖堡随胡塞尔一同研究现象学的还有从美国、日本等地远道而来的一批学者。当时的弗赖堡大学已成为公认的欧洲哲学中心，世界哲学界所关注的焦点。

以上提到的这些人物都在 20 世纪西方哲学史上占有重要的地位。但在这批人物中间，海德格尔显然是最出类拔萃的一个，他于 1927 年发表在《哲学与现象学研究年鉴》第 8 卷上的《存在与时间》无疑是现象学运动这一阶段的最重要代表作之一。这部著作在开始时还被看作是对胡塞尔超越论现象学进行"具体化"的尝试[①]，但人们后来便逐渐认识到："《存在与时间》所说的完全是另外一种语言。"[②]海德格尔已经突破了胡

---

① 例如贝克尔在 1929 年的文章《论美的事物的可衰性和艺术家的冒险性》（"Von der Hinfaelligkeit des Schoenen und der Abenteuerlichkeit des Kuenstlers. Eine ontologische Untersuchung im Ästhetischen Phaenomenbereich"），载于《纪念胡塞尔文集》，图宾根，1974），以及米施（Georg Misch）在 1931 年的著作《生命哲学与现象学》中都表述过这一看法。

② 参见伽达默尔《解释学与狄尔泰学派》（"Die Hermeneutik und die Diltheyschule"），载于《哲学评论》，第 169 页，斯图加特，1991 年第 3 期。

塞尔现象学的范围,建立起自己的哲学框架。胡塞尔与海德格尔的关系问题——不仅包括他们各自哲学理论之间的联系,而且包括他们两人的私人交往——始终是20世纪下半叶哲学史家们的热门话题。

至此,胡塞尔在哥廷根时期的主要合作者舍勒和在弗赖堡时期的主要合作者海德格尔都已经与胡塞尔貌合神离。三位哲学家各有自己的哲学意图和系统设想。他们的哲学虽然都以现象学为名,但后人已经可以用"超越论现象学""本体现象学"和"生存现象学"来区分它们了。[①]

这里已经可以看出,第一阶段和第二阶段现象学运动的另一个相似之处在于,胡塞尔与现象学运动其他成员在现象学研究上的分歧依然存在,海德格尔只是其中的一个突出例子而已。胡塞尔与其追随者们之间的最重要分歧仍然表现在:虽然他的追随者们希望他同时也关注实践现象学的领域,但胡塞尔本人却一如既往地坚持,现象学首先必须解决理论理性的问题。他在这一阶段中的代表作《内时间意识现象学》讲座稿发表在1928年的《哲学与现象学研究年鉴》第9卷上,由施泰因整理,海德格尔主编。这部著作与《逻辑研究》一样,是胡塞尔生前发表的仅有的两部非引论性著作,胡塞尔的现象学思维方式和操作方法以及现象学的"工作哲学"特征在这里得到了充分的体现。海德格尔参与工作的另一篇文字是1927年胡塞尔为《不列颠大百科全书》所撰写的"现象学"条目:胡塞尔前后四易其稿,海德格尔在每一稿上都加了评论。胡塞尔此时尚未注意到,海德格尔在同一年发表的《存在与时间》已经不再是意识结构的意向分析,而是生存论的此在分析了。

四 现象学运动的第三阶段

这个阶段随胡塞尔1929/1930年教学活动的结束而告终。但更严格地说,1928年应当被看作是胡塞尔亲历的现象学运动第三阶段的开

① 参见阿维-拉勒蒙《现象学运动——起源、开端、展望》,载于汉斯·莱纳·塞普编《胡塞尔与现象学运动》,第74页。

端。胡塞尔于这一年退休并推举海德格尔作为他的教席继承人。当时的候选人中还有著名的新康德主义代表人物卡西尔，但用奥特(H. Ott)的话来说，他的提名不过是被胡塞尔用来“做做样子的”①。另一位重要的候选人则是慕尼黑现象学派的元老、在现象学研究中也享有盛名的普凡德尔。在经过一番犹豫之后，胡塞尔最终还是在海德格尔与普凡德尔之间选择了前者。但对于这个选择，胡塞尔在以后的几年里并不是没有感到后悔。

第三阶段现象学运动的重要代表人物与前两个阶段相比在人数上没有很大变化，当然其中要除去 1917 年在第一次世界大战中战死的莱纳赫和 1928 年因心脏病突发而病逝的舍勒。另外几位新的代表人物则脱颖而出：以后享有盛名的德国现象学哲学家兰德格雷贝，他从 1923 年开始做胡塞尔的私人助教，1930 年离开胡塞尔到布拉格做教授资格论文并与胡塞尔保持着密切的通信联系；在胡塞尔最后一批学生中还要提到捷克斯洛伐克的著名哲学家帕托契卡(J. B. Patočka)，他在 1977 年死于“布拉格之春”的运动中。日后成为西方马克思主义代表人物的马尔库塞和日后成为法国存在哲学代表人物的列维纳斯也是胡塞尔的最后一批学生之一。这一阶段较大的变化是许多代表人物已经逐渐离开胡塞尔而靠向海德格尔，也就是说，这一阶段现象学运动的中心已经从胡塞尔转到海德格尔。这其中也有例外，除了兰德格雷贝和帕托契卡，还包括 1928 年成为胡塞尔私人助教、1929 年在胡塞尔那里通过博士考试的芬克(Eugen Fink)和 1926 年在胡塞尔那里通过教授资格考试的考夫曼(Fritz Kaufmann)。他们两人在这一时期——正如米勒(Max Mueller)所说：“能够做到，不是‘投奔到’海德格尔那边去，而是在胡塞尔和海德格尔之间构成一个具有真正中介性的独立的中间层。尽管如此，他们还

① 参见胡果・奥特《胡塞尔与弗赖堡大学》(“Husserl und die Freiburger Universitaet”)，载于汉斯・莱纳・塞普编《胡塞尔与现象学运动》，第 99 页。

是以另一种方式与退休了的胡塞尔建立了私人的关系。”[①]这一时期与胡塞尔保持联系并且仍然敢去拜访胡塞尔的另一位著名现象学家是舒茨，他于1932年出版的《社会世界的有意义构造》(*Der sinnhafte Aufbau der sozialen Welt*)一书系统地提出了社会现象学的纲领并得到了胡塞尔本人的承认，以后成为社会现象学的经典著作。

在这一阶段中，胡塞尔现象学的作用可以概括为：相对于德国国内其他大学而言，胡塞尔在弗赖堡大学的影响逐渐被缩小；相对于德国本身而言，他在国外的声誉日益扩大。1928年在阿姆斯特丹的讲演“现象学的心理学”；1929年在巴黎所作的“巴黎讲演”，同年正式出版的《不列颠大百科全书》条目“现象学”；1931年用法文出版的《笛卡尔沉思和巴黎讲演》，同年在法兰克福、柏林、哈雷的讲演“现象学与人类学”；1935年在维也纳的讲演“欧洲人危机中的哲学”，同年在布拉格的讲演“欧洲科学的危机与心理学”以及在贝尔格莱德发表的《欧洲科学的危机与超越论现象学》第一部分，这一系列的事实都是对这一时期特点的说明。除此之外还可以补充的是，胡塞尔在1928年被选为“美国艺术与科学院”的外籍名誉院士，1932年被“法国伦理学和政治学学院”授予通讯院士称号，1935年被“布拉格哲学院”授予荣誉院士称号，1936年被命名为“英国学院”的院士。

但这时的胡塞尔与以往相比可以说是离群索居，只有少数几个学生和朋友还在拜访这位具有犹太血统，但已加入基督教的哲学家，或与他保持着通信联系。1928年前的门庭若市与现在的门可罗雀形成鲜明的对比。据当时与胡塞尔一家交往甚密的耶格施密特(Sr. Adelgundis Jaegerschmid)修女回忆：“当时的胡塞尔是非常孤独的。因为纳粹使得他的朋友圈子越来越小，科学界也开始疏远他。当我去祝贺他的78岁

① 马克斯·米勒：《回忆胡塞尔》(“Erinnerung an Husserl”)，载于汉斯·莱纳·塞普编《胡塞尔与现象学运动》，第36页。

生日时,只有他一个人在。”①胡塞尔逝世于 1938 年可以说是一个幸运,否则他有可能像他的犹太女学生埃迪·施泰因一样死在纳粹集中营的煤气室中。在参加胡塞尔的火化仪式的人中,来自弗赖堡大学哲学系的只有一个人,并且是以私人的身份出席。“政治的历史最终还是赶上了远离政治思维的胡塞尔。”②

胡塞尔在这一阶段发表的著作有 1929 年载于《哲学与现象学研究年鉴》第 10 卷的《形式的与超越论的逻辑学》,它意味着胡塞尔在《纯粹现象学和现象学哲学的观念》第 1 卷中所提出的纲领的完成。胡塞尔为此花费了 15 年的时间。但胡塞尔与以往一样,每一部著作的出版对他来说都意味着新的开端。自 20 世纪 20 年代末、30 年代初以来,胡塞尔所作的一系列讲演的标题以及他撰写的最后一部著作《欧洲科学的危机与超越论现象学》的标题表明,胡塞尔开始公开地探讨与人类历史、政治有关的“实践现象学”问题。后文将会详细讨论胡塞尔的这个新的思维方向。而另一部由兰德格雷贝根据胡塞尔手稿整理,经胡塞尔本人审定的著作《经验与判断》则是在胡塞尔逝世之后,于 1939 年在布拉格出版。

现象学运动第一圆圈中的第三阶段一直延续到胡塞尔在 1938 年逝世以后。胡塞尔的遗稿由比利时青年布雷达(H. L. Van Breda)用比利时驻德大使馆的免检外交公文箱带出德国,最后在比利时的大学城鲁汶安家落户,从而得以避免落入纳粹之手。这对现象学运动史第一个圆圈的结束可以说是具有象征性的意义:现象学发源于德国,最后在国际哲学界立足。

五 胡塞尔之后的现象学运动

此后,现象学发展开始进入到没有胡塞尔本人身临其中的第二圆

① 引自《A. 耶格施密特与埃德蒙德·胡塞尔的谈话录》,载于《埃迪·施泰因:通向内在宁静之路》,第 225 页。

② 瓦尔登菲尔茨(Bernhard Waldenfels):《现象学引论》(*Einleitung in die Phaenomenologie*),第 43 页,慕尼黑,范登霍克出版社,1992。

圈。纳粹主义在1933年的上台,迫使现象学运动在德国中断,一批受到现象学影响的思想家流亡国外。加之第二次世界大战的爆发,现象学运动在欧洲基本处于沉寂状态。

直到20世纪40—50年代,由于梅洛-庞蒂和萨特的基本著作的问世,现象学精神才再次得到弘扬。《知觉现象学》《想象》《存在与虚无》等,所有这些标题都标志着现象学运动在法国的复兴。"没有一门哲学能像现象学那样强烈地作用于四五十年代的法国思维"①。与这两位现象学家同行的还有列维纳斯、利科、亨利(M. Henry)等人,甚至包括阿隆(R. Aron)、布迪厄(P. Bourdieu)、德里达、拉康、福柯、杜夫海纳(M. Dufrenne)等一些外围的思想家。他们以自己的方式对胡塞尔和海德格尔的思想加以展开,并且一同构成了法国现象学的特殊风景线,以至于人们有理由说,"法国找到了它的胡塞尔和海德格尔"②。

60年代以后,虽然人们已经纷纷开始撰写现象学运动的历史③,但这些历史似乎只对上半世纪以德、法为中心的现象学思潮有效,它们始终无法跟上广义现象学运动的发展。最宽泛意义上的现象学和现象学方法至今还在发挥效应。撇开对现象学运动的专门理论研究和历史发掘不论,当代世界哲学的著名代表人物如德国的哈贝马斯、施密茨,法国的福柯、德里达、拉康、利奥塔等等,他们都处在与现象学的对话领域。现象学现实效应的最明显例子就是,今天的思想界已经将"认识论中心主义"看作是以往哲学的狭隘偏见;然而如伽达默尔所说,"'认识任务的转变'是通过现象学而取得的"④。除此之外,另一个明显的例子是:与逻

---

①② 瓦尔登菲尔茨:《现象学在法国》(*Phaenomenologie in Frankreich*),第15页,法兰克福,苏尔坎普出版社,1987。

③ 参见伽达默尔《现象学运动》,载于伽达默尔《哲学解释学》,第129—179页,夏镇平、宋建平译,上海译文出版社,1994(以下所引此书均为此版本);施皮格伯格《现象学运动》,王炳文、张金言译,商务印书馆,1995。

还需要指出的是,胡塞尔本人对"现象学运动"的态度有所变化。他早期曾在积极的意义上谈及作为"哲学运动"的"现象学"和"现象学学派",但后期则对这个运动抱以否定和怀疑的态度。

④ 伽达默尔:《现象学运动》,载于《哲学解释学》,第159页。

辑学或心理学一样，现象学如今已作为一门独立的学科被纳入哲学训练的基本教程之中。

今天当人们在谈到最初的现象学运动时，许多当年为人所熟知的名字已经被忘却。“现象学”一词所引起的联想主要是胡塞尔和海德格尔的哲学思考。但他们所代表的那个精神视域曾经是并且仍然是十分广阔的。现象学研究的前辈罗姆巴赫(H. Rombach)在1998年的文章《现象学之道》(“Das Tao der Phänomenologie”)的开头便说，“胡塞尔不是第一个现象学家，海德格尔不是最后一个现象学家。现象学是哲学的基本思想，它有一个长长的前史，并且还会有一个长长的后史”[①]。目前国际哲学界对胡塞尔与现象学运动持续而深入的讨论、多样而丰富的展开已经充分说明了这一点。[②]

第二节　时代背景与思想传承

一　思想信念：哲学是严格的科学

如果一定要作出划分的话，那么我们必须把胡塞尔归入科学家而非文学家的阵营中去。我们必须说，胡塞尔与其说是一个文学哲学家，不如说是一个科学哲学家。这与他所受的教育有关。胡塞尔在遇到布伦塔诺之前所学的始终是科学，即如今人们通常称之为自然科学的学科：物理学、天文学、数学。布伦塔诺将他引入逻辑学、心理学和哲学。因此，胡塞尔进入哲学的途径与尼采、克尔凯郭尔、海德格尔等人进入哲学的途径是完全不同的，但胡塞尔可以在笛卡尔、康德、当代英美分析哲学家那里找到共通点。哲学领域中这样两种不同思维风格的存在由来已

---

① 罗姆巴赫：《现象学之道》，载于《哲学年刊》(*Philosophisches Jahrbuch*)，第1页，1998年第1辑。

② 仅就东亚地区而言，日本、韩国、中国等国家和地区先后成立了现象学学会和类似的学术团体，多年来认真而扎实地引介、吸收和消化在胡塞尔与现象学运动中各成员的著作里所包含的思想资源，并试图将它们与东亚的思想文化有机结合在一起。

久。我们在古希腊哲学中、在柏拉图和亚里士多德那里就可以发现它们的痕迹。

胡塞尔把哲学看作是一种严格的科学,这不仅是出于他的教育背景,更多是因为受到他的老师布伦塔诺的影响。在《回忆布伦塔诺》一文中,胡塞尔说:"从布伦塔诺的讲座中,我获得了一种信念,它给我勇气去选择哲学作为终生的职业,这种信念就是:哲学也是一个严肃工作的领域,哲学也可以并且也必须在严格科学的精神中受到探讨。他解决任何问题时所采取的纯粹实事性,他处理疑难问题的方式,对各种可能的论据的细致而辩证的考虑,对各种歧义的划分,将所有哲学概念都回溯到它们在直观中的原初源泉上去的做法——所有这一切都使我对他满怀钦佩和信任。"①

胡塞尔在1910年所撰写的长文《哲学作为严格的科学》便是对这一信念的具体展开,它也被视作"现象学的宣言"。哲学作为"严格的科学",在这里一方面是指:最具有确定性的知识起源于内感知,更确切地说,起源于对意识活动的内在反思。在这个意义上,胡塞尔的哲学从一开始便带有"内在化"的趋向。另一方面,"严格"又意味着一种不依赖于相对的经验认识的绝对观念知识。在这个意义上,胡塞尔的哲学又始终具有"观念化"的趋向。这两方面的意义都可以在欧洲近代哲学中找到对应(我们在后面还会更清楚地看到):前者在笛卡尔的"我思故我在"的反思中,后者在莱布尼茨的"普遍数学模式"的理想中。此后,尽管胡塞尔对哲学的理解有所变化,但他在这两个方面的设想却始终保留在其哲学观念中。

现象学运动史表明,在此后胡塞尔思想的发展中,随着他的影响力的日益扩大,这个借助布伦塔诺而获得的信念也成为现象学运动主要成员的共同追求。曾亲历这段思想史的阿伦特(H. Arendt)回忆说:"第一次世界大战后,德国各大学中虽然没有出现公开的反叛,但普遍存在对

---

① 汉斯·莱纳·塞普编:《胡塞尔与现象学运动》,第132页。

各系科(这些系科比职业中学还多)教学的不满,这种不满情绪在学生中扩散着。对他们来说,学习并不仅仅是为谋取职业做准备。哲学是挣不来面包的,它毋宁是一种决心挨饿的人的事情,而这些人对哲学的要求是非常苛刻的。他们并不关心经济仕途、人情练达。对那些只关心谜底答案的人,自有各种世界观及其党派可供其选择,无须为此专门学习哲学。他们所需要的,却无从获得。大学提供给他们的通常不是各种时髦的学派——新康德主义、新柏拉图主义、新黑格尔主义等,就是一些陈旧的学科知识,这些知识被整齐地划分为认识论、美学、伦理学、逻辑学等。这样做与其说是为了便于传授,不如说是要把哲学在繁琐枯燥中窒息死。……从时间上讲,首先是胡塞尔,他提出了'面对实事本身'的口号。这个口号就是要撇开理论,撇开书本,把哲学建立为一种可与其他学科并列的严格的科学。当然,这还是一个十分朴实、毫无反抗意味的口号。但首先响应这一口号而起的就有马克斯·舍勒,继而是海德格尔。"①

从这个回忆中,我们可以清楚地看到在布伦塔诺与以后的现象学运动之间的思想联系。当然,这种联系并不仅仅表现在上述的哲学信念和思维态度上,也多方面地体现在思想内涵的传承上。②

二　思想背景一:经验主义、感觉主义与实证主义

与布伦塔诺的思想线索相关的是近现代的各种经验主义理论,它们对胡塞尔的影响是至关重要的。从胡塞尔在大学期间最初所读的哲学著作书目上可以看出,他最初的兴趣以及最初所受的影响何在——胡塞尔最早阅读的哲学书可能是巴克莱的著作。还有叔本华、斯宾诺莎,而

---

① 比梅尔:《海德格尔》,刘鑫、刘英译,第 6 页,商务印书馆,1996。译文略有改动。

② 胡塞尔现象学在意向性标题下进行的研究源自布伦塔诺的相关分析。此外胡塞尔还说:"在描述心理学的类别划分中,没有什么比布伦塔诺在'心理现象'的标题下所做的,并且被他用来进行著名的心理现象和物理现象之划分的分类更为奇特,并且在哲学方面更有意义的分类了。"(胡塞尔:《逻辑研究》II/1,A 345/B_1 364,载于《胡塞尔全集》第 18 卷,1974。)

后是黑格尔的《精神现象学》和斯宾塞的《哲学基础》、马赫的《感觉分析》和弗雷格的《算术基础》。除了黑格尔以外①,这些人都对胡塞尔日后的研究产生过重要影响。

从这里可以看到两种风格的思想背景:其一是经验主义的,巴克莱、斯宾塞、马赫,还包括上面提到的布伦塔诺,都是这个线索的代表性人物;其二是理性主义的,它在胡塞尔最早阅读的书中仅仅由弗雷格这个作者体现出来,但我们在后面还会展开胡塞尔的这个思考方向。在这里我们首先要关注的是他经验主义的思想背景。

在这个背景中,对胡塞尔影响最大的应当是休谟。经验主义,以及包含在这个传统中的心理主义,曾经成为胡塞尔早期思想的基本内涵。这也可以追溯到休谟乃至巴克莱那里。人类理智所研究的东西有两类:一类是观念的联系,即数和量方面的抽象推论知识,如 2+2=4,这种知识永远是正确的,不论现实中是否有与之符合的情况;另一类是与之完全不同的实际的事情,它们是建立在因果关系上的,而因果关系的产生是由于我们的"习惯性联想"。如在"太阳晒"和"石头热"之间,人们在多次经验之后会认为前者是后者的原因。但实际上我们并不知道事物是否具有这些性质。因此,经验的知识是建立在心理的习惯性联想的基础上的。这样,休谟在某种程度上便把认识论的问题归结为心理学的问题。这里已经显露出心理主义的萌芽。

所谓"心理主义",是指这样一种哲学主张,它认为所有其他的科学的基础都必须建立在心理学之中。据此,心理学也是哲学的基础,甚至必须从心理学的角度来考察一切社会现象,包括科学、文化、生活、伦理、逻辑、宗教、艺术、教育等一切领域。因此,它有各种表现形式,例如,在

---

① 如果说黑格尔对胡塞尔有影响的话,那么这种影响更多是一种反面教员所具有的影响:胡塞尔在读完黑格尔的《精神现象学》的引论就认为黑格尔不是自己的同道,并且力图避免黑格尔的思辨思维方式,避免成为黑格尔那样的哲学家。但芬克在胡塞尔晚年时曾向胡塞尔指出:胡塞尔本人的思考最终与黑格尔殊途同归。关于胡塞尔与德国古典哲学家的关系可以进一步参阅凯恩《胡塞尔与康德——对胡塞尔与康德和新康德主义关系的研究》,海牙,1964。

逻辑学中认为逻辑学建立在心理学基础上的观点，也被称作"逻辑心理主义"。休谟之后，到了19世纪，实验心理学的发展为心理主义的流传提供了条件。20世纪初的许多重要思想家如穆勒、冯特(W. M. Wundt)、利普斯(T. Lipps)、西格瓦特(Ch. Sigwart)等，系统地提出了心理主义的理论。当时心理主义在哲学界和逻辑学界占有统治地位，它在方法上与实证主义相呼应，在内容上与感觉主义相呼应。

胡塞尔在《逻辑研究》中最主要的目的是反对"心理主义"，但在他对心理主义的批判中也包含着对"经验主义"的反驳。他认为，在心理主义与经验主义之间存在着亲缘关系，经验主义的基本错误与怀疑主义的错误一样荒谬："它取消对直接认识进行合理证实的可能性，从而它也取消了它自己是一门受到科学论证的理论的可能性。"①

总的看来，胡塞尔早期受经验主义影响较大，而且这个影响并没有因为对心理主义的摈弃而完全消失。即使在他后来转向超越论的观念主义之后，经验的分析仍然在他的现象学研究中占有重要位置。他认为："几乎在休谟的全部论述中都可以看到现象学的关系……尽管其中没有什么命题可以被认为是科学的，但它却是一种直觉主义的和纯粹内在的哲学，因而是那种唯一真正的直觉主义哲学即现象学的先行形式。"②

这可以看作胡塞尔对经验主义传统在他思想中影响痕迹的一个概括论述。总的说来，胡塞尔极其注重对意识的**经验**层面的分析和讨论，并将它视为直观基础的一个部分，但他还没有将经验的作用夸张到**经验主义**的地步。

三　思想背景二：理性主义与观念主义

随着胡塞尔思想的进一步深入发展，在他眼中的最伟大的哲学开创

---

① 胡塞尔：《逻辑研究》第1卷，A84/B84，载于《胡塞尔全集》第18卷，1974。
②《胡塞尔选集》下，倪梁康选编，第1166页，上海三联书店，1997。

者逐渐为理性主义者所取代。在1923—1924年的哲学史讲座中，胡塞尔所列出的第一位最伟大的哲学家是柏拉图(或苏格拉底-柏拉图)，第二位是笛卡尔。这两位都是可以归入理性主义阵营中去的人物。除此之外，从胡塞尔本人的思想取向来看，莱布尼茨的影响也是无法忽略的。

这里所说的理性主义应当具有宽窄两个意义。胡塞尔本人首先是一个**宽义上的理性主义的信奉者**。他认为，真正的理性生活是由苏格拉底和柏拉图最初明确倡导的，他们把真正令人满意的生活看作是根据纯粹理性的生活，并且认为可以通过彻底的沉思亦即哲学的反思来彻底超越素朴的生活。这在苏格拉底与柏拉图那里也表现为通过哲学的沉思而从感性世界向理念世界的升华。

胡塞尔同时也是一个**窄义上的理性主义者**，即一个在某种程度上与经验主义相对立的人物。在这个意义上，胡塞尔更接近柏拉图而非亚里士多德，更接近于笛卡尔而非休谟，更接近于弗雷格而非马赫。当然，如前所述，经验直观的因素在胡塞尔的现象学分析中占有如此重要的地位，以至于胡塞尔始终不想放弃这两者之中的任何一个——以往被划归给经验主义的直观与以往被分配给理性主义的理念，而是始终想把它们两者结合在一起。理念直观亦即本质直观方法的提出和运用，便是这个不懈努力的一个重要结果。

在上面所提到的思想家中，如果休谟是胡塞尔经验主义思想背景中的关键人物，那么笛卡尔便是他理性主义思想背景的凸显点。胡塞尔认为："现代是以笛卡尔为开端的，因为他首先试图从理论上寻获那种作为怀疑论论辩之基础的无可怀疑的真实；他首先在理论上获得了那个最普遍的存在基础。"①

笛卡尔的伟大之处在于，他在怀疑论中发现了隐蔽着的先验(超越论)主旨，并将它揭示出来。从一个通过反思而获得的阿基米德点出发，

---

①《胡塞尔选集》下，倪梁康选编，第1131页，上海三联书店，1997。

在一个绝对确然的基础上重新审视我们的整个意识系统以及包含在其中的知识系统，这是胡塞尔从笛卡尔的沉思中所吸取的基本启示。同时，这与胡塞尔的数学家知识背景也相映生辉。

进一步的支持是在莱布尼茨的思想中得到的。这首先是指莱布尼茨的单子论。胡塞尔认为："在对单子的基本结构的论述中，莱布尼茨在感知、从一个感知到另一个感知的努力连续过渡的标题下，尤其是在实项非当下之物的特殊再现和感知地被意识之物的标题下，把握了意向性的根本特征并且对它们进行了形而上学的加工。"①

除此之外，莱布尼茨的形式论证（arguments en forme）和普遍数理模式（mathesis universalis）的思想也从胡塞尔撰写《逻辑研究》时期起便始终发挥着深层次的作用。②

我们后面将会看到，在从笛卡尔到康德的近代欧洲哲学传统中，或明或暗地包含着两个发展线索：这里所提到的是其中的一条发展线索，即理性主义的、观念主义的发展线索；另一条同样重要，甚至对于哲学更为重要的是先验的（或超越论的）发展线索。

四　思想背景三：康德与新康德主义

这里所列出的"思想背景"顺序并不意味着它们的重要性程度，例如"思想背景三"并不是指：康德及其后继者对胡塞尔的影响中只具有第三顺位的重要性。实际上，康德，包括以后的新康德主义，可以说构成了胡塞尔一生中最大思想资源。③ 如果一定要排出顺序，那么引起现象学史家争论的问题更可能是：在胡塞尔思想中留下最重痕迹的思想家究竟是笛卡尔还是康德？

---

①《胡塞尔选集》下，倪梁康选编，第 1172 页，上海三联书店，1997。

② 参见胡塞尔《逻辑研究》第 1 卷，第 60 节"与莱布尼茨的联系"，A220/B220，载于《胡塞尔全集》第 18 卷，1974。

③ 关于胡塞尔与康德和新康德主义之间关系的详尽分析和讨论，参见凯恩《胡塞尔与康德——对胡塞尔与康德和新康德主义关系的研究》，海牙，马蒂努斯·尼伊霍夫出版社，1964。

胡塞尔在《逻辑研究》中完成的转向在很大程度上依据了康德的思想传统。虽然这个转向大多被看作是从心理主义向反心理主义的转变，但我们也可以将它视为胡塞尔从经验主义传统向理性主义传统的一种转变，而且这个转变与其说是借助于弗雷格完成的[①]，不如说是借助于康德和新康德主义者完成的。

当然，康德对于胡塞尔在《逻辑研究》中对心理主义的批判并没有很大帮助，胡塞尔甚至认为康德把逻辑学定义为工艺论的做法助长了心理主义的孳生。在康德的学说中的确可以找到有利于心理主义的论证，但同时也可以找到不利于心理主义的论证。例如康德明确反对把逻辑学问题与心理学问题混淆起来。康德认为，如果逻辑学的原理取自心理学，那么我们就必须研究在各种不同的主观条件下思维是怎样进行的。在这种情况下，我们所得到的仅仅是关于偶然规律的认识。可是，逻辑学所要获取的不是偶然的规律，而是必然的法则。心理学所探讨的是，我们是怎样思维的，而逻辑学则要探讨，我们应当怎样思维。在康德这个思考中，超越论逻辑方向是显而易见的。但他的这个倾向并不彻底。康德是在人的意识的组织、结构中，在人类意识的先天形式之中去寻找科学知识所必需的充分条件。人的直观形式、知性范畴都是先天地存在于人的意识组织之中的。因此，对于另一种组织、另一种意识结构来说，科学知识将会是完全不同的。人类所拥有的科学知识仅仅对人类来说才是知识，因为它以认识主体结构的偶然形态为转移。“人为自然立法”这个“哥白尼式转向”可以导向人本主义和相对主义，而这是与心理主义的结论相一致的。

康德之后，他的这两个倾向在新康德主义那里都得到了加强和发

① 以往的观点认为，胡塞尔从心理主义向反心理主义的转折首先是因为弗雷格的影响，得益于弗雷格对他的《算术哲学》的批判。这个观点已经得到当今胡塞尔研究者们的纠正：事实上，胡塞尔从心理主义到反心理主义的转变是**独立地**作出的；从心理主义立场中产生出的一些不可避免的矛盾和困难迫使胡塞尔放弃这个立场。具体论述可以参见倪梁康《胡塞尔现象学概念通释》，第 380—381 页，生活·读书·新知三联书店，1999。

展，从而形成了对康德的超越论心理的和超越论逻辑的解释。前者强调康德把逻辑建立在人的心理组织的基础上，后者则突出康德将逻辑学独立于心理学，并且比心理学具有更强的必然性的主张。在新康德主义的第一阶段，著名的代表人物朗格发挥了康德超越论心理的一面。在他那里，知识被归结到主观的心理构造、心理组织之上。朗格的心理主义倾向比较明显。在新康德主义的第二阶段，马堡学派和巴登学派的代表人物柯亨、纳托尔普、文德尔班和李凯尔特则基本站在反心理主义的立场上，发挥康德哲学中的超越论逻辑一面。

胡塞尔所处的哲学环境在当时打上了新康德主义的深刻烙印。但在胡塞尔与新康德主义者的关系中，最主要的是胡塞尔与马堡学派的纳托尔普和巴登学派的李凯尔特的关系，唯有这两人与胡塞尔的关系最贴近，彼此间的相互影响也最深。

正因为如此，康德对胡塞尔在《逻辑研究》时期的思想作用更多表现在超越论逻辑的方面。在《逻辑研究》中，胡塞尔明确强调，康德在这方面的相关思想绝不应当被称作是“古典的”，因为这些思想还在现实地作用于逻辑学领域。他认为康德“已经满意地解决了一个最重要的科学理论问题，并且同时向系统地划分各种先天本体论迈出了关键性的第一步”①。

但说到底，对先天本体论的可能性的指明只是康德对胡塞尔思想的重要影响之一。更为关键的超越论哲学的影响是在《逻辑研究》之后才形成的。因此可以说，康德不仅在先天主义（Apriorismus）方面，而且在超越论主义（Transzendentalismus）方面，都有效地作用于胡塞尔的超越论现象学构想。

当然，胡塞尔本人认为康德哲学的最重要功绩在于“哥白尼式转向”的提出。也就是说，康德最重要的功绩在于他的超越论主义观点的提出。虽然它“表现得很不起眼，但真正的哲学却在这里看到了决定性的

① 胡塞尔：《逻辑研究》第2卷，第1册，A248/$B_1$254，载于《胡塞尔全集》第19卷，1975。

东西”。因为,如胡塞尔所说:“康德所完成的这一步超越论倒转是完全独创的,本身体现了自笛卡尔以来的哲学的普遍的发展特征。根本上,近代哲学的问题是通过笛卡尔对‘我思’的发现而提出来的,说到底这已经是对先验主体性的发现了,只不过这一点既没有为笛卡尔本人所理解,也没有为他的多数后继者所理解。……但康德却构想了一门先验的科学理论,即关于在先验主体性中的真实客观性之构造的根本可能性的先验的科学理论,或者毋宁说,构想了那种最初的尝试——尽管十分片面并且局限于问题之中,即要创造一门在此至高必然的科学,这门科学通过对一种在纯粹主体性中发生的世界认识之本质条件的解释而使我们理解根本的和真正意义上的世界本身。”①

胡塞尔在 1907 年前后完成的向超越论现象学的转变,便是基于他在此期间对康德的深入研究以及新康德主义代表人物的间接影响。这个转变使胡塞尔几乎被人看作是一个新康德主义者。例如海德格尔便始终认为,胡塞尔的这个超越论转向是屈从了新康德主义的外在压力。② 但对于胡塞尔本人来说,这个转折当时是势在必行的,或者说,具有一定程度上的逻辑必然性。这个必然性一方面是意味着**心理主义批判彻底化的必要性与现象学领域总体化的必然性**,另一方面则意味着**“现象学反思”哲学化的必然性与“现象学还原”超越论化的必然性。**

第三节　哲学体系的阶段性展开

前面已经提到,胡塞尔一生思考、著述甚丰,但在著作的发表方面对自己要求很严,几近苛刻。也正因如此,胡塞尔生前发表的每部著作,都

① 《胡塞尔选集》下,倪梁康选编,第 1194 页,上海三联书店,1997。

② 海德格尔甚至认为,胡塞尔因此而在《逻辑研究》后发表的《哲学作为严格的科学》(1910/1911)与《纯粹现象学与现象学哲学的观念》第 1 卷(1913)中放弃了现象学的原则。参见海德格尔《面向思的事情》,第 47 页,图宾根,马克斯·尼迈尔出版社,1976。

不仅代表了他多年的思考结果，而且还意味着在他思想进程中的一个新的阶段，意味着在他的体系内部所构成的新思维方向；它们当时在相关的学科领域都产生了重要的影响。

下面的阐释顺序与胡塞尔主要著作的发表次序相一致，它们既可以反映胡塞尔的思想发展历程，也可以再现他的思想建构体系。

一　《逻辑研究》与本质直观现象学的建立

（一）《逻辑研究》的内容与意义

《逻辑研究》两卷本分别发表于 1900 年和 1901 年。它是胡塞尔所作的一个“长达十年之久的努力的结果”。他本人在四分之一个世纪过去后曾对这个努力言简意赅地回顾说：“这个努力的目标在于：通过向在逻辑意识中、在逻辑思维的体验联系中进行的意义给予或认识成就的回复，澄清纯粹的逻辑学观念。”①

在多重的意义上，《逻辑研究》都可以被视为现象学运动的一部奠基性著作。这个奠基的意义在于，为现象学运动各个成员所公认的现象学方法在这里第一次得到实际的运用和概括的阐述。

在《逻辑研究》第 1 卷《纯粹逻辑学导引》中，胡塞尔完成了两项重要的准备工作：第一项工作是对具有观念对象和观念真理特征的意义构形本身进行了纯粹的把握，即提出了现象学意义上的纯粹逻辑学观念；第二项工作在于，对所有经验主义或心理主义将思维行为的心理学内涵与逻辑概念和公理混为一谈的做法进行了斗争。

前一项工作一直延伸到《逻辑研究》第 2 卷。它由六项研究组成。胡塞尔在第一研究中首先讨论语言、符号和含义的问题。他在语言符号分析和语言符号意识分析的基础上提出：逻辑学是关于含义本身以及含义规律的科学。而含义的统一本质上都是理论的统一，客观的、观念的统一。因此，在随后进行的第二研究中，胡塞尔顺理成章地过渡到对观

---

①《胡塞尔选集》上，倪梁康选编，第 301 页，上海三联书店，1997。

念统一及其相应直观方式的阐述上。这意味着,对观念对象以及观念直观的描述分析成为第二研究的主要任务。由于这是胡塞尔对范畴直观或本质直观方法的第一次详细论述,因此,对于理解胡塞尔现象学的方法基础乃至整个现象学哲学的方法基础,这些论述可以说是至关重要的。我们接下来会着重展开这方面的论述。第三研究所讨论的问题可以概括为"什么叫'观念整体'和'观念部分'"。这项研究是对第二研究的继续和展开。这里所提出和讨论的"整体"与"部分"、"抽象"与"具体"两对概念与胡塞尔在第二研究中所提及的"独立"与"不独立"内容的区别密切相关。胡塞尔认为,它们"对所有现象学研究来说都具有重要的意义"。这些分析此后进一步将问题引向"整体"与"部分"的关系问题,它们都与各个观念(含义)之间的关系有关。因此,胡塞尔在这一研究中依然处在观念问题的讨论区域中,它与前一项逻辑研究的课题密切相关。现象学所理解的"观念整体"和"观念部分",指的应当是处在相互关系之中的形式先天和质料先天之间,对这个相互关系的最基本概括就是:本质的奠基关系次序;或者我们也可以说,是形式的或质料的属、类、种之间的本质关系。

接下来的第四研究便开始讨论"纯粹语法学的法则如何作用于独立的和不独立的含义"的问题。总的看来,从第一研究到第四研究构成了一个从纯粹含义学到纯粹语法学的过渡。当然,这两门学科都还在胡塞尔所说的广义的逻辑学领域中活动。从纯粹含义学、纯粹语法学到狭义的纯粹逻辑学(纯粹含义有效性学说的过渡),实际上表明了在胡塞尔所设想的广义的,作为纯粹含义学、语法学与形式论之总和的纯粹逻辑学范围之内的一个发展进程。

从第五研究开始,胡塞尔的现象学目光从作为意向相关项的含义和观念回转到它们在其中被构成的相应意向活动上。就其总体结构而论,从《纯粹逻辑学导引》中的纯粹逻辑学,到第五研究中意向体验的现象学,整个《逻辑研究》都是沿着从意向相关项到意向活动的这样一个"回问"的严谨思路来进行的。这个思考方向和路线贯穿在各项研究之间,它们使得“这部著作具有一条系统**联结各项研究的纽带**”[①]。

这个思路与舍勒所说的“现象学的最高原理”是相符合的。这个原理在舍勒看来就意味着：“在对象的本质和意向体验的本质之间存在着一个联系。而且是一个我们在这样的体验的每个随意事例上都可以把握到的联系。”[②]而用胡塞尔的话来说，这个原理就是“从各种对象出发回问主体生活和一个主体对此对象之意识的行为构成”[③]。因此，无论是一个对象，还是一个本质，无论是一个观念，还是一个价值，都必须能够在一个意识中显现出来。否则，现象学就不成为现象学，现象学就无法区别于形而上学。

《逻辑研究》的第五研究和第六研究便致力于这方面的工作。它出色地展示了一门具有自己特殊方法的现象学会具有何种意识分析的能力。《逻辑研究》英译者芬德莱（J. N. Findlay）曾评价说：“这部著作——特别是其最后两个研究——可说达到了一种亚里士多德式的多方面的深度，并且以一种前无古人、后无来者的方式勾画出意识经验的基本文法。”[④]

但我们不准备过多关注《逻辑研究》在这些意识体验分析方面的工作，它们在这里只被看作是用一种成功的方法所获得的结构。我们在这里要特别强调的是《逻辑研究》第 2 卷在方法论方面的成就。这个成就在一定程度上为我们提供了对胡塞尔早期现象学概念的一个方法论定义：现象学不是关于意识现象的事实科学，而是关于意识现象的本质科学（“埃多斯”科学），因为“这门本质科学所要确定的绝不是‘事实’，而仅仅是‘本质认识’”。据此，我们可以在《逻辑研究》的基础上将现象学定义为一门“意识本质论”。我们下面会进一步讨论这一

---

① 胡塞尔：《逻辑研究》第 1 卷，BⅪ，载于《胡塞尔全集》第 18 卷，1974。

② 舍勒：《伦理学中的形式主义与质料的价值伦理学》，第 270 页，伯尔尼，弗兰克出版社，1980。

③《胡塞尔选集》上，倪梁康选编，第 309 页，上海三联书店，1997。

④ 芬德莱：《逻辑研究》英译者前言，载于《中国现象学与哲学评论特辑：现象学在中国》，刘国英译，第 64 页，上海译文出版社，2003。

方法。

除此之外在这里还需要说明的一点是,胡塞尔在《逻辑研究》第 2 卷中对作为现象学研究对象的“意识现象”的定义还不完善,他的意识分析大多还局限在意识活动的范围内。尽管胡塞尔在这时已经接受了布伦塔诺的“意向性”概念,认为意识现象的最一般本质在于它的意向性,即指向对象的能力,但这个意义上的意向性仅仅意味着一种区别于物理现象被动性的意识主动能力。因此,我们可以说,在《逻辑研究》中,“意向性”概念虽然已被提出,但它此时并不具有哲学的意义,它并没有解决任何哲学问题。毋宁说,意向性在这里仅仅意味着一个在本质直观中观察到的结果:所有意识都是关于某物的意识;朝向对象是意识的最普遍的本质。换言之,意向性代表着意识的最普遍结构,就像非意向性是物质自然的普遍本质一样。只是在胡塞尔自 1907 年起将“意向性”概念与“构造”概念结合在一起之后,亦即在完成了超越论现象学的转向之后,它们才表明一个哲学命题的提出。

(二)《逻辑研究》中本质还原的方法与本质直观现象学

与《逻辑研究》在意向分析方面所作的贡献相比,它在方法论方面所取得的成就更为显著。据此,我们可以在《逻辑研究》的基础上,按照胡塞尔的理解而把现象学定义为“关于体验的纯粹本质学说”①,简言之,“意识现象学”同时也就是“意识本质论”。这个定义也一直延续到胡塞尔的超越论转向之后。胡塞尔在《纯粹现象学与现象学哲学的观念》第 1 卷中仍然说:“这门本质科学所具有的还原方法将引导人们从心理学的现象出发达到纯粹的‘本质’,或者说,在判断思维中引导人们从事实的(‘经验的’)一般性出发达到‘本质的’一般性,这种还原方法就是本质还原。”②

本质直观,或者说本质还原的方法对于现象学来说是最基本的方

① 胡塞尔:《逻辑研究》第 1 卷,A211/B211,载于《胡塞尔全集》第 18 卷,1974。

②《胡塞尔全集》第 3 卷,第 1 册,第 4 页,1973。

法，也是唯一具体的操作方法。这里所说的现象学是广义的现象学，既包括早期现象学——本质心理学，也包括后期现象学——超越论本质现象学。可以说，从 1894 年第一次转变时起，胡塞尔在他以后的一生中都从未间断过对这一方法的使用。而且这也是以后的现象学运动各主要成员所共同认可的方法。

胡塞尔早期是一个数学家，他的学位是数学博士。数学思想和方法实质上在很大程度上支配着他的一生。在他从对数学基础问题的探索转向哲学之后，他仍然要求哲学具有像数学那样的严格性。数学直观方法更是他所依据的楷模。因此，可以说："在胡塞尔的数学研究时期可以找到他的直觉主义基本观点的最初根源。""后来他把这种直觉主义进行必要的修改也引进了哲学。"①

《逻辑研究》第 2 卷中的心理体验描述研究采用的都是本质直观的方法，但对于本质直观方法本身的反思却论述较少，它主要包含在第二项研究中，题为"种类的观念统一和新的抽象理论"。胡塞尔说，"在这项研究中，关键在于人们学会在一个类型中，如由'红'的观念所代表的类型中，看到了观念并且学会了说明这种'看'的本质"②。从胡塞尔的这个说明中，我们看到这一项研究实际上应解决两个任务：一是回答观念的存在与否和其存在方式；二是回答如何把握观念的存在。这两项任务是和对洛克、布伦塔诺、穆勒、休谟等人关于一般对象理论的批判交织在一起的。

对于第一个问题的回答是很明确的。胡塞尔反对一切唯名论和与唯名论相近的观点。他认为观念的存在是不言而喻的。所谓"观念"，就是指柏拉图的理念，即"Eidos"。我们可以精确地定义为：通过本质直观抽象而能够获得的一般本质。它存在着，但并不像柏拉图所说的那样实在地存在着，在这个意义上胡塞尔也反对柏拉图的实在论。他认为，"有

① 凯恩：《胡塞尔与康德——对胡塞尔与康德和新康德主义关系的研究》，第 99 页，海牙，马蒂努斯·尼伊霍夫出版社，1964。

② 胡塞尔：《逻辑研究》第 1 卷，BⅩⅤ，载于《胡塞尔全集》第 18 卷，1974。

两个误解始终贯穿在关于一般对象的学说的发展中。一个是对一般之物的形而上学的实体化(Hypostasieren),即认为种类是思想之外的实体存在。一个是对一般之物的心理学的实体化,即认为种类是思维之中的实体存在"①。

胡塞尔认为,这里有一个迷惑人的思路,即:"如果种类不是实体,也不存在于思维之中,那么它根本就是虚无。"②人们很容易接受这个思路而得出结论说,我们如果谈论某物,那么或者它是在我们思维中的存在,或者便是自在的存在、超越的存在,似乎除此之外无其他可能性了。但胡塞尔恰恰认为这是一条歧途,因为把观念或一般看作思维之外空间中存在的东西,这种柏拉图主义"早已被取消了";而把观念或一般看作思维之中的时间性存在的这种谬误也当抛弃。观念之物既不存在于空间之中,也不存在于时间之中,它是超时空的存在。

这样,胡塞尔便回答了观念的存在形式的问题。他曾自称自己是概念论者。但我们可以看出,他实际上还是一个实在论者,只是抛弃了柏拉图的幼稚性。他强调观念是一种客观自在的精神性存在。这种存在构成了胡塞尔在《逻辑研究》中提出的纯粹逻辑学和本质心理学的基础。"除了个体的(或实体的)对象之外,还维护特殊的(或观念的)对象的特有的权利,以此来确定纯粹逻辑学和认识论的主要基础。这里是相对主义的经验主义心理主义与观念主义的区别所在"③。这里胡塞尔显然把自己看作是"观念主义(Idealismus)"。"当然,观念主义的措辞在这里不是指形而上学的教义,而是指认识论的形式,它承认观念之物是所有客观认识可能性的条件。"④

现在的问题是,如何把握这种观念之物,即一般之物、一般本质?

---

① 胡塞尔:《逻辑研究》第 2 卷,第 1 册,A111—112/B_1 111—112,载于《胡塞尔全集》第 19 卷,1975。

② 同上书第 2 卷,第 1 册,A123/B_1 123,载于《胡塞尔全集》第 19 卷。

③ 同上书第 2 卷,第 1 册,A107/B_1 107,载于《胡塞尔全集》第 19 卷。

④ 同上书第 2 卷,第 1 册,A108/B_1 108,载于《胡塞尔全集》第 19 卷。

当然，观念、一般之物是通过抽象获得的，但胡塞尔所说的“本质直观的抽象”不同于传统意义上的抽象。一般认为，直观只能是对个体之物的直观。现在，同样的直观作为理想的认识方式，它如何把握观念之物、一般之物呢？实际上，尽管直观的方式是相同的，都是对事物的直接把握，但由于直观对象的不同，直观可分为感性直观和本质直观。感性直观（胡塞尔一般省去感性，而只说直观）提供了个体的对象，它是发现观念对象的基础，但观念对象不存在于个体对象之中。例如，我们用胡塞尔常用的一个例子来说明，感性直观提供了个体对象：一张红纸，无论是这张红纸的形状、颜色等等都是个别的，从中无法分离出一般之物，因为其中根本没有一般之物。但是，在认识活动中，我们除了对个别对象的意识指向之外，还有一种特殊的对观念对象的意识指向，它与感性直观提供的被给予之物发生联系，但它不指向个体对象的具体的红的颜色，即红的深浅程度，而是指向红本身。“于是我们便直接把握了‘红’‘本身’的特殊统一；这种把握是建立在对某个红的事物的个别直观的基础上的。我们对红的因素进行观察，但同时进行着一种特别的意识活动，这种意识活动的意向是指向‘观念’，指向‘一般之物’的。”①

这里要注意的是，一方面，我们不是在被给予之物，即感性材料中发现这个一般之物，因而不同于实在论；另一方面，我们也不是在这种特殊的意识活动中“创造”这个一般之物，而是“发现”它，发现这个被一般人容易理解为虚无的非时空的观念，因而又区别于唯名论。所以，“在这种意识活动意义上的抽象完全不同于对红的因素的纯粹关注和提取；为了说明这个区别，我们一再说本质直观的（ideierend，又译“观念化的”）或总体化的（generalisierend，又译“一般化的”）抽象”②。简言之，观念是在感性材料的基础上，在改变了方向的意指中“出现在我们眼前的”，它是“被给予的”③，所以是直观性的，不同于那种非现实、非被给予的符号性

---

① 胡塞尔：《逻辑研究》第2卷，第1册，A220/$B_1$223，载于《胡塞尔全集》第19卷，1975。

② 同上书第2卷，第1册，A221/$B_1$223，载于《胡塞尔全集》第19卷。

③ 同上书第2卷，第1册，A161/$B_1$162，载于《胡塞尔全集》第19卷。

思维。

(三)《逻辑研究》以后的本质直观思想方法

在《逻辑研究》之后，胡塞尔始终坚持现象学的本质直观方法。即使在他于 1907 年以《现象学的观念(五篇讲座稿)》第一次系统完成并公开阐述了向超越论现象学的突破之后，仍然没有放弃他的本质直观原则。他一再对现象学的这两种方法作出论述，并将本质还原方法与超越论还原方法结合在一起，建立了一个现象学方法的理论系统。

需要注意的是，《现象学的观念(五篇讲座稿)》中的本质还原是在超越论还原之后进行的，因而与《逻辑研究》中的本质还原有所不同。区别主要是在对象上。《逻辑研究》中的本质还原是在人，即从实体主体心理体验的事实中还原出这些体验的本质；联系三个层次的划分，可以说这里是排除第三层次的现实性而把握第二层次的可能性。《现象学的观念(五篇讲座稿)》中的本质还原则是在独立于人的实体主体和独立于自然的实体客体的纯粹意识，准确地说是在超越论意识的事实中还原出超越论意识的本质，这是最高层次的可能性、原初可能性。因此，这种还原的对象有心理体验和超越论体验之别，前者亦可称心理学的主体性，后者则是超越论的主体性。

但是，这两种本质还原的方法尽管在各自的对象上有区别，其操作方式却基本是相同的。因为，一方面，“必须防止把现象学意义上的纯粹现象与心理学现象，即与自然科学心理学的客体相混淆”①；另一方面，“任何心理体验在现象学还原的道路上都与一个纯粹现象相符合，这个纯粹现象指出这个心理体验的内在本质是绝对的被给予性”②。就是说，尽管纯粹的主体性比心理学的主体性高出一个层次，前者“给予”后者，但它们之间有一种相似性、对应性。因此，对它们的分析，把握的方法也是相似的、对应的。

---

①《胡塞尔全集》第 2 卷，第 44 页，1973。

② 同上书第 2 卷，第 45 页。

在胡塞尔的阐述中，我们处处可以看到，这里的本质直观方法与《逻辑研究》中的本质直观方法的相似性，甚至在这里所举的例子也是在《逻辑研究》中举了数十次的关于红的直观的例子。

真正意义上的现象学是纯粹现象的本质论的现象学。但在超越论还原之后，我们只获得一条纯粹现象的“永恒的赫拉克利特的河流”①，在这里我们只能确定纯粹意识现象的一个一个的事实。我们似乎面临某种窘境：如何作出对于一门本质论来说所必须的普遍有效的确定？“但似乎有一点对我们仍然有利：本质直观的抽象。它给我们以明晰的一般性、种类和本质，因而似乎说出了一句带有拯救性的话：我们寻求关于认识的本质的直观明显性。”②这里胡塞尔已经暗示了，超越论还原是不独立的，换言之，仅凭超越论还原方法不能成立一门科学，现象学还有赖于本质还原。同时，我们注意到胡塞尔在这里特别强调本质直观的明见性。

“明见性（Evident）”，又可称“明白性”或“明晰性”。当胡塞尔特别强调这种明白是直观的明白性时，他便用明见性一词。《现象学的观念（五篇讲座稿）》对本质直观描述的特点是强调明晰性或明见性。他说，在现象学的领域中，“一切的根本都在于把握绝对被给予性的意义，把握排除了任何有意义的怀疑的被给予的绝对明晰性的意义，一言以蔽之，把握绝对直观的、自身把握的明见性意义”③。这种强调的原因在于，胡塞尔在《现象学的观念（五篇讲座稿）》中是用笛卡尔的方式进行超越论还原的，当他过渡到本质还原时，他必须保持思路上的一致，因而特别突出笛卡尔“明白无疑的才是真理”的思想。

现在我们看一下一般性在本质直观中的被给予情况。胡塞尔在这里的描述比《逻辑研究》中更为粗糙。“我具有关于红的一个或几个个别直观（感性直观——引者），我抓住纯粹的内在，我关注现象学的还原。

① 《胡塞尔全集》第 2 卷，第 47 页，1973。
② 同上书第 2 卷，第 7 页。
③ 同上书第 2 卷，第 9—10 页。

我截断红在被超越地统摄时所意味的一切,如意味着我桌上的一张吸墨纸的红等等,并且我纯粹直观地完成一般的红或特殊的红的思想的意义,即从这个红或那个红中直观出的同一的一般之物;现在个别性本身不再被意指,被意指的不再是这个红或那个红,而是一般的红。"我们似乎只能到此为止,但实际上本质直观还要进一步深入。"如果我们给出两种红的种类,两种红的程度,那么我们难道不能判断:这种红和那种红是相似的。这不是指这个个体个别的红的现象,而是指红的种类、程度本身是相似的;这种相似关系在这里不正是一种总体的绝对被给予性吗?"①如此类推,本质直观可以把握观念的丰富的多样性、联系和各种层次。这和数学家从两个近的物体加上一个稍远的物体等于三个物体的事实中直观出二加一等于三的观念关系是类似的。

如果我们在这里指责胡塞尔对本质直观的论述过于粗糙和含糊,那么胡塞尔会回答:"直观是无法论证的。"②这既是对直观的结果而言,也是对直观过程而言。

事实上,《逻辑研究》和《现象学的观念(五篇讲座稿)》都只是大量运用了本质直观的方法,而对其本身的反思甚少。真正对本质直观方法作了一番反思批判的,是胡塞尔 1925 年所作的讲座《现象学的心理学》。这些方法论方面的反思批判分析,可以算作是胡塞尔后期提出的"现象学还原的现象学"的内容。

《现象学的心理学》这个标题中已经包含着这部著作的主要打算,即建立一门心理学,一门现象学的本质心理学。这个打算使得这部著作区别于胡塞尔的所有其他以哲学为主要兴趣的著作。此外,这个打算也决定了本质直观方法——本质心理学的唯一方法在此书中的重要位置。本质直观在这里获得了一个新的名称:"自由想象的变更法",后人简称为"本质变更法"。

---

①《胡塞尔全集》第 2 卷,第 56—57 页,1973。

② 同上书第 2 卷,第 6 页。

胡塞尔曾说:“明见的直观是最确切意义上的认识。”[①]在《纯粹现象学与现象学哲学的观念》第1卷中,他更明确地把直观称作是“一切原则的原则”[②]。因此,直观本身是不能用任何标准来进行检验的,相反,直观本身就是明见性,它是检验其他任何非直接认识的标准。现象学的**原则之原则**就意味着**直观的原则**,它在这里表明为“始终进行纯粹直观的把握,永不进行源自概念的构造”[③]。胡塞尔的整个哲学都建立在这种明见的直观的基础上,它不仅提供了感性认识,而且提供了所有的本质认识。由此可见,把胡塞尔称为彻底的直观主义者是毫不过分的,只要我们对这里的“直观”作相应宽泛的理解,使它不仅是指感性直观,而且也将范畴直观或观念直观包含在自身之中。

二 《纯粹现象学和现象学哲学的观念》第1卷与超越论意识现象学的建立

(一)《纯粹现象学与现象学哲学的观念》第1卷的内容与意义

随着《逻辑研究》的出版,现象学第一次出现在公众面前,由此而揭开了在20世纪欧洲大陆影响最广泛的哲学运动——现象学运动的序幕。但胡塞尔本人很快就开始他对自己的第二次超越。他在《哲学与现象学研究年鉴》第1卷上发表的《纯粹现象学和现象学哲学的观念》第1卷则公开表明他的思想已经进入到一个新的阶段。胡塞尔思想的发展有其内在的必然性,这部著作是他深思熟虑六七年的结果。他于1907年在哥廷根大学所作的五次讲座[《现象学的观念(五篇讲座稿)》]显示出,在这时他已经坚定地完成了第二次思想转变。在发表《纯粹现象学和现象学哲学的观念》第1卷的同一年,胡塞尔在为《逻辑研究》第2版所写的引论中有意识地强调从《逻辑研究》向《纯粹现象学和现象学哲学的观念》过渡的必然性:“《逻辑研究》是一部突破性著作,因而它不是一

---

① 《胡塞尔全集》第2卷,第74页,1973。

② 同上书第3卷,第1册,第51页,1973。

③ 同上书第23卷,第128页,1980。

个结尾,而是一个开端。"[①]但是,一方面,由于胡塞尔在《逻辑研究》第2卷中用大量的篇幅来讨论意识活动的因素和结构,并且自己也把现象学称之为描述心理学;另一方面,由于胡塞尔在这些分析中大段地重复了他在《算术哲学》中所作的研究,所以许多人认为,胡塞尔在《逻辑研究》第2卷中仍然没有摆脱他在第1卷中所批判的心理主义,认为他所说的"现象学"仍然是一门心理学。

因此,胡塞尔在《纯粹现象学和现象学哲学的观念》第1卷的书名中便用"纯粹现象学"的概念来区分他现在所说的"现象学"和他以前所说的"描述现象学"。

至此,胡塞尔对"现象"和"现象学"的定义又获得了进一步的充实。根据胡塞尔在1907年完成向超越论现象学的转变之后对现象学所作的新的规定:现象学"可以被称之为关于意识一般、关于纯粹意识本身的科学",在这里所说的"意识一般"或"纯粹意识本身"不仅仅指意识中的意识活动,而且还包括作为意识活动之结果的意识对象部分。原先的(亦即在《逻辑研究》中的)具有主动性的心理本质和具有被动性的物理本质的二元现在(在《纯粹现象学和现象学哲学的观念》中)被一个超越论的一元所取代:超越论的构造(意识活动)与被构造的结果(意识对象)。我们也可以用一个复合德文词来概括它,即"transzendentale Konstitutionsleistung",它既可以被译作"超越论的构造功能",也可以被译作"超越论的构造成就",因为"Leistung"一词在德文中便包含"功能"和"成就"这两种含义,它恰当地反映了意识的意向性(构造)能力及其结果。意向性已经不再仅仅意味着"朝向性",而且还意味着"创造性"。这样,哲学的大全要求同时也得到了满足。

但这样一种"超越论意识"很难为人们所理解,胡塞尔在1907年的讲座中已经深深地感受到了这一点。因此,在《纯粹现象学和现象学哲学的观念》第1卷中,他竭力说明,要想理解现象学所研究的是一种什么

---

① 胡塞尔:《逻辑研究》第1卷,BⅧ,载于《胡塞尔全集》第18卷,1974。

样的“意识现象”，必须首先具有超越论的观点。他也将这种观点称之为“哲学的观点”，这种观点与日常的“自然观点”是完全不同的：

> 现象学所研究的是“意识”，是所有的体验种类、行为、行为的相关物，这是一个事实，但这个事实并不会对我们在上面所确定的在现象学与心理学之间的差异带来丝毫改变。当然，对于传统的思维习惯而言，要花费很大力气才能看到这一点。排除所有至今为止的思维习惯，认清我们思维视域所受的限制并且打破这一限制，在充分的思维自由中把握这些真正的、只有在全面排除了限制的视域中才能被我们全新地提出的哲学问题——这是一个极为苛刻的要求，但这也是最低限度的要求。事实上，使得人们极难获得现象学的本质，极难把握住现象学的特殊意义以及它与其他科学（尤其是与心理学）之关系的原因在于，人们首先需要一种新的、相对于自然的经验观点和思维观点而言完全改变了的观点方式。此外，人们还需要进行专门的艰苦研究，然后才能在这种新的观点中自由地运动而不致回落到旧的观点中去，才能学会对我们眼前的东西进行看、进行区分和进行描述。①

与“现象”概念密切相关的是胡塞尔对“现象学”的理解，它在《纯粹现象学和现象学哲学的观念》第1卷中被加上了“纯粹的”或“超越论的”定语。所谓超越论现象学就是指这样一门学说：在方法上，它通过“超越论的还原”引导人们进入“哲学观点”，通过“本质的还原”引导人们进入本质领域，因而，与方法密切相关。在对象上，它所提供的不是实在的、经验的意识现象，而是超越论的、本质的意识现象：“超越论现象学的现象可以被描述为非实在的现象。其他的还原，尤其是超越论的还原将会对心理学现象进行‘纯化’，使它们不再带有实在所赋予它们的并因此而使它们被纳入到实在‘世界’之中的那些东西。

①《胡塞尔全集》第3卷，第1册，第3页，1973。

我们的现象学不是实在现象的本质论,而是经过超越论还原的现象的本质论。"①

因此,胡塞尔在《逻辑研究》和《纯粹现象学和现象学哲学的观念》第1卷之间完成的转变,不仅仅意味着对一个新的方法的提出,即"超越论还原方法"的提出,而且还意味着向一个新的领域的扩展,即向"意识对象"领域的扩展。换言之,胡塞尔的这一转变不仅涉及现象学的研究方法,而且涉及现象学的研究对象和研究领域。虽然"超越论还原"的方法要求排斥我们的自然观点,排斥对世界存在的信念,排斥一切传统的成见,将一切可疑的判断、推理、命题、定律等等搁置起来,存而不论,但从纯粹现象学的立场来看,这并不意味着现象学家活动范围的缩小。当各种现存的有效性被判为无效之后,展现在他们面前的是一个无限广阔的领域:纯粹意识及其他的相关物。胡塞尔在《现象学的观念(五篇讲座稿)》中将它们称之为"显现"和"显现物",在《纯粹现象学和现象学哲学的观念》第1卷中又将它们称为"意识活动"和"意识对象"。传统认识论中的"事物与知性的一致性"问题在这里转变成"意识活动"与"意识对象"的关系问题;传统本体论中的"精神"与"物质"的对立在这里转变为"意识活动"与它所构造出的"意识对象"的对立。

这样,胡塞尔从《逻辑研究》时期的"本质现象学"向《纯粹现象学和现象学哲学的观念》第1卷时期"超越论现象学"的过渡便得以完成。这个过渡被现象学史家们称为胡塞尔一生思想发展中的第二次转折。

无论后人对胡塞尔的这个过渡评价如何,它在当时对于胡塞尔本人来说是势在必行的,或者说,具有一定程度上的逻辑必然性。如前所述,我们至少可以从现象学研究领域和研究方法这两个角度出发来分析这种过渡的必然性:(1)心理主义批判彻底化的必要性与现象学领域总体化的必然性;(2)"现象学反思"哲学化的必然性与"现象学还原"超越论

---

①《胡塞尔全集》第3卷,第1册,第4页,1973。

化的必然性。[①]

（二）超越论还原的各种途径与超越论现象学观念的提出

胡塞尔在他的著作中常常提到“现象学的还原”。在发现超越论还原的初期，如在《现象学的观念（五篇讲座稿）》中，他所说的现象学还原泛指超越论还原和其后进行的本质还原两者。但以后，他便明确地“将超越论还原看作是真正意义上的现象学还原”[②]。施皮格伯格（H. Spiegelberg）也认为：“超越论还原日益被看作是现象学还原的同义词。”[③]其原因很容易理解：超越论还原是真正意义上的现象学——超越论本质现象学的独有方法，唯有它才使现象学区别于任何一门其他科学。本质还原方法虽然是现象学必不可少的，但却不是它独有的，而是所有本质科学所共有的。

在进行超越论还原之前，任何学说，包括本质科学，都还处在自然观点中；在超越论还原完成之后，真正的哲学观点，即超越论哲学的观点才得以出现。

可以把超越论还原理解为胡塞尔向超越论的主体性回复的全部方法。我们必须首先弄清“超越论的（transzendental）”这个概念在胡塞尔哲学中的含义。这个概念来源于康德。康德说：“我把所有这样一些认识称之为‘transzendental’，这些认识不是与对象有关，而只是与我们认识对象的方式有关，只是这种认识方式是在先天可能的范围内。这种概念的体系可称为超越论哲学。”[④]胡塞尔的超越论概念与康德的超越论概念有何区别，在这个问题上曾有过一些争论。一种意见认为，胡塞尔的

---

① 对这些必然性的详细说明可以参见倪梁康《现象学及其效应——胡塞尔与当代德国哲学》第6节“胡塞尔从本质现象学向先验现象学的必然过渡”，第86—103页，生活·读书·新知三联书店，1994。

② 施特雷克：《现象学与心理学：它们在胡塞尔哲学中的关系问题》（“Phaenomenologie und Psychologie. Die Frage ihrer Beziehung bei Husserl”），载于《哲学研究杂志》，第13页，1983年第37期。

③ 施皮格伯格：《现象学运动》，第186页，海牙，1981。

④ 康德：《纯粹理性批判》，B25，汉堡，梅纳出版社，1976。

超越论概念和康德的基本一致。在胡塞尔那里,“超越论”也标志着一种问题的提出,即关于超越或者客观性的先天基础问题。换言之,胡塞尔和康德的超越论概念都标志着一种对认识可能性问题的考察方式。[①] 胡塞尔自己曾做过说明:“在一种意义上,超越论问题的标题完全一般地涉及对一种客观有效的认识的可能性的‘解释’,这种认识一方面作为认识是‘主观的’;另一方面,它切中‘客观’存在,切中内在的并独立于主体性的存在;就是说,它涉及对在所有科学的基本类型(自然科学、数学、纯粹逻辑等)中的客观有效的认识的可能性的相应‘解释’;即在自然科学形式中的客观有效的认识是如何可能的;客观有效的几何学是如何可能的,等等。如果人们坚持这一‘超越论’概念,那么超越论现象学便是真正的超越论哲学并且配得上‘超越论’这个称号;因为它解决所有这些问题。”[②]可以看出,这个意义上的“超越论”实际上用“批判”二字来替代最为妥当,它不考虑认识是否可能,而询问认识如何可能,这便是胡塞尔所说的“从客观主义向超越论主观主义”的伟大转变——“哥白尼革命”的意义所在。胡塞尔确实接受了这一革命。但是,还有一种意见认为,胡塞尔的超越论概念和康德的超越论概念是有区别的。对于康德来说,“超越论”的对立概念是“经验”,而对于胡塞尔来说,“超越论”的对立概念是“世界(mundane)”。换言之,在康德那里,“超越论”相当于认识的先天本质,“经验”相当于认识对象的经验事实。因此,这一对概念恰恰与胡塞尔的“本质”与“事实”的概念相应。然而对于胡塞尔来说,“超越论”则是另一层次上的东西。胡塞尔在《纯粹现象学和现象学哲学的观念》第1卷的序言中说:“读者会注意到,这里没有用通常的对科学的唯一划分,即实体科学和观念科学(或经验科学和先天科学),似乎更多的是做了两个划分,它与两个对子相应:事实和本质,实体之物和非实体之物。”[③]本质还原与前

① 参见凯恩《胡塞尔与康德——对胡塞尔与康德和新康德主义关系的研究》,第239—245页,海牙,马蒂努斯·尼伊霍夫出版社,1964。

②《胡塞尔全集》第7卷,第386页,1956。

③ 同上书第3卷,第1册,第6页,1973。

一个对子有关，它排除事实，还原到本质；而超越论还原与后一个对子有关，它排除实体之物，还原到非实体之物；某些解释者又把后一个对子称为“存在者”和“它的现象”的对立，前者指实体之物，后者指非实体之物。如此看来，康德的“哥白尼式转向”仅仅是达到了本质还原的高度，因而他的“超越论”和胡塞尔的“超越论”又存在着相当大的区别。①

我们认为，这两种不同意见恰恰说明了胡塞尔与康德的“超越论”概念的两个不同侧面，因而都在某种程度上带有真理性。胡塞尔和康德的“超越论”概念是既相同又相异的。相同之处在于，胡塞尔赞同康德的“哥白尼式转向”，并认为只有通过向超越论主义的转向才能克服客观主义的独断论，从而将欧洲人类从危机中拯救出来。但这里有一个重要问题，它正是胡塞尔与康德超越论哲学的区别所在：人为自然立法的能力从何而来？康德认为这是人类所固有的，实际上这无异于说，我们无从得知；而胡塞尔认为，这是柏拉图意义上的理念作为可能性在人的心理组织的先天结构中的现实化，因此人之所以能为自然界立法的最终原因还应在更深的层次中去寻找。而向这更深层次的突破须通过超越论的还原。因此，康德的“超越论”概念和胡塞尔的“超越论”概念之间有着“主观超越论”和“客观超越论”之别。当然后者的客观不是指向客观主义的回复，而是指向柏拉图意义上的客观的回复。据此，胡塞尔认为，康德只达到本质心理学的高度，他从未真正地理解本质心理学和超越论哲学的区别。康德失足于怀疑主义的主观主义之原因在于，他“缺乏现象学和现象学还原的概念”，因而“不能摆脱心理主义和人本主义”。②

概括起来说，胡塞尔的超越论概念首先意味着向主体性的回复，但它不仅是向康德意义上的“先天”——心理学的主体性回复，而且更深一层，向柏拉图意义上的“先天”——纯粹的、绝对的，即不依赖于人的主体的超越论主体性的回复。

---

① 参见芬克《现象学研究，1930—1939》(*Studien zur Phaenomenologie, 1930 - 1939*)，第 145 页，海牙，1966。

② 参见《胡塞尔全集》第 3 卷，第 1 册，第 48 页，1973。

如果说超越论还原是指通向超越论主体性途径的话,那么这种途径可以有三条。换言之,在胡塞尔看来,我们可以通过三条不同的道路达到同一个目的,即超越论的主体性。当然胡塞尔本人并没有作过这种严格的区分,在他那里这些道路常常是相互混杂着出现的。

1. 意向心理学的道路

这条道路正是胡塞尔自己思想发展所走过的道路。前面说过,胡塞尔本人是从本质心理学继而发展到超越论本质现象学的。因此,我们可以紧接着前面本质还原方法的描述来开始对这条超越论还原道路的描述。这实际上意味着,我们随胡塞尔的思想发展将目光从以本质心理学为主要内容的《逻辑研究》转向以超越论本质现象学为主要内容的《纯粹现象学和现象学哲学的观念》,即从胡塞尔的第一个转折点过渡到第二个转折点。

意向心理学的道路也可以说是布伦塔诺的道路或英国经验主义的道路。英国经验主义者受笛卡尔的二元论和主观主义的影响,他们不关心物理事实和关于这些事实的科学,而把目光转向心灵之物,企图把握心灵之物的观念联系。这个目的在布伦塔诺那里达到了,他发现了心灵之物的统一本质——意向性,从而为本质心理学的建立奠定了基础。在胡塞尔看来,通过他的《逻辑研究》,这门本质心理学已初步系统地建立起来。但胡塞尔很快便意识到,这门心理学仍然是"一门与纯粹几何学完全相类似的,更具体地说是与先天自然科学完全相类似的科学,一门在自然词义上的先天心理学"①。简言之,它仍然是自然主义、客观主义的,因为它仍然设定了世界的存在,设定心灵只是世界的一部分实体。任何自然观点的科学都是不独立的,都无法说明自己是如何可能的。因此,胡塞尔认识到,"必须把先天心理学与特殊的超越论心理学区分开来",并说明,"对于后者,心理学这个历史的词已不再适用了"。这便是胡塞尔提出"现象学"一词的原因。总之,在他看来,"必须区分所谓超越

---

①《胡塞尔全集》第3卷,第1册,第43页,1973。

论主体性和心理学的主体性，以及与此相符地区分一门与客观科学有联系的心理学和一门完全处于这种联系之外的超越论现象学”①。

本质心理学所获得的本质不是真正纯粹的本质。因为我们尽管拥有了一个本质一般或 Eidos，但它是与我们的事实的现实世界相联系的，与这个普遍的事实相联系的。这是一种“暗中的”，即出于可理解的原因自身不被注意的联系。例如，我们在听到一个声音时，总是不由自主地暗中坚持，这是这个世界上的声音，是这个世界上的人听到的声音，这样便暗中设定了一个经验的自我和一个经验的世界。

从这种自然的观点向超越论哲学观点的转变，胡塞尔作了如下描述：“在普遍的、随时都统一着自身的经验的自然发展中，被经验的世界作为普遍的、持久的存在基础被分派给我们，并且还作为我们所有行为的普遍领域。在我们所有习惯的最固定、最普遍的习惯中，世界对我们有效并始终如此，无论我们追随什么样的兴趣，它都对我们具有现实的有效性；与所有兴趣一样，本质认识的兴趣也与这个世界有关，在所有想象的游戏中和在所在想象的变更中都一样。随着对本质直观的意向，世界也一同被设定，每个事实和每个本质都始终与世界有关，都以某种方式附属于世界；例如我们在自然的观点中没有发现这种恰恰因为其普遍性而被掩盖起来的对世界的设定和与存在的联系。只有当我们意识到这种联系并且有意识地判它为无效，并且由此而使变项的最广泛的周围世界的视域摆脱所有的联系、所有的经验有效性时，我们才能创造出完全的纯粹性。而后我们可以说是处于一个纯粹的想象世界中，处于一个绝对纯粹的可能性世界中。”②

这条通路是胡塞尔亲身走过的道路，也是胡塞尔认为每个心理学家应当走的道路。但胡塞尔在他哲学研究的过程中还发现另一些道路也是可行的。哲学家并不是非得首先成为心理学家，然后才能达到超越论

---

①《胡塞尔全集》第 9 卷，第 44 页，1968。

② 同上书第 9 卷，第 74 页。

哲学;哲学家完全可以从一开始就进行超越论的还原。如果意向心理学的道路可以叫作英国经验主义道路或布伦塔诺的道路的话,那么其他两条为哲学家们所指明的道路便可以叫作笛卡尔的道路和康德的道路。

2. 笛卡尔的道路

在胡塞尔第一次公开表述他的超越论还原思想的《现象学的观念(五篇讲座稿)》中,笛卡尔的道路占了统治地位。这条道路是以怀疑主义为出发点的。与笛卡尔一样,胡塞尔通过对这种认识形式和其成就的诘难得出:"认识处处都是谜。"①因此,他说:"在认识批判的开端,整个世界、物理的和心理的自然,最后还有人自身的自我以及所有与上述这些对象有关的科学都被打上可疑性的标记。它们的存在,它们的有效性始终是被搁置的。"②换言之,我们对它们停止判断。但这种认识论的停止判断并不是说,关于认识的理论必须把所有认识不仅在开始时,而且自始至终都看作是可疑的、无效的;而是意味着,认识论不能把任何东西设定为已确定了的、已有了的,因此,认识论是无基础、无前提的,它没有任何依靠,而必须靠自己创造出一种第一性的认识。

认识论做到了这一点。"在我作出'一切都对我可疑'这个判断的同时,我在作判断这一点却是无疑的,一旦明白了这一点,那么想坚持普遍的怀疑便会导致悖谬。而在任何一个怀疑的情况中,确定无疑的是我在这样怀疑着。任何思维过程也是如此。无论我知觉、想象、判断、推理,无论这些行为具有可靠性还是不具有可靠性,无论这些行为具有对象还是不具有对象,就知觉来说,我知觉这些或那些,这是绝对明晰和肯定的;就判断来说,我对这和对那作判断,这是绝对明晰和肯定的,如此等等。"③这样,我们便为认识论找到了一个阿基米德的点:我思。这个点之所以是明白无疑的,是因为它没有超出自身去说明什么,它完全保留在自身的内在中,它自己说明自己。

---

①《胡塞尔全集》第 2 卷,第 21 页,1973。

② 同上书第 2 卷,第 29 页。

③ 同上书第 2 卷,第 30 页。

但我们不能再追随笛卡尔去推论出我和上帝、世界的存在，这是一条歧途。毋宁说，我们甚至还要在笛卡尔的这个“我思”的点上再往后退一些，因为“我思”还没有达到超越论还原所要达到的纯粹性。因此，还要进行更进一步的纯化。“首先，笛卡尔的思维已经需要现象学的还原。”①笛卡尔的“我思”仍然是自我的体验，即人的思维体验，它隐含着一个经验自我、一个客观时间中的人。这个经验自我或肉体的人必须被排斥。这样，思维不再意味着实体的思维，不再意味着人的思维和实体的心理现象的思维，而是纯粹的思维。任何实体之物都被排斥，留存下的是纯而又纯的非实体之物，它当然也可以叫作超越论之物。于是这条道路也达到了超越论的领域。

在《现象学的观念(五篇讲座稿)》中，笛卡尔的道路得到了系统的描述。除此之外，《纯粹现象学和现象学哲学的观念》《第一哲学》《笛卡尔沉思和巴黎讲演》中，这条道路都占据了主导地位。

笛卡尔道路上的超越论还原与康德道路上的超越论还原在某些方面是相互对立的。如果说笛卡尔的道路是以对自然世界和自然科学的普遍怀疑为出发点的，那么康德道路恰恰是以对人类的自然认识的全面肯定为前提的。

3. 康德的道路

康德精通当时的自然科学，对于科学知识的客观真理性并不怀疑。他认为已经无须回答“认识是否可能”的问题了。康德道路上的超越论还原在开端上也承认这一点。胡塞尔说：“如果我们精通自然科学，那么我们会发现，在它们精确发展了的领域中，一切都是明白清楚的。我们可以肯定拥有客观真理，它通过可靠地、真实地切中客观性的方法得到证明。”②但一旦我们进行反思，询问“认识如何可能”的时候，我们就会面临怀疑主义的危机。这是因为，我们所拥有的认识，至今为止还都是

①《胡塞尔全集》第2卷，第29页，1973。

② 同上书第2卷，第21页。

自然的认识，即关于客观真理的认识。这些认识在它的这个维度、这个层次中是明白无疑的，但不能超越出它这个层次。而“认识如何可能”的问题则与主体性有关，恰恰超越了自然认识这个维度。因此，“认识如何可能”的问题必须由另一些认识来回答，这便是哲学的认识，严格地说，是超越论哲学的认识。超越论哲学的认识与自然科学的认识相比较恰似于三维空间与二维空间之比较，它把二维空间包含在自身之中。

超越论哲学是更高一个维度上的科学。自然科学要求从主体性中抽象出来，讨论纯粹的客观性，这样便掩盖了所有客观性与主体性的必然联系而产生片面性；超越论哲学则通过“观念的转换”而摆脱了这种片面性，它要求在更高的维度上讨论客观性，即讨论客观性是如何在主体性中构造起来的。当然这种主体性是指超越论的主体性而不是指人的心理的主体性。

因而超越论哲学的任务是从超越论的主体性出发去说明客观性，换言之，是用三维空间去解释二维空间。但人们往往做不到这一点，因为人们已经习惯于在自然的观点中生活，所以常常在不知不觉之中便反过来用客观性去解释主体性，因此而陷入悖谬：被说明的对象成为说明的根据。这叫作“超越”，它类似于从二维空间去超越去说明三维空间。胡塞尔强调：“认识论的所有错误——一方面是心理主义的基本错误，另一方面是人本主义和生物主义的基本错误——都与所说的超越有关。”① 须注意，这里所用的超越是“Metabasis”而非“Transzendenz”。后者是笛卡尔道路意义上的超越，它是指，人们往往不停留在内在的东西上面而企图**超验地说明**经验之外的客观存在；而前者是指康德道路意义上的超越，它意味着，人们往往用自然科学这种低维度的科学去**越度地说明**超越论哲学这种高维度的科学。这两种超越都会导致悖谬。

要想避免这种“越度”，就必须对所有自然科学中止判断，把它们视为无效。这是可能的，因为，“认识论从来不能并且永远不能建立在任何

①《胡塞尔全集》第2卷，第7页，1973。

一种自然科学的基础上"①。据此,"现象学还原原则的真正意义在于,始终要求停留在这些认识批判中有疑问的事物上,并且不把这里出现的问题和其他别的问题混淆起来。用客观科学的方式不能阐述认识可能性"②。

这条康德道路上的超越论还原在胡塞尔的著作中常常是与笛卡尔道路的超越论还原混杂出现的。例如,在《现象学的观念(五篇讲座稿)》中,尽管笛卡尔道路在这里占有决定性的地位,但这条道路是在第二讲中才建立起来的。而在第一讲中,胡塞尔一开始便阐述了康德道路的主要思想:"我在以往的讲座中曾区分自然科学和哲学科学;前者产生于自然的思维态度,后者产生于哲学的思维态度。"③"我重申,哲学具有一种相对于所有自然科学来说的新维度。"④《纯粹现象学和现象学哲学的观念》基本按照《现象学的观念(五篇讲座稿)》的模式,因而情况与此相符。康德道路作为唯一形式是出现在《形式的与超越论的逻辑》一书中,最后在《欧洲科学的危机与超越论现象学》(以下简称《危机》)中占据了最重要的位置。

(三)超越论还原的基本意图

在把握了超越论还原的三条具体道路的基本结构之后,我们想进一步分析这三条道路各自的特性,然后再回过头来讨论它们在"现象学的超越论还原"的标题下所具有的共性,即讨论超越论还原的最一般特征。

在胡塞尔看来,我们进行现象学的超越论还原不外乎有三种理由:一是我们只对主体感兴趣而对世界的存在不感兴趣——这是意向心理学道路所诉诸的理由;二是我们认为客观性不具有明见性,因而缺乏有效性——这是笛卡尔道路所诉诸的理由;三是用自然科学来论证哲学科学会导致悖谬——这是康德道路所诉诸的理由。

---

①《胡塞尔全集》第2卷,第36页,1973。
② 同上书第2卷,第6页。
③ 同上书第2卷,第17页。
④ 同上书第2卷,第25页。

但如果我们仔细分析,便可以发现,意向心理学的道路实际上是在笛卡尔道路上的另辟新径。它们都是通过对客观事物和客观科学的怀疑而转向主体性;不同之处仅在于,在达到了这种心理学的主体性之后,意向心理学的道路是先进行本质还原,然后再进行超越论还原;而笛卡尔道路则是在未进行本质还原之前直接进行超越论还原而达到超越论的领域。因此,我们大致可以把意向心理学的道路和笛卡尔的道路看作是同一类型的,即通过怀疑论而达到超越论哲学的道路。结合胡塞尔的哲学史观,我们可以把康德的道路看作是与之相对的另一条道路,即通过独断论而达到超越论哲学的道路。所以,以后的解释者认为:"笛卡尔和康德是两个始终相反的对立极,胡塞尔一直想在这个对立的范围之内把握他的现象学还原以及他的哲学的意义,以至于对一个极的疏远就意味着对另一个极的必然接近。"①

如果说笛卡尔道路是一条"主体性"道路,那么康德道路便可说是一条"客观性"道路②;如果笛卡尔道路的特征在于"怀疑",那么康德道路的特征便在于"批判"。在发现超越论还原的初期,胡塞尔并没有意识到这两种类型的还原之间的矛盾和对立。他往往把两条道路融合在一起,例如在《现象学的观念(五篇讲座稿)》中,他一开始对自然思维和哲学思维的区分只作为一个问题提出,康德的道路只是一个引言,它回答为什么要进行认识批判,为什么摆脱自然思维的问题;而真正的考察在他看来是以第二讲笛卡尔道路为始,它解决认识批判如何能确立的问题。前者提出问题,后者解决问题,似乎笛卡尔道路比康德道路更深一层次。但以后胡塞尔自己意识到,这两条道路是同一层次上的问题,并且互相处于矛盾对立中。这种矛盾对立表现在以下几个方面。

首先,笛卡尔道路以怀疑为开端,因此,它蕴含着对客观性的全面否定,是一种对客观事物及其客观科学的排斥、限制。而康德道路以批判

① 凯恩:《胡塞尔与康德——对胡塞尔与康德和新康德主义关系的研究》,第 45 页,海牙,马蒂努斯·尼伊霍夫出版社,1964。

② 参见同上书,第 223 页。

为宗旨，因而一开始便是以自然、客观的生活的可理解性为出发点，然后讯问和反思构造出这种客观性的主体性，这样，它便恰恰表现为一种对客观性的包含，一种对限制的突破。

其次，笛卡尔道路最后导致的是通过“我的我思”而获得的“纯粹思维”，因而充其量只是一次本我学意义上的还原。换言之，笛卡尔道路上的超越论还原还无法从逻辑上避免唯我论，除非它此后再次进行交互主体性意义上的超越论还原。而康德道路上的还原则原则上避免了唯我论而达到了交互主体性。

再次，笛卡尔道路虽以怀疑一切为开端，但其中仍隐秘地承认了数学方法的有效性，它本身依然仿效数学，主要是传统几何的模式。而康德道路则可以自诩是不同于任何自然科学方法的特有的哲学方法。

最后还有一个重要区别：随着对意向性原则的运用，超越论哲学的领域必然要从纯粹思维扩展到思维对象上去，因为“意识总是关于某物的意识”。这时，笛卡尔的道路便表现出一种回返，即从对世界的否定性怀疑开始在达到了世界的“残余”之后又返回到对这世界的肯定和说明上去，人们在这里会和在笛卡尔本人那里一样，“完全有理由认为自己受了骗”[①]。而康德的道路在相比之下所做的回返则很自然，因为借助于意向性原则，它恰恰可以达到自己的目的：说明思维对象的客观性是由思维活动的主体性所构造出来的，于是认识批判的特征得以总体地澄清。

从以上两条道路的对比，无疑可以看出康德道路较之笛卡尔道路在各方面的优越性。在20世纪一二十年代，胡塞尔倾向于笛卡尔道路的主要原因在于，笛卡尔的直觉主义思想以及哲学作为一门严格的科学的理想与胡塞尔相吻合，因而胡塞尔在《笛卡尔沉思和巴黎讲演》中甚至说他的哲学可称为“新笛卡尔主义”，“一种20世纪的笛卡尔主义”。[②] 但20年代以后，原先潜在的对康德的倾向愈来愈明显。在《危机》中，他明

① 凯恩：《胡塞尔与康德——对胡塞尔与康德和新康德主义关系的研究》，第203页，海牙，马蒂努斯·尼伊霍夫出版社，1964。

② 参见《胡塞尔全集》第1卷，第3页，1973。

确表述了与此相反的看法:"想把超越论现象学当作'笛卡尔主义'加以反对,好像它的'我思'是在绝对的'保证'中推演出其余认识(这里人们以朴素的方式仅仅是指客观性认识)的一个前提,这自然是一种可笑的,但却是惯常的误解。问题不在于保证客观性,而在于理解客观性。"①

确实,从胡塞尔超越论还原的整个意图来看,它并不是像笛卡尔那样为了在怀疑论面前确保客观的有效性,而是像康德那样,为了理解这客观性究竟是如何可能的。因此,解释者认为:"胡塞尔的哲学就其本质而言,几乎是非笛卡尔的。"②严格地说,笛卡尔道路和康德道路应当称为:经过笛卡尔走向超越论哲学的道路和经过康德走向超越论哲学的道路。因为在胡塞尔看来,笛卡尔和康德虽然在这两条道路上留下了各自的足迹和标志,但他们都半途而废了,都没能够发现超越论还原的方法。他们两人完成了的事情,是这两条道路各自的特性,他们没有完成而胡塞尔完成了的事情,则是这两条道路的共性。

这种共性在于,它们都是一种还原,都要排斥掉一些东西而归结到某些东西上面去,即排斥实体之物,归结到非实体之物上去。在这里我们仅讨论这些实体之物是指什么;紧接着我们再讨论这些非实体之物,即"现象学的剩余之物"是什么。

这些实体之物首先并且主要是指自然的世界和对这个世界的设定。胡塞尔把它们称为"自然观点的总命题"。这个总命题的内涵在于:"我始终感到作为我的对立面有一个空间和时间的现实存在着,我自己也属于这个世界,同样,所有其他处于这世界之中并以同样方式与它有关的人也属于这世界。'现实'这个词已经有所表明:我感到它是此在的,并且像它给予我的那样,也把它设定为此在着的。所有对自然世界的被给予性的怀疑和摒弃都丝毫不改变这个自然观点的总命题。"③因为,尽管

---

①《胡塞尔全集》第6卷,第193页,1962。

② 凯恩:《胡塞尔与康德——对胡塞尔与康德和新康德主义关系的研究》,第236页,海牙,马蒂努斯·尼伊霍夫出版社,1964。

③《胡塞尔全集》第3卷,第1册,第61页,1973。

我发现有时我对它的具体认识是错误的,或者,尽管我不理解,我怎么能超出自身之外去设定它的存在,但我无论怎样仍然默默地相信它的存在。而超越论的还原正是要对这自然观点的总命题进行彻底的改变。我们可以看出,超越论还原和本质还原不同,它不是一种具体的操作方法,不仅仅意味着一种观点的改变,当然这种改变对于超越论哲学来说是关键性的。

胡塞尔用一系列术语来描述这一改变。他说:“如果我能充分自由地做我想做的一切,那么,我不会像诡辩论者那样否认这个‘世界’,不会像怀疑论者那样怀疑它的此在;但我要使用现象学的‘悬搁(Epoché)’,它为我完全闭锁住任何关于时空此在的判断。”①这个“悬搁”在胡塞尔那里意味着:“排除世界,就是说,不想直接对它作判断。”“我们判它为无效,我们‘排除它’,我们‘给它加括号’”②,如此等等。所有这些都意味着,要排除自然实体世界,转向超越论主体。“对我们来说,排除自然是使目光转向超越论纯粹的一般意识得以可能的方法手段。”③这是超越论还原的根本实质。

此外,在这些术语中,“加括号”一般是指对自然世界而言,“判它为无效”则指对有关这个世界的信仰、设定的行为而言。“确切地说,加括号的形象(术语)从一开始就更适合于对象领域,判为无效的用语则更适用于行为和意识领域。”④

(四)超越论还原的基本范围

现在,我们可以进一步规定现象学超越论还原的范围。

第一,“首先显而易见的是,随着对自然世界、物理的和心理物理的世界的排除,所有通过评价的和实践的意识功能而构造着自身的个体对象也被排除,所有种类的文化构成物、技术的和美的艺术作品、科学(只要它不是作为有效性的统一,而是作为文化事实而成为问题)、任何形态

---

①《胡塞尔全集》第3卷,第1册,第65页,1973。

② 同上书第3卷,第1册,第436页。

③④ 同上书第3卷,第1册,第63页。

的美的和实践的价值都被排除。当然,与此相同,国家、风俗、法律、宗教这类现实也被排除。因此,所有自然科学和精神科学连同它们的全部认识内容,作为需要自然观点的科学都被排除。”①

第二,“人作为自然生物和作为在人的集团中、社会集团中的个人,是被排除的;同样,任何动物生物也是被排除的。”②这里也是一个关节点,它最明确地体现出胡塞尔的“超越论”的含义。

排除自然,这似乎也是所有心理学的根本要求,尽管这要求不像超越论还原那样彻底,但一般人不会明确看出心理学与现象学的区别。而排除作为实体的人,则明确地指明了这一差别。“这里谈的不是人的认识,而是一般认识,它不附带任何存在的设定关系,无论它是指与经验自我的关系,还是指与实体世界的关系。”③因为,在胡塞尔看来,经验自我作为人,作为世界上的事物是处在世界空间中的,它的体验也是处于世界时间中的,而纯粹意识则是超时空,或者说,无时空的,所以不能混淆。前者须受到超越论还原的排除。

第三,对上帝的超越的排除。自然世界处于认识之外,因而对认识来说是超越的。与自然世界的超越相对,还有另一种超越,这便是上帝的超越。上帝的存在不仅超越了纯粹意识,也超越了自然世界,因而是一种特殊的超越之物。并且它又是绝对的,但又不同于绝对的纯粹意识意义上的绝对,即它不是绝对的可能性,因为它从未现实化。“我们当然把现象学还原延伸到这个‘绝对之物’和“超越’之上。它应当始终被排除出这个必须被新创造出的研究领域之外,如果这个领域是纯粹意识本身的领域的话。”④

第四,对各种本体论的排除。如果说第一项对自然科学和精神科学的排除是指对以经验对象、个体事实为内容的科学的排除,那么这里对

①《胡塞尔全集》第3卷,第1册,第122页,1973。

② 同上书第3卷,第1册,第123页。

③ 同上书第2卷,第76页,1973。

④ 同上书第3卷,第1册,第125页。

各种本体论的排除便是指对所有以一般对象、本质为内容的科学的排除。在胡塞尔那里，本体论是指本质科学，它可以分为形式本体论和质料本体论。它们都是先天科学，对自然科学，即事实科学具有指导作用。形式本体论的典型是数学，它从事分析判断。胡塞尔一生都坚持数学是分析科学。质料本体论的典型是几何学，它从事综合判断，因而是综合科学。

超越论还原不仅排除个体实在和关于它们的科学，而且排除一般和本质以及关于它们的科学。

当然这个排除不是无限制的。胡塞尔认为，如果排除了所有的一般和本质，那么尽管我们能获得一个个纯粹的意识事实，但却无法获得关于这些事实的科学的可能性了。这又使我们想起胡塞尔的一个基本思想，即事实科学以本质科学为前提，本质科学先于事实科学。

因此，胡塞尔只是要求，“尽可能广泛地排除本质并且排除所有的本质科学”①。它们包括所有的形式本体论，如形式逻辑、形式数学(代数、数论等)，“数学学科的理论形式和它们的所有间接命题都对现象学无效”②。它们还包括所有的质料本体论，如：“几何学、运动学、质料物理学都加上了括号。”③胡塞尔由此确定：“除了我们在意识本身那里，在纯粹的内在之中可以明晰地、合乎本质地把握到的东西之外，我们什么也不能利用。因此我们得出这样一个明确的认识，一门描述现象学原则上不依赖于任何科学。”④这里的关键在于，现象学绝不依据任何其他科学的标准，而是依据自己的标准来对各种实体和非实体之物进行舍弃或保留的选择，因此，原则上它不依赖任何科学，但却保留了其他科学中的那些在现象学看来同样是明见的东西，如逻辑学中的那些公设。现象学能有所理由依据的逻辑公理完全是逻辑的公设，如矛盾律，这些公设的一般的和绝对的有效性，现象学可以在自己的被给予性中给予示范性的证

①《胡塞尔全集》第3卷，第1册，第123页，1973。

②④ 同上书第3卷，第1册，第127页。

③ 同上书第3卷，第1册，第129页。

明。而所有的形式逻辑和全部数学,我们可以将它们纳入明确的排除性的中止判断中。①

上述四项对超越论还原范围的进一步规定是以最终对自然世界以及对这个世界的设定的排除为基础的,胡塞尔把后者看作是"第一性的还原",前者是"第二性的还原,但绝不是意义不重要"②。

通过这一系列的还原,我们便回复到超越论的主体性上。在对超越论的主体性进行深入研究之后,便可以回答所有关于认识如何可能的问题。"人们可以说,以这种方式,'哥白尼式转向'之谜便完全解开了。"③

从胡塞尔对现象学最根本的方法——超越论还原方法的阐述,我们得到一个非常深刻的印象:胡塞尔在孜孜不倦地追求着意识的纯粹性和独立性,这个纯粹性是指意识不被实体化,不包含任何实体、现实之物;这个独立性是指意识不依赖于客观实在,包括人的肉体的实在。"谁能够将我们从对意识的实在化中解救出来,他就是哲学的拯救者,哲学的缔造者。"④超越论还原的方法无非就是一项企图摆脱这种实在化的措施,它要求只关注事物本身,即纯粹意识现象本身,而不去询问意识之外有无客观世界的存在,并且,它还要求摆脱一切已有的信仰、已有的前提,以便纯粹地、独立地建立起关于这些纯粹意识现象的第一哲学。从横的方面看,我们必须摆脱世界的统觉,即认为自己是处于一个自然世界之中的想法,这叫存在的括弧法;从纵的方面来看,以往有关这个自然世界的知识和信仰也对我不起作用,一切已有的前提都无效,这叫历史的括弧法。所有这些术语都从不同侧面反映了超越论还原的本质。

---

① 参见《胡塞尔全集》第3卷,第1册,第127页,1973。

② 同上书第3卷,第1册,第130页。

③ 同上书第9卷,第277页,1968。

④ 胡塞尔,手稿,AI 36, S. 193a,转引自凯恩《胡塞尔与康德——对胡塞尔与康德和新康德主义关系的研究》,第235页,海牙,马蒂努斯·尼伊霍夫出版社,1964。

三 《笛卡尔沉思和巴黎讲演》与交互主体的现象学的构想

(一)《笛卡尔沉思和巴黎讲演》的内容与意义

《笛卡尔沉思和巴黎讲演》是胡塞尔在20世纪20年代末发表的重要著作。除此之外,他在这一阶段发表的著作还有1929年载于《哲学与现象学研究年鉴》第10卷的《形式的与超越论的逻辑学》,它意味着胡塞尔在《纯粹现象学和现象学哲学的观念》第1卷中所提出的纲领的完成。胡塞尔为此花费了15年的时间。但胡塞尔与以往一样,每一部著作的发表对他来说都意味着新的开端。

与《不列颠大百科全书》的"现象学"条目相呼应的是胡塞尔1929年在巴黎所作的关于"笛卡尔式的沉思"的讲演。这两者在这一点上是共同的:它们都提出了"交互主体性"与"超越论交互主体性现象学"的概念,从而使"超越论交互主体性"的问题成为胡塞尔在这一阶段研究的突出标志。

可以确定,胡塞尔在后期,即自20世纪20年代以来,探讨得最多的一个问题就是"交互主体性"的可能性以及它们的超越论功能。所谓"交互主体性"的超越论功能问题,简单地说,就是超越论自我在构造出超越论的事物和由这些事物所组成的自然视域之后,如何再构造出他人以及由他人所组成的社会视域的问题。

"交互主体性"问题的提出是胡塞尔思想内在发展的一个必然结果。由于在《纯粹现象学和现象学哲学的观念》第1卷中所探讨的纯粹意识及其相关物归根到底只是单个的意识及其相关物,或者说,是"纯粹意识单子"和它构造的世界,因此,关于这个纯粹意识单子的超越论现象学在这个意义上仅仅是一门"超越论的自我论"。胡塞尔自己也认识到这一点,他认为这种超越论自我论"只是最底层的超越论现象学,而不是完整的超越论现象学,一门完整的超越论现象学显然还包含着由超越论唯我论通向超越论交互主体性的进一步途径"①。胡塞尔如果不想在他本人

①《胡塞尔全集》第1卷,第12页,1973。

已达到的超越论自我论的现象学中停滞不前,“超越论交互主体性”以及由此而产生的“超越论社会性”就是他必须关注和解答的问题。

(二) 交互主体现象学的基本问题

与胡塞尔的其他重要哲学概念,如意向性、明见性、本质等等概念相同,“交互主体性”的概念在胡塞尔那里也具有“世间的(mundane)”和“超越论的”两层含义。胡塞尔在为《不列颠大百科全书》所撰写的“现象学”条目中曾把“交互主体性”分为“纯粹-心灵的交互主体性”和“超越论的交互主体性”。胡塞尔认为,它们两者相互对应,处于这样一种奠基关系之中:“只要纯粹-心灵的交互主体性服从超越论的悬搁,它就会导向与它平行的超越论的交互主体性”,相对于“纯粹-心灵的交互主体性”而言,“超越论的交互主体性是具体、独立的绝对存在基础,所有超越之物都从这个基础中获取其存在意义”。[①] 根据胡塞尔的这种划分,“纯粹-心灵的交互主体性”便与人类的“生活世界”有关,它属于“心理学的现象学”(本质心理学)的研究范围,它与“超越论的交互主体性”问题的关系是“心理学”对象与“超越论哲学”对象之间的关系。而“超越论交互主体性”与“超越论自我”之间的关系则涉及到“第二哲学”与“第一哲学”之间的关系:“完整的现象学可以分成两部分:一方面是作为‘第一哲学’的本质现象学(或普遍本体论);另一方面是‘第二哲学’,即关于事实总体的科学,或者说,一门综合地包含着所有这些事实的超越论交互主体性的科学。”[②]在这种划分的基础上,我们可以把胡塞尔“第一哲学”的概念理解为“超越论自我论”或“超越论本质论”,把“第二哲学”的概念理解为“超越论交互主体论”或“超越论事实论”。这两者之间的奠基关系在于:“第一哲学构成第二哲学的方法总体,它在其方法论证中只与其自身有关。”[③]这就是说,“第一哲学”自身可以成立,而“第二哲学”的成立还须依据于“第一哲学”。

---

① 参见《胡塞尔全集》第 9 卷,第 12、294—295 页,1968。

② 同上书第 9 卷,第 298—299 页。

③ 同上书第 9 卷,第 299 页。

无论是“超越论的交互主体性”，还是“世间的交互主体性”，在这个问题上，至少有两个方面的现象学意义：

从一方面来说，“交互主体性”意味着相对于自我(ego)而言的他我(alter ego)以及自我与他我的关系，也就是说，它又涉及“我”与“你”或“我”与“他”的关系问题：对于一个主体来说，客体是一个“他物”，一个在我之外、与我相对的客体；而别的主体则是“他人”，一个在我之外、与我相对的另一个主体。这里的问题不在于传统的认识论问题：我作为一个主体是否以及为什么能够认识客体？而是一个新认识论问题：我作为主体是否以及为什么能够认识另一个主体？自我与他我之间的相互理解如何可能？另一个主体的存在如何对我成为有效的事实是第一个层次上的“交互主体性”问题，我们可以将它称之为主体间的互识问题。它是我们在这里所要讨论的课题。

而从另一方面来说，“交互主体性”又涉及“我”与“我们”的关系。这里的问题在于：为什么有些东西被我视为有效，却不被我们大家(你和他等)都视为有效，从而可以被认作是“主观的”？相反，为什么另一些东西被我视为有效，并且同样也被我们所有人(你和他，等等)都视为有效，从而可以被认作是“客观的”[①]？在这里，正如他物的存在已经被设定一样，他人的存在也已经被肯定，已经不再成为问题。“交互主体性”所涉及的是两个以上的主体之间的共同性和共通性，换言之，各个自我对某一事物的相同理解之可能性。这是第二层次上的“交互主体性”问题，我们可以将它称为主体间的共识问题。它是我们在以下的分析中将要讨论的问题。

在前一个问题上，现象学的领域与行为学、社会学以及交互文化哲学等领域相交接；后一个问题则涉及现象学与解释学、语言哲学、符号学等的共同研讨课题。当然，这两个问题彼此密切相关，甚至彼此相融。

---

① 这里的“客观”基本上与康德哲学中狭义的客观概念相等值，即指对每一个主体都普遍有效。以下如无特别说明，均与此同。

对它们的区分在这里只是一种出于分析的目的而进行的理论抽象而已。

从这些简单的介绍中已经可以看出"交互主体性"问题在本体论和认识论中可能具有的重要地位。而在胡塞尔的超越论现象学中,"超越论交互主体性"问题也与此相应地包含以上这两方面的含义,对它的研究也与此相应地具有两个目的。

无论对这个问题的探讨和解决具有多么大的困难,它都是超越论现象学所必须完成的一项工作,我们在某种程度上可以说,它是一项事关超越论现象学成败的工作。黑尔德(K. Held)认为:"交互主体性"这个问题,"对于胡塞尔来说具有特别突出的意义,因为只有回答了这个问题才能阻止现象学的失败";"只要我尚未在对构造的分析中证明,一个对所有人来说共同的、在狭义上的'客观'世界是如何可能的,那么,这门不仅是由我独自一人'唯我论'地来从事的,而且还应当与许多人一起共同来从事的超越论现象学就始终还悬在空中"。①

(三)交互主体现象学的基本轮廓

在胡塞尔对感知和想象所作的现象学分析中,他已经成功地描述了意识的意向性本质,描述了一个客体如何在意向活动中被构造出来:构造的过程也就是一个自我超越出本己的(原本的)领域而达到陌生(意向)领域的过程。"意识总是关于某物的意识"这个命题因而可以被改写为"意识总是在构造着它的对象(客体)"。现在,在对"交互主体性"问题的分析中,意识所具有的一种特殊构造功能成为中心的课题。这个特殊的构造功能是指:一个单个主体的意识如何能够从自身出发并且超越出自身而构造出另一个主体。这里须注意:被构造的对象不再单纯是一个客体,一个他物;而且它同时还是一个主体,一个他人。胡塞尔本人这样来阐释"他人"作为意识对象的特殊性:"我经验到他人,他们现实地存在着,具有可变的、一致的经验多样性;并且,他们一方面是作为世界客体

① 黑尔德:导论,载于《生活世界的现象学——胡塞尔文选Ⅱ》,第 32 页,斯图加特,1986(以下所引此书均为此版本)。

被我经验到,而不仅仅是作为自然事物。他们作为在他们各自具有的自然身体中的心理管理者被经验到。他们与身体奇特地交织在一起,作为心理-物理的客体存在于这个世界之中。另一方面,他们同时又作为对于这个世界而言的主体被我经验到,这些主体在经验着这个世界,经验着我所经验着的同一个世界,并且同时也在经验着我,就像我在经验着他们一样。"[①]显然,对"他人"的经验或构造较之对单纯"他物"的经验或构造要复杂得多。至少,从一眼看上去就很明显的是:与主体对客体的单向构造相比,主体对主体的构造意味着一种双向的活动,一种"交互的"活动。

但是,胡塞尔坚信,尽管"他人"这个意识构造物具有特殊性和复杂性,对它的分析仍然可以依据对"他物"的构造分析方法。他与以往一样,仍然"坚定不移地首先回溯到原本意识与非原本意识的区别上,其次回到感知的基础体验上"[②]。

这里所说的"与以往一样"是指:胡塞尔的这一做法与我们在前面所讨论的他对意识整体结构层次或奠基顺序的五个步骤的划分是一致的。它也是胡塞尔在对"交互主体性"的分析中所把握的原则。

在胡塞尔所作的与"交互主体性"有关的意向分析中,"他我"在"本我"中的整个构造过程,或者说,其他陌生主体被本己主体经验的整个过程可以分为四个"统摄阶段",或者,我们也可以用胡塞尔较为偏爱的术语"立义层次(Auffassungsschichten)"来称呼它们。

对"交互主体性"及其超越论功能问题的分析和解答首先从"原初性还原(primordiale Reduktion)"或"原初性抽象"这个概念开始。所谓"原初性还原"是指,在超越论的普遍领域中进行的一项类似于"超越论还原"的"特殊悬搁":"我们现在将所有可疑的东西从我们的课题范围中排除出去,这就是说,我们不去考虑所有那些与陌生主体有直接或间接关

① 《胡塞尔全集》第1卷,第123页,1973。

② 黑尔德:导论,载于胡塞尔《生活世界的现象学——胡塞尔文选Ⅱ》,第34页。

系的意向性的构造成就，而是将范围限制在这样一些现时的和可能的意向性的总体联系上，在这些意向性中，自我是在它的本己性之中构造出自身，构造出与它不可分割的即属于它的本己性的综合统一。”①

简单地说，胡塞尔对这个还原的理解是排除所有那些在超越论构造中对我来说陌生的东西，还原到我的超越论的本己领域上去；被排除的是对我而言的“陌生之物”，被保留下来的是对我而言的“本己之物”。超越论的唯我论因而是胡塞尔为超越论“交互主体性”分析所设定的一个阿基米德之点。黑尔德将这个被设定的阿基米德之点称为“超越论的鲁滨孙”，它意味着“意识史上的一个无其他主体的阶段”。② 他认为：“胡塞尔必须在方法上以这样一个鲁滨孙的体验视域为出发点，这个鲁滨孙从未听说过其他的主体和其他主体对世界的看法。”③其他的主体和其他主体对世界的看法对于本己的自我来说是陌生的，也是可疑的。因为，只要回想一下笛卡尔普遍怀疑的结果——“我思”，我们便可以理解，这里的“我思”是指“自我”在普遍怀疑或超越论还原之后所能把握的最确定无疑的东西。“思(cogito)”是以第一人称的形式进行的，尽管“我”在这个拉丁文的动词“思”中并没有直接地表现出来。而他人以及他人的思维在还原的过程中则作为不确然的东西而遭到排斥，它们在“超越论交互主体性”的分析中不能成为前提，不能受到任何方式的运用。

对这个阿基米德之点的把握意味着一个开端，在这里，“本己之物”和“陌生之物”、“内在之物”和“超越之物”、“原本之物”和“非原本之物”得到划分。剩下的问题是，我如何从本己的、内在的体验领域出发，通过意向性而超越出这个领域，构造出他人或其他的主体，并进一步构造出对于我这个主体和其他主体来说共同的社会世界、精神世界、文化世界

---

①《胡塞尔全集》第 9 卷，第 124—125 页，1968。

② 参见黑尔德《交互主体性的问题与现象学的先验哲学的观念》(“Das Problem der Intersubjektivität und die Idee einer phänomenologischen Transzendentalphilosophie”)，载于《先验现象学研究的角度》(*Perspektiven transzendental-phänomenologischer Forschung*)，克莱斯格、黑尔德主编，第 49 页，海牙，马蒂努斯·尼伊霍夫出版社，1973。

③ 黑尔德：导论，载于《生活世界的现象学——胡塞尔文选Ⅱ》，第 32 页。

以及如此等等。

第一阶段是自我对自身躯体(Koerper)的立义或统摄。在还原到本己的、内在的体验领域之后,与“他人”构造有关的意向活动过程必然首先以我的躯体之构造为开端。所谓“躯体”,在胡塞尔的术语中不同于“身体(Leib)”。前者只是一个类似于“他物”的自然物体,后者则是“心”和“物”的结合体。在这个阶段上,对自身躯体的立义原则上与“他物”或客体在意识中的构造相同,也就是说,“躯体”在意识中的构造也必须回溯到原初感知之上。原初感知将“感性材料”,如头部、四肢、躯干,统摄为一个整体——“躯体”,将它们的活动(动感)统摄为连贯的“举止”等等。

第二阶段是自我对自身身体的立义或统摄。这个阶段与前一个阶段在发生的时间上是同时的,第一、第二的划分主要是就逻辑顺序而言。当自我赋予“我的躯体”之意义时,也就将它理解成“身体”,即我的意识与这个躯体的结合。我可以通过我的意识来操纵和指挥这个躯体。胡塞尔将这个意义上的“躯体”称为“身体”:“每一个自我都有一个身体”①,身体“不仅仅是一个事物,而且是对精神的表达,它同时又是精神的器官”②。因此,所谓统摄或立义,在这里的特殊含义是指对“意识与身体的联结”③。

这是一种自识,一种与我们在第一个分析中所获得的对我的意识体验结构之自识相符合的自识。后面我们可以看到,这种自识是他识的前提。

第三阶段是自我对他人躯体的立义,这个立义还必须借助第一联想,即低层次的联想来完成。“他人”同样是先作为一个躯体被我感知到、经验到,这个躯体也由当下被给予之物(我看到的人的躯体的这个面)和非当下之物(我未看到的人的躯体的其他各个面)组成。“他人的

---

①《胡塞尔全集》第14卷,第243页,1973。

② 同上书第4卷,第96页,1973。

③ 同上书第3卷,第1册,第103页,1973。

躯体"对我显现出来，这意味着我已经完成了一次统摄。这个统摄与对一个自然事物的统摄(例如对一个动物、一个木乃伊、一个蜡像的统摄)没有什么不同。它也是一个超越内在的过程，即一个将内在的感觉材料综合为一个超越的意向相关项的过程。这时，我在我的原初性领域中仅仅知道这是一个躯体，一个具有物质性的东西。但还不知这是"他人"的躯体，即具有一个其他自我的躯体，一个具有精神性的东西。

第四阶段是自我对他人身体的立义，即对陌生意识与他人身体的联结。这个立义则必须借助于第二联想，即高层次的联想来完成。胡塞尔也将这个阶段上的立义称为"类比的统觉"①。我之所以能够把一个自然事物理解为一个"躯体"，即承认他人的肉体存在，进而把一个"躯体"理解为一个"身体"，即承认其他自我的存在，意识中的"联想"能力在这里起着双重的关键作用。"某物引起对某物的回忆"是联想的基本形式，它使意识有可能进行双重的超越。

首先，显现给我的这个陌生的躯体通过它的"举止"、它的"行为"而使我联想起我自己的躯体。我的躯体实际上是先于其他的躯体被意向活动构造出来的东西，否则联想便无从谈起。而我的躯体具有一个特殊性：它同时也是我的身体；它是我的自我的居所，是我的精神性的器官。这样，在众多的被感知到的躯体中，首先只有我的躯体同时也是身体，"这是唯一的一个不仅仅只是躯体的身体"②。换言之，在进行第二次联想之前，只有我的躯体具有自我，其他的躯体都可以说是没有自我和灵魂的行尸走肉。

其次，既然在我的躯体中包含着自我，那么在其他的躯体中必定也包含着其他的自我。这样，"他人躯体"便被赋予"他人身体"的意义。这个从"躯体"到"身体"的过程是意识在构造"他人"的过程中所进行的第二次统摄，第二次意义给予(立义)。胡塞尔将这个统摄称为"结对

---

①《胡塞尔全集》第1卷，第138页，1973。

② 同上书第1卷，第128页。

(Paaren)”。它的具体进行过程是这样的:我由其他的躯体而联想到我自己的躯体,因为我的躯体同时也是我的“身体”。我的“身体”是某种处在“这里”的东西。可以说,在我的身体中,我始终存在于“这里”。无论我到哪里,这个身体的“这里”都一直随我流浪,它是我始终无法放弃的绝对空间关系点,它“具有其中心的‘这里’的被给予方式”。相对于我的身体-躯体的“这里”而言,任何一个其他的躯体对我来说都是“那里”,“具有‘那里’的方式”。①

我的躯体在“这里”,另一个躯体在“那里”,并且,这两个躯体是相似的。这个相似性意识可以引发我的想象力:那里的那个躯体的显现方式使我回忆起我的躯体的外表;如果我在那里的话,它会是什么样的。在胡塞尔所说的这种想象情况中实际上包含着两种想象的可能性,或者我们也可以用胡塞尔自己的话来说,在我之中引起了两种“权能性”的动机:(1)实在的想象。我首先可以在期待中想象,我以后也可以运动到另一个躯体现在所处的位置上去,并且我在那里可以表现出它所表现的那些举止,尽管我具有实现这一想象的能力,但是,我当下是连同我的身体躯体一起处于“这里”,而不是“那里”。(2)虚构的想象。我现在就可以在想象中将自己置于那另一个躯体的举止之中,并且设想,我是在“那里”。这样,我当下就已经以一种虚构的、“仿佛”的形式处于“那里”。

这两种想象的可能:实在的和虚构的想象可以相互补充,共同发挥作用。通过这两种想象力,我有可能在那里的那个躯体的举止后面认识我自己的躯体的本质。这就是说,我不仅可以赋予那个躯体以“躯体”的意义,而且可以赋予那个躯体以“身体”的意义。也就是说,随着我的自我的想象力变化,一个新的统觉得以成立:首先在两个躯体举止的“结对联想”的基础上,其次在我的身体意识的基础上,我将这个其他躯体的举止理解为一个陌生的自我的显现,理解为一个他人的身体的行为,“因为身体不只是一个物质事物,它的反应不仅仅是物理性的。它还具有超越

---

① 参见《胡塞尔全集》第1卷,第146—147页,1973。

出单纯物理(实在-因果)的存在和变化的行为"①。这样,对我而言,他人的存在便原本地构造起了自身。胡塞尔将这个构造性的统摄的过程称为"相似性统觉""类比的统觉"或"联想统觉"等等②,这些概念所表达的是同一个含义。如前所述,胡塞尔在早期曾用"赋予灵魂(beseelen)"以及"激活(beleben)"的概念来形容"立义"和"意义给予"的过程:一堆死的感觉材料通过统摄而被构造成一个意向相关项,这个意向相关项由此而作为我的对立面站立起来。现在我们可以看到,"赋予灵魂"或"激活"这两个概念实际上更适合于对作为"他人",而不是作为"他物"的意向相关项的立义:一个躯体通过立义而被赋予灵魂,被激活,成为一个对立于我的、具有同样灵魂本质或自我本质的他人。

当然,必须注意,这个他人的自我与我的自我之间的同一性只是一种想象的或虚构的同一性,因此你的实在自我与我的实在自我永远不会相同为一。正如在想象与感知之间有根本区别一样,在虚构的自我与实在的自我之间也有天壤之别。这同时也就意味着,"他人"不是在原初的原本性中被给予我。"陌生主体原则上是无法被原本地经验到的。"③因此,"他人"的构造与"他物"的构造一样含有超越本己领域的成分。陌生经验因而是一种在自身经验中被构造,但又超越出自身经验的经验。

我们还可以参考黑尔德对这个区别的出色概括:"我从根本上说永远不具有将共同当下的被给予方式变成一个由我自己进行的被给予方式的可能性(权能性),那里的那个躯体对于那另一个自我来说是作为它的身体而被给予的,这个情况尽管对我来说是共同当下的,但我却永远无法成为那另一个自我,就是说,这另一个躯体永远无法作为我的身体被给予给我,即它对我来说永远无法成为我的绝对的'这里';它对于我来说始终在'那里'。所以,胡塞尔交互主体性理论的各个主体最终只是作为'他人'而相互发生联系,因为他们在世界中的此在被束缚在他们身

①《胡塞尔全集》第 13 卷,第 376 页,1973。
② 参见同上书第 1 卷,第 138、140—141 页以及其他各处,1973。
③ 同上书第 13 卷,第 374 页。

体的绝对'这里'之上，并且也因为这些身体同时作为躯体永远无法同时占据'那里'。这里便是陌生经验的原真的源泉所在。"[①]因此，尽管我构造并设定了他人的存在，尽管我可以设想和同感这个存在的本质，但这种构造、立义、统摄并不是以直接的方式进行的，而须借助于间接的扩展和转换功能。所以，"他人"对我来说永远是在或大或小的程度上的"陌生人"，是不同于"我"的"他"，是不同于"本己自我"的"陌生自我"。

对"他人身体"的统摄和认同也就意味着在我的自我之外其他自我的构成与存在。至此，对我来说，一个与我的"周围世界（Umwelt，自然）"有关的"共同世界（Mitwelt，社会）"便得以形成。当然，必须承认，胡塞尔对"共同世界"的构造分析在今天并不具有与他早期对"周围世界"的构造分析同样的约束力。[②] 他本人也对自己在这方面几十年研究的成果不甚满意。我们在下面还会再接触到这个问题。

对"他人"在意识中的构造的描述分析，并不意味着"交互主体性"问题的解决，而仅仅意味着把握到了一个解决问题的开端，寻找到了一个问题领域的入口。这个新的现象领域实际上就意味着社会现象学研究的领域。主体间的互识，属于这个领域中的认识论范畴。

四　《欧洲科学的危机与超越论现象学》与生活世界现象学的构想

在胡塞尔一生的最后阶段中，纳粹的反犹主义闹剧愈演愈烈。胡塞尔似乎并没有消极地等待政治来赶上他，而是表现出一种从理论上面向政治和历史的企图。自 20 世纪 20 年代末 30 年代初以来，胡塞尔所作的一系列讲演的标题以及他撰写的最后一部著作《危机》的标题表明，胡塞尔开始公开地探讨与人类历史、政治有关的"实践现象学"问题。他在 1936 年所作的"欧洲科学的危机与超越论现象学"的讲座中公开地对"人

---

① 黑尔德："导论"，载于《生活世界的现象学——胡塞尔文选Ⅱ》，第 37 页。

② 胡塞尔在对"他人"构造的意向分析上是否达到了与对"他物"构造之分析相应的明见性，在这个问题上始终众说纷纭。

类历史”和“人类危机”的问题作出论述和研究，并由此而开发了一门可以说是现象学的“历史哲学”的可能性。就像“交互主体性”概念是胡塞尔 20 年代哲学思想的关键词一样，“生活世界”和“欧洲危机”这两个概念体现了胡塞尔在 30 年代所进行的思维努力方向。

我们今天应当能够确定这样一个事实：胡塞尔危机意识的产生与其说是由于当时外在危机状况的压迫，不如说是出于一种理论家在面对理论危机时所产生的在现实问题上的超前意识。胡塞尔自己在当时一封信中说明了这点：“我没有受到召唤去作追求‘极乐生活’的人类的领袖——我在战争年代的苦难冲动中不得不认识到了这一点，我的守护神**告诫了**我。我完全有意识地并且决然而然地纯粹作为科学的哲学家而生活。”①

如果我们在这里要谈因果关系的话，那么不是外在危机导致胡塞尔提出危机问题，而是他在现实危机产生之前就已经看到了外在危机将会是一个必然的结果。因此，即使胡塞尔在后期对现实的关注也是他在理论理性方面思考的延续。具体地说，他后期所循的这条思路仅仅是对他早期在《现象学的心理学(1925 年夏季学期讲座)》中所展示的通向超越论还原的意向心理学道路的延续和扩展。

我们可以大致地把握住胡塞尔后期为何关注历史、人类问题这一做法的实质原因：它更多的是出于理论和方法的需要，而不是出于实践和现实的兴趣。确切地说，胡塞尔在他思想发展的后期对他早期所开辟的几条通向超越论现象学的道路不甚满意，认为它们对非哲学的读者来说过于深奥和困难，因而试图用与人的自然本性较为切近的“生活世界”来构造一条新的通道。胡塞尔自己在《危机》中也证实了这一点。这部著作第三部分的标题是：“从生活世界出发通向超越论现象学之路”。此外，在阐明超越论现象学就是在超越论还原之中对“生活世界”的关注和课题化之后，他强调说：“当然，在我们现在的(超越论现象学的)课题领

① 胡塞尔：1919 年 9 月 4 日致梅茨格(Arnold Metzger)的信。

域中，我们也不具有任何一种将某个人类实践付诸实施的兴趣，因为这些人类的实践始终还建立在已经存在着的世界的基础上，它仍然对它所从事的事物的真实存在或不存在发生兴趣。”[①]因此，“生活世界”对于胡塞尔来说实际上是一个科学批判的概念而不是社会哲学的概念。对“生活世界”进行分析的目的是为了表明，近代的客观科学已经远离原初的主观生活世界，因而势必会陷入深深的危机之中。而摆脱这种危机的一个可能的途径就是进行观点的转换，通过对“生活世界”的反思来达到哲学的、超越论的层次。

这是两个相互关联的目的。只须对《危机》进行略为深入的研究便可以得出，胡塞尔在这里仍然把理论上的意向，也就是说，把后一个目的放在首位。推动“生活世界”这个课题的动机尽管“原初是产生于澄清实证科学成就的要求之中”，即出于第一个目的，但胡塞尔认为，“我们已经从这个动机中摆脱了出来”，“生活世界”的课题已经“成为一项独立的任务”。[②] 换言之，胡塞尔对“生活世界”这个课题的探讨并不是为了——或者说，并不首先是为了——解释实证科学的可能性，而是为了在超越论的态度中去发现纯粹意识及其相关物的本质结构，对“生活世界”的探讨可以将我们引向超越论的领域。与人有关的“生活世界”只是作为超越论分析的出发点才成为超越论哲学的课题，一旦进入到超越论哲学的领域之中，作为具体生物的人以及他生活于其中的“生活世界”立即便遭到排斥——理论的意向和实践的意向在胡塞尔这里始终是泾渭分明的。

时至今日，在胡塞尔对“生活世界”所作的这些规定中，“生活世界”与“客观-科学世界”的关系问题是主要引起人们注意的方面。相反，“生活世界”所具有的另一方面功能，也是在胡塞尔哲学中的主要功能，亦即作为通向“超越论现象学”的通道，作为“超越论现象学”的反思对象，却往往成为人们批判的话题。我们也可以这样说，对“生活世界”的探讨在

---

① 《胡塞尔全集》第 6 卷，第 159 页，1962。

② 参见同上书第 6 卷，第 151 页。

今天主要是出于各种实践的目的,包括解释实证科学之可能性的目的。理论的意向却已经不再引起人们的兴趣。

当然,严格来说,在胡塞尔那里并不存在一门"生活世界的现象学"。今天我们所说的胡塞尔的"生活世界现象学"①,更多的是胡塞尔关于生活世界的现象学思考。

五 《形式的与超越论的逻辑学》和《经验与判断》与超越论逻辑学的构想

在《形式的与超越论的逻辑学》和《经验与判断》中(前者可以说是后者的导论),胡塞尔所讨论的是超越论逻辑②与形式逻辑的关系。邓晓芒在《经验与判断》的中译者前言中曾对它作过精到的概括:"康德把经验直观的内容(质料)排除于逻辑之外,胡塞尔则认为'逻辑的东西'必须到直观内在体验中寻找其隐秘的起源,这就把逻辑的东西的范围延伸到了前谓词经验的领域,使逻辑真正成了从经验中自身层层建构起来的真理。这就是胡塞尔用作本书副标题的'逻辑谱系学'(或译作'逻辑发生学')的含义。这是一种真正的'超越论逻辑',即任何一种知识(不仅仅是人类的知识)要能产生出来都必须严格遵守一整套规范。它也就是一种康德意义上的'超越论的'认识论(探讨人的认识'如何可能'的先天条件的学说)。"③

① 例如黑尔德编的《生活世界的现象学——胡塞尔文选Ⅱ》的"生活世界现象学"之标题,并不说明胡塞尔本人建立了或意图建立一门生活世界现象学。

② 这里要说明:"先验逻辑学"在这里译作"超越论的逻辑学"更为恰当。因为,胡塞尔既然要求回溯到前谓词**经验**上去,那么"先验"一词在这里就是不妥的。这当然涉及到对"transzendental"一词的翻译问题。笔者的观点可以简要地概括为:在这个词的构成中既无"先"的意思,也无"验"的意思,因此在许多场合都不符合康德的原义。这里便是一个具体的例证。

③ 邓晓芒:中译者前言,载于胡塞尔《经验与判断》,邓晓芒、张廷国译,第2页,生活·读书·新知三联书店,1999。

这个意义上的“超越论逻辑”也被胡塞尔称作“发生逻辑”[①]或“逻辑发生学”。胡塞尔认为，它既不是通常意义上的逻辑史的问题研究，也不是发生心理学的问题研究，而是一种以起源研究的方式来进行的对逻辑构成物之本质的揭示。

这样一种研究与一般意义上的形式逻辑研究当然是有区别的。胡塞尔认为，传统的形式逻辑的核心是陈述逻辑：“从形式逻辑在历史上形成时起，处于形式逻辑的中心的就是谓词判断的概念，即陈述(Apophansis)的概念。”[②]这个评判也为后来的海德格尔所接受。

但是，胡塞尔认为，形式逻辑的最原始含义并不只是陈述逻辑，而是一种“充分扩展了的形式逻辑”，它是形式的普全数理模式(包括形式数学)，因此它不仅包含形式的**陈述学**(形式的陈述逻辑)，而且也包含着形式的**本体学**。后者讨论“某物一般(Etwas überhaupt)”及其各种变形的问题，因此是讨论对象、属性、关系、杂多等等概念的学说。

形式逻辑之所以把“陈述”或“判断”(谓词判断)作为核心论题，乃是因为，“构成形式本体学论题的一切范畴形式都是由判断中的对象来承担的”。也就是说，当我们从逻辑上思考某个对象时，这个对象的概念只能出现在判断中而不是其他地方。对象概念的各种变化形式也是如此。这就决定了形式逻辑学首先要探讨陈述逻辑。因此，在今天的形式逻辑中，陈述逻辑、判断逻辑占据了中心地位，这并不是一个历史发生的偶然，而是有着实事方面的根据。

这个状况有些类似于胡塞尔所理解的意识和语言的关系。从实际发生来看，意识的发生先于语言的发生，而从对这个发生顺序的研究来看，则先要有语言的知识和能力，而后才能去表达意识。意识是第一性的，也是底层的；语言是第二性的，也是高层的。

---

① 胡塞尔在1919—1920年间于弗赖堡多次作过题为“发生逻辑学”(Genetische Logik)的讲座，这篇讲座稿后来成为《形式的与超越论的逻辑学》的基础。参见兰德格雷贝的“编者前言”，载于胡塞尔《经验与判断》，邓晓芒、张廷国译，第20页，生活·读书·新知三联书店，1999。

② 参见兰德格雷贝的“编者前言”，载于胡塞尔《经验与判断》，第25—26页。

这里存在着一个两难：一方面，在底层中隐含着高层的前提，高层的意义和权利的明见性最终必须在作为前提的底层之基础上才能获得阐明和理解。另一方面，如果我们试图揭示这个底层基础，那么高层的意义和权利就必须在方法上被搁置，它不能充当阐明和理解底层的前提，否则我们会陷入循环论证。但我们看起来又无法摆脱形式的陈述逻辑的思维和表达。例如，当笛卡尔在说"我思故我在"这个立足于最基本的自身意识之上的原理的时候，他已经同时处在形式的陈述逻辑的论域中并且运用了这个逻辑。

胡塞尔认为，这个两难是否可以化解的关键在于：我们是否能够进行一种对逻辑的东西(das Logische)的"前理解"。胡塞尔的《形式的与超越论的逻辑学》和《经验与判断》，便是对这个问题的探讨和回答。

胡塞尔是20世纪最重要的思想家之一。他以创立现象学而闻名于思想史，然而他自身就可以说是一个奇特的、值得研究的"现象"：随便翻开一部世界史著作并且查看一下后面的人名索引，我们都会发现，胡塞尔这个名字难得见到，即使有之，他被提到的次数也必定很少，甚至可能只是在某个脚注中。与此正好相反的是，他的名字在思想史或哲学史著作中频繁出现。胡塞尔所提出的现象学思想以及他所运用的现象学方法，不仅为欧洲大陆20世纪最重要的哲学思潮——现象学运动的产生和发展提供了基础，而且它还影响了现象学运动以后许多学科的问题提出和操作方法，其中包括西方哲学、心理学-生理病理学、美学-文学-艺术理论、社会哲学-法哲学、神学-宗教理论、教育学、逻辑学-数学-自然科学，甚至还涉及经济学、建筑学等等学科。我们也可以这样说，就一部有关人类思想史的论著而言，如果其中缺乏对胡塞尔的介绍，那么这就会意味着这部著作带有一个很大的缺陷，意味着它对人类思想发展线索的再现是不完善的，意味着它含有相当大的断层和空白。

如果我们将人类思想发展史看作是人类理论思维发展的历史，把一般意义上的世界历史理解为人类实践活动发展的历史，换言之，如果前者是“知”的历史，后者是“行”的历史，那么，我们就可以看到胡塞尔作为一个人类历史现象所具有的奇特性所在：他的影响和效应几乎完全局限在知识理论范围。尽管胡塞尔关于欧洲科学危机的警告在今天仍然发挥着作用，尽管现象学的方法目前几乎已经渗透到了精神文化的每一个领域，但概而言之，胡塞尔的哲学思想对社会历史发展的影响始终是间接而又间接的。理论与现实的分离通过他所得到的充分表现比在当代任何一个思想家那里都更加明显。

第十章　舍　勒

舍勒(Max Scheler,1874—1928)在现代西方哲学中占有一个特殊地位。他本人也常常被看作是一个“谜”。这是因为,这位被称为德国哲学界自谢林以来的又一位神童,在其30年学术生涯中几乎涉猎了现象学、伦理学、宗教哲学、知识社会学、哲学人类学、形而上学、社会批判和政治思想等现代精神科学的各个领域。但是,正因为对众多领域的涉足、关注重心的不断变换,他的著作才常常给人以思考的清晰和论述的无序并存、思辨的才华与充盈的激情共处的印象。这也给人们从总体上理解、评价他的思想造成了很大的困难。

但毫无疑问,舍勒在各个专门领域的工作都富有开创性,给人以启发。他首先被视为现象学早期运动的领导人物,敏锐的洞察力、饱含激情的讲演以及大批作品的问世使他的声望很快盖过了“现象学之父”胡塞尔。他的《同情的本质与形式》(*Wesen und Formen der Sympathie*,1923,2版)也是最早被译成法语的现象学经典著作,梅洛-庞蒂和萨特都在自己的成名著作中一再地引证舍勒的思想。[①] 同时,舍勒的价值伦理学被看作自亚里士多德德性伦理学、康德义务伦理学以来伦理学发展的

---

① 参见瓦尔登菲尔茨《现象学在法国》,第36页,法兰克福,苏尔坎普出版社,1987。

第三阶段。他也曾一度被称作天主教哲学精神的引领者以及知识社会学的先驱和现代哲学人类学的奠基人。

对舍勒思想及其影响，可以用舍勒专家和《舍勒全集》主编弗林斯(M. S. Frings)的话来总结：尽管舍勒的思想在20世纪20年代末受到广泛赞誉，但由于他英年早逝，名声就像彗星短暂的光辉很快消退了。直到第二次世界大战以后，纳粹德国倒台，存在主义、科学哲学、马克思主义、分析哲学、胡塞尔现象学、结构主义和解构的发展趋向使舍勒思想在德国以一种缓慢的速度保持着复苏。[①] 舍勒思想也在美国、法国、韩国、中国、日本、波兰等国越来越受欢迎，许多重要著作被相继译成多国文字出版，尤其是近年来随着“国际舍勒学会”和“北美舍勒学会”的相继成立，舍勒思想越来越受到学界的关注。

第一节 生命的历程

舍勒于1874年8月22日出生在德国慕尼黑。他的父亲是新教徒，母亲有犹太血统，而他自己后来则选择了信奉天主教，并于1899年在慕尼黑受洗礼。

1892年3月至次年10月，舍勒中断了文科中学的学业，到一个私人研究院学习，在此期间他大量阅读了尼采的著作。1894年舍勒中学毕业后开始了大学生活，他先在慕尼黑学习哲学和心理学，1895年转到柏林学医，但他只在狄尔泰和席美尔(G. Simmel)那里听哲学和社会学的课。1896年转到耶拿大学追随奥伊肯修习哲学，并在奥伊肯的指导下，于1897年、1899年先后在耶拿大学分别以《论逻辑学原理与伦理学原理之间关系的确定》(“Beiträge zur Feststellung der Beziehungen zwischen den logischen und ethischen Prinzipien”)和《超越论的和心理学的方法》(“Die transzendentale und die psychologische Methode”)两篇论文获得

① 参见弗林斯《马克斯·舍勒的思想：基于〈舍勒全集〉基础上的第一次全方位向导》，第11—12页，密尔沃基，马克特大学出版社，1997。

博士学位和任教资格。其间他因为对社会问题的兴趣于 1898 年前往韦伯执教的海德堡游学一年,并在韦伯的影响下,写作了《劳动与伦理学》("Arbeit und Ethik")一文。1899 年 10 月,舍勒在柏林与比他大 7 岁的阿玛莉·冯·德维持-克雷斯(Amélie von Dewitz-Krebs)结婚。1900 年,26 岁的舍勒在耶拿大学开始了他的教学生涯。可以确定的是,在这一阶段,耶拿大学流行的新康德主义和尼采、狄尔泰、席美尔、奥伊肯等人的生命哲学对舍勒思想的发生产生了重大影响。

1901 年,在哈雷著名康德研究学者瓦伊欣格(H. Vaihinger)家中举办的一次哲学研讨会上,舍勒首次结识了胡塞尔,他声称"从这一时刻起,一种精神的联系便得以形成,这个联系以后在胡塞尔与笔者之间始终存在着,并且它给笔者带来了极大的收益"①。据施泰因回忆,当胡塞尔在哈雷任讲师,而舍勒住在邻近的耶拿时,两人曾经常会面并交流思想。②

1906 年 12 月,舍勒离开耶拿,经胡塞尔介绍,前往慕尼黑大学任私人讲师,并担任利普斯的助手。随后参加了普凡德尔、盖格、莱纳赫、道伯特、康拉特等人组成的现象学"慕尼黑小组",他们相互启发,舍勒的思想日臻成熟。在慕尼黑期间,舍勒还进一步发现了柏格森哲学中的有益方面,并积极联系其著作的德文翻译。③ 两年后,舍勒结识了日后和他共度一段最艰辛岁月的梅丽特·福格万格勒(Märit Furtwängler),梅丽特·福格万格勒的爱给了舍勒巨大的慰藉,极大地激发了他的哲学灵感。同时,阿玛莉的无理蛮横却给舍勒的生活带来变故,他因此在 1910 年丢掉了教职。

---

①《舍勒全集》第 7 卷,第 308 页,伯尔尼,弗兰克出版社,1973。《舍勒全集》(1—15 卷),伯尔尼,弗兰克出版社,1954—1985;波恩,伯费尔出版社,1985—1997(以下所引此书均为此版本)。

② 参见施泰因《一个犹太家庭的生活——施泰因的生活:童年与青年》(*Aus dem Leben einer jüdischen Familie. Das Leben Edith Stein:Kindheit und Jugend*),第 182 页,鲁汶,瑙维拉尔特斯出版社,1965。

③ 参见盖格为纪念舍勒逝世所写的文章《舍勒之死》("Zu Max Schelers Tode"),转引自施内克(S. F. Schneck)《人格与城邦:作为政治理论的舍勒的人格主义》(*Person and Polis:Max Scheler's Personalism as Political Theory*),第 147 页,奥尔巴尼,纽约州立大学出版社,1987。

1910—1911年,舍勒以私人身份前往哥廷根大学演讲,在那里他认识了许多现象学"哥廷根小组"的早期成员,如英加登、利普斯(H. Lipps)、马悌尤斯(H. C. Martius)等。他是一个有强烈吸引力的演说家,他的演讲甚至引发施泰因后来皈依天主教。舍勒在1912年与梅丽特·福格万格勒结婚。

1910—1918年间,舍勒作为一个私人学者、讲演者和自由撰稿人活跃在德国的思想舞台,这是他一生最困顿潦倒的时期,却也是他最为多产的时期。1911年,舍勒发表了他首篇以现象学为基础的文章《论自身欺罔》["Über Selbsttäuschung",后改名为《自身认识的偶像》("Die Idole der Selbsterkenntnis"),收入《舍勒全集》第3卷]。1913年,他成为胡塞尔主编的《哲学与现象学研究年鉴》的编委,并在《年鉴》第1卷、第2卷上发表了他的代表著作《伦理学中的形式主义与质料的价值伦理学》(*Der Formalismus in der Ethik und die materiale Wertethik*, 1913/1916)。同年,舍勒还出版了"情感生活现象学"方向上的名作《论现象学与同情感理论以及论爱与恨》(*Zur Phänomenologie und Theorie der Sympathiegefühle und von Liebe und Haß* ,1923年第2版时大幅扩充并更名为《同情的本质与形式》)。一时间他声名鹊起,跻身于德国一流思想家之列。

1914年第一次世界大战爆发后,舍勒发表了大量为战争辩护的作品,如《战争天才与德意志战争》(*Der Genius des Krieges und der Deutsche Krieg*, 1915—1917)、《战争与建设》(*Krieg und Aufbau*, 1916)、《德意志仇恨的源起》(*Die Ursachen des Deutschenhasses*, 1919)等,他把这些著作视为他在《伦理学中的形式主义与质料的价值伦理学》中"所阐释的一般伦理学原理在一系列个别问题和时代问题上的具体运用"。这些作品当时影响极大,德国外交部甚至因此而请他到国外从事宣传工作。

1918年第一次世界大战结束后,舍勒被聘为科隆社会科学研究所所长,随后又被聘为科隆大学哲学和社会学教授。1919年在一次偶然的聚会上,舍勒遇到了玛丽亚·舒(Maria Scheu)。她成为他的助手,他也爱上了她。舍勒在这个时候已经感到他的生活解体了,他经历了第一次心脏病发作。尽管他想公平地对待梅丽特和玛丽亚·舒,梅丽特还是在1923年因为不能忍受这种三角关系而和舍勒离婚。1924年舍勒与玛丽亚·舒举行了世俗婚礼。天主教教会认为他触犯了教会的婚姻法,是一位不称职的伦理学教授。

这一时期,舍勒思想剧烈震荡,1921年他出版了其宗教哲学方面的主要著作《论人之中的永恒》(*Vom Ewigen im Menschen*),但很快他的立场发生了根本性的转变。他说,“我正花费大量精力在我的形而上学上,并已取得根本性进展,据此,我的宗教生活将慢慢改变,这带给我深深的满足”[①]。在这种新的立场下,舍勒开始了在新领域的拓荒:1924年发表的《知识社会学问题》(“Probleme einer Soziologie des Wissens”)和1926年出版的《知识的形式与社会》(*Die Wissensformen und die Gesellschaft*)阐明了他的知识社会学主张;1927年4月关于“人的独特地位”的讲演[讲稿修改后以《人在宇宙中的地位》(*Die Stellung des Menschen im Kosmos*)为题于1928年出版]奠定了其现代哲学人类学的基础;同年发表的《观念论-实在论》(*Idealismus-Realismus*,第2、3部分)展示了他有关认识论和形而上学研究方面的努力。

1928年,舍勒受聘为法兰克福大学哲学讲座教授,但因心脏病突发于当年5月19日逝世。他的遗孀玛丽亚·舍勒自20世纪30年代开始,毕生致力于编辑整理舍勒遗稿,并自1954年起编辑出版《舍勒全集》,1969年她逝世以后由舍勒研究专家弗林斯接编,至1997年《舍勒全集》15卷已全部出齐。

纵观舍勒的一生,命运多舛,思想也发生过重大的转变,以致有人曾细数其思想中的“谜”,诸如:(1) 舍勒并未为所有他的基本主张提供相应

---

① 舍勒1924年1月24日写给梅丽特的信,转引自诺塔(J. H. Nota)《马克斯·舍勒:其人与其著作》(*Max Scheler: The man and his work*),第148页,芝加哥,弗兰西斯黑若特出版社,1983。

的证明，这对要求一门“作为严格科学的哲学”的现象学家们来说尤为严重；(2) 舍勒一再承诺将会相继面世的系统伦理学著作一直没有公开，而有关宗教、形而上学问题的研究亦似与其伦理学研究计划无关，他所宣告的“伦理学人格主义”尚有待补充；(3) 由于过早的逝世，他并没有向人们清楚地解释其从一神论立场向泛神论立场的突然转变，等等。① 要想把握舍勒思想的统一性，似乎成为一个不可能的任务，以致有的解释者只能相当保留地说，相对于对人类精神的抽象冥想或超越论现象学的解释，舍勒提供了对人类精神**进行具体**的深入探讨，他的著作的统一性恰恰体现在这一意图上。② 另一方面，追寻舍勒思想连贯性的努力也从未被放弃。马德(W. Mader)指出，贯穿舍勒体系的线索只有两条：一是他对人的理解，二是他的现象学立场。③ “国际舍勒学会”主席、著名舍勒专家亨克曼(W. Henckmann)强调，舍勒在不同时期对哲学的本质和任务的理解不同，要更多地理解舍勒，就必须同时重视“哲学学科的确定系统”的观察视角和“时间上的发展”的观察视角，并应任这两种观察视角在一个动态的“开放的系统”中任意相互关联。④

舍勒思想的主要背景有费希特、奥伊肯、索洛维约夫(V. Solowjev)的观念论道德哲学，尼采、狄尔泰、席美尔、奥伊肯的生命哲学，胡塞尔的现象学，奥古斯丁、帕斯卡尔(B. Pascal)的基督教心学传统等，同时也有

---

① 参见斯佩德(P. H. Spade)《马克斯·舍勒的伦理学人格主义：逻辑、发展与允诺》，第8—11页，纽约，福特汉姆大学出版社，2002。

② 参见加贝尔(M. Gabel)《精神的意向性：舍勒现象学的思想出发点》(*Intentionalität des Geistes: der phänomenologische Denkansatz bei Max Scheler*)，第17页，莱比锡，本诺出版社，1991。

③ 参见马德《舍勒》(*Scheler*)，第50页，汉堡，1980。马德还提到，支撑舍勒哲学的柱子有七根：作为爱的生物的人、价值等级、人格主义、现象学哲学、三种事实、知识与教育的形式、因果要素。但随着《舍勒全集》的面世，可以看出仅仅这七根柱子显然无法支撑舍勒全部哲学的大厦。

④ 参见亨克曼《马克斯·舍勒》，第12页，慕尼黑，贝克出版社，1998。

佛教哲学的影响。[①] 这在一定程度上使舍勒的思想异常复杂丰富，因此，人们对他思想中各个环节的理解总是不甚相同，甚或将其割裂，对其思想发展的分期也有分歧。大体而言，舍勒的思想可以分为三个阶段：

1. 从博士论文开始，舍勒一直深受新康德主义和生命哲学的影响，尽管 1901 年与胡塞尔的结识给他思想发展带来了契机，但却并没有立刻产生出效应，直到 1905—1906 年间他才将一部已经送出版社排印的带有旧的立场的《逻辑学》(*Logik*)著作抽回停印。在 1908—1909 年的"生物学讲座稿"中，我们也看到了舍勒早期对现象学的探索。

2. 与现象学"慕尼黑小组"和"哥廷根小组"的广泛接触，使舍勒思想迅速成熟，在此期间，他运用其现象学直观能力不断拓展现象学的研究领域。

3. 1922 年以后，舍勒公开退出教会，思想发生着剧烈动荡，1923—1924 年间正式从一神论过渡到泛神论，其后展开在新领域的研究。

亨克曼曾恰当地将舍勒哲学发展的三个阶段分别标志为："一、哲学：作为对意识的价值批判；二、现象学哲学；三、哲学：作为现象学与形而上学的统一。"[②]我们在这里将主要讨论舍勒思想的两个部分，一是现象学的哲学，二是作为现象学与形而上学之统一的哲学，同时也凸显舍勒思想发展变化的过程，并追寻其"变更原因和精神动机"。

第二节　现象学的哲学

如果说胡塞尔宣告了一种新的哲学研究方法，那么，舍勒就是将此

---

① 参见《舍勒全集》第 5 卷，第 429 页，1954；第 7 卷，第 113—114 页，1973；第 9 卷，第 40、159 页及其以后、254—255 页等，1976。还可参见刘小枫《人格生成：舍勒"人格-感受"现象学及现代性批判的神学研究》(*Personwerdung: eine theologische Untersuchung zu Max Schelers Phänomenologie der "Person-Gefühle" mit besonderer Berücksichtigung seiner Kritik an der Moderne*)，第 11 页，伯尔尼/柏林/法兰克福/纽约/巴黎/维也纳，佩特朗出版社，1996。(本文为了照顾到译名的统一而没有采用刘小枫先生本人对该书名《身成位格》的译法。)

② 亨克曼：《马克斯·舍勒》，第 40—56 页，慕尼黑，贝克出版社，1998。

方法付诸实施的第一人，甚至在某些方面运用得比胡塞尔本人更为娴熟、更为精彩。

当然，即便舍勒一再承认他受益于胡塞尔现象学，他也从未掩饰他与胡塞尔的差异，他从不承认自己是胡塞尔的学生。他曾说，虽然他和胡塞尔具有相同的方法论意识，但他不仅在世界观和具体的见解上，而且在对现象学方法的解释与应用上都与胡塞尔有很大分歧。舍勒不能接受胡塞尔后期的超越论观念主义的转向，他甚至说超越论转向后的胡塞尔"正在做的一点都不比哲学一直以来已做的要多"①。他声称，他的现象学是独立于胡塞尔现象学而发展的，而且还包含了一种哲学体系的主要原则。

下文将讨论舍勒本人的现象学态度和现象学的哲学。

一　现象学态度与哲学的本质

（一）现象学经验与三种事实的学说

我们首先来看看舍勒对"现象"概念的确定，他说："'现象'只是在活生生的行动中直接被给予的，它在自身被给予性中存在于我面前；其所是，恰如其所被意指。但我可以在任何一个对象上寻找这一被给予性，在非心理的对象一如在心理对象上，以及在'物性'和'现实性'中寻找。"②于此我们可以看到，舍勒明确地将"现象"与"活生生的行动"相连。正如阿维-拉勒蒙所说，在舍勒这里，现象学首先是一种施行方式，并且只有通过这样一种施行方式，一切行动相关项（作为"纯粹事实"的现象）的全部直观内容才能得以通达。这就涉及一种"现象学经验"，而"现象学经验"又与"现象学态度（Einstellung）"相关联，进而又须以"现象学还

① 普列森纳（H. Plessner）：《胡塞尔在哥廷根》（*Husserl in Göttingen*），第21页，哥廷根，范登霍克和胡卜黑西特出版社，1959。

②《舍勒全集》第3卷，第247页，1955。

原”的施行为前提。[①] 但是舍勒并没有对这三个概念的区分作出系统的说明,有时还将它们等同使用。我们希望通过对它们进行大致的描述来展示舍勒对现象学的基本理解。

舍勒并没有对“现象学还原”这个来自于胡塞尔的概念作出明确的界定,他更多的是用其来指称一种为了达至“现象学态度”而运用的精神技艺。通过“现象学还原”,我们可以将两个方面排斥不论:“一方面是**实在的行为进行**和它的所有不包含在行为本身的意义和意向朝向中的伴随现象,以及它的**载者**的所有属性(动物、人、上帝)。另一方面是**所有对实在性系数之特殊性的设定**(信仰与不信仰),这些系数的内涵是随着这个系数一同而在自然直观和科学中**被给予的**(现实、假象、臆想、错觉)。”[②]舍勒进一步强调,被排斥的并非这些系数本身及其本质,而是判断中对它们的设定。只有在“现象学还原”之后的东西,即“在**对这个本质的体验中**直接发现的这个**本质的内涵**”,才是现象学研究面对的“实事(Sache)本身”[③]。可以看出,舍勒此时对“现象学还原”的运用主要还是在胡塞尔“本质还原”的意义上,而非“超越论的还原”意义上。舍勒也经常在他的著作中使用“本质直观”的概念。

通过“现象学还原”,我们可以达至一种“现象学态度”。舍勒明确指出,现象学既不是一门科学的名称,也不是哲学的代替词,而是精神审视的一种态度。只有在此态度中,人们才能获得对某物的直观或体验,如果没有这个态度,这个某物便隐而不现。这种“态度”首先必须与“方法”区别开来,因为方法总是作为一种确定目标的关于事实的思维方式(如归纳、演绎),因而缺少直接的直观性。舍勒也曾将这种要求直接的直观性的“现象学态度”,称为一种新的“看的意识的技艺”。

---

① 参见阿维-拉勒蒙:《舍勒的现象概念和现象学经验的观念》(“Schelers Phänomenbegriff und die Idee der phänomenologischen Erfahrung”),载于《现象概念的最新发展》[(*Neuere Entwicklungen des Phänomenbegriffs*),《现象学研究》(*Phänomenologische Forschungen*)第9卷],奥特(E. W. Orth)主编,第93页,弗赖堡/慕尼黑,卡尔·阿尔贝出版社,1980。

②《舍勒全集》第10卷,第394页,1957。

③ 参见同上书第10卷,第394页,1957;同上书第2卷,第380页,1954。

据此，舍勒有理由批评缺乏本质直观概念的康德，认为后者不了解一种“现象学经验”。舍勒是将所有那些“观念的含义统一和定律”看作“**先天的**(a priori)”，因为任何对其思维主体及其实在自然属性之设定都不必在先考虑，这些含义的统一和定律总是通过**直接直观**而自身被给予的。这样一种直观是“**本质直观**”，并且也是“**现象学直观**”或“**现象学经验**”。

舍勒赋予“现象学经验”两个赖以区分于所有其他经验的特征：其一，直接性。惟有现象学经验才给予事实“本身”，它不须任何类型的象征、符号、指示作为其中介，因此是直接的。舍勒也在此意义上将现象学哲学称为“一种**对世界**的持续**去象征化**”①。其二，内在性。惟有现象学经验才是纯粹“内在的”经验，它没有“超越于”其直观内涵，在其中“被意指之物”与“被给予之物”完全地相合(Deckung)。②

这样，现象学在其所有领域都必须划分三种本质联系：“(1)在行为中被给予的**质性**和其他**实事状态**的本质性(及其联系)(实事现象学)；(2)**行为本身**的本质性以及在它们之间存在的联系和奠基(行为现象学或起源现象学)；(3)**行为本质性和实事本质性**之间的本质联系。”③粗略地说，“现象学还原”“现象学经验”都可归入“行为现象学”的研究，而“现象学态度”则可视为行为本质性与实事本质性关系的探讨，那么舍勒的“实事现象学”是什么呢？

舍勒区分了三种事实。(1)自然的事实：它是由我们在日常经验中自然的世界观态度所引致的，比如在托勒密“地心说”中所指称的那些事实，像太阳的东升西落，等等。(2)科学的事实(具体科学、实证科学的事实)：它是由科学的态度所引致的。所谓科学的态度指的是一种人工的态度，它必须借助符号，并且它总是通过一种“科学的还原”，将自然事物的实在纳入到一个整体的符号系统中去。比如哥白尼的“日心说”便是一种科学的事实。(3)纯粹的事实或现象学的事实：这是一种与前两种

---

①《舍勒全集》第10卷，第384页，1957。

② 参见同上书第2卷，第66—70页，1954。

③ 参见同上书第2卷，第90页；同上书，第10卷，第39—40页。

非现象学的事实相对的事实,它是借由一种“现象学的态度”而被给予的事物的“本质性(Wesenheit)”和“何物性(Washeit)”,现象学经验所给予的这个“何物”既不可能更多地被给予,也不可能更少地被给予,它总是一种“直接地”如其所是地被给予,无须依赖归纳知识或因果知识。而且这种现象学事实还奠定了其他两种事实的基础。它存在于每一种可能的感觉内容之基础中,但并不会随感觉内容的变化而变化,相反,它是独立存在的。比如“红”本身并不会因为试纸上的红色变成蓝色而改变。相应于现象学经验的两个特征,现象学事实也具有“非符号事实”和“内在的事实”这两个特征规定。①

舍勒进而强调,纯粹现象学的事实是一种“先天的”事实。他对“先天”概念做了细致的澄清和扩展,先天与后天之对立在于经验的两种类型:纯粹的、直接的经验与间接的经验。因而“先天”便意味着所有事物自身直接被给予的东西以及所有那些直接被给予的“观念的含义统一和定律”。比如,几何学和数学对于所有关于自然现象的认识是先天的,故而对整个物体世界来说是先天的。但先天与后天的对立与“形式—质料”的对立毫无关系,例如纯粹逻辑学的定律和算术定律同样是先天的,但这并不妨碍纯粹逻辑学的定律在与算术定律的关系中是“形式的”。因而将“先天之物”等同于“形式之物”的做法——这是康德“形式主义”伦理学的基础——是根本站不住脚的。据此,舍勒提出一种“质料-先天”(尤其是“情感先天”),他认为在我们精神的情感方面,在感受、偏好、爱、恨、意愿中,都有一个先天的内涵,它们既是质料的,又是先天的。一门“先天-质料的伦理学”便可由此而建立。

这里遇到的问题是,“爱和恨的先天论甚至最终是所有其他先天论的最后基础,并因此是先天存在认识和先天内容意愿的共同基础”②。这里显然涉及舍勒对哲学本质的理解,我们必须先予以阐明。

---

① 参见《舍勒全集》第10卷,第433—474页,1957;同上书第2卷,第67—70页,1954。

② 同上书第2卷,第83页。

（二）哲学的本质及爱与认识的关系

舍勒在1917年发表的《论哲学的本质及哲学认识的道德条件》（"Vom Wesen der Philosophie und den moralischen Bedingungen des philosophischen Erkennens"）一文中表明了他在其思想发展的第二阶段对哲学本质的基本理解。他提倡一种"哲学的自律"，即只通过哲学自身，并在自身内部和自身的持存中寻找并发现哲学的本质和规律。哲学认识的对象只能是整个对象世界，而对整个对象世界的一切直观以及在此基础上的一切认知都必须依靠一种精神的基本立场（Grundhaltung）。这种精神立场被舍勒定义为：**"人的有限人格核心参与到一切可能事物之本质中去的爱的确定行为。"**[①]也就是说，爱比知先行一步，认识之对象在被智性认识、分析和判断之前，首先必须被爱或恨。爱和恨是最原初的行为方式，它们包含并为一切其他行为方式奠基。爱和恨的行为既优先于感知和认识，也优先于旨趣和意愿，因此可被看作是唯一能使实践理性和理论理性最终统一起来的基本行为。

爱在本质上是一种在世界之中的营造行为和构建行为。人，早在他是思维生物或意欲生物之前，就已经是爱的生物。人的最基本的道德核心就是他的"爱的秩序"，它决定了一个人如何看世界以及他的一切行为活动，因而一个人的爱的秩序实际上决定了他的世界**图像**（Bild）。

更为根本的是，如果我们不对某物感兴趣，我们就根本不可能对此物有"感知"和"表象"，我们感知和表象的方向（包括反思和回忆的方向）始终都遵循我们的旨趣行为，而这旨趣本身则受到爱或恨的引导。那么，任何可能的世界图像的形成，都是由爱和旨趣行为的构建、方向及结构来决定的，我们的世界图像的扩展与深化都必须依赖于我们的旨趣范围和爱的范围的**先行**扩展和深化。[②]

与这种对爱、恨行为与知识行为之间的奠基关系的确定相一致的是

---

① 《舍勒全集》第5卷，第68页，1954。

② 参见同上书第6卷，第96页，1963。

舍勒对认识标准的划分。他认为一切认识都具有三大标准:(1) 认识对象之存在(此在)相对性的种类和层级;(2) 明见的本质认识或归纳的此在认识;(3) 认识的相即性(Adäquation)。

舍勒同时又指出,作为实现认识之先决条件的道德行为亦有三类:(1) 朝向绝对价值和存在的整个精神人格的爱;(2) 对自然的自我之屈尊;(3) 本能涌动(这种本能涌动是在身体生命和以身体为基础的生命体验之中,并且总是受自然的感性感知支配的)的自我控制,以及通过自我控制所能实现的对象化。这三种作为实现认识之先决条件的道德行为与认识的三大标准刚好吻合。爱是整个行为结构的核心和灵魂,它汲取处在人之中的一切周围世界存在的存在(此在)相对性的源泉,从而把我们引到绝对存在的方向上。屈尊则使我们走出任意的偶在,走向本质,走向纯粹的世界。自我控制则打破我们对自然的贪欲,并且构成了世界被给予对象从丝毫不相即(单纯被意指),到有关对象的浅显的单义意见,进而走向完全相即的直观认识。①

① 参见《舍勒全集》第 5 卷,第 89—90 页,1954。舍勒在另处还提到关于认识的六个标准:(1) 自身被给予性;(2) 认识的相即性;(3) 对象此在的相对性阶段;(4) 素朴的真实性-真;(5) 质料的真实-虚假性;(6) 正确性-不正确性。而且指出,后续标准的意义都预设了先行标准的意义,比如,相即性和充盈的概念只有通过认识对自身被给予性的接近才获得意义,如此等等。(参见《舍勒全集》第 10 卷,第 413 页,1957。)

我们可以注意到前三个标准是基本一致的,仅是顺序有所改变,而此处后三个标准主要涉及"判断"的层面,姑且略而不谈,这里主要对文中提到的三个标准稍作解释:(1) 所谓自身被给予性或明见的本质认识,主要是指在**被意指者**与**被给予之物**之间的**明见相合性**中被给予,就是说,是完全如同**被意指**的那样在体验或直观中**被给予**。而与之相应的,我们对自然的屈尊意味着我们可以摆脱"自然世界观的态度",而以一种现象学态度来"直接地看"世界的本质。(2) 认识的相即性与不相即性是认识的一个尺度,认识总是处于**对象的绝对自身被给予性**(完全的相即)和**对象仅仅作为"被意指的"**(绝对的不相即)两极之间。通过一种对本能涌动进行理性意志的自我控制,我们对世界的纯粹欲望被打碎,进而逐渐摆脱对对象的单纯意指而直接地直观其本质。(3) 相对于"绝对此在",一种"此在的相对性"是指:所有那些本质上只能在一个具有某种形式、质性、方向等的行为中被给予的对象,它们是相对的。朝向绝对价值和存在的整个精神人格的爱恰恰可以使我们勾销"认识对象之此在相对性的种类和层级",而借由一种纯粹行为走向"绝对此在"。在此行为的纯粹观念与对象之间不存在任何形式、作用、选择因素、方法方面的东西,更不存在任何在行为载者的组织方面的东西。(参见《舍勒全集》第 10 卷,第 398—407 页,1957。)

以此方式，我们便逼近了有关哲学本质的问题。而一种“最基础的明见性的秩序”却是探讨哲学之本质问题的出发点。舍勒曾描述说：第一明见性明察是毕竟有某物存在，**无**是不在的；第二明见性明察便是存在着绝对存在者，通过它，所有其他非绝对之存在都有了存在；第三明见性明察是说任一可能的存在者都必然具有本质（Wesen 或 essentia）/如在（Sosein）和实存（existentia）/此在（Dasein）。

概而言之，哲学就其本质而言，是对存在者的本质和本质联系的明察，而这些本质和本质联系又必然与绝对存在者及其本质发生相互关系。而且这种明察是严格明见性的明察，它并不依靠归纳，并且还“先天地”适用于一切偶然的此在者。现象学的哲学就是在现象学的态度下，对本质的直观或明察。任何哲学的认识都以个人的某种道德立场为条件，作为原始行为，爱是一切其他行为的基础，正是在爱中，人类精神开始摒弃绝对的无，这就是存在的发端。爱担当了人类精神的先锋。

二　价值现象学与伦理学人格主义

舍勒在《伦理学中的形式主义与质料的价值伦理学》中明确地表明了自己的立场：为哲学的伦理学奠定严格科学的和实证的基础。因此，他的目的首先在于为伦理学的学科奠基，而不是在具体生活的广度中扩展它。换句话说，一门纯粹的**哲学伦理学**或理论伦理学始终是第一性的，而一门适用于社会规范层面的**践行伦理学**则是第二性的。舍勒认为，正是他自己的努力才使伦理学中一系列含混的、未经明察的预设被推翻或得到了澄清，尽管他从没像胡塞尔那样明确宣称，在他之前，伦理学处在前哲学阶段。

仅从《伦理学中的形式主义与质料的价值伦理学》这一书名，我们便可以大致看出舍勒的主要思想意图：他的目标是建构一门质料的价值伦理学。因此从一开始他就要在两个方向上进行斗争：一方面是与形式主义伦理学的斗争，另一方面是与一般质料伦理学的斗争。在舍勒看来，尽管康德的伦理学拥有这门学科自古以来“最完善的东西”，是形式伦理学“最伟大和最深刻的代表”,但康德的形式主义伦理学却是以谬误性的前提为开端的。另一方面,舍勒用很大篇幅,不厌其烦地批驳了已经被康德摧毁的一般质料伦理学(比如亚里士多德的“善业伦理学”和“客观目的伦理学”)。舍勒认为他的质料的价值伦理学是以康德对一般质料伦理学形式的摧毁为前提的,他并不希望自己成为“反康德的”或回归到康德之前,而是希望超出康德。

简单地说,舍勒并不反对康德要求伦理学具有确定性、先天性,而是反对康德——这是关键所在——把先天性与形式相等同。他认为存在着先天的质料,并把自己的任务限定在对“有没有一门质料的伦理学,它同时是先天的”这一问题的回答上。

舍勒将他的很大一部分精力投入到构建一门质料的价值伦理学中,在他看来,这样一门质料的价值伦理学就是一门先天-质料伦理学。他将此努力看作是属于现象学的努力,因而按照他自己对现象学的要求,这里必须阐明三个方面:其一,实事方面;其二,行为方面;其三,行为与实事的关系方面。

与此相对应,舍勒的现象学伦理学的核心就包括这样三个方面:价值(实事方面)、伦常明察(行为方面)以及人格(行为与实事的关系方面)。

(一) 价值与伦常明察

在谈论一门价值伦理学之前,我们首先应该问:价值是什么?早在1897年,舍勒就基本上放弃了如此追问的方式,他说:“至于‘价值是什么?’的问题,只要‘**是**’意指着某种实存的表达(而非作为单纯的系词),我们便回答:价值根本不‘**是**’。价值的不可定义性正如存在概念的不可定义性一样。”①因此价值并非某种实存的东西,价值也不是事物的某种本质属性,价值存在(Wertsein)并不能从属于此在或如在。②

舍勒明确地将“价值”本身与“价值事物(Wertdinge)”或“善业

---

①《舍勒全集》第1卷,第98页,1971。

② 舍勒后来明确地强调,“作为存在最终的根本样式,价值存在和此在与如在一样地基本”(参见同上书第11卷,第60页,1979)。

(Güter)”区分开来，因为后者只能属于他所说的“自然的事实”或者“科学的事实”，而“价值”本身则属于“现象学的事实”。二者之间具有相互的独立性，比如美的价值可以存在于一幅画、一首交响乐或某个风景中，美的价值并不会因为音乐结束就不存在了。当然，一幅画既可以有美的价值，也可以有某种象征价值，比如耶稣的画像；因此价值与作为其载体的“价值事物”或“善业”是相互独立的。但同时，价值又须依赖于其载体，就像颜色一样。没有作为载体的事物，我们就无法看到红本身，同样的，当音乐结束时，美的价值也无法被给予。价值只有当它体现在载体上时，它才是存在的，因此价值是一种“功能性的存在”。①

这里已经涉及价值的被给予方式了。价值是不可还原的感受(fühlen)直观的基本现象。它作为我们情感(Emotion)②的意向相关项而被给予我们，一如颜色是视觉的现象并经由视觉被给予我们一样。这样一种被给予方式全然不同于智性的意识感知的方式，智性对于价值就像耳朵之于颜色一样是盲目的。因此我们还可以说，一门价值现象学必然关联着一门感受现象学。

舍勒说：“精神的情感方面，感受、偏好、爱、恨，以及意愿都具有一个原初先天的内涵，一个不是从‘思维’那里借来的内涵，一个需要由伦理学在完全独立于逻辑学的情况下加以指明的内涵。”③舍勒跟随帕斯卡尔

① 参见《舍勒全集》第 2 卷，第 155—156 页，1954；第 5 卷，第 198—200 页，1954。所谓“功能性”或“功能化”，将会成为舍勒后期思想中的关键点。

② 我们首先要区分一下舍勒所使用的几个概念。情感是最为宽泛的概念，可以包含感受(fühlen)、感受状态(Gefühlszustände)或感受内容、偏好(Vorziehen)、偏恶(Nachsetzen)、感触(Affekt)、爱和恨，以及我们后面还会提到的同情、痛苦、懊悔、羞耻感、怨恨等。在这个意义上，我们可以谈论舍勒的情感生活现象学。最简单地说，偏好(偏恶)涉及价值之间的高低秩序，感受主要涉及价值，爱和恨作为先锋引导且先行于感受和偏好，这几种情感行为都具有意向性功能，而感受状态或感受内容与感触则不具有意向性功能。这里的意向性功能并非仅仅是一种指向对象的功能，而且还指一种现象学意义上的构造对象的功能。还须说明的是，感受的意向性与感受的原因或动机必须加以区分。比如，即使是在莫名的悲哀中我也意向性地感受到某种价值。(参见《舍勒全集》第 2 卷，第 259—270 页，1954。有关意向性的指向对象与构造对象的两层区分，参见倪梁康《现象学的始基——对胡塞尔〈逻辑研究〉的理解与思考》第 7 章，广东人民出版社，2004。)

③《舍勒全集》第 2 卷，第 82 页。

的主张,认为存在着一种自具其理的先天的“心之秩序”或“心之逻辑”。因而作为感受、偏好、爱或恨的先天内涵的价值自身拥有其自己的等级秩序,而且这种先天等级关系也只能通过情感行为被给予。

具体来说,在价值等级秩序中,一个价值比另一个价值“更高”,是通过人们的偏好(或偏恶)行为而被给予的。这种发生在价值本身之间的行为是**先天**的。这里同时存在一个**“偏好明见性”**,即借以区分价值高低的五个标准:价值**越能延续、越具有持久性**,它们也就**“越高”**;价值越是**“不可分”**,它们也就越高(比如一整块布比分为两半的布价值要多,一幅名画如被分割其价值可能就荡然无存);某一价值被其他价值**“奠基得”越少**,它们也就越高;与对价值之感受相联结的**“满足”**越深,它们也就越高;对价值的感受在“感受”与“偏好”的特定本质载体**设定**上所具有的**相对性越少**,它们也就越高。

在舍勒看来,确立那个建基于价值本质之中的“更高”与“更低”的秩序,是其伦理学提出的首要要求,因此,这些价值之间的等级关系就是舍勒思想的一个核心。这种价值样式之间的先天等级关系也被视作价值领域中最重要、最基本的先天关系,而且这些价值样式本身也分别有其对应的感受行为,并且恰恰是在感受行为中它们才被给予,二者之间的关系类似于胡塞尔意识现象学中意向行为—意向相关项之间的关系。这个价值的秩序由最低到最高排列如下:

1. 感性价值(适意—不适意的价值),与之对应的是感性感受的行为;

2. 生命价值(高贵—粗俗的价值),与之对应的是身体感受与生命感受;

3. 精神价值(美—丑、正当—不正当、真—假的价值),与之对应的是纯粹心灵感受;

4. 绝对价值(神圣—非神圣的价值),与之对应的是精神感受或人格性感受。

必须注意的是:在这四种价值样式中,并没有包括作为传统伦理学之关键的道德价值——善与恶。原因在于，舍勒认为，任何一个特定质料价值的实现永远不会自身是善的或恶的，因为善(恶)的价值是附着在实现着的行为上的。因此一门质料的伦理学首先是由以下公理所承载的：

1.(1) 一个肯定价值的实存本身就是一个肯定价值；(2) 一个肯定价值的非实存本身就是一个否定价值；(3) 一个否定价值的实存本身就是一个否定价值；(4) 一个否定价值的非实存本身就是一个肯定价值。

2.(1) 在意欲领域中附着在一个肯定价值之实现上的价值是善；(2) 在意欲领域中附着在一个否定价值之实现上的价值是恶；(3) 在意欲领域中附着在一个较高(最高)价值之实现上的价值是善；(4) 在意欲领域中附着在一个较低(最低)价值之实现上的价值是恶。

3. 在这个领域中，"善"(和"恶")的标准在于在被意指价值的实现与偏好价值的一致(和争执)，或者说，与偏恶价值的争执(和一致)。

因此，"善"与"恶"永远不会成为某个实现着的行为的质料，而只能说是以本质必然的方式处在这个行为的"背上"，"**原初**唯一可以称为'善'与'恶'的东西，即在所有个别行为之前并独立于这些行为而承载着质料价值的东西，乃是'**人格**'、人格本身的存在，以至于我们从载体的立场出发便可以定义说：**'善'与'恶'是人格价值**"①。

至此，在舍勒的哲学伦理学或现象学的伦理学中，我们已经简要谈到了作为**实事**的价值与作为**行为**的偏好(偏恶)、感受等。舍勒曾经用"伦常明察"这个概念来指称**行为的本质方面**，他说，"所有'伦理学'都预设了作为在感受、偏好、爱、恨之中明见性的伦常明察"。② 他还特别强调了"伦常明察"与伦理学的区别，认为并非伦常认识和明察本身是伦理学，伦理学是对那些在伦常认识领域中被给予的东西的判断表述。因而，基于现象学方法之上的伦常明察(或价值直观)对舍勒是至关重要的，这甚至在某种程度上代

① 《舍勒全集》第2卷，第48—49页，1954。
② 同上书第2卷，第329页。

表了舍勒思想的出发点:"任何一种对某一对象的智性的如在把握,都以有关此对象的情感的价值体验为前提。……'价值之认定(Wertnehmung)'始终先于'真之认定(亦即感知:Wahrnehmung)'。"①

(二) 人格与伦理学人格主义

"人格(Person)"起源于拉丁文"persona",字面上的意义是指"声穿",它原是一种演员戴的面具——它在让声音从面具后面穿透出来的同时,也遮隐了某种东西。

在舍勒这里,人格既非一种可看见或可想象的事物或实体(Substanz)②,亦非一种对象,而只是那个直接地被体验到的**生活-亲历**(Er-leben)的统一。任何把人格概念具体化为一个具体的人格的做法本身就是在**去人格化**(Entpersonalisierung)。人格不是某种现成的、实在的或抽象的东西,而且也不是不变的绝对的"自我"或"纯粹意识"。人格是在其行为活动中的**超意识**的"存在",与"自我"(或确切地说"自己")不同,人格从来不是"对象",因为"自己"本身还是内感知中的一个内容,而人格则控制着"**自己**";同时人格也发展着"自己",使"自己"成长。③ 因此,人格绝不仅仅指人,而且也并非所有人都可配称"人格"。

据此就可以理解舍勒对人格的定义:人格"是**不同种类的本质行为的具体的、自身本质的存在统一**,它自在地(因而不是为我们的)先行于所有本质的行为差异(尤其是先行于外感知和内感知、外欲求和内欲求、

① 《舍勒全集》第 8 卷,第 109—110 页,1960。

② 有关人格是否是实体,学界多有争论。主要是因为舍勒曾在别处将人格规定为"统一实体(Einheitsubstanz)""行为-实体(Akt-substanz)"。(参见《舍勒全集》第 7 卷,第 168、219 页,1973。)我们认为这中间并无很大的矛盾,舍勒明确反对将人格看作某种静态的可见实体,而所谓"统一实体"或"行为-实体"恰恰是要体现人格的动态生成性,同时这种动态性又是"统一"的,此处的"实体"更多意味着这个"统一"。[参见魏曼-魏赫(W. Weymann-Weyhe)《舍勒哲学第一阶段中的人格统一性问题》(*Das Problem der Personeinheit in der ersten Periode der Philosophie Max Schelers*),第 10—11 页,埃姆斯代滕,1940;莱奥纳迪《爱和人格:马克斯·舍勒现象学的人格主义考察》,第 134—143 页,海牙,马蒂努斯·尼伊霍夫出版社,1976。]

③ 参见《舍勒全集》第 10 卷,第 151 页,1957;第 2 卷,第 374—381 页,1954。

外感受和内感受以及爱和恨等等的差异）。**人格的存在为所有本质不同的行为‘奠基’**”[①]。简单地说，人格存在于行为的进行之中，并使本质各异的行为得以统一。惟有人格是一个“具体的统一性”，完全在其每一个行为中生活和存在，并且合乎本质规律地包含一个无限的行为系列。

因此，作为**生活-亲历**之统一的人格便是一种动态的存在，一种恒定的实现流。这主要表现在两个方面：

其一是人格之道德本质的不完全性。人格从未完美过，人格向来在道德上亏欠于自身，这正是人格的存在方式，正由于亏欠，才产生一种不断上求的实现冲力，人格正因此才得以存在，才成为实现流。[②] 而这种实现冲力来自“应然”与“实然”的冲突，即舍勒所谓的相对性虚无。相对的无是一种几乎弥漫渗透我们生活每一环节的概念与体验。比如，桌子上是空无一物的，桌子上可能出现东西。“可能”在那里的东西，实际上并不在那里。道德上的“应然”与“实然”正是这样一种关系，“应然”是一种相对的无。[③]

其二是人格的纯粹时间性。舍勒同柏格森、胡塞尔一样，接受了奥古斯丁的“内时间”概念，他区分了客观的时钟时间和纯粹的绝对时间。所谓绝对时间，亦即一种绝对生成，一种不受外在的、人为影响的自发生成，它与内容（质料）结合在一起，内容并不在此时间中流动，而是为自身定位，因此绝对时间（生成）本质上就是内容化了的时间性或内容的自身时间化。人格的存在是在绝对时间之中的，由此人格便是恒定的实现流。绝对时间是不能被对象化的，因为一旦对象化，绝对时间（生成）即会消失，因此，人格亦是不可被对象化的。[④]

那么人格又该如何被揭示呢？在舍勒看来，我们惟有**通过**并且**在**爱的行为中，作为个体之人格价值才能够被给予。惟有透过“爱的参与”，一个

---

① 《舍勒全集》第 2 卷，第 382—383 页，1954。

② 这里可以看出这一时期舍勒对人的理解，作为个体人格的人，其定位于精神与肉体、神性与动物性之间，是一种“中介性”。

③ 参见《舍勒全集》第 10 卷，第 204—205 页，1957。

④ 参见弗林斯《生活时间：马克斯·舍勒的时间哲学》，多德雷赫特/波士顿/伦敦，克鲁威尔学术出版社，2003。

人才有可能真正"理解"另一个人的精神人格。舍勒因而提出一种"榜样与效法"的学说。榜样首先是作为一种价值的人格类型,人格与它的榜样之间的关系是一种爱之中的追随,"我们成为**如**榜样范本作为人格之所是,而并不成为它之所是",就是说我们要学会**如**榜样所愿和所做,而不是学会它之所愿和所做本身。这也是榜样关系与引领者关系之间的区别,因为后者中不存在一种真正的志向**改变**(Gesinnungswandel)。舍勒进而区分了纯粹价值类型(榜样)之等级秩序:**圣人、天才、英雄、引领的精神和享受的艺术家。**

此外,舍勒还强调:人格本身在它的每一个行为进行中也是作为某一种**广泛的人格共同体的成员**而在自身体验活动中被给予的。这一思想是他讨论交互主体性问题的出发点,后来也成为他的知识社会学的第一条公理。舍勒区分了人之联合的四种主要社群(sozial)单位:

1. 大众(Masse),在动物中叫兽群(Herde),这是最低层次的,是建立在单纯的无理解的感染和不由自主的仿效上的。比如群众运动中的大众。

2. 生命共同体(Lebensgemeinschaft),它建立在共同生活和**追复生活**的基础上,人们具有相同的体验,意识到自己是共同体的成员,既有共同责任感,又为共同体的传统所规约。

3. 社会(Gesellschaft),它是由多个人组成的**人为**单位,而非像生命共同体般自然形成,任何原初的共同责任感在此不复存在,这里有的是协定、惯例或契约,这里实行的是每一个人必须承担**自身责任**的原则。

4. 总体人格(Gesamtperson),确切地说,这种最高的社群单位是:**在一个独立的、精神的、个体的总体人格"中"的独立的、精神的、个体的个别人格的单位。**主要有三种类型:宗教的、文化的、〔民族〕国家的。这里,人们是以某种精神性纽带联系在一起。与在生命共同体中,个人总是对共同体负责不同,在此,每个个人和总体人格都是自身负责的(即对自己负责),而且,每个个人对总体人格以及对在这个总体人格"中"的每个个人共同负责,总体人格也对他的每个成员共同负责。因而这里存在的是个人与总体人格之间的一种相互的共同责任(Mitverantwortlichkeit),同时也不排斥这两者自身的责任(Selbstverantwortlichkeit)。正是这种共同责任构成了被舍勒当作社会伦理学最高原则的**凝聚原则**(Solidaritätsprinzip),而且这个凝聚原则对我们来说是一个有限伦常人格之宇宙的永恒组成部分,并且可以说是它的一个基本教义(Grundartikel)。①

总体来说,舍勒把他的伦理学精神表述为:一种严格的伦理学绝对主义和客观主义的精神,因为他反对一切伦理学中的相对主义,而这样一种努力恰恰是通过他对先天-质料的**价值**的现象学描述来达到的;他同时宣称自己的立场为“情感直觉主义”,这主要通过作为现象学方法的**伦常明察**(感受、偏好等)而得以体现;最后,人格既作为行动中心,同时又是价值的载体,其本身也处在不停地实现中,因此舍勒强调,**人格价值要高于一切实事-组织-共同体价值**——这甚至是《伦理学中的形式主义与质料的价值伦理学》这本书想要尽可能完整地论证和传播的最本质和最重要的命题,这一努力甚至持续到他生命的最后。

三　情感生活现象学与践行伦理学

如果说,舍勒的《伦理学中的形式主义与质料的价值伦理学》是要为哲学伦理学提供奠基,那么他在差不多时间开始的情感生活现象学的研究则不仅使一门哲学伦理学得以可能,而且还在追寻一条践行伦理学的可能道路。

(一) 同情的本质与形式

舍勒在《同情的本质与形式》②中特别指出了同情感与其他共感行为

---

① 参见《舍勒全集》第2卷,第509—548页,1954;第14卷,第363—387页,1993。

② 这里的“同情”原文是“Sympathie”,该词对应的希腊语是“sumpatheia”,对应的拉丁语是“sympathia”,其前缀“sum-”或“sym-”意为“共同、一起、相同的”,词干“pathos”意为“感觉、感受、感情”,因而与德语中的“Mitgefühl”和英语中的“compassion”正相对应。舍勒这里将“Sympathie”和“Mitgefühl”区别使用,作为书名的前者在此更多地指交互主体间的“共感”,而后者则对应于汉语中的“同情感”或“怜悯感”,前者要比后者更为宽泛,因此将此书名译为《共感的本质与形式》可能是个较好的选择,因为这样可以涵盖该书的三大部分:同情感、爱和恨、对陌生自我的感知。但另一方面,作为“同情感”或“怜悯感”的“Sympathie”(英语为“sympathy”)在哲学史上也常常出现,比如在斯宾诺莎、休谟、亚当·斯密、叔本华等人的伦理学中,甚至亚当·斯密、叔本华还发展出一门“同情伦理学”,舍勒在本书开篇就对之加以批评,为了保持“Sympathie”(或“sympathy”)这个概念在哲学史上的统一,我们这里仍将其译为“同情”。

之间的区别。舍勒区分出了四种感受样式:共同感受(Miteinanderfühlen)、同情感(Mitgefühl)、感受感染(Gefühlsansteckung)、同一感(Einsfühlung)。

共同感受出现在这样的情况下,如当悲伤的父母肩并肩伫立于爱子的遗体旁,他们互相感受同样的悲伤、"同一种"痛苦。它不能被分解为我的感受和他的感受以及我们互相对彼此的感受。这一感受现象的本质是:他人的痛苦不是作为一个客体被给予的,因为它不能被客体化,不能被安置在离我远一点的地方。共同感受是最高形式的同情感,它专指心灵上的共同感受,不可能有共同的感官感受。我的痒仅能是我的痒,至多会引起你的怜悯,而不会成为你的痒。

在**同情感**的情况下,别人的悲伤成为了对象。在前面那个例子中,那对父母的朋友,或者在孩子遗体旁边的其他亲人的感受便是同情感。父母的悲伤与朋友的悲伤有明显的不同。因为朋友"理解"他们的悲伤,而父母根本没有必要"理解",父母联结在同一个悲伤之中。朋友事实上看到这对父母处在其共同悲伤中,而追复感受(Nachfühlen)这对父母的悲伤,是对父母感受状态的一种回应。同情感具有意向性的指涉,在这里,他人的痛苦(或快乐)被直接给予我。它可以被我客体化。我的悲伤和他的悲伤从现象学上看是两个不同的事实。

感受感染与前两种都不一样。与共同感受不同,是因为它不分担他人的体验,没有他人主动的表达参与;与同情感不同,是因为它没有意向性的指涉。感受感染不以对他人体验的感知为条件。比如,当人们进入酒吧时,那儿的轻松、自由的气氛将那些在此之前还处在悲伤之中的人们"卷进"欢快气氛中。我可以被欢快的人们"带出我的悲伤"。显然,这种情况的发生不需要人们之间对情绪的分享,甚至不必知道他人为什么高兴或悲伤。

同一感是许多人都有的感受感染的极端例子,是高度的感受感染。真正的同一感,是将自己的自我与他人的自我等同起来,在这里不仅他人的、有限的感受过程被不自觉地当成自己的感受过程,而且他人的自我恰恰与自己的自我被认同为一体。比如，原始人与图腾的真正同一，人与祖先的历史性认同，这就是原始的同一感。同一感有三个特征：首先，这是一个无意识的过程，也就是说这个过程不是完全有意识的；其次，它不依随有意识的意愿发生，因此是不自由的；再次，它被完全地包含在生命的意识中，由于含有高度的感受感染，是非认知性的，其中存在舍勒所谓的"绽出的知识(ekstatischen Wissen)"。①

由此可见，共同感受是一种最高形式的同情感，而感受感染以及高度的感受感染——同一感则不是真正严格意义上的同情感。真正的同情感包含了一个人自身与他者之间的距离，具有感受的意向性，它意向地指涉的是他人的快乐或悲伤，而且是把他人的感受状态只当作是他的东西。

舍勒对这四种感受样式的细致描述，终止了哲学中一个长期探讨却又缺乏根据的假设，这个假设认为情感(感受)不过是需要由理性进行控制、逻辑进行命令的一捆捆杂乱无章的东西。这些共感样式之间有其自身的奠基关系：

1. **同一感为追复感受奠基**。追复感受是藉以把握和理解别人内心生活的一种行为，它从本质上说是一种回应性感受，是事后感受。换句话说，我要**追复**别人的感受，就必须事先获得别人感受状态的"质性"。而这种对其他主体感受状态的"质性"之获得，只能依赖于对其他主体的感受认同(同一感)。这就可以解释为什么我们不必亲身体验溺水者的体验，就可以追复他的感受，甚而对他产生同情感。

2. **追复感受为同情感奠基**。为了同情某人，我们必须事先知道他的感受状态(悲伤或快乐)。因为他人的悲伤不是在同情感本身中被给予的，即是说，这种悲伤事先存在，同情感意向地指涉它。因此，提供有关他人悲伤状态的追复感受行为是在先发生的。在追复感受中，我们已经

---

① 参见凯利(E. Kelly)《结构与多样性：舍勒现象学的哲学研究》(*Structure and Diversity: Studies in the Phenomenological Philosophy of Max Scheler*)，第150页，多德雷赫特/波士顿/伦敦，克鲁威尔学术出版社，1997。

取得了他人感受状态的“质性”,但他人的感受绝没有进入我的自我中。所以舍勒说:“我很能够**追复**你的**感受**,但我并不**同情**你。”①

3. **同情感为人本爱**(Menschenliebe)**奠基**。我们通过同情感,意识到“他人心灵”所拥有的实存与我们的并无二致,对于这种人我平等的认定是自发性的人本爱出现的先决条件。一种真正的人本爱的眼中是没有本国人与外国人、君子与小人、文明人与野蛮人、善人与恶人之分的,它拥抱的是“全人类”,只因他们身为人。因此,这里存在一种对人自身的定位,即在对人、动物及神进行比较后,认定人确有其独特的价值。

4. **人本爱为非关宇宙的人格爱-神之爱**(akosmistische Person - und Gottliebe)**奠基**。神之爱及非关宇宙之人格爱之所以能实现,依靠的是人与人之间的相亲相爱。人格爱是将个人——任何的个人——当作一个人格来爱的,但如果被爱者的人格“封闭”自己,那么人格爱便无法被给予直观。而人格的自我开放,则必须以人本爱为前提,双方之间必得存有一种出自自发性善意的纯粹互爱。②

对这些共感样式及其奠基关系的现象学描述是重要的,因为它们成为舍勒其他学说的出发点。例如有关人之联合的四种主要社群单位的区分,正是建立在共感样式的基础上:大众经由感受感染构造自身,生命共同体通过追复感受和同情感构造自身,总体人格则不能缺少人格爱等;再如这里的奠基关系实际上还构成了舍勒构建一门践行伦理学的原则通道。

(二)爱的秩序及其颠覆

在舍勒看来,先天的价值等级秩序对应在每个人身上便是我们的**爱的秩序**(ordo amoris),它既作为个人一切行为的根源,同时也是一个先天价值秩序的缩影。因此,爱的秩序便具有双重含义:一是“规范性含义”,一是“描述性含义”。前者意味着,爱的秩序是与人的欲求相联系的

① 《舍勒全集》第7卷,第20页,1973。

② 参见同上书第7卷,第105—136页,1973。

一种内在要求，而且也只有与人的欲求相联系，才成为一种客观规范。后者是指一种方法，借此方法我们可“在人之具有重大道德意义的行为、表达现象、企求、伦常、习惯和精神行为这些起初令人迷惑的事实背后，发掘出追求一定目的的人格核心所具有的基本目的的最简单的结构。”主体正是按此规定在道德上生活。换言之，我们在他人身上认识到的一切道德上至关重要的东西，必须还原为爱和恨的行动以及爱的秩序。“谁把握了一个人的爱的秩序，谁就理解了这个人。”因为人的最基本的道德核心就是他的“爱的秩序”。①

同时，因为存在着恨这种与爱相对立的行为，这个世界就必然存在着爱的秩序的迷乱或失序。恨一方面可以使我们对价值世界的整体产生残缺的把握，造成对某些价值的盲目；另一方面，恨也可能令我们不自觉地颠倒或歪曲业已把握到的价值，造成价值的颠覆。舍勒对现代社会的批评基本上都是以此为出发点的，比如，他认为资本主义社会是感性价值和实用价值占据主导地位，但忽视了更高的生命价值。

然而，舍勒对爱的秩序的失序或价值颠覆的论述，更多的是基于一种对时代与社会之弊的诊断。他由此充当了“时代的医生”，提出了一系列治疗方案。可是关于这种失序或颠覆本身的原因问题（或更进一步说，恶的缘起问题）却一直困惑着舍勒。他尝试提出过多种回答（比如上面提到的恨的行为），但最终没有说服他自己，这甚至引发了他形而上学立场的根本改变。

（三）道德践履中的情感

1914—1918年间的第一次世界大战给欧洲留下了一片废墟，全欧洲满目疮痍，它使人类看到了人类自身的疯狂足以摧毁自身。在舍勒看来，战争虽然摧毁了很多，却也具有积极作用。战争使人们更为清晰地认识危机，战争使**凝聚思想**能被人们所认识。而基督教的“爱”的理念——“你应当全心全意地爱上帝，爱你周围的人，犹如爱你自己”——

① 参见《舍勒全集》第10卷，第347—348页，1957。

及其派生的基督教的共同体理念恰是凝聚原则的集中体现。

基督教共同体理念的第一条定理在于:作为一个理性人的永恒的理念本质是,这一理性人的全部存在和行动,既是有自我意识的、责任自负的个体现实,同样也是有**处身于某共同体的意识**的、责任共负的**成员**现实。

其次,每一个体的灵魂中都有超越的要求,他必定意向一个无限的、精神的可能性共同体,而这一无限可能的共同体须把自我的神圣化和对邻人的爱植入上帝之爱中,只有在上帝的光照中,才能形成这一可能的共同体。

再次,每一个体不仅对自我良知负责,而且在共同体中以"成员"身份自身负责,同时他们在上帝面前为共同体的一切境遇和行为共同负责。① 于是爱上帝、与上帝一起爱邻人乃至一切造物,是舍勒的理想追求,可以说,舍勒这一时期所有的尝试都在于如何使人重回上帝的怀抱,重建合意的爱的秩序,构建爱的共同体。

舍勒为我们提供了许多实践途径,如通过对恭顺感、敬畏感、懊悔感、痛苦感、羞耻感等情感现象的分析,旨在修复被破损的人心秩序,使上帝重返人心成为可能;又如,他提出需要"时代医生",这种时代医生的主要工作就是剥去僭越在人的绝对领域中的所有偶像,他们的目标在于把社会从偶像的欺罔中解放出来,净化时代的精神;再如,他在其"凝聚原则"的基础上提出一种既不同于个体主义也不同于一般社会主义的"作为反资本主义的基督教社会主义"。

这一切的道德践履有赖于同一感的存在。1923 年《同情的本质与形式》第 2 版中加入的"同一感"概念,是舍勒思想中甚至整个交互主体性理论中一个至关重要的概念。舍勒认为要改变爱的秩序的失序或价值的颠覆的时弊,便要培养人的全面感受力,因为根据诸感受间严格的奠基次序,较低层次的感受力若得不到充分的发展,那么较高层次的感受

---

① 参见《舍勒全集》第 5 卷,第 371—377 页,1954。

力也就无法获得全面发展。舍勒说:“在各种共感中,生命性的万物同一感恰好跟植基于上帝之爱的人格爱‘两极遥遥相对’。其他形式的感受都介于这二者之间。那些想要登上爱的最高阶者,非得循序而上不可;逾阶而上,势必无法如愿。”①因而,宗教教育首先不是要带领人类走上通向上帝的道路,而是应该首先“推翻”在绝对域里积累起来的所有个人的和历史的偶像、替代和迷乱,重新唤醒被这些所遮蔽的同一感。人在对自己的偶像感到失望时,经由同情感、人本爱而回归人格爱,人必向往接近上帝,当偶像被打碎,灵魂的空白地带不被新的偶像引入歧途,人必定回归上帝。因此同一感的被唤醒成为重归上帝怀抱的前提。

我们可以说,舍勒的情感生活现象学与他对践行伦理学的思考是分不开的。在 1921 年夏季学期关于“伦理学”的讲座课中,舍勒的基本思想并没有离开《伦理学中的形式主义与质料的价值伦理学》的基本规定,但他着重强调了两点:一为德行学说,二为宗教与伦理的关系。② 我们在这一部分的叙述中提到了有关德行情感的学说,这可以看作是舍勒在其伦理学人格主义的践行方面的努力。而另一方面,尽管舍勒宣称他的伦理学本身并不依赖于所有宗教学说而本身自足有效,但在《伦理学中的形式主义与质料的价值伦理学》的最后,他还是提出了一个其伦理学人格主义不可回避的问题:**所有有限人格存在的本质悲剧及其伦常不完善性。**因此,道德引导的最佳源头可能并不是有限人格,而是作为无限人格的神。③ 这样,对神的本质连同对神的本质性在其中被给予的那些行为种类的探讨就成为必须,而且这甚至对舍勒伦理学的“明确完成”是首要的。

---

①《舍勒全集》第 7 卷,第 137 页,1973。

② 参见舍勒遗稿(存于巴伐利亚州国家图书馆),Ana 375,BⅢ 23,第 11—15 页;转引自亨克曼《马克斯·舍勒》,第 116—117 页,慕尼黑,贝克出版社,1998。

③ 参见《舍勒全集》第 2 卷,第 575—580 页,1954。

四　宗教经验现象学与神的本质

如果我们要找出胡塞尔现象学与舍勒现象学之间的唯一差异,那首先是舍勒对意识中的宗教行为本质的独特勘定。胡塞尔很少注意意识的这种特殊的意向性,而舍勒却将现象学的领域扩展至此,并发展出一门“宗教的本质现象学”。按照他对现象学的要求,这里同样必须关注实事方面、行为方面以及行为与实事的关系方面。于是,舍勒提出了宗教经验现象学研究的三个基本目标:(1) 神明者(Göttlichen)的本质存在论;(2) 神明者向人们启示自身的形式;(3) 宗教行为的学说。[①]

(一) 神明者的本质存在论

舍勒宣称,在现象学的态度下看宗教经验,它必然具有两个本质特征:内在性与非感官性,也就是说宗教经验一方面是完全内在于人的意识的,而另一方面又不依赖于感官经验。[②] 所以,作为宗教经验之对象的神明者首先便是在人的意识之内原初被给予的,它绝对地存在着并且是神圣的。它总是作为一种绝对的存在者而存在,并且被给予人,即它总是作为所有其他存在者(包括思考着它的我自身)存在的根据,因而具有相对于一切其他存在者的优越性。神明者的本质就在于它是绝对的无限存在者,而不是有限存在者。

同时,神明者是神圣的。这点在舍勒这里有非常重要的意义。神圣的价值位于舍勒所描述的价值等级秩序的顶端。神明者是神圣的,就意味着神明者应当是神圣价值的载体,因而成为在时间中存在的人格实现之最终朝向,有限人格之不完善性将可以在对神明者的不断朝向中变得越来越完善。这还意味着,神明者为人格的不断完善提供了最终的价值类型范本,而包括人在内的一切相对存在者在神明者之前会感受自身的

① 参见《舍勒全集》第5卷,第157页,1954。

② 参见弗林斯《马克斯·舍勒的思想:基于〈舍勒全集〉基础上的第一次全方位向导》,第121—122页,密尔沃基,马克特大学出版社,1997。

渺小与无力，感受自身从属于绝对的神明者，因而凭借着对神和对一切存在者的爱逐渐走出价值的欺罔与爱的秩序的迷乱，一切道德的完善便由此开始。

需要注意的是，舍勒强调我们的宗教经验是内在的，因而神明者的被给予是内在于人的意识的，不能依靠感官经验以及智性来把握；相反，它只能在爱中被领会。所以舍勒将他这本探讨宗教问题的最主要著作题名为《论人之中的永恒》。

（二）神明者启示自身的形式

当我们仰望苍穹，或是在黑夜中自我忏悔，或是在爱的行为中，我们总是有一种感受：这里面仿佛存在更多的东西，这些东西虽不可言说，但却浸淫着我们，逼使我们去思虑当前现象背后是否存在着更多的东西，而且正是这更多的东西使得当前现象得以显现。就像当你望向一排窗户，突然其中一个窗户出现一个人，于是这个窗户马上就凸显了，但它之所以被凸显，并非因为它自身，而仅是因为透过它你看到了一个人。这似乎已经显明了舍勒对神明者启示自身的描述。

启示(Offenbarung)在舍勒的宗教哲学或是在人格理论中都是一个重要概念。他坚持认为启示不仅关联于我们与神的关系，而且也关联于某一人格与其他人格的关系，它甚至可以改变整个人格间注意的方式。[①]

我们所谓经验到神明者的临在，乃是在一个偶在“之中”意识到它的临在，并且首先是因为神明者以无数种方式表达和启示自身。舍勒在此区分了实证启示和本然启示。所谓实证启示是指我们在基督和《圣经》中所发现的例证，是神通过话语并通过神圣人格而实现的一种宣布。这是启示的主要和常用的意义，但却不是唯一的意义。所谓本然启示是这样一种方式，通过它整个世界在所有自然现实秩序（例如有限的精神和历史）中展示其创造者。就好像贝多芬的音乐展示了贝多芬独特的人格

---

① 参见施坦伯克(A. J. Steinbock)《通过榜样性的人格间的注意》，张任之译，载于《中国现象学与哲学评论》第7辑，上海译文出版社，2005。

一样,世界也在它多种多样的存在中启示了创造它的神的人格。① 舍勒的宗教经验现象学恰恰是要讨论这种本然启示,这也是他的宗教研究与一般神学的区别所在。

于此,舍勒宗教哲学的基础原则得以阐明,即我们通过本然启示或实证启示在神展示自身的范围内认识神,我们关于神的知识"来自聆听",它在根本上是由神自身所传达的知识。

(三)宗教行为现象学

对舍勒来说,与神明者的本质及其自身启示相关联的是我们的宗教行为,只是通过内在于人的宗教行为,这些启示才给予我们,我们不会也不用去追问神明者的现实性。神的实在只能通过神在我们的**信仰**中的"自身通告(Selbstmitteilung)"而被体验到。神的自身通告不是通过理性被感知到的,它只有在人格的核心或情性(Gemüt)中,也就是在爱的秩序中,才是明见的。

这样的宗教行为在本质上属于人类的意识,但它不同于感知、判断、记忆等,因为它的意向相关项是一个特殊的本质区域,并且它是一种独立的意向行为,具有对其自身来说自律的法则。② 它区别于其他意识行为的特性主要有三点:

第一,宗教行为的意向相关项是世界的超越(Welttranszendenz)。任何一种意向行为都意指一种"超越",即每一个意向行为都"超出"它的经验的立足点和界限。在宗教行为中,所有有限的本质都被超越,而且所意指的"事物本身"超出了整个世界。因此,超越世界而进入"彼岸"是任何宗教行为的首要特性。

第二,宗教行为不仅意向世界的超越,而且其"可能的充实"也只能依靠世界之外的某种东西,即神明者,因而仅仅关于有限之物的"世界"在宗教行为中便发挥不了作用。

---

① 参见《舍勒全集》第 5 卷,第 161—163 页,1954。

② 参见同上书第 5 卷,第 242—243 页,1954。

第三，宗教行为的可充实性只能通过神明者的启示，并被给予人才能实现，所以如果不是因为一种先于宗教行为而被给予的，通过神而来的知识，宗教行为的意向甚至是不可能形成的。[①]

在舍勒看来，宗教行为的充实依赖于神的自身启示，所以从现象学上证明上帝存在的现实性是不可能的，但这却不意味着我们无法从理性上获得对上帝的认识。舍勒在“证明(Beweise)”“指证(Aufweis)”和“证实(Nachweis)”之间作了区分。如果“指向”涉及某个还不知道的东西，那么就需要一个“指证”。而如果“指向”涉及某些早先已经发现但又失去了且要被找回来的东西，那么就有一个“证实”需要完成。人们不能通过一种科学或数学的归纳演绎来“证明”上帝的“存在”，但却可以借助“指证”或“证实”予以认可。这是最接近于以理性方式去追寻上帝存在的信念，但从根本上来说，对于上帝，我们只能去信仰，信仰是所有宗教行为的核心。信仰将信仰者的整个人格与其所信仰的东西联系在一起，或者说，是将人格的核心与其所信仰的价值联系在一起，因而信仰就意味着一种爱的跟随。[②]

现在我们可以说舍勒基本完成了宗教本质现象学研究的任务，而这个研究曾被他看作是对伦理学人格主义研究的必要延伸。但就在这当中却出现了新的问题或困境：在舍勒看来，作为道德价值的善与恶只是附着在非道德价值的偏好与感受中而出现的，然而作为善本身以及善的创造者的上帝如何会允许一种对“较低的价值”的偏好，并由此允许“恶”出现？同时，作为全知、全能、全善的上帝如何能坐视爱的秩序的失序与价值的颠覆，又如何坐视这个丑恶的世界？

舍勒以一种全新的方式将传统的恶的问题如此沉重地提了出来，他也尝试着传统的解决方案，比如他尝试了传统的善、恶二元论的解释以及人类堕落说的解释。[③] 但是，他最终也未能完全说服自己。由于他不

---

① 参见《舍勒全集》第5卷，第245—249页，1954。

② 参见同上书第5卷，第249—255页，1954。

③ 参见同上书第5卷，第225—226页，1954。

认为需要改变甚或根本不愿意改变他的价值-感受现象学与伦理学人格主义的立场,因此,他就只能寻求一种形而上学立场的改变。这最终导致了他从一神论走向泛神论。[①]

第三节 哲学:作为现象学与形而上学的统一

教会的独断禁止在信仰领域的任何怀疑,进而扼杀了追寻知识的形而上学努力以及自由的宗教思考,这是舍勒无法忍受的,也是他最终脱离教会的思想原因。然而与教会的外在关系并不会直接触发他形而上学立场的彻底转变,这一立场的变化有其更为深层的内在思想动因。看起来,这一根本立场的转变的发生是突然的,但它的发生却又是必然的。事实上,这背后还隐含着舍勒在这两三年间的矛盾与彷徨。

在写于 1923 年 10 月的《基督教与社会》(*Christentum und Gesellschaft*)的前言中,舍勒表示他写作该书时已经没有了与教会的亲近感,但他仍在尝试宗教观念和宗教力量在**社会此在**的塑形中加以利用的可能性。[②] 及至 1924 年,他在为自己所编辑的《知识社会学的尝试》文集所撰的长文《知识社会学问题》中首次公开明确陈述自己的新立场。在"宗教社会学"的标题下,他明确地反对了罗马天主教会,反对其与任何一种独立的形而上学研究以及自由的宗教思考相冲突的独断要求。

在一篇大约写于 1923—1924 年的手稿中,舍勒表明了他对上帝的态度:上帝肯定是在他的精神的一瞥中"看到"存在和发生的一切。但对他所看到的东西,他既爱又恨。如果他是全能的精神,他或许应当避免坏的和恶的东西。但他却不是一个创造者,他并没有承担这个世界的存

① 参见斯佩德《马克斯·舍勒的伦理学人格主义:逻辑、发展与允诺》,第 165—175 页,纽约,福特汉姆大学出版社,2002。另外,我们依据大多数学者的看法将舍勒后期立场称为"泛神论",因为它在某种程度上显示了舍勒反对一神论的态度,但这一词并不能从传统的意义上——神与世界同一——来理解,甚至还有学者将舍勒后期立场称为"诺斯替主义",我们后面将会看到,这是个误解。

② 参见《舍勒全集》第 6 卷,第 223—225 页,1963。

在和生成(Werden)的责任。他是一个"陌生者",一个完全的"他者",他"眷顾"了世界,但却没有对世界的绝对统治权。只有到一切时间的终点他才会成为全能的"主",也就是说,首先应当罢黜耶和华、"创造者"和"立法者"。"主"是上帝的第二属性,第一属性是他的"无力的(ohnmächtig)"爱。[①] 上帝不再是一个在先的创造者,而只**可能**处在不断生成的终点。

由于舍勒的突然逝世,他计划中的《形而上学》(*Metaphysik*)与《哲学人类学》(*Philosophische Anthropologie*)并没能完成,仅仅留下一些"碎片"。而他也曾将他晚年发表的知识社会学著作视作《形而上学》与《哲学人类学》的"导论"。我们下面将依据"导论"和残留的"碎片"简单勾勒出舍勒的作为现象学与形而上学之统一的新哲学立场的基本点。并在此基础上尝试解决上一节所提出的问题。

(一) 作为抗阻的实在

在舍勒的现象学哲学时期,根据现象学的还原原则,他将"实在性(Realität)"这个基本问题排除在本质性领域之外。不仅是实在性一般,甚至形而上学的核心问题——神的实在性也处于现象学、宗教哲学和宗教之间的边界区域。[②] 而在1923—1924年的讲座中,舍勒将形而上学定义为对"通过自发的理性认识,人参与到绝对的现实性中"的尝试。[③] 因此我们可以说对"实在性"或"现实性(Wirklichen)"的理解成为舍勒思想转变的突破口,而且甚至可以说,对"实在"的理解成为贯穿舍勒后期思想的一条特别的线索。

在《伦理学中的形式主义与质料的价值伦理学》中,舍勒谈到了一种"抗阻(Widerstand)"现象,它只在一种意欲中以直接的方式被给予,抗阻就在于一种与意欲"正相反对"的倾向,在抗阻之中并只有在它之中,对它的实在意识才被给予。但他对现象的"实在意识"与"现实意识"一

---

① 参见《舍勒全集》第15卷,第182—183页,1997。

② 参见亨克曼《马克斯·舍勒》,第213页,慕尼黑,贝克出版社,1998。

③ 参见《舍勒全集》第11卷,第11页,1979。

般是否建基于被体验到的“抗阻”之上这一问题并未作出回答。[①]

在《认识与劳动》(*Erkenntnis und Arbeit*)中,舍勒明确宣称,实在的存在不是作为与智性行为相关的对象存在,而是作为反对纯粹意欲中的那种原初自发性的抗阻而存在。[②] 这涉及舍勒后期思想的一个核心理解,即**实在本身是通过抗阻而给予我们的。**

首先,抗阻发生在意识的一切领域(Sphäre)中,而且抗阻体验使意识领域被体验到。舍勒开显了一切生命本质现象中的抗阻体验。他多次勾画意识领域的划分,并强调意识领域是先天的,即使它还没有被充实。意识领域在这里十分重要,没有所处身的领域,被给予的现象就不可能呈现出来。但领域又是被动的,它们并没有综合意识的主动性,而只是纯粹先天地“在那儿”,被动地构成所有经验和知识的方向,它们只能由现象而得到充实。弗林斯根据舍勒的著作整理出 13 个意识的领域:

1. 绝对领域;

2. 你—我关系或“与世界一道”,你先于我被给予;

3. 外部世界领域,它先于其后的内部世界领域;

4. 内部世界领域;

5. 生命性领域,它先于其后的死的自然领域或无生命的自然领域;

6. 无生命物的领域;

7. 与我们共同作为主体,也属于“与世界一道”的主体的外部世界领域,它先于其后的“我”所知晓的外部世界领域;

8. “我”所知晓的外部世界领域;

9. 我自己的“与世界一道”的外部世界领域,它先于其后的我自己与世界一道的内部世界领域;

10. 我自己“与世界一道”的内部世界领域,包括它的过去和未来,它

① 参见《舍勒全集》第 2 卷,第 149—150 页,1954。

② 参见同上书第 8 卷,第 363 页,1960。

先于其后的我自己的内部世界领域；

11. 我自己的内部世界领域；

12. 作为表情显现场所的有机躯体先于物质性的肉体或客体-躯体；

13. 物质性的肉体或客体-躯体。

其中的任何一个领域都不能被还原为其他领域。我们仅举一个例子，来看看抗阻体验在这些领域中的作用。比如，鲁滨孙虽然完全与世隔绝，他在生活中见不到其他任何同胞，但“你—我”的社会关系在他身上仍然是最明显不过的。因为鲁滨孙体验到孤独，甚至是最大的孤独，这种孤独来源于本来应在场者的缺席。恰恰是这种孤独产生出抗阻体验，即一个意识领域的实在没有得到充实，因为能充实这个领域的应在场者却不在场。①

其次，抗阻“先于”意识。对我们的认识来说，作为抗阻的实在是更原本的，意识只是作为对世界之抗阻的忍受结果。没有对世界的抗阻，世界或实体就不能被体验并被给予。作为抗阻的实在先于一切感知、推理、思考，而且这种抗阻作为一种被动关注的行为在发生学上成为一切智性行为的前设。② 同时，作为实在的抗阻必须有一个时间流。舍勒曾经尝试用一个完全没有抗阻的虚拟世界来说明这一点。他说，在一个完全没有抗阻的虚拟世界，比如童话中的“极乐乡”，人们一切的希望、思考、意愿或欲求都会得到满足，他们所不希望的东西都会在瞬间消失。在这个世界中，任何意欲都是瞬间的，并与一个完全的充实相合。③ 在这个世界中根本不存在抗阻，因而可以说在这个“极乐乡”中没有现在、过去和未来。事实上，这个世界中根本就没有什么被给予，因而我们也可以说它不是实在的。

---

① 参见弗林斯《马克斯·舍勒的思想：基于〈舍勒全集〉基础上的第一次全方位向导》，第125—129页，密尔沃基，马克特大学出版社，1997；弗林斯《生活时间：马克斯·舍勒的时间哲学》，第79—81页，多德雷赫特/波士顿/伦敦，克鲁威尔学术出版社，2003。

② 参见《舍勒全集》第8卷，第364页，1960。

③ 参见同上书第9卷，第278—279页，1976。

正是基于这种对"作为抗阻的实在"的理解,舍勒认为他自己超出了传统观念论-实在论的对立之上。抗阻首先是作为一种世界抗阻(Weltwiderstand),因而先于意识及其领域,甚至意识的所有领域都是在世界抗阻中所暗含的,因而作为抗阻的实在首先就超越于任何观念之上,是更为原本的、在先被给予的,并且成为观念的前设。这是舍勒不同于传统观念论的地方。

但同时,抗阻又只能并且会在所有意识领域中发生,抗阻是直接被给予我们的一个体验,因而作为抗阻的实在又只能被看作一种"功能化进程"。所谓功能化进程是指,通过一种中介的途径使非现存的东西变为实存。这是一个"在生成中的过程",因而是一个时间的过程。而功能化也把自身揭示为在非实存(相对的无)与实存之间的时间的存在论结构。[①] 在这个意义上,舍勒又有别于传统的实在论。他并没有明确为自己的立场命名,但理解这一立场却可以说是理解舍勒后期整个思想的入口。

对此,学术界是有争议的。斯蒂克斯(K. W. Stikkers)认为,在舍勒这里,世界的实在性是在朝向不断精神化的生命冲动与抗阻这两极之间被给予的。抗阻的体验就像先于对本质的认识一样,先于对事物的如在和此在的感知。[②] 我们认为,这实际上是一个容易产生误解的看法。首先,在舍勒这里,对本质的认识与对事物如在的把握基本上是等同的,同时他常将此在与实在存在(Realsein)等同使用。依据我们上面的描述,抗阻体验本身就被舍勒视为实在(Real),而且是先于一切感知、判断或推理的。因此舍勒会说:"在被给予性的依次顺序上,我们对某一不确定之物的实在存在之把握总是先于我们对其如在的感性感知或思考。"[③]其

---

① 参见弗林斯《生活时间:马克斯·舍勒的时间哲学》,第72—74页,多德雷赫特/波士顿/伦敦,克鲁威尔学术出版社,2003。

② 参见斯蒂克斯所作导论,载于舍勒《知识社会学问题》,弗林斯英译,第9—10页,伦敦/波士顿,劳特利奇与基根·保罗公司,1980。

③《舍勒全集》第8卷,第372页,1960。

次，斯蒂克斯对生命冲动与精神的关系以及生命冲动与抗阻之间的关系的理解也是不准确的。

（二）精神（Geist）与冲动（Drang）

精神与冲动的区分是舍勒后期思想，或者说他的新形而上学立场中又一核心内涵。舍勒首先认为生命冲动存在于一切无机界和有机界，二者之间的界限在于有无心理（Psychischen）活动。在无机界中，生命冲动表现为超意识的力量中心和力量场，而在有机界的生物之中，生物首先表现为自为存在和内存在。生命冲动又可以分为几个层次，每一个具有较高本质的生命都拥有较低本质的形式。

1. 感受冲动（Gefühlsdrang）。它作为心理的最低级阶段，却拥有把一切推向精神活动的最高点的力量，它是无意识的、无感知和无表象的。比如植物所具有的"向性"（向上、趋光等）。**这种感受冲动在人之中是每一原初抗阻体验的"主项（Subjekt）"**。[①]

2. 本能（Instinkt）。它总是在行为举止中表现自身。它首先是合乎意义的（sinnmäßig），且对于整个生命载体来说是合目的的；其次，它依据一种固定不变的节奏活动，与整个物种无关。更重要的是，本能总是已经"完成的"，所以动物的本能行为与环境结构的联系是先天的。

3. 联想记忆（assoziatives Gedächtnis）。它是在习惯行为中表现出来的，巴甫洛夫的刺激—反应的条件反射便是一种基本的联想记忆。

4. 实践智识（praktische Intelligenz）。这是心理活动的最高形式，是对环境中相互关联的实事情况和价值情况突然涌出的"明察"。因而它不是一种再造（reproduktiv），而是一种创造（produktiv），它构成了我们文明创造的基础。在此范围内，人与动物之间尽管存在很大差别，但那只是发展程度上的差别，人与动物乃至有机界中一切非人生物的本质界限在于精神活动的有无，就像有机界与无机界的界限在于心理活动的有无一样。

---

① 参见《舍勒全集》第 9 卷，第 16 页，1976。

从舍勒思想的发端起,精神便是一个核心的主题。希腊人以理性来显示人之独特性,但却将人的一切活生生的情感如爱、恨、敬畏等等摒弃在外,因而实际上并不能体现人之为人的本质。而舍勒的"精神"则包含着理性、直观和情感,精神处于一切行动的中心,即人格之中。精神是唯一不能自身对象化的存在,只有在精神行为的自由活动中才有精神的存在。而且精神性生物全然不同于那种仅限于在生命冲动领域存在的生物,他的存在可以摆脱环境限制。相对于动物不得不受限于所处环境而言,作为精神性生物的人是向世界敞开的,因而拥有一个世界。"人乃是一个X,他能在没有限制尺度的'世界敞开(weltoffen)'中行动。"①

人之精神的最根本特征就是它拥有把本质与此在相分离的能力。人能够不受其环境的限制,能够从其环境中"转身"出来,而对他周遭的此在或现实回敬一个强有力的"不(Nein)",而且是一个持续的"不",人是一个"能说不的存在者"。之所以如此,是因为人是精神性生物,人拥有一种作为精神之技艺的"现象学还原"能力。② 人因此可以从实在或此在中超拔出来,站在"较远"的地方将实在或此在对象化,并在直观中把握其本质或如在。而动物从根本上说是没有"对象"的,因而根本不可能有"世界"。作为体验世界抗阻的那种原初的现实性(Wirklichkeit)体验,先于一切知-道(Be-wußtsein)、前-设定(Vor-stellung)和真之认定(Wahr-nehmung)。③ 人将本质或如在与现实或此在的分离实际上就是对周遭环境的"去现实化(entwirklichen)",把单纯的现实性"观念化(ideieren)"为"世界",因而能对现实或此在说"不"的人,就是"生命的禁

---

①《舍勒全集》第9卷,第33页,1976。

② 见阿维-拉勒蒙《舍勒哲学中的现象学还原》("Die phänomenologische Reduktion in der Philosophie Max Schelers"),载于《哲学的当代事件中的舍勒》(*Max Scheler im Gegenwartsgeschehen der Philosophie*),保尔·古德(Paul Good)编,第159—178页,伯尔尼/慕尼黑,弗兰克出版社,1975。

③ 这是舍勒对"意识(Bewußtsein)""表象(Vorstellung)""感知(Wahrnehmung)"这三个词的刻意改用。

欲者”(Asket des Lebens)。

人与动物的本质区别就在于人是精神性生物，尽管人也同样具有一切生命冲动。舍勒强调，“原初低等的是有力的，而最高的则是无力的”[1]。精神原初是没有任何力量和现实性的，尽管它决定着世界形态的本质及其范围，但它仅是一个“决定的因素”，而非一个“实现的因素”，它必须通过同样原本的“冲动”才能获得力量，变为现实。因此，精神与生命冲动作为存在的两个属性，是统一于人之中的，人的本质既非精神，亦非生命冲动，而是处在不断生成之中，即处在精神的生命冲动化和生命冲动的精神化之中。

（三）人、神与神性(deitas)

在1926年的《伦理学中的形式主义与质料的价值伦理学》第3版前言中，舍勒声称他自己在“某些最高的宗教哲学和形而上学问题中不仅对他的立场做了显著的继续发展，而且也在一个类似于这个唯一绝对的存在(笔者一如既往地坚持这个存在)的形而上学的本质问题上有了如此深刻的改变，以至于他不能再把自己称作一个(在习惯词义上的)‘有神论者’”[2]。对于这段自白，我们必须强调两点：第一，舍勒一如既往地坚持一个唯一的绝对存在；第二，他不再自认是通常意义上的“有神论者”。

在《论人之中的永恒》中，舍勒认为这个绝对存在与神可以是同一的，因为二者都出自人类精神的统一性，他同时强调了所谓宗教与形而上学的一致性体系(Konformitätssystem)。尽管神是在人的宗教行为中被给予的，但人的一切知识都源于神的启示和“自身通告”，神是在先的。[3]

但现在，舍勒放弃了这一主张，在他的新立场中，神并不是与“自在存在(*ens a se*，舍勒也将之规定为‘事物的根据’)”相同一的。自在存在

---

① 《舍勒全集》第9卷，第52页，1976。

② 同上书第2卷，第17页，1954。

③ 参见同上书第5卷，第124—142页，1954。

有着精神和冲动两种属性,神则不再是一个实存、一个实在的人格,而是冲动和精神相互作用、相互渗透的一个可能的终点,而且神也只可能在作为精神和冲动之交点的人类人格中成为存在。"神性",舍勒将之视为一切有限存在的最高根据的纯粹精神属性,其实现表现为精神的不断生命冲动化和生命冲动的不断精神化,这永远不会成为一个状态,而永远保持为一个持续的过程。同时,这个过程的中心是在人类之中并且只能通过人类而实现。[①] 人不是自在存在的或神在创世纪之前就已经完成的作品,而是处于世界的进程中,并且是与世界进程一起生成着的共同塑造者、发起者和完成者。人是一个小宇宙(Mikrokosmos),是一个小神(Mikrotheos)。[②]

所以,一神论的全知、全善和全能的神便只可能处于"神性"生成的终结处,而非世界进程的开端。"人之中的永恒"在此转变为"人之中的永恒的生成"。关键是"神性"的最终实现也仅是一种可能性。这样,传统的恶的问题对舍勒来说就不存在了。世界最初是由已实现的、较低样式的存在和价值类型构成的,因为存在的形式越"低",就越拥有力量,最高的精神是无力的。同时无机界的力量以及有机界的生命冲动又都是盲目的,因而世界便是"恶"的(准确地说是因为较低价值的实现而实现了恶),所以,对我们来说,现实的起点便是已实现的较低价值[③],只有借助作为精神之技艺的现象学还原,我们才能从其中"转身"出来,而不断地生成我们的"世界",在精神和生命冲动的相互渗透中实现最高的"神性"。

在解决了这一问题以后,舍勒并没有重新回到他的伦理学人格主义的构建之中,或者是还没有来得及重新回去便已经去世,也或者是他形成了更为重要的哲学理想,他必须为之奋斗。

---

① 参见《舍勒全集》第 15 卷,第 187 页,1997。

② 参见同上书第 9 卷,第 55、83 页,1976。

③ 参见斯佩德《舍勒的伦理学人格主义:逻辑、发展与允诺》,第 194—195 页,纽约,福特汉姆大学出版社,2002。

（四）知识的本质与三种知识形式

我们已经提到舍勒将其知识社会学著作视为《形而上学》和《哲学人类学》的导论。简单地说，舍勒将社会学整体分为文化社会学和现实因素的社会学两部分，而知识社会学仅是文化社会学的一个部分。对文化社会学来说，关于人的精神理论是必要的前设；对现实因素的社会学来说，关于人类的生命冲动的理论是必要的前设。[①] 舍勒研究知识社会学的起点是**精神—冲动**的理论，他的真正目的是要弄清，知识的具体实现在多大程度上是由社会决定的。他明确反对那种认为"所有知识都是社会地产生的，人们不能获得超越于文化的真理"的社会学主义。相反，他认为，历史的、文化的因素并不能产生出存在和价值的客观秩序或者幻想出他人，而仅是引导人去有选择地关注这些秩序和他人。[②]

舍勒首先指出，"知识"是一种存在关系，并且是一种预设着整体和部分之存在形式的存在关系。这是指一种一存在者分有（Teilhaben）另一存在者之如在的关系，而且后者的"如在"并不会因为被分有而发生变化。存在者的如在能够同时存在于思维之中和思维之外，而此在则始终处于思维之外，因而此在根本不以智性功能（无论是直观或是思维）为基础，而仅仅以冲动为基础，以仅仅原初被体验的抗阻为基础。

没有存在者的意向，没有作为从自身到其他存在者之参与的"知"，我们就绝不会有可能的"知识"。这是舍勒不同于传统知识论的地方。传统的"知识"或"意识（Bewußtsein）"在这里应当首先被看作"知-道"。它必须以一种"绽出的知识"为前提。而任何"反思的知识"都不是原本的，都必须以"爱"为前提，通过这种爱，即献身，我们可以超越自己的存在和如在的界限。在舍勒这里，任何"意识"或"反思的知识"都是第二性的，原本的是前反思的"绽出的知识"，我们对"反思的知识"的拥有必须

① 参见《舍勒全集》第 8 卷，第 19 页，1960。

② 参见巴伯（M. D. Barber）《对话的维护者：舍勒的现象学、知识社会学和爱的哲学》（*Guardian of Dialogue: Max Scheler's Phenomenology, Sociology of Knowledge, and Philosophy of Love*），第 146、173—174 页，伦敦/多伦多，联合大学出版社，1993。

依赖于一种爱的意向,一种对另一存在者的参与。[①]

舍勒在他后期的著作中经常提到“三种知识形式”:宰制知识或成效知识(Herrschafts-oder Leistungswissen)、本质知识或教化知识(Wesens-oder Bildungswissen),以及形而上学的知识或救赎知识(Metaphysisches-oder Erlösungswissen)。这三种知识都是为了改造存在者——首先是物或自然,其次是人自身的构成形式,最后是绝对者,即自在存在。这三种知识又是同样本原的,而并非如孔德等人所认为的是时间序列中的先后发生。而且,这三种形式还是彼此不可相互化约或取代的。

在这里,第一种知识主要是指实证科学,在价值等级秩序中对应着感性价值与实用价值;第二种知识则可以看作是亚里士多德所说的“第一哲学”[②],主要与“生命价值”和“精神价值”相关联;第三种知识主要是他所构想的形而上学知识,它是有关“神性”和“自在存在”的,与之相对应的是“绝对价值”。[③]

(五)哲学人类学的构想

舍勒曾说,“人是什么?人在存在中占有什么地位?”这个问题自他哲学意识第一次觉醒以来就比其他任何哲学问题在他的哲学研究中占有更重要的地位。他还将这个问题视作一切哲学课题的出发点,并且认为他之前所研究过的大部分哲学问题都逐步汇合到这个问题上来。我

① 这里还可以涉及舍勒对知识(Wissen)与认识(Erkenntnis)的区分,“认识本身是一个可被回溯到知识上的概念”,认识就是一种把某物作为某物的知识。(参见《舍勒全集》第9卷,第200页,1976)。简单说,“知识”是一种存在关系,而“认识”则是一种意识行为,它在舍勒那里始终是第二性的。

② 在此意义上,舍勒也将第二种知识称为“形而上学”的知识。(参见《舍勒全集》第6卷,第31页,1963。)这涉及舍勒对“形而上学”理解的变化,在其思想转变以后他不再将亚里士多德意义上的“第一哲学”视为形而上学的单一内涵,而是将其作为第一层的形而上学,即作为“界限问题(Grenzproblem)”的形而上学,它主要面对各门实证科学的基础问题,比如“什么是生命?”“什么是质料?”“什么是数?”等等,因而又可看作是实证科学的后设(meta-)科学;同时他还强调了第二层的形而上学,即关于“自在存在”的形而上学。第一层的形而上学可以成为第二层的形而上学的“阶梯”。(参见《舍勒全集》第9卷,第81—84页,1976。)

③ 参见《舍勒全集》第8卷,第202—210页,1960;第9卷,第75—84、111—119页,1976。

们有理由认为，“哲学人类学”并非仅是对某一特定课题的哲学探讨，或者说并非哲学的一个分支，而且还负载着哲学的大全主义使命。

舍勒认为，他的哲学人类学首先与“后设人类学（Meta-Anthropologie）”相联结，是交叉领域的研究，是所有“后设学科”的联合体。因此哲学人类学的研究首先不可能与各门“后设学科”，从而不能与各门实证科学完全脱钩，但同时又绝非奠基在这些实证科学或“后设科学”之上，因而它是处于第一层的形而上学与第二层的形而上学之间的。因此，哲学人类学将要为处理人的问题的所有个别学科，如生物学、医学、史前学、人种学、历史学、社会学以及心理学等，提供坚实的基础。①

他所规划中的《哲学人类学》从下面这些问题开始：

1. 引论——人类关于自己的自身意识的类型学；
2. 人的本质存在论；
3. 人与动物之区别的系统比较；
4. 在生与死之间的人类生活的时间流（zeitlichen Ablauf）学说；
5. 人的起源学说；
6. 作为社会和历史生物的人的哲学；
7. 人的未来；
8. 比较人类学的本质建基；
9. 人与世界根据的关系。②

舍勒在这里与康德是一致的，即所有哲学问题都在“人是谁？”“人是什么？”的问题上交汇，哲学甚至只有作为哲学人类学才是可能的。但由于舍勒的突然去世，他并没有能够为他的规划提供充分的说明。简单来说，上述九条中已经得到初步展开的是第1和第3条。也就是说，舍勒业已展开的只是考察历史上对人的本质的探讨（比如“理性人”“工具人”等），在人与有机界的其他生物的系统比较中界定人的本质，即精神与生

① 参见《舍勒全集》第9卷，第82页，1976。
② 参见同上书第12卷，第16—23页，1987。

命冲动的不断相互转化、相互渗透的生成存在(Werdensein)。《人在宇宙中的地位》作为现代哲学人类学的宣言书,它所阐述的精神与生命冲动的理论只是整个哲学人类学构架的一部分,尽管是极其重要、极其基础的部分。哲学人类学在舍勒这里是一项未竟事业。

1928年,在马堡的课堂上,海德格尔说:舍勒死了,哲学之路又一次重归黑暗。[①] 但这是哪一条道路?弗林斯曾言,那是一条可以看到在其历史性的绝对时间中,人、神、宇宙之中的精神与冲动不断相互渗透的生成存在的道路。[②] 遗憾的是,舍勒死了,道路也再一次中断了。

当然,我们还可以说,舍勒的早逝使好多条哲学道路都晦暗不明。比如伦理学人格主义之路;再如,直到现象学的第一个世纪结束时,还有人在抱怨"现象学运动中的一大遗憾是缺乏政治哲学"。[③] 而舍勒早在1927年就探讨了"政治与道德"的主题,一条政治现象学或政治哲学之路是否能由该处开启?另外,舍勒对身体现象学、他人现象学以及时间现象学的涉及,也都因为他的早逝而晦暗不明。这些都是20世纪的哲学,尤其是现象学的遗憾!

---

① 参见海德格尔《怀念舍勒》("Andenken an Max Scheler"),载于《哲学的当代事件中的舍勒》,保尔·古德编,第9页,伯尔尼/慕尼黑,弗兰克出版社,1975。

② 参见弗林斯"前言",载于《论人的整体》(*Von der Ganzheit des Menschen*),第22页,波恩,1991。

③ 参见索可罗夫斯基(R. Sokolowski)《现象学导论》(*Introduction to Phenomenology*),第226页,剑桥/纽约/墨尔本/马德里,剑桥大学出版社,2000。

第四篇

存在哲学与解释学

第十一章　克尔凯郭尔

第一节　生平、著作及研究概述

克尔凯郭尔（Søren Kierkegaard，1813—1855），丹麦哲学家、宗教思想家和作家。他生活在丹麦历史上文化和科学事业获得长足发展的“黄金时期”，并且几乎终生住在丹麦首都及文化教育中心哥本哈根。有两个人对他的一生产生过重大影响：一位是他的颇具传奇色彩的父亲迈克·克尔凯郭尔（Michael Kierkegaard），另一位则是雷吉娜·奥尔森（Regina Olsen）。迈克曾是日德兰半岛上穷苦的牧童，后凭机遇和精明实干跃居哥本哈根的富商之列。他性格忧郁，虔信基督教，在其事业正值鼎盛之时突然宣布放弃经商，转入对宗教和哲学的研习之中。他去世时除留给克尔凯郭尔一大笔财产外，还把对宗教的虔诚态度和忧郁症传给了克尔凯郭尔。雷吉娜是一位比克尔凯郭尔小 9 岁的美丽女孩，在 1840 年 9 月至 1841 年 10 月之间她曾与克尔凯郭尔经历了一段不幸的婚约事件，正是该事件直接促使克尔凯郭尔走上了写作的道路。克尔凯郭尔在遗嘱中指定雷吉娜为自己财产的继承人，但被早已嫁人的雷吉娜婉拒。

克尔凯郭尔的父亲十分重视这个家中最小的儿子的教育。1821 年，克尔凯郭尔进入了当时以教授拉丁语、希腊语等古典课程著称的贵族学校——“公民美德学校”读书。1830 年毕业时,时任校长的尼尔森(M. Nielsen)对他作出了这样的评价:“一个杰出的头脑,向所有需要投以最高关注的事物开放,但是长期以来表现得十分孩子气,并且缺乏严肃性。”①之后,克尔凯郭尔进入哥本哈根大学神学系学习,但他当时的兴趣并不在神学,相反,他把主要精力放在对文学、戏剧、政治、哲学以及对相对放纵的生活方式的探寻之上,直到 1838 年老迈克去世他才重新转向神学学习。1840 年 7 月,他以优异成绩通过了结业课程考试,次年完成论文《论反讽的概念》(“Om Begrebet Ironi”),获得神学博士学位。

克尔凯郭尔的写作生涯始自学生时代。除了几篇报刊短论之外,早在 1838 年他就出版了一本针对安徒生(Hans Christian Andersen)的自传体小说《仅仅是个小提琴手》的文学评论著作《一个仍然活着的人的作品》(*Af en endnu Levendes Papirer*),他批评安徒生的小说缺乏必要的“世界观”。但在“婚约事件”之后,从 1843 年到 1855 年他去世前这段时间内,克尔凯郭尔以惊人的速度写作并出版了涉及哲学、心理学、宗教以及基督教问题的著作约计 40 本,另有报刊文章若干。为了研究方便起见,我们根据克尔凯郭尔生前发表作品的时间和内容将其写作分为三个主要阶段:

第一阶段,假名写作时期(1843—1846):克尔凯郭尔写作并出版了《非此即彼》(*Enten-Eller*)、18 则《启示性训导文》(“Opbyggelige Taler”)、《反复》(*Gjentagelsen*)、《恐惧与战栗》(*Frygt og Bæven*)、《哲学片断》(*Philosophiske Smuler*)、《忧惧的概念》(*Begrebet Angest*)、《人生道路诸阶段》(*Stadier paa Livets Vei*)和《对〈哲学片断〉所做的最后的、非学术性的附言》(*Afsluttende uvidenskabelig Efterskrift*,以下均简称《附言》)。除《启示性训导文》采用真名(写为S. Kierkegaard)出版

① 《遭遇克尔凯郭尔》(*Encounters with Kierkegaard*),克姆斯(Bruce H. Kirmmse)编译,第 17 页,新泽西,普林斯顿大学出版社,1996。

外，其余作品均采用化名和假名。

第二阶段，"基督教时期"(1847—1851)：克尔凯郭尔出版了《爱的作为》(*Kjerlighedens Gjerninger*)、《不同情境下的启示性训导文》(*Opbyggelige Taler i forskjellig Aand*)、《基督教训导文》(*Kristelige Taler*)、《致死之疾病》(*Sygdommen til Døden*)和《基督教的训练》(*Indøvelse i Christendom*)。除后两部作品以假名作者(写为 Anti-Climacus)出版外，其余全用真名出版。

第三阶段，与国教会论战时期(1854—1855)：克尔凯郭尔以真名在《瞬间》(*Øieblikket*)等报刊上发表系列言辞犀利的短文，并出版小册子，公开向丹麦新教路德宗国教会宣战。

此外，克尔凯郭尔生前还撰写有大量未发表的日记、笔记、写作提纲等，总计多达 75 本笔记本。克尔凯郭尔去世后，其长兄、时任奥尔堡主教的彼得·克尔凯郭尔(Peter Kierkegaard)根据这些遗稿出版了两部完整的作品《作为一个作者的观点》(*Synspunkt for min Forfatter Virksomhed*)和《判断你自己！》(*Dømmer selv！*)，剩余的部分则委托给语言学家巴福整理。但是巴福在整理过程中犯了很多为现代学者所不能原谅的错误。例如，擅自改动原有的格式，将写在页边的文字武断地变为正文内容；而在把部分日记交付出版商后他甚至将原稿弃置。自 1997 年以来，丹麦学者开始整理并出版最新学术版《克尔凯郭尔全集》(*Søren Kierkegaards Skrifter*)，其中包括克尔凯郭尔的日记、笔记及写作提纲等，并且将最大限度地尊重现存手稿中所保留的格式，以期还原克尔凯郭尔写作的本来面目。

克尔凯郭尔生前被哥本哈根市民视为"街头怪人"，丹麦哲学界也从未以严肃的态度对待过他的作品，但他死后却受到了世界性的关注。首先是 20 世纪三四十年代，克尔凯郭尔被奉为"存在主义"的先驱者之一，卡夫卡、雅斯贝斯、海德格尔、萨特、加缪等都对他的思想做过回应。雅斯贝斯对克尔凯郭尔评价最高，认为是"克尔凯郭尔和尼采使我们睁开了眼睛"。但是随着"存在主义"热潮的消退，越来越多的学者对加在克尔凯郭尔头上的这一称号表示不满，认为它有挂一漏万之嫌，不足以展现克尔凯郭尔写作的整体风貌。对克尔凯郭尔的第二次世界性关注始自20世纪70年代解构主义对其作品的重新发现。克尔凯郭尔采用的包括使用假名、运用反讽手法等在内的“间接沟通”的写作方式被后现代主义者们视为开启了一种“无权威写作”的范例，它足以与德里达的“无权威阅读”相对应。[①] 今天我们反观这两种浪潮，应该说它们各有偏颇。毫无疑问，研究者们对克尔凯郭尔著作的早期研究往往伴随着一种对哲学的、神学的体系重构的努力，他们不仅对克尔凯郭尔“间接沟通”的写作方式不甚在意，而且往往还有一种视克尔凯郭尔为“英雄”的倾向。比如，丹麦学者萨尔斯楚普(Niels Thulstrup)在他的著作《克尔凯郭尔与黑格尔的关系》(*Kierkegaards forhold til Hegel og til den spekulative idealisme indtil*，1846)中[②]，在并没有全面理解黑格尔哲学思想的前提下，处处显示出抬高克尔凯郭尔、贬低黑格尔的倾向。该书先后被译成德文和英文在世界范围之内广为流传，其基本主张几乎成为对这两位哲学家之间关系的“标准”解说。再比如克尔凯郭尔著作的早期英译者及介绍者劳瑞(Walter Lowrie)，他原是位美国牧师，退休之后方开始翻译克尔凯郭尔的著作。1936—1944年之间，他翻译并出版了包括《基督教训导文》等在内的大量克尔凯郭尔重要著作，并著有克尔凯郭尔的传记。[③] 在翻译和研究过程中，他基本上是把克尔凯郭尔诠释成一位正统的基督教信仰的卫道士乃至“牺牲者”，并且把这种诠释贯彻到他的译作之中。由于语言的限制，当时很多研究者们都受到了此种翻译和诠释的影响，以至于此种主张一度成为英语世界克尔凯郭尔研究界的主导声音。客观地说，这个定位与克尔凯郭尔写作的整体面貌相比有很大的偏

① 参见《克尔凯郭尔与文学》(*Kierkegaard and Literature*)，史莱夫、马可利(Ronald Schleifer & Robert Markley)编，诺曼，俄克拉荷马大学出版社，1984。

② 参见萨尔斯楚普《克尔凯郭尔与黑格尔的关系》，哥本哈根，金色山谷出版社，1967。

③ 参见劳瑞《克尔凯郭尔传》(*Kierkegaard*)，新泽西，普林斯顿大学出版社，1938；劳瑞《克尔凯郭尔小传》(*A Short Life of Kierkegaard*)，新泽西，普林斯顿大学出版社，1942。

差。实际上，克尔凯郭尔既是一位自由的宗教思想家，同时又是一位虔诚的基督教徒，这两个方面几乎构成了他持续一生的思想中的两极，且它们不断地进行着斗争。在阅读时我们不应从正统神学的角度出发来检视克尔凯郭尔的写作，而应从其文本出发，看看他究竟就宗教和基督教神学说了些什么。

再来看后现代主义的阅读。这种阅读方式似乎又过分强调克尔凯郭尔作为一个“作家”或“作者”的面目，它们在其假名作品与真名作品之间作出了严格的区分，否认在其非体系化的写作之间存在着进行体系构建的可能性，过分强调把对这些作品的评判权交还给作为个体的读者。一个极端的例子就是英国学者普尔(Roger Poole)对于克尔凯郭尔“间接沟通”的写作方式的研究。他以克尔凯郭尔用假名发表的所谓“审美作品”为考察重点，指出这些作品只应被视为是独立的作品，它们从根本上是一种“文字神秘”的展现，对我们而言它们最终是“不可穿透的”。因此在阅读这些审美作品的时候，我们应该像阅读侦探小说那样，只是随着文本所展现的神秘的结构和情节而飘荡，而不应去作将其体系化的努力。① 这种极端的看法遭到了很多学者的反对。

今天，越来越多的研究者倾向于以一种“历史的—哲学的”态度面对克尔凯郭尔的写作。也就是说，在直接阅读丹麦原文以及相关的历史背景资料的基础上，既对克尔凯郭尔借“间接沟通”的写作方式所欲传达的意蕴给予重视，又认可了在一定范围之内(比如，在其假名作品之间)对其著作进行哲学的、神学的体系构建的可能性。从这个视角出发，以往研究中的很多偏颇似乎可以得到一定程度的校正。这里仅以假名写作为例子。事实上假名写作并非克尔凯郭尔的首创，在他生活的年代这种做法在丹麦相当流行，其原因在于当时的哥本哈根只有一个“集市”的规模(克尔凯郭尔语)，文化圈子相对更加狭小，因此很多知识分子为了避

---

① 参见普尔《克尔凯郭尔：间接沟通》(*Kierkegaard: The Indirect Communication*)，夏洛茨维尔，弗吉尼亚大学出版社，1993。

免不必要的争执都采用隐姓埋名的方法发表作品。倘若结合克尔凯郭尔写作的具体情况来看,丹麦学者在对其文本形成过程的研究中发现,克尔凯郭尔在完成《哲学片断》的初稿和誊写稿的时候采用的是真名,直到送交出版商之际才把作者定为"Johannes Climacus",同时将"S. Kierkegaard"签为出版者。类似的情况还出现在《忧惧的概念》一书,同样是在出版前的最后关头,克尔凯郭尔才把自己的名字换成现在的假名作者"Vigilius Haufniensis"。[①] 这两个例证都说明,克尔凯郭尔在决定用真名还是假名发表作品时带有一定的突发性和偶然性,并不一定都具有特别的含义,因此我们也不必在其真名与假名作品之间作出绝对的区分。这与我们的看法是一致的。我们甚至认为,如果我们承认克尔凯郭尔是一位有创造性的思想家的话,那么在其真名作品与假名作品之间就不应存在不可逾越的距离。因为所有这些作品都只是克尔凯郭尔在不同的阶段、从不同的角度出发所进行的思想创造,它们只不过被题献给了不同的作者,其中包括克尔凯郭尔这个名字。

克尔凯郭尔不是专业哲学家。这个意思是说,作为自由撰稿人且自费出版作品的克尔凯郭尔在写作时向来无视学术规范,其表达思想的方式亦呈现出非体系化、非学院式甚至反学院式的特点,以至于长期以来不断有学者对克尔凯郭尔能否被称为"哲学家"表示怀疑。[②] 随着后现代主义思潮的兴起,哲学思考和写作方式的可能性被扩展了,克尔凯郭尔及其著述比以往任何一个时候都更加理直气壮地登上了哲学的神圣殿堂。即便如此我们还是要问,克尔凯郭尔是何种意义上的哲学家?在面对哲学史和思想史上的人物的时候,我们不仅需要不断地从现代的视角

---

① 参见《克尔凯郭尔全集》第 4 卷,第 171—196 页,尼尔斯·扬·凯普伦等编,哥本哈根,盖兹出版社,1998(以下所引此书均为此版本);《克尔凯郭尔全集·集释(Kommentarer)》第 4 卷,第 307—339 页。

② 代表性的论文有:阿拉斯泰尔·汉内(Alastair Hannay)《为什么要称克尔凯郭尔为哲学家?》("Why Should Anyone Call Kierkegaard a Philosopher?"),载于《再访克尔凯郭尔》(*Kierkegaard Revisited*),尼尔斯·扬·凯普伦、约翰·史都华编,第 238—253 页,柏林、纽约,沃尔特·德·格吕特出版社,1997。

出发对其思想加以追问，以此挖掘出历史人物身上的新意，而且更需要返回到该人物所处的时代当中，明确那个时代所思考和讨论的问题，以此避免陷入“削古人之足以适今人之履”的偏颇。这样，从克尔凯郭尔所处时代的哲学和思想背景出发，他并不能算作一个19世纪意义上的“哲学家”，而应被看作是一名“宗教哲学家”。因为他所思考的问题和讨论这些问题的方法都与居当时主流地位的思辨哲学精神相违背，对此我们可以从他对“现实性”概念的理解和阐发当中得到清晰的认识。而当他进一步展开“生存”“选择”“真理”以及“个体与单一者”这些概念的时候，这种与思辨哲学传统之间的冲突加剧了，从中我们既可以看出克尔凯郭尔思想所昭示的现代哲学的维度，同时亦可以找出他与思辨哲学传统决裂的根本原因，并且进一步明确克尔凯郭尔之为“宗教哲学家”的意义。

第二节　告别思辨哲学

在哲学史研究中，克尔凯郭尔向来被视为是黑格尔及其所代表的思辨哲学的批判者。因为在他的著述中经常可以见到他对思辨哲学家的讽刺和嘲弄，其程度之激烈很容易使人们认为，他对思辨哲学的批判是肤浅的、情绪化的，而非通过深入思辨哲学体系的内部检索每一个概念的合理性而产生理性的批判。人们甚至由此怀疑他是否真正领会了思辨哲学的主旨。但是事实上，克尔凯郭尔对思辨哲学的性质及其在哲学发展史上的意义是有着良好的把握的，只是这种哲学不仅与他个人的生活目标相去甚远，而且对他实现自己的生活目标有害而无益，于是他才走上了一条与思辨哲学传统完全相背离的道路。对此我们可以从克尔凯郭尔对“现实性(Virkelighed；Wirklichkeit；Actuality)”概念的理解中窥得一斑。

19世纪的欧洲哲学以德国唯心主义为主导。从克尔凯郭尔的学生时代开始，黑格尔在丹麦哲学界就已经成为了领袖人物，克尔凯郭尔的大学老师们如马腾森(H. L. Martensen)、西伯恩(F. C. Sibbern)、缪勒

(P. M. Møller)等都经历过一段“黑格尔主义时期”，而不管他们后来更多地是支持和宣传还是反对与批判黑格尔的哲学，他们自身的思想方式都受到了黑格尔的极大影响，这种情况在克尔凯郭尔身上也不例外。[①] 黑格尔是古典唯心主义哲学的集大成者，他不仅完成了始自康德的使哲学成为一门“科学”的工作，而且还以其包罗万象的庞大体系登上了哲学发展史上的高峰。至此，哲学已经形成了一套通过概念和范畴来构造和把握“现实”的思维方式和话语系统，并且达到了相当高的专业化水准。克尔凯郭尔虽然承认 19 世纪的思辨哲学代表着哲学发展史上的伟大成就，而且他本人无论是在哲学思维方式还是写作方式上都无可否认地受到了来自黑格尔的诸多影响，但是在阅读克尔凯郭尔的著作的时候，我们更多地看到和感觉到的却是他对黑格尔及其所代表的思辨哲学的不满和批判。在写作中，克尔凯郭尔经常把“教授”与“思想家”、“(德国)哲学家”与“思想家”对立起来，并且常常对以哲学为谋生手段的学院派“哲学家”以及“教授”们极尽讽刺挖苦之能事。在《附言》中他甚至还提出了“生存的、主体的思想家(existerende subjektive Tænker)”的概念，以之与学院派的“思辨哲学家”相对立。前者以苏格拉底和莱辛为代表，后者则以柏拉图和黑格尔为领军人物。在他看来，思辨哲学所致力于建立的“客观思想”体系虽然以自己的方式为我们提供了一个关于“现实”的模式，但这个模式却与个体的生活毫无关系，它根本达不到“生存”，并且它根本上是对“主体性”的一种误解。[②]

在思辨哲学传统之下，“现实性”是一个抽象的和逻辑的范畴，它被定位于一个超越实际存在者的形而上的存在。当黑格尔写出那句屡遭误解的名言“凡是合乎理性的东西都是现实的，凡是现实的东西都是合乎理性的”之时，他心目中的“现实性”并不是指那些无限的具体存在者，而是指自然和精神的世界中那些合乎理性的层面。只有这些层面才是

---

① 参见约翰·史都华《克尔凯郭尔与黑格尔关系再审视》(*Kierkegaard's Relations to Hegel Reconsidered*)，第 45—83 页，剑桥，剑桥大学出版社，2003。

② 参见《克尔凯郭尔全集》第 7 卷，第 92 页，2002。

黑格尔所理解的作为“科学”的哲学所要研究的对象，也正因为如此，他才会把哲学的内容认定为“现实”。① 克尔凯郭尔并非不理解唯心主义哲学家们力图使哲学超越现实层面的努力，只是他拒绝认同这种努力。在《忧惧的概念》中他曾这样说过，“尽管黑格尔有着杰出的能力和超凡的学识，但是他一次又一次地以其表演提醒我们，他在很大程度上只是一个德国的哲学教授，因为他不惜一切代价地必须要解释一切事物”②。对于克尔凯郭尔来说，能够称得上思想的东西应该立足并围绕个体的生活。如果我们从他的生活经历和写作的最初动机出发，那么在一定程度上，他的全部哲学思考都是为了解决从他个人的生活中滋生出的诸种问题，比如，婚姻问题和个体的信仰问题等。所以，“现实性”在他看来就不是一个抽象的、逻辑的范畴，而是一个与个体的直接性的生活及生存的事实休戚相关的东西。事实上克尔凯郭尔对于“现实性”这一范畴的困惑和思考由来已久。1841 年，当克尔凯郭尔首次前往柏林聆听谢林演讲时，就已经对黑格尔哲学产生了怀疑和不满，因此他对谢林的演讲寄予了很高的期望。在日记中他曾这样写道：

> 我真高兴听到了谢林的第二场演讲——真是不可思议。很久以来我一直在痛苦着、思索着。思想的胚胎在我体内跳跃……当他就哲学与现实的关系提到“现实性”一词的时候，我几乎记住了他随后所说的每一个词。也许，就在这里，一切都可以清楚明晰了。这个词令我回想起我在哲学方面所有的痛苦和折磨。③

可是很快地，年轻的克尔凯郭尔就感到了失望。他原以为谢林能够解决他在哲学方面的困惑，但最终却发现，在谢林的眼中，“现实性”仍然是一个抽象的、逻辑的范畴，而并没有他所理解和希望的那种关于人的

---

① 参见黑格尔《小逻辑》，贺麟译，第 43 页，商务印书馆，1980。

②《克尔凯郭尔全集》第 4 卷，第 327 页，1998；克尔凯郭尔：《忧惧的概念》，汤姆特、安德森英译，第 20 页，新泽西，普林斯顿大学出版社，1980。

③《克尔凯郭尔全集》第 19 卷，第 235 页，2001。

实在的“现实性”，即“生存”的含义，于是他觉得自己受到了欺骗。在同样是写于其首次柏林之行期间的《非此即彼》中，克尔凯郭尔表达了这种失望和受骗的情绪。他说：“哲学家们所谈论的现实性常常是令人失望的，其情形就如同人们在一个二手货商店看到的一个招牌，上面写道：熨衣在此。假如真有某君把他的衣服拿来熨烫的话，他就会上当受骗，因为那块招牌只是用来卖的。”①随后，在《忧惧的概念》一书中，他又从学理的角度分析了“哲学家们”所理解的“现实性”所可能造成的不幸后果。如果“现实性”被置于逻辑学当中而成为构成逻辑学内容的一个范畴的话，这个结果无论对于逻辑学还是对于“现实性”来说都是一种损失。“现实性没有因此而被充实是因为，作为现实中的本质的一部分的偶然性在逻辑的领域内是不被承认的。而逻辑学亦没有得到充实，因为假如逻辑学思考了现实性的话，它就把它本不能吸收的某些东西包括了进来，它从一开始就吸收了它原本只能**倾心**的东西。”②

总之，克尔凯郭尔所理解的“现实性”是一个与“可能性”相对立的概念，是一个存在论层面(existential)而非形而上层面的概念。既然如此，它与逻辑学和思辨哲学传统就是异质的。在逻辑学中，一切都按照“必然性”发展运行，而存在论意义上的“现实性”无疑则涉及“偶然性”的内容。如果硬要把这两种不同质的东西拉在一处，那么逻辑学僭越了自己的职能范围，而“现实性”则因为将被“必然性”所统领而丧失了其原本非常重要的一项内容——“偶然性”。于是，克尔凯郭尔努力要恢复“现实性”所具有的存在论的意义，并且使之从逻辑学当中剥离出来；只有这样，关于“生存(Existents)”的思想才能够开显出来。为了达到这个目的，克尔凯郭尔像所有的浪漫主义者一样把恢复哲学本来面目的希望寄托在古希腊人的身上。他认为古希腊的学术传统是美好的，那时的哲学

---

①《克尔凯郭尔全集》第 2 卷，第 41 页，1997；克尔凯郭尔：《非此即彼》上卷，霍华德·洪、埃德娜·洪英译，第 32 页，新泽西，普林斯顿大学出版社，1987。

②《克尔凯郭尔全集》第 4 卷，第 317—318 页，1998；克尔凯郭尔：《忧惧的概念》，汤姆特、安德森英译，第 9—10 页，新泽西，普林斯顿大学出版社，1980。

活跃在大街上、工场里和市场上，它立足于大地以及生活在大地上的人们，而非来自云端的声音。他把苏格拉底当作真正意义上的哲学家，因为他关切的是现实生活中的问题，并且把个体的日常生活以及生存的意义的问题放在首位。相反，当代的学院派哲学教授们则以概念构造和解释现实为己任，他们所研究的只是一些依靠哲学术语和抽象思维臆造出来的问题。克尔凯郭尔甚至还以嘲讽的口吻指出，当代哲学家因为沉浸在概念和体系的构造之中而忘却了自己的生存，或者至少对于自身的生存漠不关心，因而他们显得十分滑稽可笑。他说："在生存中理解自身是古希腊的原则。不管有的时候一个希腊哲人的教导所具有的实质性内容有多么地少，这位哲人都有一个优势：他永远不会显得滑稽。"[①]不过在此应该明确的是，当克尔凯郭尔自称是在向带有几分童真气的古希腊哲学返归的时候，他所提出的"在生存中理解自身"的所谓"古希腊的原则"却已经为哲学开启了一个现代性的维度，这个维度就是克尔凯郭尔为后世"存在主义"思潮所关注的关于"生存"和"选择"的思想。

第三节 走向现代哲学

一 "生存"及"生存境界"

克尔凯郭尔曾批判思辨哲学达不到"生存"，它既无法解决人在"生存"中遇到的问题，也无法为人的"生存"提供依据和力量。他多次指出，我们虽然身处一个知识高度增长的时代，但是人们却常常忘记了"生存"的意义。[②] 在克尔凯郭尔解说"生存"概念的时候，我们不仅可以看到他对思辨哲学传统的背离，而且还可以看到他哲学思想当中突出的现代层面。

---

①《克尔凯郭尔全集》第 7 卷，第 322 页，2002；克尔凯郭尔：《附言》上卷，霍华德·洪、埃德娜·洪英译，第 352 页，新泽西，普林斯顿大学出版社，1992。

②《克尔凯郭尔全集》第 7 卷，第 226 页；克尔凯郭尔：《附言》上卷，第 249 页。

在克尔凯郭尔的语汇表中,“存在(Væren)”与“本质(Væsen)”、“理想的存在(ideel Væren)”与“实际的存在(faktisk Væren)”之间是有着严格的区分的。[①] 在《哲学片断》一书中他曾讨论过斯宾诺莎“存在包含本质”的命题。其时他指出,这个命题虽然在逻辑上无懈可击,但它却混淆了“存在”和“本质”,因为从理想的角度去谈论“存在”只是一种错觉,它实际所谈论的应该是“本质”。他说,“就实际的存在而言,起作用的是哈姆雷特的辩证法:在还是不在”[②]。如果结合克尔凯郭尔对“现实性”概念的理解,显然他真正关心的不是囿于逻辑学范畴之内的“理想的存在”,而是“实际的存在”。当“实际的存在”与人的生活相结合的时候,他则抛开了“存在”一词,转而提出了“生存”的概念。在行文过程中,克尔凯郭尔有时使用“Existents”这个具有拉丁语源的丹麦词汇,有时亦使用一个源自丹麦本土的词汇“Tilværelse”,并将二者等同对待。“Existents”在进入丹麦语之后主要用来表达两层意思:一是表示“活着(det at leve)”,二是表示“活着的方式(maade at leve paa)”;而“Tilværelse”作为“Existents”的同义词,它首先指示着在现实世界中的“存在”,尤其是人和其他生物在现实世界当中的“存在”。总之,无论是“Existents”还是“Tilværelse”,它们在克尔凯郭尔的话语系统里指示的都是人的实在存在及其方式,即“生存”。对此他在《附言》一书中做过如下解说:

> 生存本身,也就是去生存,是一场斗争,它既充满悲情同时又显得很滑稽。说它充满悲情是因为这斗争是无止境的,它冲着无限而去,且不会终结,而这一点正是最高程度的情致。说它滑稽则是因为这斗争本身就是一个自我矛盾。[③]

---

① 参见《克尔凯郭尔全集》第 4 卷,第 246 页,1998。

② 同上书第 4 卷,第 247 页。

③ 同上书第 7 卷,第 90—91 页,2002;克尔凯郭尔:《附言》上卷,霍华德·洪、埃德娜·洪英译,第 92 页,新泽西,普林斯顿大学出版社,1992。

> 什么是生存？生存就是无限与有限、永恒与瞬间所孕育的孩子，因此它是持续不断地斗争着的。这一点正是苏格拉底的意思：爱就是持续不断地斗争着的，也就是说，那个正在思想着的主体是生存着的。可是那些体系哲学家们和客观思想家们已经停止为人而变成了思辨，思辨的家园在于纯粹存在(den rene Væren)。[①]

可以看到，克尔凯郭尔在“生存”与“纯粹存在”之间的区分是以黑格尔逻辑学思想为参照系的。在黑格尔的逻辑学当中，“纯粹存在”即“纯粹的抽象”是作为一种无规定性的“自在存在”而成为逻辑学的开端的。同时，“实存(Die Existenz)”则具有“从某种事物而来”的意思，它是一种以本质为根据的“存在(Sein)”。“实存就是从根据发展出来的存在，经过中介的扬弃过程才恢复了的存在。”[②]克尔凯郭尔接受了黑格尔以“纯粹存在”作为逻辑学和纯粹思辨起点的思想，但他认为黑格尔所说的“实存”依然是一种囿于思辨王国之内的逻辑抽象，它还没有使事物真正地“出来”。倘若要使“实存”真正地“出来”，它首先就要从思辨的家园中“出来”，并投入到生活之流也就是时间的流程当中。作为逻辑学起点的、以思辨为家园的“纯粹存在”是无时间性的、静止的，它可以构成一个思想的“体系”。但是克尔凯郭尔所说的“生存”却是时间性的、动态的、开放的过程，同时它也是非体系、非逻辑、非必然的，也就是自由的。

其次，克尔凯郭尔所关切的“生存”也并不泛指任何具体事物的生存，而是首先意指有限的人在此世的生存。按照克尔凯郭尔的意思，个体在此世的生存是一场有限的人向着无限而去的永无终止的斗争。在这个意义上，克尔凯郭尔所说的“生存”具有很强的个体“生存”的意味，它指的就是作为个体的人在时间当中活着并且活下去的状态。因此它很有些像现代哲学所讨论的“Dasein”，是一种区别于逻辑和纯粹“存在”

---

① 《克尔凯郭尔全集》第7卷，第91页，2002；克尔凯郭尔：《附言》上卷，霍华德·洪、埃德娜·洪英译，第92页，新泽西，普林斯顿大学出版社，1992。

② 黑格尔：《小逻辑》，贺麟译，第266页，商务印书馆，1994。

的、有所限定的“存在”。根据克尔凯郭尔的看法，个体的“生存”是一场永无止境的“斗争”，其意蕴是“悲喜剧式的”。人在时间中的“生存”是有限的，人的有限性首先表现为人都是有死的。也就是说，作为个体的“这一个”不可能无限地活下去，能够生生不息地繁衍下去的只是作为“类”存在的人。不仅如此，人的有限性还表现为人只能生活在构成时间之流的每一个瞬间当中，人总是处于“生成”的进程之中，而且这个进程还以死亡为终点。个体所见的只能是“生存”的片断，而不可能见识“庐山真面目”，因为人并非“全知全能”。但是，人的“生存”的悲剧性恰恰表现在以有限存在的方式而生，又具有一种面向无限的愿望和能力。人是自由的，这种自由使得人要想方设法超越他有限的“存在”，于是就有了人面向无限的“斗争”，有了各种各样的创造性活动。在尼采看来，人通过创造最终有可能超越自身的有限性，但是克尔凯郭尔则似乎更侧重于这场“斗争”的悲喜剧式的结局。说这场“斗争”是“滑稽的”是因为从理性的角度出发，人不可能在这场“斗争”中取胜，所有的“斗争”都将面临死亡的大限。同时，这场“斗争”又“充满悲情”，因为人明知其不可为而为之，这是人的“本性”使然，于是人的“生存”就成了一场追求无限的永无止境的过程；我们只能永远地行走在通往无限的道路之上，而不知能否达到无限。正因为如此，克尔凯郭尔才提出了“信仰”在人的“生存”中的必要性：每个人都知道自己在有限的此世中无法达到无限，但是作为“有限与无限、瞬间与永恒、自由与必然的合成体”的人①，其“生存”当中却不可缺少无限的维度，因此人才需要靠“信仰”的支撑把输赢的问题暂时放置一边，执着地走完人生之旅程。

我们知道，克尔凯郭尔曾严厉批判过关于“体系”的思想，尤其对思辨哲学体系及其构建者们进行了很多讽刺和挖苦。但是这个批判必须放置在克尔凯郭尔对“生存”概念理解的基础之上才是有意义的。在《附

---

① 参见《克尔凯郭尔著作集》第15卷，达赫曼、海伯格、朗编，第73页，哥本哈根，金色山谷出版社，1963(以下所引此书均为此版本)；克尔凯郭尔《致死之疾病》，霍华德·洪、埃德娜·洪英译，第13页，新泽西，普林斯顿大学出版社，1980。

言》中克尔凯郭尔提出了一个著名的命题:“一个逻辑的体系是可能的”,而“一个关于生存的体系(Tilværelsens System)则是不可能的。”①“体系”意味着秩序和整体性。一个逻辑的、思想的体系之所以可能是因为思想者找到了某种“终结性(Afsluttethed)”,借助这个支点,思想者可以依靠反思的力量将思想的碎片连缀成一个具有内在逻辑关系的整体。于是,一个逻辑的体系能够“把一切都变成结果”②,也就是说,它能够解释和解决我们在该体系范围之内的任何问题。事实上人的反思活动总是可以无限地进行下去的,因此在一定意义上,“体系”的根本作用就是要去限制这种反思活动的无限性。按照黑格尔的意思,“体系”的开端和终结的确立只是为了研究哲学的主体的方便。显然黑格尔本人对于“体系”所应有的界限是明确的。但是,当克尔凯郭尔的老师、丹麦的黑格尔主义者马腾森教授激动地宣称我们已经进入了一个“哲学的、科学的体系的时代”的时候,当他把关于“体系”的思想扩展到宗教、文艺、政治、工业、贸易等各个生活领域的时候③,他实际上已经超出了黑格尔为其哲学体系所划出的界限,抹杀了思辨哲学之于现实的超越性。也许正是这一点才引发了克尔凯郭尔对“体系”的反感。克尔凯郭尔在《附言》中一再告诫那些体系构建者们,所谓“体系”只是思想的、逻辑的体系,即使再高明的体系构建者也不应超出思想和逻辑的“圆圈”,否则便是对“上帝”的僭越。这个意思是说,我们凡人不可能构建出一个关于“生存”的“体系”,因为“生存恰恰与终结性相反”。思想之所以能够构成一个“体系”是因为思想者找到了某个“终结性”,但是“生存”的“终结性”却不对我们凡人开显,我们所能感受到的仅是“生存—生活”的“片断”,它们常常表现为无序的、武断的乃至变幻莫测的。对此,克尔凯郭尔不仅借《非此即彼》上卷中“审美代言人 A”在观察生活的基础上发出过诸多感慨和哀

① 参见《克尔凯郭尔全集》第 7 卷,第 105 页,2002;克尔凯郭尔:《附言》上卷,霍华德·洪、埃德娜·洪英译,第 109 页,新泽西,普林斯顿大学出版社,1992。

②《克尔凯郭尔全集》第 7 卷,第 73 页;克尔凯郭尔:《附言》上卷,第 73 页。

③ 参见《克尔凯郭尔全集·集释》第 4 卷,第 199 页,1998。

叹,而且还在《哲学片断》中从学理角度对造成这种现象的根源进行了分析。[①] 他指出,“生存”中的一切,包括人都处于“生成”的进程之中,而就“生成”的特性而言,它不是“必然的”而恰是“自由的”。在理解“生成”的时候,克尔凯郭尔基本上遵循的是亚里士多德的思想。也就是说,“生成”首先是一种“变化”,它代表了从“非存在”到“存在”、从“可能性”到“现实性”的转换。任何“生成”的发生都必定有着某种“原因”,但却并非出自某个“根源”。于是,“偶然性”也就成了“生成”中不可缺少的因素,正是这一点决定了“生成”是经由“自由”而发生的事实。从另一方面来看,与“生成”相反对的是“必然”,因为“必然”根本不会发生任何“变化”。换言之,唯一没有经历过“生成”的东西只有“必然”;但凡“生成”的东西都因其“生成”而证明自身不是“必然的”而是“自由的”,所以个体在时间之流中的“生存”过程在凡人眼中只能呈现出“片断”而非“体系”的形态。

克尔凯郭尔借助对“生成”问题的讨论进一步把“必然”排除在“存在”,尤其是以人为主体的“生存”之外,但是,他并没有一味地否定“必然”的有效性。“必然”不仅在思想的范围之内是有效的,而且在“上帝”眼中也是有效的。他曾在《附言》中这样说过:“生存(Tilværelse)本身就是一个为‘上帝’而存在的体系,但是它却不可能成为一个生存着的人(existerende Aand)的体系。”[②]这里的“上帝”首先应该被理解为一种比喻,它类似于黑格尔哲学中所说的“上帝”,其意即为“绝对”“一”和“大全”。克尔凯郭尔与黑格尔意见分歧之处可能在于,作为个体的人如何能够通达“上帝”-“绝对”。对黑格尔来说,通达“上帝”的途径在于“理性”,因为“通过理性去认识上帝是哲学的最高课题”。[③] 对此克尔凯郭尔不仅否认,而且坚决反对以理性去把握“上帝”,因为“生存”的真相超出了人的理性能力的范围。也就是说,我们不可能找出关于“绝对”的“终

---

① 参见《克尔凯郭尔全集》第 4 卷,第 273—275 页,1998。

② 《克尔凯郭尔全集》第 7 卷,第 114 页,2002;克尔凯郭尔:《附言》上卷,霍华德・洪、埃德娜・洪英译,第 118 页,新泽西,普林斯顿大学出版社,1992。

③ 参见黑格尔《小逻辑》,贺麟译,第 107 页,商务印书馆,1994。

结性”，除非我们像“上帝”一样“全知全能”。但是人不是“上帝”，人是有限性的存在，因此“生存”本身虽是一个自在自为的“体系”，但对于我们凡人它却是缄默的。

总之，人的“生存”是一个我们既无法控制，又不能预知其结局的过程，它超出了思辨和逻辑的范围，不为必然性和因果律所掌握，也构不成任何的“体系”。为了展现这种“生存”的意味，克尔凯郭尔选取了三种比较典型的生活方式，即审美的、伦理的和宗教的生活方式，以形象的方法展示了它们各自的特征，从而形成了他思想当中的“生存境界(Existents-Sphærer)”说，或者人生“阶段(Stadier)”论。① 一提到“境界”二字，中国人很容易想到不同境界之间孰高孰低的问题；而“三阶段”的说法又令人联想到黑格尔辩证法当中“正—反—合”三步上升的思路。但是克尔凯郭尔真正关心的并不是在不同的生活方式之间排座次，虽然他最终以“宗教的”生活方式作为自己的归宿，但从根本上说，他并无意将这个属于他个人的选择强加给其他读者或个体。从另一方面讲，不仅现实生活中的克尔凯郭尔自己走的是一条从“审美”到“宗教”的所谓从“沉沦”到“拯救”的道路，而且作为思想家的他还在多部著作中对黑格尔辩证法提出过批判，认为这种精致的思维在人类生存领域中毫无用处。他指出，在以自由为特征的“生存”领域中起决定作用的应当是“非此即彼”的原则。为了强化这一原则的意义，克尔凯郭尔甚至将之提升到伦理主旨的高度。② 至此，我们行进到了克尔凯郭尔思想当中与现代存在主义哲学的另一个契合点——“选择”。

---

① “Sphærer”一词在克尔凯郭尔著作中出现的频率远比“Stadier”高。

② 克尔凯郭尔的伦理生活境界主要反映在《非此即彼》下卷。值得注意的是，他塑造的伦理代言人威廉法官是一个具有多面性的形象，相应的，其伦理观也具有多面性的特点。一方面，威廉法官代表着中年男性中产阶级的形象，他以沉闷的口吻大肆宣讲着以“职责”，尤其是一个男人在家庭和社会中所应承担的职责为核心的伦理观；另一方面，在他循规蹈矩的训话的背后，则揭示出了以“非此即彼”的选择为原则的具有现代维度的伦理观。

二 “非此即彼”:伦理的主旨

1842年2月,克尔凯郭尔在写给友人博森(Emil Boesen)的一封信中就他正在写作的第一部假名作品《非此即彼》作过这样的评论,他说:“‘非此即彼’的的确确是一个绝妙的标题。它既刺激,同时又具有思辨的意味。”①不难看出,这个“思辨的意味”指的就是黑格尔对旧的形而上学思维方式的批判。黑格尔在展开其逻辑学思想时曾指出,旧的形而上学思想表现为两个相反的论断,其中一个必定为真,另一个则必定为假。比如说,世界不是有限的,就必是无限的,二者之中只有一种说法为真。在黑格尔看来,这种非此即彼的思维方式因其片面性而成为独断的,思辨哲学要把认识矛盾作为哲学思考的本质,从而使得矛盾的性质成为逻辑思维的辩证环节。在这种辩证思维方式之下,世界既是有限的,又是无限的,我们不必在这两种判断之间作出唯一的选择。由此,思辨哲学打破了真理的片面性,它追求作为“全体”的真理。② 很明显,黑格尔对排中律和矛盾律的批判是在逻辑学和哲学的范围之内进行的,换言之,“非此即彼”作为逻辑原则是片面的,作为形而上学原则是独断的。但是克尔凯郭尔在对待“非此即彼”的原则时却避开了这个逻辑学的视角,而是把它解读成了一个伦理的原则。与他对思辨哲学中的“现实性”概念的批判的路数相同,他认为辩证思维在生存世界中是无效的,因为人类生存世界中存在着很多无法调和的矛盾。在《非此即彼》一书中,克尔凯郭尔分别从“审美的”和“伦理的”角度提供了两种不同的对待“非此即彼”的原则态度。其中,审美静观者十分敏锐地发现了生活世界以及我们自身存在的矛盾,指出在生活世界中事物往往以彼此对立的形态存在,对此“调和”是无效的,因为事实上存在着从对立面的一端向另一端转化的

---

① 克尔凯郭尔:《非此即彼》上卷,霍华德·洪、埃德娜·洪英译,第8页,新泽西,普林斯顿大学出版社,1987。

② 参见黑格尔《小逻辑》,贺麟译,第101、132页,商务印书馆,1994。

可能性。比如，忧郁者往往最滑稽，富有者有着恬静的追求，浪子最道德，怀疑者最具宗教性。尽管如此，但是在人生虚无主义态度的影响下，审美者认为我们根本无力走出这些矛盾的怪圈。[①] 他指出，那种认为完成了某件事就能够“统一”或者“调和”人生中的对立面的观点只是对矛盾的一种误解。他认为做某件事与不做某件事的结果都一样，矛盾并不因此而消解。审美者一方面认识到了生活中的矛盾，否定了黑格尔逻辑学中对矛盾的化解方法，但同时他又不认同“非此即彼”的选择原则的有效性，因此只能沉浸在空洞的反思和对人生虚无的感叹之中。

与审美者所持的偏激的和虚无主义的态度不同，伦理代言人威廉法官对于黑格尔对矛盾律的否定以及矛盾律的适用范围似乎有着更为深入的理解。在对人的思想层面和实际生存层面作出严格区分的前提下，他提出了思辨性的“调和”与“非此即彼”的“选择”之间的区分，认为它们应当在各自的领域中各司其职。他说：“哲学是面向过去的，面向已被经历的世界历史的整体。它所显示的是所有要素如何进入一种更高的统一当中。它不断地在调和。”[②]这个总结令人想起黑格尔所说的“密涅瓦的猫头鹰（Owl of Minerva）只有在黄昏时才起飞”的著名隐喻，可见威廉法官颇得思辨哲学之三昧。但是问题是，作为一个已婚的、需要养家糊口的成年男子（这一身份多次为他强调），他的首要任务是面向未来，因此他必须有所行动，以回应生活本身所提出的要求。正是在人的生活领域这个切入点上，威廉法官提出了“非此即彼”的原则。他说：“我认为哲学是正确的，矛盾的原则真的被消解了，哲学家们时刻将之提升到一种更高的、为思想而在的统一当中。但是这一点归根到底却不能应用于未来，因为矛盾在我能够化解它们之前就必定已经在场了。只要矛盾存

① 参见《克尔凯郭尔全集》第 2 卷，第 47 页，1997；克尔凯郭尔《非此即彼》上卷，霍华德·洪、埃德娜·洪英译，第 38 页，新泽西，普林斯顿大学出版社，1987。

②《克尔凯郭尔全集》第 3 卷，第 167 页，1997；克尔凯郭尔：《非此即彼》下卷，第 170 页。

在,也就存在着非此即彼。”①换言之,哲学的领域是思想的和逻辑的天地,它由“必然性”所统领,因此“调和”的原则是有效的。而人的实际生存领域则是一个行动的、自由的领域,其间起决定作用的将是“非此即彼”的原则。我们看,威廉法官既对黑格尔哲学作出了准确的理解,同时亦提出了适应于生存领域的原则。这一态度后来为另一位克尔凯郭尔哲学性的假名作者约翰尼斯·克利马克斯(Johannes Climacus)所继承,并在《附言》一书中得以展开,足见它在很大程度上代表着克尔凯郭尔本人对于思辨哲学和黑格尔逻辑学的认识水平。

在坚决地否定了作为逻辑原则的“非此即彼”的有效性之后,威廉法官就其为个体的伦理原则展开了进一步的阐发。他曾循循善诱地对审美者说,只有通过“非此即彼”的选择,一个人才能走出那种“结婚或不结婚都同样感到后悔”的虚无主义的泥淖。在他看来,审美式的选择算不得真正意义上的选择,这种选择或者是“直接性的”,或者陷入选择的多样可能性而无法自拔。“选择是伦理的一个内在的和严格的术语。在更为严格的意义上说,哪里存在着非此即彼的问题,我们总是可以肯定地说,它跟伦理有着某些关系。唯一的绝对选择是在善与恶之间进行,而这一点同样是绝对伦理性的。”②这样说并不意味着选择即是选择善而否弃恶,因为真正重要的是选择的行为本身,而非选择什么。“我所谓‘非此即彼’与其说是在善与恶之间进行选择,毋宁说它意味着同时选择善和恶或者将它们排斥在外。”③一个人只要实现了选择的行为,他也就选择了善,因为伦理的要义即在于选择本身。换言之,当“非此即彼”脱离了逻辑学的范围而步入人的真实生存世界之后,它就被赋予了伦理的意味,并且转化成为个体的行动原则。从实现个体伦理目标的角度出发,选择行为本身的意义远远超过了选择的内容,因为选择“什么”的问题是

---

①《克尔凯郭尔全集》第3卷,第170—171页,1997;克尔凯郭尔:《非此即彼》下卷,霍华德·洪、埃德娜·洪英译,第170页,新泽西,普林斯顿大学出版社,1987。

②《克尔凯郭尔全集》第3卷,第163页;克尔凯郭尔:《非此即彼》下卷,第166—167页。

③《克尔凯郭尔全集》第3卷,第165页;克尔凯郭尔:《非此即彼》下卷,第169页。

个体自己应该考虑并且负责的事情。强调个体在生存领域中的自由选择这一点是克尔凯郭尔与存在主义哲学之间可以相互沟通的地方。确立了“非此即彼”的选择原则就等于同时确立起了关于可能性的思想。在选择原则的引导下，人生不再如人们想象的那样为逻辑必然性所统治，而变成了一个充满多样可能性的动态过程，从而真正成为自由的。在人不断地“生成”过程之中，关于人的“本质”的神话被打破了。克尔凯郭尔认为，人之所以成为他现在的样子完全在于他在一定“背景”之下的主动选择，这些背景因素包括了“上帝”、时代、家庭等等，因为“每个人，不管多么具有原创性，他都是上帝的孩子，是他的时代、民族、家庭、友人的孩子，只有这样他才是真的自己”①。这也就是说，个体只有在一定条件下才可以成为他自己的塑造者。是否承认“上帝”作为个体生存的背景，是否以这一背景作为个体自由选择的条件，这是克尔凯郭尔与萨特和加缪的思想产生分歧之处，同时也是把存在主义者划分为“有神论”和“无神论”两大派别的重要标志。

如果从克尔凯郭尔关于“非此即彼”的伦理原则出发再反观其“生存境界”说，那么，在他所列举出的“审美”“伦理”“宗教”这三种典型境界之间并不存在高下之分，而且也不存在着那种以“伦理”为中介的黑格尔辩证法式的上升道路。克尔凯郭尔真正希望的是尽可能地为读者提供各种可能的不同乃至彼此对立的生存方式，不是为了让读者简单地认同其中的(尤其是他本人的)某一种观点，而是为了让他们通过思考和感受做出属于自己的判断和选择。在强调个体的感受和判断的前提下，克尔凯郭尔对于“思辨哲学家”所生产的“客观思想(objektive Tænkning)”及其体系相当反感，认为它们不能充当“生存”的真理。而那些“哲学家们”都只是一些思维的主体，他们虽然能够在思想所特有的抽象秩序之中享受“自由”，但是他们只是“思考”着自己的思想，而非“活”在自己的思想当

---

①《克尔凯郭尔全集》第 2 卷，第 144 页，1997；克尔凯郭尔：《非此即彼》上卷，霍华德·洪、埃德娜·洪英译，第 145 页，新泽西，普林斯顿大学出版社，1987。

中。反之，只有“主观思想(subjektive Tænkning)”才有资格充当“生存”的真理，因为它们的创造者“生存思想家”所关切的不仅仅是获得关于存在事物的知识以及控制自身的力量——这两方面正是传统哲学关切的重心，而且还有作为时间中存在着的个体如何面向无限而在此世活下去的问题。我们知道，克尔凯郭尔在《附言》一书中提出了一个极易引起误解和争议的命题——“主观性即真理”，以此来反对“思辨哲学”所产生的“客观真理”。但是，克尔凯郭尔所反对和所赞同的“真理”的含义是同一的吗？

第四节　“真理”与“信仰”

早在1835年，当年轻的克尔凯郭尔仍在对未来的生活道路“寻寻觅觅”的时候，他就开始了对哲学家们所创造出的“客观真理”体系的反思，并在日记中写下了一段非常著名的话。这段话比克尔凯郭尔在《附言》中对思辨哲学及其客观真理体系所做的所有讽刺挖苦和批判都更能说明他的主旨。他这样写道：“关键在于去寻找一种**为我**的真理，找到那种**我将为之生、为之死的观念**。我是否找到了所谓的客观真理，这对我有什么益处呢？我曾钻研过哲学家们的那些体系并且能够在被要求的时候对之作出检视；我能够在每一个圆圈之内指出其不一致之处。可这些对我有什么用呢？我能够建立一个关于国家的理论，能够从很多地方取来单个的东西并把它们组合成一个整体，我能构建出一个世界，但我并不在其中生活，而只将之示他人。这一切对我何用之有呢？我能够发展出基督教的意义，能够用之解释许多现象，但是对于**我自己**和**我的生活**而言，它却并无任何深意，这样做对我有什么好处呢？……这一切对我何用之有，如果真理站在那里，冷冰冰地、赤裸裸地，对于我是否能够认出它来漠不关心，很快地，它就将成为一阵令人焦虑的颤抖而非令人信服的屈从。”在经过了痛苦的灵魂拷问之后，克尔凯郭尔认定自己受到了一种“知识的绝对命令”的左右，从而认为自己真正缺乏的是“一种完满的人性的生活，而不仅仅是知性的生活”。①

克尔凯郭尔对于作为知识形态的“客观真理”一度投入了很大的热情和精力，但是最终感到的却是失望。事实上他认可了“客观真理”的有效性，只是认为这种有效性应该被限制在“体系”的范围之内。“客观真理”或许能够解释整个世界，但它终究只是一种知识体系，而不是“生命之树上的自然之花”。它不仅不能代表生活的全部，而且还对“我的生活”漠不关心，只是“冷冰冰、赤裸裸”地站在那里。在此，我们再次清楚地看到克尔凯郭尔与思辨哲学传统之间的主要分歧之所在。首先，克尔凯郭尔并非不理解思辨哲学希望通过概念来构建和理解世界的企图，只是他认为思辨哲学在这条道路上走得太远了、太“绝对”了，以至于哲学的世界与现实生活的世界完全脱节。因此，他才提出了“现实性”的问题和“生存”的概念，认为哲学不应止步于对“科学”的知识体系的追求，哲学家也不应只生活在哲学体系的世界中而忘却自己原本也是一个活生生的人的事实。他赞赏苏格拉底，因为他使哲学从天上返回到了人间，返回到了现实的生活世界之中。哲学应当用来解答个体生存的意义问题，比如说，死亡的意义、个体的不朽以及婚姻的意义等问题。② 由此，克尔凯郭尔首先批评思辨哲学家缔造和追求的“客观真理体系”只代表着“知性的生活”，它不仅不是“完满的人性的生活”，而且在某种程度上它背离了个体生存的本真意义，即“伦理的-宗教的”意义。前一种知识体系充其量只能算作是“偶然的知识”，因为它与个体的生存相脱节；只有“伦理的-宗教的”知识才是克尔凯郭尔所认为的“本质的知识”，因为它与生存有着内在的关联。③

其次，在克尔凯郭尔看来，思辨哲学，尤其是黑格尔哲学过于“绝对化”的另一个表现在于，它把“信仰”“上帝”等原本隶属于宗教的问题也

① 《克尔凯郭尔全集》第 17 卷，第 24—25 页，2000。

② 参见《克尔凯郭尔全集》第 7 卷，第 153—166 页，2002；克尔凯郭尔：《附言》上卷，霍华德·洪、埃德娜·洪英译，第 165—181 页，新泽西，普林斯顿大学出版社，1992。

③ 参见《克尔凯郭尔全集》第 7 卷，第 181 页；克尔凯郭尔：《附言》上卷，第 197—198 页。

放置到哲学体系之中,并且使其成为哲学思考的"对象"。结果,宗教变成了哲学的一个环节,而哲学则进一步成了一个包罗万象的知识体系。但是,在克尔凯郭尔的思想中,"知识"与"信仰"之间存在着严格的界限,"知性"不得对"信仰"构成任何僭越。在这个问题上,他的主张更接近康德的思想。[①] 康德曾明确地在思辨理性与实践理性之间划分界限,主张把"知识""终止(aufheben)"在经验科学的领域中,以此为"信仰"留有空间。"知识"与"信仰"各自为政,彼此不能相互贯穿。我们不可能认识"上帝本身",就像我们无法把握"物自体"一样;但是人类生活需要"上帝",所以人与"上帝"之间不能构成认知的关系,而应构成一种人不断接近"上帝"的动态关系。因为头脑中有了这个界限,克尔凯郭尔对于康德以后的德国思辨哲学家力图消除康德哲学中所有的"现象"与"本质"、"知识"与"信仰"之间界限的努力就不能理解,尤其对黑格尔在其哲学体系构建中试图以理性化解宗教及信仰问题的努力表现出了极大的不满。事实上黑格尔主义者马腾森也早注意到了这个问题。在克尔凯郭尔的笔记中,他记录下了马腾森在主题为"从康德到黑格尔的现代哲学史"("Lectures on the History of Modern Philosophy from Kant to Hegel")的演讲中对黑格尔哲学所做的批评。马腾森批评黑格尔哲学中遗留有三个未做解答的重要问题,它们是:(1) 人格的上帝(a personal God);(2) 人格的基督;(3) 个体的不朽。[②] 显然,克尔凯郭尔看到黑格尔哲学体系当中虽然有"上帝"的位置,但这个"上帝"却是"理性的""抽象的",而不是个体的生活所迫切需要的人格化的"上帝"。思辨哲学把"上帝"理性化之后就产生了一个严重的后果,即"上帝"成了认知的"对象",人与"上帝"之间的"受难—爱"的关系转变成了"主体—客体"的关系;基督

① 以一个用语上的细节为例。康德曾对"知性"与"理性"、"知识"与"信仰"作出了区分,而克尔凯郭尔在《附言》的讨论中所强调的并非"理性"("Fornuft",与德文"Vernunft"同源同义)与"信仰"的冲突,而是"知性"("Forstand",对应于德文"Verstand")与"信仰"之间的冲突。

② 参见约翰·史都华《克尔凯郭尔与黑格尔关系再审视》,第 64 页,剑桥,剑桥大学出版社,2003。

教原本所具有的受难的、悖论的色彩俱已隐去，取而代之的是一个有关基督教教条的客观知识体系。因此成为一名基督徒变得“异常容易”，它不再需要灵魂的拷问，而只需完成认知的过程。个体能否进入天国也无需等待“上帝”的最后审判，而要完全依靠自己的力量(认知的力量)。克尔凯郭尔对于这样的结果深表忧虑，因此在《附言》一书中，他多次表示要发现并清除“思辨哲学与基督教之间的误解”，并“重新定义什么是一个基督徒”，从而使成为基督徒这回事变得难起来。正是在这个背景之下，克尔凯郭尔提出了“主观性即真理”的命题，并以之与“客观真理”相对立。他虽然采用了思辨哲学的术语，但他所倡导的“主观真理”与“客观真理”的含义并不处于同一层面。也就是说，克尔凯郭尔所说的“主观真理”不是认识论意义上的“真理”，它并非源自古希腊哲人所开创的追求科学与知识的传统。否则的话，克尔凯郭尔毫无疑问将受到“主观唯心主义”或唯我主义的指责。与他阐发关于“现实性”和“生存”这两个概念时的情形一样，当他展开“主观真理”论的时候，他关心的并不是一个认识论的问题，而是一个存在论的问题，是有关一个“大活人”的生存及生活意义的问题，这一点与思辨哲学的传统并不一致。在具体论及个体生存意义问题的时候，我们可以很清楚地看到，克尔凯郭尔的出发点来自基督教传统，他所倡导的“主观真理”其实就是“永恒真理”或者“永恒福祉”的代名词。因此，“真理”问题在克尔凯郭尔那里实际上已转化为“信仰”的问题，而他也从占据19世纪主流地位的知识论立场上返归到了传统的信仰主义的立场之上。

自巴门尼德以来，西方哲学一直以追求真理为目标和己任，这种追求在黑格尔那里达到了一个高峰。黑格尔曾明确指出，哲学就是对真理的追求；真理之于哲学不仅是目标而且还是“绝对对象”。[①] 这种真理观是认识论意义上的，它蕴含着一个前提，即存在着一个“主体—客体”之间的对立。所谓“客体”指的就是一个现成的、外在于我们的确定可靠的

① 参见黑格尔《小逻辑》，第93页，商务印书馆，1994。

世界,这个世界有着“现象”与“本质”“本体”之分,而作为认知“主体”的人能够以理性的反思力量揭示出居于这个世界“现象”背后的“本质”。如此一来,哲学真理就成了一个“客观思想”的体系;作为一种确定性的、科学的知识形态,它是在“替天说话”。真理并不单纯地属于某个特殊的个体,而应属于所有的作为思想主体的人。也正是在这个意义上,它又属于每一个个体,否则,“真理”也就不过是一己的“意见”而已。这几乎是在西方形而上学传统之下对于真理的“标准”解说。但是同在西方传统之下,“真理”还具有另外一种含义,那就是基督教传统指示的“道-逻各斯”的含义。《约翰福音》开篇中有言曰,“太初有道,道与神同在,道就是神”①。这个“道”并非如思辨哲学所追求的“客观真理”那样潜藏于林林总总现象的背后,它本身就要“变成现象”,将现象世界“充盈”起来,因为“道成了肉身,住在我们中间,充充满满地有恩典有真理”②。于是耶稣才会说:“我就是道路、真理、生命;若不借着我,没有人能到父那里去。”③这里关于“道路”和“生命”的比喻非常具有启示性。我们与基督教“真理”之间的关系不是一种“主体—客体”的关系,“上帝”不仅不是一个与我们相对立的“客体”,相反,“上帝”就是一个“绝对的主体”,“他”就是“道路、真理、生命”本身。因此,若想通达基督教“真理”,同样作为“主体”的人必须行走在“道路”之上,以自己的全部生命去体验另一种“生命”的存在。这也就决定了此种“真理”不可能具有一种“客观而普遍的”确定性形态,而只能是非确定性的、个体性的、内心性的,也就是克尔凯郭尔借助思辨哲学的术语所说的“主观性的”。总之,在思辨哲学术语的掩盖之下,克尔凯郭尔所讨论的却是基督教的“真理”观。为了更好地理解这一点,我们可以考察一下他在《附言》中就“什么是真理”这一问题所作出的解答。他说:“真理即是心性(Inderlighed)。并不存在什么客观

---

①《约翰福音》,1:1。
② 同上书,1:14。
③ 同上书,14:6。

的真理，真理只存在于个人的接近过程中。"①

他还说："真理就是某种充满激情的心性对于某种客观不确定性在一种接近的过程当中所牢牢地掌握住的东西，它是每一个生存着的个体所能达到的至上的真理。"②

在克尔凯郭尔的语汇表中，"主观性（Subjektivitet）"和"心性"经常被等同对待，而它们又都与"激情"相互呼应。克尔凯郭尔首先否认了"真理"是"客观的"，而将之认定为"主观的""心性的"，其理由在于强调这种"真理"并不是一个遍在的、任何具有理性思考能力的人都能够通过反思而获得的"什么"，反之，它是一种"客观不确定性"。在比较"客观思想"和"主观思想"的不同的传达方式的时候，克尔凯郭尔认为，"客观思想"的传达方式是"直接性的"，因为它本身毫无秘密可言，任何有正常理智的人均能掌握它。而"主观思想"对于我们而言是一个"秘密"——尽管这种思想对于它本身而言可能是透明的，它仅能以"间接的"方式向我们开显，其结果亦因人而异。因此他总结出了这两种不同的"真理"及思想方式的侧重点，认为"客观思想重在说**什么**，而主观思想则重在**怎样**说"③。这个意思是说，对于所有的"客观真理"而言，我们不仅明确地知道它的内容，而且还能为之寻找到一种"直接性的"表达方式，也就是"S是P"的形式。在"客观思想"的背后实际上蕴含着两个前提：一是思维与存在之间的一致性，认为思想能够把握和反映存在的真相；二是语言与思维之间的一致性，认为语言能够全面地表达思想的内容。但是在克尔凯郭尔看来，我们无法为"主观真理"找到那种"S是P"的确定的表达方式，对于这种"真理"我们只能采用"间接的"表达方式，即从根本上突破前述的"客观真理"表达式中所蕴含的两个前提，而将重心放在"怎样"去通向这种"真理"的问题之上。

---

①《克尔凯郭尔全集》第7卷，第77页，2002；克尔凯郭尔：《附言》上卷，霍华德·洪、埃德娜·洪英译，第77页，新泽西，普林斯顿大学出版社，1992。

②《克尔凯郭尔全集》第7卷，第186页；克尔凯郭尔：《附言》上卷，第203页。

③《克尔凯郭尔全集》第7卷，第185页；克尔凯郭尔：《附言》上卷，第202页。

再进一步追问,“主观真理”之所以构成了一个“秘密”,我们之所以无法说出它究竟是“什么”,其理由在于,从客观的角度出发,这种“真理”是一个“悖论”。① 具体说,这个“悖论”表现为永恒的“上帝”将在时间中出现,并且将像所有人一样地出生、成长并且死去。很明显,克尔凯郭尔现在已经直接地站在了基督教的立场上来谈问题了。“基督教宣称它是在时间中临现的永恒的、本质的真理。它自我宣称为一个悖论,由此它要求每个个体以信仰的心性去与之建立关系。而这个悖论对于犹太人来说是冒犯,对于希腊人而言是愚蠢,对于知性来讲它就是荒谬。”②如果硬要把这种“真理”塞给知性的话,那么无论对于“真理”还是对于知性本身而言都是一种“冒犯”。但是,恰恰因为这种“真理”对于逻辑和知性而言是讲不通的,甚至是荒谬的,“激情”的力量才得以突显出来。克尔凯郭尔从未轻视过“激情”的力量,正如他从未轻视过“悖论”一样。他曾说过:“悖论是思想的激情,一个没有悖论的思想家就像一个缺乏激情的恋人,他只是个平庸的家伙。”③事实上,“激情”是与“悖论”相呼应的一种力量,它抛开理智的前瞻和计较,就是“信仰”的力量。克尔凯郭尔毫不掩饰地重申了德尔图良“正因为荒谬我才信仰”的论调④,认为在面对“真理”的时候,知性必须让位于“信仰”。不仅如此,与知性相冲突的“信仰”亦不可能通过理性的证明方式出场。在《哲学片断》中,克尔凯郭尔竭力证明了在基督教思想史上以理性的证明方式来使“上帝”和“信仰”出场的努力的无效性,并进一步指出,甚至我们也不能用“直接的”方式来描述“信仰”的出场方式,而只能用“间接的”方式。用他的话说,“信仰”是我们在面对“真理”时所必需的一个“新的器官”,其出场只能依靠一个“跳跃”、一个“决断”。⑤ 换言之,“信仰”的出场所需要的是“激情”,而不

---

① 参见《克尔凯郭尔全集》第 7 卷,第 187 页,2002;克尔凯郭尔《附言》上卷,霍华德·洪、埃德娜·洪英译,第 204 页,新泽西,普林斯顿大学出版社,1992。

②《克尔凯郭尔全集》第 7 卷,第 195 页;克尔凯郭尔:《附言》上卷,第 213 页。

③《克尔凯郭尔全集·集释》第 4 卷,第 242—243 页,1998。

④ 参见同上书第 4 卷,第 256 页。

⑤ 参见同上书第 4 卷,第 306 页。

是充足的根据和理由。“上帝”的存在、“永恒的福祉”对于个体而言是一个“永恒的设定”，它将成为我们生存下去的勇气的源泉。人类需要“上帝”，尽管我们无法确切地知道“上帝”的全部面目，但我们对“上帝”的无知可以由我们对“上帝”的爱来弥补。我们之所以爱“上帝”是因为“上帝”先爱我们，“上帝”的爱掩盖了我们身上无数的罪。

在把“真理是什么”的问题括出去之后，在“信仰”以“跳跃”的方式出场之后，如何才能以“信仰”的途径通达“真理”呢？克尔凯郭尔认为，历史上以知性通达“信仰”的传统和力图把基督教信仰客观化、知识体系化的时代倾向都是无效的。我们只有调动起主体或者“心性”的全部激情来与这种“真理”建立起一种动态的关系，从而使个体永远地走在通往“真理”的路途上，去不断地“接近”“真理”。耐人寻味的是，克尔凯郭尔使用了“接近”一词，以此他把个体对“真理”的追求变成了一桩永无休止的活动和过程，只要生命不息，这个过程也就永无终结。至于这种追求是否有结果，个体是得不到任何保证的，他只能无限地去“接近”“真理”。于是，对“真理”追求的事业就成了一桩冒险。但是“没有冒险也就没有信仰。信仰就是个体心性的无限的激情与客观不确定性之间的矛盾”①。事实上克尔凯郭尔的立场与基督教救赎说并无二致。基督教救赎论是一种有着强烈的差别意识的思想。在通往“永恒幸福”的路途中所有的人都要经过一道“窄门”，但是，“被召的人很多，选上的人少”。② 一个人能否被选中并不受我们的知性和理性能力所左右，甚至都不由我们在此世的事功所决定。人的“命运”是被预先决定了的，不管个人如何努力，这个“定数”也改变不了。但是即使如此，我们还是要去追求、去不断地“接近”“真理”，或者说要去以全部的“激情”和“心性”去“信仰”，只有这样才能显示出我们对“上帝”的爱，也才能对“上帝先爱我们”的事实作出回报。从这一点出发，我们也似乎更容易理解为什么克尔凯郭尔会把人

---

① 参见《克尔凯郭尔全集》第 7 卷，第 187 页，2002；克尔凯郭尔：《附言》上卷，霍华德·洪、埃德娜·洪英译，第 204 页，新泽西，普林斯顿大学出版社，1992。

② 参见《马太福音》，22:14。

的“生存”视为一场悲喜剧了。反过来,这点再次说明,在理解克尔凯郭尔关于“生存”观念的时候,我们不能离开他所讨论的个体的宗教性生存这一根本出发点。

从这里可以看出,我们只有从基督教“真理”的角度出发,才能真正地把握住“主观性即真理”这一命题的含义,而不会很肤浅地把克尔凯郭尔等同于一个认识论意义上的极端“主观主义者”和“唯我主义者”。他所提出的“主观性即真理”的命题是在思辨哲学术语的掩盖下对思辨哲学以理性介入信仰、力图把“信仰”问题知识体系化的世俗化倾向的批判。在此基础之上,他重提了基督教中的“特殊主义”思想,即“罪感意识”和“差别意识”,希望以此恢复“信仰”的至上地位。不难看出,克尔凯郭尔所具有的是一种典型的宗教虔敬主义立场,他要把人拉回到宗教蒙昧主义时代,让人重新被罪感意识所笼罩,并且把人的拯救权交还给“上帝”,而所有这一切都是与自启蒙运动以来的人本主义立场唱反调的,这是克尔凯郭尔思想当中保守的一面。不过,在克尔凯郭尔具体讨论“个体如何成为基督徒”这一问题的时候,我们可以透过其宗教虔敬主义的内里看到他思想中所蕴含的现代维度,这个维度甚至还为我们进行“后现代”的阅读提供了一个契机。

第五节　对基督教神学的解构:“个体”与“单一者”

克尔凯郭尔对于思辨哲学的所有批判都是基于解决个体的宗教性生活的意义问题,在这个意义上,克尔凯郭尔更应该被看作是一个宗教哲学家。当思辨理性把基督教信仰改造成了一个有关信条的客观知识体系之后,“成为一名基督徒”就成了一件犹如吃饭、睡觉那样异常简单且又自然而然的事。面对所谓的“基督教国家”批量生产冒牌基督徒的现象,克尔凯郭尔感觉到了一个危险:作为“个体”的人将被“公众”所湮没,人不再以“个体”或者“单一者(den Enkelte)”的形象出场直接面对“上帝”。于是,他从批判现代民主运动的不良后果开始,一步步地做着恢复人以"个体"或"单一者"的形象出场的工作。为了达到这一目的，他从理论的层面上澄清了以下三个方面的关系：人以何种面目出场，人与"上帝"之间的关系，以及人与人的关系。

克尔凯郭尔历来主张，人当以"个体"或者"单一者"的形象出场，这一立场使他一直对丹麦历史上的自由主义运动和民权运动持否定的态度。[①] 1846年，就在《附言》完成后一个月，克尔凯郭尔用真名发表了一部相当政治化的作品《文学评论》(*En literair Anmeldelse*)，在书中他激烈地批判当今时代是一个"反思的""缺乏激情"的时代，认为民主运动虽然带来了人与人之间的平等，但这种平等只是一种"数学式的平等"；它几乎等同了所有的阶级，从而使众人趋同为一个人。换言之，原本应该具有丰富个性的人被"平均化"：个体被削减为"公分母"，成了"公众"这个"抽象概念"中的一分子。[②] 在他看来，人能否成为"个体"、能否以"单一者"的形象出场并不取决于政治制度的变化，而应取决于个体与"永恒"之间的维系。倘若人丧失了与"永恒"和"绝对"之间的维系，他也就不再能以"单一者"的面目出场。换言之，如果没有了来自"永恒"的支持，个体就只能转向"公众"寻求保护。克尔凯郭尔把宗教生活中的世俗化倾向与人的个体性的丧失联系了起来，这一点与我们通常对宗教与个体之间的关系的看法不同。我们一般认为，是宗教的统治压抑了人性、湮没了个性，而理性主义把人从宗教的迷梦中唤醒并将人从宗教的束缚中解放了出来。但是克尔凯郭尔却恰恰从宗教虔敬主义的立场为我们提供了另一种思路，即只有在"永恒"的设定之下，人才有可能以"个体"的面目出场。这也就是说，人之所以能够以"个体"的面目出场是以"上

---

① 丹麦历史上的民主运动自19世纪30年代起就已大规模地兴起，1848年前后达到高潮。1849年6月5日，国王弗里德里希七世(Frederick Ⅶ)签署宪法，从而完成了丹麦社会由君主专制国家向君主立宪制国家的和平转换，这一天标志着该运动的胜利结束。关于丹麦现代民主运动的产生原因、发展经过以及克尔凯郭尔对这场运动的回应，参见布鲁斯·克姆斯《克尔凯郭尔在丹麦的黄金时期》(*Kierkegaard in Golden Age Denmark*)，布卢明顿，印第安纳大学出版社，1990。

② 参见《克尔凯郭尔著作集》第14卷，第63—101页，1963。

帝”的存在为前提和条件的,并且“个体”与“个体”之间平等关系的确立亦应仰仗“上帝”的存在。

人当以个体的形象出场面对“上帝”的思路并非克尔凯郭尔首创,但无疑得到了他的强化,他将个体称为“单一者”即是明证。从理路上讲,人以“单一者”出场是作为一神教的基督教对人提出的要求。基督教的“上帝”是唯一的、至上的、全能的、绝对的存在,因此,人只有以“单一者”的面目才有资格与之相遇。为了强化这一点,克尔凯郭尔引入了“主体”的概念。他说:“上帝即是主体,因此,他只为主体性在心性中而存在。”[①]作为“主体”的“上帝”只能与另一个“主体”建立关系,因为真正的关系只存在于“主体”与“主体”之间。克尔凯郭尔进一步指出,“可以肯定的是,每个人在一定意义上都是一个主体”[②]。这样一来,人以“主体”或者“单一者”的形象出场就成了“上帝”之于人的神圣要求。从“上帝”这一方来说,他爱所有的人,他的福音将向所有人撒开;而从接受者这一方来讲,“即使个体的数额犹如海里的沙子一样多,成为主体这一任务也将落在每个人的头上”[③]。这个意思是说,上帝所播撒的福音并非遍在的、内在的,它需要每个人自己以心性的全部激情去追求。这一点就是基督教“特殊主义”情致的鲜明表现,也是基督教与其他宗教的区别之所在。

个体与“上帝”之间的关系树立起来了,需要注意的是,这种关系不是平等的。事实上,人与“上帝”之间存在着本质的、绝对的差别,这种差别以“谦卑”为形式,它表现为人在“上帝”面前承认自己的卑下,并且坚信“上帝”对此比我们知道得更清楚。[④]“差别意识”是基督教思想中的基本点之一,对此克尔凯郭尔在著作中多次强调。这些不可通约的差别有着多种表现形式,最鲜明的例证有,“上帝”是纯全的主体,而人则“多少

---

① 《克尔凯郭尔全集》第7卷,第183页,2002;克尔凯郭尔:《附言》上卷,霍华德·洪、埃德娜·洪英译,第200页,新泽西,普林斯顿大学出版社,1992。

② 《克尔凯郭尔全集》第7卷,第122页;克尔凯郭尔:《附言》上卷,第130页。

③ 《克尔凯郭尔全集》第7卷,第148页;克尔凯郭尔:《附言》上卷,第159页。

④ 参见《克尔凯郭尔全集》第7卷,第446页;克尔凯郭尔:《附言》上卷,第492页。

是一个主体”。这差别就像我们说“上帝”是整个的“存在”、是“一”,而人只是具体的“存在者”一样。人的存在是时间性的、有限的,因为在存在的层面上,主体与客体、思想与存在总是为时间所分隔,而“上帝”的存在则是永恒的。更为重要的一点是,“上帝”是全知全能的,“上帝”就是“真理(Sandhed)”本身;但是人从一开始就处于“Usandhed”(英译为“Untruth”)的状态。[①] 在丹麦语中,“Usandhed”既有认识论意义上“谬误”的意思,同时又兼有伦理意义上“不老实”的含义。如果考虑到克尔凯郭尔全部思想的根本出发点以及他在讨论“真理”问题时所采取的基督教立场的话,那么这个词所昭示出的更多应是伦理的含义。也就是说,人是“不老实”的,因为人曾受蛇的引诱而犯了“罪”。换言之,克尔凯郭尔用“Usandhed”所表明的就是人的原罪状态。

但是,人与“上帝”之间所具有的绝对差别不仅是无害的,在克尔凯郭尔看来,这种差别及其诸种表现恰恰是维系人与“上帝”关系的关键。它最终决定了“上帝”对人的绝对的爱和绝对的权威,同时亦决定了人对“上帝”的信赖和在“上帝”面前的谦卑。人在“上帝”面前一无所是,这是基督教在确立人与“上帝”之间的关系时的根本出发点,同时也是遭到人本主义批判的地方。克尔凯郭尔在《附言》中对此极力强调,并将之视为人成长为宗教性的个体的必要条件,这一点确凿无疑地反映出他的宗教虔敬主义立场。“在宗教的意义上,个体的任务是要明白,他在上帝面前一无所是,或者说他要变得什么也不是并且就此而在上帝面前活下去。他需要让这种无能为力的意识经常性地呈现在他面前,而它消失之际也就是宗教感消失之时。”[②]这里面还有一个时代背景的因素。当克尔凯郭尔极言“人在上帝面前一无所是”的论调的时候,他脑子里想的是那些口若悬河的牧师们和沾沾自喜地自以为理解了一切的听众。他认为,牧师们在滔滔不绝地布道的过程中实际上只是在欣赏自己的才能,而不是在

① 在《哲学片断》中,克尔凯郭尔多次提出人或“学生”是处于这种“Usandhed”的状态的。

② 《克尔凯郭尔全集》第 7 卷,第 419 页,2002;克尔凯郭尔《附言》上卷,霍华德·洪、埃德娜·洪英译,第 461 页,新泽西,普林斯顿大学出版社,1992。

接受“上帝”,他们早已远离了基督教的精神。

克尔凯郭尔极力强调个体在“上帝”面前的谦卑和无能为力的另一个目的,在于树立起个体与个体之间的平等关系。前面提过,克尔凯郭尔并不认同民主运动的结果,认为它所带来的只是人的“平均化”,真正意义上的“个体”并没有出现。“个体”的出现需要绕到“人在上帝面前一无所是”这一点。面对绝对的“上帝”,再卑微的个体也能单独作出属于他自己的决定,而任何个体都不允许自视高于同类,更不允许凭借自己与上帝的关系而从同类当中凸显出来。如果承认每个人都是上帝的孩子,那么我们就是平等的,不管你是牧师,还是教堂执事,还是普通会众。因为无论是谁,在“上帝”面前我们都一无所是,因此我们不能对另一个人拥有权威,只有“上帝”才对我们拥有绝对的权威。而“绝对的权威”的意思是说,这种权威是排他性的,除了“上帝”这个绝对的至上存在能够对我们发号施令之外,再也没有什么人能够对他者拥有权威。因此,只有以“上帝”这个绝对权威为前提,个体之间的平等关系才能够确立。在克尔凯郭尔去世后出版的一部题名为《单一者》(*Den Enkelte*)的作品中,他则更直接地称个体借助于“上帝”的关系而建立起来的平等是真正意义上的平等关系。他说,“只有宗教——借助永恒的帮助——才能将人的平等推至最终的结局,那是一种神性的、本质性的、非世俗的,并且是唯一可能的人类的平等。因此,让我们带着荣耀来说吧:宗教是唯一真实的人性”①。

关于“个体如何成为基督徒”的问题,克尔凯郭尔在此排除了教会的势力,淡化了宗教仪式的作用,摒弃了知性理解作用的帮助,而将“信仰”变成了一桩个体与“上帝”、与“永恒福祉”之间的“密谋”和约定。这个约定是纯粹的、绝对的。其原因在于,“上帝”是我们所应追求的一个绝对的目标,是我们生存的前提和依据,这一点要求我们以“绝对的”精神去追求这个“永恒”,用克尔凯郭尔的话说就是,“与绝对建立起绝对的关

① 《克尔凯郭尔著作集》第18卷,第150页,1963。

系，与相对建立起相对的关系”。[①] 事实上，个体能否与“永恒”建立关系并不关乎“上帝”的存在，而只关乎个体的存在；因为是个体需要“上帝”这一绝对存在的支持，而不是相反。个体对“永恒福祉”的追求应该不带任何功利目的的，也就是说，不应考虑自己能否得到拯救的问题，因为此事的决定权不在我们，而在“上帝”的意志。事实上，当克尔凯郭尔提出“主观真理”说的时候，他就已经把个体能否获得“永恒福祉”的结果这件事抛在了一旁，而将注意力放在了对“永恒福祉”的追求过程之上了。正是这一点使得他的思想具有了现代的维度。克尔凯郭尔引用莱辛的话说，假如上帝将所有的真理握于右手，而把对这真理的永恒追求握于左手，他将选择这只左手。[②] 这样一来，克尔凯郭尔彻底否定了把“成为一名基督徒”视为一劳永逸之举的行为，把个体与“永恒”之间建立关系的事业变成了一个过程。因为人是处于不断地“生成”进程之中的，人的生存就是一场不懈的斗争过程，它是对“永恒福祉”的不断的“接近”。

个体与“永恒”的维系还有一个关键问题：个体靠什么去追求“上帝”？个体的存在是有限的、时间性的，而“上帝”则是无限的、永恒的，因此，从认知的意义上说，个体永远都达不到“上帝”这一存在中最大的“客观不确定性”。可是，摆在人面前的任务是，明知“上帝”不可知、不可企及，但是我们还是想去接近“上帝”，因为“上帝”是我们存在勇气的源泉。故此，人类只有一条路可走，这就是以发自内心的“激情”永无休止地去接近这个“客观不确定性”，这就是“信仰”。换言之，在明知我们最终的目标不可能达到的情况下仍以充沛的激情向那个目标前进，这个对于知性而言的“荒谬”恰恰就是“信仰”的天地。我们知道，康德曾通过理性的批判为科学知识、伦理、宗教和艺术划分出了界限，使我们明白了各自的范围，而克尔凯郭尔却要在这种不可能的情况下仍要使人迈出僭越的步

① 《克尔凯郭尔全集》第 7 卷，第 392 页，2002；克尔凯郭尔：《附言》上卷，霍华德·洪、埃德娜·洪英译，第 431 页，新泽西，普林斯顿大学出版社，1992。这意思让人联想到《马太福音》(22：21)中的话：“恺撒的物当归给恺撒，神的物当归给神。”

② 参见《克尔凯郭尔全集》第 7 卷，第 103 页；克尔凯郭尔：《附言》上卷，第 106 页。

伐。于是,“信仰”成了一个去经验“不可能性”的冒险过程。在这个旅程中,起决定作用的不是理解,而是行动;不是行动的结果,而是行动本身。因为说到底,这行动只关乎个体,它是个体的内在激情的需求。正是在这个意义上我们才说,克尔凯郭尔的思想具有现代意义。

但是,如果“上帝”成了“客观不确定性”的代名词,而“信仰”成了个体以其充沛的激情面向无限、倾听无限的一种冒险,那么,作为一种制度性的基督教——用克尔凯郭尔自己的话说,就是“《新约》基督教”——是否还能够存在下去?而如果“信仰”的维系点只在于“激情”的话,那么克尔凯郭尔所说的“信仰”事实上已经模糊了神学意义上的信仰与世俗生活中“对不可能性的无限追求”之间的界限。再退一步来讲,即便克尔凯郭尔所指称的信仰就是对“《新约》基督教”的信仰,在他彻底地摒弃了知性在信仰领域中的作用之后,个体对“永恒福祉”的追求也就转变为一个纯粹个体化的行为,信仰成了个体与“上帝”之间的“密谋”,那么,该由谁来评判个体所倾听到的“启示”的真伪呢?换言之,我们怎么才能避免在关于启示问题上的唯我论,把宗教狂热分子与真正的信徒区别开来呢?可惜克尔凯郭尔未能对这些问题给予令人满意的回答。1847 年克尔凯郭尔写作了《关于阿德勒之书》(*Bogen om Adler*),其中他激烈地抨击了一个自称受到了上帝的“独家启示”的假使徒阿德勒,提出了应该以良知来衡量启示真伪的问题,但是他始终未提到知性和理性在信仰问题上所应起到的评判作用。① 具有反讽意味的是,上述这些问题都是从基督教思想自身出发而对克尔凯郭尔思想中信仰至上主义立场所提出的质疑和批判。倘若我们从人本主义的角度来审视上述问题的话,它们所表现出的恰恰是克尔凯郭尔思想中先进的一面。换言之,不管克尔凯郭尔本人是否意识到,他的思想内里都有着一种解构神学意义上的信仰的力量。也许正如克尔凯郭尔在《附言》中谈到“激情”的时候所说的那样,

① 参见克尔凯郭尔《关于阿德勒之书》,霍华德·洪、埃德娜·洪英译,新泽西,普林斯顿大学出版社,1998。

“任何一种激情的至上力量总是希求着自身的毁灭”[1]，并且这种对毁灭的渴求往往是在它不自知的情况下发生的。当克尔凯郭尔极言“激情”之于“信仰”的重要性的时候，事实上他也造成了这信仰的毁灭。

① 参见《克尔凯郭尔全集》第 4 卷，第 243 页，1998。

第十二章　海德格尔

海德格尔是当代西方哲学中的一个谜。“自苏格拉底以来，没有谁能够像海德格尔这样遭际到如此不同的毁誉褒贬。”[①]海德格尔与纳粹的关系，他思想的离经叛道，尤其是他那让习惯于直线思维的人们深感挫折并因此而痛恨不已的表述风格，使他成为卡尔纳普眼中最恶劣的形而上学范例、罗素《西方哲学史》里容不下的异类、令多少人愤慨的老顽固，以及被记者和思想史家们追捕的疑犯。但另一方面，在欣赏海德格尔的人们(其中不乏一些著名哲学家与思想者)中的激进者看来，海德格尔不只是20世纪最有创新力和影响力的西方哲学家，也是能够与柏拉图、亚里士多德、黑格尔这些西方哲学伟人相比拟的思想巨匠。[②] 苏格拉底生前身后也曾激起过判然不同的评价，他的“申辩”和被(民主制的合法程序)“处死”也曾是长期争论的疑案，需要一个深长拉动的历史镜头，才能缓缓呈现出一个有着某种稳定性的哲学家形象。以海德格尔思想的尺度而言，这些评论家们，尤其是西方评论家们离它是太近了。那么，东亚的，尤其是中国的评论者们是否站在一个更合适的理解海德格尔的距离

① 乔治·斯坦纳:《海德格尔》，李河、刘继译，第9页，中国社会科学出版社，1989。

② 参见同上书，第6页。

上呢？如果我们确是文化上和思想上的东亚人或中国人的话，回答应该是有几分肯定的。海德格尔生前从他同时代的西方哲学家那里得到的几乎都是误解和不解①，但他却自20世纪20年代后期就开始关注中国的道家，以帮助自己实现思想上的"转向"，从而更清楚地理解他所处的文化和思想的形势。所以一位对海德格尔很有研究的韩裔美国学者讲："一些德国哲学评论家认为海德格尔对老子的兴趣，是他一生中很重要的插曲。……所以[他们认为]不知道老子的学说就不能很好地理解海德格尔。"②这样看来，我们与西方的距离和差异，在理解海德格尔的问题上，可能确实具有某种解释学的积极效应。

不管怎样，弄懂海德格尔是了解当代西方哲学，尤其是胡塞尔之后的欧陆哲学发展的绝对必要的一环，也是了解西方当代思潮与文化中的深层问题和中西哲学关系的一个契机。草草扫视一下当代西方思想，就可以举出这样一些明显受过海德格尔思想影响的思想家们的名字：萨特、梅洛-庞蒂、伽达默尔、阿伦特、利科、福柯、列维纳斯、拉康、德里达、马塞尔(Gabriel Marcel)、阿多诺、阿佩尔(Karl-Otto Apel)、哈贝马斯、布洛赫(Ernst Bloch)、布尔特曼(Rudolf Bultmann)等，而且，海德格尔的学说还越出了哲学领域，涉及神学、文学批评、历史学、心理分析和广义上的人文学科，也超出了一般意义上的学术研究范围，延伸至那些进行文化创造的人们，比如诗人、艺术家、作家，甚至建筑师。海德格尔在中、日、韩的影响则更有日渐扩大和深化的趋势。简言之，海德格尔思想既是德国的，更是国际的，也是文化际的(intercultural，transcultural)；在我们这样一个趋向全球化和"文明冲突"的时代，它不应被忽视，也无法被忽视——无论从哪个角度讲。

---

① 比如，海德格尔在20世纪20年代引为自己"战友"的雅斯贝斯，在50年代"以赞成的态度把勒维特(Karl Löwith)的一句话抄了下来：'事实是没人能够声称，他懂得了海德格尔所谈的那个存在、那个秘密是什么。'"引自萨弗兰斯基(Rüdiger Safranski)《海德格尔传》，靳希平译，第516页，商务印书馆，1999。

② 曹街京(Kah Kyung Cho)：《海德格尔与老子》，张祥龙译，载于《在北大听讲座第七辑——思想的乐章》，文池主编，第196页，新世界出版社，2002。

我们将从海德格尔的生平谈起,介绍这位从生到死都处于“争执”与“问题”之中的思想家的生命路程。要进入一个以“人的实际生活经验本身的形式指引”为命脉的思想,首先就必须在某种程度上了解这位思想者的实际生活,其重要性与必要性就如同要了解他的表达方式一样。在这里,“是助跑决定了一切”。① 第一节介绍海德格尔的生平与著作。第二节,我们来审视他的思想形成期(约 1910—1923),其中隐藏着理解海德格尔全部思想事业的方法论钥匙,即“人的实际生活经验的形式显示”;迄今为止,还鲜有人能充分领会之。第三到四节将讨论海德格尔前期思想的代表作《存在与时间》,从它的文本特征、思想方式、表达方式、主要思路和未完成的理由等方面来介绍它的内容、特点与成就。第五节将分析海德格尔思想从前期“转向”后期的原因与表现,不可避免地要涉及老庄的德文译本在其中所起的作用。第六节介绍海德格尔的后期思想,其分量和精彩并不亚于他的前期作品。②

第一节 生平与著作

海德格尔(Martin Heidegger)1889 年 9 月 26 日出生于德国巴登-符腾堡州的梅斯基尔希镇(Messkirch,以下简称“梅镇”)一户笃信天主教的家庭。巴登-符腾堡州位于德国西南角,与瑞士和法国毗邻,著名的黑森林山脉就在此州的西南部。海德格尔是家中长子,父亲弗里德里希·海德格尔(Friedrich Heidegger,1851—1924)是梅镇的圣马丁天主教堂的司事 (Mesner)。这是一种管理教堂杂务的低级神职工作,负责敲钟、看守教堂、挖掘墓地、辅助神父做弥撒等。除此之外,他还要做箍桶木

① 参见《形而上学导论》,第 134 页,图宾根,马克斯·尼迈尔出版社,1987;中文版《形而上学导论》,熊伟、王庆节译,第 176 页,商务印书馆,1996。

② 此章是笔者依据一些新的研究体会以及本人关于海德格尔的著述而撰写,所以借助了以前出版的两本书中的某些材料和段落。这两本书是:《海德格尔思想与中国天道——终极视域的开启与交融》(生活·读书·新知三联书店,1996)与《海德格尔传》(河北人民出版社,1998)。

工，以维持生计。海德格尔的母亲约翰娜·肯普福·海德格尔(Johanna Kempf Heidegger，1858—1927)是一位天性乐观、有情趣而又勤劳的人，给子女们留下深刻的印象。[①] 海德格尔有一个兄弟，名为弗里茨(Fritz)，逊他五岁。兄弟俩感情至厚。另外还有一个妹妹，名为玛丽乐(Mariele)。

在海德格尔出生之前，当地发生了一场直接影响到这个家庭的教派争端，这就是国家支持的老天主教派与认同罗马教皇的正统天主教派之争。1875 年前后，代表国家利益的州政府支持梅镇的老天主教派，判定此教派也可以使用圣马丁教堂。正统天主教派则认为此举亵渎了神殿，愤然撤出，并将附近的马丁礼堂(Martin Saal)改建为一所"应急教堂"。就在那个比较简陋的避难所和受"官府"压抑的气氛中，海德格尔的父亲行其司事之职。在一所位于临时教堂对面的旧房里，海德格尔呱呱坠地并在临时教堂受洗。到了 19 世纪 90 年代，老天主教信徒在梅镇的人数减少。1895 年，圣马丁教堂被发还给正统天主教派，海德格尔一家终得以搬回这座教堂的司事房居住。[②] 1895 年 12 月 1 日，梅镇举行了节日般隆重的礼拜仪式，正式交接教堂。海德格尔意外地在其中扮演了一个"关键角色"。老天主教的司事耻于将教堂钥匙直接交给他的接任者老海德格尔，看到司事的儿子正在教堂前玩耍，就把这钥匙塞到了他的小手里。这样，6 岁的海德格尔就为期待着的人们带来了打开圣马丁教堂之门的钥匙。当这个孩子长大之后，就称这类"开启(a-letheia)"为原本意义上的"真理"。

这个家庭的生活中心就是圣马丁教堂，它也是这个小镇的生活韵律的体现。每天数次、礼拜日、圣诞节、复活节，或逢丧事时，钟声都会从教堂的钟楼上响起。海德格尔在《钟楼的秘密》("Vom Geheimnis des Glockenturms"，1956)这篇短文中，回忆了这浸透了他的童年和少年、充

---

① 参见张祥龙《海德格尔传》，第 14 页，河北人民出版社，1998。以下关于海德格尔的生平，多有参考此书之处，不再一一注出。关于这方面的事实，读者还可以参阅萨弗兰斯基《海德格尔传》，靳希平译，商务印书馆，1999。

② 那所房屋现在被命名为"海德格尔之屋"(Heidegger Haus)。

满了时间牵挂(Sorge)和生存韵律的钟声。从狭义上讲,这钟声象征着神的时间化和人生境域化。在海德格尔的早期教学,特别是关于基督再临的时间性的宗教现象学演讲中,以及他的成名作《存在与时间》中,我们都一再听到这熟悉的钟声。而且,“以转化了的和不可重复的方式”,这钟声也回响在他后期对荷尔德林诗作的解释之中。那曾经“穿过年轻的心”的钟声势必“将它的最后一声也送入存在的隐藏之处”,在那里久久回荡不绝。①

家乡给海德格尔的另一种持久的影响来自“田野道路”。由他的《田野道路》(“Feldweg”,1947—1948)一文可知,这道路穿过四时变化的田野和森林,林边橡树下有一个粗木长椅。就在这长椅上,青年海德格尔读了“伟大思想者们的作品”。每当无法弄通书中的问题时,他就走回到这田野小道上,而这小道给予思想脚步的帮助就如同它给予农人的脚步那样无形无私。实际上,这些回忆田野道路的文字中处处都有他的重要思路的映射。对于这位以“道路,而非著作”②为思想生命的人而言,这道路本身就在“召唤(Zuspruch)”。毫不夸张地说,海德格尔的一生就是在努力倾听这道路的召唤中度过的。就在这田野道路的氛围中,他读到布伦塔诺讨论亚里士多德“存在”观的书,被唤上探讨存在含义的道路;为了解决其中的问题,他又走上通向《存在与时间》的“现象学道路”;以后,又是“通向语言的道路”;而且,他以这发生境域化了的“道路”来理解和解释老庄的“道”或中国的“天道”,一点不假地“在一个遥远的来源中产生出了家园”。③ 实际上,“道路(Weg)”这个词及其动态形式(Bewëgung,开道)在他的著作中的地位就相当于“(自身的)缘构发生(Ereignis)”,有着比“存在(Sein)”更本源的含义。④

---

① 参见《海德格尔 80 诞辰纪念集》,第 10 页,法兰克福,克罗斯特曼出版社,1980。

② 这是海德格尔临终前关于《海德格尔全集》所说的话。见《海德格尔:透视对其著作的阐释》,奥托·珀格勒编辑,第 404 页,魏恩海姆,1994。

③ 参见《海德格尔 80 诞辰纪念集》,第 15 页,法兰克福,克罗斯特曼出版社,1980。

④ 参见海德格尔《在通向语言的道路上》,第 260 页注释,普夫林根,内斯克出版社,1986;中文版《在通向语言的途中》,孙周兴译,第 222 页注释 2、第 223 页,商务印书馆,1997。

1903年,14岁的海德格尔受教会基金会的资助,到离家50公里之外的康斯坦兹寄宿学校读初中,最终目的是成为一名神父。从这时起直到1916年的13年中,海德格尔一直处于依靠各种经济资助的紧张状态中。1906年,海德格尔进入弗赖堡(Freiburg,位于梅镇以西约一百公里处)一所教会办的文科中学读高中,直到1909年。从此,他的生活与弗赖堡以及周边的黑森林地区结下了不解之缘。这中学的六年时光对于这位来自梅镇的少年人是极关键的。在海德格尔的回忆中,这是“一段硕果累累的学习经历。除了教科书之外,我还被给予了日后将具有持久意义的一切东西”[①]。在这段时间中,海德格尔开始读对他有终生影响的荷尔德林的诗作,同时对数学产生了极大兴趣。因此,他后来的博士论文与教职论文都与逻辑问题有关。

1907年夏季,正读高中的海德格尔回家乡度假,与那位也是回家度假的格约伯(K. Gröber)神父相遇。这位曾帮助他求学的“父辈的朋友”希望这位有志于神父事业的年轻人能通晓亚里士多德的形而上学,以便熟悉托马斯的神学。在一次田野小道的散步中,格约伯送给快到18岁的海德格尔一本将影响他一生事业的书——布伦塔诺的博士论文《论存在(Seiende)在亚里士多德那里的多种含义》(*Von der mannigfachen Bedeutung des Seienden nach Aristoteles*, 1862)。此书唤起了海德格尔对于“存在”这个古希腊问题的强烈兴趣,并引发了这样的疑问:“既然‘存在’有这样多的意义,哪种是它最根本的含义呢?”尽管在当时他无法找到满意的答案,但此问题久悬于心,促使他多方索求、苦苦思考,反倒引他超出了神学的视野而走上了探究“存在的本义”的哲学思想道路。

1909年,海德格尔以优异成绩从高中毕业,想加入耶稣会,但因“神经性的”心脏病问题而被拒,于是入弗赖堡大学神学系。当时,这位神学学生的保守信仰与他对深层的、不受制于现代框架的人性自由的追求混而不分,这体现在他对两百多年前的一位同乡、天主教著名神父亚伯拉

---

① 海德格尔:《早期著作》,前言第10页,法兰克福,克罗斯特曼出版社,1978。

罕的崇敬之中，并表达于他的处女作《记亚伯拉罕·阿·桑克塔·克拉哈纪念像揭幕仪式》(“Abraham a Sankta Clara—Zur Enthüllung seines Denkmals in Kreenheinstetten”)里。大学三年级第一学期，他因心脏病再次发作而休学，后被迫退出神学系。病愈后几经努力，才得以重返大学，改学哲学和自然科学。大学期间，他受到胡塞尔现象学的有力影响，神学解释学也一直牵引着他的追求。第一次世界大战刚结束，出于哲学活动所要求的“内在真诚”和另外一些原因，他公开与天主教意识形态决裂，但又终生未正式抛弃教徒身份，没有成为新教教徒，更谈不上变成自由主义的知识分子。这种信仰上的矛盾是他人生里一根“总在肉中作痛的刺”；另一根是他与纳粹的关系。

海德格尔于 1913 年以《心理主义中的判断理论》(“Die Lehre vom Urteil im Psychologismus”)一文获得博士学位，1915 年夏以《邓斯·司各脱的范畴和意义学说》(“Die Kategorien- und Bedeutungslehre des Duns Scotus”)一文和题为“在历史科学中的时间概念”的演讲获得了讲师资格，并于当年末在弗赖堡大学开出第一门课。1916 年，胡塞尔到弗赖堡大学任教，几经努力，海德格尔与这位让他心仪已久的现象学大师建立了师徒般的亲密关系。

海德格尔主要思想的形成有这样三条线索：第一，从布伦塔诺到胡塞尔的现象学，再到拉斯克(新康德主义、胡塞尔与亚里士多德的结合)，乃至回到《纯粹理性批判》第 1 版时的康德；第二，生命哲学(尼采、柏格森等)、解释学(施莱尔马赫，尤其是狄尔泰)、埃克哈特(Meister Johannes Eckhart)的神秘主义和克尔凯郭尔的生存主义；第三，从布伦塔诺到古希腊(以亚里士多德为主)，再到中世纪唯名论(司各脱)和海德格尔大学期间的老师布亥格(C. Braig)的实在论。在这三者开始交汇的过程中，他写成博士论文和教职论文。到 1919 年，经历了一系列人生事件，即震撼西方世界传统价值观的第一次世界大战、与信仰新教的埃尔福丽德·佩特里(Elfride Petri)小姐结婚、信仰的转变等等之后，海德格尔达到了思想上的突破，使上述几条线索在深刻意义上相互交融，化去其中的形而上学框架与价值预设，找到了自己的独特思想方向。1920年，他对《新约》作出生存时机化（kairology）的解释，明确表达出"实际生活经验本身的形式显示"这样一个现象学-解释学方法。其后，又在古希腊，特别是亚里士多德的哲学中欣喜地发现了一个不为人知的现象学天地。

1923年，在胡塞尔强有力的推荐下，海德格尔以一篇用现象学-解释学方法阐发亚里士多德的手稿（所谓《纳托尔普手稿》（*Natorp-Bericht*）获得马堡大学的正式聘任，成为那里的副教授。在马堡大学教学和准备《存在与时间》期间，他的学术名声在学生中流传；此外，他与犹太血统的女学生阿伦特之间产生了婚外恋情，但他在许多年间成功地"遮蔽"住了真相。阿伦特后来流亡美国，成为著名的学者。

以重新解释亚里士多德的努力为开端，依据《时间概念》（*Der Begriff der Zeit*）、《时间概念史导论》（*Prolegomena zur Geschichte des Zeitbegriffs*）的手稿，海德格尔于1926年在托特瑙（Todtnau）山中写出了《存在与时间》的前一大半，并于次年在胡塞尔和舍勒编辑的《哲学与现象学研究年鉴》第8卷上发表了充实后的全文。这本书为他赢得盛誉，并经受了时间考验，成为20世纪为数不多的几本最有影响的哲学著作之一。此书表达新颖、意境深邃，使得人们容易受其吸引，但很难作出合适的解释与评论。海德格尔在随后的几年内发表了一些著作来进一步说明，但并没有从根本上改变广泛存在的误读和误解此书的局面。

更奇怪的是，正当这本书的影响日益扩大，他的学术事业顺利进展之时，海德格尔却在1930年前后发生了思想的"转向"。除了《存在与时间》遇到的困难之外，另外的起因之一就是他对于荣格尔著作的反思。①海德格尔认为荣格尔对战争和现代技术的看法极为真实深刻，展示出西方形而上学和数理科学如何通过尼采"对力量的意愿"而表现于这个时代。要避免这赤裸裸的现代化技术力量给人类带来的巨大危险，就必须

---

① 参见荣格尔《总动员》，载于《关于海德格尔的争论——批判性读本》，沃林编，第128页，剑桥，麻省理工学院出版社，1993（以下所引此书均为此版本）。

超出西方形而上学的基本视野和语言,实现一个拓扑式的而非简单断裂的"转向"。它的一个重要表现就是不再只以知识带来的"光明"或"去蔽('祛魅')的真理"为真实所在,而也要看到"黑暗"或"隐藏着的神秘(大地、传统、诗、自然的神意)"对于人的终极含义。因此,海德格尔在1930年作《论真理的本质》("Vom Wesen der Wahrheit")的演讲时,引用了《老子》第二十八章中"知其白,守其黑"一语。其德文的表达是,"那知其光亮者,将自身隐藏于黑暗之中"[①]。它的含义就是让技术力量"转回到"人生的缘发生境域和诗性之道言中来,在"阴阳"或"明暗"相济相生中重获自己的原本形态——技艺或广义的艺术(techne)。1958年,海德格尔在另一篇文章中再次引用了老子的这句话,将赤裸裸的知性光亮比作原子弹爆炸时"比一千个太阳还亮"的致死之光;认为困难而又最关键的是"去找那只与此黑暗相匹配的光明"。[②] 因此,转向后的海德格尔更多地关注"语言"和"技艺/技术"等问题,而不是"缘在(Dasein)"的"时间性"的问题。

在这种要转化现代技术文化的动机驱使下,加上其他一些原因,海德格尔于1933年卷入了纳粹运动。他的思想与国家社会主义的相似之处是:反现代主义与对于人的生存空间和原本联系(比如"土与血")的关注。但是,海德格尔对所有这些问题的理解是非现成的、纯境域的、发生式的,与纳粹的崇拜技术力量、鼓吹种族主义和攫取领土大不相同。然而,他那时的自我感觉太好了,相信自己可以"转化"这个运动,使之成为拯救西方文化的"健康力量"。1933年5月,他就任弗赖堡大学校长,参加了纳粹党,并在某些言论与行为上追随这个运动。但他的校长就职演说表达出了他要为此运动寻找更深刻的"本性"的愿望。当然,这根本无法实现,他与纳粹意识形态的冲突从一开始就表现出来。比如纳粹教育部部长在听了他的就职演说后,立即指责他不讲种族,是"自创的国家社会主义"。以后也是冲突不断,致使他在就职10个月后就辞职。这之

---

① 张祥龙:《海德格尔传》,第236页,河北人民出版社,1998。
② 同上书,第325—326页。

后，他只能在教学和写作中去追究西方形而上学与现代技术体现出的"对力量的意愿"的关联。这样，在20世纪30年代中后期和40年代上半叶，他最关注的是两大类问题：一是如何深入理解和解构西方形而上学的历史，弄清这历史与虚无主义和现代科学技术的关系；二是探讨艺术(技艺)、语言(诗)的本性，看它们如何为处于危险中的人类保存了某种更重要的东西(比如"物性")，在天、地、神、人的四相圆舞或"缘构发生"之中带来拯救的希望。关于尼采、黑格尔和其他西方哲学家们的探讨属于第一类问题，而对荷尔德林诗作的解释则是解决第二类问题努力中的最突出者。

1945年，盟军攻占德国西南部。海德格尔因其纳粹问题受到审查，写了《1933/1934年的校长任职：事实与思想》("Das Rektorat 1933/34. Tatsachen und Gedanken")的辩护文[①]。他身心交瘁，大病一场。1946年底，清除纳粹委员会决定禁止他的一切教学和公开学术活动。此禁令直到1951年才取消，海德格尔得以正式退休。具有讽刺意味的是，正值法国占领军当局审查他时，海德格尔《关于人道主义的书信》(*Brief über den Humanismus*)和他的思想在法国知识界却产生了巨大影响，历经几十年而不衰。法国当代哲学的领潮者鲜有不与"海学"打交道的。

就在海德格尔最痛苦之时，他又遇到了中国学者萧师毅，并向萧提出共同翻译老子的《道德经》。这样，在1946年暑假三个月的每个周末，他们在托特瑙山中小屋[②]中一起从事这项使人"知其白，守其黑"的工作。但萧师毅逐渐感到不安，并最终退出，因为海德格尔的做法更像研究和探寻中文原本，而不是按萧师毅告诉的现成意思去写出德文译文。尽管

① 参见《马丁·海德格尔和国家社会主义：问题与回答》，内斯克、凯特林编，哈里斯英译，第15—32页，纽约，帕瑞根出版社，1990。

② 此小屋(Hütte)是海德格尔在其夫人埃尔福丽德帮助下，于1922年在距弗赖堡25公里处的托特瑙山上海拔1150米处建造的。那里山高林密，但小屋周围是大片草地，因而视野开阔，能够充分感受到天地山川的宏大气象。自那时起，海德格尔经常在此度假写作。20世纪40年代中期之后想必更经常在此居住。关于它的更多情况，可参见张祥龙《海德格尔传》，第130—132页，河北人民出版社，1998。

这样,这次合作影响了海德格尔以后的写作,以致他敢于在 20 世纪 50 年代和 60 年代公开发表的文章中讨论"道"并引用老庄。他青少年时期行走其上的"田野道路",经过他成年时期的托特瑙山的"林中路",最终与中国的"天道"相交接。他那时在山中写的诗"出自思想的体验",就很有道家意境。

然而,他的"道(Weg)"不只是道家之"道",还是牵连着西方的源头或神意的道(逻各斯),不管这"神"意味着解释学化的基督教之神,还是荷尔德林诗歌所召唤的古希腊之神。对于他,这些神及其时机化、艺术化的思想体现同样是人类未来的希望所在,是我们应该以生动的方式"等待"着的那样一个纯境域的"来临"。所以,在 1966 年 9 月《明镜》(*Der Spiegel*)杂志采访时海德格尔说了这样一句话:"只有一个神能救我们。"当然,只有充分明了这"神"的非现成的、纯境域的含义,才能看出此种说法中的"道"性。

1976 年 5 月 26 日,海德格尔逝世于弗赖堡。按照他的遗愿,遗体运回家乡安葬。关于这个葬礼的宗教性质,海德格尔的亲属之间也存在着很大的争议。[①] 他的墓碑不像左右父母和胞弟的墓碑那样带着十字架,而是镶刻着一颗闪烁的星,一颗"让自身没入深深泉源的黑暗中"的星。[②]

总之,这是一位"永远在道路之中"的思想者[③],是个深刻意义上的"有争议人物"。关于其政治立场、道德人品、宗教信仰、著作含义、道家情结,甚至其葬礼的性质,都令人争论不休,而这种不安宁状态也恰是这个时代特征的反映。但最重要的是,就是在这追寻本源的道路之上,出现了那只在其中才会出现的独特境界和这境界本身回荡出的"钟声""语言"和"诗"。

---

① 参见张祥龙《海德格尔传》,第 20 章,河北人民出版社,1998。

② 参见同上书,第 334 页。

③ 参见同上书,第 331 页。此为威尔特(Welte)在海德格尔葬礼上所宣读的悼词中的引语。

第二节　思想的形成

上面已经提到关于海德格尔思想来源的三条线索，可简称为现象学与康德的线索、生命哲学（含狄尔泰的生命解释学）与生存主义的线索、古希腊（以亚里士多德哲学为主）的线索。对于它们，这里不可能都涉及到，只能择其要者加以讨论。从实际的启发效应和方法论上的分量来讲，胡塞尔的现象学是最重要的。① 而现象学与生命-生存哲学的创造性结合和深化导致了海德格尔独特的思想方式与表达方式的产生，由此打开了他理解亚里士多德与康德哲学的全新视野。所以，我们就从海德格尔对胡塞尔现象学的接受、改造和批判、深化讲起，看他自己的思想是如何形成的。

一　对胡塞尔现象学的吸收与改造

胡塞尔从布伦塔诺那里得到了“意向性（Intentionalität）”这个至关重要的思路。布伦塔诺用它来区别心理现象与物理现象。任何心理现象都是意向性的，也就是说，任何造成心理现象的活动不是对分立的感觉材料的纯被动接受，而是一种基于表象活动的对象指向，即对于某种内在的客体或“内存在”的指向和包含。所以，在知觉中总有某物被知觉，在判断中总有某物被肯定或否定，在爱、恨、怀疑、相信中总有某物被爱、被恨、被怀疑、被相信，等等。这样看来，“意向性”显示出了一种“必然要更丰富”的意识模式，即意识的经验**过程**必定要超出实项地（reelle）

① “胡塞尔的《逻辑研究》对于我的学术发展产生了决定性影响。而且，他的更早些时的算术哲学著作使数学向我呈现出了全新的面貌。”这是海德格尔于 1915 年提交教职论文时写在自述简历中的话（参见奥特《马丁·海德格尔：政治生活》，布伦东英译，第 84—85 页，伦敦，1993）。类似的说法可在他此后的各个时期找到，一直到晚年。的确，胡塞尔的现象学对海德格尔的思想形成从方法论上起到了最重要的作用。如果没有与胡塞尔相遇，海德格尔的思想完全会是另一个样子，尽管两者从一开始就有所不同。不过，这段师生式的、令当事人非常愉快的因缘到 20 世纪 30 年代带有了政治色彩，双方从学术上和感情上相互排斥，并且因各自不同的方式受到伤害。

经验到的东西，比如感觉材料，而指向更高一维的内在对象。当然，这"多"出者可以被认为是"仅仅心理的、(狭义)意向的"，就如同布伦塔诺所认为的那样，但它毕竟表明了一种新的意识活动的维度，即一切意义现象都不可避免的、由提交活动本身实行着的"虚构"活动。如果能进一步认识到，这样一种**必然的**虚构既不同于事后的再现，也不同于概念的建构，而是原初的意义构成或意义赋予，那么就可明白，被如此这般地构成者绝不止于个人的心理对象，而是一切理智活动所由出的"意义"。它具有可交流的客观性(主体间性)、跨越物理时间的稳定性，及指向那些超出感觉的实项内容但又被当下活生生地体验着的意向对象的能力。简言之，这种构成意义的意向行为可以不离直接经验地提供"多中之一"，而这个"一"比它由之而出的"多"在逻辑上更高阶，但又并不在抽象的意义上更高阶，而是在体验过程中活生生地由这些"多"供养着、维持着、构成着。

胡塞尔看到并实现出了这种极具革命性的理论可能，用这超出了心理主义的意向构成的和赋予意义的模式来说明人的一切意识活动，比如知觉、回忆、相信、情感等，说明意向活动所构成者(意义和意向对象)正是我们知识的根基，因而超出布伦塔诺，开创了现象学的方法。这种新的方法论意识在传统哲学认为是分裂的，因而要去费力地建立起认识联系的地方，比如感觉材料与知性概念、现象与本质、个别与一般、当下与过去及未来、多与一等之间，看到了一种**原本就有**的，由直接经验本身提供的内在关联。所以，现象学无须去做外在的建构，而只需去对"事情本身"进行"描述"，因为这描述所暴露出的正是原本的意义和意向对象的构成。"对象""本质""自明的观念"都是由这种赋予意义的活动指引出、显现出和充实着的。对于这样一个以严格的、"逻辑研究"的方式所揭示出的新方法论视野，这样一个有助于突破两千多年的传统西方哲学二相分叉式的思维方式的新思路，海德格尔极其重视，在多少年中受它的决定性影响，并以自己的方式深化之，使其具有根本的存在论含义。

为了充分展示意向性的哲学的而不只是心理学的含义，胡塞尔提出了许多新概念、新术语，建立了以意向性为根基的意识现象学。这其中最引人注目的有还原、本质直观、构成等方法和思路。其中尤以意向性的构成学说最有启发性，内容也最丰富。它讲的主要是意向行为(noesis)构成意向对象(noema)的方式、前提、结构，及其在不同层次和意义上的表现。为了说明这种构成，胡塞尔除了提出意识行为的质性与质料的区分、意向行为对于材料的统握或立义(Auffassung)、意义与充实的不同与关系、客体化行为与非客体化行为的区分等学说之外，还发现意向性构成的最关键的前提和中介是视域(Horizont)。而他对内时间意识的分析则显示出，视域以及通过视域来理解的时间意识对于构成学说来说是最原本的，它们为意识中的一切综合或构成提供了发生性的基础。后期他就从内时间意识发展出了在我思(主动意向活动)之前、以"被动构成或综合"为特征的发生现象学，从而在一个更深入、更动态、更原本的意义上说明了本质直观的可能，并同时提出了"生活世界"这样一个在所有的科学的和反思的活动之前的、让意义得以发生的境域的学说。由此也可看出，在胡塞尔的现象学中已经潜伏着一个解释学的和前反思的构成视域。但是，由于受到传统的观念化与主体化哲学的影响——以科学为知识的楷模，胡塞尔没能够让意向性视域构成的思想充分发挥出来，达到存在论的或最本原的层次，因而还在坚守"先验主体性"这样一个自我收敛极的最高地位，在某种程度上还受到主体与客体分叉这个近代西方哲学传统的束缚。

海德格尔在形成自己的基本方法论倾向时(约1909—1919)，主要通过胡塞尔的《逻辑研究》、《纯粹现象学和现象学观念》第1卷、《哲学作为严格的科学》和关于内时间意识的手稿来了解胡塞尔的现象学。他对这种现象学的基本态度是：吸收那些突破了传统西方哲学的二元分叉方法的视域构成的新思路，以人的生命-生存的原发冲力和某种新的表现方式(比如下面讲的"形式指引"的方式)来使之完全地动态化、原本化和解释学化，由此而将这种革命性的突破带入古希腊人开创的存在论的维度，同时批判并超越了胡塞尔现象学中的主体主义和反思对象型的认识论。海德格尔在他亲自定稿出版的东西中,提到胡塞尔的地方并不多①,其中只有极少数的地方讲到胡塞尔的现象学对于自己思想形成的影响。这些说法里边传达出的最重要的一个信息是,海德格尔曾从胡塞尔的《逻辑研究》的第六研究第 6 章关于感觉直观与范畴直观的区别中得到解决"存在的意义"这个问题的帮助。② 但是,由于《海德格尔全集》(*Gesamtausgabe*)的不断出版,特别是能反映他的思想形成期和《存在与时间》的准备期的卷册(第 55—64、17—21 卷)的出版,我们拥有了更多的关于海德格尔与胡塞尔的思想关系的材料。其中以第 20 卷《时间概念史导论》(1925 年夏季学期的讲课稿)的"预备性部分"所提供的最丰富、最直接。当然,这已经是海德格尔自己的思想形成之后,在准备《存在与时间》过程中的作品(相当于《存在与时间》的倒数第二稿)。但由于它离形成期还不太久,应该也能反映出海德格尔吸收胡塞尔的现象学的基本方式。

比如,他对于胡塞尔的老师布伦塔诺讲的意向性这么理解:"'意向(intentio)'是一个经院哲学的表述,意味着**使自身指向**(sich richten auf)……布伦塔诺讲的是意向性的对象内存在。每个体验都使自身指向或对准某物,而且是按照这体验的特性而变化。表象某物的表象方式就是与判断某物的判断方式不同的自身对准。布伦塔诺清楚地强调,亚里士多德已经提出了这个观点来支持他对心理现象的论述,而经院哲学则采纳了这样一个意向性现象。"③这里显示出布伦塔诺的意向性学说的某种动态构成的特点,也就是各式各样的"使自身指向某物"的体验方式对

---

① 海德格尔在他 1927 年夏季学期的讲课修订稿《现象学的基本问题》(*Die Grundprobleme der phänomenologie*)中比较多地,也相当深入地涉及胡塞尔的现象学。此书作为《海德格尔全集》第 24 卷于 1975 年出版。但它不是由海德格尔本人亲手定稿的,而是在他的允许和帮助下,由当年听过此课的学生莫塞尔(Simon Moser)整理出版。

② 参见海德格尔《我进入现象学之路》("Mein Weg in die phänomenologie"),载于《面向思的事情》,第 86 页,图宾根,马克斯·尼迈尔出版社,1976。

③ 海德格尔:《时间概念史导论》,载于《海德格尔全集》第 20 卷,第 26—27 页,法兰克福,克罗斯特曼出版社,1994(以下所引此书均为此版本)。

于被体验的“某物”的构成作用；而淡化处理这个学说中的心理主义内容，比如意向的对象内存在的内在性。而且，提及这个学说具有的亚里士多德的思想血统也是一种潜在的赞扬。[1]

说到胡塞尔，海德格尔这样肯定他的意向性学说：“胡塞尔的关键贡献在于，他并不在现成的教条和前提的指向中来看，而是在对现象自身的指向之中看出，**知觉**就是**使自身去指向或对准**。”[2]海德格尔马上批评他的论文导师、新康德主义者李凯尔特对现象学和意向性学说的误解。李凯尔特认为知觉这样的表象（Vorstellen）不是认知，所以其中是不会有意向性这种赋予对象以意义或价值的行为的，只有判断这种具有超越性和价值对象的行为中才可能有意向性。海德格尔指出，李凯尔特之所以有这样的偏见，是由于他受近代以来关于主体与客体、身体与心灵的关系的认识论教条的束缚，看不到任何活生生的人类行为中都已经有了这“使自身去指向”的意向活动。“意向性是活生生体验的结构（Struktur der Erlebnisse），不是事后才加上去的关系。”[3]

海德格尔举了一个在我们生活中自然地知觉一把椅子的例子：一个人走进一个房间，顺手推开一把椅子，因为它挡了道。[4] 我们就是这样在环境的潜在关联网或活生生的体验结构之中知觉椅子和各种东西的，其中当然就有动态的和自发的“使自身去指向、去对准”。在最原本的意义上，从来也没有那种对一个孤立对象所做的毫无意向超越性的纯观察知觉。因此，海德格尔写道：“在严格的现象学意义上的被知觉者（das Wahrgenommene），就其被知觉的程度而言，**如**其自身在具体的知觉中

---

① 在 1973 年 9 月的查黑根（Zähringen）的讲座中，海德格尔提请听众注意，虽然他和胡塞尔都从布伦塔诺开始，但两者的起点所依据的著作是不同的，胡塞尔所依据的是布伦塔诺的《从经验的观点看心理学》，而唤起他哲学兴趣的则是布伦塔诺早期的《论存在在亚里士多德那里的多重含义》；海德格尔微笑着说：“我的布伦塔诺是亚里士多德式的！”［海德格尔：《四次研讨会》（*Vier Seminare*），第 123—124 页，法兰克福，克罗斯特曼出版社，1977。］

② 海德格尔：《时间概念史导论》，载于《海德格尔全集》第 20 卷，第 41 页。

③ 同上书，载于《海德格尔全集》第 20 卷，第 47—48 页。

④ 参见同上书，第 37、48 页。

所显示的**那样**(wie)而言,它并不是被知觉的**存在者**自身,而是那**被知觉着的**存在者。在严格的意义上,这被知觉者就是这如其原样地被知觉本身(das Wahrgenommene als solches);确切说来,并以这把椅子为例,它的被知觉就是这把椅子在其中被知觉的样式、方式和结构。……**被知觉自身**就意味着**此种存在于其被知觉的样式与方式之中的存在者。**"[①]这是一段非常典型的也非常重要的海德格尔理解和解释胡塞尔的话。它既是为胡塞尔的热心辩护,反驳他人对其学说的误解和贬低,同时又隐含着对胡塞尔意向性学说的批评、改造、深化和超越。胡塞尔当然强调要如其原样地来知觉对象,并为达到这个境界而还原掉了自然态度中的"**存在者**自身",而只在意向行为对于意向对象的构成方式中来看待这个被知觉者。但是,他的还原同时也剥离了对这把椅子的通常知觉活动所原发地、前反思地涉及和卷入的"样式、方式和结构",还是在反思中来考察一个主体知觉一个孤立客体的意向构成方式。[②] 所以,他讲的那在意向行为中被构成的意向对象,比如在这个意义上的这把被知觉到的椅子,就在某种程度上还是"**存在者**自身",而不是海德格尔讲的"**存在于其被知觉的样式与方式之中的存在者**"。这样一个差别造成了海德格尔的前反思的、解释学化了的现象学与胡塞尔的反思型的意识现象学(不包括胡塞尔后期的发生现象学)的重大不同,也是海德格尔形成自己思想时的一个关键的发力点。

---

① 海德格尔:《时间概念史导论》,载于《海德格尔全集》第 20 卷,第 53 页。

② 不要忘记,胡塞尔在其反思式的现象学考察中清楚地认识到,我们的具体知觉或其他的意向活动都有一个伴随着当下体验的非对象化的或前反思的自身意识,与事后才进行的反思意识不同。不过,胡塞尔相信反思意识可以有效地、不做重大歪曲地考察前反思的意识,看出其中的原本构成结构和方式,这却是海德格尔与萨特等后来的现象学家们不能同意的了。所以,胡塞尔仍然延续近代认识论的传统考察方式,认为在反思中对于各种认知活动的独立探讨是普遍可行的,并由此而仍然坚持知觉相对于其他心智活动(比如想象、情绪)的逻辑优先。海德格尔否认这种考察方式的原本性和普遍有效性,认为它已经遗漏掉了最根本的那些发生结构,因为它已经止住了原本在流动中的意向行为或各种认知的和生存的行为。所以,海德格尔也就取消了知觉直观在获得真理中的特权地位。关于这个问题,下面还会更深入地涉及。至于海德格尔在《时间概念史导论》中对于胡塞尔的直接批判,可见该书"预备性部分"的第 13 节。

海德格尔在这段话中透露出来的一个最值得注意的见地就是：在人的最原本、自然、自发和还融于环境(周遭世界)的活动之处，就已经有了原发的和正在被构成与构成之中的“样式、关系、结构”；它们不同于传统认识论和存在论讲的静态的关系与结构，但却是一切人类的理智、语言与精神活动所依据的源头。

在这样一个新见地的指引下，海德格尔解释他心目中所有重要的胡塞尔现象学的思路。因此，他认为“范畴直观”是到处都有的，“范畴直观被夹带于每一个具体的知觉(事物知觉)之中”，“我们的行为或最广泛意义上的活生生体验，都是彻头彻尾的**被表达出来的**(ausgedrückte)体验”①，尽管这些被直观的范畴、被表达出的关系首先不是可被课题化或概念对象化的。关于胡塞尔在讨论范畴直观时涉及的“是”或“存在”的意义，海德格尔这样讲：“我可以看到这把椅子，看到它‘是被装了软垫的(Gepolstertsein)’并且‘是黄色的(Gelbsein)’，但我永远不能以我看椅子的方式看到‘这’、‘是’、‘并且’。……‘是(存在，das Sein)’不是这椅子里的一个实在因素，像那木头、重量、硬度和颜色那样；也不是椅子上的一个实在因素，像椅垫和螺钉一样。康德早就在‘实在之是’的意义上说：‘是(或存在)不是一个实在的关于对象的谓词’。”②尽管这样，这“是”或“存在”却是使真假可能或具体的存在者状态可能的那样一个原本的**“意向性的多余**(überschuss an Intentionen)”，③引发式的指向或指引。正如海德格尔1973年的查黑根讲座记录中所说：“这个‘是’或‘存在’必须被(先行)给予，以便通过它去询问它的意义。胡塞尔的贡献就在于提出了这种存在，使其显现于范畴之中。凭借他的这个贡献，海德格尔继续讲道，我终于获得了一个基础：存在不是依据推导而产生的纯概念。”④

这样，海德格尔就认为，“作为发现这个(范畴直观)的结果，哲学研

---

① 海德格尔：《时间概念史导论》，载于《海德格尔全集》第20卷，第65页。

② 同上书，第77—78页。

③ 同上书，第77页。

④ 海德格尔：《四次研讨会》，第116页，法兰克福，克罗斯特曼出版社，1977。

究现在就处在了一个能够更敏锐地来理解'先天(Apriori)'的位置上"①。而这个胡塞尔讲过的作为"本质真理"的"先天",就不会只是一个"逻辑的在先",而是原本意义上的时间在前和存在的可能性。"这个先天是这样一种某物,在它那里(存在)总已经是更靠前的了。这是一个对于先天的完全形式的规定(eine ganz formale Bestimmung)。还未被说到的是,所谓'某物(Etwas)'就是指,在它那里某物被发现是更靠前者。先天是这样一个名称,其中有着像时间序列那样的某物,尽管还是相当苍白、未被规定和空虚的。"②以"先天"的方式从胡塞尔的现象学中引出"时间"线索,是有些奇怪的。但是,考虑到当时(1925)胡塞尔关于"内时间意识的现象学"的著作还未出版,以及海德格尔进行"思想家之间的对话"时的不拘小节,这一热心的发掘还是可以理解的。更重要的是,在海德格尔的新视野中,这生存论时间的"更靠前者"就意味着解释学存在论意义上的"先有",所以《存在与时间》谈到这个先天时,说它不是先天的构造(比如康德依据形式逻辑构造出 12 个知性的先天范畴,或黑格尔的《逻辑学》构造出一系列概念),而是一切现象的基底,因而就处于平均的日常状态之中。③ 而且,这段话中出现了"形式的(formale)"这个形容词,它是与海德格尔的思想形成有着极大关系的用语。实际上,我们以上所介绍的东西,也只有在了解了海德格尔独创出的"形式指引"这个方法之后才能得到充分的理解。

二　实际生活经验本身的形式指引

新康德主义者纳托尔普曾对胡塞尔反思型的现象学提出尖锐批评,受到海德格尔的高度重视,并成为他超越胡塞尔现象学的切入点。纳托尔普的反对意见被海德格尔归结为两条:首先,现象学的反思会使生活

① 海德格尔:《时间概念史导论》,载于《海德格尔全集》第 20 卷,第 98 页。
② 同上书,第 99 页。
③ 参见海德格尔《存在与时间》,第 50 页注释 1,图宾根,马克斯·尼迈尔出版社,1986。

经验不再被活生生地体验着（erlebt），而是被观看着（erblickt）。用纳托尔普的话来讲就是“止住了（体验的）流动”。[①] 其次，对经验的任何描述都不可避免地是一种普遍化和抽象化，根本就不存在直接的描述。因此，现象学所许诺的纯描述是达不到的。海德格尔看出，现象学必须真切地回答这样的批评和疑问，“胡塞尔本人迄今还没有对此发表意见”[②]。而要作出这样的回答，就不可避免地要超出一切以主客分离为前提的、认识论型的现象学，“投入”更本源的实际生活体验中；尤其是要表明，这种生活体验**本身具有**由它本身构成的而非外加的可理解性和可理解的结构，而且这种理解可以被非抽象化地但又是贴切地（不仅仅是“象征性地”）表达出来。因此，海德格尔感到必须跳出胡塞尔意识现象学框子，将对“意向性构成”的理解生存化为拉斯克讲的“投入的生活体验”或者更原本者。所以，对于他，一切意义的出发点只能是“在生活的湍流体验的自身之中”，在“不被减弱的‘生活冲动力’”或“饱满的生活本身”那里。换言之，他认定哲学或现象学必须让“生活的最高潜能”不打任何折扣地被释放出来和实现出来。[③] 同时，他还在拉斯克的“反思范畴”的学说中看到了非抽象地表达人的生活领会的可能，因为这种范畴的表达方式已在很大程度上脱离了对象域的束缚以及由此束缚而产生的抽象化的必要性。[④] 反思范畴这个思路提示出这样一种表达和理解的策略，即漠视对象的区别而只关注于范畴或表达式的纯关系含义。与之相似，海德格尔提出了“形式指引”或“形式显示”（formale Anzeige）”的解释学策略。不过，在拉斯克那里，这种范畴的“反思”的意义来自主客之间相互对待

---

① 参见海德格尔《哲学的观念与世界观问题》（*Die Idee der Philosophie und das Weltanschauungsproblem*），载于《海德格尔全集》第56—57卷，第101页，1987。此处海德格尔引用的是纳托尔普《普通心理学》第1卷第190页上的话。

② 海德格尔：《哲学的观念与世界观问题》，载于《海德格尔全集》第56—57卷，第101页。

③ 同上书，第115、116页。请注意，这里译作“生活”的德文词与上面讲的“生命哲学”中的“生命”是一个词，即“Leben”。不同的译法是根据不同的哲理特点和话语特点而改变的。当然，不同的特点下面有着深刻的相遇。

④ 参见拉斯克《著作集》第2卷，第137—139页，图宾根，摩尔出版社，1923。

和需要的形式关系,是由主体的参与或投入所赋予的,因而仍然保留了某些新康德主义的思想特点,而且应该与康德的《判断力批判》中讲的"反思的判断力"中的"反思"含义有关系。[①] 海德格尔的形式指引学说则超出了这种来自主客关系的话语框架,只从最原发的生活体验的"被推动着的趋向或趋向着的推动(motivierten Tendenz bzw. tendierenden Motivation)"和这体验本身的朝向姿态(Zug,牵引)中获得表达的意义。[②] 在1919年上半年的讲课中,海德格尔虽然还未正式提出"形式指引"或"形式显示"这个词组,但通过所谓"依据饱满的生活本身"的"形式刻画(die formale Charakterisierung)"[③],他已明确地表示出了这个思路的基本特点。比如,"对象"或"物(Gegen-ständlichkeit)"被形式地刻画为"某物(Etwas)",漠视(Indifferenz)任何对象化(Objektartigkeit)意义上的世界状态(Welthaftigkeit),所以在这个意义上是前世界的(vorweltliche)和"还没有(Noch-nicht)""被拆卸(被区别和抽象化)"的。[④] 然而,它已有形式指引的意义和可表达方式:"在作为可体验者的某物的意义中,也正是在它不被减弱的'生活冲动力(Lebensschwungkraft)'中,有着'朝着(Auf zu)''指向(Richtung auf)'

① 康德在《判断力批判》的"导论"中清楚地表达了这种反思判断力的特点。它是处于知性与理性之间的一种高层认识能力。而且,这种"反思的判断力"与"规定的判断力"不同,在后者那里,普遍的法则已经被给定了,只是通过判断将特殊者归摄于其下;而在反思判断这里,只有特殊者被给予,判断力必须为此去"寻求"普遍。这种反思判断力通过想象力无意识地和自由地与知性取得形式上的协调一致,由此产生愉悦,这就是"审美判断"。"这判断不基于对象的现存的任何概念,并且它也不供应任何一个概念。当对象的形式(不是作为它的表象的素材,而是作为感受),在单纯对它反思的行为里,被判定作为在这个客体的表象中一个愉快的根据(不企图从这对象获致概念)时:这愉快也将被判定为和它的表象必然地结合在一起,不单是对于把握这形式的主体有效,也对于各个评判者一般有效。这对象因而被唤作美的;而那通过这样一个愉快来进行判断的机能(从而也是普遍有效的)则唤作鉴赏。"(康德:《判断力批判》上卷,宗白华译,第28—29页,商务印书馆,1964。引者对其中个别词语的翻译做了调整。)

② 参见海德格尔《哲学的观念与世界观问题》,载于《海德格尔全集》第56—57卷,第117页。

③ 参见同上书,第114页。

④ 参见同上书,第115页。

和‘投向(hin ein)一个(确定的)世界’的契机。”[①]以这种方式，海德格尔回答了纳托尔普的挑战。也就是说，对于海德格尔，生活的湍流体验本身就前对象化、非抽象化、非二元分叉地包含着、构成着和揭示着它本身具有的趋向，构成一个解释学的形势，而且这种趋向或势态关联可以被形式地指引、显示出来。[②] 这就是完全投入的生活体验本身的意向性，而不只是意识体验的意向性。“解释学”这个词对于海德格尔自始至终都意味着**人最原本的生活体验势态本身的意义构成和形式显示**，并且在这个意义上是存在论的和现象学的。

在海德格尔1920年冬季学期的题为《宗教现象学引论》(*Einleitung in die Phänomenologie der Religion*)的讲课稿中，他关于“生活”和“形式指引”的解释学得到了充分的表达。它的“方法上的引论”部分着力讨论了“实际的生活经验(die faktische Lebenserfahrung)”和“形式指引”。他在第2节写道：“到达哲学之路(Weg)的起点是**实际的生活经验**。”[③]在第10节中这种人的实际生活经验被说成是“实际的缘在(das faktische Dasein)”“实际的生活缘在(das faktische Lebensdasein)”“人类的缘在(das menschliche Dasein)”和“忧虑中的缘在(das bekümmerte Dasein)”。[④] 它们“实际上”就是《存在与时间》中的“缘在”的源头。

这种实际生活经验从根子上是境域式的、无区别相的、混混沌沌的和意义自发构成的。海德格尔描述了它的几个特点。首先，这实际生活经验的经验方式是“**无区别**”或“**不在乎**(Indifferenz)”的，也就是说，不在乎、不顾及对象化的区别。但这无区别决不干瘪，而意味着一种根本的发生可能性，因而根本就不可设想什么东西会不能与它相通(zugänglich werden)。“这实际经验为生活的一切事件都提供可能，区别和重心变换

---

① 参见海德格尔《哲学的观念与世界观问题》，载于《海德格尔全集》第56—57卷，第115页。

② 请注意海德格尔的“形式指引”中的“形式的(formale)”一词与上面提到的康德在《判断力批判》中所讲的反思判断力“形式的”特点的某种联系。

③ 海德格尔：《宗教现象学引论》，载于《海德格尔全集》第60卷，第10页，1995。

④ 同上书，第51—54页。

也完全处于这(生活经验的)内容自身之中。”[①]所以,实际生活经验的第二个特点就是“**自足**(Selbstgenügsamkeit)”。这种经验展现于一切之中,同时意味着主动和被动、经验与被经验,包含着“周遭世界、共通世界和自身世界(Umwelt, Mitwelt und Selbstwelt)的透彻意义”[②]。由此也就可知它的第三个特点,即它总是一种“**有深意的状态**(Bedeutsamkeit)”。这种原本的意义状态不是认识论的和形而上学的,既非实在论亦非唯心论。“在这样一个决定着经验本身内容的有深意状态的方式中,我经验着所有我的实际生活形势(faktischen Lebenssituation)。”[③]

“形势(Situation)”这个词后来也出现于《存在与时间》中,代表着一种发自人的生活境域或“世界”的解释学形势。因此,这种“对自己的自身经验(Sich-Selbst-Erfahren)”既非理论的反思,亦非(狄尔泰讲的)“内知觉”,而是对于自身世界(Selbstwelt)的经验。这世界与经验着它的人的实际生活息息相通而不可区分;因此,这世界(Welt)就绝不只是所有存在者的集合,而意味着一个世界**境域**。海德格尔形式地(formal)称之为“环-境”“世-域”或“周遭世界(Um-welt)”[④];而在此世域之中,就总有着与我“同此世域(Mitwelt)者”或他人。由此可以看出,海德格尔讲的人的实际生活经验**本身**已具有了形式指引或不如称之为“境域指引”的特性,因为这经验本身就是对于一个世界境域和关系的体验,而这里“境域”或“形势”所意味着的就是各种原发的方向或关系姿态,比如“In-”“Um-”“Mit-”等。所以在海德格尔那里,实际生活经验与形式指引的关系比拉斯克讲的投入体验与反思范畴的关系还要更紧密和浑然一体。在拉斯克那里,反思范畴还是由主客之间的关联决定的,而且“寄生于”

---

① 海德格尔:《宗教现象学引论》,第 10 页。胡塞尔后期发生现象学中讲的“视域”或“境域”也有这种本身模糊或非主题化,而“随时准备让……出现”的特点。

② 同上书,第 13 页。注意,海德格尔这里讲到的三种“世界”正对应他后来在《存在与时间》中分析“缘在”的三个阶段。

③ 同上书,第 13 页。

④ 同上书,第 14 页。

实质性的、对象化的构成范畴之上。而对于海德格尔，形式指引就是实际生活经验本身的“形势”本性或境域本性的表述，因而与这生活经验一样是自足的或由意义构成的，并不再预设什么更基本的东西。尽管这实际生活的“不在乎”的混世状态中有一种要“寻求保障的倾向(Sicherungstendenzen)”①，并以对象化和科学化的方式来逃避实际生活经验的令人“忧虑(Bekümmerung，牵挂、操心)”的不确定性，但它们永远无法完全遮蔽实际经验的浑噩之下的沸腾着的不安。而这种不安的原本表达就是形式指引。

海德格尔通过区分**普遍化**(Generalisierung)、**形式化**(Formalisierung)和**形式指引**来更确切地说明这形式显示的特点。古希腊哲学家已经能自觉地运用普遍化方法。通过它，就能形成一个从低级的种或属上升到更具普遍性的属或类的概念等级。比如从“人”到“哺乳类”，再到“动物”“生物”等。在此普遍化“等级排列”过程中，概念的外延越来越大，内涵越来越小。定义这样的一个概念就是给出它的属和种差，比如“人”可被定义为有理性(种差)的动物(属)。从表面上看，这种普遍化可以一直向上进行，最后达到最普遍的“存在”概念。但是，依照胡塞尔和海德格尔，这是不对的，因为普遍化到了一定程度之后必被形式化打断。例如，从“红”到“颜色”，从“颜色”到“感觉性质”是普遍化，而从“感觉性质”到“本质(Wesen)”，从“本质”到“对象(Gegenstand)”则是形式化，因为前者受制于“事物域(Sachgebiet)”的限定，后者则不受此限制。② “红”色有它的事物域，即一切具体的红色事物的集合；“颜色”的事物域则是由一切具体的颜色(红、黄、蓝、绿……)组成，等等。但“本质”不受制于这样的事物域(说“本质的事物域由一切具体的本质或性质组成”没有意义)，它的意义不能被属加种差的层级次序来决定；它是一个形式的概念，其意义来自“纯粹的姿态关系本身的关系含义(der

---

① 海德格尔：《宗教现象学引论》，载于《海德格尔全集》第60卷，第9页。

② 同上书，第58页。

Bezugssinn des reinen Einstellungsbezugs selbst)”，而不来自任何“什么内容(Wasgehalt)”或事物域内容。[1] 因此，“这石头是一块花岗岩”与“这石头是一个对象”这样两个句子就属于不同的逻辑类型，因为前者的谓词(“花岗岩”)是事物性的，而后者的则不是。按照这个区分，“对象”“某物”“一”“多”“和”“其他”等等只能被视为形式范畴。

自莱布尼茨以来，这个区分已在数学基础的研究方面隐约地为人知晓。现代分析哲学的开创者们，比如罗素和维特根斯坦也很关注类似的“逻辑语法”区分，依据它们去推翻两千多年的形而上学传统。人们却往往没有注意到，欧陆哲学在一开始也明确注意到了这类区分，而且在海德格尔这里这种区别被进一步深化和彻底化，达到了“形式显示”，最终引导到“存在论的区分”。

海德格尔看到，由于人们的“寻求保障的倾向”，这形式化的原本意义可能而且往往被掩盖住。掩盖的方式之一，就是将形式化概念视为“形式本体论(formal-ontologisch)的范畴”。这样，它的关系意义就又受制于普遍的对象域或“形式域(die formale Region)”，比如数学中的抽象对象域，在最广义上也是一种事物域。海德格尔称这种看待形式化的方式为“不真正切身的(uneigentlich)理论态度”。为了达到“更本原的”思想和表达方式，他提出了“形式指引”，用它来“防范”形式本体论的倾向，从而进一步实现纯关系姿态的意义构成。海德格尔写道：“如何才能预防这种(滑向对象的形式规定性的)偏见或事先判断呢？形式指引就正是做这件事的。它属于现象学解释本身的方法论的方面。为什么称它为‘形式的’？(因为要强调)这形式状态是纯关系的。指引(die Anzeige)则意味着要事先指引或显示出现象的关系——不过是在一种否定的意义上，可以说是一种警告！一个现象必须被这样事先给出，以致它的关系意义被维持在悬而未定之中(sein Bezugssinn in der

① 参见海德格尔《宗教现象学引论》，载于《海德格尔全集》第60卷，第58—59页。

Schwebe gehalten wird)。”[①]这种**“悬而未定”**意味着不受任何对象域的规定，但它本身又决不缺少原本的含义。相反，这正是原发的、还未被二元化思路败坏的纯意义实现的可能性，因而最适于表达那“无区别”“自足”“有深意”的实际生活经验。这是更原本意义上的现象学还原，或者说是还原与构成的结合，不会“止住”或“抽象化”生活流的原发冲动，因为这被“凭空维持”的纯姿态关系只能靠它们原本趋向的相互构成而实现出其非对象化的意义，因而是纯境域、纯语境和纯缘发构成的。这样才从方法上排除了脱离实际生活体验的实体化倾向，包括胡塞尔将这种体验归为纯意识的形式规定倾向。

1924年之后，“形式指引”这个词组在海德格尔的著作中尽管还偶尔出现，比如在《存在与时间》之中，但不再具有突出地位。而“形式的(formal)”却仍然较多地出现，行使着“形式指引”的话语功能。20世纪30年代初，海德格尔的思想转向后期形态之后，连“形式的”也很少出现了。但这绝不表明海德格尔放弃了这个方法。恰恰相反，“实际生活经验的形式指引”中包含的思路对于他是如此根本、“自足”和“充满深意”，以致它的基本方法论导向活在海德格尔的所有思想和表达活动之中，根本“不在乎”是否得到特意的标明。

实际上，“形式指引”(更确切的表达应该是“形式的关系指引”或“纯境域关系的指引”)表达出了一个西方哲学中还从来没有真正出现过的新方法和新的话语方式。它的一个基本见解是：在一切二元分叉——不管是先天与后天、质料与形式，还是一与多、内与外、主体与客体、人与世界——之先，在人的最投入、最原发和前反思的活生生体验之中，就已经有了或存在着(es gibt)一种纯境域的动态关系(趋势)结构，及其对意义、理解和表达的自发构成或生成实现。所有的意义与存在者都是从这境域关系结构中生成，但这种关系结构本身不能被孤立化和主题化为任何意义上的对象式的存在者，以及这种存在者层次上的关系和构造。所

① 海德格尔：《宗教现象学引论》，载于《海德格尔全集》第60卷，第63—64页。

以,这种结构中总有"悬而不定"的或隐藏着的原发维度,并总在这不定、忧虑之中当场实现出前对象化的意义和理解。现象学意义上的"时间"或"时间(历史)体验方式"是这种形式指引的一个典型例子。

其次,还应指出,正是由于这"形式指引"的动态关系结构已原本到再无任何现成者可依据的地步,它就只能靠某种微妙的、从根本上生发着的回旋结构来实现和维持"自身"。也就是说,在这个层次上的存在者们(比如时间中的"过去""现在""将来"),已经没有任何"自性"或自己的存在性,而只在趋向他者的或不如说是相互趋向着的关联交织之中来赢得自己的"那时各自状态(Jeweiligkeit)"的存在。[①] 一切都在风云际会中(umgängsweise)缘在着。这样,传统西方哲学的问题,比如胡塞尔还在努力去解决的"认知意识如何能切中实在本身"的问题,或观念论与实在论之争,等等,就都从根本上被解决了或消解了。在实际生活体验中生成的或形式指引出的东西,总已经是世界的了(见上面的三种世界之说),再顺着"寻求保障倾向"堕落,按兴趣和关注方式而聚焦出各种对象;但另一方面,形式指引出的东西又都活在人的体验之缘里,与实际体验毫无关系的"客观存在"是没有的或无意义的。

再次,更微妙的是,海德格尔找到了一种能对抗对象化堕落倾向的,并与这种实际生活体验一气相通的理解方式和表达方式,这是他之前的其他哲学家都没有做到的,在他之后也只有德里达才悟到了其中的某些诀窍。看了以上讨论的读者很可能会产生这样的疑问:那种混沌恍惚的实际生活经验本身有何真正的"理解(Verstehen)"可言?作为现象学家,海德格尔也要在反思中、理论探讨中活动,他怎么能找到理解和表达那完全投入的实际生活体验的契机与话语?换句话说,他怎么能作出比其他的前反思型的哲学家们(比如尼采、柏格森、狄尔泰、詹姆斯、怀特

---

① 参见海德格尔1923年夏季学期讲稿《存在论(实际性的解释学)》[*Ontologie*(*Hermeneutik der Faktizität*)],载于《海德格尔全集》第63卷,1995。比如,该书第6节题目为"实际性:作为在其那时各自状态中的缘在(Faktizität als das Dasein in seiner Jeweiligkeit)",其中讲道:"这个作为实际性的自己的缘在,正在并只在它的那时各自的缘(jewiligen 'Da')中才存在。"

海、雅斯贝斯、伽达默尔、萨特、福柯）与完全否认对于终极真实的理解和表达可能的直觉主义者们更多更深的工作，以致“偶尔能够以最神秘和惊人的方式触到哲学事业的神经”（雅斯贝斯语）？[①] 这就是海德格尔的“形式指引”说的妙处或“绝处”所在。由于要完全不离实际生命世间地——决不向任何松垮的理论化和对象化低头地——寻求理解和表达，海德格尔势必要让思想与语言最充分地震荡起来，当场现身和实现出来，相互穿透、相互做成，由此而显示出可理解性和可表达性。所以，对于他，一方面那些生活中的最不起眼的境域式经验和最震撼人的边缘式经验，比如使用工具、非对象式地体察生存环境、与大家伙儿搞在一起混世浮沉，以及倾听良知的呼唤、面对自己死亡的决断式领会，等等，受到最高的关注和非-对象域化（将它们人类学化、社会学化、心理学化、伦理学化等就是“对象域化”的做法）的动感描述，或不克扣实况的去蔽描述；另一方面，他坚信思想（理解）与原本的语言（逻各斯）在一开头的显示（现象）中就是相互编织在一起的，正如主动与被动在他那里已经无法从原则上分开一样。因此生存意义上的解释学是他形成自己思想时的最关键契机之一，他对于胡塞尔、狄尔泰、克尔凯郭尔、拉斯克和亚里士多德等人思想的吸收无不朝向它。这样，让哲学考察中的思想回复到实际经验中的努力就同时体现为**话语方式的改变**，从传送语言之外的现成的观念变为语言本身在当场的生成活动，也就是对语言中隐蔽的各种非对象联系的揭示、新的联系的发现和建立。或者说，是让语言成为有生命的、有自己时空间的，让语言本身说出和歌唱出充满深意的凭空而行的东西来。所以，在海德格尔那里，一切有助于让语言本身活动起来、当场生成起来的语境化和完型（Gestalt）化的成分，比如副词、介词、中性代词、有内结构的（比如有词头、词根、词尾区别的）词、有外结构的词（比如他用小横线连起来的词）、词丛（有词头、词根、词尾照应的词族）、语音关

---

① 奥特：《马丁·海德格尔：政治生活》，布伦东英译，第 338 页，伦敦，哈珀·柯林斯出版社，1993。

联、词源关联,等等,都被尽量调动起来,参加一场语言-思想音乐会和舞会(与黑格尔讲的那场绝对精神吞吃对象的"豪宴"是大不同了)。于是,语言的"肉身"(读法、写法、排法、前后文中的位置等)已不可忽视,能指与所指的界限与一一对应被模糊,角色开始变换翻转。简言之,对语言的境域式和亲身的(leibhaftig)体验在某种程度上成了实际生活的体验的微缩形态及其"形式指引",它们让思想和领会被当场萌发出来和凭空维持在"那时各自的状态"之中。这样的语言就成了思想的温床或"家",而不再是家奴或邮差,而思想也就在这个意义上被语境化了、动态化了和当场生成化了。我们主要不是在听关于某些概念化思想的报告,而是在观看语言-思想的戏剧演出。这真是闻所未闻的哲学方法的革命。①

所以,我们看海德格尔的著作时,就有一种阅读别的哲学著作时所没有的感受,也就是一种悬浮在当场的语言氛围之中,遭遇到思想的萌发、生长与深化的活生生体验,而绝不是按照某个预先设定的设计框架进行的分类与扩展。② 当然,做这种思想-语言游戏需要创造性的技艺,需要才华和时机,即使对于海德格尔这样的大师,也有发挥得好与差的问题。无论如何,海德格尔最重要的一些哲学贡献,都与他成功地将语言游戏与对重大思想问题的深层揭示相结合有关。在他那里,对存在意义、人的本质、时间的本质、世界的奥义、哲学史上的概念、技术与艺术的关系等等的理解,几乎都是从德语的语境旋涡中喷涌而出的。它让习惯于平整化的科学语言的人绝望,使"正常的"翻译难以进行,但它带来了一种新的哲学思想的可能。尤其是,不了解它,就根本不可能真正理解

---

① 它的起点,确实可以追溯到胡塞尔-布伦塔诺的意向性学说,其基本精神是:意向行为的方式构成着被意向的对象。比如,按照海德格尔的看法,布伦塔诺的意向性学说具有动态构成的特点,也就是各式各样的"使自身指向某物"的体验方式构成着被体验的"某物"。而胡塞尔的意向性学说的要旨在于,被知觉者就意味着其被知觉的样式与方式。可以说,海德格尔的"实际生活经验本身的形式指引"学说是意向性学说的前反思化、生存论化和存在论-解释学化。

② 所以,《海德格尔全集》都不做"索引""编者注"等,逼读者深入原文。这种安排虽然受到不少批评,却是符合海德格尔的治学风格的。

海德格尔。在他那里，哲学不再是观念化的思维，而是凭借广义的语境来开启道路的思-索。

海德格尔还小试牛刀，用实际生活经验本身的形式指引这个新方法来解读《新约》中的保罗书信，令人耳目一新。比如，海德格尔对“保罗致帖撒罗尼迦人前书”的解释就旨在揭示原始基督教信仰的生活经验及我们对它的理解的纯形式构成的本性，并说明这经验最终应被视为原发的时间性的理由。他敏锐地注意到，这封信中有一些关键词反复出现，比如“知道（Wissen）”和“成为（Gewordensein）”就出现了十几次。它们是作为形式指引词、观念表象词而起作用的，它们的原本意义只在说出它们、写下它们、阅读着它们的语境中被当场实现出来。因此，如诗句乐调，它们在境域中的重复出现有着原发构成的意义，表达着紧张饱满的生活体验流的构成趋向。而海德格尔阐述的保罗心目中的基督再临（parousia）的时间含义，则是他的《存在与时间》中的表面上与神无关的时间性的先导之一。[①]

第三节　《存在与时间》（上）

《存在与时间》于1927年面世，很快就在思想界产生广泛而又深刻的国际影响。但是，就像海德格尔本人一样，这本书的命运也很有些稀奇古怪的地方。第一，如此艰涩[②]的一本书会在如此短的时间内取得如此高的声誉，是极罕见的现象。第二，它的声誉与对它的长期错解搅在一起。此书缺头少尾，用语奇特，思路更是新异诡谲，且对它的真实方法论特点交代含糊，造成许多误解。海德格尔极少或从来没有对别人的解释表示过真正的满意。第三，此书出版时作者38岁；一直到他87岁逝

① 参见张祥龙《海德格尔传》，第99—105页，河北人民出版社，1998。

② 不少德国学者告诉我们，《存在与时间》对于德国的知识分子来说也是一本极难读懂的书。不过，我们认为，这些困难主要是由于阅读方式和思维方式不当所致。对于倾向于“面向事情本身”的人来说，它生动的明晰性和可理解性在哲学著作中几乎是无与伦比的。

世,尽管作了不少努力,却未能正式地续完此书。一些研究者据此而视此书"失败"了,并认为海德格尔"转向"后的思路与它已无肯定性的内在联系。海德格尔本人则坚决否认这种"指控"。第四,尽管有这些误解和"失败",却并不妨碍此书向全世界延伸着持久影响。第五,经过半个多世纪之后,关于此书的真实起源、方法论秘密以及读解它的恰当方式的研究才逐步出现,虽然至今也还是寥若晨星。以下,就让我们先来简短地介绍此书的文本特点。

一　文本的形成与特点

到 1919 年,海德格尔形成了自己的思想特点,1920 年又清楚地表达了"实际生活经验本身的形式指引"的方法。那以后的数年间,海德格尔充满热情地运用这个方法来解释西方古代的哲学,特别是亚里士多德的哲学,去解决由布伦塔诺那本书《论存在在亚里士多德那里的多种含义》所唤起的问题。海德格尔曾对人说过:在 1922 年至 1923 年间,他有过一次极重要的"精神上的闪光(Geistesblitz)",领会到或"看"出了"ousia(一般译作'实体')"对于古希腊人意味着形式指引意义上的"不断地在场"、朝向时间的"当前"这一维。① 这些努力的一个成果就是 1922 年 10 月他寄给纳托尔普的关于一本讨论亚里士多德的书的 50 页手稿,名为《对于亚里士多德的现象学解释:解释学形势的指引》(*Phänomenologische Interpretationen zu Aristoteles: Anzeige der hermeneutischen Situation*)。② 它包括一个 28 页的"引论"和一个 22 页的关于该书第一部分的"概述"。当然,要在亚里士多德的思想框架中来充分展示他的现象学-解释学思想势必遇到"极大困难",于是,他于 1923 年年中中止了此书的写作。这

① 参见克兹尔《海德格尔〈存在与时间〉的起源》,第 230 页,伯克利,加利福尼亚大学出版社,1993。

② 即《纳托尔普手稿》,参见克兹尔《海德格尔〈存在与时间〉的起源》,第 252—271 页。中文的有关叙述参见张祥龙《海德格尔传》,第 116—125 页,河北人民出版社,1998。法兰克福的克罗斯特曼出版社于 2002 年出版了此"手稿"的德文版。

可能就是他后来回忆这段走向《存在与时间》的历程时所讲的“许多停顿、曲折和歧途”中的最大的一个。代之而起的是另一本书的写作计划，它以1924年的《时间概念》为先导，最终在1926年产生了《存在与时间》的手稿。《纳托尔普手稿》中出现了大量《存在与时间》中的概念，但又较明显地直接表现出了“形式指引”的话语特色。因此，克兹尔称此“引论”为《存在与时间》一书的“零点开端”。① 它强调亚里士多德既不是近代人讲的经验论者、实在论者，也不是个一般意义上的观念论者和逻辑思想者，而是一位具有前理论的、先概念的乃至形式显示见地的现象学者；他总是在原初的事情本身（实际生活、质料、存在本身……）中看到前概念的（非对象化的）意义、形式、范畴、真理、时间和良知的可能，即感受到了一个“解释学形势”的指引势态。此外，此手稿以“实际生活”或“人类缘在”为基本出发点，讨论了“牵挂”的种种表现、世界境域的三种形态、沉溺（Verfallen）、死亡、时间性、生存等《存在与时间》中的重要语词和一些基本思路。可以说，《存在与时间》在此手稿中已有了某种依稀的雏形。此外，海德格尔1923年夏季学期（赴马堡大学前的最后一个学期）讲稿《存在论（实际性的解释学）》也是值得关注的一个文献。比如，其中讲到“实际性（Faktizität，‘实际生活经验’的另一种表示）是‘那时各自状态’中的缘在”，并讨论“先行具有的形式指引（Formale Anzeige einer Vorhabe）”，等等。②

克兹尔等研究者认为，以1924年7月的讲演《时间概念》为标志，海德格尔进入正式写作《存在与时间》的阶段。按照克兹尔的说法，此书的正式写作有三稿，即1924年围绕《时间概念》的第一稿，又叫《狄尔泰稿》；1925年名为《时间概念史导论》的第二稿，又名《发问存在稿》或《胡塞尔稿》；1926年写出的最后一稿，又称为《生存时间稿》或《康德稿》。因为这时海德格尔忽然在康德那里看到了对于自己新思路的支持，尤其

① 参见《纳托尔普手稿》，载于克兹尔《海德格尔〈存在与时间〉的起源》，第250页，伯克利，加利福尼亚大学出版社，1993（以下所引此书均为此版本）。

② 参见海德格尔《存在论（实际性的解释学）》，载于《海德格尔全集》第63卷，第6、16节。

是其《纯粹理性批判》中的“演绎”部分,通过“先验的想象力”而阐发的时间境域的图几说,可以与他自己的生存时间(kairology)观在某种程度上相互印证。① 于是我们在《存在与时间》中读到这样一段很难得的赞扬:“康德是第一个和仅有的一个在调查时间维度的道路上行进了一段距离的人,或者说,他是第一个和仅有的一个让时间现象逼迫着自己走了一程的人。”②而且,这种迟到的对康德哲学的热情还越过了《存在与时间》,体现在1929年出版的《康德与形而上学问题》(*Kant und das Problem der Metaphysik*)之中。“康德所写的文字成了一个避难所,因为我在康德那里寻求对我所提出的存在问题的支持。”③

实际上,按照克兹尔的看法,真实意义上的《存在与时间》的第一稿并非就是作为演讲稿的20页左右的《时间概念》,而是于1924年11月完成的一篇75页的同名的论文。④ 之所以又称它为《狄尔泰稿》,是因为此论文是应一位叫罗塔科尔(Erich Rothacker)的编辑所邀,为《德意志文学与精神科学季刊》(*Deutsche Vierteljahrsschrift fuer Literaturwissenschaft und Geistesgeschichte*)所写的一篇关于狄尔泰文章的扩充稿,它曾有过的副标题是“对狄尔泰与约克通信集的评论”(Anmerkung zum Dilthey-Yorck Briefwechsel)。而且,其中直接评论狄尔泰与约克通信集的5页后来被完整地收入《存在与时间》的第77节。而整篇文章对人类缘在的现实生活形态和历史性、时间性问题的关注也确实与狄尔泰的思想很相关,尽管如前所说,这些关注与现象学的解释学及对亚里士多德的阐述有更深的联系。不过,此文因为篇幅过长和表述风格不合另一位编辑的口味而被拒绝发表,最终导致《存在与时间》这本改变了20世纪哲学面貌的大作两年多后才在《哲学与现象学研究年鉴》第8卷上发表。此文不仅大致涵盖现有的《存在与时间》的内容,而

① 参见克兹尔《海德格尔〈存在与时间〉的起源》,第313、409页以下。
② 海德格尔:《存在与时间》,第23页,图宾根,马克斯·尼迈尔出版社,1986。
③ 海德格尔:《康德与形而上学问题》,载于《海德格尔全集》第3卷,第14页,1991。
④ 参见克兹尔《海德格尔〈存在与时间〉的起源》,第322页。

且还以很简略的方式涉及在此书计划中但未被完成的第二部分，即对西方传统存在论的解构。

第二稿或《胡塞尔稿》，即我们上面已引述过的《时间概念史导论》。它的一个重要特点是包含有一个阐释胡塞尔现象学的“准备部分”，对于了解《存在与时间》与胡塞尔意向性现象学的关系很有帮助。这部分在最后一稿中消失了。在这个意义上，《存在与时间》是一部“缺头”的著作，让人看不出它与胡塞尔现象学的真实关系。此稿的另外一些特色是：突出了存在的**问题性**和“发问”现象对于理解存在的意义；直接批评了胡塞尔的知觉直观优先的看法，首次突出和详细地阐释了“理解(Verstehen)”的在先性和前反思性；对《纳托尔普手稿》中出现过的“牵挂”做了更充实的发挥①；“去存在(Zu-sein)”的话语方式被突出出来，等等。

第三稿或最后一稿中新加入的康德影响可以从海德格尔在 1925/1926 年冬季学期的讲课稿《逻辑：追问真理》(*Logik*：*Die Frage nach der Wahrheit*)中感觉到。② 这一稿当然还有不少新的特点，比如对生存时间的丰富含义和源自缘在形态的方式(例如“决断”)的深层发挥，“生存”的话语位置的提高，表现为强调“在存在问题上的缘存在者的(ontisch)优先地位”，也就是“缘在是其可能性”在理解存在意义问题上的重要性，等等。另一个不可忽视的特点则是：按照克兹尔的看法，“在他的最后一稿中，与前面的那一稿相反，海德格尔以微妙的方式贬低、掩盖，甚至歪曲他思想的某些最深的根源”③。我们现在还无法完全弄清造成这种情况的原因，但可以假设的理由是：他当时与胡塞尔的私人关系不允许他公开前一稿中对胡塞尔学说的批评；还有就是对于自己多年以来的第一本

① 海德格尔说：“牵挂现象是缘在的基本结构；从这样一个角度看来，人们在现象学中所把握的意向性和把握它的方式，只是一种残缺的和外显的现象。”参见克兹尔《海德格尔〈存在与时间〉的起源》，第 420 页。

② 参见《海德格尔全集》第 21 卷，1976。

③ 克兹尔：《海德格尔〈存在与时间〉的起源》，第 422 页。

公开出版物的谨慎态度。

这三份书稿以及前面的《纳托尔普手稿》各有特点,又基本上是一脉相承的,它们之间的确切关系及其对于理解海德格尔思想的意义,需要更深入的研究才可能发现。有一点却是清楚的,这就是,虽然“形式指引”在不同的手稿中表现方式不同,但“最重要的是,这些手稿的核心,也就是形式指引被用于指导它们各自对人类形势的分析”①。如果仔细品味,这三稿或四稿中的重要语词无一不是“形式指引”的。

此外,公开出版的《存在与时间》的另一个重要文本特点是:它是“少尾”的或未被完成的。它只包含原计划的 1/3,也就是计划中的两大部分或六个分部(每一大部分含三个分部)中的前两个分部②,即(1) 对缘在的预备性的基础分析与(2) 缘在与时间性;而没有第三分部“时间与存在”和整个第二大部分(对存在论历史的现象学解构)的三个分部。后来的许多年间,海德格尔也曾作过一些努力,以某种方式来补足缺少的部分,比如《康德与形而上学问题》《现象学的基本问题》《时间与存在》等,就可以看作是这种努力的成果。但说到底,他没有正式完成这本书,只能让它以这样一个缺头少尾的“悬空”残貌行于世上。这其中的困难与问题就应该与他后来的思想“转向”有内在的联系。

二　思路概述

这本书的基本思路是:要解决“存在的意义”问题,必须对人类缘在的生存方式进行分析,而这种分析会揭示出这缘在的本性是牵挂及这牵挂的纯方式——时间性。这时间性的各种时机化(Zeitigung)表现是一切要理解存在含义的努力所依据的基本视野。各类传统存在论的失误就在于它们所依据的时机化方式是不真切的,而且几乎完全没意识到存在的含义与时间性的关联。而通过对人的真正切身的(eigentlich)生存

① 克兹尔:《海德格尔〈存在与时间〉的起源》,第 313 页。

② 参见海德格尔《存在与时间》,第 8 节或第 39—40 页,图宾根,马克斯·尼迈尔出版社,1986。

方式的阐发，可以开启出原发的时间视域，通过这个视域，会让我们在历史上第一次充分领会存在的真义。

依据我们上面所介绍和分析的海德格尔早期的方法，即“人的实际生活本身的形式（境域）指引”，我们可以而且必须对以上这个简略含糊的概括做进一步的解释。

“存在”不能被当作一个最普遍的种属概念来把握①，因为它根本就不是一个通过“普遍化”而得出的概念，只能被形式-境域指引式地理解。而形式指引就意味着揭示人的实际生活本身的可领会性和可表达性的依据。结合存在问题，这人的生活实际性（Faktizität des Lebens）就被称作“缘-在（Da-sein）”，也就是一种完全被它的实际生存方式或“缘分（Da）”所驱动和构成的存在者。“人”在这里也就决不能按“种属”定义，比如“理性的动物”，而只能通过它卷入的活生生的生存关系和形势被理解。说到底，人没有任何现成（vorhanden）的本性，而是天下最不安分的，总是超出现成事态一步，只在其去（zu）存在、去投入世界之中得其自性的缘存在者。我们无法依据任何“对象域”，而只能通过对“缘在在世”这样的纯关系境域的构成含义的分析，才能展示这种存在者的存在性。

因此，缘在或生存着的人与这缘在在世的世界从根本上或意义逻辑上就不可分。这样，对缘在的“在世界之中（In-der-Welt-sein）”的分析就主要（“首先和通常”）是对于缘在-世界的生存方式的分析，即它的形式指引方式的揭示。知道了“生存”这个词的纯形式指引意义，就不会将缘在的生存从一开始就误解为一种主体对客体（对象域）或客体对主体的规定方式，就会知道对于缘在的生存论（existenzial）分析已处在一个全新的、超出了传统形而上学与认识论的思想维度之中。它所显示的主要是一个主客还未分叉、正在构成之中的实际生活本身的构意方式和理解“存在意义”的方式，因而是一种不离开生活或生命之流，并让这最不平静的湍流本身表达出自身的方式。从这里面“跌落”出来的主—客对峙

① 参见海德格尔《存在与时间》，第 3 页，图宾根，马克斯·尼迈尔出版社，1986。

的形态,只是这生活经验的一种延伸罢了。对于还受制于传统的主客框架而不能完全投入这生命大化之中的人而言,这种实际状况无理性可言,是"神秘的"、全黑的。但对那些敢于并有办法进入这生命流本身的人而言,这里正是原本的"解释学形势",是一切意义、真理(a-letheia)和(解释学)理性的被构成处。

通过对缘在的在世界之中的各种生存方式的层层分析,揭示出了它的第一个完整的形式指引结构——牵挂。随着这样一个解释学形势的暴露,对于缘在的生存方式的分析进入了"真正切己(eigentlich)"的形态,真态缘在脱开了与"人们(das Man,大家伙儿)"共处,只通过因缘关联网(Bewandtnis)而沉迷于世域的诸形态,但又并未从根子上脱开世界和实际性。它这时只以自身能存在(Seinkönnen)的方式开启出更彻底地凭空构成的生存境域。因此,按照海德格尔这时的看法,这类形态——朝死的存在、愿意听从良知、先行的决断——都更充分地是形式和境域指引的,更明白地体现出缘在的实际生存本性。《存在与时间》讨论"生存"的方法论意义时还在用"形式指引"这个词。比如海德格尔在开始讨论真正切己的缘在形态(第二分部的一开头)时写道:"**生存**这个词形式指引地(in formaler Anzeige)表明缘在**就是**领会着的能存在;作为这种能存在,它在其存在中就是为了其本身而存在着。如此生存式地存在着,我本身就总是这样的存在者。"①又在极为重要的讨论"总括的生存论分析的方法论特点"的第 63 节中写道:"我们对于生存观念的形式指引被在缘在本身中的存在理解引导着。"②可以毫不含糊地说:《存在与时间》关于缘在的全部生存方式分析都被海德格尔 1919—1923 年在多处阐释的实际生活本身的形式指引方法引导着,这个方法是理解此书的生命(Leben)线。然而,此书中尽管有七八处使用了"形式指引"这个词,但都是以上面所引段落的那种"不显眼"的方式使用的,而且对此方法本

① 海德格尔:《存在与时间》,第 231 页,图宾根,马克斯·尼迈尔出版社,1986。

② 同上书,第 313 页。

身也没有作专门说明，以致读到它们或更频繁出现的“形式的(formal)”这个词的人并不能真切领会其微妙义。实际上，海德格尔在词之间加小横线的表达方式就是形式指引的一种体现。以这种方式，他尽量破除通过一个词来指称一个对象的阅读习惯和思想方式，而让词与词(或词素与词素)相连属而形成悬空摆荡着的词族、词丛，具有当场显示和指引的内结构或外结构。

这些真正切己的生存论分析在“先行着的决断[vorlaufende Entschlossenheit”，又可译为“先行地揭除(Ent)蔽障(schlossenheit)”]这个缘在形态中达到最空灵的形式-境域指引，因为它最彻底地摆脱了一切现成性而非世界性的平板化遮蔽，鲜明地表明缘在在一切对象化之先的构意能力，或“让自身逼临到自身(Sich-auf-sich-zukommenlassen)”的生存可能性(“能存在”)的构成。[①] 简言之，这是最无现成者可把捉的又最切身的纯势态构成。这样一个原发的缘在现象就把我们带到了“将来(Zu-kunft)”这个首要的时间维度，由此而引出“已在(Gewesen)”和“当前(Gegenwart)”，并在这三者的相互缠结和引发中达到了缘在的“根身”——时间性(Zeitlichkeit)。“时间性将自身开显为真正切身的牵挂的意义。”[②]以这种方式，生存性、实际性和沉迷于世界这三者就统一到牵挂的整体结构之中。所以，这时间性——“已在着的和当前化着的将来”——就是一个缘在(人的实际生活)本身的形式-境域指引，也就是缘在的生存本性的鲜明表达。

凭借这样一个时间视域，特别是通过分析这时间性的各种“时机化”方式，包括真正切己的和不真正切己的方式，海德格尔要重新解释以前讨论过的那些缘在方式的存在论含义，并进一步揭示“历史性”的真义和统治形而上学的“庸俗时间”观的特点。

这就是《存在与时间》的基本内容和大略思路。如果从宗教和哲学

---

① 海德格尔:《存在与时间》，第 325 页，图宾根，马克斯·尼迈尔出版社，1986。
② 同上书，第 326 页。

人类学的角度看(海德格尔会认为这类视域仍嫌过窄),这是一个关于人如何出其缘发本性而沉沦于世间,经历种种浮生幻境,而最终逐渐醒觉,在死亡的悬临、良知的呼唤和先行到底的决断中得大彻悟,明了自己的真性乃是"缘起性空"的时机化时间,并由此而得大自在的故事。这里有基督教的影子,但无创世与外在(异质)救赎之人格神。细细想来,更近乎佛教或佛学之说,尽管海德格尔本人最关注的东方思想是"道"。海德格尔本人则很有道理地认为他这里做的是最原本的哲学的或现象学的工作,是一种解释学化了的存在论探讨,是比柏拉图和亚里士多德的哲学思考还要更透彻的纯思想追求。总之,此书是海德格尔自博士论文、教职论文开始,在弗赖堡大学早期教学中定向、在《纳托尔普手稿》中显露、在《狄尔泰稿》和《时间概念史导论》中成形的解释学化的现象学存在论的一次集中表述;是积十几年之功,汇多种哲学潮流(最主要者是生命哲学、现象学和解释学),追本溯源、去滞存神、死去活来、剔尽人为而得到的一团原发空灵的思想势态,内含领会人生、世界与知识真意的无穷法门。它在西方哲学史上可谓独步千古,而且至今无人能够企及。下面,让我们更仔细地打量一下这件思想艺术品。

三 缘在与世界

(一) 缘在的含义

由于要探讨"存在原义"这样一个古希腊的或亚里士多德化了的问题,海德格尔在这本书中不再使用"历史的我"(1919)和"人的实际的生活经验"(1920)这些更早时期中使用的、具有类似思想功能的词,而使用自1920年就已在他的手稿中出现的"缘在"。这个词在现代德文中的意义是"生存""存在""生活",但它的内部结构,即"Da-sein"的后一部分(sein)清楚地显示出它与"存在"或"是"的密切关系,前一部分(Da)则"形式指引"出它存在或"是"的方式。

缘在就是“我们自己总是的那样一种是者或存在者”[1]。用这种讲法，海德格尔表明人的本性问题就是一个存在（“是”）论的问题。而“是”或“存在”的问题也就是人或缘存在的问题。“它在缘存在者的身份上的卓越之处在于：它在它的存在之中是**关系到**（*um*，**为了，环绕**）这个存在本身的（es diesem Seienden in seinem Sein *um* dieses Sein selbst geht）”[2]。这句话表明了缘在（或缘存在）与存在本身之间的一种根本的相互牵引。缘在是我的或我们的存在方式，但它总已经牵涉了存在本身，而且不是以现成的方式涉及这个存在；它在一切现成的种属规定，比如“理性的动物”“会说话的动物”之先，以“为了”或“环绕”这存在本身的方式卷入了存在，而存在本身离了这缘在也就无缘存在了。[3] 海德格尔在这里就是要用这“缘在”之“缘”将此生成着的相互牵引以最鲜明的、最难于败坏的方式表现出来，“让它出现、打开并保持在现场”。

“Da”（缘）在德文中是个极为活泼和依语境而生义的词，有“那里”“这里”“那时”“于是”“但是”“因为”“虽然”“那么”“这个”等多种意义。而且，还常常与别的词一起组成复合词，比如“dadurch”“dafür”“damit”等。海德格尔用它来表示人这样的一种存在者，它（他/她）总是处在解释学的情境构成之中，而且总是在彼与此的相互牵引之中打开了一个透亮的（有意蕴的）生存空间或存在的可能。所以，这个“Da”具有相互牵引、揭示开启、自身的当场构成、以自身的生存活动本身为目的、生存的空间和境域、与世间不可分、有限的却充满了发生的契机等意义，也就是典型的“人的实际生活经验本身的形式指引”的含义。考虑到这些因素，可以用中文里的“缘”字来比较贴切地翻译它。这不仅仅是因为“缘”字在古文和现代文中基本上具备了这些含义，而且由于历史上的佛经翻译使用了这个字，使它那些含义在一千多年的中印文化交融的语境中被酿

① 海德格尔：《存在与时间》，第 7 页，图宾根，马克斯・尼迈尔出版社，1986。

② 同上书，第 12 页。

③《存在与时间》讲“因缘（Bewandtnis）与意蕴”的第 18 节（第 84 页）结合“为了……起见（Umwillen）”，来重提缘在的这个“为了”存在本身而有其自身存在的特点。

制得更加丰富微妙。而且,龙树的《中论》消除了佛家"缘起"说中的种种杂质,比如因果缘起说、聚散缘起说,给予了这"缘"以无任何现成的对象前提的或"空(sunyata)"的"存在论"含义。①

在《存在与时间》的第1章,海德格尔用了一个更清楚的"牵引"方式来刻画缘在。即,一方面,"这种存在者的'本性(Wesen)'就在它的去存在之中";另一方面,"这个存在者在它的存在之中所关系到的存在总是我的(ist je meines)"。② 这说明,人这种存在者没有任何现成的(vorhanden)概念或经验的本性,而只在"去存在"这种向边缘(前或后)投射的势态中成为其自身。这种对于人的本性的纯构成的看法是胡塞尔的现象学和康德的"演绎"从思想上要求但又未能真正达到的。也就是在胡塞尔和康德被卡住的地方,海德格尔迈出了决定性的一步,"摧毁"了或"解构"了对于人性的一切现成的看法,比如"先验的主体性""统觉"和"自我意识",在还没有现成存在者的地方保持住了、收拢住了一种纯粹的存在或生存状态(Ek-sistenz)。这缘在的去存在或"悬而不定的状态"并不没入一个发散的"坏无限"之中,而是就依凭这"去(zu)"的悬临趋势而回旋牵连出"我"与"世界"共处的一个境域。海德格尔称其为解"悬而不定的状态"并不没入一个发散的"坏无限"之中,而是就依凭这"去"的悬临趋势而回旋牵连出"我"与"世界"共处的一个境域。海德格尔称其为解释学的处境,并认为此缘在之缘为一切领会和解释的源头。

(二) 缘在的在世

从思想的创新和表达的精巧上看,此书的前一半或达到时间性的前65节(占总篇幅的2/3),明显地更高一筹。思想的新境界被不断地因势利导地开启出来,极少做生硬的理论建构。所谓缘在的"生存的(existenzial)结构"指的是:如果将人视为纯构成性的缘在而非现成的主

---

① 将"Dasein"译为"缘在"的比较详细的理由,我们已阐述于《Dasein 的含义与译名》一文。见《德国哲学论文集》第14辑,第35—56页,北京大学出版社,1995;以及张祥龙《从现象学到孔夫子》,第69—93页,商务印书馆,2001。

② 参见海德格尔《存在与时间》,第42页,图宾根,马克斯·尼迈尔出版社,1986。

体或客体，它具有什么样的存在方式（Seinsart）。海德格尔通过三方面来说明这种方式。它们是：缘在与世界、与他人和与自己的关系。这样层层递进，最后逼出缘在的牵挂本性和这种牵挂的纯方式——时间性。

1. 缘在与世界

如果缘在充分地体现出了解释学现象学的构成方式和“先验想象力”所需要的那样一种存在状态，人与世界的关系是怎样的呢？按照海德格尔的看法，它并不首要地是一个主体和一个客体之间传统认识论的关系[①]，也不就是胡塞尔讲的意向行为主体与意向对象之间那样一种还不够彻底的构成关系，而是还没有从存在论上预设任何现成存在者的完全相互构成的关系。“从没有过一个叫‘缘在’的存在者和一个叫‘世界’的存在者‘并列存在’这么一回事。”[②]缘在从根本上就“在世界之中（In-der-Welt-sein）”，而世界也永远是与缘在相互构成的世间境域或周遭世域。从来就没有一个无世界（weltlos）的缘在，也从来没有一个无缘在的世界。在这样一个相互构成的新存在观中，“人”和“世界”的含义同时发生了深刻的变化：从传统的“主体”与“所有对象的集合”之间的外在关系——不管它是经验的还是先验逻辑的——转变为相互缘起的，在根本处分不清你我界限的构成域式的“关系”。

这样一种存在论的形势反映到认知问题上，就是将那些由境域引发的和相互牵引的认识方式看作是更原本的和更在先的；而视那些以主客相对为前提的和依据现成的认知渠道（比如感性直观与知性反思）的认识方式为次生的和贫乏化了的。对于他，“认知乃是‘缘在’在世的一种存在方式”[③]。缘在一向就以牵念（Besorgen）的和用得称手的（zuhanden）等非概念的方式“知晓”了世界。比如，海德格尔讲：“正如已经表明的那样，最切近的交往方式并不是仅仅的知觉认知，而是操作着的和使用着（工具——引者）的牵念。这种牵念具有它自己的‘认知性’。

① 参见海德格尔《存在与时间》，第12、43节，图宾根，马克斯·尼迈尔出版社，1986。

② 同上书，第55页。

③ 同上书，第61页。

现象学问题首要地就是意指在这种牵念中所遭遇的存在者之存在。”①“牵念”在这里意味着人的实际生存或缘在本身的境域牵引或指引，是比胡塞尔的“意向性”更本源的现象学行为，完全不预设意向主体和意向对象的区别。通过它，我们直接遭遇存在者之存在，而不仅仅是意识流构成的意向对象(noema)。

西方传统的存在论和认识论在一开始就跳过了世界性(Weltlichkeit)这样一个最重要的缘构现象②，而误将那些从这个纯现象上脱落下来的片断认作最原初的认知对象。比如，将“物”认作广延的和不可入的对象，毫不意识到它如何源起于牵念的领会方式。在这里，海德格尔用了一个著名的例子，即使用一柄锤子时的称手状态(Zuhandenheit)来说明这种更原本的认知方式。③ 按照他的看法，锤子和一切用具的物性并不主要在其对象性或现成性(Vorhandenheit)之中；你对它的各种观察、剖析都不能揭示其真实存在。只有当缘在以一种非专题的、不显眼的、充满了域状的明白劲儿的方式来使用这把锤子时，锤子的物性或存在本性才被当场揭示和牵带出来。只有当这种原本的相互关联出了问题，比如锤头忽然松了或掉了，你才会以主体的身份将这锤子当作一个对象来打量，以便找出问题之所在。

这样一种缘构式的理解贯穿于《存在与时间》，并以各种不同的形式出现。缘在与世界之间总有一种似乎是已经调弄好了的、原本上就得心应手的玄冥关系。所以，我们对世界总已经有了某种前反思的、实际生存本身具有的、类似于用得称手状态所泄露出来的那样一种交往。④ 这种交往首要地和经常地表现为一种不显眼的、平均状态的、日常的和生存空间的理解方式。这种理解和存在的方式尽管还不是真正切己的或真态的，但却绝不缺少原发性，因为它正是缘在与世界的本“缘”关系的

① 参见海德格尔《存在与时间》，第 67 页，图宾根，马克斯·尼迈尔出版社，1986。
② 同上书，第 66 页。
③ 同上书，第 69 页。
④ 同上书，第 85 页。

一种表现。而且，从存在者角度看来，这种表现具有最切近、最经常的和最“实际的(faktisch)”特点。所以，海德格尔虽然是在讨论缘在的平均状态(Durchschnittlichkeit)以及它的日常存在方式，却绝不是在宣扬一种常识经验主义，而是在严格的意义上讲更纯粹的存在与认知的方式，也就是我们以上讲的“实际生活本身的形式指引”的一种最经常的表现。

因此，这种不显眼的与世界打交道的方式都是外愚内巧、暗气相通和含势待发的。比如用得称手状态似乎没有本身的专注点，却有它自己的隐蔽着的看、知和指谓。一旦使用着的工具坏了，比如锤头掉了、刹闸失灵，这种称手状态就立刻以不称手的形式将这用具作为一个现成对象突现出来、指示出来。我们对自己所在的环境总有一种四周打量的隐约了解，它先于对任何特定感觉的和概念化对象的认识。在这种似乎“昏昏察察”的打量(Umsicht)中，没有哪个用具和标志不呈现出一整套的关系构成。这种成套成片的粘连关系绝不是现成物之间的逻辑的和因果的关系，而是被用得称手状态牵带起来的“缘分(Bewandtnis)”，即因某个东西而涉及另一个东西的缘由。从来没有一个现成的和孤立的缘由或缘分，它们总是处在缘构域式的相互牵扯之中：“因……而及……”所谓“在世界之中”，就是指在此牵扯的缘分之中；在“所去(Wozu)”“所因(Womit)”“所及(Wobei)”“所据(Woraufhin，或译所向)”“所(在其)中(Worin)”和“所为(Worum-willen，‘为’念作第四声)”这样一些纯缘发的存在“空间”之中。① 这些都是缘在之缘的各种语境化身，或形式指引的方式。构成这些存在空间的副词、连词和介词(zu，mit，bei，aufhin，in，um)没有能被指称出来的对象意义，只能通过称手的运用而冥会于心。“缘由”或“缘分(bewenden，以及它的过去式 bewandt)”在德文中也是一个“只用于短语”而无现成意义的“域状词”。当然，所有这些域状构成词的源头就在“Dasein”的“Da”之中。这也是笔者要将“Dasein”译作“缘在”、将“Da”译作“缘”的原因之一。这个“缘”不但消去了一切现象的实

① 参见海德格尔《存在与时间》，第 86 页，图宾根，马克斯·尼迈尔出版社，1986。

体性,而且通过“连-介-副-代词”所“指引”出的缘由赋予了它们以原发的意义方向和空间。这缘在就因这些方向和空间而获得了它的世界。

2. 缘在与“人们”

具有这样的一种在世本性的缘在与他人的关系如何呢?不难设想,这种关系绝不会只是“主体间”的关系。正如缘在与世界的相互构成一样,缘在与缘在之间充满了境域式的相互构成和存在论意义上的本源沟通。

对于海德格尔来讲,缘在的“在缘(da-sein)”首要地和经常地是一种“同在(Mitsein)”,也就是说,不仅与世界同在,而且与其他的缘在或人们同在。因此,海德格尔又称这样一个人的基本的存在方式为**“同缘在(Mitdasein)”**。它既意味着缘在共同地存在,又意味着每个缘在总已经“在世界中”与他人一同在缘(mit da sind)了。①

在日常生活中,在通过工具所揭示的那个缘分世界里,“他人(Anderen)”与我遭遇。但是这他人既不是现成的也不是用得称手的,而是与我的缘在一同在缘。缘在之所以能够如此彻底地被他人浸透,就是因为它除了这个纯构成的“缘”之外,再没有什么可资自守的东西了。它不得不从根本上对此世界和他人开放。当然,这并不是说它完全可以被环境和他人决定。这个开放的缘分使一切都相互牵挂或生存式地连成一气,从而绝不仅是现成的、干巴巴的,而是缘生的和充满了可被触发的潜在势态的。也正是出于这个“缘故”,失去自我的存在形态与赢得自我的存在形态可以发自同一个缘在。

在这个意义上,缘在不仅仅是“社团性的”,它对他人有着像对世界一样的先概念和先于任何现成对象的了解。他人作为一种非实体或非主体集合的缘分总已经在缘在之中了。这就是所谓“同缘在”或“同在缘”的含义。他人完全可以不现身地在场或与个人同在。像隐士一样的

---

① 参见海德格尔《存在与时间》,第116页,图宾根,马克斯·尼迈尔出版社,1986。

孤独生存也就应被看作此同在缘的一种特殊形态。① 同理,“牵念”和“牵心(Fürsorge)”也不一定非要表现为与他人的积极的交往或“热乎”;否定性的争执和冷漠的关系同样是一种牵心,而且往往是更常见的牵心和牵念的方式。②海德格尔之所以要用“牵心”和“牵念”这类与“牵挂”相关并带有情绪色彩的词,就是为了突出缘在与他人打交道时的先概念的和缘构成的方式。

循着这个思路,当面对“日常生活中的缘在是谁”这个问题时,海德格尔的回答是:“这个‘谁’既不是这个人,也不是那个人;不是人本身,不是某一些人,也不是人的总合。这个‘谁’是一个中性物,即‘人们’。”③这段话的意思是,在通常情况下,缘在既不是一个个主体式的个人,也不是这些个人的集合,而是一个被拉开扯平的、域化了的和中性的“人们”。

这样一个“人们”或“大家伙儿”在日常生活中将缘在的自身存在无声无息地取走了。当缘在自认为是为了它自己的利益、兴趣而牵念忙碌时,实际上却是那个混沌、中性和无处不在的人们在主宰着局面。海德格尔对此有不少极为精彩的描述。④

四 缘在的方式

《存在与时间》第一分部中的第 5 章和第 6 章是一个过渡,从缘在的“在世界中”和“与他人同在”的形态转向它的真正切身的存在形态。所以,第 5 章“‘在其中’本身”讨论缘在的这个“缘”的各种生存样式,而第 6 章“牵挂——缘在之在”则通过对“畏惧(Angst)”的追究而揭示出缘在的整体结构和本性——牵挂,并讨论本源的真理性问题,为进入关于缘在的真正切身的形态的讨论做好准备。所以,第 5 章靠近缘在的“在世界之中”的形态,而第 6 章与第二分部中的前三章更相关。在那三章中,海

---

①② 参见海德格尔《存在与时间》,第 121 页,图宾根,马克斯·尼迈尔出版社,1986。

③ 同上书,第 126 页。

④ 参见同上书,第 125—126 页。

德格尔讨论了缘在的真态存在并由此而引出了“时间性”。

(一)“在其中”“缘”和“存在空间”

缘在总已经“在……之中”,比如“在世界之中”。而且,这个“在其中”不是指在一个现成的存在界之中,而是指“正在构成或缘生之中”。第5章就是要进一步展示这种“在其中本身”的缘性,特别是它在人的处身情境和语言中的表现。首先,海德格尔指明,缘在的“在其中”并不意味着一个现成东西在另一些现成者之中,比如一个主体在一个现成的世界之中。这“在其中”倒是应该被视作缘在的根本存在方式。① “**此缘在就是**这个‘之间(Zwischen)’**的存在**”②。这样一个在生发“间隙(Riss)”中运作的思路可以通过讨论“缘”这个词得到生动的说明。于是就有这样一段关于缘在之缘的重要议论:

> 在任何情况下,这个从根底上被“在世界之中”构成(konstituiert)的存在者本身就是它的“缘(Da)”。按照它的通常意义,“缘”意指“这里(此)”和“那里(彼)”。一个“我这里”的“这里”总是从一个用得称手的“那里”来理解自身的;这也就是说,从朝向“那里”的,正在消除距离、取向和牵挂着的存在中理解自身。……“这里”和“那里”只有在一个“缘”中才可能;这也就是说,只有当一个存在者就是这个“缘”并且已经将作为此“缘”的生存空间打开了的时候才可能。这个存在者在它最切近的存在中携带着这个解除遮蔽的特性。“缘”这个词意味着这个根本性的打开或解蔽状态。通过它,这个存在者(此缘在)与世界的“在-缘”一起,为了它本身就是这个“缘”。③

这段话以一种“生存空间”的方式讨论了缘在之缘。它清楚地表明,“Dasein”既不是“此在”,亦不是“彼在”,而是在彼与此“之间”活转的“缘在”。稍稍观察一下“缘”在德语中的实际运用就可发现,它所意味的空、

①② 参见海德格尔《存在与时间》,第132页,图宾根,马克斯·尼迈尔出版社,1986。

③ 同上书,第132—133页。

时、关系念思维、定点直观所能把握的要原本和境域化得多，介于虚实之间，依上下文和说话情境而成义。海德格尔在这段话中也就顺势利用了这个词的缘性，强调它的活转不羁，即通过朝向（zu）"那里"来理解"这里"或"自身"。由此活转而构成的"生存着的空间"是缘在本性中具有的回旋空间或"间隙"，比物理空间要原本得多。

（二）处身情境与怕

人既然是缘在，既然只能在去在之中成为自身的存在，他就一定是从根本上被打开了的和透露着什么的存在者。所以，缘在总是发现自己已处在了（befinden sich in）某个情境之中，而且总是以非反思的方式对自身的这种实际处境有了某种了解。这种存在论境况被海德格尔称为"处身情境（Befindlichkeit）"。它在存在者状态中的体现就是"情绪（Stimmung）"或"具有情绪（Gestimmtsein）"。不容忽视的是，在德文中，"使之具有情绪或某种心情（stimmen 或 gestimmt sein）"这个词同时有"给……调音"和"使之相称"的意思。我们知道，海德格尔总是尽可能地去开发语言本身的丰富内涵，尽力让语义的双关成为构造思想意境的机缘。这里，用"Stimmung"这个词就有这样的含义，即缘在的基本情绪不只是主观的，而是缘在与世界之间的那种被缘化了的、调弄好了的境域联系的流露。

"缘在总已是有情绪的[（D）as Dasein je schon gestimmt ist]"①，或者，"缘在总已是被调弄好了的"。之所以会是这样，就是因为缘在**就是**它的缘，总有了一个自身的处境（Sichbefinden）。而它的根本的开放性（去存在）一定会让这缘发的处境作为情绪而显现。所以，情绪是缘在的在世处境的一个标志。正如人从来就已在世界之中并具有了生存空间一样，人作为缘在从来也不能消除一切情绪。"没情绪（Ungestimmtheit）"恰恰暴露出更本源的处身情境：对自己厌烦的情绪。并以这种方式揭示出缘在身负的一种指不出对象来的境域负担和意义负担——存在、它存在着（Dass

① 海德格尔：《存在与时间》，第 134 页，图宾根，马克斯·尼迈尔出版社，1986。

es ist)。① 缘在的原本心态既不是经验论者讲的“一块白板”，也不是唯理论者讲的带有先天观念和范畴的“灵魂”或“心”，而是缘生之域象或生存空间本身的气象和意境。这样的情绪就绝不只是心理情感的，而是一种缘在的存在论现象。

这种处身情境的一个样式就是“怕(Furcht)”。海德格尔以充满了“势态”(缘分、处所、逼近、可能)的方式分析了怕的处身情境本性。怕的缘境总走在怕的对象之先。我们总是在莫名其妙地怕了之后才一边害怕着、一边弄清那可怕者。只有在自己存在的根本处具有一个处身情境，并且就认同这个缘境的存在者才“能够去怕”②。一旦被怕者被完全清楚地对象化了，就反倒怕不起来了。

海德格尔称缘在的这种总已先于任何对象地投身于缘域的状态为“在其缘中被投出状态”或“被抛投状态(Geworfenheit)”。这种与“用得称手”和“生存空间”息息相关的被投出状态也就是在世界中的缘在之缘。③ 海德格尔又称这种状态为缘在的“委托的实际状态(die Faktizität der Überantwortung)”。之所以用“委托”或“托付”这个词，就是为了显示这种“实际状态”中的“越过”“漫出(über)”和在去存在中“维持住”自身的凭空缘生的特性。与《老子》四十一章讲的“夫唯道善**贷**且**成**”有隐约相似之处。

(三) 领会(理解)、解释和人的各种语言活动

《存在与时间》的第31—35节涉及一般解释学所讨论的一些问题：语言、领会(Verstehen，或译“理解”)、解释、陈述等。“领会”的问题常常被传统的概念哲学忽视或视为当然。康德以“知识如何可能”的方式涉及了这个问题。施莱尔马赫和狄尔泰受到康德的影响，正面地探讨理解之所以可能的种种条件，从而开辟出了所谓“一般解释学”的领域。但是，他们的讨论往往受制于具体文本和理解者的主体心态，或局限于所

① 海德格尔:《存在与时间》，第134—135页，图宾根，马克斯·尼迈尔出版社，1986。
② 同上书，第141页。
③ 同上书，第135页。

谓“人文科学的方法论”，不具备康德批判哲学那么广阔的视野和深度。简言之，就是没有达到海德格尔心目中的存在论所应具有的普遍性和原发性。① 海德格尔看出，解释学所涉及的那样一种处境（Situation）可以具有基础存在论的含义，因为它要求一种先于主客（理解者和理解对象）分离的缘发构成。然而，他并不从“理解文本”这类次生性的解释学处境出发，而是以“存在的意义”及“缘在之缘性”这样的根本存在论问题为开端，以批判哲学的精华为羽翼，更根本和更完整地达到了对于“理解”和“语言”的新看法。反过来说也可以，即他赋予了解释学的处境以基础存在论的含义，从而抛弃了传统的概念型存在论的框架，建立了一种依据缘在而开展出的解释学化了的现象学存在论。② 简言之，海德格尔使存在论和解释学相互改造、相互贯穿和相互构成。

因此，他对于“领会”的理解就来自他对于缘在的本性的看法。缘在不是任何可以与它的世缘从逻辑上区别开来的主体，它向来就已经“全身心地”化入了它的世缘中；它就是它的缘或生存的可能性，也因此具有了一种对于这个世缘或这种在世处境的领会，尽管还根本不是概念的和反思的理解。所以，“理解的可能性”问题就由于缘在的这种非逻辑主体的在缘性、前抛的“混成”性而得到了一个存在论意义上的解决。第31节的题目“作为领会的在缘（Das Da-sein als Verstehen）”就是这个意思。缘在本身所具有的领会是一切后起的理解之源（缘），而这个与生俱来的领会不是别的，就是缘在之缘的一种基本存在方式和被打开的状态（Erschlossenheit）。

循着这个思路，可知人作为“在缘”的和“就是缘”的存在者先天地就能领会，这就是领会的“前抛（Entwurf，或译前瞻、投射、筹划）”本性。“在这种存在方式中，缘在**就是**它的纯粹可能性（作为可能性的可

---

① 海德格尔：《存在与时间》，第46、209页，图宾根，马克斯·尼迈尔出版社，1986。
② 同上书，第38页。

能性)。"①

这种前抛本性,表明缘在及其悟性"永远要比它事实上所是的'更多'"②。它是"能存在"或"能是(Seinkönnen)",必然走在具体的和现成的"在何处""是什么"之前。但这又绝不意味着这缘在比它实际上(faktisch)所是的更多,在实际现象之后还要靠先天的范式或更高的本质来支撑。这是因为它**实际上也就是它的能在**,这生存的本能原知或"先天前抛能力"就属于它的实际状况。③这就是存在的"超越"或"先验性"对于海德格尔的意义。这微妙的"超出"和"更多"是纯境域的、构成的和出自本身的,毫无概念的痕迹可循。

因此,如果我们用现象学者爱讲的"看(Sehen)"或"视(Sicht)"来理解这种领会,这种看就绝不只是"纯直观",因为它具有一个前抛的构成视域,并非只是直接感知眼前的现成对象。这个识度将海德格尔的现象学与胡塞尔的现象学在起点处区别开来,并说明胡塞尔讲的"纯直观"的思路中还有"现成的"因素,未能充分追究这种"直观"所以可能的存在论条件。如果他能充分地发掘他的"边缘域构成"学说的终极含义,就会得出与海德格尔相似的结论。海德格尔对于康德讲的"先验想象力"的理解却非常近似于这里讲的领会,以及它在日常生活中的体现——牵挂着的"环视(Umsicht)"。

所以,并非解释(Auslegung)使我们领会和理解,而是这原本构成着的领会使得解释成为可能。领会通过概念化的解释可以"上升"为(狭义的)陈述(Aussage)。具有述谓结构的陈述是解释的一种极端形式。它似乎断绝了与缘发生网络的内在联系,将原初解释所包含的域性的"作为(als)"结构转变成了"关于某某(Worüber)"的判断式的"作为"或"是什么"。按照海德格尔的看法,这陈述虽然表面上从因缘关系网中脱开,却只能植根于缘在领会和解释之中,以获得从任何别处得不到的原初意

---

①②③ 参见海德格尔《存在与时间》,第145页,图宾根,马克斯·尼迈尔出版社,1986。

义和可理解性。[①] 在这一点上，海德格尔的思想与维特根斯坦的命题意义图像说及命题意义本身的不可表达性（非现成性）的观点倒有某种可比较性，尽管维特根斯坦还未深入到缘在的境地。而且，我们可以见到，海德格尔对于"陈述"的看法与现在流行的、从根本上区分自然科学与人文科学的方法论和"解释学"倾向也不同。陈述所代表的自然科学的表达方式及"解释"所显示的人文科学的表达方式都植根于缘发的领会。因此，海德格尔自 20 世纪 30 年代起，也大量讨论了现代技术和自然科学的根源问题。

除了自身情境和领会之外，在世的缘在之缘（das Da des Daseins）的另一种先于直观和概念思维的开启方式就是言谈（Rede），而言谈的被说出状态（Hinausgesprochenheit）就是语言（Sprache）。[②] 言谈并不比处身情境和领会更少本源（缘）性，因此，其首先并不是作为传达现成心态和被领会者的交流媒体而存在，而是"在世的处身情境中的领会状态（的）**自身**道出"[③]。

正是由于言谈的这种缘发构成和内外沟通的域性，它在根本处就总是在"听（Hören）"着或领会着缘生在世的声音，比如，与他人同在的"世间音"（舆论、闲言碎语、故事传说）和带有形象含义的"事态音"（行进的兵团、北风、笃笃作响的啄木鸟和劈劈啪啪的火堆），却不会首先听到内心的独白和外在的纯物理音响。而且，在这言谈境域中的沉默（Schweigen）也同样是言谈，往往能更真切地让人领会，因为它更纯粹地依附着这境域本身的开合而"谈"着。[④]

这样一种缘构成的语言观和领会观使我们对以前许多从未引起过哲学家们关注的现象有了全新的理解。海德格尔讨论了"闲谈（Gerede）""好奇（Neugier）""双关（Zweideutigkeit）"。对他来讲，这些现象不只是现象学的或语言学的，而是具有存在论含义的缘在的缘构成方

---

① 参见海德格尔《存在与时间》，第 158 页，图宾根，马克斯 · 尼迈尔出版社，1986。

②③ 参见同上书，第 161 页。

④ 参见同上书，第 165 页。

式。闲谈比陈述更靠近缘在之缘，因为它建构着和表达着缘在共同在世的平均的、域状的领会。流言蜚语、小道消息之所以有那么大的兴风作浪的能力，就是因为人首先不是概念理性的主体，而是被这些世缘造就成的共同缘在。人说闲话时、聊天时不在乎所说的是否可被证实或经得住逻辑的分析，要紧的是说得有板有眼、意兴盎然、神乎其神。[①]“古今多少事，都付笑谈中。”

五　牵挂——缘在的存在

从以上几节的阐释中可以看出，海德格尔关于人的本性的“缘在”观如何改变了整个存在论讨论的模式和基本词汇。传统的唯理论或经验论的方式和相应的词汇，比如“实体”“理念”“心”“物”“主体”等等被视为现成的次生者，而缘构成的思路以及像“缘”“在世界中”“用得称手”“大家共在”“处身情境”“领会”“言谈”“双关”“好奇”这些很少或从未进入哲学讨论的词汇却占有了中心地位。一切都是以能否体现、展示缘在之缘性或形式指引性为转移。

《存在与时间》中有两个基本的区别：现成状态与缘构成状态的区别，以及不真正切身的状态与真正切身的状态的区别。前一个区别就是存在者与存在本身（能在）的区别的另一种表述，只是更有方法上的含义；后者从根本上讲来则属于构成态中的两种在缘方式，尽管不真态的生存方式可以而且倾向于被进一步平板化为现成的。所以，第一个区别是最关键的和贯穿海德格尔思想的全过程的，它将海德格尔存在论思路与形形色色的观念哲学区别开来。第二个区别主要出现于他的前期著作中，特别是《存在与时间》中。

上一节中讲的那几种缘在的日常生存方式（闲话、好奇、双关等）属于一个更基本的在世形态——沉沦（Verfallen）或被抛状态。这“沉沦”在德文中还有“陷入”“沉溺于……之中”“遭受”之义。按照海德格尔的

---

① 参见海德格尔《存在与时间》，第168—269页，图宾根，马克斯·尼迈尔出版社，1986。

意思，它“并不表示任何（伦理的、宗教的）负面评价”[1]，而是意味着缘在在世的一种状态，或人的实际生活经验自然就有的一种求安逸的倾向，或躲避困苦（比如朝死的存在）、负责和自己决断的倾向。

因此，这沉沦意味着缘在的向世界境域的根本开放并没入其中的状态。原本就没有什么标准能使我们找到一个更高级的非沉沦的现成状态。缘在总是“首先和通常地”沉陷入了、被裹进了它的世缘。至于下面将讲到的缘在的真态存在，只是这种根本的牵挂和缠结状态的一种变形。[2] 而且，这缘在陷入的被抛态不是一种因果意义上的被决定状态，因为它的实际根基是“能（存）在”而非现成存在。这身不由己的被抛态中一点不少人的生存自由，而且恰恰是被这根本的自由或无观念自性的缘发而造成。在这被抛态中的沉沦出于一种本能的逃避（Flucht），即从它的双向构成的“能在”那里逃入到一种境域的平均态中。真正的因缘论既不是创造论，也不是决定论。

以“沉沦”和“被抛态”结束了关于“在……之中”的一系列酣畅淋漓的讨论之后，海德格尔着手揭示以上讨论的那些“存在于世界之中”的种种生存形态的整体结构，以便一针见血地理解缘在的本性。为此，他需要一种更本源的在缘现象，它本身就以某种方式具有这被要求的结构整体性及其各个环节。这现象就是“畏惧”，一种比“怕”更“原”（缘）初的处身情境。

一般的怕总似乎是在怕着或逃避着某个东西，尽管“能怕”不能被归结为这被怕者。“畏”则是一切怕的根源，是对于**完全不确定者**的畏惧。[3] 这种可怕之物的虚无（Nichts）化不但消除不了这让人逃避的威胁性，反倒使它变成一种更纯粹和更根本的势域威胁。这种虚无不仅去除了对现成者的关心，而且消泯了与用得称手状态相应的关系网的限制。畏不是在畏惧什么东西，亦不是畏惧一种通过关系网而会产生的结果，它“所

---

① 海德格尔：《存在与时间》，第 175 页，图宾根，马克斯·尼迈尔出版社，1986。

② 同上书，第 179 页。

③ 参见同上书，第 186 页。

畏惧者就是这个在世界之中”①。缘在为什么会畏惧自己的“在世界之中”呢？这是因为在世作为缘在的根本存在方式与缘在有至深的关联，但这种关联又绝无半点现成性，是一纯势态的“成为”和“被抛”，因而具有最纯粹的和最可领会的悬空威慑性。这种不依赖对象的和纯境域的畏比前述的各种缘在方式都更原本，也就是说，它更直接和明白地揭示出了缘在的纯缘发构成的境域本性或最根本的能存在机制。因此，通过畏惧这个处身情境，我们就能把握缘在被抛在世的完整方式或牵挂的方式，并由此达到理解缘在的真态存在方式的入口。

“牵挂”所要表达的就是这个缘在在世的整体结构。它涉及三个维度：首先，畏惧现象表明缘在总已经与它本身的存在可能性缠结在一起，先于任何现成的自身而存在(Sich-vorweg-sein)。其次，这“先于”不是指“先验逻辑范畴”一类的现成在先，而是指被抛在世这种缘构式的在先，因而必表现为“已经存在于一个世界之中的先于自身(Sich-vorweg-im-schon-sein-in-einer-Welt)”。再次，以上两点包含的前后牵引使一种“沉沦着的在……状态里”(verfallenden Sein bei ...)的处身情境不可避免。因此，牵挂的总含义就是“作为存在于(世界内所遭遇着的存在者)的状态里的、已经在(此世界)之中的先于自身[Sich-vorweg-schon-sein-in-(der-Welt-) als-Sein-bei (innerweltlich begegnendem Seienden)]”。② 这便是“缘在之存在”或“缘存在的存在(das Sein des Daseins)”，是《存在与时间》所达到的第一个对于缘在本性的整体构成结构的描述，也是海德格尔讲的“形式指引(显示)”的典型表现，具有重要的意义。

首先，说牵挂是一种“先于自身”，不仅表明缘在的只在“去存在”中去赢得自身的构成本性，而且显示出海德格尔对于康德式的“……如何可能?”的问题的一种独特的回答方式。缘在就是由它“是其可能性”的方式而使先天综合认知可能的，尽管这生存化了的可能性不能被现成化

① 参见海德格尔《存在与时间》，第 187 页，图宾根，马克斯·尼迈尔出版社，1986。

② 参见同上书，第 192 页。

为主体性、直观形式和先验范畴。然而,这可能性又绝不只是一种“潜能”,等待“形式”赋予它现实性。相反,此生存着的、构成着的可能必然已经以境域的方式存在于一个与之缘起的世界之中了。这样,海德格尔讲的牵挂的在先性就既不同于先验唯理论,又不同于将牵挂心理化的倾向。他通过缘在(而非“主体”)要回答的确是哲学最关心的终极的存在论知识“如何可能”的问题,其回答方式则超出了传统的先天与后天、形而上与形而下的区别,体现为一种不离世间的超越构成。

这个“存在于……状态里、已在……之中的先于(现成的)自身”的结构清楚地表明“牵挂”这个词所意指的那种相互缠结、共同发生、保持在现场的存在论的原(缘)发状态。它并不受制于被牵挂的对象,相反倒是具体的牵念和牵心的源头。以这种结构为存在本性的存在者才会畏惧,才能有在先的领会、语言和被抛于世的缘境,也才可能有下面将分析的缘在的诸真态生存方式。因此,牵挂虽是原初“时间”的在世形态,却不应被看作这种时间的粗糙的和低级的形态,而应被视为其根源。牵挂或缘在之缘具有最切己的和最经常的揭示性,一切可被理解的必通过它而得明白。

第四节　《存在与时间》(下)

一　解释学的处境

上面已经讲到,海德格尔认为缘在“首先和通常地”是处于混世的和失去自身的非真态之中,而且这种非真态的“与他人同在”“被抛于世”“沉沦”等牵挂状态也不比真态的或真正切身的状态(Eigentlichkeit)更少本源的发生和缘构性。那么,什么是这缘在的真态状态呢?为什么必须通过这种状态才能获得时间这个理解存在本身的视域呢?《存在与时间》第1章讲到,真正切身的或切己的状态意味着缘在“赢得自身”和“占有自身”的形态。但关键在于,这“自身”对于海德格尔已不是任何现成者,以致可以作为一个“什么”去赢得,或通过任何非缘境的理性原则,比如灵魂的实体性、意识的同一性和躯体的连续性而得到确认。唯一可能的赢得途径只能是:从构成方式的调整中得到某种自身定准,以区别于在世界境域中沉沦漂浮的缘在形态。

按照海德格尔的看法,这种构成方式的改变就意味着“将缘在作为一个整体置入先有(Vorhabe)之中”,并因此而揭示出“这个存在者的整个能在(Ganzseinkönnen)”。[①] 这一点也恰是古希腊思想和胡塞尔的现象学未能做到的。将缘在全体置入先有,就最充分地暴露出缘在的无任何现成前提的自构成本性,进入了处理终极问题所需要的那样一种状态。在这种情况下,缘在就不再被“人们”所左右,而是在“畏惧”“朝死”“良知”“决断”等存在方式中使这缘境收敛叠加为一个更纯粹和切己的领会势态。

海德格尔称这样一个不仅取消了所有前提的实体性,而且去掉了它们的散漫和依他性的局面为“(纯粹的——引者)解释学的处境”或“解释学的形势(hermeneutische Situation)”。当一个人去解释一本经典,比如《圣经》或法典时,他必已“先有”了某种依据,比如经典文本和有关的参考文献;也有了某种“前视(Vorsight)”和“先念(Vorgriff)”。但是,如果将这些前提和条件、包括文本作者自己的意见视为现成的,它们之间的关系就是散漫的,甚至是互相矛盾的。因此也就无法消融主观与客观、解释者与解释对象、现在与过去之间的差距,一个非任意的和有自身定准的成功理解便达不到。所以,这解释学的形势就要求将所有的前提和依据都置入非现成的先有之中。这样,如果一个整体的理解毕竟发生了的话,它就必是具有自身的开启和维持机制的领会。一个成功的解释,即不仅前后一致而且具有前后牵挂着的揭示视域的解释就达到了。

这就是哲学的根本问题所面临的那种局面。它并不否认,反而要求

① 参见海德格尔《存在与时间》,第 233 页,图宾根,马克斯·尼迈尔出版社,1986。

有前提，只是这前提条件一定要视域构成化，不能像概念原则或经验事实那样是现成的。海德格尔讨论的所有缘在的真态形态都旨在更完全和彻底地达到这样一个解释学的处境或人生实际状态所要求的缘发境域指引，以便揭示出在《存在与时间》中被认为是最纯粹的构成境域或解释学处境——时间性。

二　朝向死亡存在的存在论含义

如何才能“将缘在作为一个整体置入先有之中”呢？首先，缘在在什么意义上是“一个整体”？从自然现象上看，一个人的全部一生意味着他从出生到死亡的经历。所以，缘在的死亡似乎提供了一个时间上的终极(Ende)。但问题恰恰在于，一旦缘在达到了这死亡，它就不再是缘在而是一个普通的存在者(尸体)了。这样的一个从生到死的整体只能是人类学家、历史学家、医学家们关心的对象，提供不了解决哲学终极问题所需要的那样一个解释学的形势。只有当缘在就在活着的或生存着的时候达到了死亡，这解释学的形势才会出现。这种“活着经历死亡的可能性”可被视为“先天综合判断的可能性”的进一步深化和存在论化，它所要求的答案不(只)是神学的，也不是概念辩证法的，而是此岸世界的和现象学的。

这种可能性恰恰存在于缘在的本性之中。如果缘在被视为“主体”，那么这种“经历死亡(悬欠着的整体)的可能性”就不会活生生地存在着。只有其本性就是在非现成的生存(去存在)之中获得自身的存在者，才能“先行到”死亡之中。前文提到，这缘在的本性是“牵挂”，即“存在于……状态里、已在……之中的先于(现成的)自身”。这说明缘在与那能创造可能性的神和只能面对还未实现的可能性的现成存在者都不同，它的牵挂着的方式**就是**它的可能性，“它的‘还未’(Noch-nicht)就**属于它**”①。海德格尔称这种缘在方式为“朝向死亡的存在(das Sein zum Tode)”。所以，缘在的生存与一颗种子的发展成熟而完成(产生新的种子)不一

① 海德格尔：《存在与时间》，第243页，图宾根，马克斯·尼迈尔出版社，1986。

样,它不用等到发展的尽头才死亡。它从生存于世那一刻起就活在死亡这个最不可避免的可能性或缘分之中,尽管不真态的生存形态以各种方式躲避、掩饰和淡化这个人生中最大的"无常"或"困苦"。在这一点上,海德格尔讲的有限的、缘起的人与黑格尔的无限发展的精神主体的区别特别明显。"可能性"对于黑格尔及亚里士多德也并不完全抽象,而是具有目的论的规定性。然而,对于海德格尔,缘在的可能性不是那还等待着实现的目的,而就是最具生命构成力的实际状态。

因此,海德格尔讲的死亡主要不是指生物学意义上的死亡。从古至今,宗教、神话、形而上学、方术等都力图超越这种死亡。他讲的死亡是指人这种存在者的根本的有限性或终极性,以及由这种有限而产生的一系列与人生在世相适应的思想问题(神不需要思想),即那逼着人只能以构成的和牵挂的方式去回答的终极可能性的问题,比如"存在的意义""先天综合判断如何可能""善的意义"等。如果这死亡是"有漏的",即可以以某种方式穿越过去的,这些问题就或者不再是终极的,或者能以现成者的存在方式来回答了。对于海德格尔,这死亡是缘生于世的人绝对不能超过的,并因而是缘在最切身的(eigenst)或最属于"我的(jemeinnig)"可能性。这种切身性将缘在从与人们同在的各种散漫关系中拉了回来。在死亡面前,任何社会关系和社会地位都失效。这样理解的死亡既是缘在在世所朝向(zu)的终结,并因此而规定着缘在的整体,又以这种悬临着的终结剥去了一切不足以回答终极问题的"关系",将缘在揭示为切身的先行存在。于是,缘在之缘被这种朝死的存在暴露为一个有限在世的但又不能还原为任何现成存在者及其关系的纯境域构成,海德格尔称之为缘在的最切己的"能存在"或"能在"。这就是真正切身的或切己的解释学处境所要求的存在方式。前文所讲到的那种被缘在所"畏惧"的生存情境实际上就是这朝向死亡的在缘形势所逼出的。① 以这种方式,这最切己的、非关系的和无法超过的死亡使缘在作为一个整

① 参见海德格尔《存在与时间》,第 251 页,图宾根,马克斯·尼迈尔出版社,1986。

体被置入了先有之中。

对死亡的分析及下面将讨论的对良知的分析是《存在与时间》一书的高潮。它以特别清晰和令人可领会的方式把这本书前面的几乎所有重要论述推向了最逼真空灵的境地，是海德格尔解释学化了的现象学的存在论分析中闪烁着纯粹的思想光辉的两章。为什么只有通过缘在而非主客体才能理解存在本身的意义？缘在为什么只能在“去(zu)在”中才有自身，也总已经以某种方式有了这切己的自身？《康德与形而上学问题》中强调的人的有限性为什么一定会逼出缘在及其牵挂(先验想象)的构成域？为什么真态的或切己的缘在形态也一定要“在世界之中”，而非真态的在世又势必以这真正切己的缘构为前提？为什么构成性、生存性、用得称手的了解方式对于人这样的缘在而言永远先于现成性、概念规定性和主客分离的认知方式？为什么缘在总有一种似乎悬空前行的领会能力，使它害怕与自身独处，并能以融于“人们”的闲谈好奇和模棱两可的方式来打发这天生的悟性(死亡的来临是确切的，但死亡到来的具体日期则是悬而不定的)？为什么缘在的本性必是前挂后牵的？等等；所有这些问题通过对死亡的现象学分析获得了通贯全局的可理解性。而且，它表明，非实体的、非现成的有限生存形态才真正具有存在论的含义，而缠结牵挂的人生在世才是真正无前提的思想根据。

三　良知与决断

如果缘在确是一个朝向死亡的存在，或就是它的可能性的话，这种纯构成的真自身应该在缘在的在世中有所体现。这就是“良知(Gewissen，良心、天良)”现象。海德格尔将其视为一种非现成的证明，即对于缘在的“能自身存在”的证明。这种切身的能在就是由上面所分析的“朝死的存在”所揭示的。

“良知的声音”或“天良发现”的现象自古以来就引起过不少思想家的关注和争论。神秘主义者、先验主义者、精神实在论者一般都肯定它的真实性。而概念理性主义者、经验主义者和唯物论者则倾向于将它还原为或解释为另一些"更现实"的过程的表现。在肯定良知现象的真实性的人中间,又有两种不同的解释方式。一种认为良知是某种异己的、超人的力量或存在者(比如神)与人沟通的渠道;另一种则认为良知只与人本身相关,比如康德和孟子。海德格尔的立场与最后这种观点比较相近,但亦有重大的不同。这种观点往往将良知解释为一种道德的声音或本能,没有去追究人的超道德伦理的缘在方式与良知的关联,因而在存在论上是无根的。对于海德格尔,良知所体现的比道德活动和任何一种心灵能力(比如知、情、意)的活动都要更原本。

海德格尔认为良知是一种"呼唤(Ruf)"。与"人们"之间的"闲话"不同,此呼唤不嘈杂、不"含糊两可",也不引起"好奇"。并且,它不依赖物理的声音,也不传达任何具体的信息,比如像道德戒律或绝对命令那样的东西。然而,这呼声清楚明白,有确定的指向,是缘在能够本然领会的。这呼声并不出自超人的力量或"世界良知",而就来自缘在自己。而且,被这呼声所呼唤者也还是同一个缘在。**"此缘在在良知中呼唤它自己本身。"**[①]这如何可能呢?难道我的左手能在真实的意义上给我的右手一份礼物或者我能真正"呼唤"自己而非仅仅进行"内心独白"吗?如果缘在是一个非境域构成的主体,这当然是不可能的。但缘在却从根本上超出了任何一种主体和实体,只在"去(存)在"的前抛、后牵、中挂中得到和维持住自身。因此,这缘在的根底处有一构成的跨度和异化(沉沦被抛)的可能。缘在的"自己本身(sich selbst)"并非任何现成者,而只是一个去构成自身的纯势态——能在或能存在。缘在的实际自身却首先和通常地是被抛于世的、难以自拔的沉沦状态,"忘记了"自己的能在真身。所以,这呼唤者乃能在的缘在,这被呼唤者乃是同一个能在的,但已被托付给了某种实际状态的缘在。这呼唤就是缘在纯构成的和不安本分的(unheimlich,可怕的、离奇的)能在本性的不甘沉沦的呼叫,要将它本身从沉溺于某个既成状况中唤回(俄狄浦斯王和冉阿让的命运都被这种唤

① 海德格尔:《存在与时间》,第275页,图宾根,马克斯·尼迈尔出版社,1986。

回塑成)。一句话,良知现象之所以可能,就是因为缘在的本性是“牵挂”着的“时间性”而非主体。① 因此,良知现象“证明”缘在确是“能自身存在”者。

既然良知的呼唤出自于缘在而又听之于缘在,此呼唤不必凭借声音而传播,“无言”或“静默”倒是最强的呼声。又因为此呼唤是呼向缘在的能在本性,它虽然没有具体的现成内容,也不是道德上的“不”(否定、斥责、示警),但却有最明确的方向和原初的可领会性。它所表达的是一种更本源的“不”或“无(Nichtigkeit)”,即缘在的牵挂本身所具有的那种非现成的、不安本分的生存状态。总在去在的投射(Entwurf)中获得自我的解释学形势从根子上就带有“不”和“无”。良知把这种根本的不现成或无的状态告诉缘在,说道:“(你)欠债!”或“(你)有罪责!”缘在并不需要在道德上犯了什么具体过失(比如亚当偷吃禁果)才欠债或负有罪责(schuldig),作为实际生存着的缘在,它就已经是有债责的。首先,它参与了自身的构成,对自己的实际处境负有责任;其次,它并不完全局限于任何实际处境,而是从根底处悬欠着,有待进一步构成。这种存在论意义上的有债责境况是一切道德善恶(自由选择)之所以可能的根据,但又比它们更本源。

这里的一个要点就是要看到良知是一个存在论或本体论的现象,决不应把它的不现成的“无的状态”都染上道德的、心理的、社会的色调。当然,它所呼唤的并非是完全透明的虚无状态,因为这呼唤毕竟传达了“欠债”这样的含义。只是,这种含义的“色”调就如天空的蔚蓝,乃凭“空”构成之色,或缘域的本色,非寻常等闲之可染可净之色罢了。它本身并非道德而是道德之源,而且它不局限于发声的言语而为语言之源。正如前文讨论领会、解释、言说、倾听及语言时讲到的,缘在的缘起生存本性使得它天然就有非现成的领会和语言能力,而最真切最极端的语言和领会现象就在良知的本然呼唤和被

① 海德格尔:《存在与时间》,第277—278页,图宾根,马克斯·尼迈尔出版社,1986。

领会之中。

正因为此良知呼唤是如此地原本发生，领会这种呼声与“实行”它就很难分开。领会良知呼唤就意味着让自己被良知唤出沉沦的“同在”状态而投射到自身的能在上去。“缘在以领会着(良知)呼唤的方式**听从于它最切己的生存可能性。**它(就这样)选择了它自身。”[①]这种“选择自身”并非一个主体面对数个可能性的选择，因为这选择恰恰是在构成自身。在这种极端的、解释学的形势下，“选择”与“听从”已相互交缠。让自己自发地依从自身的能在就是选择了“**有**良知”，即选择了真正切己的生存领会状态。因此，**“领会呼唤就意味着：要有良知**(Gwissen-haben-wollen)”[②]，“要有良知”比任何发自一个主体的意愿和意志(比如尼采讲的“对力量的意愿”或“权力意志”)都要原本得多，只能被理解为缘在的最根本能在的打开状态(Erschlossenheit)，即向自己的能在的敞开态，也因此是一种真正切身的状态。

用“打开”“开启”“开口”(比如“aletheia”“Offen”等)这样的词来表示最根本的领会、真理、本真态和缘构发生是前期海德格尔“行话”的一大特色。如以前所讲到的，这种表达方式始于他对现象学的解释学理解(“形式指引”)。但它的深层理由、不可避免性和某种片面性在《存在与时间》之中，尤其是关于“良知”和“决断”的讨论中才展示得最充分和微妙。到了“缘在选择自身”“向自己最根本的能在的投射”这种缠结缘发的境地，尤其是还要与也是缘构成的(但缺少能在的叠加收敛势态的)非真态状态区别开来，再使用“主体”“客体”“意志”，甚至单纯的“选择”“服从”这些预设了某种现成前提的词语就都不达意了。纯思想在这里被迫放弃任何涉及“什么”的词，而只能用纯势态指引的词语，比如“遮蔽”“打开”“先行”“悬欠”“能”“朝向”“循环”等。这表明探索已经进入了真正严格的、首尾相接(整体)的存在论的纯指引和显现的境地，传统形而上学

① 海德格尔：《存在与时间》，第287页，图宾根，马克斯·尼迈尔出版社，1986。

② 同上书，第288页。

的拖泥带水的杂质被较彻底地挤净。海德格尔之所以在关键处总要借助某种“边缘”现象(在这一点上他与雅斯贝斯相同),比如“畏惧”“牵挂”“死”“决断”来揭示缘构存在的含义,决不只是个人的癖好,而是势有必至、理有固然的“选择”。任何一门有根基的学术或一种精神活动,不管它是人文学科、物理学、数学,还是文学、诗、音乐、绘画,当它达到能自立的“纯青”境界时,在其核心处都有这样一种纯指引和自维持(往往被不恰当地说成“形式化”“公理化”“系统化”“操作化”“技巧化”)。而且,越是追究其前提,这种特性就越清楚地显现出来。中国古代思想在某个重要意义上对这种终极的纯构成性具有特殊的敏感。“开合”“阴阳”“反身而诚”“惚恍”“中道”等,都应该被理解为这个终极境地所要求的、有着缘发几微的纯指引方式。不然的话就无味了。

这种“要有良知”的“打开遮蔽状态(Er-schlossenheit)”的最突出的一种形态就是“充分去掉遮蔽(关闭)状态”或“决断状态(Ent-schlossenheit)”。“Entschlossenheit”在德文中的意思是“(作出了决定的)坚决状态”,相应的动词是“entschliessen”,意为“作出决定”。但海德格尔在这里有意地将它也“打开”,作为“打开(Er)-遮蔽状态(schlossenheit)”这个词的一个变式,即“充分去掉(Ent)-遮蔽状态”,但亦取它的“作出了决定”的相关义。译为中文的“决断”似乎有失掉“去掉遮蔽”之指引含义的危险。所幸“决断”中的“断”字也有“断开”的衍义,因而稍有补偿。

海德格尔的“决断”不是反理性主义的、无存在论根基的抉择或“向深渊的一跃”。基于以上“领会”“朝死存在”“良知”的铺垫,这决断应被视为理性理解终极问题的最原本的自身构成状态的一种方式。更具体地讲,要有良知就意味着缘在向自身能在敞开的状态,它使得前面讲到的在“能存在”面前的“畏惧”成为可能。而且,良知是在僻静中的呼唤,并被领会或投射为自身的“缘-罪”。所以,海德格尔写道:“我们称这种被突现出来的、通过良知而在缘在自身中证明了的、真正切身的打开状态——**僻静的、准备好去畏惧的、向着最切己的债责存在的自身投**

射——为决断。"[①]

这样的决断决非使缘在与世隔绝,另寻一块净土。它倒恰恰意味着缘在向着世界的更充分的开放,将自身完全投入最切身的"双重叠加"的能在状态,即以能在的姿态而能在着,因而能自由地面对此世界。[②] 这也就是说,缘在的真正切身的存在也同样在缘,同样融于世间境域,只是它这时的缘构境域并不发散到"人们"及种种混世的方式之中,而是具有海德格尔后期讲的自身缘构(Er-eignis)的特点。在这种情况下,此缘在之缘被决断打开为"处境"。这是被双重地充分打开并因而在极端或终极情况下也不溃散的缘发境域,已经达到了"理解存在的视域"的边缘。"人们"只知道追随一般的环境或情境(Lage)[③],进不到或把持不住这种纯粹的在世处境或解释学处境。

四 时间性——牵挂的存在论意义

从以上的分析可以看出,缘在的决断(要有良知)与朝死存在有着内在的关联。两者所显示的都是缘在所处的一种极端状况,即必须面对自身和自身的能在本性的状况。一切现成的关系和存在在这里都失效。只是,朝死的存在以缘在的非现成的终点(死)为抛投支点,逼出先行的能在构成机制。而决断则以良知的呼唤和领会为见证,揭示了要有良知中的能在的构成态,即充分打开和去掉遮蔽的状态。可见,缘在的先行能在也一定是一种充分的打开状态,而它的充分展开态也一定是先行着的,如果这"先行着的"意味着先于一切现成性的缘构成的话。所以,海德格尔在引出时间构成域之前所需要的最后一个能言概念语言所不能言者的纯现象就是这两个状态的交迭共振:先行着的决断(vorlaufende Entschlossenheit)。[④] 以此,他更鲜明地揭示出"朝死存在"与"要有良

① 海德格尔:《存在与时间》,第296—297页,图宾根,马克斯·尼迈尔出版社,1986。

② 参见同上书,第298页。

③ 参见同上书,第300页。

④ 参见同上书,第301—310页。

知”中已经鼓荡着的思路，即在朝向死亡终极的先行构成中，决断才能最充分和最无任意性地开示出缘在的能在本性，具有任何别种认知、包括科学认知所不可能有的最切身的严格性。这似乎很符合这样一个人类的直觉，即只有在死亡面前的决断才最真确地暴露一个人的本性。“人之将死，其言也善。”但这个现象必须被“翻译”成前面一再阐释的海德格尔用语所含有的纯构成的指引方式的思路，才能有助于存在问题的解决。所以，可以这样来理解，只有在蔑视一切现成意义的死亡面前仍能牵挂开示者方是真正切身的、“自身存在着的”纯能在或纯构成，先行着的能存在就意味着归依自己能在本性的决断和自由。

这样理解的朝向死亡、决断和能在与传统形而上学所讲的“实体(ousia)”“理式(eidos)”“终极目的(telos)”“逻各斯”等等所意指者有某种深刻的关联。但是，海德格尔的讨论已超出了概念抽象的范围，有一个传统形而上学中所没有的在世缘中发生的意义机制或牵挂机制，而这正是最关键的。先行决断最充分地显示出牵挂的结构：“存在于……状态里、已在……之中的先于自身”。这种结构之所以不是逻辑意义上的恶性循环，是因为它的根子是缘-在而非任何观念实体。缘在只在其去(存)在中才获得自身，而且总已在它的去在中获得了(切身或不切身的)“我”。这就是一切“循环”、相互牵挂和先行构成的根源。其实，从缘在或在缘开始，现象学的探讨就已经进入了非现成的构成态，与传统的哲学研究貌合神离。也就是说，它们关注的问题虽然基本相同，但路子却大不一样了。

从这种缘在的角度看来，这牵挂的结构是一种有发生力的解释学的循环。而且，由于这个循环，构成了一种自身保持性或自我持恒性(Selbst-ständigkeit)。“牵挂”就是不断，所以有连续和持恒；但它又无任何实体来使这持恒现成化，所以又无常而必须自缘自构。萨特批评海德格尔的缘在失掉了“自我意识”这一维，因而变成了“像物一样的、盲目的在自身之中”。① 他没有看到，海德格尔的缘在分析，特别是达到了先行

---

① 参见萨特《存在与虚无》，第二部分，第1章，第1节，第120页，华盛顿广场出版社，1956。

决断这一步的分析,已经比前人的自我分析远为微妙地揭示了"自我"(包括意识的自我)的那些有活力的存在论特性,同时滤掉了传统自我意识观中的"内在的"、私有的、心理的和现成的东西,因为它们对于解决哲学的根本问题毫无用处。佛家禅宗能够又讲缘起(无常,无我),又讲自性;这一境界海德格尔已从思想角度达到了。

在《存在与时间》中,"先行的决断"的重要性还在于,它以最明确的方式打开了**时间性**的境域。按照海德格尔的想法,这种时间性的揭示从根本上改变了讨论存在问题的格局。**先行的**决断意味着一种朝着纯生存势态的存在方式,即在最切身的、最独特的能在投射之中成就自身的存在。这之所以可能,就是因为缘在是一种只在处境中得自性的存在者。也就是说,缘在从根本上就能够在其生存可能性中逼临或来到自身(auf sich zukommen),并且在这种"让自身逼临到自身(Sich-auf-sich-zukommenlassen)"的缘构势态中经受住、保持住这种作为可能性的可能性,而不让它坠落为丧失自身的沉沦,乃至现成的现实性或等待实现的可能性。这最根本和最凭空自构的"去(zu,朝、向、到……去)"型的自缘态即是"**将**来(Zu-kunft)"这个本源现象。[①] 对于海德格尔,这是《存在与时间》中最终极也最灵虚可悟的一个现象。朝死的存在和决断的先行都是因它而可能,而缘在之所以可以在它最切身的能在中**来到**自身,也就是靠的这个将来(Zu-kunft)中的"去"着的或"将临"着的"来(kunft)"。[②] 关于它的思考已出现在海德格尔 20 世纪 20 年代初的"宗教现象学引论"的课中。在那里他将保罗讲的基督再临的时间(kairos)解释为这种纯朝向势态的构成。

但是,正如牵挂结构所显示的,先于任何现成自身的将来从根本处就牵引着"已在……之中"。可以在其可能性中来到自身的存在者就一定是有债责的,在悬欠中达到整体自身的在缘者。缘在在先行的决断中领会这种债责,也就意味着它决心承受此缘构宿债,决心作为一切**被**投

---

①② 参见海德格尔《存在与时间》,第 325 页,图宾根,马克斯·尼迈尔出版社,1986。

抛于世的(*Ge*worfenheit)根据而存在。而被抛投于世的存在方式之所以可能,就是因为缘在的将来着的存在能够就是它最切身的“已是(Gewesen,或译‘已在’)”。“此缘在在真正切身的将来中**已经**真正切身地**是(在)**着(Eigentlich zukünftig ist das Dasein eigentlich gewesen)”。[①] 而此缘在能够真正切身地已经存在着,也正是因为它是将来的。

再者,这先行的决断将缘在之缘充分地打开为当时的处境,从而让缘在无阻碍地、心无旁骛地遭遇到境域中的在场者和用得称手者。这之所以可能,是由于缘在的当前化(Gegenwärtigen)的缘故。“只有在当前化的意义上作为**当前**(Gegenwart),此决断才能够是它所是者:让它在行动中把握的东西被无阻碍地遭遇到。”[②]

这样,先行的决断就开显出“将来”“已在”和“当前”这三个时相。缘在在历尽人世幻境、死亡的熬炼、良知的发现和决断的开悟之后,终于找出了自己的真身所在——**时间性。**海德格尔这样写道:“以将来的方式回到自身上来,此决断在当前化中将自身带入处境。这个已在源于将来;这也就是说,这个已在的(说得更准确些就是:已经存在着的)将来从自身中释放出此当前。我们称这样一个统一的现象——已在着的和当前化着的将来——为**时间性。**”[③] 它就是切身的牵挂所具有的真正含义,与以上所讲的一切有着千丝万缕的联系。缘在说到底就是这样一种纯缘构着、形式-境域指引着的时间境域。

五　海德格尔时间性的特点

海德格尔揭示出的时间性与传统西方的所有时间观都不同,无论它是思辨的、宗教的还是心理学或物理学的。简略地说来,这种时间性有这样几个特点。

第一,它既非客观的物理时间,亦非主观的心理时间,也不是目的论的宗教时间,而是缘构发生自身的缘在时间,也就是人的实际生活经验本身

---

①②③ 参见海德格尔《存在与时间》,第 326 页,图宾根,马克斯·尼迈尔出版社,1986。

的形式指引或牵挂方式。因此,它不像物理时间那样是无限流逝的,而是有限的,也就是以人的被抛生存和朝死存在为限的生命时间或生存时间。另一方面,它的有限性又不像宗教时间和心理时间那样是以某个关注对象(比如"最终审判")为界限或凝聚点的,它的界限是非对象化的,以被抛和朝死这样的纯趋向或纯指引的方式构成着、牵挂着这个时间境域。

第二,这种有限的时间不像传统所有的时间观那样是以**现在**为基点的,过去是"已不现在",将来是"还未现在";这缘发时间却是以**将来**为重心的,这特别鲜明地表明了它的非现成性和纯趋势性。

第三,这将来从根本上就与已在和当前相互牵挂而构成一个不可截分的"统一现象"。每个时相都必须在"出离自身(Ausser-sich)"而与其他时相的相勾连之途中而获得自己的意义。所以,在海德格尔的充满"形式(境域)指引"的时间表述中,介词、副词而非名词、动词,以及词根、词头的相互照应,具有最微妙的构成含义。他这样写道:

> 将来、已在、当前表示这样一些现象上的特点:"去朝向自身(Auf-sich-zu)"、"回到(Zurück auf)"和"让与……遭遇(Begegnenlassen von)"。"去……""到……""与……"这些现象将时间性作为彻头彻尾的 ekstatikon(位移、站出去)而公开出来。**时间性就是这种原本的在自身之中并为了自身地"出离自身"。**因此,我们称将来、已在、当前这些已被刻画的现象为时间性的诸"**出(神)态**"或"**逸出态**(Ekstasen)"。此时间性并非先是一存在者(然后)才从自身里走出来;情况倒是:它的本性就是在诸逸出态的协调统一中的时机化。①

由于时间的非实体性和非主体性,它不能不在它的逸出态中而非任何现成状态中达到自身和维持住自身,并在"时机化"或"时机成熟"中具体地表现自身。

第四,这种纯构成的时间是看待哲学根本问题的最基本和逃避不了的

① 海德格尔:《存在与时间》,第 329 页,图宾根,马克斯·尼迈尔出版社,1986。

视域。它不受任何更高或更低原则操纵，不会像黑格尔讲的那样被概念化的原则所超越或“扬弃(aufgehoben)”，因为它无现成性可被超越，反倒是使一切领会可能的缘构终极。领会最终是一个时机成熟或时机化的问题。

第五，这样的原本时间并非一种特殊的容器，或直观的先天形式，让万物在其中与之一起流逝。它也不是均匀的流逝过程，无法像物理时间或日常时间那样被天体的或钟表的循环运动所测量，尽管在它自身里面确有“解释学循环”那样构成着和保持着的机制。

第六，这原本的时间性是一切日常时间、世界时间(Weltzeit)、庸俗时间(vulgären Zeit)的源头。人们在世的牵念活动，不管直接说出的或隐含着的，都具有时间和时间跨度，其中“当前化”是最突出的时机化方式。当人们专注于这些活动并用称手的东西(日夜，钟表)度量这些时间跨度时，就进入了“在时间之中”的、被公开了的“**世界时间**状态”，时间本身的朝向将来的牵挂境域就消隐了。当这种还是非专题的、前概念的缘在在世的时间形态被进一步削平，就变成了从未来流到过去的一系列现成的“现在(Jetzt)”时刻的序列，世界时间就被**庸俗时间**代替了。以当前化为特征的世界时间本身还具有意指性和可定时性。庸俗时间则失去了这种与用得称手状态相牵连的意谓和指向，只能面对由一个个干巴巴的“现在”组成的序列。所以它就找不到任何还有自身意义的时间起点和终点。这种无根无几的时间就只能是无始无终的或无限的。“人们”就依据这种无决断、无终始的现在序列而不死。这种时间也因此具有了一种被削平了的“客观”性，既属于每个人，又不属于任何人。但是，即便如此平板化的现成时间也以某种扭曲的方式体现着原初时间性的特性。① 正因为原初时间是有朝向的，即朝向非现成的将来，这公共的和庸俗的时间流向才是不可逆转的，尽管这不可逆性已经抽缩为一种无可奈何的流逝(朝向过去)了。

第七，原本的时间性是一切历史性的源头。这种时间性在根本处有

① 参见海德格尔《存在与时间》，第424页，图宾根，马克斯·尼迈尔出版社，1986。

一个由三维逸出态(Ekstase)相互缘构而成的时间跨度，并且从来就以当前化着的和朝向将来的方式而已在(Gewesen)着。这就是说，时间性必然体现为历史性(Geschichtlichkeit)，以时间为本性的缘在从根本上就是历史性地生存着。但这种缘构成的历史性与一般人常讲的“用历史观点看问题”很不同。后者相应于世界时间的“在时间内的状态”和庸俗时间的平板状态，并遵循它们而编写出“世界历史”和各类编年史。按照海德格尔的看法，缘在并非由于总“在历史之中”而是时间性的，而是应该倒过来，由于它本来就是缘构时性的，它才历史性地生存。[①] 狄尔泰的生命哲学的积极意义，如约克伯爵所说，就在于它力图“去领会历史性”本身[②]，尽管对于这历史性的存在论根据——时间性——还说不上有什么真正的认识。

第八，这缘发时间是理解“存在的意义”的最原本视域。这表明海德格尔所理解的存在既不是一种抽象存在，比如“理式”“先验主体”这些据说已超出了时间的存在，又不是任何“在时间之内”的个别存在。它们都还是现成的存在，是缘构的结果；本身都显示不出存在本身的那种在缘构发生中获得自身的本性。只有在这作为缘在之缘的时间性中，存在本身方进入领会的视野。

第五节　思想的转向

一　“转向”的含义

大约以 1930 年为界，海德格尔的思想可以分为前后两个时期。前期的代表作当然是《存在与时间》，而后期的作品中则出现了许多新的问题，比如现代技术的根源问题、艺术的本质、诗和语言的存在论含义乃至“道”；写作的风格也有改变，新词大量出现，等等。一些人将这个转向

---

① 参见海德格尔《存在与时间》，第 376 页，图宾根，马克斯·尼迈尔出版社，1986。

② 参见同上书，第 398 页。

(Kehre)解释为从传统形而上学的主体主义转向了非主体主义，或"从缘在转向了存在本身"。海德格尔承认自己的思想有转向，但在《关于人道主义的书信》和《给理查森的信》("Letter to W. Richardson")等处都坚决否认这种流行的解释，认为"缘在"思路根本不是什么主体主义，而且这个思路本身就在要求从"存在与时间"到"时间与存在"这样的转向。[①] 我们知道，《存在与时间》未能写完，它遇到的困难无疑是海德格尔思想转向的一个最重要的原因(另一个原因是由荣格尔的作品引起的对于现代技术问题的关注)。海德格尔本人对这个困难的解释是：由于在某种程度上使用了形而上学的语言，这个缘在思想本身要求的转向没有被充分地表达出来。[②]

以上的阐释应该能够表明，海德格尔的而不是其他人的讲法更接近事实。实际生活经验本身的形式指引怎么可能是主体主义呢？而对于海德格尔本人的"由于使用了形而上学语言"而未达到《存在与时间》的预期目的的说法，也要作更深入的分析。这本书的问题并不出在"缘在"，而是出在将缘在的存在方式完全归结为时间性的某种时机化样式上，并认为只有通过这类"时间状态性(Temporalität)"，才能把握存在的原义。实际上，这也就是在前面讲到的"遮蔽(非真态)"与"揭蔽(真态)"的关系上，在很大程度上将揭蔽的打开见光形态视为更高级的，而放弃了两者"同等原本"的看法。所以，这"形而上学的语言"应被理解为一种传统的表达策略和研究策略。在这方面，海德格尔确实犯了一个重大错误，即想通过思想上的单向发展和仅仅形式上的回转来追求自己的目标。从缘在的"在世界之中"到"牵挂"，从牵挂到时间性，从时间性到时间状态性，再到存在本身的意义，是一条**单向递进**的路线。达到"更高级

① 参见海德格尔《给理查森的信》，载于理查森《海德格尔：通过现象学到思想》，第 17—20 页，海牙，马蒂努斯·尼伊霍夫出版社 1963(以下所引此书均为此版本)；海德格尔《关于人道主义的书信》，载于海德格尔《路标》，第 159 页，法兰克福，克罗斯特曼出版社，1978(以下所引此书均为此版本)。

② 参见海德格尔《路标》，第 159 页；海德格尔《尼采》第 2 卷，第 194—195 页，普夫林根，内斯克出版社，1961。

的”时间性或时间状态性之后，反过头来确定缘在的在世形态的时机化方式，进而通过时间的逸出态来理解存在的意义，则是仅仅形式上而并非形式指引式的回转。但问题就在于，缘在的缘发生本性与这样一条路线是格格不入的，“逸出态”作为“在自身中并为了自身地‘出离自身’(‘Ausser-sich’ an und für sich selbst)”，也不可能被完全主题化，因此这条路线的实施只会使缘在失去缘构的境域，使整个讨论失去实际生活体验本身(缘在)的形式指引(现象学-生存论的分析)的引导。这条路线而不是《存在与时间》这本书的失败证明，在处理“存在的意义”这样的终极性问题时，是没有什么根本性的低级/高级阶段可分的，传统概念哲学的那种系统化方式在这里完全不适用。终极含义只能是纯显现、纯指引的，而非是推导出的、按现成格局安排的。所以，从 20 世纪 30 年代开始，海德格尔就改变了研究和表达的策略，从单向递进的方式转变为**“相互牵引”**的策略，即总要为一个议题或语词找到它的相对者，比如为“真理”找到“非真理”、为“揭蔽见光”找到“隐蔽”、为“时间”找到“空间”、为“存在”找到“语言”、为“当前(在场)”找到“历史”、为“思想”找到“技艺”等等，以便让两者在相交相映中进入缘构成的(ereignende)境域，从而引发出非形而上学的纯思想意义。这就是海德格尔所经历的“转向”的真实含义。毫无疑问，这样的转向已经存在于《存在与时间》的前一大半(第 66 节之前)的篇章之中。那里，缘在与世界、生与死、现在与过去及将来总是交相投映、相互缘构，并在缘在的生存形态中取得了充满领会力的语境。

二 转向的方式——真理与不真

海德格尔在《关于人道主义的书信》中谈到，他的《论真理的本质》可被视为“转向”的标志。在此文中，他开始努力将上面讲到的“单向递进策略”转变为一种“双向”的或“相互引发”的说话方式，尽管具体的表达还相当的生硬。

这篇演讲稿分为九节。前三节所讲的与《存在与时间》第 44 节所阐述的真理观无何区别。然而，从第四节的末尾开始，出现了某种讲法上的变化，反映出他的新的“言说”策略。在《存在与时间》中，海德格尔用了一个古希腊的词“aletheia”来表示这种真理的特性。这个词在传统的哲学译作中也同样被译成“真理”。但海德格尔意在揭示它的词源中包含的形式指引的见地，因而将它视为由前缀“a-(非)”和词根“letheia(遮蔽)”组成的一个否定性的词，意味着“去掉遮蔽的状态”或“揭开遮盖而显示出来的状态”。

这样一种真理观与传统的真理符合论有极重大的不同。符合论预设了主客的分离，即一个客观的现实状态和一个主观的思想或判断的分立，而揭蔽说则不预设这种分立。它要强调的倒是，人和思想从根子上与世界不可分，真理是对这种实际生存状态本身的样式与结构的揭示。揭蔽真理说要讲的就是这样一个认识论与存在论已无法区分的缘构状态。海德格尔这样讲：“先前对于这个缘的生存态构成(existenzialen Konstitution)和这个缘的日常存在的阐述所涉及的不是别的，就是真理的最原本现象。由于这个缘在在本性上**就是**它的打开状态，作为被打开者而打开着和开启着，它从本性上就是‘真的’。**缘在就存在‘在真理之中’**。”[①]在《存在与时间》中，这种揭蔽的最充分体现是“先行决断”的开启状态。但是，从这段引文也可以看出，《存在与时间》认为真理是一种打开状态，缘在的非真态存在(比如“这个缘的日常存在”)也要以这种打开态的真理为前提。因此，如上所说，这实际上就是认为，那充分地体现了这种真理的缘在的真态存在方式就比没有充分体现之的非真态存在方式要更本源、更高级。这种说法与同一本书中一再强调的真态状态与非真态状态是同等原初的(gleichursprünglich)看法是不一致的。[②] 到了时间性的时机化方式这些被最充分地打开了的缘在形态被揭示出来之后，这种不一致就成了窒息哲理生命力的实实在在的困难。过度的光亮造成了

① 海德格尔：《存在与时间》，第221页，图宾根，马克斯·尼迈尔出版社，1986。
② 参见海德格尔《存在与时间》，第223页，图宾根，马克斯·尼迈尔出版社，1986。

思想的"阳亢",用高级形态来规定低级形态的做法使得海德格尔的有关思想阴阳不交,索寞乏气。同时,海德格尔在荣格尔的作品中感到了现代技术对战争和人的生存方式的极度改变,也表现为"阳亢"或过分的揭蔽。这些困难和反思合在一起,导致了他思想的转向。而转向之所向,很明显,是朝向光明与黑暗还结合着的本源,或阴阳相交的源头。所以,海德格尔首先就要重申和深化"同样本源"之说,让真理与非真理相互需要而不分高下。

如果细心阅读《存在与时间》,可以发现"遮蔽"实际上包含两层意思:一是出于缘在的缘构本性的沉沦倾向,可称之为"出自缘构的遮蔽",它是一种生存的原罪;另一种则是"现成式的遮蔽",意味着沉沦中的被构成状态进一步缩瘪为现成的存在者。前者相当于缘在的"在世界之中"的状态或"日常状态",随缘构的暗潮漂游而不真正切身;后者相当于量化的、现成化的、利害化的、完全实证化的平板状态,在其中几乎感受不到缘构的柔性运作,而只见到断裂式的"非彼即此""或真或假"。庸俗时间观和符合真理观就是这种现成式的遮蔽形态。当然,这两种含义很有关联(后者以前者为前提),但也确实是不同的遮蔽形态。到了转向之后,遮蔽则获得了更丰富和正面的意思。

在《论真理的本质》一文的后一半,对于真与不真的层级区别被否定掉了,"同等原初"成为了主导思路。海德格尔在那里认为,不真(Unwahrheit,非真状态)不只是对真理状态的一种后起的遮蔽或从这种状态的坠落,而是就深藏于真理的开启本质之中。为什么呢?因为真理的本质是去存在的(ek-istent,生存的)自由,即让诸存在者作为它们自身而存在的那样一个开启(das Offen)。而这种就在缘在根底处的开启并不等于所有现成存在者的总合和相互之间的平板关系,因为它总已经调准了历史的人与全体存在者之间的境域性的关联。"然而,这种调准并非虚无,而是对于全体存在者或在整体中的存在者的一种隐藏或隐蔽(Verbergung)。正是因为这种'让存在(Seinlassen)'在朝向和揭示某个存在者的单个行为中总让这个存在者存在,它(必定)将全体存在者隐藏了起来。这个'让存在'本身就是一种隐藏。就在缘-在的去存在的自由中，对于全体存在者的隐藏缘构发生（ereignet sich）了，这**就是**（被）隐藏性。”[①]在这段话里，我们确实看到了一种意味深长的说话方式的“转向”。不真不再仅仅被理解为一种否定性的、对于某种（真理）状态的“遮盖（Verdecken）”，而是被理解为一种有积极含义的“隐藏（Verbergen）”，即由于“已调准了”而不被关注和还未开启的潜在发生势态，或能够随机地给出相应存在者的缘发境域。“这种隐藏性拒绝了‘揭蔽真理’的揭蔽性，但又不允许它的缺乏。相反，这隐藏性保存了这揭蔽真理的最切己的所有。……这种对于全体存在者的隐藏，这个真正切身的不真（die eigentliche Unwahrheit），比这个或那个存在者的每种被开启状态都更古老，也比‘让存在’本身更古老。这‘让存在’将已被隐藏者保持在被揭蔽之中，并使自己（在这样做时）朝向那隐藏性。”[②]这确实是一个极重要的转向，牵连到海德格尔整个后期用语含义的“位移”，即在《存在与时间》中按照单向递进路线被视为较为低级的词的“扶正”。这些词，比如“非真态”“空间”“世界”“在世界之中”“语言”等，都出于第一分部，被看作缘在在世的方式，从属于更高级的真态形态和时间性。这更高形态的优势曾被视为能“先具有（Vorhabe）”缘在的“整体”。可是现在，不真的隐藏性倒被认为是在先地保存了“全体存在者”。正是在做这种讨论时，海德格尔在《论真理的本质》的原稿（1930）中引用了老子的“知其白，守其黑”，并将“黑”解释为“隐藏于黑暗之中”。[③]

但是，我们也已看到，就在《存在与时间》中，按照缘在式的缘起构成的存在论思路，这两种形态从根本上还是同等原初的。因此，海德格尔从“真理的本质”开始的转向不应被视为对于《存在与时间》一书的基本思想，尤其是“缘在”所代表的一系列在世缘之中的思路的抛弃，而只是标志着对单向递进路线的放弃，重返真态与不真态“同等原初”的立场。

---

① 海德格尔：《路标》，第 88 页。

② 同上书，第 89 页。

③ 具体的事实及考订见张祥龙《海德格尔传》第 12 节末尾，第 235—237 页，河北人民出版社，1998。

我们可以说,这"同等原初"的讲法间接地表达出了海德格尔的一个意向,即要重新获得相交相缘的发生境域的愿望。为此,他需要一种与开启既相对又相关的隐藏,一种对概念认识密不可透的潜能("大地""神"),如同中国人讲的"阳"需要"阴"一样,以便在两者的"争斗"或交构中获得当场构成的境域化思想,而非按照某个框架进行的概念建构。这是海德格尔的思想方式乃至个人性格中最强的特色。20 世纪 30 年代后期,它比较集中地体现在"缘构发生"这个词的含义之中。

第六节　后期思想

海德格尔后期探讨的主要问题是语言和现代技术的本质。两者的共同根源仍然是海德格尔思想形成期时关于解释学与存在论的关系的思考,也就是实际生活经验的形式指引的思路。他在 20 世纪 20 年代早期考察亚里士多德的伦理学时,曾讨论过"技艺(techne)"与"明智(phronesis)"的关系,前者在《存在与时间》中表现为使用工具的缘在方式。然而,他之所以如此强烈地关注现代技术的本性,与他受到的荣格尔的影响很有关系。

一　荣格尔的影响

在 1945 年受审查期间写的《1933/1934 的校长任职:事实与思想》中,海德格尔讲到荣格尔的著作在 20 世纪 30 年代初如何引发了他本人对于西方命运和现实历史进程的看法。他写道:"恩斯特·荣格尔在其关于工人的主宰与形相(Herrschaft und Gestalt)的想法中所思考者,通过这些思考所看到者就是在行星(全球)历史中'对力量的意愿(Willen zur Macht)'的普遍主宰。今天,一切都处于这个现实之中,不管把它叫作共产主义、法西斯主义或是世界的民主制。"①

① 《马丁·海德格尔和国家社会主义:问题与回答》,内斯克、凯特林编,哈里斯英译,第 17—18 页,纽约,帕瑞根出版社,1990。

荣格尔(E. Jünger)是第一次世界大战后对德国的民族主义(保守的革命论)运动最有影响的作家之一,以他对第一次世界大战的描写和对人类战争和人类境况的全新局面的分析著名。他从第一次世界大战的"前线体验"中看到,人类战争已成了"一个巨大的工作程序(Arbeitsprozess)",其胜负已不取决于个人的英雄主义,而取决于"钢铁的洪流"或参战国能"全面总动员"起来的力量。[①] 德国失败的主要原因就是未认清此时代的大形势,将自己限于部分动员。在这样一个"工作时代来临"之际,在全面战争(无"和平"与"战时"的根本区分)的洪炉面前,那些不能动员起全部工作力量的后进社会制度,首先是君主制注定被淘汰,俄国、德国等国的革命应从这样一种生存方式的调整上得到理解。因此,当今最有战斗力、生存力的国家并不就是"军事国家",而是那些体制上"进步的"、能够进行总动员的国家。总动员并非意味着对技术的依赖,而是指达到技术和动员的根底,即一种透入最深骨髓和最细神经的准备好被动员起来的势态,一体化地受控于一块控制板,能在最短时间内将巨大的、分支繁多的现代生活能量汇集为一股巨大的物质能量的洪流。这样的局面将"每个个人的生活变为一点不假的工(作)人的生活。因此,在骑士、国王、公民的战争形态之后,我们现在有了**工人们**的战争"[②]。

荣格尔的这些论述使现代技术的本性对于海德格尔而言成为不可逃避的重大问题。而这个问题又通过他对于形而上学,尤其是尼采"对力量的意愿"的形而上学本性的思考,与他解构传统存在论的努力联系了起来。现代技术来自技艺,因而具有形式指引的某些特点,比如某种非现成化和应时的动态化,注重"如何"而不是"什么";但又从总体上受到"一块控制板"或技术化体制的规范,因而在这个意义上又是现成化的。这样,通过"工人的形相"和"技术构架"来理解的力量仍是一种形而

① 参见荣格尔《总动员》,引自《关于海德格尔的争论——批判性读本》,第126页及以后。
② 同上书,第126—130页。

上学，因为它从根子上仍是“从一个‘静的存在’出发”来表象那变化的、运动的和被动员的，没有真正地化身于生活实际状态的涌流之中。所以，这“形相是‘形而上学的强力’”①，而还不是“自身的缘构发生”。

二　自身的缘构发生(Ereignis)——存在的真义

从1934年开始，“Ereignis”这个词经常出现于海德格尔的写作之中。从20世纪50年代开始，这个词就越来越频繁地出现于他的出版物之中。《哲学论文集》中的“论 Ereignis”更是表明，海德格尔自30年代中期开始，就已经将“Ereignis”视为他思想的中枢和本源。“存在”的真实意义可通过它而得到理解，但它本身则比“任何可能的对存在的形而上学规定”要更丰富。② “Ereignis”在德文中的意思是：“发生的事件”，它的动词“ereignen”的意义为“发生”。但是，海德格尔要在更深的和更加缘发的意义上使用它。与处理“缘-在”的方式相同，他将这个词视为由两部分组成的，即“er-”和“eignen”。“eignen”的意思为“(为……所)特有”“适合于……”。而且，如上面已提到的，“eignen”与形容词“eigen”(意为“自己的”“特有的”)有词源关系，并因此而与“eigentlich”(“真正的”“真正切身的”“真态的”)相关。所以，通过这个词根，这个词与《存在与时间》中讨论的缘在获得自身的问题和真理问题内在相连。它的前缀“er”具有“去开始一个行为”和“使(对方，尤其是自己)受到此行为的影响而产生相应结果”的含义。总括以上所说的，这个词就有**“在行为的来回发生过程中获得自身”**的意思。海德格尔还追究过它的词源义“看”。他在《同一律》(1957)一文中写道：“‘Ereignis’这个词取自一个成熟语言的用法。‘Er-eignen’原本意味着：‘er-aeugen’，即‘去看’或‘使……被看到(er-blicken)’，以便在这种看(Blicken)中召唤和获

① 海德格尔：《面向存在问题》(Zur Seinsfrage)，载于《海德格尔选集》(下)，孙周兴选编，第618页，上海三联书店，1996。

② 参见海德格尔《在通向语言的道路上》，第260页注释，普夫林根，内斯克出版社，1986。

得(an-eignen)自身。”[1]理查森将这种“看”理解为“相互对看”[2],也是很有见地的看法。此外,这个“看”或“互看”与胡塞尔现象学之“看”也不是没有关联。

总之,海德格尔要用这个词表达这样一个思想:任何“自身”或存在者的存在性从根本上都不是现成的,而只能在一种相互牵引、来回交荡的缘构态中被发生出来。所以,这个词可以被译为“自身的缘构发生”,或含糊一些地译为“缘构发生”“缘发生”。[3]

可以看出,“自身的缘构成”所表达的意思与《存在与时间》中从缘在到时间性的这条基本思路是一致的。所以,在《哲学论文集》的“论自身的缘构成”之中,海德格尔常常要凭借深究《存在与时间》中的“缘在”“存在”“决断”等词的含义来展示自身的缘发生的意义。海德格尔在后期并没有放弃“缘-在”这条关键性的思路。“自身的缘构成”的特色只在于它特别强调和突出了这种构成中的**相互**缘构性和“居中(Zwischen)”性,或“正在其中”的纯发生性。[4] 通过以上的探讨,我们可知这种强调来自他的“单向递进策略”的失败和对于“相互引发”的特别关注。他想通过这个词捕捉那最具有缘构性的、最不会被形而上学败坏的存在精蕴,以回答存在的终极意义的问题。因此,在他正面阐释“自身的缘构成”的段落中,几乎都要涉及某个对子,比如“人与存在”“时间与存在”“世界(开启)

---

① 海德格尔:《同一与差异》,第 24—25 页,普夫林根,内斯克出版社,1957。

② 参见理查森《海德格尔:通过现象学到思想》,第 612—614 页。

③ 王庆节先生提出以“自在起来”或“自在发生”来译“Ereignis”,可谓思精言微。但“自在”从字面上仍会产生“自身存在”这样的实体化之联想。为纠此偏,不妨加两个小横,写为“自-在-起来”,或许更佳。(参见王庆节《也谈海德格尔“Ereignis”的中文翻译和理解》,载于《世界哲学》,第 2—9 页,2003 年第 4 期。)至于王先生批评我对此词的翻译中的“构”字“有‘人工’、‘人为’的建构之义”,不无一定的道理,但在现象学的语境中,“构成(konstituieren, Konstitution)”是一个有根本的发生性的词,特别是在胡塞尔的后期著作和海德格尔的前期著作中。比如海德格尔在《存在与时间》中讲:“对于生存的存在论结构的发问,目的在于分析出什么构成了(konstituiert)生存。”(第 12 页,图宾根,马克斯·尼迈尔出版社,1986)这类讲法还有很多(比如前面引用过的该书第 132、221 页上的讲法),可见“构成”完全可以是存在论的或本原发生式的,而不必是人工的或预设某种基质的。

④ 参见海德格尔《哲学论文集·论自身的缘构发生》,载于《海德格尔全集》第 65 卷,第 26 页,1989。

与大地(隐藏)”“人与神”等等,为的是获得一个“参两”(张载语)显中的相互引发机制。

而且,海德格尔将这个词与希腊的“逻各斯”和中国的“道”相比拟,并通过它来理解现代技术及其解决问题,乃至语言的根本地位。他写道:

> “自身的缘构发生”现在就应该被视为一个服务于思想的主导词而发言。作为这样一个主导词,它就如同希腊的主导词“逻各斯(logos)”和中国的主导词“道(Tao)”一样难于翻译。……我们通过现代的技术世界而经历的存在与人的命运机制只是这个所谓“缘构的发生(Er-eignis)”的序幕。这个缘构发生却并不必然保持在它的序幕中,因为在此自身的缘构发生中,这样一个可能性出现了,即此缘构的发生将这种(技术)机制的统治转化为一种原发的缘构发生。一个在这样的缘构发生中发生的对于这个机制的转化——它决非单靠人的力量可以做成——带来的是一个此技术世界的缘构发生式的(ereignishafte)回复,即从它的统治地位转回到在一个境域中的服务。通过这样一个境域,人更真态地进入到此自身的缘构发生中。
>
> 这个自身的缘构发生是这样一个自身摆动着的域(Bereich)。通过它,人和存在在其本性中相互达到对方,并通过脱开形而上学加给它们的那些特性而赢得它们的缘构发生本性。
>
> 将此缘构发生思考为自身的缘构发生意味着对于这个自身摆动的境域的结构(Bau)进行建构(bauen)。思想从语言得到去建构这种自身悬荡着的(schwebenden)结构的工具,因为语言乃是最精巧的、但也是最易受感染的摆动。它将一切保持在这个自身缘构发生的悬荡着的结构之中。就我们的本性就是在这个语言中被缘构成(vereignet ist)的而言,我们就居住在此自身的缘构发生之中。①

① 海德格尔:《同一与差异》,第24—26页,普夫林根,内斯克出版社,1957。

这里讲的自身的缘构发生的“悬荡”性或“悬而未定”性，不仅与海德格尔早年讲“形式指引”时说的“悬而未定(in der Schwebe halten)”是一个词，而且其思路也是一脉相承的。至于其中表达出的改造现代技术的存在论生态学的方向，以及这种方向与语言的原发形态的隐约联系，就更是相当重要的“指引”了。

三　语言与诗

就公开出版物中反映的情况看来，从 20 世纪 30 年代中期开始，“语言(Sprache)”越来越取代“时间性”而成为缘在最根本的存在之缘。如果人被视为主体，如果存在论和认识论的根本局面被设想为主体面对客体，那么语言就只不过是主体间交流的手段而已。然而，如果人被看作是在缘构成中获得自身的缘在，语言的地位就大不一样了。语言恰恰是这缘在得到自身存在的缘。当然，如果这转变不够彻底，比如认这缘分为“社会关系”“效果历史”一类因素的总合，那么语言充其量只能是包含和表达这些因素的解释学中介，决不足以成为海德格尔讲的“存在之屋”或“存在的家园(das Haus des Seins)”。[①] 作为存在之屋，“语言将存在者作为一个存在者而首次带入**开启之域**”[②]。这里说的让存在者“首次”显现的开启之域，与“从遮蔽中揭示某物的真理”是一个意思。它既不意味着语言可以创造对象，也不只是说存在者必须通过语言这个必不可少的中介而被给予我们；而是讲：只有在语言这个缘构成的域之中，存在者才**作为**存在者显现出来，人和世界才同样原初地成为其自身。这就是“缘”或“(存在论意义上的)构成”的真切含义。它既不是实体论，又不是相对主义，而总是维持在最生动、最缘发，也因此是最极致的顶尖处和“居中处”，正是赫拉克利特讲的那团“永远活生生的火”。所以，海德格

---

① 参见海德格尔《在通向语言的道路上》，第 111、166、267 页，普夫林根，内斯克出版社，1986。

② 海德格尔：《艺术作品的本源》，载于海德格尔《林中路》，第 59 页，法兰克福，克罗斯特曼出版社，1980(以下所引此书均为此版本)。

尔写道:“这条(到语言的)道路是自身缘构着的。”①

与“时间性”相比,这种“语言”对于海德格尔的缘构思想的阐述有什么更多的帮助呢?首先应该指出,时间性和语言在海德格尔那里从本性上是相通的,它们都是缘在(和世界)去成为自身的缘构境域。但是,我们已看到,时间性如果脱离了缘在的在世形态和生死之间的境遇,就只是缘构的形式而非那居中的缘构本身。在这一方面,语言就有它的长处。语言比时间性离缘在的在世更近。在《存在与时间》中,关于语言的话题就出现在第一分部即缘在的“在世界之中”里。语言与缘在的具体生存方式密不可分。原本意义上的语言总是构成着缘境,并天然地充满了当场发生的意义。它总是居中,即居于缘构之中,根本就不存在一个如何反过来用语言为缘在的在世诸形态定位的问题。所以海德格尔在上面引用过的段落中才讲:“语言……将一切保持在这个自身缘构发生的悬荡着的结构之中。……我们就居住在此自身的缘构发生之中。”

根据这样一个思路,语言本身就不被认为是完全空洞的,相反,它承载着原初的、域性的意义与消息(但不是“信息”)。它收拢着、滋养着和保存着我们的生存世界。它是开启之域,又是隐藏之域,海德格尔称之为“敞亮着、隐藏着和释放着的呈献”②。这种呈献并不完全靠对象化的语音和文字,而是出自缘构域的本性。因此,语言是一种根本上的“让……显现或到场”。**“语言的本性就是此作为显现之道说**(die Sage als die Zeige)。它的显现并不基于任何一种符号或信号(Zeichen);相反,一切符号都自显现而生出。在这个显现的域(Rereich)中并且出于这个显现的意图,这些符号才是符号。”③因此,从存在论上讲,并不是我们说语言,而是由于我们“能听”到空廓宏大的“语言(的)言说(Die Sprache spricht)”,或处在语言的缘构开启域之中,我们才能开口讲话和思想。

① 海德格尔:《在通向语言的道路上》,第261页,普夫林根,内斯克出版社,1986。

② 同上书,第214页。

③ 同上书,第254页。

“语言比我们更有力，也因此更有分量。”①这个语言本身的缘构之说让我们想起《存在与时间》中缘在所“听到”的牵挂境域本身的“良知呼唤”。两者说出的都是缘境本身所蕴含的生存势态和与天地相通的消息。而语言的“让……显现或到场”的本性也与逻各斯的“让某物从它自身即讲话所在处被看到”②及“现象学”的含义基本一致。由此也可见，海德格尔后期的表达策略是将最本源的缘构成拉回到《存在与时间》中“前时间性”的缘在生存境域中，并加以新的发挥和深化。

所以，按照海德格尔的理解，语言之“说”的最纯粹形态不是“陈述”这个传统语言观的宠儿，而是最有缘构性的“诗”。“语言本身是原本意义上的诗。”③这“原本意义”意味着，这诗不只是或主要不是“表达情感”的诗，而是究天人之际的缘构成，即“真理的促成（馈赠、引发、创生）”和“让……出现”。④ 由于吸取了时间性问题上的教训，海德格尔特别强调诗的“居中”发生性。他写道：“这投射着的说（Sagen）就是诗；即世界与大地的说，出自它争斗的回旋空间（Spielraum）中的说，并因此也是出自众神所有的临近和远去的场所的说。”⑤可见诗乃是一种在两极之间或“间隙”中的纯发生，格式塔缺口处的跃迁。⑥ 真正的诗不止于诗人个人灵感的结晶，也绝不止于传统意义上的语言的艺术。它是天地神人、过去未来相交相缘所放射出的最灿烂的光明。“在这样的（诗的）语言之中，一个民族就历史性地领会了它的世界；而且，此作为被锁藏着的大地也被保存起来。”⑦其实，中国的孔子与庄子对于“诗”和“言”也有着类似的深沉体会。

尽管海德格尔的语言观和诗论与他的基本思路一脉相通，但他对于诗境的如此推崇也有一些特殊的原因。首先，海德格尔的诗论绝不止于

① 海德格尔：《在通向语言的道路上》，第124页，普夫林根，内斯克出版社，1986。

② 海德格尔：《存在与时间》，第32页，图宾根，马克斯·尼迈尔出版社，1986。

③⑤⑦ 海德格尔：《林中路》，第60页。

④ 参见同上书，第61、58页。

⑥ 参见同上书，第50页。

理论上的或美学上的,他是要借诗境或入诗境以彰显纯思想的缘构境域。因此,他写过不少篇通过分析诗作而开示思想的论文。并以此带动和激活他的其余那些更有论说色彩的文章。而且,诗是海德格尔的那种让语言本身跳舞的形式指引的表达风格的最充分表现。如果细加品味,许多海德格尔的作品都很有诗意。他本人也情不自禁地要写思想诗。

其次,"诗"的动词形式"dichten"意味着"写作、创作"和"编造、虚构"。"Dichtung"本身除了"诗"之外,还有"文学创作"和"虚构"的意思。海德格尔特别张大了这个词所隐含的"构成""引发"的意义。作为"真理的促成",诗就是那促成缘构域开启的"(让)投射(Entwurf,草图、构思、筹划)"和格式塔的"间隙(Riss)"。[①] 通过这些说法,海德格尔要表明诗是一种具有微妙的引发机制的活动。它不只是一种"什么",比如文学的一种形式,而是一种出自人的本性的纯构成方式。通过追究它在古希腊文中的一个对应词"poiesis"所具有的"招引""带上前来(Her-vor-bringen)"的含义,海德格尔将诗与关于"技艺""技术"的讨论联系了起来。这样,诗以及语言所具有的引发意义和在场境域的机制就可以代替《存在与时间》中牵挂与时间性的三相缘构机制的存在论功能。

再次,海德格尔心目中有一位"塑成了诗化思想之境域"的真正诗人——荷尔德林。高中时的海德格尔就已经被荷尔德林的诗所吸引。海德格尔在他的文章《荷尔德林和诗的本质》(1936)的开头提了这样一个问题:"为什么选择荷尔德林来显示诗的本性?为何不是荷马或索福克勒斯,不是维吉尔或但丁,不是莎士比亚或歌德?"他的回答是:"因为荷尔德林的诗负荷着诗的天职,专为写出诗的本性而来。"所以,"在一个突出的意义上,荷尔德林对我们而言是诗人的诗人"[②]。荷尔德林不是用诗来表达他的灵感,而是站在天与地、神与人之间(Zwischen),让这天地神人相交荡而生的,从将来来临的时代灵感通过他的弱质一身而被"说"

---

① 参见海德格尔《林中路》,第 58 页。

② 海德格尔:《荷尔德林诗歌解释》,第 34 页,法兰克福,克罗斯特曼出版社,1981。

出来、投射出来。这样，他命中注定地向语言的缘构本性敞开他的生命和灵魂。因此，语言对他言是“最危险的财富”。[①] 世界的神性光辉在其中，而使人疯狂的过多的光亮（黑暗）也在其中。荷尔德林的生命是最鲜明的“缘在”，完全被其缘所构成。“这缘在在其根基处就是‘诗化的（dichterisch，诗性的、诗意的）’，这也就是说：作为被创构（被建立）者，它并不是报应，而是赠品。”[②]说缘在的生存状态是“赠品”，并非说它的存在是由某个在上的神所决定的。它要讲的是：它的缘构本性超出了任何基于主体的“报应”式的算计，浑然天成，从我收到者那里已经辨认不出我所为之的痕迹了。“诗化”就意味着那样一种被抛投出的、“居中”的缘构态。从《哲学论文集·论自身的缘构发生》[*Beiträge zur Philosophie* (*Vom Ereignis*)]和《艺术作品的本源》（“Der Ursprung des Kunstwerkes”，1935/36）开始，海德格尔的作品中大量使用荷尔德林诗中的词汇、形象和表达法。当然，他也解释过里尔克（R. M. Rilke，1875—1926）、特拉克尔（G. Trakl）等人的诗，但只有荷尔德林的诗被认为是“关于诗的本质的最纯粹的诗”[③]。

四　技艺与现代技术

这里与上面所谈者有密切关系，它们都是关于存在的缘构域（在场）的引发和保持的问题。当 20 世纪 30 年代之后的海德格尔分析艺术与技术问题时，他都用“techne（技艺，几微）”这个词作为一个关键的引子，并提示两者之间的内在联系。“techne”是一个古希腊词，亚里士多德在《尼各马可伦理学》第 6 卷中曾专门讨论过它。按照词典，它的意思是“艺术”和“技巧”。所以，手艺人和艺术家在古希腊都被称为“Technites”。但是，海德格尔认为只这样解释是不够的和失偏的，因为

① 海德格尔：《荷尔德林诗歌解释》，第 35 页，法兰克福，克罗斯特曼出版社，1981。
② 同上书，第 42 页。
③ 同上书，第 44 页。

它只例举出了它的外在指称对象而未达及它的原本含义。按照他的看法,“techne”在古希腊更主要的是指一种认知的方式,其本性就在于揭去遮蔽(aletheia),让存在者显现出来。[①] 所以,海德格尔写道:“就希腊人所经历的认知而言,‘Techne’是指将存在者带到跟前,即特地将在场者作为在场者从隐蔽状态带**出来**,以便将其带入到它在其中显现的去蔽状态的跟前来。‘Techne’从来不是指一种制造的行为。”[②] 简言之,“techne”的原本含义就是“带上前来(Hervorbringen,生产、创作)”或“让其显现(Erscheinenlassen)”。[③] 由此可见,这个词对于海德格尔具有与《存在与时间》中讲的“逻各斯”“真理”及上面讨论的“语言”“诗”几乎一样的意思。只是,由于其词源特点,以它为引子可以更顺当、更有语词牵挂力地阐发技术和艺术的问题。所以这里就将它译为“技艺”。

由于“技艺”与“技术”和“艺术”的天然联系,因此“技艺”与“间隙”“草图”“格式塔构象”,以及“构架”都有内在的关联。海德格尔从20世纪20年代起就一直在讲“让……显现”这个与缘在之缘、逻各斯、真理相关的思路。但是,对于这“让显现”的具体机制的**形象化**的描述却不是很多。在《康德与形而上学问题》中,他讨论了并大大深化了康德提出的“纯象”或“几象”的存在论意义。但这种几象被首先理解为“时间”。到了30年代中期,当他论述艺术的本性、语言和诗的时候,他已经不常用《存在与时间》中的缘在诸生存形态来说明这种“让显现”的机制,而转用世界与大地、敞亮与隐藏相交相争这类语言了。于是,他感到有必要更形象化地、更有空间意味地说明这个机制。“技艺”所代表的一组新词和思路的引入满足了这个要求,而且非常贴切地引导到关于技术本质的讨论上去。

技艺被认为是艺术作品中使真理形成(Werden)和出现(Geschehen)的机制。而真理又与作为隐藏的不真状态本质相关。所以

①② 参见海德格尔《艺术作品的本源》,载于海德格尔《林中路》,第45页,法兰克福,克罗斯特曼出版社,1980。

③ 参见海德格尔《演讲与论文集》,第154页,普夫林根,内斯克出版社,1978。

真理本身亦需在争斗中形成和构成。“真理是原本的争斗。……只有当真理在通过它自身开启的争斗和空隙中建立起自身时，它才出现。”①在这段与“自身”缠绕的话中，“争斗”与“空隙”并提。这里的“空隙(Spielraum)”在德文中还有“回旋余地”“游戏空间”的含义。海德格尔在《康德与形而上学问题》中就用这个词来刻画任何对象被给予人这样的有限存在者所依据的存在论域。现在，这种居于两者(在《康德与形而上学问题》中是“直观”和“知性范畴”)之间的存在论域的含义并没有变，只是被更加“间隙”化和“激斗”化了。而且，在 20 世纪 30 年代以后，当海德格尔要表达这种引发缘构成的“空隙”时，他更经常使用的是另一个词：“Riss”，意为“间隙”“缝隙”“撕裂”“草图”。② 与之相关的有一大组词，比如，从词根上有联系的有“reissen(拉扯，扯破)”“Aufriss(轮廓，突出的缝隙)”“umreissen(拆毁，勾描)”“Grundriss(平面图，基本的纹理)”等；从意思上有联系的有“Fuge(缝，接缝，赋格曲)”“fügen(使接合，使配合)”“Mass(尺度，适度)”“Gestalt(格式塔构象)”“Gestell(构架，座架)”，等等。

“间隙”这类词代表一种界限，一种像缘在之缘、几象那样能引起两极争斗、缘发构成的界线。通过这种间隙与争斗，隐藏开显为敞亮，敞亮亦保留在隐藏之中。同时，使用“间隙”也是为了表现这争斗的微妙居中，以及它与“(形)象”“草图(画出最基本的界线和缝隙)”“投射(投影)”“构架(由缝隙组成的结构)”的关联。海德格尔这样说：“这争斗不是光秃裂缝的开裂那样的缝隙；它乃是此争斗者相互属于的亲密之处。”③可以说，这种缝隙是引发两方(天地、神人、存在与时间)相争相激，脱开现成性，当场缘生出一个意义境域的微妙机制。在这个意义上，“技艺”这个词也可以被译为“几微”。“几”在古文里除了有“介于无和有之间的发生和预兆机制”的含义之外，还与“机”(天机、机理、机械、机器、机心等

① 海德格尔：《艺术作品的本源》，载于海德格尔《林中路》，第 47 页。
② 注意这个词与《存在与时间》中“Entwurf(草图、筹划、投射、构意)”的词义关联。
③ 海德格尔：《艺术作品的本源》，载于海德格尔《林中路》，第 49 页。

等)有词源联系。

艺术作品、语言和诗之所以能使真理出现,就是因为它们所具有的精巧几微和间隙引发了缘构的状态,打开了一个新的境界。而且,这种几微和间隙可以转化为格式塔构形和设置(Stellen)构架①,并因而引出了对于**现代技术**本质的讨论。海德格尔写道:

> 这个被带到缝隙之中的、被保留在大地之中的、并因此而被确立和突出出来的争斗就是**格式塔的构象**(die Gestalt)。作品的被创作的存在就意味着:将真理确立于格式塔构象之中。这格式塔构象是由缝隙调适成(sich fügt)的缝隙结构(Gefüge)。这种被调适的缝隙就是真理(凭之)显现的接缝处(Fuge)。这里被称为格式塔构象的东西总是凭借**某个**设置(Stellen)和构设(Ge-stell,构-架)而被思考的。就作品设立(auf-stellen)和提交(her-stellen)自身而言,此**作品**就是作为这种设置和构设而活动并存在着的。②

这段话表明了艺术、语言、诗与技术的深刻关联。它们都是作为缘在之人通过"间隙(发生的边界)"而进入揭蔽的真理状态的方式,都是一种"带上前来(Hervorbringen)"。海德格尔在《技术的追问》一文中还用一个希腊词"poiesis"来表达这种揭蔽的"带上前来"。而这个词又有"诗"(德文为"Poesie",英文为"poetry")的含义。由此他想暗示技术中深藏着的原本诗性。

作为技术本质的"构架"也是一种"让……显现",即"让……上前来进入作为边界(peras)轮廓(Umriss)的间隙之中",而且就"聚拢(Versammlung)"在那里。③ 但是,我们仍能感到作为艺术几微的间隙与作为技术机制的间隙的区别。艺术型的间隙虽然也往往通过艺术"形

① 这里和下文中的几个译名("设置""构设""逼索"等)取自王炜的《海德格尔关于技术的本质之思》一文,参见《学人》第3辑,第485—509页,江苏文艺出版社,1992年。

② 海德格尔:《艺术作品的本源》,载于海德格尔《林中路》,第50页。

③ 参见同上书,第69页。

象”或“构象”出现，但这种构象是纯缘构的，不能脱开整个语境或缘境的，在诗中特别是这样。技术型的间隙或格式塔构象则有了某种固定的形式。另外，艺术家的活动产生艺术作品，手工技术活动则产生用具，两者都是“被带上前来者”。“但艺术作品的被创造的存在与其他任何‘被带上前来’的不同在于，这种存在（在被创造出来时）也被一同创造进了它的被创造状态之中。”[①]因此，这种被创造的存在一旦被创造出来，就不再依靠创造它的艺术家。它凭借自身的几微而独自打开和维持着自己的真理状态。于是，海德格尔认为，在艺术作品中这被创造的存在以独特的或切合自身的方式（eigens）凸显出来并被保持住。但由技术活动产生的用具就不具备这种凸显出的独立存在，它的存在“消失在其有用性之中。一件用具越是用得称手，它就越不引人注目，就好像一柄锤子那样；于是这件用具也就越是无例外地将自身保持于它的工具存在之中”[②]。

这种艺术作品与手工技术作品的不同在一定程度上对应于《存在与时间》中缘在的真正切身的生存形态与在世形态，特别是“用得称手”的形态的区别；或原本时间与亚里士多德的时间观的区别。而**现代**技术就其结果而言，对应的是“现成的（vorhanden）”的存在方式和庸俗时间观。不过，技术的本性则绝不是现成的。

“技术（Technik，technology）”这个词从希腊词源上看也是出自“techne”或“技艺几微”[③]，所以也是一种揭蔽和“带上前来”的缘构方式，而不仅仅是人类达到自己目的的制造手段和行为，就如同语言不仅仅是一种交流手段一样。技术是存在论意义上的现象，从本质上比作为主体的人更有缘构性，也因此更有力、更深刻地参与塑成人的历史缘在境域。有历史眼光的思想家（比如黑格尔、马克思、法兰克福学派）都看到了这一点，但海德格尔则探测到了技术与技艺及艺术（诗）的内在关联。而

① 海德格尔：《艺术作品的本源》，载于海德格尔《林中路》，第51页。

② 同上书，第51—52页。

③ 参见海德格尔《演讲与论文集》，第16页，普夫林根，内斯克出版社，1978。

且,这种探测不是牵强和偶然的,而是出自他缘构域型的基本思想方式。因此,他不但能更充分地看出技术带来的危险,而且对于如何化解技术的束缚也有独到的见地。

技术有手工技术和以动力机械为特征的现代技术之分。人的历史缘在也因之而有前工业化的由手工技术(包括农耕)揭示的生存形态和现代工业化社会形态之分。正是现代技术造成了所谓"技术问题",即技术与人的异化,以及技术对于人的控制。其实,任何技艺从来都超出了人的主体性,但只是到了现代技术,这种超出才被硬化、形式化和构架化了。正如前文中已经提到的,现代技术的本性就是"构架"或"座架",它与引发争斗的间隙和格式塔构象有关。海德格尔之所以用这个有"框架""托架"含义的词,一方面是要显示它与"几微""间隙"(框架中总有间隙隔开的空间)这条思路的内在联系,另一方面是表明这种构架的强制性和事先规范性。所以,这种构架意味着:按照某种规格设置架隔,并向这架隔中放置(stellen)某种预订的(bestellen)现成存放物(Bestand)。[①]因此,这种框架的揭蔽方式是"引发-逼索"或"挑战"(Herausforderung)式的。这个词的通常意思是"向……挑战""挑起""引起"。它的前一半"heraus",意为"从……出来",与技艺几微的"带上前来(Hervorbringen)"的前一半遥相呼应。它后一半"fordern"的意思是"要求""索取""挑战"。海德格尔仍然是在一种"居中"的意义上使用它。一方面,它是一种揭蔽方式和存在论意义上的构成方式,将存在者(能量、材料、动植物)从大地和自然的隐藏之中带"出来"、释放出来,并造就出它的存在者身份;另一方面,这种揭蔽不是艺术型的,也不是手艺(手工技术)型的,而是强索的或"按图索骥"式的。

康德"人为自然立法"的说法就是这种技术揭蔽方式的鲜明哲学表达。人为自然"设立"法度或先天框架,就说明这种"法"与自然的关系不是缘构域型的或相互缘发的,而是掺进了某种硬性的形式(直观形式、知

---

① 参见海德格尔《演讲与论文集》,第 23 页,普夫林根,内斯克出版社,1980。

性范畴、先验统觉)，具有“你(自然)必须依从这些形式而被给予我”的含义。但是，另一方面，这并非简单的唯我论，因为这类形式不是可以随意设立的，也不能仅仅根据形式逻辑的先天推理样式确立；而是必须与经验直观相耦合，以取得这立法的资格。也就是说，对这种立法本身的合法性的追究必然表现为追究这些先天形式**如何能**取得切合自身的经验直观的问题；或者，如果将直观的形式也看作一种先天形式的话，这些形式之间如何能相互契合的问题，即所谓“演绎”的问题。然而，正是通过“演绎”，这些先天形式找到了它们的缘构根子，即由先验的想象力构成的几象，相应于海德格尔在讨论艺术与技术问题时讲的“技艺几微”。所以，技术构架的“为自然立法”确有“逼索”之意，但它之所以**能**逼出它索要者，却是因为它的根子在几微之中、在缘在的域构成之中。在这个意义上，现代技术的本性——构架化——本身并非技术性的，而是缘构成的、引发争斗的和揭示性的。①

因此，现代技术的构架化不应被理解为像书架那样的死板框架，而是一个正在构造着的调控和保持机制。比如，它体现为将自然中隐藏的能(煤、石油、铀)开发出来、转形加工、储存、传送，以及各种不断翻新的转换。这都是揭蔽的具体方式。这种构架化既不会停止，也不会失效。它总能在多层反馈互锁的路径或间隙中不断地解决新问题，调控和维持住自身，通过前一步的设置就为下一步的动作设置了前提。因此，在它里面处处是无例外的和安全的。它是一个建立在揭蔽基础上的自构、自控和自身复制的系统。它的产品因而是规格化的、现成的、可存放的，与艺术作品和手艺制品都不同。对于现代技术，能量也可被现成化或储存起来，而一架风车利用自然、揭示自然的方式却是境域式的和当前化的。

这种技术系统的构架化本性在现代物理学中得到了最精密的智力

① 参见海德格尔《演讲与论文集》，第 24 页，普夫林根，内斯克出版社，1978。

体现。它的方法论特点可上溯到古老的数学[1]，而其思想根源甚至可以在古希腊的通过"当前化"和"在场"来揭示实在的哲学中找到，因为这种在场揭蔽或"带上前来"有一种沉沦为现成的在场者的倾向，并因而发生存在与存在者的二元分离。这种二元性贯穿了从巴门尼德开始，经过柏拉图、康德到尼采的整个西方哲学。[2] 技术构架与缘构境域的分离就是这种存在者与存在的分离、概念对象与语言言说本身分离的历史体现。因此，这技术系统具有极为深厚的构造活力和自维持、自断定的功能。这也正是其危险所在，或对人的威胁所在。处在它里边，你找不到它的边界和局限，似乎天底下没有它不能计划、计算和解决的问题。"人工智能"集中地体现了这种魔力。今天不能解决，将来一定能解决。它永远现实，永远合理；逻辑和概念真理也永远站在它的一边。所以，这技术世界就活动在一个普遍化、无限化也平板化了的(庸俗)时间形态中，从根子上就**排斥别的(可能是更微妙的)揭蔽方式。**一个被现代技术构架塑成的人是有效率的，在他的专业领域中可能还具有创造性。但是，语言对他成了交流的工具，爱情、艺术、诗、冒险成了放松神经、满足欲望、点缀生活和寻求刺激的玩意儿。最重要、最根本、最真实的只是去完成这个巨大高效的技术构架所交代的任务。一句话，这个技术构架将一切都平板化、现成化，只是除了它自身。

这样，人的缘在就受到了限制和扭曲。当他只通过构架来揭蔽，来让存在者显现时，他在根本处却遮蔽了自己的本性，因为这本性是纯缘构的，再活跃的构架揭蔽活动对它而言也是比较呆板的，更不用说只作为这种构架活动的现成产品的生活形态了。因此，在现代工业化、商业化和信息化了的社会中，在极其活跃、创新、自由和有能力的外表下，我们看到的是缺少灵性的和构架化了的人。这种生存形态与《存在与时间》分析的那种沉沦于世的、与"人们"同在的缘在形态都是"不真正切身

---

① 参见海德格尔《演讲与论文集》，第 25 页，普夫林根，内斯克出版社，1978。

② 参见海德格尔《什么叫思想?》，第 174 页，图宾根，马克斯·尼迈尔出版社，1954。

的”，但是它更加平板化和计量化。而且，对缘在的侵犯必然是对于这个与缘在共缘起的世界的侵犯，以及对于作为原在(physis)的自然的威胁。这种威胁巨大而深重；按照海德格尔的理解，它是西方乃至全人类的历史命运。

就在这似乎无望的地方，海德格尔引用了荷尔德林的一句话：

> 但是何处有危险，
> 何处也就生成着拯救。[①]

技术化世界的最大危险并非来自技术本身，比如制造原子弹的技术、污染环境的技术，而在于技术的构架化本性。然而，这本性却是与人的缘在本性内在相通的，就相当于《存在与时间》中所讲的不切身的缘在生存形态与真正切身的形态内在相通一样。人的基本生存状态，即那不具备现成的本质、而只能在缘构中得其自身的缘发状态就是“危险的”，而这两种危险却正是意义境域的来源。所以，海德格尔认为：“在技术的本质呈现(das Wesende der Technik)中蕴藏着使拯救出现的可能阶梯。”[②]技术与艺术都是揭蔽的几微，而返归这几微的技艺本性、艺术本性和缘发生的本性就是拯救之所在。[③] 更具体地讲，就是将技术的本性(Wesen)不再理解为柏拉图意义上的永远持续不变(Fortwährende)的那样一种持存(Währende)，比如理式(eidos)，而是理解为一种“允许持存”或“让持存(Gewährende)”。从词的前缀上看，并结合前面关于技术本质的讨论，我们可知，从柏拉图的“持续不变(Fort-währende)”到海德格尔讲的“允让持存(Ge-währende)”是一种对待持存者的基本态度的转变，即从“索要”“挑战”“立法”的技术理性的态度转变为“允让”“任凭(Gelassenheit)”[④]“让渡”的技艺理性的态度；或从形式规范的刚性态度

---

① 海德格尔：《演讲与论文集》，第 32 页，普夫林根，内斯克出版社，1978。
② 同上书，第 36 页。
③ 同上书，第 38—40 页。
④ 参见海德格尔《任其而为》，普夫林根，内斯克出版社，1979。

转为在缘境中引发自身的柔性态度,究其实,这种“引发自身”与《存在与时间》中讲的“现象学”的含义(“让那自身显现者以自身显现的方式来从自己本身被看到”)很有关系①,它的最直接的表达则是“自身的缘构发生”。所以,这里再次引用一下这个段落也许是合适的:“在此自身的缘构发生中,这样一个可能性出现了,即此缘构的发生将这种(技术)机制的统治转化为一种原发的缘构发生。一个在这样的缘构发生中发生的对于这个机制的转化——它决非单靠人的力量可以做成——带来的是一个此技术世界的缘构发生式的(ereignishafte)回复,即从它的统治地位转回到在一个境域中的服务。通过这样一个境域,人更真态地进入到此自身的缘构发生中。”②

海德格尔的思想和作品是异常丰富的,以上所介绍和分析的只能是他人生与思想的重点所在、大脉络之所在。还有一些方面,比如他与中国道家的思想关系,他对于康德、亚里士多德、尼采、黑格尔等西方大哲学家的解释,他的学说与纳粹思想的区别、与同时代的另一些存在主义哲学或现象学思想的区别,等等,也都是相当重要和有研究价值的问题,这里囿于篇幅,就不能做正面的讨论了,尽管文中也间或触及到了这一点或那一点。读者如有兴趣,可以阅读有关的一些著述。

海德格尔思想之所以能产生如此广泛和长久的影响,主要是因为他以一种深入到几乎整个西方哲学史的方式开辟出了一个这个哲学史中从未真正出现过的全新的思想境界和话语方式,给人以极大启发,而这新的境界与方式又恰与当代人类面临的不少重大问题有着或显或隐的内在联系。

阅读海德格尔要有适当的方法。在我们看来,其要点有二:一是要了解他思想形成期时的“实际生活经验本身的形式指引”的要旨,以及它在海德格尔各种表述方式上的体现;二是要在哲学史的上下文中而不是

① 参见海德格尔《存在与时间》,第 34 页,图宾根,马克斯·尼迈尔出版社,1986。

② 海德格尔:《同一与差异》,第 25 页,普夫林根,内斯克出版社,1957。

孤立地理解海德格尔，在这方面，他与胡塞尔和康德思想的关系占有特别重要的地位。

尽管如此，研究海德格尔永远是一桩有几分冒险的事情，永远需要你投入全部的才智、兴趣和悟性。但这冒险和投入又确是值得的，因为正是在这里，你可能得到完全独特的东西。

第十三章　雅斯贝斯

第一节　生平与学术背景

雅斯贝斯(Karl Jaspers)于1883年2月出生在德国西北部的奥尔登堡。父母在他的孩提时代便为他树立了遵从理性、保持独立判断力的榜样,使得他很早就养成了无拘无束的性格和拒绝盲从的习惯,以至于他就读人文中学时,屡次因拒绝学校的规定而同校方发生冲突。上大学时,他先是攻读了几个学期的法学专业,但始终对法学兴趣索然,相反,却对文学、艺术和哲学显示出浓厚的兴趣。正是出于这种兴趣,他决定改学医学专业,因为他此时抱有一个明确的目的:从医学入手,进而涉入心理学和哲学的领域,这样可以为自己从事心理学和哲学研究奠定一个坚实可靠的自然科学基础。雅斯贝斯后来阐发的哲学密切关注人的精神状态,是同他此时从事心理学、精神病理学研究分不开的。在海德堡等地攻读医学专业后,他通过了国家医学考试,并以题为《怀乡病与犯罪》("Heimweh und Verbrechen",1908)的论文获得心理学专业博士学位。随后,他在海德堡一所精神病诊所做实习医生。精神病理学当时还处于临床阶段,缺乏系统的学科体系,雅斯贝斯这一时期发表了一系列精神病理学研究文章,并撰写了《普通精神病理学》(*Die allgemeine*

Psychopathologie，1913）一书。无论对于精神病理学，还是对于雅斯贝斯个人，这一著作都起到了划时代的作用，它既标志着精神病理学开始成为一门系统的学科理论，又标志着雅斯贝斯结束了心理学研究阶段，从此转入准备已久的哲学研究领域。

此后，雅斯贝斯离开精神病诊所，被海德堡大学哲学系聘为心理学专业讲师，几年后被聘为哲学教授。当时，在海德堡哲学界占主流的是新康德主义学派。文德尔班去世后，作为新康德主义的主要代表，李凯尔特出于新康德主义的观念，严格界定哲学与心理学之间的界限，因而对雅斯贝斯从事哲学研究的资历持不信任态度。雅斯贝斯则认为，新康德主义讲述的抽象逻辑脱离了事物的实质，它提倡的普遍有效性只能是某些前提下、某个局部内的普遍有效性，这不同于无限性、整体性，实质上无法达到具体的哲学真理。结果，他们两人之间出现了学术上的严重分歧，以至于双方谁也不愿承认对方从事的是真正的哲学研究。在这种学院背景下，雅斯贝斯撰写了《世界观的心理学》（*Psychologie der Weltanschauungen*，1919）一书，论述悲观主义、怀疑主义、理性主义、个人主义等精神现象。在传统哲学的意义上，这些精神现象就是哲学的内容，但雅斯贝斯称它们为世界观而非哲学，预示着他本人要"超越"作为世界观的精神现象，并在这种超越的基础上创立自己的哲学。所谓超越，是指超越传统的唯心主义和近现代的实证主义界限。传统哲学认为，精神是无限的，是超越知识界限的，而精神的这种无限性本身就是一种理念。在雅斯贝斯看来，唯心主义与实证主义是康德意义上的二律背反的突出表现。无论强调无限，还是强调有限，都是将界限绝对化了，都不能超越界限这一理念，而是以不同的方式囿于界限观念之内。而哲学应当超越界限观念，既超越囿于无限性的精神，又超越囿于有限性的知识。由此，超越构成了雅斯贝斯哲学思想的主旨。

《世界观的心理学》一书标志着雅斯贝斯涉入哲学研究的起点，而他的代表性思想集中体现在他此后撰写的三卷本《哲学》（*Philosophie*，1932）中。仅从这部代表作的书名中就可看出，他有意建立一门真正的哲学,即他自己的生存哲学(Existenzphilosophie)。尽管他无意否认历史上各种哲学的价值,而且他本人也从历史上的哲学当中汲取了重要的思想营养,但哲学是时代精神的反映,新的时代精神理应呼唤出新的哲学。雅斯贝斯在出版自己的哲学代表作的同时,出版了一本名为《时代的精神状况》(*Die geistige Situation der Zeit*)的小册子,这反映出他认识到时代精神与哲学相互呼应的关系。在这本小册子中,他从科学、技术、政治、文化等方面叙述他那个时代的社会心理与欧洲人的精神状况。对读者来说,将这两本著作对照着来阅读,既能在把握时代精神的基础上理解他的哲学,又能从他的哲学的高度上把握时代精神。

在雅斯贝斯看来,这种时代精神反映在哲学思想中,就呈现为人的存在的本原性问题。传统形而上学在本体论中论述人的存在的本原问题,本体论处理的是人与世界的共同本原,它没有将人的存在的本原从世界的本原中突出出来。在新的时代精神中,人的存在具有了突出于世界的独特意义。因此,有必要在哲学中剥离开世界的本原,专门论述人的存在的本原。最初,胡塞尔借助对意义的本质直观为人的存在寻找到先验性本原。随后,海德格尔破除了胡塞尔意义上的本质所带有的规定性,在超越本质的存在这一层面上讲述人的存在的本原。沿着这条思路,雅斯贝斯又超越了海德格尔意义上的此在(Dasein)所带有的经验性因素,从更具超越性的生存角度讲述人的存在本原,建立起自己的生存哲学的思想大厦。雅斯贝斯的哲学是回应时代精神的思想。

雅斯贝斯的哲学之所以能够回应时代精神,显示出有别于传统哲学的特点,首先是由于他的哲学在起源上有着不同于传统哲学的心理动因。所谓哲学的起源,不同于哲学的开端。开端是个时间概念,而起源指思想的源泉、思想的动力。所谓哲学起源的心理动因,指人是在怎样一种心态的策动下形成自己的哲学的。雅斯贝斯根据不同哲学起源的不同心理动因,区分开三种哲学类型。他认为古代哲学起源于人的惊奇心理,人对大千世界的玄妙感到惊奇,因而去探寻大千世界背后的统一性本质,探寻形而上的世界;近代哲学起源于人的怀疑心理,人开始对自己认识世界的活动进行反思，并对自己认识世界的能力感到怀疑，因而去研究认识与存在的统一性问题；现代哲学起源于人的震惊心理，人丧失了同世界的天然联系，因而对自身丧失了稳定的精神寄托而感到震惊，人无法再平静地认识世界以及自身同世界的关系，转而忧虑地认识自身，研究生存问题。雅斯贝斯认为，自己的哲学就属于这种因震惊而起源的哲学。雅斯贝斯对哲学类型的这种划分揭示出，从惊奇到怀疑再到震惊，人的心态经历了一个从天真到成熟的逐步深刻化的过程。伴随这一过程的，是哲学在精神的觉醒、思想的飞跃中实现的发展。

这种震惊心理直接联系着雅斯贝斯的一个重要概念——"临界境遇(Grenzsituation)"。所谓境遇，同雅斯贝斯讲的精神状态概念中的状态是同一个词，它通常指人生活于其中的心理、精神和思想环境。但在特殊的境遇中，即在发生大的变故时候，各种价值都有其界限，无法达到人们期待的绝对性。人因此丧失了自己通常依赖的精神力量，陷入了迷茫的境地，仿佛孤独地面对陌生环境一般。这种特殊境遇即临界境遇，像死亡、受难、负罪等都属于临界境遇。临界境遇突破了一般境遇的界限，揭示出在界限之外的生存空间的意义，突出了超越性的生存。

在临界境遇中，自我走出了恒常、固定的自我的边缘，而震惊则是对自我丧失了稳定性、方向感的心理反应。此时，人对自身的感受已不再像一般境遇中那样"是其所是"，而是"非其所是、是其所非"了。"非其所是"指真实的自我游离于固定的自我之外，"是其所非"指自我趋向不局限于现实规定性的可能性，趋向摆脱规定性的自由。这样，临界境遇揭示出，自我走出受规定性制约的边缘，即迈向自由的自我。"临界"之"临"，即超越界限，超越限界内的自我，走向界限外的自我。这就不像自我反思那样，由于缺乏临界的思想，"如是之我"与"理想之我"彼此间永远隔着一层。同样，震惊不能仅仅被消极地理解为自我不适应现实规定性而产生的惊惧，而更要积极地将它理解为自我直接面对自由而感受到的震撼。震惊心理与临界境遇构成了雅斯贝斯哲学思想的前提条件。

纳粹时期，雅斯贝斯由于妻子是犹太人而被剥夺教职，并被禁止出版学术著作。他多次试图流亡国外未果,便以沉默来表示抗议。得知纳粹要按照某个时间表“带走”他的妻子,雅斯贝斯甚至做好同妻子共同自杀的心理准备,以一名哲学家的气节同纳粹的暴行相抗争。后由于美军迅速占领海德堡,打破了纳粹的时间表,雅斯贝斯才侥幸躲过了这一悲剧。劫后余生的雅斯贝斯致力于德国大学的建设,并不遗余力地呼吁人们反省战争罪责,写下了《罪责问题》(*Die Schuldfrage*, 1946)、《原子弹与人类未来》(*Die Atombombe und die Zukunft des Menschen*, 1958)、《大学之理念》(*Die Idee der Universität*, 1946)、《联邦德国向何处去?》(*Wohin treibt die Bundesrepublik?*, 1966)等极具现实政治意义的专著。后来,雅斯贝斯接受巴塞尔大学的聘请,离开德国,定居瑞士。他于1969年2月在瑞士的巴塞尔去世,留下了大量的遗著和未完成的写作计划。

雅斯贝斯离开祖国的行为招致了国人对他的诸多非议,但他这一行为毕竟有其战争时期内心流亡的历史作背景。在纳粹统治德国时期,有许多才华横溢且正直善良的人士经受了悲惨遭遇,所以,在战后相当一段时期,许多德国人对自己祖国的感情非常复杂,像托马斯·曼(Thomas Mann)这位流亡作家就始终未能原谅自己的祖国。雅斯贝斯在战后同样感受到哲学家在现实政治中的无奈,把主要精力都用于著书立说。雅斯贝斯也因此在学术上获得了丰硕成就,他自恢复教职后陆续出版了《论真理》(*Von der Wahrheit*, 1947)、《论历史的起源与目标》(*Vom Ursprung und Ziel der Geschichte*, 1949)、《大哲学家》(*Die großen Philosophen*, 1957)、《面对启示的哲学信仰》(*Der philosophische Glaube angesichts der Offenbarung*, 1962)等巨著,并留下了大量的遗著,大大丰富了生存哲学思想,并将研究领域拓展到历史哲学与哲学史中。

雅斯贝斯对哲学史的总结没有像黑格尔那样,将所有哲学家纳入以逻辑线索为核心的大一统的哲学史中,而是承认每一名哲学家都有其独立地位。在他看来,哲学家的意义在于其思想的闪光,在于他留给后人的独到的启迪。因此,雅斯贝斯没有撰写哲学史,而是撰写了许多哲学家的思想传记。这种做法便于他从哲学家那里汲取对他本人的生存哲学具有启迪作用的思想。例如，他考察了柏拉图、康德，还研究了普罗提诺、安瑟伦、斯宾诺莎、谢林这些对自己哲学尤有启发作用的哲学家。除去这些经典哲学家，他还很重视现代哲学家，如尼采、克尔凯郭尔等。他专门撰写了尼采传记，通过诠释尼采哲学在超越性上的认识，为生存哲学超越生命哲学找到了契机。克尔凯郭尔的思想则是雅斯贝斯哲学的直接渊源。克尔凯郭尔所讲的人与自身的关系以及人与上帝的关系，是雅斯贝斯关于生存以自身为起源以及以超越为根据这一基本思想的直接由来。雅斯贝斯对哲学史的研究与形成自己哲学思想是相辅相成的两个方面，他所侧重的哲学家也为我们了解他的哲学思想的由来留下了线索。

雅斯贝斯不但探索西方哲学的发展脉络，而且注意到有别于古希腊文化的希伯来文化对西方哲学思想的影响，给予耶稣一个在思想史上的重要位置。这不仅是出于他对欧洲思想史的客观、公允的理解，而且是由于他本人的哲学思想就容纳了古希腊哲学与基督教哲学这两个传统。他的眼界还远远超出西方哲学的范围，认识到东方思想在世界思想史上的独立地位，并专门为孔子与佛陀树碑立传。这充分表明，尽管他作为一名西方哲学家，对东方哲学的涉猎不如对西方哲学的研究那么深入全面，但他承认东西方思想在世界思想史上具有平等地位，并放弃了西方学界通行的欧洲中心论。他用来取代欧洲中心论的是一种“时间轴心说”。他指出，公元前 5 世纪前后，东西方几个历史悠久的民族基本上同时达到了古代文化的顶峰，出现了一些最重要的思想家，如孔子、释迦牟尼、苏格拉底、耶稣。他们为后人制定的思维与观念上的规范，构成了自他们以降的不同思想文化的核心。在世界范围内，围绕这些思想核心形成了彼此不同的思想文化圈，而各个思想文化圈都有彼此不可替代的独立价值。雅斯贝斯不否认，未来有可能在世界历史的范围内再次出现类似的思想顶峰的情况，出现新的制定规范的历史人物，围绕着他们形成新的思想核心和新的思想时代。但迄今为止，人类的思维与观念仍处于现有规范的影响下,世界范围内的思想文化仍未超出现有思想核心辐射而形成的各个思想文化圈,迄今的思想史还始终是以那一时期为轴心的。

雅斯贝斯承认不同思想文化圈在世界思想史上具有彼此平等的地位,这种观点是同他的生存哲学观点一脉相承的。各个文化圈是类似于人的生存的现象,它们有着自身的历史性,是在彼此交流中得到充实的。雅斯贝斯的时间轴心说的意义在于,历史与文化、思想与哲学的起源是多元的,不同的文化传统和哲学理论之间不存在高级与低级的区别,不存在彼此替代的理由,它们之间的差异反倒是它们共存的理由,相互交流与交融才是目标所在。在多样性的王国中保持唯一性,是人类历史的必由之路。

第二节 生存与历史性

哲学意味着人的觉醒,雅斯贝斯的生存哲学意味着人在临界境遇中激发出震惊心理而产生的觉醒。这种觉醒首先是对生存哲学主旨的意识:人是一种关系,是人与自身及其与超越者的关系。克尔凯郭尔之所以被公认为生存哲学的先驱,就是因为他最早明确提出,人是一种关系,即人同自身及其同上帝的关系。这样一种关系将人的经验性存在与超越性存在联系起来,而且是从经验性存在出发去联系超越性存在的。继克尔凯郭尔之后,海德格尔将人界定为此在,此在区别于一般存在物(Seindes),它总在领会着自身的存在。这种"领会"即克尔凯郭尔讲的人与自身的关系。就此在始终有所领会来说,此在也是"亲在",而"亲"是从"此"出发的。此在之"此",指人的"当下",人总是在当下领会自身不局限于当下、不局限于任何一种性质的存在。这样,海德格尔强调人的经验性,明显对立于传统哲学强调理念、忽视经验的做法,因为传统哲学讲求的理念本身是先验的,无须从经验出发。雅斯贝斯同海德格尔思想相近,但侧重点不同。他从词义上剥夺了此在的生存含义,仅保留了它的物理学、生物学和社会学含义，从而将海德格尔讲的此在降低为一般经验存在物。此在被除掉了“亲”的含义，只遗留下“此”的含义，即只遗留为一种纯经验性的存在，即实实在在、是其所是的“实在”。雅斯贝斯进而提出“生存(Existenz)”这一概念，并将它作为生存哲学的核心概念，用生存取代此在在海德格尔思想中的地位。生存这个词原本意味着灵魂出窍，意味着人超出世界之上的存在，意味着人直接关联超越性存在。这种思想直接联系着克尔凯郭尔讲的人是同自身及其同上帝的关系。雅斯贝斯将它表述为：生存以自身为起源，以超越为根据。可见，雅斯贝斯讲的生存较之海德格尔讲的此在更富有超越性的内涵。

雅斯贝斯之所以看重生存概念，首先是因为生存是一个存在论的概念，而不是知识论的概念。传统哲学在很大程度上就是知识论，它利用先天性观念与经验性观念构建作为知识的哲学体系。先天性观念确保了知识的普遍必然性，经验性观念确保了知识的经验有效性。在这种知识论哲学中，个人天然地是人的类型中的一个例子，无须去领会自己的存在。但传统哲学已意识到，知识论无法充分把握人。在生存哲学所处的时代精神背景下，人不可归类这一问题更加突出。先天观念的问题已不在于它是否可同经验认识取得一致，而在于它根本不具有普遍有效的意义，不足以充分演绎出个体在新的时代精神背景下的丰富内涵，同样，经验归纳的问题也不在于它是否能达到普遍有效性，而在于它根本无法突破内在性世界，因而无助于对人的超越性的阐释。

生存哲学继承传统哲学从超越性上认识人这一思路，就体现为存在论取代知识论，体现为作为同自身的关系的人取代了普遍类型下的人。克尔凯郭尔讲人是一个例外，就是对普遍性类型的突破。他讲人同自身的关系，指人向自身蕴含的各种可能性的运动，指人对自身的不断创造，这种运动和创造远远超出单纯知识的范围。而且克尔凯郭尔是在人同上帝的关系中确定人同自身的关系的，同上帝的关系绝不是一种知识的关系，它只能是一种带有神学色彩的存在关系。海德格尔明确反对知识学意义上的本体论，并试图用存在论取而代之。他主张此在领悟存在，而不是领悟某种本质。存在虽然破除了本质,此在却是一种经验性存在,而经验性存在是无法完全摆脱本质的。在这一背景下,雅斯贝斯用生存取代此在,摆脱了海德格尔的此在带有的经验性,作出了进一步的超越性尝试。生存意味着出世,意味着从经验性向超越性的飞跃。它更为强调人突破自身经验性本质、在同自身的超越性联系中确定自我这一特点。

生存不是知识的概念,它需要人去体会、感悟,在体会和感悟中明确生存的内涵。因此,雅斯贝斯用"生存澄明(Existenzerhellung)"这一概念来表示对生存的领悟。"澄明"指人在生活中使生存从晦暗不明变为澄澈明朗。晦暗不明指生存遮蔽在经验性存在中,澄澈明朗指生存超越经验性存在凸显出来。这是一个历史性(Geschicht-lichkeit)过程,是人超越经验性存在的历史性过程。因此,历史性是生存澄明的一个内涵。历史性概念是对传统哲学中先天观念的冲击,它否认不证自明的先天性观念可以预先规定个人的发展,认为个人是在历史性发展中不断选择自己的目标的,人有着自主而自由地发展的无限可能性。历史性概念也是对传统哲学中经验性观念的扬弃,因为人只有突破经验性,才可关联超越性来确定自身。可以说,历史性概念的作用在于,它是生存哲学在先验性、经验性这一类传统哲学观念失效后重新确定人的尝试。

雅斯贝斯的历史性概念有多重内涵,体现着生存是人与自身的关系这一生存哲学的基本命题。首先,历史性指生存与实在(此在)的统一。实在指人在经验意义上的方方面面,它拼凑不出一幅完整的人的画面,而且它展示的是人在经验世界的被规定性,无法显示人超越经验给定性的种种可能性。但是,自我不会满足于作为实在的自我,而要超越受缚于经验性规定的自我,实现自我游离于经验规定性之外的可能性,实现自我的自由和完整性。这种无限可能性、自由和完整性就是生存的表现。因此,要实现生存性自我,就不能只是充实自我作为实在的经验性内容,而是要扬弃自我作为实在的绝对意义,从而突出生存的绝对意义。生存要不断突破实在的固定性,在不断突破实在时实现人的各种可能性，在不断实现各种可能性时实现人的自由，趋向人的完整性。这样，生存意味着对实在的克服，实在意味着对生存的羁绊，生存与实在处于一种既不可消除也不可和解的矛盾关系中，这是生存与实在的第一层关系。

从生存与实在的第二层关系上说，生存是超越的可能性，它本身没有实实在在的规定性，因而它需要实在的经验性内容作为媒介，用来实现自身超越经验规定性的可能性。如此看来，突破实在，并不意味着完全脱离实在。相反，突破实在首先要突入实在。这就是说，生存既要吸收实在的内容，又要克服实在的固定性，进而去吸收新的实在内容，在实在序列中不断推进。生存既要将实在作为自我实现的媒介，又要在历经实在时保持生存的超越性。这样，生存与实在的关系就不单纯是一种矛盾关系，而更是以生存为出发点和归宿、以实在为中介环节的统一关系。生存在实在中不断生成，生存在实在中不断实现自身这一过程构成了生存的历史性。

从历史性的这层内涵看，雅斯贝斯的历史性观念迥异于传统哲学的历史性观念。传统哲学的历史性观念是一种本质先于存在的观点，它认为存在先天地蕴含着本质的起点，历史性是从这一起点演绎出来的过程。所谓本质与存在相统一，即本质决定存在。相反，雅斯贝斯的历史性观念是一种存在先于本质的观点，它否认生存蕴含任何本质，因为本质是经验世界中的规定性，生存作为不局限于任何经验性规定的可能性，它本身就是对本质的扬弃。在生存吸收本质，又超越被吸收的本质这一过程中，只有不局限于任何本质的生存才是绝对的。当然，从逻辑上看，这种存在先于本质的观念同样是一种逻辑上在先的观念，因为历史性是在生存与实在的聚合中实现的，生存与实在因缘相生，它们是同时涌现的，没有时间上的先后。

其次，历史性意味着自由与必然的统一。对于自由，传统哲学有着多种理解。第一种理解从知识角度出发，认为自由是对必然的认识，自由意味着自觉地符合必然，或者依靠知识在一定程度上克服必然对自由的限制。这种自由实质上是相对的自由,达不到独立自主、无所依赖这一意义上的自由。第二种理解将自由当作意志自由。这种自由表面上达到了独立自主、无所依赖,但正因为它在无所依赖的情况下追求意志自由,它会受制于自身的非理性情绪、恶的意志,陷入任意妄为,在克服外界的经验给定性的同时,听命于自身内部经验给定性的支配,实质上同样达不到真正的自由。第三种理解认为自由即合乎道德法则,它克服了前两种自由观的缺陷,但从雅斯贝斯追求超越性的哲学角度来看,道德伦理属于普遍性精神的范畴,精神仍然是内在于经验世界的,而经验世界中不存在生存意义上的自由,生存意义上的自由仅存在于对经验性的超越中。

针对传统哲学这种自由观,雅斯贝斯将自由理解为人作为生存的发展过程的起点。人作为超越实在的生存,本身就是自由的。自由体现在生存面对必然性所作的抉择中。人作为生存,不得不抉择。听命于必然性而不做抉择,人便沉沦为实在。有抉择,便有生存,没有抉择,便没有生存。抉择意味着生存不以必然性为自身的起源,它仅仅起源于自身的自由抉择。生存、自由与抉择是异名而同实的。用雅斯贝斯的话来说:"在历史性意识中,我将必然性所决定的各种境遇看作是自由的可能性。一切已然决定了,我置身被决定之事当中,同时却终生都还要作决定。由于有被决定之事,我不免看起来像被决定了的,由于有自己作决定的可能性,我看起来才像本源性的。我看到被决定性,我就只是受束缚的;我看到自由,那么就连我眼下看到的最终抉择也仅在这一意义上才是最终的:虽然新的抉择无法取消它们,却可改变它们的意义,赋予它们原未意识到的意义;它们看起来充满了可能性。"①

这就是说,人作为实在,是客观条件所决定的、没有抉择能力的存在,但人作为生存,却有着抉择、赋予意义的能力。虽然抉择改变不了事

① 雅斯贝斯:《哲学》第2卷,第125页,柏林/海德堡/纽约,斯普林格出版社,1973(以下所引《哲学》均为此版本)。

实，但抉择改变了事实的意义。改变了事实的意义，就为既定事实附加了新的可能性。附加了新的可能性，就为人展示了自由的空间。而且抉择本身就意味着自由，因为抉择意味着抗拒必然性，意味着在抗拒必然性时伸张生存的自由。自由与必然之间永远是一种不可克服的张力(Spannung)。就自由抉择与必然性之间的张力关系来说，一方面，自由抉择否定必然性，而必然性限制抉择；另一方面，生存是在必然条件下作抉择，赋予必然条件以新的意义，而不可能凭空杜撰新的意义。必然性的限制同时为生存作抉择提供了必要的媒介，使得生存得以借用这种限制作出自由抉择。所以说，必然性起到了成全自由抉择的作用。在抉择要历经必然性、实现在必然性中这一意义上，生存的抉择是历史性的。在抉择要借助必然性，又要克服必然性这一意义上，历史性意味着自由抉择与必然性的统一。

最为重要的是，历史性不仅指抉择实现在必然性中，而且指生存实现在不断的抉择中。人在抉择时，不仅抉择了对象，而且排除了不作抉择的自我，抉择了作抉择的自身，即抉择了生存。例如，临界境遇就是抉择出来的。经验世界给定的只是一般境遇，当人将一般境遇抉择为临界境遇时，同时便抉择了置身临界境遇中的自身。此时，不仅临界境遇展示出迥异于一般境遇的意义，而且人也呈现为有别于实在的生存。正如雅斯贝斯所说："这种选择是生存性选择，在做选择时，生存在选择自身。"①抉择对象与抉择自身是同一个过程的两个方面，没有抉择，便没有生存，生存生成于抉择当中，抉择同生存性命攸关。所以，一方面，抉择自身以抉择对象为机缘，抉择对象以抉择自身为目的，抉择生存性自身才是抉择行动的目的。另一方面，抉择等同于生存："我选择，则我存在，我不存在，则我不选择。"②

再者，历史性指时间性与永恒性的统一。我们通常讲的时间是物理

① 雅斯贝斯：《哲学》第 2 卷，第 418 页。
② 同上书第 2 卷，第 182 页。

学意义上的时间,即指某个时间点的短暂、易逝。在过去、现在、未来这一时间系列中,各个时间段是缺乏内在联系地拼凑在一个时间系列中的。在如此拼凑起来的时间系列中,永恒指的是由短暂的时间点组成的时间系列的无限绵延,是无数时间点在数量上的无穷积累。这样的永恒性是数量上的无穷无尽,它缺乏内在联系,这种时间观也是空洞而无内涵的。建立在这种时间观上的历史性是一种历时性(Historie),它仅仅有效于经验世界,而不是生存意义上的真正的历史性。

雅斯贝斯用生存的内涵来充实时间,赋予了现在这一时间点即瞬间以独特的生存意义。由于生存性抉择是在此时此刻这一瞬间作出的,抉择便赋予了现在这一瞬间以生存性意义。从量的角度看,瞬间在时间系列中依然是短暂的;但从质的角度看,即从有别于物理学意义的生存角度看,这一瞬间具备了生存的深刻性,尽管这种深刻性仅仅出现于时间系列中的某一瞬间,它的价值却永远不会消逝,所以说,瞬间伴随着生存的内涵而具备了永恒的价值,生成为生存意义上的永恒。瞬间突破了物理学意义上的时间系列,上升到生存的高度。雅斯贝斯称生存意义上的现在这一瞬间为"现时(Gegenwart)"。现时迥异于物理学意义上的现在,是永恒的现在,但现时是在现在这一瞬间基础上形成的,它容纳了时间因素,又超越了时间因素,这种时间性与永恒性的统一,构成了生存历史性的又一重内涵。

雅斯贝斯认为,现时作为时间性与永恒性的统一,其意义还在于:"生存是对瞬间的深化,以至于时间当中的现在成为充实的。它集过去与未来于一身,而不受过去与未来的误导。受未来误导指的是,仿佛现在只不过是服务于某种未来的过程与阶段;受过去误导指的是,仿佛保存与重复过去的完善之处才是我毕生意义之所在。"①雅斯贝斯反对将未来当作现在的根据,因为将现在当作未来的发展环节就剥夺了现在的独立意义;他也反对将过去当作现在的根据,因为将现在当作过去的重复

① 雅斯贝斯:《哲学》第 2 卷,第 127 页。

就错失了在眼下作抉择的机遇。相反，他借助瞬间的抉择，将现在永恒化为现时，不但用现时充实现在，而且用现时充实过去与未来。现时可对过去作出全新的解释，赋予过去以生存性意义，使得过去不再是独立的过去，而获得了相对于此刻这一瞬间所作抉择的意义。现时还可赋予未来以生存性意义。这就是说，未来是由眼下这一瞬间的抉择所决定的，未来的根据在于现时。这样，过去与未来都可依据瞬间的抉择而生成为现时的内涵。

雅斯贝斯这一时间观具有重要意义：在由过去、现在和未来组成的时间系列中，现在是我在某一瞬间正在经历的时间段，过去是我在某一瞬间的经历已经结束后的时间段，未来是我尚未开始的时间段。这就是说，在时间序列中，现在具有超越过去与未来的意义，时间系列以现在为中心划分成三个时间段。同时，现在意味着我作为实在的在场，过去与未来意味着我作为实在的不在场，意味着我的在场已然过去或我的在场尚未出现。所以，三个时间段可归结为我的在场与不在场。

雅斯贝斯从生存的角度出发，不会满足于我作为实在的在场，而必然将着眼点转移到生存的在场。我作为实在的在场指的是现在，而我作为生存的在场意味着现时。现时区别于现在之处是，现时是永恒的，不会因中断或完结而消失为过去，也不会因迟迟不出现而被归结为未来。相反，伴随着不断选择、不断生成的生存，现时突破了断断续续的时间段，也就是说，生存的内涵将时间转变为永恒的现时。雅斯贝斯时间观的深刻之处在于，他在思维方式上突破了将时间划分为过去、现在和未来的方法，深入到这种划分方法的背后，即对在场与不在场进行划分，并将实在的在场提升为生存的在场。这样，通常的时间观转变为生存时间观。

进一步说，生存的出现不是一种静态的在场，而是一种动态的到场。实在作为固定的某物才会现成地在场或不在场，生存是超越实在而生成的，生存的生成是指生存从无到有的转变，指生存从不到场到到场的转变。而且生存的到场不但将现在转变为现时，它还将过去、现在和未来统统予以现时化。雅斯贝斯这一观点充分体现了生存哲学的思想,生存是超越性的,它超越一切给定条件,包括时间系列这一给定条件。生存是自由的,它自由地贯通于经验世界中。生存是解释性的、赋予意义的,它赋予实在和时间以全新的生存意义。

雅斯贝斯在论述生存时将历史性当作一个必要的内容,而他论述历史性必定又落实在时间上。在这点上,雅斯贝斯近似于海德格尔,因为海德格尔也是从时间的角度探讨存在问题的。只是海德格尔更为强调经验性的此在,而经验性存在是置身于时间之中的,所以他更为突出时间本身在存在问题上的意义。而雅斯贝斯更为突出超越性的生存,生存是超越时间的,所以他讲述时间,是因为超越性连带着时间问题。他们两人在时间观上的差别还反映在他们各自的生死观中,如海德格尔侧重讲述此在的有限性,而雅斯贝斯则侧重讲述生存的不朽,尽管他们的生死观都渊源于克尔凯郭尔的垂死概念。可见,存在哲学这一流派容纳了各种倾向的思想。

第三节　交往与关联超越

历史性作为人与自身的关系,是对生存的澄明。但生存的内涵不局限于人与自身的关系,它还体现在人与他人的关系中。人与他人的关系是对人与自身关系的拓展,它是在人与他人的共在中澄明超越性生存的。雅斯贝斯将这种关系称为交往(Kommunikation)。交往之所以成为生存澄明的必要内容,是因为人仅作为实在,只是封闭性的,因为实在仅具有对象性意识,仅在经验意识上对外界开放,而无法接受作为生存的他人,也无法作为生存向他人开放。封闭性设置了实在的界限,生存要超越这种封闭性,才能超越实在,使得人自身作为生存呈现出来,也使得他人作为生存呈现出来。所以,生存之间的交往是生存澄明必不可少的内容。

生存交往的概念首先是针对通常的社会交往提出来的,社会交往从属于雅斯贝斯讲的实在范畴。在实在的意义上，人是一个与他人毫无差别的社会成员，人与人是彼此可以替代的。因此，人与人之间只有社会行为上的联系，没有超越社会交往的必要性与可能性。没有必要性是指，人依据某种客观条件就可理解这种客观条件下的他人，因为人都是由客观条件决定的。没有可能性是指，人封闭在自己的社会角色之中，无法发挥出超越这一角色之外的作用。因此，人作为实在，是封闭着自己的内心同他人进行社会交往的。另外，在经验性、社会性交往中，通行的是普遍有效的认识，约定俗成的观念，人无须投入自己的内心，便可依靠这些现成的认识与观念进行交往。而且社会交往依据的是自我中心式动机，遵循的是功利性目的，最终目的在于维系人作为实在的存在，实在的功利性与生存的非功利性相互抵触，人也不能够在社会交往中真正投入自己的内心。

针对这种情况，雅斯贝斯反其道而行之地提出生存交往。生存指人不可替代的唯一性，指人摘下了社会面具后的真实性。生存是超越实在的，生存交往也就是超越经验式的交往。在生存交往中，没有普遍有效的认识可以依靠，有的只是每一次交往给人的内心带来的无可替代的启迪；没有实在的利益需要维系，有的只是人的生存需要澄明。生存与生存是彼此平等的，这就排除了自我中心式的思想。而且，生存交往要求交往中的人克服孤立与封闭的心理，充满信任地敞开内心与接纳对方。只有完整地呈现出真实自身，同时完整地接受真实的对方，才能做到真正的生存交往，任何顾虑和保留心态都会令人错失生存交往。所以说，生存生成在生存交往中。这意味着，并不是说在时间上先有了生存，然后有了生存交往，而是说在条件上有了生存交往，才会创造生存。生存交往超越社会交往的意义在于创造生存，正如雅斯贝斯所说：

> 在我借以认识自身的交往中，他人只是这样一个他人：这一存在的实质显现为唯一性。生存性交往既不可预计，又不可弥补，而是存在于其各种唯一性之中的。它介于两个自我之间，这两个自我

> 只是它们自身，既不代表别的什么，也不可被替代。在这种交往中，自我对自身的确定是绝对历史性的，不为外界所认识的。只有在这种交往中，自我同自我才会相互创造。在历史性抉择中，关联着交往，自我存在便扬弃了孤立的自我之在，并在交往中理喻自身。①

交往概念也是针对传统哲学的主客体关系提出来的，主客体关系是传统哲学的思维模式，它指人以自身为主体，以外界和他人为客体，并以客体为实现主体的手段。仅就人与人的关系而言，这一思维模式蕴含着危机。在传统哲学中，人的尊严是一个至高无上的理想。康德提出"人是目的"这一口号，就是对这一理想的充分表述，因为人只有作为目的，而不是作为手段，才符合人的尊严。但在主客体关系下，每一个自我都以自身为主体，以他人为客体，即将他人当作工具。人作为工具，其实质最为极端地体现在黑格尔在《精神现象学》中阐述的"主奴意识"中。一方面，他人被物化为手段，被剥夺了自身的目的性和人的尊严，最极端的例子即被降为奴隶；另一方面，自我依靠剥夺他人的目的性和尊严来享有自己的目的性和尊严，因而享有的是主人的尊严，而主人的尊严不是真正的尊严，因为奴隶是被迫而非自由地承认主人的尊严的。所以说，主客体关系背离了人的尊严这一理想。

传统哲学认识到，人的自由、人的尊严不属于经验世界，而存在于对经验世界的超越中。对于这条思路，雅斯贝斯做了生存哲学式的发挥。自由与尊严不存在于人之间的经验性关系中，只能存在于人之间的超越性关系中，即存在于生存交往中。生存交往超越了社会交往中的物化现象、强制现象，仅仅保留了人性之爱，即人对自身生存与他人生存的挚爱。当然，生存交往中也存在抗争。抗争是交往双方的相互抗争，因为双方都要申明自身，克服对方的误解与片面性，争取达到双方理想的共识；抗争也是交往中任何一方同自身的抗争，因为自我要在交往中同自身的片面性相抗争，借此进一步澄明自身。因此，这里的挚爱不是无原

---

① 雅斯贝斯：《哲学》第 2 卷，第 58 页。

则的爱，而是伴随着抗争的、严肃的挚爱。这里的抗争也不是人作为实在之间的争斗，而是带着对生存的挚爱作出的奋斗。生存交往承认他人的目的性，维系了他人的尊严。生存交往中的人不是依靠剥夺他人的目的性来成全自己的目的性，而是依靠成全对方的目的性来成全自己的目的性，即在交往中成全双方各自的自由和尊严。由于他人享有自由，自我的尊严便得自他人自由的认可。人的尊严来自人与人之间对自由的相互承认、自觉地相互尊重，这才是真正的、理想的尊严。所以，生存交往克服主客体关系的意义在于维系人的尊严。

在生存交往中，他人不再是实在意义上的我的对象(Gegenstand)，而是生存意义上的我的"对方(Gegenueber)"。对方指超越主客体关系的、非对象化的、完整而自由的、同我直接面对面的人。生存交往破除了主客体关系，将人与人之间的关系理解为一个主体同另一个主体的关系，即主体间关系。在主体间关系中，每一个主体提供给另一个主体的，都是非约束性的、非强制性的机遇；每一个主体从另一个主体那里接受下来的，都是自由的可能性。自我与他人完整的彼此呈现出来，而完整意味着开放，因为封闭指的是人因局限性而无法呈现、无法对他人开放；或者说人只接受他人的局部，以满足自己的经验性需要。完整性消除了对象的封闭性，保证交往中的双方不再沦为对方实现自身的手段，而保持为既相互成全，又彼此独立的主体。但是，主体间关系虽然实现了人的开放性，却并不意味着个体与个体在交往中会合二为一，因为主体间关系有一个特点是，在主体与主体之间有一个"间"。这就是说，个体是不可分的最小单位，个体与个体必然是彼此分开的。正是由于个体之间保持一定的距离，个体才得以保持其独立性，才成其为个体。主体作为自由、自觉的个体，不可消除它同其他主体的间距。有间距就有差异，有差异就有隔膜。这使得主体间关系是在保持主体的间距这一基础上进行的联合，生存交往是在保持主体之间的差异性这一条件下冲破封闭性、消除隔膜的开放活动，即爱的抗争。

如果说生存历史性来自我作为生存的独立抉择，那么生存交往是我同他人共同的抉择,它不仅依赖我单方面的意愿与行为,而同时依赖独立于我的他人,依赖他人同样选择了生存交往。这就是说,我不能够创造生存交往,只能创造生存交往的单方面条件,我同时在等待着生存交往的到来,生存交往是我接受的馈赠。由于生存生成于生存交往,所以从这一方面说,生存也不仅是我抉择出来的,它同时是我接受的馈赠。这种馈赠只能来自超越者,因为抉择指我拒绝经验给定性,而我独立于经验性存在,依靠的是超越性。依靠超越性,也就是领受超越者的馈赠。所以,生存交往关联着超越性存在(Existentielle Bezuege zur Transzendenz)。

在生存交往中,他人相对于我而言是一个他者。尽管生存交往成就交往双方共同的生存,我与他人是彼此平等的,但仅就我的生存而言,我是依赖他者的,因为否则我无以在唯一性交往机遇中澄明自身的生存。他者决定了生存交往的成败,决定了我在生存交往中对自身生存的澄明。这个他者作为生存,是有限中的无限性,因而我对这个他者的依赖,是有限条件下的无限依赖。而彻底超越有限条件、绝对无限的他者,就是超越者。超越者是绝对的、无限的,我对超越者的依赖,也就是绝对无限的,这种绝对无限的依赖,意味着超越者是生存的根据。由此可见,从生存交往过渡到关联超越,在思路上是逻辑一贯的。它反映出生存交往走向自身根据的过程,揭示出超越者作为绝对的他者虽然超越一切,但它的作用是决定一切的。

同时,生存的自由抉择虽然是独立的,却不是完整的。因为选择一种可能性,同时就放弃了其他可能性。这样,生存对自身的抉择负有责任,不但是生存对自身抉择的可能性负有责任,而且是生存对放弃了的可能性负有责任。这后一种责任实质上是一种负罪,即对未予抉择的可能性负有罪责,因为生存原本具有多重可能性。另外,我之所以要抉择,是因为我要充实自身以新的内容,而我之所以要充实自身以新的内容,是因为我有所欠缺、不够完善。在传统哲学中,合乎道德法则意义上的自由原本可以弥补人的负罪与欠缺,但由于我们刚刚谈到的负罪与欠缺是伴随着生存性抉择而产生的，它们突破了内在于经验世界的存在，是超越性存在的现象，所以无法借助合乎道德法则这类内在于经验世界的存在现象来消除，只能靠超越者来解决。超越者为生存抉择提供了根据，这种根据为哪怕是带有欠缺和负罪的生存抉择提供了合理性。所以说，生存抉择关联着超越者。

生存超越实在的具体经验内容，保留为一种超越的可能性。超越的可能性只有落实在超越的现实性中，才最终实现了超越的意义。这种超越的现实迥异于内在于经验世界的现实，它是生存的归宿。生存虽然是自由的，但正如我们在论述生存历史性时讲到的那样，自由不是生存的目的，而是生存的出发点。因此，自由也要被超越，生存要走向超越性现实。在生存从可能性到现实性这一完整的过程中，历史性与生存交往构成了前一个环节，它实现了生存的可能性。关联超越者构成了后一个环节，它实现了生存的现实性。前一个环节为后一个环节奠定了基础，后一个环节是前一个环节的逻辑延伸。雅斯贝斯关联超越者的思想源于克尔凯郭尔宗教的沉思。克尔凯郭尔讲，人既关联着自身，又关联着上帝，雅斯贝斯将这一思想发挥为生存以自身为起源，以超越者为根据。交往属于以自身为起源的内容，它拓展了历史性展示的生存澄明的范围，而关联超越者则属于以超越者为根据的内容，它深化了生存澄明的内涵。

例如，生存同超越者的关联体现在抗争与献身（Trotz und Hingabe）的张力之中。抗争指人借助知识作为手段，同经验给定性抗争，在经验世界中伸张人的主体性。人之所以抗争，是因为人否认经验给定性是自身的根据，企图依靠知识寻找到自身的根据。但客观知识无法构成完整的世界，不足以揭示人的根据。于是，人转而以挚爱、信仰等方式关联自身的根据，从抗争转入献身。人不再伸张自身作为实在的主体性，而是取消自身的绝对性，突出超越性存在的绝对性，靠弱化人同世界的关系来强化人同超越者的关联。抗争与献身既彼此矛盾，又彼此联系。离开献身，一味抗争的极端例子就是自杀。自杀是人对经验给定性的彻底抗拒。离开抗争,一味献身的极端表现即是宗教行动。宗教行动指人放弃自身,献身上帝。只有从抗争出发去献身,才能做到以自身为起源地关联超越者。所以,献身同抗争处于一种不可化解的张力关系中,是生存以自身为起源和以超越者为根据的明确表现。

生存同超越性存在的关联还体现在升华与堕落(Aufstieg und Abfall)的张力中。升华指生存趋向超越性存在,堕落指生存脱离超越性存在,沉沦为实在。由于生存的超越之路具有无限的可能性,所以似乎尽可能多地实现生存的各种可能性,才会接近实现生存的完整性。但积累有限,并不能达到无限。这种量的看法显然错失了生存同超越性存在的关联,是生存的堕落。因此,应当将目光从普遍性转向唯一性。每一种临界境遇、每一个历史性的瞬间、每一次生存交往都体现着生存的生成,都体现着升华的过程。尽管它们在普遍性上并不完整,即它们不可能包含一切临界境遇、一切生存历史性的瞬间、一切生存交往的内容,但它们在唯一性上是完整的,即它们在此时此刻、此情此景中充分地实现了生存。生存虽然可作出无数的抉择,但关键要把握住超越性存在馈赠生存的某一种境遇、某一个作抉择的瞬间、某一次交往的机遇。生存具有无限的实现自由的可能性,但最终要落实到唯一性的现实中。因此,一味展望自身在未来作抉择的可能性,或回顾自身在过去所作抉择的意义,无助于生存的生成。只有将对未来的展望与对过去的回顾结合为现在这一瞬间的抉择,才能将生存的无限可能性落实为唯一的现实性。在克服堕落的升华过程中,以自身为起源和以超越者为根据得到了统一。

关于超越的思想,在康德之后很少有人问津。克尔凯郭尔从生存哲学的角度重新开启了这一思路,因为他的哲学沉思极具宗教色彩。从思想的侧重点上说,克尔凯郭尔注重个人作为唯一者同上帝的联系,而不注重人与人的交往。海德格尔将生存哲学从宗教思想中剥离出来,他不是特别注重克尔凯郭尔关于人同上帝的关系的思想,而是着重发挥了人是同自身的关系这一思想,并附带讲述了人的共在问题。雅斯贝斯着意继承克尔凯郭尔的有关思想,他格外重视被海德格尔所忽略的超越问题，将以自身为起源和以超越者为根据的结合视为生存澄明的两个相互联系的方面，并将克尔凯郭尔所忽略的人际交往纳入生存澄明的内容。所以说，海德格尔和雅斯贝斯虽然都探讨人的存在问题，但他们两人以各自的语言、各自的叙述方式表述了彼此不同的生存哲学思想。比较而言，海德格尔在奠定自己的思想时，跨越过两千多年的西方哲学史，直接上溯到前苏格拉底哲学家，并对苏格拉底以后的哲学予以批判，破天荒般地形成了自己独特的存在哲学。雅斯贝斯注重秉承西方思想的传统，他不但吸收了自古希腊以降的各个历史时期的哲学家的思想，而且吸收了基督教传统中的思想因素，因而看起来更像是一名集大成者。

第四节　超越与密码

雅斯贝斯的思想系统是靠两重结构建立起来的，一重结构指他对内在性存在（Immanenz）与超越性存在（Transzendenz）的区分；另一重结构指他对我们（人）自身的存在（das Sein，das wir sind）与非我们自身的存在（das Sein，das wir nicht sind）的区分。这两重结构仿佛是他的思想系统中的横向与纵向坐标，在“存在”这一坐标系中标志出各种不同的存在方式及其相互关系。由此而定，他的哲学系统由“世界导向（Weltorientierung）”“生存澄明”和“形而上学（Metaphysik）”这三个部分组成。“世界导向”论述经验世界，揭示基于经验意识的科学认识不够完整，它为生存突破人的经验性存在奠定了预备性思想。“生存澄明”论述有别于科学认识的生存意识、人的超越性生存，以及生存同超越者的关联，它构成了雅斯贝斯的生存哲学的基本思想。“形而上学”论述超越者（das Transzendente）和超越性现实，它是生存澄明思想的进一步发展。这三个部分组成一个相互联系的有机整体。

形而上学本是哲学的同义词，但雅斯贝斯将形而上学当作自己哲学的三个组成部分中的一个部分，形而上学专指关于超越者及其现实性的学问。顾名思义，超越者一指超越我们自身之外的存在，二指超越经验认识范围之外的存在,而且将这两种存在方式集于一身。因此,它既非我们自身的经验性存在,即实在,又非在我们自身之外、但在经验认识范围之内的世界,也非超出经验认识范围之外、但属于我们自身存在的生存。超越者是存在的一种特殊方式。后来,雅斯贝斯在术语上用大全(das Umgreifende)这个概念取代了超越者,因为他认为哲学是对无限的认识,哲学的对象应当是无所不包者。大全的意思是包容、涵盖他物,它更好地反映了无所不包这一含义。大全即存在,存在不是类的总和,因而实在、世界、生存和超越者不是大全的各个部分,而是大全的各种方式,是大全的不同表现。它们相互联系地包容在大全中,展示了大全的方方面面。由于各种存在方式都有独立的倾向,所以理性的作用就在于将各种存在方式相互联系起来,并将它们包容在大全中。就这些存在方式而言,雅斯贝斯的思想重点在于超越性存在,即在于生存和超越者,以及这两者的关系。因此,除了生存澄明外,一个不可回避的问题是,超越者是如何向生存显示出其有别于经验世界的内容的?

雅斯贝斯对这一问题的回答是:超越者本身是纯粹超越性的,它绝对地超越经验意识,不能直接为认识所把握,但超越者作为大全,包容经验世界的因素。这种包容并不意味着超越者本身具备了经验性因素,因为这是不合逻辑的。这种包容仅仅意味着,超越者同经验世界具有某种联系,即它间接地体现在经验世界中。在人把握超越者时,经验世界可以充当超越者的媒介。只不过在这时体现着超越者的世界失去了其在经验性上的独立、绝对意义,转而成为超越者借以呈现出来的载体,成为超越者诉说出来的语言。倾听这种语言,即间接地认识超越者。经验性意识之所以无法把握体现在世界中的超越者,是因为它局限于经验,只能将世界看作如其所是的世界本身,无法识别经验世界中蕴含的超越性。而生存性认识之所以能够在经验世界中把握超越者,是因为它可凭自身的超越性因素突破经验的限制,不是将世界看作世界本身,而是看出世界象征着另外一种可能性,即超越性存在。所以,超越者可以为有别于经验性认识的生存澄明所领略,并对生存发挥影响。

超越者的这种呈现带来的是，生存把握的不是超越者本身，而是超越者转化而成的现象，即超越者诉说给生存的语言。这种现象，雅斯贝斯称之为密码(Chiffre)。密码不同于经验现象，经验现象是事物本质的反映，它属于认识论中反映论的内容。密码体现的是超越者，超越者不是经验存在物，不能直接呈现在经验世界中，而要通过密码这一中介间接地呈现出来，而且是仅仅相对于生存的呈现。因此，密码是一种象征。象征指一物代表自身之外的另一物，密码是超越者的象征。密码是一种语言，即超越者的语言。只是这种形而上的语言不同于经验性语言。在经验性语言中，“所指”是抽象的、形式性的、固定的，“能指”是具体的、实质性的、变化着的，因为“所指”的世界是从“能指”的丰富现实中抽象出来的。而在超越者的形而上的语言中，“所指”是绝对超越的、超越一切具体规定性的，“能指”是历史性的、多样性的，因为“能指”是形而上的“所指”在形而下世界中各种各样的呈现。

雅斯贝斯的这种思想得自于传统哲学的启发。康德严格划分了物自体与现象界的界限，认为物自体在人类认识范围之外。物自体之所以不可认识，是因为人类缺乏本质直观这种认识能力。用仅适用于现象界的知识去认识物自体，得出的是理念这一界限性概念。理念在知识的意义上不成立，但在实践的意义上成立。雅斯贝斯沿着康德这一思路向前迈进了一步，认为经验认识无法把握超越者，但生存可以解读超越者的密码。密码是超越性存在与经验性存在的中介环节，是生存接触超越者的必由之路，它在此意义上相当于理念。但实践理性的理念是伦理实践的绝对命令，因而它带有约束力、强制性，而这种约束力和强制性又关联着纯粹理性的理念所具有的普遍有效性和绝对必然性。密码是存在论的现象，它作为理念，经过了生存哲学思想的吸收和改造。密码不是普遍必然性的，而是历史唯一性的，它是不断消逝的(verschwindend)，因而它侧重唯一性的“解读”和自由的“倾听”这类生存体会，而不具有普遍有效性、绝对必然性等知识论的性质。在此意义上它不同于传统哲学的理念。也许，解读密码的作用更为接近本质直观，因为它可以认识超越者。

但解读密码的性质不同于本质直观,因为密码不是明确的知识,而是生存的存在方式,是对经验世界的超越。因此,它不以建构严密的精神科学为目的。

在传统哲学中,知识论与理念论相结合,推导出人类精神的普遍性概念。继康德之后,德国古典哲学的发展突破了康德在物自体与现象界之间划定的界限,将物自体纳入绝对精神,使得从直接性存在与对象性意识到绝对精神的逻辑发展呈现为一个连贯的过程。现代哲学意识到普遍性知识、绝对性精神的局限,使得知识论与理念论相结合而得出的结论变得岌岌可危。雅斯贝斯在现代精神状况下强调个体不可归类的特点,强调个体游离于普遍性之外的感受和体会。但他力图重建人类精神的大厦,重新将存在论与理念论结合起来,在超越的意义上指出了人的精神归宿。这个归宿同康德在实践理性中讲述的信念对象与胡塞尔借助本质直观达到的意义的先验本原一脉相传,只是它摆脱了普遍必然性本质,摆脱了作为科学的纯粹知识的性质,以超越现实、生存澄明为其宗旨。

这种存在意义上的超越是一种内在的超越。内在的超越是雅斯贝斯超越思想的关键。所谓内在性,是指人和世界的存在内在于经验世界,也指人的意识内在于经验世界。所谓内在的超越,是指通过经验世界而实现的超越。从生存的角度说,生存本身作为超越的可能性,缺乏具体的现实内容。因而生存要历经内在性世界,以经验世界的内容为媒介,间接地意识到经验内容体现出的超越性内容,生存关联超越者的可能性才实现为现实性。从超越者的角度说,绝对超越的超越者无法为生存直接接触,超越者要落实在内在性世界中,才能被生存所接受。超越者不被生存所接受,超越者就形同虚无。只有为生存所接受,超越者才能相对于生存实现其意义。超越者通过经验世界呈现出自身的过程与生存通过经验世界接触超越者的过程汇合成一个共同的过程,即内在的超越的过程。超越者向生存倾诉语言的过程与生存倾听超越者的语言的过程汇合成一个共同的过程,即密码的形成过程。密码介于超越性与内在性之间，是一种内在的超越，它构成了迥异于经验世界的第二重现实，即超越的现实。

内在的超越这一思想的意义在于，它替代了传统哲学中的本体论。在雅斯贝斯看来，本体论哲学依靠单纯的内在性认识来把握超越，实质上把本体当成了经验存在物，因而本体成为知识学的对象，本体论是一种形式上的超越。雅斯贝斯不是把超越者理解为一个既定的“体”，而是将它理解为无数若隐若现的密码的无限总和，相当于将超越者的呈现理解为一种变动不居的“态”。超越者的存在问题转变为超越者的显现问题，转变成为生存解读密码的问题。密码有赖于生存去解读，超越者也就存在于被解读出的密码之中，呈现于生存关联超越之际。正如雅斯贝斯所说：“本体论是将真正的存在转变为有关存在的知识的僵化之路，相反，解读密码则是对悬而未决的存在的体验。”[①]所以，在雅斯贝斯那里，本体论问题被悬置起来，内在的超越这一问题突出出来。

内在的超越带来了解读密码行动的一系列特点。一方面，解读密码的行动虽然不局限于认识，而更多地是行动和体会，是对经验意识的超越，但它作为生存性意识，需要借助经验认识。而经验认识是对象性认识，所以对密码的解读也带有对象性认识的特点，密码作为这种认识的结果，也带有对象性。另一方面，超越者本身是非对象性的，但超越者要体现在经验世界中，才能得到间接性认识。而经验世界容纳的只是对象，因而超越者在经验世界中的体现便具备了对象性形式，密码本身作为超越者的体现，也带有对象性。从密码本身及其对密码的解读相结合这两个方面来看，生存在经验世界中解读超越者的密码，首先要把密码当作对象来解读。

就超越者与生存都是超越性存在而言，一方面，生存同超越者的关联是以自身为起源的，是以自身的自由、非对象性为起源的。这就是说，生存是凭借自身的非对象性去解读密码的，因而它解读到的是密码超越

---

① 雅斯贝斯：《哲学》第 3 卷，第 161 页。

对象性的内容,即密码的非对象性。另一方面,超越者诉说给生存的语言构成了迥异于经验世界的超越性现实,超越性现实的含义之一,即非对象性现实。这种非对象性现实才是密码的实质。生存要解读出的,不是体现超越者的对象性世界,而是在对象性世界中体现出来的非对象性的超越者,尽管生存要透过对象性世界去解读非对象性。密码的实质不在于其对象性,而在于其非对象性。

从密码的对象性与非对象性的结合来看,密码的对象性出自于经验世界和经验意识,密码的非对象性出自于超越性存在,密码集超越性因素与经验性因素于一身,是对象性中体现出的非对象性。雅斯贝斯之所以使用密码这个概念,就是因为超越者的语言不同于生存的语言。生存的语言是人书写的,是人所熟悉的,所以它叫作标示,是指人刻画的生存记号。而超越者的语言是人所陌生的,所以密码才有隐秘性。而密码之“密”不在于它的对象性,而在于它的非对象性。解除密码之“密”,就是从密码的对象性中看出非对象性。

由于解读密码关联着生存以自身为起源,而生存的起源各具特点,所以密码就是多种多样的。密码的多样性含义是:一切都可充当超越者的载体。例如,大自然可充当超越者的载体,自然哲学就是人从自然这一载体那里解读出的密码。人类历史也可充当超越者的载体,历史哲学就是人从历史这一载体那里解读出的密码。人本身也可充当超越者的载体,自由就是可以从人身上解读出的密码,生存澄明同时是一种密码,是对人身上体现的超越者的解读。所以,密码是多种多样、无穷无尽的,由密码构成的第二重现实是多样性的。此外,密码不是既定、现成的,它仅存在于生存解读它之际。密码不仅形成于超越者的诉说,而且形成于生存对它的解读,即形成于生存关联超越者之际。由于生存是唯一性的,它对密码的解读就带有生存唯一性的特点,生存解读出的密码的内容随生存的具体唯一性而定,不同生存解读到的,是彼此不同的密码,甚至有可能是彼此矛盾的密码。所以,密码是多重的、多义的,有着各种解读的可能性。

密码的唯一性含义是：虽然密码是多重的、多义的，但这并不意味着每一重含义仅仅具有相对性意义；相反，每一重含义都具有绝对性意义，因为每一重含义都是唯一性生存解读出来的，因而具有唯一、不可替代的特点。尽管在某一生存历史性基础上形成的密码有可能同其他密码发生矛盾，但这一密码就像生存的历史唯一性一样，具有独立、不可替代的价值，不会被在其他历史唯一性基础上可以理解的密码所证伪。这里涉及雅斯贝斯对唯一性的理解：唯一性不是数量上的唯一性，数量上的唯一性是排他性的，排他性意味着拒绝交往、垄断真理；唯一性是从性质上理解的唯一性，是指以不可替代的自身为起源。这样理解的唯一性不是排他性的，而是相互包容的。彼此不同乃至矛盾的密码之间是一种相互交流、彼此参照的关系，参照与交流不会剥夺唯一性密码的价值，因为唯一性才是最为真实地属于生存自身的。相反，参照与交流有助于唯一性密码得以更为全面的领悟。因此，密码立足于唯一性的基础上吸收多样性，在吸收多样性的同时保持唯一性，处于唯一性与多样性王国（das Reich des Vielen und das Eine）之间的张力中。

超越者本身是隐秘的，它透过密码显现出自身的某些方面。但任何密码都不足以充分体现超越者，诸多密码只是在无限的接近中去体现超越者。超越者在显现中保持着隐秘，又在隐秘中有所显现。在隐秘与显现的这种相依相伴的关系中，生存能够领略的永远只是超越者显现出来的方方面面。生存永远无法接触到超越者隐秘的方面：超越者本身。

既然超越者是无限超越的，密码不足以充分体现超越者，而且对密码的解读也是无限的，那么生存永远无法完全解读密码，永远无法同超越者同一化，因而从最终目标上说，生存的超越活动注定是一个失败（Scheitern）。不过这里所讲的失败不是消极意义上的失败，而是积极意义上的失败。因为失败为生存设立了一个永恒的目标，激励生存不断地去实现具有无限可能性的自身，而不停留于任何一种意义上的自我实现。正是失败反映出，生存不是一蹴而就的，超越是一个永无止境的过程。因此，失败本身就是一个密码，它昭示着人解读密码这一活动的命定,并最终揭示出超越者是绝对超越的。这样,尽管超越者不会充分地呈现在任何密码中,但它反而呈现在人解读密码时注定要失败这一点上了。所以,失败是人能解读出的最终密码。

关于失败的思想是雅斯贝斯有关超越的思想的逻辑结果。雅斯贝斯讲的超越不是彼岸性超越,而是内在性超越,内在性是超越须臾不可离的条件,这是人命中注定的超越之路。正因如此,人永远无法最终达到超越了一切内在性的超越者本身,超越者本来就是可趋向而不可达到的。所以,超越者并非超越活动的目标,失败才是超越的目标,因为失败为生存保留了内在性和内在性中的超越性,保留了不断超越、无限超越的可能性。在纯内在性意义上,失败是个贬义词,但在内在性超越的意义上,失败是个褒义词。它指生存无限的超越,也指人成功的超越。

我们可以拿雅斯贝斯有关失败的思想同西方的悲剧观念做一比较。在悲剧中,伴随着悲剧人物的失败结局,原本隐藏在人物背后的命运呈现出来。命运的呈现肯定了悲剧人物的价值,因为命运是伴随着悲剧情节的展开而展现出来的。没有悲剧人物的行为,命运依然会保持隐秘,而无法借悲剧人物的失败结局这一机缘呈现出来。所以,悲剧人物的价值在于它促成了命运的呈现。同时,悲剧人物对自身命运采取了认同态度,因为在悲剧人物的失败结局中,人的力量的渺小同命运力量的强大构成了鲜明的反差,这种反差是人无法征服命运、反被命运所征服的缘由。正是在被命运所征服时,悲剧意识得到了升华,因为它揭示出悲剧人物的行为注定导致自身的命运。从悲剧观念来看,生存趋向同超越者同一化的行动最终归于失败,衬托出超越者的绝对与永恒,也展现出生存勇于面对失败的悲剧性行为。悲剧观念有助于我们从失败这一原本消极的现象中挖掘出积极的意义,赋予生存的超越活动以庄严的色彩。

第五节 哲学信仰与宗教信仰

解读密码超越了知识的界限,实现了向超越领域的思想飞跃。雅斯贝斯在术语上将这一思想飞跃称为哲学信仰，充分体现出他讲的哲学信仰同康德在实践理性中讲的信仰之间的传承关系。但康德是在伦理实践的意义上讲述信仰的，而雅斯贝斯所讲的哲学信仰是超越伦理实践的。超越伦理实践的信仰除了有哲学信仰外，还有宗教信仰，而雅斯贝斯的思想也确实具有同宗教思想的可比较性。由此自然产生一个问题：雅斯贝斯讲的哲学信仰同宗教信仰是怎样一种关系？

雅斯贝斯不像传统哲学那样，认定某一种学问代表最高真理，而其他学问则居于从属地位。他既不像黑格尔那样，认为思辨哲学高于带有直观性的神学，也不像谢林那样，认为由启示而来的实定哲学高于由思辨而来的否定哲学。雅斯贝斯认为，对密码的解读体现着哲学信仰，由于各种对密码的解读都起源于生存不可替代的唯一性，所以各种信仰都有其不可替代的价值。人类思想的不同表现都有其不可替代的地位，因而问题不在于辨析哲学与神学中哪一种学问更为接近真理，而在于努力实现哲学与神学的交往。正如雅斯贝斯所说："这里不是知识对立于信仰，而是信仰对立于信仰。但哲学的对立态度并不意味着否定，而意味着拒绝吸收与遵从。只有教条式神学与独断式哲学才彼此排斥，这两者无可救药地抱着它们自以为明白的理由不放，而这种理由的绝对性纯属虚妄。启示的信仰同理性的信仰彼此针锋相对，它们互有接触，虽然不能一览无余，却在不懈地努力相互了解。一个人可以认可自己抵制的东西是他人的信仰。"①这段话清楚地表明，雅斯贝斯是遵循着有别于神学的哲学逻辑来阐发自己的哲学信仰的。同时，他对宗教信仰采取的是宽容的态度，这种宽容指的是哲学信仰同宗教信仰的相互对照。

雅斯贝斯区分开三种对启示的信仰，第一种是基督教早期历史上使徒们的信仰，它认为人们可直接接受启示；第二种是教会的信仰，它认为人们必须通过教会这一中介才可接受启示；第三种是以《圣经》为基础的

---

① 雅斯贝斯：《面对启示的哲学信仰》，第100—101页，慕尼黑，皮波尔公司出版社，1962。

信仰,它把启示当作密码来解读。① 这三种信仰的出现,不但有一个时间上的先后次序,而且有一个逻辑上逐步深入的过程。直接的信仰是一种质朴的信仰,间接的信仰虽是对直接信仰的扬弃,它本身却仿佛信仰的一种异化,这种扬弃再度得到扬弃,其结果就是将启示当作密码来解读。密码是信仰对象转化而成的、诉说给信徒的语言,是信仰对象与信徒之间的一个中介,但这种中介不是外在于信徒与信仰对象的,它既是信仰对象的体现,又是信徒解读出来的。通过这一中介间接地信仰上帝,代表着信仰问题经过了一个否定之否定的过程。雅斯贝斯明言,自己所讲的哲学信仰是同这第三种对启示的信仰相契合的。

就信仰的特点说,宗教信仰同哲学信仰一样,是历史唯一性的现象,不具有普遍性意义,基督教信仰不是普遍性宗教信仰概念下的子概念。雅斯贝斯说:"外在地看来,历史上出现的各种信仰式宗教是彼此并列的;而内在地看来,任何一种宗教都不可被理解为一个例子,而要被理解为唯一的、完整的真理。如果启示是个普遍的概念,那么实际上就会有更多的启示,而《圣经》的启示则成为其中一例了。但对于信仰它的人来说,这里涉及的不是在普遍意义上对某个启示概念的抽象概括,而是某种绝对历史性的现实。"②从宗教社会学的角度来看,也就是用雅斯贝斯的话来说,外在地看来,任何一种宗教都是普遍性宗教概念的一例;但从神学教义学的角度来看,即内在地看来,信仰不是普遍性概念,不是对一切人均有效的。对于信徒来说,信仰的内容是一个真实的历史,具有不可替代的真实性,这种真实性是特定的、充分的、绝对的、完整的。在此意义上,宗教信仰同雅斯贝斯的哲学信仰是契合的,因为哲学信仰作为对密码的解读,也具有历史唯一性。

但是,宗教信仰的唯一性带有排他性,排他性同唯一性是宗教信仰的一体之两面。任何一种宗教信仰都以自身为唯一真理,否定其他宗教

① 参见雅斯贝斯《面对启示的哲学信仰》,第 52 页,慕尼黑,皮波尔公司出版社,1962。
② 同上书,第 49 页。

信仰的真理性，排除从其他宗教信仰中汲取真理因素的可能性与必要性。相反，雅斯贝斯讲的哲学信仰是唯一的，而不是排他的。作为哲学信仰的密码处于唯一性与多样性的张力中，哲学真理实现在诸多密码的相互交流中。可见，雅斯贝斯不是从量的角度，而是从质的角度理解唯一性的。从量的角度出发，唯一性是排他性的充分必要条件；而从质的角度出发，哲学信仰排除的不是其他哲学信仰或宗教信仰，而是无信仰的情况。

就信仰的内容说，基督教信仰的对象是三位一体的神，这显然同雅斯贝斯有关超越者、生存和密码的观念有着渊源关系。雅斯贝斯一向将超越者称作上帝，他虽然从未给生存下过明确定义，并且认为下这种定义是不可能的，但他做过表示，生存同灵魂是同一个东西。至于圣子，由于他是圣父的体现，翻译成雅斯贝斯的术语，就是密码。在基督教信仰中，神的三个位格彼此相通。而这之所以可能，是因为创世说将存在这一范畴归结到上帝这一概念中去，上帝容纳了各种存在方式，也就贯通于各种存在方式中。而在哲学信仰中，存在是最高范畴，超越者是存在的一种方式，不能直接过渡到其他存在方式。大全对各种存在方式的吸收，保持了各种存在方式之间的联系，但并不意味着各种存在方式可彼此直接过渡。所以，雅斯贝斯严格划分超越性存在与内在性存在之间的界限，认为只有通过思想飞跃，才能超越内在性存在方式的局限。雅斯贝斯的哲学信仰就指这种飞跃，因而承认不同的存在方式，是雅斯贝斯哲学信仰的思想前提。

雅斯贝斯一再使用超越者这一术语，似乎他在超越性思想上有本体化倾向，而本体化是同他的总体思想不相容的。对这种情况，应当从雅斯贝斯吸收基督教思想的表述习惯，借以表达自己的思想这一点上来加以理解。在欧洲思想史上，上帝的观念源远流长，要表述类似的超越性观念，往往要依靠类似对上帝的表述，才能将这种超越性观念表述得通俗易懂。所以，雅斯贝斯有必要作出超越者这样一个理论上的悬设，在这一理论悬设下展开超越性思想的实质内容。例如，正如我们在论述内在的超越时分析的那样,涉及具体的超越活动时,超越者之“体”已转化为密码之“态”,抽象的超越性本体转化为具体的超越性现实。另外,雅斯贝斯虽然不注重哲学体系,却注重思想的系统性。超越性存在这一概念是必不可缺的,正如内在性存在这一概念必不可缺一样。超越者不过是超越性存在的简单称谓,并不意味着存在转变为存在者,也不意味着雅斯贝斯的思想从存在论转变为本体论。这是哲学信仰中的超越者同宗教信仰中的上帝的区别所在。

就密码同圣子的对照而言,在宗教信仰中,由于三位一体,上帝便肉身化为人,即耶稣基督,耶稣基督是上帝的唯一体现。依照雅斯贝斯的观点来看,这涉及到超越者同实在的关系问题。固然,超越者要落实在实在中,但它落实在哪一种实在中,如何落实在实在中,却要依生存倾听密码这一具体行动而定,因为这种落实关联生存以自身为起源的活动,而不是说即使没有生存倾听密码,超越者也注定会转变为某种而非他种实在,或者说某种而非他种实在注定充分而完整地代表超越者。应当说,任何一种实在都有可能体现出超越者,在超越者同特定实在之间,没有一种先天的、必然的联系。如果将这种联系固定下来,就不但将超越者实在化,而且将特定的实在绝对化了。将特定实在予以绝对化,是宗教迷信的由来,将超越者予以实在化,则导致宗教教条扼杀自由的哲学信仰。因此,哲学信仰应当保持一种“悬而未决”的状态,即非封闭状态,使得哲学思想永远是开放性的,使得生存倾听密码活动保持为无限可能的,而不局限于某种既定的、不可更改的、对一切人普遍有效的固定意义。应当说,不同的生存者倾听出的密码有可能千差万别,像耶稣基督理所当然是上帝的化身那样一种普遍有效的、固定而且排他的密码是不存在的。正如雅斯贝斯所说:“由于有基督,超越者便不再隐匿于上帝的多样性密码中,而将自身启示为现实的上帝。这真是闻所未闻!……耶稣是密码,还是说耶稣基督是现实的上帝,对此要作出决断。”①从哲学信

① 雅斯贝斯:《面对启示的哲学信仰》,第227页,慕尼黑,皮波尔公司出版社,1962。

仰的角度看，耶稣是上帝讲述的无限语言中的一种，是密码而不是上帝本身。他不能完全代表上帝，从而取消超越者讲述其他话语的可能性。对此作出信仰上的决断，是雅斯贝斯的哲学信仰区别于宗教信仰的关键之处。

在宗教信仰中，上帝的肉身化带来了上帝的人格性："对于有信仰的人来说，上帝是个人格化的上帝，这个人格作为人格是个绝对者。"[①]上帝是信徒唯一绝对的、最为切身而亲近的、最能与之交往的信仰对象。出于人同上帝交往的需要，上帝具备了人格的特点，使得上帝同人之间的关系成为人格同人格之间的关系，使得上帝成为一个直接面对信徒的"你"。这样，信徒克服了在心理上同上帝的距离，才可以直接向上帝祈祷，同上帝交流，期待上帝的恩惠，接受上帝的审判。这种宗教思想也反映在一些哲学家的思想中。像布伯这样富有基督教思想色彩的哲学家，就将上帝视为绝对的"你"，认为绝对的"你"同相对的"你"一样，可同人直接交往，只是人同上帝的交往较之同他人的交往更具有绝对意义。在同上帝交往这一点上，雅斯贝斯的哲学信仰显示出同宗教信仰、同深受基督教思想影响的哲学家的不同。这种不同首先来自雅斯贝斯对超越者的界定：超越者之所以成其为超越者，就在于它超越了经验性存在，也超越了人格、生存性这些带有经验性因素的存在。因此，将超越者当作人格，就取消了超越者的绝对超越性。说超越者是人格，在逻辑上是自相矛盾的。而且，由于超越者是绝对超越的，生存解读出的，是密码而不是超越者本身，所以，即使超越者的语言可被理解为"你"，超越者本身也不直接呈现为"你"。

雅斯贝斯否认超越者是人格，理由也出自他的思想结构：生存与生存是同一种存在方式上的平等交往关系，超越者与生存是不同的存在方式，超越者异质于生存，因而需要密码作为超越者同生存之间的中介。生存不可直接同超越者交往，而只能解读超越者的密码。所谓倾听超越

---

① 雅斯贝斯：《面对启示的哲学信仰》，第51页，慕尼黑，皮波尔公司出版社，1962。

者的话语，只是对解读密码的一种形象比喻，实际上生存不是面对面地倾听超越者的讲述，而是通过密码遥遥地感受超越者。而且解读密码是一种单向的接受过程，远非双向的交往过程。在超越者与生存者之间，是一种施予与接受的关系。超越者本身是超越一切的，因而是自足的，而生存者期待与接受超越者的赠予，因而是依赖超越者的。这种依赖与被依赖的关系不可能是一种平等的关系。而雅斯贝斯讲的人格，恰恰是平等交往条件下形成的人格。宗教信仰将超越于人之上的上帝当作人格，是因为它不必遵从雅斯贝斯的思想结构。总之，就雅斯贝斯的哲学信仰而言，交往是生存者之间的一种水平性联系，生存者同超越者的联系是一种垂直性联系，解读密码与生存交往是不同的概念。雅斯贝斯在生存阐明中，而不是在形而上学中论述交往与人格的内容，是符合他的逻辑的。

超越者的非人格性除去了耶稣基督在人倾听上帝话语时的特殊作用，使得无数密码涌现出来。哲学信仰不必像宗教信仰那样，专注于倾听上帝的呼声，而忽略其他有可能的密码。雅斯贝斯针对宗教信仰这种有所偏废的情况，提出良心的呼声这一观念。所谓良心的呼声，是人从自己内心倾听到的呼声："在良心中有一个声音在对我诉说，这个声音就是我自己。"①良心的呼声最为明显地体现出，人是与自身的关系，人是以自身为起源的。固然，人与自身的关系不能取代人与上帝的关系，以自身为起源不能取代以超越者为根据，但人本身也是超越者的载体，良心的呼声也就是超越者的密码。倾听良心的呼声，也就是倾听上帝的呼声。只不过这不是脱离内在性世界去关联超越者，而是以自身为起源地关联超越者。这是良心的呼声区别于上帝的呼声之处，是雅斯贝斯的哲学信仰区别于宗教信仰之处。

把哲学信仰同宗教信仰对照来看，雅斯贝斯的密码类似宗教意义上的福音，或者说密码是用哲学语言而非宗教语言传播的福音，是生存以

---

① 雅斯贝斯：《哲学》第 2 卷，第 268 页。

自身为起源聆听到的而非盲目接受的福音。它展示的不是脱离尘世的天堂，而是在尘世中对尘世的超越。它不要求某一个特定的人替世人赎罪，而要求每一个人亲身去赎自己对生存晦暗不明所负的罪责，即以自身为起源去澄明生存。它不允许人指望超越者的外在力量，以获得救赎，而要求人领会大千世界所蕴含的超越性，以便在关联超越者的意义上获得救赎。内在的超越意味着哲学意义上的复乐园，失败则意味着哲学意义上的最终审判。哲学信仰同宗教信仰的对照有助于我们认识雅斯贝斯的生存哲学有别于神学的独到之处，也有助于我们认识他的密码王国作为生存归宿的意义。雅斯贝斯不是神学家，而是一位生存哲学家。

西方哲学史

叶秀山 / 王树人
——— 总主编

学/术/版

现代欧洲大陆哲学〔下〕

谢地坤　主编

江苏人民出版社

图书在版编目(CIP)数据

西方哲学史 ：学术版. 现代欧洲大陆哲学 / 叶秀山，王树人主编 ；谢地坤分册主编. -- 2 版. -- 南京 ：江苏人民出版社，2023.10

ISBN 978-7-214-24260-0

Ⅰ. ①西… Ⅱ. ①叶… ②王… ③谢… Ⅲ. ①西方哲学—哲学史②现代哲学—欧洲 Ⅳ. ①B5

中国版本图书馆 CIP 数据核字(2019)第 270773 号

西方哲学史(学术版)
叶秀山　王树人　总主编

书　　名	现代欧洲大陆哲学
主　　编	谢地坤
责任编辑	黄　山　曾　偲
装帧设计	刘葶葶
责任监制	王　娟
出版发行	江苏人民出版社
地　　址	南京市湖南路 1 号 A 楼，邮编：210009
照　　排	江苏凤凰制版有限公司
印　　刷	苏州市越洋印刷有限公司
开　　本	652 毫米×960 毫米　1/16
印　　张	71.75　插页 8
字　　数	962 千字
版　　次	2023 年 10 月第 2 版
印　　次	2023 年 10 月第 1 次印刷
标准书号	ISBN 978-7-214-24260-0
定　　价	360.00 元(精装上下册)

(江苏人民出版社图书凡印装错误可向承印厂调换)

目　录

第十四章 萨 特

第一节 生平与著作

萨特(Jean-Paul Sartre,1905—1980)是 20 世纪法国无神论存在主义最伟大的哲学家,也是著名的文学家、剧作家和左翼社会活动家。萨特 1928 年毕业于巴黎高等师范学校,1929 年通过中学哲学教师学衔会考,获得第一名。在此期间,他遇到这次会考名列第二的西蒙娜·德·波伏瓦,从此两人结为志同道合的终身伴侣。1931—1939 年,萨特在法国的勒阿弗尔(Le Havre)、巴黎等地任中学哲学教师,其间 1933 年 9 月至 1934 年 9 月曾作为官费留学生赴德国柏林的法兰西学院攻读胡塞尔的现象学和海德格尔的存在哲学。1939 年 9 月第二次世界大战爆发,萨特应征入伍。1940 年 6 月被德军俘虏,关押在战俘集中营,1941 年 3 月获释。回国后他继续在巴黎巴斯德中学任教,并勇敢地投身于反法西斯的抵抗运动,曾与梅洛-庞蒂等人建立过一个名为"社会主义与自由"的知识分子抵抗组织,并为法国共产党领导的地下刊物《法兰西文学报》(*Les Lettres françaises*)撰稿。1945 年,萨特与梅洛-庞蒂、雷蒙·阿隆等人共同创办存在主义的重要论坛《现代》(*Les Temps Modernes*)杂志。1955 年 9—11 月萨特曾偕波伏瓦访问中国,并在 1955 年 11 月 2 日的

《人民日报》上发表了《我对新中国的观感》一文,文中把新中国社会里到处充满的"人人为我,我为人人"的精神称为一种"深切的人道主义",盛赞"在中国,直接的现实是未来","一个伟大的民族为了建立一种更人道和更公正的社会制度而努力"。1964 年萨特获得诺贝尔文学奖,但他拒绝接受,其个人理由是他"一向谢绝来自官方的荣誉",其客观理由则是他不愿意成为东西方政治斗争的工具。从 20 世纪 50 年代后期到 70 年代末,萨特多次抗议法国政府进行的阿尔及利亚殖民战争、美国侵越战争以及苏联出兵匈牙利、捷克斯洛伐克和阿富汗的行径,他曾与罗素一起组织"审判侵越战争罪行的国际法庭"调查美国侵越罪行,并被推选为法庭的第一任执行主席。1968 年 5 月,巴黎学生运动爆发,萨特明确表态全力支持学生运动,并到大学和工厂发表演说,参加游行。1970 年,为了支持左派组织,他亲自上街叫卖《人民事业报》(*La cause du peuple*)等左派报纸,因此曾受到警方拘禁质询。1980 年 4 月 15 日,萨特在巴黎因病逝世。

萨特一生著述甚丰,其主要哲学著作有:《想象》(*L'imagination*, 1936),《自我的超越性》(*La transcendance de l'ego*,《哲学研究》1936—1937 年第 6 期),《情绪理论纲要》(*Esquisse d'une théorie des émotions*, 1939),《想象物:想象的现象学心理学》(*L'imaginaire: Psychologie phénoménologi que de l'imagination*, 1940),《存在与虚无》(*L'être et le néant*, 1943),《存在主义是一种人道主义》(1946),《辩证理性批判》(*Critique de la Raison dialectique*)第 1 卷(1960)、第 2 卷(1985),等等。其中最为重要的代表作当推集其早期哲学思想之大成的《存在与虚无》,以及作为他后期哲学思想发展的经典表述的巨著《辩证理性批判》。在写作《存在与虚无》之前,萨特的研究工作偏重现象学心理学方面;而在《存在与虚无》中,其哲学理论的重心转移到现象学本体论;最后在《辩证理性批判》里,萨特将他的哲学理论扩展到社会历史领域。

第二节　现象学心理学

萨特早年曾接受过严格的古典哲学和现代哲学的训练，因而在西方思想史和哲学史领域具有丰富的知识和深厚的修养。从他一生思想的形成与变化中不难看出，很多前辈思想家的理论都对他产生了深刻的影响，其中较为明显的有：笛卡尔的"我思"、康德的"理性批判"、黑格尔的辩证法、克尔凯郭尔的神学存在主义、弗洛伊德的精神分析方法，以及马克思的历史唯物主义，等等。然而，真正为萨特的存在主义哲学体系奠定思想基础的还是胡塞尔的现象学和海德格尔的存在哲学。

在德国留学期间，萨特接受了胡塞尔的现象学，这使他的哲学思想发生了决定性的转变。萨特相信，现象学提供了研究人的意识、探索人生意义和理解人与世界关系的有效方法。在萨特看来，胡塞尔的著名命题"任何意识都是对于某物的意识"的深远意义在于，它宣布了所谓"内在性"哲学的终结。与"内在性"哲学相反，现象学则是一种超越性的哲学，它把我们抛到充满危险的世界中，这也就是海德格尔所说的"存在就是在-世界-中"的含义。萨特正是从这个意义上理解胡塞尔的意向性概念的："意识作为对不同于它自身的事物的意识而存在的这种必然性，胡塞尔称之为'意向性'。"①而且，萨特进一步指出，我们对于事物的意识并非仅限于对它们的认识，认识只是对事物意识的可能形式之一，此外，我们"还能爱它、怕它、恨它，这种由意识自身对意识的超越，人们也称之为'意向性'，它在害怕、憎恨和爱情中重又发现了自身"②。因此，情感也是意识揭示世界的一些方式，它们揭示出事物本身可爱的、可怕的和可恨的性质。比如我们爱一个女人，这是因为她本身是可爱的。萨特相信，这样就可以彻底摆脱所谓"内在的生活"，"因为归根结底一切都存在

①② 萨特：《胡塞尔现象学的一个基本观念：意向性》，载于萨特《自我的超越性》，第112页，巴黎，弗兰哲学出版社，1978(以下所引此书均为此版本)。

于外面，一切，甚至我们自己，都在外面，在世界中，在他人中”①。

根据他所理解的意向性概念，萨特建立起自己关于“自我”“我思”“情绪”和“想象”的现象学心理学理论。在对“自我”的分析中，萨特并没有拘泥于胡塞尔的成说，他将意向性的思想贯彻到底，并把“自我”完全清除出意识的先验领域。在萨特看来，既然意识仅仅由意向性来定义自身，那么胡塞尔仍然保留的先验的人格的“我(Je)”对于先验意识来说就是完全多余的。而且，如果假定一个在意识后面的先验的我，那就是意识的死亡。因为先验的纯粹意识是一个绝对的自发性，它本身是一种没有任何内容的透明性，因此它是一个非实体的绝对。相反，“我”只能是一个相对的存在，即意识的一个对象。萨特指出，笛卡尔与胡塞尔的失误的根源在于把“我思”描述为一个反思活动，萨特把这种反思称作第二级的意识。而在萨特看来，第一级的意识是非反思的意识，这种意识在意识到一个超越对象的同时非设置地意识到自身，也就是说，这种意识并没有把自身设置为对象。萨特由此断言，在第一级的非反思的意识中根本没有“我”，这个“我”只能在被反思的意识中显现并且被直观所把握，因此它虽然不是物理的超越对象(如椅子等)，但它仍然是反思行为的一种新的超越对象。这样，自我就被彻底驱逐出先验意识的领域，而非反思的先验意识则恢复了它的原始透明性。一方面，先验意识是一个空无，因为一切物理的、心理-物理的和心理的对象以及一切真理和价值都在它之外；另一方面，它又是一切，因为它是对所有这些对象的意识。这样，萨特自信实现了两个目标：一个是通过把自我变成对象而剥夺了它的主体特权，从而驳斥了唯我论；另一个是通过区分自发的意识和心理的东西即自我(Ego)而把意识掏空，从而强迫意识投入到现实世界中去，由此堵塞了逃避现实的唯心主义之路。

据此，萨特指出，情绪的意识首先是非反思的意识，它首先是对世界的意识。比如，害怕首先是对某物感到害怕，它只有在非设置的形式上

① 萨特：《胡塞尔现象学的一个基本观念：意向性》，载于萨特《自我的超越性》，第113页。

才是对自身的意识。萨特还根据现象学的意向性理论对知觉和想象作出了区分：如果说意识总是对于某物的意识，那么知觉与想象则是意识对于其对象的两种主要的基本态度，知觉以现时存在的东西为对象因而是被动的，相反，想象则以不在场或非现实的东西为对象因而具有自由的创造力。萨特进一步指出："想象决不是意识的一种偶然特征，它实际上是意识的一种本质的和先验的条件。"[①]然而，为了使意识能够想象，意识必须具备什么样的本性呢？萨特的结论是，意识之所以能够想象，是因为意识总是自由的，但又总是在一种处境之中。一言以蔽之："非现实的东西是由一种停留在世界之中的意识在世界之外创造出来的；而且，人之所以能够进行想象，正因为他先验地是自由的。"[②]

第三节　现象学本体论

萨特的现象学心理学研究为其在《存在与虚无》里集中论述的现象学本体论做了理论准备，他在《存在与虚无》中将其心理研究的成果加以修改、充实和发挥，进而以严谨的结构和体系化的形式详尽地阐述了他的存在主义哲学。著名哲学家华尔(Jean Wahl)在《法国哲学简史》中称《存在与虚无》是法国存在主义最伟大的著作。这本书的问世，奠定了萨特作为法国最杰出的无神论存在主义哲学家的地位。

一　对象意识与自我意识

萨特继承笛卡尔主义的传统，认为"从我思出发"去探索存在是唯一正确的途径。[③] 不过，在他看来，笛卡尔的"我思"还不是真正原初性的。笛卡尔所谓的"我思故我在"中的"我思"不是指他的原始怀疑意识，而是对这个怀疑意识的反思。当他说"我怀疑故我在"时，实际上是说："我知

---

① 萨特：《想象心理学》，第218—219页，伦敦，梅休因出版社，1978。
② 同上书，第216页。
③ 参见萨特《存在与虚无》，第112页，巴黎，伽利玛出版社，1988。

道我怀疑,所以我存在。”因此,他的“我思”(我知道)是对另一个意识(怀疑)的反思或认识。这种把意识还原为认识的认识至上论思想导致把认识论的主体-对象二元论引入意识,以至于为了获得自我意识,就不得不再后设第二个“我思”去反思第一个“我思”,由此引起一连串“怀疑←我思←我思←……”的无限后退。为了解决这个问题,萨特破除认识至上的唯心主义原则,指出并非所有意识都是认识,原初的自我意识不适用认识论的二元法则,如果想避免认识论造成的无穷后退的困境,自我意识就必须是意识与其自身之间的一种直接的、非认识的关系,即不把进行认识的意识自身设置为对象的原始自我意识(非设置的自我意识)。这种自我意识是先于对意识的反思或认识的,并且是使反思成为可能的条件,所以,萨特称之为“反思前的我思”。这就是作为终极主体结构之一的纯粹主观性,是萨特全部哲学由之出发的阿基米德点。

在建立“反思前的我思”的同时,萨特也建立起意识与世界的真实关系,即意识是对世界的设置性意识,这是作为主体意识结构的另一方面。他批判地接受了胡塞尔现象学的意向性理论的基本命题:一切意识都是对某物的意识。这意味着,意识只是对一个超越的对象设置。或者说,意识没有内容,它是虚无的;但它是意向性的,即意识总是指向外面,指向超越性对象,凭借其意向性超出自身达到世界。这种对于对象设置性意识的特性正好与非设置性的自我意识相反,它设置了外在对象,引进了主体-对象的二元性。然而并不是所有的对象意识都是认识,比如:情感意识、欲望性意识和目的性意识虽然也设置对象,但却不是认识。

非设置的自我意识与设置性的对象意识虽然性质不同,但这两种意识是同时发生、互为表里、存在于圈子中的同一个主体意识的两个层次或两种规定。(对)意识自身(的)“反思前的我思”是自为(意识)的绝对内在性,即作为自为的本体论直接结构之一的“面对自我的在场”;而被“反思前的我思”所意识到的对某物的设置性意识则是自为的超越性,即意识不能孤立地存在，它必然要超出自身之外达到那个它所不是而它又面对其在场的某物，这种“面对世界的在场”或说自为的一种“出神(ek-statique)”样式是作为一切认识和行动的基础的自为对自在的基本的本体论关系。

二　自在存在与自为存在

萨特认为，胡塞尔的现象学虽然消除了显现与存在、现象与本体的二元论，但它并没有取消一切二元论，而是把一切二元论都转化为一种新的二元论——有限与无限的二元论。而且，胡塞尔在完成了现象学还原之后，却把“作为对象的意识(noeme)”当作非实在的，并宣布它的存在就是被感知，这无异于重新回到巴克莱的“存在就是被感知”的主观唯心主义。因此，萨特拒绝承认显现的存在就是它的显现，即现象的存在不能还原为存在的现象。这也就是说，存在不能还原为被认识，被认识的现象需要超出认识的存在来支撑。

在萨特看来，这支撑认识的认识者的存在正是由“反思前的我思”非反思地意识到的对象意识。正是它在前反思地意识到自身的同时，意识到了某物，从而使现象得以显现。不过，萨特强调，这种以其存在支撑了现象的绝对经验(包括认识)主体本身不是一个实体，而只是认识活动或情感等其他意识活动本身，因此萨特称之为非实体的绝对。

但是萨特认为，意识的存在仍然不足以为现象提供存在的基础。主体意识的存在只能提供对象的存在方式，即对象的各种显现，但是对象(比如桌子)的存在不能被还原为把握它的各种主观印象的综合，因此，除了意识主体的超现象存在给予现象的支撑之外，现象还需要一个超越的存在的支撑。而且正是意识的超现象性要求现象的超现象存在，因为意识在其最深刻的本性中是对一个超越的存在的关系。萨特由此提出了一种从感知者反思前的存在获得的“本体论证明”。他写道：“意识是对某物的意识：这意味着超越性是意识的构成结构；这就是说，意识生来就被一个不是其自身的存在所支撑。这就是我们所谓的本体论证明。”① 意识是对某物的意识,就是说意识在其存在中意味着一种非意识的、超现象的存在,只要有揭示性意识,就必定有一个它所揭示的超越的存在,揭示性意识是这个它所揭示的超越存在的充分条件。但是意识决不是超越存在(自在存在)的必要条件,没有意识,自在存在依然存在。正是在这个本体论证明中,萨特站在存在的高度上,从意识的超越性的本体论结构出发证明了外物的存在,从而一方面与唯心主义断然划清了界限,另一方面也突破了巴克莱、休谟囿于主观感觉之内的认识论上的唯我论与不可知论的樊篱。

这种既支撑着意识同时又与意识一起支撑着现象的超越性存在,萨特名之为自在存在。萨特认为,自在存在有三个特点:第一,存在是自在的。意思是,存在既非被创造也非自己创造自己,既非能动性也非被动性,既非肯定也非否定。存在没有自身内的分化和距离,没有自己与自己的内在性关系,因为它是自身充实的,它是不透明的实心团块。它就是它自身。这就是存在的自在如一性。第二,存在是其所是。它不包含任何否定和相异性,它与任何异于它的东西都没有联系,它只是自身同一性的存在。它也脱离了时间性,因此任何以否定性和时间性为前提的过渡、变化、生成都在原则上与它无缘。第三,自在的存在存在。它既不派生于必然也不派生于可能,也不是不可能的,它也不能派生于另一个存在物。它只是自己孤立地存在着,没有任何外在的关系,也没有任何存在的理由,它永远是多余的,这就是自在存在的原始偶然性。总之,自在存在是一种既无空间关系又无时间关系,既无内在关系又无外在关系也无变化的孤立自存、充实而未分化的惰性实体。因此,自在存在决不能主动地与自为存在发生关系,因为它是冷漠的死物。同时,它虽然能被动地接受自为强加给它的关系,但那样一来,它就不再是自在存在,而是为我的存在,即现象了。从外延上讲,自在存在就是一切没有被意识

① 萨特:《存在与虚无》,第 28 页,巴黎,伽利玛出版社,1988。

所触动或已被意识所遗弃、没有被意识作为对象或当成工具和障碍的存在，也就是没有被人化(没有被虚无化)、没有被人赋予意义的存在。

在萨特的概念体系中，自为存在是指人的意识的存在，它正好具有与自在存在截然相反的特征，自为存在正是以对自在存在的内在否定来规定自身的。比如，自在存在本身不包含任何否定，一切否定、非存在和虚无都是在人与世界关系的原始基础上显现出来的，“人是虚无由之来到世界上的存在”①。又如，自在的存在存在，而虚无不存在。因此，自为不是一个独立存在的实体，它只能凭借自在存在而被存在，它只有一个借来的存在。这不是说自在存在产生了它，而是说自为只是对自在存在的否定和虚无化。作为自为的人的实在虽然不能消除它面前的存在团块，但它能从这个存在逃脱而获得自由。萨特说:“人的实在分泌出一种使自己孤立出来的虚无，对于这种可能性，笛卡尔继斯多葛派之后，把它称作自由。”②

透过独特精致的心理分析，萨特揭示出，人正是在焦虑中获得了对他的自由的意识。黑格尔曾说过:“本质，就是已经是的东西。”萨特认为，本质就是人的实在在自身中当作已经是的东西而把握到的一切。然而，并不是本质而是我们使自己这样存在的，虚无总是将人与他的本质分割开，活动又总是超出这个本质，我们意识的流动逐渐构成了本质并把它留在我们身后。焦虑就是对我的可能性的确认和对自由的意识，它是在意识发现自己被虚无与其本质和将来相分离时形成的。这种意识与自身的统一中的分离就是意识对自身的原始虚无化，它保证了人的实在挣脱自身并主宰自身的自由，并且成为它挣脱世界而自由的前提。

萨特还通过对自欺(mauvaise foi)饶有兴趣的考察揭示出意识最重要的本体论特征。萨特指出，一个暗中接受男人的调情同时又大谈高尚的爱情思辨的女子之所以能够实现自欺，就在于她利用了人的存在的双重性质——事实性(肉体)与超越性(心灵)，她在这二者之间摇摆变换，

①② 萨特:《存在与虚无》，第59页，巴黎，伽利玛出版社，1988。

以便逃避自由与责任。反之,"我对我来说是太伟大了"这句话把我们的超越性变成了事实性(facticité),因而成为对我们的失败和弱点的无数辩解的来源。萨特由此得出结论:"自欺的可能性的条件是:人的实在在其最直接的存在中,在'反思前的我思'的内在结构中,是其所不是又不是其所是。"[①]这个条件也就是使自为存在从根本上区别于是其所是的自在存在的本体论特征:自为存在是其所不是,不是其所是,或说意识应是其所是。[②] 这是自为存在最基本的本体论原则,它几乎概括了自为存在自身(面对自我在场:价值、可能、时间性)及其与自在存在的关系(面对世界在场:认识、行动)乃至为他存在的一切本体论结构的特征。

三　价值、可能、时间性

价值与可能在萨特关于自为的直接结构的理论中是较有特色的部分。萨特认为,价值与可能都是与人的实在的涌现一起出现在世界上的,同时,自为若不被价值纠缠并朝着其固有的可能而谋划它就不可能显现。人的实在是一种欠缺,而不是与自身重合的满足。欠缺是一种三位一体的结构:存在者、欠缺者、所欠缺者整体。存在者是自为,所欠缺者整体就是价值,而欠缺者就是可能。价值是自为所不是但又应该是的自在存在,可能则是自为为了在实现价值的同时与自身重合而欠缺的自为。价值是超越性的根源,人的实在之所以超出自身,就是因为它向着它所欠缺的价值而超越,并在这种超越中使自身存在。作为自为所追求的价值的不在场的自在不同于作为自为的事实性的给定的自在,后者是一种自为不是其存在基础的自在,而价值则是一种自为是其存在基础的自在,最高的价值就是统一的自在-自为,即宗教称为上帝的自因的存在。但是,这是自为与自在之间不可能实现的合题,因为它既有自在存在的充实不透明性,又保留着意识的半透明性;它既是存在,又是虚无;

① 萨特:《存在与虚无》,第104页,巴黎,伽利玛出版社,1988。

② 参见同上书,第32页。

它既是自身与自身重合的实体存在，又是面对自我和世界在场的分离；它既是一个是其所是的存在，又是一个不是其所是和是其所不是的存在。总之，这个自在-自为在自身中集合了自在与自为的种种不可并存的特性。从可能方面来说，由于可能的实现而达到的自为将重新使自己成为自为，也就是同时面临新的可能，自为不断地向前抛出它自己设立的意义（可能），因而永远不能与自身重合。萨特有一个风趣的比喻，人追求他的可能就如同一头驴子拉着一辆车，车上绑了一根胡萝卜吊在驴子前面，驴子为咬住胡萝卜所作的一切努力的结果，只是使整个套车前进，而胡萝卜则始终与驴子保持相同的距离。因此，人的实在就是被作为自在-自为整体的价值纠缠的存在，自为为了存在就必须追求这个最高价值，但又永远不能达到它。

把自为与自为的可能（将来的自我）相分离的东西，从某种意义上讲是虚无，而从另一种意义上讲就是与这虚无相应的世界上的存在者整体，自为必须越过它才能与可能的自我相会合。萨特把这种自为与自为的可能之间的关系称为"自我性的圈子"，而世界是被自我性的圈子所穿越的。这里所说的世界不是自在存在，而是被自为的可能所纠缠并被它赋予了意义和统一的世界，即由不在场的自为所揭示的现象：事物-工具的世界。人的实在向着自己的可能超越这作为中介物的世界，从而使它成为实现可能的手段或障碍。同时，人的实在的可能也在它所揭示的这个世界的那一边的地平线上显现出来。因此，萨特说："没有世界，就没有自我性，就没有人；没有自我性，没有人，就没有世界。"①

萨特进一步指出，人的实在与其可能分离的虚无就是时间性的起源。"我思"脱离瞬间性并向其可能而超越自身，是因为它只能存在于时间中。正是在时间中，自为才能以不是的方式是它自身的可能。因此，萨特通过对自为的原始时间性的现象学描述和本体论研究（包括时间的静力学和时间的动力学）揭示出原始时间性的三维整体结构及其变化的

① 萨特：《存在与虚无》，第 144 页，巴黎，伽利玛出版社，1988。

存在基础。他的结论是：自为不可能是没有过去的绝对新事物，自为正是通过超越一个它所是的不可挽回的过去而在存在中涌现。在将来中，自为被把握为一个欠缺，自为是其尚未是但又应该是的自我，它把自我视作一个未完成而且也不能完成的整体。而在现在中，自为则是面对存在在场。自为的三维出神的统一就是，自为在现在的涌现中，以其尚不是的将来赋予其曾是的过去以意义，同时在其正逃避的过去的前景中应该是其将来。在时间问题上萨特与海德格尔有所不同，后者强调将来的出神，而萨特则更强调现在的出神，因为有了现在虚无化的涌现，自为才超越它曾是的过去，也才被它尚不是的将来的欠缺所纠缠。不过萨特仍然肯定，在时间性的整体综合形式中，自为同时在现在、过去、将来三维时间性中涌现。“自为是这样的存在，它必须在时间性的第亚斯波拉(diaspora，希腊语，意为犹太人的散居各国——引者)的形式下是它的存在。”[①]除了这种自为的原始时间性，萨特认为还有两种时间性。一种是心理时间性，它是原始时间性在自在性心理对象中的投影，也就是自我及其状态、性质和活动统一起来的心理世界；另一种时间性则是世界的时间或普遍的时间，它是自为原始时间性的内在出神关系投射在自在存在中而反映出来的一种纯粹外在性的客观关系。因而，这两种时间性都是建立在自为的原始时间性的基础之上的。可以看出，萨特的时间观是一种彻底人化的时间观，他把客观世界的时间完全建立在人的意识的时间性的基础之上。

四　我与他人

萨特认为，人的实在既是自为的存在又是为他的存在。由于我的为他存在是与他人的存在紧密相关的，因此首先要证明他人的存在。萨特通过批判地吸收胡塞尔、黑格尔、海德格尔的他人理论，提出了他自己对他人存在的证明。他认为，在他人问题上与在其他问题上一样，唯一可

---

① 萨特：《存在与虚无》，第 182 页，巴黎，伽利玛出版社，1988。

能的出发点就是经过改造的笛卡尔的“我思”。“我思”不仅证明了我的存在，而且只需稍微扩展它的意义，就能把我抛到“我思”之外，证明自在的存在（“意识就是对某物的意识”的本体论证明），并且证明他人的存在，后者是一种更为严密的本体论证明。但是，“我思”向我们揭示的不是一个对象-他人，而首先是一个主体-他人。

萨特以注视为例阐明他人的存在和我与他人的关系。作为一切有关他人的理论的基础的他人与我的原始关系是，他人是注视着我的人，而我就相应地是被他人注视的对象，即我的为他存在。正是通过揭示我的为他存在，我才能够把握他的主体存在。当我一个人偷偷地通过锁孔向一个房间里窥视时，我只是一个主体。但是当我听到走廊里有脚步声时，我突然意识到有人注视我，于是我从主体变成了对象，从自为变成了为他，我的超越性变成了被超越的超越性。他人的注视使我和我的世界异化了，原来我所面对、组织和利用的作为工具性整体的世界变成了他人的世界，我不再是处境的主人，我也不再是我自己的主人，我变成了奴隶，他人利用我作为达到他的目的的手段，于是我处于危险中，这就是我的为他存在的恒常结构。因此，自由只能被自由所限制，他人的自由才能使我失去自由。相反，一种物质障碍不能使我的自由变成凝固的对象物，它只是使我谋划别的可能性的诱因。在我意识到我变成对象的同时，通过注视，我具体地体验到他人是自由和有意识的主体。我在他人的注视下对我感到羞耻，而羞耻则是对他人的揭示：“正如我的被‘我思’把握的意识无可怀疑地证明了它自身和它自己的存在一样，某些特殊的意识，例如‘羞耻意识’，对‘我思’无可怀疑地证明了它们自身以及他人的存在。”[①]即使被我误认为是注视我的他人并不在场，这场虚惊也足以使我感到我的为他存在并可能因此放弃窥视。这是因为无论他人实际上在场还是不在场，世界上总有他人面对我在场并且我总有为他存在的一维，这是本体论上的必然无疑性。这也就是中国儒家之所以讲“慎独”

① 萨特：《存在与虚无》，第 319 页，巴黎，伽利玛出版社，1988。

的根本依据。萨特就是这样通过我自己意识中为他存在的一维无可辩驳地证明了主体他人的存在。他绕过认识论上的感觉"屏障",直接从我与他人本体论上的存在关系中把握他人的存在,从而作出了自巴克莱、休谟以来对唯我论的有力驳斥。

萨特的他人理论中历来最遭物议的就是人与他人具体关系的观点。萨特首先以人们的性态度为例论述了这一问题。因为他认为性态度是人对待他人的原始行为而且相对简单,人们的其他更为复杂的社会性行为(合作、斗争、竞争、介入、服从等等)都以基本的性态度为基础,但又超越了性态度,同时还取决于具体的历史处境和种种人际关系的特殊性。在人与他人的问题上,萨特最激进最极端的论点是:要么我注视他人,要么他人注视我;不是我超越他人并把他人对象化(性施虐狂),就是我被他人所超越并被他人对象化(性受虐狂),相互对象化或冲突是人与人的原始关系。然而除此之外,萨特认为还有两种分别与这两种极端态度相对应的较温和的关系或态度:第一种态度与我被他人的自由所对象化的态度相对应,我试图以自己的自由对象性去同化他人的自由(爱情);第二种态度与我的自由把他人对象化的态度相对应,我试图以自己的自由去同化他人的自由对象性(情欲)。后两种温和形式与前两种极端形式的差别在于,后两者以我与他人的相互性关系去试图实现两个自由主体统一的理想,前两者则采取我与他人的非相互性关系而完全放弃了这种理想,使我与他人彻底处于激烈的冲突之中。

但是萨特断言,我们对每一种态度都不能满意,每一种我与他人的关系都不能同时把他人揭示为主体和对象,因而也就不能使我的自由和他人的自由同时实现,所以我们只好无可奈何地在这四种人际关系模式中循环往复。我们永远也不能具体地置身于相互平等的层面上,即不能置身于我们承认他人的自由导致他人承认我们的自由的层面上。因此萨特认为,尊重他人的自由是一句空话,因为我们已经被抛进面对他人的世界,我们的存在就是对他人自由的限制,这是我与他人关系无法改变的原始处境。萨特的独幕剧《禁闭》中的著名台词"他人就是地狱"讲的就是这个意思。不过，萨特一方面认为我与他人的关系是冲突，另一方面也指出他人对我的存在和自我认识的重要性。后来萨特还强调了活人是可以通过新行动来改变旧行动的，人有砸碎地狱的自由。但是，如何才能摆脱人与他人冲突的恶性循环呢？在《存在与虚无》的一个脚注中萨特声称，“并不排除一种解脱和拯救的道德的可能性，但这种可能性必须经过一种彻底的改宗而达到”①。这意味着，此时的萨特把人与他人关系的改善寄托于重新选择一种道德，不过他一生也没有写出一本伦理学。

除了人与他人的个人关系之外，萨特也谈到了人类共同体的两种形式，即“我们-对象”和“我们-主体”。对象我们是为他存在的原始体验的丰富化，它揭示出实在存在的一维。然而，必须有一个注视的第三者出现，才会使我们成为对象我们。例如，一位盛装的美丽女子的注视会使一群苦役犯感到愤怒和羞耻，从而体验到对象我们的存在。又如，一个第三者以其注视包围了两个正在争斗的人，他同时把我们两人异化为对象并且组成为一个不可分割的整体。我们每人都为我们的相互争斗而感到羞耻，因此每人都承担起对象我们整体的责任。再如，当几个劳动者共同劳动，协同一致地加工一个物质对象时，如果有一个第三者显现，劳动者就会体验到作为劳动集体的对象我们。因此，被压迫阶级的阶级意识是在作为第三者的压迫阶级的注视下产生的，而不是单纯由工作的艰辛、生活水平的低下或难以忍受的苦难所构成，被压迫阶级在压迫阶级对它的认识中发现它作为对象我们的统一。人们常常幻想企图通过逐渐扩大团体的范围而把全人类都包括进去，从而形成一个全人类的对象我们。然而萨特认为，这种绝对的整体化是一个不可能实现的理想，因为这种恢复人类整体的努力若不确立一个第三者的存在就不可能发生，除非有一个人类之外的上帝充当这个注视的第三者，但上帝是不存在的。因此，人类注定要陷于相互斗争的被解体的整体之中，而人类的

---

① 萨特：《存在与虚无》，第 463 页，巴黎，伽利玛出版社，1988。

对象我们始终是一个空洞的概念。

萨特进一步指出,一旦对象我们反过来注视第三者,并把第三者改造为对象他们时,对象我们就解脱出来并自我确立为主体我们。正是世界,尤其是被制造的物质对象的世界使我们体验到自己属于一个主体我们。不过,这个主体我们只是常人、人们,我只是其中一个失去了个体性、与别人可以互换的任意成员。这种经验只是个人意识中的纯粹心理学的主观事件,而不是与别人的具体本体论关系,它不能实现任何"共在"。而且,对主体我们的经验也不是原始的,它并不构成对待别人的原始态度,相反,主体我们的经验是建立在对他人的原始体验之上的,因而只能是第二性的从属的经验。压迫阶级相对于被压迫阶级而把握自身为主体我们,然而,压迫阶级的成员之间没有实际的共在的联合,他只需要单独面对被压迫集团就足以把它构成为对象工具了。只有当被压迫阶级起来反抗并注视他时,他才可能与其他压迫者联合为集团,但这时他已不属于主体我们,而属于对象我们了。因此,主体我们只是人与他人冲突的暂时平静,而不是冲突的最后解决。主体间统一的整体或人类的主体我们也同样是一个幻想。

萨特由此得出结论,既然人类共同体的两种形式——"我们-对象"和"我们-主体"都以第三者的存在为前提,那么无论怎样扩大它们的范围,统一的全人类的对象我们或主体我们都是不可能实现的人类团结的理想。因此,人与他人关系的本质不是"共在",而是冲突,要么超越他人,要么被他人所超越,这个两难处境是人的实在永远无法摆脱的宿命。

五　自由与处境

萨特认为:"拥有(avoir)、作为(faire)和存在(être)是人的实在的三个基本范畴。它们把人的一切行为都归入它们的名下。"①简单地说,它

① 萨特:《存在与虚无》,第485页,巴黎,伽利玛出版社,1988。

们三者的本质关系是：自为的存在就是通过“作为”直接地或者通过“拥有”间接地获得自在存在，从而使自身成为自在-自为统一的理想存在。萨特明确指出，自为是由行动定义的存在。自为超越自在而谋划它的可能性，“这种谋划不是静止地规定世界的外形，它每时每刻都在改变世界”①。

在萨特看来，行动不是被决定的机械运动，它是人的自主的行动。其首要的特征是，一个行动原则上是意向性的。其次，行动的必要条件之一是承认一个对象的欠缺，即一个要求获得但尚未存在的世界的状态。因此，任何给定的现实状态都不能像原因引起结果那样引起一个活动，只有自为的虚无化能力才能实现与给定物的分裂从而实现意识的自由，并且在意识的原始自由设置的目的和将来世界的照明下评价给定物。但这绝不是说意识能够在没有给定物的情况下存在，那样意识将成为对乌有的意识即无意识，自由也就成了对乌有的自由即无所谓自由。意识与给定物的关系既不能理解为后者决定前者（决定论），也不能理解为前者与后者完全隔绝而没有任何关系（孤立自由论），准确而全面的理解应该是：意识对给定物具有一种单向否定和自由肯定的双重关系，这是一种既脱离又勾连的关系。一方面，意识通过对给定物的虚无化分离而使给定物丧失对意识的全部效力；另一方面，意识通过以自己的目的对给定物的评价又把它对意识的效力还给了它，从而使它成为一个行动的动因或动力。萨特所说的意识与给定物的这种既脱离又勾连的微妙关系模式也就是自由与处境的关系，从最一般的意义上讲，也就是贯穿《存在与虚无》全书的自为对自在的基本的本体论关系。

萨特进一步指出：“一切活动的必要和基本的条件就是行动的存在的自由。”②萨特强调，常识的和通俗的自由概念是指“达到被选择的目的的能力”，而他所提出的自由的哲学概念并不意味着“获得人们所要求的

① 萨特：《存在与虚无》，第 482 页，巴黎，伽利玛出版社，1988。
② 同上书，第 490 页。

东西”的自由，而是“由自己决定自己去要求(广义的选择)”的自由，即“选择的自主”。① 这种自由既不同于纯粹的梦幻和主观愿望，也不同于获取的自由，而是一种在处境中进行选择的自由。自由既是对处境的否定性脱离又是介入处境的，自由只有从一个给定的处境出发并通过对这种处境的虚无化的逃离才能自由地追求自己的目的。作为给定物的处境也不是天然的自在存在，相反，处境就是自为通过向着一个自由设置的目的超越自在的给定物和我自身的给定物而揭示出来的包围着我的工具性和敌对性的世界。因此，处境是自在的偶然性和自由的共同产物。这就是萨特所说的自由的悖论：“只在处境中才有自由，也只通过自由才有处境。人的实在到处都碰到并不是他创造的抵抗和障碍，但是，这些抵抗和障碍只有在人的实在所是的自由选择中并通过这种选择才有意义。”②

萨特通过对各类处境——我的位置、我的过去、我的周围、我的邻人、我的死亡等等的具体分析论述了处境中的自由所具有的这种二律背反。比如，一方面，我出生的位置是纯粹偶然性的事实；另一方面，正是在我的自由谋划的未来目的的光照之下，我现在的位置才显示出究竟是流放地还是安居乐业之地的意义。又如，我有一个不能随意改变的过去，这是我的偶然性的必然性，正是从这个过去出发(即使是否定这个过去)我们才能采取新的行动；但另一方面，过去不能像在前的现象决定在后的现象那样因果性地决定我的活动，而是我现在对将来的自由谋划决定了过去是被肯定的、仍然活着的过去，还是被否认的、被超越的、已经死亡的过去，也正是对某一种将来的选择决定我是继承传统还是逃避传统，是把我的过去看作光荣的过去还是看作耻辱的过去。如果人类的诸社会是历史性的，这不仅仅是由于人类社会有一个过去，而是由于人类社会把过去作为纪念性的东西而重新承担了它。正是现实的谋划决定

---

① 参见萨特《存在与虚无》，第540页，巴黎，伽利玛出版社，1988。

② 同上书，第546页。

一个过去的历史事实是与现在连续的还是非连续的，因此，社会的过去的意义永远期待着将来的自由对它的认可，过去的意义就永远处于悬而未决的"延期的"状态中。这也就是说，任何一个历史时代对过去的历史事件的意义和历史人物的历史作用的回答都是相对的、未完成的，并等待新的未来作出新的判断，只要人类历史在发展，就不能最终定案。

再如，我的周围是包围着我的诸多事物-工具连同它们的敌对性和工具性的固有系数。周围是在我的自由谋划中，即在我所是的那些目的的选择的界限内，才显现出来的。正是由于我的谋划，风才可能显现为顶风或顺风，太阳的光和热才表现为有利的或令人讨厌的。即使有时一个工具的改变会导致处境的改变并成为我改变或放弃某一谋划的动因，那也是我们自由放弃的。但是萨特同时也承认，给定物的存在是自由行动的必要前提，自由就是在世界中的自由，就是改变的自由，改变的自由在其原始谋划中预设了它以行动所改变的自在存在是不依赖于我的存在和行动的独立存在，同时使自由作为与异于自身的自在打交道的行动而存在。我们认为，可以把萨特此处的论证概括为"行动的本体论证明"，即"一切行动都是对某物的行动"，这是对于"意识是对某物的意识"的本体论证明的进一步深化。萨特据此认为，一切自由行动的谋划都出于对世界事物的自立性的理解而为某种不可预测的抵抗和变化留出了余地。

在萨特关于自由与处境关系的理论中，最值得注意的是关于他人对我的自由的限制的观点。萨特认为，由于我在一个受到我的邻人纠缠的世界中生活，因而在我使之产生于事物中的敌对系数之外又加上了一种人类特有的敌对系数。萨特承认，他人的存在给我的自由带来一种事实上的限制。由于他人的涌现，一些我未曾选择的存在方式被强加于我，这就是我的为他存在。斯宾诺莎曾说，思想只能被思想所限制，萨特则说，自由只能被自由所限制。在自为存在的层面上，只有我的自由才能限制我的自由；而在为他存在的层面上，我的自由也在他人的自由的存在中发现了它的限制。前者是自由的内在有限性,后者是自由的外在有限性。作为面对他人来到世界上的自由,就是作为可异化的东西来到世界上,一切被异化的东西原则上都只能为他地存在。他人的自由把限制赋予我的处境,但是,只有在我自由地承担起我的为他存在时并在我已选择的目的的光照下给予它一个意义时,我才能体验到这些限制。不过,要求自己是自由的只能同时要求自己的为他存在,无论采取什么方式,我都不能不承担我的为他存在。

萨特从对自由与处境关系的描述中得出的本质结论就是:"人,由于被判定是自由的,就把整个世界的重量担在他的肩上:他对作为存在方式的世界和他自身是负有责任的。我们是在'(对)是一个事件或者一个对象的不容置疑的作者(的)意识'这个平常的意义上采用'责任'这个词的。从这个意义上说,自为的责任是沉重的,因为他是那个通过他才使得有了一个世界的人,并且因为他也是那个使自己存在的人……"①因此,企图抱怨是荒谬的,因为我所体验到的处境和我自己都是我自己自由选择和承担的,我对它们负有完全的责任。

通过对萨特自由观的扼要介绍可以看到,我们既不能简单地把萨特的自由观看作主观唯心主义的唯我论和撇开一切处境与他人的孤立自由,但也要清醒地看到他在此处宣扬的仍然是一种只讲动机不顾结果、只讲行动不计成败、只讲个人自由不讲集团共同自由的抽象自由。

六　自为向自在整体化的存在哲学

萨特认为,在本体论层面上,自在与自为不是相互独立并列的二元,而是由自为通过一种内在关系与自在勾连而构成的一个整体。然而,在这个整体中,自为如果没有自在就只是一个抽象,但是自在本身为了存在并不需要自为。因此,这种现象的整体只是自为对自在的单向联系的整体,自在仍然可以离开自为而独立存在,这个整体就仍然不是一个不

---

① 萨特:《存在与虚无》,第612页,巴黎,伽利玛出版社,1988。

可分割的完成的整体。那种不可分割的自在-自为的整体只能在自因存在的形式下才可以设想。这个真正可以称为存在的整体的东西正是希腊人称为“大全”的整体,“大全”是由作为宇宙整体的“全”与围绕着它的虚无所构成的大整体。萨特借用“大全”的概念表示自在与自为统一的理想存在,也就是由自为奠基并同一于奠基它的自为的自在,即自因存在、上帝。正是由于具有对这个自因存在的前本体论的理解,我们才能提出自为对自在单向勾连的问题,正是由于自为去追求实现这个自因的存在,它才与自在发生关系并使后者显现为现象。然而,由于这个自因存在的概念包含着不能相容的矛盾,所以这自因的存在是不可能实现的整体。世界、人、在世的人都只是企图去实现一个所欠缺的上帝,然而又都是企图达到自因存在的尊严地位的流于失败的努力。因此,自在和自为都相对于一个理想的综合而在一种解体的状态中表现出来。自在与自为的整体化总是被指出而又总是不可能完成。萨特由此断言,人注定了永远不能满足于已有的一切,他总要不断地自我虚无化,设立新的欠缺和新的可能,永远处于追求中。这不是由于社会、历史或物质上的原因,而是由于存在的结构本身的本体论原因,即人的存在与人对目标的追求是同一的,停止追求就停止了存在。由于自在-自为统一的最高理想不能实现,萨特得出了悲观的结论:人永远不能超越不幸意识,因为这是他的本性,“人是一种无用的激情”①。

综上所述,萨特在其早期哲学的代表作《存在与虚无》中,以经他改造过的笛卡尔的“我思”(“反思前的我思”)为出发点,以胡塞尔的现象学为主要方法,以海德格尔的人的在世存在为根据,全面描述了包括自为对自在的关系和自为与为他的关系在内的存在者整体的各种存在结构,从而建立了他的现象学本体论。他对西方哲学史上各派哲学进行了分析、批判、吸收和超越,并且结合自己的创新,作出了一种独特的综合,从而确定了自己在本体论上的基本哲学立场。首先,他坚决肯定了自在存

① 萨特:《存在与虚无》,第 678 页,巴黎,伽利玛出版社,1988。

在对于自为存在的本体论优先性，肯定了自在的独立的实体存在和自为对自在的依存性，从这一点上说他倾向于唯物主义。同时，他又把所有的关系和能动性都赋予了自为，作为孤立和僵死的存在物的自在不能作用于自为，而只能由自为在对自在的认识中使自在显现为具有一些外在性关系的现象，并且通过自为对自在有目的的意向性活动把自在物组织成工具性的世界并改变了世界的面貌，从这一点上说他又强化了唯心主义的能动方面。其次，他一方面认为自在与自为是性质截然相反的两类存在，另一方面又认为自为必然超出自身追求自在，但是永远不可能实现与自在的最终统一，这是自为不断追求但又永远不能完成的一个整体化过程。由此可见，萨特在本体论上的基本哲学立场很难套进古典哲学的分类框架中：如果把自在与自为完全隔绝就会陷入二元论，如果二者完全统一又成了绝对一元论，如果把自为归结于自在就是唯物主义，如果将自在归结于自为则是唯心主义，而这四种立场都不符合萨特哲学本体论的基本特征。因此，萨特的哲学既非纯粹的唯物主义也非纯粹的唯心主义，既非纯粹的二元论也非纯粹的一元论，甚至不是现象一元论，因为他承认自在和自为都有其超现象存在的一维。全面而准确地说，这是一种综合四方又不归结为任何一方的独特的哲学立场，我们愿意称之为“自为向自在整体化的存在哲学”。此处的“向”字表示自为对自在的单向关系，而“化”字则表达了这种单向整体化运动尚未完成的动态性质。萨特创立这种本体论的根本宗旨在于既要坚持世界的在场，同时又要肯定意识的至上地位。因为在他看来，如果没有前者就不可能有真理，如果没有后者也就取消了人的完全的能动性。这种独特立场明显地体现出萨特企图对唯物主义与唯心主义以及一元论与二元论进行分析、批判、吸收、超越，从而创造出一种新的存在哲学的综合体系的良苦用心。

第四节 社会历史本体论

《辩证理性批判》是萨特继《存在与虚无》之后出版的又一部哲学巨

著。《存在与虚无》出版后，萨特关于个人自由的思想曾遭到来自马克思主义、天主教甚至一些存在主义者如海德格尔、梅洛-庞蒂等人的批评，其中一个最重要的责难就是，萨特所讲的个人自由缺少社会历史一维，因而不能说明个人自由的微观谋划与宏观的集团实践和历史处境之间的相互关系。而第二次世界大战、德国法西斯对法国的占领、参加抵抗运动的集团实践以及冷战时期的一系列复杂斗争促使萨特面对血腥的历史而从个人生活中解脱出来，开始思考集团、社会和历史，从而使他的哲学视野极大地开阔了，逐步实现了从自为对自在和人与他人的基本本体论和认识论向人与物和人与他人(们)的社会历史领域的本体论和认识论的转变。这一转变集中体现在《辩证理性批判》一书中，该书的出版使他得以对上述责难作出回应并使自己的体系更加完整圆满，同时该书也是他自 20 世纪 50 年代初重读马克思主义的主要著作并与共产党既合作又争论以来一系列思考的结果。自那时起，萨特就不断探索存在主义与马克思主义的关系，试图在哲学上把他自己的以对存在的理解为基础的方法与马克思的历史唯物主义综合起来，从而创造出一种被某些人称为“存在主义的马克思主义”的哲学体系。

一 辩证理性的康德

萨特在《辩证理性批判》的简短“序言”中开宗明义地说明了写作此书的根本宗旨。首先，他提出了一个问题：今天我们是否有方法来构成一种结构的历史的人学呢？他的回答是，这样一种人学在马克思主义哲学的内部找到了它的位置。因此，他把马克思主义看作我们时代不可超越的哲学。不过，他仍然坚持认为存在的思想体系及其理解的方法是马克思主义中的一块飞地，正是马克思主义自己产生了它，同时又拒绝了它。

何谓辩证理性？在萨特看来，理性是认识与存在之间的某种关系，而辩证理性则是作为存在与认识(或理解)的双重运动的历史整体化和整体化真理之间的变动不居的关系。这意味着，人对人的认识和理解不仅包括一些特殊的方法,而且还涉及一种不同于分析理性的辩证理性。事实上,历史和人种学的经验足以表明辩证理性的存在,而且经过黑格尔和马克思等人的研究,它已经对自身达到了自觉。因此,现在的问题不是去揭示辩证理性,而是要证明辩证理性的正当性。萨特明确表示:“我们的意图将是批判,它将试图确定辩证理性的有效性和它的诸界限,这就回到标出这种理性与实证主义的分析理性之间的对立和联系。”①萨特的目标是做一个辩证理性的康德。

二 马克思主义与存在主义

在附于《辩证理性批判》卷首的“方法问题”中,萨特首先阐述了马克思主义与存在主义的关系。他声明并同时深信:“历史唯物主义提供了对历史的唯一有效的解释,而存在主义则仍然是接近实在的唯一的具体道路”。② 他承认,马克思主义是我们时代不可超越的哲学,因为产生它的那些历史条件还没有被超越。然而,他认为现代马克思主义,即当时苏联和法国共产党的马克思主义已经停滞了,它们把理论与实践分割开来,其结果是把实践变成一种无原则的经验主义,而把理论变成一种僵化的绝对知识。萨特认为,面对教条主义的马克思主义那种没有认识的理论基础和资产阶级那种没有理论基础的认识的双重无知,存在主义却能够站稳脚跟,因为它重新肯定了人的实在。存在主义将在马克思主义的基础上对经验进行具体的研究以便从中发现具体的综合,并在历史的辩证整体化之中进行这种具体的综合。萨特指出:“具体的马克思主义应当深入研究实在的人们,而不应当让他们洗一次硫酸澡而消溶掉。”③他反对用普遍性代替特殊性或把特殊性消解于普遍性,因为对于辩证法来说,人们、他们的对象化、他们的劳动,以及人与人的关系都是具有最

① 萨特:《辩证理性批判》第1卷,第15页,巴黎,伽利玛出版社,1985。

② 同上书第1卷,第30页。

③ 同上书第1卷,第45页。

具体的内容的东西。在萨特看来，马克思主义的辩证法应当是一种双重的运动，它从这些最具体的实在的独特性中发现它们的一般规定性和基本结构，然后再回过头来以基本结构规定这个独特性。然而，现代某些马克思主义者并不是这样。萨特说："瓦莱里是一个小资产阶级的知识分子……但是，小资产阶级的知识分子并不都是瓦莱里。当代马克思主义的探索方法的缺陷就包含在这两句话中。"①公式化的马克思主义由于缺少在具体的个人与其阶级和社会的一般规定之间的各种中介层次，因而只发现了一种对所有小资产阶级知识分子都适用的抽象普遍性，而把特殊性当作简单的偶然性加以抛弃。针对这种缺陷，萨特认为，应当在不背离马克思主义理论原则的前提下，把精神分析学所提供的有关家庭和童年生活的环节作为个人具体活动与其阶级和社会的一般规定之间的历史性中介因素整合进历史整体化运动的纵向统一之中，同时把美国微观社会学所揭示的生产团体、居住团体、文化团体以及其他类型的人与人的关系作为个人与其阶级的一般利益、物质生活条件和生产关系之间的共时性中介因素整合进历史整体化的横向统一之中，从而使历史人物与时代、经济基础与上层建筑更加真实、生动和深刻地联系起来。

萨特声称他无保留地同意马克思的历史唯物主义的公式："物质生活的生产方式制约着整个社会生活、政治生活和精神生活的过程。"②他也同意恩格斯在给约·布洛赫的信中所提出的论断："我们自己创造着我们的历史，但是第一，我们是在十分确定的前提和条件下创造的。"③但是萨特补充道，不能在辩证运动（矛盾的、超越的、整体化的）的形式之外的其他形式下去设想这种制约关系，不能以机械唯物主义的方式理解这些话，把人仅仅当作一个被经济条件决定的惰性对象。萨特强调，在剥削的时代，人既是他自己的产物的产物，同时又是在任何情况下都不能被看作一个产物的历史主体。人们是在先前的实际条件的基础上创造

① 萨特：《辩证理性批判》第1卷，第53页，巴黎，伽利玛出版社，1985。

②《马克思恩格斯选集》第2卷，第32页，人民出版社，1995。

③ 同上书第4卷，第696页。

他们的历史的，但是，创造历史的是他们而不是先前的条件，否则他们就会是通过他们而支配社会世界的那些非人力量的简单传导物了。萨特坚信，人的异化能够改变行动的结果，但是不能改变它的深刻的实在。他反对把异化的人同一个物混为一谈，也反对把异化同支配着外在性制约作用的物理规律混为一谈。所谓被异化、被物化的人仍然是一个人。人的特点首先在于对一个处境的超越，这种超越又首先表现在需要中。最基本的行为应当同时从对现在制约着它的实在因素的关系上和对某个它试图使其产生的将来对象的关系上来规定自身，这就是萨特称之为"谋划"或"存在"的东西。只有作为两个客观性的环节之间的中介的谋划才能说明历史，即说明人的创造性；只有把劳动和行动的超越能力归还给个别的人才能把整体化的运动奠定在实在之中。

在萨特看来，辩证的整体化不仅应当包括经济范畴，而且应当把行动、欲望、劳动和需要以及主体和事件都包括到历史的总和之中。因此，这就要求运用一种探索性的方法，萨特将它规定为既逆溯又前进、既分析又综合的方法。他以福楼拜为例详细说明了这个方法。首先，从对《包法利夫人》的女主人公的现象学研究中发现了福楼拜的"女性化"，然后通过对福楼拜传记的研究逆溯到他的童年和家庭，最后一直逆溯到当时生活的一般物质条件、法国社会的发展、生产力和生产关系的矛盾等等。这些异质层次的系统中的每一个层次都照明下一个层次，但又不能还原为下一个层次，下一个较抽象的层次包括上一个较具体的层次的框架，但是被包括者的意义比包括者的意义更为丰富。不过，逆溯的研究所发现的这些环节只是一些辩证运动的痕迹，还不是辩证运动本身。下一步则应把研究的方向颠倒过来而采取前进的方法，以便重新发现从抽象上升到具体的整体化的丰富化运动，即从物质的和社会的条件一直到《包法利夫人》的超越性运动，这就是福楼拜的谋划。他正是通过这个谋划超越他的原始条件并穿过各种可能性的领域，投向他自己的被异化的客观化，从而把自己构成为《包法利夫人》的作者的。萨特进一步说明，存在主义的这种逆溯-前进和分析-综合的方法同时也是在对象(它包含着作为许多层次化意义的整个时代)和时代(它在其整体化中包含着对象)之间的不断丰富的“一往一来”。一旦对象在其深度和独特性中被重新发现之后,它就不再处于整体化之外,而直接进入与整体化的矛盾,时代与对象的惰性的简单并列就立刻被一种活生生的冲突所取代了。追求艺术的绝对纯洁性的福楼拜所创作的《包法利夫人》被当时的公众“误解”为现实主义的杰作,正是在这种客观化的异化中,人和他的时代被整合进历史辩证法的整体化之中。

萨特在此又重新提出曾在《存在与虚无》中表述过的“理解”方法,并认为只有这种理解方法才能把握人的一个行为的意义。他强调,理解不是一种特别的天赋和直觉能力。这种认识仅仅是一种辩证的运动,它根据行为的出发点的条件并通过行为的最终意义来解释行为。因此,理解的运动既是前进的(向着客观结果),又是逆溯的(逆溯到原来的条件)。它无非就是人的实在的生活,即一种整体化的运动,把自己和邻人以及环境都集合在一种正在进行中的客观化的综合统一之中。萨特指出,实证主义认为自然科学应当从企图把人的特性强加于无生命对象的拟人论中解放出来,这是合理的。但是,它通过类比把对拟人论的蔑视引进人学,那就完全荒谬了。萨特无可辩驳地反问道:“还有什么比在研究人的时候承认人有人的特性这种方法更正确、更严密的呢?”①在社会领域中,对种种目的的关系是人们活动的一种永久结构,而且正是在这种关系上,实在的人们才能对各种行动、制度或经济组织作出评价,人们对他人的理解也必然要根据目的来作出。虽然在一个异化的世界里,一个目的经常会化为泡影,并且在目的下面可能掩盖着一种进化或上升机制的深刻必然性,但是这些情况并不能取消目的的不可还原的结构,目的作为一个人或一群人所亲历的谋划的意义仍然是实在的。当然,除了有人称的和无人称的目的性之外,还有物质条件的事实必然性,但是,地理的或别的条件只有在一定的社会框架内,根据它的社会结构、经济制度的

① 萨特:《辩证理性批判》第1卷,第118页,巴黎,伽利玛出版社,1985。

特性才能发挥作用,这就是说,事实必然性只有通过人的结构才能被把握。

萨特在“方法问题”中并不是要创立一种人学,而是提出人与人学所有学科总体之间的基本关系问题,即要为人学理论寻找一个本体论的基础。他认为,无可怀疑,马克思主义在当代显现为唯一可能既是历史的又是结构的人学,只有这种人学能在整体性中把握人,即从人的物质条件出发把握人。他声称,存在主义除了对那种不是马克思主义而是人们从外面引进来的机械论的决定论之外,不怀疑马克思主义的任何其他观点。然而,在现代马克思主义的中心有一块具体的人学的空场,它缺乏对人的实在的理解,却倾向于从研究中取消询问者(能动的主体的人),而把被询问者(对象的人)变成一种绝对知识的对象。由于教条主义的现代马克思主义的这些缺陷,所以它作为结构的和历史的人学还是不完整的,这就需要由他的存在主义思想来加以补充。萨特明确地说,他把对人的理解和人的存在提供给马克思主义的人学作为它的理论的实践基础,从而把人恢复到马克思主义之内。存在主义试图在马克思主义的框架中产生一种真正的理解的认识,这种理解将在社会世界中重新发现人,并且在人的实践中即在把人从一种特定处境投向社会的各种可能性的谋划中去探求人。然而,一旦马克思主义的研究把人的维度(存在的谋划)作为人学知识的基础加以采纳,存在主义就再也没有存在的理由了,它将被哲学的整体化运动所吸收、超越和保留,萨特自称他在“方法问题”中提出的观点就是旨在以存在主义方法的微薄力量来加速存在主义消解于马克思主义之中的那个时刻的到来。

三 辩证理性及其可知解性

在《辩证理性批判》的导言中,萨特首先指出,必须把辩证法奠定为人学的普遍方法和普遍规律,它既是历史的运动又是认识的运动,既是历史思考自身的思想工具又是历史创造自身的实践工具,它既不同于自然科学的分析理性又超越并整合了包括后者在内的一切类型的合理性。

为了确立如此广大的整体的合法性，必须重新提出批判的任务，即考察辩证理性的界限、有效性和范围。

萨特认为："马克思通过既肯定存在对于思维的不可还原性，又相反把思维重新整合进作为某一类型的人类活动的实在之中，从而规定了他的本体论的一元论。"①他声明，马克思的这种立场也是他自己的立场。因此，在萨特看来，辩证理性是一种综合思维与存在的一元论，他把辩证理性规定为历史存在与历史认识两个不同环节之间不断进行而永远不能最终完成的整体化运动，将这一基本哲学立场称为"辩证法的一元论"。他由这种立场出发认为，把辩证法先天地看作自然的基本规律，这是没有经过合法性论证的。自然辩证法充其量只是形而上学假说的对象，它既不能被证实也不能被证伪。黑格尔和马克思在人对物的关系和人与人的关系中发现并规定了辩证法，后来出于统一的愿望，人们才企图在自然史中重新找到人类历史的运动。因此，自然辩证法是把在实践中发现的辩证合理性作为无条件的规律投射到无机世界中去的。萨特宣称，"辩证理性必须被再一次颠倒过来"，只在我们能看到它的地方即社会历史领域中把握它，而不在我们还无法把握它的地方即自然界中去梦想它。② 他断言，只有一种历史唯物主义，它的法则是辩证法，而没有或者现在还没有从外面支配人类历史的辩证唯物主义。历史唯物主义是一种来自内部的唯物主义，创造它和承受它、亲历它和认识它完全是一回事。因此，如果这种唯物主义存在，它只能在我们的社会世界的界限内具有真理性。

萨特继而阐述了辩证理性的可知解性。他说，如果辩证法应当是一种理性而不是一种盲目的规律，那么它自身必须显现为一种不可超越的可知解性。萨特将一切时间化的辩证的明证性统称为"知解(intellection)"，这些明证性应该能够整体化一切实践的实在。同时，他

---

① 萨特：《辩证理性批判》第1卷，第144页，巴黎，伽利玛出版社，1985。

② 参见同上书第1卷，第152页。

把对于一个人或一个集团的任何意向性实践的整体化把握称作“理解(compréhension)”。知解是属概念,而理解是知解之下的一个种概念,它们都是辩证经验把握辩证的整体化运动的认识工具。理解是实践的一个环节和实践对自身的半透明性,它既可以是实践在构成自身时所产生的对自身的照明,也可以在他人的实践中重新发现自身。换言之,理解是对自身实践的理解或对他人实践的理解。理解也是整体化的,它把握对实践领域进行整体化的实践的时间化和被时间化的明证性。另一方面,在历史的全部领域中,除了个人和集团的意向性实践之外,还有许多没有主体的活动、没有生产者的生产和没有整体化者的整体化,以及反目的性、异化的实践-惰性和分散个人的群集,这些群集产生了一些没有经过这些个人彼此协商并且每个人也在其中认不出自己的思想和活动。萨特认为,如果历史的真理是一个,那么这些游离的无主体的活动就必须可以被整体化到进展中的历史中去,对于它们的整体化知解就必须是可能的。因此,知解除了对主体的实践进行理解外,还要从进展中的整体化出发去把握这些无主体活动的起源和它们的非人性在历史中的根据,以及整体化人学对它们的可穿透性。知解必须看到,无主体的活动在一个辩证过程的统一中,在与实践本身的直接联系中,作为一个内在性的暂时外在性而涌现和消解。

根据知解的对象及其透明程度的不同,萨特进一步把知解区分为第一级的知解和第二级的知解。第一级的知解是对辩证理性的时间化的整体化的把握,是实践主体对于统一他自身及其环境的多样性的实践的半透明性。在这种半透明性中,个人实践提供了完全可知解性的原型和规则。因此,第一级的知解就是理解。第二级的知解不是辩证理性的半透明性,也不是对完整的整体化的把握,而是借助于时间化的整体化的辩证模式而获得的对于整体化的一些局部环节的可知解性。正是在第二级的知解中,实证主义的分析理性找到了它的某种用场。萨特认为,分析理性本身不是整体化,然而,作为自然法则的纯粹普遍模式的分析理性仍然是辩证理性的一个特殊实践环节。正是辩证理性支撑、指导并不断重新创造出实证分析理性作为它与自然的外在性关系，所以分析理性只有在辩证理性之中才获得它的基础和可知解性。所以，分析理性只有第二级的可知解性，并且它只能适用于历史整体化中的一些局部环节，例如它可以被用来分析作为人的处境的外在自然的分散复多性，以及实践-惰性领域中人们的分散群集的复多性。然而，就全部历史整体化领域来说，辩证理性在理解历史事实上具有绝对的优越性，它可以揭示许多原则上逃离了一切实证主义的结构、关系和意义，并且它把实证分析的局部解释消解在它自己的整体化知解之中。总之，在萨特看来，全部历史整体化运动的一切环节原则上都是可知解的，在情报资料充足完备的极限情况下，任何历史事件必定变成完全透明的。他断言，如果历史真理是一个整体，那么只有作为辩证理性认知工具的包括理解在内的知解才能完全把握辩证理性的历史运动。由此可以看出，萨特在社会历史领域的认识论上是一个彻底的可知论者，只不过他强调对实践主体的人的把握不是通过概念的知识，而是通过实践的理解。

四 实践的集合体

萨特对辩证理性逆溯的批判考察贯穿于《辩证理性批判》第 1 卷的全部正文之中(对辩证理性前进的批判考察安排在第 2 卷中)。它包括三个主要环节：个人实践即构成的辩证法、群集与实践-惰性即反辩证法、集团实践即被构成的辩证法。这三个环节分别相应于个人自由、必然性、克服必然性的共同自由。此处的全部讨论都围绕着人与物的关系和人与人的关系这两个基本问题进行。

萨特首先提出，辩证经验的一个贯彻始终的基本原则是一个辩证的循环："在物被人所中介的同等程度上，人被物所中介。"①他由此开始进行逆溯考察的第一个最抽象的环节，即孤立个人的物质需要和劳动实践。他认为，全部历史辩证法都奠基于个人实践之上。因为个人的劳动

① 萨特：《辩证理性批判》第 1 卷，第 193 页，巴黎，伽利玛出版社，1985。

作为生产和再生产人的生活的原始实践是完全辩证的,辩证法是劳动的逻辑。人的劳动实践由需要引起,需要是作为物质存在的人与物质自然界之间的最初的整体化关系。它是一个否定之否定,既是有机体对无生命物质的欠缺,又要通过满足来否定欠缺并保存自身的肯定性。劳动的诸环节(目的、工具、劳动)是发展中的整体化的诸环节,劳动者个人的实践是辩证的整体化,并且在这个实践中包含着它自身的可知解性。

在个人实践的基础上,萨特阐述了个人之间的直接关系。他认为,在两人关系中,每人都把对方变成实现自己目的的工具和对象,并把对方整合进自己的整体化活动之中。反过来,每人也被对方变成对象并加以整合。这种相互超越和斗争的关系的物质条件是匮乏。此外,两人关系的相互性必须通过第三者的整体化和被加工的物质对象才能统一为一个整体。这种日常实践中的两人关系和三人关系是一切复杂的社会关系的基本结构和基础,奴隶制的压迫关系和劳动契约的物化剥削关系都是由两人相互关系所建立和支撑的,而三人关系则是社会集团和等级制度的雏形。在构成的辩证法中,个人自由实践把物质环境整体化为实践场地;而在反辩证法中,物质环境则成为人与人关系的最初整体化。

在逆溯考察的第二个环节上,萨特指出,人的实践适应物质条件又超越、改变并统一物质条件,同时被加工物质成为人的实践的惰性客观化和被动统一并反过来制约人的实践。它吸收了人的能动性和否定性并反过来支配人。这样,人的物化导致了物的人化。萨特把这种人的实践与惰性物质的颠倒关系和被动统一称为实践-惰性。在实践-惰性领域中,一方面由于人的实践在被加工物质中的客观化,另一方面由于匮乏和由它引起的人与人的敌对关系和分散活动,导致人对物的统治被颠倒为被加工物质对人的统治。他认为,作为人的实践与物质之间的偶然关系的匮乏奠定了人类历史的可能性,迄今为止的全部人类历史活动都是反抗匮乏的艰苦斗争。由于没有足够的自然产品和制成品供给所有的人,因此每人都把别人揭示为通过消费基本必需品而消灭他自己的物质可能性。匮乏中的非人关系是任何社会中人与人关系的一切物化的基本发源地,同时也是伦理学的最初阶段,即善恶二元论(摩尼教)的起源;而暴力则是在匮乏的框架内和善恶二元论的支配下的人的活动的一个结构。匮乏就是物质对人的否定以及由内化这个否定而产生的人对人的否定,这种匮乏是辩证可知解性的一个原则。古代农村公社的解体和阶级的产生只有在匮乏的原始否定中才是可知解的。因此萨特认为,阶级斗争即一些阶级对另一些阶级的否定足以理解历史。

萨特认为,实践-惰性领域中的人们的集合体是群集,群集是无机的社会存在,即由被加工物质从外面被动地综合起来的实践-惰性的集合体。他用等公共汽车的人群、收听无线电广播的分散听众、自由市场上的买方和卖方、传播小道消息的公众舆论等例子阐明了群集及其实践的主要特征:每人对他人来说都是异己者,所有个人都处于原子化的分散中,每人的行动都受他人影响并继续影响另一个他人,因而使群集的实践陷入无限递推之中;每个人都处于无法控制社会的实践-惰性运动(物价涨落、谣言传播引起的恐慌、受广播的欺骗等等)的无能为力之中,而只能听凭它的摆布。萨特进一步指出,一个社会的经济制度也是一个群集,资本出现和运行的过程就是实践-惰性环境中群集的递推活动的产物。在资本主义社会中,人们在生产的社会过程中的行为是分离的和原子化的,因此他们相互的生产关系采取了脱离他们控制的和有意识的个人活动的非人的物化形式。

在实践-惰性的层面上,萨特阐述了个人自由的异化,即个人自由实践通过物化和异化被颠倒为必然性。这种社会历史领域中的必然性只是在匮乏的条件下,个人自由实践的产物的惰性及其通过他人实践而产生的异化对个人的反实践作用。例如,正是由于每个农民和所有别的农民都自由地砍伐树木,才使得洪水反过来毁灭了他们;正是由于16—17世纪的每个西班牙商人都自由地积累金银货币,才使得货币贬值而损害了他们的利益。同样,正是工人自由订立的契约,才使得他被物和他人的要求所强制和异化。由于孤立个人的自由被他人异化为手段来利用,所以个人自由成为入地狱的诅咒。在这里,萨特将其早期论断“他人就是地狱"置于社会历史的前景中,从而对其进行了一种全新的透视。萨特甚至说:"人们不要以为我们像斯多葛派声称的那样,认为人在一切处境中都是自由的,我们想要说的恰好相反,即人们都是奴隶。因为他们的生命经历是在实践-惰性领域中展开的,而这个领域原始地被匮乏所制约。"①萨特在这里所表述的观点无疑比《存在与虚无》中的个人与他人关系以及抽象自由的观点大大前进了一步。实践-惰性领域作为逆溯考察的第二个环节是对个人实践的构成的辩证法的颠倒和否定,因而是反辩证法的环节。诸分散个人由于在实践-惰性的必然性中的异化和无力而导致其生存受到直接威胁,因此人们为求生存而组织成集团并且重新对实践-惰性进行强硬的颠倒和否定。这样,否定了个人实践自由的实践-惰性必然性又被集团的共同实践自由所否定。由此,逆溯的批判考察进入了它的第三个即最后的一个环节:集团实践即被构成的辩证法。

首先,萨特以法国大革命初期攻占巴士底狱为例,考察了集团的最初形态即融合集团和共同自由的形成过程。为了对抗来自国王军队的共同危险,巴黎市民团结一致,奋起进攻国王在巴黎的军事堡垒巴士底狱。这样,分散个人的共同无力变成了为实现共同目标的共同实践,惰性的群集变成了能动的融合集团。在融合集团中,每个人都可以是发出命令和整体化诸他人的第三者,但每人都不是拥有特权的领导者,而只是由人群中产生随后又消解于人群中的暂时的调节者和集团的共同愿望的发言人,因为每个人自己的实践直接就是所有别人不约而同的共同实践。因此,在融合集团中,诸个人之间还没有分化,人人平等,每个人都是共同个人,而发动行动的是全体成员。所以,全体成员都对共同行动负有责任,《存在与虚无》中的个人责任在此变成了集团的共同责任。由于集团中的每个人之间的关系不是相异性而是一种共同性,因此融合集团的本质特征是对异化的克服和自由的突然恢复,这是集团成员之间

① 萨特:《辩证理性批判》第1卷,第437页,巴黎,伽利玛出版社,1985。

的一种共同自由和人性的关系。在这种人民革命的历史时刻,分散孤立的诸个人自由之间的冲突与异化终于在集团实践的共同自由中被克服和超越了。然而萨特坚持认为,集团的共同自由是基于第一性的个人自由之上的第二性的自由,集团辩证法是建立在个人的构成性辩证法基础之上的被构成的辩证法,而集团实践的可知解性是奠基于个人实践的可知解性之上的一种被构成的组织的可知解性。

萨特进一步指出,为了防止集团的解体和成员的背叛,融合集团发展为誓愿集团。宣誓实现了集团成员之间分工合作的兄弟友爱和处死叛徒的内部恐怖,以此作为共同安全和共同自由的保证。为了更好地对抗共同危险并实现共同目标,誓愿集团又逐步发展为组织集团和制度集团,分工合作逐渐演变为权利和义务的分离和固定化,人人平等的关系被打破了,权力出现了并且逐渐固定在一个人身上。这个人成为发号施令和进行组织的唯一的主权者,其他成员则只有服从主权者的义务。同时,集团成员之间的群集性和无力逐渐加强并使实践-惰性在集团内部重新出现,因此制度集团开始向群集退化。制度集团发展到极端就形成了官僚国家。国家以全民族的名义为了统治阶级的一般利益而操纵全社会的各种群集并且调节社会各阶级之间的关系和冲突。最后,重新陷入实践-惰性的群集状态的人民群众完全成了被控制和支配的对象,群众意志唯一可能的表达就是重新组成革命的融合集团,起来反抗制度的惰性和基于他们的无力之上的主权。

萨特对于被构成的辩证法的考察是以对于各集团、各阶级相互斗争的辩证关系及其辩证可知解性的阐明而收尾的,于是对辩证理性的全部逆溯考察最终达到了具体的层面:历史的场地。在他看来,任何历史事件都是两个或更多的阶级(或其他集合体)相互斗争与合作的复合结果。这个结果不是任何一个阶级的谋划的单纯实现,而是各个整体化者的特殊整体化相互交叉、联结与融合的综合产物,历史就是一个没有单一整体化者的统一的整体化过程。

五　辩证整体化的一元论

以上就是萨特对辩证理性的逆溯批判考察的全部内容。在这个考察中,他阐明了个人实践、群集和实践-惰性、集团实践的各种形式结构及其辩证关系和辩证可知解性,从而奠定了一种结构的人学的辩证基础。然而,这种考察仍然停留在共时的整体化的层面上,尚未考察实践时间化的历时的深度。这意味着:逆溯必须由综合的前进来补充。这种综合的前进将力图上升到共时的和历时的双重运动,历史通过这种运动不停地整体化自身。前进的批判考察一旦完成,它将最终实现辩证理性批判的根本宗旨,即奠定一种结构的和历史的人学的基础,并将最终证明,只有一个历史和一个真理,而且历史过程与历史真理是辩证理性的同一个整体化过程。然而,由于没有完成《辩证理性批判》的第 2 卷,萨特的这个哲学抱负未能最终实现。

不过,第 1 卷的内容已经可以使我们得出结论:萨特在社会历史本体论上主张一种辩证整体化的一元论,在社会历史真理观上也坚持一种辩证整体化的一元真理观,并且强调,历史过程与历史真理是辩证理性的同一个整体化过程。这就是他在社会历史领域中的基本哲学立场。

我们通过比较可以看出,萨特晚期在人与物、个人与他人(们)、自由与必然、理解与知解等一系列本体论和认识论的基本问题上的观点,与《存在与虚无》中的早期观点有了重大的变化。然而,贯穿于其早期与晚期哲学之中的始终不变的总立场或总原则仍然是存在主义的自由至上价值观、个人本位主义和人类中心论。

作为 20 世纪哲学家中典型的人类中心论者,萨特在其生前和身后不断受到结构主义者和后现代主义者的抨击。然而,萨特的很多思想观念早已深入人心,“选择”“介入”“超越”等概念不仅成为日常生活中人们的口头禅,而且已经渗透到政治、经济、法律、军事、社会运动等广阔的领域中,并且继续对人类生活发生着深刻的影响。

第十五章　梅洛-庞蒂

第一节　生平与著作

梅洛-庞蒂(Maurice Merleau-Ponty)是 20 世纪法国著名的哲学家。他不仅是法国现象学和存在主义的主要代表人物之一,也是法国结构主义的先驱者。1908 年 3 月 14 日,梅洛-庞蒂出生于罗舍弗尔(Rochefort),曾先后在勒阿弗尔和巴黎的学校读书。他于 1926 年考上巴黎高等师范学校,在大学读书期间初步接触到胡塞尔的现象学。1930 年他从高等师范学校毕业并通过了教师资格考试,获得中学哲学教师学衔。此后直至第二次世界大战前,他先后任中学哲学教师和高等学校辅导教师。战争期间,他最初是一名陆军军官,法国被德军占领后他积极参加抵抗运动,加入了萨特等人组织的左派知识分子的抗德地下团体——"社会主义与自由"。战后,他于 1945 年通过了博士论文答辩。同年到里昂大学任教,1949 年又执教于巴黎大学,1952 年被选为法兰西学院哲学教授。1961 年 5 月 4 日,正值盛年的梅洛-庞蒂在巴黎他的书房的写字台前合上了那双观察世界的眼睛。

梅洛-庞蒂的主要著作有:《行为的结构》(*La Structure Du Comportement*, 1942)、《知觉现象学》(*Phénoménologie De La*

Perception,1945)、《人道主义与恐怖》(*Humanisme Et Terreur*,1947)、《意义与无意义》(*Sens et non-sens*,1948)、《哲学赞词》(*Éloge de la Philosophie*,1953)、《辩证法的历险》(*Les Aventures De La Dialectique*,1955)、《符号》(*Signes*,1960)、《眼睛与心灵》(*L'oeil et l'esprit*,1964)、《可见的与不可见的》(*Le Visible et l'Invisible*,1964)、《世界的散文》(*La Prose du Monde*,1969)等。

第二节 回到现象

在梅洛-庞蒂第一部著作《行为的结构》中,他开宗明义地提出:"我们的目标是理解意识与有机体的、心理的,甚或社会的自然之种种关系。"[①]这可以说是梅洛-庞蒂大半生理论思维的主题,《知觉现象学》就是通过对作为意识与世界的原初关系的知觉的描述来讨论人与世界、自身及他人的关系的。直到去世前不久,他才开始从对人的实存的现象学研究转向对一般存在的本体论问题的思考,其成果记载于未完成的著作《可见的与不可见的》之中,这种思路的转变与海德格尔的哲学历程有某些相似之处。

在《行为的结构》里,梅洛-庞蒂认为,为了理解意识与自然的关系,必须从分析行为概念入手。因为行为的概念相对于"心灵的"和"生理的"这两个对立的古典概念来说是中性的,因而有可能为我们重新阐释灵魂与肉体的关系并且进一步解决唯心主义与唯物主义、机械论与生机论和目的论、因果决定论与自由之间的古老的对立提供一条新的思路。

在《行为的结构》中,梅洛-庞蒂批评了巴甫洛夫的条件反射学说,指出后者的错误在于把行为看作世界各种事物和关系中的一个物。然而在梅洛-庞蒂看来,行为既不是一个物也不是一个纯意识,它对知觉经验显现为一个形式或结构。继而,他着重分析、批评了华生的行为主义心

① 梅洛-庞蒂:《行为的结构》,第1页,巴黎,法兰西大学出版社,1953。

理学，指责后者取消心灵和意识领域，将人的行为还原为一对一的刺激-反应的机械因果关系，而人的身体则变成了仅仅对外界刺激作出反应的被动对象。对此，梅洛-庞蒂指出身体还是一个能动的主体，它通过知觉将它周围的世界组织起来并且赋予世界以意义。

关于行为，梅洛-庞蒂写到："一旦'在其统一性中'并在其人的意义中对行为加以把握，人们与之打交道的就不再是一个物质的实在，也不再是一个心理的实在，而是一个有意义的总体或一个结构，它既不完全属于外部世界，也不完全属于内心生活。"①因此，他反对把心灵领域还原为生理领域甚至物理领域，反对用低级的东西解释高级的东西，也反对用高级的东西解释低级的东西。他认为这三个领域应该作为三种类型的结构而整合起来并且通过不同的中介而实现相互过渡。低级结构作为高级结构的基础，而高级结构则是低级结构的重新构成，他相信这样一种结构的哲学能够超越唯物论与生机论、唯心论的二律背反。据此他认为，在行为的结构中，环境与行动之间的关系不是原因和结果的机械决定关系，而是一种有意义的辩证关系：环境只是行为的诱因而不是原因，行为对于外界环境的反应必须通过生理和心理的中介，并且取决于行为赋予环境的意义。在该书的结尾，梅洛-庞蒂断言："如果人们通过知觉理解了使我们认识种种存在的行为，那么人们刚才接触到的一切问题都可以归结为知觉的问题。"②这样，《行为的结构》预告了梅洛-庞蒂的第二部也是最重要的一部著作——《知觉现象学》的诞生，而且从某种意义上可以说，《行为的结构》开了法国结构主义的先河。

1945 年出版的《知觉现象学》是梅洛-庞蒂的博士论文。他在这部著作中表述了其前半生的主要哲学观点，并形成了自己独特的哲学体系。就梅洛-庞蒂思想形成的一般背景来说，他受到欧洲哲学史和思想史上很多思想家和流派的正面和反面的影响，比如笛卡尔、康德、黑格尔、克

---

① 梅洛-庞蒂：《行为的结构》，第 197 页，巴黎，法兰西大学出版社，1953。

② 同上书，第 240 页。

尔凯郭尔、柏格森、索绪尔的结构主义语言学和格式塔心理学派等等，但成为其哲学思想的特殊渊源的思想家应该首推胡塞尔和海德格尔，尤其是胡塞尔的现象学方法和他在《欧洲科学的危机与超越论现象学》中着重阐明的"生活世界"的概念在梅洛-庞蒂哲学思想的形成中几乎起到了奠基性的作用。此外，在一段时期内，他与萨特和马克思主义既同盟又争论的关系也曾经或深或浅地影响到其思想的某些方面。

梅洛-庞蒂认为，哲学的功能就是引导我们重新学习正确地看世界，而"哲学家的绝对知识就是知觉"[①]。在他看来，知觉是第一性的，而"被知觉的世界"不仅是一切科学知识的基础，而且"永远是一切合理性、一切价值和一切存在的预设基础"。[②] 因此，对知觉的描述就成了梅洛-庞蒂哲学思想的核心。

在《知觉现象学》的"前言"中，梅洛-庞蒂通过对现象学的几个重要主题的讨论阐发了他自己所理解的现象学，并且勾勒出他的知觉现象学的基本思路。首先他指出，胡塞尔的现象学自身包含着两种矛盾的倾向：一方面，现象学是对本质的研究，认为一切问题都要回到对本质的定义；另一方面，它又是一种把本质重新放回存在中去的哲学，并认为只有从其"事实性(facticité)"出发才能理解人和世界。它是一种把自然态度的肯定悬搁起来的先验哲学，又认为世界作为一种不可剥夺的在场在反思之前"已经在那里"了，要努力重新发现这种与世界的朴素接触并确立这种接触的哲学地位；它既是一种要使哲学成为"严密科学"的雄心，又是对"被亲历"的空间、时间和世界的领会；它只是对我们的经验如其所是地进行直接描述，而不考虑其心理起源和因果解释，但胡塞尔在其最后的著作中又提到"发生的现象学"。鉴于这种自相矛盾的现状，梅洛-庞蒂认为现象学还不是一种业已完成的哲学体系，它仍然是一种尚未定

① 梅洛-庞蒂：《哲学赞词》，第 22 页，巴黎，伽利玛出版社，1960。

② 参见梅洛-庞蒂《知觉的第一性及其哲学后果》，载于梅洛-庞蒂《知觉的第一性以及关于现象学心理学、艺术哲学、历史和政治的其他论文》，詹姆斯 · M. 伊迪编，第 13 页，埃文斯顿，西北大学出版社，1964。

型的哲学运动,因此拘泥于引证前人的成说并没有多大意义,他的意图是要通过自己的研究把这个为我们的现象学加以确定和具体化,并在自己的思想中发现现象学这些矛盾倾向的统一和它的真实意义。

在梅洛-庞蒂看来,胡塞尔的著名口号"回到事物本身"的真正含义"就是回到这个认识之前的而认识总是谈起的世界,对于这个世界来说,任何科学的规定性都是抽象的、符号的和从属的,就像地理学对于风景的关系那样,我们首先是从风景那里得知什么是一片树林、一片草原或一条河流的"①。这是一个被我们所知觉和亲历的原初世界,全部科学都建立在这个世界之上。如果没有从"我"的观点出发对于这个世界的经验,科学的符号就失去了任何意义,因为科学只是对这种经验的第二性的表述和对这个原初世界的一种规定或解释。对于这样一个先于分析与科学的知觉世界,我们既不能用反思分析的方法也不能用科学解释的方法,而只能用纯粹描述的方法去把握。梅洛-庞蒂指出,知觉不是一种关于世界的科学,不是一个行动,也不是有意地采取一个立场,它是使一切行动凸显出来的背景和预设的前提。世界也不是一个"我"掌握了其构成规律的对象,而是"我"的一切思想和知觉的自然环境和场所,它在"我"对它进行分析和解释之前早已存在了。而人在世界中存在,人只有在世界中才能认识自己。

针对那种把现象学及其还原方法看作唯心主义的误解,梅洛-庞蒂辩解到,"我思"应该在处境中发现"我",而且只有在这个条件下,先验主体性才能成为相互主体性(主体间性)。真正的"我思"不用主体对于存在的思想来定义主体的存在,也不把世界的确实性转化为对世界的思想的确实性,而且它不用意义-世界来代替世界本身,相反,它把"我"揭示为"存在于世界上"。他认为这样就可以消除一切种类的唯心主义了。对于现象学还原法,梅洛-庞蒂不同意胡塞尔把它表述为回到一个先验意识的唯心主义倾向。在梅洛-庞蒂看来,现象学还原之所以暂时把常

① 梅洛-庞蒂:《知觉现象学》,前言第3页,巴黎,伽利玛出版社,1945。

识和自然态度悬搁起来，正是为了使它们显现出来；反思之所以相对于世界而后退，正是为了要看到意识的超越性的涌现，它放松我们与世界的意向性联系，也只是为了使我们注意到这种联系。既然反思是对世界的意识并且依赖于一个非反思的生活，而主体只是向着世界的超越，那么现象学还原就远不是一个唯心主义的公式，而是一个存在哲学的公式，海德格尔的"在世存在"正是在现象学还原的基础上出现的。

胡塞尔曾说，任何还原不仅是先验的还原，而且必然同时是本质的还原。对此梅洛-庞蒂承认，当我们以哲学的方式(本质还原的方法)考察我们对世界的知觉时，我们不可避免地从对世界的介入中后退，并从我们存在的事实过渡到我们存在的本性，即从此在过渡到本质。然而他立刻强调指出，本质在这里决不是目的，而只是手段，因为我们对世界的实际介入(在世存在)才是应该加以理解并用概念加以表达的东西。必须通过本质才能把握存在的这种必要性并不意味着哲学要把本质当作对象，相反，这只是由于我们的存在执着于世界之中以致不能认识到自己的这种状况，因而需要通过本质还原达到观念性的场所以便反过来认识并赢得我们存在的事实性。这样，在梅洛-庞蒂看来，达到本质只是为了重新回到原初意识直接经验到的一切活生生的关系和谓词之前的原初意义。寻找意识的本质并不是逃离存在从而进入语言表达的貌似与存在分离的本质领域，而是要回到"我"面对"我"自己的实际在场即"我"的意识的事实；寻找世界的本质也不是要在观念中发现世界是什么，而只是要发现世界实际上是什么。因此，在真理问题上他认为，应当阐明我们对于"实在"的原初的知识，并且把对世界的知觉描述为永远奠定我们真理观念的基础。所以不应该问我们是否真实地知觉到一个世界，而应该反过来说，世界就是我们所知觉的那个东西。我们就存在于真理之中，而知觉的自明性就是"真理的经验"。由此我们可以看出，与胡塞尔追求作为严密科学的哲学的现象学不同，梅洛-庞蒂在存在与本质的两极之中更加偏重于存在。因此他既是一个现象学家，更是一个存在主义者，而他的现象学则可以被称为存在主义的现象学。

在梅洛-庞蒂看来，现象学的意向性公式——"任何意识都是对于某物的意识"的真正含义，就是承认意识本身是对世界的谋划，它注定要存在于这个它既不包括又不占有的世界上，并不断地投向这个世界。因此，意向性就是意识对世界的一种意义关系。由于对象的不同，现象学的"理解(compréhension)"方法就必然与古典的"知解(intellection)"方法有所不同。知解仅限于认识"真正而不变的自然"，而理解则要重新把握总体的意向。面对一个被知觉的物、一个历史事件或一种理论，表象只能看到一些属性、遗迹和观念，而理解则能把握它们独特的存在方式。这种存在方式既体现在物的属性中，也体现在一次革命的一切事实中或一个哲学家的一切思想中。因此，梅洛-庞蒂认为，应该在每一种文明中重新发现那种涉及他人、自然、时间和死亡的独特的行为模式，这不是物理-数学类型的规律，而是形成世界的某种方式和一些历史的维度。由于与这些维度的关系，人们的任何一句话、一个姿态，即使是习惯性的和漫不经心的，都有了一种意义，因为它们都是对处境表明了某种态度或采取了某种立场。梅洛-庞蒂在此说了一句名言："因为我们存在于世界上，所以我们被判定具有意义(sens)。"①既然任何东西都有一个意义，那么我们就应该同时从经济、政治、宗教、意识形态以及作者的心理和生活事件等一切观点出发去理解一个历史事件或某个作家的一种理论，并且在一切关系下面重新发现同样的存在结构，在历史的深处达到存在意义的核心，这样的理解才是总体的理解。只要不把这些不同观点孤立起来，它们就都是真的。"正如马克思所说，历史不是用头在地上走路，这是真的。但同样真实的是，历史也不用它的脚来思想。或者不如说，我们所要关心的既不是它的'头'，也不是它的'脚'，而是它的全身。"②

最后，梅洛-庞蒂在《知觉现象学》前言中总结道："现象学最重要的收获，无疑是把极端的主观主义和极端的客观主义在其世界概念或合理

①② 梅洛-庞蒂：《知觉现象学》，前言第14页，巴黎，伽利玛出版社，1945。

性概念中结合起来了。”①在他看来，现象学的世界不同于世界本身，它不是纯存在，而是意义，它通过“我”的种种经验的相交并通过“我”的经验与他人经验的交叠啮合而显露出来。因此，作为意义的世界是与主体性和相互主体性不可分离的。正是这两种主体性一方面在“我”现在的经验中重新把握“我”过去的经验，另一方面在“我”的经验中重新把握他人的经验，从而创造了意义世界中各种因素的统一。而且，现象学的世界不是一个预先的存在的显露，而是存在的奠定；哲学也不是一个预先的真理的反映，而是像艺术那样，是一个真理的实现。因为唯一预先存在的逻各斯(理性)就是世界本身，而哲学使它过渡到明显的存在。梅洛-庞蒂重申，哲学家的任务就是去思考世界、他人和自我，并构思他(它)们之间的关系，《知觉现象学》正是围绕这些问题展开论述的。

在对知觉进行现象学的考察之前，梅洛-庞蒂首先在导言中批判地审查了有关知觉的几个古典的概念和假定，指出由于其错误偏见，它们不仅不能说明反而遮蔽了知觉经验的真实性质，由此表明必须回到作为活生生的经验的知觉现象的必要性。某些古典哲学家把知觉分解为一些感觉，感觉是主体受到刺激后在主体内部产生的孤立的内在状态即“印象”，这些感觉的总和则构成知觉。梅洛-庞蒂指出，古典哲学设想的这种孤立的感觉被剥夺了一切联系和意义，因而与我们的亲身经验格格不入。因为即使是最初步的经验也都是具有意义的，而且最简单的感觉所与也有一种“形象-背景”的结构。正如许多零相加仍然等于零一样，许多没有意义的感觉要素相加仍然不能产生一个有意义的知觉整体。为了摆脱这种困境，另一些人抛弃了这种把感觉看作主观印象的概念，而把感觉看作可感对象的属性。比如我们感觉到的红不是一种主观感觉，而是在感知者之外的对象的红色属性。然而梅洛-庞蒂认为，这样做的结果只是从极端的主观性和非决定性跳到了极端的客观性和决定性，陷入一种“有利于客观世界的偏见”。其错误在于把世界看作一个“自

① 梅洛-庞蒂：《知觉现象学》，前言第15页，巴黎，伽利玛出版社，1945。

在”，其中任何东西都是孤立的和被决定的。而根据一种与此相关的心理学的“恒定假设”，知觉则被还原为一对一的因果决定的过程，在其中相同的刺激恒定地产生相同的感觉。为了驳斥这些错误，梅洛-庞蒂举了几个心理学实验的例子：同一强度的声音在不同环境下会被知觉为不同的音高，客观上长度相等的直线在知觉中却是不相等的，红色与绿色混在一起则被知觉为灰色，等等。这些例子证明被知觉的东西具有模棱两可性并且属于一定的知觉领域（champ）或前后关系（contexte），而并不是由客观外界的刺激直接决定的。因此他认为，必须放弃把知觉分解为一些感觉的做法，并把对自在的外部世界的信仰悬搁起来。为了理解知觉的真实含义，我们必须回到前客观的现象领域。

为了把被感觉论者设想为孤立感觉的纯粹印象联结起来并赋予它们以意义，经验论者提出了“联想”和“记忆的投射”的假设。他们认为通过联想和记忆就能把那些孤立的感觉集合成一个形状并将它与我们过去已知的三角形联系起来，从而赋予这些当前的感觉以三角形的意义（认出这些感觉的集合是一个三角形）。针对这种假设，梅洛-庞蒂反驳道，经验主义预设了它应当解释的东西，因为联想和记忆的运作需要一个意识才能把感觉印象集合成一个形状并赋予它以某种意义，而经验主义只是推迟了问题却并没有解决问题。比如，什么使知觉者把一些孤立的印象联系起来？什么使知觉者赋予过去的感觉以某种意义？梅洛-庞蒂认为，如果我们不愿陷入无限后退，那么就必须抛弃感觉的理论和为了补救它而构想出来的“联想力”“记忆的投射”等假设，而回到一种已经具有意义的知觉经验，它是我们与事物的最初联系和一切知识的基础。

为了挽救“有利于世界的偏见”，经验论者还提出了“注意”的概念，以便解释知觉与刺激不相应的情况。而理性主义者则提出了“判断”，用来把孤立的感官印象联结起来构成一个对象的形象。梅洛-庞蒂认为，这两种假设都陷入了无法解决的困难。首先，无论经验主义还是理性主义，都没有正确理解注意的作用。心理学实验证明，我们对于对象的最初知觉既不是完全混沌一团也不是绝对清清楚楚，而是处于一种不确定的状态并显示为一种模棱两可的意义。我们通过注意逐渐使对于对象的知觉变得清楚一些并使其意义更明确一些,但最终也不会变得完全清楚。经验主义和理性主义的错误都是取消了知觉的这种不确定性,前者认为我们最初对于知觉对象完全无知,后者则断定我们对于知觉对象一开始就了如指掌。这是因为前者从一种绝对的客观主义出发,把世界设想为一个自在的实在,而后者从绝对主观主义出发,把世界看作是由意识所构成和支撑的。其次,理性主义设想的判断概念也是困难重重。例如,当我们从窗户看到下面街上有一些帽子和衣服时,我们说我们看到了一些人。对此理性主义者解释说,实际上我们不是"看到"人,而只是"判断"那里有人。这样一来,一切知觉都变成了判断活动,即对孤立的印象材料的知性构成活动。然而,梅洛-庞蒂指出,这与我们在实际经验中对感觉和判断的区别相矛盾,而且这种假设也无法区分真的和假的知觉。如果看到就是判断或认为我们看到,那么就会导致"幻视病人认为他看到了他不认为他看到的东西"这种自相矛盾的无稽之谈。梅洛-庞蒂最后指出,为了克服上述古典理论的种种偏见,人们必须通过现象学的彻底反思回到并且阐明我们实际经验的知觉起源,这样一种新的思路将需要一些灵活流动的概念来表达一个既不是客观的也不是主观的领域。

与胡塞尔的先验现象学不同,梅洛-庞蒂所理解的现象学并不研究一种预先存在的理性的实现或一个世界的可能性条件,而只研究存在对意识的显现。这个显现的领域被梅洛-庞蒂称为"现象的领域"。它并不是一个像奇观那样展现在一个没有肉体的心灵面前的客观世界,而是由一个具有肉体和独特观点并且被其具体处境制约的主体所知觉的模棱两可的领域。对这个领域的现象学反思将使我们重新发现我们的知觉经验的本性和世界对我们的原初意义,并且恢复我们对相互主体性的亲历的经验。梅洛-庞蒂指出,一方面,由于爱因斯坦的相对论和海森堡的测不准原理的提出,古典理论关于决定性的客观世界、脱离处境的绝对观察者和绝对的科学真理的概念受到了挑战;另一方面,世界大战所带来的野蛮、非理性和不自由颠覆了超历史的永恒理性和自由以及合乎理性的人类社会的古典信念。因此，哲学的任务首先是回到先于客观世界的被亲历的世界，正是在这个世界中我们才能理解客观世界的权利和界限，恢复事物的具体面貌，恢复有机体对待世界的特有方式，并把其固有的历史性归还给主体性。我们必须重新发现现象，这是活生生的知觉经验的层面，他人和事物最初正是通过这种经验呈现给我们的，而"自我-他人-事物"的系统也由此产生。梅洛-庞蒂把这种知觉的觉醒和对现象的重新发现称为"哲学的第一个行动"①。

第三节　身体-主体

在《知觉现象学》正文的第一部分"身体"中，梅洛-庞蒂集中讨论了知觉现象的主观极——具有身体的主体。他首先批评了"客观思想"的两种形式，即经验主义（实在论）和理性主义（唯心论）。前者把我们的知觉对象当作"自在的对象"，而后者把它看作是仅仅由我们的心灵所构成的"为我们的对象"。在梅洛-庞蒂看来，两者都各执一偏，实际上知觉对象是"为我们而有的自在（il y a pour nous de l'en soi）"②，它们是我们所遇到或发现的对象，是对我们的触觉提供抵抗或向我们的注视展现深度的东西。正如一所房子，我们可以在不同时间从无数不同的透视角度来观看它，但它并不因此而像实在论所设想的那样成为一个独立于任何角度的纯粹自在。同时，作为知觉主体的人的身体也不能被还原为世界中的一个物质客体，事实上这个被亲历的身体是我们对世界进行知觉所由以出发的特殊观察点，它使得我们对世界的知觉经验具有了多角度性及其空间-时间结构。由此，梅洛-庞蒂提出了对于古典生理学和心理学的批评，并且开始对身体进行现象学的考察。

梅洛-庞蒂首先指出，客观思想把世界设想为不同物体的集合，其中

① 梅洛-庞蒂：《知觉现象学》，第 69 页，巴黎，伽利玛出版社，1945。

② 同上书，第 86 页。

各个物体之间或同一物体各部分之间都通过纯粹外在的因果关系联系起来。与此相应,机械论的生理学把身体看作这个因果世界体系中的一个物体,而人的行为则被归入刺激-反应模式:刺激作用于某一特殊感官产生感觉,感官把这些感觉传送给大脑,由此产生一个可预见的知觉。然而,梅洛-庞蒂认为,机械论生理学不足以说明我们的实际经验。他通过对一些病理学的例子,尤其是幻肢患者的出色分析证明,无论是纯粹生理学的还是纯粹心理学的解释,都不能充分说明这类现象。因为生理学不能解释一个被截肢的人为什么仍会感觉到他已失去的肢体,而心理学提出的"对失去的肢体的记忆"的假设则不能说明,为什么经过一段时间以后患者的记忆并没有消失而他的幻肢感却可以逐渐消失。而即使是两者的结合也无法圆满解释这类现象,因为传统的生理与心理、肉体与灵魂、物质与意识、自在与自为的对立已经从根本上排除了双方相互结合的可能。因此,梅洛-庞蒂指出,必须超越这种传统的两极对立而对人的身体进行一种现象学的描述,这种描述将把人的存在置于生理和心理两极之间,从而揭示出一种"身体意向性"。这种意向性以一种前客观的方式指向一个行为环境,而这种前客观的意向性和世界一起构成了人的在世存在。这种先于主观与客观区分的在世存在不能还原为笛卡尔的心灵实体和广延实体;相反,在世存在把二者不可分解地整合在人的存在之中,成为人的存在的意向极和世界极。在此,我们不仅可以看到梅洛-庞蒂对笛卡尔二元论的批判和超越的努力,而且也开始看到梅洛-庞蒂与萨特的分歧以及两人试图克服二元论的思路的差别。

通过引进在世存在的概念,梅洛-庞蒂以一种新颖的方式解释了幻肢感等病理现象的模棱两可性。实际上,幻肢患者对于他失去的肢体既有一定的意识又没有清楚的意识,而只有一种模棱两可的意识。因此当他企图用他已失去的腿走路时,他仅仅是以一种未加反思的方式通过他的习惯身体将自己投向他的习惯世界,正如正常人在使用自己的肢体时并没有经过清楚的认识而只是不假思索地行动一样。而且幻肢患者并不是重新思想或回忆他的过去经验,而是重新经历这个过去,他通过采取这种存在的态度激活了他失去的肢体，从而使之作为“准现在”出现。这种对幻肢患者的现象学描述为我们揭示出一种不同于客观时间的“身体的时间性”：习惯的身体意味着它在过去已经获得了一种与世界打交道的习惯的方式，意味着它曾在自身周围谋划了一个习惯的布局并将其一般结构赋予他现在的处境，而且它预先勾画出它期望在这个处境（它的谋划的世界极）中遇到的那些物体的草图。这样，身体就把一个过去交给每一个新的现在供其支配，并由此制定了它所预期的将来的一般形式。梅洛-庞蒂由此得出结论：既然身体通过勾画将来和亲历现在而传承过去，那么身体就成为过去、现在和将来这时间三维的交汇点。这种时间结构构成了具有身体的人的存在的特征，精神分析学中的“情结”典型地表现了这种结构。因此，问题不是把身体的存在还原为机械论生理学的法则，也不是像笛卡尔那样企图把灵魂与机械的肉体联系起来，而是描述被我们的在世存在赋予了丰富意义的身体存在的辩证运动，自由与依存的辩证法正是这个辩证运动的重要组成部分。

接着，梅洛-庞蒂又通过分析古典心理学的成果与局限，阐述了我们对自己身体经验的一个重要的形而上学特征。他首先肯定古典心理学道出了身体与物体在结构上的一些至关重要的差别，但是由于它采取了一种客观超然的观察者的立场，因而没有看到这些根本差别的哲学意义。例如，古典心理学承认，我们可以从不同的时空角度观察一个物体对象，甚至可以把它从我们的知觉领域（比如视野）中完全移开，然而我们却永远不能与自己的身体分开，也不能对它采取不同的角度或把它赶出我们的知觉领域。这就是说，我们的身体永远对我们在场，我们不能像观察一个对象那样观察它，我们知觉自己身体的角度也是不可改变的。梅洛-庞蒂认为，正是我们身体这种永恒的不可改变的在场使得我们能够观察物体对象，这是我们对物体对象观察的可变性和物体对象可能不在场的先决条件。而且，此处的自由与依存的辩证关系在于，我们之所以可以自由选择并改变我们对物体对象的观察角度，仅仅因为我们不能对我们的身体这样做。梅洛-庞蒂由此得出的哲学结论是：仅仅因为我们的身体本身不是我们的对象,才可能作为我们的物体对象,我们身体的永恒在场是物体对象的物理在场的一个形而上学的必要条件。[1]不过,梅洛-庞蒂也承认,我们能够通过镜子看到我们的身体或者用我们的一个感官知觉我们身体的另一部分,但是他强调,我们决不能在我们身体的某一部分正在看或摸的同时看到或摸到我们身体的这个部分。因此,我们身体的主动的存在永远逃离了我们的知觉,虽然我们身体的主动和被动的角色可以交替出现,但永远不能重合。

古典心理学还提出了"运动感觉"的概念,用来指称与移动外部对象不同的那种移动自己身体的直接感觉。例如,当我们移动自己手臂的时候,并不需要像移动外部物体那样首先搞清它的位置并抓住它然后才能移动它,而是一旦决定就可以立即执行,运动感觉所表达的就是对于这种无需任何中间环节就能把意向与行动联系起来的身体运动的直接意识。梅洛-庞蒂认为,心理学家们对身体的这些描述虽然已经给予身体一种特殊的地位,但是他们所采取的旁观者的超然态度使他们把身体与物体对象的基本差别看作一种偶然差别或程度上的差别。不过,当他们研究自己的经验时,这种既是观察主体又是观察对象的模棱两可的身份,迫使他们从那种把我们的身体看作对象的经验回到把它看作一种现象的经验,重新发现那种先于并且奠定了主体-客体区分的亲历的关系,即我们面对我们身体的前客观的在场以及被亲历的相互主体性的世界。梅洛-庞蒂由此开始转入对于我们身体的种种特征的更细致的考察。

在对身体进行现象学描述时,梅洛-庞蒂首先考察了身体本身的空间性,指出身体的空间性不是一种后天获得的特征,而是身体得以作为身体而存在的方式本身。在他看来,与普通的空间关系不同,我们的身体并不是由并列在客观空间中的各个器官拼接起来的一个集合体。它的各部分是以一种独特的方式相互包含从而形成一个整体,我们不可分割地占有它。而且,通过一种把所有器官和肢体都包含在内的"身体意

---

① 参见梅洛-庞蒂《知觉现象学》,第 107 页,巴黎,伽利玛出版社,1945。

象(schéma corporel)”,我们不必看就直接知道我们的各个肢体在哪里。这个身体意象的概念最初是由心理学家提出来的,它指的是对于局部刺激和身体器官所处位置的意象的集合。但是为了把幻肢感等错觉也囊括进这个概念中,心理学家又给身体意象的概念赋予了“身体目的”的新含义。然而,梅洛-庞蒂认为,他们在发展这个概念时没有意识到其哲学意义。在他看来,这种新的身体意象概念已经不再是指身体感觉印象的组合,而是指我们对作为“肉体化的意向性”的身体的意识,这意味着从作为物体的身体向着被亲历的身体的一种理解上的深刻转化。这种身体意象为我们提供了一种对我们的肢体位置的前反思的意识。但是这种位置不是在客观空间中的位置,而是与我们的肢体卷入我们谋划的方式相关的位置。因此这不是一种方位空间性,而是一种处境空间性,这种被亲历的身体空间性构成了客观空间的基础。

梅洛-庞蒂进一步指出,肉体化的意向性已经意味着身体目的具有一个相应的世界极,因此,我们对自己身体的意识不能与我们对世界的知觉相分离。当我们的身体投向其任务的世界时,我们直接意识到我们的肢体在哪里,这种身体意象由此涉及一种前反思的原始投射(或谋划)和“运动机能(motricité)”。对于人的投射(谋划)能力和运动机能的分析有助于对身体空间性的现象学描述。梅洛-庞蒂通过对一个由于脑后受伤而部分丧失身体能力的病人施奈德的行为的分析指出,施奈德虽然可以完成既定的日常工作,但不能完成抽象的行为和需要想象力的创造性行为。这说明施奈德的症结在于他的基本投射能力的衰退,这种能力根植于我们对作为运动投射的身体的经验之中。他尤其缺少正常人向其周围环境投射的“人的空间”,正是这种空间使我们能够勾画我们的处境,设想种种可能性并且创造各种意义。与病人相对照,我们正常人能够不假思索地完成抽象的活动,我们向着想象的处境开放,我们的身体意象具有一种可能性的地平线。因为我们把身体体验为一种“运动的意向性”,这种把身体体验为一种行动能力的前反思的经验使我们能够超越给定物并且按照我们的计划构成我们的世界的结构,或者把我们的身体自由地投向一个想象的世界。总之,正是这种基本的投射能力和运动机能决定了我们在世存在的整个方式,而病人在这些能力上的失调和衰退也决定了他的在世存在的全部方式。无论是经验主义心理学还是理性主义心理学都不能阐明这种把正常的运动机能与病理的运动机能区分开来的基本的投射能力。正如我们的习惯性活动所揭示的那样,学会弹奏钢琴或开惯了一辆汽车既不是出于理性的分析或重构,也不是出于印象的机械记录,而是把身体移植进这些器具里,或者反过来说,把它们整合进身体本身之中。这是对一种运动意义的身体把握或理解,它使我们能够把自己的身体完全投射到音乐的表现之中或汽车的驾驶之中去,而不必思考手指的位置或测量街道与汽车的宽度。因此,身体在本质上是一种表达意义的空间,正是凭借它,其他一些特殊的表达意义的空间(如钢琴或打字机的空间)才得以存在并被整合进它本身之中。更一般地说,具有动力学性质的身体空间性正是使一个有意义的世界得以产生和存在的条件,它把我们人的整个存在都包容在内。梅洛-庞蒂对身体空间性的现象学描述和对习惯活动的存在分析的确为我们揭示出一些被传统方法所忽视的维度。

继身体的空间性之后,梅洛-庞蒂论述了身体本身固有的综合。他指出,不仅身体不是一个由其各个部分在客观空间中外在地联系起来的机械系统,身体的各种感觉能力也不是作为一些外在因素孤立地发挥作用;相反,活生生的身体首先是各种感觉能力有机的综合统一,其中每一种能力只有凭借它在这个整体中的地位才能充分发挥作用,因此每一种能力必然内在地与所有其他能力联系起来。这种身体的统一意味着感觉能力之间有一种相互牵连的结构,在这种结构中各感觉能力可以在必要时互相调整和补充(虽然不能相互取代)。另一方面,正如前面对于习惯活动的存在分析所揭示的那样,身体作为肉体化的意向性必然把自己投向一个知觉世界,因此身体-主体与世界也形成一个有机联系的整体。在这个整体中,身体作为原初的超越性已经超出自身而趋向于某物,它引诱可以被感觉的东西,同时自身也被可感物所吸引。这种使我们的身体得以存在的相互吸引、相互趋向、相互显示意义、相互为对方存在的基本辩证运动，在身体作为性的存在的领域中表现得尤为充分。而且，身体的综合及其相互牵连的结构也在性的活动中通过触觉、视觉和运动能力的互相协调和补充而清楚地表露出来。

在对人的性关系的描述中，梅洛-庞蒂首先指出，性的意义是在一种活生生的对话中创造出来的。在这场对话中，那个吸引“我”的存在所召唤和诉诸的是“我”的肉体化的主体性，而“我”的身体所回应的也是另一个肉体化的主体性。对方不是一个完全惰性的存在，“我”也不是一个纯粹意识，双方都作为身体-主体而存在。因此，对人的性活动的考察揭示出，我们的身体既不是完全被动的也不是完全主动的，既不是纯粹生理的也不是纯粹心理的，更不是物质与心灵的尴尬联合，它是一个第三种存在（身体-主体），通过它并且为了它一个第三种意义（身体意义）才得以存在。梅洛-庞蒂甚至把身体与一件艺术品相媲美，不仅因为身体的各种能力具有综合统一性，而且因为身体的性意味是身体存在的一种风格而不能还原为任何知性概念。对方身体的性意味之所以能够对“我”显现，仅仅因为“我”用一种使对方身体面貌能对“我”呈现出一种性风格的方式来运用“我”的感官。这正如只有当“我”运用“我”的眼睛或耳朵使颜色或音符呈现出它们的独特风格时，一幅画或一首乐曲才对“我”显现出它们的艺术意义。然而，梅洛-庞蒂并不同意把性意义等同于一般的存在意义，也不同意弗洛伊德的无意识概念。他认为，存在具有更一般的性质，它以各种各样的方式构成自身，而性活动作为一种特殊的辩证法只是表现存在的形式之一。这样，性虽然作为“一种模棱两可的气氛”弥漫于我们的生活中，但它既不能解释我们的全部存在，也不能与我们在世存在的其他方式相分离，它只是我们在世存在的方式之一，也是使我们与他人联系起来的共在的基本方式。由此出发，我们可以更好地理解一般的人际关系，以及社会生活和历史的意义。

对身体的性活动的现象学描述已经表明，超越性不是一个人孤立的投射，人的存在实质上是共在。因而，人们的超越性形成一个相互作用的网络,并在一切维度上引发、领会和传递多方面的意义。在人们的共在和交流中,语言无疑发挥着至关重要的作用。梅洛-庞蒂在讨论身体的第一部分的最后一章中集中论述了作为表达的身体和话语。在他看来,无论是把语言过程理解为语词在大脑中的印记和刺激-反应或心灵联想的结果的经验主义心理学,还是把它理解为思维的范畴操作的结果的理性主义心理学,都不能令人满意地解释失语症等语言障碍疾病,也不能提供一种符合我们的实际经验的正确的语言理论。它们的共同错误在于,双方都认为语词本身没有意义和效力,唯有思想有意义,语言只是思想的外在伴随物,因而必须由思维主体把思想灌注到作为思想容器的语言中去。与此相反,梅洛-庞蒂断言:"语词有一个意义。"[①]由这种基本肯定出发,他展开了对语言的现象学考察。首先他指出,仅靠思想本身并不足以认定事物,说话也并不一定预设思想。事实上,并不存在一种先于话语的纯粹思想,如果没有任何支撑,这种思想就会立刻消失,甚至我们根本不可能意识到它。我们平常认为是纯粹思想的东西实际上充满了语词,所谓"沉默的内心生活"不过是一种内心独白。我们的经验表明,即使是熟悉的物体最初也对我们显示为不确定的,直到我们记起它的名字为止,因此命名就是认定。而且,当我们为对象命名时,并不是先在心里想到一个概念,相反,名字本身就具有意义,而我们正是在赋予它名字的时候意识到我们达到了这个对象。另外,直到我们在内在的或外在的话语中构成了我们的思想时,我们才知道我们自己的思想。因此,说话完成思想,而不是仅仅把已经完成的思想翻译为话语。

接着,梅洛-庞蒂指出,本真的话语不是思想的外衣,而是思想的身体本身,它是思想在世界中的在场。如果本真的表达不是与思想同一的,那么我们与他人的交流就是不可能的。尤其当我们在说和听某些新东西的时候,在说话者心里并不是有一个思想先于或并列于他的话语,相反,他只是以某种方式运用一种共同的语言使一个新的意义随着说话

---

① 梅洛-庞蒂:《知觉现象学》,第206页,巴黎,伽利玛出版社,1945。

产生出来。在这个过程中，他的话语不是某种内部思想活动的表征，他的话语就是他的思想。与此相似，听话者也不是在听的同时或听到以后再通过思想来解读或概念化他所听到的东西，他随着对方话语新意义的出现和展开就理解了它，他在听也就是他在思想。说者和听者是在一个共同的语言世界中进行交流的共在主体，他们用以交流的本真的话语揭示出语言的存在意义，这种存在意义渗透在语词本身之中并且被语词所传达，正如一首奏鸣曲的音乐意义存在于声音之中并由声音传达给音乐听众一样。语言的这种存在意义构成了语言的概念意义的基础。

梅洛-庞蒂进一步指出，原创的话语与沉默的姿势具有相似的性质。他认为，说出的语词是一种真正的姿势，语词包含自己的意义正如姿势也包含它自己的意义一样。经验表明，我们并不把姿势领会为某种心理事实的表征。例如，对看到的人来说，一些姿势（比如下巴的抖动）并不是某些感情（如愤怒）的表象，它们就是那些感情，看到的人直接把它们领会为愤怒。因此，姿势的意义是被理解的，而不是像一个物理现象那样被给定的。对一个姿势的理解和交流是通过在他人的身体意向性与"我"的身体意向性之间建立一种相互关系而实现的，我们之间的相互作用既不是一个机械过程，也不是一种知性的操作，而是在一个身体-主体建构世界的前反思的活动与另一个身体-主体重新把握前者建构活动的意义的相应的前反思活动之间的互动。这是一种一方邀请、另一方回应的前反思的对话。在这种对话和交流里，表达与理解首先是通过身体而实现的，任何理性的阐明和科学的概念都在其后。梅洛-庞蒂也承认，现存语言的多样性似乎表示语词与其意义的联系是任意的，表达感情的姿势在不同文化的人们之间也不尽相同。但他认为这不能从根本上动摇他的理论。在他看来，思想和感情都是在世存在的方式，不同民族的人们在语言和姿势上的差别表达了他们知觉世界和回应处境即在世存在的不同方式，例如，行为的差别相应于感情本身的差别。而一种语言的细微差异和充分意义也几乎不可能完全翻译为另一种语言。不过，与梅洛-庞蒂在其他问题上的立场相似，他在有关语言和姿势的两种极端理论——自然符号论和约定符号论之间也采取了一种中间的立场。他认为,人的生活与动物生活的一个重要区别在于一种基本的模棱两可性:在人的生活中,任何事情都同时既是"自然的"又是"文化的"(约定的),任何东西都不是绝对独立于生物学的存在然而又都超越它,任何东西都不是纯粹偶然的也不是完全受制约的,语言和姿势也不例外。

在"身体"这一部分中,梅洛-庞蒂通过对身体的现象学描述最终确立了第三种存在——身体-主体,并以此颠覆了笛卡尔的心灵与肉体和传统的主体与客体的二元论,使对立的双方成为身体意义现象的两个抽象环节。既然身体-主体总是意向性地与世界相联系,那么梅洛-庞蒂对知觉现象的考察自然地从知觉主体转向被知觉的世界。

第四节 被知觉的世界

在《知觉现象学》的第二部分"被知觉的世界"中,梅洛-庞蒂首先指出,身体的理论已经是一种知觉的理论。对身体的现象学描述表明,身体本身就是对于整体存在的表达。他认为,身体不是一个机械的物体,而是一种身体意向性,它的另一极就是被知觉的世界。这样,我们就恢复了身体-主体与被知觉的世界之间的本质联系。在我们获得一个外部世界的观念之前,我们已经经验到我们的在世存在,以及对象的统一和与之相连的身体的统一。在我们的前反思的经验中,身体、事物和世界直接呈现出来并且处于一种活生生的联系之中,这种经验先于将主体从他的身体和他的世界分离出来的反思过程并且构成后者的基础。身体本身的前反思的综合造就了被知觉对象的综合,而且这两种综合构成了单一的知觉活动的两个方面。

梅洛-庞蒂认为,现象的身体的结构已经意味着整个知觉领域的结构,因而他从感觉的综合入手考察被知觉的世界。他断言,感觉是身体-主体与其存在环境之间的一场活生生的对话。例如,颜色既不是一种纯粹的物理现象(经验主义),也不是一种知性构造,它是某种特定的在世存在的方式，这意味着一种特殊气氛的实际在场和身体-主体对这种气氛的反应能力。因此，感觉既不是一种被动的登记，也不是主动地强加一个意义，感觉某物就是在任何反思和人格活动之前与某物共在或“交谈”。感觉的主体不是一个有主意并能作决定的人格自我，相反，它是一个前人格的身体，它的种种感觉能力本身就是一些“自然的自我”。这样，感觉是一些无姓名的开放的活动，它们先于特殊化的人格存在并且是后者的前提。由于有了一个身体，我们已经拥有了一些感觉领域，这就是说，我们向着一个可感觉的世界开放，一切特殊的感觉所与都坐落在它的地平线上。

梅洛-庞蒂承认，从某种意义上说，看的自我或听的自我是一些专门化的自我，然而各种感官又相互交流并形成它们之间的统一。通过批判经验主义和理性主义的观点，他指出，对我们的实际感觉经验的现象学反思揭示出，在与可感觉世界的前反思的共在中，我们的各个感官既有统一性又有多样性。与康德设置一个先天的空间形式不同，梅洛-庞蒂把我们的注意力引向亲历的空间性。在实际的感觉经验中，可感物向肉体化的主体发出召唤，后者则或多或少地使自己集中于某一感官以便作出相应的反应。每个感官都有它自己特殊的世界，同时又都整合进我们的一体化经验的更大世界之中，各感官的多样性和统一性因而成为感觉的两个方面。正是这种统一性使我们能够从一个感觉领域的空间性转换到另一个感觉领域的空间性，同时却不失去我们对世界的把握。正如我们在听交响乐时闭上眼睛以便把自己投入到广大的听觉空间中，而当音乐结束时我们睁开眼睛又回到了视觉空间里。虽然每个感官都有自己独特的空间方式，但它们都对一个囊括一切的统一空间作出自己的贡献。白内障患者复明之后总是试图伸手去摸任何展示给他的东西，甚至是一束阳光，但当他学会正确使用他的眼睛之后，他就重新调整了他的经验结构并逐渐建立起一个视觉与触觉直接交流的感觉际的世界。在正常的经验中，所有的感官共同存在并相互作用，每一个感官的贡献在整个知觉的构成中变得无法区分了，正如看见声音或听见颜色的联觉经验所表明的那样。这种知觉的综合实现了我们各种感觉经验的统一,这种统一的过程正是通过各种感觉不断整合进现象身体本身的前逻辑统一而不断进行的。例如,当我们用双筒望远镜看东西的时候,两个筒的影像之所以能够汇聚成一个单一的影像,正是由于身体意象性的作用。具体地说就是,现象的身体把双影体验为一种不平衡,因而努力通过眼睛的聚焦达到视觉的平衡。而且,在感觉的原初层面上,我们还发现了时间性主体的统一和不透明性以及超越性客体的感觉际的统一。总之,现象学反思把感觉看作最初步的知觉,同时把原初的知觉恢复为非设置的、前客观的和前人格的经验。

揭示了各感官空间虽互相交叉但不互相重合的关系之后,梅洛-庞蒂集中论述了空间问题。传统的空间理论要么把空间看作由主体(先验自我)构成的先天形式(理性主义),要么把它当作一个客观的巨大容器(经验主义)。梅洛-庞蒂通过批判这两种传统的空间概念指出,空间的起源存在于身体-主体与世界之间的一种前客观的动态相互作用关系之中。在这个原初的层面上,我们的知觉直接是主观-客观的,即主观与客观尚未区分的。因此,现象学的描述将在现象身体与世界的各种原初关系中发现空间性的起源和基础。在一个视觉实验中,被试者戴上一副特制的眼镜后,最初看到的物体是颠倒的,此后看到的物体逐渐恢复正常但仍感到自己的身体是颠倒的,最后感到物体和自己的身体终于都恢复正常了。理性主义不能以主体的构成活动解释被试者起初的视觉颠倒,而经验主义则不能用“空间是实在世界”的客观属性来说明视觉形象的恢复。这里的问题是:被试者究竟参照什么标准而把视觉空间领域经验为颠倒的或正常的?梅洛-庞蒂认为,在这种辩证的知觉关系中,作为相对中的绝对的标准正是身体-主体与世界之间的磨合(相互调整和适应),以便在生活中获得知觉和行动的最大限度的清晰性和丰富性。正是根据这个标准,被试者逐渐调整自己的空间知觉,以便最终适应这个新的视觉空间领域。因此,原初的空间性就是身体-主体将自己与环境联系起来的一种前客观的存在经验。这是现象身体的亲历空间或存在空间，这种空间经验表明我们是一种处境中的存在，因而是有方向的存在和有意义的存在。亲历的距离或深度比起其他的空间维度来更能表明空间的存在性质，此外还有性的空间、想象的空间、梦的空间、神话的空间等，这些原初空间同样表达了我们与世界的原始关系，它们并不需要预设几何学空间作为前提。原初的身体运动则是现象身体与世界的前客观关系（既是空间的又是时间的）的一种变体，身体与世界的前逻辑联系的方式决定了运动知觉领域的“形象-背景”结构，这种联系也为心理学所谓的绝对运动提供了基础。

继感觉和空间之后，梅洛-庞蒂进一步考察物和自然世界。一种传统的观点认为，物之所以是真实的、客观的，只是因为它有一些给定的、“恒常的”属性，如大小、形状、颜色等。心理学把这些“恒常的”“真实的”属性看作一些约定，理性主义却试图回避客观性的问题，而把“真实的”物体看作它的所有现实的和可能的显现的总和。梅洛-庞蒂认为这些立场都不能正确地解决客观性的问题，因此，他试图通过现象学的描述来发现客观性的起源。正如空间性的基础和起源在于现象身体与世界的原初关系，客观性同样起源于身体与世界的对话，这种对话的基础则是身体-主体运用其感官把自身置于一个前客观的世界中的原始能力。比如，某物的恒常的或真实的颜色既不是我们所遇到的固定性质，也不是由反思意识构成的可感性质，它与一种颜色功能有关，后者是物体吸引身体-主体的注视并对视觉的探索作出某种抵抗的方式。例如，一旦灯光为知觉主体提供了一种新的照明水平或颜色气氛，知觉主体不必经过反思就会对之作出反应：灯光起初看起来是黄色的，但是随着知觉者逐渐适应他所置身其中的、由灯光所建立的黄色气氛，各种颜色不久就会按照各个物体所提供的不同种类和程度的抵抗而重新分配，从而一张被黄光照明的蓝纸在知觉者眼里逐渐又呈现为一张蓝纸，其他物体也根据它们在同一知觉领域中的相互关系相应恢复了它们“恒常”和“真实”的颜色。因此，颜色既不是一些固定的性质也不是变化无常的随意构造，它们相对于知觉主体置身于其中的颜色气氛和具有不同抵抗性的物体之间的相互关系而得以确定(物体的大小、形状等其他恒常性以及一般的客观性也是如此),然而照明水平或颜色气氛本身却是可变的,它以各种不同的方式构成我们的视觉领域的结构。进一步说,既然颜色的恒常性、物体的组织质地与视觉的抵抗有关,那么知觉主体的视觉与触觉能力也必然相互交叉,事实上,正如前面已经说过的那样,在对一个物体的知觉中存在着各种感觉的相互作用和综合统一,身体-主体作为各种感觉能力的综合整体必然把被知觉物体把握为一个感觉际的物体,从而使物体具有了某种恒常性或自明性而成为一个"真实的"物体。因此,物体的恒常性或自明性植根于身体对世界的把握的恒常性和自明性之中。梅洛-庞蒂特别强调,虽然物体是通过感知者对世界的把握所构成的,因而不能与感知者相分离,但物体仍然是客观的,它是一个为我们的自在物体。物体对知觉的抵抗表明它有一个非人的核心,这个核心可以防止它被吸收进知觉主体,从而保持它的某种相对的独立性。梅洛-庞蒂相信,依靠物体的抵抗性和感觉际的统一这两条就足以反对唯心主义了。但为了不陷入客观思想的偏见,他又补充道,物体虽然具有一种恒常性或自身同一性,但这并不是说它具有一些固定不变的属性,它的客观性并不是完成的和封闭的。他在这里的立场还是模棱两可的:客观性和知觉经验既是不可分离的又是不可相互还原的,物体和感知者既相互联系但又不能被吸收进对方。

阐明了物体的客观性与开放性之后,梅洛-庞蒂将其观点扩展到整个世界。他指出,我们每个人都是从自己当时当地的处境和透视观点出发去知觉一个物体和一个环境的,但每一个观点都是可以变化的,并且通过自己的地平线与其他一些观点和地平线相连,而这些其他的观点和地平线又与另一些观点和地平线相连,如此等等,以至无穷。这种包含一切可能环境或一切可能地平线的无限的地平线就是自然世界,与这个自然世界相应的则是作为各种感觉功能的前人格存在的身体-主体。人的生命不仅要理解某一特定的环境,而且要理解无限的可能环境,并且由于自己被抛进一个自然世界而理解自身。梅洛-庞蒂认为,自然世界是实在的并有其统一性，但它并非像笛卡尔所说的那样是物体的总和，它的统一性由于其地平线的无限性和对它的知识的可变性而成为开放的和未完成的。世界的实在性与其未完成性的矛盾恰恰对应于意识的普在性与其现在性的矛盾，各个物体和时间瞬间之所以能够相互联结为一个世界，只是由于一个具有时间性和模棱两可性的主体的中介作用。因此，物体和世界的本质就是开放性，它使我们超越它们过去和现在的显现，并且总向我们预示一些尚未看到的东西，这正是世界的神秘性之所在。

我们不仅生活在一个自然世界中，而且生活在一个人的世界里。因而，在“被知觉的世界”的最后一章“他人与人的世界”中，梅洛-庞蒂考察了我们对他人和文化世界的知觉。文化对象不同于单纯物理对象的地方在于，虽然它们有一个非人的内核，但它们却向我们显现出一种人文性。这就向我们提出了这样的问题：人文性或主体性是如何对我们显现的，而其他的主体性是如何出现在我们的经验之中的？传统的观点把主体性还原为心灵，这样，他人存在的问题就转换成了他人心灵存在的问题，不同于“我”的其他主体的存在就变得完全不可理解，而唯我论则是无法避免的结论。那么，传统哲学如何解释我们与他人一起生活在同一个世界中的实际经验呢？其典型的方式是通过一种类比来间接推论其他主体的存在：“我”首先知道“我”自己的“心理事件”与“我”的身体行为之间有一种相互联系，而当“我”知觉到他人身体的类似行为时，“我”就可以通过类推得知他人(心灵)的存在。梅洛-庞蒂指出，很明显，这种观点所依据的是笛卡尔式的身心二元论，因而必然面临二元论的一切困难。其中最主要的是，在被看作纯粹“自为”的意识与被当作纯粹“自在”的身体之间缺少一个共同的基础或中介环节。而且，对这种观点的表述本身已经预设了它应该首先加以说明的东西：对它的表达必须运用主体间的语言并且必须说给别人听，因而预设了他人的存在。最后，对他人的身体行为与“我”的身体行为所作的比较假定了自我知觉先于对他人的知觉而且前者是后者的基础。然而，实际情况恰恰相反。梅洛-庞蒂引用一个婴儿的反应来证明这一点。当一个成人把一个出生 15 个月的婴儿的手指放在嘴里假装要咬他的时候,这个婴儿就会张开他自己的嘴。这个阶段的婴儿很少从镜子里看自己的脸,而且他的牙齿也与成人的牙齿很不一样,因此,婴儿显然不是首先知觉到自己的咬的表情,然后再知觉要咬他的嘴的表情,最后通过类比推论出在这张咬他的嘴的后面有一个具有咬的意向的意识。事实上,与这种由一个透明的意识进行的有意的推理过程不同,婴儿从身体内部把自己的嘴和牙齿直接知觉为一个咬的器官,同时他从外面看到成人的嘴并直接知觉到它的咬的意向。对于婴儿来说,"咬"在此直接具有一种主体间的意义,婴儿作为身体-主体在自己的身体中知觉到自己的身体意向,同时通过自己的身体直接知觉到其他的身体-主体和身体意向。这种对他人存在的直接知觉之所以可能,正是因为在"我"的意识和"我"的亲历的身体之间,以及在"我"的现象身体和他人的现象身体之间存在着一种内在联系。外在的观察和类推只能提供认识他人的线索,而不能为我们确定他人的存在。

梅洛-庞蒂特别指出,在文化世界中有一个特殊的文化对象,它在我们对他人的知觉中发挥着至关重要的作用,这个文化对象就是语言。在对话的经验中,他人和"我"自己之间存在着一个共同的基地,"我"的思想和对方的思想相互交织,"我"的透视观点和他的透视观点相互融合,"我"的词语和他的词语被讨论的进展召唤出来,并被吸收进这个共同的活动之中。在这个双重的存在和完美的相互性中我们互为合作者,单独的每一方都不是它的创造者。在对话中,"我"摆脱了"我"自己,因为他人的思想是他人的,而不是"我"所创造的,虽然"我"能把握住它们,甚至能预期它们。而他人提出的反对意见可以从"我"这里抽出一些"我"不知道自己所具有的思想,在他激发"我"的思想的同时,"我"也借给他一些思想。这样,我们通过一个主体间的共同世界而共在。

因此,梅洛-庞蒂认为,我们的原初经验已经以某种方式把他人提供给"我",否则"我"就没有理由谈论孤独,也不可能宣称他人是不可达到的。即使"我"对他人的知识是不完全的,他人的存在在"我"的生活地平线上仍然是确凿无疑的。他人和相互主体性世界的存在只有对成人才可能成为问题，而孩子生活在自明的世界中，他从未把他自己或他人看作孤立的私人主体性，他也从不怀疑他可以通过知觉达到围绕着他的一切。根据皮亚杰的研究，到了大约12岁的时候，儿童才获得“我思”并达到理性主义的思维层面。但梅洛-庞蒂认为，我们童年时期的天真思想是成年思想的基础，它对于成年人把握一个单一的相互主体性的世界是不可缺少的。即使像黑格尔所说的那样，随着“我思”的出现，诸意识的斗争开始了，每个意识都追求其他意识的死亡，但为了使这种意识之间的斗争能够开始，所有的意识首先必须具有某种共同的基地，必须不忘他们在童年世界中的和平共存。梅洛-庞蒂承认，唯我论的“合理内核”仅仅在于“我思”的唯一性或亲历经验的特殊性，他人的悲伤和愤怒对他具有与对“我”不同的意义，这些处境对他来说是被亲历的，而它们对我则是被展现的。由于“我”不能亲历他人的经验，我就不可能与他人相重合。然而他指出，实际上，“我”同样不能与“我”自己相重合，由于时间性所造成的“我”的存在的模棱两可性，“我”永远不可能像亲历“我”的过去那样把“我”的过去重构出来。而且，唯我论在过分强调“我思”的唯一性的时候忘记了“我”的开放性，只要“我”出生于这个世界中并具有一个身体，“我”就能在发现一个自然世界的同时发现一个相互主体性的人的世界。在这个世界中，“我”的经验和行为模式与他人的经验和行为模式相互交织在一起。此外，正如前面已经指出的那样，对唯我论的表述或论证已经预设了一个具有语言的人类共同体的存在，因为这种论证恰恰是运用语言向这个共同体作出的。

在人际关系的基本性质的问题上，我们遇到了梅洛-庞蒂与萨特的又一个重大区别。萨特在《存在与虚无》中认为，他人通过注视把“我”从主体变成一个对象，反之，“我”也可以通过注视把他人从主体变成对象。因此，与他人冲突的经验是我们对他人的意识的基础，与他人共在（我们-主体）的经验只是一种由前者派生出来的没有本体论意义的心理学经验，它不能构成人的真实存在的一个维度。萨特的结论是，既然人与他人不能同时作为自由主体而共同存在，那么意识之间关系的本质就不是共在，而是冲突。与此相反，梅洛-庞蒂虽然也承认人际关系中存在着冲突的一面，但他肯定共在的经验具有本体论上的优先性，并且揭示出我们真实存在的一个本质维度，而冲突的经验则是从这里派生出来的。梅洛-庞蒂指出，萨特(他在此没有点萨特的名)那种把他人异化的非人注视只有在这种前提下才是可以设想的：仅当注视双方都从身体-主体的前反思的相互作用的存在中撤出而进入我们的纯粹思维本性，每一方都感到自己的行动不被对方所理解和接受，而只被像外星人一样的对方所注视。在梅洛-庞蒂看来，事实并非如此，被他人的注视对象化之所以不可忍受，仅仅是因为它用拒绝代替了可能的交流。一只狗的注视之所以不会使"我"感到窘迫，恰恰是因为它缺乏这种潜在的交流。这就是说，拒绝以交流为前提，而且"拒绝交流仍然是一种交流方式"①。因此，"共在必须在任何情况下被每一方所亲历"②，"我的自由为他人要求同样的自由"③。至于那种使哲学家脱离世界的孤独沉思，实际上仍然是一个行动，仍然是一种言语和对话。而哲学家通过反思发现的先验主体性既然是一个被揭示的主体性，那么它就必然是被揭示给他自己和他人的，因而也就是一种相互主体性。由此我们看到了梅洛-庞蒂与萨特在人际关系问题上的不同立场，这种差别的根源在于后者没有在作为自为存在的意识与自在存在之间提供一个第三项——身体-主体以及身体意向性，而前者正是通过这个第三项把意识与身体、意识与世界、我的经验与另一个身体-主体的经验联系起来的，因此在处理意识与世界、自我与他人的关系问题时两人采取了很不相同的思路。

梅洛-庞蒂进一步指出，我们通过知觉发现在我们周围存在着物体和他人，"因此，继自然世界之后，我们必须重新发现社会世界，不是作为对象或诸对象的总和，而是作为永久的场地或存在的维度：我可以掉头

① 梅洛-庞蒂:《知觉现象学》，第414页，巴黎，伽利玛出版社，1945。

②③ 同上书，第410页。

离它而去,却不断地相对于它而被定位"①。梅洛-庞蒂特别强调社会不是一个对象,因为他认为,在我们对社会进行客观的和科学的认识和判断之前,它已经在那里了,社会先于被意识到的过程而模糊地作为一个召唤而存在。他说:"我们必须回到社会(本身),我们仅仅由于我们存在的事实而与它相联系,在任何对象化之前我们不可分割地携带着它。"②因而,在原初的层面上社会并不是作为一个第三人称的对象而存在,当某些历史学家把社会历史事件看作一个对象时,他只能发现一些混乱的情节,却不能把握历史事件本身。历史学家们和哲学家们企图寻找阶级或民族的客观定义:民族是基于共同语言还是生活概念?阶级是基于收入统计还是它在生产过程中的地位?梅洛-庞蒂认为,这些标准都不能使我们决定一个人是否属于一个民族或一个阶级,因为阶级或民族既不是从外面迫使个人服从的命运,也不是个人从内部设置的价值,它们是一些共在的方式,这些方式对个人发出召唤,而个人在平时只是漫不经心地或混乱地回应这些召唤。因而,它们在成为深思熟虑的决定的对象之前只是潜伏的并以具体的方式被体验到,一旦革命的形势变化或民族的危机来临,它们将迫使个人把迄今只是被亲历的与阶级和民族的前意识的关系转变为他所采取的一种明确的立场。不过,梅洛-庞蒂对于我们模糊地亲历的社会世界的原初性的强调并不意味着他赞同我们放弃对社会历史的客观的思考,也不意味着他鼓励我们投入无原则的冒险行动。在他看来,冒险行动比客观思想更会把我们引入歧途,因此他认为,我们对一个与历史一起运动的革命的正确态度应该是:既亲历它,又思考它。梅洛-庞蒂以对社会世界的现象学描述结束了对被知觉的世界的考察,并由此转入《知觉现象学》的最后一部分"自为的存在与在世的存在"。

①② 梅洛-庞蒂:《知觉现象学》,第415页,巴黎,伽利玛出版社,1945。

第五节 在世存在

在“自为的存在与在世的存在”这部分中，梅洛-庞蒂首先阐述了他对“我思(Cogito)”和真理的看法。笛卡尔曾经试图在“我思”中建立一个纯粹思想的领域，并以这个领域的确定无疑性作为一切绝对知识或永恒真理的基础，梅洛-庞蒂对这种观点提出了质疑。他指出，心灵并不是纯粹的自为，“我思”也并不包含一种绝对的完全的自我意识。与笛卡尔所断言的相反，我们的知觉活动本身并不比知觉的对象具有更大的确定无疑性。同样，我们对自己的欲望和情感也不具有绝对无疑的自我意识，“我”可以认为“我”爱一个人但实际上并不真爱。由于外知觉和内知觉(自我意识)都与我们向着世界的超越有关，因此它们都具有开放性、不透明性和模棱两可性。即使在几何学这种“纯粹思想”的领域中，几何学家对三角形的思想最终仍然基于他对实际的三角形的知觉经验，而他对几何学真理的把握仍然依赖于身体对世界的原初意向性。对语言的考察同样表明，在语言后面并没有超验的纯粹思想，任何思想都不能摆脱语言的时间性和模棱两可性。因此，寻求纯粹思想领域和绝对永恒真理的努力注定要失败。然而，梅洛-庞蒂并没有完全取消“我思”和真理，他坚信，正如存在着知觉那样，也存在着真理，哲学家的任务就是使我们意识到我们在真理中的存在。他所拒斥的只是笛卡尔式的纯粹的“我思”，因为它切断了我们与世界的联系，阻塞了通向相互主体性的道路，并且毁灭了时间性。他所要建立的是一种与我们亲历的经验相容的现象学的“我思”，它将揭示我们与世界(自然物、他人、观念等)不可分解的联系，并且肯定我们对自身(作为在世存在)的前反思的把握。实际上，知觉作为身体-主体向着世界的超越行动，其本身总是伴随着一种模糊的自我意识，这种“沉默的”“我思”先于笛卡尔的“被说出的”“我思”，并且是后者产生的基础。因此，这种现象学的“我思”既不同于笛卡尔式的对自我的明确认识，也不是弗洛伊德式的无意识的内驱力，它是介于绝对透明与完全无知之间的对自身的第三种的知。这种模棱两可的自我意识其实就是萨特在《存在与虚无》中说过的那种非设置的自我意识或“前反思的我思”，它只能伴随着我们的知觉和行动而产生。因此，梅洛-庞蒂认为，不是“我思”建立“我在”的确定性，而是“我思”的确定性依赖于“我在”即我的行动的确定性。我们正是通过身体在世界中的行动才获得自我意识的，内知觉必须依赖于我们看什么东西、做什么事情或爱什么人的实际活动才能存在。没有这些活动，我们的存在就是不真实的，甚至根本不能存在。

在笛卡尔看来，“我思”是不可怀疑的，因而由我们的理性心灵清楚明白地知觉到的东西也是真的。比如，由我们的心灵所设想的一个三角形的某些性质之所以是真实的，只是因为我们对它们的知觉和证明是清楚明白的。与此相反，在梅洛-庞蒂看来，我们对自身的知觉（现象学的“我思”）以及我们对世界的知觉都是模棱两可的，因而我们对真理与幻觉同样都是开放的。不过他相信，我们仍然能够通过对自身和世界的把握来区分真理与幻觉，从而获得自我肯定和确定性。由此，梅洛-庞蒂阐述了与现象学的“我思”相关的真理观。他指出，我们的身体-主体在世界中的具体存在，以及与之相伴随的“前反思的我思”是一切真理和确定性的基础和源泉。实际上，所谓数学或几何学的“永恒”真理并不存在，欧几里得几何学的真理只不过是某种特定类型的空间的特征，它只是我们与世界相联系的某种特定方式的形式化，它以我们的身体-主体的原初运动机能所揭示的空间为前提，并且是某个几何学家的文化世界的组成部分。因此，像其他任何类型的思想一样，数学和几何学也必然具有历史性和地区性，因而是开放的和动态的，非欧几何学的出现就证明了这一点。我们可以调整我们对世界的把握方式，改变我们对世界的透视观点，使得欧几里得空间成为偶然，并使其他类型的空间成为可能。然而，在我们把握世界的某个特定观点的框架之内，各种真理对我们显现为自明的和确定的，因而确定性必然具有一种相对性和条件性。除非对一个绝对意识（上帝的意识）来说才可能有一种绝对的确定性，对于我们这些存在于特定处境和特定时间中的人类来说,只能获得一些具有特定透视性和时间性的真理,胡塞尔所追求的没有任何预设的绝对自明性只是一个梦想。不过,我们总是把这些“事实真理”加以明确化,从而把它们转变成“理性真理”,最后使它们积淀在我们的文化传统中,成为我们思想的预设基础。因此,存在于一个自然世界和文化世界中,也就是存在于真理之中。即使我们不能免除怀疑与错误,我们对世界的基本把握仍然可以保证我们向着真理和确定性开放,而且错误与幻觉也将对形成完全真理的无尽过程作出贡献。我们由此可以看出,梅洛-庞蒂所理解的现象学真理是一种相对真理基础上的绝对真理,因此,归根结底,他的真理观所强调的不是相对中的绝对,而是绝对中的相对。

在前面的论述中梅洛-庞蒂已经谈到,作为知觉主体的身体、被知觉的世界和自我意识相互联系并形成一个不可分割的系统,这个系统的每个方面都与时间性有关。可以说,时间性贯穿于梅洛-庞蒂对于知觉的全部现象学描述之中,然而只是到了《知觉现象学》的倒数第 2 章他才明确考察了时间性。他首先批判了把时间比作一条河流的隐喻,以及用生理或心理的“记忆痕迹”来解释我们对过去和将来的意识的观点:前者的错误在于把时间与主体相分离并使时间实体化、客观化,后者的谬误则在于“记忆痕迹”只是一个纯粹的现在,它不可能为我们打开过去和将来。在梅洛-庞蒂看来,时间既不是一个流动的实体,也不是一种第三人称的被动记录过程;相反,时间与主体性是不可分割的,它通过主体与世界的关系而得以存在。梅洛-庞蒂根据萨特在《存在与虚无》中的观点指出,自在存在是一种实心的充实存在,它在原则上排除了变异和时间性;时间性是随着人的存在的涌现而出现在世界上的,而且人的存在同时存在于时间的三维之中。梅洛-庞蒂通过对“真正的时间”或时间的原初经验的描述阐明了时间三维的相互联系。他指出,正是在我们的广义的“在场(现在)的场地(champ de présence)”中我们才了解到时间三维的相互关系。当我们回忆一件几年前发生的事情时,我们并不是想起了这件事的观念或形象,而是“重新打开时间”并把自己带回到几年前的那个时刻,那时这个事件构成我们在场的场地的一部分。那时的在场(现在)的场地有它自己的将来的地平线和最近的过去。其后,它的将来变成了现在,它的现在变成了最近的过去,它的最近的过去变成了过去的过去。再后,已变成现在的将来又变成了最近的过去,等等。这样,随着每一个新的现在的来临,我们的在场(现在)的场地带着它的整个时间三维不断地向后推移。依据胡塞尔在《内时间意识现象学》中提出的"向前意向"[或译"延伸(protension)"]和"向后意向"[或译"保持(rétention)"]的概念,梅洛-庞蒂强调,正是意向性使现在与将来和过去相联系,"时间不是一条线,而是一个意向性的网络"①。这些意向性相互交织在一起,其中心正是作为原初意向性的身体-主体本身。时间的起源既不是机械的因果性也不是康德式的知性综合,时间只不过是我们的投射,即海德格尔在《存在与时间》里所说的"出神(ek-stase)"。我们通过存在而时间化我们自身,因而不需要时间三维之间的任何明确的统一或综合。我们能够投向将来也能追回过去,因为我们的现在并没有封闭在自身之内。相反,它在两个方向上都超出自身之外。真正的时间性就是我们的生活过程本身,这种原初的时间性是一个动态的整体,它的三个维度相互交叉但并不重合:将来是一个即将到来的现在并将变为过去,现在是一个刚刚过去的将来并即将成为过去,过去则是一个已经过去的将来和刚刚过去的现在。因此,时间不是一些"外部事件"或"内在状态"的序列,而是一些相互连锁的"在场(现在)的场地"的网络。对于这种时间性,我们具有一种直接的、非认识的意识,因为我们对于主体性具有一种非正题的意识,而时间就是主体自身。总之,主体自身固有一种时间性,并且处于时间之中,主体在一个不断变动的现在的地平线上把握过去和将来。

通过对时间性的现象学描述,梅洛-庞蒂不仅阐明了主体的性质,而且表述了他在与时间性有关的一系列问题上的观点。比如,主体与自身的不可重合性,时间性与主体向着世界的投射之间的相互依存,每个主

---

① 梅洛-庞蒂:《知觉现象学》,第 477 页,巴黎,伽利玛出版社。

体向着其他主体的开放性,各个主体不同的谋划和透视观点之间的相互交织,以及他们在相互主体性的世界中共同创造意义,等等。最后,梅洛-庞蒂指出,主体与客体、自为与自在、身体与心灵都是一个唯一的具体整体(在场)的两个抽象环节,这些本来不可调和的对立两极在一个单一的时间化的谋划中不可分割地联系在一起。

全部《知觉现象学》最后归结为对人的自由的反思。通过上面对时间性的在场的现象学描述,梅洛-庞蒂已经排除了我们与自己的身体、与自然世界、与社会世界之间的因果联系,这意味着他拒绝了决定论而采取了自由的立场。然而,梅洛-庞蒂并不是无批判地完全赞同萨特在《存在与虚无》中表述的有关自由的观点,相反,他在肯定萨特对机械决定论批判的同时,也对萨特自由观的偏激和抽象的方面提出了批评。梅洛-庞蒂首先指出,我们并不是像萨特所说的那样只能在科学主义的因果概念与脱离外部世界和过去的绝对自由二者之间进行取舍,反对决定论不等于接受绝对自由。假如事实真像萨特所说的那样,我们在任何时刻和任何情况下都是同样自由的,那也就等于取消了自由,因为自由行动只有在一个没有自由的生活背景下才能显现出来。梅洛-庞蒂认为,我们虽然总是有能力打断我们已经选择的事业,但这并不意味着每一瞬间我们都在重新选择。如果自由是一种行动而不仅仅是单纯的意向,那么这种自由行动就需要一段连续的时间来完成其选择的目标,因而在前的瞬间就为在后的瞬间作出了承诺,而后继的瞬间也必须能够从在前的瞬间获益。这就是说,某个选择一经作出,某个行动一旦开始,我们就倾向于把它继续进行下去,只有当我们开始一项新的事业的时候,我们才为过去的选择画上句号。梅洛-庞蒂同意萨特关于“自由不是梦想,也不是意志的抽象决定”的观点,因为在自由的目标与现实之间必定有一个充满种种可能性的场地,自由必须通过行动超越各种障碍才能实现自己的目标。然而,梅洛-庞蒂却不同意萨特把自由看作我们对自己在世存在的整个方式的原始选择,因为任何选择都意味着一个在先的承诺,而选择就是对我们已经获得的存在进行改造,没有前提的原始选择是自相矛盾的。

在人给环境赋予意义的问题上，梅洛-庞蒂承认，只有人的在场及其攀登的谋划才能赋予一座山以“不可攀登”等属性。正如萨特所说，某个特定的自由谋划使得世界上出现了阻碍它的障碍与协助它的手段。与萨特不同的是，梅洛-庞蒂进一步指出，我们必须把我们明确表达的特殊意向（如攀登的谋划）与我们自发地评价环境的一般意向区分开来。在后者看来，无论我们是否决定攀登这座山，它都对我们显现为高的，因为它超过了我们的身体能力，而我们不能轻松地跨越它。即使我们可以在意识中想象自己是巨人，我们的“自然的自我”也使我们不可能实际上把阿尔卑斯山当作一个鼹鼠丘来对待。既然我们有一个身体，我们就对周围环境有一种自发的评价，这些评价并不依赖于我们意识的决定，它们以一种并非我们选择的方式构成我们的环境，而我们的明确谋划显然以这种前反思的一般意向为原型。没有这种自发的评价也就没有世界，正是由于各种事物对我们的身体显现为“被摸的”“被拿的”或“被攀登的”，这个世界才作为各种事物的系统从一个混沌的背景中出现。因此，在我们的肉体存在与世界打交道的过程中，一种世界的原生意义被构成了，它为每一种有意识地赋予意义的活动提供了基础。

与此相关，梅洛-庞蒂不同意萨特那种简化的理性主义的观点：可能性没有等级，自由要么是不可能的，要么就是完全的；任何事件要么是由“我”首创的，要么就是从外部强加给“我”的。在梅洛-庞蒂看来，或然性不是虚构的神话而是现象，统计思想自有其现象学的基础，它必然属于处于事物包围之中的在世存在的人。因此，理性主义的二难推理不适用于我们与世界和过去的关系，我们的自由并不摧毁处境，相反，自由使其自身与处境咬合在一起，处境召唤着最佳的解决方式，但它仅凭自身没有能力产生一个解决办法。在历史领域中，梅洛-庞蒂同样反对主张决定论的客观思想和坚持绝对自由的唯心主义反思，前者从无产者的客观条件引出阶级意识，后者则把无产者的条件还原为对它的意识。在他看来，这两种观点都仍然停留在抽象的领域，并在自在与自为之间被撕裂。

梅洛-庞蒂认为,如果我们运用真正的存在方法研究阶级与阶级意识的问题,就会发现:“我”并没有只因“我”出卖劳动力或“我”的利益与资本主义相连而意识到“我”是工人阶级或中产阶级,也没有因为“我”选择了以阶级斗争的眼光看待历史而变成无产阶级或中产阶级。实际上,“我”首先作为工人阶级或中产阶级而存在,正是这种与世界和社会打交道的方式为“我”的革命或保守的谋划提供了动因,也为“我”对自己是工人阶级或中产阶级的明确判断提供了动因。然而我们决不能像客观思想那样从(阶级)存在中推演出(阶级)意识,或者反过来像唯心主义那样从意识中推演出实际存在。使“我”成为一个无产者的,既不是作为非人力量的经济制度或社会,也不是一种缺乏动因的理智操作,而是“我”在这个制度框架中的在世存在以及与他人共在的方式。不同行业的工人、农业工人和农村佃户由于职业的分工、城乡的差别以及生活习惯和价值判断的不同而被分隔开来。只有当某个工人在自己的生活经验中具体地知觉到他与其他工人和农民分享一个共同命运,并且面对一个(或一些)共同敌人的时候,他才会逐步意识到自己属于无产阶级。这时,社会空间开始获得磁场,被剥削者的阵营出现了,在社会的压力之下人们重新组合,阶级形成了。只有在这个时刻,革命的形势才可能出现,城市工人、农业工人和农民通过不同的道路走向一个共同的革命。最终,只有当“我”对一场可能的革命采取了自己的立场时,“我”才把自己看作一个工人或一个资产者。但是,“我”采取这种立场并不是以一种机械因果性的方式由“我”作为工人或资产者的地位所产生的结果,这正是每个阶级都有叛徒的原因;“我”获得阶级意识也不是单纯由意识的一个决定和选择所产生的结果,因为阶级在被思考之前首先被亲历,而知识分子有意识的谋划只是存在的谋划的完成。唯心主义和客观思想的共同错误就在于忽视了这种既不是决定论又不是绝对自由的动因关系。

梅洛-庞蒂针对唯心主义进一步指出,假如“我”只是一个纯意识或绝对主观性,假如在“我”的绝对个别性周围没有一种一般性或社会性的气氛,假如“我”的生活没有一种不是“我”构成的意义或相互主观性,假如“我”绝对自发和自主地使自己成为工人或资产者，一句话——假如“我”具有绝对自由，那么就不会有处境，也不会有历史的方向和历史的真理；历史将丧失任何结构和任何相对稳定的形式（如不列颠帝国），社会革命在任何时刻都可能爆发，暴君可以成为无政府主义者，政治家将是一个冒险家，他可以任意赋予各种事件以其所没有的意义。诚然，历史不能脱离我们而发挥一种异己力量的作用，它也不能利用我们实现它自己的目的，脱离了我们历史就无力完成任何事情，因为历史总是被亲历的历史，我们承担它并且不能不赋予它一些片段的意义。但是，我们仍然可以说，在某个历史阶段采取某些行动可能是一个历史错误，这不是因为存在着一种独立于我们的自由谋划和评价的历史真理，而是因为存在着一种人们诸多谋划的平均的和统计的意义。这意味着，不仅我们赋予历史以意义，历史自身也向我们提供意义，这就是为什么历史的主体不是个人的原因。不过，历史在某一时刻所显露的意义或可能性可以被某个人重新抓住，他至少可以在一段时间里驾驭历史，引导历史，以一种新的辩证法卷入历史，而远远超出历史所显露的意义，拿破仑·波拿巴从执政官成为皇帝和征服者的过程中的所作所为正是如此。总之，梅洛-庞蒂认为：“在任何情况下，自由只能通过重新抓住历史在特定时机所提供的意义并通过一种渐变，才能改变这个意义。”①

最后，梅洛-庞蒂总结了他对自由的观点。针对萨特的虚无观和绝对自由观，他提出了截然相反的命题：“我不能再假装是一个虚无，也不能再假装不断地从无出发选择我自己。如果正是通过主体性虚无才出现在世界中，那么人们也可以说正是通过世界虚无才进入存在。”②梅洛-庞蒂承认，我们确实能够在任何时刻打断我们的谋划，但这意味着我们开始进行另一个谋划，因为我们从不悬搁在虚无之中，相反，我们总是处于充实之中，处于存在之中。就像一张脸即使处在安眠和死亡之中，也

① 梅洛-庞蒂：《知觉现象学》，第 513 页，巴黎，伽利玛出版社，1945。

② 同上书，第 515—516 页。

注定要表达些什么，正如沉默仍是声音世界的一种样式。我们可以反抗一切被接受的形式，也可以摒弃任何事物。因为我们在任何情况下都不会完全承诺，但我们并没有因此而撤入我们的自由，相反我们承诺了别的事物。我们的自由从来不是孤悬于虚无之中的，它也不是没有同谋的，它那种不断使自己摆脱出来的能力只有在我们对世界的普遍卷入中才能获得其支点。梅洛-庞蒂指出，如果像萨特那样停留在自为与自在的抽象对立中而没有发现作为其中介的自然主体，那么一切都变成了意识的普遍构成和自由选择的问题，从而忽视了支撑意识并成为意识产生的诱因的世界。在梅洛-庞蒂看来，世界已经被构成但又尚未完全被构成，因此我们既被世界所作用又向无限的可能性开放。既然"我们同时在两种关系下存在。因此，从来没有决定论，也没有绝对选择，我从来不是物，也不是纯粹意识"①。意识并没有绝对地选择它的存在或存在方式，无论是处境还是人的角色都对决定的作出有所贡献，在处境与承担它的人之间的交流中，我们已无法精确地区分出双方贡献的比例或份额了。当一个抵抗战士面对法西斯的严刑拷打时，他拒绝招供的自由行动并不是出自一个孤立的、无支撑的选择，相反，在他的决定背后有一系列支撑着他的其他动机：对同志的友爱，对共同斗争的忠诚，对经受这种考验的长期准备，甚至证明自由的愿望。这些动机并不取消自由，但经受住拷打的并不是具有绝对自由的纯粹意识，而是作为一个肉体主体并与他的同志、他所爱的人共在的战俘。从另一方面来说，他之所以承诺了这个行动，是由于在他看来，历史处境、周围世界和他的同志们期望他采取这个行动。因此，梅洛-庞蒂认为，在人与世界之间有一种双向的关系："我们选择我们的世界，世界也选择我们。"②我们被卷入世界，并与他人处于不可解脱的纠缠之中，这种处境的概念从根本上勾销了绝对的自由。

---

① 梅洛-庞蒂：《知觉现象学》，第517页，巴黎，伽利玛出版社，1945。
② 同上书，第518页。

梅洛-庞蒂肯定，“使黑格尔的自由得以实现的自在与自为的综合确有其真理性。在某种意义上，这是存在(existence)的定义本身”①。这不仅适用于我们与世界的关系，也同样适用于我们的现在与过去的关系。正是通过承担一个现在，“我”才能重新抓住并改变“我”的过去及其意义，才能使“我”摆脱它而获得自由，但“我”能够这样做仅仅由于“我”作出了别的承诺。精神分析治疗之所以能够产生治愈的效果，并不是通过唤起对过去的意识，而是首先把病人与他的医生以一种新的存在关系联系起来，使病人在他与医生共在的透视中看到他的过去并重新经历它。在此，情结并不是被一个毫无凭借的自由所化解，而是被一个新的时间(现在)及其动机和承诺所替代。总之，在梅洛-庞蒂看来，我们对我们的生活所作的选择总是基于某一给定性之上。“我”的自由能使“我”的生活改变其自发的方向，但这是通过一系列逐渐的偏离(这意味着首先顺应它)，而不是通过任何绝对的创造。因此，以“我”的过去、“我”的气质和“我”的环境对“我”的行为所作的一切解释都是真的，只要它们不被看作孤立可分的贡献，而被看作“我”的整体存在的一些环节。“我”有权以各种方式阐明这个存在整体的意义，而不能说要么“我”赋予它们以意义，要么“我”从它们获得意义。“我”是一个心理的和历史的结构，并在存在的同时获得了一种存在方式、一种风格，“我”的一切行动和思想都与这个结构处于一种关系之中，甚至一个哲学家的思想也只是对他把握世界和他所是的东西的一种阐明方式。“然而我仍是自由的，不是不顾……这些动因，而是凭借它们。因为这个有意义的生活，这个我所是的自然和历史的特定意义，并没有限制我进入世界，而相反正是我与它交往的手段。”②如果我们试图超越我们的自然和社会处境，但一开始就拒绝承担它，而不是把它当作进入自然世界与人类世界的通路，那么我们将与自由失之交臂。因为自由如果没有扎进世界的根须，它就根本不是自由。哲学的功能之一就在于要我们重新学习正确地看待这些有关

①② 梅洛-庞蒂:《知觉现象学》，第519页，巴黎，伽利玛出版社，1945。

自由的问题。

梅洛-庞蒂以其对自由的论述作为《知觉现象学》的结束,然而,自由问题在他的全部理论中并没有占据该问题在萨特理论中那样重要的地位,而且他的自由观也不是其理论中最具创意的部分。不过,梅洛-庞蒂的自由观明显地表现出他的存在主义哲学的某种典型特征,其中最重要的特征之一就是,与萨特相比,梅洛-庞蒂的自由观具有更强烈的折中倾向。他一方面批评了机械决定论,另一方面也对绝对自由作出了比萨特愿意承认的更多的限制。其中最具特色的限制因素是,由于我们不仅具有意识而且有一个身体,因此我们不可能超越身体限制而获得一种纯粹意识的绝对自由。然而,这个身体不是一个单纯的被动客体,它也是一个能动的主体,因此,这种身体-主体在受到自身和世界制约的同时仍然保有一定程度的自由。这个既不是惰性物也不是纯粹意识的身体-主体概念,是梅洛-庞蒂针对萨特的自在与自为的两极概念而提出的第三种存在的概念。这个第三种存在作为自在与自为之间的中介,把心灵与肉体、自由与处境统一起来。我们应该承认,关于身体在人的自由中的特殊作用的问题,确实被萨特以及其他相当多的论者所忽视,一般人在讨论自由问题时往往习惯于只谈心灵与肉体、意识与环境的关系,而能够一反欧洲哲学的传统(中国哲学中也有类似的传统),从作为主体的身体这一新颖的角度出发考虑人的自由问题,不能不说是梅洛-庞蒂的独到贡献。由此,梅洛-庞蒂避开了萨特提出的在自由与决定论之间的二难选择,同时针对萨特的意识对处境单向自由选择的观点提出了我们与世界双向选择的命题。这样,与萨特的非此即彼的二值逻辑的自由观不同,梅洛-庞蒂的自由观是一种非此非彼、即此即彼、可以容纳程度差别的多值逻辑自由观。在这个意义上可以说,梅洛-庞蒂已经给出了"自由度"的概念,虽然他自己并没有为这个概念明确命名。然而我们也要看到,梅洛-庞蒂的这种模棱两可的自由观在避免了萨特自由理论中某些观点的偏激性的同时,也牺牲了萨特理论的深刻性与尖锐性。比如,梅洛-庞蒂认为历史中存在着一种人们诸多谋划的平均的和统计的意义,对于这种从力学概念中借用来说明历史的机械论的肤浅隐喻，萨特在其晚期哲学著作《辩证理性批判》中从历史辩证法的立场出发给予了击中要害的批判。

第六节　自为与自在整体性的存在哲学

梅洛-庞蒂早在《行为的结构》中就已经提到了身体-主体的概念，这一概念又成为贯穿全部《知觉现象学》的一个主要观点，并且体现出他的存在主义哲学最根本的特征，即首先对哲学史上两种对立的观点进行批判，然后通过设定一个第三种存在的概念把对立的两极折中统一起来。这种方法与黑格尔正反合的辩证方法有某些相似之处，但二者之间最大的差别在于，黑格尔的合题是产生于正题和反题之后的二者的综合，而梅洛-庞蒂的第三种存在是在它分裂为二之前的原初存在。我们已经看到，在《知觉现象学》中，梅洛-庞蒂批判了一系列抽象对立的概念和传统观点，例如：唯心主义与唯物主义、主观主义与客观主义、理性主义与经验主义、自然符号论与约定符号论、心理学与生理学、绝对自由与决定论、知觉者与被知觉世界、主体与对象、心灵与肉体、自在与自为，等等。与此同时，他提出了一些同一序列的第三种存在的概念用来统一对立的双方，其中最重要的有四个概念：身体-主体（肉体与心灵统一的整体），知觉-世界（“现象的领域”，即知觉与被知觉世界统一的整体），相互主体性（主体间性，即人与他人统一的整体），自在-自为（“为我们而有的自在”，即自在与自为统一的整体）。这四个概念中的前三个覆盖了梅洛-庞蒂哲学探讨的三个主要领域，即人与自身、与世界、与他人的关系，而最后一个概念可以说是对贯穿其全部哲学的基本原则的最高概括，以及对其哲学研究的基本问题的最终解决。虽然梅洛-庞蒂对此着墨不多，但却画龙点睛地指出，自在与自为的综合统一是存在的定义本身。到此为止，我们终于可以为梅洛-庞蒂在《知觉现象学》中（以及其前半生）的基本哲学立场作出一个概括的定性了。与萨特强调自为与自在的区别、自为对自在的单向关系,以及前者向后者的整体化进程永远不能完成的“自为向自在整体化的存在哲学”不同,梅洛-庞蒂的哲学肯定自为与自在原初的不可分离性并断定自为与自在的统一整体即第三种存在是原初现成的,因而梅洛-庞蒂的基本哲学立场可以被定性为“自为与自在整体性的存在哲学”或“第三种存在整体性的存在哲学”。

综观梅洛-庞蒂前半生的哲学思想,我们可以清楚地看出,他主要是在近代德国的现象学和存在哲学的影响下开始自己的哲学研究和创作的。他沿着胡塞尔的“生活世界”概念和海德格尔的“在世存在”概念所开辟的思路,对以往的西方哲学进行了激烈的批判,并企图通过回到主观与客观尚未分裂的原初的整体现象领域的途径来弥合笛卡尔的身心二元论,弥补唯物主义和唯心主义、理性主义和经验主义、决定论和绝对自由等对立双方各自的片面性。他的这种弥补的工作在某些方面确实取得了一定的进展,尤其是他对身体-主体的出色论述能够发前人所未发,表现出其哲学思想的独创性。然而,若以人们对一个哲学大家的期望来衡量,梅洛-庞蒂的理论中仍然有不尽如人意之处。比如,整个《知觉现象学》用了相当大的篇幅来批评各种传统理论,而梅洛-庞蒂对自己相应的正面观点的阐述却显得有些贫乏和不足。而且,梅洛-庞蒂在其大部分论述中是以现象学描述为主要方法的,因而在理论证明方面就显得不够严谨,甚至他并没有说明某个心理学实验为什么以及怎样才能论证一个哲学命题。最后,在批评别人的理论的时候,梅洛-庞蒂往往首先把对方的观点绝对化、片面化然后再加以批判,这样当然很容易打倒对手,但他实际打倒的只不过是一些他自己制造的“稻草人”,而不是对方的真实全面的观点。例如,他把萨特的自由观说成是脱离处境与过去的绝对自由的观点,而完全无视萨特自己对“处境中的自由”的大量论述;而且,梅洛-庞蒂对萨特的“原始选择”概念的理解也是不准确的,后来他把萨特哲学不加分析地看作主体与客体的二元论,是一种过分的简单化,等等。

我们不难发现,在梅洛-庞蒂和萨特的哲学理论之间,存在着尖锐对立的一面,例如:萨特坚持认为,与他人共在的经验是从与他人冲突的经验中派生出来的心理学经验，因而没有本体论意义，也不能构成人的真实存在的一个维度；与此相反，梅洛-庞蒂肯定共在的经验具有本体论上的优先性，并且揭示出我们真实存在的一个本质维度，而冲突的经验则是从这里派生出来的。但与此同时，双方之间也存在着相当明显的相互影响、相互吸收和相互促进，比如：在现象学的“我思”（前反思的自我意识）和自由观上，梅洛-庞蒂就采纳了萨特的一些观点；而梅洛-庞蒂认为历史主体不是个人的见解以及他对萨特自由观的批判，促使萨特进一步思考自由的限制性因素和集团实践在历史进程中的作用问题，从而在《辩证理性批判》中加强了这方面论述的力度。从两人在第二次世界大战的抵抗运动中开始合作直到朝鲜战争爆发前，这种哲学理论上的分歧与论争并没有导致两位同学兼同事之间的个人友谊的破裂。1945 年 10 月 15 日法国存在主义的重要论坛《现代》杂志创刊时，萨特是主编，梅洛-庞蒂是编委之一，负责政治专栏，并起草过许多社论，其中有些是由两人联合署名发表的。然而，当 1950 年朝鲜战争爆发时，两人在政治观点上产生了分歧，梅洛-庞蒂认为朝鲜战争是斯大林纵容“地区性无产阶级斗争”的结果，而萨特与波伏瓦则不接受这种只谴责苏联一方的立场，由此发展到梅洛-庞蒂终因政见不合于 1953 年 5 月辞去《现代》杂志编委的职务。在 1955 年 4 月出版的《辩证法的历险》一书中，梅洛-庞蒂将他与萨特的分歧公之于众。在这本书中，梅洛-庞蒂承认：“问题的提出是从萨特端出他的‘介入’的概念开始的，由此伴随着一切发展出来的问题。”①在该书第 5 章中，他把萨特修改马克思主义的企图称为“极端布尔什维克主义”，并以极其严厉的措辞批判了他认为的萨特反辩证法的客体与主体的二元论、“我思故我在的疯狂”以及唯意志主义的思想。萨特并没有回应这些攻击，波伏瓦却在一篇题为《梅洛-庞蒂与伪萨特主义》的文章中为萨特作了辩护。至此，这两位法国存在主义的重要代表终于分道扬镳。此后，两人虽然又见过几次面，但是再也没有重修旧好。在

① 转引自高宣扬《萨特传》，第 209 页，作家出版社，1988。

去世前的几年中,梅洛-庞蒂的理论兴趣开始从人的实存和政治哲学转向一般存在的本体论问题,其思考的成果记载于未完成的著作《可见的与不可见的》之中,其中虽然不乏精彩的思想火花和警句格言,然而这些片段的提示和论断尚未来得及展开并形成完整成熟的体系,他就猝然与世长辞了,留下的只有哲学家零碎的手稿和哲学史上永远无法补救的遗憾。

当萨特得知梅洛-庞蒂去世的噩耗时,他立即决定在《现代》1961 年 10 月号为梅洛-庞蒂出一期专集以示悼念,并亲自撰写了《活着的梅洛-庞蒂》一文作为纪念。同期刊登了法国著名哲学家伊波利特(Jean Hyppolite, 1907—1968)的纪念文章,该文对萨特与梅洛-庞蒂在哲学上的分歧作了精辟的概括:"萨特的哲学依然是一种实践内部的我思哲学,而梅洛-庞蒂的哲学则拒绝自在与自为、整体的惰性与积极的谋划之间的二元论……对萨特来说,辩证法是总体化的谋划,总体性是想象的……而庞蒂则认为这些总体性本身是存在的。"[①]伊波利特的这个概括,除了认为萨特哲学是二元论的错误暗示之外,基本上是准确的。从整个哲学体系的总倾向上看,萨特刻意坚持的是个人和集团实践的主观性和创造性的原则,因而强调整体化运动的未完成性;而梅洛-庞蒂则已经把其理论重心向客观性偏移,并将主观性与客观性看作一个完成了的整体结构,这使他成为从现象学走向结构主义的承前启后的人物。

梅洛-庞蒂终其一生都在寻求克服西方传统形而上学和本体论的二元对立的思维方式,如心灵-肉体、心理-生理、心理-物理、主观-客观、自由-决定、自在-自为、内在-超越、思想-语言、自然-实在、现象-本质、自我-他人、自我-世界等非此即彼的对立范畴,他企图通过寻找一些作为第三种存在的中项来调和对立双方。他的这些工作也为异军突起的后现代主义哲学指示了突破的方向。

---

① 转引自米歇尔·贡塔等编《萨特著作目录及提要》,载于萨特《词语》,潘培庆译,第 303 页,生活·读书·新知三联书店,1988。

第十六章 伽达默尔

伽达默尔的名字是与解释学(hermeneutics)、实践哲学(practical philosophy)的悠久传统和现代发展联系在一起的。如今当"'解释学'成了现代思想中的一个'流行词'"[①]时,人们愈益感到伽达默尔在当代人文学科的发展及其对现代人类文明的理解上所带来的一种崭新的转变。伽达默尔通过对文本和世界意义的解释学理解,为人类精神科学的真理性、科学性及理性的批判性力量竭力辩护,为人类现代生活和未来发展重建实践哲学基础。伽达默尔更值得人们重视与研究的还在于,他将哲学解释学理论运用于社会、人生和政治问题上,实现了西方悠久的解释学传统与实践哲学传统的真正融合,建立起了"解释学的实践哲学"。被誉为"德国人文科学首席使节"的伽达默尔是一位"以哲学表达西方命运"的哲学家,当他于 2002 年 3 月 13 日下午 3 时 30 分因心脏病突发而于海德堡停止心跳时,人们给予这位世纪老人的评价充满着"泰斗""高贵""责任""创造"等等字眼。西方有一句谚语:"高贵意味着职责。"伽达默尔是一位对人类文明与前途殚精竭虑的当代大哲学家。当然,在科技

① 丸山高司:《伽达默尔——视野融合》,刘文柱、赵玉婷、孙彬、刁榴译,第 24 页,河北教育出版社,2002。

化的时代,伽达默尔也是一位孤独的思想家,如其所言,"一个灵魂越伟大,他就越孤独"。缅怀这样一位哲学家,实质上意味着与他一起思考问题,同他一道发展哲学。

第一节 步入哲学之途

伽达默尔(Hans-Georg Gadamer)于 1900 年 2 月 11 日出生于德国马堡。父亲约翰内斯·伽达默尔(Johannes Gadamer)是一位大学教授和药物化学家,母亲也是一位有教养的、令人敬佩的妇女。当步入耄耋之年的伽达默尔回忆起自己的童年时代时,充满着深深的自豪和兴奋:"一个世纪交点诞生的婴儿,一个教授的儿子而自己又成了教授。……早年的记忆由于它们经常被唤起,所以是可笑的亲切。"[①]1902 年,2 岁的伽达默尔因父亲就任一个药物研究所所长之职,而随全家迁至布雷斯劳。家庭优裕的物质条件、浓厚的学术环境和丰富的藏书,为伽达默尔提供了充足的发展条件。不过,伽达默尔自从进入大学后,没有像他父亲所期望的那样对自然科学产生兴趣,相反明显地偏爱"闲聊教授"。伽达默尔接触的第一本哲学书便是父亲图书室里康德的《纯粹理性批判》,不过,虽反复阅读,却百思不得其解。大学时代,给予伽达默尔强烈思想冲击的是斯宾格勒的《欧洲的没落》(*Decline of the Europe*)和泰奥德·莱辛(Theoder Lessing)的《欧洲与亚洲》(*Europe and Asia*)两书,前者揭示了"科学的浪漫史和世界史的幻想",促使人们对近代的"进步信仰"及其令人骄傲的成就提出疑问,后者重新换位到亚洲智慧的角度来反思欧洲的思想价值与社会发展。对亚洲智慧的重视构成了伽达默尔一生学术思想的重要因素。第一次世界大战后欧洲社会的时代变化及其对文化领域的深刻反思,使伽达默尔一步步走向对社会和国家前途的关注,也踏上了哲学之途。

---

① 伽达默尔:《哲学学徒之年》,第 1 页,剑桥,麻省理工学院出版社,1985。

步入哲学殿堂的伽达默尔瞬即被玄奥的哲学思辨迷住了，但他也同时对当时占据德国哲学主导地位的新康德主义理论产生了迷惑与不解。“无论如何，刚刚闯入的哲学出现的全部信号都向我意指一个地方。它们把我指向马堡。”[①] 1919 年，伽达默尔来到了新康德主义的理论重镇——马堡。在哲学上，马堡因新康德主义马堡学派而闻名遐迩。进入马堡大学，是伽达默尔哲学生涯的正式开始。在纳托尔普、哈特曼的指导下，伽达默尔完成了关于柏拉图研究的博士论文。在伽达默尔看来，正是柏拉图通过理念的理论、理念的辩证法、物理学的数学化，以及我们称之为“伦理学”东西的知识化，奠定了我们传统中形而上学概念性的基础。从学术生涯而言，古希腊哲学一直是伽达默尔学术研究的重点领域之一，他自称：“我认为我对希腊哲学的研究，是我哲学工作中最突出的部分。”[②]

1931 年，伽达默尔出版了其教授就职论文《柏拉图的辩证伦理学》(*Plato's Dialectical Ethics*)。与此相关的著作有，伽达默尔在 1934 年发表的《柏拉图与诗人》(*Plato and the Poets*)，1942 年发表的《柏拉图的教育国家》(*Plato's educational state*)等。

用现象学的观念和方法来研究柏拉图哲学，这是伽达默尔的独特学术道路。当然，引导伽达默尔走上这一道路的既有纳托尔普和哈特曼，他们在伽达默尔博士论文期间引发了他对柏拉图的关注与兴趣，更重要的是马堡大学的另一位世界级哲学家——海德格尔，他不仅同样影响了伽达默尔对柏拉图、亚里士多德的理论兴趣，还直接引发了伽达默尔哲学解释学的创建。伽达默尔说，海德格尔使他“豁然开朗”，“最重要的东西我是从海德格尔那里学来的”。

应该说，伽达默尔与海德格尔的相遇，不仅是伽达默尔学术历程上，也是西方哲学当代发展史中的一个哲学事件。伽达默尔首次听到海德

---

① 伽达默尔:《哲学学徒之年》，第 6 页，剑桥，麻省理工学院出版社，1985。

② 希尔吾曼编:《伽达默尔与解释学》，第 13 页，纽约，劳特利奇出版社，1991。

格尔的名字是在1921年由盖格所指导的一个讨论班上。1922年,海德格尔来到马堡,担任马堡大学哲学副教授。海德格尔的授课给了伽达默尔以深刻印象和强烈影响。海德格尔是胡塞尔现象学的继承人,他运用现象学的方法分析了存在本身以及如何通达存在本身的基本哲学问题,并把这一问题与人的具体存在、与人们活生生的时代联系起来,使之变成每一个人自己的问题,这深深地感染着包括伽达默尔在内的年轻学子。1923年暑期,伽达默尔前往弗赖堡大学,参加了海德格尔在此主持的亚里士多德伦理学研讨班。正是在这个讨论班上,伽达默尔对亚里士多德《尼各马可伦理学》第6卷中"实践智慧(phronesis)"思想进行了深入的思考。当然,海德格尔将理解与人的存在统一起来而提出的"生存论解释学"也对伽达默尔产生了直接影响,因为正是在海德格尔那里,理解和解释的问题变成了人的存在的筹划(project)和各种可能性的展开问题,实质上也就是人的存在意义问题,这样,古老的作为理解技艺和理解方法的解释学才被真正地从哲学本体论的高度来加以对待和重视。伽达默尔就是循着这一思路,明确创立哲学解释学的。

1929年,伽达默尔在海德格尔和弗里德伦德(Friedländ)的主持下,通过了教授资格考试。后在马堡担任私人讲师,1937年获得马堡大学副教授职位,1939年被任命为莱比锡大学教授、哲学所长。第二次世界大战后,伽达默尔担任莱比锡大学哲学系主任、校长。1947年秋,伽达默尔来到法兰克福大学担任教授,重返教学岗位,开展学术研究。1949年,他受聘于海德堡大学接替雅斯贝斯担任海德堡大学的教授讲席。自此以后,伽达默尔便在海德堡大学传道授业,著书立说,与库恩(H. Kuhn)一起创办和主编杂志《哲学评论》(*Philosophie Rezension*),直到1968年退休。退休后,伽达默尔仍频繁地穿梭于美国波士顿和欧洲各地,宣讲其哲学解释学思想。

伽达默尔于1960年出版了倾其十年之功的巨制《真理与方法——哲学解释学的基本特征》(*Wahrheit und Methode*:*Grundzüge einer philosophischen Hermeneutik*,以下简称《真理与方法》),标志着哲学解释学的正式创立。此书的出版，正如人们评论的，“使伽达默尔的思想在人文科学的各个学科中，在社会学、文学理论、历史、神学、法学以及自然科学的哲学中，都留下了它的痕迹”①。伽达默尔将此著作题献予海德格尔，表达了他对海德格尔的敬仰之情。伽达默尔于 1964 年出版《短论集》(*Kleine Schriften*)四卷，1976 年出版《修辞学与解释学》(*Rhetorik und Hermeneutik*)和《科学时代的理性》(*Vernunft im Zeitalter der Wissenschaft*)，同年美国学者林格(David E. Linge)选编出版《哲学解释学》(*Philosophical Hermeneutics*)英译本，1977 年出版自传体著作《哲学学徒之年》(*Philosophische Lehrejahre*)，1983 年出版《赞美理论》(*Lob der Theorie*)，1985 年《伽达默尔全集》(*Gesammelte Werke*)出版。伽达默尔担任过德国哲学学会会长和海德堡科学学院会长，被授予普福尔茨海姆市洛希林奖、斯图加特市黑格尔奖、德国文艺语言学院弗洛伊德奖等。

伽达默尔撰写《真理与方法》的由头是其全部哲学精神的表现，那就是怎样才能从当代哲学立场出发，使人们所了解到的各条不同哲学道路上升到真正现实性的高度。伽达默尔开始问自己：哲学能够永远处于这种综合的任务之下吗？它难道不应该为了解释学经历的发展而以一种激进的方式使自己保持开放吗？它难道不应该受那些澄明者和尽力反抗重新掩盖已澄明东西的人的影响吗？他认为，哲学是一种启蒙，也是反对使它自身教条化的一种启蒙。② 应该说，倡导哲学的历史性、相对性、开放性和发展性，特别是哲学的实践品格，成为伽达默尔哲学解释学的重要理论追求。从某种意义上说，伽达默尔的《真理与方法》是海德格尔《存在与时间》之后力求通过改变哲学的原有思考而对当代人类社会现实问题作出的自己独立的解答。伽达默尔意味深长地指出：“哲学，思考

---

① 韦恩海默：《伽达默尔的解释学》，第 9 页，纽黑文，耶鲁大学出版社，1985。

② 参见伽达默尔《自我介绍》，载于湖北大学哲学研究所《德国哲学》编委会编《德国哲学论文集》第 13 辑，第 213 页，北京大学出版社，1993。

的要求,其共同点在,我们想过我们的生活。"①

第二节　理解何以可能

解释学发展史上的第三次飞跃,是伽达默尔通过其所创立的哲学解释学完成的。伽达默尔的哲学解释学不仅使解释学实现了从作为一门理解技艺和一般方法论的学问向哲学意义的解释学的创造性转变,而且在一个科学主义时代以及力求将人文科学科学化的浪潮下,构建起了一种新兴的哲学本体论。这种本体论就是从人与世界的基本存在经验出发,认为理解和解释是人与自然、人与人、人与社会之间的根本交往形式,是人类源始的而又是最基本的生活经验,人们是在理解的关系中生活、交往和思想,理解是人类存在的基本事件。因此,伽达默尔通过哲学解释学所构建的就是一种"理解本体论"。这种本体论的建立,直接的目的就是要以此来反对一切科学主义的技术主义和实证主义作风,批判以狄尔泰为首的历史学派企图在解释学基础上将精神科学建成类似于自然科学的科学的观念和做法;深层的目标则是要去阐明理解问题是包括自然科学在内的一切科学的根本问题,一切真理都是理解的真理,真理并不一定就意味着确切性、明晰性、必然性,从而以此来捍卫哲学、历史、艺术的真理性,并依据理解本体观说明所有科学尤其是精神科学以及社会政治文化中的理解、解释和应用现象。

从哲学本体意义上来谈论理解问题,并非始于伽达默尔。其间经历了一个漫长的演化过程。古代解释学着重于对文本的意义理解,基本上把文本的意义展现过程看成是通过解释去发现和确定文本含义的过程。这一时期的理解只局限于人对某些文本(如《圣经》文本、法律文本以及文献)的解释活动和关系。到了近代施莱尔马赫和狄尔泰那里,理解问题变成了神学研究、历史研究和精神科学探讨的普遍方法,一般解释学

① 伯姆编:《思想的盛宴——与西方著名思想家伽达默尔等对话》,王彤译,第 178 页,浙江人民出版社,2001。

力图说明，在精神科学领域，真理是理解的真理，解释学是普遍的研究方法，人类基本精神活动就是理解活动。不过，尽管古代、近代解释学肯定了理解在人类文化活动中的重要意义，但都是将理解看成是人类的一种主体行为活动，把理解活动当作一种给予的事实。这种情况到了海德格尔那里才有了实质上的转变。海德格尔通过“存在论差异”的探索，以现象学方法将“决定在者的在本身”作为哲学之最高本体，这种本体又必定通过一种特殊的在者——“人的亲在(Dasein)”来加以解释和展现。故而，海德格尔将理解问题看成是人的亲在的自我活动问题，看成是与对“在”本身的理解是同质化的问题；换言之，对在本身的展现和领悟就是通过人的亲在对自身存在的理解和解释来达到和实现的。人的亲在的自我表现和理解就是对自身存在可能性的筹划、规定与创造，真正的存在正是通过人的这种自我表现理解活动逐步得到显现的。因此，到了海德格尔这里，理解第一次与存在问题联系在一起，具有了中心的、本体论的意味，生存论解释学也成为一种理解的本体论解释学。

应该说，海德格尔从存在高度上来阐明理解之本体论意义，这是传统解释学理论发展的重大转折点，紧随其后的伽达默尔，直接承续了海德格尔的这一做法，“试图阐发海德格尔提供的新出发点和意义”，真正建立起根本不同于传统实体性本体观的新型本体理论——作为非实体主义的“理解本体论”。

海德格尔的“生存论解释学”通过对人的亲在的时间性分析，将理解看作“人的亲在”的存在方式，把理解活动看成“人的亲在”的前结构向未来筹划的存在方式，这样，理解和解释在海德格尔那里开始实现由精神科学方法论向哲学本体观的转变。但真正将理解明确地作为哲学本体来看待，建立起一种新的哲学解释理论的，则是伽达默尔。伽达默尔在《真理与方法》一书第2版序言中有一段清楚的说明：“我们一般所探究的不仅是科学及其经验方式的问题——我们所探究的是人的世界经验和生活实践的问题。借用康德的话来说，我们是在探究：理解怎样得以可能？这是一个先于主体性的一切理解行为的问题，也是一个先于理解科学的方法论及其规范和规则的问题。”[①]这就是说，在伽达默尔那里，哲学解释学的提出，从根本上说，并非要去研究理解的技艺和理解的规则体系问题，也不是要去研讨精神科学的理论基础问题；恰恰相反，是要从哲学本体论的高度来研究理解的意义问题。

在伽达默尔看来，正如海德格尔所指出的，理解是人的亲在的存在方式和普遍规定性，理解支配着人，规定了具有历史性、有限性的人的限度，从而决定了人的认识限度和世界经验的范围。具体到对文本的理解上，理解本身既形成了解释者的视域，也支配着文本的意义显现。正是在理解中，理解者获得了对文本意义的创造性说明，文本也从一种无意义的文字符号重新获得了意义之规定。从文本的角度来说，理解并非它的一种外部行为，而是“属于文本的意义事件”；就解释者而言，“理解也决非一种针对一个所予‘对象’的主观行为，而是……属于那个被理解的东西的存在的”。[②] 理解的这种本体意义，要从理论根据上得到说明，这是伽达默尔哲学解释学要解决的首要的也是核心的问题。可以说，伽达默尔的《真理与方法》从根本上要说明的、要构建的就是这种理解本体论，也正是以此为基础，他才有可能去批驳完全把真理与自然科学方法论等同起来的做法，说明区别于自然科学的精神科学的真理问题乃至一切真理的问题。

为了达到这一目标，就要探究人类理解活动得以可能的条件。伽达默尔以艺术领域作为探讨理解本体意义的切入点，进而通过对精神科学中的理解问题以及以语言为主线的解释学本体论转向来说明和构建真正的“理解本体论”，亦可称之为“解释学本体论”。

一 艺术中的理解与真理

1936年，海德格尔曾以艺术为题作了一场学术报告，将艺术不再看

① 伽达默尔:《真理与方法——哲学诠释学的基本特征》上卷，洪汉鼎译，第6页，上海译文出版社，1999。

② 参见伽达默尔《真理与方法——哲学诠释学的基本特征》，第316、319页，图宾根，1986。

成哲学的一个分支，而是作为哲学的核心问题来看待，这直接影响到了其学生伽达默尔。伽达默尔就是以艺术研究作为出发点来考察世界的理解性问题的。

伽达默尔之所以首先选取艺术领域来考察理解的本体意义，是因为在他看来，“诠释学问题指明的方向与我们对审美意识的批判把美学问题移入其中的方向是相同的”[①]。通过一部艺术作品所经验到的真理是用任何其他方式不能达到的，这一点也构成了艺术维护自身而反对任何推理的哲学意义。

依照科学实证论的观点，艺术经验是超出感觉经验范围以外的，是不能被确证的，因而它是非科学的，属于形而上学的领域，毫无真理可言。伽达默尔认为，这是科学主义方法论与独断主义的表现，它排斥一切通过非科学主义的方法所取得的真理，实质上就是排除艺术学科本身。实际上，科学方法论只是理解世界的一种方式，而不是全部方式，更不是唯一方式。

与维特根斯坦“语言游戏”说相仿，伽达默尔也将“游戏(Spiel)”作为探讨艺术之真理性的出发点。游戏是一种艺术哲学的重要理论，它揭示了艺术的起源。伽达默尔借助“游戏”概念，试图把语言与文艺问题结合起来，强调艺术问题在哲学中的重要地位，指明艺术经验的本质是与对哲学存在问题的理解联系在一起的。依照传统的理解，游戏的主体是游戏者，游戏者决定着游戏的本质。但在伽达默尔看来，“游戏的真正主体并不是游戏者，而是游戏本身”[②]。在游戏中，只有当游戏者除去自身的主体的目的意识和紧张情绪，才算是在进行着游戏。游戏之所以吸引着游戏者并把游戏者束缚于游戏之上，是因为游戏本身能使参与游戏的人获得自我表现(sich-ausspielen)或自我表演(Sichdarstellung)的机会。由此，伽达默尔提出了关于游戏的本质性见解：“游戏的存在方式就是自

① 伽达默尔:《真理与方法——哲学诠释学的基本特征》上卷，洪汉鼎译，第 215 页，上海译文出版社，1999。

② 同上书，第 137 页。

我表现"①。当然,在游戏中,游戏本身的这种自我表现要得到实现,还需要有游戏的观赏者,因为归根到底,游戏是"为观看者而表现",只有通过观看者的观看,游戏和自我表现才获得其完整的意义。因此,游戏本身是由游戏者与观看者共同参与的一个统一的整体。

以此理论来分析戏剧等文艺作品,可以看出,戏剧等文艺作品的意义不取决于它们的创作者,也不取决于它们所反映的某个对应的事物,而像游戏一样决定于这些作品向人们显现的、诉说的和理解的东西。艺术作品就是游戏,也就是说,艺术作品的真正存在不能与它的表现相脱离,戏剧就是文学作品本身进入人的存在的活动,文艺作品的意义就表现在它被展现的过程之中。伽达默尔以绘画为例对此加以说明。绘画涉及原型和摹本。与柏拉图的理念论坚持原型高于摹本,原型与摹本的关系是理念与现象、第一性与第二性的观点相反,伽达默尔认为,绘画本质上不是摹本与原型的关系,实质上绘画是以一种展现出来的方式表达了某种存在,如果说有原型,那么,原型的真正存在并非指有一个固定的僵死的东西,而仅仅意味着它是通过绘画的过程本身来实现自身的。所以,作为表现的绘画不是依附于所谓的"原型",而恰恰属于原型的存在本身,也正是在绘画的表现中,原型有了一种"在的扩充"。这样一来,伽达默尔就由对绘画的分析进而分析了一切艺术作品的本质,文学作品本身的真正存在和意义不在于它们的原型,而在于它们所表现出来的被人们所理解的东西;真理也就不是与客观事物的符合性问题,而是向理解者的呈现及理解者的理解和解释问题。质言之,存在与意义是一种交往理解关系,而不是反映与被反映的符合论之谬见。一切艺术作品的再现,或读诗,或看画,或演奏乐典,或观赏戏剧,如游戏一样,都可看作是向观赏者的显现,既是观赏者的理解过程,同样是这些艺术作品本身的继续存在方式。可以说,艺术作品的真正存在和真理性就蕴含于对它们

① 伽达默尔:《真理与方法——哲学诠释学的基本特征》上卷,洪汉鼎译,第139页,上海译文出版社,1999。

所作的理解和解释的无限过程之中，任何将艺术作品的真理性孤立于作品或孤立于审美意识的主体，都是错误的。

既然，艺术作品的真理性是同理解者与它的交往实践关系（解释实践）联系在一起的，那么，一种理解的普遍经验就存在于解释者与文艺作品的关系之中。这是一种解释者与文本、现在与过去之间的交往。正是在理解的交往经验中，人们由对艺术作品意义的理解，触及对理解者自身的理解（人的亲在的自我理解），进而形成了某种对世界存在之意义的理解。

伽达默尔以艺术作品分析为切入点，一方面考察了艺术作品的本质，另一方面开辟了哲学思考的新路向。但这只是伽达默尔的哲学初始工作，只是其整个解释学经验分析和哲学解释学理论建构的一个环节，其基本意图是要以此引入如下事务：探讨精神科学的理解与真理问题，引入语言与世界存在的关系理解，从而突出人与世界的理解的基本经验，最终从哲学解释学上建构起“理解的本体论”。

一旦理解了什么是艺术作品的真正存在问题，当然也就突破了传统的科学哲学的“符合论”的确切性、实证性的真理观；反过来说，艺术同样存在着真理，只不过它不同于那种概念性认识的真理概念。“艺术语言的独特标志在于：个别艺术作品集聚于自身并表达了（用解释学的话说）属于一切存在物的象征特征。同所有其他语言的或非语言的传统相比，艺术品对于每个特定的当下都是绝对的当下，而且与此同时适用于所有的未来。”①不过，伽达默尔指出，光从艺术作品本身的分析还不足以说明这一点，还必须从艺术作品归属于其中的精神科学的类分析中，才会得到更有说服力的阐明。对于精神科学研究来说，伽达默尔选取的典型学科就是历史科学。

二　精神科学中的理解与历史

怎样看待精神科学问题，这是伽达默尔区别于科学理性主义哲学以及以

---

① 伽达默尔：《哲学解释学》，夏镇平、宋建平译，第 104 页，上海译文出版社，1994。

狄尔泰为首的历史学派的精神科学理论的关键之所在。科学主义哲学完全排除精神科学的科学性、真理性,将之作为一种非科学的学科加以对待,这是伽达默尔坚决反对的;而以狄尔泰为首的历史学派虽然从研究对象和研究方法上区别了自然科学与精神科学,主张要用解释学的方法来研究精神科学,但他们的根本意图是力图在解释学方法基础上把包括历史科学在内的精神科学建成类似于自然科学的科学,这同样是为伽达默尔所不赞许的。

伽达默尔从艺术研究出发,力图探明精神科学如同艺术的经验一样,是从根本上超出了科学知识范围的经验,具有与自然科学真理完全不同性质的真理。这是因为精神科学研讨的对象是各种历史流传物,它是与整个解释学经验相应的、人们参与其间所理解和传达出的认识和真理。

伽达默尔认为,19 世纪以施莱尔马赫、狄尔泰为代表的解释学的发展,已完全超出了其作为一门古老的理解技艺学的实用之目的,而是说明了"不只是文字流传物是生疏的、需要重新更正确地加以同化,而且所有那些不再直接处于其世界而又于该世界中并对该世界进行表述的一切东西——这就是说,一切流传物、艺术以及往日的其他精神创造物、法律、宗教、哲学等等——都脱离了它们原来的意义,并被指定给了一个对它们进行解释和传导的神灵。我们与希腊人一样,把这种神灵称之为赫尔墨斯(Hermes),即上帝的信使(Götterboten)。正是历史意识的出现,才使得诠释学在精神科学范围内起了根本的作用"①。这就是说,人们已从一种历史意识出发,把精神科学和解释学联系在一起,在解释学基础上探讨了精神科学的演变历史和根本性质。但应该指出的是,解释学的这种发展只是表明了它从局部的意义上升到方法论的意义,还并没有将之从一种哲学的高度来对待。

选取历史学作为考察全部精神科学的核心,是因为在历史学中体现出了精神科学的最根本的特征——历史性。在对艺术经验的研究中,伽

① 伽达默尔:《真理与方法——哲学诠释学的基本特征》上卷,洪汉鼎译,第 216 页,上海译文出版社,1999。

达默尔已经指明了正是因为存在着历史性，人们才有对同一作品的不同理解和解释。历史的中介是理解者与理解对象之间在理解过程中摆脱不掉的一个有机部分。可以说，历史性是精神科学的核心。就历史学而言，对于世界史全部历程的理解只能从历史流传物本身才能获得，而这一点正是语文学解释学的要求，即文本的意义由文本本身才能被理解。所以，“历史学的基础就是诠释学”①。既然历史学的基础是解释学，那么以历史性为核心的精神科学，其情形也是同样的。

在伽达默尔看来，如同艺术经验一样，精神科学所涉及的对象和认识也是超出科学认识范围的，它研究的是人的历史的各种流传物，即广义上的文本，我们对历史流传物的经验时常居间传达了我们必须一起参与其中去获得的真理。这表明，对于自然科学，是一个说明的问题，而对于精神科学，则是一个理解的问题。对人的历史的各种流传物的意义的理解和解释，便构成了精神科学的真理。那么，为什么说精神科学的真理展现过程就是一种理解和解释的过程呢？反过来说，精神科学是怎样通过这种自身理解性的规定来表明理解是人类精神生活的共同经验，是精神科学产生和发展的本体论基础的呢？

对于历史流传物的理解问题，有各种各样的观点，但自启蒙时代以来，占主导地位的是主张破除个人的偏见，客观地、科学地对事物进行理性的认识，认识的过程就是一个纯粹的不掺杂认识者任何成分的过程。故而，近代以来的哲学口号就是反对偏见、权威、传统，主张科学、怀疑、理性、技术。这既是一种思想精神，也是一种思想方法，它影响到对各门科学的研究。它认为科学的研究就是要克服认识者与认识对象之间的历史间距，就是要克服认识者的主观因素。这一看法同样表现在施莱尔马赫和狄尔泰的一般解释学中，他们都认为理解的问题就是一种避免误解，重建和还原文本原先规定的研究，只不过方式方法有所不同。施莱尔马赫在语文

① 伽达默尔：《真理与方法——哲学诠释学的基本特征》上卷，洪汉鼎译，第 257 页，上海译文出版社，1999。

学解释学基础上，提出了一种心理学解释学，要求还原到文本作者所处的时代、情感和生活当中去，真正掌握作者的意图和想要说的是什么；狄尔泰从生命哲学出发，认为生命之流是可以交融和体察的，所以，解释学研究就是要回到历史实在中去，去理解历史流传物作者的真实意图。对于这些看法，伽达默尔是完全反对的，他要从理解的本体结构上告诉人们一种新的理解观，理解总是历史的、有限的、相对的，是处于"解释学情境"中的理解，是一种"效果历史"，它总是包含着传统、权威等先见在内的理解；人们的理解是无法摆脱而只能以正确的方式进入"解释学循环"；理解是理解者与理解对象"视域交融"的过程，是理解者与理解文本对话的过程。从根本上说，精神科学的理解问题，是人与历史流传物的一种实践交往经验，是一种对话和交流。因此，精神科学的意义之理解就既不完全取决于文本自身，也不完全取决于解释者，而决定于它们之间的理解性对话。

把理解看成人与文本的一种交往关系，本质上看成对人自身存在本质的一种解释，这是从海德格尔思想出发而来的解释学思想。实际上，这一思想肯定了解释者本身的因素在整个理解过程中的作用和意义问题。任何理解和解释都是在一定历史中一定条件下的"解释学情境"中进行的，也都是与解释者本身的各种因素密不可分的。只要讲理解，就必须承认有理解的前提条件，这种前提条件就是前理解。师承海德格尔，伽达默尔从理解经验本身出发，重新公开地为理解者的前理解或前见正名。他批判了启蒙运动要求消除偏见的偏见，认为前见是理解者摆脱不掉的，是理解过程的必然成分之一，"一切解释学条件中最首要的条件总是前理解的……正是这种前理解规定了什么可以作为统一的意义被实现，并从而规定了对完全性的先把握的应用"①。

由于理解者必然地裹挟着自己的前理解参与理解过程，这实际上就在理解之前决定了理解者自身的一种"视域(Horizont)"，换言之，理解者总是带着自己的视域来理解文本的。不过，理解是理解者与理解对象的关系活

---

① 伽达默尔:《真理与方法——哲学诠释学的基本特征》，第 299 页，图宾根，1986。

动，理解者有视域，文本也有自己的视域，理解过程就是这两种视域的交融过程（视域融合，Horizont-verschmelzung），即在保留各自视域的基础上形成综合的新的视域，新的视域预示着一种新的理解，理解的过程就是在视域的不断融合、不断拓展中无限地向前进行的。这也就决定了意义的理解是一件开放的（非封闭的）、无限的（非有限的）、永无止境的事业，每一种新视域的形成，就预示着理解的突破和创新。视域融合既有历时性的特性，也有共时性的性质，过去与现在、主体与客体、理解者与理解文本就在视域融合中，也就是在理解经验中获得了最终的统一，理解活动本身成为世界统一的现实根据，也作为其理论基础从而表明了理解的哲学本体意义。

理解是在视域融合中不断形成和发展的，而不同时代、不同条件的“解释学情境”是不同的，因而视域的不同就影响着理解的过程。质言之，理解决非凝固僵死的，而是活跃地表现于理解的过程史之中；一种意义的理解就是指关于这种意义理解的过程性，每一种解释都构成着这种意义的某种存在方式。由此，伽达默尔引出了“效果历史（Wirkungsgeschichte）”概念，在他看来，“真正的历史对象根本就不是对象，而是自己和他者的统一体，或一种关系，在这种关系中同时存在着历史的实在以及历史理解的实在。一种名副其实的解释学必须在理解本身中显示历史的实在性。因此我就把所需要的这样一种东西称之为‘效果历史’。理解按其本性乃是一种效果历史事件”①。“理解从来就不是一种对于某个被给定的‘对象’的主观行为，而是属于效果历史，这就是说，理解是属于被理解东西的存在。”②伽达默尔提出这种“效果历史意识”和“效果历史理解观”，其目的何在呢？从直接性上来看，是为了说明一种完全不同于传统解释学的现代理解理论，告知人们，精神科学的逻辑本质上就是“一种关于问题的逻辑”，是问与答的交互关系，它的真理永远处于一种“悬而未决”的情形之中；其根本目的是阐明一种新的哲学

① 伽达默尔：《真理与方法——哲学诠释学的基本特征》，第 311 页，图宾根，1986。
② 同上书，第 375 页。

本体观,这就是:一切历史的实在是通过“效果历史”而表现出来的一种理解的实在,任何事物的存在和发展必定存在于某种特定的效果历史之中;质言之,事物的存在就是某种具有效果历史的理解的存在,存在就是理解,或者说,理解就是存在。

从精神科学的理解上来显明理解作为哲学本体的意义,这是伽达默尔本体建构逻辑中的第二步。通过这一步工作,已经足以让人们建立起这样一种看法,如同艺术经验中艺术作品的存在性和真理性是通过理解和解释才获得表现一样,精神科学活动同样是一种类似“游戏”的活动,其存在问题与真理问题本质上不是由历史的文本,也不是单纯由解释者,而是通过融于其间的理解而得到阐明的。将理解与艺术真理和精神科学真理联系起来,伽达默尔为人们转向理解本体提供了一条思维通道,只要进入这条通道,就会获得关于艺术和精神科学真理乃至真理本身的全新看法,也就会迫使自身去追问理解与存在的哲学关系问题。

伽达默尔的艺术经验和精神科学分析,虽然已让人们从理解的特性和理解与艺术真理、精神科学真理的关系中,总体地感知到了理解的存在性问题,但从微观的具体操作过程来看,要将存在与理解统一起来,建立起真正的理解本体观,还必须解决理解者与理解对象之间的中介性问题。换句话说,理解对象以什么形式表现自身,理解者以什么形式理解对象,这一问题能否解决和怎样解决,将成为伽达默尔构建理解本体论的又一关键之处。伽达默尔指出,语言就是这种中介,这一问题的核心就是语言与真理、语言与存在的关系问题。

三　语言中的解释学本体论

在语言问题上,伽达默尔同样是通过海德格尔步入现代解释学的存在论王国的。伽达默尔批驳了现代语言分析哲学所主张的“语言符号论”,这种符号论只把语言看成表达事物的符号,认为符号本身没有意义,其意义只表现在符号的使用者和符号所指代的事物上。在伽达默尔看来,语言并非事物的符号,而是事物原型的摹本,其意义就存在于作为原型存在方式的摹本自身之中。因为正是通过摹本，事物原型的存在才得到表现。既然是一种摹本，那么正如摹本是在表现原型中获得自身意义一样，语言也是因为能够用以表现世界事物而得到自己的存在和意义的。反过来说，世界总是通过表现它的语言而得到肯定和被人们所认识的，有什么样的语言也就意味着有什么样的世界观。伽达默尔思想见解的集中表述就是："语言并非只是一种生活在世界上的人类所拥有的装备，相反，以语言为基础，并在语言中得以表现的乃是：人拥有世界。对于人类来说，世界就是存在于那里的世界……但世界的这种存在却是通过语言被把握的。这就是洪堡从另外角度表述的命题的真正核心，即语言观就是世界观。"①

破除了"语言工具论""语言符号论"，伽达默尔明确地把语言与语言表述的存在统一起来，坚持"语言摹本论"，认为存在就是通过语言而表现出其存在和意义的，使用什么语言来表现存在，就意味着你所理解的是一种什么样的存在。

（一）语言作为人类的世界经验

"语言作为人类的世界经验"，这是一个全然不同于现代语言分析哲学"语言工具论"和"语言符号论"的一个崭新的观点。它要从根本上说明，人的世界经验完全是语言性的，语言不是一种工具或符号，它构成了人类存在的一种基本经验和基本表现。世界在语言中得到表述就表明，语言能够将理解世界的人引入一种确定的世界关系和世界行为之中，从而构成了人们存在和生活的一种特定方式和活动经验。

伽达默尔指出，人们总是力图拥有世界。那么，什么叫拥有世界呢？所谓拥有世界，就是指对世界采取态度。而能够对世界采取态度，就要求我们尽可能地同由世界而来的相遇物保持距离，以使它们能够如其本来面目那样出现在我们面前。这实质上就意味着我们要拥有世界就必须拥有语言，因为"拥有语言意味着一种同动物的环境束缚性完全不同

① 伽达默尔：《真理与方法——哲学诠释学的基本特征》，第446—447页，图宾根，1986。

的存在方式"①。"人类的语言就'世界'可以在语言性的相互理解中显现出来而言,必须被认作一种特别的、独特的生活过程"②,"世界就是语言地组织起来的经验与之相关的整体"③。

人类世界经验的语言性表明,语言不是工具和符号,也不是认识世界的特定手段,因为它不是反思思想的创造物,而是与我们生活于其中的世界举止一起参与活动。世界本身就是在语言中得到表现的,语言的世界的经验是"绝对的",可以说,我们世界经验的语言性相对于被作为存在物所认识和看待的一切都是先行的,"谁拥有语言,谁就'拥有'世界"④,拥有语言而获得对环境的自由,这是人区别于动物的根本特征,就此而论,人就是"拥有语言的存在物"。

(二) 语言与理解

阐明人类世界经验的语言性,实际上为从本体论意义上来说明语言的意义奠定了现实的基础。语言是人类存在的经验,是世界表现自身的方式,那么,语言性是否会构成人类理解世界的某种障碍呢?伽达默尔一方面反对将语言与科学的客观性完全等同起来,另一方面反对完全割断语言性与人类科学能力之间存在的积极的实际的联系。他主张,人类世界经验的语言性给予我们关于解释学经验的分析以一种扩展的视域。

如同施莱尔马赫所认为的"解释学的一切前提不过只是语言"那样,伽达默尔在语言与理解的关系上公开声称,"语言是理解本身得以进行的普遍媒介"⑤。理解的语言性表现在三个方面,其一是语言性作为解释学对象之规定,其二是语言性作为解释学过程之规定,其三是语言性作为解释学理解模式之规定。就第一方面而言,人们所理解的对象正是通

①④ 伽达默尔:《真理与方法——哲学诠释学的基本特征》下卷,洪汉鼎译,第579页,上海译文出版社,1999。

② 同上书,第570页。

③ 同上书,第572页。

⑤ 同上书,第496页。

过语言才得到自身的存在表现，才成为理解对象的。可以说，“在一切‘文本’的抽象的陌生性中却以特有的方式表现出一切语言都属于理解的先行性质”①，“流传物的本质通过语言性而得到标志”②，乃是解释学的基本意义，这在文字流传物中表现得尤为明显。在伽达默尔看来，文字固定的文本提出了真正的解释学任务。文字性就是自我陌生性，要克服此种自我陌生性，就必须对文本进行阅读。甚至可以说，只有当我们能够把文本转换成语言的时候，我们才能正确地理解和解释某种碑文的纯符号成分。这种把文本转换成语言的活动，同时也产生一种与意指的东西，即被谈论的事物的关系。因此，“理解过程在此是完全活动于那种由语言流传物所传介的意义域之内”③。从第二方面来说，人们进行理解和解释的过程是在语言中并通过语言来实现的，这意味着，“不仅是流传物这种优越的理解对象是具有语言性的，就是理解本身也同语言有着根本的联系”④。依照伽达默尔的解释学见解，理解就已经是解释，因为理解构造了文本的意见得以起作用的解释学视域。既然理解要通过解释表达出来，那么为了能使某一文本的意见以其实际内容表达出来，我们就必须把这种意见翻译成我们的语言，把它置于我们得以进行语言活动的整个可能意见的关系之中。这就是说，理解的过程是解释的过程，解释的过程就是以语言为媒介来展现理解之意义的过程。同时，必须注意到，解释者运用语词和概念与工匠使用工具是不同的。工匠是在使用时拿起工具，用完就扔在一边；我们却必须认识到，一切理解都同概念性具有内在的关联。从第三方面，即作为解释学理解模式——“对话模式”来看，语言在理解中的作用与意义同样显而易见。伽达默尔指出，理解的过程就是解释者与文本之间的“对话的过程”或者说“谈话的过程”，“谈

①② 伽达默尔：《真理与方法——哲学诠释学的基本特征》下卷，洪汉鼎译，第497页，上海译文出版社，1999。

③ 同上书，第499页。

④ 同上书，第505页。

话是相互了解并取得一致意见的过程”①。决定谈话意义和进程的不是谈话者,而是谈话本身,谈话具有自己的精神,而这种精神只有通过语言才能“显露出来”和涌现出来,自此它也才有存在。因此,“所谓理解就是在语言上取得相互一致……整个理解过程乃是一种语言过程……语言正是谈话双方进行相互了解并对某事取得一致意见的核心(Mitte)”②。可以说,一切谈话都有这样一个不言而喻的前提,即谈话者都操同一种语言或转译成同一种语言,只有当通过相互谈话而在语言上取得一致理解成为可能的时候,理解和相互了解的问题才可能提出来。正是在不断的对话中,人们实现了双方的视域融合,推进了文本理解的效果历史。

应该说,伽达默尔正是通过对语言与理解对象、理解过程和理解模式内在关系的探讨,鲜明地阐述了理解的语言性特征,其最终的理论结论就是:“语言就是理解本身得以进行的普遍媒介。理解的进行方式就是解释。……一切理解都是解释(Auslegung),而一切解释都是通过语言的媒介而进行的,这种语言媒介既要把对象表述出来,同时又是解释者自己的语言。”③提出这样的结论,当然是服务于伽达默尔理解本体论构建的整体思路的。把理解与语言联系起来,这就为把理解与只能用语言所表现的世界的存在结合起来奠定了强有力的基础,其间的思路运作表现出这样一种内在而严密的逻辑:大前提——人类的世界存在经验是语言性的;小前提——人们的理解和解释是语言性的;结论——以语言为基础的理解和世界存在是必定相通的,是可以统一的。简言之,理解就是“语言向我们诉说”存在。

① 伽达默尔:《真理与方法——哲学诠释学的基本特征》下卷,洪汉鼎译,第491页,上海译文出版社,1999。

② 同上书,第489—490页。

③ 同上书,第496页。

四　理解本体论的普遍意义与反思主题

伽达默尔指出："语言学的方法论自我思考进入了一种重要的哲学提问。"[①]这种哲学提问就是要去提出和阐明成为哲学解释学本体理论的"理解本体论"。

从哲学意义上来谈论语言问题，这既改变了传统的工具主义、符号主义语言观，也在语言上导引出了一种本体论的转折，那就是将语言与语言表述的存在统一起来，赋予语言以本体论意义。不过，对语言的哲学意义的探索，其目的仍旧是为了从解释学意义上来考察世界的存在和人类的生存方式问题。正是由于将语言作为人类解释学之媒介，作为世界存在之表现方式，人们对世界的思考进入了一种新的方向，也构建起一种新的出发点。由于以语言为中心，通过存在的语言表现来看待存在，那么存在问题就转化成语言问题，从根本上说也就是理解问题了。解释学经验的意义就在于，"语言相对于一切其他世界经验而包含着一种全新的度向，一种深层的度向，流传物就从这种深层的度向达到当下活生生的世界"[②]。以语言为中介，传统哲学中的自我与世界、主体与客体、现象与本质在理解中获得了统一，在其原始的依属性中得到了表现。不论是谈话的语言还是诗歌的语言或是解释的语言，语言的思辨结构都并不表现为对一种固定既存物的模仿，而是一种使意义整体得以理解和解释的语言表述。由此，伽达默尔提出了著名的本体论见解："我们现在认识到，这种关于事物本身的行动的说法，关于意义进入语言表达的说法，指明了一种普遍的-本体论的结构，亦即指明了理解所能一般注意的一切东西的基本状况。**能被理解的存在就是语言**。"[③]

当言明"能够被理解的地方，存在才被经验到"，实质上就为我们描

---

① 伽达默尔：《真理与方法——哲学诠释学的基本特征》下卷，洪汉鼎译，第605页，上海译文出版社，1999。

② 同上书，第591页。

③ 同上书，第606页。

绘了世界的存在性就是理解性的崭新图景。人的世界经验的语言性并不意味着世界是通过语言又一次被对象化,而只是指人与世界的关系在一种以语言为媒介的理解和解释活动中获得重新的规定和统一。正是依据这种具有哲学本体意义的理解理论,伽达默尔实现了将解释学不是作为精神科学的某种方法论学说,而是作为一种哲学学说的创造性转换,使人们理解了什么是超出方法论自我意识之外的真正的精神科学,以及什么使精神科学与我们的整个世界经验相联系。而通过对人的世界经验和生活实践问题的探讨,也从根本上解答了那种康德式的最高问题——“理解怎样得以可能?”,并建构起哲学解释学的“理解本体观”。

从理解的普遍意义上将理解确立为一种哲学本体思想,对于伽达默尔来说,这是有其鲜明的哲学反思主题的。这种反思主题也就是理解本体观的革命性和理论意义之所在,更确切地说,正是通过对理解本体观的运用,伽达默尔阐明了自己对本体理论、真理学说,以及实践哲学的全新理解。

首先,理解本体观的提出完成了“作为理解技艺理论”的解释学的本体论转折,使之成为一种反思世界和人生的新型哲学形态——哲学解释学。同时也实现了传统哲学本体理论的新改变,不再从摆脱人的世界活动经验之外去确立一种所谓的独自存在的“实体性”本体观,而是将本体问题与人的生存经验、与人的最根本的理解经验联系起来。因而,“理解的本体观”不再是实体性的,而是非实体性的;不再是超越人的活动之外的,而是在人的存在活动之中的;不再是抽象高悬、永恒不变的,而是生动具体,充满着开放、变数的无限活力的。

其次,理解本体观的确立为破除传统的建立在科学方法论基础上的真理观,建立起一种真理新思维开辟了道路。近代以来那种从科学方法论基础上来理解知识概念和真理概念,把真理当成是与实际相符的,或者说是能够被证明的看法是片面的,甚至从根本上说是不正确的。因为这种真理观并没有从人们的生存活动中,与人们对世界的关系中,进一步说,并没有从人们的理解活动中来看待真理。伽达默尔宣称,《真理与方法》一书的出发点就在于这样一种对抗,即在现代科学范围内抵制对科学方法的普遍要求,在经验所及并且可以追问其合法性的地方,去探寻那种超出科学方法论控制范围的对真理的经验。

在伽达默尔看来,真理的认识过程就是对世界存在之意义的理解和解释过程,真理的发展过程也就是再理解、再解释的过程。当然,这里所讲的理解并非指一种技艺精湛的"理解",而"毋宁是真实的经验,亦即同作为真理而发生作用的东西照面(Begegnung)"。由于这种照面是在语言的解释过程中进行的,因此,以语言为中介的理解现象便是存在和认识的普遍模式,真理的意义也在理解中获得了更详细的规定。而理解过程,在伽达默尔看来,总好比是一种"游戏"活动,"我们在理解中所遇到的事物如何使其重点发挥出来,这本身就是一种语言过程,或者说是围绕着所意指内容而用语词进行的一场游戏"①。

既然"理解是一种游戏",伽达默尔就从性质上把真理的认识过程看成了一种理解的游戏过程,看成一种理解的事件。他宣称,"作为理解者,我们进入了一种真理的事件"②。正由于真理的认识过程是人们的一种活动事件,那么在真理问题上的一切纯粹客观的,一切还原论、重建论的观点将被击得粉碎。在一个事件中,各种因素起着作用,有文本的视域,也有理解者的视域。构成理解者视域的自然包括传统、权威等前理解的因素,也就包含着理解者与理解文本的历史间距,而这一切在真理的理解中,不是必须被克服的,而是应当承认,它们参与着理解,共同影响着所理解着的真理。把真理当成一个类似于游戏的理解事件,伽达默尔实际上明确了这样一种真理新思维:真理不是一个与客观事物是否符合的问题,而是一个理解的问题,是世界之存在意义以语言为媒介所进行的理解和解释,如同理解是一种游戏一样,真理同样也是一种游戏。

---

①② 伽达默尔:《真理与方法——哲学诠释学的基本特征》下卷,洪汉鼎译,第 625 页,上海译文出版社,1999。

建立在理解本体论上的这种真理新思维，显然破除了传统哲学中的那种以确实性为标准的真理理论，也保证了精神科学存在的合法性，并捍卫了艺术和精神科学中的科学性与真理性意义。正如伽达默尔在《真理与方法》一书最后一段总结的那样："我们的整个研究表明，由运用科学方法所提供的确实性并不足以保证真理。这一点特别适用于精神科学，但这并不意味着精神科学的科学性的降低，而是相反地证明了对特定的人类意义之要求的合法性，这种要求正是精神科学自古以来就提出的。在精神科学的认识中，认识者的自我存在也一起在发挥作用，虽然这确实标志了'方法'的局限，但并不表明科学的局限。凡由方法的工具所不能做到的，必然而且确实能够通过一种提问和研究的学科来达到，而这门学科能够确保获得真理。"①

再次，理解本体论的建构是为伽达默尔整个哲学的实践性质，也是为其中后期所提出的实践哲学研究服务的。伽达默尔指出："诠释学思考的本质就在于，它必须产生于诠释学实践。"②反过来说，要确证以理解本体论为核心的哲学解释学的合法性问题，必须回到解释学实践之中。哲学解释学的最根本性质是实践的，是与人们的生存活动、与人和世界的交往关系联系在一起的，因而，从根本上说，解释学既非一门纯粹的理解技艺学问，也非一门玄思空疏的学说，而是融于人们实践活动之中，直接关涉到人生、社会、政治和文化等理论问题的实践哲学。

当然，伽达默尔所讲的"实践"和"实践哲学"，与近代以来普遍持有的完全将实践看成一种科学理论的纯技术和生产式的运用是根本相异的。在他那里，实践问题实际上就是人类的自我生存问题，它包含着对世界和自我的理解。伽达默尔通过创立理解本体论观，为完成西方解释学传统与实践哲学传统的真正统一，实现其"解释学的实践哲学"的根本主题奠定了基础。由于是从哲学意义上来看待人们的理解活动和理解

---

① 伽达默尔:《真理与方法——哲学诠释学的基本特征》下卷，洪汉鼎译，第 626 页，上海译文出版社，1999。

② 同上书，第 630 页。

经验的，所以，理解问题变成了人们的存在问题和与世界的关系问题，"理解"在人类生存活动中就具有了最根本和最普遍的哲学本体意义。反过来说，理解本体论的确立充分保证了解释学与实践哲学的统一是有效的、有根据的，并且也为解释学在当代人类政治生活中的意义提供了辩护。伽达默尔认为，实践哲学是对人类生活形式必须是什么的反思哲学，理解也并非理解艺术，而是理解艺术的理论，是一种哲学，因而，它们两者是相通的，是同一的。可以说，诸如此类的"种种唤起意识的形式都来自于实践，离开了实践就将是纯粹的虚无。这就是从诠释学的问题出发所重新证明的知识和科学的特殊意义。这也正是我自《真理与方法》完成以后一直致力的目标"①。

第三节　实践哲学的当代重建与发展

作为当代西方最伟大的哲学家之一，伽达默尔的最大功绩决不局限于他将解释学本体论化，创立了哲学解释学的新哲学观，更重要的是，他将这种哲学理论与人们的生活实践联系起来，以期通过复兴西方实践哲学传统，建立起解释学的实践哲学，来对人类实践行为作出哲学的理性反思，进而对人类的现代文明和生活形式作出有力的批判，指出其问题的根本理论症结所在，描述出一种人类生活可能存在也必须存在的新方向、新道路、新状态。他不仅以其渊博的学识，旁征博引，阐明了解释学与实践哲学的密切关系，指明了传统解释学无论从哪方面看都不是纯粹的技术性理论，而是实践哲学的近邻；而且在此基础上，构建起自己的"解释学的实践哲学"，从而表明哲学解释学超越传统解释学之处在于，它不同于一般理解技艺和方法论意义上的解释学，也不仅是实践哲学的近邻，而是说，哲学解释学本质上就是实践的，它就是实践哲学。

---

① 伽达默尔：《真理与方法——哲学诠释学的基本特征》下卷，洪汉鼎译，第654页，上海译文出版社，1999。

一　以亚里士多德实践哲学为模型

在伽达默尔看来,希腊的实践哲学"是我们必须牢记的传统的第二条线索"①。伽达默尔考察了希腊哲学思维的方式,重新强调和发展了亚里士多德所创立的实践哲学传统。亚里士多德的实践哲学不仅作为一种思想体系,而且作为一种哲学模型,对伽达默尔的"解释学的实践哲学"的构建产生了巨大的影响。伽达默尔认为,如果要力图避免近代以来那种关于理论及其应用的错误模式,摆脱从近代科学概念出发对实践概念所作的片面规定,就要重新拯救失落于近代科学中的伟大的实践哲学传统,必须回到前现代的希腊哲学中去,即复活和发展亚里士多德的实践哲学。所以,他明确宣称,"在这个问题上我是以亚里士多德的实践哲学的典范为根据的"②。亚里士多德建立的实践哲学构成了伽达默尔实践哲学的理论范式、范型。

伽达默尔对西方实践哲学传统的重新认识和重视,是受到海德格尔关于哲学存在问题的理论牵引,通过对柏拉图和亚里士多德的研究而达到的。伽达默尔于 1930 年所写的第一篇文章就是以《实践知识》为题的,他联系亚里士多德的《尼各马可伦理学》第 6 卷解释了"实践智慧"的本质。后在其于 1960 年出版的代表作《真理与方法》中,实践哲学问题取得了中心地位。在伽达默尔看来,亚里士多德的实践哲学传统现在已被人从多方面重新接受,这不仅仅是一个理论性的问题,同时也是一个具有强烈现实性的问题。这一现象所表明的是人们对近现代以来的哲学理解深表担忧,对实践的技术生产化和实践哲学传统的失落表示不满。这源于人们渴望从哲学理论高度上去对人类现代文明的生存形式以及生活的目的、意义、价值作出理性的反思。

---

① 伽达默尔:《真理与方法——哲学诠释学的基本特征》下卷,洪汉鼎译,第 795 页,上海译文出版社,1999。

② 同上书,第 653 页。

作为一种范式(paradigm),亚里士多德实践哲学的主要看法是,实践哲学是与理论哲学和诗哲学平行的一种哲学形态。它涉及“善”这个包罗万象的主题,关系到人的所有活动的领域,构成人类实践行为的最基本的思想基础;实践知识不同于理论之知,也不同于技术之知;在实践哲学中,理论与实践是内在统一、密不可分的。由这几个核心命题所构成的亚里士多德的实践哲学,一方面使实践哲学作为一门学科开始独立出来;另一方面阐明了人类除了对世界存在本质的理性反思之外,还有一种更为根本的关于人的实践行为的理性反思,蕴含于其中的实践理性、实践智慧以善本身为目的处理着人们具体生活过程和生活事件的选择与决定问题,从中所表现出来的一种因时因地因不同情境而异的知识形态就是实践之知。在某种意义上说,它不可学、不可教,而是完全内在于人自身的理性反思判断力。

把实践哲学作为一门独立的哲学形态、哲学学科,创立了实践哲学传统,这是亚里士多德在西方实践哲学发展中的最大功绩,他也因此确立了实践哲学奠基人的真正地位。在亚里士多德看来,实践知识和政治知识从根本上说与所有那些可学到的知识形式及其应用的结构是不一样的。他一再强调,实践理性和实践的观点并不具备科学所具备的可学性,它只有在实践中,亦即在同伦理学的内在联系中才获得其可能性。这就是说,亚里士多德的实践哲学并非出于一种外在目的的对世界本质性认识的理论,而是与人的存在相连的实践智慧,是直接以对善本身的反思为目的来考察人类实践生活的状态、形式以及目的和意义。

正是在这种范式下,亚里士多德对“实践”和“实践哲学”作了重要的界定和理解。“实践”不是指脱离了理论科学的行为,因为从广阔的人生可能意义上说,理论科学本身即为一种高级的实践;“实践”是指区别于那种构成城邦国家生活的经济基础的、基于技术之知的生产(Poiesis),那种基于专门能力的生产行为。由此,亚里士多德指明了其“实践”的内涵是对生活实践中自由选择生活可能性的伦理-政治行为加以理性反思,是一种获得实践之知或者说伦理之知的精神性活动。伽达默尔指出:“亚里士多德在与动物所属的生活秩序的对比中表明,在政治中人类生活秩序不是被预定的,也不是本能地被确定的。这种生活是以在理性引导下以一种有秩序的方式整体地发生的。这种引导实践的理智性,亚里士多德称之为‘phronesis(实践智慧)’。”①可以说,人类的存在行为即是亚里士多德的实践哲学的对象。亚里士多德不像柏拉图完全把善当作一个空洞的一般性的理念,而是试图运用流行的善和幸福生活的理性反思(实践之知)来分析他那个时代人的生活。亚里士多德实践哲学的最大意义在于,他从与理论和理论哲学的争论中发展出了实践哲学,将人类实践上升为一门独立的知识学科,从而为哲学开辟了一个最为基本的领域。

既然是将亚里士多德实践哲学作为一种范式来看待,那么亚里士多德实践哲学对伽达默尔的影响就不是细节性的、局部性的,而是总体性的、实质性的。从根本上讲,这关系到伽达默尔对“实践”概念和“实践哲学”形态意义的理解。伽达默尔认为,近代以来,人们习惯于把实践理解成与理论对立的东西,即纯粹科学理论应用的生产和技术工艺活动等,这种情况导致了实践堕落为技术。实质上,这只是一种“技术-实践的”活动,而真正的实践是“道德-实践的”,即是蕴含着“人之为人”的理性反思的实践存在活动。在伽达默尔看来,20世纪是一个以技术起决定作用的方式重新确定的时代,并且已经从技术知识决定自然力量发展到决定社会政治,人们已经以放弃自己行为实践的自由为代价来确立专家型统治或权威性统治,也就是说,人们把人应当怎样生活的思考和选择交给了专家和权威。这导致人的社会生活、社会文明产生了危机,我们的社会已完全陷入社会技术主义之中。伽达默尔指出,这里的问题就出在实践上,实践并不是单纯的科学理论应用,而是与人的行为实践活动联系在一起的伦理行为问题、政治行为问题,即人的存在行为问题。如何看待实践,决定了我们由此形成了一种什么样的社会理性。由此,伽达默尔给“实践”下了一个定义,即:“‘实践’意味着全部实际的事物,以及一

① 帕尔默:《对话中的伽达默尔》,第79页,纽黑文,耶鲁大学出版社,2001。

切人类的行为和人在世界中的自我设定”[①],“实践与其说是生活的动力(energeia),不如说是与生活相联系的一切活着的东西,它是一种生活方式,一种被某种方式(bios)所引导的生活”[②]。“实践知识实际上就是从自身出发为一切建立在科学基础上的能力指示其位置的知识。”[③]这种实践知识在人类的实践活动(主要包括伦理活动和政治活动等)中起着根本性的作用。伽达默尔指出:“人既能从事社会实践,又能投身于纯知识,能致力于看和思,这两种活动体现了人类的优越之处。……出于最深刻的理由,可以说,人是一种‘理论的生物’。”[④]换言之,实践问题实际上就是人类的自我生存问题,它包含着对世界和自我的理解,而建立在这种实践意义上的实践哲学就是人们对自身选择和决定做某事的理论反思。伽达默尔在一次与杜特(Dutt)的对话中指出,“‘实践(Praxis)’这个词意指我们实践生活的总体性”,“简言之,我们的实践即是我们的‘生活形式’”。[⑤]

显然,对实践概念和实践哲学意义的这种理解,致使伽达默尔最为重视的是亚里士多德的实践哲学所区分开的不同于理论和技术能力的实践及实践之知领域,因为恰恰是作为人类事物全部的这个实践领域构成了我们最基本的生存领域。伽达默尔解释学的实践哲学,就是要通过哲学解释学在理解的本体意义上重新肯定和强调实践领域和实践哲学的合法性。正是在此意义上,伽达默尔指出,“什么是实践哲学这个问题对于近代思想的科学概念总是一种不容忽视的真正挑战”[⑥],因为实践知识同样是一种科学,只不过它是希腊科学意义上的理性反思性知识,而不是近代那种更接近于技术(Techne)的科学。在他看来,希腊哲学家苏

---

①《赞美理论——伽达默尔选集》,夏镇平译,第 69 页,上海三联书店,1988。

② 伽达默尔:《科学时代的理性》,薛华等译,第 79 页,国际文化出版公司,1988。

③ 伽达默尔:《真理与方法——哲学诠释学的基本特征》下卷,洪汉鼎译,第 654 页,上海译文出版社,1999。

④《赞美理论——伽达默尔选集》,夏镇平译,第 26 页,上海三联书店,1988。

⑤ 参见帕尔默《对话中的伽达默尔》,第 78—79 页,纽黑文,耶鲁大学出版社,2001。

⑥ 伽达默尔:《真理与方法——哲学诠释学的基本特征》下卷,洪汉鼎译,第 653 页,上海译文出版社,1999。

格拉底、柏拉图和亚里士多德都在追求这种实践的科学,这也是善本身反思的知识化表现,它造成了人类生活形式的引导力量,使人能够有意义并理智地利用科学和一切人类的能力,并能对这种利用负责。

亚里士多德的"涉及人类生活中'善'这个包罗万象的主题"的实践哲学传统,一直延续到19世纪,之后才被所谓的政治科学或政治学所终结和取代。近代之后已失去了出自人的实践理性的实践知识的美德,而完全将它政治科学技术化了,使之变成了一种视实践知识为工具,视外在需要、外在效益为最高目的的实用主义技术科学。实际上,实践处于极端的知与行之间,它意味着全部实际的事物(Sache,也译为"内容"),即人最内在地理解和共同分享的信念、价值及习俗(ethos)等,以及构成我们生活体系的一切概念细节之总和;也指一切人类行为和人在世界中的自我确定。由于人的生活不是受本能的驱使,而总是在实践理性、实践智慧的指导下进行的,同时由于这种理性不从外在的需要和目的角度来进行反思和提出实践知识,相反,它具有一种责任,纯粹地出自人的理智之内的自我责任心,因此,在亚里士多德看来,正是实践理性或者说实践的根基确立了人存在于世界上的中心地位和本质上的优先性,而依照实践理性和实践知识进行生活,正确地运用人类的知识和能力,则构成了整个人类的共同目标。

从实践哲学的性质上和其具体观点上,伽达默尔大体上是与亚里士多德一致的,他是首先作为亚里士多德实践哲学的阐发者来表现出他对西方哲学发展的忧思和对现代文明关注的社会责任的。以亚里士多德实践哲学为范型,实际上,就是要以此来对抗、克服近代以来的那种理论及其与运用相分裂的不恰当的范型。这种不恰当范型,也可以称为实用主义的实践观范型。它根本不以善本身为目的来反思和指导人类的实践生活,并使之趋向善这个最高目标;它也不把实践视为人类的一种基本存在活动,不把实践知识看成是具有高度理论性的实践智慧、实践哲学。正因为如此,近代哲学失落了实践哲学传统,丢弃了人类实践生活领域,从而导致了科学技术理性的颐指气使、飞扬跋扈,出现了科学话语霸权、科学技术理性统治一切，包括统治人类生活的不健康状况。在伽达默尔看来，正是亚里士多德的实践哲学范型才将人类的实践理性置于一种优先地位，也才能以此抑制和克服近代以来流行的实用主义实践观。因为，“实践理性的优先地位事实上能够限制漫无边际的实用主义——就如纯粹理性批判驳斥了理性主义的独断论对理性无限制的使用一样”①。

二　科学知识、技术知识与实践知识

人所具有的一种“理智性”构成了生活的本质，人类的生活总是在人类理智性的理性反思下进行的。因而，当这种理智性反思现实化为对人类实践生活的指导时，它就表现为一种知识、一种科学。当实践哲学是人类对自己的活动进行理性反思的理想时，实践知识便是实践哲学作用于人类生活活动的具体知识形态和理论桥梁。

在人类的行为之中是存在着不同于科学理论知识的实践哲学理想和实践知识指导的。这一点，亚里士多德早就告诉了我们，“人们之所以能够全副身心地投身于理论研究，是因为以‘实践知识’为前提的，即把理性引入人的行动和举止中的知识为前提的”②。对于“实践哲学”能够作为“实践知识科学”“实践智慧科学”的合法性和意义，伽达默尔有过一段十分明确和有力的表述。他指出，“作为一种实践理性的实用科学，它使我们认识理性成为实用的条件。它指出，从人类共同生活的组织中将产生怎样的力量，但它因而又并未限制理性所具有的批判能力，从而能对坏的、存在的和较好的一起进行比较。这种实践理性并非像亚里士多德有时讲的仅仅是导致预先设定的目标的手段。任何实用的思想都不见得总能够找到达到目标的正确手段和道路，毋宁是一种‘理智性’，是人的一种准则，人们采用这种准则以便把建立在共同标准中的道德和人类秩序不断地重新创造并保护下来。……正由于‘实践理性’同时是使

① 《赞美理论——伽达默尔选集》，夏镇平译，第 31 页，上海三联书店，1988。
② 同上书，第 51 页。

生活充满意义的构成幸运的具体化,所以'实践科学'的统一才能经过一切社会关系的变化而保存下来"①。显然,实践科学的合法性,是有其充分根据的,也是为古希腊的科学概念所蕴含的。只是近代之后,实践科学的合法性才受到了怀疑和打击,究其根本原因,是在对"科学"概念的理解上出现了重大的分化。在古希腊,"科学"使用的是"Episteme"一词,所指的是理性知识(Vernunfterkenntnis),其典范是在数学中而根本不包括经验;而近代的科学更趋近于"技术(Techne)"含义,从根本上指的是"技术科学"而非"理论科学"。这样一来,在希腊时期作为"理论科学"的实践科学在近代也就失去了其存在的合法性和地位,失去其影响,而完全沦落为现代科学技术控制下的牺牲品了。

伽达默尔的哲学工作就是要恢复实践哲学传统,强调实践知识意义,使已被近代以来扭曲和遗忘的实践哲学重新得到有力的复兴和发展。这关系到对人的存在问题的根本性思考,关系到人类怎样去生活的重大理论和实践课题。重新确立起实践哲学的合法性,重新肯定实践知识科学的存在根据,实质上也就是重新理解了人的真正存在,重新树立起了人不同于物的尊严和高贵。

确立了实践知识的合法性及其对人类存在的哲学意义,那么,实践知识到底是一种什么知识,它与理论知识和技术知识又是一种什么样的关系呢?

在古希腊那里,"哲学"与"科学"一词基本上是同义的。亚里士多德区分了理论哲学、实践哲学和诗哲学,实际上也以此区分了三种基本的知识,即理论知识、实践知识和技术知识。他在此基础上又对科学作了分门别类:理论科学,它与知有关;技术生产的科学,它与产品有关;与行为有关的实践科学。理论知识的用词是"Episteme",它是脱离具体经验的,以数学知识为典型,指示的是一种关于事物的永恒不变的东西的知识,建立在证明基础之上,能够教也能够学。技术知识的用词是"Techne",这是某种工匠手艺的知识,是一种技术能力,是直接针对某种

① 《赞美理论——伽达默尔选集》,夏镇平译,第52页,上海三联书店,1988。

活动经验而言的，具有特殊性、具体性、局限性，“所有技艺知识只是某种个别的东西并且服务于个别的目的”①，这也是一种可教可学的知识。实践知识的用词是“Phronesis”。亚里士多德描述了实践知识（实践智慧）的特征：(1)其探讨的对象和领域是可改变的；(2)本质上不同于生产或制作的践行；(3)实践智慧的践行本身即是目的，使人趋善避恶；(4)实践智慧考虑的是对人的整个生活善或有益的事；(5)不只是有关普遍事物的知识，更重要的是有关特殊事物的知识，经验在此种知识中起着重要作用。② 显然，亚里士多德的实践知识是一种关于人之为人以及对善的选择的于人生和社会发展至关重要的知识。由于是以善本身为目的的反思活动，是根据目的选择合适的手段，因而它更被看成是一种理智的智慧，它内在于人的一切行为，是行为的本质部分。由于实践是指人类事物的全部，是最广泛意义上的生活本身，因而实践既不是那种基于专门能力的生产行为，也不是指那种完全脱离经验活动的纯粹理论认知，而是指依照实践之知在具体生活实践中自由选择生活可能性的伦理-政治行为，即根本意义上的人类实践行为、存在行为。这样一来，“选择何者为宜”的实践知识就既不是可教可学的专门的技术性工匠知识，也完全不同于如数学那种纯粹的理论科学知识，因为仅仅通过学习而不能把所学的知识与它所运用的生活处境结合起来，那是仍然解决不了生活实践中何者为宜的问题的。相反，实践知识是一种完全特殊的科学或知识，“是另外一类知识”，它不同于理论知识或技术知识那样将某些普遍的、固定的原理、规则运用于对象，而是要在具体的实践行为过程中来完成自己、实现自己，“它是针对具体情况的，因此它必须把握‘情况’的无限多的变化”③。这就是说，实践知识决非永恒不变的，而完全是随着不

① 伽达默尔：《真理与方法——哲学诠释学的基本特征》上卷，洪汉鼎译，第 412 页，上海译文出版社，1999。

② 参见亚里士多德《尼各马可伦理学》，1140a17—1141b21，引自洪汉鼎《诠释学——它的历史和当代发展》，第 314—315 页，人民出版社，2001。

③ 伽达默尔：《真理与方法——哲学诠释学的基本特征》上卷，第 26 页。

同的情况因时因地变化着的，它具有更为强烈的变动性、灵活性、相对性和适应性等特点。从根本上说，实践知识“关系到整个正确生活的大事”，也是“决不能具有某种可学知识的先在性的”，质言之，“实践知识实际上就是从自身出发为一切建立在科学基础上的能力指示其位置的知识”①。实践知识是以善本身为目的对实践经验活动的理性反思，由此形成典型的一般性，反过来再将之运用到具体的实践活动过程之中，得出一些因时因地因不同情况而有异的行为指导性知识。在日本哲学家丸山高司看来，伽达默尔通过亚里士多德对理论知识、技术知识与实践知识的区分，所要强调的“理论”与“实践”的相互关联，特别是要通过强调“实践”与技术知识的“生产”与“制作”的区别，来使“实践”的固有性凸显出来。②

当然，在伽达默尔看来，以掌握这种实践知识为己任的实践科学，既不是数学形式上的理论科学，也不是得心应手地把握某种操作过程意义上的熟练技能，而是一种特殊类型的科学。作为一种特殊类型的科学，它要求学习者和传授者都与实践有着同样稳定的关系。虽然这一点与那种适用于技术领域的专门知识有某些相似之处，但其本质的区别在于，技术上的专门知识的任务是由一种外部权威，即产品的服务目的决定的，而实践科学却同时明确地提出了善的问题，例如：什么是最好的生活方式？什么是最好的国家法规？因此，实践科学就决不是为了仅仅掌握一种技能(ability)。而与希腊意义上的理论科学相比，实践哲学(亚里士多德所谓的“哲学”也即那种相当广泛意义上的“科学”)确实亦为通过论证而形成学说的知识，但它不同于数学、物理学及神学(或称第一科学或形而上学)等所谓理论科学，其根本点就在于实践哲学与人们的具体实践生活相关。为了区分理论哲学与实践哲学或者说理论科学与实践

① 伽达默尔：《真理与方法——哲学诠释学的基本特征》下卷，洪汉鼎译，第654页，上海译文出版社，1999。

② 参见丸山高司《伽达默尔——视野融合》，刘文柱、赵玉婷、孙彬、刁榴译，第161页，河北教育出版社，2002。

科学，人们就将实践科学称为政治科学，而在亚里士多德看来，"人是一种政治存在物"，因此，政治科学也被看成实践哲学中最主要的部分。

因此，能够表现为特殊的实践知识形态的实践哲学，是一种理性反思，是一种理论，并不与理论相对立。同时它完成和实现于人类的实践活动之中，时时处处关照着人类实践，在实践之知的指导下，选择、决定和支配着人类实践活动的方式和实践活动的方向与道路。当人类在自己的实践活动过程中作出"适宜的选择"或者说宁要一物而不要另一物时，人类就有责任以自己的知识说明如此选择的理由，换句话讲，必须指明这种选择与所谓"善(good)"的关系。而这便是实践知识的科学功能，同时，这也就是实践哲学的重大理论和现实意义。

三　实践作为社会理性的条件

当确定了什么是实践哲学和什么是实践知识(实践哲学本质论和实践哲学知识论)之后，人们自然而然要问的一个问题就是，这种实践哲学具有什么样的功能，或者说，它到底对于人类思维和社会发展具有什么样的作用？对此，伽达默尔专门撰写了《何谓实践——社会理性的条件》("What is Practice? The Conditions of Social Reason")一文，具体详细地阐述了他的实践基础论思想。

伽达默尔认为，要谈论实践哲学的基础问题，首先要明确现在的理论背景情况。在他看来，近现代以来，实践概念的含义愈益狭小化，虽然它具有反教条、反纯粹抽象的理论和生搬硬套知识的意味，但其最大的问题是由于将实践完全生产技术化，导致了实践与理论之间的对立。正是在近现代以来的这种实践观、理论观和科学观基础上，构筑起了我们生活于其中的现代社会文明模式。随着机械论科学观中构造观念的广泛推广，机械化、对自然进行的转化以及对空间的开发充斥于现代社会文明模式之中，科学技术成了人们行为的依据和基础，科学技术知识完全变成了一种操纵性、控制性的知识条例，已再难将它作为人类活动的一个部分来看待，在科技统治下的实践活动中，人们已无行为的自由性可言。伽达默尔描述了这一状况："无论什么人使用技术——谁又不使用技术呢——都要把自己委托给技术的作用。正是依赖于从根本上放弃和自己全部活动能力相关的自由，人们才享用到了现代技术可以使我们得到的这些惊人的舒适条件，占有了不断增加的财富。"①这样一来，在自然、自然环境和人类行为技术化的时代，合理性、反神秘化、反神话和破除轻率的旗号风行世界，也渗透于人们的思想和行为的每一个领域，伴随着经济上可行性(有立竿见影的经济效益)的佐证，这样的观念和做法变成了越来越强烈的社会力量，也变成了现代社会文明模式的核心观念——"技术是一切，科学是万能的"。伽达默尔不无忧伤又十分尖锐地指出，"二十世纪是第一个以技术起决定作用的方式重新确定的时代，并且开始使技术知识从掌握自然力量扩转为掌握社会生活，所有这一切都是成熟的标志，或者也可以说，是我们文明危机的标志"②。

在伽达默尔看来，这种技术文明是被一再推迟之后才到来的，因为在18世纪，起决定性作用的是社会新未来的先知、欧洲和西方文化众多的推动力量，如基督教、人本主义、古代传统以及政治组织的旧有形式；在法国大革命之后，又有一个新的较低的等级(第三等级)果断地进入了社会生活，而这个等级的生活充盈着宗教思想的影响和作用。但是，一旦技术文明显露并在20世纪横扫一切时，它给人类生活带来的震撼和危机同样是十分强烈的、无与伦比的。人们生活在完全依照技术理性建立起来的更加合理化的社会组织和社会关系中，完全失去了自己行动的自我责任心和反思判断力，把它们毫无吝惜地交给了专家。专家在技术起支配作用的过程中成为一个必不可少的人物，他们类似于旧时代的手工匠，并且被认为可以代替他人的实际的和政治的经验。这一切就是在现代文明社会所流行的和起支配作用的"技术统治社会"的观念。这种"技术统治社会"观念导致技术渗透和控制了社会生活的一切方面，从根本上说，这种情况也导致了"实践堕落为技术——决不是专家本人的错

①② 伽达默尔:《科学时代的理性》，薛华等译，第63页，国际文化出版公司，1988。

误造成的，导致一切堕落为社会非理性”①。

对此，伽达默尔发出了振聋发聩的声音，他强烈要求重新恢复对实践、理论、科学概念本来含义的全面而正确的理解，要求重新理解实践、实践与科学技术的正确关系。如果不这样，任由技术对社会的控制，任由专家来代替人们对自己行为不端的选择和决定，那么，这种社会发展是十分危险的。实质上，对于技术社会赋予专家的期望和重任，一个具有清醒和有条理的自我评价以及诚实意识的专家，都将认识到要满足和实现这种期望是不可能的，也是难负此任的。

从一般字典上可知，“实践（Prakitik）”一词来自希腊文“Praxis”，意为重复进行某项活动，使之变得熟练、有水平，同时它还指人类行为活动的理性思考以及由此制定计划、付诸实施、应用。应该说，伽达默尔基本上采用的是后一种含义。对此，另一个实践哲学家阿伦特也有过精辟的分析。她在《人类的境况》（*Human condition*）一书中指明了实践与生产和工作的根本区别：首先，工作或生产的过程是确定的，存在着一个确定的开始产品的蓝图和一个确定的目的即产品的完成；与工作的单义性不同，人类的实践行为则是模糊不定的，它处于一个先在的关系网络和语言交往中，存在着不确定的多样化的各种观点的交互作用和影响。这就表明，行为过程是一个不断更新的过程，行为者既为受动者亦为主动者，行为的影响和作用是无限的和无法断定的；但相反，工作和生产却受可断定性支配，其影响和作用是明确的、具体的。其次，行为不端的条件是个人必死的生命的多样性，它是不可重复的、无法还原的；但工作和生产受挫和失败后可以重新再来，并且可以一再重复。最后，在工作和生产活动中，行为者不是一种个人行为，而是一个种属或一般能力的代表，也就是说，工作是个匿名的活动；但实践却完全不同，它是个体化的，它取决于个人生命对行为的理性反思，并加以选择和决定。因此，与其说伽达默尔、阿伦特是在继续阐发亚里士多德的实践观，毋宁说是以此来反

① 伽达默尔：《科学时代的理性》，薛华等译，第 65 页，国际文化出版公司，1988。

对近代以来的科学实践观,恢复实践概念的真正含义,进而力图在此基础上促进实践哲学的有力复兴和发展。

实践观上是如此,那么对"理论"概念的看法上又是怎样的呢?"理论(theoria)"一词在希腊文中的原初意义是作为团体的一员参与那种崇奉神明的祭祀庆祝活动,更确切地说,"理论一词的最初意义是真正地参与一个事件,真正地出席现场"①。后来"理论"一词主要指的是观察、沉思,实质上它同样指的是人们的一种活动方式,即沉思的存在方式。希腊人对于这种生存方式极为推崇,故而有"赞美理论"之说。但是,"理论"概念在近现代被理解成了用来研究真理(事实)的搜集新知识的工具,由此,科学也完全失去了希腊时期的那种理性思考和知识的含义,变成了控制自然和操纵人类社会生活的一种知识性体系、掌握世界和人类生活的一种方式。"由此,有两件事情对我们来说变得模糊不清了。被完成的工作是为了使谁受益呢?技术成功能在多大程度上为生活服务呢?从这个方面出发,在每一文明环境中曾被提到过的问题又以一种新的方式提出来了,这就是社会理性的问题"②。

伽达默尔认为,人类社会是为了共同的生活秩序组织起来的,因此,每一个人都认为和承认它是共同的东西,人类社会的存在和发展,归根到底是由归属于实践理性的社会理性来决定的。

伽达默尔继续阐发亚里士多德的实践概念含义,重新变革现代科学的实践观,其根本目的就是确立起这样一种看法:理性是人类的批判性的自我理解和自我反思,科学认识和科学技术只是人类实践的一个方面和一种活动能力,它无法保证理性和真理,不能构成理性的基础,恰恰相反,是在人类实践中才具有科学技术能力和科学认识活动;所以,不是科学技术构成理性的根据和保证,而是唯有实践才能担此重任,只有在广泛意义的人类实践活动中才能解释科学活动的目的和意义,说明科学活

---

① 伽达默尔:《科学时代的理性》,薛华等译,第 15 页,国际文化出版公司,1988。

② 同上书,第 63 页。

动为谁受益以及怎样服务于生活的问题。一言以蔽之，实践是人类社会理性的基础和条件，它才是包括科技活动在内的一切人类社会行为的真正前提和根据。真正的哲学“必然要求科学和方法认识到它们在人类存在及其理性的整体中的微不足道”①。

要完成这种颠倒之后的关系的重新理解，还必须从对理性本身的理解和对实践的真正哲学思考上来加以说明。伽达默尔认为，理性是指人的一种批判性的自我理解和自我反思，它只是一种意识形态的批判，因而依靠它自身是不能提供其形成和实现的根据与保证的。这就是说，要真正使社会理性得以形成和实现，发挥其作用，构成人类社会行为的基础和根据，还必须从人类的实践出发，提出和形成于人类实践的需要和思考之中，落实和实现于人类的具体实践活动之中。而就对实践本身的真正哲学思考而言，伽达默尔指出，我们会从中得出一个令人意想不到的论点，这就是，实践“为所有不论过去或现在的人以及社会变化都提出了永恒的人类学基础”②。与一切动物的本能不同，人的自然生命本能严重衰退，这反过来造就了人的一种特殊的本质或者说人性，这种特殊的人性方面是“人能够想象他在这个世界中的自己的生命之外的东西、能够想象死亡的能力”③。比如，人们通过大张旗鼓地花费人力和祭品的葬礼来找到一种与死者的永恒关系，试图牢固地将死者留在生者之中；也希望通过安放大量的随葬品确立起赞美人存在的一种方式。这些就不仅仅是一种活动，也不是宗教向尘世习惯、风俗等的转移，而是构成了人的存在的基本组成部分的问题，从中也就自然地生发出了人的实践的特殊意义。质言之，这种实践的特殊意义使我们触及人所越过自然秩序的生命活动，自然，这同样会构成人的社会理性的基础。因此，从根本上说，实践奠定了社会理性的基础和条件，实践具有十分广泛的人类学基础的意义。

---

① 伽达默尔：《真理与方法——哲学诠释学的基本特征》下卷，洪汉鼎译，第 790 页，上海译文出版社，1999。

②③ 伽达默尔：《科学时代的理性》，薛华等译，第 65 页，国际文化出版公司，1988。

从这一点出发,可以看出,与一般动物的本能活动不同,人的实践的特殊品质首先就表现在劳动(Arbeit)上。黑格尔曾正确地指出,工作具有使人摆脱自然的巨大作用,劳动产品不只是属于个人,在按劳动分工来组织劳动时,劳动产品属于社会,因而,以劳动为基础依照规则而进行的人类活动就被构想为在本能上是社会性的。劳动的社会性是"向我们称作实践的东西迈进的第一步"①。正是在劳动实践中,才会在各种复杂甚至是对立的需要和目标中,形成有见识的选择、合理的思考和正确服从公众目的的需要。原始社会中的狩猎社会以及人类历史上的战争现象所表明的都是"人的本性尤其在自然的领域中本质上是不确定的"②,因而人类的劳动实践过程实质上就是"在正确与错误的意义上对活动规范的确定"③过程,也即为对人的生活本质的规定过程。这一劳动实践过程同样是社会理性的形成过程。对于人来说,自然结构合理的目的论系统是有限的,一旦人的行为具备了有意识的意向化了的目的性,那么,所有超越效用性、有用性和目的性的存在领域就具有了一种特性,"因为人们能够洞察到任何达到共同意志目标的手段的适应性,所以人们根据那种有意识的意向化了的目的性可以把自己理解为具有人性化的理性"④。这种"人性化的理性"在社会生活中就表现为社会理性,它以人的超越性思考,从根本上说,即以对善本身的思考来确立社会行为的基本观念和原则。而这便是被希腊人称为"理论"的东西,"它被认为仅根据其统驭一切的存在就能够理解所有共同事物"⑤。与其他物品相比,社会理性或建立在社会理性上的社会理论,不会因被分享而有所减少,也不是通过像争夺其他物品一样而获得。实际上,人的社会理性必须通过对具体行为活动的参与才能得到,因而,社会理性来自实践,本质上是实践理性。伽达默尔指出,"这就是理性这个概念的诞生:合意的东西在一种对全体人有说服力的方式中对全体展示得越多,有关的那些人越能发

①②③④ 伽达默尔:《科学时代的理性》,薛华等译,第 67 页,国际文化出版公司,1988。
⑤ 同上书,第 68 页。

现他们处在此种共同的现实中；并且在这个范围内，人类在积极意义上具有自由，他们也就在那个共同的现实中有了真实的认同”①。这就是说，产生于实践活动基础上的社会理性使人们认识到了他们抱有共同的信念，也发现了他们总是生活在人类共同体的现实之中。而这就反映了人类的一种积极意义的自由，因为在人类生存共同体中因拥有社会理性致使人们相互之间能够通过理解、对话和交流，而趋于相互的认同，达到真实的一致。

实际上，社会理性的实践基础论揭示了这样一个道理：实践理性以实践活动为基础，但又具有超越具体经验活动，超越具体功利需要和目的的普遍性、规范性意义。反过来说，要实现其普遍性、规范性意义，光停留在理性反思领域是无法实现的，这里存在着一个如何将其具体化的问题。包括社会理性在内的实践理性只有与具体的实践活动结合起来，才能实现其普遍性、规范性意义，也才能保证其理性反思的有效性。如此一来，就表现出了实践的富有特点的形式，那就是，“人们不是在人们自由实施自己认真考虑过的计划的意义上‘活动’，相反，实践和他人有关，并依据实践的活动共同决定着共同的利益”②。

伽达默尔通过恢复古希腊时期的实践、理论与科学的原本含义，重新阐明了实践作为社会理性基础的重大理论观点及其时代意义，并且指出，既然实践是与别人相关的，那么，要使“实践作为社会理性基础”成为可能，还必须具备一个能使实践活动得以进行的人类实践共同体。只有当这个共同体中人与人之间能够进行相互的理解、交流，能够达成相互的默契和认同，才能使社会理性的形成和实现成为可能。因此，这就引出了“实践是社会理性基础”的题中应有之义，即“真正的团结、真实的共同体应该实现”③，“团结是决定性条件和全部社会理性的基础”④。在伽

① 伽达默尔：《科学时代的理性》，薛华等译，第 68 页，国际文化出版公司，1988。
② 同上书，第 72 页。
③ 同上书，第 70 页。
④ 同上书，第 76 页。

达默尔看来,这便成了对"何谓实践"问题的最终答案。因为通过实践哲学为人类确立的生活理想便是对一种真正"团结、一致、友谊"的共同体的期待,换言之,人们期望的是社会的和平、团结、理解、协商、交流与对话。

四 "实践正在指导人,并在团结中活动"

这里我们还要说一下伽达默尔实践哲学理想论所讨论的问题。

伽达默尔认为,人类的生活既不是本能式的生活,亦非技术化的生活,而是蕴含着以对善本身思考为目的的理智的生活,这种理智的生活自然地反映出人类理智的理想。人类社会中的一切取决于如何设定目标,以及如何达到目标,而无论是"设定目标"还是"达到目标"都存在着一种理智的理想,这也就是以研究人类实践行为为主题的实践哲学所要达到的理想。

就"如何设定目标"而言,显然这种目标不来自外在的经验,而来自人的内在的理性反思,来自人的实践之知、伦理之知,来自人的社会理性、实践理性、实践智慧。亚里士多德认为,人类的一切活动都趋向于善。直接以亚里士多德实践哲学为模型的伽达默尔,同样将"善"本身作为人类活动共同目标的最高原则和根本内涵。实际上,这种共同目标上的"善"理想论,既来自亚里士多德,也来自作为伽达默尔主要解读文本的柏拉图的伦理思想。苏格拉底提出了"美德即知识"的口号,将伦理学建立在知识论基础上,从而开创了西方传统理性主义伦理学的先河。柏拉图师承苏格拉底,在他那里,伦理学说与社会政治学说同样是与其理念论与知识论有机统一的。柏拉图认为,真正的世界存在是不可见的但可知的理念世界,而事实世界则是瞬息万变的、不可靠的、不真实的,出自理性的善构成了人类生活的最高目标,也成了是否有德性生活的标准。柏拉图甚至将善比作太阳以表明善的至高无上性。正是从柏拉图那里,后期伽达默尔汲取了极大的思想养料,认识到"善"不仅是人类知识论的最高对象,而且是人类一切实践活动、人类一切事务的共同的、最高的目标。这种认识一方面促成了伽达默尔从早期注重对知识与真理的关注转向中后期对作为人类存在之根本的最高目标——“善”的思考和研究，另一方面则以此构成了其实践哲学理想的“善”目标论的重要内容。亚里士多德将对善目标的设定与对具体实际事务的考察结合起来，这就为伽达默尔从其实践哲学基础上来讨论善目标（而不是将其作为纯粹的理论认识和知识）及其实践意义提供了启发和思想资源。

根据伽达默尔的实践解释哲学，理解是人类的基本存在经验，语言是把握世界的形式和传达思想的媒介，一切存在的意义都是在语言基础上理解的意义。由此出发，善的目标的设定过程就是一种实践理解过程，是在实践活动中人们通过对实践的反思而达到的相互理解和相互认同，并最终升华为一种共同目标。反过来说，这一共同目标又构成了人们的社会行为理性，它需要通过人们的认可和实行来加以实现。因此，伽达默尔从柏拉图的对话中汲取了创造性的灵感，认为善形成于也实现于“理解中的对话”这种人类对话模式的活动之中。伽达默尔也从亚里士多德的城邦共同体形式提出了人类共同体的存在以及有助于善的实现的理想的人类共同体是怎样的问题。这就形成了伽达默尔实践哲学理想的又一重要内容。

亚里士多德在《政治学》中指出，城邦是人类生活的共同体，其作用就在于有助于实现“善业”，让人们过一种更美好的生活。他的这种城邦共同体实际上指明了人类共同体是存在的，也是必要的，同时也指出了一种什么样的共同体有助于善的真正实现。伽达默尔仿照亚里士多德的城邦共同体理念，认为应该也只有通过建立起一种以善本身为目的的在对话形式中达到相互理解、相互交流、相互协同的真正团结的人类共同体，才能获得真理，也才能最终达到善、实现善。可以说，这种人人参与其间以达至真理与善的对话、交流、理解的共同体，即真正的善的团结的共同体，就是伽达默尔实践哲学所期望的人类社会生存的状态，也是其实践哲学的最根本的理想。用一句话来概括就是，“实践正在指导某人,并在团结中活动”①。

伽达默尔作为现代科学实践的反叛者,作为一位充满社会责任感和强烈人类关怀意识的哲学家,他不惜授予别人以“保守主义”之口实,重新返回古典哲学,阐发了以亚里士多德为代表的希腊实践哲学思想,并且指明了这种实践哲学传统的现代意义。在此基础上,他构建起了自己解释学的实践哲学理论,不遗余力、浓墨重彩地阐述了其实践哲学的模型论、知识论、基础论与理想论;深刻地探讨了实践哲学作为一门学科独立存在的必然性,实践哲学作为一门今天亟须重新重视和发展的哲学形态,有着巨大的现实意义。伽达默尔实践哲学思想是丰富多彩的、严肃批判的,也是充满着人类美好愿望的,其最终目的和理想就是要在今天这样一个科技开始统治人类生活的时代,重新将实践确立为人类社会理性的基础和条件,重新为人类生活和社会发展描绘出一种追求完美的人生、善、幸福、真实、和平与团结的健康之路与美好图景。当然,一位哲学家的美好愿望和这种愿望能否实现并不是一回事。

第四节 实践哲学是解释学的主题

伽达默尔在哲学上的贡献主要表现在他实现了两个转变:其一是实现了解释学由作为认识论意义上的理解技艺学、理解方法学向作为本体论意义上的哲学解释学的转变;其二是实现了由理论解释学向实践解释学的转变,他将解释学与实践哲学传统结合起来,使实践哲学在解释学的基础上重新焕发出蓬勃生机与理论力量。从这两个转变来看,第一个转变是前提,是基础,是第二个转变的准备,其根本任务就是将解释学的“理解”上升到哲学的高度,将其本体论化,不再将“理解”看成是人对某个被给定的“对象”的主观行为,而是从效果历史意识上,由“理解是属于被理解东西的存在”而把理解看成人的存在经验,看作人的“亲在本身的

① 伽达默尔:《科学时代的理性》,薛华等译,第 76 页,国际文化出版公司,1988。

存在方式”，理解运动成为无所不包、无所不在的。第二个转变则是第一个转变的目的、归宿、落脚之处及其理论统率，也是贯穿于伽达默尔全部解释学思想的一根理论主线。伽达默尔之所以竭其所能创制巨著《真理与方法》，不仅在于他要以其创立的哲学解释学来为人文精神科学的真理性、科学性开辟道路，更重要的是他通过哲学解释学将“理解”置于本体论高度，进而把理解与人的存在本身等同起来，这就为他在理解基础上建立起以对实践行为予以理性反思的实践哲学奠定了基础，提供了依据和保障。

伽达默尔认为，解释学的基本问题是：“在通过写作而固定下来的意义与通过读者进行理解的意义之间的距离如何能够达到沟通。”①理解就是在取得一致意见的交往联系中获得它的地位，这就是说，理解作为一门独立出来的学科，其意义就在于对文本意义的理解和解释上，使一种意义从陌生的世界转到我们所熟悉的世界。但是，这种局部解释学只是从认识论和方法论的意义上来考察理解，只是把理解作为意义显现的一种技艺、途径和手段，因而，不管对理解的规则和方法作出了多么详细的研究，它们仍旧停留于单纯的解释学技艺理论上。实质上，从总体上说，传统解释学特别是浪漫派解释学忽视了解释学除了理解、解释之外的第三个要素，即应用。“应用（Anwenden）”是在虔信派那里才被作为一种技巧，作为第三种要素而添加于解释学之中的［如在兰巴赫(J. J. Rambach)那里］，但应用问题一直没有得到很好的重视。在伽达默尔看来，“理解总是包含对被理解的意义的应用”，“应用乃是理解本身的一个要素”，理解与应用是统一的，“理解的解释的问题与应用的问题密不可分地联系在一起”，一种理解意义的合法性与普遍性就存在于其所理解的意义的应用之中。同时，之所以要对文本的意义作出这样或那样的理解，其根本目的也是以此来服务于人的真正存在与生活。因此，离开了应用，理解的合法性得不到保障，其普遍性与意义也根本无法真正

①《赞美理论——伽达默尔选集》，夏镇平译，第149—150页，上海三联书店，1988。

地实现。这意味着,“应用就不仅仅是某种对理解的‘应用’,它恰恰是理解本身的真正核心”①。当然,伽达默尔解释学所说的“应用”并不是指将某种普遍东西应用到某种特殊东西上去的通常性理解,而是一种与文本意义、与人的存在意义联系起来的一种哲学意义上的理解。如阅读文本所包含的应用就在于“谁读某个文本,谁就自身处于他所理解的意义之中”②。正是基于此种理解,伽达默尔指出,哲学解释学从根本上说,是在探究人的世界经验和生活实践的问题。

在伽达默尔看来,“实践”的意义是十分广泛的,它不是指构成实践的行为模式,而是指“最广泛意义上的生活”③,是指人的行为和人在世界中的自我设定的“实践”的理智性。因而只要有人类的存在和生活就会有实践的理智性,也就必定会有实践哲学。问题不在于现代社会有无实践哲学,而在于现代社会是在失去实践理智性的情况下完全以科技理性来支配和决定人类生活的,因而,现代人类生活是失去出自“存在于理智的自我责任心”的实践理性反思的,是没有真正的实践哲学的。伽达默尔坚持以出自自我责任心的实践理性作为人类实践生活的基础,这就将解释学的理解理论与人类实践行为的实践哲学理论相互沟通起来。正因为如此,伽达默尔的实践哲学所处理的就并不是某个特殊具体的对象,而是人类的全部实践生活领域;所研究的就不是要为人类活动提供一些什么具体的建议和指导,而是要探究构成人类生活的基础、目标与价值等根本性的理论问题。

正如伽达默尔所自称的,“解释学不仅是一门有关一种技术的学问,它更是实践哲学的近邻”④;“解释学是哲学,而且是实践哲学”⑤。

统观伽达默尔全部思想,实践哲学问题是其毕生关心的重要问题,

---

① 伽达默尔:《科学时代的理性》,薛华等译,第 114 页,国际文化出版公司,1988。

② 伽达默尔:《真理与方法——哲学诠释学的基本特征》上卷,洪汉鼎译,第 437 页,上海译文出版社,1999。

③ 伽达默尔:《科学时代的理性》,第 79 页。

④ 同上书,第 85 页。

⑤ 同上书,第 98 页。

其解释学可称为作为实践哲学的解释学，而其实践哲学可称为解释学的实践哲学，前者是就解释学的本质而言，后者是就实践哲学的基础来说。在很大程度上，在伽达默尔那里，这两者是统一的，并且是以实践哲学来对两者作出统一的。当然，建立起解释学的实践哲学，如同亚里士多德那里，暗示了这样一种看法：理论描述只有从属的功能，而实践的推理与决定才是首要的。但这样做同时也包含着一种危险，那就是往往会引起人们将作为一种理论的实践哲学视为看待具体情况与个案的一般原则，从而失去实践哲学整体理论与精神上的紧迫性与道德要求。有人批评伽达默尔的哲学解释学的主张既是勇敢的，又是极为温和的。说其勇敢，是因为他在现代科技社会面对各种非议与冲突时重新捍卫和确立了实践与实践理性的应有地位；说其温和，是指他并不期望对这种社会加以政治性的改造，而只停留于一种形式的哲学来提出实践生活理论，因而实际上是解决不了现实的社会政治问题的，伽达默尔也是冒着充当先知的诱惑走向了独断论之路。我们认为，这种批判似乎是无的放矢，也基本上没有真正懂得伽达默尔实践哲学的精髓。如果要求伽达默尔提出具体解决每一个社会现实问题的方案，如果把伽达默尔作为先知来看待，那么上述对伽达默尔的理解是自然而然的；但如果是将伽达默尔的实践哲学作为一种反思社会生活的理论来看待，如果将伽达默尔作为一个充满责任感的哲学家来理解他力图从根本观念与精神上重新为人类生活确立基础的话，那么他的实践哲学的意义就得以彰显了：它不求推翻世界，也不求为每一具体活动提供行为指南，而在于要在科技统治生活的时代重塑人类的思想精神。归根到底，现实社会政治问题的最终解决不只是哲学家的任务，而且是所有人类公民的任务；也不只是哲学理论本身所能完全解决的，还是要真正落实到具体的实践活动过程之中去。因为任何理论问题，从根本上说，都是实践问题。从操作层面上看，它形成于实践，而又最终解决于实践。

如果说传统解释学只是暗含着与实践问题相关的话，那么，伽达默尔则通过其解释学的实践哲学公开明确地表明了解释学与实践哲学的必然联系,阐明了解释学作为实践哲学的必然性与必要性,指出了转向实践哲学,这是现代解释学重要时代意义与理论价值之所在。因为将人的生活世界经验的基本性作为解释学普遍性之根据,这就为解释学走向时代现实生活提供了前提,也为解释学用以处理当代哲学问题确立了自身的特有位置。总之,以实践哲学作为解释学的思想统率纲领,作为其理论的落脚点与归宿,这是现代解释学的新变化、新特点,也是伽达默尔全部哲学思想中十分值得人们重视与回味的中心线索。作为与理论哲学平行的哲学形态——实践哲学,必将以其自身的性质、宗旨和理性反思的智慧性,而在现代人类生活中焕发出其特有的生命力与作用,重新构筑起人类存在与社会生活真正的理论基础。

第五篇

心理学-哲学

20 世纪西方学术思想中一个,颇为引人注目的现象,就是心理学在 19 世纪末刚刚从哲学中脱胎而出,完成了它的独立及现代转向之后,又重新向哲学积极渗透并产生了深刻影响。这一方面表现在心理学家们的哲学素养和哲学诉求上,另一方面表现在哲学家们对现代心理学的关注和应用上。心理学自近代产生以来,大量采用自然科学的研究手段,同时引入理性分析的科学观念,把人的精神现象和心理过程纳入科学研究的视野。这样做的结果,不仅使心理学自身取得了前所未有的进步,而且必然地产生对心理学作进一步哲学思考的冲动。因为心理学之不同于其他自然科学,主要在于它不是以纯自然态的外界客观事物作为自己的研究对象,而是把解剖刀指向了进行内在思索的主体本身,即把人的精神活动作为自己的研究对象。当心理学研究逐步深入到心理活动的动力、目的、机制、规律等更为抽象的问题时,由于主体价值观念的涉入,实际上便已经进入了哲学思考的领域。值得注意的是,这种从心理学向哲学的跨越,在一些最有创新精神、最有成就的心理学家如弗洛伊德、皮亚杰、马斯洛那里,是完全自觉的。他们有意识地拓展了自己的研究领域,试图回答关于人以至人类社会的许多更为根本的问题。心理学与哲学的这种独特关系,为 20 世纪的思想界提供了一个新的哲学研究视角,展现了一条具有方法论意义的新思路,并产生了一系列富有智慧与启迪的研究成果。在这一篇里,我们介绍心理学-哲学思潮中最有代表性的几个流派,它们是弗洛伊德的精神分析学说,阿德勒、荣格等人的新弗洛伊德主义,皮亚杰的发生认识论。“马斯洛的科学人本主义”则作为“附录”列于其后。

第十七章　弗洛伊德

第一节　生平与著作

20世纪初叶，西方哲学中出现了以弗洛伊德的名字为标志的思想潮流，这就是弗洛伊德主义以及其后的新弗洛伊德主义。弗洛伊德与马克思、爱因斯坦一起，被西方人并称为改变了现代思维方向的三位犹太籍伟人。马克思和爱因斯坦分别揭示了社会和自然的发展规律，引发了历史观和宇宙观的重大进步，弗洛伊德则在人类的精神领域中实现了对于无意识心理活动的突破性研究。他年轻时曾立下志向，要成为揭开“斯芬克斯之谜”的人，这个源自古希腊的难解之谜其实就是对人自身的认识，也是弗洛伊德一生追求的目标。

弗洛伊德(Sigmund Freud，1856—1939)出生于奥地利摩拉维亚(Moravia)一个叫弗赖堡(Freiburg，今属捷克)的小镇，贫寒的家境使他从小就养成了简朴而单纯的生活习惯。4岁时举家搬迁到维也纳，这为他提供了在这座欧洲历史文化名城求学的机会。中学7年，他的学业成绩一直名列前茅。1873年，弗洛伊德在慈善机构的资助下进入维也纳大学医学院学习。经过8年苦读，他以全优成绩完成学业，同时阅读了大量哲学著作，为日后的理论创造积累了深厚的学养。他的自传中有这样的描写:“我发现别人指望我该自认为低人一等,是个外人,因为我是犹太人。我绝对不承认我是劣等人,我一直不懂为什么我一定要为我的血统,或者如人们那时开始说的‘种族’,而感到耻辱。我容忍了对我的排斥,并不感到非常懊恼。因为在我看来,尽管受孤立,但一个积极同大家一起工作的人是能够从这个人类的组织中找到某种慰藉或安身之地的。”[①]正是这种自强不息、面对现实的态度,为他一生的科学研究奠定了基础。1881 年,弗洛伊德获得博士学位,由于经济上的拮据,他不得不离开相伴了 6 年的布吕克(E. W. Brücke)生理实验室,转向医疗实践,成为一名专攻精神神经系统疾病的临床医生。1885 年,弗洛伊德得到了一笔奖学金,到法国巴黎就学于著名神经病学家沙尔可(J. M. Charcot)门下,受到催眠术治疗精神病的启发,开始从心理学方面研究精神病的起因。1895 年,他与布鲁尔(J. Breuer)联名出版《歇斯底里研究》(*Studien über Hysterie*)一书,标志着精神分析学说的创立。这一学说的两个基本命题是:(1) 人的行为的决定因素是无意识的本能和欲望;(2) 从根本上来说,这些心理因素来源于性的冲动。所以精神分析的实质,就是对性的本能和欲望进行分析。弗洛伊德对性问题的公然强调使他在学术界被严重孤立,但他坚持自己的研究方向,不畏艰难地推进着精神分析理论,最终在心理学界产生重要影响并形成精神分析学派。

弗洛伊德度过了漫长而又坎坷的晚年生活。1923 年患口腔癌,之后 16 年忍受了数十次手术的巨大痛苦,仍不停地研究、写作。他的学术地位不断提升,1930 年获歌德奖,1936 年被接纳为英国皇家学会的通讯会员,并在八十寿辰的庆典上收到爱因斯坦、罗曼·罗兰、茨威格等世界名人的贺电。但纳粹党人上台后对他进行了一系列迫害,他不得不于垂暮之年流亡英国。弗洛伊德在伦敦以奋力写作度过了人生中的最后一年,当口腔癌发展到不堪忍受的地步时,他要求医生给自己注射吗啡结束了

① 《弗洛伊德自传》,张霁明、卓如飞译,第 4 页,辽宁人民出版社,1986。

生命。

弗洛伊德的理论一般被分为早期和后期两个阶段。1913 年以前，他的研究主要围绕着精神病的心理治疗和无意识心理过程问题。这一时期的主要著作有《梦的解析》(*Die Traumdeutung*，1900)、《性欲理论三讲》(*Three Essays on the Theory of Sexuality*，1905)等。1913 年以后，弗洛伊德的理论兴趣转向更为广泛的社会文化领域，他不仅用精神分析的基本理论和方法去研究个人的行为，而且对人类的文学、艺术、宗教、历史等社会活动和社会现象也用精神分析的方法进行解读，由此提出一系列心理学-哲学观点。其后期带有鲜明的哲学和文化人类学色彩的理论，通常被称为弗洛伊德主义。后期的主要著作有：《图腾与禁忌》(*Totem und Tabu*，1913)、《精神分析引论》(*Vorlesung zur Einführung in die Psychoanalyse*，1916—1917)、《超越唯乐原则》(*Beyond the Pleasure Principle*，1920)、《集体心理学和自我的分析》(*Group Psychology and the Analysis of the Ego*，1921)、《自我与本我》(*The Ego and the Id*，1923)、《文明及其不满》(*Civilization and Its Discontents*，1929)、《摩西与一神教》(*Moses and Monotheism*，1939)等。

第二节　无意识理论与人的心理结构

在弗洛伊德以前，人们对自己精神现象的了解，一般只限于理性的、有意识的心理活动。在心理学的视界内，心理与意识几乎是同义语，无意识心理活动完全被排斥在研究范围之外。弗洛伊德在为精神病患者治疗的过程中，发现他们混乱的无意识表现，同正常的意识活动仍有着某种联系。具体来说，精神病的起因往往同某种强烈的来自意识的刺激有关，而通过催眠术、自由联想法、宣泄法等精神治疗手段，有可能使患者从无意识状态恢复到正常的意识状态。弗洛伊德后来回忆说："当时我得到了一个最深刻的印象：很可能在人的意识之后，还有一个相当有力的思想过程尚未被人们发现。”①他沿着这个思路探索下去，提出了一整套关于无意识的理论，并以此为基础构筑了精神分析学说。这一学说“强调区别无意识心理活动和有意识(或者确切地说是能够意识到的)心理活动的重要性；它采用了动力因素(dynamic factor)的概念，假设某种症状的发作是因为某种情感的抑制；它还采用了经济因素(economic factor)的概念，认为同一症状实际上就是人体一定能量转换的结果”②。精神分析学说打破了传统心理学的纯意识模式，无意识不仅进入心理研究的领地，而且占据着举足轻重的地位，并同意识一起组成了人的多层次的心理结构。

无意识是人的心理结构中最深层的部分，人的本能欲望以及与此相关的情感、意向都储存在这里。无意识系统中的本能冲动是人类精神中最原始的因素，它积蓄着强烈的心理能量，并按照“快乐原则”随时寻找发泄的渠道。

意识是人的心理结构的表层，它直接面向外部世界，负责协调人与外部世界的关系，因此只能服从“现实原则”，即按照现实可能性来决定人的行为。为了履行这一职责，它常常对无意识本能欲望进行必要的压抑，同时也免不了要受到无意识的袭扰。

前意识在心理结构中处于过渡带，它的内容包括良心、理想、信仰等等。这些由社会的道德规范、宗教准则、价值观念支撑的经验材料平时隐藏在前意识系统中，在需要时就会延伸到知觉意识中并显现出来。前意识的作用就是在意识和无意识之间担任警戒，防止无意识干扰意识的正常活动。

意识、前意识、无意识这三个层次相互关联、相互作用，使人的心理结构呈现为一个复杂的动态系统。意识居于最高层次，主宰着人的正常理性活动；前意识居中，是理性的守护者；无意识蛰居底层，为人的生命

---

①《弗洛伊德自传》，张霁明、卓如飞译，第17—18页，辽宁人民出版社，1986。

② 同上书，第24页。

活动不断地提供原始动力。在一般情况下，无意识的非理性欲望要受到前意识的匡正，然后在意识中有节制地得到满足，这时人的心理结构是平衡的。然而，一旦无意识冲破前意识的防线，僭越意识而取得支配地位，人的精神就会处于失常状态。常见的无意识主导状态有遗忘、口误、梦境等，严重的就是精神病症状。弗洛伊德曾对梦境作了大量的专门分析，他认为，梦是一种(受压抑的)愿望(经过伪装的)实现，也就是说，梦是乔装打扮过的无意识本能冲动的表现，是无意识对意识的一种取代形式。因此，通过对梦的精神分析，有可能揭示无意识与意识之间的联系。

在弗洛伊德看来，人的心理结构就好像漂浮在大海中的冰山，水面上显露出的一小部分相当于意识，它只是人的表层心理。潜藏在水面以下的巨大山体相当于无意识，只有它才能决定冰山的漂流去向。因此，心理学只研究意识是远远不够的，应该深入到水下，去探索深层无意识心理的奥秘。

第三节　性本能论

性本能论与无意识理论共同构成弗洛伊德精神分析学说的两块理论基石。弗洛伊德之所以重视性问题研究，起因于他的精神病医疗实践。他在研究患者的变态心理时，发现他们的症状多与性挫折有关，病症的表现实际上是未能获得的性需求的补偿。因此他推断，性冲动是无意识心理中最原始的本能，它受到意识、前意识的封锁和压抑，很难在公开场合有所表现。但是在变态心理下，由于冲破了意识的控制，它便以本来面目发泄出来。弗洛伊德进一步指出，既然性冲动是人的本能，那么它就必然地带有普遍性。也就是说，不仅人人都有，而且它还伴随着人的生命始终，只不过有时是显性的，有时是隐性的而已。为了说明性心理的普遍性，弗洛伊德引证著名希腊悲剧《俄狄浦斯王》，提出了“俄狄浦斯情结(Oedipus Complex)”这一概念。俄狄浦斯的父王为了躲避神对他儿子“杀父娶母”的凶险预言，抛弃了这个婴儿。但是俄狄浦斯长大后在完全无意识之中仍然实现了神谕。面对残酷的命运之神，俄狄浦斯刺瞎自己的双眼，踏上了不归之路。弗洛伊德认为，这个悲剧之所以具有永恒的魅力，在于它揭示了人的无意识性本能是一种不可摆脱、无法抗拒的力量，人的生命运动和一切行为都由它提供原动力，当然，人的命运也只能由它主宰。所以，这是一个永远解不开的性之“情结”。

为了与纯生物学概念有所区别，弗洛伊德选择“力比多(libido)”这一概念来代替“性本能”。力比多就是“性力”，特别指性的心理能量，即更强调性本能在精神方面的表现和作为心理动力的意义。弗洛伊德解释道：“力比多是从情绪理论中借用来的一个语词。我们用它来称呼那些与包含在‘爱’这个名词下的所有东西有关的本能的能量。”[①]显然，他是把人的整个机体看作一个能量系统，力比多是最基本的能量储备。弗洛伊德对性的解释是广义的，凡是人们为寻求生理满足而产生的需要，都与性有关。人的性心理是某种发展过程的产物，当人在生理上还没有发育成熟的时候，性心理由于缺乏赖以依附的稳定组织，常会出现某些倒错现象，其整个冲动力也较为薄弱。因此在性心理的成长过程中，因势利导极为重要，每个发展时期的不同特点都应予以关注，以期实现正常的性成熟。如果在幼儿期强行干预力比多的自由自在状况，在童年期过早刺激潜伏着的力比多，在青春期对日益活跃的力比多实行强制压抑，都有可能导致性心理的退化或执着，以致出现性变态、性倒错，甚至精神病。

尽管弗洛伊德的性理论中有许多猜测臆断的成分和绝对化的倾向，但他从个体心理发展史的角度去揭示性心理的发展规律，并提出一套自成体系的性本能学说，是具有原创性的。他冲破了当时世人讳莫如深的性心理禁区，为推进现代心理科学研究开辟了道路。

---

① 《弗洛伊德后期著作选》，林尘、张唤民、陈伟奇译，陈泽川校，第 96 页，上海译文出版社，1986。

第四节　人格结构理论

弗洛伊德在后期理论中出于解释社会现象的需要，对自己的早期理论作了许多补充和修改。首先他把心理结构说发展为人格结构说，使无意识心理学进一步社会化。相应于心理结构中无意识、意识、前意识三个层次，他提出个体人格中本我、自我、超我三个层次。

"本我(Id)"相应于早期的无意识概念，它是人格的基础部分。本我像一口充满着沸腾的刺激的大锅，既包容着巨大的能量，又表现出混沌无序和不稳定。弗洛伊德借用尼采用过的概念"伊底(Id)"来说明本我："伊底当然不知道价值，善恶和道德。与唯乐原则有密切关系的经济的或数量的因素支配了它的各种历程。它所有唯一的内容，据我们的观点看来，就是力求发泄的本能冲动。"①在整个人格系统中，本我是模糊而不易把捉的部分，它在本能需要的驱使下骄横任性，毫无理智可言。

"自我(Ego)"相应于理性的意识系统，它以知觉为特征。作为精神的感觉器官，它既接受外来的刺激，也感受内心的活动。自我的作用就是向本我提供外界信息，帮助它从外部世界获得本能需要的满足。自我同本我的关系非常微妙，它具有本我所没有的综合统一功能，因而可以知觉本能并进而控制本能。但自我终究只是本我的派生部分，它自身并无动力，只能从本我中吸取力比多来推动自己，因而又是软弱的。弗洛伊德曾经把自我与本我的关系比喻为骑手和马的关系，不过这里不是骑手驾驭马来实现自己的目的，而是由马来决定奔跑的方向，骑手只能根据外界的现实条件来控制马的奔跑速度和姿态。这样一来，自我只不过是本我实现自己意图的限定性工具。

"超我(Super-ego)"相应于心理结构中的前意识系统。它是在父母、教师、权威人士的影响下后天形成的，是从自我中分化出来的人性的高

---

① 弗洛伊德：《精神分析引论新编》，高觉敷译，第 58 页，商务印书馆，1987。

级层次，是人格中社会力量的代表。“超我从自我分化出来并非偶然；这种分化代表着个人发展和种系发展的最重要的特性”①，它包括良心、道德、理想、宗教感等社会性的规范、准则和情感。但是超我的深层根源同样在本我，“它也是本我的最强大的冲动和最重要的力比多变化的表现”②，只是这种冲动的方向转向了内部，成为针对自我的一种监察、指导和威胁，常会引起人的内疚、自责或自惩。正因为“超我是一切道德限制的代表，是追求完美的冲动或人类生活的较高尚行动的主体”③，所以它是人格结构中最后形成的保障社会文明发展的层次。

在弗洛伊德看来，个体人格中的三个部分既互相区别又互相联系，共同构成人格整体。它们之中，代表人类意识的自我处境最为艰难，它既要为满足本我的需要操劳，又要受到超我的严厉监视，还要应付千变万化的外界环境，这恰是人生不易的现实写照。自我一旦抵挡不住重重压力，就会导致精神的焦虑症状。因此，要获得健康的人格，必须协调好本我、自我、超我三者之间的关系。

从心理结构理论到人格结构理论，是弗洛伊德无意识学说的深化过程，也是心理学向哲学过渡的准备。其理论意义有三点：(1) 提出了人格建构的动态模式，这主要表现为人格三层次之间的互动关系；(2) 强调了人格发展的动力因素，特别是对本能需要的研究；(3) 已开始注意到社会历史因素对个体人格的制约和影响，以及个性发展与社会发展的关系问题。

第五节　社会文化学说

弗洛伊德社会文化学说的基础仍然是性动力说和本能论。他在《精

① 《弗洛伊德后期著作选》，林尘、张唤民、陈伟奇译，陈泽川校，第 184 页，上海译文出版社，1986。

② 同上书，第 185 页。

③ 弗洛伊德：《精神分析引论新编》，高觉敷译，第 52 页，商务印书馆，1987。

神分析引论》一书中写道："更有甚者，我们认为这些性的冲动，对人类心灵最高文化的，艺术的和社会的成就作出了最大的贡献。"[①]他认为，人的本能出自两大原则，即追求满足机体快乐的唯乐原则和要求返回事物初始状态的强迫重复原则。这两大原则分别体现为生存本能和死亡本能，生命就是存在于这两个趋向之间的一种冲突和妥协。

生存本能就是性本能，也包括自我保存本能。性本能为个体生存和种族繁衍提供动力，它促使新生命的诞生，同时又推进生命的历程，体现为一种建设的力量。弗洛伊德特别强调，对于人类来说，生存本能的根本特征不仅在于求生，更在于求爱、求乐，即推及一切可以给人带来愉快感受的欲望，所以它又称作爱的本能。生命除了表现为求生、求爱的力量，还包含着破坏的冲动，即以本能的方式毁灭自身或是伤害同类，这就是死亡本能。死亡本能是任何生命历程所不可缺少的。生存本能代表着爱和创造的力量，死亡本能代表着恨和破坏的力量，现实的人生始终贯穿着这两者的对立冲突和联系转化。

弗洛伊德研究本能的目的，在于从中引出某种维系人类社会的心理力量，因此，性动力理论实际上是一种从生命动力过渡到社会发展动力的理论。他认为，由性本能提供动力的个体生命原本具有无限生机，但人类的社会存在形态又不得不对个人的本能冲动施行必要的压抑，以保证社会的稳定与发展。个体性本能虽然受到压抑，但其心理能量并未减少，必然会寻找其他途径释放出来，以达到心理状态的平衡，这种现象就称为转移。除了言行失误、精神病等消极转移方式之外，弗洛伊德又提出一种积极的、更为理想的、为社会所接受的转移方式——升华。"其中有一种在文化的发展上占着特殊重要的地位。……这个历程，叫做**升华作用**(sublimation)，因为有这个作用，我们才能将社会性的目的提高到性的(或绝对利己的)目的之上。"[②]也就是说，通过升华作用，力比多可以

---

① 弗洛伊德：《精神分析引论》，高觉敷译，第 9 页，商务印书馆，1984。

② 同上书，第 275 页。

放弃原始的性目标,转向更高层次的精神文化追求,从而成为社会文化发展的动力。弗洛伊德断言,人类历史上的辉煌成就,都与伟大人物的心理能量升华有关。比如,达·芬奇从小是孤儿,这使他对母亲的爱失去了目标,于是他的性本能转而升华为对艺术的追求,从而创造出《蒙娜丽莎》那样的不朽作品。必须指出,尽管弗洛伊德的升华说涉及社会发展过程中的内在冲突和代价等理论问题,但是简单地把人类文明进步与个人幸福对立起来,是没有根据的;尤其是把文化创造和社会发展的动力仅仅归结为性本能,难免不走向荒诞。

弗洛伊德对宗教与道德起源的论证,同样基于他的性本能动力理论。他认为,历史上图腾崇拜的两项禁令(禁止杀死图腾动物和禁止与本部族妇女通婚),体现了人类社会最原始的宗教形式和道德观念,而这两个禁令同俄狄浦斯情结的两个要素(杀父与娶母)恰恰是巧合的,所以应该把性理论作为历史、宗教、道德、社会研究的前提。他按照这一观点解释道:原始部落中的父亲占有着本部落中的所有妇女,是儿子们崇拜、畏惧和仇恨的对象。终于有一天,儿子们杀死并分吃了父亲,然后约定放弃对本部落妇女的占有权。他们还举行了图腾仪式,以作为对弑父行为的补偿和对分享父权的庆祝。这就是人类犯罪感的起源,也是宗教观念、伦理道德、社会体制的发端。弗洛伊德仅仅从心理上分析宗教、道德的起因,并进而推及对全部社会历史现象的解释,这种以偏概全、主观武断的做法脱离了科学研究的轨道,使他的社会文化学说流于浅薄和庸俗。

弗洛伊德的精神分析学说在医学、心理学和哲学上都有重大贡献。在医学上,他突破了以药物、手术方法治疗精神疾患的传统生物医学模式,开创了运用精神分析方法达到心理治疗的现代医学模式。以精神分析学说为基础,性学作为一门综合性学科建立并发展起来。在心理学上,多层次心理结构的提出和对无意识心理机制的探索扩大了心理学的视界。以精神分析的方法对行为动力、需要、人格的研究,实际上是把内因决定论和动力论引入了精神领域,并由此开创了动力心理学、人格心理学、变态心理学等新领域。在哲学上，他使长期被忽略的无意识精神现象第一次受到重视，为哲学研究打开了一条新思路，同时也丰富了人们对自己精神世界的了解。但是，弗洛伊德对无意识本能的片面强调，又导致这一理论陷入误区。他颠倒了意识与无意识的关系，实际上是对人类理性的贬损；他的泛性论带有明显的生物本能决定论色彩；他对社会历史现象的心理化解释，表现了他在思想方法上的狭隘和片面性。这种种理论缺陷，首先遭到来自学术阵营内部的他的追随者们的质疑。

第十八章　新弗洛伊德主义

精神分析学派自形成以来，内部就存在着明显的观点分歧。弗洛伊德的学生和追随者们一方面接受精神分析的基本原则，另一方面又对弗洛伊德主义进行了许多修正和拓展。人们一般把这些分支流派，特别是20世纪30年代以后弗洛伊德主义在美国的发展称为新弗洛伊德主义，其主要代表人物有：阿德勒、荣格、霍尔妮、沙利文、弗洛姆等。

第一节　阿德勒与个体心理学

阿德勒(Alfred Adler，1870—1937)是奥地利医生和心理学家，曾是弗洛伊德学派的核心人物之一，因反对弗洛伊德“性欲决定人生”的观点而与这个学派分道扬镳，另创个体心理学体系。主要著作有：《理解人性》(*Menschenkenntnis*，1918)、《个体心理学的理论与实践》(*Practice and Theory of Individual Psychology*，1920)、《生命的意义》(*Der Sinn des Lebens*，中译本书名为《自卑与超越》，1932)等。

一　自卑感与优越感

阿德勒自幼身体有残疾，对于自卑心理的切身感受成为日后激发他从事研究的动力。他认为，自卑心理本身并不是一种变态，也不只是出现在残疾人身上，而是每一个正常人都曾经感受过的。“我们每个人都有不同程度的自卑感，因为我们都发现我们自己所处的地位是我们希望加以改进的。”[①]人的生理器官总有不完善的地方或缺陷，特别是在儿童时期，由于器官发育尚不成熟，体力、智力都难以与成年人相匹敌。人对于自己这种无奈处境的意识，就是自卑感。只有当自卑感变成精神生活中长久潜伏的暗流时，才会形成“自卑情结”。“当个人面对一个他无法适当应付的问题时，他表示他绝对无法解决这个问题，此时出现的便是自卑情结。”[②]处于自卑情结中的人往往逃避责任、自甘堕落，甚至出现精神病症状。

但是，自卑感并不是只能导致消极的结果，在另外一种情况下，它也能激发人的潜能，变成助人成功的动力。因为人的本性中有一种向上的内趋力，他不会甘心于弱小、有缺陷的现状，而总要追求改变逆境和对于自我的超越，这是生命现象的基本事实。也就是说，为了克服自卑感，人的向上意志会驱使人产生力求补偿自身缺陷的努力。补偿原则的存在，使得优越感总是伴随着自卑感出现，“对优越感的追求是所有人类的通性”[③]。阿德勒高度评价自卑感和优越感这两种心理对于人类生活的重要作用，他说：“事实上，依我看来，我们人类的全部文化都是以自卑感为基础的。”[④]“在每件人类的创作之后，都隐藏有对优越感的追求，它是所有对我们文化贡献的源泉。人类的整个活动都沿着这条伟大的行动线——由下到上，由负到正，由失败到成功——向前推进。”[⑤]自卑感代表了承认自身不足、处境艰难的坦白态度，优越感则体现了永不满足于现状、不断追求超越的积极态度，这两种自我意识都是人们在现实生活中

① 阿德勒：《自卑与超越》，黄光国译，第 46 页，作家出版社，1986。
② 同上书，第 47 页。
③ 同上书，第 61 页。
④ 同上书，第 50 页。
⑤ 同上书，第 61—62 页。

形成的。尽管阿德勒将人类文化的起源归结为自卑感和优越感等心理因素过于简单了，但是他明确反对弗洛伊德过分强调性欲和俄狄浦斯情结在人生中的决定作用，认为在人的行为中起决定作用的不是原始的性本能，而是以“向上意志”为特征的后天形成的个体人格，这说明他已经超越了狭隘的性本能学说，更为关注人们在面对生活世界各种复杂难题时的心理状态和精神活动。

二　生活意义与生活风格

阿德勒心理哲学的代表作《自卑与超越》原书的名字是《生命的意义》，这个书名恰当地表达了他对自己研究方向的定位，他讨论人的心理问题，最终是为了探寻人生的意义。

阿德勒认为：“人类生活于‘意义’的领域之中。我们所经验到的，并不是单纯的环境，而是环境对人类的重要性。……我们一直是以我们赋予现实的意义来感受它，我们所感受的，不是现实本身，而是它们经过解释后之物。”①在阿德勒看来，意义就是对生活的解释，是人类对于生活的理解，而且这种理解必须是可以沟通的。“事实上，属于私人的意义是完全没有意义的，意义只有在和他人交往时，才有存在的可能。”②“所有真正‘生活意义’的标志是：它们都是共同的意义——它们是别人能够分享的意义，也是能被别人认定为有效的意义。”③正因为生活意义的存在方式是共享性的、社会性的，所以，“奉献乃是生活的真正意义”④。我们看到，阿德勒对于生活意义的理解，已经超出个体心理范畴而进入到更广阔的社会关系领域。

既然意义是对于生活的解释，它就是后天形成的、基于现实经验的，因而也是不完全的甚至是充满错误的。对于生活意义的不同理解，会使

① 阿德勒：《自卑与超越》，黄光国译，第7页，作家出版社，1986。
② 同上书，第11—12页。
③ 同上书，第12页。
④ 同上书，第13页。

人养成不同的生活风格，也就是基于"'对这世界和对自己应该期待些什么'的最深层和最持久的概念"[1]之上的，人们应对生活中各种问题的处事方式。阿德勒认为，儿童在五岁末时就已经发展出一套独特而固定的行为模式，也就是形成了自己的"生活风格"。如果此时形成的生活风格是歪曲或错误的，将影响人的一生。有三种情境最容易使人将错误的意义赋予生活。第一种情境是婴儿时期患病或有先天的身体器官缺陷。虽然我们能举出许多在这种逆境下奋发成功的例子，说明这些因素并不绝对导致人们采用错误的生活模式，但社会的不公正待遇会使相当多处于这种境况下的孩子丧失希望，变得自卑、自闭。第二种情境是对儿童的娇宠和纵容。被娇纵的孩子不仅以自我为中心而且不具备独立解决问题的能力，在达不到目的时往往走向反叛、报复、破坏等与社会为敌的道路。第三种情境是儿童的被忽视，比如孤儿和私生子。缺乏爱心的环境使这些孩子变得冷漠、多疑，不懂合作，没有信心。阿德勒并不认为生活风格一经形成就无法改变，相反，他认为心理学家的任务就是帮助人们修正对于生活的错误理解，重建正确的生活风格。为此，他强调儿童早期生活环境的重要性和父母师长的责任，并认为良好的社会架构有助于合作精神的养成和健康人格的塑造。

三　个体心理学

围绕着对于生活意义的阐述，阿德勒建立了他的"个体心理学(individual psychology)"。在个体心理学中，力争摆脱自卑追求卓越，是人类的普遍心理。因此，补偿原则是激发人各种行为的动力之源，它既有可能激励人做出伟大成就，又有可能由于所求过高而导致人精神失常。儿童从小在各自特殊的成长环境中所形成的一套适于自己的克服自卑困境的补偿方法，成为他独特的"生活风格"，生活风格是个体人格的原型。由于阿德勒对形成生活风格的环境因素的强调，他的个体心理学所探讨的心理问题，

---

① 阿德勒：《自卑与超越》，黄光国译，第15页，作家出版社，1986。

实质上都离不开人与周边环境的关系,他将这些关系归纳为三个主要方面。首先是人与自然的关系。我们居住于地球这个贫瘠星球的表面,借我们居住之处供给我们的资源而成长,为了生存和人类的福祉,每一个人都要以某种职业身份在世界上立足。其次是人与人的关系。单个人的脆弱性和种种限制,使得他无法独自生存,只有和同类合作共处,才能达到人生的目标。再次是与异性的关系。必须使两性关系得到正确处理,人类才得以延续和发展。"个体心理学(individual psychology)发现:生活中的每一个问题几乎都可以归纳于职业、社会和性这三个主要问题之下。每个人对这三个问题作反应时,都明白地表现出他对生活意义的最深层的感受。"①阿德勒以现实的社会关系作为个体心理成长的依据,并在此基础上阐述了对于人生意义的积极理解:"生活的意义是——对同伴发生兴趣,作为团体的一分子,并对人类幸福贡献出自己的一份力量。"②

弗洛伊德的心理研究遵循的是因果律,他认为,人生的路线是一个定数,儿童时期的经验对人格具有决定性的影响,而且这个经验明确地局限于性的范围。阿德勒却宣称,"个体心理学扬弃了决定论"③,决定人类行为的不只是有限的以往经验,更重要的是无限的未来期望,即使是虚幻的、潜意识中的期待,而且这种期待决不仅限于性的方面,它是一种促人奋发的"自我的理想"。

阿德勒对弗洛伊德主义的修正主要表现在人格理论的基础和动力问题上。弗洛伊德以人的无意识本能作为人格的基础,这是先天的;阿德勒则以由社会影响形成的文化无意识作为人格的基础,这是后天的。弗洛伊德把本能的性冲动视为推动人格发展的主要动力,阿德勒则把"追求优越""环境影响"和"创造性行为模式"当作人格发展的主要动力。可见,阿德勒批判了弗洛伊德的先天本能论,强调了后天环境的影响和

---

① 阿德勒:《自卑与超越》,黄光国译,第10页,作家出版社,1986。

② 同上书,第11页。

③ 同上书,第16页。

创造性自我的作用。当然,他对于社会关系的理解还只是浅层次的,对于其背后的经济、政治、文化因素还缺乏更深刻的研究。他对于补偿作用的过分强调,作为对人的心理成长的认识,也未免失于简单和片面。

第二节　荣格与分析心理学

荣格(Carl Gustav Jung,1875—1961)是瑞士著名心理学家,曾被弗洛伊德考虑作为继承者,由于在对无意识的理解等问题上与弗洛伊德有重大分歧而独创分析心理学。荣格的著述很多,已编成《荣格全集》18卷,其中有重要影响的包括:《无意识心理学》(*Ueber die Bedeutung des Unbewussten in der Psychologie*, 1913)、《心理类型》(*Psychological Types*, 1921)、《探索心灵奥秘的现代人》(*Modern Man in Search of a Soul*, 1933)、《分析心理学的理论和实践》(*Analytical Psychology: Its Theory and Practice*, 1935)、《人及其象征》(*Man and His Symbols*, 1954)、《记忆、梦、反省》(*Memories, Dreams, Reflections*, 1961)等。

一　"原型(archetype)"与"集体无意识(collective unconscious)"

荣格在研究人的心理现象时,倾向于更多地从社会文化的角度进行分析。他认为人的意识是一个形成的过程,而在这一过程中起着某种导引作用的便是"原型"。他用这样一个特定的概念来表示前意识状态的先天心理倾向,即一个由非理性的表象构成的内部世界的存在。原型不是依据其内容而是依据其形式确定的。它是一种遗传的先定倾向,而左右这些先定倾向的恰恰是文化传统。原型就像比较语言学中所提到的母词,尽管随着母语的失落,我们在现实中已经不再使用母词,但从不同语言中都有的相似词可以推定,作为它们共同来源的母词是存在的。原型正是这样一个多变的模型,它本身不是任何一个特定的文化现象,却构成了所有文化中的所有现象的基础。"原型本身是空的和纯形式的,不过是一种先天给定的,并要表现出来的可能性。具体表现样式本身并不是遗传的，遗传的只是它的抽象形式”①。正因为原型是一种抽象的存在，它的普遍性覆盖了不同文化传统中的人，所以可以认为，原型作为一种潜在的心理结构渗透于所有人的本能之中。“原型在本质上是不可能表现的、无意识的、处于前存在状态中的，它们似乎是先天的心理结构的某些部分，因而能随时随地地自发地显示自己。由于它有本能的性质，原型构成了情调化的情结的基础，并具有和这些情节同样的自主性。”②荣格认为，原型式的生活经验，比如性的经验，是每个人都会有的，当它们被升华为典型的人类经验时，就具有了神话的含义，于是可以超越个人经验而成为神话创造基质。神话是维持人类精神健康和活力的重要适应机制，现代人之所以患有精神病，是由于疏远了人的本性中的神话创造基质，因而失落了生活的意义。精神分析的任务就是帮助人重新接触自己本性中的神话原型，从而恢复对于生命意义和价值的享有。

荣格将自己的哲学、宗教学和神话学知识运用于对精神病医疗实践的进一步思考，认为精神分裂现象暴露了人的意识中一个更深的层次；但是用患者幼年经历或精神压抑等个体无意识理论很难对这个层次作出有说服力的解释，应该存在着一个超出个体精神范围的更强有力的影响因素，他称之为“集体无意识”。“种种本能和原型加在一起形成了集体无意识。我称之为‘集体的’，因为它不同于个人无意识，不是由个人的和多少是独特的内容所组成，而是由一些普遍并经常出现的内容所组成。”③在荣格看来，集体无意识就是人的精神中的神话创作层面。从总体上看，人的心理现象应该分为意识、个体无意识、集体无意识三个层次。集体无意识是人在生物进化过程和文化历史发展过程中获得的心理积淀，是前人经验在人脑结构中的遗传性反映，主要表现为某种原始思维方式和先天行为模式。集体无意识比后天习得的经验更为基本，它是个体意识与无意识的基础。荣格以科学家、艺术家为例，说明他们之

---

①《荣格全集》第 9 卷，第 79 页，伦敦，劳特利奇与基根 · 保罗公司(以下所引此书均为此版本)。
② 同上书第 10 卷，第 847 页。
③ 同上书第 8 卷，第 270 页。

所以能取得成就，固然有个人努力的因素，但起主导作用的总是“集体无意识”。

集体无意识概念的提出，是一种新的研究取向，标志着荣格对于弗洛伊德的超越。他曾用人格化的表现形式来描述精神的原型表象。比如，他用“阿尼玛(anima，男性心目中的女性表象，即男性性爱欲求的人格化表现)”和“阿尼玛斯(animus，女性心目中的男性表象)”来指称弗洛伊德所说的“性”，这实际上是用更为广义的心理学分析取代了弗洛伊德相对狭窄的生理学分析。其他原型还有“暗影”“人格面具”“自我”，它们并不仅仅是性的欲求，而是人的心理中基于集体无意识的、与意识相对立的情绪部分。

二　“心理类型(psychological types)”与自我调节

20世纪初期的精神病治疗研究，已经发现精神疾病的症状有着两种不同的倾向，一种情况下患者始终保持着与外部世界的联系，另一种情况下患者不断从外界退缩直至自我封闭，这两种情况分别被称为“癔病”和“精神分裂”。在对精神疾病的解释中，弗洛伊德的理论总是适用于前者，阿德勒的理论则适用于后者。荣格注意到弗洛伊德和阿德勒的理论分歧，但他认为，不同的理论解释也可以是针对同一个病例的，这就涉及解释者本人的心理学观点了，而不同的心理学观点应该是出自解释者不同的心理类型。他指出：“在阿德勒看来，重点总要放在主体方面，不管面对什么对象，主体总是追求他自己的安全与至上权利；而在弗洛伊德那里，重点整个地放在对象方面，按照对象特性的不同，他们或者助长或者阻碍着主体对快感的要求。”①把主体放在第一位的人总是从对象面前退缩，不愿与他人交往，踌躇多虑，充满戒心，属于内倾型心理类型；而把客体放在首位的人容易适应环境，能迅速建立起各种联系，开朗率直，随和好处，属于外倾型心理类型。荣格将思维、情感、感觉、直觉四种心理

①《荣格全集》第7卷，第41页。

机能分别对应于内倾与外倾的心理倾向，区分出八种不同的性格类型，即外倾思维型、外倾情感型、外倾感觉型、外倾直觉型、内倾思维型、内倾情感型、内倾感觉型、内倾直觉型。这一心理类型分类在心理学史上具有重要意义，对其后心理学的发展产生了深远的影响。

心理类型说引出了荣格的又一个重要概念，即自我调节。荣格认为，内倾性格与外倾性格只是对不同心理机制的描述，一个人可能会同时具有这两种心理机制，也有可能从一种倾向转向另一种倾向。不同心理类型可以相互转换的事实，使荣格更加重视对无意识心理活动的研究。他进一步指出，无意识心理活动往往是对意识活动中缺失部分的补偿，像梦境、幻象、精神病症状等，都是这一类补偿性的心理自我调节过程，其目标正是为了改善心理平衡。意识与无意识之间的张力与冲突，为人的生命活动提供了动力；意识与无意识在互补关系中所达到的彼此平衡，正是人生所追求的理想状态。荣格的分析心理学与弗洛伊德以性为核心的精神分析学之间的原则区别，在这里清晰地展现出来。弗洛伊德认为人的一切行为的最终源泉在于力比多，即原始性力的释放；而荣格则认为不同心理倾向的冲突与互补，以至心理机制的调节和平衡，才具有最终的意义，性欲不过是它的某种象征。

荣格对力比多概念也作了重要修正。他指出，力比多不仅表现为性的潜力，而且表现为普遍的、先天的生命力，实质上更是一种精神能量。其作为性欲的表现也并非起始于婴儿时代，而是在个体发展到一定阶段时才显示出来的。人的性格类型正是力比多的运动倾向的反映，不同的性格类型决定着个人对特定环境的不同态度。

三 个性化的过程

在个体人格理论方面，荣格不赞成弗洛伊德对本我的过分强调，而更多地突出了自我的作用。他认为，自我是在意识的个性化过程中形成的，是“自觉的意识的组织”，对个体人格起着聚合作用，从而保证了人格的统一性和连续性。所以，个性化在荣格那里，指的是心灵中的对立力量达到平衡,是一个走向协调、整合的过程。

荣格说:“我用‘个性化’这个词指这样一个过程:通过它,一个人将变成心理学上的‘个体’,即一个分离开来的、又不可再分的统一体或‘整体’。”①“个性化是指成为独立、均一的存在。……它是使一个人成为他自己。所以我们将个性化转述为‘获得自我’或‘自我实现’。”②“个性化过程并不会将人与世界分开,而是将世界整合进他的自我。”③

作为荣格心理学的核心概念,“个性化”带有浓重的宗教意味,但个性化又是一种没有教义的天路历程,其目标不是指向上苍,而是指向人格的整合与完整。荣格认为,人只有到了中年以后,才能够领会内心和谐是生活的终极目的,才能够获得顺应自然的超然态度。人生的最大麻烦实际上不在外部世界,而是在人的内心世界。人的内心必须有一个高于自我的权威,才能容纳各种冲突与矛盾,从而达到内心的宁静,也就是使灵魂与上帝沟通。如果没有一个作为精神和内在体验的上帝,人们就会抬出一个相当于上帝的东西,这个东西或是性,或是权力,或是理性。可见,荣格的“上帝”并不是传统基督教的上帝,而是存在于人的无意识心理之中的统一、和谐的体验,这正是自我实现的最高境界。“精神的最高层次永远具有宗教的或哲学的特征”④。

相比于弗洛伊德的精神分析理论,荣格的心理分析学说具有更为明确的人本学和文化学倾向,他为精神病治疗和人格研究提供的新框架更强调人与环境的关系和人际关系,他对于精神病人的人格尊重和为其提供的日常生活指导充满了爱心和人道精神。

第三节　霍尔妮、沙利文、弗洛姆

20 世纪 30 年代中期以后,新弗洛伊德主义的中心转移到美国。经

①《荣格全集》第 9 卷,第 490 页。
② 同上书第 7 卷,第 266 页。
③ 同上书第 8 卷,第 432 页。
④ 同上书第 16 卷,第 80 页。

济危机和战争等严重的社会病症,使这一学派的诸多理论家把关注的重点转向了社会文化因素。其中,霍尔妮、沙利文、弗洛姆的观点是有代表性的。

一 霍尔妮的"原始焦虑论"

霍尔妮(Karen Horney,1885—1952)是弗洛伊德的女儿。她的主要著作有:《我们时代精神病者的人格》(*The Neurotic Personality of Our Time*, 1937)、《自我分析》(*Self-Analysis*, 1942)、《精神病和人类成长》(*Neurosis and Human Growth*, 1950)。霍尔妮继承了精神分析的方法(自由联想、释梦、移情分析等)和无意识、压抑、抵抗等基本概念,并给以新的解释,但否定了弗洛伊德关于俄狄浦斯情结、力比多以及童年经验决定论等说法。她认为,无意识冲动不是生之本能和死之本能,而是对安全和满足的渴求。现代人一生下来就处在一个充满敌意、威胁的世界中,这造成了人的先天恐惧感,即"原始焦虑"。儿童焦虑感产生的初始原因,往往是父母的粗暴、冷漠、苛刻、不公正等态度,所以家庭环境对儿童个性结构的形成具有重要影响。家庭环境养成了儿童对社会的反应方式,家庭结构决定着儿童的人格结构。儿童为了克服孤独和不安全感会采取种种防御策略,这些策略针对不同的需要在使用中固定下来,成为指向性的行为模式,由此而形成三种不同的人格:第一种是出于求爱的需要而趋向人们,属于依从性人格;第二种是出于独立的需要而避开人们,属于分离性人格;第三种是出于权利的需要而反对人们,属于攻击性人格。然而这三种行为模式或人格都不是对付焦虑的有效手段,因为这些行为本身都有可能引起冲突,进而加重焦虑感,导致人的精神病患。

霍尔妮认为,正因为人生活在一个不安全的、令人惶恐和畏惧的环境中,所以人生的基本动力不是性本能,而是摆脱焦虑感和寻求安全。这种求安全的动机与其说是人的先天本能,不如说是后天受到心理压抑的结果,资本主义社会的文化矛盾就是产生这些压抑的重要原因。她批评弗洛伊德在研究个性问题时对社会文化因素的忽视,并正确地指出,资本主义社会中精神病产生的根源是经济领域里人与人之间激烈的竞争。但她对社会文化因素的理解仍比较抽象，她所谓的社会环境主要是家庭环境，认为最终起决定作用的还是个人内在的精神力量。

二　沙利文的"人际关系论"

沙利文(Harry Stack Sullivan，1892—1949)，祖籍爱尔兰，出生于美国。其主要著作有：《现代精神病概念》(*Conceptions of Modern Psychiatry*，1945)，《精神病学的人际关系理论》(*Interpersonal Theory of Psychiatry*，1953)。沙利文的文化派精神分析观点突出的是"人际关系论"。他认为，人从出生开始就处于一定的人际关系中，所以人格实际上是在复杂、变动的人际关系中形成的个人相对固定的行为模式。对人格的研究不能局限于单个人的特性，而应当重视对人际关系的研究。人际关系指同周围人们的接触、交往，也包括梦境、意向、艺术欣赏等带有人际特点的心理过程。沙利文区分了人格发展的三种过程。第一种是有机体与环境交互作用的过程，他称之为动能，这是生物体内决定个体心理活动的动力因素。动能分为焦虑动能、自我动能、分裂动能、升华动能等，人依靠这些动能调整自己的行为，解除心理紧张，追求安全生存。第二种是个体保持关于自己和别人意象的过程，这些意象一般从婴儿期就产生了，他称这一过程为人格化。第三种是认知过程，主要指个体以自身能力应付不同种类的符号化，以及对环境作出反应的各种能力之间的关系。

沙利文把人格发展分为六个阶段：婴儿期——从出生到言语行为能力的成熟；儿童期——与同伴相处能力的成熟；少年期——爱情能力的成熟；前青年期——内心需要以生殖需要的精神推动力形式表现出来；成人早期——性欲行为的成熟；成人后期——身心全部成熟。在人格发展的各个阶段，生理成熟与社会认可之间往往产生矛盾冲突，处理不好就可能促成焦虑、倒退或自我中心的人格。只有注意各阶段发展的协调，才能获得完满的人格。沙利文以人格理论为基础解释精神病的起因,认为幼年时期的人际关系遭到破坏,会使人陷入严重的焦虑,最终导致精神的分裂,这是精神病的主要起因。只要创造一个良好的人际情境,帮助患者恢复被压抑在潜意识中的人际关系安全感,就能达到治疗的目的。沙利文对人际关系的理解已经超出家庭范围而具有更多的社会文化因素。

三　弗洛姆的"逃出自由说"

弗洛姆(Erich Fromm,1900—1980)是后期新弗洛伊德主义的重要代表,出生于德国美因河畔法兰克福一个正统犹太家庭,纳粹上台后他流亡到美国。弗洛姆接受了弗洛伊德的精神分析学方法,也接受了马克思的历史唯物主义哲学和批判精神。他试图用心理学、精神分析学去解决人在社会中的异化问题,用"心理革命"来补充、推进社会革命。他称自己的思想是"分析的社会心理学",并把精神分析学引向西方马克思主义的发展方向。其主要著作有:《逃出自由》(*Escape from Freedom*, 1941)、《自为的人》(*Man for Himself*, 1947)、《健全的社会》(*The Sane Society*, 1955)等。

弗洛姆的全部研究围绕着社会与个人的关系而展开,他特别关注的是心理因素和社会因素的相互作用问题。"逃出自由说"是弗洛姆的代表性观点。他批评弗洛伊德忽视经济因素对人的个性形成的影响,强调政治、经济、思想等全方位的社会文化因素的作用。弗洛姆指出,人的个性化过程与所处的历史时代有关。比如在中世纪,由于工业和交通不发达,等级界限僵化,人的个性化程度很低,个人对他所属村落、宗族的归属感与他的不自由状况是联系在一起的。随着封建制度的解体和资本主义制度的产生,出现了自由人,个人与其他社会成员的关系松弛了,个性化不断加强。但与此同时,人也失去了对原来村落、宗族的从属依赖关系,丧失了相对稳定的社会经济地位。此时的人发现其他个体都是自己的潜在竞争对手,于是感到时时处处都处于威胁之中。资本主义社会的个人自由是同软弱、孤寂、恐怖、绝望等情绪连在一起的。"人之最根本的需要是克服分离，挣脱其孤独的牢狱。”[①]为了重新回到较为安全的境况，当代人的主要心理动机就是逃出自由。也就是说，宁可少一些自由，而换取相对稳定的人际关系和较有保障的生活。这是一种无意识的变态心理机制，它在整个社会上蔓延，因此资本主义社会是一个病态的社会。

弗洛姆从对人的心理机制分析中寻找改造社会的途径。他认为，人为了应付处身于社会中所产生的孤独感，在性格上逐渐形成五种动力倾向：接受倾向、剥夺倾向、贮藏倾向、交易倾向、生产倾向。前四种倾向都是病态的，只有最后一种是健康的，因为真正的自由必须建立在自发的爱和工作上：“具生产性人格的人对给予的理解却迥然不同。给予即潜能的充分实现。正是在给予中，我领略到我的力量、我的财富、我的能力。”[②]“爱既然是给予，爱的能力必定依赖于个人性格的发展。仅有那些具备完全生产性倾向的人才可能爱。”[③]要改造资本主义社会，应该实行普遍的心理治疗，即发扬人们心理机制中的生产性动力倾向，抑制其他四种不良的心理倾向。通过这种微观革命的方法，重建人们之间互助友爱的兄弟关系，这样就可以在社会中重新获得安全感。

弗洛姆还通过分析社会体制引出心理革命的结论。他说，可以使人们摆脱孤独的社会体制一般有两种：一种是权势主义，另一种是人本主义。权势主义是通过从外部强加于社会的一套极其严格的控制，造成对人的束缚以至奴役状态，使人们与他人保持一致而感觉不到孤独；但这又会造成人的消极感和对社会的敌视态度。人本主义则是通过在社会内部提倡人与人之间的友爱互助精神，建立起人与人之间的分担、分享、合作关系，并进一步建立一个人本主义的社会主义社会。而要实现人本主义的健康社会，离不开人的心理革命。

---

① 弗洛姆：《爱的艺术》，陈维纲等译，第 10 页，四川人民出版社，1986。

② 同上书，第 26 页。

③ 同上书，第 29 页。

四 新弗洛伊德主义对精神分析学说的推进

新弗洛伊德主义对精神分析学说的发展主要有以下三个方面：(1)在人格结构中反对弗洛伊德以本我为中心的倾向，而突出自我的地位，把自我看成具有独立目标和动力的理性系统，也就是强调了意识对无意识的控制和指导作用；(2)否定了弗洛伊德的性恶论，认为人性的本质是善良的，人的向上发展倾向和自尊意识能够对本能欲望进行调理，从而对弗洛伊德的泛性论和本能决定论持批评态度；(3)超越了弗洛伊德只对个体进行精神分析的狭隘眼界，强调了社会文化因素和环境对人格形成、发展的作用，进而提出了改造社会的要求。然而，由于新弗洛伊德主义的理论仍然较多地局限于心理分析的范围，因此它们的社会观带有乌托邦色彩。

第十九章　皮亚杰

瑞士著名心理学家皮亚杰(Jean Piaget，1896—1980)是20世纪最重要的思想家之一。他不仅是日内瓦发生心理学派的创始人，而且是发生认识论的奠基者。皮亚杰1918年毕业于瑞士纳沙戴尔大学，曾工作于瑞士和法国的多个心理实验室，担任过日内瓦国际教育局局长、卢梭学院院长、国际心理学会主席、瑞士驻联合国教科文组织首席代表、国际发生认识论研究中心主任等职务。20世纪20—40年代，他主要研究儿童心理学；从50年代起，他的研究重点转向发生认识论。他的主要著作有：《结构主义》(*Le Structuralisme*，1968)、《儿童心理学》(*The Psychology of the Child*，1969，与英海尔德合作)、《发生认识论原理》(*The Principles of Genetic Epistemology*，1970)、《生物学与认识》(*Biology and Knowledge*，1971)等。从20世纪20年代初到80年代初的60年间，他在生物学、心理学、逻辑学和哲学的广泛领域内对人的心理作了许多综合性研究，积累了大量资料，提出了一系列独到的见解。皮亚杰的理论和研究方法对当代思想界有重要影响，至今仍受到心理学、哲学和教育学等各界的重视。

第一节　认识起源于活动

关于认识的起源问题，长期以来一直存在着经验论和先验论两派之争。在经验论看来，主体是受教于外在事物的，因此认识只能来源于客体。先验论则主张，主体本身就具有内在认知结构，并运用这些结构去规定客体，所以主体才是认识的根本来源。皮亚杰认为，这两种看法表面上对立，实质上都犯了预成论的错误，前者把认识看作由客体预先存在的特性决定的，后者把认识看作由主体预先存在的结构决定的。而实际上，在认识之前，并不存在既有的认识内容和认识形式。“认识既不是起因于一个有自我意识的主体，也不是起因于业已形成的(从主体的角度来看)、会把自己烙印在主体之上的客体；认识起因于主客体之间的相互作用，这种作用发生在主体和客体之间的中途，因而同时既包含着主体又包含着客体，但这是由于主客体之间的完全没有分化，而不是由于不同种类事物之间的相互作用。”①从发生学的观点看，在认识发生之前，并不预先存在各自独立的主体和客体，认识的主体和客体是随着认识的发生而逐步分化出来的。皮亚杰解释说，初生的婴儿就处于类似人类史前时期的主客体混沌未分的“非二分化”状态，他心目中的世界是由变动不居的感觉“动画片”组成的，既没有认识论意义上的主体，也没有认识论意义上的客体，他还没有认知意识。儿童最初的世界完全以自己的身体和动作为中心，皮亚杰称这种状态为“儿童自我中心主义”。“婴儿把每一件事物都与自己的身体关联起来，好像自己的身体就是宇宙的中心一样——但却是一个不能意识其自身的中心。”②除了对自己的动作有所感觉之外，在婴儿的外部世界与自我世界之间不存在任何界限。

皮亚杰进一步指出，在主客体的分化过程中，起决定作用的是活动。婴儿最原始的身体活动，为即将出现的主体与客体提供了唯一一个可能

① 皮亚杰：《发生认识论原理》，王宪钿等译，胡世襄等校，第 21 页，商务印书馆，1981。
② 同上书，第 23 页。

的联结点。一开始，婴儿的每一种活动只能分别孤立地把他的身体与外界相联系，以后各种活动逐渐协调，并出现了表象、语言等信号性功能。当儿童的各种身体活动能够协调成为一个整体时，他开始意识到自身是各种活动的来源，主体概念因而产生。另一方面，当儿童对相应于主体活动而产生的各种外界变化发生自觉注意时，客体概念也就逐渐形成。人类的认识就是这样以人的机体结构为依托、以活动为契机而从无到有地产生的。

皮亚杰的活动理论在认识起源问题上独树一帜，不仅尖锐批评了经验主义和先验主义的预成论观点，把认识看成一个动态的、发生的过程，而且通过强调活动的作用深化了对认识起源和认识本质的理解。“要知道一个客体，就得动之以手”；“认识就是转变实在，从而理解某一状态是如何产生的”。应该说，皮亚杰关于认识起源于活动的思想，与马克思主义关于认识起源于实践的思想，在基本出发点上是一致的。也就是说，他的活动概念所具有的对象性、物质性和结构层次性，不仅是对唯心主义预成论的批判，而且强调了人在认识中的能动作用。然而与实践概念相比，活动概念的含义毕竟过于宽泛，它还包括了人的生命活动、心理活动等；而实践概念最集中地体现了人类文明进化和认识发展的特征，正是实践构成了活动范畴最本质的内容。

第二节　逻辑经验与物理经验

基于活动理论，皮亚杰在对认识作进一步考察的过程中，提出了逻辑经验与物理经验的区分问题。按照传统经验论的看法，人首先通过眼、耳、鼻、舌、身等感觉器官获得感性经验，然后再对感性经验进行抽象，将它上升为逻辑经验，这也就是我们常说的从感性认识向理性认识的飞跃。但是，感性与理性是有着质的区别的，感性经验材料的积累叠加，仍然是感性材料，就如同我们将一个声音听一千遍，将一种颜色看一万遍，它们仍然是声音和颜色，而不能变成某种逻辑关系概念。感官提供给我们的零散感知觉与抽象的范畴概念这两类不同质的事物如何相互融通,从感性认识到理性认识的飞跃过程如何实现,还需要进一步的证据。

康德在休谟的启发下看到的正是这个问题,经验论之所以达不到因果性范畴这样的理论思维层次,是因为个别的经验与普遍的科学知识属于异质事物,异质事物之间的互通互变,其实还只是一个假设,是一个悬疑的、有待探讨的问题。康德为解决这一认识论难题,对人的认知能力进行了考察和论证。他论证中的一个重要步骤,就是把先验逻辑与一般逻辑相区别。一般逻辑只是根据一定的思想律从已有的知识推出蕴含其中的其他知识;先验逻辑所具有的是一种构成功能,它运用范畴的综合统一性构成对象的表象,这种功能具有超越一般逻辑的"先天朝向客体"的特征,即综合统一的主动性。如果说一般逻辑处理的是概念与其属下的个别事物表象的关系,那么先验逻辑处理的就是统一性功能与综合活动的关系。简而言之,一般逻辑讲的是概念统摄表象,先验逻辑讲的是功能统摄活动。应该说,这种功能的观点已经内含着某种发生学的潜在因素。

皮亚杰在康德认识论的基础上,把逻辑的区分推进到经验的区分,即把人的经验区分为源于外物的感觉经验和源于操作的逻辑经验,从而使思维起源和认知机制问题都获得了新的理解。他说,"一切认识在初级水平都是从经验开始,但是从一开始我们就能区别出从客体作出抽象的物理经验,和从主体活动间的协调作出反身抽象的逻辑数学经验"①。这两种经验分别来自客体和主体,前者是我们通过感官获得的有关客体性质的物理经验,后者是我们通过活动获得的对于主客体关系的逻辑经验。实际上,皮亚杰是从经验的起源中分解出感性的因素和逻辑的因素,并运用一套"临床描述技术"阐述了这一新的研究成果。

根据皮亚杰的理论,人之初只是一个主客体还未分化的生命体,他

① 皮亚杰:《发生认识论原理》,王宪钿等译,胡世襄等校,第74页,商务印书馆,1981。

所具有的只是潜在的认识能力和生命的活动。人最初的活动在认识论的意义上就是通过遗传得到的动作图式，如抓握、吮吸，以及探究性反射，这些动作是人体的一些外部“操作”，是人的生命体自发的、主动的活动。人通过这些活动与外界建立起最初的联系，并通过活动的分化使自身与外界的联系逐渐复杂起来。皮亚杰是这样描述儿童的认知产生过程的：“感知-运动图式的一系列的同化作用最后发展成为一种动作的逻辑，包括各种关系和对应（即函数）的建立以及图式的分类（指相对于逻辑的分类而言）；简言之，发展成为先后有次序的和彼此集合的结构，组成日后思维运算的基础。”①逻辑的最初萌芽是在动作中，动作在分化发展中建立起某种对应关系和次序，这些外部操作的变化会引起人身体内部的变化，动作的次序内化到人的头脑中，引发了大脑内部的操作，这便是思维形成的过程。思维就是活动的内化。皮亚杰在这里用的“操作（operation）”②一词，不同于生命体在外界刺激下的反应性动作，也就是说，不同于感官被动的感受活动，这一专门的用法强调的是生命体主动实施的活动。

当我们从内部和外部两个方面来理解皮亚杰的“操作”概念时，会更清楚地看到“操作”区别于感性经验的特点：无论外部操作还是内部操作，都是对各种关系的把握，而不是感知觉本身。“形式运演的主要特征是它们有能力处理假设而不只是单纯地处理客体……但是这个特点还牵涉到另一个同等重要的特点。儿童提出的假设并不是客体，而是命题，假设的内容则是类、关系等等的能够直接予以证实的命题内运演”③。皮亚杰把处理类、关系的假设（命题）视为一级运演；如果处理的内容是命题之间的关系，也就是对运演进行的运演，那就是二级运演；还有第三

---

① 皮亚杰、英海尔德：《儿童心理学》，吴福元译，第12页，商务印书馆，1980。

② 根据《韦伯斯特学术词典》（*Webster's New Collegiate Dictionary*）的解释，“操作（operation）”一词的基本含义第一项就是：“一项实际工作任务的执行，或是某事的实施，而此事必须包含对于一些原则和程序的实际应用。”斯普林格菲尔德，梅廉出版公司，1977。

③ 皮亚杰：《发生认识论原理》，王宪钿等译，胡世襄等校，第52页，商务印书馆，1981。

级运演,即在命题组合系统的水平上,由反命题、互反命题、关联性命题所构成的交换群中发生的相互转化。这里所说的形式运演即逻辑操作不是针对客体,而是针对关系的。皮亚杰认为,逻辑经验的起源并不是感知觉,而是“操作”。人的外部动作操作内化为人的心理操作,就产生了把握各种关系的逻辑的“格”,这就是思维的开端。所以,与人的思维的产生直接相关的不是感性经验,而是逻辑经验。这是一类全新的经验,当人主动地去作用于外界事物时,他对自己的活动有所反思,并从中提取出自身活动与事物关系的经验。这种体现了人类主观能动性的逻辑经验,才是思维的真正起源。

发生认识论告诉我们的是,没有主体作用于客体的活动,仅靠被动的感性直观,是不可能产生思维的。皮亚杰用大量观察实例说明了思维的“格”直接来源于活动而不是来源于感性经验。他的研究没有停留在康德的共时性平面上,而是深入到历时性立体空间中,将人的抽象思维能力的形成同具有实践品格的操作相联系,从而对人的认识作了现实的、历史的考察。这一实践研究突破了对认识逻辑结构横剖面的静态解析,开拓了动态的纵向历史发生学的新视角。但皮亚杰的研究毕竟没有超出个体心理的范围,他只是以个体为样本来探索思维的形成过程。虽然他也提到社会化在个体心理发展过程中的作用,但他强调的还是认识逻辑结构的个体发生机制。个体心理学的研究视域限制了发生认识论的理论意义,这也是皮亚杰的观点和学派基本上局限于心理学领域而未能在哲学上有更大影响的一个原因。

总而言之,思维的本质是构造功能,而不是反映功能;思维的构造功能不是先天就有的,而是后天逐步形成的。基于对思维本质的深刻认识,认识论的基本立足点必须从被动直观的反映论变为主动创造的建构论。

第三节　认识是主客体的双重建构过程

“新结构——新结构的连续加工制成是在其发生过程和历史过程中被揭示出来的——既不是预先形成于可能性的理念王国之中，也不是预先形成于客体之中，又不是预先形成于主体之中。这似乎表明，新结构的历史-心理发生上的建构是真正组成性的，不能归结为一组初始条件的状态。”①

皮亚杰认为，在认识过程中，当个体受到外部刺激时，他所反映的不是引起刺激的外物，而是受到刺激的主体自身的认识结构。也就是说，一切客体都要通过主体的内在结构才能被认识，人本身就是高度适应环境的被内在结构化了的生物机体，人的智慧本质上是一种认识结构。那么，认识结构是从哪里来的呢？他说，人的认识结构是物质性的机体结构在演化过程中自然发展的结果。但是，认识结构与机体结构有着本质的区别，机体结构是通过遗传和本能系统发展而来的，而认识结构作为一种机能是个体与其周围世界相互作用的结果。因此，皮亚杰在研究认识结构时，一直坚持把个体与环境的相互作用作为他进行分析的出发点。

皮亚杰指出，认识结构的起点和核心是“图式(scheme)”，它最初指动作的结构和组织。动作在同样或类似的环境中由于重复而引起迁移或概括，形成动态的可变结构。原始的图式是婴儿通过遗传获得的吮吸、抓握等动作，以后在活动中，遗传性图式又逐渐分化为多种动作图式并建立新的图式，直至出现复杂的思维运算图式即逻辑结构。认识结构的这种演进是在同化和顺应的过程中实现的。同化是把客观外界给予的东西整合到自己已有的心理结构图式之中，就像胃肠吸收营养一样，是对经验材料的过滤和筛选。由于同化作用，主体才能对刺激作出反

① 皮亚杰:《发生认识论原理》，王宪钿等译，胡世襄等校，第104页，商务印书馆，1981。

应。但是同化是相对保守的,它只与不变或变化不大的环境相适应,只能从量上丰富图式,不能从质上改变图式。顺应指主体为了适应现实而对自己内部图式作出改变。当环境的变化使得主体图式已不能同化客体时,经过主体的自我调节就会导致图式的质的改变,即调整原有图式或创立新图式去反映环境的新特点,去同化新事物。可见顺应是主体自身的一种革新。顺应与同化是两个既互相对立又互相补充的过程,它们反映了不断成熟的内部组织与外部环境相互作用之间不断发展的平衡关系。在活动的基础上,原始图式开始了最初的同化和顺应过程。每遇到新事物,原有的图式总是力图去同化它。如果成功,原有图式便得到巩固与加强,认识达到平衡;如果失败,便作出顺应,调整和创造新的图式去适应现实,直至达到认识上新的平衡。这种不断发展着的平衡,就是认识结构的发生、发展过程。可见,人类所特有的认识结构不是先天遗传的,而是后天建构起来的,认识的本质就是建构。

这种建构过程不仅指主体内部认知结构的建立,还包括主体运用内部结构对认识客体的建构。皮亚杰说,这是一个认识主体和认识客体的双重建构过程。它从主体的活动这一身体和外界事物的接触点开始,循着外部和内部两个方向发展。也就是说,认识的建构过程包括内化与外化两方面,二者是同时进行的。内化指主体的外部动作活动向内部协调的方向发展,最终形成大脑的思维结构;外化指主体已经形成的内部图式向外部协调的方向发展,最终以一定的图式结构去同化客体,从而在认识中建立客体的结构。

皮亚杰还特别指出,既然认识是一个主客体的双向建构过程,那么它就必然带有创新的性质。他举了人造卫星发射这样的高级技术创新活动来说明这个观点:“很明显,将这样一种组合说成是预先确定了的是没有多大意义的。在谈到探索这种组合的念头的出现时,我们发现,虽然这种探索念头的出现,标志着一系列早先设计的终结,然而实现出来的组合则是产生于早先设计所未能包括的一些选择和协调的。因此,就下述意义来讲,这个组合是一个新的东西:因为它是一个或多个主体智力的产物，同时，它又向我们提供一些客体，这些客体我们在进行积极探索、并建立特定的相互联系之前是既不知道甚至也猜想不到的。”[①]在科学创新这样的典型认识建构过程中，主体通过不断地选择和协调产生新的结构，客体也在与主体的联系中不断翻新。科学知识、科学体系都是不断构成的结果，在认识、理解的过程中总是包含有一定程度的发明，总有一些新的结构形成，而这些新的结构以前既不存在于外在世界，也不存在于主体心灵之中。原来不存在的认识结构和认识客体不断地形成，新东西层出不穷，人的知识才能不断丰富和拓展。皮亚杰的建构论思想是对现代哲学认识论的重要贡献，也是对马克思主义能动反映论的丰富和补充。

第四节　认识发展的阶段性及其制约因素

皮亚杰根据对儿童思维产生过程的大量观察，把认识的发展划分为四个具有质的差异的阶段：感知运动阶段（幼儿期）；前运算阶段（童年期）；具体运算阶段（少年期）；形式运算阶段（青年前期）。（1）感知运动阶段。主要指语言以前的时期，儿童通过感觉动作图式和外界取得平衡，并开始对感知觉和动作进行协调。这个阶段只有动作活动，还没有表象、思维和语言。感知运动阶段又细分为以下六个时期：本能的反射练习期、动作习惯和知觉形成期、有目的动作形成期、手段与目的协调期、感觉动作智慧期、智慧的综合期。在后三个时期，婴儿已有了智慧的萌芽，开始从动作中体验到物体的永存性和物体运动间的关系，并能利用推想，有效地掌握某些联合动作。（2）前运算阶段。主要特征是语言的出现、思维的表象性和直觉性。在这一阶段，各种感知运动图式开始内化，成为表象或形象图式，儿童常进行模仿成人活动的象征性游戏。这个阶段儿童的“自我中心思想”比较突出，他们不会协调自己和别人的

① 皮亚杰：《发生认识论原理》，王宪钿等译，胡世襄等校，第97—98页，商务印书馆，1981。

观点，还没有形成守恒概念和类概念，对量的判断也缺乏系统的传递性。(3)具体运算阶段。运算是皮亚杰从逻辑学中引进的概念，它在思维水平上进行，但又保留了实物动作的原有特征；可以说，运算是内化了的、可逆的、协调成为系统的动作。具体运算阶段的主要特征是守恒性和群集运算。守恒性表现为内化的和可逆的动作，可逆指运算能从一个步骤到另一个步骤并能返回到出发点，即能够在思维中逆转事件的时间顺序，然后根据假设和推想再回到原来的起点。所谓群集运算，指的是直觉思维中动作图式的组合、递转等等。这一阶段的思维可以不再依附于个别客体的特殊状态，而通过群集的各种变化在头脑中进行迂回，使同化和顺应达到灵活的平衡。通过群集运算，出现了分类、序列、关系、传递、数量、空间、时间和速度等一系列逻辑概念。但这一阶段的逻辑运算还离不开具体事物的支持，而且是零散的、孤立的，还没有形成完整的组合系统，所以只能算初步的逻辑思维。(4)形式运算阶段。所谓形式运算，指的是运算形式可以从内容中独立出来，这种命题运算已经达到抽象的逻辑思维，是成熟的思维形式。这个阶段的思维可以离开具体事物，通过假设、推理解答问题。比如，通过形式运算可以解决组合、包含、比例、排除、概率、因素分析等逻辑课题。人的认识到达这一阶段，已经开始具备科学创见和理论创新的能力。

人的认识为什么会呈现出由低到高的发展阶段性？每一阶段的特点又是受哪些条件的制约呢？皮亚杰提出了制约认识发展的四个基本因素。

第一个基本因素是成熟。指机体的成长，特别是神经系统和内分泌系统的成熟。儿童某些行为模式的出现有赖于一定的躯体结构和神经通路所发生的机能。比如，婴儿成长到四个半月才会出现视觉和抓握反射的协调。成熟是发展的必要条件，但不是一个充足条件，必须通过机能的练习和习得的经验，才能增强成熟的作用。

第二个基本因素是物理环境。当个体对物体作出动作时，练习和习得的物理经验和逻辑数理经验会发生作用。物理经验指个体通过作用于物体而抽象出物体的特性，如大小和轻重。逻辑数理经验则指个体通过作用于物体而理解动作间的协调结果。例如，儿童从玩石子的经验中发现，石子的总和与它们的空间排列位置、距离、计数的先后次序都无关系。这就说明，逻辑数理知识不存在于物体本身之中，而是由主体作用于客体的动作所引起的。

第三个基本因素是社会经验。社会性的相互作用和社会传递，包括社会生活、文化教育、语言等等，都属于社会经验。皮亚杰强调的是个体的认识结构，因此社会经验同样是必要条件，而不是唯一的决定因素。他认为，环境和教育只能促进或延缓儿童心理的发展，如果儿童缺乏主动的同化活动，这种社会化作用仍将无效。

第四个基本因素是平衡。皮亚杰认为，各种认识结构的形成都要经过自我调节的平衡作用，所以平衡是心理发展中最重要的因素。这一因素不同于机械学中力的简单平衡，也不同于热力学中熵的增加，而是具有自我调节意义的一种内部机制。自我调节作为生命体的基本特征，也是认识结构发展的内在动力。它协调着成熟、练习和习得经验、社会经验这三种基本因素，保持着认知结构不断发展的动态平衡。

皮亚杰对认识发展阶段的划分和对制约认识发展的基本因素的分析，是他建构论思想的进一步发挥，也是从心理学上对建构论提出的具体论证。但是皮亚杰过分强调认识发生的生物因素，而忽视了对人类整体社会实践的研究。实际上，人从出生时起就生活在社会环境中，正是这种社会条件保证了认识的“个体发生”在极短时间内就走完了人类“系统发生”所经历的漫长历史过程。因此从本质上说，儿童的认知结构只是人类逻辑概念历史形成的再现，这种再现是儿童生活于其中的社会环境作用的结果。脱离具体的社会条件，要完全揭示认识发生的机制是不可能的。

第五节　发生学的方法论意义

任何一种哲学学说，其留给后人最有价值的东西，都会包括它在方法论上的启示。在皮亚杰看来,“所有科学,包括高度发展了的科学,都是以处于不断发展之中为其特征的。……因此,很清楚,认识论的分析必然迟早会获得一种历史的或历史批判的高度和广度”①。也就是说,对认识论的研究不应该只停留在历史发展的一个横断面上,只对认识的完成形态和已经取得的认识成果进行静态研究,而应该追溯认识的历史,以动态的、发展的眼光去研究。他特别指出,科学史是对科学作哲学理解的不可缺少的工具。然而关于史前思想史的资料几乎是完全缺乏的,所以我们的唯一出路就是通过研究儿童心理的个体发生,来弥补对人类认识起源的资料不足。儿童思维的心理形成,与人类认识及科学的历史发展具有某种重演关系,就像生物学中胚胎发生学与种族发生学的重演关系一样。这是皮亚杰发生认识论的基本假设,也是他把认识论研究同儿童心理学结合起来的依据。

皮亚杰通过他的类比性研究,不但深化了认识论理论,而且开拓了一种极有生命力的新方法——发生学方法。发生学方法之所以富有现代气息,本质上在于它是一种客观的、发展的、历史的方法。尽管皮亚杰所追求的是从心理上对认识机制作出说明,但他始终把认识看作“自己构成自己”的客观过程,是由低到高发展而来的历史地形成的东西,这种自觉的注意使他研究的每一步都具有发生学的性质。的确,我们要把握主体与客体、认识与实践关系的复杂的现代形态,要弄清认识结构中各种现存因素的横向联系,就必须追本溯源,分析这些形态和因素的形成过程及其历史顺序。这种历史的考察不仅可以使我们找出认识的“原始方程式”,而且可以揭示认识发展的逻辑一贯性,进而抓住预示未来的征兆,以便科学地预测未来。

国际发生认识论中心一年一度的学术讨论会,以及定期刊物《发生认识论研究》(*Studies on Genetic Epistemology*)的发行,使皮亚杰的发生认识论学说在心理学、哲学、教育学领域产生了广泛而深刻的影响。

① 皮亚杰:《发生认识论原理》,王宪钿等译,胡世襄等校,第 13 页,商务印书馆,1981。

特别是皮亚杰的发生学结构主义观点，在现代西方哲学中独占一席之地，与列维-斯特劳斯的人类学结构主义和乔姆斯基的语言学结构主义并驾齐驱。20 世纪 60 年代，西方世界特别是法语国家，曾在发生认识论的引导下进行了中小学教育制度的改革。70 年代，皮亚杰的理论虽然遭到英美传统哲学界的明显冷遇，却受到美国物理学家和科学哲学家的欢迎。80 年代以来，中国哲学界加入了对发生认识论的研究探讨，在批评其片面性的同时，对其在认识论、方法论上的贡献给予了充分肯定。总之，发生认识论在当代心理学-哲学思潮中已成为引人注目的一支。

附　录　马斯洛的科学人本主义

当代著名心理学家马斯洛(Abraham Harold Maslow,1908—1970),出生于美国纽约州的布鲁克林,父母都是早年移居美国的犹太侨民。1934 年获威斯康星大学哲学博士,1937 年执教于布鲁克林学院,1951—1969 年任布兰迪大学心理系主任,1967—1970 年担任美国心理学学会主席。马斯洛对以往各派心理学说进行了深入的思考和提炼,以研究健康人格为核心,创立了一个新的人本主义心理学派——存在心理学。他不仅研究了大量当代和历史上优秀人物的个案,而且十分重视从现实生活中对人类文化发展史进行实地考察,还将整体论、动力论、社会文化因素等融入自己的视野。正是在这样的基础上,他的理论超出了传统心理学范围,成为一种论述人性和人的价值的哲学学说——科学人本主义。马斯洛的主要著作有:《动机与人格》(*Motivation and Personality*, 1954)、《存在心理学探索》(*Toward on a Psychology of Being*, 1962)、《科学心理学》(*The Psychology of Science*, 1966)、《人性能达的境界》(*Farther Reaches of Human Nature*, 1971)等。

第一节　新科学观与新人性观

马斯洛的哲学思考,是从对传统科学观与人性观的批判反思开始的。他指出，旧科学观是在近代自然科学的基础上形成的。当自然科学理论处于原子论、分类说、静态论、线性因果论和简单机械论的水平时，在科学观上必然以强调各门科学自身的独立运转，以及研究手段、研究对象的"纯客观化"为特征，好像目的、价值、人格等主体因素会玷污科学的神圣。因此，主体与客体的分裂、科学与人性的分离是旧科学观的显著特征。20 世纪以来，自然科学进入了新的发展时期，它所取得的巨大成就呼唤着新科学观的诞生，即把对客观因素的研究同对主观因素的研究结合起来，把对外部对象的研究同对人固有本性的研究结合起来，在科学探索的过程中融入人的价值目标。马斯洛满怀激情地表述了他对于新科学观的理解："科学是人类的创造，而不是自主的、非人类的，或者具有自身固有规律的纯粹的'事物'。科学产生于人类的动机，它的目标是人类的目标。科学是由人类创造、更新以及发展的。它的规律、结构以及表达，不仅取决于它所发现的现实的性质，而且还取决于完成这些发现的人类本性的性质。"①

马斯洛进一步提出了新科学观的特征："这里所要阐述的一般观点是整体论的而不是原子论的，是功能型的而不是分类型的，是能动的而不是静态的，是动力学的而不是因果式的，是目的论的而不是简单机械论的。"②总之，是一种"整体动力学的观点"。这些新科学观的特征，可以归纳为以下三点：整体关联性、有机功能性、"症候群"性。

针对旧科学观不把对象置于孤立、分割状态就不能进行研究的问题，马斯洛提出了整体关联性。他说，宇宙也好，社会也好，甚至每一个人，都是一个整体，都有着内在的联系；世界上的任何一个部分都同其他部分有着某种关系，即使是以极其微妙、极其遥远的方式关联着。然而，在生物学、物理学、化学等各门自然科学的研究中，由于特定观察角度的局限，这种世界的内在联系性被割断了。因此，原子论、机械论一类的旧

① 马斯洛：《动机与人格》，许金声、程朝翔译，第 1 页，华夏出版社，1987。

② 同上书，第 363 页。

科学理论都带有封闭性,并不是科学的真正面貌。科学发展的事实告诉我们,只有把握了对象的整体特征、全部结构和所有的相互关系,并把各个细节都作为整体的一部分去进行分析,才能得出科学的结论。他举例说,用许多原料烹调出一盘风味炖肉,就包含了整体内在关联性的效应,风味弥漫在整盘炖肉中,它不同于任何一种单独的原料,也不是各种原料的简单相加。

有机功能性针对的是僵死、静态的研究方法,它要求在事物的发展过程中考察事物,要求去把握活的、动态的对象。比如对胃这个人体器官的研究,是把它取出来放在解剖台上作孤立、静止的研究,还是让它仍然留在活的人体中,在有生命功能的状态下研究,是完全不同的。马斯洛称前者为还原分析法,称后者为整体分析法,即把作为研究对象的局部放到丰富的联系和生动的运动之中,研究它在整个有机体的组织和动力学中所起的作用。

针对旧因果观如同弹子球一个击中一个的传导式特征,马斯洛提出了关于事物之间复杂关系的"症候群"之说:"弹子球现在不是被另外一只球击中,而是被另外十只球同时击中"①。世界内部的相互联系十分错综复杂,因此仅仅对线性因果观作算术式的复杂化延伸是不够的,应该提出一种以更为精密的计算为依托的复合因果律。任何一个简单的现象都可能处于多种复杂的关系之中:部分与部分的关系,一部分与其他部分组合体的关系,部分与整体的关系,部分或整体与外界环境的关系……当心理学研究人格时,经常会遇到人格与它的形成条件、刺激物及与它的表现、效果之间相互缠绕的变动关系,因果不分或倒果为因的情况屡有出现,这说明以强调必然性、作用力为主旨的因果性概念已不适应说明有机体那种主动的、目的性的、可以同刺激物建立起复杂互动关系的功能。马斯洛借用"症候群"这一医学术语,就是为了说明复合因果性是多种因素的有机组合体,其特征如下:(1)共时性(所有因素均与

① 马斯洛:《动机与人格》,许金声、程朝翔译,第364页,华夏出版社,1987。

此事有关,同时共在一个整体中);(2)结构性(具有层次、序列);(3)相互依赖性(内部因素之间的作用与反作用);(4)有机性(变化发展);(5)功能性(整体反应)。

马斯洛在厘清科学观的同时,对人性观也作了清理。他指出,研究人性决不能离开科学的轨道。以往的人本主义理论总是企图远离实证科学,以抽象地议论人的形而上学本质为己任,因此除了研究主观的意志、想象,就是研究本能的冲动、欲望,至今未对"人性"作出正确的解释。在现代自然科学和心理学取得巨大进步的鼓舞下,马斯洛批判了这种"只看到自己肚脐眼"的唯我论,提出应该以实验科学对人的研究为基础,重建科学的人性观,即以科学为立脚点,建立从人的本性中派生出的价值体系。比如他说,为了使科学能以积极的方式帮助人的实现,有必要扩大和加深对科学本性、科学目的和科学方法的看法。他还认为,一个科学的人本主义体系,必须包括内部观察和心理治疗等依据经验的技术,才能科学地和客观地研究人的内部天性。

一方面要求人学以科学为立足点,另一方面又要求科学内部保有人性,这实际上是一条科学与人学"联姻"的新思路。正是以这样一种新科学观和新人性观为基础,在"新的人本主义的时代精神"①的感召下,马斯洛踏上了探索人性之路。

第二节 以"似本能"为突破口

关于人的本性问题,自古以来就有两种截然不同的看法。在东方文化中,"人之初,性本善"的说法鲜明地昭示着性善论的主导地位,因此,一切恶都只能是社会教化的责任。而西方文化却普遍相信,人的本性"是一种恶的动物性,我们大多数的原始冲动是邪恶的,贪婪的,自私的,敌意的"②。这种人性观差异的一个重要原因在于,前者倾向于把人性看

---

① 马斯洛:《动机与人格》,许金声、程朝翔译,第 13 页,华夏出版社,1987。
② 同上书,第 95 页。

作形而上的东西,而后者则把人性视为形而下的本能。不同的观察角度导致了人性被分裂为不同学科的研究对象。生物学家、生理学家对人性的关注,是自然科学意义上人的动物本能,人所独有的精神现象被当作后天习得的非本能排除在科学的视野之外;玄学家、道学家所感兴趣的,则是人学意义上的理性,他们对与人的本能密切相关的欲求是不屑一顾的。这种彼此隔绝的研究思路把人的本能和理性看成相互对立的两极,却从来没有想到人的精神活动也可以是科学研究的课题,而人的某些本能行为同样也是人学应该关注的对象。

马斯洛提出,为什么不能把本能和理性看成合作而非敌对的呢?他以现代动机理论作为二者同一性的基础,认为人一切生存行为的真正动机都出自人的内在生理需要和心理需要,这是人生最根本的内驱力。既然人之为人的本性是由需要驱动的,那么它在最初的意义上就无所谓善恶,而只能是中性的。在其后的发展中,人性是不断趋向于更加健康、更加完美的一个动态系统,它的总体趋势应该是向善的。因此,必须"对文化和生物两种因素都有恰当的尊重"①,只有把遗传决定论和环境决定论统一起来,才能找到人性研究与实证科学之间的契合点。

从动机理论出发,马斯洛进一步发现,满足需要的冲动是在一个强度有差异的层级序列里能动地互相联系着的。既然我们可以把本能和理性看成同一个完整人性序列中的不同层级,那么从本能到理性之间就应该有一些逐渐过渡的环节。早期本能论者的一个错误在于,他们把那些只在人身上有而动物身上没有的冲动,当成非本能轻易忽略了,而这正是马斯洛所抓住的东西。他说:"当我们在种系阶梯中上升时,我们**可能**会逐渐发现新的(更高级的)欲望,发现另一种本能,它在本质上是似本能的,即在强弱程度上由机体结构和作用所决定的。"②

马斯洛提出的"似本能"是人性研究的突破口。之所以在称呼上把

① 马斯洛:《动机与人格》,许金声、程朝翔译,第 94 页,华夏出版社,1987。
② 同上书,第 105 页。

它与本能相关联，是因为它同样是人生的基本需要，是维持人之为人的正常生命不可或缺的因素；之所以又不把它与本能同等对待，是因为这种需要毕竟是人才具有的。本能需要完全靠先天遗传决定，它所引发的工具行为、它的能力表现、它的满足方式都是动物性的；似本能是由专属于人的生物机体结构和人的活动决定的更高级的基本需要，比如对信息、对理解、对美的需要，对科学、哲学、宗教、艺术的需要等。似本能"类似于本能"的特征表现为：它既有生物学上的基因基础，又有文化上的发展。我们把似本能看作人性结构中的固有成分，是因为它的确不同于那些在社会生活中后天习得的价值观念和行为规范。"我们学会一日三餐，学会道谢，学会使用叉匙、桌椅，我们穿着衣服、鞋子，夜晚睡在床上，说英语。我们吃牛肉、羊肉，而不吃狗肉、猫肉，我们保持清洁，为等级竞争，对金钱朝思暮想。然而，这一切强大的习惯在受到挫折时可以没有痛苦，甚至间或还有积极的结果。在某些情况下，例如在泛舟或野营时，我们通过轻舒一口气抛开这一切，承认它们的非本质性质。但对于爱、安全或尊重，却**决不可能**如此。"①似本能是人的精神生存的基本需要，我们对它的依赖，就如同人体的物质生存对维生素的依赖一样。失去这些基本需要的满足，人就会从内心深处生病，人的灵魂乃至肉体就会死去。因此，似本能作为人区别于动物的精神生活需要，也是人性的一个规定性特征，它构成了人的真实存在的本质部分，没有它，人性就不完全、不丰满。

第三节　需要层次论

马斯洛以似本能为契合点，把人的精神活动纳入研究本能需要的实证科学轨道，使人性这个抽象的形而上学对象成为也可以用科学手段直接把握的东西。具体来说，他把人性描述为一个由低级到高级的需要层

---

① 马斯洛：《动机与人格》，许金声、程朝翔译，第107页，华夏出版社，1987。

次系统。在这个系统中，人的需要被分为两大类：一类是由缺失性动机引起的生存的基本需要，一类是由成长性动机引起的发展的高级需要。前一类需要产生于有机体与外界不断发生的物质交换过程中，这些缺失必须由外部填充，以缓解紧张并恢复平衡，使有机体的生命能够维持下去。后一类需要是在缺失性需要得到满足之后，有机体为了长远的和通常不能最终达到的目标而保持的紧张，它只存在于天资、智能、创造倾向、体质潜能的形态中，它的满足会导致积极的发展。①

马斯洛认为，在基本需要的序列中，最低层次也是最优先的是生理性需要。人首先要饮食、呼吸、睡眠、繁衍，以维持个体生命和种系的延续。在这些需要未能得到满足之前，其他一切需要都谈不上。可以想象，一个饥肠辘辘的人，他的肉体和意识都被饥饿感紧紧攫住，此时此刻，他的认知目的乃至情感对象只能是食物，而不会是汽车、别墅，或是写小说、下象棋、谈恋爱。当生理需要得到充分满足以后，其他更高层次的需要就会出现，并继而主宰人的机体。这些需要依次是：安全的需要，归属和爱的需要，尊重与被尊重的需要，自我实现的需要，等等。举例来说，某甲在一个危险的丛林中靠偶然发现的食物与水维持生存；某乙生活在相似的环境中，但多了一支枪和一个可以栖身的山洞；某丙除了以上条件外，还有几个人共处，其中有他最亲爱的朋友；某丁拥有上述所有条件，此外还是小团体中受人尊重的角色。显而易见，这些人的需要满足状况是依次递进的：某甲只是维持了生理需要，某乙的安全需要得到满足，某丙的归属与爱的需要得到满足，某丁的自尊需要得到满足，等等。随着需要层次的不断提高和满足，人的心理健康程度也在不断增加。

高级需要超越于一般生存动机之上，涉及的是人们如何生存得更好的问题，因此它是与人的成长和发展有关的高级需要，其实质是人的生活意义问题。马斯洛从四个方面进一步研究了人的高级需要。首先，高

① 参见马斯洛《存在心理学探索》，李文湉译，林方校，第19—23页，云南人民出版社，1987。

级需要在种系进化中出现较迟。低等动物都有进食的需要，高等动物如猿有了爱的需要，而唯有人才有创造的需要。从个体发育过程来看，高级需要的出现也是较迟的，即使像莫扎特这样的天才，刚出世时也是先有吃喝、排泄的需要，而后才有发挥自己音乐天赋的需要。正因为高级需要出现较迟，它对维持纯粹生存的迫切性就降低了，因而也更容易消失。其次，高级需要更难以满足，并要求更多的前提条件。低级需要往往带有比较明显的躯体感，所以它的满足更可感知、更可观察，因而也更有限度，比如有限的食物就能平息人的饥饿感。而高级需要如爱、认识、创造的满足几乎是无限的。越是高级需要，越要求"涉及更多的人，需要有更大的舞台，更长的过程，更多的手段和分段的目标，以及更多的从属步骤和预备步骤"①。再次，高级需要的追求与满足具有有益于公众和社会的效果。越是追求高级需要，就越要涉及他人的满足，因此就越少自私，与他人及社会需要的融合趋势就越强。那些基本需要已得到足够的满足继而寻求友爱和尊重的人，会更倾向于发展诸如忠诚、友爱以及公民意识等品质。最后，追求高级需要对个人意味着更大的生物效能和更接近自我实现。生活在高级需要水平上的人，身心更健康，主观上怀有更深刻的宁静感、丰富感、幸福感，追求的是更高的价值，因此他们的个性更真实、更坚强、更伟大，有着更充分的发展前景。

高级需要的特点突出地表明了人超越于动物界的那些专属于人的本性，即人的精神性需要。马斯洛把人的高级需要归结为 14 种存在价值：完善、完整、完成、正义、活跃、丰富、单纯、美、善、独特、轻松、乐观、真实、自我满足。这些存在价值既接近于可以用普通经验形式测量、描绘、检验的实验科学"操作定义"，又表现了马斯洛对人性的哲学理解，他认为这是人性所能达到的最高境界，是人类本质的理想存在状态。

---

① 马斯洛：《动机与人格》，许金声、程朝翔译，第 115 页，华夏出版社，1987。

第四节　高峰体验说

马斯洛认为,人性达到最高的完美境界时,就能体现出人生的本体意义。这种时刻,人处在最高的存在状态——本体存在状态。人在本体存在状态中可以获得区别于一般认知过程的不同寻常的认知体验——存在性认知,这是一种触及认识终极目的的神秘体验。它不必借助一般的认识手段和工具,而是通过主体内在本质的实现达到对宇宙、人生的顿悟,因此是认识论与本体论相互通融的美妙时刻,马斯洛称之为高峰体验。高峰体验产生于个体的高级需要达到满足的瞬间,比如创作、审美、爱情、成就、发明、洞察等等,都会带来高峰体验。此时,人会觉得自己已经与世界紧紧融为一体,"摆脱了一切怀疑、恐惧、压抑、紧张和怯懦","感到自己窥见了终极的真理、事物的本质和生活的奥秘,仿佛遮掩知识的帷幕一下子给拉开了","像突然步入了天堂,实现了奇迹,达到了尽善尽美"。[①] 在这一瞬间,人的个性特色得到了充分展示,最能真实地接近自我的本质;同时又处于最忘我的境界,能够体验到个体融于自然的永恒性。高峰体验的特点可以概括为以下四个方面:

第一,高峰体验是健康的。过去人们往往把有关这类体验的报告归结为宗教迷信和病态心理,不承认它们有任何科学研究价值。马斯洛指出,高峰体验完全是健康人的正常感受,它们属于人的知识范围,并不是什么不可思议的秘密;它们存在于这个世界之中,而不是超乎世界之上;它们并非神父们宣传的神迹,而是全人类共同的感受。科学家发明创造、诗人偶得佳句、守门员救出险球、母亲产下婴儿、青年人陶醉于艺术,此时此刻,他们活力勃发、个性鲜明的心理状态,都充满了积极而健康的特征。

第二,高峰体验是自然产生的。这种体验并非来自幻想,也不是高

---

① 马斯洛:《谈谈高峰体验》,载于林方主编《人的潜能和价值》,第 366—367 页,华夏出版社,1987(以下所引此书均为此版本)。

深莫测的东西；它既不专属于深居简出的僧人圣徒，也不需要多年的修炼和特殊的环境，任何人都可能在自己的日常生活中得到它。它的到来不是由人的主观意志决定的，而是以毫无预料、突如其来的方式发生的。马斯洛让我们想象这样一幅图景：清晨，一缕阳光射进居室，年轻的母亲刚做完早餐，她倚在门边，注视着丈夫和可爱的孩子们沐浴在明媚的阳光下，一边吃东西，一边说笑逗乐，那样从容，那样幸福。她注视着他们，为他们的美而深深感动。突然，一股强烈的爱和满足感笼罩了她的整个心灵，此时她便自然而然地进入了高峰体验。

第三，高峰体验带有很大的普遍性。高峰体验的产生，并不取决于人的地位、学识、贫富，即使是患有严重疾病和身体残障的人，只要他们的心理是健康的，仍有可能获得高峰体验。可以这样说，几乎每一个人在其一生中都曾有过这种体验，只是人们未必能够意识到罢了。有时人们可能经历到一些比较轻微的高峰体验，例如与友人共处时，陶醉于美妙音乐时，等等。“几乎在任何情况下，只要人们能臻于完善，实现希望，达到满足，诸事顺心，便可能不时产生高峰体验。这种体验完全可能产生于非常平凡低下的生活天地里。”①

第四，高峰体验带有主体相通性。由于人们的性别、年龄、职业等不同，刺激人产生高峰体验的诱因也就有所不同。高峰体验的产生具有多种根源、多种途径，企业家可能因为渡过了一次经营风险，数学家可能因为一次成功的计算，年轻人可能因为得到了恋人的爱抚，老年人可能因为深情的回忆。不管由于什么原因，通过哪一种途径，在他们的内心世界中，都能够产生某种相通的幸福体验。这是因为，尽管人们的个人条件、外在境遇千差万别，但从人性来说都有着相似的主体结构，这种主观精神方面的趋同性在高峰体验中尤为突出，所以才使我们有可能达到彼此的同感和理解。

高峰体验作为一种主体感受，表明人在这一瞬间进入了存在的本体

① 马斯洛：《谈谈高峰体验》，载于林方主编《人的潜能和价值》，第 369 页。

境界,或者说,是对本体存在的暂时分有。马斯洛归纳了人处于高峰体验时的16条主体感受与行为特征:(1)具有比其他任何时候都更加整合(统一、完整、浑然一体)的自我感觉;(2)更能与世界、与非我的东西融合,达到忘我、超越自我的境界;(3)处于自身最佳状态,是力量的顶峰、潜能的充分发挥;(4)行为轻松自如、得心应手;(5)更富于责任心、主动精神和创造力;(6)最大限度地摆脱了抑制、迟疑、畏惧;(7)行动更具自发性、纯真性,正直、朴实、坦诚、公正;(8)行为更加新颖独特,兴之所至,斐然成章;(9)达到独一无二、无可替代的个性;(10)具有最强的此时此地之感;(11)更受内在精神规律而非外在现实规律的支配;(12)不受欲求驱动,一切任其自然、不期而至,行为不是手段,而是自我肯定的表现;(13)表达和交流富有诗意和神秘色彩;(14)从主观上领悟到终极,有着爽然若释、完美极致的感受;(15)体验到存在价值,欢悦充裕,既成熟又纯真,悠然洒脱,超越时空;(16)具有感恩的特性,充满敬仰、报答与奉献之情。

在高峰体验中,人不仅实现了本体论意义上的最高追求,同时也获得了一种新的认知能力,这就是马斯洛所说的存在性认知。存在性认知是相对于缺失性认知而言的。缺失性认知由生存需要的匮乏而引起,因此只能以功利价值为取向与对象发生一般的常识性认知关系,这种局限性使它忽视或掩盖了世界的其他特点,不可能完全地把握对象。存在性认知立于存在价值的本体高度,摆脱了狭隘的功利价值取向,而按照对象自身的真实存在去认识,因此是超越主体自我的客观性认知。

马斯洛在《存在心理学探索》一书中,从认识论角度描述了高峰体验中存在性认知的特性;后来又在《人性能达的境界》一书中对比列出了存在性认知和缺失性认知的19条区别。概括起来说,存在性认知的特点在于,它是一种本质性的认识,认识对象在认识主体极为热烈、投入的关注下作为整体被把握;同时,在主客体各种因素相互流动的辩证整合过程中,主体自身的本质也在与对象的融合中更趋完善。存在性认知又是主动、自由、创造性的认识,随着认识主体真正达到存在价值,人的认识也就获得了神圣、永恒的意义。存在性认知是人在高峰体验中获得的超常认识，同时也是人对存在本体界的领略。“是什么”与“应当怎么样”已融为一体，没有任何差异和矛盾。这是主观与客观的高度和谐统一，是认识论与本体论的微妙结合。

第五节　自我实现论

通过对高峰体验的描述，马斯洛只是表明了人性向善的可能。为了进一步解决人的理想本质如何与现实统一的问题，他还提出了自我实现的理论。马斯洛指出，自我实现的人并不仅仅因为他们在某一方面具有特殊的天资或成就，而主要是因为他们达到了哲学意义上人的真正本体存在，这是一种创造性人格的实现。如果要下一个定义的话，那么，自我实现便是不断实现潜能、智能和天资，完成天职、命运或禀性，更充分地认识并承认个人的内在天性，在个人内部不断趋向统一、整合和协同动作的过程。当人的其他各种需要得到充分满足之后，自我实现就会成为个体的主导需要。此时支配人的是主体内部的自由选择而不是外部环境的控制，或者说，人的内在需求与外在条件达到了和谐一致。于是，人便能够充分自由地表现他的内在本性。自我实现的人超越了狭隘的自我，以自己的献身精神创造着永恒的价值。在他们身上，工作与人生乐趣已融为一体，他们在自己所热爱的工作中获得了自我本质的确证。他们通过自由的劳动创造着世界，也创造并完全地占有着自己，实现着自己的全部人性。

当我们研究人类本性的时候，应该以自我实现的人为蓝本。研究平常人的平常情况只能是一种缺乏价值选择的平白描述，不会使我们形成发展得好的人的概念。正像要知道人能跑多快不能从普通人和残疾人中取样，而应该去研究奥运会的赛跑冠军一样，我们要洞悉人性的制高点，就应该以人的最佳状态、人类中的最佳个体为依据。那些最具德性、最有成就、最全面发展的人的价值选择，才代表了人类追求、向往的最高价值。值得注意的是,马斯洛所选择的研究样本,全部是曾经存在或现实存在的真实的人,他没有到超现实的世界中去寻找优秀人性的依据,而是要用无可辩驳的事实来证明,能够充分发挥自己的潜能从而达到人性最高境界的人,就生活在我们周围。

马斯洛认为,在实际生活中,虽然只有极少数人达到了自我实现,但是这种可能性对于每一个人都是现实存在着的。人们在自己的生命过程中都有可能达到自己人性的顶峰,或者在某个时刻领悟到人类生存本质的某一个侧面。这是因为,**"人按着他自己的本性**,表明有指向越来越完善的存在、越来越多地完全实现其人性的压力"。就像一颗橡树籽"迫切要求"成长为一棵橡树一样,"创造性、自发性、个性、真诚、关心别人、爱的能力、向往真理等,全都是胚胎形式的潜能,属于人类全体成员的,正如他的胳臂、腿、脑、眼睛一样"。[①] 所以,自我实现并不是高不可及的,每个人通过日常努力,都可以不断地向它逼近。自我实现是许多次微小进展一点一滴积累起来的,我们不能设想在某一伟大时刻,号角一吹,一个人就永远地、完全地步入了万神殿。只有在一生中不断唤起和发掘人性中美好的东西,即不断从现实向人性理想迈进,才能使那个本来应该属于自己的真我实现。

马斯洛具体提出了八条通向自我实现的途径。第一,要有忘我的精神。不带有盲目的自我意识,抛开伪装、拘谨和畏缩,而培养一种彻底的献身精神。第二,坚持进步。生活本身是一系列的选择过程,每次选择都有前进与倒退之分,比如是说谎还是诚实,是偷窃还是保持清白。自我实现必须连续作出进步的、成长的选择。第三,学会独立思考、独立判断。摆脱只会倾听父母、师长、权威、传统的习惯,学习倾听自己内在的呼声,有意识地让自我显现出来。第四,要诚实。诚实地说出自己的怀疑,不要在生活中作戏、装模作样,要反躬自问、承担责任。第五,要勇敢。敢于与众不同,不奉迎捧场、随波逐流、粉饰现实。第六,要竭尽所

---

① 马斯洛:《心理学的论据和人的价值》,载于林方主编《人的潜能和价值》,第 80 页。

能，付出勤奋、艰苦的努力，争取成为最好的。第七，虚怀若谷，真切体验。知道自己的短处，知道自己不能做什么。第八，学会“再圣化(resacralize)”。不因为在生活中受到欺骗和挫折而怀疑价值与美德的存在。在经历了“去圣化”防御心理之后，要重新用充满诗意的眼光去看待人和事，这样才能看到神圣的、永恒的、象征的意义。

马斯洛把“自我实现”“人的潜能”等概念第一次引入心理学和人本学，使这些学科的基本理论与人们的现实生活相沟通，产生了广泛的社会影响。在他的倡导下，各地成立了大批新的精神咨询、精神治疗中心，旨在帮助人们进一步了解自己，以便使自己的精神更健康，日常生活更有效。他的学说已成为20世纪中期美国最有冲击力的新思潮之一，在心理治疗、教育、企业管理、社会教化(如防止犯罪和吸毒)等实践领域，人们用他的理论指导了许多实验研究，取得了重要的研究成果。尽管马斯洛在谈人的自我实现时也提到了个人与社会、个人与他人的关系，甚至还提醒人们不要忽视无私和忘我，不要忽视人的义务和奉献，但是他的学说从总体上看，仍然过多地强调了先天因素的作用，相对弱化了社会环境对人格发展的影响。人由于其社会属性，只能在社会中实现自我，因此，我们不能把人类的价值标尺仅仅定位于个人的自我实现，而应该把实现自我与实现世界大同的理想结合起来，使个人的自我实现融入社会发展的崇高目标。

马斯洛在创立科学人本主义时，主要受惠于冯特、狄尔泰和韦特海默(Wertheimer)，作为人本心理学派的代表人物，他对同时代的许多心理学家和人本学家都有着重要的影响。马斯洛科学人本主义理论最直接的成果，是从研究方向、研究对象、研究方法上，把心理学引向横跨自然科学和社会科学的发展轨道。他的理论观点在社会心理学、管理学、教育学以及哲学等学科，至今仍为人们广泛谈论。

第六篇

意大利哲学

意大利哲学经过一个半世纪的发展，终于在20世纪摆脱了维柯之后的闭塞、贫困状况，同西方主要哲学思潮展开对话、交流，涌现出像克罗齐、葛兰西这样具有世界影响的思想家。

20世纪意大利哲学发展大致分为两个时期：从20世纪初至第二次世界大战结束，是以克罗齐、金蒂莱为代表的新黑格尔主义哲学处于绝对优势的时期；第二次世界大战后至20世纪末，是哲学思潮多元化时期。随着法西斯政权的垮台和民主政体的建立，新黑格尔主义在思想领域的统治地位动摇，马克思主义、存在主义和新实证主义（20世纪60年代演变为科学哲学）这三大新的哲学思潮占领思想阵地。此外，批判理性主义、唯灵论、现象学、符号学、解释学也都拥有各自的代表人物并产生程度各异的影响。

第二十章　新黑格尔主义

第一节　克罗齐的精神哲学

一　精神教皇

1866 年 2 月 25 日，克罗齐（Benedetto Croce）出生在阿奎那（Aquila）的贝斯卡塞罗里（Pescasseroli）。他出身名门望族，自小家庭为他树立了和睦、井井有条和勤劳不懈的榜样。尤其在母亲的熏陶下，他自幼勤奋好学，表现出酷爱文学和历史的倾向。中学时代的克罗齐阅读了德·桑克蒂斯（De Sanctis，1817—1883）[①]和卡尔杜齐（Giosue Carducci，1835—1907）[②]的大量作品，16 岁就撰写了多篇文学评论。

1883 年 7 月 28 日，克罗齐一家在伊斯基亚岛（Ischia）上度假，突发的地震夺去他双亲和姐姐的生命，他本人也受了重伤。克罗齐移居罗马，寄住在堂叔斯帕芬达（Silvio Spaventa）家中。在罗马的最初数月，他受病痛折磨，前途未卜，郁郁寡欢，常常夜晚蒙头大睡，清晨卧床不起，甚

---

① 德·桑克蒂斯，意大利著名文艺批评家，代表作为《意大利文学史》（*Storia della letteratura italiana*）。

② 卡尔杜齐，意大利诗人、文学批评家。

至萌生过自杀的念头。但他很快克服了精神危机,到罗马大学法律系注册。他并不专注听课,也不参加考试,而是钻到图书馆里博览群书,研究自己喜欢的题目。

1886年,20岁的克罗齐迁居那不勒斯(Napoli)。罗马大学恩师拉布里奥拉(Antonio Labriola)寄来自己的《纪念〈共产党宣言〉》(*In memoria del manifesto dei comunisti*)手稿,克罗齐如饥似渴地阅读。1895年,克罗齐出资出版了这本名著。但克罗齐对马克思主义的热忱很快被他的"批判精神一扫而光",恢复了昔日的"自由传统"。他经常为法国《社会变化》(*Devenir social*)杂志撰文,批判马克思的历史观和经济理论,博得了索列尔(Georges Sorel)和伯恩施坦的喝彩,他们都承认受到过克罗齐的"有益"启发和影响。

在反对实证主义的论战中,克罗齐结识了比萨师范学院的学生金蒂莱。1902年,克罗齐创办《批判》(*La Critica*)杂志,金蒂莱是积极的合作者。这本杂志在使意大利文化摆脱褊狭的地方观念和闭塞状态方面作出了贡献。克罗齐特别重视对欧洲重要哲学思潮的介绍和意大利哲学遗产的发掘工作。他主编了《现代哲学经典》(*Classici della filosofia moderna*)和《现代文化书库》(*Biblioteca della cultura moderna*)两大丛书。1907年,出版黑格尔的《哲学全书》、康德的《判断力批判》、布鲁诺的《意大利语对话集》。对维柯著作的搜集、编辑、校订、出版和研究是克罗齐毕生从事的事业,他称颂"维柯复活了全部精神生活"。1910年,他的名著《维柯的哲学》(*La filosofia di G. B. Vico*)出版。

先是由于哲学上的分歧,后因政治立场不同,克罗齐同金蒂莱的关系日趋紧张。1925年,任墨索里尼政府教育部长的金蒂莱为法西斯党代表大会撰写了《法西斯知识分子宣言》("Manifesto degli intellettuali fascisti")。抵抗议会领袖阿门多拉(Giovanni Amendola)写信给克罗齐,让他给予反击。克罗齐欣然从命,奋笔疾书写下《反法西斯知识分子宣言》("Manifesto degli intellettuali antifascisti"),并征集了数百位知识界名流签名。这使墨索里尼大为恼火,他不断采用威胁、侵扰住所及将克罗齐排斥在学术团体之外等手段，妄图迫使克罗齐改变立场。但克罗齐毫不妥协，成为意大利知识界反法西斯的旗手。在法西斯统治时期，克罗齐撰写了一系列历史学、伦理学和历史哲学著作。1928 年，《1871—1915 年意大利史》(*Storia d'Italia dal* 1871 *al* 1915)出版，获极大成功。克罗齐从意大利民族统一写起，至第一次世界大战前止，对于显赫一时的法西斯运动不屑一顾，受到对法西斯暴政不满的民众的欢迎，也遭到法西斯分子的仇视。1931 年，《伦理学与政治》(*Etica e politica*)出版。1932 年，《19 世纪欧洲史》(*Storia d'Europa nel secolo decimonono*)问世。1938 年，克罗齐的历史哲学巨著《作为思想和行动的历史》(*La storia come pensiero e come azione*)出版，这部著作论述历史总是“自由的历史”。

在法西斯垮台、创建共和国的历史转折时期，克罗齐积极投入政治活动。1943 年 8 月，克罗齐提议重建意大利自由党，次年 6 月当选为该党主席。他积极主张废黜国王，让王室成员流亡国外。1944 年元月，他参加了解放委员会第一次代表大会。在首届民主内阁内担任不管部部长。1946 年，他参加了制宪会议。1947 年，他辞去自由党主席职务，创建意大利历史研究所，之后主要从事学术活动。1948 年，他被总统提名为终生参议员。

克罗齐一向身体健康，精力充沛，每天仅睡 6 小时，但从 1948 年起健康状况每况愈下。1950 年 2 月，他右半边身体麻痹，预感到所剩时日不多，加紧整理未发表的文稿，并决定将自己的私人图书馆捐赠给国家。1952 年 11 月 20 日，克罗齐辞世。

在长达半个多世纪的学者生涯中，克罗齐著有《精神哲学》(*Filosofia dello spirito*)4 卷，哲学与美学论文集 15 卷，史学、文学及文艺批评专著 44 卷，政论、书信 13 卷。在现代，像克罗齐这样涉及学术领域之广，著述之巨，集思想家和活动家于一身者并不多见。从 20 世纪初至第二次世界大战结束，克罗齐成了意大利文化界的泰斗，影响了整整一代学者。早在 20 世纪 30 年代，葛兰西就正确评价克罗齐的历史作用,称他是“精神教皇”。

二　哲学体系

20 世纪头十年是克罗齐哲学体系的形成时期。从 1902 年发表《作为表现的科学和一般语言学的美学》(*Estetica come scienza dell'espressione e linguistica generale*)起,到 1908 年和 1909 年分别完成《作为纯粹概念科学的逻辑学》(*Logica come scienza del concetto puro*)和《实践哲学——经济学与伦理学》(*Filosofia della pratica. Ecomomia e etica*),克罗齐基本建立起自己庞大而复杂的哲学体系。1915 年克罗齐用德文出版了《历史学的理论和历史》(*Teoria e storia della storiografia*),深化并扩展了他在《逻辑学》(*Logica*)中关于历史理论的研究,这部著作是前三部著作的总结。克罗齐把以上四部著作合称为“精神哲学”。

克罗齐以差异的先天综合构筑了自己的哲学体系。在他看来,精神是既相互区分又相互关联的四种形式(或四度、四阶段、四范畴)的统一体。尽管精神活动的内容千变万化,但这四种形式保持永恒不变。它们是:个别认识、普遍认识、个别意志、普遍意志。与其相对应的四种基本价值是:美、真、益、善。精神活动分为认识活动和实践活动两阶段,前者不依存于后者,后者依存并包括前者;认识分为直觉和概念两度,实践分为经济和道德两度,高度依存并包括低度,低度不依存于高度,并且是高度的前提条件。

克罗齐断言,精神的四种形式——直觉、概念、经济、道德不是对立的,而是差异的。固然此非彼,但肯定此并不一定否定彼。这样,精神的一种形式“和平地过渡”到另一种形式。直觉生概念,概念生实践活动,实践活动产生物质——直觉的“材料”,又开始新的演变过程。于是,循环往复以至无穷。克罗齐所描述的精神活动就像个封闭的环,“自给自足,无需外援”。他抱怨黑格尔:把对立扩展到精神与实在的形式,就不会产生真正的无限性——循环,而产生假的、恶的无限性——无限的发展。

总之，克罗齐抛弃“对立辩证法”（黑格尔哲学的合理内核），就否定了矛盾的普遍性，用“差异”代替“对立”；就否定了斗争和转化，用“差异统一”代替“辩证统一”；就否定了飞跃，用“循环”代替“发展”。正如葛兰西所指出的，克罗齐是从黑格尔那里倒退，是用形而上学代替辩证法。

克罗齐本人反对将精神哲学称作新黑格尔主义。实际上，他虽然曾经受到黑格尔的强烈影响，但改造多于继承。精神哲学否定了精神现象学与逻辑学的区别，不仅否定自然哲学与历史哲学的辩证法概念，而且否定逻辑本身的辩证法概念。他也不同意把自己的新哲学称作新唯心主义、新康德主义、新费希特主义。起初克罗齐曾把其哲学称作“绝对唯心主义”，后又改称“历史学的方法论”和“绝对历史主义”。

那么，克罗齐哲学体系的渊源和特点是什么呢？克罗齐在《自我评论》中写道：“在美学上我是个德·桑克蒂斯主义者（desanctisiano），在道德和一般价值观上我是个赫尔巴特主义者（herbartiano），在历史理论和一般世界观上我是个反黑格尔主义者和反形而上学者，在认识论上我是个自然主义者或智力至上主义者。这些因素没有和谐统一，甚至没有相互混合，更像是在临时性的和残缺不全的条例中彼此排列。”①实际上，克罗齐的精神哲学是维柯、康德、黑格尔、赫尔巴特、德·桑克蒂斯及德国“历史主义者”哲学思想的拼凑，同新康德主义、柏格森主义、马赫主义有着相近之处，其主要特征表现为主观唯心主义和形而上学。

三　直觉-表现主义美学

克罗齐对西方影响最大的不是他精心构筑的哲学体系，而是其独特的美学理论和艺术观。克罗齐既是西方古典主义美学的集大成者，又是20世纪西方现代美学的先驱者。他的美学理论和艺术观既反映了19世纪末20世纪初西方文学艺术的走向，又为20世纪西方现代文学艺术思

---

① 克罗齐：《自我评论》，第53—54页，米兰，阿德尔菲出版社，1993。

潮提供了坚实的美学基础,对 20 世纪现代西方美学产生广泛影响。其特征为突出主体创造、强调直觉-表现、高扬语言作用等。

克罗齐的美学理论可划分为五个发展阶段:论文《文学批评及其在意大利的条件》("La critica letteraria e le sue condizioni in Italia",1895);《作为表现的科学和一般语言学的美学》(1902);《美学纲要》(*Breviario di estetica*,1912);《美学精华》(*Aesthetica in nuce*,1929);《诗论》(*La poesia*,1936)。

克罗齐关于精神的主动性与感受的被动性学说是其美学理论的哲学基础,直觉即表现、即美是其美学的起点。

克罗齐是怎样理解直觉的呢?

第一,直觉不同于概念。它不是抽象的,而是具体的;它不是对普遍的认识,而只产生特殊的个别的具体事物的意象。

第二,直觉也不是知觉。知觉是被动的、接受性的;知觉肯定对象的真实,而直觉不辨意象是实在的还是可能的。

第三,直觉品(直觉)混化的概念已不再是概念,而成为直觉品的单纯要素,正像溶于一杯水中的糖。他说:"放在悲喜剧人物口中的哲学格言并不在那里显出概念的功用,而是在那里显出描写人物特性的功用。"①

第四,直觉与表现密不可分。直觉是表现并仅是表现,成功的表现是美,甚至表现就是美。在克罗齐看来,不成功的表现就不是表现。克罗齐用"表现"来理解、规定"直觉",使其"直觉"不同于"内省的"和"私人式的"感受,而是一种"意象的显现",是一种打破了"内在"与"外在"的对立的精神创造活动。"表现"的概念成为当代西方美学的核心概念。

既然直觉本身就是表现(不仅用语言文字,而且用线条色彩、音程音符、舞姿舞步、蒙太奇等艺术语言表现),那么,直觉即直觉品,艺术家的艺术构思就成了艺术作品。

---

① 克罗齐:《美学原理 美学纲要》,朱光潜、韩邦凯、罗芃译,第 8 页,外国文学出版社,1983。

正是从直觉-表现美学出发，克罗齐以全新角度考察艺术，提出具有时代感的艺术观。其主要内容为：艺术的独立性、创造性、抒情性、整一性，艺术与语言的同一性，艺术创造与艺术鉴赏的统一性。

（一）艺术的独立性

克罗齐从否定判断出发，从而确立艺术的独立自主性。首先，艺术不是"物理事实"。由于克罗齐把艺术构思视为全部艺术活动，而把艺术品的完成看作实践活动，这一否定判断就"顺理成章"。其次，艺术不是功利的或经济的活动。虽然艺术有经济价值，但那不是艺术家追求的目的。艺术产生快感，但不能把艺术说成快感，就像不能把供鱼游息的水说成鱼一样。再次，艺术不是道德行为。艺术是"无关道德的"，既不是"道德的"，也不是"不道德的"。还有，艺术既非科学，也非哲学。西方传统艺术理论的鼻祖柏拉图提出艺术是政治或宗教教化的工具或附庸。传统艺术理论关注的基本问题是艺术如何为政治、宗教服务及其程度。在中世纪，哲学是神学的婢女，艺术是解读宗教教义的符号。到了文艺复兴时期，艺术形象才超越神学的寓意，充分展示艺术的创造力，为艺术的独立性奠定了基础。克罗齐从康德的审美无功利说出发，通过对艺术纯粹性的阐述，清除给艺术附加的不纯粹的东西，正本清源地确立艺术的独立性。克罗齐不止一次地批判哲学家只关注艺术的逻辑和道德问题，把艺术转换为逻辑和道德，从而否定艺术的理论问题。可以说，克罗齐的四个否定判断是20世纪现代主义艺术的独立宣言。

（二）艺术的创造性

克罗齐在1918年的一篇论文中指出："当艺术理论摆脱模仿外部实在概念时，自身就从沉重的枷锁下解放出来，无论外部实在被理解为经验和物质实在（模仿自然），还是被理解为观念和精神实在（模仿美质或理想）。"①因为，在这两种情况下，艺术活动被理解为对物或观念的简单

---

① 克罗齐：《作为创造的艺术和作为行动的创造》（*L'arte come creazione e la creazione come fare*），载于《世界哲学》，第3页，2002年第6期。

再生产,艺术功能沦为消极的或接受性的功能。克罗齐既反对把艺术看作对自然的模仿,也反对把艺术视为对"美的理念"的再现。他大声疾呼:艺术是创造,不是模仿。他强调艺术不是被动的感受,而是"独立自主"的精神的创造活动。他把这种艺术观看作革命,是向前迈出的一大步。应当说,克罗齐准确把握了20世纪初艺术的主体性走向,若不了解克罗齐的艺术观,就很难理解现代主义艺术的巨大变革。

(三)艺术的抒情性

克罗齐说:"是情感给了直觉以连贯性和完整性:直觉之所以真是连贯的和完整的,就因为它表达了情感,而且直觉只能来自情感,基于情感"①;"艺术的直觉总是抒情的直觉"②;"艺术的内容,是人的情感,即艺术在其想象中表达的人的情感"③。这种抒情直觉也就是情感内容与直觉形式的先天综合。

克罗齐指出,情感是产生艺术不可或缺的条件,但情感直接倾注于艺术,那就不是艺术,而是非艺术的实际倾诉。情感在艺术中的作用,是为艺术提供材料,而艺术创造和艺术建构是精神的纯粹的独创性的活动。这种精神在形式中消耗材料,在消耗材料的过程中,艺术形成了。艺术总是从不鲜明的情感过渡到清晰的表现。应该说,克罗齐抓住艺术创造的本质特征,也为艺术史上的无数事实证明。中国唐代著名书法家张旭嗜酒如命,常在醉中作书,有时甚至以头濡墨,达到艺术创造的癫狂状态。但这种创造激情及其要表达的情感必须形式化,其狂草才能具有强烈动感和鲜明节奏感。

(四)艺术的整一性

在欧洲文化传统中,自古希腊至18世纪中叶,一直没有统一的艺术观念,只有绘画、雕塑、建筑、音乐、诗歌等各领域的观念。只有在确立艺术的独立性、创造性之后,才能洞见艺术的整一性。克罗齐强调艺术的

① 克罗齐:《美学原理 美学纲要》,朱光潜、韩邦凯、罗芃译,第227页,外国文学出版社,1983。
② 同上书,第229页。
③《哲学词典》,"克罗齐"词条,第234页,米兰,加尔桑蒂出版社,1993。

整一性，是对艺术理论现代化的一大贡献。克罗齐认为，无论是诗和音乐，还是绘画和雕塑，都具有其成为艺术的共性。我们不能不承认莎士比亚和柴可夫斯基的《罗密欧与朱丽叶》都是艺术的瑰宝，尽管前者为诗剧，后者为幻想序曲。不同艺术形式相互转换的基础就在于艺术的整一性。

（五）艺术与语言的同一性

从“直觉即表现”出发，克罗齐认为语言是艺术，语言学即美学。因为语言与艺术都是精神活动的产物，它们的本质是表现。这就不难理解为什么克罗齐把美学称作表现科学和一般语言学了。克罗齐的这一看法发人深省：为什么文学（语言的艺术）可以转化为其他艺术形式？各种艺术语言——线条色彩、舞姿舞步、音程音符、蒙太奇等，同语言有着明显区别的同时，也有着共性——表现性。克罗齐关于直觉-表现-语言的公式，对现代西方美学产生深远影响：语言作为“表现”与语言作为“传达”工具的两种理论的对立，使克罗齐的美学在新语言学派中得到呼应，已成为现代西方美学的重要问题之一。

（六）艺术创造与艺术鉴赏的统一性

克罗齐把艺术活动看作尽人皆有的一种最基本、最普遍的活动，认为“人是天生的诗人”，大诗人同常人只有量的差异，没有本质区别。如果天才与我们截然不同，那天才就不会被我们理解和欣赏。在此基础上，他强调天才与鉴赏力的统一：要判断但丁，我们就必须把自己提升到但丁的水平，即是说，把我们放到但丁所处的历史环境中，才能理解但丁。不仅如此，当时的历史环境还要结合现在的条件才能起作用。不同时代、不同阶层、不同文化层次、不同审美取向的人，为什么对同一艺术作品作出不同判断？要理解艺术作品，需要一定的生活经验、知识储备、文化素养和审美体验。应该说，克罗齐的这一思想为现代接受美学指明了方向。

综上所述，克罗齐的艺术观，实际上是对人的精神与心灵的张扬，是对人性的维护，带有明显的人道主义特征。正如他所说，艺术是个解放者，它使精神得到解放，人性得到净化。在此意义上，克罗齐的艺术观具有进步性。

毋庸讳言,克罗齐美学和艺术观的哲学基础是主观唯心主义的。从文化社会学角度看,艺术源于生活。克罗齐根本不承认客观世界的存在,这是错误的。但列宁指出,聪明的唯心主义比愚蠢的唯物主义更接近聪明的唯物主义。把艺术活动说成生产劳动,把美感说成美的反映、美的摹写,不是同真正的唯物主义美学南辕北辙吗?在批判庸俗唯物主义和机械唯物主义的美学理论时,克罗齐美学能给予人们有益的启示。

克罗齐美学与艺术观既丰富又复杂,既有闪光之处又有局限性。

第一,其直觉范畴存在内在矛盾。他一方面强调直觉对概念的首要性、先在性,另一方面又不得不承认直觉(直觉品)中有概念要素。

第二,他强调审美普遍性,忽视艺术作品独特性,从而反对艺术分类,认为"艺术分类是美学的最大悲剧"。他不仅反对艺术体裁(诗歌、绘画、音乐等)和艺术风格(古典、浪漫、写实等),也反对对同一艺术作品各部分(各章、各乐章、各幕等)进行结构分析。

第三,他强调想象、构思在艺术创造中的作用,否定艺术技巧、手段的作用,这不符合艺术史的实际。从凡·高(Vincent van Gogh)开始纯色压过线条,接着马蒂斯(Henri Matisse)和布拉克(Georges Braque)把色彩视为绘画语言的精华,更不用说毕加索的反透视法的线条了——这些绘画技巧的变化反映了现代西方绘画流派的演变。

第四,其直觉-表现主义美学是现代主义文学艺术的美学基础,但他本人倾向古典主义文学,高度评价但丁、莎士比亚、卡尔杜齐,对现代主义文学艺术多持批判态度。

然而,判定克罗齐美学具有反理性特征失之偏颇。首先,克罗齐的"直觉"不同于弗洛伊德的"无意识"。克罗齐说:"有些人把'无意识'看成艺术天才的一个主要的特征","直觉的或艺术的天才,像人类的每一种活动总是有意识的,否则它就成为盲目的机械动作了"。① 其次,克罗

① 克罗齐:《美学原理　美学纲要》,朱光潜、韩邦凯、罗芃译,第22页,外国文学出版社,1983。

齐并不反对理性、概念对艺术的作用，只反对把理性、概念视为艺术的本质要素。他说，“混化在直觉品里的概念，就其已混化而言，就已不复是概念，因为它们已失去一切独立与自主；它们本是概念，现在已成为直觉品的单纯原素了”①。再次，不能简单地说克罗齐否定艺术来源于生活、表现生活，因为他一再反对那种只重形式、缺乏内容的艺术作品，只不过他对生活的理解不同，认为那是精神的活动。

克罗齐美学与艺术观的理论渊源是什么呢？

克罗齐的“直觉”范畴是对德国古典哲学“理性直觉”范畴的继承和发展，又汲取了意大利思想家的研究成果。康德最早区分感性直觉和理性直觉。他认为感性直觉具有被动性和易接受性，是对客体的直接把握，这是概念的起源；而理性直觉恰为神的理智的直觉，没有感觉中介，它不接受客体，而是创造客体。后来，费希特和谢林又发展了理性直觉范畴，他们不仅将它归于神智，而且归于行动中的自我（精神），在行动中自我认识并展现自己。

不难发现，克罗齐的“直觉”源于康德的“理性直觉”。它无需感觉的中介，没有被动性和接受性，具有创造性和自我表现性。但他不同意康德关于直觉依赖理性的观点（无内容的思想是空洞的，无概念的直觉是盲目的）。克罗齐认为，直觉无须概念相助，其自身充分独立。不仅如此，直觉对于概念具有首要性：无直觉，就无概念；无个别认识，就无普遍认识。

克罗齐承认自己是美学上的德·桑克蒂斯主义者。德·桑克蒂斯是意大利著名批评家，他认为艺术的本质是生活，是“形式”，但内容与形式不可分离。艺术作为生活，其自身逻辑完全不同于科学思想的逻辑，因为科学趋于抽象，艺术趋于具体。

克罗齐1901年发表论文《维柯——美学的第一发现者》（“Giambattista Vico primo scopritore della scienza estetica”），1902年出版《美学》。克罗齐

① 克罗齐：《美学原理　美学纲要》，朱光潜、韩邦凯、罗芃译，第8页，外国文学出版社，1983。

有关直觉是认识的起点,语言与艺术本质上同一(二者皆表现精神活动的创造),艺术创造与审美欣赏统一等思想,都源于维柯。

四 历史观与史学观

早在少年时代,克罗齐就表现出对历史书籍的兴趣。20 岁时,克罗齐迁居那不勒斯,开始历史研究。26 岁时他已完成《那不勒斯的历史与传说》(*Storie e leggende napoletane*)等历史学著作。27 岁时,他在彭塔亚纳学院(Accademia Pontaniana)宣读论文《艺术普遍概念下的历史》("La stroria ridotta sotto il concetto generale dell'arte"),这标志着其历史理论研究的开始。从此,克罗齐对历史和史学的研究从未中断。他的历史研究领域十分广泛,既有本国史(那不勒斯王国史、意大利史),又有外国史(西班牙史、欧洲史);既有当代史,又有近代史(文艺复兴、巴洛克、19 世纪);既有政治-伦理史,又有史学史、美学史、文学史、戏剧史。他广泛深入地研究了历史和史学的许多重大问题,诸如历史的当代性,历史著作的历史性、真实性、统一性,史学同哲学、文学、政治、道德的关系,等等。克罗齐在史学理论和历史研究的两个领域均作出了独特贡献。

正是在法西斯统治时期,随着将哲学思想同政治史、文学史的不断结合,克罗齐极大地丰富了哲学思想,尤其深化了历史理论问题,逐渐认清它就是哲学问题。起初克罗齐把历史学作为其精神哲学的终点,继而把自己的哲学称作历史方法论、绝对历史主义。

起初,克罗齐坚决反对把历史看作科学。他认为,科学的对象是普遍,它由概念构成,研究普遍规律。而历史同艺术一样,其对象是个别。历史是单一的、个别的、不重复的行动的领域,它不探寻规律也不形成概念,不归纳也不演绎,只凭借直觉,不构成普遍与抽象。历史和艺术的不同在于:历史只是对真实事物的直觉,而艺术还是对可能事物的直觉。后来,他修正了自己的观点,不再提历史是艺术的分支,而说历史认识是唯一具有理论价值的认识,因为是个别事件表象同对应哲学概念的先天综合。

克罗齐认为，一切实在皆历史，一切历史皆实在。但他所说的实在只是精神，即是说一切实在都是精神，历史是精神发展的过程。他认为，历史总是“普遍的”、概念的历史。这样，他就把历史判断的特点，即用具有普遍性的概念对个别历史事件进行界定，当作历史本身的特点，进而毫不含糊地断言“历史就是思想”，“历史是历史判断”。克罗齐还强调历史的主词不是希腊、罗马，不是法国、德国，而是文化、自由、进步等概念。葛兰西指出，克罗齐用从具体历史事件中抽象出来的概念代替具体历史事件，就用观念否定了历史，“在恩格斯看来，历史是实践；对于克罗齐来说，历史还只是思辨的概念”[①]。正是从这种唯心史观出发，克罗齐批评历史唯物主义“经济”范畴是“隐匿的上帝”、新形而上学（用经济解释一切）；历史唯物主义割裂经济基础和上层建筑的关系，是神学二元论。正如葛兰西所尖锐指出的，经济结构本身就是历史过程，不是置于历史之上的抽象的、僵死的东西；历史唯物主义强调经济结构在历史发展中的决定作用，但并不排除伦理-政治的历史，它批判只把历史归结为伦理-政治历史的做法。

克罗齐极力反对“把历史看作僵死的和属于过去的历史，看作编年史”的历史观，主张一切真历史都是活生生的当代史。他对历史和编年史作了清晰的区分：历史是活历史，编年史是死历史；历史是当代史，编年史是过去史；历史主要是思想行动，编年史主要是意志行动；历史中有紧密联系，编年史中无联系；历史有逻辑顺序，编年史有编年顺序；历史深入事件核心，编年史停留在事件表面；历史有活文献和深刻思想，编年史有抽象词语记录和空洞叙述；先有历史（先有活人），后有编年史（后有死尸）。

克罗齐进而区分真历史和伪历史，对形形色色的伪历史作了界定：（1）语文性历史，即用物、空洞的传说和死文献构建的历史；（2）诗性历

---

① 葛兰西：《历史唯物主义和克罗齐的哲学》，第287页，罗马，联合出版社，1977。

史,即用描述的审美一致代替达不到的逻辑一致的历史;(3) 演说性历史,即因实际目的被朗诵的诗性历史;(4) 实用性历史,即为激励自己或驱使他人行动的历史;(5) 倾向性历史,即介于诗性历史和实用性历史之间的直觉形态的历史。克罗齐认为,上述形式的伪历史都停留在编年史的水平上,为了认识历史真理,必须超越这些伪历史的错误形式。

在了解了克罗齐对真历史和伪历史的区分后,就能深刻理解其"一切历史都是当代史"的论断。他说,"当生活的发展逐渐需要时,死历史就会复活,过去史就变成现在的。罗马人和希腊人躺在墓穴中,直到文艺复兴欧洲精神重新成熟时,才把他们唤醒";"因此,现在被我们视为编年史的大部分历史,现在对我们沉默不语的文献,将依次被新生活的光辉所照耀,将重新开口说话"。[①] 这里,克罗齐首先强调历史学家从现实需要出发,应用批判精神从死材料中选择感兴趣的东西;其次,"语文学联合哲学去创造历史"——用具有时代精神的思维去理解和把握过去的文献。因此,克罗齐反对历史学家所谓"客观性"的价值,认为以下思想幼稚天真:似乎事物在述说,而历史学家在洗耳恭听,并记录下它们的声音。

在肯定"历史都是当代史"之后,就清除了"历史-哲学同一论"的最大障碍。克罗齐指出,"但当把编年史降低到其实际的记忆功能,把历史提高到对永恒的现在的认识时,历史就凸现出同哲学一体,而哲学不过是永恒的现在的思想"[②]。这样,历史与哲学就不是两种形式,而只是一种形式;它们并不互为条件,而是合为一体。思想创造自身,也就创造历史。既不是历史在哲学之前,也不是哲学在历史之前,而是共生共存。显然,这是超越观念与事实的二元论,理性真理与事实真理的二元论,"历史本义是知道,哲学本义是理解"的二元论的结果。界说判断与个别判断的同一则成为历史-哲学同一论的逻辑根据:历史学将哲学汲于自

①② 克罗齐:《一切历史都是当代史》("Ogni storia è la storia contemporanea"),载于《世界哲学》,第11、22页,2002年第6期。

身，哲学作为历史学的方法论汇合到历史中去。

克罗齐从自由主义者的政治立场出发，为反法西斯斗争需要，指出人类的历史总是自由的历史。他认为，自由既是历史发展的永恒动力，又是一切历史的主题；自由既是历史进程的解释原则，又是人类追求的道德理想。自由不是外在于历史的目的，而是历史内在的动因，因此，真正的历史学只有基于自由观念，才能洞见人类历史的真谛。在自由充分时期之后是自由的微弱时期，因为自由体制越稳固，就越因习惯而衰落。在暗无天日的时代，自由之火从未熄灭（即使在少数历史伟人的心中）。他举例说，破坏自由的拿破仑，身后留下渴望自由的各民族，它们成为真正迅速建立自由制度的专家。克罗齐认为，历史不是“牧歌”，不能想象脱离充满危险和斗争的生活的自由，同样不能设想一个无冲突、无威胁、无任何类型压迫的自由世界。历史也不是“恐怖的悲剧”，它是一部戏剧，所有时代、一切民族、全部成员登台表演，它们集有罪与无罪、善与恶于一身，但历史的主导思想是善，最终恶促进向善。他否定历史哲学的超验必然性和因果必然性，但肯定历史学的逻辑必然性，认为历史学的逻辑必然性是人类自由的前提。应当说，克罗齐的这两种观点并不一致。

克罗齐还对历史著作的特性作了精辟的论述：

1. 历史著作的历史性，可界定为由实际生活需求激起的理解和领悟行动。实际生活需求的多样性（道德、经济、审美等需求）赋予历史性必要前提。

2. 历史著作的真理性，在于历史叙述的充实，即在其深层存在实际需求，此种需求将历史叙述同实际生活的多样性相联系；在于从历史叙述中进行历史判断。

3. 历史著作的统一性，寓于历史判断形成的并在形成时解决的问题。因此，这完全是逻辑性质的统一性。历史著作的逻辑统一性存在于一个问题中，而不存在于一个事物和一个形象中。

总之，克罗齐强调实际生活同历史学的关系。他说，全部历史文化，都同维护并扩展人类社会积极的文明生活的普遍需求相联系;当缺乏这种推动力时,历史文化就极渺小;当文明进程突然中断或停滞时,历史学近乎完全沉默。为此,尽管他承认享誉欧洲的德国历史学家兰克和瑞士文化史家布克哈特(Jacob Burckhardt)的贡献,但批评前者缺乏普遍性观念和历史问题,后者忽视生活和思想的联系,用静止的眼光观察历史。

毋庸讳言,克罗齐的历史观是主观唯心主义的。然而,作为历史学家,克罗齐毕竟为后人留下了浩瀚的社会史、文化史著作。克罗齐以其深刻的思想、渊博的知识、翔实可靠的史料及清新自然的文体,为西方史学的发展作出了自己的贡献。作为哲学家和史学理论家,克罗齐对传统史学种种弊端的敏锐洞察,对历史研究中"客观性""文献性""诗性""实用性""倾向性"的有力批判,对历史编纂学自身规律及其历史的关注,在西方史学界产生了深远影响。

第二节　金蒂莱的行动主义

金蒂莱(Giovanni Gentile, 1875—1944)曾是克罗齐的挚友和长达20年的合作者,但自法西斯上台后,两人关系紧张,直至决裂。这不仅是由于哲学上的分歧(金蒂莱强调精神的统一,批评克罗齐的精神四种形式差异是经验主义的;克罗齐反对用精神的统一抹煞差异的区别,不赞成将全部精神活动都归结为哲学),更主要的是因为两人政治立场的对立(克罗齐是个毫不妥协的反法西斯主义者,而金蒂莱沦为顽固不化的法西斯主义者)。

金蒂莱在比萨师范学院学习时,深受意大利黑格尔主义者斯帕芬达(Bertrando Spaventa)的影响。1898年大学毕业。1906—1917年,先后在巴勒莫大学、比萨大学、罗马大学讲授哲学。1920年创办并主编《意大利哲学评论报》(*Giornale critico della filosofia italiana*),直至1943年。1922年任参议员和教育部长;后任意大利百科全书研究所所长、意大利科学院院长等要职，在近 20 年的时间内充当法西斯御用哲学家和官方知识界领袖。1944 年 4 月 15 日，在佛罗伦萨被意大利共产党游击队处死。

金蒂莱的处女作《罗斯米尼与焦贝蒂》（“Rosmini e Gioberti”）发表于 1898 年。该文从意大利同德意志思想的联系揭示贝·斯帕芬达的理论。1899 年，他完成了《马克思的哲学》（*La filosofia di Marx*），内含《历史唯物主义批判》（“Una critica del materialismo storico”）和《实践哲学》（“La filosofia della prassi”）两篇论文，其中某些观点引起列宁的注意。1911—1923 年，是金蒂莱行动主义（或绝对唯灵论）哲学形成与完善的时期。1912 年发表的论文《作为纯粹行动的思想行动》（“L'atto del pensiero come atto puro”）标志着其哲学体系的形成，该哲学体系的核心在《作为纯粹行动的精神的一般理论》（*Teoria generale dello spirito come atto puro*，1916）和《作为认识论的逻辑体系》（*Sistema di logica come teoria del conoscere*，1917—1923）两部著作中，并在《作为哲学的教育学》（*Pedagogia come scienza filosofica*，1912）、《法哲学基础》（*Fondamenti della filosofia del diritto*，1916）和《艺术哲学》（*Filosofia dell'arte*，1931）等著作中不断充实、完善。

金蒂莱把一切都消融于精神的内在性中。在他看来，思维着的思想才是唯一实在。从这一原则出发，黑格尔所说的绝对观念和自然都有待清除。行动主义的主旨是：只有当精神被直接理解为思维的行动时，它才是内在的。一旦精神被当作客体思考，就会成为另一新的思维行动的内容；思维的行动不能客体化，就在于客体化必然以新的思维行动作为前提。因此，脱离行动着的思维是不可能的，它是无限的、无所不包的、自我创造和自由的。显然，这些特点属于纯粹的、先验的、共相的（大写的）自我，而不属于有别于其他个体的经验的（小写的）自我。至于其他的自我，同思维主体的经验自我一样，或成为思维主体的客体，或经验个体的差异性在共相主体的超个性的统一（真正的道德生活中存在这种统一）中消融。金蒂莱认为，上帝、自然、历史都不能设想外在于思维、在思维之前就存在;相反,它们是自我行动的产物。比如,自然界这种假象,只有当不考虑思维的行动时才能是独立的,但描述自然界的独立就是思维的一种行动。因此,研究自然界的经验科学,相对于哲学来说要抽象得多。自然、历史、一般客体性是抽象的,但又是精神生活所必需的。因为,主体为了能够肯定自己,有必要使自己客体化;与此同时,又将所有客体性消融于自身。这就好比火,为了燃烧,就需要正在燃烧的燃料。

金蒂莱认为,精神生活的辩证法存在于具体思维(行动)与抽象思维之间。这种抽象思维关注客体性,并人为地把客体性设想为独立于思维的主体。抽象思维恰恰在传统逻辑中找到自己的公式。由于自然科学和社会科学都是在客体性的背景下发展的,所以它们也受传统逻辑的指导。

同黑格尔一样,金蒂莱也认为,最高的精神形式是艺术、宗教和哲学。在这个三位一体中,作为纯粹主体性的艺术同作为客体性的宗教是对立的,它们在哲学中得以克服各自的片面性,实现对立面的统一。

因此,在金蒂莱看来,作为纯美性(主体性或情感)的艺术不能独立存在,必须同精神生活的其他环节结合起来才能存在并发展。艺术是整个精神发展进程的基础,内在于全部精神生产中,即内在于艺术作品和非艺术作品中。当情感趋向并表现思想时,就成为确定的主体性。因此,文艺批评的任务是在艺术作品中寻找人,即探寻构成艺术家个性的所有要素:气质、技巧、人生观、宗教理想等。人们可以从两个角度考察艺术品:从美学角度考察形式,但要强调形式中活跃着内容;从思想角度考察内容,从而使艺术品进入哲学史、政治思想史和宗教思想史。

金蒂莱将共相主体的原则贯彻到法哲学和政治学中,认为共相主体与作为道德体现者的国家同一。他进而把法西斯国家看作精神的最高体现,主张个人完全从属于这个国家的整体,并消融于它的政治历史中。

在探讨经济学与伦理学的关系时,金蒂莱指出,纯粹的、直接的经济学或伦理学都是抽象的、非实在的。因为伦理活动并非脱离经济活动,正如灵魂在自身中超越并包容肉体,伦理活动也在自身中包容经济活动。

金蒂莱否定认识同意志有任何区别。因为行动着的思维不是对给定对象的认识，它已经是行动，所以认识与实践合为一体。同理，哲学不仅是认识，而且是生活；人类的活动都总是哲学，因为它们是行动着的思维的表现。

作为哲学史家和思想史家，金蒂莱著作颇丰，主要有：《意大利传统》（*La tradizione italiana*）、《维柯研究》（*Studi vichiani*）、《意大利当代哲学的起源》（*Le origini della filosofia contemporanea in Italia*）、《列奥纳多·达·芬奇的思想》（*Pensiero di Leonardo*）、《但丁与曼佐尼》（*Dante e Manzoni*）、《文艺复兴意大利思想》（*Il pensiero italiano nel rinascimento*）、《文艺复兴研究》（*Studi sul rinascimento*）。他对文艺复兴研究深入，见解独特。他认为：文艺复兴时期的人文主义思潮，导致艺术的空前繁荣；崇尚人的自由与价值，构成现代哲学体系有待深化和完善的基本原则，这些都为意大利赢得了荣誉。然而，这种思潮也孕育了膨胀的个人主义，从而导致意大利文明与政治的衰落。意大利人长期封闭在主观、幻想的世界中，沉湎于世俗安逸的生活，缺乏历史使命感、社会责任感和牺牲精神。他们富有智慧和才干，但又生性懦弱、意志消沉、意见不合、四分五裂，从而成为强国的猎物。直至民族复兴运动时期，意大利民族才抬起头，用人的历史概念替代了抽象的个人主义。从上述论断出发，金蒂莱强调教育的重要性：通过教育，使个体将个人命运同家庭、祖国、人类、自然命运相连，富有使命感；通过教育，塑造意志坚定、性格刚毅、思维清晰、说到做到，为实现理想不惜牺牲个人利益的“完人”。由于他认为法西斯运动是民族复兴运动的继续，显然这种教育思想是为法西斯政治服务的。

在20世纪上半叶，金蒂莱对意大利哲学影响深远，行动主义成为法西斯时代的官方哲学。金蒂莱哲学源于维柯、康德、黑格尔哲学的主要原理，以及意大利文艺复兴、民族复兴运动的某些基本思想。他对上述原理、思想进行改造，使之具有更加彻底的内在性。行动主义哲学是典型的主观唯心主义哲学，富有神秘主义色彩。

第二十一章　马克思主义

第一节　葛兰西与《狱中札记》

一　生平与事迹

在墨索里尼统治时期，马克思主义遭到禁绝，虽然仍有人继续研究马克思和拉布里奥拉，但几乎没有重要的学术著作问世，只有一个例外，那就是葛兰西的《狱中札记》(*Quaderni del carcere*)。

葛兰西(Antonio Gramsci)是意大利共产党创始人和领袖，是国际工人运动的杰出活动家、英勇无畏的反法西斯战士，又是 20 世纪最富独创性的马克思主义理论家之一。

1891 年 1 月 22 日，葛兰西出生于撒丁岛阿莱斯镇(Ales)一个小资产阶级家庭。他从小生活在屈辱、贫困之中，11 岁辍学，干了两年繁重的体力活，亲身体验到社会的不平等。在高中的一篇作文中，他满怀对中华民族的深切同情，有力地谴责了帝国主义侵华战争，并表达了对社会革命的渴望。

1911 年 11 月，葛兰西以优异成绩获都灵大学奖学金，在文学系学习。由于营养不良、劳累过度，他时常病魔缠身、头疼欲裂，但他战胜贫病，顽强刻苦学习，成绩优异，受到教授器重。

1913 年，葛兰西加入社会党。1915 年 4 月，在通过大学最后一门考试后，他开始职业革命家生涯。1916—1918 年，他为《前进报！》(*Avanti*！)、《人民呼声》(*Il Grido del popolo*)撰写文章。1919 年 5 月，葛兰西创办《新秩序》(*L'Ordine Nuovo*)；后领导都灵工人委员会运动，开展同党内"左"、右倾机会主义斗争，受到列宁的赞扬。1921 年，葛兰西同陶里亚蒂(1893—1964)等人创建意大利共产党。1922 年，任意大利共产党驻共产国际代表。1924 年，创办《团结报》(*I'Unità*)，主张北方工人同南方农民联盟反抗法西斯暴政；同年当选为意大利共产党总书记。1925 年，他为意大利共产党三大起草决议，清算波尔迪加机会主义路线。1926 年，撰写《关于南方问题的提纲》("Alcuni temi della questione meridionale")；正当他组织反法西斯总罢工时，11 月 8 日被捕，后被法西斯特别法庭判处 20 年监禁。

在狱中，葛兰西时刻关注外面的斗争。他决心把监狱当作特殊战场，继续战斗。他热爱生活，热爱生命。他写信让亲人寄来花卉种子，种在 4 平方米的土地上，看它们生根、开花。受伤的麻雀飞到他的窗前，他小心翼翼地替它包扎，精心护理，使其痊愈。康复的麻雀在他手上跳来跳去，成了他的狱中伙伴。

在狱中，他从未以领袖自居，积极参加难友们成立的公共食堂的劳动，削土豆，择生菜，做扁豆汤。他把监狱当作课堂，组织政治犯文化补习学校，亲自教授历史、地理，他自己还参加了德语班学习。

葛兰西没有忘记敌审判长气急败坏的狂吼："我们要使这个头脑 20 年不能工作！"1929 年 2 月，当条件刚刚允许他工作时，他立即拟订了理论研究计划，向亲友索要所需的资料。他要总结十几年的斗争经验与教训，探索马克思主义革新之路，使敌人的妄想彻底破产。

敌人的残酷迫害，狱中阴暗潮湿的环境，使葛兰西本来就很虚弱的体质恶化：有时彻夜不眠，有时大口吐血，有时高烧不退。惨无人道的法西斯为了达到"慢性杀害"的目的，不给以及时治疗。不仅如此，敌人还阴谋地利用葛兰西的病痛诱其变节,说只要他向墨索里尼递交请求宽恕的申请书,就可获释并充任高官。葛兰西的回答是:“这是建议我自杀,然而我没有任何自杀的念头。”但他从不做无谓的牺牲,对无损于革命气节又有权要求的条件从不放弃。他申请订书订报,拥有笔、纸、墨水和单人牢房,从而在物质上保障了理论研究的进行。

无比坚强的葛兰西战胜了难以想象的困难,在1929—1935年写就《狱中札记》。这部用鲜血和生命写成的《狱中札记》,共计33本笔记,长达2848页,内容丰富,思想独特,是他为自己建造的非人工所为的纪念碑。

1937年4月27日,深受法西斯残酷迫害的葛兰西突发脑溢血逝世。

二　实践哲学

1933—1934年,葛兰西认真研读了布哈林的《历史唯物主义理论——马克思主义社会学通俗教材》(*La teoria del marxismo storico: Manuale popolare di sociologia marxista*),撰写了批判性的笔记和评论。葛兰西不同意布哈林把马克思主义哲学分为辩证唯物主义和历史唯物主义两个独立的、相互封闭的概念体系加以叙述。他指出,布哈林的全部错误的根源在于“企图把实践哲学分为两部分,一是‘社会学’,二是系统哲学;离开政治历史理论的哲学只能是形而上学”①。他认为,以马克思主义哲学为代表的现代思想史上的伟大成果恰恰是哲学的具体历史化及哲学与历史的同一;“只有在历史唯物主义这一领域,才能消除任何机械论和一切迷信‘奇迹’的痕迹”②。在这里,葛兰西强调唯物辩证法和历史唯物论的紧密结合,是把辩证的、历史的唯物主义,即实践唯物主义作为统一的马克思主义世界观来把握的。

同把辩证法仅看作方法论的肤浅看法相反,葛兰西认为“辩证法是

① 葛兰西:《历史唯物主义和克罗齐的哲学》,第167页,罗马,联合出版社,1977。
② 同上书,第163页。

新的思维方式，一种新的哲学"，而布哈林把辩证法与政治历史理论分开，"就再不能认识辩证法的重要性与意义，就把认识论、历史学与政治学的精髓贬低为形式逻辑的一个分支和一种入门的经院哲学"①。因为，在辩证法（认识论）中，历史、政治和经济的一般概念融为有机整体。

葛兰西注意从历史唯物主义研究意识和认识过程，坚决反对布哈林离开人的实践活动和具体的社会历史条件，仅把意识看作对物质的机械反映的形而上学观点。首先，他反对把那种"开天辟地"时的原始自然界看作认识的对象。他认为，实践不仅是人们认识的手段和检验认识的真理性标准，而且它为自己"创造"认识对象："只有当实在与人发生关系时，我们才能认识实在"。② 其次，葛兰西强调主体在认识过程中的能动作用，将主体选择、需要、价值、实践结合起来考察。他认为，现象是人依靠实践和科学利益而区分的质，即根据探索世界秩序及事物分类的必要性而区分的质，不是自在自为地存在的客观的东西。总之，葛兰西反对20世纪二三十年代盛行的被动的、直观的、照镜子式的反映论。他强调自然现象并非自动闯入人的感官，人是在变革自然时才与其发生关系，而实践又与人的需要、利益密切相关。从某种意义上说，现象是由主体翻译的客观实在。诚然，他在表述时对某些概念把握不准，给人以"矫枉过正"的印象。某些西方学者甚至认为葛兰西反对列宁的反映论。但只要联系葛兰西对马赫主义的批判，就会得出他是用选择论充实并完善反映论的结论。

在评价葛兰西哲学思想时，人们争论最多、分歧最大的当数"实践哲学"了。实际上，关于实践哲学的札记是一位身陷囹圄的共产主义战士对马克思主义的深刻理解和独立思考。他不止一次地称马克思和恩格斯为"实践哲学"的两个创始人。可见，"实践哲学"是葛兰西在狱中对马克思主义的特殊称谓。一方面，这是为了避免引起法西斯监狱当局的注

① 葛兰西：《历史唯物主义和克罗齐的哲学》，第128页，罗马，联合出版社，1977。

② 同上书，第177页。

意;更重要的是,这是为了强调马克思主义是无产阶级改造世界、争取解放的强大思想武器。他认为,马克思主义是独特而完整的新世界观,代表一个历史时代的精神。只要这个时代没有完结,只要尚未在全世界消灭资本主义和实现共产主义,它就不会过时。在他看来,这个时代要延续几个世纪。

葛兰西还敏锐地觉察到马克思主义哲学在新的历史条件下受到歪曲和阉割的严重情况:“在现实中依然重现着关于费尔巴哈第一个提纲中受到批判的唯物主义和唯心主义彼此片面的立场,而且也和当时一样(虽然我们也达到更高的阶段),必须要在实践哲学发展的更高的阶段上的综合。”[①]为了肯定主观能动性又避免唯我论,同时避免抹煞主观能动性的机械论、庸俗唯物论,就必须“历史地”考察问题,并把实践作为哲学的基础。正是在这种意义上,葛兰西才说:“‘一元论’这一术语表达什么意义呢?当然不是唯物主义的,也不是唯心主义的,而是意味着在具体的历史行动中的对立面的同一性,即与某种组织起来的(历史化了的)‘物质’,与人所改变了的自然不可分割地联系在一起的具体意义上的人的活动(历史-精神)。”[②]葛兰西并非主张一般意义上的唯物主义与唯心主义的综合,只要我们联系他对黑格尔、克罗齐的唯心主义的批判,对布哈林、波尔迪加(Amadeo Bordiga)的庸俗唯物主义的批判,就会顺理成章地认为,他是在新的历史条件下,坚持马克思实践的、历史的唯物主义,从捍卫马克思主义哲学的完整性、反对任何一种片面倾向上谈唯心主义与唯物主义结合的。要知道,马克思本人在《1844 年经济学-哲学手稿》中首次提出,他的哲学是“既有别于唯心主义,也有别于唯物主义,同时是把它们二者统一起来的真理”[③]。从本质上看,“实践一元论”是以实践为基础,以现实社会的人为出发点,自然和社会相统一的关于人和外部世界(自然界和人类社会)相互关系及其发展规律的理论。

---

① 葛兰西:《历史唯物主义和克罗齐的哲学》,第 177 页,罗马,联合出版社,1977。
② 同上书,第 53—54 页。
③ 马克思:《1844 年经济学—哲学手稿》,刘丕坤译,第 120 页,人民出版社,1979。

像历史上一切伟大的思想家一样，葛兰西也有着自己的局限性。这突出地表现在他对“唯物主义”的误解上。他认为，“唯物主义”散发着决定论、宿命论、机械论的气味。另外，他在批判庸俗唯物主义时，对某些概念的理解和把握失之偏颇，某些不确切的表述容易给人造成模糊唯物论和唯心论界限的印象。

历史有着惊人的相似之处。如果说直觉唯物主义者费尔巴哈因耻于与那些唯物主义“次货”的“小贩”（毕希纳、福格特、摩莱肖特）为伍，而重复着对唯物主义的偏见，那么实践唯物主义者（共产主义者）葛兰西则对危害革命事业、抛弃革命辩证法的伯恩施坦、屠拉梯（Filippo Turati）、布哈林、波尔迪加宣扬的“唯物主义”嗤之以鼻，从而不同意“唯物主义”的名称。

葛兰西启示我们：一个政治家的真正哲学应到其政治著作中去寻找。这为我们准确把握、正确评价葛兰西的哲学思想指明了方向。

三　领导权理论

葛兰西的理论贡献是多方面的，尤以他对马克思主义政治学说的发展最为光辉。

俄国十月革命的胜利和列宁主义，对葛兰西政治思想的形成产生过决定性影响。十月革命胜利后，他曾憧憬过在意大利迅速取得革命成功的美好前景。但意大利法西斯的崛起，德、奥等国社会主义革命的失败，使他不得不思考这一问题：为什么西欧工业先进国家没有继十月革命之后取得胜利？

在狱中，他联系意大利和西欧的历史和现状，对这一问题作了全面深入地探索，形成了领导权理论。围绕这一理论，葛兰西形成“市民社会”概念，提出新的革命战略“阵地战”，强调知识分子的作用，突出社会主义民主的意义。

（一）市民社会

葛兰西首先考察国家的本质。他从阶级观点出发，认为国家是一定社会集团(阶级)的统治工具。这表明葛兰西在狭义上理解的“国家”同列宁完全一致。但他根据西欧的特殊社会结构和新的历史情况,对列宁的“国家”范畴作了补充。他指出:“国家的一般概念中有应该属于市民社会的某些成分(在此意义上可以说:国家=政治社会+市民社会;换言之:国家是配备有强制装甲的领导权)。”①显然,葛兰西扩大了“国家”概念的外延。在他看来,国家不仅仅是强制机关——政治社会,还是“教育”机关——市民社会。

和马克思稍有不同,葛兰西没有单从经济关系理解市民社会,他从上层建筑理解市民社会。葛兰西从西方社会现实出发,注意到教会、工会、社团、学校等“私人”机构在对民众的教育和精神统一方面发挥的巨大威力,把它们称作市民社会,并同政治社会一起置于上层建筑领域。

葛兰西指出,统治阶级要维持对敌对阶级的统治,不仅要依靠暴力和强制性的国家机器,而且要行使对被统治阶级的文化和意识形态的领导权。换言之,统治阶级通过学校教育、宗教、文学艺术、风俗习惯等手段,将其世界观灌输给被统治阶级,并使它成为公众遵守的道德规范,从而获得后者对“合法”统治的认同。显然,葛兰西扩大了“国家”概念的内涵,把认同提升到国家本质的高度,而当“市民社会与政治社会脱离”时,就提出了新的领导权问题,即“国家的历史基础位移了”。

需要指出的是,在具体的历史生活中,政治社会和市民社会是统一的,市民社会是统治阶级用非暴力手段扩大和强化其权力的领域。有人强调在市民社会中出现的领导权关系的非暴力、非强制特点,却忽视了它们仍是不平等的权力关系,是强化和延续统治阶级对国家的控制的关系。

(二) 阵地战

葛兰西具体考察了东、西方社会结构的差异:“在东方,国家就是一切,而市民社会是原始和胶状的。在西方,国家与市民社会之间有一种

① 葛兰西:《历史唯物主义和克罗齐的哲学》,第163—164页,罗马,联合出版社,1977。

正确的关系。当国家动摇时,立即出现一个强大的市民社会结构;国家仅是前沿战壕,在它后面有一系列坚固的堡垒和工事。"[①]接着,他用形象生动的语言描述了这种特殊结构的作用:"至于最先进的国家,这里市民社会呈现出非常复杂的结构,这种结构抵抗得住直接经济因素灾难性的'侵入',如危机、萧条等等,即存在对经济周期干预的手段,这里市民社会的上层建筑就如同现代战争的战壕体系。就像在战壕体系中发生的一样:疯狂的炮击仿佛摧毁了敌军的整个防御体系,但仅仅破坏了外层,在冲锋时就会发现还面临着非常有效的防线。在大的经济危机时期,政治上也有类似的情况。进攻部队不会由于危机而在空中闪电般地组织起来,更不会具有进攻精神。同时,守卫部队并没有士气低落或丢弃防线,即使在瓦砾之中,对自己的力量与前途也没有失去信心。"[②]

在葛兰西看来,像俄国这样的东方国家,其市民社会是流动的、少层次的;工人阶级集中于少数大城市,大量的小农群众分散在农村。而沙皇国家就是一切,官僚机构庞杂,权力集中。一旦反动政权被砸烂,资产阶级政权土崩瓦解,无产阶级就可以立即成为领导和统治阶级。同东方国家相比,西方资产阶级强大得多,它们不仅拥有"前沿阵地",即反动政权,而且拥有众多的、坚固的"堡垒"和"战壕",即思想、文化的优势,以及学校、教会、道德观念、习惯势力等。因此,"进攻"与"防御"的关系十分复杂。所以,西方无产阶级仅仅夺取政权是不够的,而需要攻占市民社会的一切阵地。西方社会主义革命更艰巨,所需时间更长。结论是:在西方只能打"稳扎稳打"的"阵地战",而不能打"速战速决"的"运动战"。葛兰西借用"阵地战"和"运动战"这些军事术语,形象生动地说明两种不同的社会状况决定两种不同的革命战略。"阵地战"战略是领导权理论的深化与发展,它们之间有着紧密的内在联系:"阵地战"就是首先粉碎资产阶级领导权,确立无产阶级领导权,然后才有条件夺取国家政权。葛兰西告诫西方无产阶级,要更注意开展文化和意识形态的斗争;在成

---

①② 葛兰西:《关于马基雅维利、政治和现代国家的笔记》,第163页,罗马,联合出版社,1977。

为统治者之前,首先做领导者。这是葛兰西从西欧革命失败的血的教训中总结出的经验。

(三)知识分子

葛兰西从领导权理论出发,对知识分子问题特别关注,也试图从全新的角度探讨知识分子及其职能问题。他没有拘泥于传统的"知识分子"概念,而是根据他们特殊的社会职能来探讨。他对划分"知识分子"和"非知识分子"的通常标准提出了异议。他指出:"在我看来,最通行的方法论错误,在于在智力活动内部,而不是相反,在各种社会关系体系的总合中寻找区分的标准。因为这些活动(以及它们所代表的集团)处于各种社会关系的一般总体之中。比如,工人阶级的显著特点,并不在于它从事手工劳动,而在于它是在一定的条件下,一定的社会关系中从事这种活动。"[①]最后,他得出结论:"可以说,一切人都是知识分子,但并不是一切人都在社会中执行知识分子的职能。"[②]

在葛兰西看来,体力劳动与脑力劳动的分离不是绝对的。除了分工的界限外,实际上每个人都在发展某种智力活动,都具有一定的世界观和艺术鉴赏力。任何人类劳动都不可能排除"智力干预"。正是在此种意义上,葛兰西才说"一切人都是知识分子"。他似乎觉得这种表述不够准确,于是举例加以修正:"同样,每个人随时都可能煎两个鸡蛋,或缝一件上衣,但不能说大家都是厨师或裁缝。"[③]因此,真正的知识分子是那些其"特殊职业活动重心方向"为"智力劳作",并在上层建筑中执行"领导权"的人。这样,葛兰西把"知识分子"概念扩大到社会的一切领域,指在生产、政治和文化领域中发挥组织者职能的人,不仅包括哲学家、艺术家、作家和新闻记者,也包括科学家、工程师、政府官员和政治领袖。

葛兰西接着考察知识分子的形成过程,指出知识分子并不构成独立自主的阶级,而是分别隶属于不同的阶级。但他们一经形成,就具有相

① 葛兰西:《知识分子与文化组织》,第6页,罗马,联合出版社,1977。
②③ 同上书,第7页。

对独立性，并有着特殊的社会职能。知识分子使整个阶级不仅在经济领域，而且在社会政治领域具有同质性；他们是市民社会和政治社会的活细胞，他们构建本阶级的意识形态，并使后者认识自己的使命，进而使这种意识形态成为渗透到整个社会的世界观。在意识形态的传播方面，知识分子不仅掌握宣传工具，而且肩负着在市民社会建立"意识形态结构"（如教会、教育体系、工会、政党等）的重任。同样，在政治社会中，知识分子负责管理国家机器与军队。总之，知识分子是上层建筑的"官员"。

葛兰西在"有机"知识分子和传统知识分子之间作了区分。所谓"有机"知识分子，就是新生阶级的知识分子；而传统知识分子是指与旧的经济基础相联系的知识分子。先进阶级为实现自己的战略总目标，就必须"同化"并在意识形态上战胜传统知识分子。传统知识分子又分为两类：一是在旧政治社会中充当官吏，行使"强制"职能的少数人；二是在旧市民社会中活动的广大知识分子。对于前者，要施之以暴力或合法地"消除"；对于后者，只能在思想上征服、在组织上同化，对那些无组织的知识分子的同化更为容易。应该说，葛兰西的这一思想在社会主义革命实践中有着现实指导意义。无产阶级对于传统知识分子只能采取团结、教育的方针，任何粗暴的、简单的、过激的政策都会有损于革命事业。至于自己培养造就的知识分子，不仅应视为本阶级的力量，而且是最积极、最先进的力量。

葛兰西还从政党角度考察知识分子作用："政党仅是建立自己的有机知识分子的方式"，"政党恰是在市民社会中执行国家在政治社会中，即在更综合更广泛的范围内执行的功能——促成统治的社会集团的有机知识分子与传统知识分子的融合"，政党"使其作为经济因素产生、发展的成员，直至成为合格的政治知识分子、组织者，各种活动及整个市民社会、政治社会有机发展固有功能的组织者"。[①] 因

① 参见葛兰西《知识分子与文化组织》，第 13 页，罗马，联合出版社，1977。

此,政党的全体党员应当看作知识分子。这里,葛兰西从党建的高度看到文化建设、知识分子的重要性。的确,离开先进思想的指导、精神文化的巨大吸引力,党就不能发挥领导核心作用;如果党员的文化水准不高,也很难发挥骨干作用。

葛兰西摒弃了依据所谓“知识分子活动本质”界定知识分子的方法,而从“社会关系的总和”,即知识分子活动的社会功能来考察知识分子的地位。他既肯定知识分子的阶级性,又强调知识分子的独立性与中介性。他认为,知识分子不仅应是具有专业知识和专业技能的人,而且应是具有崇高理想、高尚情操和文化修养的人。

(四) 社会主义民主

作为共产党领袖,葛兰西高度重视社会主义民主问题。他认为,国家具有历史性,自然有形成、发展、消亡的过程。如果说国家创建初期主要作为“政治社会”存在的话,那么随着自身的发展,“市民社会”会越来越强大。由此看来,在社会主义制度下,国家的暴力和强制的因素呈逐渐减弱的趋势,而领导权和积极认同的因素则逐步增强。也就是说,随着时代前进,社会主义民主问题变得日益重要。

葛兰西并不反对无产阶级国家对少数人的专政,也不反对在无产阶级专政创始时期实行中央集权制,但他不赞成将专政绝对化、扩大化,忽视了领导权和积极认同,从而没有真正实行民主集中制,没有抓紧社会主义民主建设。在葛兰西看来,中央集权制不是目的,而是产生国家生活新形式的手段。它并不是社会主义政治制度的理想模式和唯一模式,而是像俄国那样市民社会不发达的国家在一定历史阶段的特殊模式。中央集权制对于市民社会发达的西方国家就不适合。葛兰西正是由于洞察了苏联中央集权制有压制民主、扼杀人民群众积极性和创造性的严重弊病,才强调它的暂时性和可批判性。社会主义政治制度的理想模式应建立在民主集中制原则之上,个人和集团的积极性同社会主义制度协调一致。但这是“发自内心”的积极认同,而不是靠“官员政府”强制和行政命令形成的表面的一致。葛兰西强调,“至关重要的问题不是被动和间接的认同,而是积极的、直接的认同”[1]。

葛兰西并不否定法律、纪律的重要作用,但他反对用纪律取消个性、扼杀自由。他一针见血地指出:“个性与自由问题的提出并不是由于纪律的事实(否则,将会陷入无政府主义和独裁主义的泥坑中),而是由于支配纪律权利的存在。如果这种存在是‘民主的’……那么纪律就是民主秩序和自由的必要因素了。”[2]应当说葛兰西的这一思想相当深刻,并为社会主义国家的实践所证实。这里触及社会主义权力性质有可能改变的问题。如果执行纪律的权威代表人们的利益,纪律就是对公民自由与民主权利的保障。相反,当权威只代表少数人利益,法律和纪律就会践踏民主、扼杀自由。

葛兰西告诫执政的共产党千万不要压制历史上的新生力量:“如果一个政党努力使被剥夺权利的反动势力受到法制的约束,并把落后的群众提高到新法制的水平,那么这个党的作用就是进步的。相反,如果它企图压制历史上的有生力量,它的作用就是退步的……当党是进步的政党时,它的行动是‘民主’的(民主集中制意义上的民主);当党是退步的政党时,它的行动是‘官僚式’的(官僚主义集中制意义上的官僚)。”[3]

值得注意的是,在苏东剧变后,西方学者乐于把葛兰西歪曲成社会民主主义者或民主社会主义者。实际上,葛兰西严格区分资产阶级民主和社会主义民主。他一贯批判资产阶级民主的不平等性、排他性与局限性,认为资产阶级民主国家也要由无产阶级国家所取代。更重要的是,葛兰西强调社会主义与民主密不可分的关系:没有社会主义,就不会有真正的民主;没有民主,也不会有真正的社会主义。在他看来,民主不仅是手段,更是目的,是社会主义的本质所在。

葛兰西的《狱中札记》是20世纪最富独创性的马克思主义理论著作之一,因其内容丰富、思想深邃、概念新颖、语言隐晦和笔记性质,又是马

---

① 葛兰西:《关于马基雅维利、政治和现代国家的笔记》,第158页,罗马,联合出版社,1977。

② 葛兰西:《过去与现在》,第165页,罗马,联合出版社,1977。

③ 转引自费奥里《葛兰西传》,吴高译,第4页,人民出版社,1983。

克思主义文献中颇令人费解的作品。这在客观上为具有不同政治色彩的人们对它的不同解释与评价提供了条件。意大利共产党称葛兰西思想是党的指导思想;南斯拉夫实践派称葛兰西思想是其理论渊源;苏联学术界强调列宁主义和苏维埃经验对葛兰西的影响;欧洲共产主义尊葛兰西为理论先驱;"新左派"学者称葛兰西是"西方马克思主义"创始人。

葛兰西以其英雄的业绩、崇高的人格、光辉的思想,将永远被全世界无产者和进步人类所怀念。

第二节 战后思想家

一 葛兰西研究

第二次世界大战后,马克思主义迅速成为富有生命力的新思潮在意大利广泛传播。这一方面是由于意大利工人阶级和知识分子有着优良的马克思主义传统(从拉布里奥拉到葛兰西),另一方面是因为战后阶级矛盾尖锐、社会动荡,具有革命性与实践性的马克思主义,对于渴望社会变革的人们有着特殊的吸引力。还有一个不可忽视的原因:战后意共力量日益壮大,成为国内第二大党、西方最大共产党,这支政治力量的存在,无疑会促进马克思主义的传播和影响。

意共对马克思主义经典著作的翻译出版工作十分重视。总书记陶里亚蒂亲自翻译《共产党宣言》和《路易·波拿巴的雾月十八日》。46 卷《列宁全集》、50 卷《马克思恩格斯全集》、3 卷《毛泽东选集》也陆续出齐。

对葛兰西理论遗产的发掘与研究,一直为意大利马克思主义者所重视。因为这不仅具有理论意义,还具有实践意义。1947 年,葛兰西的《狱中书简》(*Le lettere dal carcere*)出版。1948 年,《狱中札记》专题 6 卷本印行,它们是《历史唯物主义和克罗齐的哲学》(*Il materialismo storico e la filosofia di Benedetto Croce*)、《知识分子与文化组织》(*Gli intellettuali e l'organizione della cultura*)、《关于马基雅维利、政治和现代国家的笔记》(*Note sul Machiavelli sulla politica e sullo Stato moderno*)、《文学与民族生活》(*Letteratura e la vita nazionale*)、《过去与现在》(*Passato e presente*)和《民族复兴运动》(*Il Ri sorgimento*),出版后立即引起轰动。从 1954 年开始,葛兰西被捕前的著作分 5 卷先后出版,它们是《青年时期著作集》(*Scritti giovanili*)、《防波堤下》(*Sotto la Mole*)、《新秩序》(*L'Ordine Nuovo*)、《社会主义与法西斯主义》(*Socialismo e fascismo*)和《共产党的建设》(*La costruzione del partito comunista*)。从 1967 年开始,杰拉塔纳(V. Gerratana)编辑以写作时间为序的新版 4 卷本《狱中札记》,至 1975 年出齐。

为了促进葛兰西研究的开展,葛兰西研究所(意共理论研究机构)组织召开了五次国际学术讨论会。第一次,1958 年在罗马召开,陶里亚蒂作《葛兰西思想与活动中的列宁主义》(*Il leninismo nel pensiero e nell'azione di Gramsci*)的主题报告。第二次,1967 年在撒丁首府卡利亚里召开,以纪念葛兰西逝世 30 周年。第三、四次分别于 1977、1987 年在佛罗伦萨、罗马召开。第五次,1989 年在福尔米亚召开"葛兰西在世界"国际研讨会,来自 30 多个国家的 50 多名学者出席,我国学者首次应邀参加,所作《葛兰西研究在中国》的报告受到好评,并收录在研讨会论文集中;会议决定成立国际葛兰西学会。

20 世纪 70 年代,意大利掀起"葛兰西热",越来越多的学者从事对葛兰西的研究,一批有学术价值的专著相继出版,如巴达洛尼的《葛兰西的马克思主义》(*Il marxismo di Gramsci*),戈鲁比的《葛兰西的领导权概念》(*Il concetto di egemonia in Gramsci*),博内蒂(P. Bonetti)的《葛兰西与自由民主社会》(*Gramsci e la società liberademocratica*),博尔泰里(H. Portelli)的《葛兰西与历史集团》(*Gramsci e il blocco storico*)等。

研究的深入表现在对《狱中札记》和葛兰西前期著作的分别研究发展到综合研究,由理论研究发展到结合国际共运史和意共党史研究,20 世纪 80 年代开始比较研究。葛兰西研究所所长瓦卡(Giuseppe Vacca)指出,从考茨基到卢卡奇,从拉布里奥拉到葛兰西,是两条泾渭分明的路线。意大利学者围绕“领导权”“阵地战”“实践哲学”“绝对历史主义”展开激烈辩论。戈鲁比认为,无产阶级领导权是对无产阶级专政的补充和发展,“阵地战”也不排除在特殊历史条件下采用武装斗争方式的“运动战”。多数学者持相反看法,认为无产阶级领导权更适合西方的社会现实,更符合时代精神,理应代替无产阶级专政;“阵地战”就是用和平方式夺取政权的战略。意共学者认为,“实践哲学”同20世纪30年代苏联官方哲学格格不入,旨在强调和恢复实践在马克思主义哲学中的中心地位,与马克思的实践唯物主义一致。戈鲁比在肯定葛兰西的实践唯物主义哲学路线时,指出他的某些表述不准确,向唯心主义作了让步。科莱蒂不同意上述看法,认为葛兰西同早期卢卡奇的哲学思想很接近,其主要倾向是唯心主义的。意大利马克思主义者认为,葛兰西的绝对历史主义既是对唯心史观的批判,也是对庸俗决定论的批判。他坚持历史辩证法,强调发挥革命主体在客观历史进程中的能动作用,反对把历史规律理解为“橡籽必然长成橡树”般的自发起作用的规律。无疑,葛兰西的历史主义有着局限性。葛兰西历史主义的优点与缺点,在以后的意大利马克思主义者身上都有所反映。

苏东剧变后,学术界对葛兰西理论的评价更高了,再次掀起研究葛兰西的热潮。左派学者指出,实践证明葛兰西对苏联政治体制及官方哲学的批判具有前瞻性和普遍价值。1997年,为纪念葛兰西逝世60周年,国际葛兰西学会在那不勒斯举办“从一个世纪到另一个世纪”学术研讨会。1999年,国际葛兰西学会意大利分会在的里雅斯特(Trieste)召开研讨会,主题是“葛兰西与马克思”。与会学者一致认为,葛兰西的领导权理论不仅适用于西方,也适用于东方,“阵地战”是具有普遍性的革命战略。在国际共运处于低潮、马克思主义遇到严重挑战的时期,葛兰西的理论无疑是富有生命力的思想武器。

二　班菲与沃尔佩

战后意大利最著名的马克思主义哲学家当推班菲和沃尔佩。

班菲(Antonio Banfi, 1886—1957)是米兰大学哲学史教授。他是德国马堡学派的新康德主义和席美尔、舍勒、胡塞尔现象学在意大利的最早传播者之一,随后他又接受了英美现代哲学思潮的影响。这种文化背景使他在战前采取既不赞成唯灵论,也不赞成意大利新唯心主义的立场。通过对克罗齐、金蒂莱新黑格尔主义的批判,他形成了自己的批判主义理性哲学。班菲及其学派在知识的各个领域从事重要的研究活动,从美学到教育学,从理论哲学到人文科学,均有建树。班菲 1940—1949 年负责编辑《哲学研究》(*Studi filosofici*)杂志。他的早期著作有《哲学与精神生活》(*La filosofia e la vita spirituale*, 1922)、《理性论原理》(*Principi di una teoria della ragione*, 1926)。他在抵抗运动后期成为马克思主义者,主要著作有《实在研究》(*La ricerca della realtà*, 1959)、《马克思主义论丛》(*Saggi sul marxismo*, 1960)和《艺术哲学》(*Filosofia dell'arte*, 1962)。

班菲继承了拉布里奥拉和葛兰西的传统,在革命与历史的辩证法中把握马克思主义实质。他认为,马克思主义不是本体论、机械论,也不是范畴体系,而是关于人类解放的理论,是对人争取人性实现的斗争的说明。这样,"历史""实践"这些范畴在马克思主义哲学中就居于中心地位。这表明班菲继承了欧洲人道主义的和科学的优良传统。这种传统正像弗兰尼茨基(P. Vranicki)所说:"班菲认为,新的'社会化的人'是那种不存在形而上学妄想的人,并且他是自然的一部分,但在自然中活动且创造自己特有的历史事业的同时,求得意识的普遍适用性和知识的合理性,它们使人能够从事他的实践的历史活动。"①

另一个有力推动马克思主义研究的学者是沃尔佩(Galvano Della-Vólpe, 1895—1968)。沃尔佩是蒙道尔夫(R. Mondolfo)的学生,先担任博洛尼亚大学现代哲学史"自由讲师",1939 年转至墨西拿大学教授哲学史,直至 1965 年。他最早受金蒂莱影响,后兴趣转向休谟、亚里士多德

① 弗兰尼茨基:《马克思主义史》第 3 卷,第 168 页,人民出版社,1992。

和伽利略。沃尔佩称誉亚里士多德是反柏拉图主义的鼻祖，后来伽利略开创的近代实验物理继承了反柏拉图主义的传统。正是通过实验主义，沃尔佩才走向马克思主义，并在1944年加入意大利共产党。1955—1965年，沃尔佩努力使意共恢复在学术界的主导地位，使意大利马克思主义者重视对科学认识论的研究。

在其代表作《作为实证科学的逻辑学》(*Logica come scienza positiva*，1950)中，沃尔佩着重探讨了马克思同黑格尔的关系。他认为，马克思的辩证法同黑格尔的辩证法没有丝毫联系，如果说黑格尔的辩证法是神秘主义的、抽象的、总体的辩证法，那么马克思的辩证法就是具体—抽象—具体的循环的方法。他由于担心马克思的辩证法受到黑格尔唯心主义的污染，从而断然否定马克思与黑格尔的联系。沃尔佩把唯物辩证法归结为实验科学的方法，结果就取消了辩证法。

《卢梭与马克思》(*Rousseau e Marx*，1957)在青年人中产生巨大影响，多次再版。沃尔佩在此书中指出，在政治理论和道德理论领域，马克思主义达到时代的顶峰。在西方政治思想史上，有两条根本对立的路线：一条是从洛克到康德的自由主义路线，其特点是以抽象的个人、个人价值为中心，因个人价值游离于社会之外，才具有“自然”权利；另一条是从卢梭到马克思的民主与社会主义路线，其特点是批判社会的不平等，将个人放到具体社会中考察。他进而对“社会主义的合理性”进行了探讨，认为未来的社会可以将共产主义原则与卢梭的民主要求、尊重人的自由统一起来。

沃尔佩在美学领域也有建树，1960年完成美学专著《趣味批判》(*Critica del gusto*)。他批判克罗齐的唯心主义美学，指出艺术的独特性要在社会历史的基础和工具技术特性中去寻找。沃尔佩认为，艺术的东西与科学的东西，按认识因素来说，是无法区别的。否则，艺术作品的相关性将不可理解。要理解艺术作品，除了了解艺术作品的结构同产生它的社会结构的关系之外，还要证实一般认识论方面，以及确定认识论方面的特殊性。这就要求说明这种理性-直觉的具体性，要求进行有别于其他科学的或哲学的语义学分析：诗或文学的语言符号的特殊性在于它的多义性，而科学语言符号的特性是一义性。

三　卢波利尼及其他

沃尔佩关于马克思同黑格尔关系的看法，在意大利引起激烈争论，最先提出异议的是卢波利尼。

卢波利尼（Cesare Luporini，1909—1993）早年留学德国，是哈特曼和海德格尔的学生。1942 年，他参加关于存在主义的大讨论，发表了《在人的存在中的形势与自由》（"Situazione e libertà nell'esistenza umana"）一文。但在投入抵抗运动后，他很快抛弃了存在主义，在思想上成为马克思主义者，在政治上加入意大利共产党。卢波利尼是《马克思主义经典文库》（*I classici del marxismo*）编委会成员，参加意共理论刊物《社会》（*Società*）的编辑工作，还是《马克思主义评论》（*Critica marxista*）杂志的编委。

战后，卢波利尼主要在佛罗伦萨大学从事马克思主义哲学和近代思想史的研究与教学工作。其主要成果有：《新老哲学家》（*Filosofi vecchi e nuovi*，1947）、《列奥纳多・达・芬奇的思想》（*La mente di Leonardo*，1955）、《伏尔泰和〈哲学来信〉》（*Voltaire e 《Lettres philosophiques》*，1955）、《康德的空间与物质观》（*Spazio e materia in Kant*，1961）。

卢波利尼一针见血地指出，沃尔佩忘记了马克思的范畴的历史性这一基本特征，从而对马克思作了伪理论和宗派主义的解释。同沃尔佩把辩证方法看作具体—抽象—具体的方法相反，卢波利尼认为马克思的方法是抽象—具体—抽象的方法。后来，他直接研究许多重大的马克思主义哲学问题，诸如真理与自由、道德生活的根源、人的主体性与制约、政治与经济等论题。在关于马克思主义的国际大讨论中，他批判了历史主义，表明了与阿尔都塞（Louis Pierre Althusser）相接近的观点。这方面的成果有：《辩证法和唯物主义》（*Dialettica e materialismo*，1974）、《政治学批判和政治经济学批判》（*Critica della politica e critica dell'economia politica*, 1980)、《马克思研究》(*Studi di Marx*, 1980)。

卢波利尼特别强调实践的意义,他认为实践不仅是认识的基础,而且是人的历史存在的基础。因此,最根本的东西就是社会实践。进而,他对列宁的《唯物主义和经验批判主义》的某些认识论观点提出异议。他认为,列宁为了政治斗争的需要,在批判经验批判主义时表现出某些片面性是可以理解的,但现代马克思主义者无视现代科学和时代发展的新情况,仍然坚持某些过时观点就毫无道理了。卢波利尼强调马克思从人的方面去"把握"客观性的能动的过程,反对把认识看作机械的反映。他认为,"反映"这种比喻至多表示过程的结果,而不是它的运动方式。

在对待辩证唯物主义的态度上,卢波利尼同沃尔佩一样,持彻底否定态度。班菲仅把辩证唯物主义看作认识论,只有米兰大学教授杰伊莫纳特仍在研究辩证唯物主义。杰伊莫纳特认为:存在着不依赖于主体的客观实在;客观实在是可知的,但可认识性又不是绝对的;认识过程是感觉和理论分析(抽象化、形式化)过程的综合;感觉和概念是主体借以认识客观实在的工具。他反对把反映理解为消极的认识过程。他指出,意大利马克思主义的传统缺陷是,在历史联系中考察自然界,从而否定自然界的内在发展规律。

从20世纪70年代开始,意大利马克思主义者加强了对科技革命的研究,他们注意到盲目夸大科技革命意义的危险性。杰拉塔纳尖锐地指出,在资本主义制度下,科技革命不可能自发地促进社会进步,科学价值和科学产生的结果这个二律背反,只有通过有效的革命实践才能克服。乔万尼·贝林格(Giovanni Berlinguer)是意共总书记恩里科·贝林格之弟,他主张把科技革命的进程同社会的革命改造结合起来。

战后,意共学者一直是意大利马克思主义理论队伍的主力。除班菲、沃尔佩和卢波利尼外,巴达洛尼、戈鲁比、杰拉塔纳也是重要代表。

巴达洛尼(Nicola Badaloni)是比萨大学语文与哲学系主任、哲学史教授,曾任《马克思主义评论》编委。他的研究领域广泛,著述颇丰,主要著作有《维柯导读》(*Introduzione a G. B. Vico*)、《康帕内拉》(*Tommaso*

Campanella）、《作为历史主义的马克思主义》（*Marxismo come storicismo*）、《60 年代的意大利马克思主义》（*Il marxismo ita liano degli anni sessanta*）等。

戈鲁比（Luciano Gruppi）曾任意共中央党校校长，致力于马克思主义学说史研究，主要著作有《列宁的思想》（*Pensiero di Lenin*）、《历史性与马克思主义》（*Storicità e marxismo*）、《暴力与革命》（*Violenza e rivoluzione*）、《改良与革命》（*Riforma e rivoluzione*）、《历史唯物主义辩证法》（*Dialettica del materialismo storico*）。

葛兰西研究所研究员杰拉塔纳，除重点研究拉布里奥拉和葛兰西外，还从事马克思主义原理和历史的研究，其代表作有《马克思主义史研究》（*Ricerche di storia del marxismo*），并主编过 6 卷本《马克思主义史》（*Storia del marxismo*）。

四　恩里科·贝林格与欧洲共产主义

意共领导人历来重视马克思主义理论研究。意共总书记陶里亚蒂的哲学观点同葛兰西相近，既批判历史唯心论，又批判庸俗决定论。在苏共二十大后，他尖锐地提出“官僚主义、脱离群众、窒息民主生活”等苏维埃制度退化问题。随后，根据意大利的社会特点，形成“结构改革论”。他指出，意大利无产阶级要推进工业和农业改革，工业改革为通过国有化粉碎和取消大资产阶级的垄断所有制，农业改革使耕者有其田。结构改革本身不是社会主义，但开始向社会主义过渡。为促进改革，工人阶级应同中、小资产阶级结成同盟。陶里亚蒂根据国际共运的新形势，提出“多中心论”。由于各国党遇到的问题不同，解决的方法也不同，因而就有不同的发展趋势，这样就形成不同的中心。他反对照搬苏联经验，主张因国情和民族特点不同，通向社会主义的道路也不同，意大利要通过民主方式走向社会主义。

恩里科·贝林格（Enrico Berlinguer，1922—1984）继承葛兰西和陶里亚蒂将马克思主义普遍真理同意大利具体实际相结合的传统，进一步探索意大利走向社会主义的道路。

贝林格青年时代酷爱哲学。他曾说,若不做职业革命家,最愿做个哲学家。他21岁加入意共,26岁当选中央委员,两年后任共青团总书记。因工作成绩卓著,历任意共中央书记、大区书记、副总书记,1972年3月,在意共十三大当选为总书记。

1976年6月,贝林格首次使用"欧洲共产主义"这一概念。他指出,对西欧资本主义发达国家的无产阶级来说,应探索一条同其他国家不同的社会主义新道路,这条道路既完全符合各民族的特点和传统,又完全符合欧洲大陆所表现出来的共同特点。这就是欧洲共产主义的选择,即通过民主道路对欧洲发达工业国家实行以社会主义为方向和以变革为目的的战略。

1979年,贝林格将"欧洲共产主义"改称通向社会主义的"第三条道路",它既不是苏联模式的共产主义,也不是社会民主主义的社会主义。为了说明第三条道路的历史必然性,他提出国际工人运动三阶段论。

贝林格指出,最初,我们有过第二国际的经验:工人运动为摆脱资本主义而进行的斗争是第一个阶段。这是社会党、社会民主党的阶段。19世纪产生的社会党和社会民主党曾是唤醒千百万被剥削者的阶级觉悟,使他们自觉地组织起来争取解放的主角。但这一经验陷于可悲的危机。今天,社会民主党的试验没有超出资本主义制度的界限,因此不能走社会民主党的老路。

第二阶段是由俄国十月革命开始的。十月革命、列宁的思想和活动标志着当代历史和人类发展的一个分水岭。十月革命打碎资本主义统治的锁链,苏联在反法西斯战争中作出巨大贡献。社会主义国家成为保卫世界和平的堡垒,并在社会、文化、科学各方面取得伟大成就。但是,现实社会主义"是从特别落后的经济和社会条件出发的,是从以稀少的自由和民主传统为特点(除了某些例外的情况)的政治和文明条件出发的";其"政治制度限制一系列的自由。……这是同我们把社会主义看成充分实现一切自由的观点相矛盾的”；[①]因此，至今已经实现的社会主义社会的模式是不能沿用的。

今天，西欧工人运动所担负的任务具有决定性的重要意义，要从历史上和文化上批判并发展以前的道路，推动社会主义在全世界的发展。这就是国际工人运动的第三阶段。

贝林格主张，意共为争取建立在民主、多元化基础上的社会主义社会而努力奋斗。这一社会“肯定个人和集体自由的价值并予以保障；肯定国家的世俗性和非意识形态性质以及国家的民主结构等原则；肯定多党制和执政多数轮换的可能性；肯定工会自主，宗教自由，言论自由，文化、艺术、科学自由”[②]。

贝林格指出，不能把民主道路简单地说成议会道路，这是一条斗争的道路。走向社会主义的民主道路，并不幻想社会平稳地、毫无动荡地从资本主义进化到社会主义。

总之，欧洲共产主义理论放弃暴力革命，主张通过议会道路和平地、民主地实现社会主义，不提无产阶级专政，提出在不打碎旧国家机器的情况下进行结构改革，建立“民主的、多元化的社会主义”，宣称实行宪法保证的多党制。主张无产阶级必须建立广泛的联盟，注意团结中间阶层，争取同社会民主党结盟，以取得大多数人民的支持，孤立垄断资产阶级。

欧洲共产主义理论同传统马克思主义理论的不同，引起东西方的广泛注意。

贝林格作为意共领袖，其哲学路线集中反映在其政治思想中，特征为一切从实际出发，坚持实事求是的思想路线，强调矛盾的特殊性，反对各种形式的教条主义，不是从先验的意识形态出发，而是从社会和人们的实际问题出发。

---

① 《贝林格言论选集》，第49—50页，人民出版社，1984。

② 同上书，第60页。

贝林格在新的历史条件下，独立思考，勇于探索，在马克思主义观、民主观、伦理观、时代观方面提出独特见解。

贝林格强调马克思主义的批判精神，认为它是“可以批评、发展和革新的遗产”；“对马克思主义做出公式化和机械化的解释”，“把马克思的思想变成故步自封、静止不动的哲学体系，变为意识形态的禁区”①，就是违背马克思的一贯教诲，因为马克思彻底批判和破除了那种把意识形态看成一种脱离实际历史过程，脱离科学文化具体多样的发展的体系的观点。

贝林格认为，马克思理论的发展，赶不上当代世界现实的重大变化、社会主义革命与建设的不同经验。他在充分肯定列宁主义的历史作用后，指出有些原理已经过时。他说：首先，列宁在一定的时刻(不是在理论上)把党和国家融为一体了，我们完全反对这种党政合一的做法；其次，列宁始终坚持认为，无产阶级专政是革命转折中的必要手段，我们也反对这种观点；再次，列宁始终坚持认为，革命转折必须经过两个不同的阶段，即一个是资产阶级民主阶段，接着是社会主义阶段，与此相反，在我们看来，民主也是无产阶级斗争的产物。

在民主问题上，贝林格坚持并发展了列宁主义。像列宁一样，贝林格清楚地了解资产阶级民主的局限性：“在资本主义制度下，民主自由过去和现在都始终是有阶级局限性的……这种局限性在于存在着人剥削人的制度。”②居于统治地位的资产阶级及其政党，一旦其特权和权力遭到打击或威胁，就随时会破坏民主、践踏民主。但他更加强调民主与社会主义的关系。他认为，民主首先是工人阶级和劳动群众运动斗争的结果，因此，应把这些民主成果看成是开展争取实行以社会主义方向的变革、斗争的一个条件。他举例说，把议会仅仅看作一个揭露资本主义和资产阶级政府的弊端以及宣传社会主义的讲坛是不够的。不仅如此，掌

①《意大利共产党第十五次全国代表大会文件集》，第3—4页，中共中央对外联络部七局，1979。

②《贝林格言论选集》，第50页，人民出版社，1984。

权后的无产阶级及其政党在建设社会主义社会时，应保障公民自由和民主权利。民主和社会主义的关系在各个国家可以根据不同条件加以发展，但这种关系的发展总要保障个人和集体的基本自由权利。

道德问题是贝林格十分关注的一个问题，他总是把伦理学与政治学联系起来考察。他认为，政治就是在现实历史性中的伦理学，即是说伦理学是政治伦理学，关系到整个社会的伦理学："道德问题…… 现在已成为首要的和基本的政治问题，因为恢复对制度的信任、国家的有效治理以及民主制度的继续存在，都有赖于这个问题的解决。"①不仅如此，贝林格的伦理学还是解放的伦理学，他不仅关注无产者和劳苦大众挣脱资本主义奴役的枷锁，而且关注争取全社会和全人类更加美好的前途。

贝林格把阶级意识同人类意识紧密结合起来，考察时代的特征。他首先肯定我们的时代是逐步实现向社会主义过渡的时代，接着指出世界由于全人类所共有的一些生死攸关的问题而更加统一。核武器的出现，使各国、各阶级和一切社会制度都面临被毁灭的危险，因此，维护和平与拯救人类成为压倒一切的问题。核时代又是世界北部和南部发展极不平衡的时代，因此，核时代阶级斗争应扩大理解为摆脱不发达、饥饿和各种形式的民族压迫，而不能归结为两大军事集团的冲突。

五　反马克思主义潮流与科莱蒂

在苏联解体、东欧剧变、国际共产主义运动转为低潮时，意大利共产党于 1991 年更名为左翼民主党，沦为社会民主党。国际国内政治风云突变，马克思主义研究陷入严重危机。以往活跃的左派学者销声匿迹，投机分子和右派变本加厉地攻击马克思主义，其中科莱蒂表现尤为突出。

科莱蒂(Lucio Colletti，1924—2001)是沃尔佩的学生，罗马大学理论哲学教授。20 世纪 50 年代为意共党员，1964 年退党后加入社会党。

---

①《贝林格言论选集》，第 142 页，人民出版社，1984。

其主要著作有:《意识形态与社会》(*Ideologia e società*, 1969)、《马克思主义和黑格尔》(*Il marxismo e Hegel*, 1969)、《马克思主义与资本主义的"崩溃"》(*Il marxismo e "crollo" del capitalismo*, 1977)、《不同的社会主义》(*Il socialismo diviso*, 1978)、《马克思主义和非马克思主义之间》(*Tra marxismo e no*, 1979)、《意识形态的没落》(*Tramonto dell'ideologia*, 1980)和《哲学的终结》(*Fine della filosofia*, 1996)。

科莱蒂从20世纪70年代中期就宣称"马克思主义危机",开始批判马克思主义。他首先批判恩格斯的自然辩证法。他说恩格斯讲形而上学等同于矛盾律,科学等同于辩证法,就将伽利略和牛顿的实验科学视为形而上学,反将黑格尔的自然哲学看作构建真正科学的尝试。他进而否定辩证法,认为对立统一规律、量变质变规律、否定之否定规律是恩格斯"照抄"黑格尔的,不能解释个别进程,甚至什么也解释不了,因此不是规律。20世纪80年代,科莱蒂接近康德,贬斥黑格尔,宣扬无矛盾原理。他说不存在实际的矛盾,只有逻辑矛盾(a =— a)和实际对立(汽车相撞)。20世纪90年代初,科莱蒂成为右翼政党意大利力量党议员。1998年在纪念马克思发表《共产党宣言》150周年之际,他痛惜自己追随马克思时间太长,自己的人生道路是失败的。他在为新版《共产党宣言》撰写的序言中承认,马克思是现代资本主义的伟大分析家,他天才地解释了未来资本主义市场,预见了经济全球化,从这点看,马克思是个超前的社会科学家。但在冷静的分析之后,马克思号召无产阶级完成自己的使命,说明马克思受黑格尔历史哲学的影响:历史具有终极目的,受内在规律制约;在基督教哲学中是天国,在马克思那里是无剥削、无压迫的平等世界。

第二十二章　现象学与存在主义

早在 1923 年，班菲就对胡塞尔的著作产生了兴趣。他主要是对当时克罗齐和金蒂莱的新唯心主义哲学反感，敏锐地发现作为对抗新黑格尔主义那些封闭、僵化问题的理性批判功能，现象学方法有着强大的生命力。另外，他还认识到胡塞尔的理性概念可以为逻辑学和社会、历史科学的深刻变革提供基础。

在班菲之后，20 世纪 30 年代，博比奥（Norberto Bobbio）也接近现象学。同期，一些天主教学者已对新托马斯主义和行动主义之间毫无结果的论战感到厌烦，从而在胡塞尔的现象学中找到出路。但到 1936 年，意大利的"现象学热"结束了，海德格尔和雅斯贝斯的存在主义思潮得到传播。

第二次世界大战前后，存在主义在意大利盛行。由意大利最早的存在主义者阿巴尼亚诺、帕契、帕莱松等发动的一场批判克罗齐历史主义和金蒂莱行动主义的运动取得胜利，扩大了存在主义的影响。

第一节　阿巴尼亚诺与帕莱松

从整体上看，意大利存在主义是独立于现象学发展的。阿巴尼亚诺和帕莱松都没有把现象学视为存在主义的理论要素。

阿巴尼亚诺(Nicola Abbagnano,1901—1990)是阿里奥塔(Antonio Aliotta, 1881—1964)[①]的学生,先后在数所大学教授哲学史和理论哲学。其主要著作有:《存在的结构》(*La struttura dell'esistenza*, 1939)、《存在主义导论》(*Introduzione all'esistenzialismo*, 1942)、《哲学·宗教·科学》(*Filosofia religione scienza*, 1947)、《实证存在主义》(*Esistenzialismo positivo*, 1948)、《可能性与自由》(*Possibilità e libertà*, 1957)、《哲学词典》(*Dizionario di filosofia*, 1960)、《哲学史》(*Storia della filosofia*, 1971)和《生活的智慧》(*La saggezza della vita*, 1985)。

第二次世界大战后,阿巴尼亚诺对实用主义和工具主义产生兴趣。为了清除存在主义其他代表人物加于存在主义中的虚无主义因素,他提出"实证存在主义"的哲学路线。

阿巴尼亚诺重新确定哲学的最终性质,他把哲学称作永无止境的研究——从具体的人的境况出发,使"人作为世界的真正主体,进而才能认识和统治世界"[②]。他不同意现代存在主义关于一切人都具有相同选择可能性的观点,认为这将导致否定存在问题和有效选择的可能性。他指出,有效的选择"就是理性的首创精神或是作为自由的理性"[③]。阿巴尼亚诺出于对理性的呼唤,才把其他现代思潮的成分汲取到存在主义之中。

阿巴尼亚诺在确定实证的存在主义的历史地位时,还考察了存在主义的理论先驱和其他形式的存在主义。他指出,康德和克尔凯郭尔不同,前者"肯定"可能性,后者否定"可能性"。但他们的观点并不根本对立,而是相互补充。为此,一种非片面的存在哲学就应当把康德和克尔凯郭尔结合起来,以便把握住作为其"结构"、准则和标准的可能性。这

---

① 阿里奥塔,意大利哲学家。

②③《哲学词典》,"阿巴尼亚诺"词条,第1页,米兰,加尔桑蒂出版社,1993。

样，阿巴尼亚诺不仅把存在主义同现象学区分开(后者还是一种纯粹静思的哲学)，而且把自己的实证存在主义同德、法的存在主义相区别：他把后者称作消极的存在主义，因为它将可能性和非可能性等量齐观。他认为，萨特和加缪把各种可能性视同一律，故选择是随意的，还谈不上真正意义上的选择。海德格尔的立场较为完整，除了死亡之外，也赞成一切可能性等值，但由于死亡是必然性，而不是真正的选择，同样可能性和选择的真正性质也丧失了。如果构成存在的各种可能性因某种原因是等值的，那么这种存在主义之所以是否定的，不是因为它否定了信仰、价值或实在，而是因为它否定了其得以存在的原则本身，即作为可能性的存在。同这类存在主义不同，实证存在主义在其基本问题上承认实在，尤其是承认可能性的规范特征——每种可能性的标准，重复已完成的选择的可能性。这样，就使唯一可能的选择自由得以保障，这种自由包含对自身可能性的保障(比如，只有自由政府才向人民保障选择和重复选择的可能性)。

如果说从整体上意大利现象学没有导致存在主义，那么帕契是个例外。他感到"绝望的胡塞尔的理性主义"解决不了人的问题，于是在20世纪三四十年代转向存在主义。

帕契(Enzo Paci，1911—1976)是班菲的学生，先后在帕维亚大学和米兰大学任教。其主要著作有：《存在主义》(*L'esistenzialismo*，1943)、《从存在主义到关系主义》(*Dall'esistenzialismo al relazionismo*，1957)、《科学的功能和人的意义》(*Funzione delle scienze e significato dell'uomo*，1963)、《胡塞尔思想形态和物质自然及动物自然构成问题》(*La formazione del pensiero di Husserl e il problema della costruzione della natura materiale e della natura animale*，1967)和《关于现象学百科全书的构想》(*Idee per una enciclopedia fenomenologica*，1973)。

帕契同阿巴尼亚诺一样，也主张选择的自由，反对存在主义中的虚无主义倾向。尽管他赞成阿巴尼亚诺的实证存在主义，认为这种存在主义在实证意义上理解，就是在人道主义的世界观内超越痛苦与恶，否定历史形势的必然性,这种世界观已使科学与哲学在人与人之间建立起个体与社会层次的关系。但他对存在的解释不同,他认为存在不仅是可能性,还是“物质”与“需要”。

帕契深入研究了萨特、梅洛-庞蒂、怀特海以及美国新实证主义,把研究重点转向主体和客体的关系、哲学和知识领域的关系。从1956年开始,帕契又将存在主义同现象学融合,认为存在主义的悲观主义的出路是由于对现象学深刻目的的无知所致。

意大利存在主义分为两个学派:世俗存在主义与基督教存在主义。前者以阿巴尼亚诺和帕契为代表,后者以帕莱松、卡斯泰里和普利尼为代表。

帕莱松(Luigi Pareyson, 1918—1991)是都灵大学美学教授,是存在主义在意大利的最初传播者之一,著有《存在的哲学与雅斯贝斯》(*La filosofia dell'esistenza e C. Jaspers*, 1940)、《存在主义研究》(*Studi sull'esistenzialismo*, 1943)。战后表现出把存在主义与基督教唯灵论融合的倾向。他还从存在主义出发,形成某种形式的人格主义哲学,1950年完成《存在与人格》(*Esistenza e persona*)。在认识论方面,帕莱松提出解释论。他认为,解释是人们对形式的认识。由于主体和客体本身的无限性,故解释不是唯一的,也不是随意的,而是无限多样的。真理是非客观的,解释是相对的,具有历史性。在美学领域,他反对克罗齐的直觉美学理论,提出形式美学理论。他认为,艺术生产具有可实现性(在质料和技巧中具体实现)和诉讼、意向性(活动的同时发明活动的方式)。其美学专著有:《美学》(*Estetica*, 1954)、《艺术论》(*Teoria dell'arte*, 1965)、《美学问题》(*I problemi dell'estetica*, 1966)。

帕莱松没有放弃哲学的思辨性,相反,他肯定这种思辨性是通过真理与人、存在与人的不可分割的联系来论述的,而存在主义还不会公正地承认这一点。换言之,帕莱松采取一种中间立场:一方面,他强调存在主义宣扬的这种哲学和个人要求的实践性;另一方面,他认为只有坚定不移地走上思辨之路,个人要求才能满足。然而,存在主义并未承认人与上帝的宗教关系、人与存在的形而上学关系。上述观点并不意味着帕莱松企望在哲学与宗教之间进行选择，也不意味着二者简单的相互补充，而是说目前要正确拟定哲学问题，如哲学的性质与功能，就必须对基督教问题，即它的兴起和衰亡问题作出正确解释。

帕莱松在其晚年，先撰写《解释哲学》(*Filosofia dell'interpretazione*, 1988)，重构并发展其存在主义理论；后完成《自由哲学》(*Filosofia della libertà*, 1989)，形成自由本体论哲学。根据这种哲学，不仅存在被界定为自由，而且实在本身就是自由或是自由的结果。他认为，实在无基础，它挂在自由上。因此必须摒弃存在的"中心性"，用自由本身代替存在。他从自由的首要性出发，将恶作为宇宙的和本体论的问题来研究。基于对自由的谢林式的反思，他主张将上帝的绝对万能理解为还想要恶的自由；在上帝那里被战胜和克服的消极性，相反正处于人性虚伪的中心。进而，他同陀思妥耶夫斯基思想相通[见1993年出版的生前作品《陀思妥耶夫斯基》(*Dostoevskij*)]：正像动物、小孩和白痴遭受的无益苦难，它们无法通过反思的意识补救自己的痛苦；这类苦难成为重要的人类学范例，同时成为形而上学的恶的象征。

卡斯泰里(Enrico Castelli)认为，存在主义作为感到孤独的知识分子的哲学，它的造反意识意义深远。他把存在主义分为左倾存在主义和右倾存在主义，右倾存在主义的特征在于肯定历史神性的必然性，在某一确定时刻使人们听到它的声音。他认为，神学存在主义反对同现象学相近的存在主义，并最终同赞美死亡的所有形式的存在主义相对立。同样，卡斯泰里还肯定神学存在主义与形而上学相联系。在他看来，反对形而上学的存在主义就是绝望的存在主义，更确切地说，是"呼喊的学说"。相反，存在并不仅是呼喊。正是由于形而上学论述神性并说明其意义，此种形而上学就直接同历史及拯救的神学相联系。

普利尼(Pietro Prini)一方面主张存在主义与现象学相联系，另一方面研究存在主义与马克思主义的吻合点。普利尼把存在主义同各种形式的人生哲学明确区分开，并承认存在主义通过对先验的强有力召唤，驱散了对内在主义、历史主义和"实证主义"的狂热。

第二节 帕契与普莱蒂

到了20世纪50年代,存在主义在意大利的影响日益减弱。60年代,现象学思潮在意大利重新崛起,影响越来越大。这首先归功于帕契。他自1951年至1976年一直主编并准时无误地发行《非此即彼》(*Aut Aut*)杂志,该刊主要从事现象学研究。他在重新阅读康德的先验模式论后,最终认为胡塞尔的现象学是当代的根本思想。后来他又提出现象学、现代科学和马克思主义相互补充、纠正的观点,认为马克思主义只有采用现象学方法,才能避免陷入自然主义和教条主义的错误。

帕契明确提出"回到胡塞尔那里"的口号,但他所说的已不是20世纪三四十年代理解的那个胡塞尔,而是后期胡塞尔,即在死后发表的著作中论及生命世界、心理学和危机的胡塞尔。

帕契不同意把现象学解释为严密科学的哲学的各种观点。他不仅反对把现象学与新实证主义和语言分析问题相联系,而且把现象学理解为源于"事物本身"清晰性的唯一可能的严密哲学。

同意大利现象学思潮主流相反,佛罗伦萨大学教授普莱蒂(Giulio Preti, 1911—1972)仍坚持胡塞尔的早期思想。普莱蒂的大学毕业论文就是关于胡塞尔的。他后来参加班菲领导的《哲学研究》编辑部。他的早期著作有《价值的现象学》(*Fenomenologia del valore*, 1941)和《唯心主义与实证主义》(*Idealismo e positivismo*, 1943)。当他思想成熟时,主要倾向是胡塞尔的现象学和新康德主义。第二次世界大战后,普莱蒂又从早期马克思思想和杜威的实用主义中汲取营养,但他认为最符合时代精神的还是逻辑经验主义。在《实践与经验主义》(*Praxis e empirismo*, 1957)一书中,普莱蒂主张形成反独断论的新型民主文化,表现出既反对唯灵论和唯心论,又反对历史主义和传统马克思主义的立场。这本书在意大利引起广泛争论。普莱蒂对新实证主义的证实原则的解释十分独特，认为它不是认识的原则，而是“方法的规则”，即不是事实的陈述，而是规范的陈述。当非理性思潮兴盛时，他强调科学与哲学的自主性。

普莱蒂在 20 世纪 50 年代的《卡尔纳普语义学中的真理问题》(“Problema della verità nella semantica carnapiana”)，60 年代的《哲学语言》(“Linguaggio della filosofia”)，70 年代的《语言哲学导论》(“Introduzione alla filosofia del linguaggio”)等一系列论文中，着重研究胡塞尔的《逻辑研究》和《形式的与超越论的逻辑学》等前期著作。他指明，在最深刻的先验意义上的胡塞尔现象学与语义学发展之间存在着方向的相似性。他在胡塞尔的哲学中发现某种极有价值的要求：比如，把逻辑学理解为克服割裂科学知识的统一科学；他肯定它的理论性与规范性，并把它看作“无语言陈述”。普莱蒂把逻辑学划分为三个层次：纯形态学、推理逻辑和真理逻辑。这种划分同卡尔纳普的划分基本相同：前两种逻辑与卡尔纳普的综合逻辑一致，第三种同语义逻辑相同。普莱蒂的其他著作有：《科学思想史》(*Storia del pensiero scientifico*, 1957)、《修辞与逻辑——两类文化》(*Retorica e logica. Le due culture*, 1968)、《人道主义与结构主义》(*Umanismo e strutturalismo*, 1971)。

第二十三章　科学哲学与逻辑学

第一节　研究概况

第二次世界大战后，随着否定科学价值的克罗齐主义的衰落和科学技术的飞速发展，新实证主义开始在意大利复兴。1953 年，意大利新实证主义开始分化和改革。20 世纪 50 年代末，转向科学哲学的研究。1960 年杰伊莫纳特《哲学与科学哲学》(*Filosofia e filosofia della scienza*)的发表，标志着意大利科学哲学的诞生。

杰伊莫纳特(Ludovico Geymonat，1908—1991)是米兰大学教授。20 世纪 30 年代主要批判克罗齐主义，捍卫科学的认识价值。这个时期他的著作有:《实证主义的认识问题》(*Il problema della conoscenza nel positivismo*，1931)、《德国的新自然哲学》(*La nuova filosofia della natura in Germania*，1934)、《哲学研究》(*Ricerche filosofiche*，1939)。杰伊莫纳特和赖欣巴赫(H. Reichenbach)、石里克(M. Schlick)、魏斯曼(F. Waismann)共同研究一个时期后，使新实证主义朝着“新理性主义和新启蒙主义”发展，这种倾向反映在《新理性主义研究》(*Studi per un nuovo razionalismo*，1945)、《历史和无限小分析的哲学》(*Storia e filosofia dell'analisi infinitesimale*，1947)、《现代方法论的起源》(*Le origini della metodologia moderna*，1947)、《科学思想》(*Il pensiero scientifico*，1953)等著作中。1960 年，杰伊莫纳特完成了划时代的《哲学与科学哲学》，表明他同实证主义决裂。杰伊莫纳特强调科学哲学的独立性，反对让科学哲学继续充当新实证主义的婢女。难能可贵的是，杰伊莫纳特提前并独立地完成了国外学者以后研究的题目。

在《哲学与科学哲学》发表仅仅四年之后，帕斯奎内里(Alberto Pasquinelli)就出版了《科学认识论新原理》(*Nuovi principi di epistemologia*)。在父亲的影响下，他早就对科学产生浓厚的兴趣。1951—1952 年在芝加哥师从卡尔纳普，进行学习和研究。回国后，他在《语言、科学与哲学》(*Linguaggio, scienza e filosofia*，1961)中对自己的研究进行了一系列语言分析，而《科学认识论新原理》标志着其科学认识论思想的成熟。

《科学认识论新原理》发表以后又过了五年，意大利科学哲学的佼佼者艾万德罗·阿伽齐脱颖而出。阿伽齐(Evandro Agazzi，1934—　)曾在米兰天主教圣心大学和米兰大学学习数学、物理学和哲学。随后又在牛津、马堡和明斯特大学攻读研究生。20 世纪 60 年代主要致力于数理逻辑和以数学为基础的科学观的研究，批判绝对形式主义的科学观。1969 年完成的《物理学的哲学论题与问题》(*Temi e problemi di filosofia della fisica*)成为战后意大利影响最大的科学哲学著作。从这部专著可以看出阿伽齐对数学、逻辑学、物理学、语言学等专门学科知识的透彻理解；同时，他深厚的哲学功底又避免了在处理专业化的问题时的纯技术主义倾向。

20 世纪五六十年代也是意大利逻辑学发展迅速的时期，有创见的学术著作和通俗读物一本接一本问世。1957 年，帕斯奎内里的《符号逻辑学导论》(*Introduzione alla logica simbolica*)和卡萨里(E. Casari)的《谓词逻辑》(*Logica dei predicati*)出版。两年后，卡萨里的《可计算性与递归性》(*Computabilità e ricorsività*)问世，意大利文版最好的数理逻辑教科书《数理逻辑纲要》(*Lineamenti di logica matematica*)出版。1961

年,杰伊莫纳特教授在米兰大学组建了数理逻辑课题组。同年,阿伽齐发表了《公理系统问题导论》(*Introduzione ai problemi dell'assiomatica*)。1964年是这一领域成果最多的一年,出版了卡萨里的《数学哲学问题》(*Questioni di filosofia della matematica*)和曼乔内(C. Mangione)的《数理逻辑基本原理》(*Elementi della logica matematica*)等著作。从50年代末至60年代逻辑学的发展可以看出,意大利最早的科学方法论作者(如帕斯奎内里、阿伽齐、杰伊莫纳特)均为造诣颇深的数理逻辑学家。

20世纪60年代,意大利科学哲学家开始对控制论和系统论进行哲学思考。托尼尼(Valerio Tonini)是最早对控制论进行研究的哲学家。他的主要成果有:《控制论和信息》(*Cibernetica e informazione*, 1964)、《技术的结构》(*Struttura della tecnologia*, 1968)、《信息科学、控制论、科学认识论》(*Scienza dell'informazione, cibernetica, epistemologia*, 1971)。托尼尼主张将控制论与系统论联系起来,作为广义的信息科学的一个组成部分。他认为只有掌握了具有跨学科性质的方法论,才能处理控制论的问题。

意大利学者对人工智能问题的兴趣也越来越大。1965年,索门兹(Somenzi)完成了专著《机器人的哲学》(*Filosofia degli automi*)。他肯定机器能够思维,换言之,认为存在着人为地再生或模拟人的思维的可能性。1967年,意大利哲学学会在比萨召开"人与机器"的研讨会,讨论的中心议题是机器能否像人那样思维,多数学者作出肯定的回答。同年,阿伽齐发表《对人工智能问题的考察》(*Alcune osservazioni sul problema dell'intelligenza artificiale*)。他认为,人工智能可以实现,但目前受到技术和对人脑思维机制认识程度的限制。由于机器的"思维"与人的思维明显不同,人的思维具有"意向性",而机器不具有,故不能用同一概念"思维"加于人和机器。

在意大利,对物理学哲学问题的研究到20世纪60年代末才达到学术上成熟的水平,这是同物理学家和科学哲学家的共同努力分不开的。

物理学界开始对物理学概念基础进行批判性思考，物理学家纷纷反对哥本哈根学派的保守僵化的科学认识论。1962年，达内里（A. Daneri）、洛因杰尔（A. Loinger）、普罗斯佩里（G. M. Prosperi）共同提出测量论，以代替冯·诺伊曼（John von Neumann）的理论。他们强调被测量的微观现象与肉眼可见的观测工具之间的相互作用，并用这种相互作用对观测过程作出物理学的解释。1969年，塞莱里（F. Selleri）指出，“波”说明存在这样的客体，它们不具有其他任何物理体系所拥有的基本属性，而仅仅通过关系的属性显现特征。1970年，卡帕索（V. Capasso）、弗尔杜纳托（D. Fortunato）和塞莱里（F. Selleri）联名撰文，批判冯·诺伊曼及其后继者的理论观点。

与此同时，哲学界也加强了对物理学哲学问题的研究。阿伽齐着重批判僵化经验论的科学观。他认为，一个物理概念并不意味着一个独特的操作（或一组独特的操作），它源于操作，但与操作并不同一。阿伽齐还对互补性原理进行了批判性考察。他指出，哥本哈根学派的代表人物常常把互补性原理的两种不同解释混淆起来，第一种解释是泡利（E. Poli）作出的，第二种解释源于玻尔思想的研究者，他们为了解释微观现象——波粒二象性，克服麦克斯韦的电磁学与牛顿力学之间的矛盾，把互补性看作某种必然的作用。在阿伽齐看来，前种解释无助于问题的解决，后种解释造成科学认识论上的巨大困难。因为当人们不是正视波粒二象性问题，而是以“互补性”的新概念使之合法化时，只能矛盾百出。

1972年，塔里亚冈贝（Silvano Tagliagambe）对互补性原理作了历史分析。他着重考察在玻尔的思想中这一概念是怎样形成的，指出赫夫丁（H. Höffding）对玻尔的影响。

有的意大利学者还论证了观测手段的相对性与波粒二象性的关系：微观客体显现波或者粒子的属性取决于应用的实验装置，但在同一实验过程中不可能同时显现两种属性。

塞莱里和塔罗齐（G. Tarozzi）对上述观点持有异议，认为在同一实验过程中对波与粒子的描述并不相互排斥，而是相互补充。他们认为，只有接受波粒二象性原理,才有可能解释干扰现象,但为此不需要改变古典逻辑的基本规律。

1971 年意大利逻辑学与科学哲学学会重建后,科学哲学研究的形势变得更好。科学哲学刊物层出不穷,学术活动十分活跃,专著大量出版并拥有广泛读者。1978 年阿伽齐创办《科学认识论》(*Epistemologia*)杂志,他自任主编,杰伊莫纳特、帕斯奎内里和索门兹组成的顾问委员会及一个极有代表性的国际学术委员会负责指导。该刊用意、英两种文字在热那亚出版。该刊反映意大利科学哲学研究的动态,具有较高的学术水平,为国外同行瞩目。20 世纪 80 年代起,意大利科学哲学专著超过其他哲学学科。米兰、都灵、博洛尼亚的出版社竞相出版科学哲学系列丛书,较为著名的有:《科学哲学》(*Filosofia della scienza*,杰伊莫纳特主编)、《科学史》(*Storia della scienza*,罗西主编)、《科学认识论》(*Epistemologia*,阿伽齐主编)、《科学方法论与语言哲学》(*Metodologia delle scienze e filosofia del linguaggio*,索门兹主编)、《科学》(*Scienza*)、《科学文化文库》(*Biblioteca di cultura scientifica*)、《数学丛书》(*Collana di matematica*)、《今日哲学与问题》(*Filosofia e problemi d'oggi*)、《知识园地》(*Campi del sapere*)等。科学哲学家的工作受到意大利哲学界的赞誉,阿伽齐曾当选意大利哲学协会主席。

第二节 三大学派

意大利科学认识论主要分为三大学派:杰伊莫纳特的历史主义学派、帕斯奎内里的语言分析学派和阿伽齐的客观主义学派。

在意大利,杰伊莫纳特在将科学哲学与科学史结合进行研究方面作出的贡献最大。早在 1960 年,他就开始运用科学史对理论进行结构分析,把科学哲学的对象从静态扩大到动态。杰伊莫纳特认为,构成当代科学的基础(从形式逻辑到数学、物理学)的危机,具有解放意义和建设性的条件。他在《伽利略》(*Galileo Galilei*)、七卷本的《哲学与科学思想史》(*Storia del pensiero filosofico e scientifico*)和《科学与实在论》(*Scienza e realismo*)中,对科学进步的历史性和社会性进行了周密细致的考察。他指出,科学史是建立在科学理论的开放性基础之上的,科学的"真正历史性"源于如下事实——各种科学理论不是封闭的,它们相互之间以及它们同日常语言之间交流频繁。科学不是真命题的分类编目、简单排列,而是富有内在历史性的。他认为,在伽利略之后,人类拥有共同的科学遗产。认识从一个阶段向另一个阶段的过渡,不再具有严格和毫无活力的对立性质。实际上,科学理论的革命同样是对上几代人科学遗产核心本质的继承。

和倾向于实在论的杰伊莫纳特不同,帕斯奎内里是个"新经验论"的倡导者。他主张的"自由化"的新经验论同感觉论相距甚远,而致力于对诸如语言分析、符号逻辑等技术工具的研究,尤其注重对认识的假设与理论要素的考察。在论述分析的本质后,帕斯奎内里甚至认为认识论应是一种旨在澄清、阐明的分析理论或者是一种对认识概念进行"理性重构"的理论。

三个学派中影响最大的当数阿伽齐的客观主义学派。阿伽齐将古典形而上学与当代分析哲学相结合,并从康德的思想中受到启发,提出客观主义科学认识论。他认为,科学客观性包含两个既相互区分又相互交融的特点:其一,借用胡塞尔的术语,将这个客观性阐释为主体间性,即作为主体之间可检验的相对标准的主体交流性;其二,客观性同时也是指科学研究对象的"特定性",以此来确定科学操作过程中的真理性。阿伽齐强调,科学真理应是关于科学对象的完整的真理,只是在被局限于科学对象的意义上才可被称为是"部分的"。阿伽齐进而反对把科学哲学的任务仅仅看作是语义分析的片面观点。他主张,科学认识论的根本任务与其说是"描绘",不如说是"提供根据",或更确切地说,是探寻科学方法论结构的根据。他认为,真正的科学认识论研究,无疑靠精细严格的"分析"才充满活力,但决不会在分析中穷尽。

在阿伽齐看来,科学是真正具有客观性的知识,但又不是一种绝对知识,它不具有根据某种价值标准进行判断和选择的功能。即是说,作为真正的知识,科学是中立的。但作为人类活动的科学决不是中立的,否则就等于说科学游离于人类社会之外,在表现人的世界和推动历史发展方面毫无作为。这样,阿伽齐在一种更广阔的视野里,形成了比纯粹逻辑、方法论思想更为深刻、丰富的"历史决定论"的科学观。正如科学创造了历史一样,历史也创造了科学。在这两条并行的道路上,科学与社会的关系、科学与技术的伦理责任、科学哲学对人文世界产生的影响等问题便被提出来了。

正是由于阿伽齐的客观主义科学认识论和"历史决定论"科学观等独特性成果,阿伽齐成为当代最有影响的科学哲学家之一。

第三节　主要特征

阿伽齐、帕斯奎内里等人在第二次世界大战前和战后初期纷纷到国外进修科学哲学。1956 年,米兰大学产生意大利第一位科学哲学教授。应该说,意大利科学哲学起步较晚,但发展很快,今天已进入国际先进行列,比有着哲学传统的法国先进。不少科学哲学家被邀请到国外任教,在国际学术会议上作中心发言,专著被翻译出版。阿伽齐在弗赖堡大学任教,曾任国际科学哲学学院主席、国际哲学团体联合会秘书长。

意大利科学哲学研究具有自己的特色。第一,由于科学哲学要求研究者具有深厚的哲学功底和广博的数学、逻辑学、语言学、自然科学的专门知识,这促使了史无前例的新研究风格的形成。20 世纪 60 年代,哲学家与其他学科的专家相互尊重、密切合作,就算观点对立的学者也能心平气和地辩论。今天,意大利科学哲学家以其具有宽容精神和合作态度而著称。第二,意大利哲学有着历史主义传统,意大利科学哲学家同样表现出对历史性与历史活动的关注。他们善于将科学认识论同科学史结合起来进行研究。著名的科学哲学家,如杰伊莫纳特,同时也是著名的科学史家。而科学史家大多具有历史学方法论和科学认识论的修养。第三,意大利科学哲学从起步就不是一般地对科学进行研究,而是从一门具体科学或几门具体科学出发,逐步扩大研究领域。意大利科学哲学家先从数理逻辑、数学哲学开始,然后发展到物理学和其他自然科学,最后扩大到控制论、系统论、心理学,甚至社会历史科学,这样就保证了意大利科学哲学的研究课题丰富多彩:不仅研究科学理论的动力、科学进步的概念,而且研究科学与社会的关系、科学理性批判与社会伦理学。

第七篇

法兰克福学派

法兰克福学派(Frankfurt School)是西方马克思主义中最大、最重要的一个流派。它由一群哲学家、社会学家、政治学家、经济学家、心理学家、法学家和文艺理论家组成,拥有自己的研究所和刊物。这个学派在理论上继承了卢卡奇、柯尔施"批判的马克思主义"传统,吸收了现代西方的哲学、社会学、心理学等诸多学派的理论和观点,在实践上重视两次世界大战带给人类的经验和教训,通过多学科的综合分析和研究,对现代资本主义社会进行了尖锐的批判,形成了独具特色的"社会批判理论"。从20世纪20年代初创,经过第二次世界大战的劫难和战后的发展,再到六七十年代形成浩大的声势和广泛的影响,这个学派不仅涌现出像霍克海默、马尔库塞、阿多诺、哈贝马斯这样一批杰出的理论家和学者,而且其激进主义理论还成为当时欧美诸多国家大学生造反运动的思想武器之一,对整个西方社会产生了较大影响。70年代以后,随着第一代代表人物的先后去世和其他各种原因,这个学派的声势和影响日趋式微。但是,它的基本主张和批判理论至今仍然受到学界的重视,其后来的代表人物如哈贝马斯等人还有较大的影响,从这个学派衍生出的一些新的思想和学说也在发展。所以,重视法兰克福学派的研究,在学术上、理论上和实践上都有一定的意义和价值。

第二十四章　学派的兴起和发展

法兰克福学派的产生和发展大约经历了四个阶段。第一阶段是从20世纪20年代初创立法兰克福社会研究所到1933年纳粹上台，这是法兰克福学派的草创时期。第二阶段是1933—1950年，这一阶段法兰克福社会研究所第一代成员流亡美国，这是法兰克福学派真正形成和发展的时期。1950年社会研究所迁回法兰克福至20世纪70年代初期的大学生运动是第三阶段，法兰克福学派的社会批判理论在这一时期对西方社会的影响越来越大，其主要观点经常见诸西方的书刊和其他媒体，而且由于1956年兴起的新左派思潮和60年代末大学生运动的爆发，其对政治和社会的影响达到顶点。70年代以后是法兰克福学派的第四阶段，这个阶段也被称为“后法兰克福学派时期”，法兰克福学派的影响在这个时期开始消退，新一代代表人物如哈贝马斯、施密特等，探讨和批判社会现实的主题和方式都发生变化，对社会知识产生的条件和现代资本主义理论进行了重新评估，法兰克福学派的社会批判理论获得新的意义。

第一节　初创时期

20世纪20年代，德国遭受第一次世界大战的失败后，生产力大幅下降,经济凋零,民生困难。与这种状况形成强烈对比的,则是思想界和学术界的异常活跃,非理性主义、弗洛伊德主义、新康德主义、新黑格尔主义、新浪漫主义、社会达尔文主义、存在主义等纷纷登台亮相,各种各样的思潮此起彼伏。在众多的"主义"中,反对资本主义剥削制度,要求建立公正合理的社会主义社会的马克思主义受到了广大民众的欢迎。一些知识分子鉴于俄罗斯的苏维埃革命胜利和德国的现实状况,开始重新评价马克思主义,探讨共产主义者和社会民主党人在德国和其他欧洲国家的实践。

法兰克福学派就是在这种历史条件下应运而生的。1922年夏天,一群青年知识分子在法兰克福集合在一起,参加由富裕的谷物商之子魏尔(F. Weil)发起的"第一届马克思主义者工作周",共同讨论科学社会主义的理论和实践。参加者有卢卡奇、柯尔施、波洛克(F. Pollock)、格林伯格(G. Grünberg)、魏特伏格(K. Wittfogel)等人。这次活动后,魏尔提出建立一个经济上独立、和法兰克福大学有联系的社会研究所。这个提议得到波洛克、霍克海默等人的支持。魏尔的父亲是这个研究所的主要资助人,他也因此获得法兰克福大学名誉博士的称号。社会研究所大楼于1923年3月动工,次年7月落成,社会研究所旋即宣告成立,维也纳大学教授格林伯格被任命为研究所所长。

在法兰克福学派发展的第一个阶段,这个学派的特征并不明显,没有像后来那样通过马克思主义的概念解释,专注于社会批判理论这个特定的研究方向。第一任所长格林伯格是一个属于奥地利马克思主义传统的经济史和社会史专家,他主要研究社会主义运动,创立和编撰了《社会主义和工人运动史文献》(*Archiv für die Geschichte des Sozialismus und der Arbeiterbewegung*)。格林伯格本人公开说,唯物史观不是一个哲学系统,它的对象不是抽象的,而是在发展和变化过程中的现实而具体的世界。在他的领导下,研究所的绝大多数研究项目都注重经验的、具体的、历史的研究,社会研究的核心是政治经济学批判。格林伯格确立的这个方向得到研究所多数成员的认可,他们的研究成果多数与经济、社会、历史相关，比如，格罗斯曼（H. Grossman）的《资本主义制度中的积累法和破产法》（*The Law of Accumulation and Collapse in the Capitalist System*，1929），波洛克的《1917—1927年苏联计划经济的试验》（*Experiments in Economic Planning in the Soviet Union*，1917—1927），魏特伏格的《中国的经济与社会》（*Economy and Society in China*，1929）等都是如此。对此，霍克海默后来说："这一切都促成了一种传统的建立，并有助于法兰克福学派理论家们从一开始不至于陷入在哲学上对马克思进行解释的空洞的深渊之中。"①

虽然当时这个研究所的影响并不那么大，但它对德国和欧洲其他国家的大学生和青年讲师还是有吸引力的。首先，它是西欧第一个研究马克思主义的学术机构，它的许多成员是共产党员和社会民主党党员，研究所的刊物《社会主义和工人运动史文献》不仅发表该研究所成员的文章，也发表伯恩施坦、阿德勒等人的文章，还发表马克思和恩格斯未发表过的文稿。其次，它与莫斯科的苏联马克思恩格斯研究院有着良好关系，该学院的第一任院长梁赞诺夫曾经到研究所待过一段时间，而波洛克也应苏联马克思恩格斯研究院的邀请访问了莫斯科，研究所还把新发现的马克思恩格斯手稿送给莫斯科。再次，研究所是纯粹的研究机构，研究成果转让给大学里从事教育工作的教授们。它的研究工作是开放式的，对各种思潮兼收并蓄，比如，它是德国第一个向心理分析敞开大门的学术机构。研究者们在这里可以自由表达自己的想法，各种各样的新思想在这里都可以碰撞而产生火花。

1927年，格林伯格罹患中风，此后身体一直没有得到恢复。社会研究所所长的工作由波洛克临时接管，但波洛克的主要兴趣在研究所的行政管理方面，而不在学术领导上。唯一可以接替所长的人选是霍克海

---

① 霍克海默：《社会哲学的现状和社会研究所的任务》（"Die gegenwärtige Lage der Sozialphilosophie und die Aufgabe eines Instituts für sozialforschung"），载于《法兰克福大学讲演录》（*Reden und Vorträge in Frankfurter Universität*）第37卷，第12页，法兰克福，1931（以下所引此书均为此版本）。

默,但按照研究所的章程规定,所长必须是法兰克福大学的教授,而年轻的霍克海默当时还是法兰克福大学的编外教师。在蒂利希(P. Tillich)的帮助下,霍克海默在1930年被任命为法兰克福大学新设立的社会哲学讲座的教授。1931年1月,霍克海默出任社会研究所所长。

上任伊始,霍克海默一方面肯定格林伯格确立的社会研究注重经验、注重实际的方向;另一方面反对只是确定事实而不讲究理论,甚至反理论的实证主义的做法。霍克海默认为,社会研究的特有困难在于“普遍和特殊,理论方案与个别经验之间的相互融通”,孤立地观察个别事物,忽视经验在概念上的总体构思,不仅不能把握社会生活的进程,而且还可能造成社会研究沦落为纯经验、纯技术的个别研究。为此,霍克海默主张把哲学研究与社会学、国民经济学、历史学、心理学诸学科研究结合起来,哲学不仅要给各个学科“充满生气的推动”,而且还要“充分地开放自身,使自己通过具体研究过程而发生变化”①。这样,社会哲学就成为社会研究的中心。为实现这个设想,霍克海默采取了一些措施,其中一个重要措施就是在1932年停止出版《社会主义和工人运动史文献》,创办《社会研究杂志》(*Ieitschrift für Sozialforschung*)。霍克海默在为这个杂志创刊号所写的“前言”中对“社会哲学”予以具体化,这就是:把哲学与社会学、经济学、历史学等学科结合在一起,通过分析错综复杂的表面现象,研究现实的个人问题和社会问题,从概念上把握整个社会进程——这就是后来著名的“社会批判理论”的任务。此外,霍克海默还网罗一批人才,邀请他们加入社会研究所,或者为《社会研究杂志》撰写文章。这其中就有洛文塔尔(L. Lowenthal)、本雅明(W. Benjamin)、弗洛姆、马尔库塞、阿多诺等人,而马尔库塞和阿多诺后来都是法兰克福学派的著名代表人物。

① 霍克海默:《社会哲学的现状和社会研究所的任务》,载于《法兰克福大学讲演录》第37卷,第10—12页。

第二节　形成与发展

1933 年纳粹上台，由于社会研究所的主要代表人物霍克海默、马尔库塞、阿多诺等人的犹太血统和他们的左派倾向，研究所被纳粹当局封闭，大楼和 6 万册图书被没收，社会研究所被迫迁移到瑞士，一年后又迁往美国，直到 1950 年才回到法兰克福。在这个时期，由于霍克海默的治学方向和马尔库塞、阿多诺等人的加入，研究所开始了有系统的理论研究，哲学取代了史学和经济学，成为研究所的研究重点，而社会批判理论则是研究所的主题，社会研究所开始形成一个以社会批判理论为明显思想特征的学派。

霍克海默在这个时期先后发表了《黄昏》(*Dämmerung*, 1934)、《权威与家庭》("Authority and Family", 1936)、《传统的理论与批判的理论》("Traditional and Critical Theory",1937)、《理性之蚀》(*Eclipse of Reason*, 1947)、《启蒙辩证法》(*Dialektik der Aufklärung*，与阿多诺合作,1947)等论著。如果说霍克海默在第二次世界大战结束之前发表的论著主要是针对资本主义社会的现实，尤其是对法西斯专制统治展开批判，那么他此后的论著则受到弗洛姆、阿多诺等人的影响，吸收了精神分析和心理分析，把文化批判当作其社会批判理论的一个重要部分。霍克海默的这些论著很大程度上反映了法兰克福学派在这个时期的基本政治态度和哲学观点，而阿多诺、弗洛姆、马尔库塞等人在此期间发表的论著虽然在学术立足点、研究的兴趣、讨论的重点上与霍克海默不尽一致，但是，他们都一致以批判资本主义社会现实为主题，恰恰是这一点表明了这个学派的基本特征。

阿多诺在这个时期对法兰克福学派的意义是模糊不清的，他最初对文化，特别是音乐和美学感兴趣，之后才转向社会批判。

弗洛姆的贡献在于，他吸收弗洛伊德的精神分析学说，不仅关注个人的精神和心理分析，而且还注意个人在社会和历史中的作用，如"权威人格”“权威性格”“权威下的人格特性”“社会性格”等,试图扩展精神分析学说的社会内容,并借此构建马克思主义的社会心理学。然而,弗洛姆后来脱离了法兰克福学派社会批判的主旨,特别是他越来越看重经验研究和社会学的解释,致使他最终离开法兰克福社会研究所。

马尔库塞是法兰克福学派中最激进的左翼代表人物。早年在弗赖堡大学师从海德格尔,获博士学位。后来因为与海德格尔观点不合,离开弗赖堡。1932 年结识霍克海默,参加法兰克福社会研究所。在这个时期,马尔库塞发表的主要著作是《理性与革命:黑格尔和社会理论的兴起》(*Reason and Revolution: Hegel and the Rise of Social Theory*, 1941)。按照他自己所说,这本书的宗旨就是要反对实证主义和一切以实证主义为基础的社会科学,捍卫欧洲哲学的“理性内核”。仔细阅读这本书,我们很容易发现,马尔库塞充满着青年黑格尔派的激情和理想,坚信理论对实践的指导意义,勇于批判资本主义社会。哲学上,他推崇黑格尔哲学,力图揭示马克思主义与黑格尔主义的联系,并以一种独特的方式把黑格尔哲学与法国革命联系起来。经济上,他相信马克思主义经济学已经清楚地说明了资本主义条件下的劳动地位,成功地分析了资本主义经济的历史趋势。政治上,他希望苏联和西班牙反法西斯主义斗争获胜,并认为人类社会从资本主义社会转向社会主义社会是从必然走向自由的一条途径。与法兰克福学派其他人相比,马尔库塞的批判显然更激进、更彻底。

第三节 学派的辉煌

第二次世界大战结束后,在法兰克福市和法兰克福大学多次建议和催促下,社会研究所于 1950 年迁回德国。与霍克海默一起回国的有波洛克和阿多诺,而洛文塔尔、马尔库塞等人则留在了美国。社会研究所在法兰克福恢复以后,对德国大学生和青年学者仍然像以前一样有着很大吸引力,被大学生称作“马克思沙龙”,哈贝马斯、施密特就是在这时加入法兰克福学派的。

在这个时期，法兰克福学派的主导思想主要来自霍克海默和阿多诺，尤其是阿多诺。霍克海默在1951年担任法兰克福大学校长，1954—1959年在美国芝加哥大学任客座教授，1959年退休后闲居在瑞典，20世纪50年代他对法兰克福学派的影响已经在逐步消退。阿多诺本人的理论兴趣主要在哲学和美学方面，而这个时期加入社会研究所的哈贝马斯、施密特、魏尔默（A. Wellmer）等人也都是哲学家，因此，哲学是社会研究所在这个时期的研究重点，并构成法兰克福学派在这个时期的主要特征。50年代的新左派思潮和60年代的青年学生都把这个学派的批判理论当作自己的思想武器，从而使这个学派的影响达到最高峰。

阿多诺在与霍克海默共同撰写《启蒙辩证法》以后，继续进行社会批判理论的建构工作，其工作主要有以下几个方面：一是继续进行社会批判的哲学架构工作，不仅重视纯粹哲学研究，而且发展出奠基在黑格尔辩证法和社会批判理论之上的“否定的辩证法”；二是构建以音乐批评为核心的社会学理论，并继续开展与之相关的文化批评；三是非常重视美学理论，并把美学的研究与社会批判结合在一起。关于阿多诺的思想和学说，我们将在后面予以比较详细的讨论。虽然阿多诺在思想上比较激进，但他不能把理论付诸实践，并且害怕大规模的群众运动。当20世纪60年代末爆发大学生运动时，他不但不支持青年学生，甚至还要求警察当局帮助维持研究所的秩序，因此遭到大学生们的强烈反对和指责。不久之后，他就在瑞士去世。

留在美国的马尔库塞，继续坚持探索黑格尔哲学和马克思主义的联系，并吸收了弗洛伊德的精神分析和心理分析学说来补充自己的理论。他在这个阶段先后发表了《爱欲与文明》（*Eros and Civilization*，1955）、《苏联的马克思主义》（*Soviet Marxism*，1958）、《单向度的人》（*One-Dimensional Man*，1964）、《否定：批判理论文集》（*Negations: Essays in Critical Theory*，1968）等著作。从他出版的著作来看，他这时不仅批判发达的资本主义工业社会，而且对苏联斯大林的极权式社会也很失望。

他揭露苏联官僚制度的弊病，剖析这个社会不合理的结构和制度，希冀依靠纯粹的、未受官僚“修正”过的马克思主义重建社会主义社会。在《爱欲与文明》中，马尔库塞把精神分析和社会批判结合在一起，着重从人的性欲及其异化角度来解释人类文明。在他看来，弗洛伊德的研究已经表明，人有追逐快乐的性本能和生物需要，但资本主义的现代文明压抑了作为人本质的“快乐原则”，从而也压抑了人的潜在创造能力。现代文明的“多余的压抑”只能使人的行为发生异化，人的一切活动，甚至人的生物需要，都只能服从“现实原则”。要改变这种“文明的压抑”，就要把性欲关系普遍化，使之发展为一种自由的“性欲文明”，建立一个承认人的本能需要的、非压抑的社会，让个人成为主体，让人的生活变得“合情合理”。[①] 马尔库塞对工业文明的批判是真诚的，但他把欲望当作人类一切事物的中心，把改变社会的希望寄托在“性解放”上，显然是过于理想化了。在《单向度的人》中，马尔库塞指出，科学技术的发展在改变人们生活方式的同时，也使整个工业社会同一化了，而人们对这种技术合理化与官僚体制合理化的密切联系以及他们自身被现存制度的同化却茫然不知。资本主义社会中的两个主要阶级——资产阶级和无产阶级不再是决定历史的力量。资产阶级已经不再是统治阶级，取而代之的是“科技理性(scientific-technological rationality)”；而无产阶级不仅满足于高度的大众消费，而且也被单一的却又是合理的资本主义生产过程和管理体系所安抚。在发达的资本主义工业社会中，人们看起来享有更多的自由时间，但实际上这种由科学技术造成的高度统一已经使“人们成为文化机器的齿轮”，自由很可能被极权所代替。马尔库塞对技术统治和官僚体制的批判非常深刻，但他开出的“药方”——通过群众造反来摆脱资本主义社会，却过于理想化，因此最后归于失败。

与阿多诺不同，马尔库塞不仅在理论上，而且在实际行动中始终同情和支持西方社会激进的学生运动，坚持用自己的批判理论去影响和指

① 参见麦金太尔《马尔库塞》，邵一诞译，佘明校，第50—60页，中国社会科学出版社，1989。

导新左派的活动，反对美国发动的侵略战争，支持第三世界的民族独立运动。马尔库塞因此被奉为“新左派思想守护神”“发达工业社会马克思主义的最重要的理论家”。但也有人认为马尔库塞的理论是“假马克思主义”，他鼓励了“一种无头脑的破坏性的抗议的态度”。[①] 但无论怎么讲，马尔库塞勇于批评和富于理想的精神在今天仍然是值得钦佩的。

综观法兰克福学派在这个阶段的理论活动，我们可以这样说，这个学派反对现代科学技术和现代生产方式引起的全社会的高度统一，反对资本主义社会对人的全面宰制，积极批判以工具理性为核心的科学主义和实证主义，积极批判技术统治和官僚制度，积极批判“文化工业”。这些对维护人的主体性和自主权，维护人的创造性和积极性，捍卫人的民主和自由权利，确实具有积极意义。但是，由于他们囿于书斋，过于夸张了工业社会中存在的问题，不重视西方主要发达国家的社会民主党和其他左派力量在逐步增强的事实，不了解这些左派政党的策略的转变，缺少对 20 世纪特别是第二次世界大战后资本主义社会最新发展动向的把握，而且他们也提不出明确可行的社会改革方案，因此，他们从如日中天的地位到被社会所冷落也就是不可避免的事情了。

第四节　后法兰克福学派时期

20 世纪 70 年代初，法兰克福学派告别了其辉煌时期。这不仅是因为这个学派的第一代代表人物阿多诺、霍克海默在这个时候先后去世和激进的大学生运动归于没落、失败，而且从学理上说，“在阿多诺的《否定的辩证法》之后，作为一种哲学逻辑的狭义的西方马克思主义毫无疑问地终结了”[②]。虽然法兰克福学派的影响在逐步消失，但这个学派对现代工业社会进行尖锐批判的理论意义却是长期存在的，而且哈贝马斯、施

---

① 参见麦金太尔《马尔库塞》，邵一诞译，余明校，第 1—2 页，中国社会科学出版社，1989。

② 张一兵、胡大平：《西方马克思主义哲学的历史逻辑》，第 414 页，南京大学出版社，2003。

密特、魏尔默、奥菲(C. Offe)[①]等新一代代表还在继续发展社会批判理论,并对西方社会产生一定影响。与以往不同的是,社会批判的观念在这个时候是在这些思想家的个人著作中得到发挥的,而不再是作为一个旗帜鲜明的学派集体研究的一个部分。

哈贝马斯是新批判理论的主要代表,也是当代最有影响的哲学家。他的理论活动主要有以下几个方面:一是继承批判理论的传统,继续批判实证主义和科学主义,强调理论认识不仅要注意基本陈述在经验上的有效性和可靠性,而且要注意理论自身的正确性和适用性,主张认识与科学的统一。哈贝马斯这方面的思想主要见诸《认识与兴趣》这部著作。二是关注批判理论与马克思主义的直接联系。他认为,在发达的工业社会中重建历史唯物主义就是要修正它的不足,恢复其并未完全丧失的理论活力,"借此更全面完整地达到它原先所追求的目标",而最能体现他这个思想的就是《历史唯物主义的重建》。三是建构交往行为理论。对哈贝马斯来说,任何正确的主张只有通过主体间的交往、商谈,才可能达到通向理性的共识(Konsens),所以,交往理论就是他全部学说的核心。他的这个思想见诸他的多部论著中,其中最主要的是两卷本《交往行为理论》。

如今哈贝马斯已经是耄耋之年,但他仍然在继续探索,笔耕不辍。他的思想和学说还可能发生变化,因此,我们不可能对他的学说和思想做一个全面完整的介绍,而只能对他的最主要的学说——交往理论做一个尽可能客观的描述和分析。

---

① 施密特著有《马克思的自然概念》(*The Concept of nature in Marxo*,伦敦,新左派书店,1971)、《作为历史哲学的批判理论》(*Die kritische Theorie als Geschichtsphilosophie*,慕尼黑,卡尔·汉塞尔出版社,1976)等著作;魏尔默著有《批判的社会理论》(*Critical Theory of Society*,纽约,赫尔德出版社,1971)、《理性、乌托邦和启蒙的辩证法》("Reason, Utopia and the Dialectic of Enlightenment",载于《国际实践》,1983)等论著;奥菲著有《资本主义国家的结构问题》(*Strukturprobleme des kapitalistischen Staates*,法兰克福,苏尔坎普出版社,1972)、《工业与不平等》(*Industry and Inequality*,伦敦,E. 阿洛德出版社,1976)等著作。

第二十五章　霍克海默

霍克海默(Max Horkheimer)于1895年出生在德国斯图加特一个犹太家庭,其父是当地一个纺织厂厂主。虽然家庭富有,但霍克海默自小就对现实社会中存在的压迫、不公表示不满。他不仅不愿意按照父亲的意愿去当工厂主,而且向往马克思所描绘的社会主义。霍克海默先后在慕尼黑大学、法兰克福大学和弗赖堡大学学习心理学、哲学。1923年,他作为法兰克福大学第一个主修哲学的博士生通过哲学博士学位答辩。1925年,他以论文《论康德〈判断力批判〉——理论哲学与实践哲学的联系环节》("Kants Kritik der Kritik der Urteilskraft als Bindeglied zwischen theoretischer und Praktischen Philosophie")获得在法兰克福大学的执教资格,成为这个大学的编外教师。1930年成为法兰克福大学社会哲学教授,接着被任命为社会研究所所长。霍克海默是法兰克福学派的主要创立者和批判理论的奠基者,直到20世纪50年代初,他一直是社会研究所的主要负责人。1951年,霍克海默担任法兰克福大学校长。1954—1959年,他又一次去美国,担任芝加哥大学客座教授。1973年在纽伦堡去世。

霍克海默在1945年前写的大部分论文都发表在《社会研究杂志》上,1970年德国出版了这个杂志的重印本。此外,他的主要著作有:《权威与家庭》(*Autorität und Familie*, 1936)、《理性之蚀》[*The Eclipse of Reason*, 1947, 1972 年施密特把这本书和 1945 年以后的论文汇编在一起,书名是《对工具理性的批判》(*Zur Kritik der instrumentelen Vernunft*)]、《启蒙辩证法》(*Dialektik der Aufklärung*, 1947,与阿多诺合著)、《批判理论》(*Kritische Theorie*,2 卷,1968)。此外,霍克海默还主编了《社会研究杂志》(1—10 卷,1932—1941)和《偏见的研究》(*Studies in prejudice*, 5 卷,1949—1950)。霍克海默的理论活动反映了这个学派早期的主要思想倾向和理论观点,下面我们择其要点予以评述。

第一节 社会批判理论

霍克海默认为,社会批判理论不是"讲坛社会主义",而是要实现理论与实践相统一原则的理论。作为批判,社会批判理论就要揭穿现实世界的不合理、不和谐的地方,揭露人性中虚伪和残酷的一面;作为理论,它就不能把自己限制在具体的经验科学里,而是要使自己批判的对象总体化,使其呈现一种整体性。因此,这样的理论既不能像新形而上学那样把自己限制在纯粹的学问里,也不能像实证主义那样只是从直接的经验层面来理解世界,而必须关心现实、探讨实际问题,通过辩证方法"把个别事实与它的整体关联结合起来,使其在整体性中表现真实性","把经验事实与历史意义结合起来,让历史的兴趣与辩证思想发生联系",①从而达到真正认识事物本质的目的。

由此来看,霍克海默的社会批判理论在一定意义上继承了马克思主义的批判精神,在政治上反对独裁统治,反对个人信仰和对不同意见实行压制,要求开展社会斗争和社会革命,在全社会实现自由和平等。但是,霍克海默与经典马克思主义不同的是,他并不认为生产力的发展及

① 霍克海默:《批判理论》第 2 卷,第 161 页,法兰克福,苏尔坎普出版社,1968。

由此带来的生产关系的变化就可以促进社会的变革和进步。在他看来，革命不是那种所谓生产关系的改变必定引起全社会进步的单纯的进化，经济基础的改变未必能造成上层建筑和全社会的改变，他把这种生产关系的改变促进社会革命的理论讥讽为“助产婆学说”。霍克海默相信，人类社会的进步就在于人的主动性，即人的始终不懈的真理追求和从不放弃的政治渴望，因此，社会变革不能限于等待和观望，不是仅仅对真理的占有，而是“在历史中具体的、可以见到的可能性”[①]。

霍克海默早期曾把这种社会革命的希望寄托在德国工人阶级身上，相信德国社会民主党和共产党是能够决定人类未来的力量之一。但是，让霍克海默痛心疾首的是，这两个工人阶级政党不仅不团结，而且他们不是信奉暴力就是缺乏变革的基本知识，而 20 世纪 30 年代初的经济危机不仅未能使这两个政党克服自身的问题，反而让纳粹乘机上台。在纳粹上台以后，霍克海默对社会革命产生怀疑，对革命的目的和结果产生怀疑。他甚至说：“启蒙的学生也认为，他所为之奋斗的后代也是绝对暂时的，最终总是虚无战胜欢乐。”[②]显然，叔本华的悲观主义在这时已经出现在批判理论之中。

尽管如此，霍克海默并没有放弃“对未来的希望”，而这恰恰是霍克海默的“构成概念的理论力量”，即使在纳粹政权非常猖獗的年代，霍克海默也认为批判理论仍然是适用的。霍克海默在这里一方面如同叔本华那样，认为历史没有意义，并且拒绝了黑格尔关于历史必然性的抽象。他说：“历史本身并没有显示理性，历史并不始终是那种‘本质性’，它既不是我们必须服从的‘精神’，又不是‘权力’，而只是对人的社会生活过程的事件的总结。”另一方面，霍克海默相信，历史是由人的连绵不绝的主动性行为构成的；只有人的主动性才能使人从强大的自然力量、从统治者的暴力和压迫中解放出来，只有人的行动才能克服由人自身和自然

① 霍克海默：《极权国家》（*Autoritärer Staat*），载于《霍克海默文集 1939—1941》（*Horkheimer Gesamte Werke*, 1939—1941），第 141 页，法兰克福，费舍尔袖珍图书出版社，1972。

② 霍克海默：《批判理论》第 1 卷，第 208 页，法兰克福，苏尔坎普出版社，1968。

力量造成的个人的痛苦和普遍的痛苦;只有拥有真理的人运用真理和按真理办事,人类历史才能继续前进。但是,这里有一个何为真理的问题。霍克海默既不同意存在着一个超越时空的绝对真理的唯心主义观点,更不赞成社会利益决定真理的庸俗唯物论的看法,而是认为真理是暂时的和有限的,但真理应当能够正确地反映时代的结构和美好时代的原则,真理应当是一种建立在洞察理性社会能力基础之上的行动方案。所以,"只有随着理论进步而发展起来的标准才能决定真理"①。霍克海默所说的真理或理论显然是一种为实践服务的理论,这是与批判理论的宗旨一致的。

对霍克海默,甚至对当时的整个法兰克福社会研究所来说,这里有两点最有意义。

首先,批判理论是一种经验的理论,"在唯物主义理论中,最主要的不是一成不变地坚持概念,而是改善普遍的命运。因此,思想是在斗争中改变其内容的"②。霍克海默显然已经超越了任何一种给予的形而上学和经验主义,他不仅强调理论行为受理念的指导,而且要把理论付诸实践;他不仅重视康德所说的人的意志自由,而且把这种作为意志的实践理性与马克思突出强调的人的社会性结合在一起。霍克海默讨论的不只是重新建立在意志自由基础之上的道德秩序和人的尊严,还对资本主义社会对自由的压制和整个社会中存在的不公正现象予以尖锐的批判。用当代哲学家利科的话来说,这是康德的意志自由和霍克海默思想中的犹太人原初动机(对现实世界中的不公正的愤怒)发生了共鸣,是一种"痛苦的悲怆"。

其次,辩证法是批判理论的基本方法论。霍克海默认为,任何一种认识都不是臻于完善的理论,而人类社会始终是变化的、发展的,引起现实发生变化的根本原因是人的主动性行为,所以,没有一种理论可以把

---

① 霍克海默:《批判理论》第1卷,第270页,法兰克福,苏尔普出版社,1968。

② 同上书第1卷,第97页。

世界和历史最终统一起来,没有一种认识可以停滞不前,却又能够正确反映被反映的社会整体。霍克海默因此提出,"概念的变化是对现实的反映"①,他在这个意义上不仅不同意传统的形而上学本体论,也不赞同卢卡奇的社会存在本体论,因为任何本体论都不考虑时间因素,不考虑因现实变化而发生"概念的变化",不从人的主动性方面来考察科学研究本身。但是,任何一种哲学,无论它是关于存在论的理论还是关于认识论的学说,它总是在社会过程的基础上发展起来的,即使它不能提供一种关于现实的最终说明,不具有唯心主义所要求的"永恒性"和"普遍性",但从它产生的实践性而言,它也是对周围事物的正确反映,所以,哲学就是关于非同一性的辩证法。对此,霍克海默说,哲学在认识社会过程及其冲突方面不是体系,而是方法,"哲学就是把理性带到世界上的不倦的方法论尝试"②。我们看到,在霍克海默的社会批判理论中存在着尖锐的对立:他一方面希望批判理论摆脱经验论的束缚,体现一种整体性;另一方面他也很清楚地知道,历史已经驳倒了一切关于绝对知识的教条主义论断,他只能希望用"一种作为微观研究的总体性"③来克服自身理论的不协调性。

正是因为批判理论本身在方法论上的尖锐对立,霍克海默在第二次世界大战以后对理论与实践的统一也产生了怀疑。他在《理性之蚀》中提出,哲学不可能成为宣传,哲学对发号施令不感兴趣,这不是哲学最可能的目的,社会哲学就是"要把握理想与现实、理论与实践之间的根本区别,并把它当作辩证理论的核心"④。这也是霍克海默后来把批判理论当作高于现状的社会哲学的主要原因。对他来说,批判哲学只能用来束缚人群的自发性和盲目性,防止政治暴力,却不可能直接转变为民众解放的实践行为。

---

① 霍克海默:《批判理论》第1卷,第268页,法兰克福,苏尔普出版社,1968。

② 同上书第1卷,第307页。

③ 贡尼、林古特:《霍克海默》,任立译,第44页,中国社会科学出版社,1992。

④ 霍克海默:《对工具理性的批判》,施密特编,第171页,法兰克福,1972。

第二节 拒斥工具理性

霍克海默不仅不赞同经济的增长能够带来社会的进步,而且恰恰相反,他认为,技术的进步和经济的增长并不能使人得到解放,倒是常常将人置于新的宰制之下。他说:“极权国家是欧洲社会特有的替换自由主义的一个阶段。它意味着更高级的压迫。”“经济上最强大的核心总是要走上法西斯主义道路。”[①]为什么生产力的发展不是改善了人们的生活,而是走向其反面,给人们带来了更大的灾难?霍克海默通过自己在当时最先进的两个资本主义国家——德国和美国的亲身经历和感受,认为产生这种情况的一个主要原因就是**“工具化的理性”**,他因此提出要对工具理性进行考察和批判,这是法兰克福学派批判理论的重要内容。

霍克海默认为,法西斯主义产生的根源和美国社会的强制管理虽然表现形式不同,但它们都来源于自启蒙运动以来所产生的工具理性主义。这种工具理性主义以为,人类通过自主地使用理性可以摆脱自然的统治,并进而用自己创造的知识形式去支配自然,推动生产力的提高和经济的增长,实现直线式的进步。霍克海默认为,工具理性主义的根本错误在于,它把启蒙运动追求的合理至善的社会理想降低为理性的实用主义应用,并把它归结为抽象的目的与具体的手段的关系,从而使理性走向自己的反面。在纳粹德国,法西斯就是利用这种工具理性控制政治、经济、宣传,强化整个国家机器,并用物质利益腐蚀一些民众,把全社会从军事上组织起来。“合理性在现代法西斯主义中达到了这样一个阶段,它在此时不再满足于压抑本性;合理性现在剥削本性,并把本性的反抗潜能吞并到自己的体现中。”[②]霍克海默不仅像海德格尔那样看到纳粹是“人世间的某种技术和现代人的结合”,还以否定的眼光看待这种“畸形的结合”。他进一步分析说,法西斯主义产生于现代工业文明却又毁

---

① 霍克海默:《批判理论》第2卷,第268页,法兰克福,苏尔坎普出版社,1968。

② 霍克海默:《对工具理性的批判》,施密特编,第120页,法兰克福,1972。

灭文明，它唤醒每一个人身上的造反天性却又镇压他们的天性，它使杀人凶手变成官僚却又使官僚变成杀人凶手。在法西斯那里，理性主义变为引导和控制暴力的工具，工业社会变成“唯理主义”的顶点，形成一种“理性和本性的撒旦式的结合”。法西斯主义滥用理性主义，虽然使其统治的国家暂时比其他国家有优势，但是这种“绝对权威”在创造奇迹的同时，使对主体的尊重变成了对个体的绝对否定，并由此阻碍和杜绝了社会的自由发展。

战争结束后，霍克海默对产生极权统治的思想根源予以进一步探索。他认为，批判理论不只是要追求可以在实践中实现的理想和目标，它更重要的任务在于必须实现自身的进步，必须深入考察和批判“现在叫作理性的那个东西”[①]，揭露出近现代思想中表现为实证主义的工具化倾向。因此，社会批判同时也是哲学的自我批判，这是理性的最大功劳。

霍克海默在这里坚持认为，理性由于自身内在的必然性(客观理性必定会过渡到主观化，使理想变为实体)肯定会发生自我解体，即出现思想的工具化倾向，这样，理性本身就应当有一个合理化过程。虽然提出这样的要求似乎是矛盾的，但它说明了理性的本质。在霍克海默看来，理性有“客观”与“主观”之分。**客观的理性**反映的是作为精神形式的世界本原，世界本身就包含概念可以到达的精神形式；**主观的理性**则是“估计到可能性并因此用正确的手段达到所规定的目的能力”[②]。因此，理性的主观化就意味着对被充分理解的利益的追逐，反映的是一种权力意志，而不思考和确定某个目的是否值得追求，这样的主观理性是无内容的形式主义。对此，霍克海默指出：“就像实证主义所强调的那样，就主观理性的形式主义方面而言，是它对客观内容的无关性；就像实用主义所强调的那样，就它的工具方面而言，是它对不同内容的服从。理性完全被置于社会过程之中。它的行动价值，即它在控制人和自然方面的作

① 霍克海默：《对工具理性的批判》，施密特编，第174页，法兰克福，1972。

② 同上书，第17页。

用成为唯一的准则。""思维本身似乎降低到了工业过程的水平，好像思维本身要服从一个精确的计划。"[①]这种主观的、形式主义的理性不承认有任何客观的理性，只是局限于创造的实用性，局限于工艺和技巧，思维本身完全以控制自然、提高生产力为目标。对它来说，"行为只有在有益于另一个目的的时候才是合理的"[②]。这样的"主观理性"已经放弃了自主权，放弃了真理，放弃了对善的认识和追求，它不可能对人的实践行为、对人类的生存作出应有的思考，对人类的解放，对伦理、政治的重要原则也没有任何意义。

霍克海默在批判工具理性的同时，并没有找到克服工具理性的出路。霍克海默坦率地承认，理性在发展中必定会随着社会的进步而经历由客观的理性过渡到主观的理性的过程，而当我们将客观理性的要求诉诸科学、技术、工业，却不能提出一种能够赋予这些范畴本真意义的时候，以科学和技术为代表的工具理性就会成为一种决定一切的生产力，它使一切东西包括每个个体都必须服从这种无所不包的活动。霍克海默在这里看到了"进步"这个概念及其内容所包含的问题：进步是必然的，但进步也是残酷的，技术的盲目发展恰恰会使进步走向其反面——野蛮。更进一步讲，当我们把人的主要特征概括为对不断进步的社会予以适应的时候，它就消解了"人的正确行为就是自身目的"这一经典伦理学原则。正是在这个意义上，霍克海默对马克思关于人的本质在其现实性上就是"社会关系的总和"这个观点予以修正。对他来说，这个观点是对黑格尔的"现实合理性"主张的发挥，但他进一步认为，当我们说人的本质表现为社会关系的时候，人的现实性就是人的本质的全面外化，这就意味着个体的终结，个体的自由与社会的公正就成为矛盾。如何把它们统一起来，始终是德国哲学，尤其是康德哲学力图解决的问题。因此，如果我们忽视个体的自由和人的道德行为本身，只是把社会的某种进步

① 霍克海默：《对工具理性的批判》，施密特编，第 30 页，法兰克福，1972。
② 同上书，第 44 页。

抬高为最高理想，那么，实现人的解放，抛弃人的异化，建立真正自由的王国，就不过是一种幻想。霍克海默因此对人类的前途抱有悲观主义，他说："真正的哲学就是批判的和悲观的，甚至比悲哀还要悲哀。而没有悲哀也就没有幸福。"[①]晚年的霍克海默为什么会陷入叔本华哲学所宣称的虚无之中，并进而祈求宗教神学来拯救世界，其主要原因就在这里。

第三节　启蒙的辩证法

霍克海默在批判工具理性的同时，对与之密不可分的启蒙进行了深刻的反思，这一反思的结果就是他和阿多诺共同撰写的哲学论文集《启蒙辩证法（哲学片断）》（简称《启蒙辩证法》）[②]。这部著作通过对德国法西斯主义的追踪批判，考察了法西斯和一切极权思想产生的历史根源及其具体的历史形式和机制，对浸透在近现代文明中的启蒙精神予以辩证的反思，进而对现代工业社会征服自然的掠夺式生产方式，以及由此带来的扼杀个性和自由的技术统治、文化工业、道德衰败、反犹主义予以广泛而深刻的分析和批判。这部著作不只是法兰克福学派最具代表性的著作之一，也是现代西方对全部人类文明史进行考察和反思的一部重要著作。

霍克海默和阿多诺承认，"从进步思想最广泛的意义来看，历来启蒙的目的都是使人们摆脱恐惧，成为主人"[③]。这就是说，启蒙无论是从其意向，还是从其纲领来看，都是要在神话偶像前拯救人类理性、反抗抽象的脱离自然的精神幻想，追求的是一种"支配自然"的知识形式。启蒙的主旨就是消除神话，用知识来代替幻想。启蒙的基本精神就是反对对自然界的恐惧，反对天主教神学的压迫，要使人类从自然界的奴役和宗教

---

① 霍克海默：《对工具理性的批判》，施密特编，第 263 页，法兰克福，1972。

②《启蒙辩证法》是由霍克海默和阿多诺执笔完成的，反映的却是法兰克福学派的共同看法和思想。

③ 霍克海默、阿多尔诺：《启蒙辩证法（哲学片断）》，洪佩郁、蔺月峰译，第 1 页，重庆出版社，1990。

学说的压迫中解放出来,使观念的主体完全成为唯一的无约束的权威。"启蒙以真理的名义反对宗教和形而上学,它不仅在信仰的象征和图形方面,而且也在思维认识的理念和概念方面,使真理的足迹彻底地非神话化了"①。但是,启蒙思想家们在理性、知识、真理等概念方面的模糊不清,不仅为谎言留下了地盘,而且最终导致了"启蒙的自我毁灭"。

启蒙始于拯救人类自身,最终却导致自身的毁灭。霍克海默和阿多诺认为,启蒙之所以产生这种与出发点完全相反的"自反性"结果,主要有以下几点教训值得深思。

首先,从表面看,启蒙反对神话,反对外在统治,启蒙追求的目标是确立人的尊严,建立理性信仰,争取人的权利和自由,但在本质上,启蒙是以神话为基础的,启蒙思想家们从主体的设想来解释自然,以为许多神话中的形象都来自主体。"启蒙精神从神话中吸取了一切原料,以便摧毁神话,并作为审判者进入神话领域。"②这种过于张扬理性的无限要求,使启蒙在摧毁旧神话的同时,却又使"神话变成了启蒙,自然界变成了简单的客观实在",真理沦落为物化的文化。正是在这种以"世俗化的神话"为基础的启蒙精神中,启蒙思想家在追求"支配自然"的知识形式的同时,一方面为人类思想能够认识事物本质而庆幸,另一方面却以为知识就是权力,战胜迷信的理性可以向失去魔力的自然界发号施令。主体也必然会把自己视为世界的主人,不仅要征服自然,而且还要无限制地掠夺自然,并进而把这种对自然的征服和掠夺用于人类本身。这样,"知识的目的不在于概念和观念,不在于侥幸地了解而在于方法,在于利用其他人的工作和资本"③。人们的理性活动变成了工具,只有征服自然、支配世界才是目的。启蒙摧毁了旧的不平等的东西,推翻了直接统治权,但同时又在现实存在的普遍联系中建立了新的不平等,并使这种

① 贡尼、林古特:《霍克海默》,任立译,第87页,中国社会科学出版社,1992。

② 霍克海默、阿多尔诺:《启蒙辩证法(哲学片断)》,洪佩郁、蔺月峰译,第9页,重庆出版社,1990。

③ 同上书,第2页。

统治权永恒化。因此,启蒙在反对愚昧、摆脱自然和宗教的统治、建立理性信仰的时候,由于自己的无限要求,不仅“把世界当作自己的战利品”,而且“在客观上变成了疯狂”,从而让自己不可能摆脱神话,并不可避免地走向了自己的反面,“即启蒙的自我毁灭”。

其次,启蒙精神遵守的规则是,“只有通过统一的现象才能认识存在和所发生的东西;统一现象的理想典范是一切言行遵循的制度”①。于是,启蒙思想家们通常都遵守统一化的形式逻辑,他们从现存状况获得形式,从事实中获得历史,从物质中获得事物,按照形式逻辑排他的、统一的规定去预设未来世界的公式。正是基于这种统一不二、非此即彼的精神,不仅自然科学关注的自然界的普遍关联被赋予了普世必然性,而且人类社会还因此盲目崇拜科学技术。此时,关于世界模式的认识是以数学的公式和物质的场论、物质的结构理论为基础的,个体无关紧要,只有“数”才是认识世界的关键。对真理的信仰已经沦落为“文化财富”,思维不能包含否定因素,哲学丧失了对知识的指导意义,只是满足于它自己也承认的逻辑的同义反复,满足于方法论上的修修补补,最后甚至于满足记录文字。这样,“在培根的理想‘我们在实践中支配自然’在全球范围得到实现的同时,他所认为的不可把握的自然所具有的强制本质就变得清晰可见”②;必然性与自由的关系表现为机械的、数量的关系,“统治世界”这个单纯的技术理想由此反馈到人自身。启蒙对统一规则的追求,不只是使启蒙自身成为技术的统治,而且使统治技术更加彻底化。启蒙让作为整体的人类获得了这样的“自由”,即各个民族都尊重既成事实,盲目的统治被合理化了,并对人们的意识发生影响,统治世界表现为“真理”。于是,对真理的探索受到嘲笑,关于革命的想象被讥讽为乌托邦。真正自由的可能性就被这种虚假的“自由”所排除,一切希望都因此而化为乌有。

---

① 霍克海默、阿多尔诺:《启蒙辩证法(哲学片断)》,洪佩郁、蔺月峰译,第 5 页,重庆出版社,1990。

② 参见同上书,第 37 页。译文有改动。

再次,启蒙不仅是精神的独立自主的普遍运动,而且使精神客体化——这就是启蒙的二重性。这种二重性的危害不仅像尼采所批判的那样,主体是“独立精神的执行者”,统治世界的是主奴关系,而且更可怕的是,精神的客体化变成一种弥漫于整个社会的意识形态,“这种意识形态是对盲目生活的盲目颂扬,而压制一切活生生的东西的同样的实践,也属于这种对盲目生活的盲目颂扬”①。因此,精神的客体化不仅适用于统治阶级,而且也适用于被统治阶级,社会的组成阶层和群体都成为社会这个大机器的组成部分和传动装置,大家都接受同样节奏的约束,任何一种主动性行为都可能毁灭这个也包括他们自己的大机器。资产阶级一直信奉和鼓吹的个体自由丧失殆尽,人变成了“单纯的类本质”,成为与自我原则相反的东西。自我消失了,良心失去了对象,灵魂不再是“自责的感情”,而变成没有内容的空虚。不仅康德设想的“道德至善”是空中楼阁,就连黑格尔梦想的作为荣誉公民的人格也不复存在。启蒙的主题是要使人能够自我保存,现在,人自身的瓦解、分裂直至消失,导致了根本不存在需要保存的自我,最后的结果必然是人与理性的告别,人与真正的启蒙的告别。这正是:“在工业社会的进步中,整体赖以证明自身的概念,即人作为具体的人(Person)、人作为理性的承担者的概念成为泡影。启蒙的辩证法在客观上变成了疯狂。”②

最后,启蒙在意识形态方面的倒退集中体现在“文化工业”上,在电影和广告事业上表现得尤为明显。电影、广播、广告既与人民大众的生活密切相关,又与经济联系在一起。于是,统治者必定会加倍注意这个领域,在利益驱使下会生产、制造出成千上万个千篇一律的“文化产品”,而这种“文化工业”恰恰与启蒙所追求的普遍统一的精神不谋而合。“因此,启蒙精神首先概括地体现在生产和宣传的活动以及技术中;从启蒙

① 霍克海默、阿多尔诺:《启蒙辩证法(哲学片断)》,洪佩郁、蔺月峰译,第 39 页,重庆出版社,1990。

② 参见同上书,第 194 页。译文有改动。参见《阿多诺全集》第 3 卷,第 230 页,法兰克福,苏尔坎普出版社,1981(以下所引此书均为此版本)。

的真正内容来看，意识形态都在竭力神话现存的事物，以及操纵技术的权力。”[①]这种所谓工业化的“文化”一方面是消除了文化中本来蕴含的自由创作的原创性和反抗性，消除了不同文艺作品的千变万化的风格，一切文化、艺术和娱乐消遣的作品都是按照一定格式制造出来的。于是，从表面上看，消费者的需求得到了满足，但实际上他们只是被规定需求的消费者，只是单纯的“文化工业”的对象，观众的主观创造性被抑制了，思维活动也变为不必要的多余东西。另一方面，“商业与娱乐活动原本的密切关系，就表明了娱乐活动本身的意义，即为社会进行辩护”[②]，“文化工业用不存在的要求，来证明社会上的胡作非为”[③]。快乐意味着满意，消费者由于这些文化产品而变得愚昧无知，忘记了一切痛苦和忧伤，受欺骗的大众比统治者本身更加醉心于这些虚假的东西，他们因此相信奴役他们的意识形态，而放弃一切其他目的。限制个性的自由发展，疏导人们对社会的不满，抑制大众的革命情绪，使之不能从根本上威胁资本主义制度——这就是“文化工业”的全部实质，也是启蒙欺骗大众的本质。

第四节　失望与悲观

霍克海默与其同道对资本主义社会的揭露，对产生这种现实状况的精神基础——启蒙的尖锐批判，并不意味着他们已经找到一条改变现存社会状况的出路。就霍克海默个人而言，他在晚年越来越陷入悲观主义的泥淖之中，并且试图用犹太教和基督教的神学思想来化解批判理论固有的矛盾。这里我们简约地概括霍克海默晚年思想的主要特征。

第一，霍克海默否认在理论与实践之间存在着全面的联系，他像康德一样，认为本质与现象、理论与实践是分离的，而不是相互关联的。虽

①③ 霍克海默、阿多尔诺：《启蒙辩证法（哲学片断）》，洪佩郁、蔺月峰译，导言第 6 页，重庆出版社，1990。

② 同上书，第 135 页。

然他始终坚持哲学家必须认识自身的社会责任,但他只不过是把这点当作批判理论的一个先决条件而已,而他以前信奉的“概念真理”、“理论应当是一种行动方案”、理论理应推动历史前进的思想却已经荡然无存。这种否认理论与实践相联系的倾向,一方面表明了霍克海默找不到理想世界的失望和痛苦,另一方面说明了他对另一种绝对的、无条件的东西的渴望。

第二,对工具理性和启蒙的批判越是深刻,霍克海默就越是相信:人的孤独不只是人的有限性,而且还是作为个人(Person)的人(Mensch)在现代的崩溃;理论虽然可以反思社会的发展趋向,分析历史上的恐怖、暴力、统治、压迫,表现弱者的痛苦、无助和死亡,却不能有效地反对现实存在的总体趋向,批判理论因此必须承认历史过程的内在必然性。霍克海默由此脱离了批判理论所追求的社会理想,转向了历史宿命论。

第三,霍克海默在承认他毕生都喜欢叔本华悲观主义的同时,他失望,却并没有完全放弃希望,而是试图把哲学的否定思维与宗教对绝对(上帝)的渴望联系在一起。与《启蒙辩证法》肯定犹太教相一致的地方,是他在晚年继续把犹太教和哲学知识联系起来,坚决拒斥把有限的东西说成无限,把谎言说成真理,反对用信仰来代替真理。在他看来,这既是犹太教所说的“拯救”的本质,也是德国哲学所强调的通过谴责幻想而获得知识。德国唯心论者康德和黑格尔的伟大之处,就在于他们接近了犹太教的虔诚和犹太教的思想,而这里恰恰是犹太教与德国哲学精神最相一致的地方。① 与《启蒙辩证法》不同的是,他晚年不仅敬仰犹太教,而且也颂扬基督教所宣传的“博爱”和“渴求”。在他看来,耶稣为救赎全人类而牺牲的事情已经说明,基督教的“博爱”,即尊重和热爱他人,体现在生活中的自由、平等、自我规定、宽恕等,要高于任何法律和规定,这样的博

① 参见贡尼、林古特《霍克海默》,任立译,第147—149页,中国社会科学出版社,1992。

爱不需要任何逻辑证明。[①] 而“渴求”则表达了拯救失望者的希望，因为只要我们把我们的生活世界看作是**相对的**现象，而不是**绝对的**真理，那我们不仅可以相信恶不可能战胜善，而且还可以由此推演出，相对是以绝对为前提的。即使我们不能从逻辑上证明这个绝对者和永恒者的存在，但对真理的“渴求”超越了这种证明，它使我们相信真理是与上帝在一起的。很显然，霍克海默晚年已经把最后的希望寄托在宗教神学那里，他的批判理论最后也只能成为宗教哲学。

霍克海默的理论反映了第一代法兰克福学派的真实感情和思想：他们激烈抨击现代工业社会的种种弊病，却又不满意新苏东社会主义的现状；他们热爱和追求真理，却又不知何谓真理。他们忧心忡忡，犹豫彷徨，充满希望地开始了批判理论的事业，最终却以失望告别了批判理论。

① 参见霍克海默《对工具理性的批判》，施密特编，第 130 页，法兰克福，1972。

第二十六章　阿多诺

阿多诺(Theodor Wiesengrund Adorno)是法兰克福学派最重要的代表人物,他在哲学、美学、社会学、音乐理论上贡献卓越,在20世纪60年代成为西方社会左派的理论权威,还被当下的后现代思潮奉为思想上的直接先驱。

阿多诺1903年出生在德国法兰克福,其父魏森格隆特(Oskar Wiesengrund)是当地从事葡萄酒业的犹太富商,其母玛丽娅·卡尔维丽·阿多诺(Maria Calvelli Adorno)是信奉天主教的歌剧演员。母亲对自己的出身很自豪,因为她的父亲是一名有科西嘉贵族血统的法国军官。阿多诺出世后,父母在给他取名时既保留了父亲的姓氏"魏森格隆特",也增加了母亲的姓氏"阿多诺"。阿多诺从小受到良好的教育,而且在母亲和姨母(一个很有天赋的钢琴家)的引导和熏陶下,自幼酷爱音乐和艺术。在高级中学读书时,阿多诺开始在法兰克福音乐学院学习钢琴和作曲。

1921年,阿多诺进入法兰克福大学学习哲学、心理学和音乐理论。1922年,阿多诺结识长他8岁的霍克海默,从此两人结下深厚的友情。1924年,在导师柯内利乌斯(H. Cornelius)的指导下,年轻的阿多诺以论文《胡塞尔现象学中的物化和意向对象的超验性》("Die Transzendenz des Dinglichen und Noematischen in Husserls Phänomenologie")通过答辩,获博士学位。虽然阿多诺的这篇论文是纯粹学术性的,但他本人更倾向于以哲学的视野去探讨生活在现实世界中的具体的人,在这方面对他影响比较大的有卢卡奇、布洛赫、本雅明等人。与此同时,阿多诺仍然对其钟情的艺术和音乐依依不舍。他在 1924 年夏天的法兰克福音乐节上听到贝尔格(A. Berg)的音乐演出后,受到很大触动,他认为,这种不同于传统音乐的新音乐表达形式恰恰表现了现代人在现实生活中的感觉。1925 年,他前往维也纳,在贝尔格那里继续学习作曲和钢琴,并成为以勋伯格(A. Schönberg)为首的维也纳音乐团体的一员。虽然贝尔格很欣赏阿多诺的音乐天赋和理论才华,把他看作理解新音乐最深刻的人,但勋伯格始终没有肯定阿多诺的作曲和音乐评论文章。勋伯格的态度促使阿多诺思考自己今后的发展方向:是从事纯粹的音乐工作,还是继续从事哲学事业?在经过反复斟酌后,阿多诺决定把哲学研究与音乐评论和社会批判结合在一起,把对现代艺术、神学、社会内容的思考都纳入哲学研究之中。1930 年,阿多诺在蒂利希的指导下完成大学执教资格论文《克尔凯郭尔的美学建构》("Kierkegaard: Konstruktion des Ästhetischen"),翌年在法兰克福大学担任编外讲师。这时,阿多诺虽然不是法兰克福社会研究所的正式成员,但他经常参加该研究所的活动,并且是该研究所刊物《社会研究杂志》编辑部成员。他在这个刊物第一期上发表的论文《论音乐的社会背景》("Zur gesellschaftlichen Lage der Musik")是他第一篇讨论音乐社会学和音乐哲学的论文,其中表达的基本观点他一生都没有改变。

1933 年纳粹上台后,阿多诺起初并没有随法兰克福社会研究所的多数成员一道逃亡国外,而是留在法兰克福。但是,纳粹当局不仅不允许他在大学讲课,还剥夺了他为报社撰稿的权利。迫不得已,他在 1935 年流亡到英国,在牛津大学墨顿学院(Merton College, Oxford)继续从事哲学研究。与霍克海默取得联系后,阿多诺与妻子于 1938 年前往美国纽约,从此阿多诺成为社会研究所的一员。1950 年回到法兰克福后,他先后担任法兰克福大学哲学和社会学教授、社会研究所所长。1954 年获勋伯格奖。1963 年当选为德国社会学会主席。1969 年因心脏病突发在瑞士去世。

阿多诺一生著述颇丰,截止到 2004 年,法兰克福的苏尔坎普出版社共出版了《阿多诺全集》(*Gesammelte Schriften*)20 卷,《阿多诺遗著集》(*Nachgelassene Schriften*)30 卷,此外还有《通信集》(*Briefe*)、《讨论文稿》(*Diskussionsprotokolle*)等。阿多诺最著名的著作有:《启蒙辩证法》(与霍克海默合作)、《克尔凯郭尔的美学建构》(*Kierkegaard: Construction of the Aesthetic*, 1933)、《最低限度的道德》(*Minima Moralia*, 1951)、《美学理论》(*Ästhetische Theorie*, 1970)、《音乐社会学导论》(*Einleitung in die Musiksoziologie*, 1973)、《新音乐哲学》(*Philosophie der neuen Musik*, 1975)、《否定的辩证法》(*Negative Dialektik*, 1966)等。这一章我们着重讨论阿多诺的非同一性哲学、新音乐理论和道德哲学。

第一节　否定的辩证法

在阿多诺的众多著作中,最引人注意的有两本:一是他与霍克海默合写的《启蒙辩证法》,二是他在晚年完成的《否定的辩证法》。如果说前者反映的是法兰克福学派的集体思想,那么,后者则是阿多诺本人最重要的代表作。《否定的辩证法》的核心是彻底否定整个西方哲学传统——"同一性思想",它的典型特征是"反逻辑""反体系",集中表达了阿多诺本人对西方传统文化所采取的"大拒绝"的立场。所以,这本书不仅在当时成为西方新左派政治纲领的理论论证,而且在当今也被后现代思潮奉为"经典著作"和思想渊源。

《否定的辩证法》构思宏伟,内容庞杂而艰深,其批判锋芒几乎指向西方哲学的全部理论图式和方法。由于作者有意识地贯彻"非同一性"的全面否定思想,却又不愿意像传统哲学那样在一个确定的体系中通过反复的辩驳和详细的论证展开自己的思想,所以,展现在读者面前的论证就是跳跃式的和不系统的，于是，只能使人感到“线索连着线索”，不能构成完整的想法。又由于阿多诺知识渊博，而写作风格却是汪洋恣肆，不拘一格，常常在前后段落，甚至在上下句中缺少必要的联系和过渡，若不仔细琢磨，只能让人感到“印象连着印象”，莫衷一是。

即便如此，如果我们仔细阅读这本书，并结合阿多诺在此前后发表的论著和演讲中所表达的思想，那我们还是能够认识和理解这部著作的主旨：考察和批判西方“同一性”思想传统，消除对一切凝固化概念的崇拜，表达以连续否定为核心的否定辩证法的基本理路，着重阐述主体与客体、精神与自然、思维与存在非同一性的关系。

一　否定同一性的传统

阿多诺是一个追求思想澄明的哲学家。他和霍克海默在《启蒙辩证法》中已经表达了这样一个思想：启蒙始于人类拯救自身的企图，但最终却导致人类自身的毁灭。启蒙之所以产生这种“自反性”，其中一个重要原因就在于启蒙思想家们都自觉地遵守统一化的形式逻辑，他们按照形式逻辑排他的、统一的规定去预设和安排未来世界的公式。在阿多诺看来，这种同一性的原则并不始于启蒙运动，只是在启蒙运动以后，由于人们一直都以追求主体与客体、思维与存在的统一为宗旨，从而使这种同一性的原则成为“当然的真理”。不对这种同一性思想予以清算，就不可能彻底改变我们的思想范式。

促使阿多诺对这种同一性思想追根寻源，并予以彻底否定的原因，当然还有他在第二次世界大战期间的亲身经历。他明确地说，奥斯威辛集中营发生的大屠杀事件已经表明，“种族灭绝是绝对的一体化（die absolute Intergration），用当时士兵的话来说，这种一体化在把人（Menschen）都视为完全一样的地方时刻准备折磨人，直到这些人被当作偏离其完全无用性的概念而被消灭。奥斯威辛证实了纯粹同一性哲学的原理就是死亡”[①]。阿多诺相信，“因为已经发生的事件摧毁了思辨的、

① 阿多诺：《否定的辩证法》，第354页，法兰克福，苏尔坎普出版社，1973。

形而上学的思想与经验相统一的基础，所以，形而上学的能力已经瘫痪”①。奥斯威辛集中营事件以后，任何关于存在的空谈，任何从大规模屠杀的悲剧那里得出的肯定意义都是无稽之谈。“人们再不能说，不变的东西是真理，运动的、暂时的东西都是假象，而时间性和永恒的理念则是互不关心的；即使是黑格尔的大胆回答——时间的此在由于其概念蕴含着内在固有的毁灭，它也不能为在毁灭的永恒性中表现出的永恒而服务。”②阿多诺在这里想要表达的是：如果哲学家只是追求所谓永恒不变的理念，而对当下发生的事件漠不关心，甚至对人类社会自我毁灭的灾难也无动于衷，那么，这样的真理即使在最狭义的概念上也没有价值。

正是基于这样的思想，阿多诺提出这样一个基本命题：如果哲学思维想成为真实的理论，特别是在今天想成为真实的理论，哲学就必须进行自我反思，而且“必须是一种反对自身的思维”。在阿多诺看来，这个命题并非他的独创，人们从马克思到本雅明的救赎努力中都可以获得这样的意图，即“形而上学只有废弃自己才能获胜”③。但是，阿多诺并不认为自己必须像马克思那样去走辩证唯物主义的道路。因为在他看来，当我们把人的解放与生产力的提高结合在一起的时候，我们在这方面不仅容易陷入庸俗唯物论的泥淖之中，甚至还会与“普遍物化”的社会同流合污。再进一步讲，阿多诺和霍克海默在《启蒙辩证法》里已经指出，一味强调生产力的解放是与征服自然的主体专制精神分不开的，这样的理路会导致人对人的压制。

阿多诺因此用“否定的辩证法”来称呼自己的哲学，《否定的辩证法》这部书的“序言”第一段话就是：“否定的辩证法是一个反对传统的表达。早在柏拉图时代，辩证法就已经意味着通过否定的思维方式去创造肯定的东西；否定之否定的图形(die Figur)是后来形成的一个言简意赅的表

① 阿多诺：《否定的辩证法》，第 355 页，法兰克福，苏尔坎普出版社，1973。
② 同上书，第 354 页。
③ 同上书，第 358 页。

达。本书试图让辩证法摆脱这些肯定的特性，同时又不减弱它的确定性。”[①]很显然，阿多诺从一开始就把自己的哲学确定为对西方哲学传统的彻底否定，却又想保持哲学本身固有的生命力。用他自己的话说，这是要借助逻辑一致性的手段来取代同一性原则，并以此表达不被这种同一性所束缚的思想。这是用主体的力量去打破建构主体性的骗局，用一个扩展的合理性设想去代替狭隘的、单纯倾向于数学和自然科学思维的合理性概念。这种合理性设想不仅能够把广阔的空间给予非同一的经验，而且还能够“穿越一切抽象的冰冻荒漠（Eiswüste），到达简明具体的哲学思维”[②]。

阿多诺穿越这个荒漠的第一步，就是对同一性思想的清算。在阿多诺看来，如果我们站在历史的高度，就可以认识到，哲学真正感兴趣的东西是非概念性、个别性和特殊性，古代的哲学家们也曾经发誓要使哲学与现实相统一或接近现实。比如，赫拉克利特曾经认为，客体不会完全被概念所包容，概念并不能穷尽所要表达的对象。但是，自柏拉图以来，这些现实的、活生生的东西被当作“暂时的和无意义的东西”，“柏拉图是第一个把数学当作方法论典范的哲学家，他在欧洲理性哲学的初始，就把集合和分解均等地搁置一边不问，而是特别强调理性的质的要素”[③]。柏拉图重视理性的质的要素，是告诫人们保持理性与其对象的统一，这从一个方面证明了，思维就意味着同一。从此以后，哲学家们都强调理性的区分、归类的能力，并把它们当作思想的综合功能。以此发展下去，思想的外表与思想的真实内容纠缠在一起，概念的规定掩盖了思想试图理解的东西，甚至万事万物都被归纳在矛盾的纯粹逻辑形式之中。“伟大的哲学傍有一种妄想狂似的热忱，它不能容忍除自己以外的任何其他东西，并以理性的一切狡黠去追逐在它面前退避三舍的东西。”[④]在文艺复兴以后，笛卡尔和斯宾诺莎制定的公理都被当作唯一的、排他的规定，

---

①② 阿多诺：《否定的辩证法》，第 9 页，法兰克福，苏尔坎普出版社，1973。

③ 同上书，第 53 页。

④ 同上书，第 33 页。

概念用夸大的方式防止任何与之不相统一的东西。康德对这种夸大的同一性是有一定认识的,他主张,不能依靠思想的形式去排除思想规定性以外的自在存在,但他只是暗示说,没有内容的概念是空洞的,而超越概念的内容则是无规定的。黑格尔则是用这个论点来反对康德,对黑格尔来说,一旦意识到概念的总体性是纯粹的外表,就只能按照其自身的尺度去冲破同一性的外表。然而,这个总体性是根据逻辑构造的,逻辑的核心就是排中律,于是,任何异质的东西就是矛盾,因而必须被排除在外。由此来看,黑格尔哲学的核心就是主体的同一性,是"同一性和非同一性之间的同一性"①。

阿多诺穿越这个荒漠的第二步,就是对体系思想的批判。在阿多诺看来,哲学从其开放的、不加掩饰的解释现象的自由来讲,它理应是反体系的。但哲学在面对作为体系的异质物的时候,它保持对体系的尊重。传统的思辨发展了多样性的综合,在一个特定的历史阶段,体系作为哲学的思维程序和图式被保留下来,但它最终使自己与思想内容相脱离。人们在这里应当注意这个历史现象,即如果说以神学本体论为核心的经院哲学把体系当作其最重要的特征,那么,人们就难以想象这种经院哲学有什么真正的哲学精神。在17世纪,当与市民阶级的利益相符合的理性粉碎了经院哲学的体系以后,理性在这时不是放弃体系性,而畏惧混乱,比如,康德曾把多样性想象为"混沌",黑格尔更是建造体系的大师。市民阶级在这时害怕被一种更新的意识所废除,他们着手加固自己曾经否定的秩序,而这种秩序一旦产生就不再是一种秩序,而变成贪得无厌的东西。所以说,"这种荒谬却又是合理(widersinnig-rational)地产生的秩序就是这样的体系:一种作为自在存在物(Ansichsein)而出现的被规定的东西"②。但是,哲学的体系从一开始就是自相矛盾的,它与一切自由的怀疑精神相对立,把一个确然的东西当作自己的命题,要求有

① 阿多诺:《否定的辩证法》,第19页,法兰克福,苏尔坎普出版社,1973。

② 同上书,第32页。

序地组织和表达思想，却不考虑客体的客观性和多样性。这种同一性的假设是与另一个假设联系在一起的，即存在的事物都是与认识的原则相统一的。体系思维的盛行必定会消除理性所关涉的“质的规定性”，因而还会与客观性发生不可避免的冲突，乃至最终消除客观性，或者说，让客观性“服从一个同一性的公理”。

在阿多诺看来，康德对体系的这种二律背反性是有认识的，当康德说解放了的理性是一种无限的进步时，他至少在形式上已经承认认识的同一性是有限度的，因为理性的无限进步必定会摧毁认识的自给自足的体系。但康德为了保持理性哲学的规定性，他在理论哲学领域划定的疆界，在实践哲学领域却不起作用。尽管康德试图用第三批判在理论哲学与实践哲学之间搭起一座桥梁，但不论他的先验哲学建构得如何精致，他在体系哲学方面的努力都诚实地记录了失败的事实。费希特却不然，“他在这方面是哲学的权威的系统化者，他是这样来揭示思维的，即把体系规定为纯粹的变易（Werden），纯粹的过程，最终是一种绝对的创造”①。黑格尔在制造体系方面无人可与之媲美，他很清楚地知道，统一性和一致性是向“统治的、压抑的思想坐标一种纯粹的投射”，“运动的总体性对他来说就意味着体系”。“黑格尔能够单纯依靠同一性原理的建构来平衡静态和动态的张力，这种建构是这样一种精神，即通过重新接受亚里士多德-经院哲学的纯粹行动（actus purus）同时设定自在存在物和纯粹变易物。”②阿多诺不同意黑格尔的这种体系建构，他敏锐地看到体系的静态特性与体系的动态特性之间的矛盾：尽管一个体系在构造时是动态的，但它事实上是一个封闭的体系，不可能容忍任何在它的领域之外的东西，它因此就是静态的或业已完成的有限体系。尽管黑格尔称赞自己的体系，但他的体系本身是没有变易的，其中任何一项规定都是预先设计好的。黑格尔断言世界历史在普鲁士国家达到尽善尽美，显然

① 阿多诺：《否定的辩证法》，第 37 页，法兰克福，苏尔坎普出版社，1973。

② 同上书，第 36 页。

是与他的这种统一性和体系思想有关系的。阿多诺认为,尼采的解放行动揭露了这个秘密所在:“体系证明了这些学者的胸襟狭窄,他们在概念上构造他们对存在物的行政支配权,以此来补偿他们在政治上的无能。”①阿多诺肯定尼采给西方思想带来的真正转折,但他并不欣赏尼采笔下的查拉图斯特拉式的那种自娱自乐的“天真自信”。

作为一个有着强烈社会责任感的哲学家,阿多诺的理想图式是:“理论纠正精神的天真自信,但同时又不使精神牺牲其主动性,而这恰恰是理论从自身方面所追求的东西。”②正是奠基于这样的理想图式,阿多诺才没有完全否定体系,而是看到体系的二重性。他强调,这里展开的批判并不是要简单地清除体系,而是承认体系的形式对我们认识世界是有一定帮助的。但他又说,认识一个事物不是在其相关的体系中记录它,而是要在它与其他事物的内在联系中把握它。阿多诺在这里主张,应当像启蒙运动时期的达朗贝尔(J. d'Alembert)那样,正确区分体系的精神(esprit de systéme)和体系化的精神(esprit systèmatique),而不能满足于把一切事物统统塞进体系范畴的欲望。我们应当采取法国百科全书派的方式,合理组织起来的,然而又是不连续、不系统地去表达理性的自我批判精神,这样的精神代表着思想与世界经验的联系,或者说,这是精神对现实的关注。

阿多诺穿越这个荒漠的第三步,就是对同时代哲学,尤其是对海德格尔的本体论的分析和批评。在阿多诺看来,哲学是一门学问,但哲学不同于某一门专门的科学,而是对时代进行分析和批判,是人类向自我意识升华的不断努力,把哲学打扮成一门科学或技术是“对哲学的滥用”。阿多诺因此对实证主义、科学主义予以坚决拒斥,他说:“正如今天在学术上扩展为连机器人都能学会和模仿的所谓分析哲学一样,这样的专门论证堕落成处在概念之中的,然而却是无概念的专家的技术。”③

① 阿多诺:《否定的辩证法》,第 31 页,法兰克福,苏尔坎普出版社,1973。

② 同上书,第 41 页。

③ 同上书,第 40 页。

关于胡塞尔的现象学，阿多诺早在20世纪30年代就认真研究过。他在《认识论的元批判》(*Die Metakritik der Erkenntnistheorie*)中提出，胡塞尔的荒谬之处在于，他既像科学主义那样把哲学当作一门纯粹的逻辑学，又把纯粹的逻辑研究与现象混合在一起。因此，在胡塞尔的研究中出现这种不自洽的情况，即论证系列中的某一个环节是孤立的，但它同时又以在前的逻辑绝对性(der logische Absolutismus)为衡量的标准。以此类推下去，没有一个论证本身是正确的；或者说，除非人类全部死去，或许有一条逻辑原理是"没有错误的"。在《否定的辩证法》中，阿多诺进一步分析道，哲学思维要求有主体，而主体的概念不会排除业已形成的事实本质。由此就会产生关于人与世界、精神与自然、主体与客体的表象，它们是交互创造却又互相排斥的元素，并表现为同一性与非同一性的张力关系。胡塞尔在"返回事物"的口号下力图超越认识论，但同时又不可避免地要设定一个一般同一性作为假想的绝对第一因，而这种绝对的同一性始终蕴含着主体对绝对本体的不断追求。这样，舍弃任何经验内容的现象学就陷入一种"无主地带(Niemandsland)"，并最终回到体系思想那里。"体系性在现代意识中是如此的根深蒂固，以至于胡塞尔在本体论的名义下进行的反体系的努力——后来从中分支出基础本体论——不可抗拒地以其形式化的代价复归于体系。"①在阿多诺看来，主体若是不放弃由于自身局限性而追求第一因的本原哲学，他就不可能冲出自身的束缚而接近他者，也不可能理解和认识现实社会。

阿多诺的批判遍及整个哲学领域，他对在他那个时代仍然很有影响的海德格尔的"基础本体论(Fundamentalontologie)"——存在哲学的批判是十分尖锐的。阿多诺十分清楚，在德国哲学传统中，"本体论本身就是辩解性的"，谁不重视本体论，"谁就会被怀疑为没有精神祖国、没有存在家园的家伙"。② 但是，本体论在内容上很难确定，似乎是超自然的。

---

① 阿多诺：《否定的辩证法》，第37页，法兰克福，苏尔坎普出版社，1973。

② 同上书，第69页。

本体论越是难把握,它就越有尊严,本体论的"不可把握性已经成为其不可辩驳性"。海德格尔的本体论就与这种德国哲学传统相一致,他将"存在"当作最高领域的本原,力图以"真理就是提问者的存在"的方式来表达不可表达的东西,不仅把问题摆在比答案更高的地位,而且使其存在哲学被笼罩在迷茫的烟雾之中。

对阿多诺来说,海德格尔过分张扬了所谓的"存在",他说什么"世界的遮蔽决不会使我们得到存在之光"①,导致了对存在,至少是对存在这个字眼的崇拜,而产生这种盲目崇拜的一个重要原因,就是在现实中功能概念越来越排挤实体概念,而存在则是与己无关的、相对于其他东西的存在,存在对一切实体和现实事物都具有绝对的"在先性"。这是 20 世纪上半叶人类社会在大规模扩张的同时,人类意识却落在这种扩张后面的现实状况的间接反映。人类已经意识到自身的无能为力,本体论和存在哲学就是对这种意识的反应模式。海德格尔对存在的夸大,不啻为一种梦想主体以自己对"第二自然"——社会的盲目增长——的服从来避免现实的专横。于是,海德格尔的存在哲学不仅剥夺了主体要为自身进行辩护的权利,而且使"存在的信仰实际上已经退化成一种存在的奴役"②。阿多诺与黑格尔一样,他相信只有主体的"在场(dabeisein)"才能解除第二自然的魔法,反之,对存在的盲目信仰只能走向自由的反面。

阿多诺不仅指明了存在哲学得以流行的社会背景,而且还以其深厚的学养对"存在"这个概念本身加以辨析。他认为,在古希腊哲学中,"存在"一词是多义的、含糊不清的,它甚至未能与"物质""始基""本质"区分开。在现代西方语言中,"sein"也不仅有"存在"的意义,而且还是一个系动词,即"是"的意思。当"是"作为第三格人称"ist"应用的时候,它就在语法的主语和谓语之间构成了存在判断的联系,并以此促使人们设想某种本体的东西。"但是,作为系动词的'ist'是一种纯粹的设定,它意味着

---

① 海德格尔:《从思的经验而来》(*Aus der Erfahrung des Denkens*),第 7 页,普夫林根,1954。
② 阿多诺:《否定的辩证法》,第 76 页,法兰克福,苏尔坎普出版社,1973。

一种普遍的、范畴的综合事实,而不是去再现(repräsentieren)某一个本体。"[①]也就是说,这种事实是一种意向性的、在主语和谓语的关联中实现的事情,而不是确实存在的事情,更不是某种本体,系动词本身并不具有独立的意义。海德格尔把本身还是模糊不清的"存在"当作其本体论的本原,又在主语与谓语的判断关系中附加或推断出其他东西,他的错误就在于他把"系动词'是'的一般意义,即综合判断常用的语法标志的意义,与每一个判断中的'是'所获得的特定意义混淆起来"[②],从而把"是"的性状改变成单纯的本体论的性状。在阿多诺看来,海德格尔企图从系动词的逻辑性中获得本体论的纯洁性,这不仅与他对一切实际事物的反感有关,还与他的"存在"概念空洞无物有关,而后者恰恰是阿多诺最不能容忍的。阿多诺分析道,在海德格尔这里,存在是本质的缩略语,是一种最高的、非事实的、概念的统一体,它排除任何一种后天的东西。虽然海德格尔用"此在""实存"等概念来弥补存在的空洞,但这不过是无内容的同义反复,因为"按照海德格尔的看法,真正的任务是思考存在,而存在却又抵制任何思维规定,这就使思考存在变成空洞的呼喊"[③]。阿多诺认为,海德格尔的存在哲学是以对存在的物化的批判为先决条件的,但他走向了相反极,他的存在没有存在者,而没有存在者的存在是不可思议的。正是在这个意义上,阿多诺说:"'存在'这个语词在自身经验方面带来的东西,只能在存在物的构造中得以表达,而不是通过对存在物的反感来表达。"[④]

阿多诺对海德格尔的批判依然依据的是非同一性原理。在他看来,海德格尔力图使存在超越主体与客体的差别是一种绝对化的思维方式,是用一门特殊的本体论去代替活生生的哲学,是对黑格尔承认具体存在的辩证法原理的倒退。在海德格尔存在学说的黑暗夜空中,不再有星星

---

① 阿多诺:《否定的辩证法》,第 107 页,法兰克福,苏尔坎普出版社,1973。

② 同上书,第 108 页。

③ 同上书,第 105 页。

④ 同上书,第 143 页。

的闪烁,存在者只能接受这样一种赤裸裸的肯定——“对权力的肯定”。

很显然,阿多诺对科学实证主义、对胡塞尔追求的纯而又纯的现象学真理、对海德格尔的基础本体论的批判是有深刻的社会内容的,而不只是纯粹的哲学讨论。

二　直面差异和矛盾

正如我们在前面提到的那样,阿多诺欣赏的是启蒙运动时期的法国百科全书派的方式,用合理组织起来的,然而又是不连续、不系统的方法去表达理性的自我批判精神。这样,阿多诺在批判本体论时,就不打算建立另一种本体论:在批判同一性时,就不打算建立另一种同一性,而是要放弃第一哲学,设定另一种彻头彻尾的“第一”——非同一性、存在物、事实性,通过否定传统的和现有的理论模式,用辩证的观点去认识我们活生生的现实世界。

阿多诺之所以反对同一性和体系思想,就在于他从一开始就认为,我们的生活世界根本不是以一个被遮蔽的存在为本原的,也不是黑格尔以其绝对概念的推演所能完全概括的。世界本身是四分五裂的,哲学不能以为可以用居高临下、统摄一切的概念去把握这个分裂的世界。既然哲学作为不能创造和把握现实总体性的精神,那它只能“以零散的方式去冲破单纯的存在物的范围”①。这就是说,在阿多诺眼里,哲学现在只有一条道路,即关注现象世界中那些无足轻重的、渺小的、没有意向的元素,并把它们置于相互交叉的星座(Konstellation)之中,直到它们构成一个形态。阿多诺以为,真实的世界可以由这种形态而打开,我们也可以由此洞见真理。

我们由此看到,虽然阿多诺的学说缺少系统的论证,但他对否定辩证法和其中的“星座理论”的思考却是重要的“理论模式”,它基本上体现了阿多诺哲学思想的核心。

---

①《阿多诺全集》第1卷,第344页,1970。

关于辩证法，阿多诺的解释已经不同于黑格尔。他承认黑格尔曾经是最重视差异和矛盾的哲学家，但在黑格尔那里，一切非同一的和客观的事物都被包含在一种已经被扩展和抬高的绝对精神之中，并由此被调和统一起来。而阿多诺所说的辩证法是直接面对差异和矛盾的，并不强求同一性和肯定性，它作为思维尊重被思考的对象。对此，阿多诺明确说：**“事实上，辩证法既不是单纯的方法，也不是一种简单理解的实在事物**（ein Reales im naiven Verstande）。辩证法不是方法，是因为未被调和的事情恰恰缺少可以被思想所替代的那种同一性，这样的事情是矛盾的，并且抵制任何一致性解释的意图。不是思想的组织追求，而是事情导致了辩证法。辩证法不是简单的实在事物，是因为矛盾性是一个反思范畴，是概念和事实在思维上的对立。辩证法作为过程就意味着，因为在事情中经历矛盾而在诸矛盾中去思考这个所经历的矛盾。”[①]阿多诺由此宣布，辩证法不是倾向同一性，而是怀疑同一性；不是遵循肯定的逻辑，而是奉行崩溃的逻辑。

正是在这里，阿多诺认为他所说的辩证法是不可能与黑格尔“和好的”。与霍克海默一样，他也认为，与黑格尔的区别不只在于有关总体性和具体性、终结性和非终结性的不同看法，而且还在于：一切进入思维范畴的东西是否只有思想？是否那些可以被看作与思想相关，却不进入概念而能被理解的东西也能进入这个范畴？[②] 换句话说，在阿多诺看来，黑格尔的辩证法是一个自我封闭的体系，同一性是这个体系必然的结局，而非只是一个概念而已。除非黑格尔把他的思想体系在直接事物中展开，他的哲学才可能是非同一的，而这对黑格尔是完全不可能的。“黑格尔的辩证法在其失败的地方就变成了诡辩论的。把特殊变成辩证法的冲动的东西，即上层概念（Oberbegriff）中的不可消解性被说成普遍的事

---

① 阿多诺：《否定的辩证法》，第 148 页，法兰克福，苏尔坎普出版社，1973。

② 参见《霍克海默全集》（*Max Horkheimer Gesammelte Schriften*）第 12 卷，第 488 页，法兰克福，苏尔坎普出版社，1997。

实,就好像特殊本身是其特有的上层概念,并因此是不可消解的。"[①]黑格尔就是以这种"特殊不能构成概念,而概念根本不是特殊"的借口,突出了精神的优势,并以此消解了特殊事物中抵制概念的东西。

阿多诺认为,他自己所设想的辩证法与黑格尔那种始终与总体性联系在一起的辩证法是不同的,这种辩证法是关于具体事物的辩证法,它是否定的,可以不断地修正自身,使其与思考的对象相符合。这样,同一性不是被当作最终的东西,思想也不是高高在上的概念,"事实的对象"只能在思想的关联中被理解,但这个对象本身并不是思想。因此,"即使对象并不服从思维规则",但由于这种辩证的逻辑尊重对象,所以,它就能够接近和认识非同一的东西。这种辩证法的概念具有预先准备好的、对象化的形态,而认识的主体首先就直接面对这种形态。虽然在这种情况下,主体与客体、概念与对象不是同一的,但是,"辩证法的经验内涵不是在于遵守这种同一性原则,而是在于他者对同一性的抵抗;这才是辩证法的力量所在"[②]。否定辩证法的这种自我治理的形态瓦解了传统的概念认识,并以反思的方式趋向于非同一事物的经验。

按照这样的理路,阿多诺对辩证法的设想就是:它既不单纯地属于主体方面,也不能被简单地推到客体一边;它既不是主体与客体之间的中介,也不是它们之间的联系。辩证法应当被看作主体与客体之间的相互联系,但从它们的经验的、历史的一致性关系中又不能挖掘出任何元素。阿多诺在《认识论的元批判》中曾经这样说:"主体和客体在本质上是互为中介的,但是,让这两者同时成为原始原则(Urprinzipien)却是不恰当的。如果这二者中的一方以为自身就是原始原则,那它就是把一个关系概念与一个实体概念混淆了,并且是把'自吹自擂(flatus vocis)'当作起源了。中介性不是对存在的实证表述,而是对那种无法让自身在实证性中安静下来的认识活动的一种指示,确切地说,这是正确应用辩证

① 阿多诺:《否定的辩证法》,第 175 页,法兰克福,苏尔坎普出版社,1973。
② 同上书,第 163 页。

法的要求。"[①]这样看起来，辩证法似乎是主体与客体之间的中介，它是调和主体和客体的手段。为了避免这样的误解，阿多诺在《否定的辩证法》中对此予以断然拒绝。他认为，假如思辨允许调和，那么，由这种调和促成的主客不分，乃至主客同一性的和谐状态就与辩证法所说的主客间的矛盾之反题构成了无法解释的冲突。和谐状态是一种没有统治却有区别的状态，而主客同一性的状态是没有主客区分的状态，把辩证法当作调和手段显然是与阿多诺设想的否定辩证法不相符合的。

阿多诺在这里遇到差异、矛盾、调和、同一性、非同一性等问题，这是否定辩证法必须澄清的**核心命题**。对此，阿多诺是这样解释的：

> 被区别的东西长时间地显现为歧义的、不和谐的和否定的，以至于有关特定构造的意识必须去追求同一性；只要这种东西与意识不是同一的，意识就会以其总体性要求去衡量它。这是把辩证法当作矛盾呈现在意识前面。根据意识的内在本质，矛盾本身具有不可逃避的、厄运般的合法性特征。思维的同一性和矛盾是焊接在一起的。矛盾的总体性不外乎是总体的同一化的非真实性，这就如同矛盾在这种非真实性中所表现的那样。矛盾就是法令中的非同一性，而非同一事物也服从这个法令。[②]

虽然阿多诺的这段话非常晦涩难懂，但我们还是理解了他的基本思想。首先，事物的本质是非同一的，矛盾就是这种非同一性事物的真实性的反映；其次，意识总是追求同一，在这个意义上可以说，思维就意味着同一；再次，思维的同一性总是按照同一性的要求去衡量事物，而非同一性事物也服从这种要求，这样，同一性的意识和非同一性事物可以暂时结合在一起，因为它们都服从同样的法令，任何规定性都是同一化；最后，总体的同一性是虚假的真实，非同一性才是具体的真实，否定的辩证法就是要揭示事物的本质，接近客观真理。

---

①《阿多诺全集》第 5 卷，第 33 页，1970。

② 同上书第 5 卷，第 17 页。

既然阿多诺强调非同一性的、具体的事物,那讨论非同一性事物之间的联系也是他关注的重点之一。阿多诺承认有区别、有差异的个体之间的交往的重要性。他认为,与他人的交往在个人身上得到具体的凝固,而个人在其"此在"中通过交往被介绍出去,他人作为中介为个人服务。阿多诺在这里既不赞同过分夸张绝对的个体性,也不同意用普遍性来消解个体性的观点。他比较推崇胡塞尔的有关看法,即普遍寓于个别之中,普遍的构成并不要求把各个具体事物与其他事物进行比较和同化,"因为绝对的个别性是为了普遍性的缘故而进行的抽象过程的产物"①。阿多诺反对黑格尔夸大个体间交往作用的做法,在他看来,黑格尔的唯心主义只是提醒人们注意"对象间的亲合性",注意了对象间交往的可能性,却以相反的形式忽视了"非统一性事物之间的内聚性(Kohärenz)"。

否定的辩证法与传统的辩证法不一样,它不是把注意力集中在作为出发点和重点的绝对同一性上,而是关注并非绝对的差异性。因此,否定辩证法承认交往的重要性,但它同时也注意到,不同事物之间的交往会将一种不和谐的声音放入追求同一性的意识构造中,而听觉灵敏的人可以感受这种不和谐的声音。阿多诺在这里已经把他所追求的新音乐理论与哲学的辩证法结合在一起。对此,我们将在下面予以讨论。

现在我们已经可以确定,阿多诺的否定辩证法在思维性质上发生了这样的变化。在他这里,"辩证法想说,某物是其所是,而同一性思维则说,某物隶属于什么范围,是某个范围的样本或替代物,却不说某物本身是什么"②。显然,阿多诺已经使辩证法转向非同一性事物,而不是确定事物所在的范畴,但这样的辩证法又不像康德的图式论那样把并不协调的东西调和在一起,而是服从正在辨认的思维(idendifizierendes Denken)。正是这样的规定,使否定辩证法接近和认识非同一性事物,并

---

①《阿多诺全集》第 5 卷,第 164 页,1970。

② 同上书第 5 卷,第 152 页。

且能够把握诸对象相互作用的"亲合性(die Affinität der Gegenstände)"。

阿多诺的否定的辩证法有两点值得我们注意:

其一,主客体的辩证关系。阿多诺分析道,按照一般的哲学常识来看,辩证法就是在主体和客体这两极中展开的思维活动,但这种辩证法的结构本身就不是辩证的,因为主体和客体这两个概念是已经产生了的反思范畴,是表达不可调和事物的公式。因此,既不能简单地抹煞主客体间的差异,也不能夸大它们的二元性。"它们既不是一种终极的二元性,也不是躲藏在自身背后的终极同一性。它们互为建构,就像它们因为这种建构而互相分离一样。"①阿多诺在这里强调的是,主体只是就其对象世界而言的,而客体则被异己物所占有和支配,这种情况是主观的、有准备的结果。改变这种状况的唯一可行的思路,就是对双方的各自确定性加以否定,使它们既互相对立又彼此统一。换句话说,否定辩证法的意图就是要限制形而上学的辩证法,不把主体视为"完全的主体",也不把客体视为"完全的客体",并以此来加强"客体优先性"的探索。阿多诺相信,这样做,哪怕只是限制主体的权力,也是对主体权力的剥夺,是打破主体绝对统治的一种有效方法。

这是阿多诺对《启蒙辩证法》中的有关思想的继续和发挥。在《启蒙辩证法》里,阿多诺和霍克海默主要是探讨了有意识的主体对受宰制的自然的关系,而人对人的专制则是从人对自然的宰制关系中推导出来的。现在,由于讨论的是主客关系,其哲学意义和涵盖面显然要比前者深刻和广泛得多。

其二,星座理论。阿多诺明确地说,具体的存在多于抽象的存在。虽然阿多诺在这里始终把黑格尔当作其辩论的对象,但他承认黑格尔在这方面是有道理的,即:黑格尔注意到"具体"一词的确切含义,看到个人并非绝对是自为的,个人在自身中就有他的他者,并必定会与他者相联

① 《阿多诺全集》第 5 卷,第 176 页,1970。

系。但阿多诺又不满意黑格尔的表达,他认为,在黑格尔那里的具体事物都是与精神相关联的,黑格尔的表达不能确切地反映具体的、多样的存在。于是,阿多诺从本雅明那里借用了"星座"这个术语,他认为,统一性的元素之所以能够存在下去,就是因为概念进入了星座。"星座说明了对象的特定性,而无论特定性对分类过程是无关紧要的还是一种负担。"[①]阿多诺是想用"星座"来表达这层意思:在非同一性事物的内部,个体的存在看似孤立分散,但它与它所不是的东西相联系,它的这种内在一般性是"历史的客观积淀",这样的一般性既存在于它自身之中,又与它所处的位置有关。破解了星座的"密码",也就认识了各个具体事物的意识及其在星座中的地位和关系。

阿多诺的这种星座理论源于他对现实世界性状的分析。在他的视野里,世界原本就是四分五裂的,各个个体看似分散独立,却又因为现实或历史的缘故联系在一起。追求非同一性原则就是对现实的这种既分散又联系的性状的承认;反之,片面追求同一性,就容易导致专制和独裁。有些哲学史家对阿多诺的星座理论加以引申,他们认为,对阿多诺来说,现实世界的分裂性状具有一种犹太教的弥赛亚的意义,他是以此来说明此岸世界是犹太教教义所说的"救赎的场所,真正的同一性只能是在彼岸世界中"[②]。对此,我们是不能苟同的。

在我们看来,阿多诺的否定辩证法认为,我们的生活世界中矛盾无处不在;他否定同一性哲学,认为概念不可能完全与其表象的对象相一致,因此提倡考察事物的本来面貌,而不要在意概念的范畴;反对辩证法中的主客体的绝对化,反对认识的形而上学化。现在看起来,这些观点都是无可非议的,并且能给我们一定的启迪。但是,他的辩证法只是承认矛盾的普遍性和特殊性,却不坚持矛盾的特殊性与普遍性的结合,不注意主要矛盾和矛盾的主要方面,这就使得人们常常看不到事物的本

---

① 《阿多诺全集》第 5 卷,第 164 页,1970。

② 韦格尔豪斯(R. Wiggerhaus):《阿多诺》(*Theodor W. Adorno*),第 29 页,慕尼黑,1998。

质，也不知道人类真正的出路在什么地方。阿多诺本人对此也毫不讳言，他把艺术看作拯救世界的希望恰恰说明了他的否定辩证法面对实践所表现出的无奈。

第二节　音乐哲学的梦想

对阿多诺来说，艺术是除哲学以外唯一的超验力量，如果哲学在这个社会中已经失效，那或许只有艺术能够拯救这个社会。阿多诺十分重视艺术，翻开《阿多诺全集》，其中一半，甚至还多一些，都涉及对艺术主要是对音乐的探讨。尤其是他的晚期著作，如《音乐社会学导论》《美学理论》，基本上都是以艺术哲学的形式来表现他的哲学思想和社会批判理论的理想。可以这样说，阿多诺的哲学、历史和社会批判理论最终都汇入他对现代艺术的本质特征、功能、意义的分析、考察和论述之中，他想借助他所想象的艺术哲学的光辉来照亮现代社会。在仔细分析阿多诺这方面的思想后，我们不难发现，他所希冀的艺术哲学之光在很大程度上是他臆想的假象。

一　艺术与社会

阿多诺对艺术，尤其是对音乐的重视，与他的哲学思想和社会批判理论应当结合在一起的主张密不可分。阿多诺本人一生都主张，哲学和社会学不可分离，科学认识和艺术认识不可分离，哲学、社会学和美学应当结合在一起。他认为，在“文化工业”的冲击下，艺术和美学的现状让人感到忧心。因此，在阿多诺的音乐哲学中，政治上对社会现实的愤怒和美学上对艺术现实的忧思是结合在一起的。

在阿多诺看来，现代工业社会是一个强权统治的社会，虽然经过启蒙运动和资产阶级革命，这个社会的强权不像封建社会那样表现为封建王权统治，但是，事实上，这个社会处处都受到一种无形权力——“自然本性(Natur)”的控制和统治，社会的每一个细胞都具有追求物质利益的倾向,每一个人都不得不服从于这个以自然本性为核心的社会组织。这样,一方面,罩在人与人关系之上的那种传统的温情脉脉的面纱已经荡然无存,整个社会都面临着由这种本性带来的控制、压迫和强制;另一方面,科学技术的进步使现代社会的整体性或全能性的功能大大增强,它已经把人的个性抹煞殆尽,资产阶级曾经追求的个性解放已经成为幻想。他曾经希望像青年黑格尔派那样,通过否定现实的一切以促进社会的政治、经济、文化和其他方面的改善和进步,但是,在面对强大的,几乎是不可改变的社会现实面前,他以否定为基础的哲学思想失去了通过否定达到肯定的辩证力量。黑格尔曾经提出过的"真实的就是整体的"这个命题在阿多诺这里被颠倒过来,变成了"整体的就是不真实的"。我们由此看到,在阿多诺的社会批判理论中充满了失望,有一种挥之不去、不可克服的悲观情绪。

在感到自己的哲学思想和批判理论都无济于事的时候,阿多诺就把希望寄托在艺术,尤其是他所精通的音乐上。他相信,音乐的功能在现代已经发生转换,音乐所具有的那种特殊的立体复制(Abbilden)的结构和特性基本上可以反映现实社会的真实性。揭露现代社会的本质,表现现代人的不安和恐惧,就是新音乐的意义所在。在万马齐喑、听不到任何反抗声音的现实社会中,在哲学家躲在象牙塔里津津乐道地讨论古希腊、罗马的时候,在我们的全部生活已经被摧毁而我们的理论却又不能对此予以反思的时候,唯有艺术才能对我们的暗淡生活投射出一些光辉,唯有音乐才能发出刻画和表现我们现实社会的宣言。阿多诺在这里既不是依靠理性洞察一切的力量,也不相信他曾经热衷的批判理论对人民群众的启发,而是信奉那种他所想象的音乐的神奇潜能。正是基于这样的想象,他在《美学理论》中才提出,人们应当尽可能理解艺术,首先是理解音乐、绘画和诗歌,通过理解艺术才可能理解现实生活。对不同的艺术形式的关系,他认为音乐是最重要的,凡是适用于音乐的思想,对一般艺术都具有范式性;对传统艺术和现代艺术的关系,他认为现代艺术更重要,这不仅是因为现代艺术是对传统艺术的进步,更主要的是现代艺术反映了现实生活，通过现代艺术可以加深我们对现实的理解。

阿多诺的这个思想与他早期的想法是有一些不自洽的。他曾经断言，后工业社会是一个物化的社会，文化艺术也成为商品，即他所说的“文化工业”，艺术的创造和接受在这样一个时代已经成为过去，真正的艺术在这样的时代几乎没有存在和发展的机会，人们看不见这里的希望。所以，他在这个意义上承认黑格尔关于“艺术终结”的观点。但是，当阿多诺看到自己的否定哲学和批判理论苍白无力时，他的思想就发生了变化，这点尤其表现在20世纪60年代——他的生命晚期。这时，他的哲学思想不再坚持哲学对社会的直接干预，而是看重纯粹哲学的研究；在批判社会时不是坚持理论与实际相联系，而是耽于理论的空想；他特别重视艺术，幻想音乐的神奇作用，对“艺术终结”的观点作出新的解释。在阿多诺这里，艺术哲学已经上升到一个全新的高度，它不仅是对以黑格尔为代表的西方美学理论的补充和发展，而且浓缩了他的哲学和社会批判理论。

阿多诺的思想变化当然有各种原因，其中不仅与他对新音乐的偏爱有关，更主要的是他把音乐与社会直接联系起来，把作曲家的立场纳入他的否定辩证法思想之中。在他看来，音乐既是时代的直接反映，更是时代主题的先声和预言。如果说和谐的古典音乐表现了17—18世纪的理性主义精神和启蒙运动的人文关怀，那么，现代音乐刺耳的不谐和声则反映了后工业社会无处不在的强制、压迫和剥削。根据这样的看法，阿多诺极力推荐勋伯格等人的无调性的“12音音乐”，不赞同甚至是批判以斯特拉文斯基（I. Strawinsky）为代表的新古典主义音乐。① 在《新音乐哲学》中，阿多诺分析道，那种以为可以理解贝多芬，却不可以理解勋伯格的无调式音乐的说法，实际上是一个错觉。“表面上看，新音乐对被生产所封闭的听众来说很陌生，但这些完全显露的现象却正是来源于社

① 这方面最典型的例证是阿多诺对斯特拉文斯基的《春之祭》（*Le Sacre du Priutemps*）的批判。现在，《春之祭》已经成为不朽之作，得到全世界的公认。但是，阿多诺在当时并没有认识这部乐曲所隐含的美学和哲学意义，而只是从音乐与社会的直接联系来分析这部乐曲，所以，他对斯特拉文斯基的批判就显得简单和武断。

会和人类的先决条件,它们就是听众自己的现象。这些不谐和音让人感到恐惧不安,就是因为它们讲述了他们自己的状况;仅仅由于这个原因,他们才感到这些不谐和音无法忍受。"①与此相反,我们觉得传统音乐很和谐,是因为它们所表现的内容是今天已经实现的东西,我们现在与它们相隔甚远,我们不再会与它们打交道,因此我们可以欣赏这些传统音乐,并且陶醉于其中。

这是存在决定意识的哲学理论在美学方面的体现。正如阿多诺本人在自己的著作中多次说过的那样,在市民阶层正在上升的时代,不仅会产生像康德这样敢于进行"哥白尼革命"、像黑格尔这样以绝对精神创造和规定万事万物的伟大哲学家,而且也会产生像贝多芬这样能够谱写出大气磅礴、雄浑无比的交响乐的伟大作曲家。后来的作曲家虽然可以在某些技法上超过贝多芬,但他们不会像贝多芬那样激情四射,他们谱写的音乐也不会那样气势磅礴,因为时代不同了,艺术家的地位和使命也发生了变化。任何一个时代的艺术家都会根据自己对这个时代的体验和理解去探寻与时代主题相适应的表达方式。恪守传统、不思进取、不去寻找新的艺术手段,就不可能反映时代的特点、提出时代的要求。这样来看,摧毁旧的艺术形式,寻求新的艺术形式以表现时代内容,就是艺术家必然的追求。文学是这样,卡夫卡、乔伊斯(James Joyce)小说的缺乏可读性,其主题的匿名状态和不可理解性表现了现代人在后工业社会的挤压下从身体到心理的变形、颓废和绝望;绘画是这样,先锋派画家的作品已经远离表现美感的绘画传统,勾画的是视觉形象与知觉心理的关系,反映了物欲横流的都市生活及由此造成的人的心理变化;音乐也是这样,自瓦格纳以后,西方的音乐已经不是那样和谐,而勋伯格、贝尔格的"12 音音乐"更是努力表现现代人紧张不安的心灵,渲染躁动、恐惧的气氛,更显现出对传统音乐注重调式、调性功能的否定。这样的音乐恰恰表明了现实社会的不和谐。但是,即使社会现实是如此不可忍受,

① 《阿多诺全集》第 12 卷,第 16 页,1975。

人们也无法回避它，而是必须直面它。现代的艺术作品不是回避现实，而是用新的表现手段反映了现代社会的真实性。

但是，另一方面，欣赏艺术的大众已经习惯于传统的艺术形式和由这些形式形成的定式及所选择的内容，他们还不能适应这些新的艺术形式。他们不仅因为新艺术形式所表现的内容与他们的现实生活如此相似而感到恐惧，还会用传统的艺术评判标准去对新艺术形式评头论足。这样，在新的艺术形式与大众欣赏之间就存在巨大反差，新艺术不仅常常不受到大众的欢迎，而且与现代“文化工业”的宗旨相去甚远。

如何看待艺术家的创作主题、表现手法与大众的欣赏兴趣之间存在的巨大差别，是阿多诺无法回避的问题。阿多诺在这里重点考察了现实社会状况与艺术家选择素材（Material）的关系，并以此作为其论证新音乐合理性的一个根据。在他看来，艺术家——这里主要是指作曲家——有其自己的独立性和自发性，他们在面对这个完全物化的社会时会向自己提出要求，并且遵循自己的创作规律。阿多诺在这里的分析和阐述并没有考察音乐与社会现实之间的中介，而是单刀直入地论证音乐表现手法的转换对社会的重要性，这既是他颇具特色的分析方法，也构成他的艺术哲学的特征。其根据就是他自己所说的这段话：“社会进程与素材来自同一渊源，并且始终遵守相同的轨迹；素材自身运动所发现的东西与现实社会具有相同的意义；它们既不互相知道，也不互相攻击。因此，作曲家用素材所表达的东西就是在表达社会，就此而言，社会直接进入音乐作品中，社会不是作为单纯外在的、异质的东西，也不是作为产品的消费者和反对者而处在对立面。”①这就是说，音乐家所选择的素材就等于社会现实，不同时代的音乐直接反映了不同时代的本质。阿多诺所假设的这种艺术与社会的一致性，既没有考虑艺术家对社会现实和历史经验进行的艺术加工，也没有考虑艺术作品本身所具有的审美倾向，而只是强调了艺术作为扬善避恶的警示、作为未来社会的预言、作为美杜莎

① 《阿多诺全集》第12卷，第38页，1975。

的目光与社会现实性和可能性的联系。

在我们部分地同意阿多诺的艺术与社会相一致的思想的同时，我们不免会提出疑问：艺术作品除了这种与社会相统一的一致性以外，难道就没有艺术自身的自主性和独立性吗？

二　艺术的两重性

在直接讨论艺术的自主性问题之前，我们首先应当考察对阿多诺产生影响的德国美学传统和他本人对这个问题的论述，然后再予以恰当的解答。

在西方，艺术真正成为哲学的研究对象是近代以来的事情。继鲍姆加登把审美引入哲学以后，康德在《判断力批判》里对审美和目的论的考察开创了近现代美学的先河。尽管康德是在理性知识和实践活动以外来考察艺术和目的论意义上的自然，是从理性和感性、知识和道德相统一的角度来看待美，其理论“显得陈旧而不为人重视”[①]，但他承认愉快是天下人的本性，美的世界是人的生活的基础世界，并以此去统一感性世界和理性世界，他实际上赋予了艺术一个既独特又重要的地位。德国古典哲学的集大成者黑格尔将艺术置于绝对精神领域之内，如果我们除去黑格尔的那种内容服从体系需要的思想，就可以清楚地看到，黑格尔非常看重艺术所具有的那种独特的感性形象性。在他那里，艺术内涵是艺术美，在内容和形式上都与理想相统一。艺术以不同于哲学和宗教的形式，感性地表现理念和真理，艺术作品提供给人的是艺术理解和艺术享受，从而在精神发展的不同阶段实现自己的使命。很显然，无论是康德还是黑格尔，都承认艺术自身的独特地位。

更有甚者，谢林在近代哲学家中是最重视艺术的，他把艺术提高到超过一切知识和哲学的地位。尽管他最终没有完成《艺术哲学》这部著作，但这是建立美学概念体系的第一次尝试。对谢林来说，美不只是精

① 叶秀山：《美的哲学》，载于《叶秀山全集》第三卷，第 18 页，江苏人民出版社，2019。

神的产物，美是精神东西与物质东西的结合，就此而言，他超过了黑格尔。谢林之所以认为艺术高于其他知识，其根据就在于他以为，审美直观是创造性直观的最高形式，它具有客观性、全面性，而且由于它表现在任何意识之中，所以它又具有普遍有效性。而哲学一般都不在日常意识范围以内，永远不可能成为普遍有效的。谢林最喜欢的艺术形式是诗，他赞扬诗是包罗万象的创作形式，甚至说，哲学是诗的理论，诗是哲学的女神，而且"可以期待，现今的所有这些科学与哲学一起，在它们得到完成以后，也会以百川汇海的方式，流向它们起初由之发源的那个诗的大海中去"①。谢林的思想对阿多诺是有启发的，他们两人在晚年都视艺术高于一切，决不是偶然的。

阿多诺作为深受西方文化熏陶的哲学家，不会不知道这些大师们对艺术自主性的论述，他本人也一向主张，在承认艺术是社会性和自主性的结合的同时，应当从艺术自身的规律去解释艺术。他说："艺术只有从它的运动规律中才是可以解释的，而不是通过不变的东西。艺术在与它所不是的东西的关系上自身得到规定。"②我们由此看到，阿多诺是用辩证的观点来解释艺术所具有的这种双重特性的。阿多诺承认审美和愉快是艺术目的的手段，它在艺术中具有真理性环节，因而享有相对独立性的意义，所以，艺术的自主性和独立性就表现在美学的快乐主义中，这是艺术的自由和自律。在他眼里，艺术之所以是艺术，而不是其他一般存在物，就是艺术有自己的表现形式，所以，形式是艺术作品的固有逻辑，又是衡量艺术作品高下的尺度，对艺术作品有着本质性意义。对阿多诺来说，这里的关键在于，艺术形式是综合和统一，即形式给予艺术作品一种客观的有机结构，它把分散的、多样的素材统一起来，最终使艺术作品与人们的经验实在区分开来。这个论点首先是提出了内容必须适合于表现的要求，也就是说，内容是否能成为艺术的内容在于它自己内

---

①《谢林全集》(*Friedrich Wilhelm Joseph von Schelling：Sämmtliche Werke*)第 3 卷，第 628—629 页，斯图加特/奥格斯堡，1962。

②《阿多诺全集》第 7 卷，第 12 页，1974。

在的本性,它受到艺术形式之规律的规定。这样,不同于黑格尔,阿多诺给予了艺术形式更多的独立性和能动性,并最终把艺术形式确立为其美学的中心。

但是,另一方面,我们应当注意的是,阿多诺在这里是从艺术的二重性出发,强调的是艺术形式和内容之间的不和谐的关系,艺术形式并不能完全统一内容,有时这种综合和统一还包含着自己的对立面。用阿多诺自己的话说:"艺术作品的形式分析以及在艺术作品本身中所说的形式东西,只有在与艺术作品的具体材料性东西的关系中才是有意义的。"①这就是说,尽管艺术因为自己的本质特性所决定,不能没有自己的自由和自主性,但艺术作品的最终意义取决于它所选择的"素材"。纯粹艺术的概念是相对的和暂时的,艺术的诸因素使艺术与威胁艺术的东西联系在一起,因而艺术是一个可以被破坏的领域。这样,在艺术的自主性与社会性之间始终存在着一种紧张关系,社会现实是影响艺术创作和艺术理念的重要因素,艺术的纯粹性是不可能得到绝对保证的。

由此来看,如果说阿多诺在阐述艺术的本质在于艺术性和社会性的综合统一的时候,他遵守的还是传统美学的思想,那么,他在阐述艺术形式有可能包含自己的对立面时,则更偏重于艺术对社会现实问题的回答,而强调艺术的社会性和现实性恰恰会使艺术本身成为问题。阿多诺由此突破了传统的美学思想,并进而淡化前者而凸显后者,以至于我们在前面不得不提出艺术自主性的问题。

阿多诺这个思想的一个主要特征就是艺术的祛魅,即由于他单纯地强调艺术与社会的一致性,本质上就是在祛除艺术作品向来就有的五光十色、耀人眼目的光环。这与宗教的非神圣化过程有非常相似的地方。阿多诺这种对艺术加以祛魅的思想与韦伯对宗教进行祛魅的学说有着异曲同工之妙,阿多诺受到韦伯的影响是显而易见的。在韦伯那里,通过对基督教进行祛魅,基督徒直接面对上帝并对上帝负责,这样,近现代

---

①《阿多诺全集》第 7 卷,第 433 页,1974。

的理性化进程就被设想为是由有意识的、合乎目的的过程代替传统的、下意识的过程；而在阿多诺这里，理性被设想为自为和自律的，精神如同在黑格尔那里一样是自身显现和自我发挥效用的，艺术家之所以选择与整个社会相一致的素材，是因为理性的自律和自为性在艺术家那里显现出来，于是，艺术的祛魅就与理性的解放密不可分。正是在这个意义上，阿多诺高度赞扬艺术作品的社会功能，把它们称为“历史哲学的日晷”①。

与这个特征相联系的是阿多诺对现代艺术的“批判的肯定”。所谓“批判”是说，在阿多诺眼里，现代艺术是在与物欲横流的社会现实相对抗，不愿做“文化工业”的产品，“坚持自己的概念，排斥消费的艺术，过渡为反艺术”。② 这是现代艺术在结构、风格和形式上都不同于一般大众艺术的重要原因。它在表现形式上缺少艺术的魅力，不是使人赏心悦目，而是让人感到难以理解和不可接受，正因为如此，现代艺术作品的意义和价值常常受到社会的否定，而先前的一切艺术理论在解释现代艺术时则显得格格不入。于是，现代艺术在坚持自己之为艺术的时候，反而使自己变为“反艺术”。但是，“反艺术”并不是“非艺术”，艺术作品失去意义和不显现意义本身就反映了当代人生活在现实中而内心却不再相信生活意义的矛盾、慌乱的心理，同时这也是艺术发展在一定程度上的自我反思。现代音乐的意义就在于，在形式上表现为与社会现实相一致——一个个互不相关的独立半音被强制地结合在一起，在内容上则是否定社会现实——通过动态的切分加强整个音乐的不谐和音，使之不仅与单纯的肯定相区分，而且有一种刺激效果。所以，“反艺术”既是现代艺术的一种危机，更是以极其强烈的对比手段来表示艺术现象的变化，它是对社会现状的反应方式，是“以反艺术的精神和反艺术的形态反对现存的非艺术状态”③。阿多诺的这种独特的思想导引他不是人云亦云地否定现代艺术现象，不是简单地怀疑这些艺术作品的内容和形式，而

---

①《阿多诺全集》第 11 卷，第 60 页，1974。

② 参见同上书第 7 卷，第 503 页，1974。

③ 薛华：《黑格尔与艺术难题》，第 193 页，中国社会科学出版社，1986。

是在否定辩证法的思想指导下对它予以肯定，把它看作艺术发展的必然性，是现代社会条件下唯一可能的艺术。

三　新艺术的希望

现代艺术有两个显而易见的特征：一是作为"文化工业"的产物，表现为大众化、商品化的趋向；二是作为纯粹艺术的艺术，表现为"反艺术"的倾向。阿多诺对现代艺术的辩护是指后者，而不是前者。他反对和否定前者，是因为在他看来，前者是资本垄断下形成的千篇一律的大众文化现象，艺术被降格为"文化与娱乐的混合物"，最终与广告合而为一，这种现象不只是"艺术终结"，而且是真正的非艺术。他对后者的肯定，不仅在于他把后者视为纯洁的艺术，更重要的原因是他看到它与社会现实表现为一种特殊的对立关系。在这种对立中，艺术想要表现却又难以表现的理想正是这个社会已经和正在排斥的东西，新艺术就是在这种悖论中表现了社会的希望所在。所以，他把拯救社会的希望与新艺术联系在一起。

阿多诺在把艺术作品称作"历史哲学的日晷"时就已经显现这种历史观。如果仅仅观察阿多诺的社会历史观，我们可能会觉得，他的思想很有一些悲观、虚无的色彩。在他看来，早期人类被动地受自然的统治，当人类进入后工业社会以后，人又受本性所驱动而无时不在追逐利益，而启蒙运动以来的近现代科学技术更加巩固了这种所谓的"真理权威"，所以，人类的历史进程不过是在陷入自然、本性统治下所获得的进步而已。但是，对阿多诺来说，艺术尤其是音乐的发展则表现出艺术与社会在这个大背景下部分与整体、特殊与一般的关系，它们既和谐统一又矛盾斗争，反映出精神在这个总体进程中努力向上、勇于超拔的独特性。所以，以新音乐为代表的现代艺术在阿多诺视野里具有极高地位，它表达的是在他自己的历史哲学中所没有的东西："无调性音乐的合理性不是实用体系的简单和空洞的合理性，而在于它标志着一个历史阶段，意识在这个阶段中统辖自然质料，消除它的愚钝强制、发布秩序的规定，并且在熠熠闪光。”[①]对阿多诺来说，这时新音乐已经超出音乐语言之外，不再是一门作为单纯艺术的艺术。更进一步说，艺术也不只是与社会相统一，而是成为一种合乎理性的社会理想的标志，它不只是批判社会，而且还是未来的预言和先导。所以，在艺术与社会之间既有统一又有对立。

那么，如何去解释艺术与社会的这种特殊关系呢？

阿多诺的解释充满**历史的**和**辩证的**思想。他首先要解答的是艺术的时代性问题。他认为，痛苦与幸福、快乐与苦难并存一起却又相互对立，是在后工业社会中出现的新情况，所以，以和谐为核心的传统艺术在过去或许可以慰藉苦难的心灵，但在今天，这种往日的和谐之光驱赶不了现实的不和谐的晦暗。社会的嬗变需要反映社会现实和现代人心灵状况的新艺术形式，比如，无调性音乐既允许感性愉快的存在，也允许表达惊慌恐惧的感情，达到一种表面上的等值——这就是所谓美学中的“矛盾情结的原始现象”。阿多诺从艺术的时代性中看到新艺术所蕴含的与社会相统一的内容。但是，艺术不是对社会和人生的单纯模仿，艺术还应是有所超越的东西。“艺术始终是对单纯的此在的超验化，而且按照阿多诺的观点，艺术已经标志了一种审美的、不断修正文明的行为举止，人们因此可以从这种艺术中解读出这种双重的东西：自然本性之统治的精神立足点和以和解为目的的精神立足点。”[②]很显然，阿多诺不只是认为这种刺耳的不谐和音表现的只是听众自己的状况，他看重的是现代艺术作品所表现出的一般与特殊、整体与个体既和谐又对抗的思想。把这种艺术理论应用于社会批判，他就看到在物质极大丰富的今天，歌舞升平的表面掩盖着危机四伏的事实，传统的和谐表象下建立起来的不过是普遍的统治。在这样的社会生活中，独立的个性不可能得到肯定和张扬，所谓和谐不过是整体对个体的宰制，真正得到加强的只是“组织”，整个社会就是“**全能组织**”。新音乐则不然，表面上看，12 个半音

① 《阿多诺与克雷内科通信集，1936—1969》（*T. W. Adorno und E. Krenek Briefwechsel, 1936—1969*），第 173 页，法兰克福，1974。

② 韦格尔豪斯：《阿多诺》，第 112 页，慕尼黑，1998。

彼此割裂孤立,处在同等地位,显示为一种自由的、无调性的形式,这种既和解又不和解的不谐和音使人心慌意乱,不受欢迎。但是,没有主题的错乱正是现代音乐的结构标志,它剥夺一般统治的特权,在没有强权下把如其所是的分散物综合在一起,创造一般与特殊的结合——这就是社会的希望所在。

艺术不是单纯的模仿,但艺术不能没有模仿,这是阿多诺艺术哲学的辩证法。他相当重视艺术特有的模仿本质,对他来说,艺术由于这个特质就不能把模仿的“他方”对象化、概念化,而是必须坚定地承认“他方”。为了做到模仿的惟妙惟肖,艺术需要消除主客的分裂,甚至还要达到“物我两忘”“他我两忘”的境地,所以,即使艺术本身与自然或本性并不相融,它也可使自己与之相和解。艺术正是因为具有这种积极的感受性,它才能重视和接受异质的东西,通过自己的表达,创造一幅其乐融融的图像。所以,真正的艺术作品不只是要摧毁普遍对特殊的统治,表现的不仅仅是与现存社会结构相对抗的模式,还要表达一种并不存在的一般与特殊、艺术与社会相和解的精神。这个图像是**建设性**的,它说明,在艺术作品里悲伤和梦想是联系在一起的,艺术作品表达的既有社会生活的现存状况,又有**可能和应当**的东西。

然而,阿多诺在把批判理论转换为对现代艺术的肯定的时候,对艺术否定、批判社会方面谈论得绰绰有余,但对艺术如何能够使社会从不和解达到和解则讲得很少。在论述否定辩证法的目标可以通过艺术而得以实现时,他只是说,“客体通过主体的努力而得到揭示”[1]。他肯定的只是艺术揭示社会的功能,但对艺术是否能够创造美好的未来并没有把握。这说明,他对艺术理念在社会生活领域的应用感到很犹豫,他能够相信的也只是他自以为的那种业已精神化的艺术中所蕴含的吉祥之兆。阿多诺在这里陷入一个非常尴尬的境地。他一方面坚持现代艺术的进步,笃信艺术所具有的超尘脱俗、振聋发聩的力量;另一方面,他又无法

---

①《阿多诺全集》第7卷,第173页,1974。

解释在社会生活中如何实现这种力量。于是，阿多诺只能借助于想象，在他那里，艺术哲学最后变为一种假象，并进而把这种假象当作一种企盼。“但愿艺术能够用人的方式表达非人的东西”，“作为一种无法把握的语言，艺术之主观完善在合理性的立场上是唯一的图像，在这种图像中，像语言这样的东西反射着创造的光辉，并且带有改变反光物的矛盾。艺术企图模仿的是这样一种表达，它或许没有加入人的意向”。[①] 阿多诺的这番话听起来如同梦呓一般，他已经陶醉在自己制造的艺术引导社会进步的美梦之中。

对此，我们想说，人或许可以在艺术作品——不论是传统艺术，还是现代艺术——所创造的特定氛围中忘却眼前的一切，得到某些心里的安慰、精神的升华。但是，艺术世界并不是现实世界，而是人所创造的一个“梦境”，哪怕这是个美梦，它也只是假象，代替不了真正的现实。我们固然承认艺术对人潜移默化的影响，但也不能夸大这种影响，更不能把假象当作现实。历史已经说明，人类文明的每一次进步，依靠的是科学技术的进步以及由此带来的经济、政治、文化的全面发展，而不是某种艺术现象。阿多诺在晚年把拯救社会的希望寄托在新艺术之上，不过是在万般无奈的心境中追求那种渺茫的希望之光。作为一个哲学家，这既是他的悲哀，也是他的可敬。把假象当作真理固然可悲，但是，在理论“灰色无光”的时候，阿多诺仍然不放弃对真理的追求，从高深难懂的理性世界转向无处不在的感性世界，在“热情激昂和客观冷静”[②]的现代艺术中获取勇气和力量。他不仅充当现代艺术的辩护人，还从中看到现代社会的“希望”，这不正是一个真正的哲学家所应当具备的不断追求、永不放弃的精神吗？

---

① 《阿多诺全集》第 7 卷，第 121 页，1974。

② 韦格尔豪斯：《阿多诺》，第 125 页，慕尼黑，1998。

第三节　道德哲学

在阿多诺的全部论著中,关于道德哲学或伦理学的论述并不多,目前出版的主要就是《最低限度的道德》和《道德哲学的问题》(*Probleme der Moralphilosophie*)这两本书。这样,从表面上看来,阿多诺似乎并不特别重视道德哲学或伦理学问题。

不过,如果我们仔细考察阿多诺的思想历程,就会发现实际情况并不是这样。还是在 20 世纪 30 年代,年轻的阿多诺就被霍克海默批判理论的重要论著《唯物主义与道德》(*Materialismus und Moral*)所打动。[①]在第二次世界大战期间,阿多诺作为一个犹太后裔的德国人,亲身经历了法西斯的歧视和迫害,感受颇多。战后返回德国,在 1951 年就出版了《最低限度的道德》。在这部书里,阿多诺不仅控诉纳粹的倒行逆施,而且反思和批判了当时世风日下的欧洲道德状况,文中多有格言警句,颇有哲学散文的韵味,在当时确有振聋发聩的作用。此后阿多诺对整个西方哲学传统中的道德哲学予以理论反思,在 1956—1957 年开设伦理学课程,对苏格拉底、柏拉图、康德、黑格尔、尼采等人所代表的西方道德哲学进行讨论。这种情况正如哈贝马斯现在所回忆的那样,经历过纳粹时代的人们深切感受到当时的道德腐败,人们只能"自我同情、自我排解和丧失感觉",正是阿多诺"以其特有的知识的迫切性和深刻的分析,通过坚持不懈的批判才挽救了这个伟大传统的本质"。[②] 令人遗憾的是,阿多诺这次讲课并没有留下完整的录音和记录,我们不可能了解他当时在这方面的思考。进入 60 年代,作为法兰克福学派的主要代表人物,阿多诺在欧洲思想界已经享有很高声望。他在坚持社会批判的同时,不可能不对道德哲学的一些疑难问题重新加以审视。尤其是他面对的情形与战

---

① 参见《霍克海默全集》第 3 卷,第 3 页及以后,法兰克福,苏尔坎普出版社,1988。

② 哈贝马斯:《50 年代的哲学家阿多诺》(*Adorno, Philosoph in den 50. Jahren*),载于《时代报》(*Die Zeit*)2003 年 9 月 4 日。

后又不相同，这时的西方社会一方面经济得到迅速恢复和发展，另一方面工业社会的弊病和各种社会矛盾充分显现，反映到哲学界和思想界，就是存在主义哲学的呼声汹涌而来。把自己视为"最后哲学的代言人"的阿多诺决不能像以前那样仅仅勾勒出道德哲学的历史发展，或者满足于用格言形式撰写的《最低限度的道德》，而是应当提出既具时代特点又有深度的道德或伦理思想。于是，阿多诺结合霍克海默的《唯物主义与道德》，反思第二次世界大战的历史教训，重新思考和阐述了道德哲学的历史意义、现实价值、所遇到的难题以及与之相关的一些基本哲学问题。1963 年 5 月至 7 月，阿多诺讲授这方面的思考结果，讲课的风格朴实直白、深入浅出，但讲课所涉及的内容却并不轻松。就如他自己所说，他"抛出的不是面包，而是石块"①。这部讲课稿实际上是为其代表作《否定的辩证法》做材料和思想上的准备。此后，阿多诺一直在思考道德哲学的问题，特别是看到一时风起云涌的大学生运动，更是在这方面产生了很多想法。为了避免或减少产生于民众自发性的反抗运动及其带来的消极后果，帮助人们提高这方面的认识，阿多诺直到去世时还在计划撰写"道德哲学的书"②。

现在我们已经看到，道德哲学是阿多诺思想中的重要内容，虽然他最终并没有如愿以偿地完成道德哲学的系统论述，但他一生关于道德伦理思想的著述，尤其是他的《道德哲学的问题》毕竟向我们展示了他在这方面的基本思路，使我们能够把他的思想与当代伦理学进行比较性的研究。

《道德哲学的问题》全书都是围绕着对康德道德哲学的评说而展开的，并且由此散发到全部近现代西方道德哲学。阿多诺在这里首先分析了"道德哲学"与"伦理学"这两个概念的区别，他认为，虽然"道德"和"伦理"都出自同一个词源"ethos"，但现在人们过于强调伦理学概念所包含

① 阿多诺:《道德哲学的问题》，第 10 页，法兰克福，苏尔坎普出版社，1996。

②《阿多诺全集》第 7 卷，第 537 页，1974。

的个体意义,奢谈所谓"良心中的良知",而忽视了道德和伦理中理应具有的社会关系和社会秩序的内涵。他明确无误地说:"伦理学概念实际上是把理应揭示任何一种道德或伦理问题的深刻思考的主题范围予以缩小而加以简单化了。"①他因此反对用伦理学概念去代替道德哲学的概念,而主张坚持使用康德意义上的"道德哲学"概念。阿多诺不仅认为道德哲学是实践哲学的问题,而且认为道德哲学从更深层次上也是理论哲学的问题,因为理论与实践在根本上都来自生活,因而是具有同一性的。正是在这个意义上,阿多诺把道德哲学视为哲学的根本问题,他非常明确地说:"'我们应当做什么'是道德哲学的真正本质的问题;我甚至还可以补充说,这是一般哲学的最重要的问题。"②关于这一点,阿多诺通过对康德的道德哲学的评说去加以论证。他认为,现在很多人像通常所做的那样,只是单纯地从实践理性去考察康德的道德哲学,这是对康德的道德哲学的一种肤浅的认识。如果我们仔细分析《纯粹理性批判》中有关二律背反的学说,就可以清楚地看到,康德的道德哲学就建立在他意志自由学说的基础之上,而"自律"与"他律"的矛盾不过是理论理性中的自由与因果性、自由与必然性这个二律背反在实践理性中的反映。康德"灵魂不朽"和"上帝存在"的公设不仅是对建立在"意志自由"这个公设之上的道德学说的补充,而且是康德道德哲学与宗教哲学的结合点。阿多诺在对康德把"自由"概念引入哲学中大加赞赏的同时,也看到康德道德哲学的"空洞"和"软弱",因为康德所鼓吹的"至善"是一种不顾主客条件的主观设定,在现实中不具有实际意义,显得空泛而软弱。

尽管阿多诺十分敬仰黑格尔,并且在批判地继承黑格尔辩证法的基础上发展出自己的否定的辩证法,但他并不欣赏黑格尔的伦理学思想。阿多诺承认,黑格尔对康德道德哲学的批判确实有道理,他把具体的伦理内容赋予道德哲学,从而在表面上取得进步。但是,黑格尔始终有这

① 阿多诺:《道德哲学的问题》,第 26 页,法兰克福,苏尔坎普出版社,1996。
② 同上书,第 11—12 页。

样一个观点，即在一个民族的整体性基础上，可以实现实在性与观念性、自然世界与道德世界的统一，以此推演下去，道德和法则就可以表现为客观精神中的主体性因素和客体性因素。这样，黑格尔在这方面就混淆了道德理念的普遍性与道德实在性的区别，混淆了一般的道德诫命与具体的现实要求之间的区别，并且使其道德理论与一个民族活动之间存在着一种密不可分的联系，而在方法上会由此发展出一种统一理性主义和经验主义的做法。黑格尔的错误就在于，他“实际上承认客体有理性，从而让自己的理论陷入矛盾之中”①。虽然黑格尔也主张意志自由，但由于他以为道德的最后阶段表现为民族的意志和国家的自组织形式，所以，黑格尔为国家权威进行辩护是不容否认的事实，他的这种思想不仅不具有康德道德哲学的纯洁性和批判性，而且由于注重个人的利益得失和现实的社会关系，很容易屈从于外在的权威和压力。所以，在这个意义上讲，黑格尔的“具体”是对康德的“抽象”的倒退。

阿多诺充分肯定尼采对基督教和市民阶层虚伪道德的揭露和鞭笞，他说：“尼采的无与伦比的意义——在我看来，这个意义远远超过一切可能的阴暗和反动势力曾经对他的某些定理的利用——在于，他恰恰在好的事物中对坏的东西进行揭露，因此，他对坏的东西的表现所进行的批判在社会积极性上相当具体。”②阿多诺在这里看到尼采的批判具有历史辩证法的意义，看到尼采的批判对西方哲学转型所作的贡献。然而，阿多诺也毫不掩饰尼采批判的不足。首先，尼采把业已成为客观精神和文化意识的道德观念武断地判定给宗教，而宗教在文艺复兴以后已经或正在丧失原先的权威。其次，“尼采停留在对市民阶层的道德抽象的否定上，或者说，他停留在抽象的否定业已变成意识形态、变成遮掩坏的行为的面具的道德上，没有从他所面对的个人道德问题的解决当中过渡到表述正确生活的理念上，由于他只是草率地处理这一问题，并且又从自己

① 阿多诺：《道德哲学的问题》，第246页，法兰克福，苏尔坎普出版社，1997。
② 同上书，第255页。

这里赋予正确生活一种肯定的道德，而这种肯定的道德无非是他自己曾经谴责的那种道德的纯粹否定的影像”①。再次，尼采过分关注个人的道德修养，忽视了人在本质上是社会动物，从而看不到道德哲学的社会意义。这样，尼采的批判表面上看起来犀利尖锐，但由于他是从个人主观愿望来建立新的道德规范，而这种愿望包含着任意性和随意性，所以，尼采的批判最终只能是在装腔作势的语言里隐藏着实际上的软弱无力。

通过分析西方道德哲学的演变，阿多诺对20世纪的各种理论思潮在道德领域的观点提出了他自己的看法。在阿多诺的眼中，“相对只是对绝对的补充”，相对主义伦理学无论用什么样的借口都不能掩盖它的危害性，这就是它无视人的理性判断是非的标准，模糊了“善”与“恶”的界线，在本质上是对人类不负责任的思想，这样的观点理应遭到摈弃。“人们如果确实致力于建设一个真正有活力的、正当的生存(Existenz)，那就与相对性毫不相关。”②关于当时如日中天的存在主义，阿多诺肯定了存在哲学对人类生存状态的关切，并且明确地指出，从否定意义而言，“存在主义在本质上被理解为一个伦理道德的运动”③。但是，对存在主义的缺憾阿多诺也洞若观火。他认为，存在主义在道德领域的主要失误在于，它出于对统治世界的反抗，对自发性(Spotanitaet)和没有被理解的主体加以绝对化，而于此同时客体性却又回到这个尚未被反思的自发性之中，并且被客体所替代。换句话说，在道德哲学领域，存在主义以抽象的存在模糊了现实世界的不道德行为，道德的理念与现成的世界结构被混淆在一起。

既然阿多诺对历史的和当时的道德理论都有自己的看法，那他是否建构了自己的道德哲学呢？答案是否定的。虽然阿多诺直到去世前还在想撰写“道德哲学的书”，但他并不认为自己就可以设计一种正确生活的准则，更不可能为每一个人提供具体的道德规范，正像他反复说的那

① 阿多诺:《道德哲学的问题》，第256页，法兰克福，苏尔坎普出版社，1997。
② 同上书，第260页。
③ 同上书，第26页。

样，他不可能给出所谓正确生活指南的东西。更可贵的是，阿多诺还指出，道德哲学是与人们生活实践密不可分的学问，不考虑我们生活世界的政治制度、经济发展、文化建设和其他诸方面情况而孤立地空谈道德伦理，无论在理论上还是在实践中都是行不通的。如此看来，阿多诺岂不是陷入他自己所批评的道德相对主义的窠臼中了吗？答案仍然是否定的！作为社会批判理论的哲学家，阿多诺强调，我们虽然不能指出什么是正确的生活，但能够认识什么是错误的生活；我们虽然不能肯定什么是绝对的善，但可以否定不道德的恶。这里所进行的批判和否定都是为了建构，进而达到肯定。也就是说，通过对不正确的生活的认识，对不道德的恶的否定，我们可以认识什么是善，可以逐步去建设正确的生活。这就是否定辩证法在道德领域的意义，也是阿多诺在根本上不同于道德相对主义和虚无主义的地方。

恰恰是基于这样的思考，阿多诺明确提出，人类文明社会几千年积淀下来的，并得到人类各民族共同认可的谦虚、诚信、责任等美德就是人类社会必须坚持的最起码的道德底线。它的基本精神就是：我们应当不断地进行自省和自我反思，不盲目认为自己有理、他人无理，同时还要把这种反思的权利也给予他人。这种精神还可以用“良心”这个术语加以表达，但这个“良心”是指我们在这里“只有这种选择，而无其他选择”的客观决断，而不是那种不受客观因素限制的主观意愿。正是在这个意义上，阿多诺说：“人们必须有良心，却不能退回到良心中。”①这种自我性抗拒在任何时代和任何地方都是不可或缺的，不然，个体的无限膨胀必定会给他人和社会带来损害，这恰恰是道德哲学的要义。

阿多诺主张的这种“道德的底限”是人类社会经过几千年的实践所形成的金科玉律，也是人类作为一个族类在道德领域所必然拥有的普遍性。虽然它不像历史上某些道德论那样至善，它所规定的界限很宽、水准甚低，但这个要求是人类必须遵守、须臾不能离开的道德伦理的根基，

---

① 阿多诺：《道德哲学的问题》，第 252 页，法兰克福，苏尔坎普出版社，1997。

它体现了维系人类存在所必需的最基本的规则和秩序。唯其如此，它不仅呈现了人类历史发展的面貌，而且存在于人的现实生活中，并因此而更具有包容性、自由性和创造性，更具有普遍、永恒的活力。

第二十七章　哈贝马斯

哈贝马斯(Jürgen Habermas)1929 年 6 月 18 日出生于德国的杜塞尔多夫市(Düsseldorf)一个中产阶级家庭。1949 年,哈贝马斯在哥廷根大学师从哈特曼,但是,真正影响哈贝马斯的是卢卡奇和洛维特。哈贝马斯阅读了洛维特的《从黑格尔到尼采》(*Von Hegel zu NietIsche*),由此进入青年黑格尔学派的殿堂;再从卢卡奇的《历史与阶级意识》(*Geschichte und Klassenbewußtsein*),走近青年黑格尔学派的马克思,进而联结上西方马克思主义的思想渊源。

1951 年,哈贝马斯转到苏黎世大学,不久又到了波恩大学,专心攻读哲学,并于 1954 年以论文《历史中的绝对——关于谢林世界时代哲学的研究》("Das Absolute in der Geschichte. Eine Untersuchung zu Schellings Weltalterphilosophie")获得哲学博士学位。而后,哈贝马斯做了两年自由撰稿的记者,并因在《水星》(*Merker*)杂志上发表的有关工业和人类理性化关系的文章得到阿多诺的赏识,在 1956 年成为阿多诺的助手。在阿多诺的指导下,哈贝马斯阅读了大量经典大师的作品;与阿多诺的讨论极大提高了哈贝马斯的理论研究能力,他与其他人合著了《大学生与政治》(*Student und Politik*)一书。

1961 年,哈贝马斯以《公共领域的结构变迁》(*Strukturwandel der*

Öffentlichkeit)在马堡大学获得任职大学的资格,应伽达默尔和洛维特的邀请到海德堡大学任哲学教授。在海德堡大学期间,哈贝马斯大量研究当代哲学理论,包括解释学、分析哲学,特别是语言哲学和美国的实用主义哲学。这些当代哲学思想成为哈贝马斯理论系统的重要思想资源。

1963年,哈贝马斯出版了论文集《理论与实践》(*Theorie und Praxis*)。1964年,哈贝马斯返回法兰克福大学,接替霍克海默出任哲学和社会学教授。1968年出版《认识与兴趣》(*Erkenntnis und Interesse*)和《作为"意识形态"的技术与科学》(*Technik und Wissenschaft als "Ideologie"*)。由于与法兰克福大学社会研究所的部分成员理论观点有分歧,1969年,哈贝马斯离开德国,到纽约新社会研究所担任客座教授两年。

1971年,哈贝马斯应魏兹泽克的邀请,回国到普朗克科学技术世界生活状况研究所担任所长。此后十年间,哈贝马斯主要出版了《晚期资本主义的合法性问题》(*Legitimationsprobleme in Spätkapitalismus*, 1973)、《文化与批判》(*Kultur und Kritik*, 1973)、《历史唯物主义的重建》(*Die Rekonstruktion des Historischen Materialismus*, 1976)、《交往行为理论(卷1):行为的合理性和社会合理化》(*The Theory of Communicative Action, Volume 1:Reason and the Rationalization of Society*, 1981)和《交往行为理论(卷2):论功能主义理性批判》(*The Theory of Communicative Action, Volume 2: Life and System: A Critique of Functionalist Reason*, 1981)。可以说,哈贝马斯基本完成了他的社会批判理论——交往行为理论,在吸收英美语言分析哲学、心理学、社会学、结构功能理论、道德发展理论等思想的基础上,建构了他百科全书式的理论体系。

1982年,哈贝马斯回到法兰克福大学任教,陆续出版了《道德意识与交往行为》(*Moralbewusstsein und kommunikatives Handeln*, 1983)、《现代性的哲学话语》(*Der Philosophische Diskurs der Moderne*, 1985)、《后形而上学思想》(*Nachmetaphysisches Denken*, 1988)和《在事

实与规范之间》(*Faktizität und Geltung*, 1992),其思想进一步以理性主义立场继承和捍卫现代性精神,获得普遍性的国际声誉。哈贝马斯 1974 年获得斯图加特市颁发的黑格尔奖,1976 年获得德国语言与文学研究院颁发的弗洛伊德奖,1980 年获得法兰克福市颁发的阿多诺奖,1986 年获得德意志研究联合会的莱布尼茨研究项目促进奖,2001 年获得德国书业协会颁发的和平奖。1980 年被美国社会科学院授予荣誉法学博士称号,1988 年成为伦敦欧洲研究院的正式成员和贝尔格莱德科学院的外籍研究员,1989 年获得汉堡大学、希伯来大学以及布宜诺斯艾利斯大学的荣誉博士称号。2001 年 4 月哈贝马斯访问中国,在学术界引起强烈反响。在哈贝马斯所获阿多诺奖的证书上写着:“在过去的 20 年中,尤尔根·哈贝马斯教授经由对实证主义以及系统理论的论辩性分析,已为人类科学和哲学起了决定性的贡献。”哈贝马斯的思想已经成为人类哲学思想宝库中的重要组成部分。

在当代欧美哲学和社会理论领域中,哈贝马斯是最富有创造性的思想家之一。尤其是他在 20 世纪 80 年代建构起来的交往行为理论,整合了他在 80 年代以前的思想,而他 80 年代以后的思想,也基本上是交往行为理论的进一步展开。因此,交往行为理论已普遍地被认定为代表哈贝马斯个人学术成就的标志。交往行为理论作为庞大的理论体系,广泛涉及哲学、社会学、政治学、语言学和心理学等诸多学科领域。正如人们所说,“合理性是开启批判社会理论的一把钥匙”①,我们主要从交往合理性理论入手,阐释作为哲学的交往行为理论。

第一节　工具合理性批判

哈贝马斯的思想透显着康德哲学的影响。康德以三大理性批判奠定了现代性的基本价值方向,哈贝马斯则试图通过交往合理性理论反对

① 包亚明主编:《现代性的地平线——哈贝马斯访谈录》,李安东、段怀清译,第 53 页,上海人民出版社,1997。

实证主义、后现代主义,统合科学、道德和艺术三大不同领域的理性价值,坚持启蒙运动以来的现代性基本观念。哈贝马斯认为:“交往合理性概念包含三个层面:第一,认识主体与事件的或事实的世界的关系;第二,在一个行为社会世界中,处于互动中的实践主体与其他主体的关系;第三,一个成熟而痛苦的主体(费尔巴哈意义上的)与其自身的内在本质、自身的主体性、他者的主体性的关系。”[①]这三重关系实际上构成了传统哲学中的理论知识、实践知识和审美知识,哈贝马斯的现代性事业就是要完成三大知识领域的统一。从目前看,哈贝马斯的交往合理性理论已经统合了科学和道德、法律领域,这里也主要就这两个方面展开论述。

哈贝马斯认为,哲学的主要工作是反思理性,但当代哲学却不再致力于提供一种统一的理性世界观,而分化为许多专门学科。因此,哈贝马斯把“重建理性”当作一个关键的因素,重建的过程可以看作合理性的新的阐释。那么,什么是“合理性”? 哈贝马斯认为,合理性意味着有效的根据。我们不能像实证主义者那样,把理性仅仅看作工具理性,限制理性行为的范围和对客观世界的认识,我们必须以“交往合理性”的概念来弥补“工具合理性”的不足。因此,对“工具合理性”的批判成了“交往合理性”理论构建的前提。

一 实证主义科学观批判

哲学就是把理性带到世界上的不倦的方法论尝试,从培根、笛卡尔、康德、黑格尔到马克思,其理论都贯穿着用理性改造社会的思想。在法兰克福学派的最初年代里,它的成员也深信:对社会关系进行一种理性的、以科学为基础的改造不仅是可能的,也是符合社会发展趋势的。但第二次世界大战后技术与科学发展消极后果的暴露,使他们转向了对工具理性的批判。在社会批判理论家看来,理性的一切成果,技术与科学,

① 包亚明主编:《现代性的地平线——哈贝马斯访谈录》,李安东、段怀清译,第 57 页,上海人民出版社,1997。

注定要来反对它们的创造者，批判理论最终变成了理性的批判。哈贝马斯不能接受这一点，他认为，老的社会批判理论把工具理性看作理性的全部，没有看到现实中的种种状况是理性片面发展的结果。因此，哈贝马斯的任务就是以合理性概念为核心，阐述工具合理性基础上的交往合理性，重新确立理性的地位。

那么，理性为何会片面化地发展为工具理性？实证主义是如何兴起的？哈贝马斯认为，自近代以来，一方面，哲学仍然试图保持对科学的绝对地位；但另一方面，科学问题不再从哲学意义上来把握，即不再与人类追求的意义有关。于是哲学对科学的位置发生了颠倒，哲学对科学的绝对地位被哲学的前进动摇了。19 世纪中叶，认识论为不包含哲学思想的方法论所代替，这就是实证主义的兴起，实证主义的发展代表了科学主义的胜利。科学主义要求必须用科学的标准来使所有的知识获得确认。在康德、黑格尔和马克思那里，哲学研究都是围绕主体需要和主体命运的。而实证主义放弃了研究认识主体，直接指向科学本身，科学是意见和程序的体系。哈贝马斯认为，实证主义最终抛弃了"科学的方法论同人类的客观形成过程的错综复杂的联系"①，把批判性的自我反思的观念从科学本意中驱逐出去，带上客观主义假象，"从而使人们无法意识到认识是和生活世界的利益相互交织在一起的"②。

实证主义认为，可能知识的先验探究，只能通过方法论的方式探究建构与证实理论的规则才有意义。就其研究方法而言，它保证形式逻辑与数学的有效性；就其真理的基础而言，它主张复制的观点，根据这个观点，所有科学的陈述与事实相对应才是真实的。

可以看出，实证主义保持一种客观主义的科学观，取消了认识的主体性问题。在哈贝马斯以前，法兰克福学派理论家也对此进行了批判，其要旨为两点：第一，指责它认为人们行动依赖于知识，而自然秩序和有

---

① 哈贝马斯：《认识与兴趣》，郭官义、李黎译，第 3 页，学林出版社，1999。

② 哈贝马斯：《作为"意识形态"的技术与科学》，李黎、郭官义译，第 123 页，学林出版社，1999。

关的知识则不依赖于人的活动;第二,指责它的科学观是非历史的,预设了一个超历史的主体。哈贝马斯认为仅此是不够的,因为实证主义也对经验的关系作过历史的研究,关键在于这种客观主义的科学观对经验认识进行历史研究时,取消了认识主体的自我反思,把科学与认识等同看待,没有看到认识的利益基础。因此,如何重建反思性的科学概念,揭示认识和旨趣的关系,也就成了反对客观主义的科学观的关键。

哈贝马斯认为,人类理性能力起源于人类在偶然的自然条件下自我保存的动机,因此,理性内在于人类的基本趋向中,人类的自我保存趋向不能脱离由劳动、语言和权力所展现的文化条件。这种指导认识的旨趣有两类:一类是“技术的认识旨趣”,它指导人对自然的技术处理与认识,它所描述的,并不是实存本身,而是实际技术操作的效力;另一类“技术的认识旨趣”反映了人作为一种通过目的合理行为使环境适应于自身生存的有机构成,相应于技术的认识旨趣形成的经验-分析科学的目的是认识对象并对对象加以控制,于是这种科学所说明的是如何为达到目的选择有效的手段,这种科学的有效性也就存在于技术控制的可能对象的领域之中。在社会生活中,由于更多的不是技术操作的问题,而是有关实践的问题,因此,经验-分析科学远不是科学的全部。

历史-解释学以一种不同的方法论架构来获取知识,由于其目的是相互了解和交流,解释人类活动的意义,对意义的理解更多地与解释者之间的主观介入有关,因而,此命题的有效性并不在技术控制的参考架构中,理论并不由此推论得出,经验也并非由于操作而成功。历史-解释学指导人们对自身通过语言交往中产生问题的处理与认识,这种科学不同于技术控制的经验-分析科学是因为它根植于人的“实践的认识旨趣”。

但这两类指导认识的旨趣还需要同另一类旨趣相联系,这就是“解放的旨趣”,其根本目的是实现反思。它为一切批判的科学提供确定与处理问题的方法,批判的科学并不停留在技术控制与实践的旨趣上,它要超越的是只把握社会行动的不变规范的理论局限,进而指出人与人的依赖关系,它通过反思获得自主自由的理性。

这里哈贝马斯显然要说明，认识不仅仅是目的性的工具行为，认识也是对于意义、自由的追求。正是实证主义把经验-分析科学当作科学的全部，否定了对于意义、自由的追求，才导致了工具理性占绝对统治地位，导致了现代社会的一系列弊端。因此，对工具理性的批判就不能是简单的否定，而应该批判性地重建科学和理性，给历史-解释学和批判的科学以应有的合法地位。唯有如此，才能重建理性的权威，纠正资本主义现代化过程中科学与技术发展所带来的消极后果。要批判性地重建科学和理性，首先要做的就是对遮蔽人的反思和自由的作为意识形态的技术与科学的批判。

二　作为意识形态的技术与科学的批判

要搞清楚哈贝马斯把技术与科学当作意识形态更为确切的含义，需要把握哈贝马斯对于“意识形态”及“技术与科学”的理解。什么是意识形态？哈贝马斯认为：“从日常经验中，我们知道，理念（Ideen）常常用来把辩护性的动机，而不把真正的动机归咎于我们的行为。凡是在这个层面上被称之为合理化的东西，在集体活动的层面上，我们称之为意识形态。”①也就是说，所谓意识形态是指社会意识中用来辩护、掩盖真实状况从而使之合理化、合法化的信念。但技术、科学作为第一生产力，与意识形态之间有着本质区别，哈贝马斯为何把两者混为一谈？对此，他进行了解释：“人们不可以从古典的意义上将从这样的技术观中得出政治讨论的‘物的规律性’之技术和科学描绘成‘意识形态’。马克思研究的是完全不同的现象，首先是现代理性法则和政治经济学的从规范上包罗万象的流传，即自由主义本身，他将此视为在经济上占统治地位的阶级的必然虚假的意识之意义上的意识形态。”②也就是说，哈贝马斯批判指向

① 哈贝马斯：《作为“意识形态”的技术与科学》，李黎、郭官义译，第 129 页，学林出版社，1999。

② 李忠尚：《第三条道路：马尔库塞和哈贝马斯的社会批判理论研究》，第 5 页，学苑出版社，1994。

的是唯科学主义意识，而不是针对在科学文明中，在技术过程和生活世界之间的科学本身。唯科学主义意识破坏了现代政治中理性化前途，把科学本身当作判断一切的标准，“以思想的实证主义形式出现的科学技术本身，当其被表达为技术决定论时，它就取代了已被摧毁的资产阶级意识形态而成为一种新的意识形态”①。于是进一步的分析也就是追问：以思想的实证主义形式出现的技术与科学，是如何取代已被摧毁的资产阶级意识形态而成为新的意识形态的？根据哈贝马斯的论述，可从以下几个方面来把握。

(一) 资产阶级意识形态根基即社会劳动性质的变化是技术与科学成为意识形态的基础

哈贝马斯认为，资本主义所需要的合法性与传统社会不同，“不再是得自于文化传统的天国，而是从社会劳动的根基上获得的”②。交往关系的原则正是社会生产和再生产的原则，交换关系的公平合理和等价交换这种“从下”(资本主义生产方式自身)而不是“从上”(借助于文化传统)生发出的资产阶级意识形态为资本主义提供了新的合法性基础。资本主义“制度框架的合理性”直接同社会劳动系统联系在一起，统治制度是依靠生产的合法关系来取得自身的存在权利的。19 世纪末叶以前，科学还没有起到加速技术发展的作用，工人劳动依然是财富的主要源泉，技术与科学对现代化进程的作用仍是间接的，社会劳动根基没有发生根本性变化，因而马克思能够用政治经济学的形式对资产阶级的公平交换的意识形态进行批判，用剩余价值学说撕下自由主义的外衣，批判资产阶级以等价交换为核心的合法性基础。到了 19 世纪最后 25 年，发达资本主义国家出现了两种引人注目的发展趋势，这两个方面使社会劳动根基发生了根本性质的变化。第一，“国家干预活动增加了；国家的这种干预活动必须保障(资本主义——引者)制度的稳定性”③。这种趋势破坏制

① 奥斯维特:《哈贝马斯》,沈亚生译,第 21 页,黑龙江人民出版社,1999。

② 哈贝马斯:《作为“意识形态”的技术与科学》,李黎、郭官义译,第 54 页,学林出版社,1999。

③ 同上书,第 58 页。

度框架和目的理性活动系统的原有关系，国家干预改变了原有形式上的自由劳动关系，从而瓦解了以公平交换为核心的意识形态。资产阶级统治的合法性要求一种新的内容。此时，原有的传统文化已丧失了提供合法性的力量，而直接的暴力统治由于资产阶级民主的存在也不再可能成为现实。在这种情况下，"补偿纲领"（国家通过发展科学技术促进社会财富增长，以社会福利补偿工人自由劳动权利的丧失）代替了自由交换的意识形态。第二，"（科学——引者）研究和技术之间的相互依赖关系日益密切；这种相互依赖关系使得科学成为第一位的生产力"①。研究目的变成了能创造直接应用于劳动过程的技术知识，科学、技术和生产被融合到单一的高度生产性体制。技术与科学成为第一生产力后，改变了剩余价值的主要源泉，构成社会劳动根基中最主要的部分，对现代化进程起着直接的，甚至是决定性的作用。这种趋势所表征的"来自下面"的合理性的变化必然要求根基于此的资产阶级意识形态的变化，社会劳动系统的科学化要求新的合法性具有科学性。

（二）劳动和相互作用二元论在人的意识中的淡薄，群众的非政治化是技术与科学作为意识形态的作用机制

根据哈贝马斯的分析，在传统社会特别是古希腊时期，技术和实践、技艺和实践智慧有着根本之别。技术仅仅是实现行动和实践的手段，政治是实践和说话能力在其中共同形成的领域，说话是实践的实现形式，"政治上"的人运用这些能力，这些能力的运用排除了行动的个人之间的工具性关系，实践是运用充分论据的说服而非暴力，"人是政治的动物"，就是说人正是在说话和行动这种政治活动中成为有道德品质的个体，实践带来形成道德品质和获得自由的可能性。现代资本主义社会的发展逐步抹煞了生产技术和实践的区别，排除了政治原有的真实性和深远意义，在新的现代性条件下，政治的范畴经历了某种决定性改变：政治意味着统治人民，旧政治的幸福生活观念被彻底放弃。实践的沉思的生活被

---

① 哈贝马斯：《作为"意识形态"的技术与科学》，李黎、郭官义译，第 58 页，学林出版社，1999。

忘却,理论即思考永恒宇宙秩序的哲学行为,被带到人世内变成关于科学技术上能得到什么的有用性知识,新的政治成为管理国家的科学,“政治不是以**实现实践的目的**为导向,而是以**解决技术问题**为导向”①。它关心的是如何稳固统治的问题。在这种条件下,作为意识形态所要解决的合法性问题实际上也就是如何使群众只关心技术问题而不关心实践问题,或者说如何使群众“非政治化”的问题。随着“科技进步的制度化,生产力的潜力就具有一种能够使**劳动和相互作用的二元论**在人的意识中变得越来越不重要的形态”②,科学本身形成了一套严整的理性规范和操作规则,具有实现自身目标的明确自主权,科学技术活动渗透到其他社会活动中去,并逐步形成其他社会活动的基础。在此体制下,科学不再是出于人的兴趣、爱好,而是一种事业和谋利的可能性。这种科技进步的制度化,使劳动和交往之间一体化,工具活动的合理性成为交往活动的合理化,社会发展似乎是由科学技术这个独立变数决定的假象,使人们对科学产生了盲目的信仰,人的交往活动被渗透进目的理性活动的系统结构,被“科学的模式所代替”。

在现代工业社会中,一方面,整个社会国家、组织机构都“科学化”或科层化。社会生活受制于精打细算的所谓有效的目的、合理的行为,自愿的结合和以实现价值为主的双方一致同意的关系日益遭到破坏,并被目的合理的组织所取代,这些组织力求把政治问题当成技术情况——这些情况随后可以通过计算得以解释或解决,“科学的物化模式变成了社会文化的生活世界”③。另一方面,在政治与科技融合的趋势中,政府运用传媒大力宣扬灌输科学决定论,把原来需要通过舆论关心讨论的政治问题变成专家解决的技术问题,将实践问题非政治化,在技术隐性意识形态的潜移默化的作用下,人们只会提出“生活需要什么”的问题,而不会提出“我们想怎么生活”的问题。在科技进步制度化的背景之下,人们

① 哈贝马斯:《作为“意识形态”的技术与科学》,李黎、郭官义译,第60页,学林出版社,1999。
② 同上书,第62页。
③ 同上书,第71页。

不再关心实践问题或政治问题，而只关心技术问题，丧失政治意识的人民群众，只因晚期资本主义国家发展科技，生产足够的物质财富，就认为这种制度是合法的，技术统治意识作为隐形意识形态，“使社会的自我理解(das Selbstverstaendnis der Gesellschaft)同交往活动的坐标系以及同以符号为中介的相互作用的概念相分离”①，或者说使社会的自我理解脱离交往活动的合理性而与工具活动的合理性联系在一起，从而为以解决技术问题为核心的资产阶级政权提供新的合法性。

（三）“技术统治论”是技术与科学作为意识形态的集中表现

意识形态的核心或集中表现是作为“一般意识形态”的哲学，因而哈贝马斯对作为意识形态的技术与科学的剖析集中在对技术统治论的批判。哈贝马斯认为，通过对技术统治论的批判，就可以找到克服技术统治意识的道路。首先，技术统治论消灭了实践和技术的差别。“技术统治意识的意识形态核心，是实践和技术差别的消灭”，这种技术统治论模式“以解决技术问题和实践问题中的根本不可能存在的合理性的连续性为前提”②，也就是说，技术统治论把技术的合理性当成了实践的合理性，以工具行为的合理性来代替交往行为的合理性，“把掌握社会发展进程理解为一项**技术**任务，他们想按照目的理性活动的自我调节的系统模式和相应的行为的自我调节的系统模式重建社会，并想以此来控制社会，和**以同样的方式**来控制自然”③。这样的结果必然导致伤害人的交往行为，“以牺牲十分重要的，能够实行人道化的方面为代价”。其次，技术统治论根基于技术的“伪自主性”，“技术统治论的模式的缺陷是明显的。……它假想了技术进步的内在强制”④。技术统治论之所以能把实践问题转变为技术问题，是与其坚持科技进步的自主性联系在一起的。技术统治论认为，技术是由一种内在的必然性所支配，因而，迫使一切事物都服从于一种完整的“彻底的技术”统治。这种观点认为，在技术发达

---

① 哈贝马斯:《作为“意识形态”的技术与科学》，李黎、郭官义译，第63页，学林出版社，1999。

②④ 同上书，第99页。

③ 同上书，第74页。

的国家,政治实际从事的仅是一种虚幻的决断活动,国家也不是用暴力来维护统治者利益的工具,而是一种合理的行政管理机构。哈贝马斯指出,确实,技术进步的自主性根源在于社会利益的自发性,但是社会利益的自发性是晚期资本主义社会目的理性活动系统的合理性片面发展的结果,是人们没有对技术发展的方向反思的结果,技术的自主性是由于其处于“保护科学不受自我反思影响的意识形态之中”①,是晚期资本主义社会公共领域的非政治化、交往行为不合理化造成的。由于缺乏反思,社会利益的合理性是虚幻的,因而技术进步的自主性实质上也是一种“伪自主性”。

哈贝马斯认为,尽管技术统治的愿望还没有在任何地方成为现实,但就现实来看,政治科学化无论如何是一种趋势。技术与科学作为意识形态把本应在公共领域讨论的政治问题变成技术问题,合理性的标准被狭隘化为目的理性活动系统的工具合理性标准,道德实践进步变成和技术进步是一回事,技术与科学所引导的生产力的逻辑决定整个社会生活的发展。应该承认,这种进步本身不能对解放潜力有所裨益,因为部分合理化只能作为整体合理化的一个条件;但另一方面,进步的资本主义现代化契机不应被忽视。与法兰克福老一辈理论家对工具理性持全盘否定的态度相反,哈贝马斯认为,比起以前的社会制度来说,现代资本主义生产方式更有活力和效率。由于现代资本主义社会化大生产的合理化的发展,人类历史上第一次有可能实现从全面的物质的必然性中解放出来。当然,现代社会的合理性是有限的合理性,因为合理地推敲和实现政治目标不等于合理地改进技术。但是,通过对“技术统治论”这种新意识形态的批判,通过揭露资产阶级国家以非政治化决策方式引导科技进步来维护其统治利益,通过公共领域中交往行为的发展从而能以民主的方式来发展生产力的解放潜力,人类第一次有可能真正获得自由和解放。

① 哈贝马斯:《作为“意识形态”的技术与科学》,李黎、郭官义译,第105页,学林出版社,1999。

交往合理化成为社会现代化全面发展的必要条件，对工具理性批判的同时必然导向对交往合理性的分析。

第二节　交往合理性建构

哈贝马斯的交往行为理论是和他对意识形态的批判联系在一起的，对意识形态的批判要求对理性进行重建。重建的理性被区分为工具合理性和交往合理性，现代化的病态发展被理解为工具合理性的片面发展，因而，现代社会在科学技术进步的同时，要求交往行为的合理化。在哈贝马斯看来，交往行为的合理化是在理想的言谈情境下通过对话而获得相互理解实现的，因此，交往行为合理性的前提是"理解如何可能"。

一　交往行为的一般前提：普遍语用学的阐释

在《什么是普遍语用学》("What is Universal Pragmatics")一文中，哈贝马斯开宗明义地指出："普遍语用学的任务是确定并重建关于可能理解的普遍条件（在其他场合，也被称为'交往的一般假设前提'），而我更喜欢用'交往行为的一般假设前提'这个说法，因为我把达到理解为目的的行为看作是最根本的东西。"①"可能理解的普遍条件"也就是追问"理解如何可能"。可以说，哈贝马斯的整个普遍语用学都是围绕这一中心展开的。

（一）言语的有效性基础

哈贝马斯的普遍语用学力求解决"理解和沟通何以成为可能"的问题，也就是说，在交往行为中，可能理解的规范性条件是什么？哈贝马斯认为，人们通过言语进行交往沟通，首先要确定"言语的有效性基础"。所谓"言语的有效性基础"意指"任何交往活动中的人（系指具有语言能力和行为能力的主体），在施行任何言语行为时，必须满足若干普遍的有

---

① 哈贝马斯：《交往与社会变革》，麦卡锡英译，第1页，剑桥，政体出版社，1995。

效性要求,并假定它们可以被验证"①。换言之,"普遍的有效性要求"得以满足,是言语行为的有效性基础。在进一步的分析和论证中,哈贝马斯指出,上述"有效性要求"应包含以下四个方面的内容:

1. 说出某种可理解的东西;

2. 提供(给听者)某种东西去理解;

3. 由此使他自己成为可理解的;

4. 达到与另一个人的默契。②

也就是说,言说者必须选用使言语交往双方能相互理解的"可领会表达",即要求有"可领会性";言说者的表达必须是听者可理解的内容,陈述内容应是真实的,即要求有"真实性";言说者的话语必须真诚地表达自己的意向,以使听者能够信任他,即要求有"真诚性";言说者的话语符合公认的话语规范,以使交往双方都能在确认此规范的前提下达到共识,即要求有"正确性"。诚然,"具有语言能力和行为能力的言语行为主体"的话语满足了上述要求,其交往行为也就具备了言语有效性的基础。据此,可形成交往行为规范,理性的交往也就成为可能。

(二) 交往性资质

普遍语用学在研究语言的先决条件时,不是从经验的、偶然的、有限的言语或语句出发的,而是从先验的、天赋的、必然的、普遍的规则出发的。哈贝马斯基本上接受乔姆斯基关于天赋的心灵语法构成的理论,认为语言是从每一个成人都具有某种内在的重建性能力这一假设前提开始的,语言行为理论应该以相应的交往性资质,即在言语行为中运用句子的能力为假设前提,并且进一步假设交往性资质恰恰具有同语言学能力同样的普遍的核心。哈贝马斯把交往性资质定义为"以相互理解为指向的言说者把完美构成的语句运用于现实之中,并使二者相吻合的能力"。这种能力包括三个方面:

1. 选择陈述性语句的能力。通过这种选择,或是被陈述命题的真实

---

①② 哈贝马斯:《交往与社会变革》,麦卡锡英译,第 2 页,剑桥,政体出版社,1995。

性条件，或是被提及命题内容的存在性先决条件，被假设得到了满足，从而使听者能够分享言说者的知识。

2. 表达言说者本人意向的能力。所用的语言学表达呈示出被意向的东西，使听者能够相信言说者。

3. 实施言语行为的能力。该行为与被认可的规范或被接受的自我-影像相一致，使听者能够在共同具备的价值取向中认同言说者。①

具体来说，交往性资质包含三个方面：一是选择表述性语句的能力，目的是使听话人能够分享说话人的知识和信息。对此方面的研究形成"基本陈述理论"，它考察"陈述的结构、参考及谓词行为"。二是表达说话人本人意向的能力，目的是使听话人能够相信说话人所说的事情。对此方面的研究形成"第一言说者语句理论"，它考察"意向的语言学表达"。三是施为性言语行为的能力，目的是使听话人能够认同说话人。对此方面的研究形成"以言行事行为理论"，它考察"人际关系的建立"。这构成普遍语用学所要研究的三个基本方面。在这三个基本方面中，哈贝马斯认为，"交往行为理论的核心乃建立在话语的第三方面，即人际关系方面。为此，我将把言语行为理论当作我的出发点"②。在所有的社会行为中，哈贝马斯认为，只有交往行为具有主体间的互动关系，因此能成为标准的言语行为；另一方面，只有具有语言能力和行为能力的主体，才能具有合理的交往行为。通过普遍语用学的分析，哈贝马斯解决了"理解如何可能"的问题。于是，下一步的问题就是，"理解为何合理"。也就是说，交往行为为什么具有合理性？交往合理性的内涵是什么？

二 交往行为的合理性

交往行为为什么具有合理性？这首先要分析什么是交往行为。哈贝马斯对交往行为概念的分析，开始于对社会行为的分类。

---

① 哈贝马斯:《交往与社会变革》，麦卡锡英译，第 29 页，剑桥，政体出版社，1995。
② 同上书，第 34 页。

（一）社会行为的类型

哈贝马斯把社会行为分为四种类型：

1. 目的性行为，又称“工具性行为”。在此行为中，行为者在比较、权衡各种手段后，选择一种最理想的达到目的的手段。目的性行为，就是以目的合理性为方向来进行行为选择。哈贝马斯认为，在韦伯和早期法兰克福学派那里，所谓合理的行动，主要指的就是这种有目标取向的行为。

2. 规范调节行为，即一个群体受共同价值约束的行为。规范调节行为发生在一个本来已经存在规范协议的群体之内，在这样一个共同体内，群体各成员的行为才能依据共同接受的价值标准，向着一定的方向。

3. 戏剧行为，它指的是行为者在一个观众或社会面前表现自己主观性的行为。互动的每个参与者互相构成观众，并使他们自身表演在诸观众面前。戏剧行为重在自我表现，通过自我表现达到吸引观众的目的。

4. 交往行为，它是一种行为者个人之间通过符号协调的互动，以语言为媒介，通过对话达成人与人之间的相互理解和一致。① 哈贝马斯这样说：“我所说的交往行为是由符号协调的互动，它服从的是必须实行的规范，这些规范决定交往双方之行为，而且至少被两个行为主体所理解、承认。”②可见，交往行为与目的合理的行为有着明显区别，它遵守着行为者之间的相应规范，这些规范体现了行为者之间对对方行为的期待。交往行为的参与者只有提出相互承认的合理要求，才能使得参与者的共同行为取得一致，达成理解。在交往行为中，相互理解是核心，而言语则具有特别重要的地位。因此，简而言之，交往行为实际上就是以语言为媒介、以理解为目的的行为。

按照哈贝马斯进一步的分析，上述四种行为分别侧重世界的不同方面。目的性行为关联于客观世界，其合理性主要是两个方面：一是行为者对于客观世界的判断是否符合客观真实性，二是行为者能否使世界上发生

---

① 参见哈贝马斯《交往行为理论》，麦卡锡英译，第 85 页及以后，波士顿，信标出版社，1984。

② 哈贝马斯：《作为“意识形态”的技术与科学》，第 62—63 页，法兰克福，苏尔坎普出版社，1968。

的事态合乎他的目的。也就是说,目的性行为的合理性,可以由真实性的标准来衡量。规范调节行为对应于社会世界,这个世界是基于合法的规范组成的个人之间的关系。在规范调节行为中,个人的价值认同参与其中,它的合理性在于是否认同现存规范的正当性以及能否和现存的规范一致,也就是说,规范调节行为的合理性可以由正当性的标准来衡量。戏剧行为与主观世界相联结,即戏剧行为将行为引向自己的主观世界以表现自己的观点。戏剧行为的合理与否在于是否真诚地表达了自己的感情和愿望而被他人认同,也就是说,戏剧行为的合理性可以由真诚性的标准来衡量。

与上述三种行为不同,交往行为不是单独与某个世界发生直接对应关系,而是反思地或间接地与客观世界、社会世界、主观世界相关联。上述三种行为都离不开主体间的交往,内在地有着交往行为的某种要素。从行为类型与世界的关系方面看,目的性行为、规范调节行为、戏剧行为都只是单方面与一个世界发生关联,只有交往行为通过"生活世界"与三个世界发生联系,全面地把握社会行为中的各种行为角色,协调地考虑这三个世界。所以,交往行为是社会最本质的行为。换句话说,社会理性化的根本在于交往行为的合理化。人们理性化的行为,不应仅仅体现在"目的合理的"工具行为与策略行为之中,更应该使理性的结构向交往行为扩展,使理性化主要"体现在交往行为的媒介性质上,体现在调解冲突的机制、世界观以及同一性的形成上"①。这样,哈贝马斯通过对行为类型的分析,凸显出交往行为的意义,同时将交往合理性问题提了出来,成为交往行为理论的核心。

(二)交往合理性的内涵

交往合理性是交往行为理论的核心概念。根据哈贝马斯在不同时期、不同侧面的表述,它包含以下几个方面的意思:

1. 交往合理性是本源意义上的理性。交往的合理性,旨在通过规范的语言达成主体间彼此的理解,这就使理性回归了理性之源。因为按照

① 哈贝马斯:《交往与社会变革》,麦卡锡英译,第120页,剑桥,政体出版社,1995。

海德格尔的说法,理性来源于对逻各斯的解释,而逻各斯的基本含义是交谈、对话。哈贝马斯的交往合理性实质上是以语言为基础的交往的合理性,这就使理性回返理性之源。

2. 交往合理性是语言性的,也就是说,语言,尤其是言语,是主体一致性理解以及合理社会秩序得以实现的条件。交往是以语言为中介的,交往合理性必然是语言性的。哈贝马斯将理性的考察视角放在人类日常语言之中,这与韦伯、霍克海默及阿多诺等人的理性观截然不同,他们将理性与生产、意识、精神联系起来,而未与语言发生关联。

3. 交往合理性是统一的理性。相比前现代社会来说,现代社会的一个基本特征就是,各个价值领域发生分裂,统一的实体理性变得分崩离析。这个特征不仅表现在社会层面上,更表现在理论层面上。康德批判了统一的理性观,指出不同的知识和行为领域遵循不同的内在逻辑,承载不同的理性原则。他的"三大批判"指认了在三大领域中存在的三种理性原则:在以客观世界为对象的认知领域,起作用的是理论理性;在社会领域,人要遵循实践理性;在思维领域,审美理性起决定性作用。哈贝马斯意识到了这种分裂,这种理性的分裂是启蒙现代性战胜神学世界观,确立科学和主体理性地位的结果。它一方面带来了现代文化的成就,促成了专门知识结构的形成;另一方面,由于各领域和相关理性原则相互抵触,造成了价值的断裂和现代社会的危机症候。于是,人们面对这样一个问题:在现代社会中,分裂的理性是否还能重新统一起来?在哈贝马斯看来,虽然理性在近代已无可挽回地失去了它最初的统一性,并分裂为三种不同的成分,但理性的重新统一仍然是可能的。因此,他的任务就是要构建一种新的理性,"理性应当揭示游弋在康德三个批判中的理性的统一性:即道德实践观和审美判断的理论理性的统一性"①,实现理性的重新统一。哈贝马斯认为,在言语行为中,三个有效性要求

① 包亚明主编:《现代性的地平线——哈贝马斯访谈录》,李安东、段怀清译,第48页,上海人民出版社,1997。

总是同时浮现，即使一个语言表达只是主题性地使一个有效性要求表现出来，三个有效性要求在一个交往行为中仍然同时被要求。例如，当一个听者接受一个论断的真实性，但同时又怀疑言说者的真诚性或怀疑表达的正当性时，一致协议是不可能达成的。在现实交往中，三个有效性断言能够提出、接受或被反驳，这都是理性的言说过程。很明显，语言交往既包含了理性分裂的所有方面，又体现了这些方面的联系与统一。由于交往行为成功地与所有三个世界建立了联系，因而其具有的合理性将更全面，因此是最具合理性内涵的行为。交往合理性将会使人类知识在一个最具合理性的轨道上发展。在这个意义上，交往合理性完全能够担负起理性统一的重任。

4. 交往行为的合理性要求真实性、正当性和真诚性。交往行为为何是合理的？哈贝马斯认为，既然交往行为不是单独与某个世界发生直接对应关系，而是与客观世界、社会世界、主观世界发生全面性的关系，那么这种行为模式的合理性也必然包括三个方面的有效性要求："一、所做的论断应该是真实的（或者说，事实上已经具备所提出的命题内容的存在前提）；二、语言行为所涉及的有效规范关系应该是正确的（或者说，这种应该包含的规范关系是合法的）；三、所宣告的发言者的意图含意要与表达的一致。"①也就是说，交往行为的合理性要求真实性、正当性和真诚性。理论理性表达真实性，实践理性表达真诚性，审美理性表达正当性。在交往行为中，这三个同样原初的有效性要求体现了一致关联，哈贝马斯将其称为合理性。这样理解的交往行为合理性，克服了过去合理性概念单纯的认识向度以及单纯的目的工具合理性指向的局限，使本来只具有狭隘的获得真理与实现特定目的的手段意义的概念，扩大为具有真、善、美统一内涵的交往合理性。

① 哈贝马斯：《交往行为理论》，麦卡锡英译，第 99 页，波士顿，信标出版社，1984。

（三）社会合理性的辩证法

在确立了交往合理性的标准之后，哈贝马斯用“体制-生活世界”的理论架构分析了生活世界的理性化以及生活世界的殖民化。

1. 生活世界的理性化

对哈贝马斯而言，生活世界包括文化、社会和个体三种结构。在文化层面上，人与人的交往以语言为中介，同时传递和更新文化知识；在社会层面上，交往行为通过语言形成共识，同时促进社会整合和人类的归属感；在个体方面，交往行为使个体社会化，同时形成个人的自我同一性。① 生活世界就交织在这三方面的结构之中，并成为人类交往行为共同拥有的背景。文化相应于交往中的相互理解，社会相应于交往中的协调行动，个体相应于交往中的社会化。三大结构构成了社会符号意义层面，代表人类互动的价值体系和语言符号。

现代社会的发展首先表现为生活世界的理性化过程，具体来说，就是生活世界结构的转变的三个方面：“生活世界的结构分化(a)，形式与内容的分离(b)，符号意义上的再生产的反思性增长(c)。”②

所谓生活世界结构上的分化，是指文化、社会、个体这三种结构各自顺应合理交往的角度独立出来。“文化具有了一种变动的，相对于传统的持续修改的状况；社会具有了一种合法秩序依赖于规范设立和规范论证的形式方法的状况；并且个体具有了一种极为抽象的自我同一性和自我控制的稳定性。”“它们标志着与交往行为中合理性潜力的联系。”③生活世界结构上的变动，体现了人类以交往行为代替对神话、权威盲从的过程，代表着社会的合理化和现代化。

生活世界结构“形式与内容的分离”，对哈贝马斯来说是指人类理性能力和思维抽象化程度的提升。人类文化构成愈来愈依赖抽象的基本价值观念、论证程序和先验预设；现代社会规范愈来愈依赖普遍的法则，

① 参见哈贝马斯《交往行为理论》，麦卡锡英译，第139页，波士顿，信标出版社，1984。
② 同上书，第145页。
③ 同上书，第146页。

而不是具体的特殊内容；个人社会化愈来愈不依赖具体知识，而是奠基于抽象普遍理念。

生活世界结构“符号意义上的再生产的反思性增长”，是指在不同的文化领域、不同的社会里，甚至是教育后代的过程里，人与人的交往和理性上的反思日益占据主要方面。

生活世界的理性化标志着现代社会的发展，但另一方面，社会理性化发展还有一个体制理性化的过程。正是体制理性化过程的发展压抑了人类交往行为的发展，使“生活世界殖民化”。

2. 生活世界的殖民化

社会理性化的过程首先源于生活世界的理性化，由此催生了体制的理性化，后来却导致了生活世界被体制殖民化的结果。

所谓体制，主要指社会的制度、组织和其他物质层面上的活动结构。体制和生活世界一样，具有调节人类行为的功能，区别在于生活世界是在价值层面上规范人际活动，体制是从功能层次上调整人类不同目标的生活方式和利益趋向。

哈贝马斯认为，体制理性化有四个阶段：在“平等式部落社会”里，具有神秘色彩的世界观促使社会整合和体制整合，并给人类交往提供意义基础；在“阶层部落社会”里，世袭的社群给予体制意义基础；在“政治分层阶段社会”里，国家形成，人们对日常政治事务的共识通过语言对话而形成，政治职能提供意义给体制发展；在“经济阶级结构社会”里，金钱逐渐成为主宰社会的机制，体制对个人的制约日益显著，生活世界被体制殖民化。①

生活世界殖民化是指属于私人领域和公共空间的非市场和非商品化的生活世界，被市场机制和科层架构控制了。科层制的社会组织，提供了合理的公共行政机关和有效率的经济运行模式。但另一方面，科层制在其发展过程中，把人变成了组织中的个人，个人行为被“非个人化”

① 参见哈贝马斯《交往行为理论》，麦卡锡英译，第153、197页，波士顿，信标出版社，1984。

的规则支配;目的理性(工具理性)控制了原本不属于经济领域的生活层面。

体制如何使生活世界殖民化?哈贝马斯从市场和国家两个方面进行了分析。市场是指经济体制对人的影响,它通过金钱制约着人类的行为或生活世界;国家是指行政体制所产生的权力对人的影响。金钱和权力是现代社会生活世界殖民化的主要媒介。

哈贝马斯认为,市场价值观扭曲了人际关系,以商品交易的模式来衡量人与人的关系的合理化。商品的排他性和独享的价值观,配合工具理性的影响,侵蚀了人类其他活动领域,遮蔽了人类希望互相交往和互相了解的真实本性,改变了人类行为模式。国家体制本来要防止市场机制入侵非经济领域,但现代国家却从市场的角度,通过福利国家体制,进一步把社会商品化,因为民主政体和资本主义之间存在一种内在的张力。民主政体要求尊重个人的自由,从生活世界的层面说,民主政体要使生活世界的形成和发展尽量不受社会体制的制约;但是,资本主义的制度却以有效率生产和财富积累为目的,资本主义制度的运行要求它排除个人和其他价值观念的影响,甚至牺牲生活世界的独立性,使生活世界殖民化。①

生活世界的殖民化导致理性的片面发展,为了避免体制对生活世界造成控制和侵犯以及由此而引出的生活世界非理性互动的种种后果,哈贝马斯寻求合理的语言互动。接下来的问题是,在生活世界殖民化的背景下,“理解如何实现”?商谈伦理学对此进行了分析。

第三节　商谈合理性理想

交往行为是以语言符号为中介的,交往合理性必然要求合理的言语情境。但在现代社会,道德伦理的世俗化使个体性极度膨胀,导致道德

① 参见哈贝马斯《交往行为理论》,麦卡锡英译,第343、351页,波士顿,信标出版社,1984。

相对主义和特殊主义。个体之间、群体（比如阶层、民族）之间除了寻求权宜的利益妥协外，真诚与公正的对话和交往关系被认为是不可能的。哈贝马斯对交往行为合理性的追问必然要求制度伦理方面的论证。也就是说，在多元化的现代社会里，合理的言语情境是如何实现的？商谈伦理学的提出回答了这方面的问题。

商谈伦理学主要论证了商谈伦理的形式性、有效性、普遍性。

一　商谈伦理学的话语规则

哈贝马斯在对道德认知的谱系学考察的基础上阐释了商谈伦理学的话语规则：

> 如果话语实践本身是公正判断道德问题的唯一资源，那就必须用话语实践的自我指涉形式来代替道德内涵。真是这样一种观念概括了话语原则“D”：只有那些在实践话语当中得到所有当事人赞同的规范才可以提出有效性要求。这里的“赞同”，是在话语前提下得到的，意味着一种用认知理由建立起来的共识；我们不能认为，赞同就是所有人从自我中心主义角度作出的协商。①

话语规则就是说，只有通过对话才能形成合理的交往关系，而对话的有效性取决于“所有当事人赞同的规范”，但这里的“赞同”不是一般人以为的共同协商，而是普遍语用学意义上的有先验意义的认知统一。具体来说，任何处于交往活动中的人，在施行任何言语行为时，都必须满足若干普遍的有效性要求，只有满足有效性要求的商谈形成的共识才是合理的。“有效性的要求是说，一个话语不受特定场合的限制，必须满足有效性的条件，只有这样才能为可能的听者接受。”②可以看到，这种有效性作为“应当”是一种先验的逻辑的要求，因此，哈贝马斯认为他的伦理思想是康德伦理传统的继续。哈贝马斯指出，当你参与一个以理解为目的

① 哈贝马斯：《交往行为理论》，麦卡锡英译，第 41 页及以后，波士顿，信标出版社，1984。
② 哈贝马斯：《交往与社会变革》，麦卡锡英译，第 2 页，剑桥，政体出版社，1995。

的交往活动时,就不可避免地承担有效性的约束:第一,说出某种可理解的东西,以便为他人理解;第二,提供某种真实的陈述,以便他人能共享知识;第三,真诚地表达意向,以便为他人接受;第四,说出本身是正当的话语,以便得到他人的认同。可理解性、真实性、真诚性、正当性是对话和理解的先验要求,是合理性交往对话需要的一般伦理原则。

二　商谈伦理学的普遍化原则

哈贝马斯认为,普遍化原则"U"是在话语原则"D"的影响下形成的,它所表明的是:"一个规范有效性的前提在于:普遍遵守这个规范,对于每个人的利益格局和价值取向可能造成的后果或负面影响,必须被所有人共同自愿地接受下来。"①

商谈伦理学的使命就是在个体化的社会条件下,面临传统伦理规则失范、个体价值冲突失衡的现实问题时,寻找个体与个体之间、社群与社群之间实现对话交往的有效性条件。因此,商谈伦理也可以称为多元化社会与多元化时代的伦理。这种伦理学肯定社会的多元现实,承认个体价值追求的正当性,但力图避免相对主义,仍然坚持普遍主义的要求。

所谓商谈伦理学的普遍性,要求在交往中达成共识,并不是在多元社会中寻求无差别的普遍的道德生活方式。"普遍主义究竟意味着什么?它意味着在认同别的生活方式及合法要求的同时,人们将自己的生活方式相对化;意味着对陌生者及其他所有人的容让,包括他们的脾性和无法理解的行动,并将此视作与自己相同的权利;意味着人们并不孤意固执地将自己的特性普遍化;意味着并不简单地将异己者排斥在外;意味着包容的范围必然比今天更为广泛。道德普遍主义意味着这一切。"②也就是说,"共识并不像利奥塔所说,必定会抹煞个性,取消话语的

① 哈贝马斯:《包容他者》,麦卡锡英译,第 42 页,剑桥,麻省理工学院出版社,1998。

② 包亚明主编:《现代性的地平线——哈贝马斯访谈录》,李安乐、段怀清译,第 137 页,上海人民出版社,1997。

多元性,相反,是建筑在对个性和多元性的承认之上的。但承认多元性和个性决不意味着异质多元的话语可以不遵守任何规则,可以超越语言交往的有效性的要求"①。对此,哈贝马斯又进行了进一步论证。

三　商谈伦理是商谈需要的形式伦理

在现代多元社会,如何统合价值和信念的多元性与伦理要求的普遍性?在这个问题上,哈贝马斯认为,商谈伦理学追寻的是保证交往和对话有效性的程序性规则,"整体和同一性的建立并不必然意味着抹煞差异和个性,应当说,在这里程序和规则起着重要的,甚至是决定性的作用……当同一性和整体以主体间自由认同的方式,通过民主和合理的程序建立起来时,它便是对压制和统治的否定,便是真实的……维护了个体的自由权利"②。商谈伦理学对于交往和对话的程序和规则的"应当"的追求,重要性就在于:如果没有合理的商谈程序和规则,自由的对话就不可能形成,个性就不可能得到保障;强权政治、意识形态的控制就不可能消除,一个自由、全面、发展的个人和真正民主、平等的社会就不可能实现。

哈贝马斯认为:"商谈伦理学的原则涉及一个程序化,也就是涉及商谈性地解决规范性的有效性的要求。就此而言,商谈伦理学有理由被表述为形式的。商谈伦理学并不说明内容上的取向,而是说明这种运作方法程序,规定实践上的商谈。实践上的商谈无疑不是用来产生合理的规范的操作程序,而是用来检验所建议和假定的提出考虑的规范的有效性的操作程序。"③可以看到,商谈伦理学提供的是程序和规则的合理性,与对话具体内容相脱离,是一种有效性对话的普遍形式。它类似康德的道德法则,具有形式主义特征,但它不是要通过对话来求得某种普遍伦理,而是说明交往商谈中的程序和规则。"现代经验科学和自由意志道德都

---

①② 章国锋:《哈贝马斯访谈录》,载于《外国文学评论》,第 29 页,2000 年第 1 期。

③ 哈贝马斯:《道德意识与交往行为》,第 113 页,法兰克福,1983。

将其信任置于各自方式、程式的合理性上”①，哈贝马斯清醒地认识到：“在后形而上学思维的现代条件下，哲学伦理学连自己的实质性内容也放弃了。因为，鉴于已经合法化的多元化世界观，伦理学不再能标明成功生活的一定范式并把它推荐为效仿的对象。如果在自由社会里每个人都有阐明和追求自己好的或者没有失误的生活构想的权利，那么伦理学就必须把自己限制在形式的着眼点上。”②在价值多元的时代，没有任何一种权力、思想能够或者要求统一人们的思想、道德意识和生活方式。商谈伦理学要求的普遍性不是道德专制，而是在理性普遍规则下的合理对话形式。

不可否认的是这些程序和规则具有普遍化的意义。人可以承认或者否认某种社会、个人的生活是否道德，但人只能在交往对话关系中成长并创造生活，“只要一切有关的人能以参加一种实践的商谈，每个有效的规范就将会得到他们的赞成”③。人生而自由平等，每个人都有理性思考的能力，因此个体自然要求对话中的平等、普遍性和非强制性。哈贝马斯引述阿列斯(Robert Alexy)的法学理论表述了商谈的三个基本要求：“(3.1)每一能言谈和行动的主体都可以参加商谈讨论。(3.2)a. 每人都可以使每一主张成为问题。b. 每人都可以使每一主张引入商谈讨论。c. 每人都可以表示他的态度、愿望和需要。(3.3)没有一个谈话者可以通过商谈讨论内或商谈讨论外支配性强制被妨碍体验到自己由(3.1)和(3.2)确定的权利。”④这些要求说明了商谈的理性基础，在理性的商谈中，体现了一种具有公正性的“讲理”。人们可以接受或反对某种主张，但不能使用强制力妨碍他人，否则就是不讲理、非理性。理想的商谈情境不等于空想，恰恰相反，理性透过理想情境的设定，给我们提供了

① 包亚明主编：《现代性的地平线——哈贝马斯访谈录》，李安乐、段怀清译，第 198 页，上海人民出版社，1997。

② 中国社会科学院哲学研究所编：《哈贝马斯在华讲演集》，第 141 页，人民出版社，2002。

③ 薛华：《哈贝马斯的商谈伦理学》，第 2 页，辽宁教育出版社，1988。

④ 同上书，第 14 页。

对于非理性、非公共性的商谈的判断标准，从而为修正现实中不合理的商谈提供了可能性。

由此可以看出，商谈伦理规则是合理、有效的对话、交往的前提。哈贝马斯的商谈伦理学不是要通过交往对话来求得共同认可的伦理规范，而是要为一切能达成有效的、正义（公正）的交往对话提供普遍性基础。

四　有关交往行为理论的争议

交往行为理论为哈贝马斯赢得了国际性的声誉，也带来了广泛的争议。争议主要集中在以下几个方面：

1. 哈贝马斯对工具行为合理性和交往行为合理性的区分是否合理？

许多哲学家都指出，哈贝马斯对工具行为合理性和交往行为合理性的区分是抽象的，他没有给自己的基本准则提供一条确凿的理由。哈贝马斯用工具行为和交往行为的截然对立代替社会劳动、社会实践等具体概念，抹煞了工具行为的社会性和交往行为的目的性。实际上，工具行为和交往行为可以说是相互制约、相互渗透的。如果我们仔细观察技术与科学的进步以及随之而来的社会生活的合理化，就可明显地看出，科学家、技术人员、生产者的活动显然也得服从一致的规范，其基础是相互之间的期望和主观性要受到社会道德规范等的制约；也就是说，工具行为的合理性与交往行为的合理性并不是像哈贝马斯理解的那样，是两种完全不同的合理性。哈贝马斯对此的辩解是，他不否认工具行为一般包含在交往行为关系之中，但这不应该妨碍人们用一定的理论构架对这个复合体进行有效的解释。应该说，这种辩解是站不住脚的，用抽象的概念分析作为具体分析的理论框架是可以的，但这种抽象必须以具体的社会生活为基础。在哈贝马斯的抽象图式中，人们既看不到工具行为中的社会关系，也看不到科学技术发展导致的生产方式变革对交往行为结构的决定性影响。我们可以看到的是，哈贝马斯一方面在理论框架中强调工具行为与交往行为的绝对对立，另一方面，在具体分析资本主义现代化进程中强调目的理性活动系统全面渗透进社会关系结构。这种阐述的随意和混乱使人们无法厘清其理论的内在逻辑。这样,哈贝马斯的合理性理论未必能合理地解释资本主义理性化、现代化进程。哈贝马斯用工具行为的合理化和交往行为的不合理化这种绝对对立的观点来分析资本主义现代化过程,人们不能明白:为什么在现代资本主义社会中,工具行为的合理化必然伴随着交往行为的不合理化?哈贝马斯对此没有清晰的解释。在哈贝马斯的理论框架中,工具行为只涉及人与自然的关系,交往行为只涉及人与人的关系,而离开人与人的关系来谈论人与自然的关系显然是不符合人际之间的现实关系的。

2. 交往行为理论的基本概念是否清晰?

交往行为理论的基本概念受到了哲学家们的普遍质疑。

(1) 哈贝马斯认为,自己的理论出发点是"劳动和相互作用(互动)的根本区别"。但他把马克思的"劳动"等同于目的理性活动并没有太多的根据,事实上,马克思的"劳动"更多涉及人与人的相互作用。而"相互作用(互动)"这个概念,按照吉登斯(Anthony Giddens)的看法,至少作了三重简单化理解:首先,把"相互作用(互动)"简单化理解为"行动";其次,把"行动"简单化理解为"交往行为";再次,假定仅仅能从"有效性"来说明"交往行为"的合理性。这样的理解是没有根据的。另外,把交往行为简单理解为协商对话,也是不充分的,以交往行为为基础去解释多样化的人类行为受到普遍的质疑。

(2) "生活世界"对于哈贝马斯的交往行为理论来说是一个核心概念,但哈贝马斯没有给出一个非常明确的规定。在这个问题上,哈贝马斯的"生活世界"概念有两种不同的内容。一种是普遍语用学的"生活世界"概念。在交往行为理论的许多地方,"生活世界"被定义为一种语言世界、符号世界或文化世界,被定义为一种理解的结构、背景。但是在具体的社会分析过程中,特别是在关于生活世界殖民化的问题上,哈贝马斯又使用另外一种"生活世界"概念,即作为日常生活的生活世界。普遍语用学的"生活世界"概念是先验的,是交往行为的前提;日常生活的"生活世界"概念是经验的,是交往行为置身于其中的场所。哈贝马斯在涉及“理解”或“共识”的时候，使用的是普遍语用学的“生活世界”概念；而当涉及“体制”和“生活世界”的关系以及生活世界殖民化的时候，他又使用日常生活的“生活世界”概念。在“体制”概念上，哈贝马斯也在两个层面上使用：在分析生活世界殖民化时，“体制”指的是社会制度组织结构；在批判功能主义时，“体制”意味着一种系统分析方法。这种概念上的双重含义，使他的“体制-生活世界”理论架构受到广泛的批评。

(3)“共识”是理性协商的合理结果还是对人的个性的压抑？德里达突出“差异”的绝对性，否定了将个体的、差异的话语统一于某种在场的意义的逻各斯中心主义；利奥塔提出了“异质多元性”理论，声称语言游戏具有内在的多元性，不可简约为任何普遍性规则与模式，一切共名如“真理”“普遍性”“同一性”“共识”等概念，行使的是一种压制的功能，隐含着对多元性的强制的统一。在德里达看来，话语理论决不能着眼于“共识”，并制定话语游戏的规则与规范，而应当突出话语的悖论逻辑，发现话语规则的异质标准和歧见。哈贝马斯则认为，真正的共识决不会否定差异，取消多元性，而是要在多元的价值领域内，对话语论证的形式规则达成主体间认识的合理的一致，并将这一前提引入语言交往。此外，对“共识”是否理性预设和能否必然达至也存在很大的争议。

3. 交往行为理论是否是“乌托邦”？

很多学者认为，哈贝马斯预设了一个在经验上无法证明的理想状态，再以此理想状态来进行社会批判，这实际上是一种乌托邦的思考模式。交往行为理论过分夸大了语言交往、话语共识在社会合理化和现代化过程中的作用，低估甚至忽视了现实世界情况的复杂性。法国学者普遍怀疑哈贝马斯的理想预设，如福柯便将交往行为理论称为“交往的乌托邦”，布迪厄同样将交往理论称为“乌托邦现实主义”。哈贝马斯则认为：“决不能把乌托邦(Utopie)与幻想(Illusion)等同起来。幻想建立在无根据的想像之上，是永远无法实现的，而乌托邦则蕴含着希望，体现了一个对现实完全不同的未来的向往，为开辟未来提供了精神动力。乌托邦的核心精神是批判,批判经验现实中不合理、反理性的东西,并提出一种可供选择的方案。它意味着,现实虽然充满缺陷,但应相信现实同时包含了克服这些缺陷的内在倾向。……许多曾经被认为是乌托邦的东西,通过人们的努力,或迟或早是会实现的,这已经被历史所证实。人权和民主当初不也被许多人视为乌托邦吗?可是,经过数代人的奋斗,它们在今天已成为现实。”[①]应该说,哈贝马斯的解释不能完全令人信服,因为他并没有为他没有暴力、平等对话的乌托邦提供可以实现的充分根据。

总之,哈贝马斯的庞大理论体系有其自身的不完善之处,但这不妨碍交往行为理论的巨大影响力,哈贝马斯仍被公认为 20 世纪最重要的思想家之一。哈贝马斯的哲学思想将成为当代和以后思想家们的重要思想资源。

---

① 章国锋:《哈贝马斯访谈录》,载于《外国文学评论》,第 28 页,2000 年第 1 期。

第八篇

后现代哲学

引　言　后现代哲学概况

从时间上说,表述“后现代”这个概念的哲学含义大约是在1979年,当年利奥塔出版了他的名著《后现代状态——关于知识的报告》(以下简称《后现代状态》)。这本书即便在哲学领域之外也是关于“后现代”概念的重要著作。在利奥塔看来,后现代的首要特征是元叙述的终结,而现代的特征则是由元叙述来统治的。现代这个时期的特点就是人类的一切努力都是为了认识和实践生活,并把这一切努力集中到一个目标上,例如,启蒙思想的人类解放,理想主义的精神目的论,历史主义的精神解释学,通过资本主义活动谋求人的物质幸福,马克思主义的人类解放,如此等等。但是,这些元叙述面对痛苦的经验已经变成了令人难以相信的东西,人们不再对这种悲伤而忧郁的损失作出反应,人们认识到这种统一性的解释是一种弊端,而且认识到这种损失实际上是一种获得。因为统一性伴随的是强制和恐怖,失去它相反地只会获得多数人的意志自由和解放。这种调换是批判的。新方向的特点是重视差别和异质性。一个人只要分享了这种对不同的语言游戏、活动形式、生活方式、知识概念的积极观点,那么,他就发现自己处在后现代之中。因为后现代思想认为差别的不可还原性是根本的。

利奥塔是一位具有诡辩派特征的后现代主义哲学家,正是他发展了这个早期的和持久的“后现代”哲学概念。这个概念在20世纪80年代获得了发展和转变,不仅在哲学上,而且在其他学科中,都产生了国际性的影响。现在,“后现代”这个术语不仅应用于文学、建筑和其他艺术形式,而且应用于社会学、哲学、经济学及神学。这个术语同时也进入了历史编纂学、人类学、法学、精神病学、教育学,以及文化和媒体理论。它已经成为我们自我理解的焦点,它是当代的基本表现。

“后现代”这个术语的这种创造性使用已经扩大到各个领域,在现实中有它的基础,通过对它所作的哲学引申,这个概念的内容已十分广泛。但是,“后现代”这个术语有一个历史,可以回溯到它的特殊哲学定义之前很久。我们将简要描述“后现代”这个术语的前哲学用法,而且我们要指出在最初使用它时并不是肯定的,主要还是否定的。

“后现代的”这个形容词第一次出现在1870年,按英国沙龙画家查普曼(Chapman)的说法,当时他和他的朋友们想创作一种后现代绘画,以批评法国的印象派画家。但是他们并不想攻击印象派,而只是想取代印象派。这个术语保留下来了,但并没有什么结果。1917年,潘诺维兹(Rudolf Pannowitz)在其《欧洲文化的危机》(*Die Krisis der europaeische Kultur*)中提到了“后现代人”。这种“后现代人”是克服了现代危机的人,其实质是尼采“超人”的翻版。尼采因此被认为是后现代的鼓舞者和思想源泉。① 1934年,文学批评家奥尼斯(Federico de Onis)在其著作中,把现代西班牙和西班牙美洲诗歌的发展阶段分成“现代的”(1896—1905)、“后现代的”(1905—1914)和“超现代的”(1914—1932)。“后现代的”描述了在“现代的”和日益增长的“超现代的”之间短暂、灵活的中间策略阶段。这种用法同样没有产生持久的结果。

到了1947年,我们才又发现了“后现代的”这个词,但还没有立即引起当代的争论。在萨默维尔(D. C. Somervell)选编的汤因比(Arnold

① 参见韦尔施《我们的后现代的现代》,第12—13页,魏恩海姆,VCH出版社,1988。

Toynbee)的《历史研究》(*A Study of History*)中,西方文化的当代阶段被描述为"后现代的"。汤因比的"后现代"开始于1875年,它的特点是表现从民族国家的政治思想向全球互动的思想转变。汤因比的"后现代"和我们现在讨论的"后现代"含义完全不同,但是由于汤因比著作的广泛流行,对以后这个词的使用还是有一定影响的。这个术语的不确定性和广泛的变化,使它扩展到了绘画、文学、音乐、舞蹈、政治,甚至全部文化,成为后来讨论的关键词。在20世纪50年代末,"后现代"成为美国文学中的时尚词,后现代话语成为论述整个现代文化的话语,成为创造有关现在和未来的洞见的一个方法。

文学中的后现代争论始于1959年和1960年爱尔温·豪(Erwin Hau)和列文(Harry Levin)的争论。他们注意到他们时代的文学和现代伟大的文学——叶芝(W. B. Yeats)、艾略特(George Eliot)、庞德(Ezra Pound)和乔伊斯——相比,其特征是创造力的衰落和确定性的减少。在这种意义上,他们谈到了"后现代"文学,他们的分析带有一种怀旧的、无可奈何的余味。但是,他们所引用的似乎有理的衰落的根据同时成了一种辩解:他们认为在一个现代的时期之后,随之而来的一个坚实的阶段可能是自然的,一个新时代不久就会到来。文学批评家芬德莱(L. Findlay)和桑塔格(S. Samtary)放弃了古典的现代标准,流露出一种文化悲观主义语调:他们发现并捍卫新文学的真正特点。他们看到了精英文化和大众文化的混合所产生的新作品的决定性成就。这些后现代文学作品至少说明了现实的一切方面,谈到了所有社会阶层,把现实主义和幻想、资产阶级精神和外部状态、技术和神话结合在一起。它的理想方法不是一致性而是多样性,它的特征就是把上述一切结合起来,把精英和大众趣味结合起来。

1969年,即后现代文学争论开始后十年,关于后现代的一个公式——后来利奥塔把它发展为一个概念——出现了:后现代现象存在的地方,一个基本的语言、模式和过程的多元性在实践着,并且不是在不同的作品里,而是在同一著作中。"后现代"在这场文学争论中获得了一个名副其实的概念的外形。随后，大约在1975年，“后现代”这个概念在建筑学中名声大噪，斯泰恩(R. Stein)和詹克斯(C. Jenx)成为这个概念的宣传带头人。但是，在“后现代”这个概念从文学进入建筑学和利奥塔加以哲学化之前，社会学已经采纳了这个概念。在社会学和建筑学中，“后现代”这个词主要指的是一种确定的多元论。

通过利奥塔对这个概念的哲学解释，“后现代”从一个否定的指意模糊的术语变成了一个肯定的提出当代和未来问题的概念，而且包含一种坚定的多元性。但是，在哲学中如何在多元论的条件下用这个概念处理许多新问题成了争论的中心，这导致了20世纪80年代哈贝马斯和利奥塔的争论，后来罗蒂(Richard Rorty)加入了争论。

哈贝马斯在《现代性——一个未完成的计划》一书中批评后现代是以一种坚定的现代立场为基础的。他承认现代已经产生了严重的问题，他甚至谈到“困境”。他说：“几乎在整个西方世界，我们看到一股有利于批判现代人的思潮正在形成，这种思潮滋长着失望的情绪。”①但是他坚持认为，这些问题通过转向后现代的范式并不能克服，解决这些问题只有依靠现代本身的起治疗作用的潜能。哈贝马斯深信合理性的发展已经使自己和生活世界分离，而且使自己分裂为一种认识的、道德的和审美的合理性。这种分裂导致分化的、自主化的和耗竭的过程，通过各种系统的命令使生活世界殖民化。为了反对这种分裂，人们首要的任务是把专家文化和生活世界重新联结起来，或者从生活世界的观点重新占有专家文化。

哈贝马斯在《交往行为理论》中阐述了理性交往这一问题。在《现代性对抗后现代性》中他发展了合理性三个方面的特征，但他更关心理论理性的功能而不是社会治疗。根本问题是，为片面发展所划分的反对自己的理性在一种真正意义上是否可以叫作理性？这种作为统一性的东西是否——至少在一贯的形式上——不应属于理性？

---

① 哈贝马斯：《现代性——一个未完成的计划》，第462页，波士顿，信标出版社，1981。

哈贝马斯为一种双重策略辩护。他认为,“理性的中介因素”就是合理性诸方面分裂的问题。合理性的分裂问题导致了作为现代标志的片面性的意义是不可能放弃的。但是,它需要一个交往互动。为了达到这个目的,哈贝马斯强调科学、道德和艺术的互相沟通。他指出,分化过程始终伴随着互动。对于理性来说,就其最广泛的形式而言,它的各种因素的统一同样是本质的,因此思考这种统一的结构是最重要的。

鉴于理性的交往因素,哈贝马斯设计了一种平衡的结合行动。他通过与一个运动物体的对比解释这种情况。他说,必须在运动中建立认知-工具的、道德-实践的和美学-表现的方面之间的相互作用,因为这三个方面如今像一个复杂运动体一样停止不动了。在现代性的过程中,理性的诸因素还没有失去它们的特征,但相互之间失去了它们的运动性,必须重新恢复它。

运动物体的形象在两方面是有启发性的。首先,哈贝马斯试图恢复理性的循环。合理化的缺点应该通过理性的运动化得到补偿。在关涉合理性的其他方面上,一种发展的感受性依附在理性因素的活动性上。其次,这应该导致诸因素的一种平衡的相互作用。在一个力的自由配合中,每个因素都可以表现其特殊的重量,以便它们共同构成一个平衡。哈贝马斯在理论上遵循“力的平衡”的观念。如果障碍被移动了,如果运动物体被解开,那么在理性的诸分裂因素之间的一个新平衡就会出现。在一个循环运动的模式之后,而且根据平衡的观念,哈贝马斯设想了理性的统一性。

这种观点和后现代的概念区别何在呢?首先,哈贝马斯谈到了理性的现代多元性。他在批评后现代性的同时赞扬了多元性。他说,尼采唯一可谅解的错误就是尼采认为合理性的审美向度统治了合理性的所有其他向度。他认为,和后现代主义相比,这种多元性仍然可以通过理性的调节加以控制,理性的统一性是不可缺少的。从后现代的观点来看,哈贝马斯从一开始就低估了这种多元性的基本特征,否则他决不会相信这种统一性仍然是可能的。这就是利奥塔的观点。

利奥塔认为,哈贝马斯试图寻找一种统一的社会文化策略来解决现代社会所面临的问题是不成功的。他认为,哈贝马斯试图以美学作为合理性不同领域之间的联系桥梁是站不住脚的。利奥塔求助于历史上的先锋派去反对哈贝马斯把美学作为一个调节因素加以功能化,因为这些先锋派阐明了一种视觉表现和语言交往没有注意到的无法表达的东西。正是在这种意义上,利奥塔认为,虽然先锋派的主题常常是内心感觉,但是崇高是真的。正是从这里,先锋派获得了他们的力量。因为在后现代状况下,这种不可比较的美学经验仍然是典范的。对待崇高和不可比拟的东西,现代和后现代态度之间的差别只是一种侧重点不同的差别。现代性强调表现的失败,而后现代强调对这种失败的补充经验使一种不可表达的东西的存在得以实现。于是,关于崇高,我们在《后现代状态》中发现了一种向后现代性的决定性转折,因为在那里,元叙述的终结不再是令人悲伤的失去,而是一种可利用的获有。总之,回到先锋派说明了利奥塔的后现代概念和20世纪的现代先锋派的关系。这也是后现代诞生于现代艺术精神的一个有力证据。

后现代思想强调差别以及对不可测量的东西的经验,而在所有关于统一性的观念中,是没有差别和不可测量的东西的地位的。这也是利奥塔反对哈贝马斯的一个重要原因。他说,为了调和概念和感性,透明的经验和可以传授的经验,我们已经为对整体和统一的怀念付出了太多的代价,答案是,让我们向总体性宣战;“让我们证明不可表现的东西;让我们激活差别”①。

按利奥塔的概念,后现代哲学的任务有三个方面。首先,告别对统一性的迷恋。对统一性的反感和厌恶并不是一种感情冲动,而是以理性和历史经验为基础的。其次,它必须使给人深刻印象的多元性的结构成为显而易见的。这种结构揭示这种异质性并教育我们:不使用强制和独断的方法就不可能获得最后的统一。这等于给了这种异质性的观点一

① 利奥塔尔:《后现代状态》,车槿山译,第136页,生活·读书·新知三联书店,1997。

种结构的和历史的合法性。统一性的终结就是统治和强制的终结，这不仅是显而易见的，而且是公认的。再次，后现代哲学必须阐明彻底的多元性概念的内部问题。多样性和异质性必然产生冲突，如何从公正的角度处理它们？①

利奥塔认为，“共识(Consensus)”不可能为解决公正问题提供答案，它是一种过时的和可疑的价值。但是公正作为一种价值既不过时也不可疑。因此我们必须获得一种同共识这个概念无关的有关公正的观念和实践。那么怎样对待思想和生活中的异质性，而不使一种范式压制其他范式呢？怎样才能听到并重视在必定仍然存在的不公正中的失败的主张呢？后现代的多元论首先强化了公正的问题，哲学后现代主义让我们更切实地认识公正，并创造一种对不公正的新的敏感。他说：“像哈贝马斯那样，把合法化问题的建构引向追求普遍的共识似乎是不可能的，甚至也是不谨慎的。”②

针对哈贝马斯和利奥塔的争论，罗蒂在《哲学和自然之镜》(*Philosophy and the Mirror of Nature*，1979)中提出了一种实用主义的后现代性，把哲学从认识论转向了治疗哲学，但是他从一种彻底的多元性立场提出问题并没有获得成功。他试图把哲学归结为纯粹的谈话，一场有趣的无冲突、无结果的讨论，一场美育清谈，并没有提出一种反对基础主义的有关真理的外在规范。

在《偶然、反讽喻与团结》(*Contingency, Irony, and Solidarity*)中，罗蒂阐述了有关无基础主义和偶然性的思想。他发展了一种偶然性的哲学，并称之为讽喻哲学。他说，他用“讽喻者”命名那种偶然性的人，这样的人承认自己最核心的信仰和欲望。第一，他知道他自己的解释学的统一偶然性；第二，他知道这种偶然性靠某种证明和阐述不可能被消除或移走；第三，这种观点完全适用于一切解释系统；第四，他的语汇不是

① 参见利奥塔尔《后现代状态》，车槿山译，第 81 页，生活・读书・新知三联书店，1997。
② 同上书，第 137 页。

封闭的,而是不稳定的和万变的;第五,他面对偶然性而且充分说明了偶然性。讽喻者是一种唯名论者,一种历史主义者,他认识到自己的"无根性"。他说:"只有在自由的社会里,讽喻者才是典型的现代知识分子。只有自由社会才给予讽喻者以离经叛道的自由。"①

罗蒂参照弗洛伊德界定了合理性,而偶然性是其一个核心概念。弗洛伊德认为合理性是一种调节偶然性和其他偶然性之间关系的机构。这种"理性机构"并非一种哲学还原论,而是说明了理性(合理性)在偶然性的情况下如何被重新理解。这种观点首先有助于我们认真理解不存在被叫作"理性"的核心能力、核心自我的可能性;其次,它告诉我们如何在这些新情况下思考理性乃是一种处理偶然性的理智策略,以便调整它们相互间的关系,并且以这种方法获得一种相对一致的网络。

罗蒂的确在他自己的命题中没有在传统的意义上使用"理性"这个词,从传统上看,理性是人类一个核心且普遍的观念,它们创造了我们道德责任的来源。罗蒂描述了一种新的合理性。这种合理性不仅和一种描述系统有关,因为它以一种创造性的力量把一个来自偶然性的描述系统结合在一起,而且超越了系统的固定或封闭的界线。如果讽喻者知道他的语汇不是封闭的,如果他在其他语汇影响下发展了合理性,并因此认为它是不定的和可变的,那这就是一种新的合理性的意义。这种合理性把首尾一贯的结构和对不完整性的认识结合在一起了。

利奥塔、哈贝马斯和罗蒂关于后现代性的争论告诉我们,我们必须在理性的各种形式中,特别是在这种形式之间转换的可能性中寻求理性的统一性。而这种转换不可能性是任何更高观点的结果,因为不存在更原初的观点。每种思考自己的观点都属于对方,事实上是站在它所反对的位置上。这给从合理性的多样形式内部进行活动的可能性留下余地。通过对合理性类型的自主化,理性的任务和概念被取代,理性不再被认为是一种过分的和等级制的能力,而是一种推动合理性诸形式之间的联

① 罗蒂:《偶然、反讽喻与团结》,第 89 页,剑桥,剑桥大学出版社,1989。

系和转变的横向的能力。

鉴于理性基本上采取这种转变的形式，我们将它描述为“横向理性”。这种理性从合理性的一种形式变成另一种形式，联结差别，建立联系，鼓动讨论和变化。它的全部过程都是水平的和转变的，而且仍然受这种横向特征所限制。

当然，这种横向理性不单是一种新能力。确切地说，横向理性的概念强调一个始终属于理性的时刻，转变的时刻，现在这个时刻已经获得特殊的、新的持久意义。横向理性的交叉(Cross-over)原理并不会导致一个封闭的体系。作为结果的关系并不是整体的，而是部分的，而且不会被误解为是不可逆的综合，它们会再次变为易碎的。

这种横向理性和利奥塔的方法有什么关系呢？显然，横向理性和后现代思想的反对总体性的意向有关。它达到这个目的并不是通过否定一切关系，而是通过公开追求事物的互相关联的方面以及不同方面的结构。但是，从语言现象学观点来看，横向理性的概念在仔细分析下显然是站不住脚的，因为它引入了统一性的原则。这就是它要求放弃绝对异质性原则的理由。但是，它试图完成的交叉原理可能和利奥塔的目的相调和，事实上正是通过交叉原理，这些目的才完全可能实现，而它们用绝对差异的原理破坏了自己。

利奥塔本人谈到话语类型之间的“转换”，但是他认为它们似乎是作为纯粹事实发生的，正因为话语毕竟必须继续，或者随情况变化联结起来。于是，对他来说，真正有趣的情况——在这种情况下，由于横向理性的过程，转换得到推动——是把普通的机会不加区别地联系起来。这最终可能会获得绝对任意的结果，而且取消利奥塔追求的目的。

例如，话语之间的绝对差别显然不能由包括在话语本身中的话语来提示，而只能由一种明显地发现的和不同逻辑比照的能力来提示。在这个过程中，理性作为一种中介活动阐明异质性和转换、差异和同一。只有这种理性才能体验和反映利奥塔所描述的那种冲突的事物状态。只有这种理性能力才会肯定冲突，而且使冲突中活动的实践成为可能。

只有以这种横向理性的观点来看,后现代思想的基本动力——保留多元性和保证干预,才会成为可能的和合法的。它实质上扩大了利奥塔的观点,横向理性符合后现代状态对合理性日益增长的多元性形式的特殊要求。在现代和后现代的冲突中,这种理性可能发现自己处于关键地位。一方面,它反对现代的总体性,说明了后现代对差异的兴趣,因为它基本上不是用于总体性而是用于转换,其领域也属于建立和加剧差别;另一方面,它纠正了利奥塔刻板的后现代主义的异质性的绝对教条,而没有成为它的还原倾向的牺牲品,并摆正了差异的地位。横向理性向我们证明,不可比较性只对个别情况有效,不是普遍有效的。这种理性创造了关系而没有强制统一,联结了鸿沟而没有填平地面,发展了差异而没有分裂一切。这种形式的理性可能被认为是后现代的样本,它不再和现代对抗,而是接受并继续现代的目的。横向理性可能是后现代理性的一种特殊形式。

第二十八章　利奥塔

利奥塔(Jean-Francois Lyotard),1924 年出生于法国凡尔赛,早年在巴黎索邦(Sorbonne)大学学习哲学和文学,并积极参加政治活动。在 40 年代只发表了一些政治论文。1949—1959 年他在中学教哲学,参加了反对阿尔及利亚战争的政治活动。1956—1966 年间,利奥塔在一家社会主义杂志《社会主义或野蛮》(*Socialisme ou barbarie*)和一家社会主义报纸《权力创造者》(*Pouvoir ouvrier*)当编辑,并为左翼杂志撰写了许多论文。从 1966 年起,他脱离了马克思主义团体及其政治活动,开始了他的学术生涯。1968 年他作为巴黎第十大学的讲师,参加了著名的名为"五月风暴"的学生运动。1971 年以其论文《话语,形象》("Discourse, Figure")获得了博士学位并受聘任巴黎第八大学哲学教授。70 年代是利奥塔在哲学上最为活跃的时期,他的大部分哲学著作是在这一时期发表的。1989 年他作为巴黎第八大学的名誉教授退休。1998 年去世。他的主要著作有:《现象学》(*La phénoménologie*, 1954)、《话语,形象》(*Discoure*, *figure*, 1971)、《从马克思和弗洛伊德开始漂流》(*Derive á partir de Marx et Freud*, 1973)、《力比多经济学》(*Economie libidinale*, 1974)、《论正义》(*La Juste*, 1979)、《后现代状态》(*La Condition post-modern*, 1979)、《纷争》(*le Différend*, 1983)等。

第一节 后现代知识的状况

自第二次世界大战以来,人们发现西方社会在某些方面发生了急剧的变化。为了描述这些变化,社会理论家使用了各种术语:媒体社会、消费社会、控制消费的官僚社会、后工业社会。对这个社会的一个时髦的描绘是"后现代社会"。利奥塔是一位采取后现代主义立场的后结构主义者。他与其他后现代主义者的不同之处在于,他并没有过多地讨论后现代社会的经济政治状况和文化转变,而是侧重于对后现代的知识和科学状况的考察,试图建立起一种与现代认识论有根本区别的新的后现代主义认识论或知识理论。

利奥塔后现代主义的认识论或知识理论是在《后现代状态》一书中提出的。在该书中,利奥塔简单地将"后现代社会"等同于"最发达社会"或"后工业社会"。他说,这一"研究对象是最发达社会中的知识状态。我们决定用'后现代'命名这种状态"①。他认为,"随着社会进入被称为后工业的年代以及文化进入被称为后现代的年代,知识改变了地位"②。在过去的50年中,科学知识成了一种言谈或话语(discourse),领头的科学技术和语言发生了密不可分的关系。这些领头的科学和技术与语言相关的问题是:发声与语言学理论问题、联络与控制论问题、现代几何学与信息学理论问题、计算机与计算机语言问题、翻译与在计算机语言中寻找兼容性问题、信息储存与数据库问题、远程信息处理技术(telematics)与智能终端的完善问题、悖论学及许多相关的问题。因而,按利奥塔的理解,后现代社会也就是计算机社会、信息社会、科学技术高度发达的社会或社会的计算机化。

利奥塔认为,科学的这种语言学的转向及相关的技术转变,对知识产生了巨大的冲击。计算机的微型化和商业化这种技术转变彻底改变

---

① 利奥塔尔:《后现代状态》,车槿山译,引言第1页,生活·读书·新知三联书店,1997。
② 同上书,第1页。

了知识的获得（研究）、分类、支配和利用，在这种普遍转变的内在联系中，知识的本性如果不发生变化就不可能存活下来，也就是说，知识的状况就像已经进入所谓后现代时代的社会一样发生了根本的改变。他指出，任何构成知识的东西如果不能被翻译成信息量就将会被放弃，而试图获得知识的新的研究方向将由这种研究的最终成果是否能够译成计算机语言来决定。知识的获得与心灵的培育及个人的教化密不可分的旧原则已经过时。知识已经不再是目的本身，知识的生产是为了出售。在过去的几十年里，计算机化的知识已经成为生产力的原则，这已经为人们广泛接受。这种情况对高度发达的工业国家的生产力人口构成产生了引人注目的影响。最明显的结果是，工厂工人和农业工人的数目日益减少，而专业的、技术的和白领工人的数目日益增加。

利奥塔说，知识以一种生产力不可缺少的信息商品的形式出现，这在世界范围的力量竞争中已经是并将继续是一个重要的，也许是唯一的赌注。可以设想，民族国家有一天将为控制信息而战，正如过去它们为控制领土并随之控制掠夺原材料和廉价劳动力的途径而战一样。① 这样就为工业和商业战略、军事和政治战略开拓了一个新的领域。

在后工业和后现代时期，科学将继续保持并可能加强它在民族国家生产力方面的重要性。由于这种形势，我们有理由认为，发达国家与发展中国家的差距还会不断加大。但是，在过去的几十年里，由于那些被统称为跨国资本流通的新形式的出现，经济机构已经使国家机构的稳定性陷入危险境地。这些资本流通的新形式意味着，有关投资的决定至少部分地摆脱了民族国家的控制。利奥塔因此认为，权力和知识成为同一个问题的两个方面：谁来决定什么是知识？谁知道什么需要被决定？②

在后现代，知识的问题现在比过去更是一个政治问题。显而易见，管理的功能、再生产的功能正在而且将进一步脱离管理者而信赖机器。

① 参见利奥塔尔《后现代状态》，车槿山译，第 3 页，生活·读书·新知三联书店，1997。
② 参见同上书，第 63 页。

越来越严重的问题是:谁将通过必须由这些机器储存的信息以保证作出正确的决定呢?知识不再是一个简单的决定和应用真理标准的能力问题,而是一个决定效率(技术质量)、公正和快乐(伦理常识)以及美(听觉和视觉)的标准问题。知识乃是使某些人不仅有能力构成“好”的指示性表述,而且构成“好”的规范性表述和“好”的评价性表述的东西。但是,如何对这些表述作出评价呢?如果这些表述符合对话者的社会团体所接受的相关标准(关于公正、美、真理和效率),那么,它们就会被认为是好的。这里有必要指出,利奥塔深受维特根斯坦语言游戏说的影响,他把表述(utterance)的各种类型称作语言游戏。例如,有指示性表述(denotative utterance)、规范性表述(precriptive utterance),还有行为性表述(performative utterance)。指示性表述涉及三个关系项,一是“发出者(sender)”,即作出表述的那个人,是认识者;二是“接收者(addressee)”,即接收那个表述的人,他(她)可以对那个表述表示同意或拒绝;三是“所指物(referent)”,即那个表述讨论的对象,一个表述或陈述应该正确辨别和表达的指示物。规范性表述包括命令、要求、指导、推荐、请求、祈祷和恳求等多种形式,这些都是不同的语言游戏。每种语言游戏都有表明自己的属性和用法的特殊规则。他认为,语言游戏规则的合法性并不包括在自身之中,他们是游戏者之间契约的对象。如果没有规则就没有游戏,哪怕是一个规则最微小的变动都会改变游戏的性质,不符合游戏规则的动作或表述都不属于他们所定义的那个游戏。每一个表述都应该被看作游戏中的“一招”或“一步”(a move)。表述拥有完全不同的形式和结果,这取决于他们是哪种表述。他认为,语言游戏是不可比较的。他区分了指示性游戏(在这种游戏里,人们关心的只是真/假的不同)、规范性游戏(在这里,有关的只是公正/不公正的不同)、技术性游戏(在这里,标准是有效/无效的不同)。他认为,语言游戏基本上体现了骗子之间的一种冲突。他说,在话语(表述)的日常应用中,例如在两个对话人进行一场讨论的过程中,每个对话人都千方百计变换表述:提问、请求、肯定陈述等都被杂乱无章地投入战斗。“这场战斗并非没有规则，但它的规则允许并鼓励陈述的最大灵活性。"①

利奥塔认为，科学知识并不代表知识的整体，它始终和另一种叙述性的知识处于竞争和冲突中。在传统社会中，叙述性的知识拥有一种优先性。叙述性知识（流行小说、神话、传说和故事）赋予社会制度以合法性，或者代表了对已经建立的制度的肯定的或者否定的模式。叙述性知识规定了如何应用它们的标准，因此，它们规定了在当下的文化中谁有权说和做。在传统社会中，叙述的传统也是定义三重能力（知道怎样做、知道怎样说以及知道怎样听）标准的传统。通过叙述，社团和它所处的环境的关系得到了彻底的贯彻。在叙述的形式中，关于真理、正义和美的阐述常常编排在一起，通过这些叙述所传递的乃是构成社会契约的一套规则。他认为，面对这些一般地和科学结合在一起的抽象的、指示性的或者逻辑的和认知的过程，有必要退而主张叙述性的或者讲故事的知识。在科学的语言游戏中，发话人一方面被认为能够给他自己的所说提供证据；另一方面，他被认为能够拒绝任何涉及同等证明的对立和冲突。"19 世纪的科学称之为证实，20 世纪的科学则称之为证伪"②，它们承认共识范围内的两个伙伴（发送者和接受者）之间的争论。并非所有的共识都是真理的标志，但假定的是，阐述的真理必定导致一种共识。现在，科学家需要一个接受者，一个伙伴。这个伙伴能够证实他们的阐释，反之能成为发送者。平等是必需的，而且必须被创造出来。

知识传播肯定了知识再生产方式发生了变化。首先，学生并不知道发送者（老师）所知道的。显然，这就是学生要学习的原因。其次，学生能学会发送者所知道的而且成为和教师同样水平的专家。③ 因此，学生被引入了创造科学知识的游戏。在科学知识中，任何已被接受的陈述始终可以被改变。任何以前已被证明的陈述矛盾，其新的陈述可以被接受的唯一条件是它要否定以前的陈述。

---

① 利奥塔尔：《后现代状态》，车槿山译，第 35—36 页，生活·读书·新知三联书店，1997。
② 同上书，第 52 页。
③ 参见同上书，第 53 页。

因此,科学知识和叙述知识之间的主要差别是,科学知识要求只保留一种语言游戏,即指示性的语言游戏,而排除其他所有的语言游戏。科学知识和叙述知识都是必要的,二者共同构成陈述集。在一般的应用规则的构架内,陈述就是游戏的"一招"。对于每种特殊知识来说,这些规则是特殊的。这个人认为是"好的""一招",另一个人并不一定认为是好的。因此,根据科学知识无法判断叙述知识的存在或有效,反之亦然。

利奥塔认为,叙述知识并不重视自身合法性的问题,它通过传递的语用学,不借助辩论,也不提出证据,就使自己获得了信任。因此它不理解科学话语的问题,但又确实表现出一种宽容。它以为科学话语是叙述知识中的一个品种,反过来则不一样。科学知识考察叙述性陈述的有效性时发现,这些陈述从来没有经过论证。科学知识把叙述知识归入一种由意见、习俗、权威、成见、无知和空想构成的精神,这种精神野蛮、原始、不发达、落后、异化。叙述的知识是一些寓言、神话、传说,只适合妇女和儿童。

在这里,利奥塔的论证有一个有趣的曲解。他说,科学知识无法知道,而且也无法让人知道自己是真知识,如果它不求助于叙述知识。科学知识却又认为叙述知识根本不是知识。总之,叙述知识在非叙述性知识(科学知识)中的回归不论采取什么形式,都不应该被认为是永远过时的。最明显的证据是,国家花费了大量的金钱以便科学能以史诗的面目出现,国家通过史诗使自己变得可信,以便获得公众的支持,这是国家的决策者所需要的。就是说,科学受控于合法性的要求。因此,人文主义关于自由的神话、一切知识的思辨统一性的神话,就为制度性的科学研究提供了证明。而这两个神话恰好也是国家的神话。首先,第一个政治的、军事的、能动主义的神话就是围绕总体性概念组织起来的德国黑格尔哲学传统。利奥塔研究了这两个证实叙述知识合法性的神话。人文主义的自由的神话,其主题是作为自由的"英雄"。利奥塔认为,所有的人都对科学拥有一种权利。如果社会主体已经不是科学知识的主体,那么,正是神父和君主禁止了科学知识。对于科学的权利必须重新夺回来。因此，在自由的叙事中，国家的合法性不是来自国家自身，而是来自人民。“每当国家直接负责培养‘人民’并使其走上进步之路时，我们都能看到国家求助于自由的叙事。”①利奥塔指出，在斯大林主义中，科学的唯一形象就是引用通向社会主义的元叙事，而这种元叙事就是精神的生命。但是，另一方面，马克思主义通过宣布这种社会主义恰恰是自主主体的联合体而发展成一种批判形式的知识，而且宣称科学的唯一合法性就在于它给予经验主体（无产阶级）以解放自己、摆脱异化和压迫的手段。利奥塔认为，在当代社会中，这种陈旧的叙事已不再发挥作用了，大叙事已经丧失了它的可信性，不管它是思辨的叙事还是解放的叙事。第二次世界大战以来，思辨的和解放的大叙事的一体化和合法化力量的衰落乃是技术和工艺发展的结果，这造成了从行为目的到行为手段的变革。②

第二节　知识的商品化

伴随着工业革命的到来，人们发现，一种技术装置需要一笔投资，但是，由于这种技术装置提高了效率，它也就提高了来自这种改进行为的剩余价值。正是在这时，在资本的流通中，科学成为一种生产力。而科学研究的一个重要方面就是生产证据。证据需要证明，一个科学观察依赖于感官所提供的事实证据。但是，感官在范围和辨别能力方面都是有限的。技术在这里出现了。技术仪器服从性能优化原则：最大化输出，最小化输入。因此，技术乃是一种游戏，和真、善、美无关，而只和效率有关。当一种技术的“招数”获利更多而消耗更少时，它就是“好的”。那些为了生产证据而优化人体性能的仪器要求额外的投资。“因此，如果没有金钱，就没有证据，没有对陈述的检验，没有真理。科学语言游戏将变成富人的游戏。最富的人最有可能有理。财富、效能和真理之间出现了

① 利奥塔尔：《后现代状态》，车槿山译，第68页，生活·读书·新知三联书店，1997。
② 参见同上书，第75—76页。

一个方程式。”①

另一方面,科学研究的目的不再是寻找真理,而是性能,即最大可能的输入和输出的平衡,雇佣科学、技术人员和工具的目的并不是发现真理,而是为了扩大权力。因此,性能提高了生产证据的能力,也提高了证明有理的能力。大量进入科学知识中心的技术标准不可能不影响真理的标准。

从注重行动的目的到注重行为的手段,从注重真理到注重性能,这种转变反映在现今的教育政策中。越来越明显的是,教育机构变得越来越功能化了。教育的重点是技巧而不是理念。在不久的将来,知识将不再是一劳永逸地全盘传授给尚未就业的年轻人,而是像“点菜”一样传授给成年人,作为他们再培训和继续教育工作的一部分。

在某种程度上,知识可以转译成计算机语言,而传统的教学与存储相似,所以教学可以由机器来完成,这些机器可以把传统的存储器(图书馆等)作为数据库与学生使用的智能终端连接在一起。但是,机器部分地取代教师会使教学不可避免地令人无法容忍。学生不得不学习使用终端设施和新的语言,他们不得不学会什么和记忆库相关,什么需要知道。因此,在追求知识的过程中,兴趣或利益背后的基本推动力不再是传统的大叙事。现在学生提出的问题不再是“知识是真的吗?”而是“知识是有用的吗?”在知识商品化的浪潮中,这个问题更变成了“知识是可以出卖的吗?”而在权力发展中,问题是“知识是有效的吗?”

显然,教育不仅必须保证能力的复制,而且应该保证能力的进步,因此,知识的传递就不应该限于传递信息,还应该包括学习所有的程序,而这些程序可以改善那种联结不同领域的能力。学生最重要的能力是使用相关数据解决任何问题,而且把数据组织成一个有效的战略。“数据库将是明天的百科全书……它们是后现代人的‘自然’”②。最重要的是

① 利奥塔尔:《后现代状态》,车槿山译,第 94 页,生活·读书·新知三联书店,1997。

② 同上书,第 108 页。

用新方法整理数据，我们可以把这种将分散的东西联结为整体的能力称为想象。因此，在知识的生产中，性能的增加最终取决于这种想象，它或者让人采用新的招数，或者让人改变游戏规则，就是说发明新游戏。

利奥塔认为，无数科学家已经看到他们发明的新规则近十余年来被忽视或压制，因为不仅在大学和科学中，而且在科学的各学科中，这些发明使科学已经失去了稳定性。发明越多，它就越可能否定常识，因为它改变了常识作为根据的游戏规则。这种行为是恐怖主义的。通过恐惧，他打算通过取消或者威胁取消来自同一语言游戏的游戏者而获得效率。他同意或者沉默不是因为他遭到拒绝，而是因为其他游戏者的参与能力受到威胁。

第三节　现代主义和后现代主义

第二次世界大战以来，西方发达国家被贴上各种标签，如消费社会、后工业社会、后现代社会等等。后结构主义者认为这种新社会是后马克思主义，他们断言，马克思主义理论已经过时，不可能应用于新的社会发展。在这场争论中，主要问题是启蒙运动的计划是否已经失败。

18 世纪启蒙运动哲学家所阐述的现代性计划就是要发展客观科学、普遍的道德和法律以及自主的艺术。像哲学家孔多塞(M. D. Condorcet)就试图使用这种日积月累的专门文化造福人们的日常生活。他们希望艺术和科学不仅可以促进人类控制自然的力量，而且可以认识世界和人自身，促进道德进步和公正制度的建立。但是，已经发生的事情与启蒙运动的希望和理想背道而驰。逐渐地，每个领域都被制度化了。科学、道德和艺术已经成了脱离生活世界的自主王国，认知工具的道德实践和美学表现的理性结构已经处于专家的控制之下。

在美国、法国和世界各地，现代主义文化已经受到多方面的批评。美国新保守主义代表贝尔(Daniel Bell)多年前就对现代性作出了有力批判。贝尔认为，现代主义文化已经影响了日常生活的价值，现代主义的享乐主义缺少社会认同,缺少服从、自恋。

作为现代主义的反动,后现代主义的概念是暧昧的,但已为人们所广泛接受。某些思想家认为,后现代主义是一个周期性的概念,其作用是反映了当代社会文化中新出现的特征,与20世纪五六十年代新出现的社会和经济秩序相关。利奥塔是怎样理解现代主义和后现代主义的呢?他认为,现代性就是任何将元话语作为自己合法性根据的现代科学。这种科学求助于某种宏大叙事,例如,精神辩证法、意义的解释、财富的创造、理性主体或能动主体的解放。他把为了证实自己的合法性而求助于这种或那种宏大叙事的话语定义为现代性。所谓宏大叙事,是统治的叙事,是在追求自然的过程中寻找自己目的的人的叙事。他还以另一种方式提出了对现代性的批评,他说,后现代主义者不信任元叙事,在后现代状况中,现代性的宏大叙事——精神辩证法、工人的解放、财富的积累、无阶级的社会——全都失去了可信性。他完全怀疑黑格尔、马克思和任何形式的普遍哲学。

利奥塔认为,马克思主义的统治叙事只是众多现代统治叙事中的一个版本。利奥塔之所以批评马克思主义,是因为他认为马克思主义希望创造一个只有通过高压统治才能产生的同质社会。他相信,个人主义、四分五裂的我们今天拥有的社会就在这里存在着。然而,非常奇怪的是,他似乎十分怀念一种前现代的(传统的)社会。而他在解释传统社会时强调的是叙述,即神话、魔术、民间寓言等。他认为,叙述和科学之间是互相冲突的,叙事正在消失而没有东西去取代它。他似乎需要叙述知识的灵活性,而且还需要和资本主义共同发展的个人主义。

利奥塔认为,艺术、道德和科学(美、善和真)已经互相分裂,而且自主自立。我们时代的特征就是语言游戏的四分五裂,不存在元语言,没有人能够理解在作为一个整体的社会中什么东西正在发展。他还说过,并不存在一个统治系统。这些观点和某些右翼理论家的观点是互相并列的。比如,右翼理论家哈耶克认为,社会按微观事件运行更好,一个以市场为导向的社会比一个有计划的社会更好。

总之，利奥塔的观点是：大故事是坏的，小故事是好的。他用小和大的叙述标准取代了真和假的区别。当叙述变成历史哲学时，它就是坏的。大叙述已经和政治计划或政党结合在一起，而小叙述和本土的创造性相结合。利奥塔强调本土经常和保守的传统结合在一起。但是，使人们迷惑不解的是，利奥塔为什么如此害怕普遍，而且为什么在宏大叙事终结时又告诉我们另一个宏大叙事？

利奥塔认为，后现代主义的两个重大特点是"模仿"和"精神分裂"。现代主义以发明个人的私人风格起家，现代主义美学是有机地和一个可靠的自我以及个人同一性的概念相联系的。这种个人同一性产生了它自己唯一的世界，而且忘记了它自己的正确风格。而后现代主义反对这一点。它认为独一无二的个人概念和个人主义的理论基础都是意识形态的。不仅资产阶级的个人主体是过去的事，而且它也是一个神话，首先它决不会真的存在过，恰好是一个神秘化的东西。因此，在一个不再可能发明风格的世界里，存在的只能是模仿。我们可以在"怀旧影片"中发现模仿的实践，即对死去的风格的模仿。我们好像无法聚焦我们的现在，我们已经丧失了我们的历史定位。作为一个社会，我们已经无法和时间交往。

后现代主义有一个特殊的时间观念。詹明逊(F. Jameson)根据拉康的精神分裂理论解释了他的观点。拉康认为，精神分裂实际上是一种语言失序，出现在从婴儿期结束到完全进入言语和语言领域的时候。暂时性的经验，人类的时间、过去、现在、记忆、个人同一性的坚持，都是语言的结果。正因为语言有一个过去和一个将来，句子随时在动，所以我们能够拥有一种似乎对我们来说是具体的或活生生的有关时间的经验。但是，精神分裂者并不知道用哪种方法去表述语言，他或她并没有我们那种暂时连续的经验，而是生活在永恒的现在之中，他或她的过去的每时每刻都和现在毫无联系，他或她的现在没有将来。就是说，精神分裂者的经验是一种孤立的、毫无关联的经验。一方面，精神分裂者对任何已知的现实世界可能拥有比我们更热烈的经验，因为我们自己的现在始终是某些更大的包括过去和将来的计划的一部分;另一方面,精神分裂者并没有个人同一性。而且他或她什么也没做,因为有一个计划就意味着可能投身于某种超时间的连续性。总之,精神分裂者经验了一种四分五裂的时间,一系列永恒的现在。

第四节　总体或碎片

利奥塔批判了大故事。他认为,没有人能够理解在一个整体社会中什么在进行着。用现在似乎十分时尚的说法,就是不存在单个的理论话语。他强调语言游戏、时间、人类主体和社会本身的碎片,反对并拒绝总体性。他在赞扬碎片的同时,竭力反对和批判有机的统一体,并企图解散统一体。他和先锋派一样精心地从方法论上摧毁作品的完整性和自主性。

本雅明的讽喻概念有助于我们更好地理解利奥塔的碎片概念。本雅明描述了讽喻家如何从活生生的互相联系的总体性中剔除一个成分,孤立它,剥夺它的功能。因此,讽喻从根本上说就是碎片,是有机符号的对立面。讽喻家将几个孤立的碎片联结起来,因此创造了意义。这是规定的意义,不是来自诸碎片的有机联系的意义。

本雅明的讽喻概念和先锋派艺术的基本原则即蒙太奇手法有一致之处。蒙太奇手法预先假设现实的碎片,它通过打碎总体现象,吸引人们注意由现实碎片组成的事实。这个原则的最好的例子是利奥塔十分欣赏的布莱希特的戏剧。布莱希特的戏剧并不追求有机的统一性,而是由打碎的片段和并列的东西组成的,并且强迫观众进行批判的反思。

利奥塔还谈到了卢卡奇和阿多诺关于先锋派的争论,以之来支持碎片理论。卢卡奇坚持现实主义的艺术作品和有机统一性的美学规范,坚持艺术作品表现"人作为自身完美的总体"[1]的社会功能,批判先锋派作品的颓废堕落。阿多诺则抬高先锋派,认为他们的作品是非有机的,却

---

① 卢卡奇:《历史与阶级意识——关于马克思主义辩证法的研究》,杜章智、任立、燕宏远译,第211页,商务印书馆,1992。

是当代一切企图创造现实主义艺术的努力。利奥塔指出，卢卡奇采纳黑格尔的观点，认为有机统一的艺术作品，例如歌德、巴尔扎克和斯汤达的现实主义小说构成一种完美的类型，而阿多诺认为先锋派艺术是对当代世界状况的唯一可能的真实的表达，而且是对晚期资本主义社会中的异化现象的历史必然的表达。和阿多诺一样，卢卡奇也相信先锋派作品表现了资本主义社会中的异化，但是他批判资产阶级知识分子看不到促进社会发生结构转化的现实的历史力量。反之，阿多诺认为，先锋派艺术是一种激进的抗议，它拒绝和现存的一切作任何错误的调和，因此它是唯一拥有历史合法性的艺术形式。另一方面，卢卡奇承认先锋派的抗议性，但批评先锋派的抗议仍然是抽象的，没有历史视角，没有看到克服资本主义的现实力量。他批评先锋派的作品承认现实的断裂和空隙，并通过作品本身的碎片性来证明这种断裂和空隙。

但是，利奥塔认为，必须注意卢卡奇和阿多诺的一个重要相似之处。他们两位都在艺术体系内部进行争论，都没有批评作为一个体系的艺术。他们两人的争论构成了两种对立的文化理论。因此，利奥塔提出了理解先锋派艺术的两个主要传统或模式。一种模式就是坚持碎片理论的阿多诺、巴特(R. Bathe)、德里达和布雷通(A. Breton)，另一种模式就是坚持现实主义的卢卡奇等人。

第五节　利奥塔和哈贝马斯的争论

利奥塔在他的《后现代状态》一书中，一方面阐述了当代科学和技术的状况，以及技术统治和信息控制，另一方面也对哈贝马斯进行了批评。因为哈贝马斯坚持总体化的和辩证的传统，认为生命的总体已经变成了碎片，而且认知的、伦理的和政治的话语应该紧密结合在一起。哈贝马斯是捍卫现代性而反对新保守主义的后现代主义者。

利奥塔主要对哈贝马斯所坚持的黑格尔的总体性概念进行了批判。他首先指责哈贝马斯共识社团的观念。利奥塔认为，科学和知识的研究并非为了找到共识，而是为了找到不稳定性；并非为了达到一致，而是为了从结构内部达到基础。他认为，哈贝马斯的前提是，所有的说话者可以达到一致，在这种一致的基础上，规则对语言游戏是普遍有效的。在这时，显而易见，语言游戏之间是不可比较的，它服从异质的实用主义规则。他认为，共识的原则作为一个有效性的标准，是哈贝马斯炮制的、不恰当的。共识的原则是一个以解放的叙述有效性为基础的概念。利奥塔写道，我们不再求助于宏大叙事，我们可能既不求助于精神辩证法，甚至也不求助于人类解放作为后现代科学话语的证实。他认为小叙述仍然是想象力创造的最完美的形式。他说："共识成为一种陈旧的、可疑的价值，但正义却不是这样，因此应该追求一种不受共识束缚的正义观念和正义实践。"①

利奥塔深受尼采影响，他批评哲学是一种骗人的真理。他认为语言拥有超越真理的力量，而且他要发展一种关于哲学虚构的理论，一种试图劝说，而不是传统的论证观念的话语。在他的著作中，他很少谈及权力问题，而且他的观点使他走向相对主义的泥坑。

由于受尼采批判体系态度的影响，利奥塔的全部作品都存在着模棱两可的毛病。他认为，所有理论的概念化的东西，例如历史，都是强制的。在他看来，任何对历史的解释都是独断的。但他并没有区分普遍理论和独断论，认为任何普遍理论都是独断的。为什么会这样呢？罗蒂批判了利奥塔的观点。罗蒂认为，利奥塔的理论之所以枯燥乏味，就在于缺少和任何社会联系和交往的认同。像利奥塔这样的思想家害怕陷入幸运的主体的元叙事之中，他不愿意认同他所归属的文化。从政治上看，利奥塔显然是新保守主义的思想家，他剥夺了传统的自由主义社会思想所依赖的基础。利奥塔提供给我们的不是在一个社会方向上，而是在另一个方向上运动的理论理性。总之，他所思考的合理性乃是一个有限的框架，反对所谓的"理性的帝国主义"。他的思想发展使他陷入这样的境地：他现在一心想避开任何和解放的元叙事有关的东西。

---

① 利奥塔尔：《后现代状态》，车槿山译，第138页，生活·读书·新知三联书店，1997。

第二十九章　德勒兹

德勒兹(Gilles Deleuze)是法国当代后现代主义哲学家。他 1925 年出生于巴黎市 17 区,父亲是个工程师,祖籍在法国南部的普罗旺斯(Provence)。1932—1944 年他在巴黎 17 区的利希·卡诺公立中学(Richier Carnot École Publique)读完小学和中学。他后来在回忆中学时光时曾说过,“萨特就是我的全部,是我唯一的精神食粮”①。1944 年巴黎从纳粹统治下获得解放,德勒兹进入巴黎大学,1948 年毕业,并取得教师资格,成为阿米安国立中学(Amian École Publique)哲学教师。在大学里,他深受阿里基耶(Ferdinand Aliquie)、康吉南(George Canguilhem)和伊波利特等人的影响。从 1948 年到 1957 年,德勒兹差不多当了十年中学教员。这是他养精蓄锐、积累学问的十年。1957 年他受聘于巴黎第一大学,主讲哲学史,到 1960 年结束。1960—1964 年在国立学术研究中心做研究员,这期间发表了《尼采和哲学》等著作。1964—1969 年任教于里昂大学。1969 年到 1987 年退休前,一直在巴黎第八大学任哲学教授。1987 年退休后仍然笔耕不辍,发表了许多重要作品。1995 年 11 月 4 日,由于不堪忍受疾病之苦,从巴黎 17 区自己家窗口跳楼自杀。

① 德勒兹、帕内特:《对话集》,第 9 页,纽约,哥伦比亚大学出版社,1987。

德勒兹著作丰富,涉及哲学的各个领域,尤以哲学史见长。他的哲学思想所产生的巨大影响主要表现在电影理论、政治理论和女性理论这三个领域。他的主要论著有:《经验论和主体性》(*Empirisme et subjectivité*, 1953),《柏格森的差异概念》("La conception de la différence Chez Bergson", 1956),《尼采与哲学》(*Nietzsche et la philosophie*, 1962),《柏格森主义》(*Les Bergsonisme*, 1966),《差异和重复》(*Différence et répétition*, 1968),《斯宾诺莎与表现问题》(*Spinoza et le problème de l'expression*, 1968),《意义的逻辑》(*Logique du sens*, 1969),《普鲁斯特与符号》(*Proust et les signes*, 1970),《资本主义与精神分裂》第1卷《反俄狄浦斯》(*L'Anti-Oedipe*, 1972)、第2卷《千高原》(*Mille plateaux*, 1980)、第3卷《根茎》(*Rhizome*, 1976)(这三部作品是与加塔利合著的),《电影1》(*Cinéma Ⅰ*, 1983),《电影2》(*Cinéma Ⅱ*, 1985),《哲学是什么?》(*Qu'est-ce que la philosophie?*, 1991,与加塔利合著),等等。

第一节　思想的力量:哲学、艺术和科学

德勒兹和加塔利在合著的《哲学是什么?》中为了阐明思想的力量,首先把哲学和艺术与科学区分开来。他们认为:"哲学是一种力量,不是各种文本的集合,而是通过创造各种问题向思想提出永恒的挑战。虽然哲学是一种力量,但它也可能遭遇其他的力量。科学和艺术中的事件将需要和诱发哲学中的新问题。"①德勒兹坚持认为,在探讨非功利知识的过程中,哲学、艺术和科学都不是纯学术的追求。相反,一切思想都是一种艺术和生命事件。而且他认为,思想的三个主要模式——哲学、艺术和科学乃是改变生命的力量。我们不能通过目录文献和哲学文本,以及某些各自的特征来区分哲学、艺术和科学,而应该通过观察它们做什么

① 德勒兹、加塔利:《哲学是什么?》,第8页,伦敦,1994。

来区分它们。哲学、艺术和科学乃是生命的探索力量的不同组成成分，而生命是处在一个不停生成的过程中的，并非我们先有一个世界和生命，然后哲学家或者作家去描述或者解释它。事实是，每种艺术、科学或哲学行动本身就是生命的一个事件和变形，每种变形都以它自己独特或非凡的方式改变着生命。

德勒兹认为，柏拉图为了建立高于和超越这个世界的哲学真理可以使用文学隐喻；而科学家为了使我们生活于其中的这个世界运作起来和可以管理，同样可以使用假设和叙述；艺术和表象、概念或判断无关，艺术作为一种思想力与其说是认知的和理智的，不如说是情感的。我们应该理解这些区别，以便把思想推进到它的极限和避免常识的乏味观念。如果我们认为思想采取一种同质的形式，那么我们就陷入了毫无疑问的意见之中，把一切科学归结为故事，一切哲学只是发现事实，我们决不会真的发现我们的思想能做什么。如果我们能创造哲学、艺术和科学，那么这说明思想是创造性的。如果我们理解和推动这种力量，那么我们就会高扬我们的创造性、我们的生命和我们的未来。

为了理解德勒兹作为一位哲学家提供给我们的思想，我们首先必须在哲学和文学及科学的关系中理解理性。他的思想绝对是哲学的，但他承认文学的创造性和科学的观察会印证和加深哲学的真理，即生命的普遍力量。哲学正是这种创造普遍的生命概念的力量，把形式赋予生命的混沌。因此，任何真正的哲学思想都会促进对生命整体的思考，而哲学必定会遭遇艺术和科学而继续思考超越艺术和科学的世界。科学描绘的只是实在的世界，例如我们观察到的事实、事件，而哲学有力量去理解活生生的世界，它不是那个自在的世界，而是超越任何特殊观察或经验的世界，即生命的真正可能性。德勒兹认为："哲学用来思考生命整体的这种力量的概念就是差异。生命就是差异，就是进行不同的思考，变成不同的和创造差异的力量。"①哲学思考这种差异的能力，以一种更快乐

① 德勒兹、加塔利：《哲学是什么？》，第 17 页，伦敦，1994。

和肯定的方式帮助我们实践我们的生活。哲学承认生命的变形，它是一种力量而不是一门学科。相似的，艺术也以它自己不同的方法遭遇了差异。但是，艺术不是通过生产差异概念，而是通过表现和制造差异而遭遇差异，例如一本小说中的不同文字或一部交响乐中的不同声音。如果我们想知道艺术、科学或哲学是什么，那么我们可以问它怎样为生命服务。

德勒兹认为，哲学恰恰不是哲学家所作的某些东西，哲学是所有思想的一种趋势。常识和日常平庸的普遍化的东西正是坏的哲学，因为这种坏的哲学已经构成了一个普遍的概念。如果我们追问“哲学是为什么的”，那么德勒兹会说：“哲学不会使我们更聪明，也不会解决问题或者剔除我们论证中的逻辑错误。我们从事哲学研究，不是因为它将清扫我们生活中的其他领域，而是因为它是生命自身权利的一个方面。我们从事哲学研究，是因为我们能够从事哲学研究，而且如果我们能够从事哲学，那么我们就应该从事哲学。”①为什么呢？德勒兹认为，生命一般的是一个创造性地使它的潜能最大化的过程，而哲学会指导生命增强它的力量，会使思想发挥它的无限的潜能。哲学是一种普遍的力量，但是哲学的这种普遍化的力量只是一种创造概念的力量。总之，哲学表现了生命创造概念的力量，而艺术则表现了生命创造感觉和情感的力量，科学则表现了生命创造官能的力量。

德勒兹认为，哲学创造概念，但是哲学的概念和日常语言概念毫无关系，正如艺术和电影中的定义与普通经验相对立一样。哲学作为一种相当不时尚的高级文化，完全不同于日常生活和大众文化，我们日常使用的概念遵循的是表象和意见的模式，而哲学使用的概念不遵循意见和日常的用法，它是创造的而不是表现的。哲学概念反对通过扩大差异进行归纳和普遍化，它创造新的思想方式。德勒兹认为，哲学的概念不能标注或系统化现实，因为现实本来就是没有秩序的或固定的存在，而概

---

① 德勒兹、加塔利：《哲学是什么？》，第 39 页，伦敦，1994。

念为现实创造这种秩序。因此，哲学概念是能动的，哲学概念创造新问题和新的感性环境。它使思想超越已知的现实，重新定位我们的思想。正因为我们已经以某种方法在一个新的感性环境中定位了我们自己，所以差别的真实体系才可能呈现出来。哲学提出问题就是创造了新概念。德勒兹创造了许多概念，他的"单一性"概念就企图思考所有这些我们没有注意的认知或概念化的差别。

如果说哲学使语言抛弃了简单的定义和固定的意见而创造概念和提出问题，那么，艺术则创造了情感和感觉。情感和感觉乃是艺术的结果，它为非功利思想提供可能性。正如艺术创造了非个人的情感和感觉，科学创造了非个人的官能那样，哲学创造了非个人的概念。科学、艺术和哲学乃是思想的三种力量。科学确定世界成为可以观察的事件；哲学创造概念，这些概念并非标注或表现世界，它生产新的思想方法和对问题作出反应；艺术则创造情感和感觉。虽然情感和感觉被定位在特殊个人心中，但是情感和感觉是一种摆脱了功利或官能主体的知觉或想象。这三种力量有一种并不一致或分歧的关系。我们不可能把我们从科学和哲学中所知道的以及从艺术中所感觉到的一切同某些关于世界的统一画面等同起来。相反，如果我们表达了思想中每种趋向的真正力量，那我们就会实现我们生活世界的真正差别。"而生活世界中的生命是一个时间或生成的流动或绵延，一个互动或感觉的整体，作为一个整体，生命包容这三种力量——科学、艺术和哲学。"①哲学和艺术的互动创造了差别，而不是一致和常识。哲学所做的就是创造新概念，而艺术则创造新经验。但是，两者可以相互转化。哲学的新概念可以刺激艺术重新创造经验的新疆界，而艺术的新经验挑战哲学重新思考时间和形象之间的关系。哲学和艺术的差别和相互转化乃是思想的永恒主题。

---

① 德勒兹、加塔利：《哲学是什么?》，第 79 页，伦敦，1994。

第二节 机器、时间和生命

德勒兹使用“机器”这个概念来重新思考伦理学。他用“机器”描述一种内在的生产,不是通过某人的某物的生产,而是为了自身的生产,一种无根的时间和生成。同时他用“机器”的概念思考时间的激进而开放的本性,并构造了一种伦理学的新模式。而非地域化(déterritorialisation)的观念则直接和“机器”的概念相关,因为一部机器没有主体性或机体中心,它只不过与其产品相关,它就是它所做的,没有家或者根,是一个不断非地域化的过程。

在《反俄狄浦斯》和《千高原》中,德勒兹认为:“机器并非一个隐喻,而是说,从字面意义看,生命就是一部机器。”[①]这是德勒兹伦理学的主要观点。一个有机体就是一个有同一性和目的的有限整体,一个机械体就是一个有特殊功能的机器。但是,一部机器只是它的关系,它不是任何东西造的,它不为任何东西,而且没有排他的同一性。我们可以用自行车和人的关系说明这点。自行车显然没有目的或者意向,它只有在和另一个“机器”,例如人体联系起来时才会工作。而这两个机器的产品只有通过它们的联系才会取得。在和机器联系时,人体变成了自行车,自行车变成了一个工具。但是,我们可以想象不同的关系产生不同的机器。自行车摆在展览馆就成为一个艺术品,当人体拿着一个画笔时就成了一个艺术家。我们所有的封闭的机器,例如包括机器体的人体,是完全有自动功能的钟表机械体,它们的形象都是机器的作用和假象。所有的生命只是就它和某些其他机器相关时才有意义,在它的关系之外不存在现在的生命。我们只有表象、形象或思想,因为这里已经存在与机器的关系:眼睛和光有关,脑和概念有关,嘴和语言有关。生命并不是一个特权的点,生命就是和心灵或者脑有关系的机器的一种增殖。德勒兹使生命

① 德勒兹、加塔利:《反俄狄浦斯》,第 201 页,明尼阿波利斯,明尼苏达大学出版社,1983。

摆脱了有机论的或者基础论的模式,使感情摆脱了存在。生命是感情互动,是遭遇机器或者纯粹机器的关系和产品的一个能动集合。生命是由区别于存在的感情组成的,而身体是通过时间、通过生成产生的,于是就有了感情的历史和政治。艺术和哲学并不表现现成的世界,它们是制造关系或者生成的"欲望机器"。

"生命是一种时间之流或绵延,而时间是一个差异的生成的过程,这个过程不断产生新的事件。我们可以通过机器的概念思考这个过程。同时,生命也是一个没有根据、目的或者单一意向的诸关系和增殖的过程。"①我们通过机器和关系的增殖去思考事件。一个事件并不固定在时间之内,它是时间的新方向的一个创造物。但是,我们常常试图通过把一个事件,例如把人的生命作为一切时间和事件的起源来使时间同质化,并因此获得根据。如果我们承认任何一事件都起根据的作用,那么我们已经使时间的能动力量服从它的一个结果。这是一种保守主义的错误,因为这会压制生命的力量,使生命毫无作为,失去了未来。因此,对于生命来说,唯一真正的重复乃是差异的重复,永恒地重新肯定生命的创造性的差异。如果哲学和艺术要成为一种永恒的力量,那么唯一的条件是它们要向差异和每一个新的思想行动提出挑战。哲学和艺术承诺通过机器实现绝对的非地域化,这并非承诺要摆脱这种或那种教条或形象,而是承诺形象的自由流动和无限的创造性。"机器、时间和生命既体现了差别,又再现了重复。资本主义正是通过机器产生的一个历史时期,使人变成了欲望机器。它无处不在,时而不知疲倦,时而停歇。它呼吸、发热、吃喝拉撒、性交。它就是这个'本我',在任何地方它都是不折不扣的机器:机器的机器,齿轮交错、机关重重。每个人都是他自身机器的组装者。"②"欲望机器"的概念既包含着对欲望的理解,也包含着对机器的重新理解。

① 德勒兹、加塔利:《反俄狄浦斯》,第 201 页,明尼阿波利斯,明尼苏达大学出版社,1983。
② 同上书,第 7 页。

第三节 先验经验主义

德勒兹认为,他的哲学是一种先验经验主义,但是,“这种先验经验主义并不是一种理论,而是一种挑战”①。他试图思考作为生成而不是存在的生命。因此,先验经验主义使用经验主义这个概念思考一种在自身之外没有根据的经验、生命或生成。经验主义就是信奉内在性,我们用以解释经验的任何观念本身就是经验内部的一个事件。这里的危险是我们把这种经验定位为属于某些平面的、内在的东西。我们试图规定的经验是人的经验、意识或者文化。我们认为经验是呈现给我们的东西,实在的东西。但是,内在性的原则要求我们不要把经验看成是关于某些存在或某些绝对主体的经验。相反,存在着经验的流动或者多样性,任何存在或者观念都受其影响。因此,德勒兹从质上规定他的经验主义是一种“彻底的经验主义”,一种“超级经验主义”,一种“先验经验主义”。

经验主义源远流长,可以追溯到 18 世纪的苏格兰哲学家休谟。休谟认为,观念乃是经验之果。但是,经验曾经被认为是意识的经验,某些经验着的存在的经验。相比之下,先验经验主义强调,没有根据的主体或经验着的存在恰恰是经验。德勒兹认为,宇宙就是一个平面或者横切生命之流的“平面层”。这一切都是由差异推动的。推动前生命之流进入生命产品的光和热,由于病毒突变而发生遗传链条的变异,跟着太阳转的向日葵,或者只有在交叉施肥时才开放的兰花,这一切都是感觉或者经验的形成。先验经验主义使思想摆脱任何绝对形而上学的基础,远离某些实在的根据,生命就是一种实在的多样性,不是东西和动因,而是沉思和收缩、事件和反应。

这就是说,并不存在一个由独特的人的心灵在形象中表现的实在世界。“生命正是这种形象的实际互动:每个生命之流都在对它不是的东

① 柯利布洛克:《吉尔·德勒兹》,第 69 页,伦敦,劳特利奇出版社,2002。

西作反应时变成他者。”①希望超出了事实，但也生产了一个新的事实。形象既不是现实也不是事实，而是使现实性摆脱事实的间隙。植物与太阳有关，因为这是考虑到光合作用的生成，所有植物都只不过是这种生成。存在诸形象，是因为事物本身就是形象。而形象并不在我们脑中，脑只是其中一个形象。形象不断地作用和反作用、产生和消失。在形象、事物和运动之间完全没有差异，这种否定形象和生成藏在一个特殊的形象（例如脑）里，经验属于一个观察者或主体的观点使经验成为先验的。它承认经验起着一个先验原则的作用，这个原则并不把自己设置在已知东西之外。超验是思想的错误或者它的基本幻想，这里，我们是把某些已经知道的东西作为我们论证根据的条件。另一方面，一种先验的探索就是要问已知条件是如何产生的，它引导我们进入而不是离开经验。这种探索是先验的，就是说所有的生命都从主体性开始，因为在这种情况下，我们已经预先假设了主体。它是先验的，是证明主体作为一种结果是如何被生产出来的；存在着诸经验，它们和身体的形式形象相关。这里有先验主体的幻想，这个主体是一个平面，经验就在其内部发生。

因此，一种先验的探讨可能等于对所有这些观念和形象进行解构，它们产生于经验而返回来压制经验。如果我们开始感到一种趋向人的责任，一种发现我们自身的迫切要求，或者一个实现人性观念的绝对命令，那么，我们就已经从经验中得到了一种形象，并且用它给经验立法。先验主义作为一种哲学方法已经有了直接的政治含义，如果我们不能从任何先验的术语开始，那么，正义、民主、法律和人性都不可能成为政治论述的根据。这似乎给我们这样的印象，德勒兹的先验经验主义所能做的一切只是毁灭虚幻的观念。但是，德勒兹的先验方法有积极方面，它为意识形态提供了可供选择的研究方法。

德勒兹的哲学是一种先验经验主义，但这种方法恰恰不是哲学内部

① 德勒兹、加塔利：《哲学是什么？》，第212页，伦敦，1994。

的一种方法。它的根据是向生命挑战。如果我们承认一切生命都是一种生成和互动的流动,那哲学将必然是一种对经验的支持,哲学将是经验主义的。经验不能以人、主体、文化或语言为根据。恰好存在一种经验的内在之流,特殊的存在。西方哲学已经把某些存在作为一切经验的根据,这就是先验的幻象。德勒兹的方法反对这种教条,试图超越固定的形象而更好地去思考经验。这是一个伦理的和实践的任务,它将使我们摆脱常识和人类理性道德形象的限制,允许我们走向未来。思考经验主义的一种方法是把生命看成是互动的身体的一种流动和联系,或者"欲望机器"。这些联系形成规则,于是它们可以通过"社会机器"被组织起来。"哲学和艺术的任务就是创造概念和实在"①,这就是指出道路和在这条路上的身体形象。观念或者集合物似乎都是先验的,但是,实际上它们都产生于生活之流。

第四节　欲望、意识形态和模拟

德勒兹认为,他的哲学就是针对匮乏和否定而建立起来的。对他来说,欲望也是积极的和生产的。欲望并不从匮乏开始,即追求我们没有的东西。欲望从关系开始,生命追求保护和提高自己,而且是通过联系其他欲望这么做的。这些联系和产品最终构成社会整体。当躯体为了提高他们的力量和其他躯体联系时,他们最终构成了社团或社会。因此,权力并不压制欲望而是扩张欲望。"欲望并不缺乏任何东西,但是,欲望缺乏一个固定的主体。相反,在机器那里,欲望和欲望对象是一回事,作为机器的机器。欲望建立了一架机器,正如它建立了与它连在一起的机器。"②

德勒兹反对认为社会整体是通过意识形态构成的观点,他认为社会整体是积极的和生产的。为了生产利益,社会整体需要欲望,或者需要

① 德勒兹、加塔利:《哲学是什么?》,第 33 页,伦敦,1994。

② 德勒兹、加塔利:《反俄狄浦斯》,第 36 页,法兰克福,1974。

提高生命的联系，即欲望的集体的和组织起来的形式。德勒兹认为，通常解释社会力量的问题都从利益开始，即假定我们进入了拥有现成的观念或者追求某种特殊目的的欲望的世界。他的方法的任务就是解释利益和观念，例如人文主义、个人主义、资本主义或共产主义是如何从欲望，即诸躯体的具体的和特殊的联系中产生出来的。

意识形态的概念有许多复杂的形式，它通常解释了诸个体是如何反对他们的利益的。因此，意识形态被认为是一种遮蔽压迫的想象维度的产物。这可能采取明显的宣传形式，比如，我们被告知剥削我们的市场力量乃是人的自由的唯一手段。因此，意识形态是一种解释经济或物质剥削如何被形象遮蔽的方法。德勒兹的先验方法是一种完全不同于意识形态的批评形式。意识形态必然假定存在被隐蔽的真正利益，比如，妇女要得到解放，却被意识形态所愚弄。意识形态还必然假定某些个人的规范形式，比如，个人等待摆脱文化强加的假象。根据先验的观点，我们不能假定真实的利益，也不能假定某些前社会的和基本的个人，我们可以发现这些个人立足的力量和想象。先验方法的第一步就是证明个人和利益如何产生于欲望的混沌之流。它从不假定术语，例如“人”或“人的利益”，只证明这些术语的历史组成。这就是说，它反对意识形态的观点，因为欲望并没有受到政治的压制，甚至被译成了代码。当欲望被译成神圣的资产阶级婚姻时，它变成了一种利益。政治结构或者“社会机器”产生于来自欲望的利益。一组躯体联系起来扩大他们的力量，这就是欲望。同一组躯体构成一种他们自己的形象作为人的生命的根据，这就是利益。正是通过这个特殊投入的过程，一帮躯体的集体可以译成一种普遍利益。

意识形态的政治学理论在认知水平上活动，而且假定我们受到权力的欺骗或误导。一旦剥去权力和形象，我们就会获得存在。而先验的方法拒绝设置一个权力和形象之外的存在。欲望本身就是权力，一种生成和生产形象的权力。欲望有权力生产并奴役它的形象：一个服从他的社会责任的道德人的形象。德勒兹的政治批评不从压制欲望的权力开始，而是从生产奴役的欲望开始。

我们经常谈论今天的世界是一个后现代的世界,因为它已经失去了和现实世界的一切关系,而且被复制的形象所统治。后现代世界已经受制于电视、广告、克隆、商标名称的无意义的重复以及计算机模拟。我们或者庆祝,或者悲叹这个世界。这就是为什么鲍德里亚把后现代文化描绘为一个"模拟(Simulacra)"社会。关于模拟概念,人们常常提到一个文学例子,就是德里罗(Don DeLilo)的伟大的后现代小说《白噪音》(*White Noise*, 1985)中所描绘的美国最上镜的谷仓。这个谷仓已经成了一个旅游胜地,因为它已经被多次拍照。因此,被拍照的东西或者旅游者要去看的东西不是谷仓,而是通过反复模拟谷仓已经变成的东西。谷仓是一种模拟,正因为它没有起源,你可以只拍最上镜的美国谷仓。在它已经被拍照之后,想象和模拟的过程先于而且产生于谷仓所是的东西。谷仓成为可以拍照的,只是通过拍照的过程。鲍德里亚认为这是可悲的。我们已经丧失了和真的谷仓的一切关系,即谷仓在农场生活和乡下文化中的位置。德勒兹认为,现实始终是实际的和事实的。首先,任何"实际的"存在已经是一种形象。例如,设想第一个谷仓可能已经根据某些观念或者一个谷仓的形象被建立起来了。一个实际的东西只是根据事实的可能性才被生产出来的,为了修建、认识和感觉一个实际的谷仓,必须拥有关于一个谷仓的某些一般形象。其次,我们的"现实的"世界是实际的和事实的。实际的世界并不正好是事实的潜能的结果,每个实际的东西都坚持它自己事实上的力量。某物实际上的事实也是它的力量变的。例如,谷仓可以变成一个旅游胜地、一张照片或任何其他的可能性。我们常认为我们有一个先于模拟的实际的世界,但是,德勒兹认为存在一个模拟的"原初"过程,存在的或然物来自复制、折叠、想象和模拟的过程。每件艺术品或者每个人都是一个模拟:借助基因复制和重复,艺术品并非由于现存的世界而成为单个的,而是通过形象改变它而成为单个的。

我们决看不到模拟的现实或者力量;我们看到被创造的存在,而看不到它们实际作用的生成过程。我们看到来自已经知道的艺术品的创造性,但这并不会妨碍我们想象将来的作品。我们根据已经构成的有机体研究遗传学,但这并不会阻止我们发现遗传学变异和创生的潜能。由于生成的实际力量,我们有从艺术品到有机体的现实存在,而一个现实的存在也是一个实际的维度。一个植物并不只是它的物质,也是对光和水的一种需要和期望。因此,德勒兹反对把世界划分为一种实际的现实和它的非现实事实的复制,他为一个模拟的世界辩护。不存在一种原型的生活,这种生活变化着,或者以不同的版本被复制。生命的每一事件都已经面目全非,不是原型,而是一种模拟。模拟产生一种原型的结果,产生新的自我和拥有某种特性的原型。

我们经常抱怨我们今天生活在一个模拟的世界里,所有的事件都作为传媒事件而开始,却没有实质东西。传媒把一切都归结为与现实无关的表面形象。德勒兹的模拟观不仅怀旧,这种怀旧可能想回到一个更真实的生命时代,而且拒绝这样的观念:我们现在生活在一个没有真正原因的纯粹形象的后现代世界里。他认为,模拟或形象是真实的,而生命已经是模拟,一种生产、创造生成和差异的力量。我们的只是表现或构造世界的观念似乎设置了某些已经失去或者达不到的真实世界。我们或者悲叹,或者庆祝已经失真的后现代世界,但悲叹或庆祝都不把模拟视为真的,而是视它为一种纯粹的复制。但是,模拟既不是最近的事件,也不是单纯的文化事件。模拟并没有丧失或者放弃真实,它就是真的,一种真实的新的表现,这就是模拟的伦理学。肯定没有根据的变异,肯定在自身之外没有目的或原因的差异的重复,这就是德勒兹的模拟。

第五节 差异和重复,块茎和游牧

德勒兹描述了两种思想方法——差异和重复。他说,我们所关注的主题是多样性、差异和重复,铲除形而上学,宣判哲学之死,摒弃整体,甚至主体。就表现模式而言,我们可以设想一个表现重复含义的词,即同一,尽管同一和重复还是有小小的差异。这给我们一个表现概念的模式,一个概念能使我们忽视差异而把一类东西看成是同一的。就此而言,重复的艺术或文学可能就是尽可能可信地复制某些东西,力图追随模式或原型。德勒兹认为,就差异和重复的模式而言,一个重复的词可能显得是同一的,但是,它不是产生重复甚至差异的同一性。一个词的每次重复始终是这个词的一个有差异的开端改变了这个词的历史和内容。更广义地来说,想象如果我们真的重复法国大革命,如果我们穿上18世纪的服装,建造一座模拟的巴士底监狱,那我们只能重复表面的形式,因为毕竟不会有同样的革命发生。但是,如果我们把握了革命的力量,而且要发动一场有差异的法国革命,那么我们可能会得到某种完全不同的、无法预料的东西,因为第一个事件是不可预见的。真正的历史是时代错误。真正的重复使差异最大化。差异反映自身,重复并复制自身。①

差异和重复的观念区别了主流文学和非主流文学、经验的和先验的。非主流文学为了创造将来而重复过去和现在。它是一种先验的重复,因为它重复的是产生文本差异的隐蔽的力量,而不是已知的文本自身。非主流文学所重复的已经不是它自己的表述,它已经没有归属感。非主流文学为了揭示表述的特殊风格,重复着传统的表述和规则。德勒兹认为,风格并非某种装饰表述和内容的东西,表述、意义或文本都和它的风格有关。主流文学则表现自己是独立于文本的规则和意义的可靠描述。相比之下,非主流文学并不重复一种表述或者模式,而是重复产生原型的差异的力量。因此,重复一部文学作品并不是复制那部作品,而是重复产生那部作品的差异的力量。这是一种先验的差异和重复,即对差异现实和隐蔽力量的重复,而不是对已有经验形式的平庸重复。非主流文学重复一种表述,不是为了坚持传统,而是要改变传统。因此,非主流文学作为真正的文学,乃是德勒兹的永恒轮回概念的一个例证。唯

① 参见德勒兹《尼采与哲学》,周颖、刘玉宇译,第287页,社会科学文献出版社,2001。

一被重复或轮回的东西就是差异，生命没有两个因素是同一的。由于时间的流逝，任何重复的事件必然是不同的。生命的力量就是差异和重复，或者是差异的永恒轮回。生命的每一事件都改变了生命的整体，而这的确是屡次发生的。因此，永恒性永远不同于自身，永远向生成开放，永不停止；差异不是时间内部的一种力量，它是时间本身的力量，是永恒的或者无时间的。唯一永恒的乃是差异和时间本身永远是不同的。差异是不断产生新形式的力量。

德勒兹认为，差异不再屈从于辩证法所推崇的同一性，也不会被扬弃。重复则与差异相对应，重复不是指同一事物的回归，而是经历变化后，以其他形态重新出现。差异和重复十分契合德里达的"延异"，以及"重复即差异"的口号。因此，多样性、差异和重复这些时尚的词要做的就是铲除哲学中的形而上学，宣判哲学的死亡，摒弃整体，甚至主体，要求解构意义的统一性，强调单一性的原创性事件。单一性的"事件"超越了符号象征，单一性就其本质而言是先于个体的、非人格的、不可理解的，是中性的。因此，没有主体的同一性，没有意义的统一性。我们回到了"前主体"和"前语义"的局面，无意识获得了宇宙的维度。德勒兹按照"块茎"的范式来解释宇宙。他说："只有地下的须根、蔓生植物、野生植物和根茎才是美丽、正直和可爱的。"①在植物学里，人们把某些植物的密密麻麻的地下根称为"块茎"或者"根茎"。例如，冰草和铃兰的根就蔓延向四面八方，形成交错缠绕的乱糟糟的网，网中同样生出小根、藤蔓。块茎的生长是从一个具有生产性的中心蔓延出去，无始无终，漫无目的地到处伸展开去。块茎经历着自身形态的变化，老化的部分萎缩死掉。马铃薯和姜也是一种块茎。德勒兹认为，世界就像块茎那样，所反映的不是静止不动，而是一个生生不息的过程，一个变动的存在。事物、人和整个现实世界川流不息，真正是逝者如斯，不舍昼夜。

"块茎"的形象抨击了哲学传统中的中心主义模式，批判了"起源"

---

① 德勒兹、加塔利：《千高原》，第 27 页，明尼阿波利斯，明尼苏达大学出版社，1992。

"原则"和"主体"等范畴。它非地域化,是精神的分裂。"块茎"形象的目的就是要铲除传统哲学的"树状"思维,消解二元对立的逻辑,使事物多元化,产生差异和多样性,以建立新的联系。"块茎"范式是"游牧"范式的一种形式,它们都是差异和重复范式的一种延伸和形象化。游牧范式和城邦范式相对立。城邦范式代表总体性、控制和征服,代表封闭、否定、无差异和同一性,自柏拉图以来的形而上学就是城邦范式的典范。相反,游牧范式代表单一性、自由放任、反叛,代表开放、多样性、差异和重复,它是创造性和生成,是反传统和反因袭的象征。城邦范式的形而上学同一性哲学就像被分割成无数条块的平原,沟壑纵横,河道交错。人们住在这种平原上,老死不相往来,过着封闭单调的生活。而游牧范式则好比一望无际、坦坦荡荡的高原,人们可以自由迁徙,过着无拘无束、四处流动的游牧生活。这种游牧生活积极向上,崇尚多样性、差异性和重复,反对同一性和一致性,信奉自由放任、发散和无中心,而不是体系和规则。只有流浪的游牧者才是创造者。

第三十章　拉　康

拉康(Jacques Lacan)1901年出生于巴黎一个富有的资产阶级家庭。1916年进入著名的斯坦尼斯拉斯教会中学读书,他对哲学感兴趣,并信奉无神论。1919年进入巴黎大学学习医学和哲学。1927年起在巴黎精神病医院工作。1932年以论文《论精神偏执狂与人格结构的关系》("On Relation of psychosis and personality construction")获医学博士学位。1933年发表论文《论精神偏执狂》("On psychosis"),引起超现实主义者的关注。1934年拉康参加了巴黎精神分析协会,并成为一名积极的成员。1936年在第14届国际精神分析协会年会上发表了他论"镜像阶段"的论文。第二次世界大战期间,拉康在一家军队医院工作。1951年开始写作关于想象、象征和实在的论文。1953年,与其追随者退出巴黎精神分析协会,加入法国精神分析协会。同年发表重要论文《语言在精神分析中的作用》("The Role of language in psychoanalysis"),这篇论文使精神分析理论成为一门与结构人类学和数学密切相关的关于语言的科学。1963年,他因其非正统的精神分析实践和教学方法而被国际精神分析学会开除。为了表示对国际精神分析学会的抗议,拉康1964年4月21日创立了他自己的学派——巴黎弗洛伊德学派。1966年11月出版了他的第一部著作《文集》(*Ecrits*),引起广泛注意。1980年2月5日,拉康突然宣布解散巴黎弗洛伊德学派,引起传媒大哗。1981 年 9 月 9 日,病逝于巴黎。

第一节 对弗洛伊德的重读

拉康主张,要想真正理解弗洛伊德的学说,必须“重读”弗洛伊德,而且这种重读必须和主体人以及他在社会中的地位,尤其是和语言的关系问题联系起来。他还强调,必须根据结构主义和后结构主义关于“话语(discourse)”的理论来重新解释弗洛伊德。他订正了人们对弗洛伊德著作的理解,并对弗洛伊德的重读创造了一种新的精神分析观点。拉康的精神分析观塑造了一种关于个人和社会的理论,一种社会批判的新形式。

拉康从弗洛伊德的理论出发,批判地运用个体生态学、心理学、哲学、语言学、逻辑和数学的成果,建立了他自己的认识论体系。他使精神分析理论和其他学科以及新的思想领域密切结合起来。比如,他运用索绪尔的结构主义语言学修改了弗洛伊德的无意识理论,从而使人们认识到语言在精神分析的理论和实践中的作用。

拉康认为,弗洛伊德过分强调人的生物学方面是不适当的。他认为应该注重文化而不是自然本能的力量对人的精神的决定作用,也就是说,应该注重人的人类学和社会学的而不是生物学的特性对精神的决定作用。他指出,弗洛伊德晚年强调无意识是人的基本本能或生物需要,而他认为,弗洛伊德早年的《梦的解析》等三篇作品所阐述的关于语言和无意识的观点更为正确。拉康特别注重语言和无意识的关系。但是,他所谓的语言并不是普通所说的那种语言,他认为:“语言并不仅仅是说话的人,而且是在人中并通过人说出自己的那种东西。”①

通过对弗洛伊德的重新解释,拉康探讨了无意识和社会的关系。他

① 拉康:《文集》,阿兰·谢里丹英译,第 294 页,伦敦,1977。

认为:“无意识并不是我们内心深处的一个私人领地,而是我们和他人之间关系的一种后果。无意识存在于我们‘之间’。无意识包围着我们,而且就像语言那样迂回曲折地穿过我们。”①事实上,拉康认为,无意识就像是语言的特殊结果,但是,这种语言决不是某种内在于我们个人控制之下的东西。

拉康同时重视语言和欲望的作用。他认为,儿童一旦拥有了语言能力,那么他或她的心理结构就会发生质的变化,就是说,他或她成为一个主体。然而,我们不可能用语言完全表达我们所欲求的,在我们所说的和我们所意指的东西之间始终存在一个鸿沟。“语言和欲望相关。欲望是一种基本的需要,是存在中的一个洞。”②主体的欲望存在于永恒的运动中,而它永远不会得到满足。这里,拉康试图把我们那种无能为力的感觉转变成对于逻辑的不可能性的认识。

拉康和弗洛伊德一样,强调精神分析是关于人的性欲和无意识的学说。但是,他认为,性欲决不等于生殖,也决不是生物欲望的简单表达。性欲始终是心理性欲,一种有意识和无意识的人类幻觉的体系,和那种产生超越生理需要的快乐活动纠缠在一起。心理性欲来自各种源泉,以各种方式寻求满足,为了达到快乐的目的而不择手段。和其他心理学家相比,拉康重视无意识。他坚持无意识有其自己的规律。无意识的形象并不像逻辑的意识那样互相连续,而是互相断裂或为其他形象所取代。由于它是无意识,直接进入它是不可能的,但是,它在梦、失语和笑话中表现得十分明显。

拉康认为,性欲和无意识是事先已知的事实,它们是构成的,拥有类似于语言的结构。人类主体同样是通过语言构成的。无意识和语言一样并不来自个人内心,它始终来自外在世界。人诞生于语言之中而且始终生存于语言之中。无意识不是被压抑的本能的秘密王国,而是言语的

---

① 拉康:《文集》,阿兰・谢里丹英译,第 321 页,伦敦,1977。

② 同上书,第 141 页。

源泉。因为言语不是一个说话的主体的表达,而是显示一种无意识的东西,无意识构成主体,这个主体在主体际性中或与其他主体的相互协调中得到实现。

第二节　语言的功能

一般来说,语言被认为是一种主体所自觉掌握的交往工具,主体在说话时完全认识到他们正在做什么。而拉康的语言观将说话主体的失控(the lack of mastery),即失语、笑话作为研究的重要方面。根据这种语言观,主体是在一个使小动物变成人类儿童的过程中形成的。主体是由语言构成的,而且通过语言而占有世界。拉康说,用弗洛伊德的话来说,人只不过是一个被语言抓住而且被歪曲的主体。

1953年,拉康发表了一篇题为《言语和语言的功能和范围》("The function and field of speech and language")的论文。他在文中指出:"精神分析乃是一种关于说话的主体的理论。人类主体是由语言决定的。语言有一种契约性要求:两个主体为了命名同一个对象,他们必须互相承认,就像承认同一个对象一样,因此他们必须放弃占有对象的斗争。言语始终是主体相互之间的契约。言语并不单单是信息的传送者,它在说者和听者之间建立了一种关系。"①

拉康首先借用了索绪尔的符号概念。索绪尔论述说,存在着能指和所指,前者是一个发声的形象,后者是一个概念。在符号中,一个能指和所指既冲突又结合,它们的关系是一种任意的关系。但是,这种关系一旦发生,符号就成为固定的。符号的组成部分是互相对称和互相依赖的思维。拉康对能指和所指之间的对称和平衡提出了疑问,他把索绪尔的规则加以颠倒。他认为能指和所指的关系不是对称和平衡的,能指高于所指,所指低于能指。

---

① 拉康:《文集》,阿兰·谢里丹英译,第34页,伦敦,1977。

索绪尔认为,字词就是把能指和所指结合在一起的符号。但拉康认为,能指和符号相对立,能指有一种能动的、开拓的高于所指的力量。当然,拉康采自结构主义的一个最重要的观念是能指和所指的“任意的”关系。这种任意性必定是这样的:从能指到所指、从语言到意义、从人类行为到其心理可以产生非自然的、自动的、自明的转变。拉康认为,能指和所指之间的分界线乃是“字义”的屏障。

拉康认为,列维纳斯的基本论题是:婚姻和语言一样都是由血缘关系决定的,对于所有社会集团都是绝对的,而其结构是无意识的。统治这种结构的规则就是语言的规则。拉康正是在这个基础上精心制造了他的象征理论。他认为在象征界,儿童通过获得语言并放弃与其母亲性交的乱伦欲望,而必定被引入文化领域。

拉康认为,语言在本质上就是隐喻的。这个观点来自雅克布森(R. Jakobson)。雅克布森认为,隐喻和转喻是语言中到处都在起作用的两极或两个过程。隐喻的根据是文字主语和其隐喻代替词之间近似或类似,而转喻的根据是文字主语与其近似的替代词的联合。但是,隐喻和转喻都可以再划分为其他修辞手段。例如,微笑是一种隐喻,有一种被感觉到的类似。微笑是明显的,而隐喻只肯定而不解释;隐喻有一种省略的浓缩,而微笑则没有。提喻法常被认为是隐喻。而以局部喻指全体,或以全体喻指部分。例如,“波尔多”本来是一个地名,它也常指那里产的一种葡萄酒,就是说,产品代替了产地,这是一种因为意义接近而发生的转义。字词总是以这种方式改变它们的含义。比喻含义变成了字面的,而且发生了新的比喻意义。

弗洛伊德认为,在梦、笑话、失言或笔误和一般病症的形成中,压缩和位移是两个重要的过程。压缩机制是说,梦比它的语言表述更短而且更浓缩,梦的压缩或“节点”可能有多种解释。而位移则是一种曲解,在这个曲解过程中无意识的压抑把梦的核心移位到对象或无足轻重的字词上去了。

拉康试图把弗洛伊德的压缩和位移这两个概念与雅克布森的隐喻

和转喻概念联系起来。他认为,位移就是转喻,而压缩则是隐喻。他把隐喻的压缩和转喻的位移加以对比,认为这两种象征表现模式为理解心理功能提供了一种模型:隐喻的概念阐明了"征兆"的观念,而转喻的概念则阐明了欲望的来源。拉康在这里把弗洛伊德的无意识和压缩及位移这两个过程等同于语言学中的隐喻和转喻的两个过程。他认为:"无意识的意义就存在于隐喻和转喻所赋予的意义的联系中,像梦、玩笑、失言或笔误这些症状就是一种隐喻,而欲望则是一种转喻。"①

拉康认为:"语言的隐喻允许表现某物的词拥有超出其字面的含义和对象。"②隐喻始终比它所说的要多,就是说,在所说的话语背后存在着它所说的意义;而在它所说的背后,存在着另一种意义,而这个过程不会穷尽。

拉康认为,词的许多用法都是隐喻,例如,在英语中"手"这个词就有许多用法都是隐喻。拉康强调这一点是指出,仅仅"手"这个词的各种用法就涉及了整个文化和经济领域。在谈到文学中对隐喻的有意识的运用时,他以"我心中的太阳"这句话为例,其含义是:太阳温暖着我,它使我生气勃勃,它是我的引力的中心。

可以说,拉康的精神分析理论和诗歌有着密切的关系。他认为,在诗中,隐喻的相互作用是表达不可言说的真理的一个重要手法。在诗中,就像在心理分析中那样,语言突破了自身的限制,变成了一场和不可言说的斗争。

那么,隐喻的意义是什么呢?拉康认为,隐喻是把价值加以分类和归属的系统形式。这种隐喻就是选择和替代的转义。隐喻意味着选择。选择的能力取决于划分范畴的能力,也就是能够说是这个而不是那个的能力。换言之,用任何一个东西取代另一个东西就是选择这个东西而否定其他的东西。选择就是价值判断。

---

① 拉康:《文集》,阿兰·谢里丹英译,第77页,伦敦,1997。
② 同上书,第109页。

主体是怎样作出自己的选择或价值判断的呢？这涉及拉康的一个关键性观点，即人类主体是由语言构成的，主体是言语的主体和语言的主体。他认为，关于语言和人的主体性可以从三个方面加以说明。首先，“镜像阶段”乃是自我功能本身的原型，而自我功能乃是使主体作为“我”活动的范畴。他从语言学论证了这个观点，指出语言学把代词（这里的“我”）叫作“替换者”。我们所说的“我”在语言里代表作为主体的我们的身份，但是，在语言里“我”是最不稳定的实体，因为它的含义只是说话时的一种功能。“我”可以替换而且可以改变位置，谁使用它，它就和谁相关。其次，除了代词的不稳定性外，在词中还同样存在困惑和困难。语言的功能就在于它指出一个不在场的对象。根据弗洛伊德的看法，我们知道，儿童想象一个他所希望的对象，而且在他的游戏中，常常把一个线团扔出他的小屋来象征妈妈在与不在。当儿童可以感觉到某物可以不在时，象征就开始了。再次，语言主体坚信，在某处存在关于确定性、知识和真理的点。但拉康认为，这是一种幻想，每个语言单位的意义只有通过另一个语言单位才能建立，不可能存在关于语言的最后保证。

但是，如果每个词义都和另一个相关，而且词义和词义无限地相关下去，那么我们如何决定词义呢？拉康的术语“接缝点（point de capiton，从字面讲，是指一种装饰钉）”和聚合点有关。就像一个装饰钉或纽扣是一块绷紧的布面上的聚合线或接缝的中心一样，语言学中的“接缝点”提供了一个有利的点。从这个点出发，在已知的谈话中所发生的一切就可以置于左右逢源的地位了。主语把意义给予确定的能指，而能指就像接缝点那样确定词义。拉康强调，我们只有听完整句话之后，才能理解这个句子，在句子结束之前，它的含义仍然是悬而未决的。这一点，在德语中尤为明显。于是，接缝点就是“停泊点”，通过这个点，就结束了意义的无限运动。它历时的功能就是结束能指和能指相关的那个无限过程。

拉康语言观的一个最有趣的特点是他把索绪尔和雅克布森的观点兼容并蓄，而且充分利用了海德格尔的语言诗学。海德格尔认为，在语言之外根本就不存在人类主体存在的阿基米德支撑点,语言作为存在的家是不可能超越的。拉康完全承认这些观点。根据这些观点,为了谈论语言我们不得使用语言的事实证明,要达到某种较高的水平,我们无法避开语言,就是说,不存在元语言。

为了克服上述的语言圆圈,拉康区分了空洞的言语和充实的言语。这两个术语分别相当于海德格尔的"Rede(言语)"和"Gerede(空谈)"。海德格尔在话语真实的形式和不真实的形式之间作了重要区分。他把"说(saying)"叫作真实的形式。他认为,通过保持沉默,我们仍然有能力对我们的言语承担责任,以便倾听并真正对存在的呼唤作出反应。他把空谈叫作不真实的形式,认为这种空谈乃是忘记人的存在的固执己见的饶舌,和他人的谈话很容易退化成空谈。当听者对他者的谈话不再作出反应,而且只愿意迎合无个性的饶舌时,这种情况就发生了:向"他们"的毫无思想的权威投降,我的语言就不再是我自己的。

在空谈中,词句成了逃避我们自身的策略。由于我们的空谈,我们的实存不再是活生生的,我们是用饶舌去充填我们内心的空虚。空谈使对我们存在所作的任何真实可靠的阐释都成为悬而未决的。毫无个性特征的陈词滥调和标语口号阻挠我们富有思想地去运用语言,而且由于没有深入事物的内部,我们无法阐释我们在存在中的根这个基本问题。

拉康认为,在分析的冲突中,语言并不是个人表达思想的工具,主体陷入能指和能指相关的复杂结构体系中。在分析的过程中,主体并没有说,他或她是由语言在说,他或她陷入陈腐而反常的谈话中。因此,在空洞的言语中,主体被剥夺、被异化,成为不真实的。空洞的言语属于想象的语域,而且它是积极移情的一种障碍,因为它堵塞了充实的言语的可能性。在从空洞的言语转向充实的言语的过程中,主体逐渐放弃了自我想象的自主性,以便在主体际性的领域内获得它的真正位置。为了获得充实的言语,就不要把自己作为对象去言说。如果语言和言语是精神分析的手段,那么,解放充实的言语就是它的客观目的。

拉康认为:“精神分析就是从语言和言语的向度探讨人的心灵。”①就是说,拉康用语言科学取代了弗洛伊德的生物学来说明人的心灵。他认为,任何分析的目的都是诱使心灵述说,说出你喜欢的自由的联想。精神分析家请病人述说他们不知道的东西,他们认为,无论病人说什么都有意义。在这里,分析家可能会说,你相信你有机会说的实际上完全被规定好了,有理由,也有原因。无风不起浪,一切都有原因。

拉康提出了一种新的理解方法,即倾听前概念的主体的述说。主体这时试图对自己作出解释,尽管非常含糊、遗漏、暧昧和否定,他们的想象构成了梦、幻想和恐惧,而且支离破碎,这些现象揭示了个人的精神生活。拉康写道,主体通过谈论自己而不对你说开始分析,或者通过对你说而不谈及自己开始分析,分析就结束了。

拉康认为,主体以一种歪曲形式从他者那里接受信息。例如,“你是我丈夫”这个句子的目的就是要涉及他者,诱出“我是你妻子”这个句子,而且以一种语言学歪曲的形式从“你”那里获得“我”的信息。“你是我的主人”的含义就是“我是你的奴隶”,就是说,主体被包含在一种歪曲了的交往形式之中。

现在,这种交往形式必定暴露欺诈的可能性,就是说,言语是一种约定才能,而它的另一面则是一种假定,一个谎言。主体的陈述包含着可能的假定,但本来也就包含着发现被歪曲的真理的可能性。弗洛伊德讲过一个有名的笑话来说明这一点。他说,如果你说你要去克雷考(Kelecan),你却要我相信你要去勒姆堡(Lemburg)。但是,我知道你要去克雷考。你为什么要骗我呢?拉康同样谈到这个笑话。他说,意义被充分地理解了,而且谈话的目的就是转述它,使他者接受它而且承认它。在谎言中,意义变得不确定;因为他者可以欺骗我,但是,这本身也包含着发现被歪曲的真理的可能性。你正在撒谎的可能性使我确信,你是一个正常的主体。

---

① 拉康:《文集》,阿兰·谢里丹英译,第89页,伦敦,1977。

第三节 “镜像阶段”论

1936年,拉康在第14届“国际精神分析协会”年会上提出了他的“镜像阶段”理论。1949年,在第16届年会上,他将关于“镜像阶段”的论文修改后再次提出。

拉康是从法国心理学家瓦隆(Henri Wallon)那里借用“镜像”这个概念的。但是,他用精神分析的术语重新解释了它。镜像阶段的观念是通过猿和人的对比而提出来的。猿和人对他们的镜像形象的每个反应都不同。猿能从中看出像它那样动的东西,但是,一旦它形成这个观念,它就会牢记住这个东西。相反,儿童却看到了在形象的运动和它自己身体的运动之间的关系。

镜像阶段一般发生在幼童6个月到18个月之间。这时儿童还没有完全掌握自己的身体。在此时期,虽然儿童并没有完全控制他自己身体的活动,但是已能初步想象自己是一个统一的和自控的实体。儿童在一面镜子面前发现了自己,他停下来,因为镜子的反映而发笑,而且寻求拿镜子的人。他注视他的母亲或父亲,然后再次注意他自己。由于这个必然发生的阶段,儿童必定和他母亲的身体分开(断奶),并且必定能够发现并看到其他人。就是说,他必定能感觉到他和一个他者的分离,而且必定开始承担一个身份。

儿童为什么转过身来注意他者呢?他者证明了儿童的存在,证实了自我和他者的区别。这是一切主体的基本行动,也是人类个人产生的时刻。镜像阶段之所以重要,是因为从最正常的人格到最严重的精神分裂人格全都经历了这个阶段。拉康写道:“镜像阶段是一出戏剧,它的内在动力迅速地从不足走向预期——对于陷入空间自居作用的罗网中的主体来说,镜像阶段形成了一系列幻想:从支离破碎的身体的形象到我们可以称之为身体总体的矫形术的幻觉——到最后被披上一个异化身份的伪装,它的僵硬的结构将决定所有主体将来精神的发展。”①

---

① 拉康:《文集》,阿兰·谢里丹英译,第4页,伦敦,1977。

拉康认为,镜像阶段是在一种不足和预期之间演出的戏剧。不足就是说,儿童诞生时的智力对他的需要来说是不足的。拉康认为,儿童的出生是没有完成的。因此,儿童既不会走也不会说。表达儿童这种特征的术语是"特定的前成熟期"。在许多方面,儿童是前成熟的,他不能站立,不独立,是不协调的和混沌的。预期和这样的事实相关:在镜子面前,儿童预期他自己的形象是一个成人。现在,为了成为一个主体,为了成为自我,就需要一个结构。但是,这个结构是僵硬的、封闭的和异己的。拉康认为,正常的主体是异化了的,他或她是他或她的身份的囚徒。正是靠这个身份,他或她才成为一个团体的成员,从父母的后代、家庭的姓名的承担者,再成为个人。

拉康认为,为了获得自己的身份,儿童实际上只要完成自居作用,主体决不会真的是他自己。儿童在镜子里看到自己,但形象是相反的。身份只是始终歪曲儿童和他人的关系的外在关系。当支离破碎的身体为主体的外壳和自己的身份所取代时,"自我"就形成了。

自我的自居作用之所以重要,是因为它代表了个人的一种持久的倾向:引导自我终生追求和塑造关于一种"理想自我"的想象倾向。在这时所创造的个体和以后作为创造产品的自我都是假的,它们试图在人类生活中必然缺少和不完美的因素中寻找出一条道路来。

拉康所说的主体性和一个虚构的观念相关。他的镜像阶段的概念认为儿童的镜像形象乃是儿童将来自居作用的基础。这种形象是一种虚构,因为它掩饰或冻结了儿童所缺少的能动的共济官能和破碎的欲望。然而,它使儿童获得一种完整的身份感,它可以在其中认出自己。这个时刻的意义只和母亲的在场和相貌有关,因为母亲保证了儿童的实在。在拉康这里,镜像阶段乃是他所说的主体性的核心,因为镜像阶段的完整乃是一个神话,我们第一次在其中认出自己的形象是一个误认。

拉康认为,自我是由一种和另一个完整对象相关的自居作用构成的,是由一个想象的具体化构成的,是由一个理想化的自我构成的,尽管这个理想的自我无法同儿童的软弱无力相抗衡。因此,自我并不是力量的代理人,而是幻想力量的牺牲品,需要不断加强。这种自我和它自己形象的异化的关系,拉康称之为想象界。想象界是形象、意识或无意识的世界,可以被觉察或想象到。它是前语言的、前俄狄浦斯的领域。在这个领域里,特殊的形象以一种虚幻的完美理想纠缠着主体。想象界不仅是人类发生的一个阶段,而且也是人类心理的一个永恒层次。

拉康指出:"在镜像阶段,自我对环境的控制始终是一种虚幻的控制。"[①]人类主体终生都在不断追求一种想象的"整体性"和"统一性"。自我所控制的这些追求永远是徒劳。人们所犯的许多错误就是他们混淆了人类主体和自我。自我可能赋予主体一种持久而稳定的感觉,但是,这是一种错觉。我们必须牢记,主体既不是一元化的,也不是稳定的。拉康强调无意识的活动和无意识的冲动在镜像阶段的作用。他认为,在主体心中似乎存在一种基本的"存在的缺乏"。在镜像阶段,主体感到一种虚幻的统一,但是,由于语言的介入,他或她有可能至少可以表达他或她的思想和感觉。

第四节 无意识是他者的话语

一般认为,无意识的主要特征是描述本我,但是,自我和超我也有无意识的成分。无意识就存在于我们的梦、遗忘、误记、失言、笑话和病兆中。但是,面对压抑和抑制,它始终在活动。拉康认为,弗洛伊德的贡献并不在于说明无意识的存在,而在于指出无意识有一个结构,这个结构以各种方式影响人类主体的言行,因此暴露了自己,成为可分析的。

拉康认为,无意识是一种语言,它避开了主体的操作和影响。无意识是一个自我而不是一系列无组织的冲动。无意识拥有合乎逻辑的结构。拉康试图用一种合乎形式逻辑的文字系统来记录无意识。但是,这一尝试并不十分成功。拉康的基本设想是:知识是可以写下来的。如果

---

① 拉康:《文集》,阿兰·谢里丹英译,第 6 页,伦敦,1977。

无意识中的事物的表象最终是可读的文字、形式的文字，那么，只要它们组成了词句，就可以为意识所理解。这样一来，无意识就获得了词的意义，而意识将理解这些表达无意识的内容的词。例如，一个儿童看到一个妇女的腿呈 M 或 V 形，而且如果儿童的这种经验给他的印象十分深刻，那么，这种 M 或 V 字体就会成为人名、地名贯穿儿童的一生，而每个字体都将对意识呈现一定的意义。

现在我们来看一看无意识的成分，进入言语的路子时会发生什么。拉康首先在《文集》中讨论了弗洛伊德的“否定”概念。弗洛伊德认为，主体的受压抑的形象和思想在被否定的情况下可能成功地进入意识。这里有两个著名的例子。例一是：你可以认为我的话冒犯了你，但我实际上不是这个意思。这句话的意思是：我想冒犯你。例二是：我在梦中看见一个人，她确实不是我妈妈。这句话的意思是：她是我妈妈。因此，否定是观察受压抑的无意识的一种方法，它始终是一个阀门。这种否定的现象允许无意识的材料进入言语，否则它会受到自我的审查。

拉康认为，否定肯定了他者的存在，主体希望保持自身和他者的差别，凡是在句子中被否定的都是无意识的材料。主体所体验的无意识就是拉康所谓的“他者的话语”。我们常听到人们这样说：有人叫我这么说的，话可不是我说的。我们无法控制无意识，无意识乃是他者。事实上，拉康的他者是多义的。他者的含义取决于它被使用于其中的上下文联系。它可能涉及主体-他者的相遇，涉及母亲或父亲，涉及精神分析对象和分析者的主体际性的场所，有时涉及无意识。总之，拉康的“无意识是他者的话语”这个命题有这样几种含义：人类主体是可分的；无意识有一个语言结构；主体是由他者来居住的；精神分析是言语的异体。此外，在语言结构和主体结构之间存在着一种联系，二者都和无限的位移有关。

拉康认为，在意识和无意识之间存在着一种分裂，抓住了无意识同时又没有抓住它。他试图用主体与他者的辩证依存关系来破坏主体的同一性。他常常以弗洛伊德的名言“我在我不在的地方思想，因而我存在于我不思想的地方”来说明无意识的本性。无意识不是为了使彩色构图更鲜丽的画架底布。它是先前的素描,它在画布用于另一幅画之前已被盖住。无意识不是信息,甚至不是人在一幅旧黄卷上解读的奇怪的或编码的信息,它是写在文章下面的另一文本,人们必须从背后照明它或借助显色剂来阅读。

第五节 想象界、象征界和实在界

拉康认为,想象来自婴儿有关他的"镜像自我"的经验。它来自镜像阶段,但是一直延续到婴儿成年期有关他者和外部世界的经验之中。无论在哪里发现错误的自居作用——在主体内、主体之间或主体与事物之间——想象都占据统治地位。想象被认为是一种外表,它起着误认(misrecognition)的作用,而且完全不同于认识(Knowledge)。

拉康在他的《论镜像阶段》("On mirror image's period")一文中第一次提出想象界的观念。一般认为,拉康关于想象界的概念得益于弗洛伊德 1914 年的论文《论自恋,一个导论》("On narcissus, an introduction")。那喀索斯的神话特别适合描述这样的时刻:显而易见的相关性表现的恰恰只是返回自身的形象。镜像阶段的概念使我们注意形象、自身和识别的互相依存性。镜像阶段的主要特征之一是,儿童存在于一种需要哺乳和相对原始不协调的状态中,而且被返回的儿童的形象是固定不变的。因此,基本关系是一个支离破碎的或不协调的主体与其总体形象之间的关系。

主体通过一个同时使它异化的形象发现或认出自身,因此潜在地面对着它。这是自恋和侵略性之间的密切关系的基础。这里有两点值得注意:首先,侵略行为、竞争和异化的形象的因素;其次,作为主体性基础的基本的误认。

拉康认为有四个自恋对象可供自我选择,这决定了主体的想象力。第一个是主体自身所是的东西;第二个是主体自身过去所是的东西;第三个是主体自身希望所是的东西;第四个是曾经为主体自身的组成部分的某个人。

但是,重要的是理想的自我和自我的理想之间的区别。理想的自我一般是关于自恋的无限力量的理想,它是在幼儿自恋的模式上构成的。自我的理想是一种人格力量,来自自恋和以父母或他们的替身为理想的自居作用的结合。理想的自我相当于主体自身过去所是的东西,而自我的理想相当于主体自身希望所是的东西。理想的自我因此可能是一个被设计的和主体完全一样的形象,而且和镜像阶段相关。自我的理想可能是一个从属的摄取。理想的自我是一个基本的自恋结构,发生于镜像阶段,而且属于想象界。

镜像阶段开启了婴儿想象的世界,它具有"映像"与"想象"的双重含义,同时也包含与躯体、情感、动作、意志等直接经验有关的幻想中的东西。儿童出生后最初的世界就是这个想象的世界,也是一个欲望、想象和幻想的世界。这时的自我并未形成真正的主体,只是预先假想了它。主体的真正形成要到幼儿进入另一心理领域之后,这个心理领域是"象征界"。镜像阶段不仅显示了想象界的结构,而且它还暗示了从想象界向象征界的过渡,也就是从想象的主体向真实的主体的过渡。拉康写道:"婴儿阶段的孩子兴高采烈地接受了他的映像,但是,这个映像还陷入不能运动,依存于人的状态,这种情况好像在一种典型的情境中展示了象征的雏形,在其中我被投入一种原初的形式中,这发生于我在他与他者的同化的辩证法中被客观化之前,而且在普遍性的语言赋予他主体的功能之前。"①在这之后,即在象征与语言的世界出现之后,主体的发展进入一个新阶段。

镜像阶段发生于幼儿成长中的 6 个月到 18 个月这个时期,而它所产生的想象界却延续下去,直到与所出现的象征界交遇并存。象征发生于俄狄浦斯时期,这一时期大约出现于儿童 4 岁前后。俄狄浦斯时期是孩子通过意识到自己、他者和世界而逐渐使自身人化或主体化的时期。

---

① 拉康:《文集》,阿兰·谢里丹英译,第 94 页,伦敦,1977。

镜像阶段所开始的过程在俄狄浦斯过程或父亲的隐喻中达到顶点。儿童必须服从父亲的法律。父亲的形象使儿童割断和母亲的一切关系。父亲介入了这种想象的二分体并且代表了法。父亲体现了“菲勒斯(phallas)”①的权威和“去雄(castration)”②的恐惧。接受父亲的权威和菲勒斯状态是儿童在社会象征秩序中获得地位、名字和说话位置的先决条件。菲勒斯决定了两性的社会功能的方向,它使两性都从属于象征界。拉康通常用“父亲的隐喻”来说明“俄狄浦斯情结”。这涉及父亲的禁戒。父亲代表一种地位和功能,这种地位和功能与现实的父亲本人在场与否无关。为了逃避父亲的权威,摆脱与母亲的想象的关系,即想成为她的一切,下意识地想去补充她的短缺物“菲勒斯”,并且能够成为主体,儿童必须获得“父名”。父亲引入了法,尤其是语言体系的法。如果这种法毁了或没有获得,那么,主体可能要忍受心理的痛苦。儿童通过使法内在化与父亲同一,并以他为榜样,法现在成为一种解放力量,因为儿童与母亲分开后才能掌握自己。儿童开始意识到他在成长中并面向未来,与社会、文化和语言相结合。拉康认为,在“俄狄浦斯情结”中有一个因素,即法、榜样与许诺。父亲是“认出”孩子的人,通过言语给孩子以个性。这个言语就是法,而法是精神的亲属性和许诺之间的一种联系。于是,与父亲的同化,克服与母亲的一切联系或同化,语言的发生,象征界的出现,主体的生成,从自然进入到文化秩序等都同时发生了。

因此,拉康认为,象征界与想象界始终交叉并存在一起,主体与自我概念也始终纠缠在一起。自我位于想象界一边,而主体则位于象征界一边。幼儿只有进入象征界才能成为主体,才会由自然人变成文化人。象征界乃是人的社会性与文化性的实现,也是人的性和侵略的本能的规范化。

大约在1958年,拉康关于象征界的概念又发生了变化,它变成了一

① “菲勒斯”不是指生物的生殖器官,而是一种抽象物,是父亲的象征与隐喻。
② “去雄”,即阉割。

个独立存在的结构。就是说，人类主体不存在于能指的链条中了，主体被废除了。取代主体的认知的乃是认知的缺乏，即一个“想是”。主体存在着一种“存在的缺乏”。这种变化来自结构主义的影响。在结构主义那里，主体是无足轻重的，它的口号之一就是“主体死了”。

拉康从镜像阶段引申出了主体三层结构说，除了上述的想象界与象征界，还有实在界。实在界对抗象征界，实在界是对象征界而言的不可能性，始终以不可能为根据。实在界在想象界和象征界之外，是被排除的不可能的承受者。实在界与外部世界或“实在”没有任何关系。实在界是一个概念，没有象征的屏障它就不可能存在，它先于主体的诞生。实在界不可能看到或听到，但无论如何，它始终已经存在。在某种意义上，实在界可以还原为弗洛伊德的本我。它是欲望的渊薮。

拉康认为：“象征界是语言层次的秩序，而想象界则是自我及其自居作用的秩序。想象界和象征界并不是互相连续的阶段，而是互相纠结并存。实在界具有不可言喻和‘不可能’的意义。实在界使幼儿记起主体，它们的象征的和想象的结构发生于一个超越它们的世界，而这个世界就是实在界。”①虽然想象界和象征界互相区别而且互相对立，但是象征界蚕食着想象界，组织它，而且给它指引方向，甚至在它出现之前，幼儿已经在家庭中获得了一个位置。想象界与象征界包含在实在界之内。三个层次重叠并存于主体之内，使主体与他者和世界发生联系。三者互相影响、互相作用。象征界起着主导作用，它不仅代表着，而且组织着想象界和现实界。

总之，想象界是一种前动词的定位，其逻辑基本上是形象的，是心理发展中的一个阶段。它形成于镜像阶段，这时儿童在镜子中认知自己的形象。它标志着主体和它的自我之间的分裂，自恋和侵略性乃是它的基本特征。这个阶段始终是异化的，主体为他的特殊形象所束缚，还不是真正独立的主体。

---

① 拉康：《文集》，阿兰・谢里丹英译，第 64 页，伦敦，1977。

拉康试图用象征界来调和力比多分析和语言范畴之间的裂痕,就是说,提供一种译码系统,这种译码系统可以允许我们在普通概念框架之内来说明力比多分析和语言范畴之间的关系。幼儿在进入社会文化象征秩序时必将遭到“俄狄浦斯情结”的磨难,而这个转换过程又是和语言的出现互为表里的,因此,拉康说,“俄狄浦斯情结”和语言结构将塑造主体。

作为 20 世纪最伟大的思想家之一,拉康对法国思想界产生了持久而深远的影响。他使精神分析理论成为法国最重要的思潮,深入到哲学、文学、艺术和普通群众之中。从 1953 年起,他在巴黎举办公开讲座,发展并推广精神分析理论。听众中有阿尔都塞、巴特、德里达、福柯、雅克布森、梅洛-庞蒂、利科和其他许多名人。这种讲座持续了 26 年,可谓是世界思想史上的一个壮举。

拉康所喜爱的是亚里士多德、黑格尔、康德、苏格拉底、斯宾诺莎、莎士比亚和索福克勒斯。他的密友是超现实主义诗人、电影明星和伟大的结构主义者雅克布森和列维-斯特劳斯。如果我们要想充分了解拉康和他的巨大影响,那么我们必须讨论索绪尔的符号学、雅克布森的修辞分析、弗洛伊德恋母情结的先验图式、本维尼斯特(Benveniste)的语言学、列维-斯特劳斯的作为交换的女性观以及黑格尔关于欲望的观念。正如拉康本人所说的,他的一生都在探索心灵的奥秘,而这是出于对人类的爱。

第三十一章　列维纳斯

列维纳斯(E. Lěvinas)1906年1月12日出生于立陶宛的考纳斯(Kaunas)。他是犹太人。列维纳斯的父母比较富有,他的童年和少年生活是快乐和幸福的,当时的社会政治动荡及反犹主义并没有影响他的早年生活。1914年,列维纳斯进入哈尔科夫(Kharkov)中学学习,一直持续到1923年。1923年他为考大学去了斯特拉斯堡,这是他在哲学道路上的起点。1923—1927年,他在斯特拉斯堡大学学习和研究了柏格森和胡塞尔的理论。1928年他到了弗赖堡,向胡塞尔学习现象学,也听了海德格尔的课。他认为胡塞尔肤浅,而海德格尔则闪烁着思想的光芒。1929年,他提交了博士论文《胡塞尔现象学中的直观理论》(“La théorie de l'intuition dans la phénoménologie de Husserl”),产生了巨大的影响。1930年他到了巴黎,1931年获法国国籍。1935年,他发表了一篇体现其独特思想的论文《论逃离》(“De l'évasion”)。1939年他作为翻译加入法军,1940年被俘,在德国的监狱里度过了大部分战争岁月,后来被转移到东普鲁士的集中营。1946年获释后,他决心不再去德国,随即参加了“全以色列同盟(All-Isreal Alliance)”的工作,并任“东方以色列学校”校长。1961年以《整体与无限》获国家博士学位。先后在巴黎各大学任教,1976年退休。1995年12月25日在巴黎去世。

他的主要作品有:《从存在到存在者》(*De l'existence à l'existen*, 1947)、《时间与他者》(*Le Temps et l'autre*, 1948)、《整体与无限》(*Totalité Infini*, 1961)、《〈塔木德〉研究四篇》(*Quatre lectures talmudiques*, 1968)、《超在或超本质的彼在》(*Autrement qu' être ou Au-delà de l'essence*, 1974)、《圣句的彼岸》(*L'Au-delàdu verset*, 1982)、《上帝,死亡和时间》(*Dieu, La Mort et le Temps*, 1993)。

第一节　元伦理学

正统犹太人家庭的生活背影,多年的巴黎学术生涯,以及第二次世界大战的俘虏生活,是列维纳斯哲学思想的原创来源。虽然他声称他的哲学属于另一种范畴,但他努力研究了《塔木德》(*Talmud*)这部犹太经典,从中悟出了许多真知灼见。胡塞尔的现象学和海德格尔的基本本体论影响了他早年的哲学研究工作。这种影响既为他的哲学思考提供了养分和土壤,也刺激他与这种影响进行抗争。他成熟的思想主要表述在《整体与无限》中。他从现象学出发提示了形而上学的超验性,并肯定了他所谓的作为第一哲学的伦理学。

列维纳斯在20世纪80年代才在英语哲学界产生影响,主要还是借助于德里达的解构主义。英语读者认为他的书难读,他的主要作品《整体与无限》更是本天书,对于专业哲学家来说读起来也并不轻松。列维纳斯的思想常常陷于一大群哲学幽灵的纠缠之中。就他的哲学思考的独特性而言,相对于他的影响和主张,这种独特性可以说就是一种幽灵。列维纳斯十分重视笛卡尔以"我思"为基础的寻找认识确定性的哲学遗产,但是,他批评笛卡尔虽然是一位理解精神的原创者,却把思想封闭在自身之内,封闭在思想自身的内在性之内,没有把一种确定的内在整体性赋予主体。列维纳斯认为,可以把现象学传统解释为笛卡尔遗产的一种不明确的继续。① 他的第一部著作就是阐释胡塞尔的直观理论的。但

① 参见列维纳斯《整体与无限》,第69页,匹兹堡,杜肯大学出版社,1969。

是，他对胡塞尔的现象学方法提出了批评，而主要对意识的意向性理论提出了疑问，他认为，意识的模式，即针对对象的意向性并不是最终的描述。① 例如，快乐就提示了意识的一种参与性，不能归结为一种对象的意向。意向性的结构似乎指向一种对对象的确定的把握。但是，如果存在超越意向性的主体模式，那么，客观化的、支配的意识就无话可说了。

列维纳斯批评海德格尔并没有纠正胡塞尔的不足，认为海德格尔的存在是一种匿名的力量，最终导致海德格尔把历史解释为一种非人的命运，个人为一种匿名的本体论力量所吞没。海德格尔把本体论概括为一种权力哲学。列维纳斯用一种善的形而上学对抗海德格尔的这种本体论权力哲学。列维纳斯认为，无名的普遍存在并不拥有最终的力量，海德格尔的中性本体论并没有为伦理学提供根据。列维纳斯反对把存在中性化，因而他倾向于把他所谓的恐怖和无名这两个存在自身中的原素等同起来。人们可能对恐怖和无名这两个原素有不同的看法，但是，对于列维纳斯来说，这是一种关于第一因的无面孔的无限性。他对“存在什么”的无人称性的解释保留了萨特对“自在存在”的解释。例如，在他的关于“粘滞”的现象学中，无名和恐怖始终威胁着个人的整体性，威胁着对于自我来说作为内在整体性的自我。列维纳斯拒绝了那种认为人是被抛入的存在的看法，他也反对萨特的人作为虚无被异化了的观点。他认为，关于快乐的现象学批判了海德格尔的抛入说。本来就和存在一致的快乐是基本存在的一个更原始的状态。

对于列维纳斯，就像对雅斯贝斯一样，为什么海德格尔成了一个狂热的纳粹分子是一个重要的问题。因为列维纳斯在第二次世界大战时在纳粹战俘营度过了许多可怕的岁月。海德格尔认为纳粹哲学表现了德国人民的世界历史命运，除此之外，一切最终都是可以忽略不计的。权力意志使一切伦理关怀都服从于超人的胜利。

列维纳斯的上述看法可能和法国哲学中柯耶夫（A. Kojéve）所理解

① 参见列维纳斯《整体与无限》，第 210 页，匹兹堡，杜肯大学出版社，1969。

的黑格尔的主奴辩证法不无关联。在这里,黑格尔主义被归结为一种统治和奴役而吞噬一切的逻辑。萨特把这点发挥为他的著名论述:他人即地狱。列维纳斯反对萨特的观点,他认为,他人的无助性,即一种无力性可能会发出一种伦理指令:你不会杀人。[1] 列维纳斯拒绝了柯耶夫的观点,他认为,和主奴及其暴力辩证法相反,存在一种和他人的和平关系,它就存在于劳动和居所的整个经济之下。这和女性相关联。女性建立了家和居所,而且劳动本身和经济、政治及历史存在的全部领域都结合在一起了。这一切的起源不同于伦理关系,不具备完满性,而主奴关系的辩证法则不是这样。

列维纳斯认为,和海德格尔的本体论一样,黑格尔哲学是一种权力本体论。[2] 这种权力本体论受谋杀的诱惑而和他者发生关系。从历史上看,阶级斗争就是主奴辩证法的具体体现。历史的过程就是战争,历史的目的就是一种相似的状态,其中,他性(otherness)即持不同意见的他者被一种普遍的同一性所压制。对于列维纳斯来说,虽然这是令人厌恶的事情,但是,他仍然关注劳动、财产和所有权,这使我们想起马塞尔对存在和占有的关切。

列维纳斯反复提及的生存哲学受到他的深切的关爱。在捍卫人自身的单一性和个性方面,他和某些存在主义者如克尔凯郭尔分享了许多东西。列维纳斯的现象学背景以及现象学所要求的哲学必须是严格的、真正科学的主张,使他无法和存在主义所谓的非理性主义和睦相处。他使自己远离一种哲学——这种哲学只不过是反对理想主义和理性主义的非人格的理性而已。他想捍卫一种反对个人主义非理性主义的不同意义的理性。这种意义的理性将捍卫同一和他者的伦理共同体。虽然列维纳斯避开了单个天才的道路,但是他的单个性的意义使他和存在哲学中最好的东西密切合作。这就是列维纳斯所强调的和马塞尔有关的

① 参见列维纳斯《整体与无限》,第 46 页,匹兹堡,杜肯大学出版社,1969。
② 参见同上书,第 149 页。

对存在的亲密接触。在某些列维纳斯详加论述的题目中,如家庭、居所、快乐、父权、子女,我们发现了列维纳斯对马塞尔的回应。

列维纳斯的犹太背景对他思想的形成和发展产生了深刻的影响。为抵消黑格尔总体性的诱惑,列维纳斯追求一种创造性的形而上学,以及一种对单一性的肯定,这种单一性反对总体性所包含的东西。虽然在《整体与无限》中,列维纳斯认为他正在以一种纯哲学的风格进行工作,他的哲学声音的独特性更多地归功于犹太遗产对他的神秘启示。

和少数几个后结构主义思想家相比,列维纳斯的哲学始终表现出一种精神的严肃性,这种精神的严肃性拒绝和物质本身的共同演出。在列维纳斯那里返回到神圣的他性提醒我们牢记舍斯托夫(Л. Шстов)的雅典和耶路撒冷的对立。舍斯托夫今天受到了不公正的忽视,但是,就他的有限性哲学和作为他者的宗教关系而论,他是一位深刻而激进的思想家。而在传统的思辨形而上学的意义上,他在某些方面比列维纳斯更深刻。和海德格尔及许多后结构主义者一样,列维纳斯倾向于使哲学传统总体化,所有哲学都被认为只是一种同一性或者一致性的帝国主义。列维纳斯认为,哲学作为对他性的一种反感、一种过敏症,在黑格尔哲学里达到了顶点。整个来说,哲学传统并非如此。列维纳斯后来承认这种说法的不公允,因为某些哲学承认他者,如柏拉图的超越存在的善的学说。列维纳斯的策略是把传统总体化为同一性的帝国主义,并暗示这种关于他者的不同凡响的思想没有先驱,然后把在传统中找到的某些形式的观念偷运回来,最后,承认在传统中的这种观念的例证。

不能把列维纳斯和德里达及海德格尔相混淆,因为列维纳斯非常厌恶海德格尔,对其作了尖锐的批评,而他的著作中所表现的那种精神的严肃性则是德里达所缺乏的。当他把本体论和形而上学区别开来时,却把怀疑和宽容混合起来注入了哲学传统。本体论是存在哲学的标志,而这种哲学最终总会把他者还原为同一性。本体论是一种不能公平地对待他者的中性哲学,特别是不能公正地对待作为伦理他者的他者。这种本体论是建筑在从同一性到他性的运动逻辑上的,而这个他性始终是为着同一性的，而且始终返回到同一性。人们会记得传统哲学的组成部分就是给思想自身的运动以特权。列维纳斯认为，形而上学就是一种思想超越总体性的运动，特别是在思想无限的观念和伦理学的面对面的关系的观念的时候。形而上学的思想运动是从同一到他者，而不是为了返回自我。这种形而上学的精神运动始终是一种哲学的可能性，表现在列维纳斯自己引证的柏拉图关于善的伦理学中。

列维纳斯明显地倾向于使笛卡尔及先验唯心主义的命题与分析和哲学的基本可能性同一起来。相对于笛卡尔的遗产来说，"我思"是所有严格的有根据的哲学推理的源泉的特权。甚至萨特的笛卡尔主义也表明了这一点：意识对自身的有效性似乎预示了一种哲学推理模式，这种推理模式拥有它自己的程序和内容，因为它的思想不会逃避它自己的内在性，因此不会逃避自己的确定性和证明性。列维纳斯以不同的方式强调笛卡尔的无限观念，以找到一条通向超越所有占支配地位的思想的他者的新道路。显而易见，现象学提供了一个比古典笛卡尔主义更有包容意义的哲学推论。但是，它们的基本前提有很多地方互相重叠：对现象学来说，意识的内在性是基本的。现象学的现象概念正是如此定义的：现象本来不是作为已给定的物，而是对意识和为意识来说是已给定的。虽然列维纳斯从许多现象学的前提和方法论的策略出发，但是，他得出了这样的结论：创造性地颠倒现象学的内在性，以及唯心主义的经典版本。

列维纳斯在《整体与无限》中讨论了胡塞尔关于表象的观点。他说，胡塞尔认为：表象是意识的可以表象性，而他者的内在性被对象化为同一性的一种表象。海德格尔、德里达和福柯都批评了这种表象观念。但是这种对表象的分析是成问题的。列维纳斯给我们提供的关于表象和理智的分析似乎覆盖了整个领域，但是，毕竟没有完全覆盖整个领域。这种解释可能并不符合胡塞尔的观点。但是，列维纳斯坚持这点，并认为胡塞尔过分注重理论意识的分析有一种毁灭性。① 列维纳斯转而分析

① 参见列维纳斯《整体与无限》，第172页，匹兹堡，杜肯大学出版社，1969。

快乐的现象，他发现在表象的原生地有一个更原初的层次，而这个层次根除了那种毁灭性的分析。快乐的意向性没有高看自我构成，或高于他者的同一的原初性，就像表象据说是这样做的。他根除了表象和理智的哲学首要性。事实上，他从根本上批判了胡塞尔的先验方法所规定的表象和理智。他对表象重新作了阐释，从根本上强调了他者高于自我的特权。情况并非表象简单地强占出现在作为自我的自我面前的他者，可能是为了支配自我。相反，表象可能是对他者的一种开放性，在这种开放中表象的真理屈服于异质性，即一种在表象力图接近和尊重的他者面前的谦卑。这里我们可以举例说明列维纳斯的看法。如果你请我代表你出席一次聚会，而且我确实愿意代表你，那么我必须使我的看法服从你和你的看法；作为你的代表，我必须谈到你，即他者；我不能让你，即他者，谈到我而且老老实实地宣布我代表你，他者。作为你的代表，我是为你。因此，代表是为这个他者的存在，在其中，自我使它自己的自我主义的为自我，服从他者的真理，就像它是为他者。这的确是本质的对立面，列维纳斯把表象归为本质。胡塞尔的现象学，不是哲学的本质。事实上，它的说明对于表象的真理并不是真的，就像刚才所说的它没有说明作为他者的他者的真理的地位。

上面的例子完全说明了列维纳斯的表象理论。但是，如果胡塞尔的先验主义成为哲学的标准，而他者的理论是与之对立的，那么所有的哲学话语就都成了歪曲。这里存在一种的确是历史解释学的短见。当马塞尔或雅斯贝斯批评唯心主义时，我们并没有发现任何倾向于解释学的特别的辩护。他们并没有使哲学及其传统总体化。但是，对于思想来说，他们太想超越思考自我的思想，以至于无法超越思考他者是什么的思想。

列维纳斯的他者哲学和关于无限的意义的学说，以及神圣他者的观念是紧密结合在一起的。列维纳斯认为，世界不是一种坠落或者来自太一的东西，也不是构成主体的一种计划，他重新思考的无限观念指向了一种新的创造的形而上学。这里，形而上学再次意味着一种思想模式，对于作为他者的他者来说,这种思想模式并非简单地是同一的。创造就是彻底原初的行动,通过这种行动,单个创造物成为自为的创造物,而且被给予它的无限自为的存在。创造者使他的创造物摆脱创造者,听任他者作为拥有自己自由的有限物。因此,上帝就是绝对的他者,他者是一切他性的给予者,包括听任他性是自为的绝对的他性,而且决不会强迫部分服从一个被吞没的整体。①

这里,列维纳斯在策略上不明确的是把自为的自我描述成了无神论。乍一开始,人们可能会倾向于认为列维纳斯信奉无神论。正如我们所说的,列维纳斯认为,有限存在作为在创造物中已给定的东西是无神论者。这在最字面的意义上是一个无神论者,就是说,它不是上帝。上帝在创造世界时并没有创造他自己,就像黑格尔和斯宾诺莎所说的那样。对于上帝来说,上帝的创造物就是他者绝对所是东西的礼物;而这并不是创造者和被创造物之间的不可比照性的尺度,这种不可比照性并非一种单纯否定,或者令人悲叹的不相称。不是无神论就是给先验性提供真正的空间,在这种空间里,创造物的自由可能得到规定或者鼓舞。自我的无神论就是对它的可能的自为存在的承诺,而且就它的自为存在而言,它的可能的自由的关系穿过一种不能把差别还原为神圣源泉的自我。无神论者的存在于是成为神圣宽容的产物,无神论就是人和神之间的不同相关性的先决条件,而神解除了统治和暴力关系中的共谋关系。

列维纳斯写作《整体与无限》时,无神论的存在主义和马克思主义正如日中天,萨特的存在主义在巴黎横行。但是,列维纳斯是一个巧妙的写手,因为他把无神论的真理具体化在一个计划中,这个计划的目的是重新肯定形而上学的上帝是先验的。在可能有两种解释的创造物中,人类作为自为的存在就是无神论的存在。但是,无神论的存在可能知道自己属于绝对先验的真实的他性,因此会摆脱它的无神论存在而转向他者,不是作为一部分返回它的整体,不是作为例证使自我服从它的普遍,

① 参见列维纳斯《整体与无限》,第 278 页,匹兹堡,杜肯大学出版社,1969。

而是作为一个伦理存在的自由核心努力去扮演创造者的善、创造物和邻居的善。这种伦理的肯定警惕地反对落入魔鬼似的普遍性的匿名权力之中，这种权力体现在纳粹形式中。在纳粹统治下，我们后来成了无名的普遍性的代理人和工具，犯下了滔天大罪。这就是无神论存在的怨恨。

列维纳斯所强调的无限的概念创造了一个跨越从前苏格拉底到我们时代的思辨形而上学的历史。列维纳斯令人吃惊地探讨了笛卡尔的无限观。他说，我无法忘记笛卡尔，因为在他全部的哲学中很想不用上帝，但是笛卡尔不可能帮助他只弹一下他的手指就使世界运动起来，因此，他不再求助于上帝。列维纳斯经常引证帕斯卡尔，似乎并不怀疑笛卡尔主义的无神论。他非常赞赏笛卡尔的感性学说，因为感性被认为基本上是属于有思想和概念的他者的。这里，康德在同样的范围内坚持感性和知性之间的异质性。在莱布尼茨或者黑格尔那里，为了保卫不能归在理性概念下的异质性，感性和思想的连续性被割断了。但是，存在一种笛卡尔式的感性体，这种感性体并非肉体；它不是身体自身，它是本来就没有生命的物质的形态。既然它是一个死物，那么这个无生命的物质怎么可能使生命快乐呢？而且从那里，一个笛卡尔式的物质能得到一副面孔吗？物质没有面孔。笛卡尔式的身体就像以笛卡尔自己做样板的无特征的蜡像，完全没有面孔，只是它的自动的机械运动。但是，人的肉体有一副面孔，这正是列维纳斯所要坚持的东西。

列维纳斯在另外的地方坚持说，相对于学说而论，笛卡尔的等级被认为高于苏格拉底。但是，他再次问道："我思"能教给他者什么，或者教给自己什么？无限的观念教给"我思"什么呢？我们发现笛卡尔完全缺乏宗教热情。事实上，对于笛卡尔来说，自我和上帝是两个最容易认识的东西，而且笛卡尔曾经把它们作为最基本的概念。为了从方法论上证明理性知识，他放弃了研究自然数学科学。笛卡尔客观的智力训练的等级证明了一切，但是显然没有证明自我内心的他性和神圣先验的较高的他性。从方法论上来说，这些都成了达到目的的手段，而不是谜一样地神秘地极力谴责一切思想的现实，事实上，这打败了它的一切由概念把握的主张，正如笛卡尔所热情追求的那样。

列维纳斯非常欣赏苏格拉底的对话，因为它对他者所承诺的开放性是从一开始就牢记着的。列维纳斯没有提到对话中已经明确表述的关于灵魂的概念。他认为思想决不能以一种排斥相关性的方式完全是自主的，因为这种自主会排斥面对面的可能性。苏格拉底的对话是哲学话语的面对面，他的话语包含一种身体话语的意义，话语在看中，在听中，而且事实上是在接触他者之内。苏格拉底对话中的话语是一个自我所说和一个某物所说过的一样多。

列维纳斯在关于面对面的主题中讨论了主体际性。主体际性是德国唯心主义和现象学留下的关于他者的问题。从主体性出发，我们真能构成对作为他者的他者的相关性吗？他者只是工具，通过它我认识自己并返回自己吗？从主体的起源看，他者恰好是镜子，自我在其中看到自己，因此甚至无法保卫那彻底的他性吗？列维纳斯同样从自我出发，因为《整体与无限》都在致力于向我们证明自为的自我的分裂。自为的自我是一个不可还原的个性，不能被归结为一种非人格的理性，或者被制成一个抽象普遍的例证。① 而且这个处于其彻底分裂性之中的自为的自我并不是一个先验的自我，就它存在的最初的快乐而言，它拥有存在着的我的具体性。

于是，怎样解决“在……之间”的问题呢？自我表现自身，而且进入话语和语言。对列维纳斯来说，表现就是这个说话的主体，它始终伴随他的或者她的表现。他或她不会放弃表现，而是伴随它，因为愿意去证明它，或者说实际上是证明他自己或她自己，就是要说道歉。道歉在这里并非简单地请求原谅，它意味着代表自己，而且爽快地承认在表现一个人是什么或在做什么。如苏格拉底所说的，道歉就是一种自我证明。就其个人的特殊性而言，自我的正义就是胜负未分。但是，一个道歉始

① 列维纳斯：《整体与无限》，第 192 页，匹兹堡，杜肯大学出版社，1969。

终是在他者面前。在他者看得见的地方，一个人参与自己的表现。因此，通过自我的表现和参与表现的道歉是进入社会相关性的一个入口，是社会关系。

这种在他者眼前进入正当性、公正、道歉和对自我的关注，终于表现在面对面之中。我碰到他者的面孔，而且他者看着我。这和萨特的他者不一样。萨特的他者可能会使我发呆，而且把内在性的自由归结为一个对象化的东西。他者的面孔叫我关注正当性，关注正义。面孔超越一切概念化地赤裸裸而且贫穷地表现自己。面孔不可能被整体化，因为在这儿无限终于顿悟事物的真义，我们无法从概念上规定他者的面孔。他者的眼睛毫无戒备地看着我，并叫我作出反应。他者的毫无戒备的眼神完全和萨特的外貌相反。如果说外貌可以杀人，那么萨特的主体就会是一个头号杀手。而在列维纳斯看来，外貌毫无戒备而且坦率地表现自己，就像表现自己的他者那样。因为外貌在这里好像在命令“你不应该杀人”。

伦理学并非一种和权力意志的自我结盟的工具，也许它是尼采、萨特或霍布斯的工具，去捍卫自我、反对他者，而且对他者的自由发出自我夸大的攻击。毫无戒备的面孔超出所有的工具性，而且超越一切决定性，因为它并没有构成一个规定性的目标或目的，这个目的最后可以被理解、掌握和包容。在他者面前泛滥的某物就是无限，而且这个无限乃是德行的统帅。无限的泛滥进入“在……之间”，呼唤分裂的主体回到和他者的相关性，而他者却并不想同分裂和解，因为真正的“在……之间”是一个在自我和他者之间的正义的伦理方面。

列维纳斯发现，面孔绝对是不可还原的、原初的，人们无法破坏它而进入更基本的成分。它是基本成分，不能被包含在阶级主体性的经济之中。先验现象学最后赋予同一高于他者的霸权，而列维纳斯捍卫主体的分裂性，面孔对面孔，而且捍卫他者的无限的泛滥推翻了自律的霸权。比意志自由（自律）更绝对的是一种他律。自我是为他者的，而且他者来自一个更高的向度，甚至在他者是可怜的自我、穷鬼、寡妇或孤儿时。

列维纳斯试图超越主奴辩证法,但是,的确存在着他者被认为是主人的机会,而且同一和他者之间的不对称似乎使主奴关系的另一种形式处于危险的边缘。我们发现许多因素的一种特别的混合——主体的彻底分裂,他并没有真的分裂,因为他或她使他自己或她自己通过他或她的表述处于"之间"。在"之间"的主体碰上他者的面孔,他者坦率地反对谋杀,分裂的自我的必然命运似乎是社会的。于是,他者根本上就是他者,而且自我仍然不可还原地是分裂的。因为它是它们的共同的含义和无限的责任,这似乎是最重要的事情。列维纳斯捍卫自我的个人单一性的不可还原性,而且针对启蒙运动的现代性,他恢复了一种他律的伦理学。在这种伦理学中,在无限责任中设想的对于他者的公正乃是绝对的核心。

列维纳斯认为:为了摆脱单子论和自我中心主义的困境,爱是重要的。[①] 这和他强调生育力有关。人们可能会想起苏格拉底有关产生善和美的爱的言论。爱产生超越自身的美和善,这是一种有点奇怪的说法。爱似乎是在匮乏和最后的满足中开始的,它通过克服匮乏使爱的存在获得自我满足。但是,这并不够。确切地说,自我超越自我而产生善。先验自我超越最有包容性的自我满足和自我相关性。

生育力产生超越自我的自我。我们宁可说它是对友爱而不是对性爱的承诺。因为它并没有解决对满足的匮乏,而是通过一种存在的泛滥来超越自我,而这种存在已经满足,过分满足了。由于在自身中已经满足,自我友爱地走向作为他者的他者,在这种情况下,走向作为一个他者的儿童。儿童作为他者还不知道自己是他者,儿童是对未来的承诺,一个连续和一个断裂、一个相关性和一个彻底的分裂。

在这里值得注意的是,列维纳斯特别注重父子关系,而不是父女或者母女关系。父系和子系变成了表现生育力的工具,变成了就其生殖力而言的时间的无限性。女性成了一种不确定的存在形式,而父子之间的

---

① 参见列维纳斯《整体与无限》,第 196 页,匹兹堡,杜肯大学出版社,1969。

关系也是不明确的，因为我作为父亲也是我父亲的儿子，当然在我和儿子的关系中，我毕竟是父亲而不是儿子。

列维纳斯特别重视时间的无限性，而反对他所谓的对于永恒的谨慎的自我封闭，好像无限时间的生育力将会摆平一切。但是，这并不会使他所重视的单个性和社会性的关系变好。时间，甚至无限的时间，不会彻底宽恕绝对的恶。后代人无法为降临在现代人头上的绝对的恶提供正当的辩护理由。列维纳斯并不想将现代的恶工具化，只是想从完全不同的向度来宽恕绝对的恶。这可能就是在另一种意义上和列维纳斯所自娱的“一”相对应的永恒。列维纳斯后来还谈到救世主的时间，而且说它真正的含义在别处。

列维纳斯大谈面孔的坦率性，参与自己表现的个人，以及超出自身趋向上帝的自我。但他谈得最多的还是上帝。他说的是无神论的语言，而在无神论的后面却是一种有神论。今天，形而上学家和神学家不得不隐蔽自己以摆脱无神论的追究，而对于有记载的理智史的主要部分来说，它就是无神论，而无神论不得不藏在被信仰者追究的恐惧中。

列维纳斯在后来的著作中谈到，对于他者责任的意义应该进一步加以强调。他说：伦理学是第一哲学，应该得到更加充分的发展。[①] 他在《超在或超本质的彼在》中谈论的主题就是“代替”。这里，列维纳斯发展了一种先于所有主题的无政府主义的主体性的观念。而他者所鼓舞的存在的意义处于领先地位，先于我的自我的标志是对他者的痴迷。列维纳斯把这种痴迷和一个创造物结合起来，而在这个创造物中，绝对他者的踪迹在顺利通过。“代替”是一个大胆而富有挑战性的说法，在许多方面是深刻而才华横溢的。处于一种无限责任中的他者呼唤的先验的自我正在活动着，而“代替”的概念就是说，这个无政府主义的自我就是他者的一个人质。这个无政府主义的自我在他者的位置上，在他者位置上的这种权利乃是单独或社会地活动的所有他者的根据。对于身负无限

① 参见列维纳斯《时间与他者》，第 140 页，匹兹堡，杜肯大学出版社，1985。

责任的他者来说,自我就是一个现存主体的主体。

列维纳斯喜欢引用陀思妥耶夫斯基的阿辽沙·卡拉马佐夫的话:事实上我对所有的人感到内疚,但是,我比所有的他者更加有罪。这是一种夸大责任的主张,而且有人会批评这种主张,认为这是一种伦理学的傲慢自大:我把我自己放在绝对的、用我自己代替上帝的地位上。因此,只有上帝,不死的创造物才能负责。但是列维纳斯坚持认为:人类为无限责任的良心所干扰。因为代替是一个神圣的责任,代替甚至达到死亡和献祭的顶点。列维纳斯常常被认为没有先驱,而他的独特的风格有助于造成这种印象,但是,关于十诫、证据和献祭的说法都来自马塞尔。马塞尔的天主教和列维纳斯的犹太教有着很深的亲缘关系。

列维纳斯反对先验现象学退回到以原初的我性为根据。他强调被动性,容忍预先综合的自我的他者。但是,一般来说,和先验哲学一样,他的思想方法是倒退的,是一个两者都叫"还原"的问题。他认为胡塞尔的先验现象学强调主体性、主动性,杀死了客体性、他者、被动性,而他的哲学强调他性、客体、被动性,容忍不仅先于主动性而且先于被动性的他者。这就是先于先验唯心主义的优先性。代替可能就是一切意义、语言、认知、实用以及伦理的可能性的条件。于是,作为第一哲学的伦理学可能就是一种先验哲学。它是一种否定的先验伦理学,就像否定的神学一样。

在列维纳斯的论述中,一般来说,有许多二元论思想的倾向,例如,本体论对形而上学,存在对善。这种倾向可能导致意义的多样性。例如,在"代替"中,列维纳斯总是强调在伦理责任中受到鼓舞的自我的不可代替性。但是,不可代替怎么能被代替呢?不可能存在一个对不可能代替的替代,也不可能存在一个对不可能替代的代替。人质的概念包含相等的观念:一个人对他人,一个牙对一个牙。列维纳斯的全部关于不可替代的话语都在主张先于同一性的观念及其同类的概念,如相等。

这是和代替相关的一个逻辑问题。但是,它指出了一种不仅仅是逻辑的紧张。如果我们给不可替代(irreplaceable)特权,那么就必须对人的代替有一个限制;相比之下,如果我们给代替(substitution)特权,那么我们就放弃了不可替代的绝对单一性。这样一来,我们如何同时肯定代替和不可替代呢?办法是这样的:约伯第二个孩子好像为第一个死去的孩子所替代,他们好像被代替。但是,列维纳斯的观点是,对于第一个不可替代的孩子来说,不可能存在替代,没有人能代替。

第二节　欲望、面貌和踪迹

列维纳斯的元伦理学,即他者伦理学,是关于伦理自身的伦理学。它致力于探讨伦理自身的意义,从他者的视角为具体的道德规范、公正的理念及其实证性法规修筑基础。但是,列维纳斯并非想建立某种特殊的伦理学,他要证明每种思想只有在伦理关系中才可能得到阐明。因此,他为重新理解哲学史提供了一个新的向度,即在与他者和他性的关系中重写哲学史,因而哲学史成了他者伦理学的历史。

列维纳斯的他者伦理学中有三个重要的概念,那就是欲望、面貌和踪迹。

列维纳斯认为,在胡塞尔的现象学和弗洛伊德的心理学中,欲望作为一个心理观念,主要和对象有关,它是主体占有、统治、宰割客体的表现,是一种意志行为。欲望总是要消除匮乏以平复欲望。这种欲望以满足为目的,而不管他者的感受,他者是谁,是什么,总之对象或他者对主体是无足轻重的。这种欲望是自我中心主义、利己主义的。列维纳斯认为,他所说的欲望不是一种心理欲求,而是对无限或对他者的欲望。在列维纳斯看来,他者和无限是一回事,对他者的欲望就是对无限的欲望。对他者或者无限的欲望绝对是非功利的,决不想把他者或无限据为己有,更不想和他者和解,而更多的是对他者的关注,对他者没有任何要求和期望。对他者的欲望具有这样一种本质,它没有任何匮乏,就是说,它超越了所有匮乏与匮乏的满足。欲望体现了从主体世界到他者的飞跃,也就是从我的有限性进入他者的无限性的飞跃。他在《他者的踪迹》中说:“我为了身边看着我的他者而忘了自己,我通过突破观念顽固的同时性来忘却自己,我通过牺牲自我而接近无限,这就是我对他者的欲望。”①这种欲望将他者置于崇高而理想的地位。欲望执迷于他者,为了寻找他者而完全忘记了自我,为了他者不惜冒险。因此,欲望并非强调自我感受的沾沾自喜的爱,而是严格的道德自律。真正的欲望无法通过被渴求的东西来满足,只会使欲望不断扩大,而这就是善。在真正的善中,自我微不足道,所有的意义均来自他者。善从不期待感谢,从不强调回报。他在接近目标时放弃了目标,即在到达他者身旁时,放弃了他者。

列维纳斯认为,自我对他者的欲望并非自我对他者的肉体感兴趣,更多的是在看见他者的面貌时,感受它自己因此产生了激情。这就非常明确地说明了欲望和性欲最根本的差异。就是说,欲望一无所求,它绝对是利他主义的,为了他者可以奉献自身,就像耶稣基督的受难。它只是为了让自己被他者的面貌所感动。

列维纳斯认为,自我的面貌和面孔是不同的,面孔只是一张脸,它没有表情和神韵,以图片形式出现,被曝光、复制。而面貌不单纯是一副没有表情和感受的面孔,它有着他者的特殊的尊严和光辉,以及独特的神韵,它可以容光焕发,生动迷人,它会说话。面貌是他者心灵的显现,是最原初的语言,它构成了人类交往的开端。面貌会说话,因为说话表明了自我在他者面前不仅仅只观察他者的面孔,而且还要对他者作出反应。因此,自我的说话是问候和尊重他者,这本身就是对他者的反应。在他者在场的情况下自我是很难保持沉默的,而说话正好克服了这种尴尬和不安。这与说话的内容无关,人必须说点什么,谈天说地,聊天气,侃儿孙,但见面必然会寒暄几句,回应他者,不负他人的欲望。

列维纳斯认为,面貌有一种直接性,它直接地、无保留地将自己展示出来。面貌的皮肤最为裸露,并处于最赤裸的状态。它虽然规规矩矩,却又最赤裸。“赤裸的面貌总是显得十分急迫和直接,面对着自我,仿佛

① 列维纳斯:《他者的踪迹》,第 215 页,弗赖堡/慕尼黑,1987。

是恳切的请求。”[①]面貌的恳求向我提出要求，我不能对他者的呼唤装聋作哑，忘却他者的面貌。

列维纳斯认为，他者的独特的面貌，一方面寻求我的认可，一方面又隐匿自己的身份。他者既想在认同中寻求庇护，又蔑视我的暗示，这种若即若离、千呼万唤也难窥其真面貌的他者，可以称之为谜。谜不会自己破解，它只会用踪迹显露自己。“踪迹”这个概念是列维纳斯最为独特的术语之一。这个概念变化多端，千差万别，令人捉摸不定。列维纳斯认为，踪迹不是一个符号，可它又能起一个符号的作用。但是，踪迹不同于其他符号，它保留着它的先验性，是既想表现自己，又想隐匿自己的符号。“真正的踪迹打乱了世界的秩序，体现了摄像过程中的双重曝光。踪迹最初想通过底片的第一次曝光显现自身，而又企图让底片二次曝光而消除自己的踪迹，就像留下踪迹的人，也就是想要毁灭其踪迹的人。因为他不想让踪迹去述说或行动。因此，他者的谜在我们身上留下了踪迹，而它又在同一瞬间挥发、逃逸，无影无踪。”[②]这种踪迹有点类似于回声，它身上总残存着一些既非符号又非质感的东西，它不可代替、不可重复地一次性发生，转瞬即逝。“只有具有超验的本质，才可能留下踪迹。踪迹其实是不曾在场的在场，是永远逝去而无法追回的过去。”[③]

列维纳斯认为，每个符号都是一个踪迹，因为它不仅发出了一个意义，而且发生了一个承担符号的踪迹。因此，踪迹被认为具有符号的双重含义。列维纳斯举了写信的例子。除了信本身及其内容，写信人的笔迹和风格证明了一个人的在场，这都是我们立即可以知道的。踪迹本身可以这样来解释，例如，心理分析可以通过解释无意识的意图来解释这些外部特征，而且可以得出一些关于作者的结论。但是，列维纳斯认为，信的笔迹和风格仍然是无法分析的，仍然只是踪迹。什么也没有被揭露，什么也没有被隐藏。在写信人写信时所有进入他的主体性的东西仍

---

① 列维纳斯：《他者的踪迹》，第 222 页，弗赖堡/慕尼黑，1987。

② 同上书，第 231 页。

③ 同上书，第 233 页。

然是封闭的,踪迹仍然原封未动,在踪迹中,一个绝对完整的过去已经被密封了。通过踪迹你无法揭露世界,而通过符号你可以揭示世界富饶而丰硕的原初意义。

踪迹是在其行动和语言背后的存在的重力(weight)。踪迹好像是存在的真正的持久的痕迹,是它所有否定性面前的无限权利。踪迹从遥远的过去获得它的意义,是插入时间中的空间,是世界在那里转向过去的那个点。踪迹的空间性不易理解,因为列维纳斯认为,踪迹不能被暴露,不能被发现,只能进入世界秩序,被理解为现象。当然,他认为踪迹是第三人,即他者,是出现在空间而超越所有现象的他者的面貌。遥远的过去留下了它无法回忆的踪迹,因为回忆过去就可能把它带回现在,使它成为起源或开端的主体,成为我性。踪迹的先验性并不出现在世界中,先验性可能不得不属于存在的秩序,先验性是永恒的过去。

列维纳斯指出,事物并不留下踪迹,它们只留下结果。原因和结果在视觉上并不属于作为踪迹的生存的同一等级。但是,人的干预可能使踪迹成为单纯的结果。踪迹作为踪迹并不会导致我们返回过去,而极端古老的过去的过去就会不受干扰地努力把它带回现在,似乎是变的所有的他者出卖了变的真正起源、踪迹。然而踪迹描述了一种秩序,在它出现于其中的这种秩序里,踪迹无法适应。我们无法找到踪迹,就像他者总是不在场,突然消失一样。踪迹是绝对他者的完全无限性,它是存在的他性的本源。

第三十二章　鲍德里亚

第一节　生平与著作

鲍德里亚(Jean Baudrillard)被认为是一个最有自我特色、极端反叛,而且最有争议的法国当代著名哲学家、思想家。1929 年 7 月 27 日生于法国马恩省兰斯(Lans de Marne)镇,成长于一个有农民血统的公务员家庭。他在大学里学的是日尔曼语言文学,大学毕业后,先是在一所中学教了 10 年德语,同时将布莱希特诗歌和戏剧及魏斯(A. Weiss)的作品译成法文。1956 年开始研究德国社会理论。1966 年在巴黎南特大学(Nantes Universite)获社会科学博士学位后,留校任社会科学教师。他之所以重返大学并选择社会学专业,完全是出于偶然的因素。当时社会学很时髦,但他追逐时髦却确定了一种学术生涯的轨道,并且他由此可以赚更多的钱。他觉得自己既不像一个社会学家,也不像一个哲学家,更多的时候是一个理论家。为什么不当个形而上学家呢?青年时代的鲍德里亚是一个典型的法国知识分子,在政治上很左,很积极,而且极端反叛。他在巴黎南特大学给著名的马克思主义者列斐伏尔(Henri Lefevbre, 1901—1992)当助手,也在那里讲课。南特大学后来成了 1968 年 5 月学生运动的爆发地。造反者好像意识到资本主义被证明具有抵抗力,骚动反而导致了这个受诅咒的体制接纳了改革的力量,并进而更强大起来。直到20世纪70年代后期,在左翼知识分子里还笼罩着一种鲍德里亚所谓的"完全理想主义的沮丧"。没有被资本主义表面强大的假象所麻醉的鲍德里亚是第一批从学生运动所包含的具有无限潜力的信念中摆脱出来,并在这种信念的阴影中重新走自己的路的人。他不仅告别了作为指导思想的马克思主义和扮演重要角色的知识分子的代表萨特,也告别了启蒙主义的理想和历史的乌托邦。自1968年出版《客体系统》(*Le système dee objets*)以来,先后发表了《生产之镜》(*le miroir de La production*, 1973)、《符号交换和死亡》(*L'Échange symbolique et la mort*, 1976)、《幻象与模拟》(*Simulacres et Simulation*, 1981)、《符号政治经济学批判》(*pour une critique de L'économie politique du signe*, 1981)、《论虚无主义》(*On Nihilism*, 1984)、《美国》(*Amérique*, 1986)、《忘掉福柯》(*Oublier Foucault*, 1987)、《冷静的回忆》(*Cool memories*, 1987)、《邪恶的透明》(*La Transparence du Mal*, 1990)等大批阐发后现代思想的论著。

第二节 现代社会批判

鲍德里亚的后现代理论,对现代社会的人类思维进行探索研究,涉及宗教、伦理学、社会学、心理学、医学和现实生活等各个领域,在法国和美国产生了极大的影响。他的哲学思想形成了一种新思潮,对人们的思维方向和方式起着引导作用,作为一种新的理念渗入我们的思维活动。

鲍德里亚在他早年的作品《符号交换和死亡》中对现代性及西方文化的总体状况作出了悲观的估计。他认为,克服现代资本主义文明的总体弊病,需要一种完全不同于马克思主义革命的"价值结构的革命"①。在资本主义社会中一切都成了商品,而商品的交换价值高于其使用价

① 鲍德里亚:《符号交换和死亡》,第17页,慕尼黑,1982。

值。金钱是商品在交换价值中体现出普遍性的等价物。在现代资本主义社会中,包括人在内的所有物品,不管是生产的还是消费的,都可以折换成金钱。就是说,金钱不仅在经济领域,而且在整个社会文化领域内横行,社会和人都折换成交换价值。根据经济学家和马克思的价值规律,索绪尔的价值规律就变成一个社会制度中的每一个体只有在与其他个体产生关系即进行交换时才具有价值,每个个体本身并不存在价值,只有在基本元素的完全交换之中才产生价值。这就是语言学和结构学意义上的价值规律、今天在实际运行着的价值规律,也符合经济学价值规律。按索绪尔的说法,符号与概念所表现的只是与在其之外生存的某物的关系。鲍德里亚认为,他所鼓吹的虚无主义正是要打破这种表现方式,或者说这种关系。因为他认为,符号是空洞的,它其实什么也不是,什么也不能代表,只能在不对外物作任何提示的情况下表现其他符号。因此,他提出,必须把符号从古老的必须符合某物的责任中解放出来,从而使结构和推理游戏获得自由。在这里,意义只拥有某种不可能实现的体系化的影响。语言或者符号作为文化的象征纽带实际上等同于数字逻辑的 0 和 1,即二进制。数字在这里所取得的胜利,不仅仅是为它自己的,反而首先是因为在语言体系内它与其他表现方式有区别。不同的概念和价值标准,其实都是广阔数字推理空间的游戏符号。它们自给自足,并不断进行再生产。这样一来,每种内容实际上都是在无差异性的吸引力作用下继续沉沦。

总之,整个社会文化似乎进入了一个模拟时期,成了一幕滑稽剧。文化已经步入"伪病态"时期。伪病态时代将通过无处不在的从前的矛盾对立概念的相互沟通来拓展地盘。在流行模式中美和丑沟通,在政治中左派和右派沟通,在媒体传播中真和假沟通。所有崇高的人文价值标准,所有道德、美学和实践教育的整个文明的标准,都将从我们的影像和符号体系中死亡。一切都变得虚幻不定,这就是符号统治的特征代码,而这些代码是建立在中性或共同性的基础上的。

鲍德里亚由此描述了一个和尼采意义上的虚无主义相反的虚无主义的进步时代。因为尼采认为,虚无主义就是最好价值的丧失,即真和善的理念、科学知识的基础和人类行为的伦理原则的解体。而鲍德里亚认为,在当代世界符号统治之下,失去的还有真实原则。由于当代世界为各种信息和通信技术所充斥,它们所产生的影像充溢了整个社会,所以人们过去直接获得经验的本能已经瓦解,他们无法再很确定地去判断什么是真的,什么是假的。在这些影像和符号面前,真实变得无法真实,变得更具人工加工的痕迹。真实隐身于其自身的影像之后。虽然影像常会混淆视线,但真实的法庭仍然存在。面对符号世界,它倾向于真实的立场。这就是鲍德里亚从理想主义到伪病态的基本原理。这是个颠倒的世界,理想主义的真实变成了伪病态。也就是说,人为的粗制滥造和陈词滥调战胜了真实和对现状的实际反映,真实则向旅游模式屈服,并很快改变了自己。伪病态是一种谎言的方式,以一种看似真实的表述方式来表现其接近真实,也就是一种以真实的方式表述的谎言。人们将这种所谓的经历编入程序,使人记起关于过去的,但实际上并不存在的传统因素。这样就好像进入了电视系列片的环境,好像人们可以打开屏幕进入内部一样。鲍德里亚用他的伪病态理论表现出生活世界的这种唯美主义趋势。他认为,这种伪病态可以在所有社会生活层面和领域中发现,不仅在时尚和大众媒体中,而且应该在经济、政治甚至性之中去发现。但是,他的分析总是倾向于无效,总是那么自相矛盾,鲍德里亚最后也成了自己理论的牺牲品。

鲍德里亚认为,为了打破伪病态的封闭状态,根据社会学和人类学的理论,我们必须回到原始社会的"给予"和"偿还"的体系,也就是使用生命和死亡进行交换。在原始社会,这首先表现在乱伦禁忌和成年仪式上。"因为对于一个年轻人来说,他进入的不过是活着的成年人与死者的循环往复而已,即他们被给予,然后又须偿还,这样他们会得到象征性的承认。另一种情况是妇女的循环性,即她们所要求的只不过是在社会生活中的真实地位,也就是社会能给予,并能偿还,即接纳她们,而不是被父兄阻止。”[①]相反，现代社会是建立在死亡的压迫之下的，这导致了对无穷的符号交换的排斥。但是，在一个死亡压迫下的社会里，仅仅是压迫的挑战就可以导致体系的毁灭，这种体系必须作出回答的给予，只有在令人蒙羞的惩罚中，才能明显看出仅仅是死亡的给予。在对死亡和自杀的多种挑战的答复中，制度自己必须自杀。在这种冒险性的假设之上，鲍德里亚提供了自我牺牲的许多形式，如自焚、撞车、恐怖主义、绑架人质等。[②] 后来他才认识到，他所建构的死亡反抗虽然非常具有反叛性，却毫不现实。他对一种更深层、更真实的秩序失去信念，对这种作为文化人类学原则的符号交换失去信心，而对那种通过人的主观性超越体制的行为却表示赞赏。

鲍德里亚后来放弃了主体性的观点，转而求助于客体性。他认为，只有从客体，即从事物本身出发，才是一种由人自身进行的、有希望对伪病态作出反抗的行为，其中当然包括攫取世界权力的计划。就是说，客体的变化、名称和策略战胜了主体的理性。客体既非双倍的主体，亦非主体压迫下的产品；既非幻象，亦非幻觉；既非镜子，亦非反射。它具有自身的策略、自己的游戏规则，与主体无关，因为它本身具有无穷的讽刺，而非因为它本身的神秘。

鲍德里亚认为，人们所相信的这些以科学、技术和语言为中介的物体，引诱主体误入歧途，甚至酿成不可挽回的恶果。物体的这种复仇和反抗的行动，使主体陷入一片混乱，而物体的反抗并没有什么目的或意义，仅仅是出于客体的阴险和物体的惰性而已。

鲍德里亚认为，在后现代社会中，金钱、信息和性必须实现自由的大循环。作为核心概念的信息所包含的所有内容的象征性的事物必须是可以交换和可以流通的。而语言则处于令人迷惑和难以理解的混沌状态中，在似是而非却又充满魅力的状态中存在着。信息技术作为无所不

---

① 鲍德里亚：《符号交换和死亡》，第 66 页，慕尼黑，1982。

② 参见同上书，第 261 页。

包的交流原则及其载体,反过来却包含了一种通向平等的压力,同时它也是另类性、陌生性和不同的结合,而那种封闭的、难以承受的另类则作为计算机病毒在体系内活动。

鲍德里亚认为,在形而上学终结之后,世界变得深不可测并失去了真实性。因为关于真实的思想或理论,实际上只是一种幻象或错觉。在这种意义上,符号的凯旋和胜利是不可逆转的。因此,理论作为符号的体系只能是一种对真实的挑战,而真实也只是作为一种对理论的挑战而存在。理论只有一种机会改变自己,即和真实的变化保持同步,这样它们可以不断进行对抗。

鲍德里亚对于伪病态的批判,也就是对破产的整个西方传统的批判,但是对他的批判我们不必当真,可以当科幻小说来读。

第三节　客体的技术系统

鲍德里亚认为,技术是构成后现代世界或后现代心理的主要因素。自从人类发明技术以来,先进社会的人们都十分迷恋它,技术总是和未来、新颖、差别和进步联系在一起。我们也用技术来给我们的社会下定义,如石器时代社会、计算机时代社会等。一般来说,这种用技术描述的社会大多是线性的、技术先进的进步模式。但是我们也发现,对技术的这种叙述很少考虑技术的负面效应,如消费客体的过剩、发达世界的军事和医学技术、从冷战到星球大战的技术竞争所支持的意识形态对抗。在西方,一直存在着一种分裂:一部分人认为技术是拯救世界的宏大叙事而支持新技术,如基因工程;而另一部分人认为技术是毁灭世界的魔鬼而反对技术。鲍德里亚认为,后现代性本身就分裂为两派,支持“软”技术的和支持“硬”技术的。前者希望把前现代的农业实践和当代关于农业生产的知识结合起来,后者希望看到一种控制论的未来,即通过新的计算机技术获得有机的和人造的世界。所有这些技术选择和概念都使鲍德里亚感到着迷、着魔,特别是主体所体验的那种现在已成为日常生活组成部分的技术。鲍德里亚当然也批评了技术进步的宏大叙事，他论述了技术客体在他理论中的地位和作用，特别是在现代向后现代转型中的作用。

鲍德里亚指出，当代法国社会已经成为一个消费社会，在这方面美国是法国的榜样。因为“需求和消费实际上是生产力的一种有组织的延伸”[①]。但他力图根据法国的情况炮制一个更首尾一贯的消费理论。他利用一个传统的向自动化转变的观念从理论上阐述现代机械化的客体。在考察古代情况时，鲍德里亚注意到，凡是人类主体所缺少的，都被投给了客体。例如，某些追求社会地位的人可能会购买一幢豪华的房子，我们在房子里可以看到艺术的客体，例如祖先的画像，但房子的新主人压根就没注意到这幅属于他自己的画。就是说，客体的形式并不一定和它的实用功能有关。以 20 世纪 50 年代美国的巨型小汽车及其尾翼为例。尾翼本身代表速度，而实际上它是根据制动器和实际可以达到的速度重复生产出来的，因此尾翼是空气动力学的想象力的代表。尾翼是一个符号，不是实际的速度而是一种极端的、无法测量的速度的代表。它代表一种非凡的自动化，一种光荣。这些尾翼所产生的速度因此是绝对的，就是说，速度决不可能退回去的现实属于抽象了的超现实。所谓现实又叫虚拟现实，是由计算机语言或代码生产的，它是一个由数学模型生产的世界。绝对速度的例子是当代公路跑车，绝对速度在同等速度下实际上比家庭充气气球更慢。家庭气球看起来比跑车慢，而且决不会属于某些喜欢跑快车道的人。开快车的人，他的车的型号就已经代表他喜欢绝对速度，但这并不是他在城市交通不畅时或在机动车道上的实际行为。鲍德里亚指出，功能上毫无用处的尾翼所代表的非凡的自动化是可以反复生产的。但是，由于制造商的花言巧语，小小的尾翼对于消费者来说成为必不可少的东西。自动化对于消费者代表了技术的进步。鲍德里亚用汽车操纵从手动到电动的转变批评了这种所谓的技术进步。他认

① 鲍德里亚:《消费社会》，里奇英译，第 76 页，伦敦，1998。

为,这种转变并不一定说明机器自动化了,反而使机器更依赖机器体系之外的电池,机器本身变得更复杂,而死电池使车更不易起动。但是,按技术进步的宏大叙事来说,手动车现在似乎完全过时了,而电打火才是现代的标志。吹捧自动化是进步动力的宏大叙事使"实际"功能服从功能的陈规陋习。鲍德里亚认为,抽象的自动化的理想因此说明了机器将如何被选出来,虽然这意味着要牺牲某些改进或完全不同的设计。

鲍德里亚讨论的技术客体的第二个转变是非确定性的转变,或者是模糊逻辑,它允许机器对外部偶然的信息作出回应。和汽车这种自我封闭的自动体系不同,非确定性机器是一种开放系统。这种开放系统可能是一幢办公大楼里的中央空调系统,它在天气变化时自动作出反应而无需外部人的控制。但是,这种体系仍然为抽象的自动化的观念所控制,然而它可能对变化开放,而且这正是鲍德里亚所说的技术客体的这个方面给主体更大的快乐。他说,对于使用者来说,自动化意味着根本就没有主动性,而且这种过程的快乐是体验到一种神秘的满足感。自动机自动地不停工作,而且自己作出决定,因此不可避免地被认为和主体相似,变成了一种新的拟人的东西。现代技术最早关注的是制造最有效率的实用工具,而最新的拟人技术关注的是自动意识、机械的力量和特性。但是,人类主体现在变成了技术客体发展的障碍,就是说,主体不仅阻碍了技术客体的发展,而且它被揭穿就是当代社会内部的客体本身。

在今天,我们周围的技术客体是怎样发挥功能的呢?它们已经深入我们的生活并且使我们的生活发生了实质性的改变,例如,"家具的安排为一个时代的家庭和社会结构提供了一幅忠实的图像"①。它只是一种表面的装饰性不同吗?鲍德里亚认为,正是这种巴洛克式的东西真正开创了今天的新时代。就是说,技术客体并没有真正发展,只是一种生活风格的附属品。巴洛克只不过是16世纪晚期到18世纪初欧洲流行的一种建筑装饰风格。在今天,客体已被想象接管,因此自动化向整个想

① 鲍德里亚:《客体系统》,本尼迪克特英译,第15页,伦敦/纽约,1996。

象功能的世界，以及全部机械造的客体领域敞开了大门。在这里，非理性的复杂性、迷人的细节、古怪的技巧或形式主义扮演了重要角色。说技术客体只是装饰而没有功能是不对的，因此，我们现在问“技术客体它工作吗?”而不是“它作什么?”我们说技术客体工作就是它的超功能性。就超功能性而言，技术客体不是实践的，而是摆脱不了的；不是实用的，而是功能的。就是说，客体或机件不再为世界服务，执行某些有益的任务，它为我们服务，为我们的客体应该和可能做什么的梦想和冲动服务。鲍德里亚称之为“空洞的功能主义”，意思是“机件”或“装置”，可以译成“玩意”或“物件”。物件是一个对任何人都没有实用价值的客体，也没有一个专名。任何不同客体都可能是“物件”，例如 20 世纪 80 年代流行在汽车后备箱上贴胶条以防静电，但这并没有任何科学根据。这种情况反映了语言落在不断产生新物件的潮流之后，也许是缺少概念，因此物件的功能变得神秘起来。如果物件是一个神话制造的装置，因为它不是通过清晰的逻辑理性来运作，而是按照个人使用者的残缺的个人神话学运作，那么物件是一种下等技术客体。物件不如机器吗？鲍德里亚认为，物件不是一种下等技术客体，因为它是在想象中而不是在现实中运作的一种客体。这里我们可以看到现实和超现实之间的区别。物件是按照纯功能的模式构造出来的，而通过模型构造的现实只是后现代的“超现实”。物件代表了人们相信技术客体的普适性。因此，相信物件的普适性就是说自然可以变成物件总是可以改善的某物。而相信技术始终会改变自然意味着自然本身可以像一个技术计划一样被构成。在自动化过程中，人类主体把自己普遍化为一个总是可以通过物件得到满足的功能存在，而物件为那个功能性的梦所限制，因此被还原为人类决定的非理性。在这里，人们存在着一种对前者的发展的反抗，拒绝说明主体和技术，而后者，如果曾经有过理论化的话，那么把功能的梦强加给技术客体或物件的可能性是很罕见的。世界是从一个完美工作的功能性梦想变成了理想的完美工作的身体的。

鲍德里亚认为，显而易见，技术客体并没有体现进步的宏大叙事，相反,技术客体受制于它的拟人的形式,受制于使用人的迷恋和欲望的世界来解释它。因此,客体是功能失调,妨碍了真实的发展。但这并非鲍德里亚从理论上使客体功能失调的唯一方法。这里可以举科幻小说中的机器人为例。机器人不仅是完美的技术客体,而且是一个机器奴隶。一个理想的机器人可以做人类主体能做的一切,包括生小孩。而且进一步说,它自然会超越这样的事实:它首先是一个机器人,因为它的模仿能力可能是第二档次的模拟能力。就是说,原型和复本之间无法区别。

鲍德里亚指出,技术是在一个被剥夺了象征向度的世界中存在的补偿模式。人类主体和象征行为过程之间的关系已经部分地由于示意活动变为技术客体而被分裂了。现在正是世界中的客体代替了世界中的人类主体,而人类主体变成了一个无用的旁观者。世界的复杂性不再出现在象征交换的时刻,但也并不存在于日常生活中的技术客体之中。但是技术客体,甚至它们的理想化的功能都脱离象征了吗?客体的拜物教又如何呢?鲍德里亚对当代拜物教的分析源于马克思的商品拜物教。他认为,拜物教这个概念有它自己的生命,它描述了一个客体被赋予魔力的过程。而商品拜物教是受到嘲笑的宏大叙事之一,因此从具体的生产到交换的转变被抽象的劳动关系和后来的异化所取代。但是,从基本上来说,拜物教这个术语由于自从启蒙运动以来所承担的道德负担而遭到拒绝。就是说,拜物教这个术语并不是简单地用来描述原始文化和实践,而是用来谴责它们的偶像崇拜观念。而鲍德里亚并没有提到拒绝拜物教对于一神教来说也是一个内部政策问题,他认识到,对于被赋予魔力的思想分析来说,拜物教已成了一种隐喻,它可能是原始的或者当代的。反之,在人类学分析中,分析本身就没有发觉,原始拜物教包含部落集团控制的能量转换、占有和效益的观念。这个过程在这里称为世界的理性化。确切地说,所有的拜物教活动都基于对符号的迷恋。人们并没有认识到,当代对于消费者客体或身体的拜物教,成了拥有象征价值的某物,而整个过程在这里就是认识到这是个空虚的价值。无数的消费者客体注定不是为了实用而是为了更迅速地处理商品而购买,他们是在挥霍，而不是消费。我们的消费同时是毁灭，但是我们企图摆脱这种命运，人们陷入消费的怪圈而不能自拔。

西方的消费社会不仅需要它的显示身份的客体，更需要毁灭这些客体。因此，媒体的兴趣从关注生产英雄转到消费英雄，这些消费英雄统治着大众文化。但也有唱反调的人，他们认为过分浪费的消费毁坏了环境。浪费是主体的过分的恶的行为，糟蹋了人类有限的共同资源。撇开日常必需品不谈，为了规定社会地位和财产的象征价值，鲍德里亚建构了一个富裕和浪费的结构模型。富裕并非拥有足够的客体，而是太多，超过了实用的水平。浪费，与其说是资本主义体系的某种无用或危险的副产品，不如说是瞧不起贫穷，针锋相对地摆阔显富。“贫穷不存在于贫民窟中或贫困区中，而存在于社会经济结构中，或者说，贫穷和富裕是任何社会中的结构性因素。”①浪费没一点实用性，纯属满足富人的心理、社会和经济的自尊心。西方社会的消费观从根本上说就是要刺激大众消费，培养购物狂，扩大利润。

鲍德里亚指出，面对作为技术客体汹涌而来的商品大潮，我们在什么地方以及如何购买或者消费这些商品就成了头等大问题。超市或购物中心成了最时尚的去处。在那里，技术的和其他的客体成了超商品。超市成了人们新的体验技术和消费的空间、体验日常生活的空间。超市扩大了人的存在的空间。

第四节　美国和后现代世界

鲍德里亚认为，美国就是后现代之地。说美国是后现代之地包括许多因素：广袤的土地、繁杂的文化多样性、光荣的历史和意识形态观念（如美国梦、世界警察等）。美国“既非梦想，亦非现实。它是超现实”②。

现代是优越的空间，是19世纪和20世纪初的城市：一个理性、工业

① 鲍德里亚：《客体系统》，本尼迪克特英译，第56页，伦敦/纽约，1996。

② 鲍德里亚：《美国》，特纳英译，第28页，伦敦，1988。

化、自由和进步之地。现代城市通常是在大帝国的中心,创造了城市和乡村、市区和郊区以及简单的当代和过去的对立。在新世界的美国,现代城市大放异彩:新建筑技术使办公室和住宅的空间密度以几何级数增长,未来的城市变成眼前的现实。现代建筑技术的新观念是抛弃旧技术而不是改造它。因此,现代建筑技术是钢铁和玻璃的完美结合。就是说,建筑史现在从新建筑方法开始,过去被否定而且落在后面。最伟大的现代主义建筑语言是乌托邦,它的基本信仰是用理性治疗社会的弊病。在人们工作和生活的方式及他们可能居住的方式之间的新的功能关系中,家现在就像一架机器,和工业革命初期工人居住的有害健康的贫民窟相比,家还是式样雷同的有采光和空气的居住单元。建筑师不仅试图解决过去的问题,如劣质建筑,而且企图解决新问题,如工业革命之后的住宅短缺。但是,对于广大工薪阶层来说,新建的市区十分糟糕,混乱而吓人,人口密集,空气恶劣。人们感到孤独、异化。城市像个机器,使主体的生活空间变成就像在工厂的生产线上。现代城市就是权力中心,计划人们的经济、文化和道德优势。

一座后现代的城市是怎样的呢?鲍德里亚描述了他的纽约印象。纽约的交通繁忙而危险,令人神经冲动而紧张,就像能量冲出电池。每个人都陷入人流,就像储入电池。在一个机器化的世界里,一个人就可能引起一系列后果。后现代的城市不再是工作的地方,没有过去那种中心化的权力,不再控制周围地区,而且市区很少。人们不再从郊区蜂拥挤进市区,而建立了无数的卫星城。后现代的城市是非中心和发散的,比如纽约同时是世界的中心,又不是这种中心。鲍德里亚描述了纽约和巴黎街道的不同。巴黎的街道只是在革命高涨时才周期性地和分散地活跃起来,而在其余的时间里它们只是匆忙的人们的通道。然而,在纽约,街道永远处于革命的骚动中。纽约的马拉松已经成了这种拜物教行为的一种国际性的象征,代表这种疯狂行为的口号是:我做到了!纽约是一个自由而疯狂的城市,充满了现代城市的能量和魅力,但它没有真实的目的。纽约总是处于一种速度、噪音和过度消费的末日状态、永恒的游戏的状态，带着一种完全割断和大自然关系的人造性，这个地方不再和自然对抗。纽约就是一幅超现实主义的画或文本，就是对这种巴洛克状态的最后嘲讽。纽约产生了欲望中烧的群众的潜在的无政府状态，这座后现代都市由于一系列的变化而变得非中心化和分散化。后现代的纽约就是美国的缩影。“美国这个已实现了希望，因而也不再有希望的社会，这个模仿世界的超现实的社会也正是世界的未来。”①

作为后现代之地的美国，最令人赞扬的一个方面就是它对封闭的拒绝和否定：它的开放性、不断的游戏、多元的视角、创造某种彻底的新的东西的无限机遇。那么，后现代主义如何对待宇宙大爆炸或者千禧年这些事件呢？鲍德里亚认为，还有更坏的事件等待我们去应付：我们毕竟无法达到我们的“目的”。他认为，现在威慑因素已经成功，我们必须习惯于这样的观念，不再有任何目的，也将不会有任何目的，历史已经变得没完没了。人类错过了大爆炸，而现在，通过超现实的运作，人类将错过目的。目的这种无限的延期，由于回避现实而导致的不是历史的停滞，而是历史的“翻转”。他认为有时，如在20世纪80年代，历史转向了相反的方向。鲍德里亚的确试图发现时间中的点，即我们从象征滑向模仿，从真实滑向符号的那个点，而且在许多方面，他的全部事业总括起来可能就是以形象的和幽默的方式描述这种滑动。

第五节　模仿、超现实和内爆

鲍德里亚早年曾致力于把他所了解的那种黑格尔式的马克思主义和当时最时髦的符号论，以及弗洛伊德的精神分析理论融于一体，创造一种新的马克思主义的社会发展理论。根据这种拼凑的杂拌理论，他对发达资本主义社会中的所谓客体系统、消费社会、媒体与信息、现代艺术、当代时尚、性和思想、女权主义等一系列问题作了精彩而独到的阐

① 鲍德里亚：《美国》，特纳英译，第99页，伦敦，1988。

释。他认为,在当代发达资本主义社会中,由于消费品及其售后服务呈几何级数的增长而形成了一个新型的大众消费系统,资本主义彻底进入了一个所谓消费社会的时代。在这个消费系统中,消费主体被作为消费客体的商品所组成的消费网,或消费客体系统所控制、吸引、蛊惑,甚至个人的认知、思想和行为也为这种客体系统所左右。这种情况充分说明,在发达资本主义社会中,人们的日常生活已经完全商品化,一切都可以交换,一切都成了交换价值。而作为客体的商品成了一些符号,被组织到指意系统中。这些新的指意客体系统制约并建构了作为主体的消费者的需求、想象和行为。消费者主体通过各种方式同构成他们日常生活的客体商品和符号系统相互联系,而且熟练地使用、统治或者被统治于这个消费系统。消费主体和这个客体化的商品系统的关系构建了一种新技术秩序、新的日常生活领域、新道德和新文明。

鲍德里亚认为,迪士尼乐园及其周围的乡村带有第三种模仿秩序的特色。第一种模仿秩序可能是:对现实(一本小说、一幅画或一张地图)的表象显然恰恰是一种人造的表象。第二种模仿秩序发生在从文艺复兴到工业革命时期,如剧院、时尚、巴洛克建筑艺术和民主政治。它的突出特征是混淆了现实和表象之间的界限。鲍德里亚举了一则例子。寓言中说,帝国的绘图员画了一幅十分详尽的地图,精确地表现了帝国的全部领土,就是说"地图"和真实的领土再也分不清楚了。因此地图变得像真实的那样真实。这是一种人为的真实。它的规律是自然价值律,即它再现或体现自然法则。第三种模仿秩序创造了一种"超现实",即没有原型或现实的真实模式所创造的一种超现实。在第三种模仿秩序中,这是一个颠倒的秩序,模式先于真实,即地图先于领土。但是,这并非说在现实和表象之间有一点模糊,相反,这两者之间完全分离,因此,颠倒成了不相干。这种秩序开始于工业革命。这时社会生产已经完全机器化了,工业产品即商品是从流水线上生产出来的标准化系列产品,完全大众化了。它的规则是工业价值规则,也就是说,技术本身和机器生产构成了新的社会生活现实。第四种模仿秩序就是我们所面临的当代社会现实。它是一个由通信网络、信息技术、传播媒介和广告艺术制造出来的各种各样的模型所构成的虚幻世界，是一个纯粹的仿真秩序，其实真实已经退出现实，只有各种模型和符号的互相模仿。它的规则是结构价值规则，它由各种模型及其相互之间的差异和关系所构成。总之，“模仿是现实的忘乎所以”①。

鲍德里亚认为，第三种模仿秩序的这种超现实(hyperreality)是由算法规则，或者说是通过数学公式生产的，就像计算机符号所虚拟的现实。就是说，它完全脱离了模仿、表象和意义，就像在数学公式的世界里。最重要的是，超现实并不存在于善和恶的世界里，因为根据它的行为，它本身是可以度量的。

就第一种和第二种模仿秩序来说，现实(真实)仍然还存在，而且我们可以度量和现实相对立的成功的模仿。令人担忧的是第三种模仿秩序。在这种秩序中，模型产生的所谓超现实是一个没有真实原型的世界。对象与表象、事物与观念或者现实与符号的关系已不复存在，存在成了由各种高科技生产出来的没有原型而互相模仿的符码。由于真实的东西已不存在，虚拟的东西更成了游魂野鬼。在这种秩序里，人成了空壳，他们的经验和行动完全由这种秩序来决定和建构。在铺天盖地的各种形式的广告的狂轰滥炸之下，消费者已完全丧失了购买商品的自由，他们成了广告商的提线木偶。在电视宣传和主流意识的话语霸权统治下，他们已丧失了自由思考的可能，只能鹦鹉学舌地重复政客的陈词滥调，把从传媒所获得的符号和模型偶像化。他们成了高度顺应性的大众，沉默的大多数不再具有社会性而只有统计性。

鲍德里亚认为，超现实是通过计算机软件或者类似的系统所产生的虚拟现实，或者说，是纯粹的符号与符号之间的模仿。这是当代社会，即所谓后现代社会的一个重要特征。在后现代社会里，没有现在、没有将来，更没有历史，虚无主义盛行。消费主义和顺从主义统治下的大众日

---

① 鲍德里亚:《决定性的策略》，第 9 页，伦敦，1990。

常生活充斥着嬉皮、玩世不恭和享乐道德，人们通过消费实现自己，证实自己的存在。在这里，所有传统的对立，雅和俗、贵和贱、阶级、穷与富都已烟消云散，所有关于真理、意义、权力和革命的华丽辞藻都成了明日黄花。

鲍德里亚认为，当代发达的资本主义社会，特别是以美国为代表的新型消费社会进入了一个新的模仿时代，迪士尼乐园就是一个典型例子。计算机、信息技术、广播传媒、自动控制系统、移动通信、网络媒体，以及根据符号和平共处的模型建构的社会组织结构，已经取代了工业在社会化大生产中的地位，成为信息社会的统治结构。现代是一个由工业资产阶级统治的工业生产的时代，而后现代的模仿时代则是一个由各种模型、数字、符号和控制论支配的信息与符号的时代。在这个令人眼花缭乱的信息时代里，主宰社会生活的新的社会秩序是由各种获得自己生命的模型、符号和数字建构的，人们生活在由各种模型、符号和数字构筑的环境里，一切都成了数字和符号。“模型、数字和符号构成了真实，真实变成模型、数字和符号，模仿和真实之间的界限已经彻底消融，从内部发生了爆炸，即内爆。内爆所带来的是人们对真实的那种切肤的体验以及真实本身的基础的消失殆尽。”①

鲍德里亚认为，后现代的数字和信息的新型社会文明的特征是一切从内部的爆炸，而作为现代性特征的西方大工业文明的特征恰恰相反，我们称之为向外的爆炸，这种外爆具体表现为商品生产、科学技术、资本和劳动力，人口和国家疆界不断地向外、向全世界的扩张。就是说，工业资本主义的社会生产力的不断变革与提高，新的交通与通信方式的出现，以及整个世界的殖民化进一步表现了这个外爆过程。因此，新技术的迅速不断的涌现，工业产品的不断分化，以及商品和社会服务的持续迅猛的增加和完善，正是现代性的外爆。

鲍德里亚认为，与这种外爆相反，后现代的数字和信息文明的内爆

① 鲍德里亚:《模仿》，第 23 页，纽约，1983。

反映的是一种导致社会各种元素之间界限不断模糊、分裂和崩溃的社会熵增大的过程。在这个过程中，意义消融、内爆在广播和传媒之中，而广播和传媒、社会组织也在大众中分裂、崩溃、内爆。制造传媒、信息和符号的技术在社会各个领域传播、渗透，无孔不入，制造了无数木偶和傻瓜。信息流、娱乐流、广告流、物流及政治流的彻底中性化使意义变得平庸乏味，成了折中主义的杂烩汤。因此，铺天盖地、无孔不入的狂轰滥炸的信息，持续不断地鼓动和教唆人们去购买、消费、享乐、旅游、选举、填表和参与的社会活动，使社会大众不堪其扰并充满反感。麻木、沉默而忧郁的大众对这一切意义、信息和教唆蛊惑已心神俱疲，内心充满了爆炸。一切都消失殆尽，连社会也无影无踪。各个阶级之间、各种意识形态之间、各种文化形式之间，以及传媒的符号制造术与真实本身之间的各种界限均已崩溃、瓦解、内爆。整个发达资本主义社会都已从内到外爆炸。整个世界似乎已经没有任何界限，一切事物都已坠入一种令人眩晕的激流之中，政治与娱乐之间、资本与劳动之间、俗文化与雅文化之间的一切旧有的界限或差异，都已内爆为一种毫无差别的模仿流。

鲍德里亚把政治经济、媒体和控制论结合在一起，描绘了一个充满模仿和新技术的全新类型的后现代社会。在后现代社会里，对意义进行了一场广泛的革命性的解构，意义已不存在，这是个虚无的世界，理论漂浮于虚无之中，没有任何可供停泊的安全港湾。这里的一切毫无例外都是赤裸裸的、可见的、外显的、透明的，而且这一切总是处于流动之中，令人无法把握。符号的意义已经彻底死亡，变成了冻结的形式，这些符号和形式不断地重新反复地组合出一些新形式、新符号。在这种符号与形式的不断加速的增殖过程中，内爆与惯性迅速膨胀扩大，最终超出了极限，使内爆与惯性自身也在惯性中走向爆炸、崩溃。

面对后现代社会的变幻无穷的场景，鲍德里亚表现出了一种非常矛盾的心态和反应。他的心态时而忧郁、绝望，时而迷惘、眩晕，时而怀旧、嘲讽，时而戏谑、荒诞。他的反应反叛而无奈。他认为，在当今的高科技社会中，可怜的主体的往日霸主地位已经一去不复返了，主体彻底衰落了,如今主体反而成了客体奴役和驱使的对象。识时务的人们应当向客体系统投降,放下架子虚心向客体学习,放弃企图重新统治或奴役客体的痴心妄想、黄粱美梦。对于卢卡奇、法兰克福学派所担心的人类主体性的衰落,即主体会被异化成和物一样的东西,鲍德里亚却开出了相反的药方。他认为,人们应该抛弃自身的那种主体性的迷梦和自大,明智地使自己变得更客体一些,而妄图改造和统治世界简直是痴人说梦、缘木求鱼。人们必须放弃这种命定的主体策略,转而采纳与时俱进、顺天知命的命定的客体策略。

鲍德里亚所谓客体的命定策略,说白了就是所谓物极必反。他认为,只要将当今发达资本主义社会客体系统的逻辑推至极限,就能使该系统转化为某种新的不同的东西,从而实现那些寻求新社会的激进左派所希望的革命变革。他说,要想消灭一种系统,就必须将它推向超逻辑,迫使它成为一种过渡的实践,就像蛮不讲理的分期还款那样。你不是要我们消费吗?那好,就让我们不停地而且更多地消费吧!见什么就消费什么,为任何一种毫无意义的荒谬的目的而消费。但是,这种命定的策略在实践上毫无结果,根本不可能给资本主义任何触动,更不用说什么颠覆或革命资本主义了。它纯粹是儿童魔法。

鲍德里亚的理论最后蜕化为空洞的政治口号和华丽的辞藻。为了适应当代社会的快速、时尚、肤浅和片断化的节奏,他的理论堕落成一种超级商品,甘心充当兜售和宣扬西方最时髦的思想及态度的一种工具。

第三十三章　福　柯

第一节　生平与著作[①]

福柯(Michel Foucault)1926年10月15日出生于法国西部小城普瓦蒂埃(Poitiers),他的父亲是当地的外科医生。福柯17岁时,进入普瓦蒂埃中学的法国高等师范学校文科预备班准备入高师的考试,经过两年的学习,他于1945年参加了进入这所名校的考试,但是榜上无名。1945年,福柯来到巴黎继续复习,准备再考。在巴黎的文科预备班中,福柯听了有关黑格尔《精神现象学》的讲解,这对福柯后来的思想影响极大。[②]1946年,福柯考入巴黎高等师范学校。在校期间,他博览群书,阅读了黑格尔、马克思、尼采、胡塞尔、弗洛伊德、海德格尔、卡夫卡等人的著作。1949年6月,福柯以《黑格尔〈精神现象学〉中的历史先验性构成》为题目,通过了毕业论文答辩。福柯受他在巴黎高师的辅导教师阿尔都塞影

① 本节内容参考了迪迪埃·埃里蓬《权力与反抗——米歇尔·福柯传》,谢强、马月译,北京大学出版社,1997。

② 主讲者是来自法兰西学院的伊波利特(J. Hyppolite)教授。福柯在他的博士论文《古典时代癫狂的历史》(“histoire de la folie a l'age Classique”)中对伊波利特大为赞扬。后来福柯接替了伊波利特教授在法兰西学院中的职位。福柯甚至称自己取得的一切都应归功于伊波利特。

响，于1950年加入法国共产党。这一年，福柯还参加了大中学教师资格考试，未被录取，但是坚韧的福柯在次年通过考试。在这之后，福柯对精神病学极感兴趣，他接触了瑞士精神病学家卢·宾斯万格尔(Binswanger)本人及其著作，这使他从梅洛-庞蒂式的现象学的精神病学转到了病理的精神分析学。福柯还在精神病院实习，在巴黎高师讲授心理学。1954年，福柯完成并出版了他的第一部著作《精神病与个性》(*Maladie mentale et personnalité*)。

1952年10月—1955年6月，福柯在里尔大学担任心理学助教。1955年，经由印-欧神话学著名教授推荐，福柯赴瑞典乌普萨拉大学任教。[①] 福柯在乌普萨拉着手为他的《古典时代癫狂的历史》准备资料，在他于1958年离任时，书稿已完成大半。[②] 1961年5月20日，福柯以他的上述书稿为题目在巴黎索邦大学通过了文学博士论文答辩，这也标志着福柯已经具备了大学教授的候选资格。

在斯大林统治内幕被揭露之后，福柯在20世纪50年代中期后不再相信马克思主义。

1960—1966年，福柯在法国克莱蒙费朗大学教授心理学，这一时期是福柯著述生涯的一个高峰。1963年，他出版了研究文学家雷蒙·罗塞尔的著作《雷蒙·罗塞尔》[③]，称罗塞尔是当代文学运动的先驱，他还出版了《临床医学的诞生》(*Naissance de la clinique*)。福柯甚至巧妙安排这两本书在同一天出版，以暗示它们所讨论的问题性质是一样的。福柯认为自己和罗塞尔甚至萨德(Sade)一样，都对被习俗所禁止的想象性空间

---

① 除了教授法语，福柯在这所北欧著名大学开设的讲座有“从萨德侯爵到让·热内：法国文学中的爱情概念”“当代法国戏剧”“从夏多布里昂到贝尔纳诺的法国文学中的宗教经验”。参见迪迪埃·埃里蓬《权力与反抗——米歇尔·福柯传》，谢强、马月译，第96页，北京大学出版社，1997。

② 这也得益于乌普萨拉图书馆藏有从16世纪到20世纪有关医学史的丰富资料。

③ 参见福柯《雷蒙·罗塞尔》，巴黎，伽利玛出版社，1963。雷蒙·罗塞尔1877年生于巴黎。福柯着迷于雷蒙·罗塞尔的写作手法和技巧。他特别感兴趣的是，一个出色的作家，同时也是精神障碍者，并且雷蒙·罗塞尔极可能死于自杀。

感兴趣。在评价更知名的法国作家巴塔耶(Bataile)的《色情》(*Érotisme*)时，福柯大胆地推崇18世纪色情作家萨德："《色情》使我们更加接近萨德，而且也更难理解他。我们所处时代的很大一部分都多亏了他"。[①] 我们从中也可以理解福柯所谓"主体死亡"的立场，即他在夸奖布朗肖(Blanchot)时所说的诉诸被主体所排斥的语言。语言形同动作，而不是意识，于是从主体看来，语言成了精神病的语言。1966年，福柯的《词与物》(*Les mots et les choses*)问世，这本书因为描述了"事物的秩序"(这也是《词与物》英文版的名字)而被认为具有结构主义倾向。此书试图告诉人们：在某某时代，人们这样想或者那样想。《词与物》的出版成为法国学术界的一件盛事，也标志着萨特在法国哲学界的权威地位受到福柯的有力挑战。福柯反对现象学的人类学，宣称大写的人已经死亡。

1966年9月，福柯离开克莱蒙费朗大学，接受邀请去突尼斯任教。1968年5月，巴黎爆发了震惊整个欧洲的学生造反运动，福柯亲历了学生运动，并且担任1969年度万森大学哲学系主任。1969年，福柯的《知识考古学》(*L'archéologie du savoire*)问世。1970年12月4日，福柯成为法兰西学院院士。从1976年到1984年，福柯陆续出版了《性史》(*Histoire de la sexualité*)各卷。

1984年6月2日，福柯感到身体不适。他在1983年11月的日记中曾经写道："我知道我得了艾滋病，但是我的癔病可以让我忘掉它。"[②] 1984年6月25日，福柯逝世。

第二节　"知识考古学"

福柯有自己的"理论"吗？按照他自己的说法，如果理论是一套与实践脱节的说教，他就没有"理论"，而只有"体验"，他的思想和写作生涯就

---

① 迪迪埃·埃里蓬：《权力与反抗——米歇尔·福柯传》，谢强、马月译，第177页，北京大学出版社，1997。

② 参见同上书，第367页。

是这样的思想“经验”或“实验”。在这样的意义上,思想活动本身也可以是一种实践活动。他为他的实验性思想起了一个名字,即“知识考古学”。其实,就福柯使用这几个字的本意而言,并不是表示我们通常所理解的任何一种知识或考古学。换句话说,这几个字本身与福柯的真实想法没有关系,他考察的既不是任何一种具体知识,也不是考古学。他不恰当地借用这几个字而不寻找更好的表达,乃在于他的精神实验没有更好的表达,抗拒表达、解释、理论。在福柯一生的精神生活中,并没有一个一以贯之的理论信念,他不同著作的内容明显表明他的兴趣极容易转变且没有秩序。

通常看来,无论是自然科学还是社会科学知识,都应该是“客观”的“科学”。福柯并不反对这样的说法,但他把“知识”与“权力”联结起来,这是他一生中最大的精神实验:知识首先是一种权力,或者知识在效果上是权力,而这样的权力与善恶无关,与人的意志无关,并不是人们有意识地建立起来的。关于这里的“知识”,福柯使用的对应词不是“connaissance”,而是“savoir”。“savoir”不局限于科学知识本身,不是实证科学中的某一个分支,而是不同时代知识的构架(结构、框子、形状、组织、体制等等)。换句话说,不是表面的知识而是深度的知识,不是做什么而是怎么做,或者说是做的规则。什么是“做的规则”?按照福柯的历史设想,欧洲文明的不同时代,人们说话的方式不同,这种表达上的差别有一个重要标志,即同样一句话,在一个时代被认为是真理性的(理性的)表达,在另一个时代则被认为是荒谬的(疯癫的、丧失理智的)。显然,这是因为不同时代真假的规则不一样。人们不再那样说了,过时了!人类精神缓慢而又迅速地转变关注的对象,于是就有了不同的表达方式。

但这里有一个容易被忽视的细节:如何看待福柯意义上的知识划分?“不再那样说了”并不等同于“不再那样认为了”,即在福柯看来,关键是“做”(表达和实践都是“做”)的方式不同(用马克思的立场来看,社会存在决定社会意识)。

在某一个特定社会制度下，人们应该这么说。如果你这么说，就会……如果你那样说，就会……这里福柯涉及的不仅是呼吁言论自由，而是历史上曾经有过的监禁制度。如果把这种制度看成一个被无限扩大了的表达式，福柯所说的医院（或精神病院）、监狱、学校、具有精神导向或政治舆论导向的机构，它们的工作目的只有一个，就是强制向人们灌输一种“正确的”说话方式，让人们慢慢丧失其他说话方式的能力（禁止精神领域的冒险，使一个民族丧失想象能力）。这种社会制度的精神职能排除精神异己，压制创造性，它的工具就是那套确定事情有意义或真假的规则。挖掘历史上人们“怎么说的方式”，福柯把这门学问称为“考古学”。重要的不是谁在说或说什么，而是“说”的制度本身。福柯在这方面最重要的著作是《词与物》（用词与做事），这本书的英译名为《事物的秩序》。福柯说他曾经读过海德格尔许多著作，但在写作中却很少提到海德格尔。福柯受这个德国哲学家的影响是潜在的。比如在《词与物》中，福柯在划分不同知识时代时，一个重要标准是句子或表达式本身在说话，说话的不是人，而是句子，这个说法与海德格尔和结构主义有密切关系，很耐人寻味。人没有能力把握语言或句子，这是福柯断定“作者”或人之“死”的重要依据。康德曾经以不同的形式作过类似的表述。比如，康德认为人类经验的可能性（范围或界限）受制于大脑“固有的”（先验的）某种“结构”（或某种“偏见”）。如果经验质料相当于字，某种“偏见”性质的“结构”就是组织这些字的语法，人不可能说出没有语法的句子，这就是经验的界限。但福柯不说“语法”，这里的“语法”在福柯的著作中相当于“物质制度”。比如古典时代“合法”的医院制度，即拥有判断人在精神上是否有病之权力的机构、教育正常人的学校、监禁精神病人的诊所或监狱，甚至在不同文明时代，医院、学校、监狱的建筑形状或风格的不同也是由于构成上述句子的不同制度所导致的。① 各种学科的“知识”都以其“制度”为判断真伪的标准，福柯列举的例子是古典时代司

① 参见福柯《规训与惩罚：监狱的诞生》，纽约，潘塞昂出版社，1979。

法机构与医生判断“精神病”的知识是符合“制度”的。

福柯的研究方式具有20世纪欧洲哲学的鲜明特色。像胡塞尔式现象学的意向性一样,福柯也不关心表达式说的什么、谁在说,而是“怎么”说。“怎么”的问题就是经验方向(或方式,但方式也是由于方向或角度的不同所致)问题。德里达用他的“解构”语言批评或建立世界的新面貌,福柯则诉诸表达式或结构。他用这种性质的语言叙述一切,比如《性史》的内容是性的制度或性的举止方式的变迁。举止方式也是关注的方向性——它在某一时期内只承认一种“性的举止”是合法的。或者关于性的话语,这样说就“合法”,那样说就“非法”。连“说法”也是身体(性是身体的一个主要部分)的纪律(肢态应该这样而不是那样)、身份、惩戒、学科分类的标准等等。[①] 福柯把人们理解的习惯顺序颠倒过来,认为所谓“主体”“我”的身份只是句子描述方式的一种作用。在这些标签、名称起作用之前,类似的句子已经发挥作用了。福柯的立场类似于康德把“事物本身”当成无:没有主体自身、我自身。把任何一类东西抽象出来,问它自身是什么,这种思路会导致乌托邦。福柯的办法是止于行为的“如何”,至于把某种行为称作什么,则是另一回事。换句话说,福柯关注的不是事情的意义或者意义关系,而是决定意义的“形式”(或者称“权力”)关系。他认为,不同时代会以不同方式想到人,或人以不同的方式(在同一历史时期,这种方式大致不变)想他们自己,想他们如何做事的方式。福柯更重视手段或途径。在《知识考古学》中,福柯这样总结他的立场:“笛卡尔、洛克、康德、实证主义者、现象学家,他们断言符号的任务就是代表事先存在的实在(即使是由意识构成的,仅为现象的实在),而我将揭示一种观察人们所谈论内容的新方式。从这种新的视角出发,你不会认为词是经由像‘印象’‘象征性’‘综合’‘指称’‘真理’之类的关系与事物相联系,反之你会把词视为文本网络中的交点,这些网络由许多

① 18世纪启蒙思想家伏尔泰和孟德斯鸠等人谈到不同民族的不同风俗,孟德斯鸠更进一步把风俗理解为不同民族的内心举止习惯,这已经有些类似于福柯说的“知识”或语法。

实践活动构成，'这些实践系统地形成了上述哲学家所谈论的对象'，作为一种新型的知识论，我奉献这样的实践活动论，这种实践论与传统认识论中表现的精确性问题没有任何关系。"[①]我们说，这是近代以来"表现论"（或"代表"）的哲学或"竖"的哲学传统与"横"的哲学（福柯说到文本的网络）的差别。福柯的知识考古学的途径（方式）就像是一种"横"的哲学（应该注意这也是德里达的立场），用句子连接方式的变化创造出与传统哲学不同的研究"对象"。在这样的意义上，只有在我们以某种方式谈论什么的情况下，才能说这个"什么"是存在的。换句话说，"怎么"决定"什么"。论文集《福柯：一个批判的读者》（*Foucault, A Critical Reader*）中给出的例子是签订契约、组建政府、国际货币交换制度、书写历史、哲学中的革命，如此等等。[②] 当对这种比比皆是的现象后撤一步描述（对某种谈论进行谈论）时，就导致"横"的哲学。这种哲学把"说话方式"与"实践"同等看待。

依照上述分析，"权力"并不来自人的意志或兴趣，不是人拥有权力而是权力拥有人。权力通过一种类似网络的组织（"关系网"）发挥作用，就像字是连接句子的点，个人是"关系网"中的连接点（试想围棋中的"点"）。这里的"关系网"是同时性质的空间关系，这些空间关系可以极其复杂（参见本章第四节）。在福柯的分析中，权力关系网的构成因素又是物质的：一方面是各种不同身份的人之间的关系，另一方面又是由人结合起来的各种组织关系，是医院、收容所、监狱、学校、工厂的关系。在这些组织中，各种身份的人无不按照确定好了的时间和空间坐标生活，监视管理别人的人自己同时也被监视管理，因此社会不同的组织又是扩大了的各种类型的"监狱"。"关系网"是根据某一文明时期的"制度"自然形成的，与人们事先的安排关系不大。传统的权力观念依赖权力的来源，依赖执掌权力者，这种权力关系是单调的、少受制约的。权力网中的

---

① 福柯：《知识考古学》，第 94 页，纽约，潘东出版社，1972；转引自《福柯：一个批判的读者》，霍伊编，第 41—43 页，纽约，布莱克威尔出版社，1986。

② 参见《福柯：一个批判的读者》，第 42 页。

权力处于复杂的网状结构中，是以权力限制权力。“竖”的哲学强调社会存在统治与被统治阶级，一些人是发布命令者，另外一些人是执行命令者；“横”的哲学不承认这种人对人的统治，认为真正起作用的因素只是权力网。于是，革命不是推翻统治阶级，而是整个社会摆脱了某种说话制度。

福柯这样总结他的“考古学”概念：“我说的考古学不是指一个学科，而是指一个研究领域，它包括社会中不同的学习机构、哲学观念、日常见解、制度、商业实践、政治活动，总之是指这个社会隐含着的特殊知识。”① 福柯传达出一个重要信息，即他消解理论与实践之间的界限：不存在所谓先见的理论指导实践这回事，理论、实践、制度之类因素是并列的，在一个平面上，具有同构性(isomorphism)。这又是我们所谓“横”的哲学之一例。它同时也是康德的哲学问题：经验或者知识是如何可能的？福柯决非以人为本，在传统哲学高扬人的位置上，福柯发现了不同文明时代种种话语霸权——这话语的词序(比如口号政治中的“口号”就是具有这种性质的词序的典型代表)与事物或做事情的秩序是同构的。制度与语法是同构的，它们之间的联结很简单，只是通过话语。“我的书是纯粹的简单的‘虚构’：它是小说，但是发明者不是我，而是我们的时代、它的认识形状(configuration，意为外貌、轮廓、构形、形象、排列方法)和它的大量陈述之间的关系。”②那么，说话者、主体、人的位置何在？一句话，人被抹去了名字，因为人被句子说而不是相反。句子本来有无数的可能性，人为什么这么说而不是那么说，或者想不起来那么说，或者认为那么说的人是疯子，简直是造反。在福柯看来，文明史是断裂的，因为划分历史断代的标准是，突然人们不像从前那样说话了，老辈人听不懂小辈人说话了，这之间不是历史进步的问题，而是“方向”不一致的问题。换句话说，它更像是流行不同的时尚。怎么区别文本的不同时尚呢？字母或

①《福柯的生活：访谈录，1961—1984》(*Foucault Live: Collected Interviews, 1961—1984*)，第13页，洛杉矶，西米特出版社，1996。

② 同上书，第24页。

汉字都是一样的，但是组合成的是词句，哪种词语或场景、行为、心思相互联结，其方式是千差万别的。问题的关键在于，说话人或写作者是否具有建立新关系的能力——能否想到新的关系，这是一种新的启蒙。辨别说话的能力，最简单的办法是观察说出不同语言用法的能力，用不同时代、不同人、不同学科、不同性质的文体交互说话的能力，把具有不同相貌和排列方法的语言重新组合的能力，使别人无法为你说出来的话语归类的能力，一种最广义的文学能力。面对滚滚而来的话语大河、密如蜘蛛网的信息，谁在说话已经不再重要。过去，为了证明自己说话的分量，人们往往援引权威；现在，随着说话"主体"地位的衰落，作者的单调声音湮没在各种话语的汪洋大海之中。① 这也威胁到学科自封的地位和生存，福柯以他的方式这样宣称哲学的"死亡"："在我看来，哲学不再存在了，这并不是说哲学消失了，而是说哲学播撒到更为广阔的不同活动之中。公理宣布者、语言学家、人类学家、历史学家、革命家、政治家，他们的活动都是哲学活动的诸种形式。在 19 世纪，研究一般对象可能性条件的反思活动被认为是哲学的，现在哲学则是创造出知识（或实践）新对象的一切活动，无论这些活动来自数学、语言学、人类学或历史学。"②这里所谓创造新的对象，也即形成新的说话规则。这里通行的话语大多是空间性质的：多样性、关系、差异、距离，分布在一种弥散空间③。"一种开放的，毫无疑义是无法确定描述的关系领域。"④各种空间的性质不一，就像各种关系的性质不一，类型不一，其间没有可通约性。

与近代思想家明显不同，福柯处处把话语与人隔开，似乎话语不来

---

① 一种"环绕的声音"，同时来自不同方向的声音，像是生活在声音之中，一种从来未曾有过的音乐享受。法国著名音乐家雅尔（Jean Michel Jarre）2004 年 10 月 10 日在中法文化年开幕演出之前如是说。

②《福柯的生活：访谈录，1961—1984》，第 29 页，洛杉矶，西米特出版社，1996。

③ 这类似于德勒兹提到的数学上的黎曼空间，"这种空间由相邻的小块空间构成，其间有无数的连接方式……而且不是先定的。这是一些分开的空间。……以可感触的方式连接的视和音的领域（后两句话德勒兹谈到的是电影——编者注）"（参见德勒兹《哲学与权力的谈判——德勒兹访谈录》，刘汉全译，第 140 页，商务印书馆，2000）。

④《福柯的生活：访谈录，1961—1984》，第 35 页。

自人的思想。“话语”是物质性质的实践活动,与自主的心理活动无关。因为话语好像一种集体无意识活动,一种关系效果。为什么话语是无意识的? 因为无论人怎样意识,话语自有自己的模式(结构),这结构决定话语(事情)将如何发生(事情发生就是被词说出来)。当然需要纠正的是,我们为了方便而把这里的结构或规则比拟为说话的秩序或者语法,并不十分恰当。因为福柯这里指的并不是使用词的规则(不是句法,也不是修辞规则),而是形成对象、概念、理论的规则(看问题的视角或方向的变化,比如从前的哲学“竖”着看问题或者从时间角度看问题,现在的哲学“横”着看问题或者从空间角度看问题,这样的规则并非演绎或归纳、分析或综合);不是坐而论道,而是“做”的规则。因为话一出口,就等于一种“做事”(实践)的方式,这方式决定了视域或眼界(能看见什么和看不见什么)。福柯正是这样说的:“在我的书中,并没有对词和事物的分析,许多人说,这是骇人听闻的,在一本标榜词与物的书中,却没有‘物’。一些更敏锐的议论说我的书中没有语义分析,的确,我不需要做这些分析。”①

可见,福柯没有理论和方法,他凭着洞察力描述:“我在一种幸福的半意识状态下写作,非常天真无邪。”②一种多么复杂的天真啊! 他学尼采,但他不说“上帝死了”,而说“主体死了”。当然他的意思不是说主体没有了,而是主体分裂了,就像道路、河流、树枝等改道、分岔。人消失在权力网或关系网中,这个网塑造人,给人起名字。在这个网之外的人没有权力。于是外部的人反对某一社会的准则即这个权力关系网,提出另外一套话语,比如法国大革命的情形。当福柯考察人类历史上曾经有过的精神状态时,总结出人类精神是分裂的,因为话语是分裂的。这样说,那样说,断定某种说法有病,却不知自己的说法也有病。都是一些病句,所以对表达式的分析就像是医生开诊所,哲学在福柯那里成为治疗语病

① 《福柯的生活:访谈录,1961—1984》,第 61 页,洛杉矶,西米特出版社,1996。

② 同上书,第 65 页。

的事业。怎么诊治呢?“通常我把诊治的知识看成一种知识形式,它说明、确定差异性。例如,当某个医生对结核病作出诊断时,就得把某个患结核病的人与另一个患肺炎或其他病的人加以区别,这是医生进行诊断的根据。在这个意义上,诊断的知识活动在某一对象的范围之内,这个领域是由疾病、症状加以说明的。”①但是,某人在具有断定另一个人患有某种疾病的能力之前,他自己有没有这种病?最好是有过,因为这保证医生和患者不说一种语言,医生说出患者说不出的,看到患者看不到的。就像索绪尔看到语言不仅仅是说话或声音在时间中的流逝(历时性),还有在时间中相对不变的结构(共时性或空间性)。索绪尔就像一个医生,他开拓了一个新的研究领域,得到了从前不存在的研究对象,这是通过诊断得到的另一类型的知识。福柯把诊断的语言说成哲学语言,一种元语言,即关于话语的话语(就像笛卡尔的沉思是对思想的思想)。

说话与写作,不就是为了交流,为了告诉人家思想吗?福柯并不这样看。“为了”?为什么这么功利呢?一定要有个目的、旗号才能说话?说话就是要“表达”一个观念吗?“传达”果真会实现自己的目的?福柯明确说,他写作不是为了与读者交流,他并不是在清晰地想好了之后才开始写。没有想好就写的“写”显然不是传统意义上的写,这种写等于“作”,或“实践”。“作写”与“写作”的差别就是如此。“作写”出来的文字比“写作”的文字更多变化、更多岔路,因为“作”就是“试”,“试”就是体验。“我是一个尝试者而不是理论家。我把理论家称作建立普遍的演绎或分析性体系的人,以统一方式把体系应用到不同领域的人。我不是这样的人。我写作是为了改变我自己,是为了不再思考与从前同样的事情,在这个意义上,我是一个试验者。”②换句话说,“作写”就是活着本身,“活着”就是与不同的生活事件打交道。“当我开始写一本书时,不仅不

①《福柯的生活:访谈录,1961—1984》,第 95 页,洛杉矶,西米特出版社,1996。

② 福柯:《口述与笔录(1954—1988)》,第 42 页,巴黎,伽利玛出版社,1994。

知道最后我会想到什么,也不清楚我将采用什么方法,我的每一本书都是切割对象的一种方式,形成一种分析方法的方式……探索性质的书,《古典时代癫狂的历史》《临床医学的诞生》;方法性质的书,《知识考古学》……我不认为自己是一个哲学家,我做的事情不是做哲学的方式……(而是)许多个人体验。"①

福柯论述中最震撼人心的,是他对性身体的诊断。福柯既然是一个身体力行者(想一想他是一个同性恋者,死于艾滋病),他对萨德怀有强烈兴趣和同情心就不难理解了。他认为萨德是一个伟大的实验者,萨德在原本有序的性道德中引入了"力剥蛋(libertin,这个法文词的含义是'性放荡'和'不信神')",像是一种无序的性欲望。性(的身体)有多少种可能性?有多少种不合规则或无政府状态的性?没有规则,即破除等级、位置、程序!眼睛、舌头、嘴唇还有多少没有接触到的乐趣。换句话说,让这些器官原来的功能失去作用,破坏它的"组织纪律性"。一个极有灵活性的舌头,福柯谈到它时不再是舌头,而是从嘴里伸展出来的一个完全不同的东西,一个异物,比如两个女人的舌头连接一起。像萨德对性身体的鞭挞一样,它们有残忍的快乐,这里隐藏着丰富的想象力却没有理论的指导。身体的出格和变形,形成蔚为壮观的风景!像风!像雷!像山!总之,福柯的意思是,看不出身体的正常形状,像两个女人的嘴唇贴在一起那样"搭错车"。用身体进行艺术创造(人体艺术与色情艺术之间的区别是相当微妙的)而不是逼真的写照。身体好像一块任意揉搓的面团,从中生出令人快活的图像,激起广博、力量的想象,预料之外的快乐,如此等等。身体越是被监禁,其反抗的力量和解放的乐趣就越强烈。如果把福柯的"知识考古学"贯彻到性行为领域,是否有关于性习惯的变化?回答是肯定的。福柯提到了"反性(anti-sex)"现象,一种新的生活方式。"生活方式"概念对福柯来说是重要的,一种生活方式产生特定的文化和伦理观念。他明确地说,同性恋也是一种生活方式。在古

---

① 福柯:《口述与笔录(1954—1988)》,第42—43页,巴黎,伽利玛出版社,1994。

希腊，并没有“同性恋”这个词，但同性恋现象与异性恋同时存在，希腊人并没有大惊小怪。福柯说，同性恋与异性恋应该有同等的权利。就是说，这两种“恋”之间没有“差别”，只是快乐的生活方式不一样。不同的生活方式可以共融，即“多种类-性行为(poly-sexuality)”。

福柯区分了“爱情”与“激情”：“什么是激情？它是一种从天降临你身上的状态，没有任何理由却能缠住你不放，你不知道它来自何处……在激情状态中，有一种‘痛快(pleasure-pain，痛苦中的快活)’的品质，这种品质完全区别于人们在所谓萨德主义和受虐狂(masochism，以受异性虐待为快的病态色情狂)中发现的东西。女人之间(的激情关系)并非萨德主义或受虐狂的关系，而是一种完全不可分离的痛快……这些女人已经被苦痛缠绕在一起并且无法脱身，即使用尽她们的浑身解数也无济于事。所有这些都不同于爱情。在爱情中，总是以这样或那样的方式存在一个被爱者，而激情则散布在伙伴之间(福柯在这里指女性同性恋者之间——编者注)。”[①]福柯这里点明了与18世纪启蒙思想和萨德主义不同的“微妙精神”：爱情至上不如激情(或者热情)至上，因为单纯的爱情是一件孤单与被动的事件。爱情是无法圆满的，因为它有赖于被爱者(恳求对方爱自己)。失去被爱的爱是有距离的爱，是孤独的爱。所以，爱情更多发生在一厢情愿的场合。爱与被爱的火花同时点燃，这时产生的不是爱情，而是激情。福柯的意思是，爱情与激情相比，更被动，更少感情的交流。而当提问者问福柯的感情倾向是爱情还是激情时，福柯毫不犹豫地说，是激情！这里的“微妙精神”就在于爱情与激情的区分。“微妙”就是感情的细致性，这两种相似的感情(爱情与激情)会产生冲突。一个人可以选择爱情或激情两种不同的生活方式，这是性选择的自由。

“微妙精神”也表现在非语言的沉默状态中，福柯认为，就像有许多不同的说话方式一样，也有许多不同性质的沉默。沉默可以表示消极抵抗、尖锐对立、深厚的友谊、爱情、激情。当两个人之间没有什么话可说

---

①《福柯的生活：访谈录，1961—1984》，第313—314页，洛杉矶，西米特出版社，1996。

的时候,并不只有尴尬一种解释,也可以说是有很深而又说不出来的感情,能代替说话的东西很多,大多是一些物质性的内容(像游戏性质的吃喝玩乐),这些"内容"能以独特的方式说话。

"沉默"包含的情绪是多种多样的,如同想象带给我们的情感一样。想象带给人类对"死"的恐惧。同时,我们的幸福状态也须臾离不开想象,幸福是一种欲望状态。福柯在《性史》第1卷中主要描写的不是性的实在内容,而是对性的想象。模糊性的事实与性的想象之间的差别,好像是在写一部性想象的考古学而不是性事实的考古学,按福柯本人的说法是"关于性话语的考古学"。具体来说,就是在性的领域,在人们做的(被迫做的、被允许做的、被禁止做的)与人们对自己的性行为本身说的(被允许说的、被禁止说的、被强迫说的)之间实际上是怎样一种关系。性话语不是性的事实,而是来自不同的想象或者虚构。性话语当然也是一种权力,它压抑或释放性的事实。比如,家长对儿童手淫的焦虑态度对孩子今后一生的性态度有重大影响。福柯为手淫辩护,认为它对身体无害而且能得到性的激动与满足(快乐)。事实上,手淫(不仅孩子,也包括成年人)与性想象是联结在一起的,手淫是一种虚拟的性行为,它既产生又不产生事实的效果。但是,在以区分真假为基本特征的文明时代,手淫被长期斥责为不健康的行为。把卢梭在《忏悔录》中对自己手淫"恶习"的肯定性描述与福柯这里的立场联系起来,我们得到一种诉诸"不分种类的快乐"的伦理学,道理就像福柯说的,快乐难得且要创造。

福柯说,"对我来说,完全彻底的快乐与死联系一起"①。这可以理解为对快乐强度的追求,就像死是经验得不到的,完全陌生的。在这个意义上说,临死状态是一种强烈的快乐。福柯承认,某些药品也给他极大快乐(他没有能力体验,不得不借助他物),这与一杯葡萄酒带来的快乐显然不同。德勒兹曾经谈到精神领域的"高难动作",德里达说过"解构"是"不可能的可能性",可以与福柯这里对"难以置信的快乐"的追求联系

①《福柯的生活:访谈录,1961—1984》,第378页,洛杉矶,西米特出版社,1996。

起来。它们之间有什么共同点？欲望的强烈程度！这当然不是道家的恬淡（提倡寡欲和寡言）境界。福柯和老子都对世俗生活不满意，但老子嫌世俗的追求效果不好（有为不如无为），福柯却嫌世俗的快乐还不够刺激；两人都谈到出世境界，但在这个境界中，两人却南辕北辙。当然，福柯有对神秘境界的追求（信念），但是这与传统的宗教境界也不是一回事。

如果说伦理学是一门告诉人们应该如何行为的学问的话，福柯就没有他的"伦理学"。比如，他的《性史》并没有告诉读者什么样的性活动才是正当的。但另一方面，福柯又说，如果（性）伦理学意味着人们（在一定时代）实施性行为时不得不遵循的关系，那么他的《性史》也是一种性行为的伦理学。

"你看，这就是我为什么像狗一样工作一生的原因，我对自己正在从事的工作的学术状况不感兴趣，因为我的问题是改变我自己。因此，当人们对我说：'喂，几年前你那样说，现在你又这样说。'我就回答：'难道你们认为我一生的工作就是为了说一件事而没有变化吗？'我认为用自己的知识体验改变自己更接近一种美学体验。一个画家应当被他自己的作品所改造，否则他为何还要作画呢？"[①]显然，在福柯的所谓美学体验中，"性"体验占重要地位，福柯把性看成一种生活中的艺术，或者把性本身变为艺术。不是问"性"本身是什么，而是问"性"应该变成什么。"性"是人的行为的一个重要成分，它在过去是神秘的，现在则不再神秘。所谓"性"应该变成什么，是说"性"的可能性是人们自己自由创造出来的，它不是一种愿望，而是被创造出来的事实。所谓"创造出来"，福柯指多重含义。比如，人不再为生育而单纯为快乐发生性关系，性快乐也不再是呆板的性关系，而是创造和宽容新的性关系，新的爱情关系。福柯这里所谓"性关系"主要指性关系的形式，而不是内容。他所谓"性自由"，是选择"性关系形式"的自由。福柯说，对"性关系形式"的这种态度也适

---

①《福柯的生活：访谈录，1961—1984》，第379页，洛杉矶，西米特出版社，1996。

合友谊、政治形式的选择,要创造出新的友谊或政治形式。

福柯探索未曾有过的快乐的可能性,比如"反性行为"的快乐:"他们在发明一种与其身体的陌生部分——通过身体的色情化——有染的新快乐的可能性,我想这是一种创造,一项新的事业,其主要特征之一是快乐的'去性行为化'。有一种观点是完全错误的,即认为身体的快乐总是来源于性关系的快乐,这种快乐是我们所有快乐的源泉。这些'去性行为化'实践坚持我们能在非同寻常的情况下,用非常奇怪的东西、我们身体上十分陌生的东西带来快乐。"①福柯大胆谈到破除"性身份"的自由,认为在某种意义上,性的身份也是政治权力的一种象征,抵制这种权力,就是最大限度地保证生活方式的自由。

福柯的思想与法兰克福学派的批判理论也有关系,福柯本人非常熟悉批判理论,哈贝马斯也欣赏福柯的某些倾向。比如,福柯提出理性可以"分岔"——当然,法兰克福学派的"理性分岔"指理性的辩证法,即理性因过分膨胀而自我异化,变成一种单纯的技术思想——而福柯的想法有所不同,他主要反对理性与非理性的简单划分,因为批判理性并非一定就是非理性,反之,这种批判仍旧可以是理性的,这是一种使理性模糊的道路。理性并不走直线,也不是辩证法所谓"螺旋式的上升"或"否定之否定"之类,而是"走岔路"、精神分裂、方向不同或相交,形成的不是直线而是网络。当然也不是康德意义上的"理性分岔",即把知识划分为知性、理性或者技术理性与道德理性,这样的划分仍然在"一维"的时间构架之内("竖"的哲学)。福柯认为,对"理性分岔"的准确表达应该是"多重分岔"而不是"一分为二"。福柯的态度使"理性"朝向更为复杂化的方向,理性不止有一种形式,同时,对形式的关注其实是对语言的关注,即理性不止用一种语言、一种文体,如此等等。比如,福柯对历史的"知识考古学"式的追问就是一种特殊的理性形式:不直接问什么是历史研究的对象,而是问这种对象是通过哪一种"合理的"表述形式构成的,要得

① 《福柯的生活:访谈录,1961—1984》,第 384 页,洛杉矶,西米特出版社,1996。

到这样的表述需要付出怎样的代价，某一时代观察到的对象为什么是这样而不是那样，这些对象之间的交替为什么是“断裂”的而不是进化的。至于“后现代主义”的提法，福柯像德里达一样表示怀疑，认为“现代”与“后现代”之间的界限难以确定，这里显然是针对哈贝马斯的“现代性”概念。

福柯谈到 20 世纪 60—80 年代他“像狗一样工作”的目的，“我寻求产生一种在我们文化中具有人类主体性不同方式的历史。从这种观点看，我探讨使人主体化的三种不同方式”①。首先，福柯说他的态度是科学的，把主体作为对象加以研究，就是说不同时代的人说话在语言上有共性，有一种非人为的“模式”，如此产生谈话的对象。其次，划分人群的实践，即把人分成“自己人”和“他者”：疯子和精神健全的人、病人和身体好的人、罪犯和绅士。最后，通过研究“性”的方式研究人如何作为“性欲”的主体认识人自身。

第三节　什么是启蒙

福柯的《什么是启蒙》（“Qu’est-ce que le lumières”）发表在法文《文学杂志》（*Littérature*）1984 年 5 月总第 207 期上，他要在哲学领域提出新的问题。显而易见，“新的提问”有针对康德的意思，因为康德也有一篇著名短文《什么是启蒙》。福柯与康德关于启蒙的研究有一个共性，即两人都从历史（历史的一般性或哲学史）的角度提出“起源”问题。福柯想从康德的文章中读出与以往的哲学不同的东西，与人们对康德的理解习惯不同的东西。他说，康德以不为人们注意的方式提出了启蒙（l’aufklarung）问题。

在福柯看来，康德文章中提出的首要问题是“当下”或“现实”的问题：今天或者目前发生了什么？什么是“目前”？福柯提到了笛卡尔在

① 福柯：《口述与笔录（1954—1988）》，第 223 页，巴黎，伽利玛出版社，1994。

《谈谈方法》开头部分的自省:青年笛卡尔曾博览群书,但是收获甚微,得不到确定的知识,于是转而阅读现实世界这部大书。福柯认为,只有康德才提出了现实世界的秩序问题,即对现实进行哲学判断,把问题确定在对现实的某一要素作出规定——康德认为这个"要素"是思想、认识、哲学过程的"承担者",决定思想者、知识分子、哲学家怎么说,决定思想过程如何发挥作用。福柯说这些"要素"同时也是"演员",康德把"现实"(或翻译成"在场",福柯这里用的法文词是 présent)问题看作一个哲学"事件(événement)",哲学话语属于这个事件。"如果我们面对哲学如同面对有自己历史的话语实践形式,在我看来由于康德这篇关于启蒙的论文,我们看到哲学是其现实话语的一个归纳,哲学所探讨的实际性(actualité)是作为哲学为了有意义的说话而具有的一个事件、价值、哲学的特殊性。(每一特殊的)哲学要在事件中同时发现自己存在的理由和哲学所说内容的根据。由此我们甚至可以看到,对哲学家来说,提出他隶属于这现实的问题,这将完全不是他属于某一学说或传统的问题,也不完全简单是他属于一般的人类共同体问题,而是他属于某一'我们'的问题,属于与其自身的实际性之文化总体特性相联系的'我们'。"①这个"我们"成为哲学家反思的对象,这样的哲学探询有自己的结构和界限,该结构之外的问题对于这种特殊的哲学形态来说是不可能的,这也构成福柯所谓理智与精神病的界限。

福柯接着谈到了现代性问题。"现代性"是与古典文化相比较而凸现的,表现为对某种权威的某些术语的差异态度。在"现代性"问题上福柯与哈贝马斯有争论,福柯认为"现代性"立场提问题的方式值得怀疑。比如"现代性"立场认为古代文化在现代之外,"现代性"在当代也处在衰落时期,等等。这是一种直线性或时间性的提问方式,是 18 世纪启蒙思想家的认为时代总是不断进步的思想模式。福柯则从时代的空间性或横断面角度提出问题,"不再从与古代的某种纵向关系角度,而是与古代

① 福柯:《口述与笔录(1954—1988)》,第 68 页,巴黎,伽利玛出版社,1994。

的实际性有一种'对称平面'的关系，使后一种新的提问方式与前一种纵向关系的提问方式处于同一水平线上。恢复古代话语的实际性，首先，是为了重新发现它自己的位置；其次，是为了说出话语的意义；最后，是为了说明行为(action)的方式，这种方式可能在这种实际性内部发挥作用"[①]。福柯在这里说明的"知识考古学"方法就像地质学中通过不同地层分析地质年代的方法，不同地层之间不能用同样的方法，因为地层的性质不同。不同地层之间的关系不是必然的，而是一种突如其来的关系，产生于某一个地质事件。福柯问某一时代的"实际性"是什么，就等于问其地层是什么，该地层对其所属时代有什么意义。人们以某一"实际性"的方式说与做，福柯认为这是他关于现代性的新的提问方式：现代性不应该被当作一个概念，而应该被当作一个"问题"；不是"纵向"的问题，而是"横向"的问题，像网络或长满枝杈的大树。这也就是福柯所谓"系谱学(généalogie)"的含义，即走岔路，分岔。康德提出的启蒙问题是其中的一条分支，属于 18 世纪欧洲精神的中心。这种"时间性"的提问方式是以启蒙为轴心，向过去与将来提出问题，认为"过去"走向衰落，"将来"走向繁荣，或者"过去"悲惨，"将来"享福之类。福柯指出，"启蒙"这个词并不是 18 世纪才有的，在这之前也有古代的启蒙。所有"启蒙"都有共同的特征，比如不再简单地根据旧有的习惯判断事物，或者说是价值判断的标准发生了变化。福柯这里所说的"启蒙"显然与 18 世纪的"启蒙"一词有所不同，因为福柯是在广义上使用这个词，即启蒙的空间有不同观察角度，而不是时间性的单线条。福柯理解的广义启蒙与 18 世纪的启蒙有什么不同呢？福柯认为，没有可以放之四海而皆准的一般历史观，不能用单一的普遍性解释不同时代的历史事件。18 世纪的启蒙形成了自己的口号，生活在 18 世纪的人的语言就是他们想诉诸行动的语言。但福柯认为 18 世纪的启蒙只是哲学的一种方式，这种方式被现在的人称作"现代性"，这也是康德论启蒙文章的特征。福柯说，"我现在

---

① 福柯：《口述与笔录(1954—1988)》，第 681 页，巴黎，伽利玛出版社，1994。

要强调的唯一一件事，是康德在1784年提出的这个问题，它是为了回答在这之前一个来自外部的提问，康德要重新提出问题。对了，他试图要对另一个事件负责，这个事件也不停地询问自身，这个事件就是法国革命"①。福柯说，在1784年康德试图回答的问题是：什么是我们所参加的这场启蒙？而到了1798年，他要回答的这个问题已经被实践回答了，启蒙问题变成实践问题，即：什么是革命？福柯提到康德1798年出版的《诸才能的冲突》(*Der streit der facultaten*, *Le conflit des facultés*)，该书由三篇论文组成，讨论人的不同才能之间的关系，其中第二篇论文讨论了哲学能力与法的冲突。康德从中提出的尖锐问题是：人类是否在走向进步？康德认为，为了回答这个问题，需要确定导致这种进步之可能的原因，但是一旦能建立起这样的可能性，就应该表明这个原因行之有效，为此，就要抽出某一事件，这事件表明原因对实在起了作用。总之，某种确定的原因只能确定其可能的效果，即确定结果的可能性，但是，实际的结果只能通过一个事件的存在才能建立起来。福柯认为，康德这个推论表明，事件与进步之间没有必然联系，事件并不遵循目的论的线索，在历史的内部，应该把某一事件孤立起来。这个事件在历史中的价值相当于符号，存在某种原因的符号。法国革命是一个历史事件，福柯引用了康德第二篇文章第五自然段的一段话："别指望这个事件是由人类高尚的举止或滔天大罪构成的，别指望由于上述的情形，人类中的高尚者变得渺小了，或者是渺小的变得高尚了。这场事件也不在于能使古代那些辉煌建筑魔术般地消失，而在原来的位置上的大地深处突然出现了别的建筑。不，事情完全不是这样的。"②福柯指出，在这篇文章中，显然康德在暗指传统的思路，这种思路在人类的生存空间中寻找发生进步或没有进步的证明，比如帝国被推翻、发生大的灾害使国家消失。但康德认为，我们在历史中应该注意的其实不是这些大事件，进步的症状大量地

① 福柯：《口述与笔录(1954—1988)》，第682页，巴黎，伽利玛出版社，1994。

② 转引自同上书，第683页。

存在于小事情或不被注意的事情上。现实生活中那些有意义的价值(valeurs significatives)有赖于破译那些表面上无意义(sans signification,即没有意指关系)的事情。福柯引申道,革命这个大事件是由小事件生长起来的,无数的小事件最终使表面上非常牢固的社会统治结构消耗殆尽。但福柯认为,对康德来说,使革命具有意义的并不是这些小事件,甚至也不是革命取得的成就,而是革命上演的方式。这种演出方式被不参加却关注革命的旁观者或观众所喜爱,他们不知不觉地沉醉其中。所谓上演或出场方式的变化,指革命颠倒了做事情的方式。

福柯继续引述他认为是康德一段非常有趣的话:"人民革命是否充满精神、革命成功或者失败、革命是否积攒了不幸和恐怖……所有这些并不重要。"[①]换句话说,福柯说康德认为重要的不是革命的过程或者结果,用我们从革命中寻找进步的眼光,就看不见康德所说的真正重要的东西,福柯说,"不能认为革命本身表示存在人类不断进步的原因"[②]。在康德那里,象征进步意义的不是革命,而是革命的旁观者(不是革命的主要演员)头脑中所发生的事情,对看这场革命戏的愿望、热情、同情。这些热情响应革命的安排(disposition),即人权宪法。可以认为,福柯把人权宪法作为一种新的说话方式,从而象征一个新时代的开始,这才是福柯理解的启蒙。就如同康德所说,它在人的本性中唤醒了一种新的密码,一种从前没有被发现的政治安排,人的天然权利原则,把自由与人的本性联结在一起,真正推动人类进步的是这个伟大发现,而不是作为一个事件的革命结果是成功还是失败。

福柯从康德的哲学中吸纳了哲学意义上的"条件"概念。在康德看来,所谓"条件"问题,就是在什么条件下真正的认识才是可能的(所以福柯认为从康德到整个19世纪欧洲哲学都围绕真理问题),条件也为认识划定了界限。变化"条件"的思路,在福柯那里则成为说话的方式、说话

---

① 转引自福柯《口述与笔录(1954—1988)》,第684页,巴黎,伽利玛出版社,1994。

② 同上书,第684—685页。

的密码,在一个时代人们都那样说而不这样说。

但是,福柯说,当人们过于注意康德哲学中的真理问题时,却容易忽视康德说的启蒙问题,这是近现代和当代哲学提出的另一条思路,即我们的实际性(actualité)究竟是什么?什么是可能经验到的实际领域?这是哲学问题的另一条道路,一种分岔,不是关于真理内容的分析,而是分析真理在形式上是如何可能的,是关于认识形式的分析。换句话说,不是讨论本体论,而是讨论本体论的形式是如何形成的。

福柯《什么是启蒙》一文的最后一句话是:"正是哲学的这种形式建立起某种我一直试图从中加以研究的反思的形式,从黑格尔,中途经由尼采和韦伯,一直到法兰克福学派,都是朝向哲学的这种形式研究。"①

第四节 异托邦

1984年,福柯才允许公开出版了他在1967年写成的一篇重要文章,这篇文章是提供给建筑界讨论的,因为它是关于空间的研究,题目叫作《另一空间》("Des espaces autres"),也可以译作《异域》。福柯在文中声称自己发明了一个与"乌托邦(utopie)"不同的新词"异托邦(hétérotopies)"。这两个词有什么不同呢?乌托邦是一个在世界上并不真实存在的地方,而"异托邦"不是。一方面,对"异托邦"的理解要借助想象力,另一方面,"异托邦"也是实际存在的。

福柯在文中首先使用他得心应手的划分时代的方法。他认为19世纪缠绕人们心灵的是历史科学或时间概念,人们所关心的是时代的发展、停顿、进步问题,人们用时间构造人文学科的神话故事。"而我们则处于同时性(simultanélité)与并列性(juxtaposition)、靠得近与靠得远、并排与被分散的时代。我相信我们处于这样的时刻,在这里与其说人们体验的是在穿越时间过程中自我展开的伟大生命,不如说是一个网状

---

① 福柯:《口述与笔录(1954—1988)》,第68页,巴黎,伽利玛出版社,1994。

物，这个网状物重新连接某些点，使各条线交错复杂。”①以前我们所熟悉的术语，比如说阶级斗争、意识形态的冲突，被福柯理解为一种虚构出来的谎言。福柯这种态度当然是结构主义的，因为结构主义正是以建立许多元素之间的关系为特征的。用以区分不同时代的标志，只是这些元素之间的不同分配（或者安排）。福柯学说的这一典型特征是不折不扣的结构主义立场，一个特定时代被理解为某种关系的总合，使这些关系表现为并列、相反、彼此包含，使之具有某种形状（configuration），但福柯并不认为这就等于否定了时间，“说实在的，这并不涉及否定时间，而只是讨论人们所谓时间和历史的某种方式”②。

显然，福柯所说的空间概念与古典哲学或经典物理学的空间概念并不相同，故而他称作“异托邦”。这个空间概念实际上支配了福柯的全部学说，但福柯认为这并不是一个发明，人们觉得这个概念稀奇，是因为以往的哲学过于关注时间的历史，而忽视了空间也有历史。比如中世纪的空间是一种等级的空间：区分为神圣的场合与被亵渎了的场合、被保护的场合与公开的场合、城市与乡村、“人”的场合与“非人”的场合。甚至当时的宇宙论和神话也受这种划分的影响：天可以划分为层次（古代中国人相信天有九重），天堂与地狱的对峙。福柯说，这种具有等级的空间也是定位或地点确定（localisation）的空间。他继续说，伽利略的革命也是从空间开始的，这场革命不仅发现地球围绕太阳转，而且构造了一个无限敞开的空间。中世纪所相信的空间被伽利略消解掉了，因为那不过是空间运动中的某一个位置，表面像是静止的东西也是处于不断运动中的。换句话说，福柯认为从伽利略开始，延伸性（étendue）取代了地点的确定性。福柯进一步指出，在我们的时代，则是场地（emplacement）取代了延伸性。“场地”是由许多点或元素的相邻关系加以说明的。“从形式上说，人们可以把它们描述为某些系列、某些树状、一些粗麻布……我们

①② 福柯：《口述与笔录（1954—1988）》，第752页，巴黎，伽利玛出版社，1994。

处于这样的时代:我们得到的空间处在场地关系的形式之中。"①无论怎样,福柯说,追溯使当代人焦虑的根源时,更多的不在于时间而在于空间,在于人们对组成空间的诸种要素进行重新分配,而时间只是这种关系分配中的一个要素。

福柯谈到,他所说的当代人的空间概念是继续完成伽利略留下的在空间中"去神圣化"的任务,不是指去掉上帝创造世界的偏见,而是指其他一些空间偏见,比如固执地坚持私人空间与公共空间、家庭空间与社会空间、文化空间与实用空间、休闲空间与工作空间之间的对立。当代人并不生活在种类单一的空间里(福柯把这样的空间称作"空"的或没有内容的,像一个空盒子一样),还有各种不同性质的空间。福柯提到了想象的空间、感觉的空间、梦的空间、热情的空间,它们像是隐晦或模糊不清的空间、凹凸不平的空间、拥挤堵塞的空间……这些还只是福柯说的"内部空间",他认为还有外部空间,我们生活的空间。"在这个空间中展开对我们的生命、我们的时代、我们的历史的侵蚀,这个咀嚼我们的空间本身也是一个**异托邦**的空间。换句话说,我们并不生活在某种空盒子里,然后把一些个别的东西放置进去,使这个空盒子被染上不同的颜色。我们生活的空间是一个关系的总体,不同位置之间的关系是不可消除的,不可公约的。"②

"异托邦"被说成是一个空间的关系网,为了说明什么是"异托邦",福柯先从什么是乌托邦入手:乌托邦是并不真实在场、没有真实位置的场所。但是,在一切文化或文明中,有一些真实而有效的场所却是非场所(contre-emplacements)的,或者说,是在真实场所中被有效实现了的乌托邦,福柯称之为"异托邦"。他举了一个例子,本来反映在镜子里的影像是一个乌托邦的场所,即一个没有场所的场所。我照镜子时,看见我在镜子里,或者说,我看见自己正处在我并不真实在场的地方。我在

① 福柯:《口述与笔录(1954—1988)》,第753—754页,巴黎,伽利玛出版社,1994。
② 同上书,第754—755页。

镜子里，在一个非实在的空间里，像是有一个幽灵使我能看见自己的模样。这个不真实的空间允许我能看见自己出现在我并不真实在场的地方，这就是镜子的乌托邦。但福柯同时认为，它也是一个"异托邦"。因为镜子毕竟是真实存在的，镜子里的我在镜子平面上占据了一个位置，或者说，它使我在镜子里有一种折返的效果。正是由于有了镜子，我能在镜子里看见自己，我才发现我能出现在自己并不真实在场的地方。镜子里我的目光从虚拟空间的深处投向我（这个空间之所以是虚拟的，是因为镜子不过是一个平面，实际上镜子里的目光不过是从这个平面观察我），在镜子中我向我自己走来，我重新盯着我自己，并且镜子里的目光也可能重新构造了正站在镜子外照镜子的我自己。在这个意义上，镜子的作用就相当于一个"异托邦"：当我照镜子的时候，镜子提供了一个占据我的场所，这是绝对真实的。同时，这又是绝对不真实的，因为镜子里的我在一个虚拟的空间里。总之，当我像不懂事的婴儿或小猫小狗一样，把镜子里的自己误认为是真实的或存在于一个真实空间的时候，绝对是错了。但镜子里的我并不处在一个乌托邦的世外桃源，因为镜子是实在的。既然镜子具有乌托邦与"异托邦"的双重属性，照镜子的情景也必然有如上复杂的多重体验。

现在的问题是，"异托邦"的空间究竟具有怎样的意义？"异托邦"的概念提供了这样一个思路，即我们似乎熟悉的日常空间是可以做间隔划分的。就是说，存在着不同的"异域"，一个又一个别的场合。存在某种冲突的空间，在我们看见它们的场所或空间中，它同时具有神话和真实双重属性。

广义的"异托邦"包含了在一个真实的空间里被文化创造出来，但同时又是虚幻的东西，即它并不是你所认为它是的东西。福柯阐述了构成"异托邦"的六个特征：

第一，世界不只存在一种文化，多元文化的情形就是"异托邦"。福柯强调要从形式的变化上区分不同的文化，因为"异托邦"不仅只有一种形式。福柯举了一个例子，在某些民族中有年轻女子"走婚（voyage de noces)”现象,字面上的意思是“婚礼的旅行”,但不是我们理解的“旅行结婚”。因为“走婚”涉及的不是一个性伴侣,而是说,女人没有固定的丈夫,男人没有固定的妻子,不管男人女人,都可以同时拥有几个配偶。为什么叫“走”呢?因为这种多夫同时又多妻的婚姻形式是以女子在确定或不确定的时期内多次外出旅行的方式实现的。福柯认为,这种现象对处于走婚状态的年轻女子来说,等于说她失去贞操的行为在任何地方都没有发生(因为每一次都是新的婚姻),或者说,走婚的婚礼发生在没有地点的地点,走婚是一种虚幻的婚姻形式。

第二,在同一民族或不同民族中,不同时代所处的每一个相对不变的社会就是一个“异托邦”,因为从另一个社会的眼光看,这个社会发生作用的形式是完全不同的。具体说,从西方发达社会的眼光看,中国社会就是一个“异托邦”,反过来也是一样,西方社会对我们来说也是“异托邦”。不同的“异托邦”社会可以共存在一个地球村里。“异托邦”之所以不同,是因为每个“异托邦”都针对某个社会内部文化的“synchronisme”(这是语言学用语,指从某一历史时期看,语言现象具有的同时性或共时性的特点)。福柯又举了一个例子,他说公墓的墓地就是一个“异托邦”场所。公墓也是一个文化空间,但又不是一般的文化空间,而是文化空间中的异域。只要我们想到安息在墓地中的人曾经生活的年代、城市、乡村、社会、民族、语言、信仰都不相同,我们每个人或每个家庭都可能有长辈或亲朋安葬在墓地,就可以联想到公墓是怎样一种异域空间的集合体。公墓是西方文化中长期存在的现象,但是在不同时代也经历了变化:福柯认为直到 18 世纪末,公墓还被安排在一个城市的中心地带,在教堂旁边。公墓埋葬死人的场所曾经划分等级,比如有公墓藏骸所,许多尸体堆放在一起,以致辨认不清身份。当然,也有单独个人的墓穴。再者,教堂里面也有墓碑,教堂的空间与坟墓的空间重叠在一起。福柯指出,尸体安置在不同的场所,不仅区分了等级,也表明人们对灵魂与肉体关系的态度。在神圣的教堂中放置坟墓的做法只能发生在 18 世纪,当时的文化受近代启蒙精神的感染,趋向于“无神论”,故而有把“不神圣”的尸体放在神圣的教堂内的做法。这是一种与教堂不协调的世俗的悼念。事实上，这种情况在中世纪不可能发生，因为在人们相信灵魂不朽和死者会复活的时代，人们不会对死者的遗骨如此重视，决不会把它放在教堂里。反之，从人们不再相信人死了灵魂还活着的时候开始，身体就“复活”了，就是说，尸体受到更多的重视，因为它是我们还存在的唯一痕迹。福柯认为，只是到了19世纪的欧洲，每个人，不分贵贱，死后都有权利拥有他自己的一块墓地。但也正是从这时候开始，人们把公墓设立在城市的外围而不是中央。

第三，“异托邦”还指这样一种情形：在一个单独的真实位置或场所同时并立安排几个似乎并不相容的空间或场所。福柯举的例子是戏剧舞台：在一个长方形的舞台上，要同时或者连续上演不同的场景，这些场景是相互隔离的或相互外在的（弗洛伊德曾经举了一个例子，说明一个小男孩如何染上了强迫性神经官能症而难以自拔：这个小男孩不愿意从他母亲曾经站过的位置走过，因为他想，如果他从那里走，就等于他与母亲发生了性关系。另一个例子是：一个男人总想着他与妻子的床上还睡过别的男人，把它当作一个事实，尽管这个情形可以是真的也可以是假的。这两个精神病例都与空间关系的极度想象有关。如果做一种“微妙精神”的分析，这两种空间关系也是福柯这里所分析的“异托邦”空间现象。另外，在中国京戏舞台上，对唱的双方经常被剧情假设是相互看不见的，这也类似于“异托邦”的空间）。福柯又讲到电影院是一个长方形大厅，供放映的银幕本来只具有长宽二维平面，但是人们却能从中看出三维的空间效果——这也是“异托邦”的效果。总之，“异托邦”就是在同一真实空间中同时包含着自相矛盾或自相冲突的几个不同空间，这几个不同空间既可以是能被观察到的，比如演戏或放映电影时的情形，也可能看不见但被想象出来，比如上面两个强迫性精神病患者的例子。

福柯说，“异托邦”的最古老的例子，也许是花园。在东方，花园有多重含义，古代波斯人的花园是一个非常神圣的地方，长方形的四个边代表四方或组成世界的四个部分，花园的中央最神圣，那儿往往放置一个喷泉水池，就像人的脐带、世界的中心，花园里所有植物的生长都由这个水池灌溉。这样的花园景观，作用相当于一个东方人头脑中的微型宇宙。福柯又说，波斯地毯是其花园的衍生物，即花园变形为地毯，整个世界的完美象征都画在地毯上。地毯是可以流动的花园，因为地毯可以放在不同的房间或空间里。花园就相当于世界最小的分子，但又是世界的整体(福柯这里说的情形很像莱布尼茨所谓“单子”)。花园是世界上最古老的给人以幸福感并透视全宇宙的“异托邦”。同样的道理，现代意义上的动物园也是一个“异托邦”，象征着一个包含世界上全部动物的世界。

第四，“异托邦”与时间的关系：因为时间与空间是对称而不可分的要素，“异托邦”在隔离空间的同时也把时间隔离开来，福柯称为“异托时(hétérochronies)”。与对“异托邦”的理解相对应，“异托时”应该理解为在表面上同样真实的时间顺序中，还存在着至少两个“相异的时间或历史”。先说“异托邦”。“异托邦”什么时候发生作用呢？当人们发现自己与传统的时间观念彻底决裂时，“异托邦”就开始发挥作用。这方面的突出例子是前面讲到的公墓，因为那里埋葬着许多出生在不同时间和地点的人，所以作为“异托邦”的公墓又和一些奇怪的或交错的时间联结在一起，和“异托时”联结在一起。在我们的社会与文化中，“异托邦”与“异托时”之间的联结或组织是非常复杂的。比如，也可以把“异托时”理解为时间上的“异托邦”，它把“无限”的时间堆积在一处，博物馆和图书馆就是这样的“异托时”场所，这两个场所又是“异托邦”，其中浩如烟海的陈设和资料积累起来的是时间，博物馆和图书馆的念头起因于把所有产生于不同时间的文物和文献寄放在一处，或者说把所有时间、所有时代、所有文化类型和所有情趣封闭在一个场所。福柯的意思是，如果一个场所聚集了所有的时间，那这个场所本身就在时间之外。当然，在逻辑上福柯可以这样认为，但在现实中则不是这样，因为不同的博物馆或图书馆可能是不同时期建造的。

福柯指出，与时间联结的“异托邦”还有其他的形式，比如与传统节日联结。各个民族的节日总是与某种庆典联系在一起，庆典发生的场所是一个闹哄哄的嘈杂混乱的地方（像中国的庙会），是专门供人们欢乐的场所。这情形每年发生一次或几次，陈列、展览、卖弄、标榜各种不同的商品，还有摔跤的、变戏法的、说书的。

福柯说，现在人们发明了一种新的时间“异托邦”，即所谓“度假村”：通常是一些具有异国情调的原始村落，生活在当代都市的游客与当地土著人混杂一起，时间的暂时性与永久性混杂在一起，过节一样的日子与日常生活混杂在一起。就像是把时间重叠起来，每一道褶皱都是重新发现一种时间。换句话说，人类的生活和历史并不只是存在一种时间。

第五，各种不同的“异托邦”自身是一个既开放又封闭的系统，两个“异托邦”之间既是隔离的又是相互渗透的。举个例子，我猜不出你的心思，同床可以异梦，因为对方对我来说是一个他者、一个异域，我别想进去。福柯说，类似于这样进不去的地方还有很多，像兵营、监狱以及许多不经过许可就进不去的地方。还有相反的情形，福柯说有些“异托邦”场所表面上看是开放的，人人都可以进去，人们相信自己进去了，在空间上的事实也的确进去了，但这只是一个幻象，因为实际上这些场所是排斥来者的。福柯谈到巴西一些大农场有一种风格特殊的大宅院，供进出的门并不朝向供一家人日常活动、位于中央的房间。所有游客都被允许推开这个门，只有经过这道门，才能进到卧室，但从卧室与位于中央的家庭主活动区之间互不接通。换句话说，游客只是这个大宅院里过道中的客人，并没有真正被邀请。这样的房子在美国汽车旅馆还残存着：人们直接开着车进入这样的旅馆，通常是一对情侣，小汽车本身就是这种汽车旅馆的房间，在那里发生非法的性活动，当然这是一种已经绝对被隔离开或藏匿起来的活动，车与车之间保持距离。

第六，“异托邦”是空间的两极。一方面，“异托邦”创造出一个虚幻的空间；另一方面，这个虚幻的空间却揭示出真实的空间。他宣称这是创造另一个空间，一个真实的空间，它可以像我们周围原来就有的空间一样完美、精细、有序，像原有空间的增补。福柯列举的例子是殖民地。

殖民地也是一种“异托邦”，一开始是在另一片土地上渗透，发生一种模糊的殖民化，随着商品、语言、宗教、人民、习俗的迁移，殖民地的情形就发生了，比如英国的清教徒在北美建立了自己的社会和国家，这就是美国，而这块土地原来的居民——印第安人从此退居边缘。就此意义而言，与英国本土比较，美国是一个“异托邦”，是被创造出来的另一个空间，但同时又是一个绝对真实且完美的空间。福柯指出，作为“异托邦”的殖民地可以达到比殖民者原来的国家更为完美，因为它可以被设计出来，村庄建造的风格，如何排列广场、街道、教堂、学校、墓地的位置，甚至家庭的组成、子女的数量、工作和休息的时间都可以实现设计好(这与空想共产主义的乌托邦及其某种实现有细微的相似与差别，比如中国 20 世纪 50 年代末的“人民公社”)。

福柯最后提到，殖民者开发美洲大陆时乘坐的海船也是一种“异托邦”，它像是一个可以移动的“房子”漂浮在空间，海船所处的位置，是一个没有位置的位置，它自给自足，自我封闭，但它同时旅行在无限的大海中，把自己提供给无限，从一个港口到另一个港口，从一条海岸到另一条海岸，直到殖民者上岸开拓他们新的家园。“于是，”福柯说，“你们可以理解为什么对我们的文明来说，海船从 16 世纪至今一直不仅是我们经济发展最伟大的工具，而且它也储存着最伟大的想象力。海船尤其是一种‘异托邦’，在没有海船的文明中，梦是干涸的，密探取代了冒险，警察取代了海盗。”①

① 福柯:《口述与笔录(1954—1988)》，第 762 页，巴黎，伽利玛出版社，1994。

第三十四章　德里达

第一节　生平与著作

德里达(Jacques Derrida)1930 年 7 月 15 日出生在法属阿尔及利亚一个犹太小有产者家庭。他从小就接受了殖民者正规的法语训练，感受到来自民族与文化方面的压抑。他生活在犹太-阿拉伯人的氛围中。在殖民地环境下长大的孩子，有自发地逃脱原有文化的倾向。后来的事实表明，德里达以法国哲学家而不是阿拉伯哲学家的身份出现在世人面前，他已经完全法国化了，用法语写作，一直没有掌握阿拉伯语。在中学阶段，德里达就已经阅读了许多法国文学作品，他喜欢布朗肖、巴塔耶等法国现代作家，也阅读了胡塞尔和海德格尔的现象学。无论在文学还是哲学方面，萨特都算得上是德里达的引路人，因为青年德里达首先是从萨特作品中知道那些文学与哲学大师的。

1949 年，德里达怀着美好的期待来到巴黎，报考巴黎高等师范学校的预备班。高师是诞生法国哲学家的摇篮，萨特、梅洛-庞蒂、福柯都来自那里。高师的入学竞争十分激烈。德里达抱着再也不“回家”的决心来到巴黎。像福柯一样，德里达也经历了第一次考试的失败，但最终考取了这所著名学府。从高师毕业后，德里达先后在母校、索邦大学、社会科学高等研究院任教。德里达还长期兼任美国几所著名大学的教授。

德里达是著名的解构理论的创立者,其学术影响力远在法国之外并且超出了哲学领域,波及整个人文科学甚至自然科学。德里达是一个高产作家,有60余部著作。中国学者比较熟悉并且有英译本的德里达著作有:《论文字学》(*De la grammatologie*, 1967)、《书写与差异》(*L'écriture et la différence*, 1967)、《声音与现象》(*La voix et le phénomène*, 1967)、《播撒》(*La Dissémination*, 1972)、《哲学的边缘》(*Marges de la philosophie*, 1972)、《立场》(*Positions*, 1972)、《丧钟》(*Glas*,1974)、《马刺:尼采的风格》(*Éperons, Les styles de Nietzsche*, 1978)、《绘画中的真理》(*La vérité en peinture*, 1978)、《明信片》(*La carte postale*, 1980)、《心理:他者的发明》(*Psyché: Inventions de l'autre*, 1987)、《回忆保罗·德曼》(*Mémoires for Paul de Man*, 1988)、《省略号》(*Points de suspension*, 1992)、《马克思的幽灵》(*Spectres de Marx*, 1993),等等。

1992年5月9日,来自十多个国家的20位哲学家在伦敦《时代》(*Temps*)报发表了一篇措辞强硬的公开信,反对剑桥大学授予德里达荣誉博士学位。其理由是:德里达虽然声称是哲学家,但其影响几乎全在哲学之外的文学和电影之类。德里达的著作不清晰严谨,无法让人接受。德里达以玩笑的姿态对待严肃的逻辑;不遵守学术规范,把做学问的方式延伸到不适当的范围;故意与理解相悖的写作风格;其深奥难解的语言实际上是肤浅和虚假的。这封信传达了这样一个信息,即它并非与德里达有个人恩怨,而是学院派哲学对德里达式的当代法国哲学怀有深深的忧虑。这件事整个过程中,德里达没有为自己做任何辩解,倒是学院派的教授们把学术问题推到了社会。最后的结果是,德里达获得了剑桥大学的荣誉博士学位。

2001年9月,德里达首次来中国讲学,他先后到了北京大学、《读书》编辑部、中国社会科学院、南京大学、复旦大学,与中国学者及青年学生交流。主要话题有人文科学与大学的独立性、宽恕精神、马克思主义等。

2004年10月9日，德里达因胰腺癌在巴黎一所医院逝世。

第二节　解构的背景

按照西方传统，"形而上学"是"哲学"的同义词。"哲学"来源于古代希腊，意为"爱智"。爱智的学问即哲学，它追问事物的根据——这是事物的生存方式，并构成最基本的哲学框架；无论任何一派哲学，都旨在寻找一种本原性存在，以此为中心或基石，生成多彩的哲学形态。

表面上，哲学家们对"何为本原"的回答不同，实际上，这种争论只具有次要性质，因为"本原"实际上只有一个——大写的逻各斯。所谓爱智即爱逻各斯。逻各斯是西方哲学传统围绕的中心。对任何传统哲学家来说，以下观点总是不言而喻的：心灵是思想之源，它的地位相当于"神"。思维追求理性与逻辑，只有符合逻辑规则的思想才是真的思想，才符合真理。思想的真理只有通过语言表达出来才可以交流和理解，表达有两种方式：(1) 说话，它是思想最直接的交流；(2) 文字，它记录说话的内容。因此，亚里士多德曾经认为，被说的词是心理经验的符号，被写的词是被说的词的符号。这就是说，语言有自己的等级体系，文字处于最底层，它是关于符号的符号。

总之，以逻各斯为中心，形成了心灵或思想、说话、文字之间的相互关系，文字只具有工具作用，而说话与文字不同，它是逻各斯的一个重要因素。传统哲学的基本问题，即所谓思与在的对立关系是在思维着的理性(逻各斯)范围之内探讨的，理性的逻各斯具有解释一切现象的绝对权威性。

逻各斯是西方文化传统中支配一切的精神力量。赫拉克利特称，万物都根据永恒的逻各斯产生。柏拉图的理念、亚里士多德的实体、文艺复兴时期倡导的人性及其所替代的中世纪的神性、培根的理性新工具及理性在18世纪法国启蒙时代的胜利、德国人的思辨理性……这一切，在某种意义上，不过是逻各斯的特殊表现方式。哲学是文化的精髓，以逻各斯为代表的文化是规范和支配自然的文化,它使人类的自然成为"人类文化的自然"。自从文化掉进逻各斯的陷阱,文化对自然的压抑随之而来,于是文化便始终规范着人,它抹杀人的自然性。

现代以来,以逻各斯为代表的形而上学传统遭到哲学家们越来越激烈的抨击,所谓反形而上学,实际是反对逻各斯文化。

尼采的口号是重新估计一切价值!他试图让词语脱离逻各斯的依赖,认为哲学话语只是一种修辞式的隐语,一种可以破译的话语。真理只是幻象,人们却早已忘记它是幻象。

弗洛伊德也说,意识是假象,本能的心理活动是无意识的,却被意识的交往掩盖了。无意识的典型是梦,梦的符号把意识的意义和对象抹掉了,梦的意识需要重新破译。

胡塞尔提出:面向事物本身!他所谓的"事物本身"是在隔离"自然的观点"之后得到的现象,而"自然的观点"就是以往西方传统哲学文化观察世界方法的总称,主要是逻辑理性的思维态度。胡塞尔是20世纪最重要的哲学家之一,他发动了一场名副其实的哲学革命,使20世纪哲学面貌发生了根本变化。现象学批判传统自然思维或逻辑思维,把这些态度从现象学中隔离出去,这实际是把整个西方哲学传统搁置一边,回到先于逻辑的东西。尼采对传统的批判,弗洛伊德对意识的批判,是另一种搁置的态度。胡塞尔之后的欧洲哲学,不断进行这样的搁置:存在哲学、解释学、结构主义,甚至德里达的解构主义从不同角度寻找先于传统本体论和逻辑认识论的东西,"面向事物本身"是它们共同的倾向,其蕴意在于反对以往形而上学的思维方式。然而,胡塞尔、海德格尔,以及20世纪的法国哲学家们,甚至维特根斯坦,对"事物本身"的理解有很大不同,但是这并不妨碍他们在反形而上学问题上的一致性。

围绕逻各斯传统的光环是心灵的智慧:它的要素是抽象而神圣的观念,表现为实体、概念、理念、真理等等。它们是形而上学的意义,通过传统的思与在的对立统一的思维方式表现出来。

维特根斯坦以他实证且幽默的口吻表明他的态度:我们只能说可以

说的东西，对不可说的东西应该保持沉默。对他而言，实证的领域属于语言，而不属于观念。他晚年最后的结论是：可说的只是我们如何去玩语言游戏，游戏的界限并不超出语言的界限；不可以说的是游戏之外的一切（比如语言游戏之外的对象、思想、心灵），如果硬去谈论他们，就得使用乌托邦一样的语言。

海德格尔则认为，用现象学方法排除对存在与真理的逻辑性理解之后，遗留的"现象学剩余"是一种被传统遗忘了的存在。对这种存在意义的阐述，需要一种原始的诗一样的语言和新的解释学，它不是爱智的知识，而是智慧之根。我们已经习惯了形而上学的抽象思维，但海德格尔的存在却是疏远而朦胧的。当他说思是诗时，并不是回到一个逻辑的逻各斯。海德格尔"思"的开始是传统爱智的终结。

当代法国哲学家们一反清晰明了的唯物主义传统，其庞杂晦涩令人困惑，这是由于他们书写的文本自身的困难造成的。这些文本与"形而上学语言"之间出现裂痕，而文本的作者们不是传统哲学家，而是人类学家、精神分析学家、历史学家、文艺理论家等。

近代哲学，特别是20世纪西方哲学的反形而上学潮流是在回答康德提出的一个老问题，即：科学的形而上学是否可能？他的"三大批判"向我们揭示了形而上学是如何一步步被驱出科学，在实践理性、审美和信仰领域保留自己的地盘的。康德终于不能建立一门科学的形而上学。换句话说，被保留的地盘中没有科学，只有信仰，这才是康德哲学革命的真实意义，它等于宣布了思维与存在的同一性这一传统哲学问题的破产，是对柏拉图和亚里士多德以来的形而上学问题的颠覆。

一百多年后，胡塞尔只是以变换的方式提出与康德同样的问题：他以前的哲学都是形而上学，所以要以"隔离"的方式置之不理，从而直视"事物本身"。以下观点中胡塞尔与康德又不期而遇：理性的思维方式对自然科学问题是有用的，但当他超出这个界限去证明形而上学问题时，就是愚蠢的。

由此看来，哲学的断裂早在康德就开始了，当代西方哲学家们在完成康德和胡塞尔的使命，一层层剥离“形而上学”的语言用法，以显示语言的本色或事物本身，这与传统哲学思维有很大的区别，它搁置了理性的逻各斯。德里达对形而上学的批判也是从这里开始的。

第三节 解 构

德里达认为，形而上学是逻各斯中心论或语音中心论。他从海德格尔追溯到苏格拉底，认为哲学从来就没有脱离逻各斯的统治。哲学总是从逻各斯中寻找真理，“智慧”总要说，说比写更为自然，离人最近，是活生生的；文字只是用约定的符号描述说话，是间接的听写，因此文字是僵死的。西方文字的拼音性集中表现了说对写的支配，这种写音文字才是形而上学的真正秘密。与胡塞尔和海德格尔的反形而上学立场不同，德里达批判“语音中心论”的目的在于反对“在场”的形而上学。说话所表达的观念对象就是“在场”或显现的“现象”。在形而上学传统中，“声音”(说)与“现象”(无论把“现象”称作存在、思想，还是真理、意义等)有内在的联系。当声音通过“文字”表达现象时，文字不过是工具，写只是记录的符号。

在德里达看来，形而上学就是以逻各斯或语音、在场为中心，这个中心支配着传统的思维方式、日常语言、伦理道德、价值判断等等。围绕这个中心，形成说话对文字、同一对差异、真对假、恶对善、生对死、存在对虚无的统治，它们之间对立的界限在被解构之前从来没有真正被超越。这些对立概念中的前者是“在场”，后者是不在场或者扭曲的假象，处于被否定的附庸地位。

“在场”的意义来源于逻各斯。如果消解了说对写的统治和界限，意义便被埋葬了，这是德里达的基本解构策略。

在柏拉图的对话中，“书写(pharmakon)”的使命是唤醒理念的记忆。但柏拉图已经意识到“pharmakon”在希腊文中也有“药”的含义。它或为良药，或为毒药。就是说，文字有记录和歪曲理念这两种不同作用。德里达引申出，文字从来没有对心灵观念进行忠实地表达，因为文字总是倾向于相互影响，这样的叠加和隐喻总会离要说的原义越来越远。既然写无法忠实地模仿说话，差异与离异就不可避免。

德里达攻击“说”与“写”遵循的逻辑同一性或直线性，把它与逻各斯中心论、语音中心论、语义论、唯心论联系起来，认为它是形而上学传统得以延续的秘密。在德里达看来，这条直线从来就是断裂的。哲学要追溯原始的精神理念，但是哲学缺少由此及彼的桥梁。话语转瞬即逝，记忆将被遗忘，拼音文字天生有叛逆性格。文字相互关联的寄生性格渐渐远离了说、精神或记忆。经典“原义”追溯不到，文字总要“毒死”记忆，开辟自己的空间，把逻各斯悬隔起来，为自己做主。德里达认为，逻各斯与在场的观念之间存在本源性的意指关系：“特别是对真理的意指，对真理的一切形而上学规定，直接与逻各斯的理性思维的要求密不可分……语音的本质直接靠近作为逻各斯思想之内的、与意义联系的本质”①。这里，心理经验派生语音，语音的意旨对象(观念)都是“在场”，而文字却不在场。因为声音和对象都不是文字，文字离开声音和对象便什么也不是，它一无所有，整个哲学文化充斥的是“声音”与“现象”。“在场”的原则是我们至今奉行的理解事物的原则，渗透到我们的语言和思想方式中，我们依赖逻各斯，就像教徒离不开对上帝的信仰。我们需要阐释意义，否则文化世界将一片黑暗。造物主给我们意义，就像用逻各斯之手铭刻真理在心灵。

解构的方法是把代表观念的概念打上引号，把它们仅仅当作符号，将符号所代表的思想含义悬隔出去。德里达认为，在这样的方式中，“思想”意味着虚无。他解释说，“思想(‘思想’即被称作‘思想’的词——引者)意味着无，它是名词化的虚空，是无派生物的自我同一，是力的延异性效果，一种话语或意识的虚幻王国，它的本质、基础会被解构”②。

---

① 德里达:《论文字学》,第 21 页,巴黎,午夜出版社,1967。
② 德里达:《立场》,第 47 页,芝加哥,芝加哥大学出版社,1987。

同理,德里达把词的指称对象说成是虚幻的。最简单的指称是"我"。德里达称,"自我"是逻各斯的化身,意义之源。从解构观点看,哲学上的抽象自我只是一个抽象的点,普通的代词。这个所谓作为源泉的纯粹自我并不等值于活的生命个体,是一个虚无,甚至是一个隐喻,一个柏拉图式的光源。

如果渊源是无,出发点便被悬隔了。按照德里达的特定说法,在形而上学那里,逻各斯是源头,它与思想是同一的,声音与意义是对应的。这样的同一也是历史的同一。在历史上,这种对应性就像两条平行的、不中断的直线。声音与意义之间这种直线的历史同一性就是传统理解的时间性。显然,德里达将传统的时间概念连同与其方向一致的起源(逻各斯)与目的(理念)一起悬隔了。

从康德到胡塞尔,再到海德格尔,人的概念背负着沉重的负担,人被置于逻各斯的位置和作用。声音和现象都属于人,人就是"上帝"。在德里达看来,对逻各斯中心主义的解构,对起源和目的的摧毁,也是哲学意义上的"人的终结"。

德里达提出,人的终结也是书的终结。因为在逻各斯统治下,全世界只有一本书,就是解释逻各斯的书;只有一个作者,他是一个大写的人;书的世界只是逻各斯的世界。离开逻各斯,世界似乎就是不可知的。书的出现并不是对写的赞扬。从柏拉图开始,书就被当作一种沉默的对话。在这里,对话和思想是一回事,书是心灵对话的表现。

综上可见,存在一贯以逻各斯为中心的结构。这个结构是自我封闭的,结构内的任何成分都受起源和目的的束缚。最基本的结构成分是说话的声音与所指称对象的对立。所谓消解结构,在于分析逻各斯中心特权所意味的声音与现象的虚幻性。随着这个中心的解体,"声音"与"对象"的对立也不复存在,整个形而上学的基础就崩溃了。

应该说,解构造成的结果令人震惊,它动摇形而上学的动机,即寻找起源和归宿的愿望。德里达又称形而上学是"白色的神话"。他转述了柏拉图在《理想国》中一个关于洞穴的寓言故事:人在洞穴中背对着光源，只能看到被照明的东西。但是，人能从自己被照亮的影子中想到一定有一个光源，一个太阳。这光源引导人走出黑暗，寻找光明。德里达接过柏拉图的话说，哲学就是起原始作用的太阳。换句话说，哲学原来就是一个隐喻。但是，长期以来，形而上学把隐喻从真理中驱除出去，认为隐喻属于诗歌和文学，属于虚假的语言；另一方面，哲学摇身一变，成为真理性的语言和文学的基础。这就形成了西方文化传统中一个根本性的界限：哲学与文学的界限，或者说真实语言和虚构语言的界限。这些偏见形成的根本原因在于没有发现哲学在根本上具有隐喻性质。

哲学是隐喻，它根植于形而上学使用方法的隐喻性质。柏拉图的向日式隐喻具有普遍意义。其实，每个抽象概念背后都隐藏着一种感性具体的比喻，都是隐喻肖像的消耗。德里达认为，形而上学在使用语言时，就像用磨石把硬币上的图案或肖像磨掉，使人在表面上什么也看不见，从而丧失了交换价值。但是唯其如此，这个已经不是硬币的货币（相当于形而上学语言）才具有至高的"价值"。消磨活动象征从可感的具象语言进入形而上学语言，或失去前者，获得非感性的后者。感性形象的原始价值被光秃秃的抽象概念抹掉了、占有了。概念代替形象，并且自我繁殖（构造概念及其相互对立的差别和概念之间的繁衍替代）——这就是形而上学语言的历史发展过程。

德里达用消磨图像的例子说明，哲学语言和形象语言的交换是不合理的。解构形而上学的重要工作就是破译这个隐喻，使写在硬币上的旧字重新可辨。由于硬币上的旧字被刮掉了，破译就是再把概念刮去，显示旧字，即自然语言的隐喻性质。

与柏拉图向日式隐喻的意图相反，德里达指出，描述"原义"的语言不是理念或哲学语言，而是可感的自然语言。自然语言之所以被哲学视为隐喻（比如向日式隐喻），是因为哲学把自己视为本义。事实上，正如以上硬币的例子，哲学概念才充满隐喻，它开始于对硬币上的图案的非法置换。这个置换使具象语言被转化为形而上学的概念推演。因此，哲学其实是一种隐喻性语言，或自然语言的引申（这样，形而上学隐喻就把一切都颠倒了)。但是,哲学忘记了它自己的本义,哲学史成了遗忘史。德里达称,哲学家像寓言的收集者,并且生产“白色的神话”。这里的“白色”意味着不生动、不显现。“白色神话是……蘸着白墨水写的,一幅不可见的图案被掩盖在羊皮纸上。”①

从解构观点看,自然语言到哲学或逻辑语言的过渡史是哲学史发生和发展的真谛。这样的过渡一向被传统视为一种进步,实际上却是退步。因为从起源上看,自然先于逻辑并且比逻辑更真实,理性语言的虚伪扼杀了活生生的生命和创造力。揭露哲学的隐喻性质和来源,也就是对“哲学”的解构,宣告“哲学”的死亡。逻各斯也是隐喻,它是太阳、光源、唯一的说话者、理性、家园、心灵等等。这里出现自相矛盾:逻各斯本该是本义,但是描述它的只是一些隐喻词。离开隐喻,就没有逻各斯,如果有,它只是一个词。进一步说,如果原义只是隐喻,那么隐喻所赖以生存的前提(存在一个原义)就不存在了:“如果一切成为隐喻,就不再有任何原义,所以也就不再有任何隐喻。”②或者说,没有太阳、中心、家园,那么,也没有形而上学。

于是,“存在”被消解了。

德里达曾经说,解构不是一种“理论”,甚至不是一种“方法”。这样的说法实在有些令人摸不着头脑。“解构”包含了一种模糊的真知灼见,只有悟性极好的人才可达到它的领域。在这里,我们试图变换陈述的方式,以诙谐的语句描述一番解构的途径:从似乎没有问题的地方发现问题,变换说话和思考的习惯。

让我们回到最古老的哲学问题,它是一个本体论的问题,关于“什么”的问题:追问“这是什么?”这话的潜在意义是“什么”呢?——又是一个“什么”——存在物,一个现成的,或者就要如此的东西。在用词上,则是形形色色的“Bing”。在这里,我们不想陷入关于词源学意义的探讨,

① 德里达:《哲学的边缘》,第 213 页,芝加哥,芝加哥大学出版社,1982。
② 德里达:《播撒》,第 258 页,芝加哥,芝加哥大学出版社,1981。

就像海德格尔那样。但是，海德格尔有一个重要的提示值得我们注意，而德里达以他的方式同意这样的提示，即高度注意同样的词或者表面上看起来近似的词所具有的差异性。所以海德格尔著作中使用德文名词“Sein(在，本体论的含义)”时，却着意其动词的意义，即不是“Bing”或者“存在”，而是“to be”或者“是”。“存在”与“是”有什么区别呢？有重大区别。当我们说一个东西“存在”时，其实是说它“existence”，一种已经实现的规定性；但是，“to be”则是“潜伏着的可能性”，一个可能尚没有被识别的路标。海德格尔把它们之间的差别叫作本体论的差别，而德里达把这样的差别叫作“différance”。换句话说，当我们说某样东西“是”什么时，这可能“是”一个假问题。因为它会误导我们，使我们说话和思维都陷入误区而无法自拔。所以海德格尔在“Bing”上面画叉，以示怀疑，德里达则抵制现象学的“在场”概念。从这个意义上说，德里达的问题与现象学以及海德格尔哲学有密切关系。但是德里达又与海德格尔不同，他不用本体论、真理、意义、存在这样的词解释“解构”，他追溯这些词的源泉，这也就是解构家族词汇的特点，比如痕迹、播撒、处女膜、灰烬、褶皱、根状茎、无器官体，如此等等。在不同的场合，德里达也说“解构”并没有定义，如果一定要用一个词表示，那就是“不是一种语言”。换句话说，从“to be”那里导致的可以是不同时间和空间下的语言，甚至也可以是动物和物质的语言。语言也并不一定是话语和文本，而可以是姿态和肢体动作。所有这些，都具有模糊性和源泉性的特点。海德格尔把这个过程叫作“解蔽”，德里达则叫作“追溯(trace)”。他们所瞄准的，都不是现成的东西。

但是，为什么不把这些思路称为“理论”呢？因为要避免因此陷入“套话”，一种现成的印象和顽固的理解偏见。在我们周围的生活世界中，读书、写作、上课、讲话、电视、电影、报纸、批评、理解、开会、活动方式等等，所有这些，都有一些现成的套路或者模式。在这个意义上，它们是本体论的“在场”，是一个又一个“原因”。我们习以为常，很少意识到这是一些假原因。其实，它们可能是一些没有新意的模仿。但它们是习惯，如果我们破坏这样的习惯，就要遭遇陌生，就会遇到强烈的抵抗。只有天才加上极强的意志力才能开创陌生的路。

解构的问题,说到底是一个打破固定模式、开创多种多样的可能性的问题。什么是做学问的固定模式呢？比如,就像德勒兹说的,你没有读过这个或者那个,或者关于这个的这个,关于那个的那个,就没有资格在学问上说话。我们谈论问题时一定要引证柏拉图和亚里士多德,以暗示自己很有学问。甚至辩证法也成了一种模式,事物一定要有“矛盾”、要有“转化”,要“一分为二”、要区别“感性知识”与“理性知识”,等等。由于要批评这些东西,解构显得是一种批判“理论”。于是,在传统的眼光中,解构缺少自己的建树。这可能又是一种对“建树”的理解误区,解构不断地说“不是”,它总是寻找被掩盖起来的东西。后者是一个可能性,但又被新的可能性所掩盖,于是,又有新的刺激和陌生。

解构的问题又是一个跨文化、跨风俗的问题,它不是西方哲学中的一个传统问题,相反,它要化解西方哲学。一方面,西方的文字、思维、风俗确实和东方不一样;另一方面,既然翻译和交流是可能的,在观念上有对应,东方文化中也就有适合于解构的因素。至于中国文化,简直可以说特别适用于解构。因为在这里是“假做真时真亦假”,几乎用不着费太大的气力,我们轻易就能戳穿一个谎言,以至于权术和诡计在中国历史上是极为发达的“文化”现象。在这个意义上,解构是一个更为中国化的问题。为什么“解构”是由德里达而不是一个西方人提出来的呢？德里达来自阿拉伯。换句话说,他也是一个具有东方哲学背景的哲学家。

解构也是回归原来的样子,德里达甚至说它是“唯物主义”的。但并不是朴素的唯物主义,因为解构不相信常识或众口一词的看法,而是寻找不容易被发现的东西。

第四节　解构的例子

我们如何来界定属人的文化？当代哲学家告诉我们,最重要的是分析语言。因为人类用符号指称事物，对事物的分析就是对语言的分析。这种倾向被学术界称作20世纪哲学的语言转向。与传统哲学相比，这样的转向蕴含着极大的危险，它把关注的对象从内容转向形式。就法国哲学而言，这种倾向经历了所谓结构主义和解构主义阶段。德里达就是后一个学派的发起人。所谓解构是什么意思呢？它所针对的是传统哲学主体-客体、内容-形式、偶然-必然、现象-本质、能指（语音）-所指（说话的对象）之类两极对立的“概念”结构。德里达告诉我们，其中每一个“对子”中的前者都达不到后者，后者不是前者的原因、源头、原本、原型等。形而上学有自己特殊的语言，它是一个语言观念的乌托邦，“白色的神话”。我们不知道古代的一切。古人留下的只有尘土封存的文本和信札，但它们自己并不会说话，我们不知道作者是谁，不知道写信人是谁，读解的目光到达不了写信人和寄信人。读解一定成为误解——这里我们首先回到最狭隘的分析：一个称谓能指代另一个对象吗？德里达的回答是：不能，因为符号自身有一种危险的增补性。

为了读解德里达，我们几乎可以从他的任何一篇文字下手。他总是从阅读别人的文本出发（古今“西”外的任何文本都行），然后实施解构，所以我们的文字，应当属于对“读解”的读解，按照解构的理解，这也是危险的增补性。

这一次，我们偶尔想到了德里达的《马克思的幽灵》，因为他在书的第一段就接触到了“危险的增补性”。究竟什么是“危险的增补性”？“一个名称代表另一个名称，部分代表全体：我们一向都可以把历史上南非种族隔离制度的暴力称作借代（métonymie，也译作‘换喻’）。其过去如同其现在。按照不同的道路（浓缩、替换、表达或表象），透过其特殊性，我们能破译世界历史上如此多的其他暴力。”①我们从中读到了德里达的声音，他实际上把名称的置换过程视为一种“种族

① 德里达：《马克思的幽灵》，第11页，巴黎，伽利略出版社，1993。

隔离的暴力"过程,其中"隔离"是通过"暴力"进行的。传统上不这样看,只是把这个过程称作"替换""表现""理解""解释""翻译""表达"等。德里达却说,这里有阻碍、有暴徒、有抵制,它从一开始就踏上了一条危险的道路。

危险首先来自表达或翻译的不通畅,这样的不信达使表达似乎是难以理喻的、不合情理的、魔幻般的,因为它埋藏了表达式的意义。那些意义往往来自至高无上的心灵,就像主宰人间命运的神仙和发布圣谕的天使。

魔幻般的,但它既不是神仙也不是天使:"既不是生也不只是死,它发生在两者之间……好像在生与死之间,这只能是和某个鬼魂交谈……学会在交谈中和幽灵一起生活……过另一种生活,更好的生活。"①这样的生活发生在异域,因为它在现实中不在场,就像现实中没有真正的公平和正义。"它"是什么?"不通畅"——没有统一性、同一性、直线性、必然性,于是,什么伦理呀,公平呀,政治呀,也都是另类的,在现实中不存在。它忽而生,忽而死,在生与死的痕迹之间。

《马克思的幽灵》,其中"幽灵(spectres)"用了复数。不止一个幽灵,因为幽灵还可以再生幽灵。活性灵成为死魂灵,死魂灵也可以复活。没有路,只有痕迹,或痕迹的痕迹,它们是一群幽灵留下的,也许它们之间的面孔开始挺像,后来逐渐不像,以至于最后一点儿也不像。

"一个幽灵,共产主义的幽灵在欧洲徘徊。"这是马克思和恩格斯在《共产党宣言》中的第一句话。幽灵不止这一种,它可以跨越年代而滋生蔓延。马克思最喜欢莎士比亚的作品,甚至能大段大段地背诵。什么是莎士比亚的幽灵呢?这个早期的人文主义者,他写了著名的悲剧《哈姆雷特》,一个腐败王国中的王子,他的亲生父亲从来就没有真正出场,因为老国王被他的兄弟谋杀了。现在的国王是个假的,冒牌货——就是那个残忍的兄弟。这样的背景使哈姆雷特的命运注定是悲剧性的。他一

① 德里达:《马克思的幽灵》,第14—15页,巴黎,伽利略出版社,1993。

出场就遇见了幽灵——他父亲的魂灵。它第一次出场的第一句话就是："我是你父亲的幽灵!"这个幽灵本来是国家的主人,现在却成了陌生鬼,哈姆雷特从来就没有看见它的真面目。因为它不在场,它是死魂灵,而哈姆雷特还活着,他们之间有一条生死的界限。这是生者与死者的对话。哈姆雷特大声呐喊:"生存还是死亡,这是一个问题!"幽魂在徘徊,挥之不去。幽灵的结局总是悲剧性的吗?哈姆雷特要选择死亡吗?死就是悲剧吗?这些问题也挥之不去!魂灵也一个派生一个。为什么不说"共产主义的精神"而说"共产主义的幽灵"呢?"精神"和"幽灵"有什么区别呢?幽灵隐约于生与死之间,它捉摸不定,飘忽不定,难以名状:不是生,不是死,不是魂,不是身体,不是在场,不是消失,如此等等。"精神,幽灵,不是同一种东西,我们要辨认他们的差别。但它们有共同点,我们不知道它是什么……我们不知道它是否存在。如果它存在,它就要对应一个名称或本质。我们不知道它,不是因为无知,而是因为它没有对象,它是不出场的出场,是缺失的在,或消失的在,它不来自知识,至少不是在知识的大旗下我们自信所知道的东西,我们不知道它是活着还是死了。"①这里的"它"指的是精神和幽灵共有的因素,德里达实在没有告诉我们"它"是什么。根据我们的理解,他是说传统哲学把精神本质化了(知识化、对象化、观念化),但精神没有这样的本体,它只是一个"虚无"(德里达用了"L'absence"一词),而"幽灵"则很好地描述了思(精神)之"在"是不可能的。从"我思"不能推出实体性的"我在"。

这是反驳笛卡尔吗?笛卡尔真的只是用逻辑的方式推导出一个"思"之外的"在"吗?或者说"思"与"在"就是一个东西,那为何用两个词呢?理解的误区当不在"思"而在于"在"。笛卡尔的怀疑过程就是"思"——"在着"的过程,这是他的哲学中最精彩的一部分。这里的"在"其实就是"思"的活动本身(直觉、梦、幻觉、感觉、想象、类比等等),而传统的解释其实是把"在"理解为"思的活动本身"之外的东西,即把"在"解

---

① 德里达:《马克思的幽灵》,第26页,巴黎,伽利略出版社,1993。

释成一个绝对抽象的概念,列入了绝对理性的体系,从而使笛卡尔的"重心"由"我思"倾斜到"我在",其实"我在"的要害乃在于"我思"——胡塞尔极力把自然态度中的"存在"问题悬置起来(不评论),德里达也回避精神或幽灵的对象化(并没有真正地出场)。胡塞尔从笛卡尔那里得到的启示是不离开"思"(这个"思"被说成各种形式的直觉或意向性),而回避"在"(括出去),而至于那个最容易引起误解的"noema"(直觉或意向的对象),只是笛卡尔意义上的所谓清楚明白的"思"。这个"清楚明白"只是思之内在的,这是问题的要害,任何把它作为"在"去理解的努力都要订正为"思"。要记住,在幻觉和想象中也可以"清楚明白",比如笛卡尔的"上帝",胡塞尔的"圆的正方形"。至于德里达,他的贡献就在于提出:那个"noema"并不是清楚明白的,它本来就不可能是清楚明白的,因为它像一个幽灵。

在某种意义上,德里达的全部著作都在攻击这个"清楚明白"。那么德里达是否有意把问题搞糊涂呢?这是所有对他的指责中的焦点。我的想法是:糊涂的不是德里达,他从"清楚明白"中看出了"白色的神话",思辨概念的形成过程是语言逐渐失去其隐喻功能的过程,就像硬币渐渐失去了上面的头像,光秃秃的什么也没有。从此宣称自己是"真理"的语言,它其实是蘸着白墨水书写的"白色的神话",故说它"在场"但不显形。语言本来是充满热情、形象、隐喻的,模糊是自然语言的效果,而不是它的错误。德里达从笛卡尔和胡塞尔那里舍弃的是"白色的神话",德里达所诉诸的是隐喻、代喻、换喻,词的自我繁殖和增补。传统所谓的"思"在德里达这里只是"文本",传统所谓朝向理念(观念、真理、意义、理想、目的、起源、本质、概念、必然、和谐、存在、理性、理智……)的努力在德里达这里只是词的增补,这个过程就是所谓的"解构"(拆掉"白色的神话"的结构)。

问题的复杂性在于,德里达的"在场"和"缺失(L'absance)"有特殊的含义:"在场"是"白色的神话"(或形而上学),如果说它"在场",它只是白色的;"缺失"当是"白色的神话"没有说到的,故曰"痕迹",又称为"隐"。

与“在场”的“白色的神话”相比，“缺失”是不在场的，它不参与那个虽然实际上看不见，但充满热热闹闹的文本之神话，它躲藏起来，所以不说它是“精神”而说它是“幽灵”，**这两个词之间有着细小的然而却是重大的差别：**“精神”属于在场的“白色的神话”，而幽灵不在场，与它家族相似的词却是播撒、增补、无法判定、边缘、痕迹等等，故我们又称它为“异域”。**读书的重点和难点是要把“精神”和“幽灵”区别开来。**

“幽灵”也是隐喻，它的要害在于我们“看不见”。“看不见”也是隐喻。什么是“看不见”呢？不光指“视”，还包括没说过，没想过，没做过，没玩过，没去过，等等。幽灵，它隐喻着神秘和陌生：它有眼睛，能看见我们，但我们见不到它；它有嘴巴，但说的是隐语，我们听不懂；它拥有财富，但我们从未想过，不知它在哪儿。“在此，幽灵的不对称性中断了一切思辨性……我们称它为**遮盖的效果**，我们看不见注视我们的东西”[①]。哈姆雷特父亲魂灵的真面孔被头盔遮盖了，它是一个X（胡塞尔也曾称“noema”是个X，一个解不开的核）。隐晦，抓不住，不可感觉的感性，能看而不被看到的魂灵。它不是我、主体、人、意识、精神等等，它没有面孔，无法辨认，没有身份。它敲响了老国王的丧钟，失去了父亲的尊严。“我是你父亲的幽灵！”——哈姆雷特凭什么相信它？它是精神、圣父、国王的三位一体吗？它的精神会一代代传下来吗？实际上，幽灵本身没有出场，哈姆雷特听到的声音只是一种模仿、替换、增补，这也是一种危险的增补。因为从来就没有好的模仿，就像文字代替不了说话，说话代替不了心灵，替换物会增生、会撒谎、会逃跑。置换是一种暴力，没有硝烟的隔离，置换者假充亡灵，借尸还魂，让死的在模仿中复生（转世、转化、透明、融合等等）。但是特殊的“死”和“活”一样都是偶然的事件，它是第一次，也是最后一次。生命之所以让人沉醉，生命之所以是悲剧，其原因大致如此。这样看来，幽灵就是一个沉默的死魂灵，不是老国王的幽灵在说话，而是莎士比亚在说话；不是马克思在说话，而是不孝的注释者在

① 德里达：《马克思的幽灵》，第26页，巴黎，伽利略出版社，1993。

说话。一代代"神学家或证人、旁观者、智者、知识分子相信只要察看就足够了……从来没有一个学者有能力谈论其所谈到的一切，特别是没有能力谈论幽灵，从来没有一个学者真正和幽灵打过交道"。同时，"传统的学者不相信幽灵"①。但马克思和恩格斯相信有"一个幽灵，共产主义的幽灵在欧洲徘徊"。这当然是隐喻，但他们在隐喻什么呢？

"Time is out of joint"，这是剧中哈姆雷特所言，它只是字面上的意思吗(时间断裂了)？德里达称，在不同的法译本中，这句话还被译成：时间乱套了(Le temps est détraqué)，世界颠倒了(Le monde est a l'envers)，这时代蒙受耻辱(Cette époque est deshonorée)，如此等等。②于是，"翻译本身发现自己断线了……它瞄不准目标……因为它们的意义还是模糊的、分歧的……在多样性(选择中)，不能充分还原为另一种语言"③。究竟以哪一种译法为标准？哪一种也不是。它们都只是一些例子(事件)。它们也是哈姆雷特的诅咒符号，他甚至想到自己不该出生在这个黑暗的世界，他像俄狄浦斯一样诅咒命运(命运是时间的构成因素，诅咒时间即嫉恨命运)，他发誓报仇，与不幸抗争，重新安排周围的一切。哈姆雷特是可敬的，但他值得效仿吗？他和俄狄浦斯一样都是悲剧性人物：他们根本就不应该出生，出生是一种太沉重的负担(责任)，它要听从幽灵，而且不止一个幽灵，要继承遗志。他们犯了原罪，悲剧无法避免。

但是，我认为，哈姆雷特成为悲剧性的人物，还有另外一个原因：他上当了，他太执着了，只是为了一个原本没有看清楚的幽灵。德里达和马克思都相信无神论，他们是人而不是神。但幽灵不是这样，它是有神论。幽灵没有现在，它或者沉浸于过去，或幻想在未来。时间中的过去、未来与空间上的不在(隐)都属于幽灵。不仅有老国王的幽灵、共产主义的幽灵、马克思的幽灵，一切曾经有过的生命、想象中即将到来的生命，

① 德里达：《马克思的幽灵》，第 33 页，巴黎，伽利略出版社，1993。
② 参见同上书，第 44 页。
③ 同上书，第 43 页。

都有幽灵。幽灵的意义就在于它不在场，它是一个未知，不能还原为一个圆满。但是，幽灵有它的光芒，它发射出来。它有神奇的咒语：或通过声音，或通过精神，或通过文字，灌输给我们这些生命，这些在场，使生命有所寄托。可是，这里有一个悖理，即：一切寄托，都是托付给一个"不在"。换句话说，有生命的似乎没有灵魂，似乎神奇的不是生命，而是灵魂。那个魂灵有时也以抽象的拜物教的形式出现。这时，无论那个"物"是什么(最典型的是货币拜物教，对金钱的顶礼膜拜)，都是一种象征。也就是说，幽灵不仅存在于生命体中，也存在于无生命的物中。某种具有特殊意义的物不仅仅是一种象征，也是迷惑人的幽灵。马克思在《资本论》中惟妙惟肖地引述了黄金对人的特异功能(能把丑的变成美的、假的变成真的，能让少女嫁给老头……)。马克思还认为剩余价值也有这样的功能：只要有 300％的利润，人就能甘愿冒上断头台的风险。在这些情形下，人的灵魂不在他自身，而是异化为它物。异化不就是增补吗？它本来也有自己原生的精卵细胞核，但经由不断的裂变，在出生后竟成为与原来(的本性)不一样的东西，以致最后脱离了脐带，成为真正独立的另一个人。卵生的也是这样，蛹变成了蛾，蛋变成了蛇。完全的变，成为原来东西的替换物、补偿物、寄托物、寄生物，于是有了新主人。原来的东西只剩下躯壳，甚至什么也不是，因为它把所有的幸福都寄托在他者身上。但是寄托、寄生又是不断的，灵魂后面还有另一个灵魂。就像传话，在世代绵延中，最初说话的声调和内容改变了模样。差异性、多样性代替了统一性和同一性。

金钱是魔鬼，"它的本性就是卖淫"①，这样的批判是直接诉诸道德的。金钱是资本化的精神，它的特色就是增生，用钱生出更多的钱。德里达引用马克思在《〈政治经济学批判〉序言》(法文版)中的话"货币的身体只是一个'ombre'"。在此，"l'ombre"似应译为"幽灵"(此外，它还有"影""阴影""阴暗""黑暗"等含义)。"那么马克思叙述的一切观念化的

① 德里达：《马克思的幽灵》，第 80 页，巴黎，伽利略出版社，1993。

运动,与货币或意识形态有关的观念化运动,就是生产幽灵、幻象、模拟、显现。进一步说,它更靠近这货币的幽灵似的品德,这是在财迷的欲望中,在死后,在另一个世界中对货币的使用进行投机的货币:好像货币同时是精神和吝啬的起源……商品的变形也是变形的观念化过程,我们合理地称它为'诗化的魂光(spectropoetque)'。当国家发行纸币流通时,它的作用就相当于把纸变成黄金的魔术……这个魔术总是在幽灵旁边忙碌,与幽灵打交道"①。这里,我发现了幽灵的另一个相似家族:幽灵-死后观念化的生产-投机(靠技巧和偶然性乃至运气使原始货币自我增殖)-迷惑人的-炼金术-翻译-蜕变,如此等等。黄金作为交换价值的基础,它有魔法般的作用。如何驱除魔法呢?有驱魔的咒语吗?但是,这个咒语难道不是像魔法一样神秘吗?德里达在第二章用了这样的标题"Conjurer(马克思主义)"。"Conjurer"就是驱魔("使其消失""图谋造反""颠倒乾坤""诉诸一个新世界""同传统的观念实行最彻底的决裂"等等),马克思书写一种造反的语言,它反对德意志意识形态,一种支配性的统治话语,神学语言。但什么时候"马克思主义"自己也成为这样的语言呢?那只有一个条件,就是把马克思从人增补为神,就像后来中国教条式的共产主义把毛泽东也当作神一样。这里不仅有意识形态的异化,而且首先是语言的异化,有一种高高在上的语言,它迟早要成为再次造反的对象。在这个意义上,文字或写作可以成为一种实践的批判。比如,德里达就用象形文字批评抽象的拼音文字。

柏拉图写了《理想国》,托马斯·莫尔写了《乌托邦》,"乌托邦"一词从此流传开来,成为近代以来缠绕人类的最大幽灵。托马斯·莫尔第一次用拉丁文创造了"Utopia",法文译成"Utopie",意为"一个并不真实存在的地方"。从字源上讲,"乌托邦"一出场就是想象中的产物。虽然乌托邦极其细致地描述理想国家的状态,但是正如马克思和恩格斯在《共产党宣言》中批判空想共产主义时所称,它的描述越是细致,就越陷入空

---

① 德里达:《马克思的幽灵》,第81—82页,巴黎,伽利略出版社,1993。

想。它表明人类的依赖感，就像一种新的福音，只是新的信仰以理想社会的形式出现。它最为辉煌的时代在18世纪，以伏尔泰为代表的启蒙时代，在理性大旗下书写的其实是一种道德乌托邦，自然神论中的上帝操纵着自由、平等、博爱，它的信念是建立在不证自明基础上的（**难道这不是笛卡尔的观念吗？尽管启蒙学者声称反对笛卡尔的形而上学**）。德里达竟然把以下三个词放在一起：法国革命、神圣同盟、欧洲共同体。因为它们都表达了理想的信念："实现完美的国家，它是普遍的，单一种类的"[①]。历史好像不断经历着轮回，亡灵总在一次次上演，尽管每次都各不相同。

德里达又间歇地、跳跃式地提到一串名字：霍布斯、洛克、黑格尔、斯大林、希特勒和撒旦。[②] 其中有什么共性吗？专政和理想的共同体。当然，还有更多可列入其中的，像拿破仑……总之，他们以什么激发普通人、知识分子、民族的甚至整个世界的追捧？公民期待着理想的民族和国家，知识分子盼望着理想的语言文化和精神状态。这样的期待与宗教信仰的区别何在呢？宗教让人在毫无指望中等待，等来的是现实社会中的异体、异形，于是，我们又回到了幽灵的话题。

马克思和恩格斯认为他们的学说不是教条，而是行动的指南。马克思预见到把他的"主义"教条化的倾向：他不是教父，后来者也不该是教徒。回到原来的马克思，回到活的灵魂，它就是"马克思的批判精神，它从来没有像现在这样显得更有独立性。我们尝试把这种批判精神和作为本体论的、哲学的或形而上学体系的……马克思主义区别开来"[③]。显然，后一种所谓"马克思主义"不是属于马克思的，而是马克思批评过的"教条"。

---

① 德里达：《马克思的幽灵》，第105页，巴黎，伽利略出版社，1993。

② 参见同上书，第106页。

③ 同上书，第116页。

主要参考文献

一　外文著作

1. A A. V V. *La filosofia italiana dal dopoguerra a oggi*. Roma-Bari, Editori Laterza,1985

多人合著. 战后至今的意大利哲学. 罗马/巴里,拉泰尔扎出版社,1985

2. Adorno T W. *Einleitung in die Musiksoziologie*. Frankfurt, Suhrkamp Verlag, 1973

音乐社会学导论. 法兰克福,苏尔坎普出版社,1973

3. Adorno T W. *Gesammelte Schriften*. Bd. 1 - 20. Frankfurt,Suhrkamp Verlag, 1970—2004

阿多诺全集(1—20卷). 法兰克福,苏尔坎普出版社,1970—2004

4. Adorno T W. *Kierkegaard: Konstruktion des Ästhetischen*. Frankfurt, Suhrkamp Verlag,1979

阿多诺. 克尔凯郭尔的美学建构. 法兰克福,苏尔坎普出版社,1979

5. Adorno T W. *Minima Moralia*. Frankfurt,Suhrkamp Verlag,1980

阿多诺. 最低限度的道德. 法兰克福,苏尔坎普出版社,1980

6. Adorno T W. *Negative Dialektik*. Frankfurt,Suhrkamp Verlag,1973

阿多诺. 否定的辩证法. 法兰克福,苏尔坎普出版社,1973

7. Adorno T W. *Philosophie der neuen Musik*. Frankfurt, Suhrkamp Verlag,1975

阿多诺. 新音乐哲学. 法兰克福,苏尔坎普出版社,1975

8. Adorno T W. *Probleme der Moralphilosophie*. Frankfurt,Suhrkamp Verlag, 1996

阿多诺. 道德哲学的问题. 法兰克福，苏尔坎普出版社，1996

9. Adorno T W. *Ästhetische Theorie*. Frankfurt, Suhrkamp Verlag, 1970

阿多诺. 美学理论. 法兰克福，苏尔坎普出版社，1970

10. Agazzi E. *Epistemologia: La filosofia della scienza in Italia nel'900*. Milano, 1986

阿伽齐. 认识论：20 世纪意大利科学哲学. 米兰，1986

11. Badaloni N. *Il marxismo di Gramsci*. Roma, Editori Riuniti, 1987

巴达洛尼. 葛兰西的马克思主义. 罗马，联合出版社，1987

12. Bauch B. *Anfangsgründe der Philosophie*. Bad Langensalza, 1920

鲍赫. 哲学的最初根据. 巴特朗根萨尔察，1920

13. Bauch B. *Die Idee*. Leipzig, 1926

鲍赫. 论理念. 莱比锡，1926

14. Bauch B. *Grundzüge der Ethik*. Stuttgart, 1935; Nchdruck, Darmstadt, 1968

鲍赫. 伦理学的基本特征. 斯图加特，1935；翻版，达姆施塔特，1968

15. Bauch B. *Immanuel Kant*. Leipzig, 1917

鲍赫. 伊曼纽尔·康德. 莱比锡，1917

16. Bauch B. *Wahrheit, Wert und Wirklichkeit*. Leipzig, 1923

鲍赫. 真理，价值与现实. 莱比锡，1923

17. Baudrillard J. *America*. Chris Turner (trans.). London, 1988

鲍德里亚. 美国. 特纳英译. 伦敦，1988

18. Baudrillard J. *Fatal Strategies*. London, 1990

鲍德里亚. 决定性的策略. 伦敦，1990

19. Baudrillard J. *Simulations*. New York, 1983

鲍德里亚. 模仿. 纽约，1983

20. Baudrillard J. *Symbolic Exchange and Death*. München, 1982

鲍德里亚. 符号交换和死亡. 慕尼黑，1982

21. Baudrillard J. *The Consumer Society*. G. Leze (trans.). London, 1998

鲍德里亚. 消费社会. 里奇英译. 伦敦，1998

22. Baudrillard J. *The System of Objects*. Jame Benedict (trans.). London and New York, 1996

鲍德里亚. 客体系统. 本尼迪克特英译. 伦敦/纽约，1996

23. Baumgartner H M. *Geschichte und Theorie*. Frankfurt, 1976

鲍姆加登. 历史与理论. 法兰克福，1976

24. Bergson H. *The Two Sources of Morality and Religion*. New York, 1935

柏格森. 道德与宗教的两个来源. 纽约，1935

25. Berlingue E. *La questione comunista*. Roma, Editori Riuniti, 1975

贝林格. 共产主义问题. 罗马，联合出版社，1975

26. Bollnow O. *Die Lebensphilosophie*. Berlin, 1958

勃尔诺夫. 生命哲学. 柏林,1958

27. Bollnow O. *Dilthey: Eine Einführung in seine Philosophie*. Stuttgart,1967

勃尔诺夫. 狄尔泰哲学导论. 斯图加特,1967

28. Bollnow O. *Existenzphilosophie*. Stuttgart,1960

勃尔诺夫. 生存哲学. 斯图加特,1960

29. Bonetti P. *Introduzione a Croce*. Roma-Bari,Editori Laterza,1984

博内蒂. 克罗齐入门. 罗马/巴里,拉泰尔扎出版社,1984

30. Brentano F. *Descriptive Psychology*. London/New York,Routledege,1995

布伦塔诺. 描述心理学. 伦敦/纽约,劳特利奇出版社,1995

31. Brentano F. *Psychology from an Empirical Standpoint*. London/New York,Routledege,1973

布伦塔诺. 从经验的观点看心理学. 伦敦/纽约,劳特利奇出版社,1973

32. Brentano F. *Sensory and Noetic Consciousness: Psychology from an Empirical Standpoint Ⅲ*. New York,Humanities Press,1981

布伦塔诺. 论感觉意识和意向活动意识——从经验的观点看心理学Ⅲ. 纽约,人文出版社,1981

33. Brentano F. *The Theory of Categories*. The Hague,Martinus Nijhoff,1981

布伦塔诺. 范畴理论. 海牙,马蒂努斯·尼伊霍夫出版社,1981

34. Brentano F. *The True and the Evident*. New York,Humanities Press,1973

布伦塔诺. 真和明见性. 纽约,人文出版社,1973

35. Brentano F. *Vom Ursprung sittlicher Erkenntis*. Hamburg,Meiner,1955

布伦塔诺. 论伦理知识的起源. 汉堡,迈纳出版社,1955

36. Buber M. *Das Problem des Menschen*. München, Lambert Schneider Verlag,1988

布伯. 人的问题. 慕尼黑,朗贝·施奈德出版社,1988

37. Cassirer E. *Das Erkenntnisproblem in der Philosophie und Wissenschaft der neueren Zeit*. 4Bde. Darmstadt,1974

卡西尔. 新时代哲学和科学中的认识问题(4 卷). 达姆施塔特,1974

38. Cassirer E. *Die Philosophie der Aufklärung*. Berlin,1932

卡西尔. 启蒙的哲学. 柏林,1932

39. Cassirer E. *Freiheit und Form*: Studien zur deutschen Geistesgeschite. Berlin,1916;Nachdruck,Darmstadt,1961

卡西尔. 自由与形式——对德国精神史的研究. 柏林,1916;翻版,达姆施塔特,1961

40. Cassirer E. *Goethe und die geschichteliche Welt*. Berlin,1932

卡西尔. 歌德与历史世界. 柏林,1932

41. Cassirer E. *Kants Leben und Lehre*. Berlin,1918;Nachdruck,Darmstadt,1974

卡西尔. 康德的生平与学说. 柏林,1918;翻版,达姆施塔特,1974

42. Cassirer E. *Philosophie der Symbolischen Formen*. 3Bde. Berlin, 1923—1929; Nachdruck, Darmstadt, 1964

卡西尔. 符号形式的哲学(3卷). 柏林,1923—1929;翻版,达姆施塔特,1964

43. Cassirer E. *Substanzbegriff und Funktionsbegriff*. Berlin, 1910; Nachdruck, Darmstadt, 1969

卡西尔. 实体概念与功能概念. 柏林,1910;翻版,达姆施塔特,1969

44. Cassirer E. *The Myth of the State*. New Haven/London, 1946

卡西尔. 国家的神话. 纽黑文/伦敦,1946

45. Cassirer E. *Wesen und Wirkung des Symbolbegriffs*. Darmstadt, 1956

卡西尔. 符号概念的本质和作用. 达姆施塔特,1956

46. Cassirer E. *Zur Logik der Kurturwissenschaften*. Göteborg, 1942; Nachdruck, Darmstadt, 1971

卡西尔. 论文化科学的逻辑. 哥德堡,1942;翻版,达姆施塔特,1971

47. Cassirer E. *Zur modernen Physik*. Darmstadt, 1957

卡西尔. 论现代物理学. 达姆施塔特,1957

48. Catalano J S. *A Commentary on Jean-Paul Sartre's "Being and Nothingness"*. Chicago, The University of Chicago Press, 1985

卡塔拉诺. 让-保尔・萨特的《存在与虚无》解说. 芝加哥,芝加哥大学出版社,1985

49. Catalano J S. *A Commentary on Jean-Paul Sartre's Critique of "Dialectical Reason"*. Chicago, The University of Chicago Press, 1986

卡塔拉诺. 让-保尔・萨特的《辩证理性批判》解说. 芝加哥,芝加哥大学出版社,1986

50. Chisholm R M. *Brentano and Intrinsic Value*. Cambridge and New York, Cambridge University Press, 1986

奇硕姆. 布伦塔诺和内在价值. 剑桥/纽约,剑桥大学出版社,1986

51. Cohen H. *Ethik des reinen Willens*. Berlin, 1904; Nachdruck, Hildesheim, 1977

柯亨. 纯粹意志的伦理学. 柏林,1904;翻版,希尔德斯海姆,1977

52. Cohen H. *Kants Begründung der Ethik*. Berlin, 1910; Nachdruck, Hildesheim, 1976

柯亨. 康德的伦理学论证. 柏林,1910;翻版,希尔德斯海姆,1976

53. Cohen H. *Kants Begründung der Ästhetik*. Berlin, 1883; Nachdruck, Hildesheim, 1978

柯亨. 康德的美学论证. 柏林,1910;翻版,希尔德斯海姆,1978

54. Cohen H. *Kants Theorie der Erfahrung*. Berlin, 1871; Nachdruck, Hildesheim, 1977

柯亨. 康德的经验论. 柏林,1918;翻版,希尔德斯海姆,1977

55. Cohen H. *Kommentar zu Immanuel Kants Kritik der reinen Vernunft*.

Leipzig,1907;Nachdruck,Hildesheim,1978

柯亨.康德《纯粹理性批判》之评注.莱比锡,1907;翻版,希尔德斯海姆,1978

56. Cohen H. *Logik der reinen Erkenntnis*. Berlin, 1914; Nachdruck, Hildesheim,1977

柯亨.纯粹认识的逻辑.柏林,1914;翻版,希尔德斯海姆,1977

57. Cohen H. *Ästhetik des reinen Gefühls*. 2Bde. Berlin,1912

柯亨.纯粹感觉的美学(2卷).柏林,1912

58. Croce B. *Contributo alla critica di me stesso*. Milano,Adelphi Edizioni,1993

克罗齐.自我评论.米兰,阿德尔菲出版社,1993

59. Croce B. *La storia come pensiero e come azione*. Roma-Bari,Editori Laterza, 1978

克罗齐.作为思想和行动的历史.罗马/巴里,拉泰尔扎出版社,1978

60. Croce B. *Logica come scienza del concetto puro*. Roma-Bari,Editori Laterza, 1981

克罗齐.作为纯粹概念科学的逻辑学.罗马/巴里,拉泰尔扎出版社,1981

61. Croce B. *Nuovi saggi di estetica*. Napoli,Bibliopolis,1991

克罗齐.美学新论文集.那不勒斯,"图书城"出版社,1991

62. Croce B. *Teoria e storia della storiografia*. Roma-Bari, Editori Laterza,1976

克罗齐.历史学的理论和历史.罗马/巴里,拉泰尔扎出版社,1976

63. Deleuze G. and Guattari F. *Anti-Oedipus*. Minneapolis, University of Minnesota Press,1983

德勒兹,加塔利.反俄狄浦斯.明尼阿波利斯,明尼苏达大学出版社,1983

64. Deleuze G. and Guattari F. *A Thousand Plateaus*. Minneapolis, University of Minnesota Press,1992

德勒兹,加塔利.千高原.明尼阿波利斯,明尼苏达大学出版社,1992

65. Deleuze G. and Guattari F. *What is Philosophy?*. London,1994

德勒兹,加塔利.哲学是什么?.伦敦,1994

66. Deleuze G. and Parnet C. *Dialogues*. New York, Columbia University Press,1987

德勒兹,帕内特.对话集.纽约,哥伦比亚大学出版社,1987

67. Deleuze G. *Bergsonism*. New York,1991

德勒兹.柏格森主义.纽约,1991

68. Deleuze G. *Nietzsche and Philosophy*. H. Tomlinson (trans.). New York, Columbia University Press,1962

德勒兹.尼采与哲学.汤姆林森英译.纽约,哥伦比亚大学出版社,1962

69. Derrida J. *De la grammatologie*. Paris,Minuit,1967

德里达.论文字学.巴黎,午夜出版社,1967

70. Derrida J. *Positions*. Chicago, Chicago University Press,1987

德里达. 立场. 芝加哥,芝加哥大学出版社,1987

71. Derrida J. *Spectres de Marx*. Paris,Galilée,1993

德里达. 马克思的幽灵. 巴黎,伽利略出版社,1993

72. Derrida J. *Writing and Difference*. Alan Bass (trans.). London,Routledge & Kegan Paul Ltd. ,1978

德里达. 书写与差异. 阿兰・巴斯英译. 伦敦,劳特利奇与基根・保罗公司,1978

73. Dilthey Wilhelm. *Gesammelte Schriften*. Bd. 1—21. Göttingen, Vandenhoeck & Ruprecht,unveränd. Aufl. 1977—1990

狄尔泰全集(1—21 卷). 哥廷根,凡登赫克 & 鲁普勒希特出版社,1977—1990

74. Foucault M. *Discipline and Punish*: *The Birth of the Prison*. New York, Pantheon,1979

福柯. 规训与惩罚:监狱的诞生. 纽约,潘塞昂出版社,1979

75. Foucault M. *Dits et écrits*(*1954—1988*). Paris,Gallimard,1994

福柯. 口述与笔录(1954—1988). 巴黎,伽利玛出版社,1994

76. Foucault M. *Power Knowledge*: *Selected Interviews and other writings 1972—1977*. New York,Pantheon,1980

福柯. 权力知识:访谈录和其他论著(1972—1977). 纽约,潘塞昂出版社,1980

77. Foucault M. *The Foucault Reader*. P Rabinow (ed.). New York, Pantheon,1984

福柯. 福柯读本. 拉比诺编. 纽约,潘塞昂出版社,1984

78. Freud S. *Introductory Lectures on Psycho-Analysis*. London,George Allen & Unwin Ltd. ,1922

弗洛伊德. 精神分析引论. 伦敦,乔治・艾伦和昂温出版公司,1922

79. Freud S. *Neue Folge der Vorlesungen zur Einfuehrung in die Psychoanalyse*. Vienna,1933

弗洛伊德. 精神分析引论新编. 维也纳,1933

80. Frings M. *LifeTime*: *Max Scheler's Philosophy of Time*. Dordrecht/Boston/London,Kluwer Academic Publishers,2003

弗林斯. 生活时间:马克斯・舍勒的时间哲学. 多德雷赫特/波士顿/伦敦,克鲁威尔学术出版社,2003

81. Frings M. *Max Scheler*: *A Concise Introduction into the World of a great Thinker*. Milwaukee,Marquette University Press,2nd ed. , 1996

弗林斯. 马克斯・舍勒:一个伟大思想家的世界性简介. 密尔沃基,马克特大学出版社,2 版,1996

82. Frings M. *The Mind of Max Scheler*: *The First Comprehensive Guide Based on the Complete Works*. Milwaukee,Marqette University Press,1997

弗林斯. 马克斯・舍勒的思想:基于《舍勒全集》基础上的第一次全方位向导. 密尔沃基,马克特大学出版社,1997

83. Gadamer H-G. *Die Aktualität des Schönen*: *Kunst als Spiel*, *Symbol und Fest*. Stuttgart,1977

美的现实性——作为游戏、符号、节日的艺术. 斯图加特,1977

84. Gadamer H-G. *Gesammelte Werke*. Tübingen,1985—1990

伽达默尔. 伽达默尔全集. 图宾根,1985—1990

85. Gadamer H-G. *Philosophical Apprenticeship*. Cambridge, MIT Press,1985

伽达默尔. 哲学学徒之年. 剑桥,麻省理工学院出版社,1985

86. Gadamer H-G. *Philosophical Hermeneutics*. Berkeley, University of California Press,1976

伽达默尔. 哲学解释学. 伯克利,加利福尼亚大学出版社,1976

87. Gadamer H-G. *Reason in the Age of Science*. Cambridge, MIT Press,1986

伽达默尔. 科学时代的理性. 剑桥,麻省理工学院出版社,1986

88. Gadamer H-G. *Wahrheit und Methode*: *Grundzüge einer philosophischen Hermeneutik*. Tübingen,1986

伽达默尔. 真理与方法——哲学诠释学的基本特征. 图宾根,1986

89. Gardiner P. *Schopenhauer*. Harmondsworth,Penguin,1967

加德纳. 叔本华. 哈蒙兹沃思,企鹅出版公司,1967

90. Garin E. *Cronache di filosofia italiana*, *1900—1943*. Roma-Bari,Editori Laterza,1966

加林. 意大利哲学编年史(1900—1943). 罗马/巴里,拉泰尔扎出版社,1966

91. Garin E. *La filosofia come sapere storico*. Roma-Bari,Editori Laterza,1959

加林. 作为历史知识的哲学. 罗马/巴里,拉泰尔扎出版社,1959

92. Garin E. *Storia della filosofia italiana*. Torino,Einaudi Editore,1978

加林. 意大利哲学史. 都灵,埃伊纳乌迪出版社,1978

93. Geymonat L. *Scienza e Realismo*. Milano,Feltrinelli Editori,1977

杰伊莫纳特. 科学与实在论. 米兰,费尔特利奈里出版社,1977

94. Gramsci A. *Gli intellettuali e l'organizione della cultura*. Roma, Editori Riuniti,1977

葛兰西. 知识分子与文化组织. 罗马,联合出版社,1977

95. Gramsci A. *Il materialismo storico e la filosofia di Benedetto Croce*. Roma, Editori Riuniti,1977

葛兰西. 历史唯物主义和克罗齐的哲学. 罗马,联合出版社,1977

96. Gramsci A. *Le lettere dal carcere*. Torino,Einaudi Editore,1975

葛兰西. 狱中书简. 都灵,埃伊纳乌迪出版社,1975

97. Gramsci A. *Note sul Machiavelli sulla politica e sullo Stato moderno*. Roma,Editori Riuniti,1977

葛兰西. 关于马基雅维利、政治和现代国家的笔记. 罗马,联合出版社,1977

98. Gruppi L. *Il concetto di egemonia in Gramsci*. Roma,Editori Riuniti,1975

戈鲁比. 葛兰西的领导权概念. 罗马，联合出版社，1975

99. Habermas J. *Communication and the Evolution of Society*. Thomas McCarthy (trans.). Cambridge, Polity Press, 1995

哈贝马斯. 交往与社会变革. 麦卡锡英译. 剑桥，政体出版社，1995

100. Habermas J. *Der Philosophische Diskurs der Moderne*. Frankfurt, Suhrkamp Verlag, 1989

哈贝马斯. 现代性的哲学话语. 法兰克福，苏尔坎普出版社，1988

101. Habermas J. *Faktizität und Geltung*. Frankfurt, Suhrkamp Verlag, 1993

哈贝马斯. 在事实与规范之间. 法兰克福，苏尔坎普出版社，1993

102. Habermas J. *Modernity—An unfinished Project*. Boston, Beacon press, 1981

哈贝马斯. 现代性——一个未完成的计划. 波士顿，信标出版社，1981

103. Habermas J. *Nachmetaphysisches Denken*. Frankfurt, Suhrkamp Verlag, 1988

哈贝马斯. 后形而上学思想. 法兰克福，苏尔坎普出版社，1988

104. Habermas J. *Technik und Wissenschaft als "Ideologie"*. Frankfurt, Suhrkamp Verlag, 1968

哈贝马斯. 作为"意识形态"的技术与科学. 法兰克福，苏尔坎普出版社，1968

105. Habermas J. *The Inclusion of the Other*. Thomas McCarthy (trans.). Cambridge, MIT Press, 1998

哈贝马斯. 包容他者. 麦卡锡英译. 剑桥，麻省理工学院出版社，1998

106. Habermas J. *The Theory of Communicative Action*. Thomas McCathy (trans.). Boston, Beacon Press, 1984

哈贝马斯. 交往行为理论. 麦卡锡英译. 波士顿，信标出版社，1984

107. Habermas J. *Wahrheit und Rechtfertigung*. Frankfurt, Suhrkamp Verlag, 1999

哈贝马斯. 真理与证明. 法兰克福，苏尔坎普出版社，1999

108. Hans Rainer Sepp (Hg.). *Husserl und die Phaenomenologische Bewegung*. Freiburg/München, Verlag Karl Alber, 1988

汉斯·莱纳·塞普编. 胡塞尔与现象学运动. 弗赖堡/慕尼黑，卡尔·阿尔贝出版社，1988

109. Heidegger M. *Einführung in die Metaphysik*. Tübingen, Max Niemeyer, 1987

海德格尔. 形而上学导论. 图宾根，马克斯·尼迈尔出版社，1987

110. Heidegger M. *Erläuterungen zu Hölderlins Dichtung*. Frankfurt, V. Klostermann, 1981

海德格尔. 荷尔德林诗歌解释. 法兰克福，克罗斯特曼出版社，1981

111. Heidegger M. *Frühe Schriften*. Frankfurt, Klostermann, 1978

海德格尔早期著作. 法兰克福，克罗斯特曼出版社，1978

112. Heidegger M. *Gelassenheit*. Pfullingen, Neske, 1979

海德格尔. 任其而为. 普夫林根,内斯克出版社,1979

113. Heidegger M. *Gesamtausgabe*. Frankfurt,Klostermann,1987,1991,1994,1995,…

海德格尔全集. 法兰克福,克罗斯特曼出版社,1987,1991,1994,1995,等

114. Heidegger M. *Holzwege*. Frankfurt,Klostermann,1980

海德格尔. 林中路. 法兰克福,克罗斯特曼出版社,1980

115. Heidegger M. *Identität und Differenz*. Pfullingen,Neske,1957

海德格尔. 同一与差异. 普夫林根,内斯克出版社,1957

116. Heidegger M. *Sein und Zeit*. Tübingen,Max Niemeyer,1986

海德格尔. 存在与时间. 图宾根,马克斯・尼迈尔出版社,1986

117. Heidegger M. *Unterwegs zur Sprache*. Pfullingen,Neske,1986

海德格尔. 在通向语言的道路上. 普夫林根,内斯克出版社,1986

118. Heidegger M. *Vier Seminare*. Frankfurt,Klostermann,1977

海德格尔. 四次研讨会. 法兰克福,克罗斯特曼出版社,1977

119. Heidegger M. *Vorträge und Aufsätze*. Pfullingen,Neske,1978

海德格尔. 演讲与论文集. 普夫林根,内斯克出版社,1978

120. Heidegger M. *Was Heisst Denken?*. Tübingen,Max Niemeyer,1954

海德格尔. 什么叫思想?. 图宾根,马克斯・尼迈尔出版社,1954

121. Heidegger M. *Wegmarken*. Frankfurt,Klostermann,1978

海德格尔. 路标. 法兰克福,克罗斯特曼出版社,1978

122. Heidegger M. *Zur Sache des Denkens*. Tübingen,Max Niemeyer,1976

海德格尔. 面向思的事情. 图宾根,马克斯・尼迈尔出版社,1976

123. *Heidegger:Perspektiven zur Deutung seines Werkes*. O Pöggeler (hrsg.). Weilheim,Beltz Athenaeum,1994

海德格尔:透视对其著作的阐释. 珀格勒主编. 魏恩海姆,贝尔茨・阿森那乌姆出版社,1994

124. *The Heidegger Controversy: A Critical Reader*. Wolin R (ed.). Cambridge, MIT Press,1993

关于海德格尔的争论——批判性读本. 沃林编. 剑桥,麻省理工学院出版社,1993

125. Held D. *Introduction to Critical Theory: Horkheimer to Habermas*. London,Hutchinson,1980

赫尔德. 批判理论入门——从霍克海默到哈贝马斯. 伦敦,哈钦森出版社,1980

126. Henckmann W. *Max Scheler*. München,Verlag C. H. Beck,1998

亨克曼. 马克斯・舍勒. 慕尼黑,贝克出版社,1998

127. Horkheimer M. and Adorno T W. *Dialektik der Aufklärung*. Frankfurt,1981

霍克海默,阿多诺. 启蒙辩证法. 法兰克福,1981

128. Horkheimer M. *Eclipse of Reason*. New York, Oxford University

Press,1974

霍克海默.理性之蚀.纽约,牛津大学出版社,1974

129. Horkheimer M. *Kritische Theorie*. 2 Bde. Frankfurt,Suhrkamp Verlag,1968

霍克海默.批判理论(2 卷).法兰克福,苏尔坎普出版社,1968

130. Horkheimer M. *Zur Kritik der instrumentelen Vernunft*. Schmidt(verf.). Frankfurt,1972

霍克海默.对工具理性的批判.施密特编.法兰克福,1972

131. Horney K. *Self-Analysis*. New York,1968

霍尔妮.自我分析.纽约,1968

132. Husserl E. *Ausgewählte Texte* Ⅰ:*Die phänomenologische Methode*. K Held (hg.). Stuttgart,1985

胡塞尔.现象学的方法——胡塞尔文选Ⅰ.黑尔德编.斯图加特,1985

133. Husserl E. Ausgewählte Texte Ⅱ:*Phänomenologie der Lebenswelt*. K Held (hg.). Stuttgart,1986

胡塞尔.生活世界的现象学——胡塞尔文选Ⅱ.黑尔德编.斯图加特,1986

134. Husserl E. *Erfahrung und Urteil*:*Untersuchungen zur Genealogie der Logik*. L Landgrebe (redigiert und hrsg.). Hamburg,1985

胡塞尔.经验与判断:逻辑系谱学研究.兰德格雷贝编.汉堡,1985

135. Husserl E. *Gesammelte Werke*. Den Haag bzw, Dordrecht/Boston/Lancaster,Martinus Nijhof,1973—1987

胡塞尔全集.海牙或者多德雷赫特/波士顿/兰卡斯特,马蒂努斯·尼伊霍夫出版社,1956—1987

Bd. Ⅰ:*Cartesianische Meditationen und Pariser Vorträge*. 1973

第 1 卷,笛卡尔沉思和巴黎讲演. 1973

Bd. Ⅱ:*Die Idee der Phänomenologie* (*Fünf Vorlesungen*). 1973

第 2 卷,现象学的观念(五篇讲座稿). 1973

Bd. Ⅲ, 1: *Ideen zu einer reinen Phänomenologie und phänomenologischen Philosophie. Erstes Buch*:*Allgemeine Einführung in die reine Phänomenologie*. Text der 1—3. Auflage. 1973

第 3 卷/1,纯粹现象学和现象学哲学的观念,第 1 卷,第 1 册,纯粹现象学概论. 1973

Bd. Ⅲ,2: *Dass. Ergänzende Texte* (*1912—1929*). 1973

第 3 卷/2,纯粹现象学和现象学哲学的观念,第 1 卷,第 2 册,补充文字(1912—1929). 1973

Bd. Ⅳ:*Ideen zu einer reinen Phänomenologie und phänomenologischen Philosophie. Zweites Buch*:*Phänomenologische Untersuchung zur Konstitution*. 1973

第 4 卷,纯粹现象学和现象学哲学的观念,第 2 卷,现象学的构造研究. 1973

Bd. Ⅴ: *Ideen zu einer reinen Phänomenologie und phänomenologischen*

Philosophie. Drittes Buch: Die Phänomenologie und die Fundamente der Wissenschaften. 1973

第5卷,纯粹现象学和现象学哲学的观念,第3卷,现象学与科学的基础. 1973

Bd. Ⅵ: *Die Krisis der europäischen Wissenschaften und die transzendentale Phänomenologie. Eine Einführung in die phänomenologische Philosophie*. 1962

第6卷,欧洲科学的危机与超越论现象学. 现象学哲学引论. 1962

Bd. Ⅶ: *Erste Philosophie* (1923/1924). *Erster Teil: Kritische Ideengeschichte*. 1956

第7卷,第一哲学(1923/1924),第1卷,批判的观念史. 1956

Bd. Ⅷ: *Erste Philosophie* (1924/1925). *Zweiter Teil: Theorie der phänomenologischen Reduktion*. 1959

第8卷,第一哲学(1924/1925),第2卷,现象学还原理论. 1959

Bd. Ⅸ: *Phänomenologische Psychologie* (*Vorlesungen Sommersemester 1925*). 1968

第9卷,现象学的心理学(1925年夏季学期讲座). 1968

Bd. Ⅹ: *Zur Phänomenologie des inneren Zeitbewußtseins* (*1893—1917*). 1966

第10卷,内时间意识现象学(1893—1917). 1966

Bd. Ⅺ: *Analysen zur passiven Synthesis* (*Aus Vorlesungs und Forschungsmanuskripten 1918—1926*). 1966

第11卷,被动综合分析(1918—1926年间的讲座和研究手稿). 1966

Bd. ⅩⅢ: *Zur Phänomenologie der Intersubjektivität* (*Texte aus dem Nachlaß. Erster Teil: 1905—1920*). 1973

第13卷,交互主体性现象学第一部分(文本出自1905—1920年间遗稿). 1973

Bd. ⅩⅢ: *Zur Phänomenologie der Intersubjektivität* (*Texte aus dem Nachlaß. Zweiter Teil: 1921—1928*). 1973

第13卷,交互主体性现象学第二部分(文本出自1921—1928年间遗稿). 1973

Bd. ⅩⅢ: *Zur Phänomenologie der Intersubjektivität* (*Texte aus dem Nachlaß. Dritter Teil: 1929—1935*). 1973

第13卷,交互主体性现象学第三部分(文本出自1929—1935年间遗稿). 1973

Bd. ⅩⅥ: *Ding und Raum* (*Vorlesungen 1907*). 1973

第16卷,事物与空间(1907年讲座). 1973

Bd. ⅩⅦ: *Formale und transzendentale Logik. Versuch einer Kritik der logischen Vernunft*. 1974

第17卷,形式的与超越论的逻辑学——逻辑理性批判论. 1974

Bd. ⅩⅧ: *Logische Untersuchungen. Erster Band: Prolegomena zur reinen Logik*. 1974

第18卷,逻辑研究,第1卷,纯粹逻辑学导引. 1974

Bd. ⅩⅨ, 1: *Logische Untersuchungen. Zweiter Band: Untersuchungen zur Phänomenologie und Theorie der Erkenntnis*. Erster Teil. 1975

第19卷/1,逻辑研究,第2卷,第1册,现象学和认识论研究. 1975

Bd. XIX，2：*Logische Untersuchungen. Zweiter Band：Untersuchungen zur Phänomenologie und Theorie der Erkenntnis.* Zweiter Teil. 1975

第19卷/2，逻辑研究，第2卷，第2册，现象学对认识的说明的要点. 1975

Bd. XXII：*Aufsätze und Rezensionen（1890—1910）*. 1979

第22卷，文章与书评(1890—1910). 1979

Bd. XXIII：*Phantasie，Bildbewußtsein，Erinnerung. Zur Phänomenologie der anschaulichen Vergegenwärtigungen. Texte aus dem Nachlaß（1898—1925）*. 1980

第23卷，想象、图像意识、回忆——直观当下化的现象学(文本出自1898—1925年间遗稿). 1980

Bd. XXV：*Aufsätze und Vorträge（1911—1921）*. 1987

第25卷，文章与报告(1911—1921). 1987

136. *Husserliana-Dokumente.* Bd. I：*Husserl Chronik. Denk und Lebensweg Edmund Husserls.* K Schumann (hrsg.). Den Haag oder Dordrecht u. a.，1977

胡塞尔全集——文献第1卷. 胡塞尔年表——埃德蒙德·胡塞尔的思想和生活道路. K. 舒曼编. 海牙/多德雷赫特等，1977

137. *Husserliana-Dokumente.* Bd. II：*E Fink.* VI. *Cartesianische Meditation* Teil 1. *Die Idee einer transzendentalen Methodenlehre.* Texte aus dem Nachlaβ Eugen Finks (1932) mit Anmerkungen und Beilagen aus dem Nachlass Edmund Hussels (1933/1934). H Ebeling/J Holl/G van Kerckhoven (hrsg.). Dordrecht/Boston/London，1988

胡塞尔全集——文献第2卷. 芬克. 第六册. 笛卡尔式的沉思——第一部分：一门先验方法论的观念(文本出自欧根·芬克1932年的遗稿以及出自埃德蒙德·胡塞尔1933/1934年间遗稿的注释和增补). H. 埃伯林，J. 霍尔，G. 范·克尔克霍文等编. 多德雷赫特/波士顿/伦敦，1988

138. Iso Kern. *Husserl und Kant. Eine Untersuchung über Husserls Verhältnis zu Kant und zum Neukantianismus.* The Hague，Martinus Nijhoff，1964

凯恩. 胡塞尔与康德——对胡塞尔与康德和新康德主义关系的研究. 海牙，马蒂努斯·尼伊霍夫出版社，1964

139. Jaspers K. *Allgemeine Psychopathologie.* Berlin/Göttingen/Heidelberg，Springer Verlag，1959

雅斯贝斯. 普通精神病理学. 柏林/哥廷根/海德堡，斯普林格出版社，1959

140. Jaspers K. *Der philosophische Glaube angesichts der Offenbarung.* München，R. Piper & Co Verlag，1962

雅斯贝斯. 面对启示的哲学信仰. 慕尼黑，皮波尔公司出版社，1962

141. Jaspers K. *Die geistige Situation der Zeit.* Berlin，Walter de Gruyter Verlag，1955

雅斯贝斯. 时代的精神状况. 柏林，瓦尔特·德·格伦特出版社，1955

142. Jaspers K. *Philosophie.* 3 Bde. Berlin/Heidelberg/New York，Springer

Verlag,1973

雅斯贝斯. 哲学(3 卷). 柏林/海德堡/纽约,斯普林格出版社,1973

143. Jaspers K. *Psychologie der Weltanschauungen*. Berlin/Göttingen/Heidelberg,Springer Verlag,1954

雅斯贝斯. 世界观的心理学. 柏林/哥廷根/海德堡,斯普林格出版社,1954

144. Jaspers K. *Vom Ursprung und Ziel der Geschichte*. Zürich,R. Piper & Co Verlag,1949

雅斯贝斯. 论历史的起源与目标. 苏黎世,皮波尔公司出版社,1949

145. Jaspers K. *Von der Wahrheit*. München,R. Piper & Co Verlag,1947

雅斯贝斯. 论真理. 慕尼黑,皮波尔公司出版社,1947

146. Jay Martin. *The dialectical imagination*. Boston,Little Brown & Co,1980

马丁·杰. 辩证的想象. 波士顿,小布朗公司,1980

147. Jung C. *Collected Works*. London,Routledge & Kegan Paul,1953—1971

荣格全集. 伦敦,劳特利奇与基根·保罗公司,1953—1971

148. Kierkegaard S. *Concluding Unscientific Postscript to "Philosophical Fragments"*. Howard V Hong and Edna H Hong (trans.). New Jersey, Princeton University Press,1992

克尔凯郭尔. 对《哲学片断》所做的最后的、非学术性的附言. 霍华德·洪,埃德娜·洪英译. 新泽西,普林斯顿大学出版社,1992

149. Kierkegaard S. *Either/Or*. Vols. 1—2. Howard V Hong and Edna H Hong (trans.). New Jersey, Princeton University Press,1987

克尔凯郭尔. 非此即彼(上、下卷). 霍华德·洪,埃德娜·洪英译. 新泽西,普林斯顿大学出版社,1987

150. Kierkegaard S. *Samlede Værker*. Vols. 1—20. Copenhagen, Gyldendal Forlag,1963

克尔凯郭尔著作集(1—20 卷). 哥本哈根,金色山谷出版社,1963

151. Kierkegaard S. *SΦren Kierkegaards Skrifter*. Vols. 1—28. Copenhagen, Gads Forlag,1997—

克尔凯郭尔全集(1—28 卷). 哥本哈根,盖兹出版社,1997—

152. Kierkegaard S. *The Concept of Anxiety*. Reidar Thomte and Albert B Anderson (trans.). New Jersey,Princeton University Press,1980

克尔凯郭尔. 忧惧的概念. 汤姆特,安德森英译. 新泽西,普林斯顿大学出版社,1980

153. Kierkegaard S. *The Book on Adler*. Howard V Hong and Edna H Hong (trans.). New Jersey, Princeton University Press,1998

克尔凯郭尔. 关于阿德勒之书. 霍华德·洪,埃德娜·洪英译. 新泽西,普林斯顿大学出版社,1998

154. Kierkegaard S. *The Sickness Unto Death*. Howard V Hong and Edna H

Hong (trans.). New Jersey, Princeton University Press, 1980

克尔凯郭尔. 致死之疾病. 霍华德・洪,埃德娜・洪英译. 新泽西,普林斯顿大学出版社,1980

155. *The Cambridge Companion to Kierkegaard*. Alastair Hannay and Gordon D Marino(ed.). Cambridge, Cambridge University Press, 1998

克尔凯郭尔导读. 阿拉斯泰尔・汉内,戈登・马瑞诺编. 剑桥,剑桥大学出版社,1998

156. Kimpel B. *The Philosophy of Schopenhauer: an Analysis of the World as Will and Idea*. Boston, Student Outlines Company, 1964

金普. 叔本华的哲学:对作为意志和观念的世界的一种分析. 波士顿,学习纲要出版公司,1964

157. Kisiel T. *The Genesis of Heidegger's Being and Time*. Berkeley, University of California Press, 1993

克兹尔. 海德格尔《存在与时间》的起源. 伯克利,加利福尼亚大学出版社,1993

158. Kolibroke C. *Gilles Deleuze*. London, Routledege Press, 2002

柯利布洛克. 吉尔・德勒兹. 伦敦,劳特利奇出版社,2002

159. Kraus O. Introduction. in *Sensory and Consciousness: Psychology from an Empirical Standpoint Ⅲ*. New York, Humanities Press, 1981

克劳斯. 导言. 布伦塔诺. 论感觉意识和意向活动意识——从经验的观点看心理学Ⅲ. 纽约,人文出版社,1981

160. Kraus O. Introduction to the 1924 edition by Oskar Kraus. in *Psychology from an Empirical Standpoint*. London/New York: Routledege, 1973

克劳斯. 导论(1924 年版). 布伦塔诺. 从经验的观点看心理学. 伦敦/纽约,劳特利奇出版社,1973

161. Lacan J. *Ecrits*. Alan Sheridann (trans.). London, 1977

拉康文集. 阿兰・谢里丹英译. 伦敦,1977

162. Landgrebe L. Wilhelm Diltheys Theorie der Geisteswissenschaften. in Husserl (hrsg.). *Jahrbuch für Philosophie und phänomenologische Forschungen*. Bd. IX. Halle, Max Niemeyer, 1928

兰德格雷贝. 威廉・狄尔泰的精神科学理论. 胡塞尔主编. 哲学与现象学研究年鉴(第 9 卷). 哈雷,马克斯・尼迈尔出版社,1928

163. Lange F A. *Geschichte des Materialismus und Kritik seiner Bedeutung in der Gegenwart*. Leipzig 1921; Nachdruck, Frankfurt, 1974

朗格. 唯物主义史及其现代意义的批判. 莱比锡,1921;新版,法兰克福,1974

164. Langer M M. *Merleau-Ponty's Phenomenology of Perception*. London, Macmillan Publishers Ltd. , 1989

兰格. 梅洛-庞蒂的知觉现象学. 伦敦,麦克米伦出版有限公司,1989

165. Leonardy H. *Liebe und Person: Max Scheler's Versuch eines*

"*phänomenologischen*" *Personalismus*. The Hague, Martinus Nijhoff, 1976

莱奥纳迪. 爱和人格:马克斯·舍勒现象学的人格主义考察. 海牙,马蒂努斯·尼伊霍夫出版社,1976

166. Levinas E. *Die Spur des Anderes*. Freiburg & München, 1987

列维纳斯. 他者的踪迹. 弗赖堡/慕尼黑,1987

167. Levinas E. *Time and the Other*. Pittsburgh, Duquesne University Press, 1987

列维纳斯. 时间与他者. 匹兹堡,杜肯大学出版社,1987

168. Levinas E. *Totality and Infinity*. Pittsburgh, Duquesne University Press, 1969

列维纳斯. 整体与无限. 匹兹堡,杜肯大学出版社,1969

169. Libardi M. *Franz Brentano*. in Liliana Albertazzi, Massimo Libardi and Reberto Poli, ed.. *The school of Franz Brenato*. Dordrecht/Boston/London, Kluwer Academic Publishers, 1996

利巴尔第. 弗朗兹·布伦塔诺. 利里亚那·阿尔贝塔齐,马西莫·利巴尔第,雷贝托·玻利编. 布伦塔诺学派. 多德雷赫特/波士顿/伦敦,克鲁威尔学术出版社,1996

170. Liebmann O. *Kant und die Epigonen*. Stuttgart, 1865; Nachdruck, Berlin, 1912

李普曼. 康德和后继者们. 斯图加特,1865;翻版,柏林,1912

171. Mallin S B. *Merleau-Ponty's Philosophy*. New Haven, Yale University Press, 1979

马林. 梅洛-庞蒂的哲学. 纽黑文,耶鲁大学出版社,1979

172. *Martin Heidegger and National Socialism*: *Questions and Answers*. Neske G and Kettering (ed.). L Harris (trans.). New York, Paragon, 1990

马丁·海德格尔和国家社会主义:问题与回答. 内斯克和凯特林编. 哈里斯英译. 纽约,帕瑞根出版社,1990

173. Merleau-Ponty. *Adventures of the Dialectic*. Joseph Bien (trans.). Evanston, Northwestern University Press, 1973

梅洛-庞蒂. 辩证法的历险. 约瑟夫·比因英译. 埃文斯顿,西北大学出版社,1973

174. Merleau-Ponty. *Hermeneutics and Postmodernism*. Thomas W Busch and Shaun Gallagher (ed.). Albany, State University of New York Press, 1992

梅洛-庞蒂. 解释学与后现代主义. 托马斯·布希,肖·加拉格尔编. 奥尔巴尼,纽约州立大学出版社,1992

175. Merleau-Ponty. *Humanisme et terreur*. Paris, Gallimard, 1947

梅洛-庞蒂. 人道主义与恐怖. 巴黎,伽利玛出版社,1947

176. Merleau-Ponty. *La structure du comportement*. Paris, Presses Universitaires de

France,1953

梅洛-庞蒂. 行为的结构. 巴黎,法兰西大学出版社,1953

177. Merleau-Ponty. *Les aventures de la dialectique*. Paris, Gallimard,1955

梅洛-庞蒂. 辩证法的历险. 巴黎,伽利玛出版社,1955

178. Merleau-Ponty. *Le visible et l'invisible*. Paris, Gallimard,1964

梅洛-庞蒂. 可见的与不可见的. 巴黎,伽利玛出版社,1964

179. Merleau-Ponty. *Éloge de la philosophie*. Paris, Gallimard,1960

梅洛-庞蒂. 哲学的礼赞. 巴黎,伽利玛出版社,1960

180. Merleau-Ponty. *Phenomenology of Perception*. Colin Smith (trans.). Dordrecht/Boston/London, Routledge & Kegan Paul,1962

梅洛-庞蒂. 知觉现象学. C. 史密斯英译. 多德雷赫特/波士顿/伦敦,劳特利奇与基根·保罗公司,1962

181. Merleau-Ponty. *Phénoménologie de la perception*. Paris, Gallimard,1945

梅洛-庞蒂. 知觉现象学. 巴黎,伽利玛出版社,1945

182. Merleau-Ponty. *The Primacy of Perception*. James M Edie (ed.). Evanston, Northwestern University Press,1964

梅洛-庞蒂. 知觉的第一性. 詹姆斯·M. 伊迪编. 埃文斯顿,西北大学出版社,1964

183. Misch G. *Lebensphilosophie und Phänomenologie*. Darmstadt,1967

米施. 生命哲学与现象学. 达姆施塔特,1967

184. Misch G. *Vom Lebens und Gedankenkreis Wilhelm Diltheys*. Frankfurt,1947

米施. 威廉·狄尔泰的生平和思想. 法兰克福,1947

185. Natorp P. *Descartes' Erkenntnistheorie*. Marburg, 1882; Nachdruck, Hamburg,1961

纳托尔普. 笛卡尔的认识论. 马堡,1882;翻版,汉堡,1961

186. Natorp P. *Die logische Grundlagen der exakten Wissenschaften*. Leipzig, 1910;Neudrucke, Walluf,1975

纳托尔普. 精确科学的逻辑基础. 莱比锡,1910;新版,瓦尔鲁夫,1975

187. Natorp P. *Gesammlte Abhandlungen zur Sozialpädagogik*. Stuttgart,1907

纳托尔普. 社会教育学论文集. 斯图加特,1907

188. Natorp P. *Philosophie und Pädagogik*. Marburg,1909

纳托尔普. 哲学与教育学. 马堡,1909

189. Natorp P. *Religion innerhalb der Grenze der Humanität*. Freiburg,1894; Nachdruck, Hamburg,1961

纳托尔普. 人道主义界限内的宗教. 弗赖堡,1894;翻版,汉堡,1961

190. Nelson L. *Gesammelte Schriften*. Bernays u. a. (hrsg.). Hamburg, 1970—1977

内尔松著作集. 伯奈斯等编. 汉堡,1970—1977

191. *Neukantismus*. Ollig H L (hrsg.). Stuttgart, Philipp Reclam jun, 1982

新康德主义. 沃利希编. 斯图加特,小菲利浦·雷克拉姆出版社,1982

192. Nicolino F. *Croce*. Torino, 1976

尼柯利诺. 克罗齐. 都灵,1976

193. Nietzsche F W. *Friedrich Nietzsche Sämtliche Werke*. Bd. 1—20. Kritische Studienausgabe. Berlin, dtv de Gruyter Neuerdruck, 1980

尼采全集(1—20卷,验证版). 柏林,德国袖珍图书出版社,1980

194. Nietzsche F W. *Nietzsches Werks*. 2 Bde. Gerhard Stenzel (hrsg.). Salzburg, Verlag Das Bergland Buch

尼采文集(上、下卷). 格哈德·施特策编. 萨尔茨堡,贝尔格莱德书籍出版社(未标出版年代)

195. Ott H. *Martin Heidegger: A Political Life*. A Blunden (trans.). London, Haper Collins, 1993

奥特. 马丁·海德格尔:政治生活. 布伦东英译. 伦敦,哈珀·柯林斯出版社,1993

196. Palmer R E. *Gadamer in Conversation*. New Haven, Yale University Press, 2001

帕尔默. 对话中的伽达默尔. 纽黑文,耶鲁大学出版社,2001

197. Pfeiffer H. *Gotteserfahrung und Glaube*. Trier, Paulinus Verlag, 1975

普法伊费尔. 上帝经验与信仰. 特里尔,鲍林乌斯出版社,1975

198. Piaget J and Inhelder B. *The Psychology of the Child*. New York, 1969

皮亚杰,英海尔德. 儿童心理学. 纽约,1969

199. Piaget J. *Biology and Knowledge: An Essay on the Relations between Organic Regulations and Cognitive Processes*. Chicago, The University of Chicago, 1971

皮亚杰. 生物学与认识:论器官调节与认知过程的关系. 芝加哥,芝加哥大学出版社,1971

200. Piaget J. *Le Structuralisme*. Paris, Presses Universitaires de France, 1979

皮亚杰. 结构主义. 巴黎,法兰西大学出版社,1979

201. Piaget J. *The Principles of Genetic Epistemology*. London, Routledge & Kegan Paul, 1972

皮亚杰. 发生认识论原理. 伦敦,劳特利奇与基根·保罗公司,1972

202. Poli P. "Truth Theories". in Liliana Albertazzi, Massimo Libardi and Reberto Poli (ed.). *The school of Franz Brentano*. Dordrecht/Boston/London, Kluwer Academic Publishers, 1996

玻利. 真理理论. 利里亚那·阿尔贝塔齐,马西莫·利巴尔第,雷贝托·玻利编. 布伦塔诺学派. 多德雷赫特/波士顿/伦敦,克鲁威尔学术出版社,1996

203. Raman M S. *Das Wesen der Chiffren bei Karl Jaspers*. Mainz, Inaugural Dissertation an Gutenberg Universität. 1968

拉曼. 卡尔·雅斯贝斯的密码的本质. 美茵茨，古登堡大学博士论文，1968

204. Richardson W J. *Heidegger: Through Phenomenology to Thought*. The Hague, Martinus Nijhoff, 1963

理查森. 海德格尔：通过现象学到思想. 海牙，马蒂努斯·尼伊霍夫出版社，1963

205. Rickert H. *Der Gegenstand der Erkenntnis*. Freiburg, 1892; Neudrucke, Stuttgart, 1980

李凯尔特. 认识的对象. 弗赖堡，1892；新版，斯图加特，1980

206. Rickert H. *Die Logik des Prädikats und das Problem der Ontologie*. Heidelberg, 1930

李凯尔特. 谓项的逻辑与本体论问题. 海德堡，1930

207. Rickert H. *Die Philosophie des Lebens*. Tübingen, 1922

李凯尔特. 生命哲学. 图宾根，1922

208. Rickert H. *Die Probleme der Geschichtsphilosophie*. Heidelberg, 1905; Neudrucke, Stuttgart, 1977

李凯尔特. 历史哲学的问题. 海德堡，1905；新版，斯图加特，1977

209. Riehl A. *Der philosophische Kritizismus und seine Bedeutung fuer die positive Wissenschaft*. Stuttgart, 1924

里尔. 哲学批判主义及其对实证科学的意义. 斯图加特，1924

210. Sartre J-P. *Critique de la Raison dialectique*. Tome I. Paris, Gallimard, 1985

萨特. 辩证理性批判(第 1 卷). 巴黎，伽利玛出版社，1985

211. Sartre J-P. *Esquisse d'une théorie des émotions*. Paris, Hermann & Cie, Éditeurs, 1939

萨特. 情绪理论纲要. 巴黎，埃尔玛出版社，1939

212. Sartre J-P. *La transcendance de l'ego*. Paris, Librairie Philosophique J. Vrin, 1978

萨特. 自我的超越性. 巴黎，弗兰哲学出版社，1978

213. Sartre J-P. *Les mots*. Paris, Gallimard, 1979

萨特. 词语. 巴黎，伽利玛出版社，1979

214. Sartre J-P. *L'imagination*. Paris, Presses Universitaires de France, 1956

萨特. 想象. 巴黎，法兰西大学出版社，1956

215. Sartre J-P. *L'être et le néant*. Paris, Gallimard, 1988

萨特. 存在与虚无. 巴黎，伽利玛出版社，1988

216. Sartre J-P. *The Psychology of Imagination*. London, Methuen & Co. Ltd, 1978

萨特. 想象心理学. 伦敦，梅休因出版社，1978

217. Scheler M. *Gesammelte Werke*(I—XV). Berne, Francke Verlag (1954—1985)/Bonn, Bouvier Verlag(1985—1997)

舍勒全集(1—15卷). 伯尔尼,弗兰克出版社(1954—1985)/波恩,伯费尔出版社(1985—1997)

Ⅰ:*Frühe Schriften*. 1971

第1卷,早期著作集. 1971

Ⅱ:*Der Formalismus in der Ethik und die materiale Wertethik*. 1954

第2卷,伦理学中的形式主义与质料的价值伦理学. 1954

Ⅲ:*Vom Umsturz der Werte*. 1955

第3卷,价值的颠覆. 1955

Ⅳ:*Politisch-pädagogische Schriften*. 1982

第4卷,政治-教育学文集. 1982

Ⅴ:*Vom Ewigen im Menschen*. 1954

第5卷,论人之中的永恒. 1954

Ⅵ: *Schriften zur Soziologie und Weltanschauungslehre*. 1963

第6卷,社会学与世界观学说文集. 1963

Ⅶ: *Wesen und Formen der Sympathie*: *Die deutsche Philosophie der Gegenwart*. 1973

第7卷,同情的本质与形式:当代德国哲学. 1973

Ⅷ:*Die Wissensformen und die Gesellschaft*. 1960

第8卷,知识的形式与社会. 1960

Ⅸ: *Späte Schriften*. 1976

第9卷,晚期著作集. 1976

Ⅹ:*Schriften aus dem Nachlaβ*, Bd. 1: *Zur Ethik und Erkenntnislehre*. 1957

第10卷,遗著Ⅰ 伦理学与认识论. 1957

Ⅺ:*Schriften aus dem Nachlaβ*, Bd. 2: *Erkenntnislehre und Metaphysik*. 1979

第11卷,遗著Ⅱ 认识论与形而上学. 1979

Ⅻ:*Schriften aus dem Nachlaβ*, Bd. 3: *Philosophische Anthropologie*. 1987

第12卷,遗著Ⅲ 哲学人类学. 1987

XIII:*Schriften aus dem Nachlaβ*, Bd. 4: *Philosophie und Geschichte*. 1990

第13卷,遗著Ⅳ 哲学与历史. 1990

XIV: *Schriften aus dem Nachlaβ*, Bd. 5: *Varia I*. 1993

第14卷,遗著Ⅴ 杂编Ⅰ. 1993

XV: *Schriften aus dem Nachlaβ*, Bd. 6: *Varia II*. 1997

第15卷,遗著Ⅵ 杂编Ⅱ. 1997

218. Schmidt J. *Maurice Merleau-Ponty*: *Between Phenomenology and Structuralism*. London, Macmillan Publishers Ltd., 1985

施密特. 现象学与结构主义之间的莫里斯·梅洛-庞蒂. 伦敦,麦克米伦出版有

限公司,1985

219. Schopenhauer A. *Die Welt als Wille und Vorstellung*. Leipzig,Brockhaus, 1891

叔本华. 作为意志和表象的世界. 莱比锡,布罗克豪斯出版社,1891

220. Schopenhauer A. *Über die vierfache Wurzel des Satzes vom zureichenden Grunde*. Leipzig,Brockhaus,1891

叔本华. 充足根据律的四重根. 莱比锡,布罗克豪斯出版社,1891

221. Silverman H J. *Gadamer and hermeneutics*. New York, Routledge Press, 1991

希尔吾曼. 伽达默尔与解释学. 纽约,劳特利奇出版社,1991

222. Smith D W and Woodruff D. *Husserl and Intentionality: A Study of Mind, Meaning, and Language*. Dordrecht/Boston: D. Reidel Company, 1982

史密斯和伍德汝夫. 胡塞尔和意向性——对心灵、意义和语言的研究. 多德雷赫特/波士顿,D. 里德尔出版社,1982

223. Spader P. *Scheler's Ethical Personalism. Its Logic, Development and Promise*. New York,Fordham University Press,2002

斯佩德. 舍勒的伦理学人格主义:逻辑、发展与允诺. 纽约,福特汉姆大学出版社,2002

224. Troeltsch E. *Der Historismus und seine Probleme*. Tübingen,1922

特勒尔奇. 历史主义及其问题. 图宾根,1922

225. Troeltsch E. *Die Absolutheit des Christentums und die Religionsgeschichte*. Tübingen,1902

特勒尔奇. 基督教的绝对性与宗教史. 图宾根,1902

226. Troeltsch E. *Psychologie und Erkenntnistheorie in der Religionswissenschaft*. Tübingen,1905

特勒尔奇. 心理学与宗教学中的认识论. 图宾根,1905

227. Valentini C. *Il compagno Berlinguer*. Milano,Mondadori editore,1985

瓦伦蒂尼. 贝林格同志. 米兰,蒙达多里出版社,1985

228. Valentini F. *Il pensiero politico comtemporaneo*. Roma-Bari, Editori Laterza,1979

瓦伦蒂尼. 当代政治思想. 罗马/巴里,拉泰尔扎出版社,1979

229. Volpe D. *Opere*. Roma,Editori Riuniti,1973

沃尔佩. 文集. 罗马,联合出版社,1973

230. Wallace W. *Life of Arthur Schopenhauer*. London,Walter Scott,1890

华莱士. 阿图尔·叔本华生平. 伦敦,沃尔特·司各脱出版社,1890

231. Weinsheimer J. *Gadamer's hermeneutics*. New Haven, Yale University Press,1985

韦恩海默. 伽达默尔的解释学. 纽黑文,耶鲁大学出版社,1985

232. Welsh W. *Unsere Postmoderne Moderne*. Weinheim, VCH, 1988

韦尔施. 我们的后现代的现代. 魏恩海姆, VCH 出版社, 1988

233. Windelband W. *Geschichtsphilosophie*. Berlin, 1963

文德尔班. 历史哲学. 柏林, 1963

234. Windelband W. *Präludien. Aufsätze und Reden zur Philosophie und ihrer Geschichte*. Tübingen, 1924

文德尔班. 序曲集——关于哲学和哲学史的论文和讲演集. 图宾根, 1924

235. *Martin Heidegger Zum 80. Geburtstag von Seiner Heimmatstadt Messkirch*. Frankfurt, Klostermann, 1980

海德格尔 80 诞辰纪念集. 法兰克福, 克罗斯特曼出版社, 1980

二 中文译著和著作

1. 阿德勒. 自卑与超越. 黄光国译. 作家出版社, 1986

2. 奥德尔. 叔本华. 王德岩译. 商务印书馆, 2002

3. 奥斯维特. 哈贝马斯. 沈亚生译. 黑龙江人民出版社, 1999

4. 巴托莫尔. 法兰克福学派. 廖仁义译. 台北, 桂冠图书有限公司, 1998

5. 柏格森. 时间与自由意志. 吴士栋译. 商务印书馆, 1958

6. 柏格森. 形而上学导言. 刘放桐译. 商务印书馆, 1963

7. 柏格森. 创造进化论. 姜志辉译. 商务印书馆, 2004

8. 贝霍夫斯基. 叔本华. 刘金泉译. 中国社会科学出版社, 1987

9. 伯姆编. 思想的盛宴——与西方著名思想家伽达默尔等对话. 王彤译. 浙江人民出版社, 2001

10. 曹街京. 海德格尔与老子. 张祥龙译. 文池主编. 在北大听讲座第七辑——思想的乐章. 新世界出版社, 2002

11. 陈鼓应. 悲剧哲学家尼采. 生活·读书·新知三联书店, 1987

12. 陈立胜. 自我与世界——以问题为中心的现象学运动研究. 广东人民出版社, 1999

13. 德勒兹. 解读尼采——尼采哲学导读图. 张唤民译. 百花文艺出版社, 2000

14. 德勒兹. 尼采与哲学. 周颖, 刘玉宇译. 社会科学文献出版社, 2001

15. 丁冬红. 人之解读——现代西方人本哲学研究. 河北教育出版社, 2001

16. 杜小真. 一个绝望者的希望——萨特引论. 上海人民出版社, 1988

17. 杜小真. 勒维纳斯. 香港, 三联书店(香港)有限公司, 1994

18. 费奥里. 葛兰西传. 人民出版社, 1983

19. 弗林斯. 舍勒思想评述. 王芃译. 华夏出版社, 2003

20. 弗洛伊德. 精神分析引论. 高觉敷译. 商务印书馆, 1984

21. 弗洛伊德. 弗洛伊德后期著作选. 林尘, 张唤民, 陈伟奇译. 陈泽川校. 上海译文出版社, 1986

22. 弗洛伊德. 梦的解析. 赖其万, 符传孝译. 作家出版社, 1986

23. 弗洛伊德. 精神分析引论新编. 高觉敷译. 商务印书馆,1987

24. 弗洛伊德. 摩西与一神教. 李展开译. 生活·读书·新知三联书店,1988

25. 弗洛伊德. 图腾与禁忌. 赵立玮译. 上海人民出版社,2005

26. 伽达默尔. 科学时代的理性. 薛华等译. 国际文化出版公司,1988

27. 伽达默尔. 赞美理论——伽达默尔选集. 夏镇平译. 上海三联书店,1988

28. 伽达默尔. 哲学解释学. 夏镇平,宋建平译. 上海译文出版社,1994

29. 伽达默尔. 真理与方法——哲学诠释学的基本特征(上、下卷). 洪汉鼎译. 上海译文出版社,1999

30. 高秉江. 胡塞尔与西方主体主义哲学. 武汉大学出版社,2001

31. 贡尼,林古特. 霍克海默. 任立译. 中国社会科学出版社,1992

32. 哈贝马斯. 认识与兴趣. 郭官义,李黎译. 学林出版社,1999

33. 哈贝马斯. 作为"意识形态"的技术与科学. 李黎,郭官义译. 学林出版社,1999

34. 海德格尔. 海德格尔选集(上下). 孙周兴选编. 上海三联书店,1996

35. 海德格尔. 形而上学导论. 熊伟,王庆节译. 商务印书馆,1996

36. 海德格尔. 在通向语言的途中. 孙周兴译. 商务印书馆,1997

37. 黑尔德. 世界现象学. 孙周兴编. 倪梁康等译. 生活·读书·新知三联书店,2003

38. 胡塞尔. 现象学的观念. 倪梁康译. 夏基松,张继武校. 上海译文出版社,1986

39. 胡塞尔. 纯粹现象学通论. 李幼蒸译. 商务印书馆,1992

40. 胡塞尔. 逻辑研究(全二卷三册). 倪梁康译. 上海译文出版社,1994—1999

41. 胡塞尔. 现象学的方法. 黑尔德编. 倪梁康译. 上海译文出版社,1994

42. 胡塞尔. 欧洲科学危机和超验现象学. 张庆熊译. 上海译文出版社,1988

43. 胡塞尔. 哲学作为严格的科学. 倪梁康译. 商务印书馆,1999

44. 胡塞尔. 经验与判断. 邓晓芒,张廷国译. 生活·读书·新知三联书店,1999

45. 胡塞尔. 内在时间意识的现象学讲座. 杨富斌译. 华夏出版社,2001

46. 胡塞尔. 笛卡尔式的沉思. 张廷国译. 中国城市出版社,2002

47. 胡塞尔. 伦理学与价值论的基本问题. 艾四林,安仕侗译. 中国城市出版社,2002

48. 胡塞尔. 生活世界现象学. 倪梁康,张廷国译. 上海译文出版社,2002

49. 华尔. 存在哲学. 翁绍军译. 赵鑫珊校. 生活·读书·新知三联书店,1987

50. 霍克海默,阿多尔诺. 启蒙辩证法(哲学片断). 洪佩郁,蔺月峰译. 重庆出版社,1990

51. 江日新. 马克斯·谢勒. 台北,东大图书股份有限公司,1990

52. 卡西尔. 人论. 甘阳译. 上海译文出版社,1985

53. 卡西尔. 符号·神话·文化. 李小兵译. 东方出版社,1988

54. 卡西尔. 语言与神话. 于晓等译. 生活·读书·新知三联书店,1988

55. 卡西尔. 神话思维. 黄龙保,周振选译. 中国社会科学出版社,1992

56. 柯林武德.历史的观念.何兆武,张文杰译.中国社会科学出版社,1986

57. 克罗齐.美学原理　美学纲要.朱光潜,韩邦凯,罗芃译.外国文学出版社,1983

58. 克罗齐.美学或艺术和语言哲学.黄文捷译.中国社会科学出版社,1992

59. 李凯尔特.文化科学和自然科学.涂纪亮译.杜任之校.商务印书馆,1986

60. 李忠尚.第三条道路——马尔库塞和哈贝马斯的社会批判理论研究.学苑出版社,1994

61. 利奥塔尔.后现代状态——关于知识的报告.车槿山译.生活·读书·新知三联书店,1997

62. 卢卡奇.理性的毁灭.王玖兴等译.山东人民出版社,1988

63. 卢卡奇.历史与阶级意识——关于马克思主义辩证法的研究.杜章智,任立,燕宏远译.商务印书馆,1992

64. 马尔库塞.爱欲与文明.黄勇,薛民译.上海译文出版社,1987

65. 马尔库塞.单向度的人——发达工业社会意识形态研究.刘继译.上海译文出版社,1989

66. 马尔库塞.现代文明与人的困境——马尔库塞文集.李小兵等译.上海三联书店,1989

67. 马斯洛.存在心理学探索.李文湉译.林方校.云南人民出版社,1987

68. 马斯洛.动机与人格.许金声,程朝翔译.华夏出版社,1987

69. 马斯洛.人的潜能和价值——人本主义心理学译文集.林方主编.华夏出版社,1987

70. 麦金太尔.马尔库塞.邵一诞译.余明校.中国社会科学出版社,1989

71. 麦克莱伦.马克思以后的马克思主义.余其铨,赵常林译.中国社会科学出版社,1986

72. 梅洛-庞蒂.哲学赞词.杨大春译.商务印书馆,2000

73. 梅洛-庞蒂.知觉现象学.姜志辉译.商务印书馆,2001

74. 尼采.快乐的知识.梵澄译.商务印书馆,1939

75. 尼采.悲剧的诞生.周国平译.生活·读书·新知三联书店,1986

76. 尼采.查拉斯图拉如是说.尹溟译.文化艺术出版社,1987

77. 尼采.权力意志——重估一切价值的尝试.张念东,凌素心译.商务印书馆,1991

78. 尼采.苏鲁支语录.徐梵澄译.商务印书馆,1992

79. 尼采.论道德的谱系·善恶之彼岸.谢地坤,宋祖良,刘桂环译.漓江出版社,2000

80. 倪梁康.现象学及其效应——胡塞尔与当代德国哲学.生活·读书·新知三联书店,1994

81. 倪梁康选编.胡塞尔选集(上、下卷).上海三联书店,1997

82. 倪梁康.胡塞尔现象学概念通释.生活·读书·新知三联书店,1999

83. 倪梁康主编. 面对实事本身——现象学经典文选. 东方出版社,2000

84. 皮亚杰,英海尔德. 儿童心理学. 吴福元译. 商务印书馆,1980

85. 皮亚杰. 发生认识论原理. 王宪钿等译. 胡世襄等校. 商务印书馆,1981

86. 皮亚杰. 结构主义. 倪连生,王琳译. 商务印书馆,1984

87. 皮亚杰. 生物学与认识. 尚新建等译. 生活·读书·新知三联书店,1989

88. 让松. 存在与自由——让-保尔·萨特传. 刘甲桂译. 北京大学出版社,1997

89. 荣格. 现代灵魂的自我拯救. 黄奇铭译. 工人出版社,1987

90. 汝信等主编. 西方著名哲学家评传(第七卷). 山东人民出版社,1985

91. 萨夫兰斯基. 海德格尔传. 靳希平译. 商务印书馆,1999

92. 萨尼尔. 雅斯贝尔斯. 张继武,倪梁康译. 生活·读书·新知三联书店,1988

93. 萨特. 辩证理性批判·第1卷第1分册"方法问题". 徐懋庸译. 商务印书馆,1963

94. 萨特. 萨特戏剧集(共两册). 人民文学出版社,1985

95. 萨特. 影像论. 魏金声译. 中国人民大学出版社,1986

96. 萨特. 存在与虚无. 陈宣良等译. 杜小真校. 生活·读书·新知三联书店,1987

97. 萨特. 词语. 潘培庆译. 生活·读书·新知三联书店,1989

98. 萨特. 想像心理学. 褚朔维译. 光明日报出版社,1988

99. 上海社会科学院哲学研究所编. 法兰克福学派论著选辑. 商务印书馆,1998

100. 尚杰. 德里达. 湖南教育出版社,1999

101. 舍勒. 人在宇宙中的地位. 李伯杰译. 刘小枫校. 贵州人民出版社,1989

102. 舍勒. 资本主义的未来. 刘小枫编校. 罗悌伦等译. 生活·读书·新知三联书店,1997

103. 舍勒. 舍勒选集(上、下). 刘小枫编选. 上海三联书店,1999

104. 舍勒. 知识社会学问题. 艾彦译. 华夏出版社,2000

105. 舍勒. 伦理学中的形式主义与质料的价值伦理学(上、下册). 倪梁康译. 生活·读书·新知三联书店,2004

106. 施皮格伯格. 现象学运动. 王炳文,张金言译. 商务印书馆,1995

107. 施太格缪勒. 当代哲学主流(上卷). 王炳文,燕宏远,张金言等译. 商务印书馆,1986

108. 叔本华. 充足理由律的四重根. 陈晓希译. 洪汉鼎校. 商务印书馆,1996

109. 叔本华. 伦理学的两个基本问题. 任立,孟庆时译. 商务印书馆,1996

110. 斯坦纳. 海德格尔. 李河,刘继译. 中国社会科学出版社,1989

111. 叔本华. 作为意志和表象的世界. 石冲白译. 杨一之校. 商务印书馆,1982

112. 叔本华. 自然界中的意志. 任立,刘林译. 商务印书馆,1997

113. 叔本华. 叔本华论说文集. 范进,柯锦华,秦典华,孟庆时译. 商务印书馆,1999

114. 瓦利. 欧洲共产主义的由来. 张慧德译. 中国社会科学出版社,1983

115. 丸山高司. 伽达默尔——视野融合. 刘文柱,赵玉婷,孙彬,刁榴译. 河北教育出版社,2002

116. 汪文圣. 胡塞尔与海德格. 台北,远流出版公司,1995

117. 王文英编. 著名马克思主义哲学家评传(第一卷). 山东人民出版社,1991

118. 文德尔班. 哲学史教程——特别关于哲学问题和哲学概念的形成和发展(上、下卷). 罗达仁译. 商务印书馆,1987/1993

119. 谢勒(舍勒). 情感现象学. 陈仁华译. 台北,远流出版公司,1991

120. 熊伟编. 现象学与海德格. 台北,远流出版公司,1994

121. 许茨. 马克斯·谢勒三论. 江日新译. 台北,东大图书公司,1990

122. 薛华. 黑格尔与艺术难题. 中国社会科学出版社,1986

123. 薛华. 哈贝马斯的商谈伦理学. 辽宁教育出版社,1988

124. 雅斯贝尔斯. 现时代的人. 周晓亮,宋祖良译. 社会科学文献出版社,1992

125. 雅斯贝尔斯. 尼采——其人其说. 鲁路译. 社会科学文献出版社,2001

126. 叶秀山. 叶秀山全集(12 卷本). 江苏人民出版社,2019

127. 张灿辉. 海德格与胡塞尔现象学. 台北,东大图书公司,1996

128. 张庆熊. 熊十力的新唯识论与胡塞尔的现象学. 上海人民出版社,1996

129. 张庆熊. 自我、主体际性与文化交流. 上海人民出版社,1999

130. 张廷国. 重建经验世界——胡塞尔晚期思想研究. 华中科技大学出版社,2003

131. 张祥龙. 海德格尔传. 河北人民出版社,1998

132. 张祥龙. 海德格尔思想与中国天道——终极视域的开启与交融. 生活·读书·新知三联书店,1996

133. 张祥龙. 从现象学到孔夫子. 商务印书馆,2011

134. 中国科学院哲学研究所西方哲学史组编. 存在主义哲学. 商务印书馆,1963

135. 中国社会科学院哲学研究所编. 哈贝马斯在华演讲集. 人民出版社,2002

136. 张一兵,胡大平. 西方马克思主义哲学的历史逻辑. 南京大学出版社,2003

中国现象学与哲学评论. 上海译文出版社,自 1995 年起

第 1 辑. 现象学的基本问题. 1995

第 2 辑. 现象学方法. 1998

第 3 辑. 现象学与语言. 2001

第 4 辑. 现象学与社会. 2001

第 5 辑. 现象学与中国文化. 2003

特　辑. 现象学在中国. 2003

第 6 辑. 艺术现象学·时间意识现象学. 2004

人名索引

C

D

F

G

K

L

M

N

O

P

后 记

参与本卷写作的作者不局限于中国社会科学院哲学所的研究人员，只要是近些年来在现代欧洲大陆哲学方面学有所成、学有所专的学者，我们就尽可能邀请他们参与本卷的写作。因此，现在呈现在读者眼前的这卷书是一项集体劳动的成果，共有 16 位学者参与了写作。除了中国社会科学院哲学所的研究人员以外，还有北京大学哲学系张祥龙，中山大学哲学系倪梁康，中共中央党校丁东红，安徽大学哲学系张能为，中共中央编译局鲁路、黄文前，江苏科技大学社会科学系洪波等学者参与了本卷的写作。他们都是研究现当代欧洲哲学的专家，正是他们的通力合作，这卷书才能在这样短的时间与读者见面。本卷主编对所有参与本卷写作的学者，尤其是特邀的院外专家表示衷心感谢。

本卷写作具体分工如下：

第一章由黄文前撰写；第二章由叶秀山撰写；第三章由叶秀山、程志民合写；第八篇引言、第二十八至第三十二章由程志民撰写；第七章由陈志远撰写；第九章由倪梁康撰写；第十章由张任之撰写；第十一章由王齐撰写；第十二章由张祥龙撰写；第十三章由鲁路撰写；第十四至第十五章由杨深撰写；第十六章由张能为撰写；第十七至十九章及第五篇附录由丁东红撰写；第六篇由田时纲撰写；第二十七章由洪波撰写；第三十三至

第三十四章由尚杰撰写;绪论、第四至第六章、第八章、第二十四至第二十六章由谢地坤撰写。

我们特别感谢本卷责任编辑周文彬先生。他不仅仔细审读了本卷所有稿件,提出了许多宝贵的修改意见,而且还对本卷的篇目安排提出了极好的建议。周文彬先生的这种认真负责的敬业精神确实值得我们学习。本卷另一位责任编辑张慕贞女士做了大量的技术工作,这项工作需要极大的细心和认真,对她为此书付出的辛劳,我们表示衷心感谢。此外,中国社会科学院哲学所王平女士为本书的人名索引做了一定工作,我们对此也表示谢意。

谢地坤

2005 年 3 月 20 日于北京劲松小区